Roßmann · Viefhues
Taktik im Unterhaltsrecht
2. Auflage

Roßmann · Viefhues

Taktik im Unterhaltsrecht

- Anspruchsgrundlagen
- Beratungs- und Gestaltungspraxis
- Prozessführung

von

Dr. Franz-Thomas Roßmann
Rechtsanwalt, Fachanwalt für Familienrecht, Volkach

Dr. Wolfram Viefhues
weiterer aufsichtführender Richter am Amtsgericht, Oberhausen

2. Auflage

Luchterhand Verlag 2013

Bibliografische Information der Deutschen Nationalbibliothek

Die Deutsche Nationalbibliothek verzeichnet diese Publikation in der Deutschen Nationalbibliografie; detaillierte bibliografische Daten sind im Internet über http://dnb.d-nb.de abrufbar.

ISBN: 978-3-472-08362-7

www.wolterskluwer.de
www. luchterhand-fachverlag.de

Alle Rechte vorbehalten.
© 2013 Wolters Kluwer Deutschland GmbH, Luxemburger Straße 449, 50939 Köln.
Luchterhand – eine Marke von Wolters Kluwer Deutschland GmbH.

Das Werk einschließlich aller seiner Teile ist urheberrechtlich geschützt. Jede Verwertung außerhalb der engen Grenzen des Urheberrechtsgesetzes ist ohne Zustimmung des Verlages unzulässig und strafbar. Das gilt insbesondere für Vervielfältigungen, Übersetzungen, Mikroverfilmungen und die Einspeicherung und Verarbeitung in elektronischen Systemen.

Verlag und Autor übernehmen keine Haftung für inhaltliche oder drucktechnische Fehler.

Umschlagkonzeption: Martina Busch Grafikdesign, Homburg Kirrberg
Druck und Weiterverarbeitung: Druckerei Skleniarz, Krakau, Polen

Gedruckt auf säurefreiem, alterungsbeständigem und chlorfreiem Papier.

Vorwort

»Erst kommt das Fressen, dann die Moral.«
(Brecht, Dreigoschenoper)

Das Verhältnis der Ehescheidungen zu Eheschließungen liegt seit Jahren stabil bei rund 50% – oder anders formuliert: auf jede zweite Eheschließung kommt eine Scheidung (in absoluten Zahlen ist von 185.000 bis 190.000 Ehescheidungen jedes Jahr auszugehen).

Der Scheidung geht grundsätzlich die Trennung voraus. Spätestens jetzt bemühen sich die Betroffenen um anwaltliche Hilfe und lassen regelmäßig Trennungsunterhalts- und/oder auch Kindesunterhaltsansprüche prüfen. Zudem wirkt sich hier der durch das FamFG eingeführte Anwaltszwang in Unterhaltssachen aus. Auch dann, wenn die Beteiligten nicht verheiratet waren, aber ein Kind aus der Beziehung hervorgegangen ist, können Unterhaltsansprüche zu klären sein.

Die erforderlichen Unterhaltsverfahren werden von den Beteiligten teilweise mit aller Härte geführt, da Unterhalt von existenzieller Bedeutung ist. Auf der anderen Seite wird das Unterhaltsrecht immer komplexer. Eine lebhafte höchstrichterliche Rechtsprechung macht es nicht immer leicht, den Überblick zu behalten.

Unterhaltsverfahren sind darüber hinaus stark geprägt von taktischen Überlegungen.

So steht die anwaltliche Vertretung u. a. vor der Frage, ob das gerichtliche Unterhaltsverfahren mit einer einstweiligen Anordnung eingeleitet werden soll, zumal es die Mandantschaft insoweit meist (sehr) eilig hat. Gerade unter dem Aspekt der Eile sowie auch der Taktik haben (zu Recht) die einstweiligen Anordnungen des FamFG einen hohen Stellenwert in der Praxis erlangt; sie haben demzufolge auch einen hohen Stellenwert in diesem Buch, der in der neuen Auflage mit einem Abschnitt zum Vergleich im AO-Verfahren noch ausgebaut wurde.

Taktische Überlegungen spielen auch bei der Entscheidung eine Rolle, ob nachehelicher Unterhalt im Scheidungsverbund geltend gemacht werden soll.

Verfahrenskostenhilfe (VKH) ist in einer Vielzahl von Unterhaltsverfahren von entscheidender Bedeutung für die Verfahrensführung. Das Buch geht in der neuen Auflage in Abgrenzung zu VKH verstärkt auch auf die Möglichkeiten des Verfahrenskostenvorschusses (VKV) ein.

Dies sind nur wenige Beispiele, die aber bereits deutlich machen, dass die familienrechtliche Verfahrensführung besonderen Anforderungen ausgesetzt ist, zumal das emotionale Moment wohl in keinem anderen Teilbereich des Rechts einen vergleichbar intensiven Einfluss ausübt.

Das Konglomerat von Verfahrenstechnik, (emotionalen) Interessen und wirtschaftlichen Möglichkeiten zu durchdringen, ist das besondere Anliegen dieses Buches und hebt es gleichzeitig von anderen Werken ab.

Vorwort

Das Unterhaltsrecht ist infolge der zahlreichen Gesetzesänderungen und der großen Bedeutung der dazu ergangenen Rechtsprechung eine Spezialmaterie innerhalb des Familienrechts geworden, die einer eigenständigen Darstellung bedarf.

Das vorliegende Buch stellt in der 2. Auflage nicht nur systematisch das aktuelle materielle Unterhaltsrecht und dessen Durchsetzung im Verfahren dar, sondern behandelt auch die aus anwaltlicher Sicht besonders bedeutsame vorsorgende Beratung und Gestaltung von Unterhaltsschuldverhältnissen. Gerade dort zeigt sich in der Praxis eine veränderte Denkweise: Ging es früher allein um die Frage, ob Unterhaltsansprüche wirksam ausgeschlossen werden können, so rückt nunmehr das Problem sogenannter unterhaltsverstärkender Vereinbarungen in den Vordergrund, mit denen der potentiell unterhaltsberechtigte Ehegatte für den Fall der Trennung und Scheidung eine Verbesserung seiner Rechtsstellung sichern möchte.

Ganz aktuell wird über eine Anhebung der Selbstbehaltsätze diskutiert. Zum Zeitpunkt der Drucklegung dieses Buches lagen die verabschiedeten Zahlen leider noch nicht vor, daher beruhen die Berechnungsbeispiele auf den für 2011/2012 veröffentlichten Beträgen. Beachten Sie dazu bitte den Hinweis in Kapitel 3 Rdn. 720.

Der Aufbau des Buches orientiert sich an der anwaltlichen Arbeitsweise, d. h. beginnend mit der Mandatsannahme wird das unterhaltsrechtliche Mandat bis zum erfolgreichen Verfahrensabschluss in den einzelnen Schritten beschrieben.

Jedes Kapitel wird mit »Das Wichtigste in Kürze« eingeleitet, sodass vorab ein klarer und prägnanter Überblick über den Themenbereich gegeben wird.

Zahlreiche Formulierungsbeispiele, taktische Tipps und Musterschriftsätze geben eine weitere wertvolle Orientierung und stellen einen zusätzlichen Nutzen dar. Hier wird im Hinblick auf die geänderten technischen Möglichkeiten eine Neuerung geboten: Sie können alle Muster und Formulierungshinweise online über Ihr jBook abrufen, abspeichern und weiterbearbeiten. Bitte beachten Sie dazu den abgedruckten Hinweis auf der nächsten Seite.

Volkach/Oberhausen im Oktober 2012

Dr. Franz-Thomas Roßmann   Dr. Wolfram Viefhues

Hinweise zur Arbeit mit den Mustern und Formulierungsvorschlägen

Die in diesem Werk abgebildeten Muster und Formulierungsvorschläge können Sie über Ihr jBook online aufrufen, lokal abspeichern und individuell mit Ihrem eigenen Textverarbeitungsprogramm bearbeiten.

Zu Ihrem jBook gelangen Sie so:

1. Registrieren Sie sich kostenlos auf www.jurion.de
2. Klicken Sie links auf der Startseite in das Fenster »jBook freischalten«.
3. Geben Sie im Folgenden die angeforderten Daten zu Ihrem Printwerk ein.
4. Klicken Sie am unteren Seitenende auf »Freischaltung beantragen«
5. Ihr jBook wird freigeschaltet und steht Ihnen zur Recherche unter »Meine Inhalte« zur Verfügung.

Zu dem von Ihnen gewünschten Muster gelangen Sie entweder über das **Verzeichnis der Muster**, wo Sie über die Verlinkung der Randnummern direkt bei dem entsprechenden Formular gelangen. Oder Sie geben in der Schlagwortsuche den Titel des Musters ein und navigieren über die Trefferliste.

Unter den Mustern finden Sie einen Link zum rtf-Dokument. Wenn Sie diesen anklicken, öffnet sich das Muster als rtf-Dokument, Sie können es in Ihren privaten Ordner ablegen und individuell weiter bearbeiten.

Inhaltsverzeichnis

Vorwort V
Hinweise zur Arbeit mit den Mustern und Formulierungsvorschlägen VII
Inhaltsverzeichnis IX
Verzeichnis der Muster, Formulierungsvorschläge und Checklisten XXIII
Abkürzungsverzeichnis XXIX
Literaturverzeichnis XXXIII

Kapitel 1: Mandatsannahme in Unterhaltssachen 1
A. Mandat in Unterhaltssachen 1
B. Umfang und Inhalt des Mandats 3
    I. Vollmacht 3
    II. Haftungsrisiken des Anwalts 4
C. Standesrecht 7
    I. Dieselbe Rechtssache. 7
    II. Interessengegensatz 7
    III. Tätigwerden 8
    IV. Bürogemeinschaften 8
    V. Vertretung volljähriger Kinder. 9
D. Abklärung der persönlichen und wirtschaftlichen Verhältnisse 10
    I. Persönliche Verhältnisse 10
    II. Wirtschaftliche Verhältnisse 10
    III. Checkliste in Unterhaltssachen 11
E. Vereinbarungen zum Unterhalt 13
    I. Vereinbarungen zum Kindesunterhalt 13
    II. Vereinbarungen zum Ehegattenunterhalt 13
    III. Anwaltliche Beratung 15
F. VKH 17
    I. »Bedingte« Antragstellung 18
    II. Bewilligungsvoraussetzungen 18
        1. Antrag (§§ 114, 117 ZPO) 18
        2. Bedürftigkeit des Antragstellers 21
        3. Erfolgsaussicht 27
        4. Mutwilligkeit 28
    III. Bewilligungsverfahren 31
        1. Erörterungstermin 31
        2. VKH-Entscheidung 31
        3. Festsetzungen von Zahlungen (§ 120 ZPO) 32
        4. Muster: VKH-Bewilligung bei Ratenzahlung 32
        5. Muster: VKH-Bewilligung ohne Ratenzahlung 33
    IV. Beiordnung eines Anwalts (§ 121 ZPO) 33
    V. VKH für die Rechtsmitteleinlegung 35
    VI. Sofortige Beschwerde gegen VKH-Beschlüsse 37

Inhaltsverzeichnis

		VII.	Neuer VKH-Antrag	38
		VIII.	Verfahrenskostenvorschuss	38
			1. Verhältnis zu VKH	38
			2. Verfahrensrechtliche Umsetzung eines VKV-Anspruches	39
			3. Entscheidung über den ea-Antrag	45
			4. Rückzahlungsansprüche	46
G.	Aufklärung nach Verfahrensabschluss.			46
H.	Muster			47
		I.	Muster: Auskunft zum Kindesunterhalt (minderjähriges Kind)	47
		II.	Muster: Auskunft zum Kindesunterhalt (volljähriges Kind)	48
		III.	Muster: Auskunft zum Kindesunterhalt sowie Trennungsunterhalt	49
		IV.	Muster: Auskunft eines Selbstständigen in Unterhaltssachen	50
		V.	Muster: Zahlungsaufforderung zum Kindesunterhalt	51
		VI.	Muster: Titulierungsaufforderung zum Kindesunterhalt	52
		VII.	Muster: Antrag auf VKH-Bewilligung (»bedingte« Antragstellung)	53
		VIII.	Muster: Antrag auf VKH-Bewilligung (»unbedingte« Antragstellung)	53
		IX.	Muster: Sofortige Beschwerde gegen ablehnenden VKH-Beschluss	55

Kapitel 2: Auskunft 56

A.	Gesetzliche Grundlagen			56
	I.	Auskunftsberechtigte		56
		1.	Auskunftsberechtigung aufgrund Verwandtschaft in gerader Linie (§§ 1605, 1589 BGB)	57
		2.	Wechselseitige Ehegattenauskunft während bestehender Ehe	58
		3.	Auskunftsberechtigungen zwischen getrennt lebenden Eheleuten (§§ 1605, 1361 Abs. 4 Satz 3 BGB)	58
		4.	Auskunftsberechtigung bzw. -verpflichtung zwischen geschiedenen Eheleuten (§ 1580 BGB)	59
		5.	Auskunft des nichtehelichen Elternteils bei § 1615l BGB	59
		6.	Auskunft zwischen Eltern bei Mithaftung	59
	II.	Voraussetzungen eines Auskunftsanspruchs		60
	III.	Auskunftsgegenstand		61
		1.	Einkommen und Einkünfte	63
		2.	Vermögen	64
		3.	Belastungen und Verpflichtungen	65
		4.	Persönliche Verhältnisse	66
	IV.	Zeitlicher Umfang der Auskunftserteilung		68
	V.	Zeitsperre und erneute Auskunft		69
	VI.	Verwirkung des Unterhaltsanspruchs nach erteilter Auskunft		70
	VII.	Belegpflicht		70
	VIII.	Allgemeiner Auskunftsanspruch aus § 242 BGB		71
	IX.	Verpflichtung zur ungefragten Information		72
B.	Verfahrensrechtliche Durchsetzung des Auskunftsanspruchs			74
	I.	Durchsetzung des materiellen Auskunftsanspruchs		75

Inhaltsverzeichnis

		1.	(Isolierte) Auskunftsantrag	75
		2.	Stufenverfahren	80
	II.		Verfahrensrechtliche Auskunftspflicht nach § 235 FamFG	84
		1.	Anordnungsrecht des Gerichts (§ 235 Abs. 1 FamFG)	84
		2.	Bedeutung der §§ 235, 236 FamFG im Unterhaltsverfahren	88
	III.		Muster	91
		1.	Auskunft nach §§ 235, 236 FamFG	91
		2.	Unterhaltsstufenantrag	92
		3.	Abänderungsstufenantrag	94
		4.	Abänderungsstufenantrag des minderjährigen Kindes	96

Kapitel 3: Materielle Voraussetzungen des Unterhaltsanspruchs 99

A.	Familienunterhalt			99
B.	Trennungsunterhalt			100
	I.	Voraussetzungen des Trennungsunterhaltsanspruchs		100
		1.	Bestehende Ehe	101
		2.	Getrenntleben der Eheleute	101
		3.	Bedarf und Bedürftigkeit des Unterhaltsberechtigten	101
	II.	Berechnung des Trennungsunterhalts		103
	III.	Krankenvorsorgeunterhalt		104
	IV.	Sonderfragen		104
		1.	Verzicht	104
		2.	Befristung	104
		3.	Mehrere Unterhaltsgläubiger	105
	V.	Einschränkungen des Anspruchs auf Trennungsunterhalt		105
C.	Ehegattenunterhalt für die Zeit nach Rechtskraft der Scheidung			105
	I.	Unterhalt wegen Kinderbetreuung (§ 1570 BGB)		105
		1.	Allgemeines	105
		2.	Basisunterhalt gem. § 1570 Abs. 1 Satz 1 BGB	106
		3.	Kindbezogener Billigkeitsergänzungsunterhalt gem. § 1570 Abs. 1 Satz 2, 3 BGB	107
		4.	Bedeutung der früheren gemeinsamen Lebensplanung der Eltern	116
		5.	Betreuungsangebote des anderen Elternteils	118
		6.	Problemkindfälle	120
		7.	Befristung des Betreuungsunterhaltes	121
		8.	Checkliste	122
	II.	Unterhalt wegen Alters (§ 1571 BGB)		123
	III.	Unterhalt wegen Krankheit (§ 1572 BGB)		126
	IV.	Unterhalt wegen Erwerbslosigkeit (§ 1573 Abs. 1 BGB)		129
	V.	Aufstockungsunterhalt (§ 1573 Abs. 2 BGB)		130
	VI.	Unterhalt bei Wegfall einer Erwerbstätigkeit (§ 1573 Abs. 4 BGB)		132
	VII.	Unterhalt wegen Ausbildung, Fortbildung oder Umschulung (§ 1575 BGB)		132
	VIII.	Billigkeitsunterhalt (§ 1576 BGB)		133

XI

Inhaltsverzeichnis

	IX.	Kranken- und Altersvorsorgeunterhalt (§ 1578 Abs. 2 und 3)	134
		1. Krankenvorsorgeunterhalt	135
		2. Altersvorsorgeunterhalt	135
D.	Unterhalt des nichtehelichen Elternteils (§ 1615l BGB)		140
	I.	Bemessung des Bedarfs nach der eigenen Lebensstellung der Mutter	141
	II.	Mindestbedarf bei § 1615l BGB	142
	III.	Bedeutung für die Darlegungs- und Beweislast	143
	IV.	Keine Orientierung am früheren gemeinsamen Lebensstandard	144
	V.	Vertrauenstatbestand bei § 1615l BGB	144
	VI.	Von § 1615l BGB abgedeckte Risiken	145
	VII.	§ 1586 BGB analog	145
E.	Kindesunterhalt		146
	I.	Grundsätze des Kindesunterhalts	146
	II.	Unterhalt des minderjährigen Kindes	147
		1. Bedarf (§ 1610 BGB)	147
		2. Leistungsfähigkeit	148
		3. Bedürftigkeit	149
		4. Art der Unterhaltsgewährung	150
		5. Berechnung – Kindergeld	150
	III.	Unterhalt des volljährigen Kindes	152
		1. Grundsätze des Volljährigenunterhalts	152
		2. Ausbildungsunterhalt	154
		3. Ausbildungswechsel und Zweitstudium	155
		4. Pflichten des Jugendlichen	156
		5. Studenten und Kinder mit eigenem Hausstand	156
		6. Wehrdienst – Zivildienst – freiwilliges soziales Jahr	157
		7. Wartezeit zwischen Schulabschnitten, weiterer Ausbildung und Studium	158
		8. Berechnung von Volljährigenunterhalt	160
	IV.	Rang der Unterhaltsansprüche von Kindern	161
	V.	Sonderbedarf und Mehrbedarf	162
		1. Abgrenzung normaler Bedarf – Mehrbedarf – Sonderbedarf	162
		2. Sonderbedarf	163
		3. Mehrbedarf	164
		4. Kriterien der Haftung für Sonderbedarf oder Mehrbedarf	167
	VI.	Kosten der Kinderbetreuung als Bedarf des Kindes	169
		1. Kosten des Kindergartens	169
		2. Andere Kosten der Kinderbetreuung	169
F.	Allgemeine unterhaltsrechtliche Grundsätze		170
	I.	Bedarf nach den ehelichen Lebensverhältnissen	171
		1. Surrogatsrechtsprechung	172
		2. Eheliche Lebensverhältnisse (§ 1578 BGB)	173
	II.	Mindestbedarf beim Ehegattenunterhalt	174
	III.	Bedeutung für die Darlegungs- und Beweislast	175
	IV.	Tatsächliches Einkommen	176

		1.	Grundsätze der Einkommensanrechnung...............	177
		2.	Einzelne Einkünfte................................	179
		3.	Abzüge...	188
	V.	Hypothetische (fiktive) Einkünfte...........................		236
		1.	Praktische Fälle des unterhaltsrechtlich vorwerfbaren Verhaltens.	237
		2.	Höhe der hypothetischen Einkünfte.....................	244
	VI.	Sonstige Fälle..		246
		1.	Wohnvorteil.......................................	246
		2.	Kosten der Kinderbetreuung..........................	263
		3.	Kosten des Umgangsrechts............................	274
		4.	Altersteilzeit und Vorruhestand........................	277
		5.	Nebentätigkeit.....................................	279
	VII.	Selbstbehalt...		284
		1.	Selbstbehalt beim Kindesunterhalt......................	284
		2.	Individueller Selbstbehalt beim Ehegattenunterhalt...........	285
		3.	Herabsetzung des Selbstbehaltes........................	286
G.	Berechnungsbeispiele..			287
	I.	Einkommensermittlung.....................................		287
	II.	Berechnung des Kindesunterhalts (Fall 1).......................		288
	III.	Berechnung des Ehegattenunterhalts (zu Fall 1)..................		288
	IV.	Berechnung des Kindesunterhalts (Fall 2).......................		289
	V.	Berechnung des Ehegattenunterhalts (zu Fall 2)..................		289
	VI.	Berechnung des Kindesunterhalts (Fall 3).......................		289
	VII.	Berechnung des Ehegattenunterhalts (zu Fall 3)..................		290
	VIII.	Berechnung des Kindesunterhalts (Fall 4).......................		290
	IX.	Berechnung des Ehegattenunterhalts (zu Fall 4)..................		291
	X.	Berechnung des Kindesunterhalts (Fall 5).......................		291
	XI.	Berechnung des Ehegattenunterhalts (zu Fall 5)..................		291
	XII.	Berechnung Volljährigenunterhalt (Student).....................		291
H.	Befristung von nachehelichem Unterhalt (§ 1578b BGB).................			292
	I.	Tatbestandvoraussetzungen..................................		294
		1.	Fallgruppen für mögliche ehebedingte Nachteile.............	296
		2.	Ehebedingtheit des Nachteils..........................	303
		3.	Befristung von Krankheits- und Altersunterhalt (§§ 1571, 1572 BGB)..	308
	II.	Rechtsfolge...		312
	III.	Bedeutung der wirtschaftlichen Situation der Eheleute.............		313
	IV.	Gezahlter Unterhalt.......................................		315
	V.	Besondere Umstände aus der Vergangenheit.....................		316
	VI.	Bedeutung des zeitlichen Abstandes zur Scheidung................		317
	VII.	Weitere Billigkeitsgesichtspunkte.............................		318
	VIII.	Darlegungs- und Beweislast bei § 1578b BGB....................		318
	IX.	Verfahrensrechtliche Gesichtspunkte...........................		323
		1.	Geltendmachung im Erstverfahren, kein Abänderungsverfahren.	324
		2.	Entscheidungsmöglichkeiten im Erstverfahren...............	325

Inhaltsverzeichnis

		3. Vergleiche und vollstreckbare (notarielle) Urkunden.	327
		4. Ungeklärte Kostenfragen (Kostenquotelung)	330
		5. Titel aus der Zeit vor dem 01.01.2008	330
	X.	Verhältnis von § 1578b BGB und § 1579 Nr. 1 BGB	333
I.	Unterhaltsausschluss		333
	I.	Nachehelicher Unterhalt (§ 1579 BGB)	333
		1. Grundlagen für den Ausschluss des Unterhaltsanspruchs	334
		2. Fallvarianten des § 1579 BGB	335
		3. Grobe Unbilligkeit	344
		4. Kinderschutzklausel	345
		5. Verwirkung der Verwirkung	346
		6. Verfahrensrechtliche Aspekte sowie Darlegungs- und Beweislast. .	347
	II.	Verwirkung bei Kindesunterhalt und Elternunterhalt (§ 1611 BGB). . . .	348
		1. Eintritt der Bedürftigkeit durch sittliches Verschulden	350
		2. Gröbliche Vernachlässigung der eigenen Unterhaltsverpflichtung.	351
		3. Schwere vorsätzliche Verfehlung ggü. dem Unterhaltspflichtigen .	352
		4. Rechtsfolgen	356
J.	Elternunterhalt		356
	I.	Bedarf des unterhaltsberechtigten Elternteils	357
	II.	Bedürftigkeit des unterhaltsberechtigten Elternteils	358
		1. Anrechnung von Einkommen	359
		2. Anrechnung von Vermögen	360
	III.	Leistungsfähigkeit des unterhaltspflichtigen Kindes.	363
		1. Einkommen des unterhaltspflichtigen Kindes.	364
		2. Einkommen des Ehegatten des unterhaltspflichtigen Kindes	364
		3. Selbstbehalt des unterhaltspflichtigen Kindes	366
		4. Selbstbehalt des Ehegatten des elternunterhaltspflichtigen Kindes	367
		5. Bedeutung des Familienunterhalts für den Selbstbehalt	367
		6. Haftungsverteilung zwischen Geschwistern	370
		7. Auskunftsansprüche	370
		8. Verwirkung des Unterhaltsanspruchs	371
Kapitel 4:	**Vertragsgestaltung in Unterhaltssachen**		**373**
A.	Vertragstypen und -form		374
	I.	Vertragstypen	374
		1. Ehevertrag bzw. vorsorgliche Unterhaltsvereinbarung	374
		2. Trennungs- bzw. Scheidungsfolgenvereinbarung	376
	II.	Form der Vereinbarung	376
B.	Vorsorgende Unterhaltsvereinbarungen		377
	I.	Gestaltungsmöglichkeiten	378
	II.	Grenzen der Vertragsfreiheit	379
		1. Kernbereichslehre	379
		2. Sittenwidrigkeit nach § 138 BGB	380
		3. Ausübungskontrolle nach § 242 BGB	383

Inhaltsverzeichnis

		4.	Störung der Geschäftsgrundlage (§ 313 BGB)	384
		5.	Anfechtung	385
	III.	Regelungsmöglichkeiten		385
		1.	Kindesunterhalt	385
		2.	Ehegattenunterhalt.	386
		3.	Checkliste: Unterhaltsvereinbarungen	391
C.	Unterhaltsvereinbarungen in Zusammenhang mit Trennung und Scheidung. . .			391
	I.	Ehegattenunterhalt		392
		1.	Fehlende Geschäftsgrundlage	392
		2.	Vereinbarung einer Geschäftsgrundlage	393
		3.	Abfindungen	398
		4.	Realsplitting.	400
	II.	Kindesunterhalt		400
		1.	Muster: Vereinbarung eines statischen Kindesunterhalts	401
		2.	Muster: Vereinbarung eines dynamischen Kindesunterhalts sowie Mehrbedarf	402
		3.	Muster: Vereinbarung eines statischen Kindesunterhalts im Wechselmodell.	402
		4.	Freistellungsvereinbarung.	405
		5.	Regelungsmöglichkeit bei volljährigen Kindern	405

Kapitel 5: Durchsetzung des Unterhaltsanspruchs im gerichtlichen Verfahren. 407

A.	Strategische Überlegungen.			407
	I.	Erstmalige Einleitung eines Unterhaltsverfahrens		408
		1.	Einstweilige Unterhaltsanordnung	408
		2.	Unterhaltsantrag nach §§ 253, 258 ZPO	408
		3.	Auskunft	408
	II.	Vollständige Abweisung des Unterhaltsantrags		409
	III.	Teilweise Abweisung des Unterhaltsantrags		410
	IV.	Korrektur eines Titels aus einem Hauptsacheverfahren		411
		1.	Abänderung des Titels	411
		2.	Beseitigung des Titels	412
	V.	Aufhebung oder Abänderung einer einstweiligen Unterhaltsanordnung .		412
	VI.	Verfahrensbestimmende Faktoren		413
B.	Zuständiges Gericht in Unterhaltssachen.			414
	I.	Sachliche Zuständigkeit		414
		1.	Unterhaltssachen	415
		2.	Kombination von Unterhaltssachen mit allgemeinen Zivilsachen .	418
	II.	Örtliche Zuständigkeit		419
		1.	Anhängigkeit einer Ehesache (§ 232 Abs. 1 Nr. 1 FamFG)	421
		2.	Kindesunterhalt (§ 232 Abs. 1 Nr. 2 FamFG)	422
		3.	Vorrang der Zuständigkeit nach § 232 Abs. 1 FamFG..........	424

XV

Inhaltsverzeichnis

		4.	Örtliche Zuständigkeit in isolierten Unterhaltsverfahren nach § 232 Abs. 3 FamFG	424
	III.		Internationale Zuständigkeit	426
		1.	Zuständigkeit bei isolierter Verfahrensführung	426
		2.	Verbundzuständigkeit	427
	IV.		Abgabe an das Gericht der Ehesache (§ 233 FamFG)	428
		1.	Rechtshängigkeit der Ehesache	428
		2.	Abgabe von Amts wegen	428
		3.	Bindungswirkung	429
		4.	Rechtsfolgen der Abgabe	429
C.			Einstweilige Unterhaltsanordnung	429
	I.		Streitgegenstand	430
	II.		Anordnungsvoraussetzungen	431
		1.	Antrag (§ 51 Abs. 1 FamFG)	431
		2.	Zuständiges Gericht	432
		3.	Anordnungsgrund	433
		4.	Anordnungsanspruch	434
	III.		Entscheidung über den Antrag	435
		1.	Regelungsumfang	435
		2.	Entscheidung durch Beschluss	435
	IV.		Außerkrafttreten der einstweiligen Unterhaltsanordnung	436
	V.		Rechtsschutz ggü. einer einstweiligen Unterhaltsanordnung	438
		1.	Änderung und Aufhebung der einstweiligen Unterhaltsanordnung nach § 54 FamFG	438
		2.	Einleitung der Unterhaltshauptsache nach § 52 Abs. 2 FamFG	438
		3.	Beschwerde (§ 57 FamFG)	439
		4.	Abänderungsverfahren nach § 238 Abs. 1 FamFG	439
		5.	Negativer Feststellungsantrag (§ 256 ZPO)	439
		6.	Vollstreckungsabwehrantrag nach §§ 113 Abs. 5 Nr. 2, 120 Abs. 1 FamFG; 767 ZPO	445
		7.	Vergleich im AO-Verfahren	445
	VI.		Übersicht zum Rechtsschutz	447
	VII.		Muster	448
		1.	Muster: Antrag auf Erlass einer einstweiligen Unterhaltsanordnung auf Trennungsunterhalt	448
		2.	Muster: Antrag auf Erlass einer einstweiligen Unterhaltsanordnung auf Kindesunterhalt (Mindestunterhalt)	449
		3.	Muster: Antrag auf mündliche Verhandlung nach § 54 Abs. 2 FamFG	451
		4.	Muster: Antrag auf Aufhebung der Entscheidung nach § 54 Abs. 1 FamFG	451
		5.	Muster: Negativer Feststellungsantrag gegen die einstweilige Unterhaltsanordnung	452
	VIII.		Checkliste: Einstweilige Unterhaltsanordnung	453
	IX.		Einstweilige Anordnung vor Geburt des Kindes nach § 247 FamFG	454

Inhaltsverzeichnis

		1.	Antrag	454
		2.	Kindesunterhalt	454
		3.	Unterhalt nach § 1615l Abs. 1 BGB	455
		4.	Glaubhaftmachung	455
		5.	Hinterlegung	455
		6.	Verhältnis zu § 248 FamFG	456
		7.	Rechtsmittel	456
		8.	Schadensersatz (§ 248 Abs. 5 Satz 2 FamFG analog)	456
	X.	Einstweilige Anordnung bei Anhängigkeit eines Vaterschaftsfeststellungsverfahrens (§ 248 FamFG)		456
		1.	Anhängigkeit eines Vaterschaftsfeststellungsverfahrens	457
		2.	Antrag nach § 248 Abs. 1 FamFG	457
		3.	Zuständigkeit (§ 248 Abs. 2 FamFG)	457
		4.	Anwendung der Vaterschaftsvermutung (§ 248 Abs. 3 FamFG)	458
		5.	Sicherheitsleistung (§ 248 Abs. 4 FamFG)	458
		6.	Außerkrafttreten der einstweiligen Anordnung (§ 248 Abs. 5 Satz 1 FamFG)	458
		7.	Schadensersatz (§ 248 Abs. 5 Satz 2 FamFG)	458
		8.	Rechtsmittel	458
	XI.	Anhang: Arrest in Unterhaltssachen		459
		1.	Streitgegenstand	459
		2.	Zuständigkeit (§ 919 ZPO)	459
		3.	Arrestgesuch (§ 920 ZPO)	459
		4.	Arrestarten und Arrestgrund	460
		5.	Muster für die Antragstellung	461
D.	Unterhaltsantrag nach §§ 253, 258 ZPO			461
	I.	Erhebung des Antrags (§ 253 Abs. 1 ZPO)		462
	II.	Mindestinhalt des Unterhaltsantrags (§ 253 Abs. 2 ZPO)		462
		1.	Anschrift der Beteiligten	462
		2.	Bestimmtheit des Antrags	462
		3.	Bedingte Antragstellung	463
		4.	Form der Antragsschrift	464
		5.	Mögliche Angaben sowie Abschriften	465
	III.	Bedeutung des § 258 ZPO		466
	IV.	Rechtsschutzbedürfnis für einen Unterhaltsantrag		468
		1.	Vollständige Titulierung des Unterhalts	469
		2.	Einseitige titulierte Verpflichtungserklärungen	469
		3.	Freiwillige Zahlung des Schuldners	471
	V.	Verfahrensmäßige Besonderheiten beim Kindesunterhalt		475
		1.	Vertretung des Kindes im Unterhaltsverfahren	476
		2.	Verfahrensführungsbefugnis	478
		3.	Vollstreckung des Unterhaltstitels	480
		4.	Verfahrensstandschaft und VKH	481
		5.	Minderjähriges Kind wird volljährig	482
		6.	Einwand der Volljährigkeit	483

XVII

Inhaltsverzeichnis

		7.	Tenorierung des Unterhalts minderjähriger Kinder.	485
		8.	Unterhalt bei Feststellung der Vaterschaft (§ 237 FamFG)	487
	VI.		Verfahrensrechtliche Besonderheiten beim Ehegattenunterhalt	490
		1.	Grundsatz der Nichtidentität	490
		2.	Unterhalt für die Vergangenheit	490
		3.	Vollstreckung nach Rechtskraft der Scheidung	491
	VII.		Berücksichtigung staatlicher Hilfen	491
		1.	Sozialhilfe bzw. Arbeitslosenhilfe	491
		2.	Unterhaltsvorschuss (UntVorschG)	494
		3.	Ausbildungsförderung (BAföG)	495
	VIII.		Verfahrensablauf	495
		1.	Antragsbegründung	495
		2.	Antragserwiderung	498
		3.	Mündliche Verhandlung.	499
		4.	Beweisfragen	501
		5.	Verfahrensabschluss	504
	IX.		Muster	512
		1.	Muster: Ehegattenunterhalt – Unterhaltsantrag, Trennung	512
		2.	Muster: Kindesunterhalt – Unterhaltsantrag, dynamisch	514
		3.	Muster: Kindesunterhalt – Unterhaltsantrag, statisch (volljähriges Kind)	516
		4.	Muster: Kindesunterhalt – Abweisungsantrag	518
		5.	Muster: Ehegattenunterhalt – sofortiges Anerkenntnis	520
E.			Abänderung eines Unterhaltstitels	521
	I.		Abänderung von gerichtlichen Entscheidungen nach § 238 FamFG	521
		1.	Rechtsnatur des Abänderungsverfahrens nach § 238 FamFG	521
		2.	Streitgegenstand des Abänderungsverfahrens	522
		3.	Allgemeine Verfahrensvoraussetzungen des Abänderungsverfahrens nach § 238 FamFG	523
		4.	Einstellung der Zwangsvollstreckung nach § 242 FamFG	524
		5.	Verschärfte Bereicherungshaftung nach § 241 FamFG	525
		6.	Abänderungsvoraussetzungen	525
		7.	Abgrenzung zum Leistungsverfahren nach § 113 FamFG i. V. m. § 258 ZPO	537
		8.	Verhältnis zum Vollstreckungsabwehrverfahren nach § 767 ZPO	541
		9.	Verhältnis zum Rechtsmittel der Beschwerde	545
		10.	Checkliste zum Abänderungsantrag nach § 238 FamFG	546
	II.		Abänderung von Vergleichen und Urkunden (§ 239 FamFG)	547
		1.	Anwendungsbereich	548
		2.	Abänderungsantrag nach § 239 FamFG	548
		3.	Abänderung entsprechend § 313 BGB	550
		4.	Abgrenzung zum Leistungsantrag nach § 113 Abs. 1 FamFG i. V. m. § 258 ZPO	553
		5.	Abgrenzung zum Vollstreckungsabwehrantrag nach § 767 ZPO	555
		6.	Anwaltliche Vorgehensweise	555

Inhaltsverzeichnis

	III.	Abänderung nach § 240 FamFG	556
		1. Anwendungsbereich	556
		2. Voraussetzungen der Abänderung nach § 240 FamFG	557
		3. Zeitliche Begrenzung für die Herabsetzung des Unterhalts	558
	IV.	Muster	559
		1. Muster: Ehegattenunterhalt – Abänderungsstufenantrag der Ehefrau	559
		2. Muster: Ehegattenunterhalt – Abänderungsantrag des Unterhaltsschuldners	562
		3. Muster: Ehegattenunterhalt – Abänderungsantrag wegen Änderung der Geschäftsgrundlage	563
		4. Muster: Kindesunterhalt – Abänderungsantrag des minderjährigen Kindes gegen den Vater	564
		5. Muster: Kindesunterhalt – Abänderungsstufenantrag des minderjährigen Kindes gegen den Vater.	566
		6. Muster: Kindesunterhalt – Abänderungsabweisungsantrag	568
F.	Besondere Verfahrensarten		569
	I.	Widerantrag	569
		1. Anwendungsmöglichkeiten	569
		2. Zulässigkeit des Widerantrags.	572
	II.	Feststellungsantrag nach § 256 ZPO	574
		1. Anwendungsmöglichkeiten	574
		2. Feststellungsinteresse	576
		3. Feststellungsantrag	576
		4. Feststellungsbeschluss	576
		5. Zwangsvollstreckung	577
		6. VKH	577
	III.	Vollstreckungsabwehrantrag (§ 767 ZPO)	578
		1. Zielsetzung des Vollstreckungsabwehrantrags	578
		2. Zuständiges Gericht	578
		3. Einwendungen	579
		4. Allgemeine Zulässigkeitsvoraussetzungen	582
		5. Abgrenzung zu den Abänderungsverfahren	583
		6. Vollstreckungsgegenantrag gegen einstweilige Anordnung	588
		7. Muster: Ehegattenunterhalt – Vollstreckungsabwehrantrag.	588
G.	Rechtsmittel in Unterhaltssachen		590
	I.	Rechtsmittelüberblick	590
	II.	Beschwerde	590
		1. Statthaftigkeit der Beschwerde	592
		2. Beschwerdeberechtigung (§§ 59, 60 FamFG)	593
		3. Einlegung der Beschwerde	594
		4. Beschwerdebegründung	596
		5. Beschwerdebegründungsfrist	598
		6. Anschlussbeschwerde nach § 66 FamFG	602
		7. Beschwerdeverzicht (§ 67 FamFG)	603

Inhaltsverzeichnis

		8.	Rücknahme der Beschwerde (§ 67 Abs. 4 FamFG)	604
		9.	Beschwerdeverfahren	604
		10.	Beschwerdeentscheidung	605
	III.		Rechtsbeschwerde	606
		1.	Statthaftigkeit der Rechtsbeschwerde	607
		2.	Einlegung der Rechtsbeschwerde (§ 71 FamFG)	608
		3.	Begründung der Rechtsbeschwerde	608
		4.	Anschlussrechtsbeschwerde (§ 73 FamFG)	611
		5.	Rechtsbeschwerdeentscheidung	611
		6.	Sprungrechtsbeschwerde (§ 75 FamFG)	614
H.			Unterhalt als Folgesache im Verbund	615
	I.		Scheidungsverbund	615
		1.	Scheidungsverbundverfahren	616
		2.	Unterhalt als Folgesache (§ 137 Abs. 2 FamFG)	617
		3.	Antragstellung	619
		4.	VKH	622
		5.	Abgabe oder Verweisung an das Gericht der Ehesache (§ 137 Abs. 4 FamFG)	622
		6.	Verfahrensbesonderheiten des Verbunds	623
		7.	Übersicht zum Scheidungsverbund	624
	II.		Folgesache Kindesunterhalt (§ 137 Abs. 2 Satz 1 Nr. 2, 1. Alt. FamFG) . .	624
		1.	Allgemeines	624
		2.	Muster: Kindesunterhalt – Folgesachenantrag	626
	III.		Folgesache Ehegattenunterhalt (§ 137 Abs. 2 Satz 1 Nr. 2, 2. Alt. FamFG)	628
		1.	Allgemeines	628
		2.	Muster: Folgesachenantrag – Unterhalt wegen Krankheit	628
	IV.		Abtrennung einer Folgesache (§ 140 FamFG)	630
		1.	Abtrennung nach § 140 Abs. 1 FamFG	634
		2.	Härtefälle (§ 140 Abs. 2 Satz 2 Nr. 5 FamFG)	634
		3.	Abtrennung einer Unterhaltsfolgesache (§ 140 Abs. 3 FamFG) . . .	636
		4.	Verfahren	637
		5.	Muster: Antrag auf Abtrennung einer Folgesache nach § 140 Abs. 2 Nr. 5 FamFG	639
	V.		Rücknahme des Scheidungsantrags	640
		1.	Anwendung von § 269 ZPO	640
		2.	Wirkungen der Rücknahme auf den Scheidungsantrag	641
		3.	Auswirkungen auf die Folgesachen	641
	VI.		Vollstreckung von Unterhaltsfolgesachen	642
		1.	Rechtskraft einer Verbundentscheidung	643
		2.	Wiedereinsetzung in den vorigen Stand	643
		3.	Vollstreckung erst ab Rechtskraft der Scheidung	644
	VII.		Scheidungsverbundbeschluss	644
		1.	Einheitliche Entscheidung	644
		2.	Begründeter Scheidungsantrag	645

Inhaltsverzeichnis

	VIII.	Beschwerde in Verbundsachen		648
		1. Voraussetzungen der Beschwerde		649
		2. Rechtsmittelfristen nach § 145 FamFG		649
		3. Rechtsmittelerweiterung		650
		4. Anschlussrechtsmittel		650
		5. Fristberechnung		653
		6. Muster zum Beschwerdeverfahren		655
	IX.	Rechtsbeschwerde gegen Verbundbeschlüsse		660
		1. Voraussetzungen einer zulässigen Rechtsbeschwerde		660
		2. Anschlussrechtsbeschwerde (§ 73 FamFG)		661
		3. Sprungrechtsbeschwerde		661
		4. Erweiterte Aufhebung nach § 147 FamFG		662
		5. Muster		665
I.	Vereinfachtes Unterhaltsverfahren			668
	I.	Verhältnis zum »allgemeinen« Unterhaltsverfahren		669
		1. Subsidiarität des vereinfachten Verfahrens		669
		2. Konkurrenzen		669
	II.	Beteiligte des vereinfachten Verfahrens		670
		1. Antragsteller		670
		2. Antragsgegner		670
	III.	Unterhaltsantrag im vereinfachten Verfahren		671
		1. Inhalt des Unterhaltsantrags nach § 250 FamFG		672
		2. Zustellung des Antrags an den Unterhaltsschuldner (§ 251 Abs. 1 FamFG)		674
		3. Hinweispflicht nach § 251 Abs. 1 Satz 2 FamFG		674
	IV.	Einwendungen des Antragsgegners (§ 252 FamFG)		675
		1. Einwendungen nach § 252 Abs. 1 FamFG		676
		2. Einwendungen nach § 252 Abs. 2 FamFG		677
		3. Einwand der Erfüllung (§ 252 Abs. 2 Satz 2 FamFG)		678
		4. Entscheidung des Gerichts über Einwendungen		678
	V.	Festsetzungsbeschluss nach § 253 FamFG		679
		1. Voraussetzungen der Unterhaltsfestsetzung		679
		2. Verfahren im Fall zulässiger Einwendungen des Antragsgegners		680
		3. Inhalt des Festsetzungsbeschlusses		681
		4. Vollstreckung		681
	VI.	Streitiges Verfahren nach § 255 FamFG		681
		1. Antrag eines Beteiligten		682
		2. Verfahrensablauf im Fall eines Antrags nach § 255 Abs. 1 FamFG		682
		3. Fiktion der Rücknahme des Festsetzungsantrags		683
	VII.	Beschwerde gegen den Festsetzungsbeschluss (§ 256 FamFG)		683
		1. Beschwerdefähige Einwendungen		683
		2. Unzulässige Einwendungen		684
J.	Rückforderung von zu viel gezahltem Unterhalt			685
	I.	Problematik		686
	II.	Bereicherungsrechtliche Rückforderung von Unterhalt		686

XXI

Inhaltsverzeichnis

		1.	Rechtsgrundlose Unterhaltszahlungen	686
		2.	Entreicherungseinwand nach § 818 Abs. 3 BGB	688
		3.	Verschärfte Bereicherungshaftung	688
		4.	Rückforderungsantrag	692
	III.		Schadensersatzansprüche wegen überhöhter Unterhaltszahlungen	692
		1.	Schadensersatz nach § 826 BGB	693
		2.	Offenbarungspflicht des Unterhaltsberechtigten	693
		3.	Antragstellung	696
	IV.		Anwaltliche Strategie	696
	V.		Übersicht: Rückzahlung Unterhalt	697
K.			Kosten des Unterhaltsverfahrens	698
	I.		Entscheidung nach billigem Ermessen	698
	II.		Kriterien der Kostenentscheidung	699
		1.	Verhältnis von Obsiegen und Unterliegen (§ 243 Nr. 1 FamFG)	699
		2.	Auskunftsverweigerung (§ 243 Nr. 2 FamFG)	699
		3.	Ungenügende Auskunft ggü. dem Gericht (§ 243 Nr. 3 FamFG)	699
		4.	Sofortiges Anerkenntnis (§ 243 Nr. 4 FamFG i. V. m. § 93 ZPO)	699

Stichwortverzeichnis 701

Verzeichnis der Muster, Formulierungsvorschläge und Checklisten

	Kap.	Rdn.
Abänderung eines Unterhaltstitels		
• Checkliste: Korrektur eines bestehenden Unterhaltstitels	5	31
• Formulierungsvorschlag: Abänderungsantrag gerichtet auf Erhöhung des Unterhalts	5	554
• Formulierungsvorschlag: Abänderungsantrag gerichtet auf Herabsetzung des Unterhalts	5	555
• Formulierungsvorschlag: Abänderungsantrag gerichtet auf Entfallen der Unterhaltspflicht	5	556
• Formulierungsvorschlag: Abänderungsstufenantrag	5	557
• Formulierungsvorschlag: Verzichtsaufforderung	5	569
• Checkliste zum Abänderungsantrag nach § 238 FamFG	5	606
• Formulierungsvorschlag: Abänderung eines Vergleichs, gerichtet auf Erhöhung des Unterhalts	5	613
• Formulierungsvorschlag: Abänderung eines Vergleichs, gerichtet auf Herabsetzung des Unterhalts	5	614
• Formulierungsvorschlag: Abänderung eines Vergleichs, gerichtet auf Entfallen der Unterhaltspflicht	5	615
• Formulierungsvorschlag: Abänderungsstufenantrag – Vergleich	5	617
• Checkliste Abänderungsantrag nach § 239 FamFG	5	631
• Muster: Ehegattenunterhalt – Abänderungsstufenantrag der Ehefrau	5	669
• Muster: Ehegattenunterhalt – Abänderungsantrag des Unterhaltsschuldners	5	670
• Muster: Ehegattenunterhalt – Abänderungsantrag wegen Änderung der Geschäftsgrundlage	5	671
• Muster: Kindesunterhalt – Abänderungsantrag des minderjährigen Kindes gegen den Vater	5	672
• Muster: Kindesunterhalt – Abänderungsstufenantrag des minderjährigen Kindes gegen den Vater	5	673
• Muster: Kindesunterhalt – Abänderungsabweisungsantrag	5	674
Arrest in Unterhaltssachen		
• Formulierungsvorschlag: Antrag auf dinglichen Arrest	5	236
• Formulierungsvorschlag: Antrag auf persönlichen Arrest	5	237

Verzeichnis der Muster, Formulierungsvorschläge und Checklisten

	Kap.	Rdn.
Auskunftsanspruch		
• Formulierungsvorschlag: Auskunftsantrag zu den Einkünften eines Arbeitnehmers	2	91
• Formulierungsvorschlag: Auskunftsantrag zu den Einkünften eines Selbstständigen	2	92
• Formulierungsvorschlag: Stufenantrag	2	110
• Formulierungsvorschlag: Auskunft nach §§ 235, 236 FamFG	2	167
• Muster: Unterhaltsstufenantrag	2	168
• Muster: Abänderungsstufenantrag	2	169
• Muster: Abänderungsstufenantrag des minderjährigen Kindes	2	170
Beschwerde		
• Formulierungsvorschlag: Beschwerdeantrag des Beschwerdeführers	5	818
• Formulierungsvorschlag: Beschwerdeantrag des Beschwerdegegners	5	819
• Formulierungsvorschlag: Antrag Anschlussbeschwerde	5	844
Beschwerde in Verbundsachen		
• Muster: Einlegung der Beschwerde	5	1099
• Muster: Fristverlängerung für Begründung der Beschwerde	5	1100
• Muster: Begründung der Beschwerde (Änderung mehrerer Folgesachen)	5	1101
• Muster: Begründung der Beschwerde (Änderung einer Folgesache)	5	1102
• Muster: Unselbstständige Anschlussbeschwerde	5	1103
• Muster: Anschließung wegen anderer Folgesache	5	1104
Einstweilige Unterhaltsanordnung		
• Formulierungsvorschlag: Antrag auf Erlass einer einstweilgen Unterhaltsanordnung	5	118
• Muster: Antrag auf Erlass einer einstweiligen Unterhaltsanordnung auf Trennungsunterhalt	5	185
• Muster: Antrag auf Erlass einer einstweiligen Unterhaltsanordnung auf Kindesunterhalt (Mindestunterhalt)	5	186
• Muster: Antrag auf mündliche Verhandlung nach § 54 Abs. 2 FamFG	5	187
• Muster: Antrag auf Aufhebung der Entscheidung nach § 54 Abs. 1 FamFG	5	188

Verzeichnis der Muster, Formulierungsvorschläge und Checklisten

	Kap.	Rdn.
• Muster: Negativer Feststellungsantrag gegen die einstweilige Unterhaltsanordnung	5	189
• Checkliste: Einstweilige Unterhaltsanordnung	5	190

Elternunterhalt

• Checkliste: Leistungsfähigkeit des unterhaltspflichtigen Kindes	3	974

Kindesunterhalt

• Checkliste in Unterhaltssachen	1	42
• Muster: Auskunft zum Kindesunterhalt (minderjähriges Kind)	1	190
• Muster: Auskunft zum Kindesunterhalt (volljähriges Kind)	1	191
• Muster: Auskunft zum Kindesunterhalt sowie Trennungsunterhalt	1	192
• Muster: Auskunft eines Selbstständigen in Unterhaltssachen	1	193
• Muster: Zahlungsaufforderung zum Kindesunterhalt	1	194
• Muster: Titulierungsaufforderung zum Kindesunterhalt	1	195

Rechtsbeschwerde gegen Verbundbeschlüsse

• Muster: Einlegung der Rechtsbeschwerde	5	1128
• Muster: Begründung der Rechtsbeschwerde	5	1129
• Muster: Sprungrechtsbeschwerde	5	1130

Rückforderung von zu viel gezahltem Unterhalt

• Formulierungsbeispiel: Rückwirkende Abänderung Unterhaltsvergleich	5	1237
• Formulierungsbeispiel: Rückforderungsantrag	5	1258
• Formulierungsbeispiel: Antrag auf Schadensersatz nach § 826 BGB	5	1278

Scheidungsverbundbeschluss - Säumnisentscheidung

• Muster: Einspruch gegen Säumnisbeschluss	5	1066

Steuerliche Abzugsfähigkeit von Unterhaltszahlungen

• Formulierungsvorschlag: Aufforderung zur Zustimmung zum Realsplitting	3	440

Unterhalt als Folgesache im Verbund

• Muster: Kindesunterhalt – Folgesachenantrag	5	972

Verzeichnis der Muster, Formulierungsvorschläge und Checklisten

	Kap.	Rdn.
• Muster: Folgesachenantrag – Unterhalt wegen Krankheit	5	977
• Muster: Antrag auf Abtrennung einer Folgesache nach § 140 Abs. 2 Nr. 5 FamFG	5	1018

Unterhaltsantrag nach §§ 253, 258 ZPO

	Kap.	Rdn.
• Formulierungsvorschlag: Unterhaltsantrag nach § 258 ZPO	5	265
• Checkliste: Unterhaltsantrag	5	301
• Formulierungsvorschlag: Dynamischer Unterhaltsantrag	5	366
• Formulierungsvorschlag: Antrag auf Verwandtenunterhalt	5	409
• Muster: Gerichtlicher Beweisbeschluss	5	443
• Muster: Ehegattenunterhalt – Unterhaltsantrag, Trennung	5	503
• Muster: Kindesunterhalt – Unterhaltsantrag, dynamisch	5	504
• Muster: Kindesunterhalt – Unterhaltsantrag, statisch (volljähriges Kind)	5	506
• Muster: Kindesunterhalt – Abweisungsantrag	5	507
• Muster: Ehegattenunterhalt – sofortiges Anerkenntnis	5	508

Unterhalt wegen Kinderbetreuung

	Kap.	Rdn.
• Checkliste für den Sachvortrag	3	60
• Checkliste: Unterhalt wegen Kinderbetreuung	3	81

Unterhaltsvereinbarungen im Zusammenhang mit Trennung und Scheidung

	Kap.	Rdn.
• Formulierungsbeispiel Ehevertrag – Trennungsunterhalt	4	88
• Formulierungsbeispiel Ehevertrag – nachehelicher Unterhalt	4	89
• Formulierungsbeispiel Ehevertrag – Nachehelicher Unterhalt, Wiederverheiratung	4	92
• Formulierungsbeispiel Ehevertrag – nachehelicher Unterhalt, Abfindung	4	96
• Formulierungsvorschlag: Zustimmung und Mitwirkungsverpflichtung im Steuerfestsetzungsverfahren	4	98
• Formulierungsvorschlag: Zustimmung und Mitwirkungsverpflichtung im Steuerfestsetzungsverfahren	4	98
• Checkliste zum Kindesunterhalt	4	102
• Muster: Vereinbarung eines statischen Kindesunterhalts	4	103
• Muster: Vereinbarung eines dynamischen Kindesunterhalts sowie Mehrbedarf	4	104
• Muster: Vereinbarung eines statischen Kindesunterhalts im Wechselmodell	4	105

Verzeichnis der Muster, Formulierungsvorschläge und Checklisten

	Kap.	Rdn.
• Formulierungsvorschlag: Freistellungsvereinbarung – minderjähriges Kind	4	107
• Formulierungsvorschlag: Freistellungsvereinbarung – Volljährigenunterhalt	4	109
• Formulierungsvorschlag: Freistellungsvereinbarung – Volljährigenunterhalt, Student	4	111

Verbraucherinsolvenz

• Checkliste für die Vorgaben des BGH zur unterhaltsrechtlichen Obliegenheit zur Verbraucherinsolvenz	3	533

VKH

• Muster: VKH-Bewilligung bei Ratenzahlung	1	132
• Muster: VKH-Bewilligung ohne Ratenzahlung	1	133
• Muster: Antrag auf VKH-Bewilligung (»bedingte« Antragstellung)	1	196
• Muster: Antrag auf VKH-Bewilligung (»unbedingte« Antragstellung)	1	197
• Muster: Sofortige Beschwerde gegen ablehnenden VKH-Beschluss	1	198

Vollstreckung von Unterhaltsfolgesachen

• Formulierungsbeispiel: Beschlussformel	5	1041

Vollstreckungsabwehrantrag (§ 767 ZPO)

• Muster: Ehegattenunterhalt – Vollstreckungsabwehrantrag	5	778

Vorsorgende Unterhaltsvereinbarungen

• Formulierungsbeispiel einer Vereinbarung zum Kindesunterhalt	4	53
• Formulierungsbeispiel einer Vereinbarung zum Ehegattenunterhalt – »Altersphasenmodell«	4	60
• Formulierungsbeispiel einer Vereinbarung zum Ehegattenunterhalt – Unterhaltsverzicht	4	69
• Formulierungsbeispiel einer Vereinbarung zum Ehegattenunterhalt – Novation	4	74
• Checkliste: Unterhaltsvereinbarungen	4	75

Abkürzungsverzeichnis

A
a. A.	andere Ansicht
a. E.	am Ende
a. F.	alte Fassung
Abs.	Absatz
abzgl.	abzüglich
AG	Amtsgericht
AK	Arbeitskreis
Alt.	Alternative
Anm.	Anmerkung
AO	Abgabenordnung
AP	Arbeitsrechtliche Praxis
ARGE	Arbeitsgemeinschaft der Agentur für Arbeit
Art.	Artikel
Az.	Aktenzeichen

B
BAföG	Bundesausbildungsförderungsgesetz
BAT	Bundesangestelltentarifvertrag
BayObLG	Bayerisches Oberstes Landesgericht
BEEG	Bundeselterngeld- und Elternzeitgesetz
BetrKV	Betriebskostenverordnung
BFH	Bundesfinanzhof
BGH	Bundesgerichtshof
BGHSt	Entscheidungen des Bundesgerichtshofs in Strafsachen
BGHZ	Entscheidungen des Bundesgerichtshofs in Zivilsachen
BKGG	Bundeskindergeldgesetz
BORA	Berufsordnung der Rechtsanwälte
BRAO	Bundesrechtsanwaltsordnung
BSG	Bundessozialgericht
bspw.	beispielsweise
BT-Drucks.	Bundestagsdrucksache
BVerfG	Bundesverfassungsgericht
BVerwG	Bundesverwaltungsgericht
bzgl.	bezüglich
bzw.	beziehungsweise

D
d. h.	das heißt
DStR	Deutsches Steuerrecht (Zs.)
DVO	Durchführungsverordnung

E
EGZPO	Gesetz betreffend die Einführung der Zivilprozessordnung
EStG	Einkommensteuergesetz
etc.	et cetera
evtl.	eventuell

Abkürzungsverzeichnis

F
f.	folgende
FamFG	Gesetz über das Verfahren in Familiensachen und in den Angelegenheiten der freiwilligen Gerichtsbarkeit
FamFR	Familienrecht und Familienverfahrensrecht (Zs.)
FamG	Familiengericht
FamGKG	Familiengerichtskostengesetz
FamRB	Familienrechtsberater (Zs.)
FamRZ	Zeitschrift für das gesamte Familienrecht
FAZ	Frankfurter Allgemeine Zeitung
ff.	fortfolgende
FF	forum Familienrecht (Zs.)
FGPrax	Praxis der freiwilligen Gerichtsbarkeit (Zs.)
FPR	Familie Partnerschaft und Recht (Zs.)
FuR	Familie und Recht (Zs.)

G
geb.	geboren
gem.	gemäß
GG	Grundgesetz
ggf.	gegebenenfalls
GKG	Gerichtskostengesetz
grds.	grundsätzlich
GVG	Gerichtsverfassungsgesetz

H
h. M.	herrschende Meinung
Halbs.	Halbsatz

I
i. d. R.	in der Regel
i. H. d.	in Höhe der/des
i. H. v.	in Höhe von
i. R. d.	im Rahmen der/des
i. S. d.	im Sinne der/des
i. S. e.	im Sinne einer/eines
i. S. v.	im Sinne von
i. Ü.	im Übrigen
i. V. m.	in Verbindung mit
insb.	insbesondere
InsO	Insolvenzordnung

J
JAmt	Das Jugendamt (Zs.)
JMBl.	NW Justizministerialblatt für das Land Nordrhein-Westfalen
JR	Juristische Rundschau (Zs.)
jurisPR-FamR	juris Praxisreport Familienrecht
JuS	Juristische Schulung (Zs.)
JVEG	Justizvergütungs- und -entschädigungsgesetz

K
KG	Kammergericht
Kfz	Kraftfahrzeug
krit.	kritisch

L
LAG	Landesarbeitsgericht
LMK	Fortführung der »Kommentierten BGH-Rechtsprechung Lindenmaier-Möhring
LPartG	Lebenspartnerschaftsgesetz

M
m. Anm.	mit Anmerkung
m. w. N.	mit weiteren Nachweisen
max.	maximal
MDR	Monatsschrift für Deutsches Recht (Zs.)
MittBayNot	Mitteilungen des Bayerischen Notarvereins, der Notarkasse und der Landesnotarkammer Bayern (Zs.)
mtl.	monatlich

N
NJW	Neue Juristische Wochenschrift (Zs.)
NJW-RR	NJW-Rechtsprechungsreport (Zs.)
NJWE-FER	NJW-Entscheidungsdienst Familien- und Erbrecht (Zs.)
Nr.	Nummer
Nrn.	Nummern
NStZ	Neue Zeitschrift für Strafrecht
NZA	Neue Zeitschrift für Arbeitsrecht

O
o. Ä.	oder Ähnliches
o. g.	oben genannte/r/s
OLG	Oberlandesgericht
OLG-NL	OLG-Rechtsprechung Neue Länder
OLGR	OLG-Report
OVG	Oberverwaltungsgericht

P
PKH	Prozesskostenhilfe
Pkw	Personenkraftwagen

R
RA	Rechtsanwalt/Rechtsanwälte
Rn.	Randnummer
RNotZ	Rheinische Notar-Zeitschrift
Rpfleger	Der Deutsche Rechtspfleger (Zs.)
RPflG	Rechtspflegergesetz
RVG	Gesetz über die Vergütung der Rechtsanwältinnen und Rechtsanwälte

Abkürzungsverzeichnis

S
s.	siehe
S.	Seite
s. o.	siehe oben
s. u.	siehe unten
SGB	Sozialgesetzbuch
sog.	sogenannte/r/s
Std.	Stunde
StGB	Strafgesetzbuch
str.	strittig

T
TVöD	Tarifvertrag für den öffentlichen Dienst
Tz.	Textziffer

U
u. a.	unter anderem
u. Ä.	und Ähnliches
u. U.	unter Umständen
UÄndG	Unterhaltsrechtsänderungsgesetz
UntVorschG	Unterhaltsvorschussgesetz
USt	Umsatzsteuer
usw.	und so weiter

V
v.	vom
v. a.	vor allem
VersAusglG	Versorgungsausgleichsgesetz
vgl.	vergleiche
VKH	Verfahrenskostenhilfe
VO	Verordnung
Vorbem.	Vorbemerkung

Z
z. B.	zum Beispiel
z. T.	zum Teil
z. Zt.	zur Zeit
ZAP	Zeitschrift für die Anwaltspraxis
ZFE	Zeitschrift für Familien- und Erbrecht
ZGS	Zeitschrift für das gesamte Schuldrecht
ZKJ	Zeitschrift für Kindschaftsrecht und Jugendhilfe
ZPO	Zivilprozessordnung
Zs.	Zeitschrift
zzgl.	zuzüglich
zzt.	zurzeit

Literaturverzeichnis

Arens/Ehlers/Spieker	Steuerfragen zum Ehe- und Scheidungsrecht, 2007, zit.: Arens/Ehlers/Spieker, Rn.;
Bahrenfuss	FamFG, 2009, zit.: Bearbeiter, in: Bahrenfuss, § Rn.;
Bamberger/Roth	Kommentar zum Bürgerlichen Gesetzbuch, Band 3: §§ 1297–2385 EGBGB, WEG, 3. Aufl. 2012, zit.: Bamberger/Roth/Bearbeiter, BGB, § Rn.;
Bassenge/Roth	FGG/RPflG, Kommentar, 12. Aufl. 2009, zit.: Bassenge/Roth-Bearbeiter, § (mit) Rn.;
Bergerforth/Rogner	Der Ehescheidungsprozess und die anderen Eheverfahren, 15. Aufl. 2006, zit.: Bergerforth/Rogner, Rn;
Bork/Jacoby/Schwab	FamFG, 2009, zit.: Bearbeiter, in: Bork/Jacoby/Schwab, § Anm.;
Borth	Unterhaltsrechtsänderungsgesetz (UÄndG), 2007, zit.: Borth, Rn.;
Büte/Poppen/Menne	Unterhaltsrecht, 2. Aufl. 2009, zit.: Bearbeiter, in: Büte/Poppen/Menne, § (mit) Rn.;
Büttner/Niepmann/Schwamb	Die Rechtsprechung zur Höhe des Unterhaltes, 11. Aufl. 2010, zitiert: Bearbeiter, in: Rn.
Eckebrecht/Große-Boymann/ Gutjahr/Paul/Schael/von Swieykowski-Trzaska/Weidemann	Verfahrenshandbuch Familiensachen, 2. Aufl. 2010, zit.: Eckebrecht/Große-Boymann/Gutjahr, § Rn.;
Ehinger/Griesche/Rasch	Handbuch Unterhaltsrecht, 6. Aufl. 2010, zit.: Ehinger/Griesche/Rasch, Rn.;
Erman	BGB, 13. Aufl. 2011, zit.: Erman/Bearbeiter, BGB, § Rn.;
Eschenbruch/Klinkhammer	Der Unterhaltsprozess, 5. Aufl. 2009, zit.: Eschenbruch/Klinkhammer, Teil Rn.;
Finke	Unterhaltsrecht in der anwaltlichen Praxis, 3. Aufl. 2012, zit.: Finke, § Rn.;
Finke/Ebert	Bonner Fachanwaltshandbuch für Familienrecht, 7. Aufl. 2010, zit.: Finke/Ebert, § Rn.;
Fölsch	Das neue FamFG in Familiensachen, 2. Aufl. 2009, zit.: Fölsch, § Rn.;
Friederici	Familienverfahrensrecht – Handkommentar, 2009, zit.: HK-FamFG/Bearbeiter, § Rn.;
Gerhardt/v. Heintschel-Heinegg/Klein	Handbuch des Fachanwalts Familienrecht, 8. Aufl. 2011, zit.: Bearbeiter, in: Handbuch FAFamR, Kap. Rn.;
Göppinger/Wax	Unterhaltsrecht, 9. Aufl. 2008, zit.: Bearbeiter, in: Göppinger/Wax, Rn.;
Hamm	Strategien im Unterhaltsrecht, 2. Aufl., 2009, zit.: Hamm, § Rn.;

XXXIII

Literaturverzeichnis

Hartmann	Kostengesetze, 42. Aufl. 2012, zit.: Hartmann, KostenG, § (mit) Rn.;
Hauß	Elternunterhalt – Grundlagen und anwaltliche Strategien, 4. Aufl. 2012, zit.: Hauß, Rn.;
Horndasch	Verbundverfahren Scheidung, 2008, zit.: Horndasch, Rn.;
Horndasch/ Viefhues	Kommentar zum Familienverfahrensrecht, 2. Aufl. 2011, zit.: Horndasch/Viefhues/Bearbeiter, FamFG, § Rn.;
juris Praxiskommentar BGB	Band 4, 4. Aufl. 2009, zit.: Bearbeiter, in: jurisPK-BGB, § Rn.;
Johannsen/Henrich	Familienrecht, 5. Aufl. 2010. Zit: Bearbeiter, in: Johannsen/ Henrich, § Rn.
Kaiser/Schnitzler/Friederici	Bürgerliches Gesetzbuch: BGB, Band 4: Familienrecht, 2. Aufl. 2010, zit.: NK-BGB/Bearbeiter, § Rn.
Keidel/ Kuntze/ Winkler	FamFG, 17. Aufl. 2011, zit.: Keidel/Bearbeiter, § Rn.;
Kemper	Das neue Unterhaltsrecht, 2008, zit.: Kemper, Rn.;
Kleffmann/Klein	Unterhaltsrecht Kommentar, 2011, zit.: Kleffmann/Klein/ Bearbeiter, § Rn.
Kleffmann/Soyka	Praxishandbuch Unterhaltsrecht, 2012, zit.: Bearbeiter, in: Kleffman/Soyka, Kap. Rn.
Klein	Das neue Unterhaltsrecht 2008, 2007, zit.: Klein, S.;
Langenfeld	Handbuch der Eheverträge und Scheidungsvereinbarungen, 6. Aufl. 2011, zit.: Langenfeld, Rn.;
Luthin/ Koch	Handbuch des Unterhaltsrechts, 11. Aufl. 2010, zit.: Luthin/Koch-Bearbeiter, Rn.;
Menne/ Grundmann	Das neue Unterhaltsrecht, 2008, zit.: Menne/Grundmann, S.;
Münchener Anwaltshandbuch Familienrecht	3. Aufl. 2010, zit.: Bearbeiter, in: Münchener Anwaltshandbuch Familienrecht, § Rn.;
Münchener Kommentar zur Zivilprozessordnung	Band 4: FamFG, 4. Aufl. 2012, zit.: MünchKomm/ZPO-Bearbeiter, § Rn.
Musielak	Kommentar zur Zivilprozessordnung, 9. Aufl. 2012, zit.: Musielak/Bearbeiter, ZPO, § Rn.;
Musielak/ Borth	Familiengerichtliches Verfahren (FamFG), 3. Aufl. 2012, zit.: Musielak/Borth, FamFG, § Rn.;
Nomos-Kommentar	s. *Kaiser/Schnitzler/Friederici*
Palandt	Bürgerliches Gesetzbuch, 71. Aufl. 2012, zit.: Palandt/Bearbeiter, BGB, § Rn.;
Peschel-Gutzeit	Das neue Unterhaltsrecht, 2008, zit.: Peschel-Gutzeit, Rn.;
Prütting/ Wegen/ Weinreich	BGB-Kommentar, 7. Aufl. 2012, zit.: Bearbeiter, in: PWW, BGB, § Rn.;
Roßmann	Taktik im neuen familiengerichtlichen Verfahren, 3. Aufl. 2013, zit.: Roßmann, Rn.;

Literaturverzeichnis

Schlünder/Nickel	Das familiengerichtliche Verfahren, 2009, zit.: Schlünder/Nickel, Rn.;
Scholz/Stein	Praxishandbuch Familienrecht, Loseblattwerk, aktueller Stand, zit.: Scholz/Stein, Teil Rn.;
Schulte-Bunert/Weinreich	FamFG, 3. Aufl. 2012; zit.: Bearbeiter, in: Schulte-Bunert/Weinreich, § Rn.
Schwab	Handbuch des Scheidungsrechts, 6. Aufl. 2010, zitiert: Bearbeiter, in: Schwab, Teil Rn.
Strohal	Unterhaltsrechtlich relevantes Einkommen bei Selbständigen, 4. Aufl. 2010, zit.: Strohal, S. (Rn.);
Strohal/Viefhues	Das neue Unterhaltsrecht, 2008, zit.: Strohal/Viefhues, § Rn.;
Thomas/Putzo	Zivilprozessordnung (ZPO), 33. Aufl. 2012, zit.: Thomas/Putzo-Bearbeiter, ZPO, § Rn.;
Viefhues	Fehlerquellen im familiengerichtlichen Verfahren, 3. Aufl. 2011, zit.: Viefhues, Rn.;
Viefhues/Mleczko	Das neue Unterhaltsrecht 2008, 2. Aufl. 2008, zit.: Viefhues/Mleczko, Rn.;
Weinreich/Klein	Fachanwaltskommentar Familienrecht, 5. Aufl. 2013, zit.: Bearbeiter, in: FaKomm FamR, § (mit Gesetz) Rn.;
Wendl/Dose	Das Unterhaltsrecht in der familienrichterlichen Praxis, 8. Aufl. 2011; zit.: Wendl/Dose/Bearbeiter, § Rn.;
Wever	Vermögensauseinandersetzung der Ehegatten außerhalb des Güterrechts, 5. Aufl. 2009, zit.: Wever, Rn.;
Zöller	Zivilprozessordnung (ZPO), 29. Aufl. 2012, zit.: Zöller/Bearbeiter, ZPO, § Rn.;

Kapitel 1: Mandatsannahme in Unterhaltssachen

A. Mandat in Unterhaltssachen

▶ **Das Wichtigste in Kürze** 1

- Mandanten benötigen regelmäßig einen schnellen Besprechungstermin. → Rdn. 8
- Der RA hat den Mandanten auch bei einem gerichtlichen Vergleichsvorschlag umfassend aufzuklären und ihm alle Vor- und Nachteile der Vereinbarung auseinanderzusetzen. → Rdn. 13 und Rdn. 51 ff.
- Der Umfang des Mandats ist genau zu dokumentieren. → Rdn. 15 und Rdn. 55
- Die gleichzeitige Vertretung eines Ehegatten und des volljährigen Kindes kann eine Interessenkollision auslösen. → Rdn. 36 f.

Mittlerweile werden jedes Jahr fast 200.000 Ehen geschieden. Vergleicht man die Anzahl der Eheschließungen mit denen der Scheidungen, ergibt sich seit 2005 durchgehend eine Quote von über 50 %. Im Jahr 2008 standen 377.055 Eheschließungen 191.948 Scheidungen ggü. Die Ehescheidungsstatistik ist damit seit Jahren kontinuierlich ansteigend.[1] Vor jeder Ehescheidung steht naturgemäß die Zeit der Trennung der Ehepartner. Daraus resultiert ein umfassender anwaltlicher Beratungsbedarf schon im Vorfeld der Trennung, während der Trennungszeit, während der Zeit des Ehescheidungsverfahrens und auch nach Scheidung der Ehe. Während z. B. bei einem Verkehrsunfall nur eine »Momentaufnahme« des Lebens des Mandanten abgewickelt wird, begleitet der im Familienrecht tätige Anwalt seinen Mandanten über einen längeren Zeitraum hinweg – und dies gerade in einer besonderen, teilweise existenzbedrohenden Krisensituation. Dabei klärt er nicht nur juristische Fragestellungen, sondern gestaltet damit wesentlich das gegenwärtige und zukünftige Leben seines Mandanten. 2

Dabei bietet das familienrechtliche Mandat eine bunte Palette nicht nur juristischer Fragestellungen. Vielfach ist auch Beratung in allen Lebenslagen gefragt. Im Alltag stellen sich ganz profane Fragen wie:
- »Welche Sachen darf ich bei der Trennung mitnehmen?«
- »Darf ich meinem Mann die Koffer packen und vor die Tür stellen?«
- »Darf ich das Schloss der Wohnungstür auswechseln?«
- »Was wird mit den Versicherungen?«

Nicht selten schließen sich auch Probleme in anderen Rechtsbereichen an. Der verlassene Ehemann lässt im Beruf die nötige Aufmerksamkeit vermissen und bekommt eine Abmahnung oder gar eine Kündigung – arbeitsrechtliche Fragen stellen sich. Er betrinkt sich und fährt in diesem Zustand mit dem Wagen – der Strafverteidiger ist gefordert. Die Ehewohnung muss gekündigt werden – Mietrechtskenntnisse werden benötigt. Die Hypothekenbank betreibt die Zwangsvollstreckung, weil die Darlehensraten für das Eigenheim nicht mehr bezahlt werden – der Grundstücksrechtler oder 3

---

1 Vgl. zur Ehescheidungsstatistik Roßmann, FuR 2012, 217.

Zwangsvollstreckungsfachmann tritt auf den Plan. Wer in einer Sozietät arbeitet, kann diese Fragen an den Spezialisten im eigenen Haus abgeben – der »Einzelkämpfer« muss auch hier Rede und Antwort stehen. Die entsprechende hohe fachliche Qualifizierung setzt der Mandant als selbstverständlich voraus.

Und all diese Fragen haben zumindest mittelbar Auswirkungen auf das Familienrecht – schwerpunktmäßig auf den **Unterhalt**. Es lauern also eine Fülle von Fallstricken und Risiken, die es zu vermeiden gilt.

4 Bei familienrechtlichen Auseinandersetzungen geht es für die Mandanten vielfach um existenzielle Fragen, bei denen naturgemäß eine **große persönliche Betroffenheit** besteht. Die Arbeit des Anwalts im Familienrecht ist nicht nur durch ein besonderes und intensives **Vertrauensverhältnis** zwischen Mandant und Anwalt geprägt. Anders als im Verkehrsrecht oder Mietrecht wünscht der Mandant hier einen Anwalt, bei dem er ganz offen seine Sorgen, Ängste, Nöte und Wünsche vortragen kann und der ihn versteht. Daraus resultiert die Erfahrung, dass die meisten Mandanten ihren Anwalt bei familienrechtlichen Auseinandersetzungen nach einer Empfehlung auswählen.

5 Vielfach wird der Mandant Anlass sehen, sich im besten Licht, den Ex-Partner dagegen nachteilig darzustellen und »schmutzige Wäsche« waschen zu wollen. Familienrechtliche Mandate verlangen daher vom Anwalt ein besonderes Fingerspitzengefühl im Umgang mit den Beteiligten und vielfach ein außerordentliches Verständnis. Nicht selten suchen die Mandanten in dieser Krisensituation den »scharfen Hund«. Jeder Anwalt muss sich selbst überlegen, ob er seinem Mandanten und auch sich selbst einen guten Dienst erweist, wenn er sich kritiklos vor den »Karren des Mandanten spannen lässt«. Die Erfahrung zeigt, dass dies jedenfalls der Sache keinesfalls dient und der Anwalt, der die nötige sachliche Distanz zu seinem Mandaten aufbringt, letztlich mehr erreicht, als der »blinde Kämpfer«, der lediglich publikumswirksam »Wind macht«, um seinen Mandanten zu beeindrucken. Es gehört aber oft viel Verständnis und Überzeugungskraft für den im Familienrecht tätigen Anwalt dazu, seinen Mandanten zur Beschränkung auf einen sachlichen Vortrag zu bewegen.

6 ▶ Praxistipp:

Mitunter sind die Mandanten nach der Trennung derart aufgebracht, dass die »Vernichtung« des früheren Partners beabsichtigt wird. Anwaltlich ist einem solchen Vorhaben unverzüglich entgegenzuwirken. Das Unterhaltsverfahren bzw. ganz allgemein die familienrechtliche Auseinandersetzung gibt dies zum einen nicht her, zum anderen ist eine solche Zielsetzung trotz aller Dramatik der Trennung auch nicht zu rechtfertigen.

Ist der Mandant nicht von einer sachlichen Verfahrensführung zu überzeugen, sollte die anwaltliche Vertretung sich überlegen, ob das betreffende Mandat sinnvoll abgewickelt werden kann; der betreffende Mandant wird immer »enttäuscht« und unzufrieden sein.

7 Deshalb sollte man sich nicht verzetteln und v. a. nicht von den Klienten instrumentalisieren lassen. Zum eigenen Schutz ist grds. eine berufliche Distanz zu wahren, denn

aufgrund der persönlichen Betroffenheit haben die Mandanten im familienrechtlichen Mandat das Bedürfnis, die Angelegenheit sofort mit dem Anwalt zu besprechen. Erwartet wird eine Erreichbarkeit »rund um die Uhr«. Hier gilt es für den beratenden Anwalt, den schmalen Grad zwischen angemessener Arbeits- und Terminsorganisation einerseits und Hinhalten und Vertrösten andererseits zu wahren.

Bei neuen Mandanten ist zu beachten, dass es im familienrechtlichen Bereich meist 8 »brennt«, die Beteiligten also keinerlei Verständnis für ein längeres Abwarten haben. Aus diesem Grund ist zu empfehlen, den Besprechungstermin möglichst schon für den nächsten Tag anzusetzen. Dies auch deshalb, weil die Mandanten für den Fall der Nichterreichbarkeit des gewünschten Anwalts aufgrund der inzwischen herrschenden Anwaltsdichte meistens keinerlei Probleme sehen werden, einen anderen Anwalt zu konsultieren.

▶ Praxistipp: 9

- Bedenken Sie bei neuen Mandanten, dass der Mandant, der bei Ihnen keinen schnellen Besprechungstermin bekommt, dies möglicherweise zum Anlass nehmen wird, eine andere Kanzlei aufzusuchen, die seine Sorgen schneller anhören kann!
- Überlegen Sie auf der anderen Seite gut, ob Sie einem Mandanten Ihre private Telefonnummer für »Notfälle« außerhalb der Bürozeiten geben!
- Vielfach sehen Mandanten schon als Notfall an, was sich bei objektiver Betrachtung als Bagatelle darstellt! Die Grenze zur Belästigung ist leider schnell überschritten.
- Es fällt dann oft schwer, das persönliche Engagement zurückzuziehen und die Betreuung des Mandanten wieder auf ein – auch wirtschaftlich akzeptables – Normalmaß zurückzufahren.

B. Umfang und Inhalt des Mandats

I. Vollmacht

Kommt ein Mandant mit einem familienrechtlichen Problem zu Ihnen, erschließt sich 10 daraus nicht selten eine **ganze Palette von Beratungsthemen**. Damit es später nicht zu ärgerlichen Auseinandersetzungen kommt, sollte genau festgelegt werden, wie weit der eigentliche Auftrag des Mandanten geht – so weit geht auch die **Haftung** des beratenden Anwalts!

▶ Praxistipp: 11

- Über Inhalt und Umfang des Mandats kann der Mandant aber nur dann genau entscheiden, wenn er die bestehenden Möglichkeiten kennt. Hier ist eine **sorgfältige Information** über die im Zusammenhang mit dem konkreten Problem der Trennung oder Scheidung zu regelnden Dinge erforderlich.
- Verlassen Sie sich nicht darauf, dass der Mandant die rechtlichen Zusammenhänge genau kennt. Man darf nicht übersehen, dass beim Normalbürger gerade

Kapitel 1 — Mandatsannahme in Unterhaltssachen

im Bereich des Familienrechts mehr oder weniger zutreffende laienhafte Vorstellungen vorhanden sind. Die derzeit aktuellen Fernsehsendungen und Gerichtsshows sowie die Berichte in der Regenbogenpresse über rechtliche Fragestellungen führen eher zur Verwirrung des Publikums und lösen teilweise irrationale Fehlvorstellungen aus, die gerade gerückt werden müssen. Die sich daraus ergebenden falschen Erwartungen müssen auf jeden Fall erst einmal ausgeräumt werden.

– Machen Sie Ihrem Mandanten frühzeitig klar, dass die Gerichtsshows mit der Realität nichts gemeinsam haben, damit man Ihnen später nicht den Vorwurf macht, sie hätten sich nicht so eingesetzt, wie dies der Anwalt im Fernsehen für seinen Mandanten immer tut.

12 Selbstverständlich muss eine **konkrete Vollmacht** für die Unterhaltssache vorhanden sein. Überdies kann es sich empfehlen, nach Aufklärung des Mandanten diesen eine geeignete Belehrung über das übernommene Mandat unterschreiben zu lassen.

II. Haftungsrisiken des Anwalts

13 Gerade auch in Unterhaltssachen bestehen Haftungsrisiken.

Dazu ein Blick auf die – sehr strenge – Rechtsprechung des BGH[2] zur Haftung des Anwalts:

» Der Rechtsanwalt ist verpflichtet die Interessen des Mandanten umfassend und nach allen Richtungen wahrzunehmen und ihn vor vermeidbaren Nachteilen zu bewahren. Erwägt der Mandant den Abschluss eines Vergleichs, muss er ihm dessen Vor- und Nachteile darlegen. Dies gilt in besonderem Maße, wenn es sich – wie im Streitfall – um einen Abfindungsvergleich handelt (...). Auch ein ausdrücklicher gerichtlicher Vergleichsvorschlag vermag den Rechtsanwalt nicht von seiner Verantwortung bei der Beratung der Partei zu entbinden (...). Der Anwalt hat von einem Vergleich abzuraten, wenn er für die von ihm vertretene Partei eine unangemessene Benachteiligung darstellt (...) und insbesondere begründete Aussicht besteht im Falle einer streitigen Entscheidung ein wesentlich günstigeres Ergebnis zu erzielen (...). In diesem Fall greift die Vermutung ein, dass der Mandant dem Vorschlag des Anwalts von einem Vergleichsschluss abzusehen gefolgt wäre (...).«

Ähnlich äußert sich der BGH[3] an weiterer Stelle:

» Nach gefestigter Rechtsprechung ist der Rechtsanwalt, soweit sein Auftraggeber nicht unzweideutig zu erkennen gibt, dass er des Rates nur in einer bestimmten Richtung bedarf, zur allgemeinen, umfassenden und möglichst erschöpfenden Belehrung des Auftraggebers verpflichtet. Es ist Sache des Anwalts, dem Mandanten diejenigen Schritte anzuraten, die zu dem erstrebten Ziel zu führen geeignet sind. Er hat Nachteile für den Auftraggeber zu verhindern, soweit solche voraussehbar und vermeidbar sind. Unkundige muss er über die Folgen ihrer Erklärungen belehren und vor Irrtümern bewahren. Der Anwalt muss den Mandanten auch – anders als der Notar – über mögliche wirtschaftliche Gefahren des beabsichtigten Geschäfts belehren.«

---

2 Vgl. BGH, FamRZ 2010, 728, 729; vgl. auch BVerfG, NJW 2009, 2945.
3 Vgl. BGH, FamRZ 2007, 1316.

Auch die Instanzgerichte stellen an die Sorgfaltspflichten und speziell den Umfang der 14
Beratungspflichten des Anwalts strenge Anforderungen:

»Der Rechtsanwalt, der einen Beamten oder Soldaten im Scheidungs- und Unterhaltsverfahren berät und vertritt, muss grds. auch die besoldungsrechtlichen Auswirkungen der familien- und unterhaltsrechtlichen Verhältnisse seines Mandanten bedenken. Es ist keine umfassende und erschöpfende Interessenwahrnehmung, wenn der Rechtsanwalt nur die Unterhaltspflicht selbst im Auge hat und nicht prüft, welche besoldungsrechtlichen Folgen damit verbunden sind.«[4]

Wird in einem Unterhaltsverfahren Trennungsunterhalt gefordert, darf der Anwalt bei ausreichenden Einkünften des Unterhaltsschuldners nicht den Vorsorgeunterhalt vergessen.[5]

Nach der notwendigen Grundinformation sollte daher der **Umfang des Mandats** – 15
möglichst genau und möglichst auch schriftlich – festgehalten werden. Diese Dokumentation der Beratung und des Mandatsumfanges kann sich im Fall eines späteren Regresses als »überlebenswichtig« herausstellen.

Dazu gehört auch der Hinweis auf die **Streitwertabhängigkeit des Honorars:** 16

Der RA, der den Mandanten vor Übernahme des Auftrags schuldhaft nicht darauf hinweist, dass sich die für seine Tätigkeit zu erhebenden Gebühren nach dem Gegenstandswert richten, ist dem Mandanten zum Ersatz des hierdurch verursachten Schadens verpflichtet, vgl. § 49b Abs. 5 BRAO.[6]

▶ Praxistipp: 17

- Kann man nachweisen, dass man als Anwalt nur ein eingeschränktes Mandat hatte, haftet man z.B. nicht für »Unterlassungen« in den Bereichen, in denen gar kein Auftrag erteilt worden ist.
- Wird jedoch mit einem Mandanten über den Gegenstand des Mandats nicht ausdrücklich gesprochen, hat er wahrscheinlich die Vorstellung, der Anwalt werde sich schon um alles Nötige kümmern. Dem Anwalt wird es dann sehr schwerfallen, sich in einer derart ungeklärten Situation dahin gehend zu entlasten, dass er nicht vollumfänglich beauftragt gewesen sei.
- Klären Sie Ihren Mandanten über die rechtlichen Rahmenbedingungen auf, stellen Sie die zu regelnden Themen dar und informieren Sie ihn auch darüber, dass sowohl einvernehmliche verbindliche Regelungen getroffen, als auch streitige Entscheidungen erwirkt werden können.
- Regeln Sie dann eindeutig, in welchen Bereichen Sie beauftragt werden.

Die **Sorgfaltspflichten für die anwaltliche Tätigkeit** sind streng definiert. Der RA ist 18
kraft des Anwaltsvertrags verpflichtet, die Interessen seines Mandanten in den Grenzen

---

4 OLG Düsseldorf, 05.09.2007 – I-18 U 49/07, FamRZ 2008, 80.
5 OLG Düsseldorf, 09.06.2009 – I-24 U 133/08, ZFE 2010, 233.
6 BGH, NJW 2007, 2332 = ZGS 2007, 315.

des erteilten Mandats nach jeder Richtung und umfassend wahrzunehmen. Er muss sein Verhalten so einrichten, dass er Schädigungen seines Auftraggebers, mag deren Möglichkeit auch nur von einem Rechtskundigen vorausgesehen werden können, vermeidet. Er hat, wenn mehrere Maßnahmen in Betracht kommen, diejenige zu treffen, welche die sicherste und gefahrloseste ist, und, wenn mehrere Wege möglich sind, den erstrebten Erfolg zu erreichen, denjenigen zu wählen, auf dem dieser am sichersten erreichbar ist. Gibt die rechtliche Beurteilung zu ernstlich begründeten Zweifeln Anlass, muss er auch in Betracht ziehen, dass sich die zur Entscheidung berufene Stelle der für seinen Auftraggeber ungünstigeren Beurteilung der Rechtslage anschließt. Im Verfahren ist er verpflichtet, den Versuch zu unternehmen, das Gericht davon zu überzeugen, dass und warum seine Auffassung richtig ist.[7]

19 Ein weiteres Beispiel aus der jüngeren **Haftungsrechtsprechung** des BGH:[8]

Der Anwalt muss dem Mandanten nicht notwendig eine vollständige rechtliche Analyse, sondern allein die Hinweise liefern, die ihm im Hinblick auf die aktuelle Situation und sein konkretes Anliegen die notwendige Entscheidungsgrundlage vermitteln. Erscheint unter mehreren rechtlich möglichen Alternativen die eine deutlich vorteilhafter als die andere, hat der Anwalt darauf hinzuweisen und eine entsprechende Empfehlung zu erteilen.

20 Nach Art und Umfang des Mandats kann eine eingeschränkte Belehrung ausreichend sein, etwa bei besonderer Eilbedürftigkeit oder bei einem Aufwand, der außer Verhältnis zum Streitgegenstand steht. Inhalt und Umfang der Aufklärung haben sich nach den erkennbaren Interessen des Mandanten zu richten.

21 Zur Prüfung der Handlungsalternativen, die sich dem Auftraggeber bei pflichtgemäßer Beratung stellen, müssen deren jeweilige Rechtsfolgen miteinander und mit den Handlungszielen des Mandanten verglichen werden.

22 Dem Mandanten, der einen richtigen Vorschlag des Anwalts ablehnt, kommt im Haftungsprozess die Vermutung beratungsgemäßen Verhaltens nicht zugute.[9]

23 Der Anwalt muss dabei nicht nur das **geltende Recht** – in all seinen Verästelungen – kennen sowie die **Rechtsprechung** dazu, sondern er muss auch über einschlägige **künftige Gesetzesvorhaben** informiert sein.[10]

24 Dabei gelten für den Fachanwalt und die Fachanwältin besonders strenge Sorgfaltspflichten. So gehört es zur Aufgabe einer Fachanwältin, die neueste Rechtsprechung zu kennen und in das Verfahren einzuführen.[11]

---

7 BGH, NJW-RR 2005, 494.
8 BGH, NJW 2007, 2485; NJW 2009, 987.
9 BGH, FamRZ 2007, 1091.
10 Horndasch, FuR 2007, 249, 251 m.w.N.
11 OLG München, 17.07.2007 – 4 UF 108/07, OLGR 2008, 133.

C. Standesrecht

Die anwaltliche Haftung entfällt nicht dadurch, dass auch richterliche Fehler vorliegen.[12]   25

C. Standesrecht

Nicht jedes familienrechtliche Mandat darf anwaltlich übernommen werden. Zentrale Vorschrift der Grundpflichten des Rechtsanwalts ist § 43a BRAO.   26

Einer der Verbotstatbestände ist in § 43a Abs. 4 BRAO, § 3 Abs. 1 Berufsordnung (BORA) normiert, wonach der RA keine **widerstreitenden Interessen** vertreten darf.

Diese gesetzliche Regelung korrespondiert weitestgehend mit der Vorschrift des § 356 StGB (Parteiverrat). Beide gesetzlichen Anordnungen dienen der Wahrung der Interessen und damit dem Schutz des Mandanten wie auch der Unabhängigkeit des RA.[13]

Ein Interessenwiderstreit im vorgenannten Sinne liegt vor, wenn der RA in derselben Rechtssache bei bestehendem Interessengegensatz tätig geworden ist.   27

I. Dieselbe Rechtssache

Von derselben Rechtssache kann nur gesprochen werden, wenn in beiden Sachverhalten ein und derselbe historische Vorgang von rechtlicher Bedeutung sein kann.   28

Hierunter kann jede rechtliche Angelegenheit fallen, die zwischen mehreren Beteiligten mit zumindest möglicherweise entgegenstehenden rechtlichen Interessen nach Rechtsgrundsätzen behandelt und erledigt werden soll.[14]

II. Interessengegensatz

Dieser liegt vor, wenn in derselben Rechtssache eine andere Partei bei der Verfolgung gegensätzlicher Interessen durch den Anwalt beraten (vertreten) wird.[15]   29

Gegensätzliche Interessen werden für Scheidungsverfahren bejaht, wenn z. B. bestimmte Scheidungsfolgen wie etwa Haushaltsteilung, Unterhalt und Versorgungsausgleich nicht abschließend geklärt sind. Hierzu reicht es ferner aus, wenn der öffentlich-rechtliche Versorgungsausgleich durchgeführt werden soll, da er dann Gegenstand des gem. § 137 FamFG eingeleiteten Verfahrens wird, in welchem erfahrungsgemäß zahlreiche gegensätzliche bzw. streitige Punkte auftreten können.[16]   30

---

12 BVerfG, NJW 2009, 2945.
13 BayObLG, NJW 1995, 606.
14 OLG München, 02.10.1996 – 21 U 3394/96, NJW 1997, 1313; BGH, NJW 1991, 1176; BGH BGHSt 18, 1993.
15 BGH, NStZ 1985, 74; BGH BGHSt 5, 284, 287; BGH BGHSt 7, 17, 20; BGH BGHSt 9, 43, 46; BGH BGHSt 15, 332, 343.
16 BGH, NStZ 1985, 74; BayObLG, JR 1981, 429.

31 Das **Einverständnis der potenziellen Scheidungsgegner** mit dem anwaltlichen Vorgehen **hebt den Interessengegensatz nicht auf,** denn das Verbot der Doppelvertretung unterliegt grds. **nicht der Verfügungsmacht der Parteien.** Dieses Verbot dient nicht nur ihrem Schutz, sondern daneben dem Vertrauen in die Anwaltschaft und die Funktion der Rechtspflege.[17] Unerheblich soll hierbei sein, ob das anwaltliche Vorgehen der eigenen Partei schadet oder ob es für die andere Partei vorteilhaft ist.[18]

III. Tätigwerden

32 Hierunter fällt jedes rechtliche oder tatsächliche Tätigwerden im Hinblick auf dieselbe Rechtssache.

IV. Bürogemeinschaften

33 Dementsprechend darf ein Anwalt auch im Rahmen einer einverständlichen Scheidung nicht für beide Ehegatten tätig werden, denn allein schon die unterschiedlichen Interessen der Eheleute bei der Durchführung des Versorgungsausgleichs reichen für einen Interessenwiderstreit aus.[19]

34 Während sich das Verbot widerstreitender Interessen nach § 3 Abs. 2 BORA a. F. lediglich auf die Sozietät und auf die in sonstiger Weise (Anstellungsverhältnis, freie Mitarbeiter) zur gemeinschaftlichen Berufsausübung verbundenen RA erstreckte, gilt das Tätigkeitsverbot nach der am 01.07.2006 in Kraft getretenen Neufassung des § 3 Abs. 2 BORA für alle RA, die mit dem von dem Verbot betroffenen RA in derselben Berufsausübungs- oder Bürogemeinschaft verbunden sind, wobei die Rechts- oder Organisationsform ohne Belang ist. Obwohl es bei einer Bürogemeinschaft an einer gemeinschaftlichen Berufsausübung fehlt, unterliegen auch die in einer Bürogemeinschaft verbundenen RA der Erstreckungsregel des § 3 Abs. 2 BORA, da nicht auszuschließen ist, dass jedes Gemeinschaftsmitglied jederzeit Kenntnis von den Mandatsvorgängen der anderen Gemeinschaftsmitglieder erlangen kann. § 3 BORA soll andererseits aber auch Schutz vor Verletzung der Verschwiegenheitspflicht gewährleisten.[20]

35 Die grundsätzliche Erstreckung des Tätigkeitsverbots nach § 3 Abs. 1 BORA kann jedoch nach § 3 Abs. 2 Satz 2 BORA **im Einzelfall entfallen,** mit der Folge, dass die Vertretung mehrerer Mandanten mit widerstreitenden Interessen innerhalb einer Gemeinschaft zulässig ist. Dies setzt voraus, dass sich die betroffenen Mandanten in den widerstreitenden Mandaten nach umfasser Information mit der Vertretung ausdrücklich einverstanden erklärt haben und Belange der Rechtspflege dem nicht entgegenstehen.

---

17 Vgl. BGH, NStZ 1985, 74; BGH, NJW 1981, 1211, 1212.
18 OLG Düsseldorf, 01.06.1989 – 1 Ws 456/89, NJW 1989, 2901.
19 Hartung, FF 2003, 156, 157.
20 OLG Bremen, 24.04.2008 – 4 WF 38/08, NJW-Spezial 2008, 478, 479.

V. Vertretung volljähriger Kinder

Sollen gleichzeitig ein **Ehegatte** und ein **volljähriges Kind** vertreten werden, ist auf Interessenkonflikte zu achten: 36

Der Unterhaltsanspruch des volljährigen Kindes richtet sich – ab Volljährigkeit – **gegen beide Eltern**. Auch wenn das berechtigte Kind bisher harmonisch mit einem Elternteil unter einem Dach gelebt hat, kann es leicht zu Querelen kommen. Dies kann sich schon beim Auskunftsverlangen zeigen. Denn der Elternteil, bei dem das Kind lebt, will nicht immer seine Einkommensverhältnisse offenbaren, weil er aus seiner Sicht durch die tatsächliche Hilfestellung für das Kind ohnehin die größte Last trägt. Möglicherweise sieht er sich dadurch unnötig belastet, dass er seine bescheidenen Einkommensverhältnisse (z. B. unerheblicher Teilzeitlohn) ggü. dem Kind oder dem geschiedenen Ehegatten darlegen soll. Das Kind benötigt aber diese Informationen, um seinen Unterhaltsanspruch gegen den anderen Elternteil überhaupt schlüssig begründen zu können. Auch der Umfang der geschuldeten Erwerbstätigkeit des Elternteils, bei dem das Kind wohnt, kann streitig werden. Dann existiert trotz räumlicher Nähe eine gravierende **Interessenkollision** oder es offenbaren sich gefährliche gegenläufige Interessen.

▶ **Praxistipp:** 37

– Wenn der Anwalt, entsprechend der bisherigen Übung beim Minderjährigenunterhalt auch jetzt vom Kind und dem Elternteil, bei dem das Kind wohnt, bevollmächtigt worden ist, sollte er auch »zur Wahrung des sichersten Weges« bei erkennbaren Interessenswidersprüchen zwischen Elternteil und dem Kind sorgfältig prüfen, **ob er beide Mandate weiterführen kann**. Sarres[21] verlangt eine Niederlegung beider Mandate.
– Unabhängig davon können darüber hinaus Streitpunkte zwischen Kind und Elternteil auftreten, die eine Interessenkollision erzeugen, welche zur Mandatsniederlegung veranlassen kann. Dies wird bspw. dann Realität, wenn das Kind eine eigene Wohnung bezieht und beide Elternteile separat in Anspruch nimmt.
– Eine Interessenkollision ergibt sich auch dann, wenn eine Mithaftung des Elternteils aufgrund hypothetischer Einkünfte im Raum steht.
– Deshalb sollte schon bei der Annahme des Mandats geprüft werden, wie das Verhältnis zwischen Elternteil und Kind funktioniert. Auf drohende Gefahren einer Interessenkollision ist hinzuweisen.[22]

---

21 Sarres, ZFE 2007, 294 m. w. N.; Meyer-Götz, ZFE 2003, 237; Offermann-Burckart, FF 2009, 104, 108.
22 Vgl. dazu auch BGH, FamRZ 2012, 1563.

D. Abklärung der persönlichen und wirtschaftlichen Verhältnisse

I. Persönliche Verhältnisse

38 Eine gute Beratung setzt vollständige Kenntnis des Sachverhalts voraus. Leider weiß der Mandant aber selten, worauf es rechtlich ankommt. Der Anwalt muss daher erst einmal selbst durch sachgerechte Fragen den einschlägigen Sachverhalt ermitteln. Das gehört zu seinen anwaltlichen Hauptpflichten.[23]

39 Unverzichtbar ist es bei **Unterhaltssachen** die genauen Familienverhältnisse herauszufinden.
   – War der Unterhaltspflichtige bereits einmal verheiratet?
   – Hat er eheliche oder nichteheliche Kinder aus anderen Beziehungen?
   – Sind Kinder unterwegs?
   – Besteht eine neue Partnerschaft?
   – Ist ggf. für diese in der Vergangenheit Unterhalt gezahlt worden?
   – Ist der Unterhalt bereits irgendwie geregelt worden?
   – Wenn Sie den Mandanten fragen, ob bereits Unterhaltstitel vorliegen, wird dies sicherlich selten richtig verstanden, denn der Normalbürger kennt den Begriff des Vollstreckungstitels nicht. Erklären Sie Ihrem Mandanten, welche Regelungen denkbar sind und befragen sie ihn genau danach.
   – Stellen Sie gründlich die finanziellen Verhältnisse fest (Einkommen, Steuerklasse usw.)!
   – Klären Sie ggf. bereits über einen anstehenden Steuerklassenwechsel auf.
   – Erfragen Sie detailliert die regelmäßigen Belastungen, und zwar erst einmal unabhängig von der unterhaltsrechtlichen Relevanz.
   – Ist bereits vorher **korrespondiert** worden (z. B. mit dem Sozialamt, der ARGE, der Unterhaltsvorschusskasse, einem anderen Anwalt), ist es unverzichtbar, sich die Schreiben geben zu lassen. Es ist wenig wahrscheinlich, dass der Mandant alle Details einer solchen Korrespondenz fehlerfrei mündlich wiedergeben kann. Gerade bei der Einhaltung von Fristen usw. können sich hier erhebliche Risiken für den beratenden Anwalt ergeben.[24]

II. Wirtschaftliche Verhältnisse

40 Die wirtschaftlichen Verhältnisse beider Eheleute sind in Unterhaltssachen so früh wie möglich zu klären. Dabei sollte sich der Anwalt – schon im eigenen Interesse – nicht nur auf die Angaben der Mandanten verlassen, sondern sich entsprechende **Belege** zeigen lassen.

41 Werden **Einkommensbescheinigungen** (Gehaltsbescheinigungen) vorgelegt, sollten diese sehr sorgfältig analysiert werden. Dabei geht es um folgende Gesichtspunkte:
   – Abrechnungsmonat,

---

23 BGH, FamRZ 2003, 921.
24 Vgl. dazu Horndasch, FuR 2007, 291 ff.

- enthält die Bescheinigung auch die Jahresgesamtauflistung?
- Steuerklasse,
- Kinderfreibeträge,
- Steuerfreibeträge,
- Arbeitszeit,
  - 172 Std. mtl. entsprechen 40 Std. pro Woche,
  - 165 Std. mtl. entsprechen 38,5 Std. pro Woche,
  - 150,5 Std. mtl. entsprechen 35 Std. pro Woche,
  - 129 Std. mtl. entsprechen 30 Std. pro Woche,
  - 86 Std. mtl. entsprechen 20 Std. pro Woche,
- Überstunden,
- Nachtarbeit, Zuschläge,
- steuerfreie/sozialversicherungsfreie Anteile,
- familienbezogene Zuschläge.

III. Checkliste in Unterhaltssachen

Danach sollte die anwaltliche Vertretung im ersten Besprechungstermin mit der Mandantschaft insb. folgende Punkte klären:

Mandant

Name:

Geburtsname:

Vorname:

Adresse:

Telefon, Handy:

E-Mail-Adresse:

Geburtsdatum:

Tag der Eheschließung:

Erste oder frühere Ehe(n):

Beruf:

Einkommen:

Werbungskosten:

Miete oder Wohneigentum:

Vermögen:

Verbindlichkeiten:

Kindergeld:

Güterstand/Ehevertrag:

Kapitel 1   Mandatsannahme in Unterhaltssachen

Lebensstellung vor der Heirat:
Eheliche Lebensverhältnisse:
Ehebedingte Nachteile:
Betreuungskosten:

Ehegatte, mit dem um Unterhalt gestritten wird

Name:
Geburtsname:
Vorname:
Adresse:
Telefon, Handy:
E-Mail-Adresse:
Geburtsdatum:
Tag der Eheschließung:
Erste oder frühere Ehe(n):
Beruf:
Einkommen:
Werbungskosten:
Miete oder Wohneigentum:
Vermögen:
Verbindlichkeiten:
Kindergeld:
Güterstand/Ehevertrag:
Lebensstellung vor der Heirat:
Eheliche Lebensverhältnisse:
Ehebedingte Nachteile:
Betreuungskosten:

Kinder

Name:
Vorname:
Geburtsdatum:
Einkommen:

Vermögen:
Unterhaltstitel vorhanden:
Monatlicher Mehrbedarf:
Aufenthalt (Obhut) bei welchem Elternteil:
Eigenes Einkommen:

Ggf. aktueller Ehegatte
(im Hinblick auf die wandelbaren ehelichen Lebensverhältnisse)

Ggf. aktueller Anspruch einer nichtehelichen Mutter aus § 1615l BGB
(im Hinblick auf die wandelbaren ehelichen Lebensverhältnisse)

E. Vereinbarungen zum Unterhalt

I. Vereinbarungen zum Kindesunterhalt

Vereinbarungen über den Kindesunterhalt zwischen den Eltern sind zulässig und durchaus üblich. Zu beachten ist dabei, dass **kein unzulässiger Unterhaltsverzicht** erklärt werden darf, vgl. § 1614 BGB. Auch **Freistellungsvereinbarungen** haben eine große praktische Bedeutung.[25]   43

II. Vereinbarungen zum Ehegattenunterhalt

Einvernehmliche Regelungen sind immer einem möglicherweise langwierigen Rechtsstreit vorzuziehen. Bei einem **Vergleich** bzw. einer **Vereinbarung** können die Parteien selbst den Inhalt bestimmen, während der Ausgang eines Unterhaltsverfahrens ungewiss ist.   44

Oft hat der Mandant schon recht genaue Vorstellungen, wenn er zum Anwalt kommt, denn zum Glück sind die Beteiligten nicht in jedem Fall so zerstritten, dass sie kein vernünftiges Wort mehr miteinander reden können. Aber auch dann, wenn die Beteiligten sich eigentlich schon in den wesentlichen Zügen geeinigt haben, muss der Anwalt den Mandanten über seine Rechte genau in Kenntnis setzen. Denn es ist nicht auszuschließen, dass die Parteien eine Regelung angedacht haben, die Ihr Mandant bei Kenntnis seiner wahren Rechte besser doch nicht vereinbaren würde.   45

Auch die angestrebte »schnelle Scheidung« rechtfertigt nicht jegliche Vereinbarung. Der Anwalt muss dem Mandanten die Nachteile der Vereinbarung erläutern, dies ausreichend dokumentieren und nur wenn der Mandant in Kenntnis aller Informationen der Einigung dennoch zustimmt, ist eine Haftung ausgeschlossen.[26]   46

---

25 Dazu ausführlich Sarres, ZFE 2010, 223 ff.
26 Vgl. BGH, FamRZ 2010, 728 m. Anm. Schlünder, FamRZ 2010, 807.

47 Von besonderer Brisanz sind **Unterhaltsverzichte.** Hier kommt es auch vor, dass falscher Stolz oder vermeintliche Unabhängigkeit Motivation für einen sehr weit gehenden Verzicht auf bestehende Rechte ist. Hier muss in der Beratung verdeutlicht werden, welche Rechte unnötigerweise – ohne oder ohne gleichwertige Gegenleistung – aufgegeben werden und dass diese Entscheidung dann grds. nicht mehr rückgängig gemacht werden kann.

48 ▶ Praxistipp:

– Fragen Sie Ihre Mandantin bei einem Unterhaltsverzicht immer, wovon sie eigentlich leben will!
– Ist man sich über die beruflichen Aussichten wirklich im Klaren? Wenn der Verzichtende während der Ehe nicht gearbeitet hatte, gar keinen Beruf gelernt hat oder noch Kinder zu versorgen sind, stehen bei der heutigen Situation auf dem **Arbeitsmarkt** die Chancen schlecht, eine Arbeitsstelle zu finden.
– Machen Sie deutlich, dass ein Unterhaltsverzicht dann im Zweifel zulasten der Sozialhilfe geht und auch die **Sozialhilfe** u. U. wegen dieses Verzichts reduziert werden kann.

49 **Falsche Großzügigkeit** gibt es aber nicht nur aufseiten des eigentlich Unterhaltsberechtigten, der auf Ansprüche verzichtet, sondern auch **aufseiten des Pflichtigen.** Mitunter will der Mandant als Unterhaltsschuldner den Gläubigern mehr zukommen lassen, als er nach dem Gesetz müsste. Mitunter will der bisher gut verdienende Ehemann und Vater, der bislang die Familie allein ernährt hat, den Kindern freiwillig wesentlich mehr als den geschuldeten Unterhalt zukommen lassen, um sie für die Scheidung in irgendeiner Weise zu entschädigen.

50 ▶ Praxistipp:

Aber auch dem großzügigen Unterhaltspflichtigen muss klar gemacht werden, was ihm selbst am Ende noch bleibt!
– Ist er sich über die mit der Trennung und Scheidung verbundenen finanziellen Folgen vollständig im Klaren?
– Kennt er die Folgen der **geänderten Steuerklasse**?
– Stehen noch **Steuererklärungen** aus den Vorjahren **offen**? Sind hier noch Nachbelastungen oder Erstattungen zu erwarten? Sind hier Regelungen über die Verteilung zwischen den Eheleuten getroffen?
– Kann er seinen Beruf wie bisher in gleichem Umfang ausüben oder muss er seinen **zeitlichen Einsatz reduzieren,** weil er jetzt ja auch Zeit für die Eigenversorgung benötigt.
– Hat er ausgerechnet, was ihn die großzügig übernommene alleinige Tilgung der ehelichen Schulden insgesamt kostet? Ist die **Schuldentilgung** bei der Unterhaltsbemessung angemessen berücksichtigt worden?
– Sind die Folgen eines durchzuführenden **Zugewinnausgleichs** bedacht? Hierbei geht ein Großteil des in der Ehe Erwirtschafteten an den anderen Ehegatten!
– Hat er die Auswirkungen des **Versorgungsausgleichs** bedacht?

– Wenn bei der Scheidung ein Großteil seiner **Rentenanwartschaften** übertragen wird, muss er Geld aufwenden, um im Alter wieder angemessen abgesichert zu sein. Je älter der Mandant ist, desto größer ist im Regelfall der an den Ehepartner abzuführende Teil der Rentenanwartschaften und desto kürzer ist die Zeit, die Altersversorgung irgendwie wieder aufzustocken. Dementsprechend hoch sind die mtl. aufzubringenden Beträge.

III. Anwaltliche Beratung

Auch bei der **Formulierung** des abzuschließenden Vergleichs werden an den beratenden Anwalt nach der Rechtsprechung des BGH hohe Anforderungen gestellt.[27] 51

So hat der BGH, 17.01.2002 – IX ZR 182/00,[28] verlangt, dass der Anwalt für eine **eindeutige** und **zweifelsfreie Formulierung** des zwischen den Eheleuten geschlossenen Unterhaltsvergleichs sorgen muss. Von ihm wird darüber hinaus auch noch gefordert, das FamG über eine falsche Rechtsauffassung, die sich in mehreren Beschlüssen über die Einstellung der Zwangsvollstreckung abzeichnete, aufzuklären. Nach dem für seine Partei negativen und rechtsfehlerhaften erstinstanzlichen Beschluss durfte er sich nicht nur auf allgemeine Hinweise über mögliche Rechtsmittel beschränken, sondern musste deutlich auf die Fehlerhaftigkeit der Entscheidung hinweisen.

Der **Nachweis eines Beratungsfehlers** wird dem Mandanten nicht nur dadurch erleichtert, dass es zunächst **Sache des Rechtsanwalts** ist, substanziiert vorzutragen, in welcher Weise er seine Pflichten erfüllt hat. Darüber hinaus erspart die sog. **Vermutung aufklärungsrichtigen Verhaltens**[29] dem Mandanten den Nachweis, dass er dem Rat gefolgt wäre. Die Erfolgsaussichten des einzulegenden Rechtsmittels werden vom BGH unterstellt; ein Mitverschulden des Mandanten aufgrund unzureichender Information wird generell abgelehnt. 52

Allerdings hat das **BVerfG**[30] die Auffassung des BGH[31] als verfassungsrechtlich bedenklich bezeichnet. Es sei haftungsrechtlich unbeachtlich, die Folgen eines anwaltlichen Fehlers zu perpetuieren, obwohl ihr Eintritt durch prozessordnungsgemäße Beweisaufnahme hätte verhindert werden können. Denn Gerichte sind verfassungsrechtlich nicht legitimiert, den RA auf dem Umweg über den Haftungsprozess auch die Verantwortung für die richtige Rechtsanwendung aufzubürden. 53

▶ Praxistipp: 54

– Auch wenn die Beteiligten sich also schon fast einig sind, darf auf eine **Belehrung** keinesfalls verzichtet werden!

---

27 BGH, NJW 2002, 1048 = FamRZ 2002, 878; vgl. auch die Übersicht bei Borgmann, NJW 2000, 2953, 2960.
28 BGH, FamRZ 2002, 878; vgl. auch BGH, FamRZ 2001, 1442.
29 BGH, NJW 1998, 749.
30 BVerfG, NJW 2002, 2937.
31 BGH, NJW 2002, 1048.

Kapitel 1 — Mandatsannahme in Unterhaltssachen

- Klären Sie ab, ob Ihr Mandant sich in einer irgendwie gearteten **Zwangslage** oder **Unterlegenheit** befindet und diese wesentlicher Beweggrund für die beabsichtigte Regelung ist.
- Führen Sie dem Mandanten deutlich vor Augen, welche **Konsequenzen** eine beabsichtigte Regelung haben wird.
- Machen Sie auch ganz deutlich, dass eine einmal getroffene Regelung **nicht** ohne Weiteres **wieder geändert** werden kann, wenn sich die damit verbundenen Erwartungen nicht erfüllt haben und nicht alles so läuft, wie gewünscht.
- Geschieht diese Belehrung nicht oder nicht mit der gebotenen Sorgfalt, sind spätere **Regressforderungen** nicht auszuschließen.[32]

55 Die Beratung sollte sich keinesfalls auf mündliche Erklärungen beschränken. Schriftliche Ausführungen sind für den juristisch ungeübten Laien – und das sind die Mandanten i. d. R. – viel besser verständlich, einprägsamer und eindringlicher als nur mündliche Ausführungen. Zudem ist damit zugleich eine **Dokumentation der Beratung** erfolgt. Im Regressfall gewährleistet diese schriftliche Dokumentation den notwendigen Entlastungsbeweis, dass und wie der Mandant beraten und aufgeklärt worden ist. Dagegen lassen sich mündliche Beratungen auch anhand von Aktennotizen nur schwerlich nachvollziehen. Zudem hat der Mandant an eine Besprechung oft eine zumindest teilweise andere Erinnerung als der Anwalt.

56 ▶ Praxistipp:

- Viele Anwaltskanzleien verfügen über schriftliches **Informationsmaterial**, die sie ihren Mandanten zu bestimmten Themenbereichen an die Hand geben. Solche Informationsschriften sind eine gute Grundinformation und stellen auch ein wertvolles, nicht zu unterschätzendes »Marketinginstrument« dar.
- **Informationsschriften ersetzen aber die erforderliche individuelle Beratung nicht!**
- Die meisten Informationen erhält der Mandant sicherlich im Beratungsgespräch. Machen Sie sich aus den oben beschriebenen Gründen die Mühe, die wesentlichen Punkte der Beratung in Form eines »**Bestätigungsschreibens**« zusammenzufassen und dem Mandanten mitzuteilen, um so die notwendige Dokumentation zu erreichen. Es gilt auch hier die alte Skatspielerregel: Wer schreibt, der bleibt.
- Wenn Sie sich einige **Textbausteine** mit entsprechenden allgemeingültigen Formulierungen entwickeln und diese mit den erforderlichen individuellen Ergänzungen kombinieren, hält sich der Aufwand im angemessenen Rahmen.

---

32 Vgl. BGH, 08.11.2001 – IX ZR 64/01, NJW 2002, 292; BGH, NJW 2001, 675; Edenfeld, MDR 2001, 972; Fischer, NJW 1999, 2993.

F. VKH

▶ **Das Wichtigste in Kürze**　　57

- Die VKH-Bewilligung richtet sich allein nach §§ 114 ff. ZPO, da die §§ 76 ff. FamFG in Unterhaltssachen nicht anwendbar sind (vgl. § 113 Abs. 1 FamFG). → Rdn. 61 f.
- VKH ist ggü. einem Verfahrenskostenvorschuss subsidiär; somit ist auch in Unterhaltssachen der Anspruch auf Verfahrenskostenvorschuss primär zu klären. → Rdn. 77, Rdn. 105 ff., Rdn. 112
- VKH ist dem Unterhaltsgläubiger trotz eines Titulierungsanspruchs wegen Mutwilligkeit zu verweigern, wenn der Unterhaltsschuldner den vollen Unterhalt zahlt und er nicht vor Verfahrenseinleitung zur Titulierung i. H. d. freiwilligen Leistung aufgefordert wurde. → Rdn. 118
- Hingegen ist es nicht mutwillig, nacheheliche Unterhaltsansprüche isoliert geltend zu machen, auch wenn die Möglichkeit der Verfahrensführung im Verbund bestand. → Rdn. 114

VKH ist in Unterhaltssachen von großer Bedeutung.[33] Gerade der bedürftige Unter- 58
haltsgläubiger wird die Kosten, die zur Durchsetzung der Unterhaltsansprüche erforderlich sind, meistens nicht aufbringen können.

Es gehört zu den anwaltlichen Pflichten, den Mandanten in geeigneten Fällen auf die 59
Möglichkeit der VKH hinzuweisen.[34]

VKH ist eine Sozialleistung des Staates; sie bezweckt die weitgehende Gleichstellung 60
von Bemittelten und Unbemittelten beim Zugang zu den Gerichten. Niemand soll aus
wirtschaftlichen Gründen daran gehindert sein, sein Recht vor Gericht zu erkämpfen.

Unterhaltssachen sind Familienstreitsachen nach § 112 Nr. 1 FamFG; in Familien- 61
streitsachen gelten die §§ 76 bis 78 FamFG aufgrund von § 113 Abs. 1 FamFG nicht.
Folglich richten sich die Bewilligungsvoraussetzungen der VKH in Unterhaltssachen
nach **§§ 114 bis 127 ZPO**.

Das VKH-Verfahren ist ein **nicht-streitiges Antragsverfahren**, an welchem nur der 62
Antragsteller und das FamG beteiligt sind.[35] Es gilt in diesem Verfahren der Amtsermittlungsgrundsatz.

---

33 Vgl. dazu ausführlich Viefhues, FuR 2012, 291 ff. und 361 ff.
34 BVerfG, NJW 2000, 2494.
35 Vgl. auch Luthin/Koch-Kamm, Rn. 7196.

I. »Bedingte« Antragstellung

63 Mit der Einreichung eines Antrags in der Unterhaltssache entstehen Anwaltsgebühren.[36]
Das gilt auch, wenn die Antragsschrift zugleich ein VKH-Gesuch enthält, weil dadurch neben dem VKH-Verfahren auch das Unterhaltsverfahren als solches anhängig wird.
Dies gilt natürlich dann nicht, wenn zum Ausdruck gebracht wird, dass der Antrag nur für den Fall der VKH-Bewilligung als erhoben gelten soll, z. B. durch folgende Formulierungen:
– Es sei »**beabsichtigt**« (nach VKH-Bewilligung) den Antrag zu erheben;[37]
– es werde gebeten, »**vorab**« über das VKH-Gesuch zu entscheiden oder
– der Antrag werde »**unter Vorbehalt**« (der Bewilligung von VKH) erhoben.
– Es wird nur der VKH-Antrag gestellt und nur ein »**Entwurf**« der Antragsschrift beigefügt.

64 ▶ Hinweis:
In diesen Fällen wird der Antrag nicht förmlich der Gegenseite zugestellt. Die förmliche Zustellung erfolgt erst nach VKH-Bewilligung.

65 Nicht ausreichend ist hingegen folgende Formulierung:
– den Schriftsatz als »Antrag und Verfahrenskostenhilfegesuch« zu überschreiben und
– dem Antrag hinzuzusetzen: »Wir fügen ferner anbei, die Erklärung über Verfahrenskostenhilfe und beantragen Verfahrenskostenhilfe«.
Im letztgenannten Fall entstehen anwaltliche Gebühren.

II. Bewilligungsvoraussetzungen

66 VKH wird nach Antragstellung bewilligt, wenn der Antragsteller die Kosten der Prozessführung nach seinen persönlichen und wirtschaftlichen Verhältnissen jedenfalls nicht vollständig aufbringen kann, die Rechtsverfolgung oder -verteidigung Aussicht auf Erfolg verspricht und nicht mutwillig erscheint, vgl. § 114 Satz 1 ZPO.

1. Antrag (§§ 114, 117 ZPO)

67 Die Bewilligung von VKH setzt einen entsprechenden Antrag voraus.
Der VKH-Antrag (vgl. § 117 Abs. 1 Satz 1 ZPO) ist bei dem Verfahrensgericht zu stellen. Dies ist in erstinstanzlichen Familienstreitigkeiten das AG – FamG.

---

36 OLG Koblenz, FamRZ 1998, 312.
37 OLG Koblenz, NJW 2008, 2929.

Nach Auffassung des OLG Bamberg ist auch der VKH-Antrag betreffend eine beabsichtigte Beschwerde nach §§ 58 ff. FamFG beim AG – FamG zu stellen.[38] Begründet wird dies damit, dass nach § 64 Abs. 1 FamFG das Rechtsmittel dort einzulegen ist.

Problematisch ist, dass damit das FamG, dessen Entscheidung mit der Beschwerde angegriffen wird, die Erfolgsaussichten der Beschwerde, die ein ausschlaggebendes Kriterium für VKH nach § 114 ZPO sind, zu beurteilen hat. Der zuständige Familienrichter müsste im Fall der Gewährung der VKH sich quasi von seiner eigenen Entscheidung distanzieren. Dies ist nicht erforderlich, wenn man als »Verfahrensgericht« das Gericht begreift, welches über die Beschwerde zu entscheiden hat; dies ist nach § 119 Abs. 1 Nr. 1a GVG das OLG.

a) Frist

Der Antrag ist zwar nicht fristgebunden, muss aber **spätestens bis zum Abschluss der Instanz** bei Gericht gestellt werden, da die VKH nach § 114 Satz 1 ZPO für eine »beabsichtigte« Rechtsverfolgung gewährt wird.

68

Wird der Antrag rechtzeitig gestellt, müssen aber noch die zur Klärung der persönlichen und wirtschaftlichen Verhältnisse erforderlichen Unterlagen nachgereicht werden, kann eine »nachträgliche« Bewilligung erfolgen, wenn das Gericht sich trotz Verfahrensabschlusses damit einverstanden erklärt hat.[39]

Ein (verspäteter) Antrag nach Abschluss der Instanz wird nicht bearbeitet.

Wiedereinsetzungsanträge sind nicht zulässig, da keine Notfrist versäumt wurde, vgl. § 233 ZPO.[40]

69

b) Prozessführung

VKH wird für eine »Prozessführung« gewährt, vgl. § 114 Satz 1 ZPO. Erforderlich ist also ein gerichtliches Verfahren.

70

Damit kommt in Unterhaltssachen VKH insb. in Betracht für:
- die Durchführung des vereinfachten Verfahrens nach §§ 249 ff. FamFG,
- den Antrag auf Erlass einer einstweiligen Unterhaltsanordnung, vgl. §§ 49 ff.; 246 bis 248 FamFG,
- einen Antrag auf Arrest,
- einen isolierten Auskunftsantrag zwecks Klärung von Unterhaltsansprüchen,
- Stufenanträge und
- Unterhaltshauptsacheverfahren.

---

38 OLG Bamberg, FamRZ 2012, 49; a.A. OLG Bremen FamRZ 2011, 1741.
39 OLG Karlsruhe, FamRZ 1999, 305.
40 OLG Bamberg, FamRZ 1997, 179.

71 ▶ **Hinweis:**

VKH für **Unterhaltsstufenanträge** ist nicht Stufe für Stufe, sondern von Anfang an für alle Stufen zu bewilligen.[41] Uneinigkeit besteht jedoch darüber, wie verfahrenskostenhilfemäßig zu verfahren ist, wenn (später) die Leistungsstufe beziffert wird. Die Frage, die sich stellt, ist nämlich, ob jeder auch noch so hohe Zahlungsantrag durch die ursprüngliche VKH-Bewilligung gedeckt ist. Nach wohl richtiger Auffassung ist die ursprüngliche VKH-Bewilligung für den Stufenantrag bzgl. der unbezifferten Zahlungsstufe nur vorläufiger Art, sodass das FamG die Möglichkeit hat, die Erfolgsaussicht der Leistungsstufe nach deren Bezifferung erneut zu prüfen, und die VKH einschränken kann, soweit der Zahlungsantrag nicht hinreichend Erfolg versprechend ist.[42]

c) Parteibegriff des § 114 ZPO

72 Partei i. S. d. § 114 ZPO ist im Unterhaltsverfahren grds. der Antragsteller oder Antragsgegner.

73 Ob im Rahmen eines im Wege der **gesetzlichen Verfahrensstandschaft gem. § 1629 Abs. 3 Satz 1 BGB** erhobenen Unterhaltsverfahrens bei der Bewilligung von VKH auf die Einkommens- und Vermögensverhältnisse des antragstellenden Elternteils oder des Kindes abzustellen ist, war in Rechtsprechung und Literatur umstritten.

Teilweise wurde unter Hinweis auf den Sinn und Zweck des § 1629 Abs. 3 Satz 1 BGB, nämlich dem Schutz des minderjährigen Kindes vor der Konfliktsituation der Eltern, für die VKH-Entscheidung auf die Einkommens- und Vermögensverhältnisse des Kindes als Unterhaltsberechtigtem abgestellt.[43]

Eine andere Auffassung setzte am Wortlaut des § 114 ZPO an, wonach einer Partei, die nach ihren persönlichen und wirtschaftlichen Verhältnissen die Kosten der Verfahrensführung nicht, nur teilweise oder nur in Raten aufbringen kann, VKH bewilligt werden kann. Auch nach Sinn und Zweck der gesetzlichen Verfahrensstandschaft in § 1629 Abs. 3 Satz 1 BGB sei davon keine Ausnahme geboten.[44]

Der BGH[45] schließt sich der zuletzt aufgeführten Auffassung an, da nach dem Wortlaut der maßgeblichen Bestimmungen bei der Bewilligung von VKH auf die persönlichen und wirtschaftlichen Verhältnisse des Antragstellers abzustellen ist. Beteiligter ist aber bei einem Verfahren auf Kindesunterhalt vor Rechtskraft der Ehescheidung nach § 1629 Abs. 3 Satz 1 BGB stets der sorgeberechtigte Elternteil. Im Gegensatz zur gewillkürten Verfahrensstandschaft habe der Gesetzgeber die Beteiligtenrolle in § 1629

---

41 OLG Düsseldorf, FamRZ 2010, 747 (im Hinblick auf Mindestunterhalt).
42 OLG Hamm, FamRZ 1994, 312.
43 OLG Köln, FamRZ 2001, 1535; OLG Dresden, FamRZ 2002, 1412.
44 OLG Hamm, FamRZ 2001, 924.
45 BGH, FamRZ 2006, 32.

Abs. 3 BGB verbindlich festgelegt. Damit kommt es auf das sonst erforderliche zusätzliche Eigeninteresse der Verfahrenspartei an der Verfahrensführung nicht an.

Für die Bewilligung von VKH kommt es daher auf das Einkommen und die Vermögensverhältnisse des Verfahrensstandschafters – nicht des Kindes – an.[46]

2. Bedürftigkeit des Antragstellers

Inwieweit der Antragsteller der VKH bedürftig ist, ist der Vorschrift des § 115 ZPO zu entnehmen. 74

Aus § 115 ZPO ergibt sich die Berechnung des einzusetzenden Einkommens und Vermögens und damit – bzgl. des Einkommens über die Tabelle – die Höhe der vom VKH-Antragsteller zu zahlenden Raten bzw. zu leistenden Vermögensbeträge.

Die Vorschrift verweist i. Ü. bzgl. der Absetzungen vom Einkommen auf § 82 Abs. 2 SGB XII und bzgl. des einzusetzenden Vermögens ebenso auf § 90 SGB XII. 75

a) Einzusetzende Einkünfte

Der Antragsteller hat für die Verfahrensführung sein Einkommen einzusetzen. Die Summe aller Einkünfte in Geld oder Geldeswert stellt das Einkommen dar, vgl. § 115 Abs. 1 Satz 2 ZPO. 76

Maßgeblich ist nur das Einkommen des Antragstellers, nicht das Familieneinkommen oder auch Einkommen einer nichtehelichen Lebensgemeinschaft.

> ▶ Praxistipp: 77
>
> Das Einkommen des Ehegatten ist aber auch nicht bedeutungslos; zum einen entfällt der Unterhaltsfreibetrag nach § 115 Abs. 1 Satz 3 Nr. 2a) i. V. m. § 115 Abs. 1 Satz 7 ZPO, zum anderen kann ein Verfahrenskostenvorschussanspruch bestehen, der ggü. der VKH vorrangig ist.

Einkünfte in Geld sind insb. alle Einnahmen aus nicht selbstständiger oder selbstständiger Arbeit (auch Nebentätigkeiten). 1/12 des Urlaubs- bzw. Weihnachtsgeldes ist den Monatseinkünften hinzuzurechnen.[47] Steuererstattungen sind auf das Jahr umzulegen, in dem sie ausgezahlt wurden. 78

Nach der Rechtsprechung des BGH[48] ist Kindergeld, das der um Verfahrenskostenhilfe nachsuchende Beteiligte tatsächlich bezieht, als sein Einkommen i. S. d. § 115 Abs. 1 Satz 2 ZPO zu berücksichtigen, **soweit es nicht zur Bestreitung des notwendigen Lebensunterhalts eines minderjährigen Kindes zu verwenden ist.** Grundlage dafür ist die Regelung in § 82 Abs. 1 Satz 2 SGB XII, nach der bei Minderjährigen das Kindergeld dem jeweiligen Kind als Einkommen zuzurechnen ist, soweit es bei diesem zur 79

---

46 BGH, FamRZ 2005, 1164.
47 OLG Karlsruhe, FamRZ 2004, 1651.
48 BGH, FamRZ 2005, 605.

Kapitel 1
Mandatsannahme in Unterhaltssachen

Deckung des notwendigen Lebensunterhaltes benötigt wird. Das Existenzminimum ist jedenfalls für Kinder bis zum vollendeten 14. Lebensjahr durch die Freibeträge nach § 115 Abs. 1 Nr. 2 ZPO gesichert. Die auf das Kind entfallenden anteiligen Wohnkosten werden bereits durch die Anerkennung beim Antragsteller abgedeckt. Demzufolge ist dann i. d. R. das gesamte Kindergeld als Einkommen zu berücksichtigen.

Das Kindergeld wird meistens hälftig zwischen den Eheleuten aufgeteilt; voll angerechnet wird es daher nur, wenn ein Kindergeldausgleich über den Kindesunterhalt nicht stattfindet.

Erhält das volljährige Kind das Kindergeld, ist es nicht Einkommen eines Elternteils.

80   Einkünfte i. S. v. § 115 Abs. 1 Satz 2 ZPO sind auch Renten, Einkünfte aus Vermietung und Verpachtung sowie Kapitalvermögen.

b) Absetzungen

81   Die Einkünfte sind um die »Absetzungen« nach § 115 Abs. 1 Satz 3 ZPO zu bereinigen. § 115 Abs. 1 Satz 3 ZPO verweist insofern unter Nr. 1a) auf § 82 Abs. 2 SGB XII.

82   § 82 Abs. 2 Nr. 1 SGB XII erlaubt den **Abzug von Steuern** auf das Einkommen, d. h. abzugsfähig sind Einkommen-, Lohn-, und Kirchensteuer sowie der Solidaritätszuschlag.

83   Weiterhin sind **Pflichtbeiträge** nach § 82 Abs. 2 Nr. 2 SGB XII abzugsfähig. Die Arbeitnehmerbeiträge zur Renten-, Kranken-, Arbeitslosen- und Pflegeversicherung sind danach vom Einkommen abzuziehen.

84   Auch angemessene **Versicherungsbeiträge** sind grds. nach § 82 Abs. 2 Nr. 3 SGB XII abzugsfähig.

Abzugsfähig sind danach angemessene Beiträge für eine
– Gebäude- und Hausratsversicherung,
– Rechtsschutzversicherung,
– freiwillige Krankenversicherung,
– freiwillige Rentenversicherung,
– Unfallversicherung,
– Lebensversicherung,
– Haftpflichtversicherung,[49]
– Kfz-Versicherung, wenn der Besitz des Autos für den Antragsteller konkret erforderlich ist,
– Beiträge für die sog. »Riester-Rente«.

85   Schließlich müssen die Einkünfte noch um die mit der Erzielung des Einkommens verbundenen **Werbungskosten** (§ 82 Abs. 2 Nr. 4 SGB XII) bereinigt werden.

---

49 OLG Stuttgart, FamRZ 2006, 1282.

Die Werbungskosten sind grds. konkret zu belegen. Zulässig ist aber auch der **pauschale Abzug von 5 % des Nettoeinkommens**.[50]

Mitunter sind die Werbungskosten aufgrund von **Fahrtkosten** relativ hoch. Entsprechend § 5 Abs. 2 Nr. 2 JVEG kann von 0,30 € je km ausgegangen werden, falls die Benutzung öffentlicher Verkehrsmittel unzumutbar oder unmöglich ist.[51] 86

Die Berechnung erfolgt wie folgt: 0,30 € × km × 2 × 220: 12.

c) Abzusetzende Beträge nach § 115 Abs. 1 Satz 3 Nr. 1b) ZPO

Erzielt der Antragsteller ein Einkommen aus Erwerbstätigkeit, ist gem. § 115 Abs. 1 Satz 3 Nr. 1b) ZPO ein weiterer Betrag i. H. v. derzeit 187 € vom Einkommen abzuziehen. 87

Dabei ist unerheblich, wie hoch das Erwerbseinkommen des Antragstellers ist. Ist das Einkommen geringer als 187 €, bleibt das Einkommen insgesamt unberücksichtigt.

Der Abzug des Betrags von 187 € gleicht den Mehraufwand aus, der mit einer Erwerbstätigkeit verbunden ist und durch den Werbungskostenabzug nicht ausreichend berücksichtigt wird.[52]

d) Unterhaltsfreibeträge nach § 115 Abs. 1 Satz 3 Nr. 2 ZPO

Nach § 115 Abs. 1 Satz 3 Nr. 2a) ZPO ist für die Partei und ihren Ehegatten oder Lebenspartner ein Freibetrag anzusetzen, welcher jährlich aktualisiert wird. Dieser Freibetrag beträgt ab dem 01.01.2012 411 €. 88

Nach § 115 Abs. 1 Satz 3 Nr. 2b) ZPO ist für jede weitere Person, der die Partei aufgrund gesetzlicher Unterhaltspflicht Unterhalt leistet, zusätzlich ein Freibetrag anzusetzen. Dieser Freibetrag beträgt gestaffelt nach dem jeweiligen Lebensalter ab dem 01.01.2012
– für Kinder bis zur Vollendung des 6. Lebensjahres 241 €,
– danach bis zur Vollendung des 14. Lebensjahres 276 €,
– danach bis zur Vollendung des 18. Lebensjahres 316 €
– und ab Volljährigkeit 329 €.

Einkommen, das der Unterhaltsberechtigte erzielt, vermindert allerdings den Freibetrag, vgl. § 115 Abs. 1 Satz 7 ZPO. Verdient also die Ehefrau des Antragstellers oder der weitere Unterhaltsberechtigte im Monat mehr als den jeweils geltenden Freibetrag, kann der Antragsteller keinen Unterhaltsfreibetrag für die betreffende Person mehr geltend machen. 89

---

50 OLG Bamberg, FamRZ 1987, 1282.
51 OLG Nürnberg, FamRZ 2008, 1962.
52 BVerfG, BVerfGE, NJW 1992, 3153.

90 Bedeutsam ist § 115 Abs. 1 Satz 8 ZPO. Zahlt danach der Antragsteller, statt Naturalunterhalt zu gewähren, einen Barunterhalt (also eine Geldrente), ist statt des Freibetrags der zu zahlende Unterhalt (in den Grenzen der Angemessenheit) von seinem Einkommen abzuziehen. Ist der Antragsteller zur Zahlung von Unterhalt gerichtlich verpflichtet worden, ist dieser Betrag immer als angemessen anzusehen.[53]

e) Wohnkosten (§ 115 Abs. 1 Satz 3 Nr. 3 ZPO)

91 Absetzbar sind auch angemessene Kosten der Unterkunft und Heizung, vgl. § 115 Abs. 1 Satz 3 Nr. 3 ZPO. Die Heizungskosten sind nur wegen ihrer besonderen Bedeutung aufgeführt; gemeint sind die gesamten Neben- bzw. Betriebskosten.[54]

Dazu gehören selbstverständlich nicht die Kosten für Wasser, Strom[55] und Gas, da sie bereits über den Unterhaltsfreibetrag berücksichtigt werden.[56]

92 **Doppelverdiener** erbringen die Mietzahlungen gemeinsam, entweder nach dem Verhältnis der Einkommen oder nach Kopfteilen.

93 Wohnt der Antragsteller in einer **Eigentumswohnung**, sind Kosten der Unterkunft Belastungen, die durch Fremdmittel für Erwerb oder Errichtung von eigengenutztem Wohnraum und dessen Instandhaltung bedingt sind. Abzugsfähig sind Zinsleistungen ebenso wie Tilgungsleistungen. Daneben ist auch die Grundsteuer zu berücksichtigen.

94 Die Unterkunftskosten dürfen nicht in einem **auffälligen Missverhältnis** zu den Lebensverhältnissen des Antragstellers stehen. Im Rahmen der dafür erforderlichen Beurteilung ist die Abzugsfähigkeit nur dann nicht gegeben bzw. einzuschränken, wenn sich die Unterkunftskosten weder aus der Situation des Wohnungsmarktes noch aus den Besonderheiten des Einzelfalles begründen lassen und sich somit als offensichtlicher Luxus darstellen.

Ein auffälliges Missverhältnis kann vorliegen, wenn eine Person allein eine Wohnung mit 100 m² bewohnt.[57]

Übersteigen die Kosten der Unterkunft 50% des Einkommens, ist grds. auch von einem auffälligen Missverhältnis auszugehen.[58]

f) Besondere Belastungen (§ 115 Abs. 1 Satz 3 Nr. 4 ZPO)

95 Schließlich sind im Einzelfall noch sog. »besondere Belastungen« abzusetzen. § 115 Abs. 1 Satz 3 Nr. 4 ZPO stellt eine Härteklausel dar, deren Anwendung im pflichtgemäßen Ermessen des Richters steht.

---

53 OLG Stuttgart, FamRZ 2007, 486.
54 OLG Brandenburg, FamRZ 2009, 897.
55 BGH, FamRZ 2008, 781 f.
56 Gutjahr, § 1 Rn. 143.
57 So Musielak/Fischer, ZPO, § 115 Rn. 26.
58 OLG Brandenburg, FamRZ 2001, 1085.

«Besondere Belastungen« können nur noch solche sein, die nicht schon in § 115 Abs. 1 Satz 3 Nr. 1 bis 3 ZPO aufgeführt sind. 96

Besondere Belastungen sind danach die Mehrbedarfsbeträge, die gem. § 30 SGB XII für bestimmte Personen gelten, z. B. altersbedingter Mehrbedarf, Mehrbedarf wegen Erwerbsunfähigkeit, für werdende Mütter, für Alleinerziehende, für Behinderte.[59] 97

Auch Kosten für besondere Familienereignisse wie Geburt, Kommunion oder Konfirmation, Heirat oder Tod sind besondere Belastungen.[60] 98

Darlehenstilgungen können besondere Belastungen sein, wenn der Kredit vor Verfahrensbeginn aufgenommen wurde. 99

Nach Verfahrensbeginn muss sich der Antragsteller auf das Verfahren einrichten und darf nicht mehr ohne Not Verbindlichkeiten eingehen.[61] Es kommt daher nunmehr auf den Anlass der Kreditaufnahme an. Akzeptabel ist etwa der Kredit, wenn er der Anschaffung einer dringend benötigten Waschmaschine dient.[62]

Finanzierungskosten für einen Pkw sind abzugsfähig, wenn der Antragsteller auf das Auto angewiesen ist. Ist dies hingegen nicht der Fall, stehen die Kosten der Anschaffung zudem in einem Missverhältnis zum Einkommen, ist der Kredit nicht berücksichtigungsfähig.[63] 100

g) Vermögenseinsatz (§ 115 Abs. 3 ZPO)

Das Vermögen des Antragstellers ist einzusetzen, soweit dies zumutbar ist, vgl. § 115 Abs. 3 ZPO. Die Frage der Zumutbarkeit wird durch den Verweis auf § 90 SGB XII konkretisiert, d.h. diese Vorschrift legt fest, welche Vermögensteile nicht verwertet werden müssen. 101

Vermögen sind gespartes Geld, verwertbare geldwerte Sachen, Rechte sowie Forderungen. Nicht dazugehört das Einkommen nach § 115 Abs. 1 ZPO. 102

Verwertbar ist das Vermögen dann, wenn es tatsächlich veräußert werden kann. Dies muss zu angemessenen Bedingungen möglich sein.

▶ Hinweis: 103

VKH kann allerdings auch in der Weise bewilligt werden, dass die Verfahrenskosten so lange gestundet werden, bis die Vermögenswerte verwertet werden können.

---

59 Vgl. auch Musielak/Fischer, ZPO, § 115 Rn. 27.
60 Vgl. auch Gutjahr, § 1 Rn. 147.
61 Vgl. auch BGH, FamRZ 2007, 1722.
62 OLG Zweibrücken, FamRZ 2004, 1501.
63 Vgl. OLG Hamm, FamRZ 2007, 155.

104 Als Beispiele zu nennen sind:
- **Geldguthaben (§ 90 Abs. 2 Nr. 9 SGB XII)**
  Ein Geldguthaben ist bis auf den Freibetrag i. H. v. 2.600 € zzgl. 614 € für den Ehegatten bzw. Lebenspartner und 256 € für jede weitere Person, die überwiegend unterhalten wird, in vollem Umfang einzusetzen.[64]
- **Unterhaltsabfindungsbetrag (§ 90 Abs. 2 Nr. 9 SGB XII)**
  Der Einsatz eines Unterhaltsabfindungsbetrags, der aufgrund eines Vergleichs bezahlt wird, ist unzumutbar, wenn er für den notwendigen Unterhalt erforderlich ist (40.000 €).[65]
- **Kleines Hausgrundstück (§ 90 Abs. 2 Nr. 8 SGB XII)**
  Auch der Einsatz eines angemessenen Hausgrundstücks kann nach § 90 Abs. 2 Nr. 8 SGB XII nicht verlangt werden. § 90 Abs. 2 Nr. 8 SGB XII ist auch auf Eigentumswohnungen, Miteigentumsanteile sowie Grundstücke, deren Bebauung geplant ist, anzuwenden.
  Der Schutz des kleinen Hausgrundstücks erstreckt sich nur auf **selbst genutzte Objekte**.[66]
  Der Verkehrswert sowie die Wohnungsgröße sind für die Frage der Angemessenheit von erheblicher Bedeutung.
  Ein Haus mit 140 m² Wohnfläche, welches auf einem ca. 590 m² großen Grundstück gebaut wurde, ist kein kleines Hausgrundstück mehr.[67]
  Angespartes Geldvermögen, mit welchem der Erwerb eines Hausgrundstücks oder einer Eigentumswohnung finanziert werden soll, zählt nicht zum Schonvermögen.[68]
- **Lebensversicherungen**
  Inwieweit Lebensversicherungen zur Verfahrensführung einzusetzen sind, ist umstritten.[69]
  Grds. gilt, dass Lebensversicherungen einsetzbares Vermögen sind, sofern sie nicht der Sicherung einer angemessenen Altersversorgung dienen (§ 90 Abs. 3 Satz 2 SGB XII).
  Dient die Lebensversicherung der Altersversorgung, unterhält der Antragsteller aber mehrere Lebensversicherungen, ist zumindest eine einzusetzen.[70] Ähnlich liegt es bei einer sehr hohen Lebensversicherung.
  Nach weiter gehender Auffassung bleibt eine Lebensversicherung, weil sie wirtschaftlich zweckgebundenes Vermögen ist und eine Auflösung mit vielfältigen Nachteilen verbunden ist, außer Betracht.

---

64 Vgl. Gutjahr, § 1 Rn. 158.
65 OLG Nürnberg, FamRZ 2008, 1261.
66 BGH, FuR 2001, 138.
67 Vgl. OLG Celle, FamRZ 2009, 532.
68 BGH, NJW-RR 2008, 144.
69 Vgl. BGH, FamRZ 2008, 1164.
70 OLG Bremen, FamRZ 2009, 366 f.

– Härteklausel (§ 90 Abs. 3 SGB XII)
Die Härteklausel des § 90 Abs. 3 SGB XII lässt Ausnahmen von der grundsätzlichen Verwertungspflicht des Vermögens zu. Die normale Unannehmlichkeit, die grds. mit der Verwertung von Vermögen verbunden ist, begründet allerdings noch keine Härte i. S. d. § 90 Abs. 3 Satz 1 SGB XII. Insb. die mit einer vorzeitigen Auflösung einer Lebens- oder Rentenversicherung verbundenen Einbußen können besondere Härten darstellen.[71]

h) Übergegangene Unterhaltsansprüche

Streitig war im Fall der **rückübertragenen Unterhaltsansprüche**, ob der Hilfeempfänger nach § 115 ZPO bedürftig ist und deshalb VKH beanspruchen kann, weil ihm vom Sozialhilfeträger gem. § 94 Abs. 5 Satz 2 SGB XII die anfallenden Kosten zu erstatten sind.

Der BGH[72] hat diese Streitfrage nunmehr negativ entschieden. Der Leistungsberechtigte ist im Hinblick auf § 94 Abs. 5 Satz 2 SGB XII für die gerichtliche Geltendmachung der von einem Sozialhilfeträger rückübertragenen Unterhaltsansprüche **grds. nicht bedürftig** i. S. d. § 115 ZPO, da ihm ein **Anspruch auf Verfahrenskostenvorschuss** gegen den Sozialhilfeträger zusteht. Der Anspruch auf Kostenübernahme gewährleistet, dass dem Leistungsberechtigten durch die Rückübertragung und die damit verbundene treuhänderische Wahrnehmung von Verwaltungsaufgaben keine Nachteile entstehen.

Auch das sich aus der Verfahrensökonomie ergebende Interesse des Sozialhilfeberechtigten an einer einheitlichen Geltendmachung bei ihm verbliebener und vom Sozialhilfeträger rückübertragener Unterhaltsansprüche rechtfertigt keine VKH.

Eine **Ausnahme** kommt nur dann in Betracht, wenn der Leistungsberechtigte durch den Verweis auf den Verfahrenskostenvorschussanspruch eigene Nachteile hinzunehmen hätte oder wenn sich die Geltendmachung rückübertragener Ansprüche neben den beim Unterhaltsberechtigten verbliebenen Unterhaltsansprüchen kostenrechtlich nicht auswirkt.

3. Erfolgsaussicht

Die beabsichtigte Rechtsverfolgung oder Rechtsverteidigung muss hinreichend Aussicht auf Erfolg bieten. Dies ist dann zu bejahen, wenn das Gericht das Vorbringen des Antragstellers in tatsächlicher und rechtlicher Hinsicht für zumindest vertretbar hält und die Möglichkeit einer Beweisführung gegeben ist. Es genügt grds. – da lediglich Erfolgsaussicht, nicht Erfolgsgewissheit erforderlich ist – die Zulässigkeit des beabsichtigten Verfahrens und die schlüssige Darlegung des Anspruchs mit Beweisantritt.[73]

---

71 A. A. OLG Karlsruhe, FamRZ 2005, 1917.
72 BGH, FamRZ 2008, 1159.
73 Thomas/Putzo, ZPO, § 114 Rn. 3 ff.

Maßgeblich ist die rechtliche und tatsächliche Würdigung des zur Entscheidung berufenen Gerichts.

107 Soweit das erkennende Gericht nicht mit einer höchstrichterlichen Rechtsprechung übereinstimmt, ist VKH zu bewilligen.

108 Schwierige und nicht geklärte Rechtsfragen dürfen nicht im VKH-Verfahren geklärt werden.[74]

Klärt sich im Laufe des Verfahrens eine zunächst zweifelhafte Rechtsfrage durch eine zwischenzeitliche höchstrichterliche Entscheidung zum Nachteil des Antragstellers, kann VKH nicht mehr bewilligt werden.

109 Die Erfolgsprognose bezieht sich nicht nur auf die Schlüssigkeit des Vorbringens, sondern auch auf seine Beweisbarkeit; in Grenzen ist daher eine vorweggenommene Beweiswürdigung zulässig. VKH kann daher verweigert werden, wenn die Beweisaufnahme mit hoher Wahrscheinlichkeit negativ ausgehen wird.

4. Mutwilligkeit

110 Die Rechtsverfolgung oder Rechtsverteidigung darf nach § 114 Satz 1 ZPO nicht mutwillig erscheinen. Der maßgebliche Beurteilungszeitpunkt für die Mutwilligkeit ist derjenige der Entscheidungsreife.[75]

a) Begriff

111 Eine Definition der Mutwilligkeit war in der bis 1980 maßgeblichen alten Fassung des § 114 Abs. 1 Satz 2 ZPO enthalten. Danach war die Rechtsverfolgung dann als mutwillig anzusehen, wenn mit Rücksicht auf die für die Beitreibung des Anspruchs bestehenden Aussichten eine nicht das Armenrecht beanspruchende Partei von einer Prozessführung absehen oder nur einen Teil des Anspruchs geltend machen würde.

Das BVerfG stellt dazu klar, dass das Gebot der Rechtsschutzgleichheit keine völlige Gleichbehandlung von VKH-Antragsteller und normalem Antragsteller erforderlich macht, d. h. der VKH-Antragsteller muss lediglich einem solchen Antragsteller gleichgestellt werden, der die Verfahrensaussichten vernünftig abwägt und auch das Kostenrisiko berücksichtigt.[76]

112 Die Verteidigung gegen einen mutwilligen Antrag ist hingegen nicht mutwillig.[77]

Unterlässt es der Antragsgegner anlässlich der Prüfung der Bewilligung von Verfahrenskostenhilfe zugunsten des Antragstellers ohne triftigen Grund, in einer rechtzeitigen Stellungnahme (vgl. § 118 Abs. 1 Satz 1 ZPO) Einwendungen geltend zu machen, mit

---

74 BVerfG, NJW 2008, 1060.
75 OLG Köln, NJW-RR 2004, 64.
76 BVerfG, FamRZ 2009, 191 f.
77 OLG Köln, NJW-RR 2001, 869.

denen er ohne weiteren Aufwand ein Hauptsacheverfahren verhindern könnte, ist seine spätere entsprechende Rechtsverteidigung als verfahrenskostenhilferechtlich mutwillig im Sinne von § 114 ZPO; § 113 Abs. 1 FamFG zu beurteilen. Dies gilt insb., wenn er materiell-rechtlich zu entsprechender Auskunft verpflichtet ist oder ihm ggü. eine Inanspruchnahme einer Darlegungslast obliegt, deren Verletzung der Gesetzgeber – wie in § 243 Satz 2 Nr. 2 FamFG – ausdrücklich im Rahmen der Kostenentscheidung sanktioniert.[78]

b) VKH und Scheidungsverbund

Mitunter sind die Beteiligten an einer schnellen Scheidung interessiert und möchten deshalb den nachehelichen Unterhalt isoliert einfordern. 113

In der Rechtsprechung wird jedoch bei der isolierten Geltendmachung einer Folgesache VKH teilweise mit der Begründung versagt, wegen der höheren Kostenlast (Zusammenrechnen der Werte aus Scheidungssache und Folgesachen nur im Verbund) sei die Rechtsverfolgung insoweit **mutwillig**. 114

Dem steht jedoch entgegen, dass es durchaus Gründe für eine isolierte Geltendmachung einer Folgesache geben kann. Bspw. im Zugewinnausgleichsverfahren bei hohen Ausgleichsbeträgen nach § 1378 Abs. 1 BGB, weil der Anspruch auf Verfahrens- sowie Verzugszinsen erst mit Beendigung des gesetzlichen Güterstands entsteht und deshalb bei einer Geltendmachung im Verbund eine erhebliche Verzögerung der Rechtskraft des Scheidungsausspruchs entstehen kann, die zu einem Zinsverlust führt. Entsprechendes gilt im **nachehelichen Unterhalt**, wenn wegen der Unklarheit über die Höhe anrechenbarer Einkünfte des Berechtigten (aus Vermögen aufgrund der güter- oder vermögensrechtlichen Auseinandersetzung) nach § 1577 Abs. 1 BGB eine Festsetzung des Anspruchs noch nicht erfolgen kann.

Ferner ist zu berücksichtigen, dass im Verbund die Kosten regelmäßig nach § 150 Abs. 1 FamFG gegeneinander aufgehoben werden, während in selbstständigen Verfahren der unterliegende Beteiligte die Kosten trägt, sodass der obsiegende Beteiligte einen Kostenerstattungsanspruch erlangt. 115

Insoweit ist es kostenmäßig günstiger, bei Erfolg versprechender Rechtsverfolgung die Ansprüche außerhalb des Verbunds geltend zu machen. VKH kann daher nicht mit dem Argument abgelehnt werden, die Rechtsverfolgung hätte im Verbund stattfinden müssen.[79]

Damit kann VKH nicht mit dem Argument verweigert werden, die Wahrnehmung des Anspruchs im isolierten Verfahren wäre mutwillig. 116

---

78 So OLG Celle, FamRZ 2012, 47.
79 BGH, FamRZ 2005, 786.

c) Unterhaltsteilleistungen

117 Der Unterhaltsschuldner, der nicht den vollen Unterhalt leistet, gibt Anlass zur Antragserhebung i. H. d. gesamten geschuldeten Unterhalts, ohne dass er zunächst zur außergerichtlichen Titulierung des freiwillig geleisteten Unterhalts aufgefordert werden muss. In solchen Fällen kommt ein sofortiges Anerkenntnis i. S. d. § 243 Nr. 4 FamFG i. V. m. § 93 ZPO nicht in Betracht. Der Unterhaltsgläubiger kann für dieses Verfahren VKH erhalten; die Einleitung des Unterhaltsverfahrens ist keinesfalls mutwillig.

118 Auch wenn der Unterhaltsschuldner den vollen Unterhalt bezahlt, hat der Unterhaltsberechtigte einen Titulierungsanspruch. Wird der Unterhaltsschuldner jedoch vor Antragserhebung nicht ordnungsgemäß zur Titulierung aufgefordert, kann er im Unterhaltsverfahren wirksam sofortig anerkennen, mit der Kostenfolge des § 243 Nr. 4 FamFG i. V. m. § 93 ZPO.[80]

Auch VKH ist dem Unterhaltsgläubiger für ein solches Verfahren auf Gesamtunterhalt wegen Mutwilligkeit zu verweigern, wenn dem Schuldner nicht zuvor Gelegenheit gegeben wurde, i. H. d. freiwilligen Leistung eine vollstreckbare Verpflichtungserklärung abzugeben.[81]

d) VKH für Unterhaltsanordnung und Hauptsacheverfahren

119 Benötigt der Antragsteller für den Unterhaltshauptsacheantrag VKH, könnte ihm diese mit der Begründung verweigert werden, dass eine einstweilige Unterhaltsanordnung nach dem FamFG auch ohne Hauptsache zulässig und es im Rahmen einer solchen einstweiligen Anordnung bereits möglich ist das erstrebte Rechtsschutzziel zu erreichen.

120 ▶ Hinweis:

Das OLG Zweibrücken[82] hat genau mit dieser Begründung die VKH für einen gleichzeitigen Hauptsacheantrag in einem Gewaltschutzverfahren wegen Mutwilligkeit verweigert.

121 Nach § 246 FamFG ist das FamG in Unterhaltssachen nicht auf eine vorläufige Regelung beschränkt, sondern kann den Unterhalt in voller Höhe titulieren.[83]

Dennoch nimmt selbst der Erlass einer einstweiligen Unterhaltsanordnung dem Unterhaltsgläubiger nicht das Rechtsschutzbedürfnis für ein Hauptsacheverfahren.[84] Dieses wird bei Unterhaltsrückständen regelmäßig schon deshalb erforderlich sein, weil im Verfahren der einstweiligen Unterhaltsanordnung kein rückständiger Unterhalt titu-

---

80 BGH, NJW 2010, 238, 239.
81 OLG München, FamRZ 1994, 1126.
82 OLG Zweibrücken, NJW 2010, 540.
83 Vgl. Horndasch/Viefhues/Roßmann, FamFG, § 246 Rn. 17 f.
84 Vgl. auch OLG Jena, FamRZ 2011, 491.

liert wird.[85] Aber auch unabhängig davon ist die einstweilige Unterhaltsanordnung nur das Ergebnis einer summarischen Prüfung, sodass die Beteiligten ein Rechtsschutzbedürfnis für eine der Rechtskraft zugängliche endgültige Hauptsacheentscheidung haben. Der Vorteil der rechtskräftigen Unterhaltshauptsacheentscheidung ist insb., dass diese nur unter den strengen Voraussetzungen des § 238 FamFG abgeändert werden kann.

Der Unterhaltsberechtigte handelt daher nicht mutwillig, wenn er sowohl mit einer einstweiligen Unterhaltsanordnung als auch mit einem Hauptsacheverfahren Unterhalt beantragt.

▶ **Hinweis:** 122

Umgekehrt liegt der Fall natürlich anders, d. h. ist bereits im Rahmen eines Hauptsacheverfahrens Unterhalt tituliert worden, besteht kein Regelungsbedürfnis für eine einstweilige Unterhaltsanordnung.

III. Bewilligungsverfahren

1. Erörterungstermin

Mitunter findet ein VKH-Prüfungstermin statt. Ein solcher »Prüfungstermin« soll nur bestimmt werden, wenn eine Einigung zu erwarten ist, vgl. § 118 Abs. 1 Satz 3 ZPO. 123

Wird im Rahmen der Erörterung VKH bewilligt, ist das VKH-Prüfungsverfahren abgeschlossen; werden danach Anträge zur Hauptsache gestellt, fallen die vollen Anwaltsgebühren an. 124

Die dem Antragsgegner für den Erörterungstermin angefallenen Kosten werden nicht erstattet, vgl. § 118 Abs. 1 Satz 4 ZPO. 125

Einigen sich die Beteiligten im Erörterungstermin, ist dieser Vergleich nach § 794 Abs. 1 Nr. 1 ein Vollstreckungstitel. Der im VKH-Verfahren abgeschlossene Vergleich unterliegt nicht dem Anwaltszwang, vgl. auch § 114 Abs. 4 Nr. 5 FamFG. 126

Wird der Vergleich hingegen erst nach Bewilligung der VKH geschlossen, ist in Unterhaltssachen Anwaltszwang nach § 114 Abs. 1 FamFG in allen Instanzen gegeben.

2. VKH-Entscheidung

Die VKH-Entscheidung ist den Beteiligten zuzustellen. 127

Ist der VKH-Beschluss anfechtbar, bedarf er auch einer Begründung. 128

Dies gilt im Hinblick auf das Beschwerderecht der Staatskasse auch im Fall der Bewilligung der ratenfreien VKH, vgl. § 127 Abs. 3 ZPO. Regelmäßig verzichten die Gerichte in diesen Fällen auf die Begründung, da die Entscheidung der Staatskasse nicht

---

[85] Vgl. Klein, FuR 2009, 241, 244.

von Amts wegen mitgeteilt werden muss (vgl. § 127 Abs. 3 Satz 6 ZPO) und i. Ü. die Begründung nach sofortiger Beschwerde der Staatskasse auch noch im Nichtabhilfebeschluss nachgeholt werden kann.

3. Festsetzungen von Zahlungen (§ 120 ZPO)

129 Nach § 120 ZPO setzt das Gericht in dem Bewilligungsbeschluss – falls keine ratenfreie Bewilligung in Betracht kommt – die zu zahlenden Monatsraten und/oder die Vermögensbeträge fest.

130 Maßgeblich für die Bestimmung der Raten ist die Leistungsfähigkeit des Antragstellers im Hinblick auf die zu erwartenden Verfahrenskosten. Im Rahmen der Berechnung sind zunächst die zu erwartenden Verfahrenskosten aufgrund einer **Kostenprognose** zu bestimmen. Diese Kostenprognose hat die Gerichts- und Rechtsanwaltskosten zu erfassen. Anzusetzen sind in der ersten Instanz: 3/1 Verfahrensgebühr nach FamGKG 1210 und dazu 2,5 Rechtsanwaltsgebühren nach RVG nebst Auslagenpauschale und USt. Die Kosten des Antragsgegners, die im Fall des Unterliegens von dem VKH-Antragsteller erstattet werden müssen, bleiben außer Betracht, da der Antragsgegner diese bei Obsiegen selbst zu tragen hat und ein Unterliegen mit Kostenerstattungspflicht ggü. dem Antragsgegner (§ 123 ZPO) wegen Bejahung der Erfolgsaussichten ignoriert wird.

Diesen zu erwartenden Kosten sind die Einkünfte und ggf. das Vermögen gegenüberzustellen. Entsprechend der Tabelle zu § 115 Abs. 2 ZPO ist die VKH-Rate zu bestimmen. Beträgt das einzusetzende Einkommen weniger als 15 € und ist auch kein relevantes Vermögen vorhanden, ist die VKH ohne Ratenzahlung zu bewilligen.

131 Auch wenn die Voraussetzungen nach § 114 ZPO vorliegen, muss VKH versagt werden, falls die Kosten des Verfahrens vier Monatsraten nicht übersteigen. § 115 Abs. 4 ZPO errichtet in diesem Sinn eine Zugangsbarriere, die VKH dann ausschließt, wenn dem Antragsteller zuzumuten ist, dass die Verfahrenskosten mit eigenen Mitteln bestritten werden. Momentane Finanzierungsengpässe sind ggf. mit einer Darlehensaufnahme zu überbrücken.

4. Muster: VKH-Bewilligung bei Ratenzahlung

132   Beschluss

Dem Antragsteller wird für den ersten Rechtszug mit Wirkung ab Antragstellung

Verfahrenskostenhilfe

bewilligt (§§ 114, 119 ZPO).

Gleichzeitig wird ihm Rechtsanwalt ..... zur Wahrung der Rechte im Rechtsstreit als Verfahrensbevollmächtigter beigeordnet.

Der Antragsteller hat ab ..... Raten von monatlich 30 € an die Landeskasse zu zahlen.[86]

Gründe:

.....

5. Muster: VKH-Bewilligung ohne Ratenzahlung

Beschluss 133

Dem Antragsteller wird für den ersten Rechtszug mit Wirkung ab Antragstellung

Verfahrenskostenhilfe

bewilligt (§§ 114, 119 ZPO).

Gleichzeitig wird ihm Rechtsanwalt ..... zur Wahrung der Rechte im Rechtsstreit als Verfahrensbevollmächtigter beigeordnet.

Die Bewilligung erfolgt ohne Ratenzahlungen.

Gründe:

.....

Die Bewilligung der VKH hat auf die Verpflichtung, die dem Gegner entstandenen Kosten zu erstatten, keinen Einfluss, vgl. § 123 ZPO. 134

IV. Beiordnung eines Anwalts (§ 121 ZPO)

Die Beiordnung eines Rechtsanwalts nach § 121 ZPO setzt zunächst die Bewilligung von VKH voraus. Ein Antrag auf Beiordnung ist grds. notwendig. Stellt aber – wie in der Praxis üblich – ein Anwalt den VKH-Antrag, liegt darin ein konkludenter Antrag auf Beiordnung. Möglich ist auch die Beiordnung einer Rechtsanwaltssozietät.[87] Die Anwaltsbeiordnung gilt immer nur für die jeweilige Instanz. 135

Nach § 121 Abs. 1 ZPO wird in Verfahren mit Anwaltszwang dem bedürftigen Beteiligten ein zur Vertretung bereiter Anwalt beigeordnet. Unterhaltssachen unterliegen nunmehr in allen Instanzen dem Anwaltszwang, sodass einer bedürftigen Partei ein Anwalt nach § 121 Abs. 1 ZPO beigeordnet werden **muss**. 136

Dies gilt aufgrund des Grundsatzes der Waffengleichheit auch in Verfahren ohne Anwaltspflicht, wenn die Gegenseite anwaltlich bereits vertreten ist, vgl. § 121 Abs. 2 FamFG. Das Verfahren der **einstweiligen Unterhaltsanordnung** unterliegt (unverständlicherweise) nicht dem Anwaltszwang. Ist aber ein Beteiligter bereits anwaltlich

---

86 Für die technischen Einzelheiten (Zahlstelle, Aufhebungsandrohung nach § 124 ZPO) werden in der Praxis Vordrucke verwendet. Diese Angaben gehören daher nicht in die Beschlussformel.
87 BGH, FamRZ 2009, 37.

vertreten, ist die Beiordnung nach § 121 Abs. 2 ZPO anzuordnen, soweit dem anwaltlich noch nicht vertretenen Beteiligten VKH zusteht.

137 ▶ **Hinweis:**

Der Grundsatz der prozessualen »Waffengleichheit« in § 121 Abs. 2 ZPO beruht auf den Besonderheiten des Zivilprozesses. Dort beherrschen allein die Beteiligten das Verfahren. Aus diesem Grund entspricht es im Zivilprozess dem Grundsatz der prozessualen »Waffengleichheit«, einer Partei auf Antrag allein schon deshalb einen RA beizuordnen, weil die Gegenseite fachkundig vertreten ist.

Dies gilt natürlich nicht in Familiensachen mit Amtsermittlungsgrundsatz (z. B. Umgangsstreitigkeiten, vgl. § 78 FamFG).

138 Der Anwalt kann von dem bedürftigen Beteiligten frei gewählt werden.

Der ausgewählte Anwalt muss aber zur Übernahme des Mandats auch bereit sein. Dies kann z. B. an den geringeren VKH-Gebühren im Einzelfall scheitern (vgl. auch § 122 Abs. 1 Nr. 3 ZPO). Dann ist die Beiordnung nach § 121 Abs. 5 ZPO gerichtlich anzuordnen.

139 Mitunter wird ein Anwalt tätig, der nicht im Bezirk des Verfahrensgerichts niedergelassen ist. Die Beiordnung erfolgt in solchen Fällen »zu den Bedingungen eines ortsansässigen Rechtsanwalts«. Basiert das Mandat etwa auf einem Umzug, so ist zu prüfen, ob nicht ein Verkehrsanwalt nach § 121 Abs. 4 ZPO eingeschaltet werden kann. Dies ist regelmäßig zu bejahen, wenn der auswärts wohnenden Partei ein persönliches Beratungsgespräch wegen der Entfernung zur Kanzlei eines am Ort des Verfahrensgerichts ansässigen Anwalts nicht zumutbar ist und auch eine vermögende Partei die Mehrkosten eines Verkehrsanwalts aufbringen würde.[88]

▶ **Hinweis:**

Alternativ ist es auch möglich den Antrags zu stellen, dass anstelle der zusätzlichen Beiordnung eines Verkehrsanwalts ein auswärtiger Anwalt mit der Maßgabe beigeordnet wird, dass die Mehrkosten, die dadurch entstehen, dass der beigeordnete Anwalt die Kanzlei nicht im Bezirk des Verfahrensgerichts hat, bis zur Höhe der Vergütung eines Verkehrsanwalts am Wohnort des Verfahrenskostenhilfe begehrenden Antragstellers erstattungsfähig sind.[89] Dies gilt selbst in einer einfach gelagerten Scheidungssache, also in jedem Fall auch in (regelmäßig komplizierten) Unterhaltsstreitigkeiten.

140 Die Beiordnung ersetzt nicht das Vollmachts- und Auftragsverhältnis. Der beigeordnete Anwalt muss sich daher eine Verfahrensvollmacht nach §§ 81 ff. ZPO geben lassen und mit dem VKH-Mandanten einen Vertrag nach § 675 BGB schließen.

---

88 OLG Bamberg, FamRZ 2012, 651.
89 So OLG Bamberg, FamRZ 2012, 651.

V. VKH für die Rechtsmitteleinlegung

Nach § 119 Abs. 1 ZPO ist für ein Beschwerde- oder auch Rechtsbeschwerdeverfahren VKH gesondert zu beantragen. 141

Grds. gelten für die VKH-Bewilligung auch im weiteren Instanzenzug die oben angegebenen Kriterien, d.h. der betreffende Antragsteller muss bedürftig sein, es müssen Erfolgsaussichten gegeben sein und das Verfahren darf nicht mutwillig sein. 142

Eine Besonderheit ist allerdings § 119 Abs. 1 Satz 2 ZPO zu entnehmen: In einem höheren Rechtszug ist nicht zu prüfen, ob die Rechtsverfolgung oder Rechtsverteidigung hinreichende Aussicht auf Erfolg bietet oder mutwillig erscheint, wenn der Gegner das Rechtsmittel eingelegt hat. Dies erscheint folgerichtig, da die Rechtsansichten und damit auch Erfolgsaussichten des Rechtsmittelgegners von der Vorinstanz bereits bestätigt wurden. 143

Dem Rechtsmittelgegner kann VKH dennoch erst bewilligt werden, wenn das Rechtsmittel begründet wurde, denn erst dann steht fest, ob eine Verteidigung notwendig ist.[90]

§ 119 Abs. 1 Satz 2 ZPO entbindet das Rechtsmittelgericht jedoch nicht von der Prüfung der subjektiven Voraussetzungen (Bedürftigkeit) der VKH, es können durchaus abweichend von der ersten Instanz andere Raten festgesetzt werden. Maßgeblich für die VKH-Bewilligung sind die persönlichen und wirtschaftlichen Verhältnisse zum Zeitpunkt der Entscheidung des Rechtsmittelgerichts. 144

Wenn ein Rechtsmittel nur aufgrund eines neuen, in der ersten Instanz unterlassenen Vortrags Erfolgsaussicht hat, ist die VKH wegen Mutwilligkeit zu verweigern, da das Rechtsmittel vermieden werden konnte.[91] 145

In der Praxis besteht ein Bedürfnis, die Einlegung der Beschwerde von der Bewilligung von Verfahrenskostenhilfe abhängig zu machen. Zur Wahrung der Beschwerdefrist ist hier anders als bei einem gerichtlichen Unterhaltsantrag vorzugehen. Die obergerichtliche Praxis verfährt folgendermaßen: Der Beschwerdeführer stellt zunächst nur einen VKH-Antrag. Wird ihm Verfahrenskostenhilfe für die Beschwerde bewilligt und ist inzwischen – wie regelmäßig – die Beschwerdefrist abgelaufen, so kann er nach §§ 233 ff. ZPO innerhalb der hierfür vorgesehenen Frist Wiedereinsetzung in den vorigen Stand[92] beantragen und gleichzeitig die Beschwerde einlegen. Der bedürftige Beteiligte ist dann stets ohne sein Verschulden verhindert, die Beschwerdefrist einzuhalten.[93] Die Wiedereinsetzung ist auch ohne förmlichen Antrag zu gewähren,[94] 146

---

90 OLG Hamm, FamRZ 2006, 348.
91 Musielak/Fischer, ZPO, § 119 Rn. 16.
92 S. G. Müller, NJW 1998, 497; Büttner, Wiedereinsetzung in den vorigen Stand 2. Aufl. 1998.
93 BGH, FamRZ 1993, 1427.
94 BGH, FamRZ 1993, 1427.

allerdings muss der Rechtsanwalt selbst auf die Einhaltung der Wiedereinsetzungsfrist und Beschwerdefrist achten, wenn ihm der Verfahrenskostenhilfe bewilligende Beschluss zugeht. Er kann sich selbst bei bestehender allgemeiner Anweisung nicht darauf verlassen, dass von seinen Büroangestellten die Frist notiert wird.[95]

147 Ob eine (unzulässige) bedingte Beschwerde oder lediglich ein VKH-Gesuch mit dem Entwurf einer Beschwerde und Beschwerdebegründung gewollt ist, ist durch sinnvolle Auslegung zugunsten des VKH-Gesuchs zu beantworten. Die Auslegung, dass der Schriftsatz nicht als unbedingte Beschwerde bestimmt war, kommt nur dann in Betracht, wenn sich dies entweder aus dem Schriftsatz selbst oder aus den Begleitumständen mit einer jeden vernünftigen Zweifel ausschließenden Deutlichkeit ergibt.[96]

Wesentliche Voraussetzungen der Wiedereinsetzung sind nach dem BGH:[97]
- Der Antrag auf Verfahrenskostenhilfe zur Durchführung eines Beschwerdeverfahrens geht innerhalb der Beschwerdefrist ein und enthält neben der Erklärung über die persönlichen und wirtschaftlichen Verhältnisse auch entsprechende Belege.
- Einem Beteiligten, der vor Ablauf der Rechtsmittelfrist zur Durchführung des Rechtsmittels Verfahrenskostenhilfe beantragt hat, ist Wiedereinsetzung in den vorigen Stand nur zu gewähren, wenn er vernünftigerweise nicht mit der Verweigerung der Verfahrenskostenhilfe wegen nicht hinreichend nachgewiesener Bedürftigkeit rechnen musste.[98]
- Hat ein Beteiligter die Beschwerdefrist versäumt, weil er nach seinen persönlichen und wirtschaftlichen Verhältnissen die Kosten der Verfahrensführung nicht oder nur teilweise aufbringen kann, ist die Fristversäumung auch dann unverschuldet, wenn der vollständige Antrag auf Bewilligung von Verfahrenskostenhilfe nicht innerhalb der Rechtsmittelfrist, sondern bis zum Ablauf der Wiedereinsetzungsfrist des § 234 ZPO eingegangen ist, und die Fristversäumung nicht auf einem Verschulden beruht.

Wird das VKH-Gesuch mangels Erfolgsaussicht zurückgewiesen, kann der Antragsteller – bei VKH-Bedürftigkeit – ebenfalls Wiedereinsetzung beantragen. Der BGH gesteht ihm sogar zur Wahrung der Chancengleichheit im Vergleich zu einem nicht bedürftigen Beteiligten neben der Wiedereinsetzungsfrist eine weitere Überlegungsfrist zu, ob er die Beschwerde auf eigene Kosten durchführt.[99]

---

95 BGH, FamRZ 1999, 1498.
96 BGH, FamRZ 2011, 29.
97 BGH, NJW-RR 2008, 942.
98 BGH, FamRZ 1992, 169 (bei ordnungsgemäßer Erklärung mit lückenlosen Angaben nach § 117 ZPO); zu einem Grenzfall s. BGH, FamRZ 2005, 789; BGH, 29.06.2005 – XII ZA 36/04; BGH, FamRZ 2000, 750 (LS); FamRZ 1987, 925.
99 BGH, FamRZ 1993, 1428: »bis zu vier Werktage«.

VI. Sofortige Beschwerde gegen VKH-Beschlüsse

VKH-Beschlüsse können nach §§ 127 Abs. 2, Abs. 3 i. V. m. 567 ff. ZPO mit der sofortigen Beschwerde angefochten werden. 148

Die sofortige Beschwerde muss innerhalb einer **Notfrist von einem Monat** eingelegt werden (vgl. § 127 Abs. 2 Satz 3 ZPO). Eine anwaltliche Vertretung ist nicht erforderlich. 149

Die Frist beginnt, wenn dem Antragsteller der Beschluss bekannt geworden ist.

Nach § 569 Abs. 1 ZPO kann die sofortige Beschwerde sowohl beim Ausgangsgericht als auch beim Beschwerdegericht eingelegt werden. 150

Die Beschwerdeschrift muss die Bezeichnung des angefochtenen Beschlusses sowie die Erklärung enthalten, dass Beschwerde gegen die genannte Entscheidung eingelegt werden soll, vgl. § 569 Abs. 2 Satz 2 ZPO. 151

Die Beschwerde ist eigenhändig zu unterschreiben, muss aber weder einen Antrag noch eine Begründung enthalten, vgl. § 571 Abs. 1 ZPO. 152

Die Bewilligung von VKH kann von der Staatskasse angefochten werden, wenn keine Monatsraten bzw. auch kein Vermögenseinsatz angeordnet wurde (§ 127 Abs. 3 Satz 1 ZPO). Ansonsten ist die Staatskasse nicht beschwerdeberechtigt. 153

Der Antragsteller kann grds. alle ihm **nachteiligen VKH-Entscheidungen** anfechten; er ist durch eine solche nachteilige Entscheidung nämlich **beschwert**. Dies gilt nach § 127 Abs. 2 Satz 2 ZPO nicht, wenn der Streitwert der Hauptsache den in § 61 Abs. 1 FamFG genannten Betrag von 600 € nicht übersteigt, es sei denn, das Gericht hat ausschließlich die persönlichen oder wirtschaftlichen Voraussetzungen für die VKH verneint. 154

Anfechtbar sind für den Antragsteller mit der sofortigen Beschwerde daher insb. die:
- Aufhebung der VKH-Bewilligung,
- Festsetzung von Monatsraten oder Vermögensbeträgen,
- vorläufige Begrenzung der Zahl der Monatsraten,
- Ablehnung der Beiordnung eines RA,
- Beiordnung eines von der VKH-Partei nicht beauftragten RA,
- Ablehnung der Aufhebung der Ratenzahlung,
- Verweigerung einer Bescheidung des VKH-Antrags.

Der beigeordnete Anwalt kann aus eigenem Recht mit der sofortigen Beschwerde vorgehen: 155
- gegen die Ablehnung der Aufhebung seiner Beiordnung,[100]
- gegen die Aufhebung seiner Beiordnung[101]

---

100 OLG Brandenburg, FamRZ 2009, 898.
101 OLG Brandenburg, FamRZ 2004, 213.

– gegen eine Einstellung der Ratenzahlung nach § 120 Abs. 3 ZPO.[102]

Ansonsten ist der beigeordnete Anwalt nicht selbst beschwerdeberechtigt; dies gilt i. Ü. auch für den Gegner des Antragstellers.[103]

156 Das Ausgangsgericht kann der sofortigen Beschwerde abhelfen, vgl. § 572 Abs. 1 ZPO. Ansonsten ist die Beschwerde unverzüglich dem Beschwerdegericht vorzulegen. Beschwerdegericht ist nach § 119 Abs. 1 Nr. 1a GVG das OLG; dort entscheidet nach § 568 ZPO der Einzelrichter.

VII. Neuer VKH-Antrag

157 Ein VKH-Beschluss, welcher eine ablehnende Entscheidung enthält, ist der materiellen Rechtskraft nicht fähig.[104] Somit kann bis zum Abschluss des Rechtszuges erneut um VKH nachgesucht werden.

Dies kann dann Sinn machen, wenn sich wirtschaftliche oder rechtliche Veränderungen (z. B. eine Rechtsprechungsänderung) zugetragen haben.[105]

Wird hingegen nur derselbe Antrag wiederholt, fehlt das Rechtsschutzinteresse.

158 Der neue Antrag entfaltet aber keine Rückwirkung.

VIII. Verfahrenskostenvorschuss

1. Verhältnis zu VKH

159 Gerade in familienrechtlichen Verfahren ist die Bedeutung von Verfahrenskostenhilfe (VKH) sehr groß. Vor einem Antrag auf VKH ist jedoch vorrangig ein **Verfahrenskostenvorschussanspruch** (VKV-Anspruch) zu prüfen. Denn bei einem durchsetzbaren VKV-Anspruch fehlt dem Antragsteller wegen insoweit vorhandenen Vermögens die Bedürftigkeit i. S. d. § 115 Abs. 2 ZPO.[106] VKV verdrängt daher VKH, falls der Anspruch realisierbar ist, d. h. unzweifelhaft besteht und kurzfristig durchsetzbar ist.[107]

▶ Praxistipp:

Der anwaltliche Vertreter sollte sich schon der höheren Gebühren wegen im eigenen Interesse mit VKV-Ansprüchen auseinandersetzen. Das FamG kann i. Ü. verlangen, dass der die VKH begehrende Beteiligte darlegt, dass ein Anspruch auf VKV nicht besteht.[108]

---

102 Thomas/Putzo, ZPO, § 127 Rn. 6 a. E.
103 Musielak/Fischer, ZPO, § 127 Rn. 16.
104 BGH, NJW 2009, 857.
105 BGH, NJW 2009, 857.
106 Handbuch des FA-FamR/Geißler, 16. Kap., Rn. 202.
107 BGH, FamRZ 2008, 1842; Kleffmann/Klein/Klein, § 1360a Rn. 39.
108 BGH, FamRZ 2008, 1842.

2. Verfahrensrechtliche Umsetzung eines VKV-Anspruches

Der Anspruch auf einen Verfahrenskostenvorschuss kann in einem Hauptsacheverfahren geltend gemacht werden oder durch Antrag auf einstweilige Anordnung nach §§ 49 ff., 246 Abs. 1 FamFG. Praktische Bedeutung hat aber nur die einstweilige VKV-Anordnung nach §§ 49 ff., 246 Abs. 1 FamFG, da sie schneller und effektiver zum Erfolg führt. Die folgenden Ausführungen konzentrieren sich daher auf die einstweilige VKV-Anordnung. 160

a) Anwendungsbereich der einstweiligen Anordnung nach §§ 49 ff., 246 Abs. 1 FamFG

Der Anwendungsbereich der einstweiligen Anordnung nach §§ 49 ff., 246 Abs. 1 FamFG ist nicht auf Kostenvorschüsse für beabsichtigte Unterhaltsverfahren begrenzt, sondern es kann Vorschuss für alle Verfahren nach dem FamFG, bspw. auch für eine beabsichtigte Scheidung oder ein Zugewinnausgleichsverfahren zugesprochen werden.[109] Der VKV-Anspruch ist dabei (unabhängig vom beabsichtigten Hauptsacheverfahren familiengerichtlichen Verfahren) in dem selbstständigen Anordnungsverfahren nach §§ 49 ff.; 246 Abs. 1 FamFG durchzusetzen.[110] 161

b) Antrag, § 51 Abs. 1 FamFG

Der Erlass einer einstweiligen Anordnung setzt einen bestimmten vollstreckungsfähigen Antrag voraus. 162

Der Antrag kann etwa folgenden Wortlaut haben:

▶ **Formulierungsvorschlag:**

Der Antragsgegner wird verpflichtet, an die Antragstellerin für das beabsichtigte Scheidungsverfahren einen Verfahrenskostenvorschuss in Höhe von ... € zu zahlen.

Der Antragsteller hat den gestellten Antrag zu begründen. Die Begründung muss die wesentlichen verfahrensrechtlichen und tatsächlichen Voraussetzungen enthalten. Die Voraussetzungen für die Anordnung sind nach § 51 Abs. 1 Satz 2 FamFG glaubhaft zu machen.[111]

c) Zuständiges Gericht

Das Verfahren auf Erlass einer einstweiligen Anordnung ist ein in jeder Hinsicht selbstständiges Verfahren (vgl. § 51 Abs. 3 Satz 1 FamFG). 163

Für diese Verfahren ist nach § 50 Abs. 1 Satz 1 FamFG das Gericht zuständig, welches für das Verfahren zur Hauptsache zuständig wäre.

---

109 Keidel/Giers, FamFG, § 246 Rn. 13.
110 Schwomberg, in: Schulte-Bunert/Weinreich, FamFG, § 246 Rn. 18.
111 Vgl. dazu Horndasch/Viefhues/Viefhues, FamFG, § 51 Rn. 8 – 11.

Ist ein Hauptsacheverfahren erstinstanzlich bereits anhängig, ist das Gericht des ersten Rechtszugs für den etwaigen Erlass einer diesbezüglichen einstweiligen Anordnung zuständig; da ein VKV-Hauptsacheverfahren praktisch nicht vorkommt, ist dieser Fall eher theoretisch.

Nochmals zur Klarstellung: Hauptsacheverfahren i. S. d. § 50 Abs. 1 FamFG wäre nicht das beabsichtigte familiengerichtliche Verfahren, sondern nur ein »deckungsgleiches« VKV-Hauptsacheverfahren.[112]

164 Möglich ist auch, dass das Verfahren, für welches VKV begehrt wird, bereits zweitinstanzlich beim Beschwerdegericht anhängig ist. Auch dadurch wird die Zuständigkeit des Beschwerdegerichts für die diesbezügliche VKV-Anordnung nicht begründet. Selbst wenn sich die im Beschwerdeverfahren angefallene Hauptsache auf laufenden Trennungsunterhalt bezieht, also die Deckung des allgemeinen Lebensbedarfs, entsprechen sich die Anträge nicht, obwohl auch der einstweilige VKV-Antrag unterhaltsrechtlichen Charakter hat, also einen aus einem konkreten Anlass anfallenden Sonderbedarf betrifft.[113] Der Umstand, dass beide Verfahren Unterhaltsleistungen zum Gegenstand haben, genügt daher nicht, um eine Identität der Verfahrensgegenstände zu begründen (die Übrigens bei anderen Verfahren wie den Kindschaftssachen oder Güterrechtssachen ohnehin nicht bestünde).[114]

Damit sind einstweilige VKV-Anordnungen beim erstinstanzlichen FamG einzuleiten (es sei denn, es wäre ein VKV-Hauptsacheverfahren beim Beschwerdegericht anhängig).

▶ Praxistipp:

Die Zuständigkeit des AG-Familiengerichts bei Anhängigkeit der vorschussbedürftigen Familiensache im Beschwerdeverfahren ist nicht unproblematisch, weil das Beschwerdegericht mit der maßgeblichen Angelegenheit, für welche VKV gefordert wird, befasst ist und die Entscheidung auch von einer Erfolgsprognose abhängt.[115] Allerdings hat der Gesetzgeber die Zuständigkeit in dieser Weise unmissverständlich festgeschrieben, vgl. § 50 FamFG.[116]

d) Regelungsbedürfnis

165 Nach § 49 Abs. 1 FamFG setzt eine einstweilige Anordnung ein dringendes Bedürfnis für ein sofortiges Tätigwerden voraus. Ob ein dringendes Bedürfnis anzunehmen ist, ist eine Frage des Einzelfalls. Es wird regelmäßig zu bejahen sein, wenn ein Zuwarten

---

112 Wendl/Dose/Schmitz, § 10 Rn. 406 ff.
113 Kleffmann/Klein/Klein, § 1360a Rn. 30.
114 OLG Oldenburg, FuR 2012, 46, 47 = FamRZ 2012, 390.
115 Kritisch dazu Schwonberg, in: Schulte-Bunert/Weinreich, § 246 FamFG Rn. 35.
116 OLG Oldenburg, FuR 2012, 46, 47.

bis zur Entscheidung in einer etwaigen Hauptsache nicht ohne Eintritt erheblicher Nachteile möglich wäre.[117]

In Unterhaltssachen weicht allerdings § 246 FamFG (als lex speciales) von § 49 FamFG ab. Das FamG kann durch einstweilige Anordnung auf Antrag die Verpflichtung zur Zahlung von Unterhalt oder zur Zahlung eines Kostenvorschusses für ein gerichtliches Verfahren regeln. Damit genügt in diesen Fällen als Anordnungsgrund ein »einfaches« Regelungsbedürfnis,[118] welches vorliegt, wenn der Antragsteller die Einleitung eines familiengerichtlichen Verfahrens beabsichtigt. Das Regelungsbedürfnis ist nicht gegeben, wenn das Verfahren, für welches VKV beansprucht wird, bereits abgeschlossen ist.[119]

166

e) Anordnungsanspruch

Die einstweilige Anordnung muss gem. § 49 Abs. 1 FamFG »nach den für das Rechtsverhältnis maßgebenden Vorschriften gerechtfertigt« sein. Die Formulierung des § 49 Abs. 1 FamFG macht deutlich, dass das FamG auch im summarischen Verfahren die einschlägigen – materiell-rechtlichen – Vorschriften zu prüfen bzw. sich zumindest daran zu orientieren hat. Allerdings bestehen geringere Beweisanforderungen, insb. ist die Beweiserhebung gem. § 113 Abs. 1 FamFG i. V. m. § 294 Abs. 2 ZPO auf präsente Beweismittel beschränkt.[120]

167

Damit ist nunmehr auf die materiell-rechtlichen Voraussetzungen für VKV einzugehen.

aa) Anspruchsberechtigte Personen

Gesetzlich geregelt ist der Anspruch auf Verfahrenskostenvorschuss lediglich in § 1360a Abs. 4 Satz 1 BGB als Bestandteil des Familienunterhalts und (über die Verweisung in § 1361 Abs. 4 BGB) des Trennungsunterhalts der **Ehegatten**. Dies bedeutet, dass **nach Scheidung** der Ehe ein Anspruch auf Verfahrenskostenvorschuss nicht mehr besteht.[121]

168

Der neue Ehegatte kann nach § 1360a Abs. 4 Satz 1 BGB vorschusspflichtig sein, wenn sich das Verfahren gegen den geschiedenen Ehegatten richtet. Dies bejaht die Rechtsprechung jedenfalls für einen Zugewinnausgleichsanspruch.[122]

Der Anspruch steht nach allgemeiner Meinung auch **minderjährigen** (unverheirateten) **Kindern** zu.[123]

---

117 OLG Köln, FamRZ 2007, 658.
118 Vgl. Thomas/Putzo-Hüßtege, ZPO, § 246 FamFG Rn. 4.
119 Keidel/Giers, § 246 Rn. 13.
120 Giers, FG Prax 2009, 47, 49.
121 Kleffmann/Klein/Klein, § 1360a Rn. 32.
122 BGH, FamRZ 2010, 189 = FuR 2010, 159.
123 BGH, FamRZ 2005, 883 m. w. N.

Kapitel 1   Mandatsannahme in Unterhaltssachen

Auch dem volljährigen Kind steht ein Anspruch auf Zahlung eines Verfahrenskostenvorschusses gegen seine Eltern zu, wenn es **noch keine selbstständige Lebensstellung** erreicht hat, insb. also zur Geltendmachung von Ausbildungsunterhalt.[124]

169   Umstritten ist die Rechtsgrundlage des VKV-Anspruchs beim Verwandtenunterhalt. Nach einer Auffassung wird vertreten, dass die Regelung des § 1610 BGB unvollständig sei, sodass eine unbewusste Regelungslücke bestehe, die durch entsprechende Anwendung des § 1360a Abs. 4 BGB geschlossen werden könne, wenn die Situation des bedürftigen volljährigen Kindes derjenigen eines unterhaltsberechtigten Ehegatten vergleichbar ist. Das ist hinsichtlich des Unterhaltsanspruchs volljähriger Kinder dann der Fall, wenn sie wegen der Fortdauer ihrer Ausbildung noch keine eigene Lebensstellung erworben haben und deswegen übergangsweise wie minderjährige Kinder der Solidarität und Unterstützung durch ihre Eltern bedürfen.[125]

Nach anderer Auffassung ist der Anspruch auf § 1613 BGB zu stützen, sodass die Analogie zu § 1360a Abs. 4 BGB entbehrlich wäre.[126]

Ebenso wie beim Unterhalt volljähriger Kinder mit eigener Lebensstellung ist ein Anspruch auf Verfahrenskostenvorschuss im Rahmen des **Elternunterhalts** zu verneinen.[127]

170   Umstritten ist der VKV-Anspruch des nicht verheirateten Elternteils. **§ 1615l Abs. 3 Satz 1 verweist zum einen auf die §§ 1601 ff. BGB.**[128] Zum anderen spricht auch die vom BGH im Grundsatz angewandte Gleichbehandlung mit kinderbetreuenden Ehegatten dafür.[129] Insoweit sollte der Kostenvorschuss zwecks Geltendmachung von Unterhaltsansprüchen nach § 1615l BGB zu rechtfertigen sein.[130]

171   **Eingetragenen Lebenspartnern** steht jedenfalls aufgrund der Verweisung in § 12 Satz 2 LPartG ein Anspruch auf Verfahrenskostenvorschuss gem. § 1360a Abs. 4 BGB zu.

172   Wird ein auf einen Sozialhilfeträger übergegangener Anspruch geltend gemacht, ist es dem Gegner unzumutbar, einen Verfahrenskostenvorschuss zu leisten.

bb) Anspruchsvoraussetzungen nach § 1360a Abs. 4 BGB

173   § 1360a Abs. 4 BGB gewährt einem Ehegatten, der nicht in der Lage ist, die Kosten eines Rechtsstreits zu tragen, der eine persönliche Angelegenheit betrifft, einen

---

124 BGH, FamRZ 2005, 883.
125 Schwonberg, in: Schulte-Bunert/Weinreich, § 246 FamFG Rn. 22.
126 Kleffmann/Klein/Klein, § 1360a Rn. 33.
127 Caspary, NJW 2005, 2577, 2578.
128 Bejahend OLG München, FamRZ 2002, 1219 = OLGR 2002, 67; ähnlich offenbar auch Caspary, NJW 2005, 2577, 2578.
129 BGH, FamRZ 2005, 357.
130 A. A. Schwonberg, in: Schulte-Bunert/Weinreich, § 246 FamFG Rn. 23.

F. VKH

Anspruch auf Vorschuss gegen den anderen Ehegatten, soweit dies der Billigkeit entspricht.[131]

Der Vorschusscharakter hat zur Folge, dass VKV nur vor und während eines Verfahrens, jedoch nicht mehr nach dessen Abschluss zugestanden werden kann.[132]

(1) Bestehende Ehe

Der VKV-Anspruch nach § 1360a Abs. 4 BGB setzt eine bestehende Ehe voraus (jedenfalls soweit die Vorschrift nicht analog etwa auf Kinder angewandt wird). Nach Rechtskraft der Scheidung kann daher VKV nicht mehr gefordert werden. 174

Dies gilt ausnahmsweise nicht für eine abgetrennte Folgesache.

Wird nachehelicher Unterhalt im Scheidungsverbund geltend gemacht, so kann dafür ein Kostenvorschuss gewährt werden, da dies Teil des Trennungsunterhalts ist.[133]

(2) Persönliche Angelegenheit

Der Begriff »Persönliche Angelegenheit« wird gesetzlich nicht definiert, sodass sich die Rechtsprechung mit Fallgruppen behilft. Das Unterhaltsverfahren ist bspw. eine wichtige persönliche Angelegenheit i. S. d. § 1360a Abs. 4 BGB. Dies gilt nicht nur für den gerichtlichen Unterhaltsantrag, sondern für alle Unterhaltsverfahren, also z. B. für den Auskunftsanspruch,[134] den Antrag auf Zustimmung zum steuerlichen Realsplitting[135] oder die Unterhaltsfolgesache im Scheidungsverfahren.[136] Grds. sind alle Familiensachen i. S. v. § 111 FamFG als persönliche Angelegenheit einzuordnen.[137] 175

(3) Bedürftigkeit

Der Anspruch auf VKV setzt voraus, dass der Unterhaltsberechtigte bedürftig ist (§ 1360a Abs. 4 Satz 1 BGB: »nicht in der Lage, die Kosten des Rechtsstreits zu tragen«). Die Bedürftigkeit ist z. B. nicht gegeben, wenn der Anspruchsteller über Vermögen verfügt (etwa aus dem Verkauf einer Immobilie), das er zur Bezahlung der Verfahrenskosten einsetzen kann.[138] 176

---

131 Ausführlich dazu Kleffmann/Klein/Klein, § 1360a Rn. 47 ff.
132 OLG Stuttgart, FamRZ 2012, 318.
133 So Kleffmann/Klein/Klein, § 1360a Rn. 48 ff.
134 OLG Zweibrücken, FamRZ 1998, 491; FamRZ 1996, 1288.
135 OLG Hamm, FamRZ 1989, 277.
136 KG, FamRZ 1995, 680.
137 Vgl. auch Kleffmann, in: PWW, § 1360a Rn. 16.
138 Vgl. dazu Wendl/Dose/Scholz, § 6 Rn. 29.

(4) Leistungsfähigkeit

177 Die Verpflichtung zur Zahlung von VKV erfährt eine Einschränkung durch das Erfordernis der Billigkeit. Unbillig ist eine Inanspruchnahme des Verpflichteten insb. dann, wenn er nicht leistungsfähig ist.

Für die **Leistungsfähigkeit** ist dem Unterhaltspflichtigen grds. der nach den Unterhaltsleitlinien maßgebliche Selbstbehalt zu belassen.[139]

Der Antragsgegner ist leistungsfähig, wenn er den Kostenvorschuss zumindest **ratenweise aufbringen kann**.[140]

Die Billigkeit hat zur Folge, dass im Fall der Zahlung von Trennungsunterhalt i. d. R. keine Leistungsfähigkeit für einen Verfahrenskostenvorschuss vorliegt, da die gemeinsamen Einkünfte der Ehegatten über den Unterhalt annähernd hälftig verteilt werden. Eine Ausnahme kann vorliegen, wenn nicht prägende Einkünfte vorhanden sind bzw. der Pflichtige im Gegensatz zum Bedürftigen über Vermögen verfügt.[141]

▶ Praxistipp:

Bei zweifelhafter Leistungsfähigkeit empfiehlt es sich für den Unterhaltsberechtigten, einen Antrag auf einstweilige VKV-Anordnung nach §§ 49 ff., 246 Abs. 1 FamFG zu stellen und hilfsweise VKH zu beantragen. Die umgekehrte Vorgehensweise ist dagegen unzweckmäßig, weil nicht gewährleistet ist, dass bei Scheitern des VKH-Antrags ein Anspruch auf VKV besteht.

(5) Billigkeit: Erfolgsaussicht und kein Mutwillen

178 Unbillig ist eine Pflicht zum Verfahrenskostenvorschuss, wenn der Verfahrensführung die **Erfolgsaussicht** fehlt oder sie mutwillig ist.[142] Danach müssen die außergerichtlichen Möglichkeiten der Rechtsverfolgung erschöpft sein; weiterhin darf es keine kostengünstigere Möglichkeit der Rechtsverfolgung geben.

Die Erfolgsaussicht ist in der Rechtsprechung z. B. verneint worden, wenn bei einem Antrag auf Auskunft die Frist nach § 1605 Abs. 2 BGB noch nicht abgelaufen ist.[143] Letztlich wird die Erfolgsaussicht beim Anspruch auf VKV **wie die Erfolgsaussicht bei der VKH-Bewilligung** beurteilt.[144]

---

139 Schwonberg, in: Schulte-Bunert/Weinreich, § 246 FamFG Rn. 29.
140 BGH, FamRZ 2004, 1633.
141 OLG München, NJW-RR 2006, 292.
142 BGH, FamRZ 2005, 1363.
143 OLG Hamm, FamRZ 1993, 595.
144 BGH, FamRZ 2001, 1363 = NJW 2001, 1646 m. w. N. zum bisherigen Meinungsstand.

3. Entscheidung über den eA-Antrag

a) Regelungsumfang

§ 49 Abs. 1 FamFG macht deutlich, dass für eine einstweilige Anordnung nur vorläufige Maßnahmen in Betracht kommen.[145] Es gilt daher, wie im Recht der einstweiligen Verfügung, der Grundsatz des Verbots der Vorwegnahme der Hauptsache. Auch insoweit gilt für die einstweilige Anordnung in VKV-Sachen freilich eine wichtige Besonderheit. Auf der Rechtsfolgenseite besteht nämlich die in § 49 FamFG vorgesehene Begrenzung auf vorläufige Maßnahmen nicht, vgl. § 246 Abs. 1 FamFG. 179

Der Anspruch richtet sich daher auf Bevorschussung aller notwendigen und fälligen gerichtlichen und außergerichtlichen Kosten. Dazu zählen auch die Kosten des einstweiligen Anordnungsverfahrens. Die Notwendigkeit kann an der Rechtsprechung zu § 91 Abs. 1 Satz 1 ZPO orientiert werden. Dass die Beauftragung eines Rechtsanwalts nicht notwendig ist, wird selten vorkommen und ist bspw. in Unterhaltssachen schon wegen des weitreichenden Anwaltszwangs[146] kaum vorstellbar (anders aber in Kindschaftssachen); auch die Einschaltung eines Verkehrsanwalts kann notwendig sein. Kosten einer außergerichtlichen Rechtsberatung sind dagegen nicht zu bevorschussen.[147] 180

▶ Hinweis:

Die Höhe des Kostenvorschusses umfasst alle gerichtlichen und außergerichtlichen Kosten des beabsichtigten Verfahrens, d. h. regelmäßig 2,5 RA-Gebühren samt Auslagenpauschale und USt sowie die Verfahrensgebühr nach § 9 FamGKG.[148]

b) Entscheidung durch Beschluss

Das Gericht entscheidet über den VKV-Anordnungsantrag durch Beschluss, §§ 51 Abs. 2 Satz 1, 38 Abs. 1 Satz 1 FamFG. 181

Die einstweilige VKV-Anordnung wird in einem selbstständigen Verfahren erwirkt, vgl. § 51 Abs. 3 Satz 1 FamFG. Der Anordnungsbeschluss enthält daher nach §§ 51 Abs. 4, 82, 243 FamFG auch eine Kostenentscheidung.[149]

Der VKV-Anordnungsbeschluss ist vollstreckbar nach §§ 704 ff. ZPO (vgl. § 120 Abs. 1 FamFG); er bedarf nach § 53 Abs. 1 FamFG grds. keiner Vollstreckungsklausel.

---

145 Löhnig/Heiß, FamRZ 2009, 1101.
146 Kein Anwaltszwang besteht in Unterhaltssachen nur in Verfahren der einstweiligen Anordnung.
147 OLG München, FamRZ 1992, 312.
148 Handbuch des FA-FamR/Geißler, 16. Kap. Rn. 208.
149 Schürmann, FamRB 2008, 375, 379.

4. Rückzahlungsansprüche

182 Entgegen der missverständlichen Bezeichnung ist der Verfahrenskostenvorschuss grds. nicht zurückzuzahlen oder abzurechnen, selbst wenn der (vermeintlich) Unterhaltsberechtigte das Verfahren gegen den Vorschusspflichtigen verliert. Aus einer einstweiligen Anordnung auf Verfahrenskostenvorschuss kann daher noch nach Beendigung des Verfahrens und ungeachtet der ergangenen Kostenentscheidung vollstreckt werden.

Der Verfahrenskostenvorschuss kann allenfalls zurückgefordert werden, wenn sich die wirtschaftlichen Verhältnisse des Vorschussempfängers wesentlich gebessert haben oder der Anspruch von vornherein nicht bestanden hat.[150] Der Rückzahlungsanspruch ist nach wohl allgemeiner Meinung ein familienrechtlicher Anspruch eigener Art.[151]

▶ **Praxistipp:**

Ein Verfahrenskostenvorschuss ist in den meisten Fällen für den Verpflichteten wohl endgültig verloren. Insoweit ist zu überlegen, ob nicht eine »Anzahlung« auf einen zu erwartenden Zugewinn- oder Nebengüterausgleichsanspruch des Ehegatten im Einzelfall Sinn macht; dies hätte nämlich zur Folge, dass der Antragsteller nicht mehr bedürftig ist.[152]

183 Die Berücksichtigung bzw. Anrechnung eines gezahlten Verfahrenskostenvorschusses im Kostenfestsetzungsverfahren ist – auch im Fall der Kostenquotelung – möglich.[153]

▶ **Praxistipp:**

Bei einem Vergleich empfiehlt es sich dennoch, die Anrechenbarkeit des Vorschusses auf die Kostenerstattungsforderung ausdrücklich zu vereinbaren.

G. Aufklärung nach Verfahrensabschluss

184 Nach Abschluss der Unterhaltssache ist es sinnvoll dem Mandanten noch einige für ihn nützliche Informationen an die Hand zu geben. Einige wichtige Informationen sollen erwähnt werden:

185 Der Unterhaltsberechtigte ist darauf hinzuweisen, dass er **alle 2 Jahre einen Anspruch auf Auskunftserteilung** ggü. dem Verpflichteten über dessen Einkünfte nach den gesetzlichen Vorschriften hat.

Soweit etwa die unterhaltsberechtigte Ehefrau eine Teilzeitbeschäftigung hat und ihre Einkünfte für die Unterhaltsverpflichtung des unterhaltsverpflichteten Ehemannes von Bedeutung sein können, dürfte der Ehemann darauf hinzuweisen sein, dass er von seinem entsprechenden Auskunftsrecht gleichfalls Gebrauch machen kann. Gerade

---

150 Handbuch des FA-FamR/Geißler, 16. Kap. Rn. 212.
151 Schwonberg, in: Schulte-Bunert/Weinreich, § 246 FamFG Rn. 34.
152 Handbuch des FA-FamR/Geißler, 16. Kap. Rn. 213.
153 Ausführlich dazu Kleffmann/Klein/Klein, § 1360a Rn. 74-81.

hierdurch könnte er ggf. eine Reduzierung seiner Unterhaltspflicht erreichen. Ferner erhält er u. U. Hinweise darauf, ob seine geschiedene Ehefrau ihre **Erwerbsobliegenheiten** erfüllt.

Generell besteht eine Obliegenheit, den unterhaltspflichtigen Mandanten im Mangelfall auf die Einleitung eines Verbraucherinsolvenzverfahrens zu verweisen.[154]   186

Der Kindesunterhalt steht in Abhängigkeit zur Düsseldorfer Tabelle. Deren Änderung beeinflusst die Unterhaltshöhe.   187

Außerdem erhöht sich der Unterhalt beträchtlich, wenn das Kind in eine höhere Altersstufe kommt.

Der Unterhaltsschuldner ist zur **Titulierung** des Kinderunterhalts verpflichtet.[155] Das bedeutet, dass der Gegenseite die vollstreckbare Ausfertigung einer Urkunde vorgelegt werden muss, in der sich der Unterhaltsschuldner wegen des Kindesunterhalts der Zwangsvollstreckung unterwerfen muss. Im Fall des Zahlungsverzuges könnte die Gegenseite dann jederzeit aus der Urkunde die Zwangsvollstreckung betreiben und bspw. das Bankkonto und die laufenden Einnahmen pfänden lassen.   188

Ein solcher Vollstreckungstitel kann gem. § 59 Abs. 1 Satz 1 Nr. 3 SGB VIII für Kinder, die am Beurkundungstag das 21. Lebensjahr noch nicht vollendet haben, beim zuständigen Jugendamt errichtet werden. Die erforderlichen vollstreckbaren Ausfertigungen werden vom Jugendamt erteilt – § 60 SGB VIII. Die Erstellung der Urkunde ist kostenlos, vgl. § 91 Abs. 7 SGB VIII.

Unterhaltsregelungen können davon betroffen werden, dass sich die Einkommensverhältnisse des Unterhaltsverpflichteten wesentlich verbessern. Es könnte also eine Nachberechnung und Nachforderung des Unterhaltsberechtigten in Betracht kommen (wesentliche Änderung). Eine Unterhaltsabänderung kommt für den Unterhaltsschuldner bei wesentlicher Verschlechterung seiner Einkommensverhältnisse in Betracht (§§ 238, 239 FamFG).   189

H. Muster

I. Muster: Auskunft zum Kindesunterhalt (minderjähriges Kind)

Herrn   190

.....

Kindesunterhalt

Sehr geehrter Herr .....,

---

154 Vgl. v. a. BGH, ZFE 2005, 207; BGH, FamRZ 2005, 608; ferner praxisorientiert: Ortner, ZFE 2005, 303.
155 BGH, FamRZ 1998, 1165.

Kapitel 1   Mandatsannahme in Unterhaltssachen

beiliegender Vollmacht können Sie entnehmen, dass ich die Interessen von Frau ..... wahrnehme.

Sie haben mit Frau ..... ein gemeinsames Kind, nämlich ....., geb. am .....

Sie sind verpflichtet, Unterhalt für Ihren Sohn zu Händen meiner Mandantin zu zahlen.

Ich habe Sie daher zu diesem Zweck aufzufordern,

Auskunft zu erteilen über die Höhe Ihres Brutto- und Nettoeinkommens in den abgelaufenen zwölf Kalendermonaten (.....) und die Auskunft durch Vorlage sämtlicher Gehaltsabrechnungen für diesen Zeitraum sowie durch Vorlage des zuletzt erlassenen Steuerbescheids zu belegen.

Soweit Sie Einkünfte erzielen, die damit nicht erfasst sind, bitte ich Sie, diese ebenfalls mitzuteilen.

Soweit Sie Reisekosten, Spesen oder Aufwandsersatz erhalten, sind auch diese anzugeben und Nachweise hierüber vorzulegen.

Zur Auskunftserteilung setze ich **Frist bis zum** .....

Ich habe Sie des Weiteren aufzufordern, den sich sodann ergebenden Kindesunterhalt ab ..... zu bezahlen.

Vorbehaltlich Ihrer Auskunft sind Sie verpflichtet, zumindest den Mindestunterhalt für ihren Sohn ..... zu bezahlen, weil Ihre Leistungsfähigkeit dafür vermutet wird.

Der Mindestunterhalt beträgt 317 € abzgl. anteiligem Kindergeld i. H. v. 92 €,

also **225 €**.

Dieser Betrag ist jeweils so rechtzeitig zu überweisen, dass er spätestens am Monatsanfang, d. h. spätestens zu jedem 3. des jeweils laufenden Monats, sich auf dem Konto meiner Mandantin befindet.

Die Bankverbindung meiner Mandantin ist Ihnen bekannt.

Sollten Sie Ihre Mitwirkung verweigern, müsste in dieser Sache das gerichtliche Unterhaltsverfahren eingeleitet werden.

Einstweilen gehe ich aber davon aus, dass eine einvernehmliche Lösung der Unterhaltsangelegenheit gefunden werden kann.

.....

Rechtsanwalt/Rechtsanwältin

II. Muster: Auskunft zum Kindesunterhalt (volljähriges Kind)

191 Herrn .....

.....

Kindesunterhalt

Sehr geehrter Herr .....,

ausweislich anliegender Vollmacht zeige ich die anwaltliche Vertretung ihres Sohnes ....., geb. ....., an.

Wie Ihnen bekannt ist, sind sie verpflichtet, Auskunft über die Höhe ihres Brutto- und Nettoeinkommens zu erteilen und Kindesunterhalt zu bezahlen.

Ihr Sohn hat in ..... das Studium der Elektrotechnik begonnen. Der Bedarf eines Studenten mit eigenem Hausstand beträgt 640 €.

Dieser Bedarf ist von Ihnen sowie der Mutter anteilig aufzubringen.

Ich benötige, um Ihren Unterhaltsanteil berechnen zu können, Kenntnis über Ihre Einkommensverhältnisse.

Ich habe Sie daher zu diesem Zweck aufzufordern,

Auskunft zu erteilen über die Höhe Ihres Brutto- und Nettoeinkommens in den abgelaufenen zwölf Kalendermonaten (.....) und die Auskunft durch Vorlage sämtlicher Gehaltsabrechnungen für diesen Zeitraum sowie durch Vorlage des zuletzt erlassenen Steuerbescheids zu belegen.

Soweit Sie Einkünfte erzielen, die damit nicht erfasst sind, bitte ich Sie, diese ebenfalls mitzuteilen.

Soweit Sie Reisekosten, Spesen oder Aufwandsersatz erhalten, sind auch diese anzugeben und Nachweise hierüber vorzulegen.

Sie erwirtschaften auch Einkünfte durch Vermietung und Verpachtung.

Selbstverständlich sind auch diese anzugeben sowie allgemein Einkünfte jeglicher Art.

Zur Auskunftserteilung setzte ich **Frist bis zum** .....

Ich habe sie des Weiteren aufzufordern, den sich nach Auskunftserteilung sodann ergebenden Kindesunterhalt zu bezahlen.

Nach fruchtlosem Fristablauf müsste Klage erhoben werden; wir hoffen selbstverständlich, dass dies nicht erforderlich sein wird.

.....

Rechtsanwalt/Rechtsanwältin

III. Muster: Auskunft zum Kindesunterhalt sowie Trennungsunterhalt

Herrn 192

.....

Kindesunterhalt, Trennungsunterhalt

Sehr geehrter Herr .....,

Ihre Ehefrau hat mich beauftragt, die anstehenden familiären Probleme zu bearbeiten. Ordnungsgemäße Bevollmächtigung können Sie beiliegender Kopie entnehmen.

Kapitel 1 Mandatsannahme in Unterhaltssachen

Meiner Mandantin liegt an einer vernünftigen und sachlichen Diskussion. Führen Sie bitte Schriftwechsel und Verhandlungen direkt und ausschließlich mit mir. Außergerichtliche und gerichtliche Zustellungen aller Art können und sollen wirksam an mich gerichtet werden.

Sie sind verpflichtet, Unterhalt an Ihre Tochter ....., geb. ....., und Ihre Ehefrau zu zahlen.

Ich habe Sie daher zu diesem Zweck aufzufordern,

Auskunft zu erteilen über die Höhe Ihres Brutto- und Nettoeinkommens in den abgelaufenen zwölf Kalendermonaten (.....) und die Auskunft durch Vorlage sämtlicher Gehaltsabrechnungen für diesen Zeitraum sowie durch Vorlage des zuletzt erlassenen Steuerbescheids zu belegen.

Soweit Sie Einkünfte erzielen, die damit nicht erfasst sind, bitte ich Sie, diese ebenfalls mitzuteilen.

Soweit Sie Reisekosten, Spesen oder Aufwandsersatz erhalten, sind auch diese anzugeben und Nachweise hierüber vorzulegen.

Zur Auskunftserteilung setze ich **Frist bis zum**.....

Ich habe Sie des Weiteren aufzufordern, den sich sodann ergebenden Kindesunterhalt bzw. Ehegattentrennungsunterhalt ab ..... zu bezahlen.

Sollten Sie Ihre Mitwirkung verweigern, müsste in dieser Sache Klage erhoben werden.

Einstweilen gehe ich aber davon aus, dass eine einvernehmliche Lösung der anstehenden Probleme gefunden werden kann.

.....

Rechtsanwalt/Rechtsanwältin

IV. Muster: Auskunft eines Selbstständigen in Unterhaltssachen

193   Herrn .....

.....

Kindesunterhalt, Trennungsunterhalt

Sehr geehrter Herr .....,

Ihre Ehefrau hat mich beauftragt, die anstehenden familiären Probleme zu bearbeiten. Ordnungsgemäße Bevollmächtigung wird anwaltlich versichert.

Meiner Mandantin liegt an einer vernünftigen und sachlichen Diskussion. Führen Sie bitte Schriftwechsel und Verhandlungen direkt und ausschließlich mit mir. Außergerichtliche und gerichtliche Zustellungen aller Art können und sollen wirksam an mich gerichtet werden.

Meine Mandantin wird zum ..... mit den drei Kindern umziehen und die Trennung herbeiführen. Die Folgen der Trennung können außergerichtlich geregelt werden. Teilen Sie bitte mit, ob Sie verhandlungsbereit sind. Dabei lege ich Ihnen nahe, zur Führung einer sachlichen und emotionslosen Diskussion, die sich an der Sach- und Rechtslage orientiert, eine Rechtsanwältin oder einen Rechtsanwalt mit der Wahrnehmung Ihrer Interessen zu beauftragen.

Im Hinblick auf das Getrenntleben und den Kindesunterhalt sind Sie verpflichtet, Auskunft über die Höhe Ihres Brutto- und Nettoeinkommens für die abgelaufenen drei Kalenderjahre zu erteilen.

Weiterhin habe ich Sie aufzufordern, die Auskunft zu belegen, d. h. insb. folgende Unterlagen zu übersenden:
– Bilanzen sowie Gewinn- und Verlustrechnungen der letzten drei abgeschlossenen Geschäftsjahre bzw. Einnahmenüberschussrechnungen,
– Einkommensteuererklärungen sowie Einkommensteuerbescheide der letzten drei abgeschlossenen Geschäftsjahre,
– Kirchensteuerbescheide für die letzten drei abgeschlossenen Geschäftsjahre,
– Angabe und Vorlage von Nachweisen bzgl. Krankenversicherungsbeiträgen, Altersversorgung, Lebensversicherung, ggf. Einzahlungen in die gesetzliche Rentenversicherung.

Soweit Sie Einkünfte erzielen, die damit nicht erfasst sind, bitte ich Sie, diese ebenfalls mitzuteilen.

Zur Auskunftserteilung setze ich **Frist bis zum** .....

Ich habe Sie des Weiteren aufzufordern, den sich sodann ergebenden Ehegattentrennungs- und Kindesunterhalt ab ..... zu bezahlen.

Sollten Sie Ihre Mitwirkung verweigern, müsste in dieser Sache ein gerichtliches Unterhaltsverfahren eingeleitet werden.

Einstweilen gehe ich aber davon aus, insb. auch im Interesse der Kinder, dass eine einvernehmliche Lösung der anstehenden Probleme gefunden werden kann.

......

Rechtsanwalt/Rechtsanwältin

V. Muster: Zahlungsaufforderung zum Kindesunterhalt

Frau **194**

......

Kindesunterhalt für .....

Sehr geehrte Frau ....,

in oben angegebener Angelegenheit haben Sie Auskunft erteilt, welcher ich entnehme, dass Sie monatliche bereinigte Einkünfte i. H. v. 1.089 € erwirtschaften.

Sie sind infolgedessen verpflichtet, für das Kind ..... Unterhalt an meinen Mandanten zu zahlen.

Die Düsseldorfer Tabelle geht bei einem 15-jährigen Kind von einer Verpflichtung zur Zahlung von ..... € abzgl. dem anteiligen Kindergeld aus, d. h. in ihrem Fall von mindestens ..... €.

Allerdings haben Sie einen sog. Selbstbehalt von 950 €. Deshalb fordere ich Sie namens meines Mandanten hiermit auf, einen monatlichen Kindesunterhalt von 139 € zu bezahlen und zwar zunächst rückwirkend für ..... sowie zukünftig bis spätestens zum dritten Werktag eines jeden Monats.

Der Rückstand von 139 € ist bis spätestens zum ..... zu begleichen.

Sollten Sie dieser Verpflichtung nicht nachkommen, müsste eine gerichtliche Klärung erfolgen; ich hoffe selbstverständlich, dass dies nicht erforderlich sein wird.

......

Rechtsanwalt/Rechtsanwältin

VI. Muster: Titulierungsaufforderung zum Kindesunterhalt

195 Frau .....

......

Kindesunterhalt für .....

Sehr geehrte Frau ....,

Ihrem Einkommensteuerbescheid ..... und ihren Gehaltsabrechnungen entnehme ich monatliche Einkünfte i. H. v. ..... €. Danach beurteilt sich der Unterhalt nach Einkommensgruppe ..... und Altersstufe ..... der Düsseldorfer Tabelle.

Prozentual bedeutet dies, dass Sie zur Zahlung von ..... % des sog. Mindestunterhalts abzgl. anteiligem Kindergeld verpflichtet sind (letztlich zzt. ..... €).

Diese Unterhaltspflicht bedarf der Titulierung (BGH, FamRZ 1998, 1165).

Bzgl. des Kindesunterhalts können beim Jugendamt Jugendamtsurkunden gem. § 59 Abs. 1 Nr. 3 SGB VIII errichtet werden. Die erforderlichen vollstreckbaren Urkunden werden vom Jugendamt erteilt, vgl. § 60 SGB VIII. Die Erstellung der Urkunden gem. § 91 Abs. 7 SGB VIII ist **kostenlos**.

Sie können sich dafür etwa an das Jugendamt ..... wenden. Die für Sie zuständige Sachbearbeiterin hat die Telefonnummer ......

Ich fordere Sie hiermit auf, einen solchen Titel in dynamisierter Form (....., s. o.) zu errichten und mir die betreffende vollstreckbare Urkunde bis

spätestens zum .....

zuzustellen.

Sollten Sie dieser Verpflichtung nicht nachkommen, müsste eine gerichtliche Klärung erfolgen; die gesamten Kosten eines solchen Verfahrens gingen trotz pünktlicher und vollständiger Unterhaltszahlung zu Ihren Lasten.

......

Rechtsanwalt/Rechtsanwältin

VII. Muster: Antrag auf VKH-Bewilligung (»bedingte« Antragstellung)

An das   196

AG .....

– FamG –

.....

        Verfahrenskostenhilfeantrag und Entwurf eines Unterhaltsantrags

In der Familiensache

der Frau .....

– Antragstellerin –

Verfahrensbevollmächtigte: .....

gegen

Herrn .....

– Antragsgegner –

Verfahrensbevollmächtigte: .....

stelle ich namens und in Vollmacht der Antragstellerin folgenden Antrag:

Der Antragstellerin wird für den beabsichtigten Antrag gemäß dem beiliegenden Antragsentwurf Verfahrenskostenhilfe bewilligt, der Unterzeichnende wird als Verfahrensbevollmächtigter beigeordnet.

Begründung:

Die Antragstellerin ist nach ihren persönlichen und wirtschaftlichen Verhältnissen außerstande, die Kosten des beabsichtigten Unterhaltsverfahrens zu tragen. Einzusetzende Einkünfte nach § 113 Abs. 1 Satz 2 FamFG i. V. m. § 115 Abs. 1 ZPO sind nicht vorhanden. Die wirtschaftlichen Verhältnisse der Antragstellerin können der beiliegenden Erklärung entnommen werden. Sie ist i. Ü. auch vermögenslos.

Das beabsichtigte Unterhaltsverfahren hat Aussicht auf Erfolg und ist nicht mutwillig.

Sollte das Gericht weitere Angaben benötigen, wird um einen richterlichen Hinweis gebeten.

.....

Rechtsanwalt/Rechtsanwältin

VIII. Muster: Antrag auf VKH-Bewilligung (»unbedingte« Antragstellung)

An das   197

AG .....

– FamG –

.....

Kapitel 1 Mandatsannahme in Unterhaltssachen

Verfahrenskostenhilfeantrag und Antrag auf Erlass einer einstweiligen Unterhaltsanordnung nach § 246 FamFG

In der Familiensache

der Frau .....

– Antragstellerin –

Verfahrensbevollmächtigter: Unterzeichnender

gegen

Herrn .....

– Antragsgegner –

zeige ich ausweislich anliegender Verfahrensvollmacht die anwaltliche Vertretung der Antragstellerin an (**Anlage A1**).

Namens und im Auftrag der Antragstellerin stellt der Unterzeichnende zunächst den Antrag, dieser für die einstweilige Unterhaltsanordnung **Verfahrenskostenhilfe** zu gewähren und den Unterzeichnenden beizuordnen. Die wirtschaftlichen Verhältnisse der Antragstellerin können der beiliegenden Erklärung entnommen werden.

In der Sache stelle ich sodann folgenden Antrag:

Der Antragsgegner wird verpflichtet, an die Antragstellerin ab dem ....., jeweils monatlich im Voraus, einen monatlichen Unterhalt i. H. v. ..... € zu zahlen.

Begründung:

1.

Die Antragstellerin und der Antragsgegner leben seit dem ..... getrennt. Der Unterzeichnende hat mit Schriftsatz vom heutigen Tag Scheidungsantrag beim erkennenden Gericht gestellt.

.....

2.

Die Antragstellerin ist nach ihren persönlichen und wirtschaftlichen Verhältnissen außerstande, die Kosten des beabsichtigten Unterhaltsverfahrens zu tragen. Einzusetzende Einkünfte nach § 113 Abs. 1 Satz 2 FamFG i. V. m. § 115 Abs. 1 ZPO sind nicht vorhanden. Die wirtschaftlichen Verhältnisse der Antragstellerin können der beiliegenden Erklärung entnommen werden. Sie ist i. Ü. auch vermögenslos.

Das beabsichtigte Unterhaltsverfahren hat Aussicht auf Erfolg und ist nicht mutwillig.

Sollte das Gericht weitere Angaben benötigen, wird um einen richterlichen Hinweis gebeten.

.....

Rechtsanwalt/Rechtsanwältin

IX. Muster: Sofortige Beschwerde gegen ablehnenden VKH-Beschluss

Sofortige Beschwerde gegen die abweisende Entscheidung zur Verfahrenskostenhilfe 198

In Sachen

..... ./. .....

wegen: Ehegattenunterhalt

legt der Unterzeichnende namens der Antragstellerin gegen den Beschluss des AG – FamG – ..... vom ....., zugestellt am .....

sofortige Beschwerde

mit dem folgenden Antrag ein:

Der Beschluss des AG – FamG – ..... vom ..... wird abgeändert:

Der Antragstellerin wird Verfahrenskostenhilfe mit Bewilligung ab Antragstellung gewährt. Ihr wird Rechtsanwalt ..... beigeordnet.

Begründung:

Die sofortige Beschwerde ist zulässig, vgl. §§ 127 Abs. 2 Satz 2, 567 ff. ZPO.

Die Ablehnung der Verfahrenskostenhilfe wird vom Gericht leider nicht begründet.

Der Unterzeichnende geht von fehlender Erfolgsaussicht des eingeleiteten Unterhaltsverfahrens aus.

Maßgeblich ist aber, dass die Antragstellerin gezwungen war, ein schnelles Verfahren einzuleiten.

Sie hatte sich vom Antragsgegner trennen müssen (der Unterzeichnende hat bereits die Härtefallscheidung beantragt) und befand sich in einer extrem schwierigen wirtschaftlichen Lage.

Der Antragsgegner hatte weiterhin keine Auskunft über seine Einkünfte erteilt. Dies ist dem Gericht vom Unterzeichnenden auch mitgeteilt worden (vgl. Antrag vom .....).

Die Antragstellerin kann die Bedeutung ehedebedingter Darlehenzahlungen – worauf das Gericht nunmehr im Beschluss vom ..... hinweist – nur einschätzen, wenn die Höhe der Einkünfte bekannt ist.

Auch ist die Vorschrift des § 243 Satz 2 Nr. 2 FamFG verfahrensrechtlich zu beachten; der Antragsgegner hat dieses Verfahren regelrecht herausgefordert. Dies nunmehr damit zu quittieren, dass die Antragstellerin die Kosten des Verfahrens zu tragen hat, stellt die Wertung des § 243 Satz 2 Nr. 2 FamFG auf den Kopf.

Nach alledem ist der Antragstellerin die beantragte Verfahrenskostenhilfe zu bewilligen; der Unterzeichnende ist beizuordnen.

.....

Rechtsanwalt/Rechtsanwältin

Kapitel 2: Auskunft

A. Gesetzliche Grundlagen

1 ▶ **Das Wichtigste in Kürze**
- Wer macht die Auskunft geltend? → Rdn. 7 ff.
- Gegen wen soll der Anspruch durchgesetzt werden? → Rdn. 12 ff.
- Worüber soll Auskunft erteilt werden? → Rdn. 31 ff.
- Für welchen Zeitraum soll Auskunft erteilt werden? → Rdn. 57 ff.
- Wurde in der Vergangenheit bereits einmal Auskunft erteilt? → Rdn. 60 ff.
- Wie muss die Auskunft aussehen? → Rdn. 31 ff. und Rdn. 63 ff.
- Welche Wirkungen hat ein korrektes Auskunftsverlangen? → Rdn. 11 und Rdn. 60 ff.

2 **Grundlegende Vorschrift** für die Auskunftspflicht ist § 1605 BGB.[1] Hiernach sind Verwandte in gerader Linie einander verpflichtet, auf Verlangen über ihre **Einkünfte** und ihr **Vermögen** Auskunft zu erteilen, soweit dies zur Feststellung eines Unterhaltsanspruchs oder einer Unterhaltsverpflichtung erforderlich ist. Der Verweis in § 1605 Abs. 1 Satz 3 BGB auf §§ 260, 261 BGB verpflichtet den Unterhaltsschuldner, dem Berechtigten zunächst ein **Verzeichnis seiner Einkünfte** und Ausgaben vorzulegen und regelt ferner, dass der Unterhaltsschuldner eine **eidesstattliche Versicherung** abzugeben hat, wenn er bei der Verzeichniserstellung nicht die erforderliche Sorgfalt anwendet.

3 Das Gesetz regelt ausdrücklich, dass auf Verlangen **Belege**, insb. Bescheinigungen des Arbeitgebers, vorzulegen sind, s. unter Rdn. 63 ff.

4 Gem. § 1605 Abs. 2 BGB hat der Unterhaltsschuldner die Auskunftsverpflichtung auf Verlangen **alle 2 Jahre** zu erfüllen. Vor Ablauf von 2 Jahren kann der Auskunftsgläubiger Auskunft nur verlangen, wenn er besondere Umstände glaubhaft macht. Für weitere Einzelheiten s. unter Rdn. 60.

5 Weitere Anspruchsgrundlage für die Auskunftserteilung ist § 1580 BGB. Diese Vorschrift regelt die wechselseitige Auskunftsverpflichtung der **geschiedenen Ehegatten**. Wegen der Grundsätze zur Auskunftspflicht nimmt § 1580 BGB Bezug auf § 1605 BGB.

6 Der Unterhaltsschuldner kann auch verpflichtet sein, **ungefragt Auskunft** über seine Einkommensverhältnisse zu erteilen (dazu s. unter Rdn. 72 ff.).

I. Auskunftsberechtigte

7 Voraussetzung des Anspruchs aus § 1605 BGB ist, dass Anspruchsteller und Anspruchsgegner in **gerader Linie miteinander verwandt** sind (§ 1589 BGB).

---

1 Vgl. grundlegend Peschel-Gutzeit, FF 2003, 194.

A. Gesetzliche Grundlagen Kapitel 2

Sowohl dem **Unterhaltsberechtigten** als auch dem **Unterhaltspflichtigen** steht der 8
Auskunftsanspruch zu. Der Unterhaltsberechtigte erhält so Kenntnis über das Einkommen des Unterhaltspflichtigen sowie über dessen Vermögen, soweit es für die Bemessung des Unterhalts von Bedeutung werden kann. Der Unterhaltspflichtige wird so in die Lage versetzt, die Berechtigung des Unterhaltsanspruchs und dessen korrekte Berechnung zu überprüfen.

▶ **Praxistipp:** 9

Möglich ist deshalb ein sog. **Auskunftswiderantrag (früher Auskunftswiderklage).** Auch wenn im Rahmen eines Unterhaltsantrags die Bedürftigkeit des Antragstellers ohnehin zu prüfen ist, hat der angeblich Unterhaltspflichtige trotzdem ein schützenswertes Interesse daran, das Maß der Bedürftigkeit des Antragstellers zuverlässig zu ermitteln. Das Rechtsschutzbedürfnis für einen **Auskunftswiderantrag** ist daher gegeben.[2]

In der Praxis sind die häufigsten Unterhaltsansprüche im Rahmen des § 1605 BGB 10
diejenigen von Kindern gegen ihre Eltern, aber auch beim Elternunterhalt von Eltern gegen ihre Kinder.

Der jeweilige **Unterhaltsberechtigte** und der genaue **Unterhaltsanspruch** müssen im 11
Auskunftsverlangen genau bezeichnet werden, damit auch die Verzugswirkungen des § 1613 BGB ausgelöst werden. Nur so kann die mit der gesetzlichen Regelung beabsichtigte Warnfunktion für den Unterhaltsschuldner erreicht werden.[3]

1. Auskunftsberechtigung aufgrund Verwandtschaft in gerader Linie (§§ 1605, 1589 BGB)

Auf der Grundlage des **Verwandtschaftsverhältnisses** können folgende Auskunftsansprüche geltend gemacht werden: 12
- Von minderjährigen Kindern ggü. ihren Eltern (Minderjährigenunterhalt),
- von volljährigen Kindern ggü. ihren Eltern/Elternteilen (Volljährigenunterhalt),
- von Eltern/Elternteilen ggü. ihrem volljährigen Kind (Elternunterhalt),
- von Enkelkindern ggü. ihren Großeltern (Ersatzhaftung nach Ausfall der Eltern, vgl. § 1607 BGB).

Im Hinblick auf den Elternunterhalt haben auch unterhaltsberechtigte Eltern gegen 13
ihre unterhaltspflichtigen Kinder einen Anspruch auf Auskunft aus § 1605 BGB.

Beim Elternunterhalt kommen in der Praxis meist mehrere Geschwister als anteilig 14
haftende Unterhaltspflichtige in Betracht. Nach der Rechtsprechung des BGH[4] müssen Geschwister in diesen Fällen einander Auskunft erteilen. Dabei müssen die Ge-

---

2 Vgl. dazu auch Horndasch, Rn. 502.
3 Klein, in: FaKommFamR, § 1613 BGB Rn. 14; OLG Frankfurt am Main, FuR 2002, 534.
4 BGH, 07.05.2003 – XII ZR 229/00, NJW 2003, 3624 m. Anm. Strohal, FamRZ 2003, 1838; Rakete-Dombek, LMK 2004, 4.

schwister nicht nur über ihr eigenes Einkommen Auskunft erteilen, sondern auf Verlangen auch zusätzlich Angaben über die Einkünfte der Ehepartner machen, soweit diese erforderlich sind, um deren Anteil am Familienunterhalt bestimmen zu können (s. Rdn. 53).

Wer ggü. seinen Eltern unterhaltspflichtig ist, hat jedoch keinen direkten Anspruch auf Auskunft gegen die Ehegatten seiner Geschwister. Allerdings hat das Sozialamt im Fall des Anspruchsübergangs einen Auskunftsanspruch gegen den mit dem Pflichtigen zusammenlebenden Ehegatten.

15 Geht es um die ersatzweise Haftung der Großeltern, die sämtlich als Teilschuldner haften, spielt die Frage des Einkommens aller Großeltern eine Rolle. Das Kind hat daher gegen jeden ersatzweise haftenden Verwandten einen Auskunftsanspruch gem. § 1605 BGB, um die Haftungsanteile berechnen zu können.[5]

2. Wechselseitige Ehegattenauskunft während bestehender Ehe

16 Während einer **bestehenden Ehe** sind folgende Auskunftsansprüche gegeben, die aber kaum praktische Bedeutung haben:
 – Auskunft gem. § 1353 BGB im Hinblick auf das Wirtschafts- und Haushaltsgeld,[6]
 – Auskunftsanspruch gem. § 1353 BGB im Hinblick auf den Taschengeldanspruch,
 – Auskunft der Eheleute untereinander zur Vorbereitung der Trennung.[7]

3. Auskunftsberechtigungen zwischen getrennt lebenden Eheleuten (§§ 1605, 1361 Abs. 4 Satz 3 BGB)

17 Der in entlohnter Beschäftigung stehende Ehegatte hat z. B. die Verpflichtung, seine aktuellen Einkommensverhältnisse darzulegen, damit sein nicht erwerbstätiger Ehegatte den ihm zustehenden Unterhaltsanspruch berechnen kann. Der Auskunftspflichtige kann kein Zurückbehaltungsrecht geltend machen. Er muss also unabhängig von der Auskunftserteilung des anderen Ehegatten seine Einkommensverhältnisse darlegen.[8]

18 ▶ Praxistipp:

Nach § 1379 Abs. 2 BGB kann jeder Ehegatte bei bestehender Zugewinngemeinschaft vom Zeitpunkt der Trennung an einen Auskunftsanspruch über das Vermögen zum Zeitpunkt der Trennung geltend machen. Damit erhält man wertvolle Informationen, die ggf. auch für die Unterhaltsfrage oder für spätere Vollstreckungsmaßnahmen von Bedeutung sein können.

---

5 OLG Jena, 06.09.2005 – 1 WF 240/05, OLG-NL 2005, 260.
6 Vgl. OLG Karlsruhe, FamRZ 1990, 161, 162.
7 Vgl. Büttner/Niepmann/Schwamb, Rn. 686.
8 OLG Brandenburg, FamRZ 2005, 117.

4. Auskunftsberechtigung bzw. -verpflichtung zwischen geschiedenen Eheleuten (§ 1580 BGB)

Gem. § 1580 BGB sind die geschiedenen Eheleute einander verpflichtet, auf Verlangen über ihre Einkünfte und ihr Vermögen Auskunft zu erteilen. Es gelten hier wegen der Auskunftsverpflichtungen bzw. der Auskunftsberechtigungen dieselben Grundsätze wie bei § 1605 BGB. 19

Die Auskunft bzgl. des Trennungsunterhalts ist von der Auskunft für den Geschiedenenunterhalt zu unterscheiden.[9] 20

5. Auskunft des nichtehelichen Elternteils bei § 1615l BGB

Der Kindesmutter, die gegen den Vater des gemeinsamen Kindes einen Unterhaltsanspruch gem. § 1615l BGB geltend machen will, steht gegen diesen ein Auskunftsanspruch gem. § 1605 BGB zu.[10] Auch der Vater kann von der Mutter Auskunft verlangen. 21

6. Auskunft zwischen Eltern bei Mithaftung

Beim Unterhalt für Kinder stellt sich vielfach auch die Frage der Mithaftung anderer Unterhaltspflichtiger und der in diesem Zusammenhang gegebenen Auskunftsansprüche. Eltern, deren Haftungsanteile für den Kindesunterhalt streitig sind, sind auch einander zur Auskunft verpflichtet.[11] So hat der vom Kind auf Zahlung von Barunterhalt in Anspruch genommene Elternteil einen aus § 242 BGB abgeleiteten direkten Auskunftsanspruch gegen den das minderjährige Kind betreuenden Elternteil, wenn nach § 1603 Abs. 2 Satz 3 BGB eine Beteiligung auch des betreuenden Elternteils am Barunterhalt in Betracht kommt.[12] Dagegen wird der Auskunftsanspruch des von einem volljährigen gemeinschaftlichen Kind auf Unterhalt in Anspruch genommenen Vaters gegen die Kindesmutter dann verneint, wenn der Anspruchsteller auf die Auskunft nicht angewiesen ist, weil im Erstprozess des volljährigen Kindes auf Unterhalt diesem die Darlegungs- und Beweislast für den Haftungsanteil und damit die Einkommens- und Vermögensverhältnisse des anderen Elternteils obliegt.[13] 22

---

9 OLG Koblenz, FamRZ 2005, 460.
10 OLG Nürnberg, 10.04.2003 – 9 UF 225/03, MDR 2003, 1055; Stockmann, jurisPR-FamR 6/2004, Anm. 5; Finger, FuR 2005, 493, 498; Viefhues, in: jurisPK-BGB, § 1615l BGB Rn. 142.
11 BGH, 09.12.1987 – IVb ZR 5/87, NJW 1988, 1906.
12 OLG Köln, 25.11.1991 – 25 WF 239/91, FamRZ 1992, 469; OLG Zweibrücken, 15.12.1999 – 5 UF 114/99, FamRZ 2001, 249; a.A. OLG Hamm, 11.11.1986 – 2 UF 293/86, FamRZ 1987, 744.
13 OLG Karlsruhe, 09.01.2009 – 18 UF 207/08, ZFE 2009, 474.

Eine Auskunftspflicht besteht auch dann nicht, wenn eine Barunterhaltspflicht des betreuenden Elternteils offensichtlich ausscheidet[14] oder wenn sich der andere Elternteil ggü. dem Kind bereit erklärt, ihm Auskünfte zu erteilen.[15]

23 Zudem muss der zum Kindesunterhalt Verpflichtete auf Aufforderung auch Angaben über die Einkünfte seiner neuen Ehefrau machen, damit der Unterhaltsberechtigte dessen Anteil am Familienunterhalt bestimmen kann (s. u. Rdn. 53)

24 Für Lebenspartner regelt § 12 LPartG den Anspruch auf Trennungsunterhalt und § 16 LPartG den Anspruch auf Unterhalt nach der Aufhebung der Lebenspartnerschaft.

II. Voraussetzungen eines Auskunftsanspruchs

25 Bei der Auskunft handelt es sich um einen unselbstständigen Hilfsanspruch zum jeweiligen Unterhaltsanspruch. Folglich müssen die materiell-rechtlichen Voraussetzungen des Unterhaltsanspruchs gegeben sein, die von den wirtschaftlichen Verhältnissen der Parteien unabhängig sind.

26 Die Auskunft kann daher nur verlangt werden, soweit dies zur Feststellung des Bestehens oder der Höhe des Unterhaltsanspruchs überhaupt erforderlich ist. Der Auskunftsanspruch scheidet demnach generell dann aus, wenn eine Unterhaltsforderung des Auskunftsbegehrenden schon dem Grunde nach nicht gegeben sein kann. Dabei sind folgende Fallgestaltungen möglich:
– Liegt ein wirksamer Unterhaltsverzicht vor, besteht auch keine Auskunftspflicht.[16]
– Auch kann keine Auskunft verlangt werden, wenn der Auskunftsberechtigte die erforderlichen Informationen selbst kennt.[17]
– Ebenso scheidet eine Auskunft aus, wenn der Unterhaltspflichtige seine uneingeschränkte Leistungsfähigkeit eingesteht.

27 ▶ Praxistipp:

Das Eingestehen der uneingeschränkten Leistungsfähigkeit ist z. B. bei höheren Einkommensverhältnissen dann taktisch sinnvoll, wenn das eigene Einkommen, mit dem der Gegner seinen Unterhalt errechnet, auf jeden Fall erzielt wird und man sich nicht »in die Karten sehen lassen« will, um nicht weitere Begehrlichkeiten der Gegenseite zu wecken.

Der Pflichtige ist damit lediglich gehindert, eigene mangelnde Leistungsfähigkeit zu behaupten, kann aber weiterhin z. B. den Bedarf der Berechtigten bestreiten oder darauf verweisen, dass der Unterhaltsanspruch z. B. wegen des Zusammenlebens mit einem neuen Partner nicht mehr besteht.

---

14 Büttner/Niepmann, NJW 2003, 2492, 2496.
15 AG Bayreuth, 09.12.1991 – 2 F 202/91, FamRZ 1992, 715.
16 BGH, FamRZ 1994, 1169; OLG Saarbrücken, OLGR 2002, 172.
17 BGH, 22.06.1994 – XII ZR 100/93, FamRZ 1994, 1169.

Dagegen steht der **Verwirkungseinwand** des § 1611 BGB beim Kindesunterhalt oder 28
der Einwand des § 1579 BGB beim Ehegattenunterhalt dem Auskunftsanspruch nach
§ 1605 BGB regelmäßig nicht entgegen.[18] Denn die notwendige Beurteilung und Abwägung, ob der Unterhaltsanspruch verwirkt ist, lässt sich ohne Kenntnis der Einkünfte nicht vornehmen. Eine Auskunftsverpflichtung scheidet nur dann aus, wenn der Unterhaltsanspruch aufgrund der Verwirkungsnorm sicher entfällt. Dies kann jedenfalls dann nicht sicher angenommen werden, wenn möglicherweise auch nur eine Herabsetzung des Unterhalts in Betracht kommt. Die Höhe des Unterhaltsanspruchs ist zudem für die anzustellende Billigkeitsabwägung von Bedeutung; daher muss in diesen Fällen die Auskunft vorrangig erteilt werden, um den Anspruch berechnen zu können.[19] Bei minderjährigen unverheirateten Kindern greift zudem die Sperre des § 1611 Abs. 2 BGB.

Legen die tatsächlichen Verhältnisse es nahe, dass der Unterhaltsanspruch nicht be- 29
steht oder verwirkt ist, verlangt die **Darlegungslast** des sich eines Auskunftsanspruchs
berühmenden Ehegatten allerdings mehr als nur die Darstellung des Unterhaltsverhältnisses.[20]

Generell muss die gewünschte Auskunft **für den Unterhaltsanspruch relevant** sein. Es 30
genügt aber bereits, dass die Auskunft für die Bemessung der Höhe des Unterhalts von
Bedeutung sein kann.[21] Umgekehrt bestehen für eine Auskunftsklage keine Erfolgsaussichten, wenn die Anspruchsvoraussetzungen für einen Unterhaltsanspruch nicht
dargelegt werden.[22]

Auskunft wird auch nicht geschuldet, wenn sicher ist, dass die Auskunft den Unterhaltsanspruch unter keinem Gesichtspunkt beeinflussen kann.[23] Das ist z. B. dann
der Fall, wenn feststeht, dass der Bedarf des Unterhaltsberechtigten vollständig durch
eigene Einkünfte gedeckt wird.[24]

III. Auskunftsgegenstand

Wer zur Auskunft verpflichtet ist, hat eine **systematische Zusammenstellung** aller er- 31
forderlichen Angaben zu erstellen, um dem Gegner ohne übermäßigen Aufwand eine
Berechnung des Einkommens zu ermöglichen.[25] Die Einreichung mehrerer Unterla-

---

18 OLG Zweibrücken, 21.10.2010 – 6 UF 77/10, FamRZ 2011, 1066; OLG Frankfurt am Main, 02.03.1993 – 4 WF 24/93, FamRZ 1993, 1241; OLG Bamberg, 21.07.2005 – 2 UF 70/05, FuR 2005, 519.
19 OLG Bamberg, FamRZ 2006, 344.
20 OLG Brandenburg, 21.07.2006 – 9 UF 107/06, FamRZ 2007, 288.
21 BGH, 22.06.1994 – XII ZR 100/93, FamRZ 1994, 1169.
22 OLG Hamm, 29.12.2004 – 13 WF 348/04, FamRZ 2005, 1839.
23 BGH, 22.06.1994 – XII ZR 100/93, FamRZ 1994, 1169; BGH, 21.04.1993 – XII ZR 248/91, FamRZ 1993, 1065.
24 OLG Düsseldorf, 02.09.1997 – 1 UF 12/97, FamRZ 1998, 1191.
25 BGH, NJW 1983, 2243.

Kapitel 2 — Auskunft

gen, aus denen die Daten im Einzelnen zu ermitteln sind, genügt nicht; vielmehr ist eine in sich geschlossene schriftliche Aufstellung erforderlich.[26] Diese muss dem Auskunftsempfänger ohne übermäßigen Arbeitsaufwand die Berechnung des Unterhaltsanspruchs ermöglichen. An einer solchen Aufstellung fehlt es, wenn der Auskunftsverpflichtete nur eine Reihe von Belegen vorlegt oder über mehrere Schriftsätze verteilt Einzelauskünfte gibt, ohne diese »zu einem geschlossenen Werk zusammenzufügen«.

32 ▶ **Hinweis:**

> Häufig wird die Auskunft sogar lediglich in der Weise erteilt, dass mehr oder weniger wortlos die letzte Steuererklärung, der letzte Steuerbescheid sowie die letzten zwölf Gehaltsabrechnungen übersandt werden. Im Anschreiben heißt es dazu, man gehe davon aus, damit die Auskunft vollständig erteilt zu haben. Dies ist jedoch nicht der Fall. Lediglich dem Verlangen, Belege vorzulegen, wurde entsprochen. Die Folge dieser Verfahrensweise ist mindestens eine nachteilige Kostenentscheidung nach § 243 Satz 2 Nr. 2 FamFG.[27]

33 Die Erteilung der Auskunft ist eine **unvertretbare Handlung** i. S. v. § 888 ZPO und gem. § 260 BGB eine Wissenserklärung, die der Pflichtige selbst abgeben muss.

34 Eine Auskunft nach § 260 Abs. 1 BGB erfordert eine eigene und schriftlich verkörperte Erklärung des Schuldners, die jedoch nicht die gesetzliche Schriftform i. S. d. § 126 BGB erfüllen muss und auch durch einen Boten, z. B. einen RA, an den Gläubiger übermittelt werden darf.[28] Sichergestellt werden muss aber, dass die Erklärung dem Auskunftspflichtigen zuzurechnen ist.

35 Auch die »**Fehlanzeige**«, also die Erklärung, Einkommen oder Vermögen seien nicht vorhanden, ist eine umfassende Auskunft.[29]

36 Die **Kosten der Auskunftserteilung** trägt grds. der Auskunftspflichtige.

37 Die Auskunft ist **wahrheitsgemäß** und **vollständig** zu geben. Das Verschweigen von anrechenbaren Einkünften im Unterhaltsverfahren kann als versuchter Prozessbetrug die Verwirkung des Unterhaltsanspruchs nach sich ziehen.[30]

38 Der Auskunftspflichtige darf auch nicht bestimmte Teile der Auskunft **verweigern**. Insb. können die Belange des Arbeitgebers keine Verschwiegenheitspflicht ggü. dem

---

26 OLG Brandenburg, FamRZ 2007, 285; OLG Hamm, ZFE 2006, 195 = FamRZ 2006, 865; OLG Hamm, FamRZ 2004, 1105.
27 Vgl. auch Horndasch, Rn. 513.
28 BGH, 28.11.2007 – XII ZB 225/05, NJW 2008, 917 m. Anm. Born = FamRZ 2008, 600 = ZFE 2008, 190.
29 Viefhues, in: jurisPK-BGB, § 1605 Rn. 46.
30 BGH, 14.04.2008 – XII ZR 107/06, FamRZ 2008, 1325; OLG Karlsruhe, FamRZ 2002, 1037.

A. Gesetzliche Grundlagen   Kapitel 2

Auskunftsberechtigten im Rahmen eines Verfahrens um Kindesunterhalt rechtfertigen.[31] Zur Verschwiegenheitspflicht der neuen Ehefrau s. Rdn. 54.

Gegenüber einem Auskunftsanspruch kann auch kein **Zurückbehaltungsrecht** geltend 39
gemacht werden.[32]

1. Einkommen und Einkünfte

Die Auskunftspflicht erstreckt sich auf **alle Einkommenspositionen**. Beim unterhalts- 40
rechtlichen Einkommen gilt der Grundsatz, dass sämtliche Mittel, die dem Unterhaltsschuldner zur Verfügung stehen, als Einkommen einzustufen sind, vgl. Rdn. 41 ff. und Kap. 3 Rdn. 298 ff.

Maßgeblicher Einstieg zur Berechnung des unterhaltsrechtsrelevanten Nettoeinkom- 41
mens sind zunächst die **verschiedenen Einkunftsarten** nach dem EStG sowie das vorhandene Bruttoeinkommen, welches um die Steuern sowie den Vorsorgeaufwand bereinigt wird. Das insoweit zu ermittelnde zu versteuernde Einkommen orientiert sich an den sog. sieben Einkunftsarten gem. § 2 Abs. 1 bis 7 EStG, die als abschließende Aufzählung der Besteuerung unterliegen. Dieses sind Einkünfte aus:
- Land- und Forstwirtschaft,
- Gewerbebetrieb,
- selbstständiger Arbeit,
- nicht selbstständiger Arbeit,
- Kapitalvermögen,
- Vermietung und Verpachtung,
- sonstige Einkünfte i. S. d. § 22 EStG.

Einkünfte aus **abhängiger Beschäftigung** bestehen einmal aus dem Grundgehalt, also 42
aus den entgeltlichen Leistungen, die ein abhängig Beschäftigter als Gegenleistung für seine regelmäßigen Arbeitsleistungen vom Arbeitgeber erhält.

Weitere Einkünfte darüber hinaus sind u. a.: 43
- Zuschläge und Sachleistungen zum Grundgehalt,
- Urlaubsgeld/Weihnachtsgeld/Essensgeldzuschuss,
- Tantiemen,
- Auslandszuschlag/Kaufkraftausgleich,
- Zuschüsse für den privaten Telefonanschluss,
- Kleiderzulage/Schmutzzulage,
- Einkaufsbonus/Jubiläumszuwendungen,
- Lohnersatzleistungen,
- Renten,
- Überstunden, wenn sie berufstypisch anfallen,

---

31 BGH, 10.08.2005 – XII ZB 63/05, FamRZ 2005, 1064.
32 Palandt/Diederichsen, BGB, § 1605 Rn. 2; OLG Stuttgart, FamRZ 1994, 273; OLG Brandenburg, FamRZ 2002, 1270.

- Vermögenswirksame Leistungen,
- Abfindungen,
- Wohnwert (mietfreies Wohnen),
- BAföG-Leistungen,
- Einkünfte aus unzumutbarer Erwerbstätigkeit,
- Vermögensvorteil aus Jahreswagen,
- Verletztenrente aus der gesetzlichen Unfallversicherung,
- Wohngeld,
- Einkünfte aus Schwarzarbeit, jedoch nur für die Vergangenheit, nicht für die Zukunft,
- Steuererstattungen,
- Trinkgelder,
- Zuschüsse zur Krankenversicherung bei privater Krankenversicherung,
- (fiktives) Entgelt beim Unterhaltsberechtigten, der für neuen Lebenspartner Leistungen erbringt (Haushalt, Wäsche usw.).

44 Die Auskunft über die Einkünfte von abhängig Beschäftigten erfordert i.d.R. eine **systematische Aufstellung**, geordnet nach Brutto- und Nettoeinkommen (zu den Abzugspositionen s.u., Rdn. 49 f.).

Diese muss übersichtlich und verständlich sein und die vorstehenden Positionen ausweisen. Dem Unterhaltsgläubiger muss hierdurch die Möglichkeit eröffnet werden, das unterhaltsrechtsrelevante Einkommen ohne außergewöhnlichen Arbeitsaufwand zu ermitteln und zu beziffern und demzufolge seinen eigenen Unterhaltsanspruch zu berechnen.

2. Vermögen

45 Die Pflicht zur Auskunftserteilung umfasst das **Vermögen**, soweit die Auskunft zur Feststellung eines Unterhaltsanspruchs oder einer Unterhaltsverpflichtung erforderlich ist. Hier muss im Rahmen des Auskunftsverlangens ein bestimmter Zeitpunkt genannt werden.[33] Die Auskunftspflicht über vorhandenes Vermögen bezieht sich nur auf Vermögen zum **aktuellen Zeitpunkt**.

46 Im Regelfall sind nur die **Vermögenserträge** zur Deckung des Unterhalts einzusetzen, sodass sich die Auskunft auch nur darauf beschränkt (Zinsen, Dividenden usw.). Daher steht bei der sog. Vermögensauskunft die Auskunftserteilung über Kapitalerträge bzw. über Erträge aus der Nutzung von Eigentum im Mittelpunkt. Hierzu zählen:
- Einkünfte aus Vermietung,
- Einkünfte aus Verpachtung,
- Einkünfte aus Firmenbeteiligungen,
- Zinserträge aus Kapital.

---

33 Zum Stichtag für die Erteilung der Auskunft über die Vermögensverhältnisse im Unterhaltsrecht s. Völlings/Kania, FamRZ 2007, 1215.

A. Gesetzliche Grundlagen

So ist auch über die Höhe und die Anlage des **Verkaufserlöses eines Hausgrundstücks** Auskunft zu geben, soweit die Zinseinkünfte unterhaltsrechtliches Einkommen darstellen und den Umfang des Unterhaltsanspruchs bestimmen.[34]

Nur wenn der Unterhaltspflichtige für den Unterhalt ausnahmsweise seinen Vermögensstamm einzusetzen hat, wird auch Auskunft über den **Vermögensstamm** geschuldet.[35] Der Auskunftsberechtigte muss hierzu jedoch ausreichend vortragen.   47

Eine Auskunft über den **Verbleib** eines Vermögensgegenstands[36] oder über die Verwendung eines Sparguthabens während der Ehe[37] ergibt sich aus § 1605 BGB nicht. Auch kann keine Auskunft über **zukünftige Entwicklungen** verlangt werden,[38] sondern nur über einen zurückliegenden Zeitraum.   48

Von diesem Grundsatz sind aber **berechtigte Ausnahmen** zuzulassen. Diese sind dann anzunehmen, wenn es z. B. für den Unterhaltspflichtigen darum geht, abzuklären, ob sich die Verhältnisse aufseiten des Unterhaltsberechtigten zwischenzeitlich so verändert haben, dass die von ihm bisher geschuldete Unterhaltsleistung wegfallen kann. Deswegen kann es für den Unterhaltspflichtigen wissenswert sein, wie der Unterhaltsberechtigte in der Vergangenheit mit den ihm zugeflossenen Kapitalerträgen im Einzelnen verfahren ist. Um darüber Kenntnis erlangen zu können, wäre der Unterhaltspflichtige auf Angaben des Unterhaltsberechtigten angewiesen. Dies gilt gerade für Angaben über sein unterhaltsrechtlich bedeutsames Verhalten in einem Zeitraum in der Vergangenheit.[39]

3. Belastungen und Verpflichtungen

Anerkannt ist, dass neben dem Bruttoeinkommen auch die regelmäßigen Belastungen für Steuern und Sozialabgaben anzugeben sind, einschließlich der für die Festsetzung dieser Belastung notwendigen Parameter wie Steuerklasse, Kinderzahl, Kinderfreibetrag usw. Folglich sind mitzuteilen: 49
- Steuerlast,
- Vorsorgeaufwendungen:
- Altersvorsorge (Rentenversicherung),
- Krankenvorsorge (Krankenversicherung),
- Arbeitslosenvorsorge (Arbeitslosenversicherung),
- Pflegevorsorgeunterhalt (Pflegeversicherung).

Mitzuteilen sind aber auch sonstige unterhaltsrechtlich relevante Belastungen. So wirken sich laufende Kreditbelastungen auf das Einkommen aus. Der andere Beteiligte des   50

---

34 OLG Nürnberg, 13.09.1993 – 10 UF 1647/93, FamRZ 1994, 979.
35 OLG Hamm, 24.11.1989 – 5 UF 278/89, FamRZ 1990, 657.
36 OLG Karlsruhe, 05.12.1985 – 2 UF 155/85, NJW-RR 1986, 870; OLG Karlsruhe, FamRB 2003, 2; OLG Hamburg, FamRZ 1985, 394.
37 OLG Karlsruhe, 27.03.2002 – 20 UF 154/00, FPR 2002, 312.
38 Strohal, in: Göppinger/Wax, Rn. 656.
39 Vgl. zu einem entsprechenden Fall: OLG Karlsruhe, FamRZ 1990, 756, 757.

Unterhaltsrechtsverhältnisses – sei es der Berechtigte, sei es der Verpflichtete – muss alle notwendigen Informationen kennen, um eine korrekte Berechnung durchführen zu können. Denn die Auskunft soll auch dazu führen, unnötige gerichtliche Unterhaltsverfahren zu vermeiden. Daher müssen beide Beteiligte dem Gegner bereits im Auskunftsverfahren alle notwendigen Informationen zugänglich machen, die auch im späteren Zahlungsverfahren bei der Unterhaltsberechnung von Bedeutung sein können.

Dies bedeutet hinsichtlich bestehender Schuldbelastungen, dass sowohl die Höhe der laufenden Belastungen mitgeteilt werden muss, aber auch die übrigen Daten (Aufnahmezeitpunkt, Grund für die Aufnahme, Höhe des ursprünglichen Kredites, Restschuld und die Laufzeitdaten wegen des zukünftigen Wegfalls).

51 Bei seiner Auskunft darf der Auskunftspflichtige auch keine einseitigen Wertungen vornehmen. Auch dann, wenn er nach seiner Rechtsauffassung z. B. eine Einkommensposition für unterhaltsrechtlich nicht relevant hält, muss er diese Position mitteilen.

4. Persönliche Verhältnisse

52 Nach dem Wortlaut der Vorschrift richtet sich die Auskunft nur auf Einkommen und Vermögen. Damit ist der Auskunftspflichtige – dies kann der Unterhaltspflichtige, aber auch der Unterhaltsberechtigte sein – grds. nur verpflichtet, seine Einkommensquellen offenzulegen, die dem Unterhaltsberechtigten die Möglichkeit verschaffen, seinen Unterhaltsanspruch zu berechnen.

Daher soll sich die Verpflichtung zur Auskunftserteilung nicht weiter gehend auf **persönliche Umstände** erstrecken, die auch Einfluss auf die Bedürftigkeit oder Leistungsfähigkeit haben, z. B. Eheschließung, Ehescheidung oder Geburt eines Kindes. Allerdings haben die aktuellen persönlichen Verhältnisse des unterhaltspflichtigen Ehegatten (weitere Kinder, neuer Ehegatte usw.) Einfluss auf die Leistungsfähigkeit des Unterhaltspflichtigen. Daher kann der Unterhaltsberechtigte seinen Anspruch nur feststellen und ggf. berechnen, wenn er seinerseits einen Anspruch auf entsprechende Informationen hat. Umgekehrt wirken sich u. U. auch die aktuellen Lebensverhältnisse des unterhaltsberechtigten Ehegatten, wie z. B. das Einkommen des jetzigen Ehegatten, auf die Berechnung aus. Auch hier besteht eine sachliche Notwendigkeit für einen entsprechenden Auskunftsanspruch.

53 Konkret bedeutet dies, dass der zum Kindesunterhalt Verpflichtete auch Angaben über die **Einkünfte seiner neuen Ehefrau** machen muss, um bereits im Vorfeld deren Anteil am Familienunterhalt bestimmen zu können.[40] Die Auskunftspflicht entspricht damit derjenigen, wie sie nach § 1605 Abs. 1 Satz 1 BGB besteht. Allerdings können weder Belege noch eine eidesstattliche Versicherung verlangt werden.

Denn **Sinn und Zweck des Auskunftsanspruchs** ist, bereits im Vorfeld gerichtlicher Auseinandersetzungen alle notwendigen Fakten bekannt zu geben, damit möglichst

---

40 BGH, 02.06.2010 – XII ZR 124/08, FamRZ 2011, 21 = NJW 2011, 226-228 m. Anm. Schwolow; OLG Hamm, 15.12.2010 – 5 WF 157/10, FamFR 2011, 106.

A. Gesetzliche Grundlagen   Kapitel 2

gerichtliche Auseinandersetzungen vermieden werden. Eine Klärung der maßgeblichen Einkommensverhältnisse erst im Rahmen des Rechtsstreits über den Unterhalt wäre hiermit nicht zu vereinbaren: Dem Unterhaltsgläubiger verbliebe das Risiko, zu geringen Unterhalt geltend zu machen bzw. im Fall einer zu hohen Unterhaltsforderung die mit dem teilweisen Unterliegen verbundene Kostenbelastung.

Auch ein **Geheimhaltungsinteresse der Ehefrau** des Unterhaltspflichtigen **steht diesem Auskunftsverlangen nicht entgegen.** Der Ehegatte eines Unterhaltspflichtigen muss es auch hinnehmen, dass der Unterhaltspflichtige im Rahmen der zu belegenden Auskunft über sein Einkommen Steuerbescheide vorzulegen hat, die aufgrund einer Zusammenveranlagung der Ehegatten ergangen sind. In einem solchen Fall können zwar die Angaben geschwärzt werden, die von dem Auskunftsanspruch nicht umfasst werden. Soweit der Steuerbescheid aber Angaben enthält, in denen Beträge für Ehemann und Ehefrau zusammengefasst sind, bleibt es bei der Vorlagepflicht, falls insofern Auskunft zu erteilen ist. Wenn hierdurch Schlüsse auf die Verhältnisse des Ehegatten gezogen werden können, muss dies hingenommen werden.[41] Daraus ergibt sich, dass das **Interesse des Auskunftbegehrenden dem Geheimhaltungsinteresse des Auskunftspflichtigen oder eines Dritten grds. vorgeht.**[42]   54

Der Umfang der geschuldeten Auskunft kann jedoch nicht weiter reichen, als dem Unterhaltspflichtigen seinerseits ein Anspruch auf Information ggü. seiner Ehefrau zusteht. Ein solcher **Informationsanspruch** ergibt sich während des Zusammenlebens der Ehegatten zwar nicht aus § 1605 Abs. 1 BGB, da in den Vorschriften zum Familienunterhalt (§§ 1360, 1360a BGB) – anders als in dem für die Zeit des Getrenntlebens maßgebenden § 1361 Abs. 4 BGB – nicht auf § 1605 BGB verwiesen wird. Ehegatten haben aber nach der Generalklausel der Verpflichtung zur ehelichen Lebensgemeinschaft (§ 1353 Abs. 1 Satz 2 BGB) einander wenigstens in groben Zügen über die von ihnen vorgenommenen **Vermögensbewegungen** zu unterrichten[43] sowie sich über den **Bestand des eigenen Vermögens** zu informieren.[44]   55

Diese Informationspflicht erstreckt sich auch auf die **Verpflichtung zur Unterrichtung über das laufende Einkommen der Ehegatten**.[45] Dabei schließt sich der BGH der An-   56

---

41 BGH, 02.06.2010 – XII ZR 124/08, FamRZ 2011, 21 = NJW 2011, 226-228 m. Anm. Schwolow; BGH, 13.04.1983 – IVb ZR 374/81, FamRZ 1983, 680, 682.
42 St. Rechtsprechung, vgl. etwa BGH, 06.10.1993 – XII ZR 116/92, FamRZ 1994, 28 f.
43 BGH, 02.06.2010 – XII ZR 124/08, FamRZ 2011, 21 = NJW 2011, 226-228 m. Anm. Schwolow; BGH, 05.07.2000 – XII ZR 26/98, FamRZ 2001, 23, 25; BGH, 25.06.1976 – IV ZR 125/75, FamRZ 1978, 677, 678; OLG Karlsruhe, 01.08.1989 – 2 WF 65/89, FamRZ 1990, 161, 162.
44 OLG Brandenburg, 16.10.2007 – 10 UF 96/07, FamRZ 2008, 1441, 1442; *Koch*in: MünchKomm-BGB, §§ 1385, 1386 Rn. 25; *Thiele*in: Staudinger, BGB, § 1386 Rn. 23.
45 Vgl. auch zu den Auskunftsverpflichtungen des Unterhaltspflichtigen über die Einkommensverhältnisse seines jetzigen Ehegatten BGH, 02.06.2010 – XII ZR 124/08, FamRZ 2011, 21 = FF 2011, 70 = FuR 2011, 327 = NJW 2011, 226 m. Anm. Schwolow = FamFR 2010, 572.

sicht an, dass der Anspruch nicht nur auf eine Information in groben Zügen geht, sondern dieselben Auskunftspflichten wie nach § 1605 Abs. 1 BGB umfasst. Aus § 1353 BGB lasse sich nicht ableiten, dass der Anspruch während des Zusammenlebens der Ehegatten schwächer sein solle als im Fall des Getrenntlebens.[46]

Denn Ehegatten haben nach den §§ 1360, 1360a BGB einen **Anspruch auf Familienunterhalt**. Dieser kann aber nur bei genauer Kenntnis der Einkommensverhältnisse des anderen Ehegatten beziffert werden. Aus der Verpflichtung zur ehelichen Lebensgemeinschaft (§ 1353 Abs. 1 Satz 2 BGB) folgt deshalb auch der wechselseitige Anspruch, sich über die für die Höhe des Familienunterhalts und eines Taschengeldes maßgeblichen finanziellen Verhältnisse zu informieren.

Um dieses Ziel zu erreichen, kann dieser Anspruch nicht nur auf eine Unterrichtung in groben Zügen gehen, da eine derart eingeschränkte Kenntnis den Ehegatten nicht in die Lage versetzen würde, den ihm zustehenden Unterhalt zu ermitteln. Geschuldet wird deshalb die Erteilung von Auskunft in einer Weise, wie sie zur Feststellung des Unterhaltsanspruchs erforderlich ist. **Die Auskunftspflicht entspricht damit derjenigen, wie sie nach § 1605 Abs. 1 Satz 1 BGB besteht.** Eine solche Verpflichtung läuft nicht etwa dem Gebot der gegenseitigen Rücksichtnahme der Ehegatten zuwider; diese erfordert vielmehr gerade, den anderen ausreichend über die eigenen Einkommensverhältnisse zu unterrichten.[47]

Nicht geschuldet wird allerdings die Vorlage von **Belegen** oder die **eidesstattliche Versicherung** der Richtigkeit und Vollständigkeit der Angaben. Eine solche Kontrollmöglichkeit wäre mit dem in einer Ehe herrschenden Vertrauen nicht zu vereinbaren.[48]

▶ Hinweis:

Soll sich die Auskunftsverpflichtung des Unterhaltspflichtigen auch auf die Einkünfte seines neuen Ehegatten erstrecken, muss dies im **Tenor** des zur Auskunft verpflichtenden Beschlusses gesondert ausgesprochen werden.[49]

IV. Zeitlicher Umfang der Auskunftserteilung

57 Der Auskunftsanspruch hinsichtlich des Einkommens korrespondiert in zeitlicher Hinsicht mit dem Zeitraum, der für die Unterhaltsberechnung zugrunde gelegt wird. Der Zeitraum, für den Auskunft zu erteilen ist, erstreckt sich bei **abhängig Beschäftigten** auf die Zeit der **letzten 12 Monate**, beginnend mit dem Zeitraum des Auskunftsverlangens oder mit der Rechtshängigkeit der Klage.

---

46 BGH, 02.06.2010 – XII ZR 124/08, FamRZ 2011, 21 = NJW 2011, 226-228 m. Anm. Schwolow.
47 BGH, 02.06.2010 – XII ZR 124/08; FamRZ 2011, 21 = NJW 2011, 226-228 m. Anm. Schwolow.
48 BGH, 02.06.2010 – XII ZR 124/08; FamRZ 2011, 21 = NJW 2011, 226-228 m. Anm. Schwolow.
49 OLG Hamm, 15.12.2010 – II-5 WF 157/10, FamFR 2011, 106.

Bei **Selbstständigen** ist i. d. R. eine Auskunft über das Durchschnittseinkommen der letzten 3 Jahre zu verlangen. Die oberste Grenze des Zeitraums, für welchen Auskunft über die Einkünfte verlangt werden kann, sind 5 Jahre. Im Regelfall kann bei Selbstständigen und Gewerbetreibenden die Auskunft aber nur für **volle Kalenderjahre** als den üblichen Geschäftsjahren begehrt werden.[50] Denn eine aktuell zu fertigende, eine willkürliche Zeitspanne des Wirtschaftsjahres umfassende, vollständige Zusammenstellung löst einen nicht zu vertretenen Kostenaufwand aus.[51] 58

Beim Antrag auf Auskunft über Einkommen muss sowohl das Anfangsdatum als auch das Enddatum des Zeitraums angegeben werden.[52] 59

V. Zeitsperre und erneute Auskunft

Eine Auskunft kann nicht ohne weiteres erneut verlangt werden, wenn bereits zu einem früheren Zeitpunkt vollständig Auskunft erteilt worden ist. Nach § 1605 Abs. 2 BGB muss eine wiederholte Auskunft vor Ablauf von 2 Jahren nur dann erteilt werden, wenn glaubhaft gemacht wird, dass der zur Auskunft Verpflichtete später wesentlich höheres Einkommen oder weiteres Vermögen erworben hat. Die Frist beginnt mit der letzten mündlichen Verhandlung im Vorprozess oder einem abgeschlossenen Vergleich; es kann aber auch auf die Erteilung der Auskunft abzustellen sein.[53] 60

▶ **Praxistipp:** 61

- Zu beachten ist dabei, dass die Auskunftsaufforderung ihre zeitliche Sperrwirkung immer nur personenbezogen entfaltet. Ist also vor 6 Monaten für Kind 1 Auskunft gefordert worden, gilt die Zeitsperre nicht für Kind 2 und auch nicht für den Ehegatten.
- Diese Besonderheit kann der anwaltliche Berater, der mehrere Unterhaltsberechtigte – also z. B. Frau und zwei Kinder – vertritt, ausnutzen, um innerhalb kürzerer zeitlicher Abstände Auskunft zu fordern (also z. B. heute für das erste Kind, in 6 Monaten für das zweite Kind und in weiteren 6 Monaten für die Ehefrau). Sinnvoll ist dies dann, wenn z. B. bereits ein Unterhaltstitel besteht, also durch das Auskunftsverlangen selbst kein Verzug ausgelöst werden muss.
- Dabei ergibt sich die Person des Unterhaltsberechtigten nicht schon automatisch aus der Person desjenigen, der die Auskunft fordert, da z. B. die Kindesmutter Unterhalt für sich und die von ihr betreuten Kinder fordern kann.
- Beim Ehegattenunterhalt ist der rechtliche Unterschied zwischen Trennungs- und Geschiedenenunterhalt zu beachten.

---

50 OLG München, 27.05.1992 – 12 WF 707/92, OLGR 1992, 104.
51 Strohal, in: Göppinger/Wax, Rn. 652.
52 OLG Saarbrücken, ZFE 2002, 166.
53 OLG Hamm, FamRZ 2005, 1585.

VI. Verwirkung des Unterhaltsanspruchs nach erteilter Auskunft

62 Hat der Unterhaltpflichtige nach einer Auskunftsaufforderung die Auskunft erteilt, kann der Unterhaltsberechtigte die Wirkungen dieser Aufforderung nur dadurch aufrechterhalten, dass er zeitnah einen bezifferten Zahlungsanspruch erhebt. Eine Bezifferung nach 2 Jahren reicht nicht mehr aus.[54]

VII. Belegpflicht

63 Der Auskunftspflichtige ist auch zur Vorlage von Belegen verpflichtet (§ 1605 Abs. 1 Satz 2 BGB).

64 Der Beleg muss bereits **existent** sein, sodass die Verurteilung auf die Vorlage eines noch nicht erlassenen Steuerbescheids auf eine unmögliche Leistung gerichtet und damit nicht vollstreckbar ist.[55] Etwas anderes gilt dann, wenn der Auskunftspflichtige in der Lage ist, die geforderten Unterlagen selbst zu erstellen.[56]

65 Es handelt sich hierbei um einen gesonderten Anspruch, der auch gesondert geltend gemacht werden muss. Die gewünschten Belege müssen im Auskunftsverlangen genau bezeichnet werden.[57]

66 Vorzulegen sind nicht die Originale, sondern **Kopien**,[58] die aber auf Anforderung auf Kosten des Unterhaltsschuldners zu beglaubigen sind. Urkunden einer fremden Sprache muss er übersetzen lassen.[59]

67 In der Praxis ist bei **nicht selbstständig Tätigen** die Verdienstbescheinigung eines Jahres vorzulegen. Dabei reicht regelmäßig die vom Arbeitgeber ausgestellte Dezemberabrechnung, die auch die Jahreswerte enthält. Verlangt werden kann weiterhin der Einkommensteuerbescheid sowie die Einkommensteuererklärung[60] oder der Bescheid über den Lohnsteuerjahresausgleich. Auch die Vorlage des Arbeitsvertrags bzw. Ausbildungsvertrags kommt in Betracht.[61]

68 Der Anspruch auf Vorlage der **Steuererklärung** besteht nur dann, wenn die darin getätigten Angaben unterhaltsrechtlich relevante Einzeltatsachen enthalten können, welche den Steuerbescheiden nicht zu entnehmen sind. Dies kann bei Beamten, die keine selbstständigen Nebeneinkünfte erzielen, regelmäßig ausgeschlossen werden.[62]

---

54 OLG Karlsruhe, 16.02.2006 – 16 WF 26/06, ZFE 2007, 37.
55 BGH, FamRZ 1989, 732.
56 Vgl. BGH, 27.11.1991 – XII ZB 102/91, FamRZ 1992, 425.
57 BGH, FamRZ 1983, 454, 455; BGH FamRZ 1989, 731, 732; OLG Brandenburg, FamRZ 2007, 285; OLG Brandenburg, FamRZ 2004, 820.
58 OLG Frankfurt am Main, 30.09.1996 – 6 WF 179/96, FamRZ 1997, 1296.
59 OLG Koblenz, 14.09.1989 – 11 WF 1008/89, FamRZ 1990, 79.
60 OLG Stuttgart, 20.09.2001 – 17 WF 232/01, OLGR 2001, 451.
61 BGH, 06.10.1993 – XII ZR 116/92, FamRZ 1994, 28; OLG München, 08.07.1992 – 12 UF 776/92, OLGR 1993, 11.
62 OLG Dresden, 09.12.2004 – 21 UF 486/04, FamRZ 2005, 1195.

A. Gesetzliche Grundlagen   Kapitel 2

Von einem **selbstständigen Unternehmer** kann i. R. d. Pflicht zur Vorlage von Belegen 69
verlangt werden, **Bilanzen** nebst Gewinn- und Verlustrechnungen, die **Einkommensteuererklärung** und den Einkommensteuerbescheid sowie **Einnahmenüberschussrechnungen** gem. § 4 Abs. 3 EStG und Gewinnfeststellungsbescheide gem. § 180 Abs. 1 AO zu übergeben.[63] Ob auch Umsatzsteuererklärungen und Bescheide vorzulegen sind, ist strittig.[64]

Will der Auskunftsberechtigte **weiter gehende Informationen**, muss er in seinem An- 70
trag konkret und eindeutig festlegen, welche Angaben des Schuldners er zur Berechnung seines Unterhaltsanspruchs benötigt.[65] Verlangt werden kann aber nicht die Vorlage der Jahresdepotauszüge eines Wertpapierdepots und auch nicht die Vorlage aller Wertpapierabrechnungen der letzten 3 Jahre.[66]

VIII. Allgemeiner Auskunftsanspruch aus § 242 BGB

Eine Auskunftspflicht kann sich auch unmittelbar aus § 242 BGB als **Folge einer be-** 71
sonderen Rechtsbeziehung ergeben. Das deutsche Recht kennt zwar keine allgemeine Auskunftspflicht; niemand ist rechtlich verpflichtet, bestimmte Tatsachen einem anderen schon deshalb zu offenbaren, weil dieser an der Kenntnis ein rechtliches Interesse hat. Nach Treu und Glauben besteht aber dann ein Auskunftsanspruch, wenn zwischen den Beteiligten besondere rechtliche Beziehungen vertraglicher oder außervertraglicher Art vorhanden sind, die es mit sich bringen, dass der Auskunftsbegehrende entschuldbar über das Bestehen und den Umfang seines Rechts im Unklaren und deshalb auf die Auskunft des Verpflichteten angewiesen ist, während dieser die Auskunft unschwer erteilen kann und dadurch nicht unbillig belastet wird. §§ 1580 und 1605 BGB regeln nur einen Teilbereich, in dem der Gesetzgeber die gegenseitigen Rechte und Pflichten präzisieren wollte. Dadurch wird aber eine in besonderen Fällen aus § 242 BGB herzuleitende Informationspflicht nicht ausgeschlossen.[67] Der Auskunftsanspruch ermöglicht allerdings keine generelle Auskunft über die Einkommens- und Vermögenssituation, sondern ist auf einzelne Tatbestände beschränkt.[68]

---

63 Vgl. die instruktive Entscheidung KG, 25.01.1996 – 16 UF 6806/95, FamRZ 1997, 360.
64 Bejahend: AG Biedenkopf, 03.01.1996 – 4 F 145/95, FamRZ 1996, 963; ablehnend: OLG München, 12.07.1988 – 4 UF 29/88, NJW-RR 1988, 1285.
65 OLG Düsseldorf, 31.10.2000 – 3 WF 194/00, FamRZ 2001, 836.
66 OLG Stuttgart, 20.09.2001 – 17 WF 232/01, OLGR 2001, 451; Schürmann, FuR 2005, 49, 51.
67 BGH, 07.05.2003 – XII ZR 229/00, NJW 2003, 3624; OLG München, 17.07.2000 – 26 UF 748/00, OLGR 2000, 320.
68 OLG Köln, 15.03.2004 – 12 WF 16/04, OLGR 2004, 308; vgl. OLG Brandenburg, 07.03.2007 – 7 U 198/05, FamRZ 2007, 1984.

IX. Verpflichtung zur ungefragten Information

72 Kraft Gesetzes besteht für einen Unterhaltsberechtigten keine Rechtspflicht, dem Schuldner Veränderungen in seinen Einkommens- und Vermögensverhältnissen mitzuteilen.[69]

73 Wenn ein Unterhaltsrechtsverhältnis inhaltlich begründet worden ist und sich anschließend die Verhältnisse verändern, kann sich nach den besonderen Umständen für den Begünstigten dennoch eine Verpflichtung ergeben, die neuen Einkommensverhältnisse ungefragt zu offenbaren. Dies soll nach der Rechtsprechung im Einzelfall dann geboten sein, wenn das Schweigen über die aufseiten der Unterhaltsberechtigten eingetretenen wirtschaftlichen Veränderungen evident unredlich erscheint.[70] Eine Pflicht zur ungefragten Information kann sich aus § 242 BGB nach Treu und Glauben in Sonderfällen ergeben. So z. B. dann, wenn das Schweigen des Bedürftigen als in hohem Maße sittenwidrig anzusehen ist, weil der Pflichtige aufgrund des vorangegangenen Verhaltens des Bedürftigen oder nach der Lebenserfahrung keine Veranlassung hatte, seinerseits eine Auskunft zu fordern.[71]

74 Voraussetzungen für diese Informationspflicht sind im Wesentlichen:
 - Der Unterhaltsschuldner hatte aufgrund vorangegangenen Tuns des Unterhaltsgläubigers keine Veranlassung, wegen der günstigen Veränderung der Einkommensverhältnisse beim anderen Teil (Ehegatten) Nachforschungen anzustellen;
 - der Unterhaltsgläubiger hat weiterhin unbeanstandet Unterhaltszahlungen entgegengenommen.

Diese Grundsätze sind durch die neue Rechtsprechung bestätigt worden. Das OLG Düsseldorf sieht eine eindeutige Verpflichtung des geschiedenen Unterhaltsberechtigten, den Unterhaltspflichtigen unaufgefordert über die positive Entwicklung seiner Einkommens- und Vermögensverhältnisse zu informieren, soweit die Änderung der Einkommensverhältnisse Auswirkungen auf die Unterhaltspflicht haben kann.[72] In dem entschiedenen Fall hatte sich das im Zusammenhang mit der Scheidung festgestellte Einkommen der damals unterhaltsberechtigten Ehefrau erheblich verbessert und es wäre nach den maßgeblichen Rechtsgrundsätzen in den Jahren 1997 und 1998 ein Geschiedenenunterhaltsanspruch entfallen.

---

69 OLG Naumburg, FamRZ 2005, 365.
70 Vgl. OLG Oldenburg, FamRZ 1996, 804; zur Information im laufenden Unterhaltsprozess: BGH, FamRZ 2000, 231; wegen besonderer Treuepflicht bei Unterhaltsvereinbarungen vgl. BGH, FamRZ 1997, 483.
71 BGH, NJW 1986, 2049.
72 OLG Düsseldorf, MDR 2002, 279.

A. Gesetzliche Grundlagen Kapitel 2

In dem Verschweigen eigener Einkünfte kann eine sittenwidrige Ausnutzung der Verhältnisse liegen. Dies kann zu einer Schadensersatzforderung nach § 826 BGB des Unterhaltsschuldners führen.[73] Auch kann Verwirkung greifen.[74] 75

Bei geschlossenen Unterhaltsvergleichen erhöht sich die Pflicht zur Rücksichtnahme auf die Belange des anderen Teils. Deshalb besteht eine Pflicht zur ungefragten Information,[75] wenn z. B. vereinbart worden ist, der Bedürftige dürfe ein bestimmtes Einkommen anrechnungsfrei hinzuverdienen und sein tatsächlicher Verdienst überschreitet diese Grenze deutlich.[76] 76

In der Praxis relevant sind dabei die folgenden Fälle: 77
– der Wegfall unterhaltsbegründender Umstände, wie z. B. die Beendigung der Schulausbildung oder des Studiums bei einem unterhaltsberechtigten volljährigen Kind,
– die Wiederheirat des früheren Ehegatten,
– die Wiederaufnahme einer Erwerbstätigkeit oder
– die Ausweitung der beruflichen Tätigkeit des Bedürftigen.

▶ Praxistipp: 78

– Es empfiehlt sich in der anwaltlichen Beratungspraxis, die Mandantin, für die ein Unterhaltstitel durch Vergleich oder gerichtliche Entscheidung erreicht worden ist, möglichst schriftlich auf diese Verpflichtungen hinzuweisen, um spätere Ärgernisse zu vermeiden.
– Ein solcher Hinweis kann der Einfachheit halber in die Benachrichtigung über den erreichten Titel aufgenommen werden.
– Die Verletzung entsprechender Mitteilungspflichten kann bei einem geschlossenen Unterhaltsvergleich zu Regressansprüchen führen.
– Um Klarheit über das Bestehen und den Umfang entsprechender Mitteilungspflichten zu haben, ist es sinnvoll, eine entsprechende Zusatzregelung in die Unterhaltsvereinbarung aufzunehmen.

Im Rahmen laufender gerichtlicher Unterhaltsverfahren ist zudem die nach § 138 Abs. 1 ZPO bestehende verfahrensrechtliche Wahrheitspflicht zu beachten. Eine Partei, die einen Unterhaltsanspruch gerichtlich geltend macht, hat die zur Begründung des Anspruchs dienenden tatsächlichen Umstände wahrheitsgemäß anzugeben und darf nichts verschweigen, was ihre Unterhaltsbedürftigkeit infrage stellen könnte.[77] Ändern sich die maßgeblichen Verhältnisse während des gerichtlichen Verfahrens, sind 79

---

73 Vgl. hierzu im Einzelnen z. B. OLG Hamm, FamRZ 1996, 809; OLG Düsseldorf, FamRZ 1995, 741; OLG Bamberg, FamRZ 1990, 755.
74 Vgl. OLG Düsseldorf, 07.07.2010 – II-8 UF 14/10, FamRZ 2011, 225; OLG Hamm, 20.04.2011 – 8 UF 103/10, FamFR 2012, 85; OLG Jena ZFE 2009, 351.
75 OLG Hamm, FamRZ 2007, 215.
76 BGH, FamRZ 1997, 483.
77 BGH, FamRZ 2000, 153.

Umstände, die sich auf den geltend gemachten Anspruch auswirken können, auch ungefragt anzuzeigen.

Verschweigt ein Ehegatte im laufenden gerichtlichen Verfahren somit gestiegene Arbeitseinkünfte, liegt unrichtiger Sachvortrag vor, der zu einem versuchten Betrug führt. In diesem Fall können Unterhaltsansprüche dieses Ehegatten gänzlich versagt werden.[78]

80 Ist eine gerichtliche Auflage zur Auskunft gem. § 235 FamFG ergangen, ist die Mitteilungspflicht gem. § 235 Abs. 3 FamFG zu beachten, vgl. Rdn. 162 ff.

B. Verfahrensrechtliche Durchsetzung des Auskunftsanspruchs

81 ▶ **Das Wichtigste in Kürze**

- Der Antragsgegner schuldet Auskunft **und** die Vorlage von Belegen, vgl. § 1605 Abs. 1 BGB. → Rdn. 90 ff. und Rdn. 95 ff.
- Soweit eine Auskunft über das Vermögen gefordert werden kann, ist diese **stichtagsbezogen**; praktikabel ist etwa der 31.12. eines bestimmten Jahres. → Rdn. 94
- Der Auskunftsanspruch muss grds. nicht durch **substanziierten Vortrag** zum Unterhaltsanspruch begründet werden. → Rdn. 99
- Im Hinblick auf die Kostenregelung des § 243 Nr. 2 FamFG sollte der Unterhaltsschuldner vor Einleitung eines Unterhaltsverfahrens unbedingt außergerichtlich zur Auskunft aufgefordert werden. → Rdn. 128 und Kap. 5 Rdn. 492 f.

82 Die Beteiligten einer Unterhaltssache sind zur Auskunft über die Einkommens- und Vermögensverhältnisse verpflichtet, soweit deren Kenntnis zur Klärung eines Unterhaltsanspruchs erforderlich ist (s. o., Rdn. 40 ff. und Rdn. 45 ff.). Oftmals wird die geforderte Auskunft über die Einkommens- und Vermögensverhältnisse dennoch verweigert.

83 Der materielle Auskunftsanspruch nach § 1605 BGB will den an einem Unterhaltsrechtsverhältnis Beteiligten die notwendigen Kenntnisse verschaffen, um den Unterhalt zutreffend berechnen und Einwendungen in geeigneter Form vorbringen zu können. Auch hat der Auskunftsanspruch den Zweck, mittels Information ein Unterhaltsverfahren zu vermeiden.[79]

84 Wird die geschuldete Auskunft nicht erteilt, ist der Auskunftsberechtigte regelmäßig gezwungen, den Anspruch auf die Auskunft entweder »isoliert« gerichtlich geltend zu machen oder aber im Rahmen eines sog. Stufenverfahrens nach § 254 ZPO.[80]

85 Eine **verfahrensrechtliche Auskunftspflicht** der Beteiligten einer Unterhaltssache ggü. dem FamG kodifizieren die **§§ 235, 236 FamFG**.

---

78 OLG Frankfurt am Main, FF 2006, 157.
79 Bamberger/Roth/Reinken, BGB, § 1605 Rn. 2.
80 Ausführlich dazu Roßmann, Rn. 1930 ff.

B. Verfahrensrechtliche Durchsetzung des Auskunftsanspruchs   Kapitel 2

Nach § 235 Abs. 1 FamFG kann das Gericht Auskünfte über Einkünfte und Vermögen von den Beteiligten fordern, soweit dies für die Bemessung des Unterhalts von Bedeutung ist. Nach § 236 FamFG ist die Einholung von Auskünften auch bei Dritten möglich, sofern ein Beteiligter den Auskunftspflichten nach § 235 Abs. 1 FamFG nicht ausreichend nachgekommen ist.

Im Folgenden wird zunächst die Durchsetzung des materiellen Auskunftsanspruchs 86
im gerichtlichen Verfahren behandelt. Danach soll auf die Umsetzung der verfahrensrechtlichen Auskunftspflicht nach § 235 FamFG im familiengerichtlichen Verfahren eingegangen werden.

I. Durchsetzung des materiellen Auskunftsanspruchs

1. (Isolierte) Auskunftsantrag

Das Auskunftsbegehren kann sowohl im Rahmen eines Stufenantrags nach § 254 ZPO 87
i. V. m. § 113 FamFG (s. u., Rdn. 107 ff.), als auch isoliert erhoben werden.

▶ Praxistipp: 88

Letzteres ist allerdings nicht im Scheidungsverbundverfahren möglich. Der Scheidungsverbund ist auf die Regelung der Scheidungsfolgen bezogen, nicht aber auf Entscheidungen, die diese erst vorbereiten. Wird gleichwohl im Verbund ein reiner Auskunftsantrag gestellt, ist dieser nicht als unzulässig abzuweisen, sondern nach Abtrennung (§ 145 ZPO) in einem isolierten Verfahren zu behandeln.[81]

Erstrebt der Antragsteller hingegen eine Entscheidung zugleich mit der Scheidung, kann er den Weg des Stufenantrags beschreiten, auch wenn es sich um die Abänderung eines bereits bestehenden Titels handelt. Über den Auskunftsanspruch ist vorab durch **Teilbeschluss** über die Scheidung und die Unterhaltsforderung im Endbeschluss zu befinden.[82]

a) Antrag

Die Antragsfassung in Auskunftsverfahren ist außerordentlich wichtig. Ein oberfläch- 89
lich formulierter Antrag führt oft zu einer oberflächlichen Titulierung und damit zu einem unbestimmten Auskunftstitel, aus dem nicht vollstreckt werden kann.

aa) Auskunft über die Einkünfte

Der Auskunftsantrag muss – wie alle Leistungsverfahren – die bestimmte Angabe des 90
Gegenstands sowie einen bestimmten Antrag enthalten (§ 253 Abs. 2 Nr. 2 ZPO).[83]

---

81 Ausführlich dazu Horndasch/Viefhues/Roßmann, FamFG, § 137 Rn. 21 ff.
82 OLG Brandenburg, FamRZ 2007, 410, 411.
83 OLG Frankfurt am Main, FamRZ 1991, 1334.

Kapitel 2 — Auskunft

Aus der Auskunftsvorschrift (§ 1605 Abs. 1 BGB) lassen sich **zwei verschiedene Anträge** entwickeln, die zueinander selbstständig sind, nämlich
1. Auskunft zu verlangen, soweit für den Unterhaltsanspruch erforderlich (§ 1605 Abs. 1 Satz 1 BGB). Notwendig ist die **konkrete Angabe**, für welche Zeiträume (i.d.R. volle Kalenderjahre) und über welche Art von Einkünften (z.B. Arbeitseinkommen des Arbeitnehmers oder Gewinn des Unternehmers) bzw. zu welchem Stichtag über das Vermögen Auskunft zu erteilen ist und
2. auf Verlangen **Belege** über die Einkünfte vorzulegen, vgl. § 1605 Abs. 1 Satz 2 BGB. Erforderlich ist auch hier die konkrete Angabe, welche konkreten Belege verlangt werden (z.B. Gehaltsabrechnungen, Bilanzen, Gewinn- und Verlustrechnungen, Einkommensteuerbescheide, Einkommensteuererklärungen).[84]

(1) Formulierungsvorschlag: Auskunftsantrag zu den Einkünften eines Arbeitnehmers

91 ..... den Antragsgegner zu verpflichten, Auskunft zu erteilen durch Vorlage einer systematischen Aufstellung über sämtliche Einkünfte aus nichtselbstständiger Tätigkeit für die Zeit vom 01.01. ..... bis zum 31.12. ....., im vorgenannten Zeitraum etwa bezogenes Krankengeld bzw. Arbeitslosenunterstützung sowie über eine im Jahr ..... erhaltene Steuererstattung

und

die Lohn-/Gehaltsabrechnungen der Monate Januar bis Dezember ....., Bescheide über im vorgenannten Zeitraum etwa bezogenes Krankengeld bzw. Arbeitslosenunterstützung sowie einen im Jahr ..... ergangenen Steuerbescheid vorzulegen.

(2) Formulierungsvorschlag: Auskunftsantrag zu den Einkünften eines Selbstständigen

92 ..... den Antragsgegner zu verpflichten, Auskunft zu erteilen durch Vorlage einer systematischen Aufstellung über sämtliche Einnahmen und Aufwendungen aus selbstständiger Arbeit, aus Kapitalvermögen, aus Vermietung und Verpachtung sowie aus anderer Herkunft unter Angabe der Privatentnahmen in der Zeit vom ..... bis ..... sowie zu den in den Jahren ..... und ..... erzielten Steuererstattungen

und

die erteilte Auskunft durch Vorlage der Einkommensteuererklärungen nebst Anlagen sowie der etwaigen Bilanzen nebst den Gewinn- und Verlustrechnungen, der Kontennachweise zur Bilanz und zur Gewinn- und Verlustrechnung, der Anlagenverzeichnisse für die Jahre ..... bis ..... sowie der Einkommensteuerbescheide für die Jahre ..... bis ..... zu belegen.

---

84 OLG München, FamRZ 1996, 307.

bb) Auskunft über das Vermögen

Die Pflicht zur Auskunftserteilung umfasst auch das **Vermögen**, soweit die Auskunft zur Feststellung einer Unterhaltsverpflichtung erforderlich ist. Sie wird danach nur geschuldet, wenn der Unterhaltspflichtige ausnahmsweise für den Unterhalt seinen Vermögensstamm einzusetzen hat (vgl. § 1603 Abs. 2 BGB).[85] Dazu muss der Auskunftsberechtigte ausreichenden Vortrag geben. Die Auskunft kann nur auf einen bestimmten Zeitpunkt bezogen erteilt werden. Eine Auskunft über den Verbleib oder die Verwendung eines Vermögensgegenstands scheidet aus. 93

Die Auskunft über das Vermögen ist also **stichtagsbezogen**. Geschuldet ist ein Verzeichnis i. S. v. § 260 Abs. 1 BGB zum Vermögensbestand mit Wertangaben. Unbedingt zu beachten ist, dass i. R. d. Auskunftsantrags der Stichtag festgelegt wird, da ansonsten die Vollstreckbarkeit nicht gesichert ist. Praktikabel als Stichtag der Vermögensbewertung ist der 31.12. des Vorjahres.[86] 94

cc) Antrag auf Vorlage von Belegen

Nach § 1605 Abs. 1 Satz 2 BGB ist die **Vorlage von Belegen** geschuldet; dieser Anspruch bedarf der gesonderten Titulierung. Der Belegansspruch macht es möglich, die Höhe der angegebenen Einkünfte zu überprüfen. Der Belegansspruch bezieht sich aber nicht auf das Vermögen. 95

Der **unselbstständig tätige Unterhaltspflichtige** hat die Lohn- bzw. Gehaltsbescheinigungen i. d. R. für den Jahreszeitraum (letztes Kalenderjahr oder die vergangenen 12 Monate) vorzulegen. Hinzukommen ggf. Abrechnungen über Spesen und Auslösungen, Krankengeld-, Arbeitslosengeld-, Arbeitslosenhilfe- oder Rentenbescheide. Die Vorlagepflicht umfasst auch Steuerbescheide, die in dem von der Auskunft umfassten Zeitraum ergangen sind, sowie die Steuererklärung.[87] 96

Der **Selbstständige** hat auf Verlangen die Bilanzen nebst Gewinn- und Verlustrechnungen, die Einkommensteuererklärung und den Einkommensteuerbescheid vorzulegen. 97

▶ Hinweis: 98

Ist der Unterhaltsschuldner **selbstständig**, werden regelmäßig nur der Einkommensteuerbescheid, die Bilanz bzw. die Gewinn- und Verlustrechnung vorgelegt. Danach ist der Unterhaltsanspruch sehr oft nur gering, da der Selbstständige Abschreibungsmöglichkeiten und andere steuerlich mitunter auch zulässige Möglichkeiten hat (z. B. eine Ansparrücklage), um sich »arm« zu rechnen.

---

85 Vgl. dazu Weinreich/Klein, § 1603 Rn. 142.
86 Horndasch, Rn. 509.
87 BGH, NJW 1983, 2243.

Erforderlich ist die Vorlage einer sog. »Unterhaltsbilanz«. Der BGH[88] umschreibt die Anforderungen wie folgt:

»Aus einem Einkommensteuerbescheid lässt sich die Höhe der zu versteuernden Einkünfte und des steuerlichen Nettoeinkommens entnehmen. Er ist regelmäßig geeignet, wenigstens ein Mindesteinkommen als Grundlage der Unterhaltsbemessung zu belegen. Das steuerlich relevante Einkommen und das unterhaltspflichtige Einkommen sind nicht identisch. Das Steuerrecht erkennt in bestimmten Zusammenhängen Aufwendungen als einkommensmindernd an und gewährt Abschreibungen und Absetzungen, denen eine tatsächliche Vermögenseinbuße nicht oder nicht in diesem Umfang entspricht. Die steuerlichen Absetzungen haben daher unterhaltsrechtlich außer Betracht zu bleiben, soweit sie sich nicht mit einer tatsächlichen Verringerung der für den Lebensbedarf verfügbaren Mittel decken. Der Unterhaltspflichtige, der sich auf sein zu versteuerndes Einkommen bezieht, muss die hierbei abgesetzten Beträge so darlegen, dass die allein steuerrechtlich beachtlichen von den auch unterhaltsrechtlich abzugsfähigen Aufwendungen abgegrenzt werden können. Die ziffernmäßige Aneinanderreihung einzelner Kostenarten wie Abschreibungen, allgemeine Kosten, Rückstellungen, Entnahmen und dergleichen genügt diesen Anforderungen nicht; die erforderlichen Darlegungen können auch nicht durch den Antrag auf Vernehmung des Steuerberaters ersetzt werden.«

Eine sorgfältige Erfüllung des Auskunftsanspruchs hat diesen Anforderungen gerecht zu werden.[89]

Erhebliche Korrekturen unter unterhaltsrechtlichen Gesichtspunkten sind zu erwarten, wenn im Einkommensteuerbescheid Immobilienabschreibungen, Ansparrücklagen, Entnahmen (was letztlich vorweggenommene Gewinne sind) etc. auftauchen.

Bestreitet der Unterhaltsschuldner seine Leistungsfähigkeit, nachdem der Antragsteller die wirtschaftlichen Lebensverhältnisse der Beteiligten umfassend dargestellt hat, allein mit dem Hinweis auf die vorgelegten Einkommensteuerbescheide, ist dies unzureichend. Der Antragsgegner ist hier in der Beweislast.[90]

Strohal[91] führt dazu wie folgt aus:

»Der beklagte Selbstständige kann diesen Tatsachenvortrag nur dadurch umzustoßen versuchen, dass er konkret über seine Einkünfte unter Einbeziehung unterhaltsrechtlicher Differenzierung Auskunft erteilt. Gelingt ihm dieser substanziierte Sachvortrag nicht, gilt der Vortrag des Klägers als zugestanden.«

---

88 BGH, NJW 1980, 2083 oder BGH, NJW 1984, 303.
89 Vgl. Strohal, S. 101 (Rn. 183).
90 OLG Hamm, FamRZ 2006, 44.
91 Strohal, S. 167 (Rn. 280).

b) Begründung des Antrags

Der Auskunftsanspruch muss grds. nicht durch **substanziierten Vortrag** zum Unterhaltsanspruch begründet werden.[92]

99

Der Auskunftsanspruch nach §§ 1605, 1580 BGB bezweckt nämlich, dem Unterhaltsgläubiger die notwendigen Informationen für die Berechnung seines Unterhaltsanspruchs zu verschaffen. Der Auskunftsanspruch setzt daher das Bestehen eines Unterhaltsanspruchs voraus. Jedoch bedarf es i. d. R. keines substanziierten Vortrags zu dem Unterhaltsanspruch, da regelmäßig erst nach Erteilung der Auskunft feststeht, ob ein solcher Unterhaltsanspruch überhaupt besteht. Seiner Darlegungslast genügt der Unterhaltsgläubiger daher im Normalfall dadurch, dass er auf das in Betracht kommende Unterhaltsrechtsverhältnis hinweist und in allgemeiner Hinsicht den Grund für die Inanspruchnahme auf Unterhalt nennt.

c) Vollstreckung

Die Vollstreckung aus dem Auskunftstitel kann sich nach § 887 ZPO oder nach § 888 ZPO richten, je nachdem ob die vorzunehmende Handlung nur von dem Schuldner selbst (Regelfall, § 888 ZPO mit der Möglichkeit der Zwangsgeldfestsetzung und Zwangshaft) oder selbstständig von Dritten (§ 887 ZPO mit der Möglichkeit der Ersatzvornahme) vorgenommen werden kann.[93]

100

Die Abgrenzung im Einzelfall ist schwierig. So soll bspw. die Erstellung einer Bilanz eine vertretbare oder eine unvertretbare Handlung sein, je nachdem, ob ein Dritter (z. B. ein Sachverständiger) die Bilanz allein anhand der Geschäftsbücher und der Geschäftspapiere zuverlässig fertigen kann oder ob er dazu der Mithilfe des Schuldners bedarf.[94]

101

d) Verfahrenswert

Der Wert des Auskunftsanspruchs bestimmt sich nach dem wirtschaftlichen Interesse des Auskunftsberechtigten an der Erteilung der Auskunft. Es beträgt i. d. R. einen Bruchteil des Leistungsanspruchs, den das Gericht gem. § 3 ZPO nach freiem Ermessen zu schätzen hat.[95]

102

---

92 OLG Brandenburg, FamRZ 2007, 288.
93 Formulierungsvorschlag für einen Antrag auf Festsetzung eines Zwangsmittels bei Viefhues, Rn. 2573.
94 Vgl. dazu OLG Köln, NJW-RR 2003, 33.
95 BGH FamRZ 2012, 25 (auch zur »Beschwer« des Antragsgegners, der gegen seine erstinstanzliche Verpflichtung mit der Beschwerde vorgehen möchte; die Beschwer richtet sich neben einem etwaigen Geheimhaltungsinteresse nach dem Aufwand an Zeit und Kosten, welche die sorgfältige Erteilung der geschuldeten Auskunft erfordert).

103 Überwiegend wird vertreten, dass der Streitwert für einen isolierten Unterhaltsauskunftsantrag sich nach 1/5 des Jahresbetrags des vom Antragsteller erstrebten Unterhalts bemisst; freiwillige Zahlungen des Antragsgegners vermindern den Streitwert nicht.[96]

2. Stufenverfahren

104 Das Auskunftsbegehren kann auch im Rahmen eines Stufenverfahrens nach § 254 ZPO i. V. m. § 113 FamFG erhoben werden.

105 ▶ **Praxistipp:**

I. d. R. ist der Stufenantrag nach § 254 ZPO einem isolierten Auskunftsantrag vorzuziehen, da nach Auskunftserteilung und Klärung der Unterhaltsforderung der Anspruch sogleich tituliert wird. Deshalb sollte der isolierte Auskunftsantrag in Unterhaltssachen nur ausnahmsweise in Betracht gezogen werden. Hat der Unterhaltsschuldner nämlich die Auskunft bereits außergerichtlich nicht korrekt erteilt, sind fast immer weitere Schwierigkeiten zu erwarten.

106 Mit Zustellung des Stufenantrags werden von Anfang an alle Stufen – also auch die Leistungsstufe – rechtshängig, und zwar diese in der Höhe, in der sie später beziffert wird.[97]

Ein Stufenantrag reicht deshalb auch für den Eintritt der **Verjährungshemmung** nach § 204 Abs. 1 Nr. 1 BGB.[98]

a) Stufenantrag nach § 254 ZPO

107 Der Stufenantrag ist ein Fall der objektiven Antragshäufung (§ 260 ZPO), nämlich dem gestaffelten Verlangen nach:
– Auskunft (Vollstreckung nach § 888 ZPO),
– eidesstattlicher Versicherung (Vollstreckung nach § 889 ZPO),
– Unterhaltszahlung,

mit der Besonderheit, dass abweichend von § 253 Abs. 2 Nr. 2 ZPO die letzte Stufe (Zahlungsstufe) nicht beziffert werden muss.

108 Über die einzelnen verfahrensrechtlichen Ansprüche ist Stufe für Stufe durch Teilbeschluss zu entscheiden, über die Leistungsstufe durch Endbeschluss. Eine sachliche Entscheidung über eine spätere Stufe setzt die Erledigung der vorherigen Stufe voraus.

109 Der Stufenantrag ist zulässig
– im Verbund, jedoch ist über den vorbereitenden Auskunftsanspruch vorab durch Teilbeschluss zu entscheiden,

---

96 OLG Hamm, FamRZ 2007, 163; OLG Brandenburg, FamRZ 2007, 71.
97 OLG Brandenburg, FamRZ 2007, 55; BGH, FamRZ 1995, 797.
98 BGH, NJW 1999, 1101; OLG Brandenburg, NJW-RR 2005, 871.

B. Verfahrensrechtliche Durchsetzung des Auskunftsanspruchs   Kapitel 2

- i. V. m. einem bezifferten Leistungsantrag (z. B. wird der Stufenantrag gestellt mit nach erteilter Auskunft zu beziffernder Zahlung, jedoch mindestens i. H. v. ... €).[99]
- i. V. m. einem Unterhaltsabänderungsantrag (§§ 238, 239 FamFG), wobei im Fall der Abänderung eines Unterhaltsbeschlusses die Rechtshängigkeit des neuen Stufenantrags die Zeitschranke des § 238 Abs. 3 FamFG überwindet.

▶ **Formulierungsvorschlag: Stufenantrag**   110

Der Stufenantrag kann lauten:
1. Der Antragsgegner wird verpflichtet, über sein gesamtes Einkommen aus nichtselbstständiger Tätigkeit einschließlich aller Sonderzuwendungen sowie über Steuererstattungen für den Zeitraum ..... Auskunft zu erteilen und hierzu sämtliche Nettogehaltsbescheinigungen und den im gleichen Zeitraum erlassenen Einkommensteuerbescheid bzw. Bescheid über den Lohnsteuerjahresausgleich vorzulegen.
2. Der Antragsgegner wird verpflichtet, die Richtigkeit seiner Angaben an Eides statt zu versichern.
3. Der Antragsgegner wird verpflichtet, ab Rechtshängigkeit den sich aus der Auskunft ergebenden, noch zu beziffernden Unterhalt, monatlich im Voraus an die Antragstellerin zu bezahlen.

b) Zweite Stufe

Die erste Stufe bedarf keiner weiteren Darstellung, da auf die Ausführungen zum isolierten Auskunftsantrag verwiesen werden kann (s. o., Rdn. 87 ff.).   111

Hat der Unterhaltsschuldner aufgrund eines Teilbeschlusses (Auskunftsbeschluss) Auskünfte erteilt, entsteht oft Unklarheit über das weitere Verfahren, wenn der Unterhaltsgläubiger beanstandet, die Auskunft sei unvollständig oder unrichtig. Es ist wie folgt zu verfahren: 112

Beruht die mangelhafte Auskunft auf unverschuldeter Unkenntnis oder entschuldbarem Irrtum des Unterhaltsschuldners, besteht (nur) ein **Anspruch auf ergänzende Auskunft**.[100]

Hätte der Unterhaltsschuldner dagegen die Unrichtigkeit der Auskunft (der Verdacht derselben genügt) bei gehöriger Sorgfalt vermeiden können (vgl. §§ 259, 260 BGB), d. h. hat er die Auskunft nicht mit der erforderlichen Sorgfalt getätigt, kann die **eidesstattliche Versicherung** nach §§ 259, 261 BGB verlangt werden, es sei denn, es handelt sich um »Peanuts« (§§ 259 Abs. 3, 260 Abs. 3 BGB).

Es ist Voraussetzung für das Verlangen der eidesstattlichen Versicherung, dass die Auskunft (= erste Stufe) nach dem übereinstimmenden Verständnis der Beteiligten erteilt ist, d. h. die Auskunftsstufe muss vollständig abgeschlossen sein. Daran fehlt es, wenn die Auskunft noch ergänzt werden soll.   113

---

99 BGH, FamRZ 2003, 31.
100 OLG Köln, FamRZ 2001, 423.

114 Nicht mit der erforderlichen Sorgfalt erteilt ist die Auskunft, wenn sich die Unvollständigkeit und/oder Unrichtigkeit bei gehöriger Sorgfalt hätte vermeiden lassen. Indizien für fehlende Sorgfalt können widersprüchliche Angaben, mehrfache Berichtigungen oder auch der beharrliche Versuch der Verhinderung der Auskunft sein.[101]

115 Der Unterhaltsschuldner kann allerdings einer gerichtlichen Verpflichtung zuvorkommen, indem er die Versicherung freiwillig abgibt.

116 Zuständig für die Abnahme der eidesstattlichen Versicherung ist nach §§ 410 Nr. 1, 411 Abs. 1 FamFG das Gericht in dessen Bezirk die Verpflichtung zur Auskunft, zur Rechnungslegung oder zur Vorlage des Verzeichnisses zu erfüllen ist.[102]

c) Bezifferter Stufenantrag

117 Macht der Antragsteller im Rahmen eines Stufenantrags einen Mindestbetrag geltend, weil er seinen Antrag insofern beziffern und begründen zu können meint, ohne auf eine Auskunft des Antragsgegners angewiesen zu sein, liegt nur wegen des darüber hinausgehenden Antragsbegehrens ein Stufenantrag nach § 254 ZPO, i. Ü. aber ein bezifferter Teilantrag vor.[103]

118 Auch ein solcher Stufenantrag ist sukzessive, d. h. Stufe für Stufe abzuwickeln.

Der BGH[104] führt dazu aus:

»Es ist zulässig, bei der Erhebung einer Stufenklage den Leistungsantrag (die dritte Stufe) von vornherein zu beziffern. Das kann z. B. geschehen, weil nach der Vorstellung des Kl. ein Mindestbetrag von vornherein feststeht und die beiden ersten Stufen der Stufenklage lediglich der Aufstockung dieses Mindestbetrages dienen sollen, oder weil der Auskunftsanspruch und der Anspruch auf Abgabe einer eidesstattlichen Versicherung eine fundiertere Begründung des der Höhe nach bereits feststehenden Anspruchs ermöglichen sollen (BGH, BB 1972, 1245; Lüke, in: MünchKomm-ZPO, § 254 Rn. 16; vgl. auch Senat, BGHZ 107, 236 [239] = NJW 1989, 2821 = LM, § 301 ZPO Nr. 37). In einem solchen Falle ist trotz der (teilweisen) Bezifferung des Leistungsantrages eine Entscheidung über die dritte Stufe erst zulässig, wenn die beiden ersten Stufen erledigt sind (BGH, BB 1972, 1245).«

119 Der Antragsteller kann natürlich den angekündigten Antrag in der zweiten Stufe fallen lassen und nach Auskunft sofort den Zahlungsantrag stellen.[105]

120 Eine Berechnung bzw. Bezifferung der dritten Stufe ist erst nach Abschluss der ersten beiden Stufen erforderlich; bis dahin reicht es, dass für die jeweilige Stufe ausreichender Vortrag angeboten wird.

---

101 Vgl. dazu C. Kleffmann/N. Kleffmann, in: Kleffmann/Soyka, Kap. 2 Rn. 386; Bamberger/Roth/Reinken, BGB, § 1605 Rn. 21.
102 Roßmann, Rn. 1955.
103 BGH, NJW-RR 2003, 68.
104 BGH, NJW-RR 1996, 833 ff. (835).
105 BGH, NJW 2001, 833.

B. Verfahrensrechtliche Durchsetzung des Auskunftsanspruchs Kapitel 2

I. Ü. ist es nach der BGH-Rechtsprechung möglich – solange die dritte Stufe noch 121 nicht verhandelt wird –, einen bereits geforderten Mindestbetrag umzuwandeln, d. h. zu einem unbezifferten Leistungsantrag überzugehen.

Der BGH[106] äußert dies wie folgt:

»Es gibt im Zivilverfahrensrecht keine Regelung, die es dem Kläger einer Stufenklage verwehrt, die vorläufige Bezifferung des Leistungsantrages mit einem Mindestbetrag rückgängig zu machen und anschließend die Stufenklage (wieder) mit einem unbezifferten Leistungsantrag weiterzuverfolgen.«

▶ Praxistipp: 122

Diese Entscheidung erscheint mir »kostenrechtlich« missverständlich zu sein. Sollte der anwaltliche Vertreter sich in einer vergleichbaren Situation befinden, kann versucht werden, auf der Grundlage der Entscheidung die Bezifferung (ohne Kostenlast) rückgängig zu machen.

Richtigerweise ist die Reduzierung des Antrags eine teilweise Klagerücknahme, die eine nachteilige Kostenentscheidung insoweit auslöst. Dies ist dann letztlich der »Preis« dafür, dass mit der Bezifferung nicht abgewartet wurde, bis die Auskunft vollständig vorlag.

d) VKH

VKH ist nach überwiegender Ansicht[107] nicht Stufe für Stufe, sondern von Anfang 123 an für alle Stufen zu bewilligen.[108] Uneinigkeit besteht darüber, wie verfahrenskostenhilfemäßig zu verfahren ist, wenn (später) die Leistungsstufe beziffert wird. Die Frage, die sich stellt, ist nämlich, ob jeder auch noch so hohe Zahlungsantrag durch die ursprüngliche VKH-Bewilligung gedeckt ist. Nach wohl richtiger Auffassung ist die ursprüngliche VKH-Bewilligung für den Stufenantrag bzgl. der unbezifferten Zahlungsstufe nur vorläufiger Art, sodass das FamG die Möglichkeit hat, die Erfolgsaussicht der Leistungsstufe nach deren Bezifferung erneut zu prüfen und die VKH einzuschränken, soweit der Zahlungsantrag nicht hinreichend Erfolg versprechend ist.[109]

e) Kosten des Stufenverfahrens

Für jede Stufe ist gesondert zu prüfen, welcher Beteiligte die Kosten zu tragen hat, und 124 hierüber insgesamt, aber erst durch Schlussentscheidung zu befinden.

---

106 BGH, NJW-RR 1996, 833 ff. (835).
107 OLG Karlsruhe, FamRZ 2011, 1883; KG FamRZ 2008, 702; Götsche, in: Horndasch/ Viefhues, FamFG, § 76 Rn. 68 m. w. N.; a. A. OLG Naumburg, FamRZ 2012, 466 (Bewilligung Stufe für Stufe).
108 Vgl. dazu Viefhues, FuR 2012, 295.
109 OLG Hamm, FamFR 2011, 519; OLG Karlsruhe, FamRZ 2011, 1883; OLG Köln, FamRZ 2011, 1604, OLG Brandenburg, FamRZ 2008, 1354; OLG Hamm, FamRZ 1994, 312.

125 Wenn die Auskunft ergibt, dass kein Zahlungsanspruch besteht, tritt aufgrund der einseitigen Erledigungserklärung des Stufenantragstellers keine Erledigung der Hauptsache ein, sodass § 91a ZPO nicht zur Anwendung kommt.[110]

126 Eine wirksame Erledigterklärung liegt nur vor, wenn der Unterhaltsantrag im Zeitpunkt des nach seiner Zustellung eingetretenen erledigenden Ereignisses zulässig und begründet war.

127 Bei einem Unterhaltsstufenantrag (§ 254 ZPO) sind die einzelnen Ansprüche zwar ihrem Zweck nach miteinander verknüpft, insb. um Doppelverfahren über denselben Lebenssachverhalt zu vermeiden. Die einzelnen Ansprüche bleiben aber verfahrensrechtlich selbstständig. Ergibt sich daher (wenn auch erst) aufgrund der Rechnungslegung, dass ein Leistungsanspruch aus dem zugrunde liegenden Rechtsverhältnis nicht besteht, ist gleichwohl insoweit eine Erledigung der Hauptsache nicht eingetreten.

Der Unterhaltsantrag war vielmehr in diesen Fällen von Anfang an unbegründet.

Der Antragsteller muss deshalb den Antrag zurücknehmen.

128 Damit fallen ihm die Kosten des Rechtsstreits nicht notwendigerweise zur Last, weil § 243 Nr. 2 FamFG die Möglichkeit der Überbürdung der Kosten auf den Antragsgegner vorsieht. Eine Kostenentscheidung zugunsten des Antragstellers ist danach trotz Antragsrücknahme möglich, wenn der Gegner eines Unterhaltsverfahrens für den Unterhaltsantrag dadurch Anlass gegeben hat, dass er seiner Auskunftspflicht nicht oder nicht vollständig nachgekommen ist.

129 Der Auskunftspflichtige hat in aller Regel die Kosten zu tragen, wenn er vorgerichtlich keine oder ungenügende Auskunft erteilt hat, vgl. § 243 Satz 2 Nr. 2 FamFG.[111]

II. Verfahrensrechtliche Auskunftspflicht nach § 235 FamFG

1. Anordnungsrecht des Gerichts (§ 235 Abs. 1 FamFG)

130 Nach § 235 Abs. 1 FamFG kann das FamG Auskunft über Einkünfte und Vermögen von den Beteiligten verlangen; dies bedeutet umgekehrt, dass die Vorschrift eine **Auskunftspflicht** der Beteiligten in den Unterhaltsverfahren des § 231 Abs. 1 FamFG ggü. dem Gericht kodifiziert. Die Formulierung des § 235 Abs. 1 Satz 1 FamFG macht deutlich, dass das Gericht Auskunft und die Vorlage von Belegen in jedem Fall nur insoweit verlangen kann, als dies für die Bemessung des Unterhalts von Bedeutung ist.

131 Die Einholung von Auskünften i. S. v. § 235 Abs. 1 Satz 1 FamFG durch das Gericht liegt im pflichtgemäßen **Ermessen**. Eine Pflicht zur Ermittlung von Amts wegen besteht nach Abs. 1 nicht. Nach Sinn und Zweck der Vorschrift wird die Einholung einer Auskunft und die Vorlage von Belegen immer dann geboten sein, wenn sich die

---

110 BGH, FamRZ 1995, 348.
111 OLG Schleswig, FamRZ 2000, 1513; OLG Frankfurt am Main, FamRZ 2000, 1516.

Feststellung der Unterhaltshöhe ansonsten erheblich verzögern würde, d. h. eine mangelnde Prozessförderung anzunehmen ist.[112]

▶ **Praxistipp:** 132

Das Anordnungsrecht kann jedoch zu einer **Anordnungspflicht** des Gerichts werden, wenn ein Beteiligter nach § 235 Abs. 2 FamFG einen entsprechenden Antrag stellt und der andere Beteiligte vor Beginn des Verfahrens einer nach den Vorschriften des BGB bestehenden Auskunftspflicht entgegen einer Aufforderung innerhalb angemessener Frist nicht nachgekommen ist. Darin liegt die eigentliche Bedeutung der Vorschrift.

a) Verhältnis zu den Auskunftsrechten der §§ 1580, 1605 BGB

Die Auskunftsregelung des § 235 Abs. 1 FamFG ist kein materiell-rechtlicher Anspruch 133 i. S. d. §§ 1605, 1580 BGB, sondern sie leitet sich aus dem Prozessrechtsverhältnis der Beteiligten zum Gericht ab.

Stellt ein Beteiligter einen Auskunftsantrag nach §§ 1580, 1605 BGB, fehlt diesem im 134 Hinblick auf die §§ 235, 236 FamFG nicht das Rechtsschutzbedürfnis.[113] Zwar will der Gesetzgeber die aufwendigen Stufenanträge entbehrlich machen; die verfahrensrechtlichen Auskunftspflichten der Beteiligten nach §§ 235, 236 FamFG wollen dem Unterhaltsgläubiger aber keine Auskunftsrechte nehmen, sondern ihm nur noch zusätzliche Möglichkeiten gewähren.

b) Art und Umfang der Auskunftspflicht

Nach § 235 Abs. 1 Satz 1 FamFG kann das Gericht anordnen, dass der Antragsteller 135 und der Antragsgegner Auskunft über ihre Einkünfte, ihr Vermögen und ihre persönlichen und wirtschaftlichen Verhältnisse erteilen sowie bestimmte Belege vorlegen. Diese Pflicht betrifft also sowohl den Unterhaltspflichtigen wie auch den Unterhaltsberechtigten. Inhaltlich geht die sich aus Abs. 1 Satz 1 ergebende Pflicht auf Erteilung einer Auskunft im Umfang des § 259 Abs. 1 BGB. Weiter legt Abs. 1 fest, dass sich die prozessuale Auskunftspflicht unbeschränkt auf **sämtliche Einkommensquellen** bezieht und in Form einer einheitlichen Aufstellung zu erfolgen hat. Regelmäßig geht es um die Vorlage der Gehaltsabrechnung, der Steuererklärung bzw. der Steuerbescheide.

Ferner ist Auskunft zu erteilen über das **Vermögen** sowie die persönlichen und wirt- 136 schaftlichen Verhältnisse, soweit diese für die Bemessung des Unterhalts von Bedeutung sind (nichteheliche Partnerschaft, Eigenheim, weitere Unterhaltsberechtigte). Beim Unterhaltsberechtigten kann unter den Voraussetzungen der §§ 1602 Abs. 2, 1577 Abs. 3 BGB auch der Vermögensstamm einzusetzen sein, sodass grds. sämtliche Vermögenswerte anzugeben sind. Beim Unterhaltspflichtigen folgt die Auskunftspflicht

---

112 Musielak/Borth, FamFG, § 235 Rn. 2.
113 Musielak/Borth, FamFG, § 235 Rn. 3.

zum Vermögen aus § 1603 Abs. 2 BGB, soweit Kindesunterhalt gefordert wird, bzw. aus § 1581 Satz 2 BGB, falls nachehelicher Unterhalt betroffen ist.

137 Ferner sieht § 235 Abs. 1 Satz 1 FamFG die **Vorlage von Belegen** zu der erteilten Auskunft vor. Diese Pflicht beinhaltet aber nicht die Pflicht zur Erstellung von Belegen, sondern nur die zur Vorlage vorhandener Belege.

138 Die Auskunft wird regelmäßig darin bestehen, dass Arbeitnehmer die Gehaltsabrechnungen, die Steuererklärungen und Steuerbescheide vorzulegen haben.

139 Selbstständige haben je nach der Art der Gewinnermittlung entweder die Bilanzen nach § 4 Abs. 1 EStG oder die Einnahmenüberschussrechnung nach § 4 Abs. 3 EStG, die eine Auflistung der Einnahmen und Ausgabenpositionen sowie einen Anlagespiegel enthält, vorzulegen. Ferner können Auskünfte über die sich aus der Einkommensteuererklärung ergebenden sonstigen Vermögenspositionen wie Immobilien, Kapitalvermögen, Aktien o. Ä. verlangt werden. Zur Ermittlung des nachhaltig erzielbaren Einkommens kann das Gericht hinsichtlich der Einkünfte deshalb auch verlangen, dass diese Auskünfte für mehrere Jahre erteilt werden.

c) Versicherung der Richtigkeit

140 § 235 Abs. 1 Satz 2 FamFG ermöglicht es dem Gericht, vom Antragsteller oder vom Antragsgegner eine schriftliche Versicherung anzufordern, dass er die Auskunft wahrheitsgemäß und vollständig erteilt hat. Die Versicherung muss durch den Beteiligten selbst abgegeben werden, insb. kann er sich hierzu nicht eines Vertreters, auch nicht eines Verfahrensbevollmächtigten bedienen.

141 Die schriftliche Versicherung ist der eidesstattlichen Versicherung nicht ebenbürtig, insb. ist sie nicht strafbewehrt. Letztlich stellt sie sich als eine Art Zwitter zwischen Vervollständigung der Auskunft und Versicherung an Eides statt dar.[114]

d) Fristsetzung und Hinweispflicht

142 § 235 Abs. 1 Satz 3 FamFG bestimmt, dass mit einer Anordnung nach Satz 1 oder 2 eine angemessene Frist gesetzt werden soll. Die Fristsetzung, die zugestellt werden muss, ist insb. für die Rechtsfolgen des § 236 FamFG für den Fall der Nichterfüllung der Auflagen von Bedeutung.

Der Fristablauf ist nämlich nach § 236 Abs. 1 FamFG Voraussetzung dafür, dass das Gericht sich die erforderlichen Informationen für die Unterhaltsbemessung bei Dritten beschafft (z. B. Arbeitgeber, Finanzamt).

143 Von der Fristsetzung kann im Ausnahmefall abgesehen werden, etwa wenn feststeht, dass der Beteiligte, an den sich die Auflage richtet, bestimmte Informationen oder Belege ohne eigenes Verschulden nicht kurzfristig erlangen kann.

---

114 Vgl. dazu Hütter/Kodal, FamRZ 2009, 920.

B. Verfahrensrechtliche Durchsetzung des Auskunftsanspruchs Kapitel 2

§ 235 Abs. 1 Satz 4 FamFG enthält eine Verpflichtung des Gerichts, auf die Pflicht zur   144
ungefragten Information nach Abs. 3 hinzuweisen.

Weiterhin hat das Gericht auf die nach § 236 FamFG möglichen Folgen einer Nicht-   145
erfüllung der gerichtlichen Auflagen hinzuweisen, nämlich dass das Gericht bei Nichterfüllung oder nicht ausreichender Mitwirkung an der Klärung des unterhaltsrechtlich maßgeblichen Einkommens Auskünfte bei den in § 236 Abs. 1 FamFG aufgeführten Personen und Stellen einholen kann. Durch diesen Hinweis soll die Bereitschaft der Beteiligten zur freiwilligen Mitwirkung an der Klärung des Sachverhalts gesteigert werden, die oft v. a. eine Anfrage des Gerichts bei Arbeitgebern vermeiden wollen.

Die Hinweispflicht umfasst auch eine aufgrund von § 243 Satz 2 Nr. 3 FamFG mög-   146
liche nachteilige Kostenentscheidung für den betroffenen Beteiligten.

e) Auskunftspflichten Dritter ggü. dem Gericht (§ 236 FamFG)

Die Vorschrift des § 236 FamFG steht in unmittelbarem Zusammenhang mit § 235   147
FamFG, d.h. der Auskunftspflicht der Beteiligten in Unterhaltsverfahren ggü. dem Gericht. § 236 Abs. 1 FamFG enthält die Befugnis des Gerichts, für den Fall, dass ein Beteiligter innerhalb der hierfür gesetzten Frist einer nach § 235 Abs. 1 FamFG bestehenden Verpflichtung nicht oder nicht vollständig nachkommt, bestimmte Auskünfte und Belege bei Dritten anzufordern, soweit diese zur Bemessung des Unterhalts von Bedeutung sind. Das Gericht kann nach § 236 Abs. 1 Satz 1 FamFG in allen Unterhaltsverfahren über die Höhe der **Einkünfte** Auskünfte einholen.

▶ Hinweis: 148

Auskünfte über das Vermögen und die persönlichen und wirtschaftlichen Verhältnisse sind hingegen von der Vorschrift des § 236 FamFG bewusst nicht erfasst. Auf diese Weise soll, auch vor dem Hintergrund des Antragsrechts der Beteiligten nach Abs. 2, eine Ausforschung verhindert und der Umfang der Inanspruchnahme der an dem Verfahren nicht beteiligten Dritten begrenzt werden. Der Bestand des Vermögens zu einem bestimmten Stichtag spielt für die Berechnung des Unterhalts nur eine untergeordnete Rolle. Erträge des Vermögens, wie etwa Zinsen, sind vom Begriff der Einkünfte hingegen umfasst.

Bedeutsam ist, dass auch die **Finanzämter** nach § 236 Abs. 1 Nr. 5 FamFG in allen   149
Unterhaltssachen zur Auskunft ggü. dem Gericht verpflichtet sind.[115]

Das Gericht ist auf Antrag **verpflichtet**, Auskünfte bei Dritten einzuholen, wenn die   150
Voraussetzungen des § 236 Abs. 1 FamFG vorliegen und der andere Beteiligte dies beantragt, vgl. § 236 Abs. 2 FamFG.

---

115 Horndasch/Viefhues/Roßmann, FamFG, § 235 Rn. 13, 14.

151 ▶ **Praxistipp:**

Holt das Gericht entgegen § 236 Abs. 2 FamFG die benötigte Auskunft bei Dritten nicht ein, liegt ein wesentlicher Verfahrensfehler vor, der nach §§ 117 Abs. 2 Satz 1 FamFG i. V. m. § 538 Abs. 2 Satz 1 Nr. 1 ZPO zur Aufhebung und Zurückverweisung führen kann.[116]

2. Bedeutung der §§ 235, 236 FamFG im Unterhaltsverfahren

152 Der Auskunftsberechtigte hat ein **Wahlrecht**, ob er, gestützt auf den materiellen Anspruch nach § 1605 BGB, isoliert bzw. im Stufenverfahren die Auskunft durchsetzt oder ob er einen ziffernmäßig bestimmten Unterhaltsantrag stellt und im Rahmen dieses Verfahrens das FamG aufgrund von § 235 Abs. 2 FamFG veranlasst, Anordnungen zur Auskunftsermittlung nach § 235 Abs. 1 FamFG zu treffen.[117]

153 Die weitere Frage ist nunmehr, ob die Auskunftspflicht nach §§ 235, 236 FamFG auch Gegenstand der ersten Stufe eines (unbezifferten) Stufenantrags sein kann.

a) Bezifferter Unterhaltsantrag

154 Entsprechend dem Wortlaut und der Rechtsnatur des § 235 FamFG nach kann der Unterhaltsberechtigte einen bezifferten Unterhaltsantrag stellen. Im Rahmen dieses Verfahrens kann der Antragsteller weiterhin nach § 235 Abs. 2 FamFG das FamG mittels eines entsprechenden Antrags veranlassen, die außergerichtlich nicht oder nur unvollständig erteilte Auskunft beim Antragsgegner einzufordern.

Diese Verfahrensweise kommt in Betracht, wenn der Unterhaltsberechtigte die Unterhaltshöhe einigermaßen verlässlich abschätzen kann. Erforderlich ist aber immer, dass diese Schätzung ausreichend substanziiert mit Sachverhaltsangaben begründet wird, denn ein »ins Blaue hinein« bezifferter Antrag ist unzulässig.

Ist dies hingegen nicht der Fall, weil die Einkünfte des Unterhaltsschuldners gänzlich unbekannt sind, würde diese Vorgehensweise reine Spekulation und vor allen Dingen auch ein Kostenrisiko darstellen. Auch wenn § 243 Satz 2 Nr. 2 FamFG eingreifen könnte, besteht das Risiko, dass der Kostenerstattungsanspruch gegen den Verfahrensgegner später nicht durchgesetzt werden kann.

155 In jedem Fall würde sich ein solches Verfahren hinziehen.[118] Stellt nämlich der Antragsteller fest, nachdem er die Auskunft aufgrund der §§ 235, 236 FamFG erhalten hat, dass der Antrag zu niedrig ist, müsste dieser erweitert werden. Benötigt der Antragsteller VKH, wäre auch deren Bewilligung zu erweitern.

Umgekehrt müsste ein zu hoher oder gar unberechtigter Unterhaltsantrag nach Eingang der Auskunft ganz oder zumindest teilweise zurückgenommen werden.

---

116 Hütter/Kodal, FamRZ 2009, 917 (920).
117 HK-FamFG/Viefhues, § 235 Rn. 32; Zöller/Lorenz, ZPO, § 235 FamFG Rn. 15.
118 Ausführlich dazu HK-FamFG/Viefhues, § 235 Rn. 6 und 33.

B. Verfahrensrechtliche Durchsetzung des Auskunftsanspruchs Kapitel 2

▶ **Praxistipp:** 156

Trotz der erwähnten Nachteile ist eine solche Arbeitsweise natürlich vertretbar. Sollte also der Unterhaltsschuldner die geforderte Auskunft vorgerichtlich verweigert haben, kann der Unterhaltsberechtigte aufgrund seiner Kenntnisse etwa über den Beruf des Unterhaltsschuldners, die Lebensverhältnisse der Beteiligten usw. die Einkünfte schätzen und auf dieser Grundlage den Unterhalt berechnen. Sollte der Unterhaltsschuldner nach gerichtlicher Aufforderung gem. §§ 235, 236 FamFG nunmehr seiner Auskunftspflicht nachkommen, wäre der gestellte Unterhaltsantrag der Höhe nach anzupassen. Soweit der Unterhaltsantrag reduziert werden müsste, ist das FamG unbedingt auf die Kostenvorschrift des § 243 Satz 2 Nr. 2 FamFG hinzuweisen, sodass die Verfahrenskosten den Unterhaltsschuldner treffen. Ist der Antrag zu erhöhen, ist ein Kostenproblem ohnehin nicht gegeben. Diese »Arbeitsweise« mag man nicht als »Königsweg« ansehen; sie dürfte dennoch im Vergleich zu dem herkömmlichen Stufenverfahren, welches oft zu einem Dauerstreit auf den Auskunftsstufe ausartet, wesentlich effektiver sein.

b) Stufenantrag

Aufgrund der dargestellten Nachteile stellt sich die Frage, ob der Antrag nach §§ 235 157 Abs. 2, 236 Abs. 2 FamFG nicht auch i. R. d. Stufenverfahrens gestellt werden kann.

Die Auskunftspflicht nach § 235 Abs. 1 FamFG leitet sich aus dem Prozessrechtsverhältnis der Beteiligten zum Gericht ab. 158

Dies wird allgemein so verstanden, dass erst über einen bezifferten Unterhaltsantrag das Prozessrechtsverhältnis mit dem Auskunftspflichtigen begründet werden muss, bevor der Auskunftsberechtigte das Gericht gem. § 235 Abs. 2 FamFG zur Einholung der Auskunft »zwingen« kann.[119]

Der Weg des bezifferten Unterhaltsantrags ist aber derart riskant, dass er nicht angeraten werden kann.[120] 159

Praktische Bedeutung können die Auskunftspflichten nach §§ 235, 236 FamFG somit nur als erste Stufe eines unbezifferten Stufenantrags erlangen.

Ein derartiges Verständnis der Vorschriften der §§ 235, 236 FamFG ist insb. mit dem 160 Willen des Gesetzgebers zu rechtfertigen. Zweck der Neuregelung der Auskunftspflichten ist nämlich, dass in Unterhaltssachen die zeitintensiven Stufenklagen in möglichst weitgehendem Umfang entbehrlich werden. Die »Amtsermittlung« durch die FamG wird vom Gesetzgeber auch mit einem öffentlichen Interesse an einer sachlich richtigen

---

119 Vgl. HK-FamFG/Viefhues, § 235 Rn. 6.
120 Viefhues (HK-FamFG/Viefhues, § 235 Rn. 37 a. E.) verweist in diesem Zusammenhang sogar auf das anwaltliche Haftungsrecht.

Entscheidung in Unterhaltsangelegenheiten begründet, weil ungenügende Unterhaltszahlungen zu einem erhöhten Bedarf an öffentlichen Leistungen führen.[121]

161 Weiterhin hat der Auskunftsberechtigte nach §§ 235 Abs. 2, 236 Abs. 2 FamFG ein »Recht« darauf, die Einholung von Auskünften durch das Gericht zu erzwingen. Insoweit sind die Unterschiede zum materiellen Auskunftsanspruch nach § 1605 BGB nur dogmatischer Natur.

162 Bedeutung hat auch die Vorschrift des § 235 Abs. 3 FamFG. Danach sind der Antragsteller und der Antragsgegner verpflichtet, dem Gericht ohne Aufforderung mitzuteilen, wenn sich während des Verfahrens Umstände, die Gegenstand der Anordnung nach § 235 Abs. 1 FamFG waren, wesentlich verändert haben. Dadurch ist es möglich, Änderungen während des Verfahrens ungefragt gewahr zu werden und ggf. den Unterhaltsantrag anzupassen.[122]

Ansonsten sind die Gerichte nämlich bislang mit einer solchen Verpflichtung zur ungefragten Information, wenn sich die für die Unterhaltsbemessung maßgeblichen Umstände ändern, ausgesprochen zurückhaltend.[123] Auch diese Neuerung des Gesetzgebers würde ihre Wirkung verfehlen, wenn die verfahrensrechtliche Auskunftspflicht nach §§ 235, 236 FamFG (ähnlich wie § 643 ZPO a. F.) wirkungslos bliebe.

163 In der Praxis dürfte eine Schwierigkeit darin bestehen, dass eine **wesentliche Änderung** verlangt wird. Für den Maßstab wird auf das **Abänderungsverfahren (§ 238 FamFG)** verwiesen,[124] bei dem vielfach eine Grenze von 10 % gezogen wird, bei engen wirtschaftlichen Verhältnissen auch bei geringeren Änderungen.[125]

164 Diese Wesentlichkeitsschwelle bezieht sich allerdings nicht auf den jeweiligen einzelnen Wert einer Einkommensposition, die in die Unterhaltsberechnung einfließt, sondern auf das **Ergebnis der Unterhaltsberechnung**.[126] Der Beteiligte, dem die Mitteilungspflicht auferlegt worden ist, wird aber nur schwerlich selbst überblicken, ob eine Veränderung z. B. in seinem – schwankenden – Monatseinkommen diese Konsequenzen einer wesentlichen Änderung nach sich ziehen wird. Er wird daher vielfach sicherheitshalber jede Gehaltsabrechnung dem Gericht einreichen oder zumindest regelmäßig seinen Anwalt mit dieser Frage konfrontieren. Zudem steht die Definitionsmacht darüber, was als wesentlich anzusehen ist, nicht den Beteiligten, sondern dem Gericht

---

121 BT-Drucks. 16/6308, S. 571.
122 Vgl. dazu auch Roßmann, Rn. 1918 ff.
123 Vgl. dazu BGH, FamRZ 2008, 1325 m. Anm. Borth.
124 Schwedhelm, in: Bahrenfuss, FamFG, § 235 Rn. 9; Kodal, in: Bork/Jacoby/Schwab, FamFG, § 235 Anm. 18; Keidel/Kuntze/Winkler/Weber, FamFG, § 235 Rn. 11; Thomas/Putzo, ZPO, § 235 FamFG Rn. 14; Schlünder/Nickel, Rn. 697.
125 OLG Hamm, FamRZ 2004, 1051.
126 Eschenbruch/Klinkhammer, Teil 5 Rn. 373 m. w. N.

zu.[127] Deshalb ist ein Verfahrensbeteiligter nur bei offensichtlich völlig marginalen Veränderungen von der Mitteilungspflicht befreit.[128]

Vorgeschlagen wird daher, dass das Gericht in seinen mit der Auskunftsanforderung verbundenen Hinweisen auch nähere Angaben zur Konkretisierung des Merkmals »wesentlich« machen sollte.[129]

Der Gesetzgeber will mittels §§ 235, 236 FamFG nicht in den Grundsatz der Dispositionsmaxime im Unterhaltsverfahren eingreifen.[130] Dies soll mit dem hier vertretenen Ansatz auch nicht geändert werden. Soweit damit allerdings die Schlussfolgerung einhergeht, dass der Antragsteller das Risiko zu tragen habe, Einkünfte oder Vermögen des Unterhaltspflichtigen nicht belegen zu können, ist dies entsprechend der Zielsetzung des Gesetzgebers jedenfalls dann zu korrigieren, wenn Grund dafür eine unzureichende Auskunft ist. 165

Solches Unterlassen kann zukünftig nämlich i. R. d. Beweiswürdigung, etwa als Beweisvereitelung nach § 286 ZPO, frei gewürdigt werden.[131] Auch ist die Grundlage der **richterlichen Schätzung nach § 287 Abs. 2 ZPO** in solchen Fällen eröffnet.[132]

Befürwortet man also (trotz dogmatischer Bedenken) einen unbezifferten Stufenantrag in den Fällen der §§ 235 Abs. 2, 236 Abs. 2 FamFG, bedeutet dies wie bei der bisherigen Stufenklage ein 2-stufiges Vorgehen – nur mit dem Unterschied, dass bisher der Anwalt die Arbeit der Informationsermittlung machen musste, in Zukunft aber das Gericht.[133] 166

III. Muster

1. Auskunft nach §§ 235, 236 FamFG

Der Auskunftsantrag nach §§ 235, 236 FamFG ist wie folgt mit dem unbezifferten Leistungsantrag (z. B. in einem Abänderungsverfahren nach § 238 FamFG) zu stellen: 167

1. Der Antragsgegner wird verpflichtet, auf gerichtliche Anordnung nach §§ 235, 236 FamFG Auskunft zu erteilen durch Vorlage einer systematischen Aufstellung über
   a. seine sämtlichen Brutto- und Nettoeinkünfte einschließlich aller Nebeneinkünfte aus nichtselbstständiger Tätigkeit sowie aus anderer Herkunft in der Zeit vom ..... bis ..... und die erteilte Auskunft durch Vorlage der Lohnsteuerkarte nebst Lohnsteuerbescheinigung für das Jahr ..... in Fotokopie und der Originallohnabrechnungen des Arbeitgebers für die Monate ..... bis ..... sowie

---

127 BGH, FamRZ 2000, 153; Keidel/Kuntze/Winkler/Weber, FamFG, § 235 Rn. 11.
128 Keidel/Kuntze/Winkler/Weber, FamFG, § 235 Rn. 11.
129 So MünchKomm/ZPO-Dötsch, § 235 Rn. 38.
130 Musielak/Borth, FamFG, § 235 Rn. 3.
131 Kodal, in: Bork/Jacoby/Schwab, FamFG, § 235 Anm. 20.
132 Hütter/Kodal, FamRZ 2009, 917 (920).
133 Befürwortend auch Keidel/Weber, § 235 FamFG Rn. 14.

Kapitel 2
Auskunft

der Originalbescheide über im vorgenannten Zeitraum etwa bezogenes Krankengeld und etwa bezogene Arbeitslosenunterstützung zu belegen;
b. seine sämtlichen Einnahmen und Aufwendungen aus selbstständiger Arbeit, aus Kapitalvermögen, aus Vermietung und Verpachtung sowie aus anderer Herkunft unter Angabe der Privatentnahmen in der Zeit vom ..... bis ..... und die erteilte Auskunft durch Vorlage der Einkommensteuererklärungen sowie der etwaigen Bilanzen nebst den Gewinn- und Verlustrechnungen bzw. der etwaigen Einnahmenüberschussrechnungen für die Jahre ..... bis ..... sowie der Einkommensteuerbescheide für die Jahre ..... bis ..... zu belegen.
2. Der Antragsgegner wird aufgefordert, schriftlich zu versichern, dass er die Auskunft über seine Einkünfte wahrheitsgemäß und vollständig erteilt hat.
3. Der Antragsgegner wird unter Abänderung des Beschlusses vom ..... verpflichtet, an die Antragstellerin ab ..... den nach Erfüllung der Auskunftsverpflichtung noch zu beziffernden angemessenen Unterhalt zu zahlen.

2. Unterhaltsstufenantrag

168 An das

AG .....

– Familiengericht –

.....

Unterhaltsstufenantrag

In der Familiensache

der .....

– Antragstellerin –

Verfahrensbevollmächtigte: .....

gegen

Herrn .....

– Antragsgegner –

Verfahrensbevollmächtigte: .....

stelle ich namens und in Vollmacht der Antragstellerin folgenden Antrag:
1. Der Antragsgegner wird verpflichtet, der Antragstellerin Auskunft zu erteilen durch Vorlage einer systematischen Aufstellung über
a. seine sämtlichen Brutto- und Nettoeinkünfte einschließlich aller Nebeneinkünfte aus nichtselbstständiger Tätigkeit sowie aus anderer Herkunft in der Zeit vom ..... bis ..... und die erteilte Auskunft durch Vorlage der Lohnsteuerkarte nebst Lohnsteuerbescheinigung für das Jahr ..... in Fotokopie und der Originallohnabrechnungen des Arbeitgebers für die Monate ..... bis ..... sowie der Originalbescheide über im vorgenannten Zeitraum etwa bezogenes Krankengeld und etwa bezogene Arbeitslosenunterstützung zu belegen;

B. Verfahrensrechtliche Durchsetzung des Auskunftsanspruchs   **Kapitel 2**

b. seine sämtlichen Einnahmen und Aufwendungen aus selbstständiger Arbeit, aus Kapitalvermögen, aus Vermietung und Verpachtung sowie aus anderer Herkunft unter Angabe der Privatentnahmen in der Zeit vom ..... bis ..... und die erteilte Auskunft durch Vorlage der Einkommensteuererklärungen sowie der etwaigen Bilanzen nebst den Gewinn- und Verlustrechnungen bzw. der etwaigen Einnahmenüberschussrechnungen für die Jahre ..... bis ..... sowie der Einkommensteuerbescheide für die Jahre ..... bis ..... zu belegen.

2. Der Antragsgegner wird aufgefordert, an Eides statt zu versichern, dass er die Auskunft über seine Einkünfte nach bestem Wissen so vollständig abgegeben habe, als er dazu imstande sei.
3. Der Antragsgegner wird verpflichtet, an die Antragstellerin ab ..... den nach Erfüllung der Auskunftsverpflichtung noch zu beziffernden angemessenen Unterhalt zu zahlen.

Für den Fall des schriftlichen Vorverfahrens wird bei nicht rechtzeitiger Anzeige der Verteidigungsabsicht beantragt, ohne mündliche Verhandlung durch Versäumnisbeschluss zu entscheiden.

Begründung:

1.

Die Beteiligten haben am ..... die Ehe miteinander geschlossen.

Seit dem ..... leben sie getrennt; die Antragstellerin ist an diesem Tag aus der gemeinsamen Wohnung in ..... ausgezogen und wohnt nun zusammen mit dem Kind ..... in .....

Einen Unterhaltstitel zugunsten der Antragstellerin gibt es bislang nicht.

Der Antragsgegner hat seinen gewöhnlichen Aufenthalt in ....., sodass sich die **Zuständigkeit** des AG – FamG ..... aus § 232 Abs. 3 Satz 1 FamFG i. V. m. §§ 12, 13 ZPO ergibt.

2.

Das gemeinsame, am ..... geborene Kind ..... der Beteiligten lebt bei der Antragstellerin. Die Antragstellerin geht wegen der Betreuung des Kindes keiner Erwerbstätigkeit nach; sie bezieht weder Sozialhilfe noch Arbeitslosengeld II.

Der Antragsgegner zahlt an dieses Kind zu Händen der Antragstellerin einen monatlichen Unterhalt i. H. v. ..... € (Zahlbetrag).

Der Antragsgegner hat bislang keine Auskunft über seine Einkünfte erteilt, obwohl er hierzu außergerichtlich vom Unterzeichnenden aufgefordert worden war.

Beweis: Schreiben des Unterzeichnenden vom ..... (**Anlage A1**)

Der Antragsgegner ist beschäftigt bei der Firma .....

Der Antragstellerin steht der geltend gemachte Trennungsunterhalt ab dem Zeitpunkt der ersten Geltendmachung von Unterhalt zu (§§ 1361 Abs. 4 Satz 4, 1360a Abs. 3, 1613 BGB).

Beglaubigte und einfache Abschrift anbei.

.....

Rechtsanwalt/Rechtsanwältin

Roßmann

Kapitel 2 — Auskunft

3. Abänderungsstufenantrag

169 An das

AG .....

– Familiengericht –

.....

Abänderungsstufenantrag

In der Familiensache

der .....

– Antragstellerin –

Verfahrensbevollmächtigte: .....

gegen

Herrn .....

– Antragsgegner –

Verfahrensbevollmächtigte: .....

stelle ich namens und in Vollmacht der Antragstellerin folgenden Antrag:
1. Der Antragsgegner wird verpflichtet, der Antragstellerin Auskunft zu erteilen durch Vorlage einer systematischen Aufstellung über
   a. seine sämtlichen Brutto- und Nettoeinkünfte einschließlich aller Nebeneinkünfte aus nichtselbstständiger Tätigkeit sowie aus anderer Herkunft in der Zeit vom ..... bis ..... und die erteilte Auskunft durch Vorlage der Lohnsteuerkarte nebst Lohnsteuerbescheinigung für das Jahr ..... in Fotokopie und der Originallohnabrechnungen des Arbeitgebers für die Monate ..... bis ..... sowie der Originalbescheide über im vorgenannten Zeitraum etwa bezogenes Krankengeld und etwa bezogene Arbeitslosenunterstützung zu belegen;
   b. seine sämtlichen Einnahmen und Aufwendungen aus selbstständiger Arbeit, aus Kapitalvermögen, aus Vermietung und Verpachtung sowie aus anderer Herkunft unter Angabe der Privatentnahmen in der Zeit vom ..... und die erteilte Auskunft durch Vorlage der Einkommensteuererklärungen sowie der etwaigen Bilanzen nebst den Gewinn- und Verlustrechnungen bzw. der etwaigen Einnahmenüberschussrechnungen für die Jahre ..... bis ..... sowie der Einkommensteuerbescheide für die Jahre ..... bis ..... zu belegen.
2. Der Antragsgegner wird aufgefordert, an Eides statt zu versichern, dass er die Auskunft über seine Einkünfte nach bestem Wissen so vollständig abgegeben habe, als er dazu imstande sei.
3. Der Antragsgegner wird unter Abänderung des Beschlusses vom ..... verpflichtet, an die Antragstellerin ab ..... den nach Erfüllung der Auskunftsverpflichtung noch zu beziffernden angemessenen Unterhalt zu zahlen.

Für den Fall des schriftlichen Vorverfahrens wird bei nicht rechtzeitiger Anzeige der Verteidigungsabsicht beantragt, ohne mündliche Verhandlung durch Versäumnisbeschluss zu entscheiden.

B. Verfahrensrechtliche Durchsetzung des Auskunftsanspruchs   Kapitel 2

Begründung:

1.

Die Ehe der Beteiligten wurde durch Beschluss des AG ..... vom ..... geschieden. Der Beschluss ist seit dem ..... rechtskräftig.

Beweis: Vorlage des Beschlusses des AG ..... vom ....., **Anlage A**....., in Kopie anbei.

I. R. d. Scheidungsverfahrens wurde der Antragsgegner verpflichtet, der Antragstellerin einen nachehelichen Unterhalt i. H. v. monatlich ..... € zu zahlen.

Beweis: wie vorstehend

Der Antragsgegner hat seinen gewöhnlichen Aufenthalt in ....., sodass sich die **Zuständigkeit** des AG – FamG ..... aus § 232 Abs. 3 Satz 1 FamFG i. V. m. §§ 12, 13 ZPO ergibt.

Der bislang titulierte Unterhaltsanspruch wurde wie folgt errechnet: .....

2.

Bei dieser Berechnung wurde zulasten der Antragstellerin ein Ehevertrag der Beteiligten vom ..... berücksichtigt.

Die Rechtsprechung beurteilt Eheverträge nunmehr kritischer, d. h. geht im vorliegenden Fall von Sittenwidrigkeit aus.

Die geänderte Rechtsprechung zu Eheverträgen stellt einen Abänderungsgrund dar.

3.

Die Antragstellerin arbeitet ganztags als ..... bei der Firma ..... In den letzten zwölf Monaten hatte die Antragstellerin ein durchschnittliches monatliches Nettoeinkommen von ..... €.

Beweis: Vorlage der Gehaltsabrechnungen der Monate ..... bis ....., **Anlage A**....., in Kopie anbei.

4.

Der Antragstellerin sind die jetzigen Einkünfte des Antragsgegners nicht genau bekannt. Mit Schreiben des Unterzeichnenden vom ..... wurde der Antragsgegner außergerichtlich aufgefordert, eine aktuelle Auskunft über seine Einkünfte und sein Vermögen zu erteilen.

Beweis: Vorlage des Schreibens vom ....., **Anlage A**....., in Kopie anbei.

Der Antragsgegner hat jedoch entgegen seiner Verpflichtung nach §§ 1580, 1605 BGB keine Auskunft erteilt.

Aus diesen Gründen ist eine Abänderungsstufenklage geboten, mit der gemäß dem Klageantrag zu 1. zunächst Auskunft verlangt wird.

5.

Der Verfahrensantrag zu 2. wird für den Fall gestellt werden, dass Grund zu der Annahme besteht, der Antragsgegner habe die Auskunft nicht mit der erforderlichen Sorgfalt erteilt.

Kapitel 2 — Auskunft

6.
Nach der Erteilung der Auskunft wird die Antragstellerin den Abänderungsantrag der Höhe nach beziffern.
Beglaubigte und einfache Abschrift anbei.

......

Rechtsanwalt/Rechtsanwältin

4. Abänderungsstufenantrag des minderjährigen Kindes

170 An das

AG .....

– Familiengericht –

.....

Abänderungsstufenantrag

In der Familiensache

des Kindes ....., geb. am ....., gesetzlich vertreten durch die Mutter, Frau .....

– Antragsteller –

Verfahrensbevollmächtigte: .....

gegen

Herrn .....

– Antragsgegner –

Verfahrensbevollmächtigte: .....

erhebe ich namens und in Vollmacht des Antragstellers Abänderungsantrag und beantrage, wie folgt zu erkennen:
1. Dem Antragsgegner wird aufgegeben, dem Antragsteller Auskunft zu erteilen durch Vorlage einer systematischen Aufstellung über
   a. sein Vermögen am .....

▶ **Hinweis:**

Minderjährigen Kindern gegenüber ist u. U. auch der Einsatz des Vermögens geschuldet, vgl. § 1603 Abs. 2 BGB.

   b. seine sämtlichen Brutto- und Nettoeinkünfte einschließlich aller Nebeneinkünfte aus nichtselbstständiger Tätigkeit sowie aus anderer Herkunft in der Zeit vom ..... bis ..... und die erteilte Auskunft durch Vorlage der Lohnsteuerkarte nebst Lohnsteuerbescheinigung für das Jahr ..... in Fotokopie und der Originallohnabrechnungen des Arbeitgebers für die Monate ..... bis ..... sowie der Originalbescheide über im vorgenannten Zeitraum etwa bezogenes Krankengeld und etwa bezogene Arbeitslosenunterstützung zu belegen;

B. Verfahrensrechtliche Durchsetzung des Auskunftsanspruchs   Kapitel 2

   c. seine sämtlichen Einnahmen und Aufwendungen aus selbstständiger Arbeit, aus Kapitalvermögen, aus Vermietung und Verpachtung sowie aus anderer Herkunft unter Angabe der Privatentnahmen in der Zeit vom ..... bis ..... und die erteilte Auskunft durch Vorlage der Einkommensteuererklärungen sowie der etwaigen Bilanzen nebst den Gewinn- und Verlustrechnungen bzw. der etwaigen Einnahmenüberschussrechnungen für die Jahre ..... bis ..... sowie der Einkommensteuerbescheide für die Jahre ..... bis ..... zu belegen.
2. Dem Antragsgegner wird aufgegeben, an Eides statt zu versichern, dass er die Auskunft über seine Einkünfte nach bestem Wissen so vollständig abgegeben habe, als er dazu imstande sei.
3. Der Antragsgegner wird unter Abänderung des Beschlusses vom ..... verpflichtet, an den Antragsteller ab ..... den nach Erfüllung der Auskunftsverpflichtung noch zu beziffernden angemessenen Unterhalt zu zahlen.

Für den Fall des schriftlichen Vorverfahrens wird bei nicht rechtzeitiger Anzeige der Verteidigungsabsicht beantragt, ohne mündliche Verhandlung durch Versäumnisbeschluss zu entscheiden.

                              Begründung:

1.

Der Antragsteller lebt im Haushalt seiner Mutter, die vom Antragsgegner am ..... rechtskräftig geschieden wurde. Er wird von dieser in der Unterhaltssache nach § 1629 Abs. 2 Satz 2 BGB gesetzlich vertreten.

Die Mutter erfüllt ihre Unterhaltsverpflichtung durch die Pflege und die Erziehung, vgl. § 1606 Abs. 3 Satz 2 BGB.

Der Antragsgegner ist der Vater des Antragstellers und diesem gegenüber aufgrund des Beschlusses des AG ..... i. H. v. monatlich ..... € unterhaltspflichtig.

Beweis: Vorlage des Beschlusses des AG ..... vom ....., **Anlage A1**, in Kopie anbei

Der Antragsteller hat seinen gewöhnlichen Aufenthalt bei seiner Mutter in ....., sodass sich die **Zuständigkeit** des AG – FamG ..... aus § 232 Abs. 1 Nr. 2 FamFG ergibt.

2.

Gegenüber dem Antragsteller hat der Antragsgegner zuletzt am ..... Auskunft über seine Einkünfte und sein Vermögen erteilt. Die geltende Frist von zwei Jahren nach § 1605 Abs. 2 BGB ist abgelaufen.

Mit außergerichtlichem Schreiben vom ..... hat der Antragsteller den Antragsgegner aufgefordert, für die Geltendmachung eines etwaigen höheren Unterhaltsanspruchs eine aktuelle Auskunft über seine Einkünfte und sein Vermögen zu erteilen und dafür Belege vorzulegen.

Beweis: Vorlage des Schreibens des Antragstellers vom ....., **Anlage A2**, in Kopie anbei

Da der Antragsgegner darauf nicht reagiert hat, ist ein Abänderungsstufenantrag geboten. Mit dem Verfahrensantrag zu 1. wird zunächst Auskunft verlangt.

3.

Der Verfahrensantrag zu 2. wird für den Fall gestellt werden, dass Grund zu der Annahme besteht, der Antragsgegner habe die Auskunft nicht mit der erforderlichen Sorgfalt erteilt.

4.

Nach Erteilung der Auskunft wird der Antragsteller den Abänderungszahlungsantrag der Höhe nach beziffern.

Beglaubigte und einfache Abschrift anbei.

......

Rechtsanwalt/Rechtsanwältin

Kapitel 3: Materielle Voraussetzungen des Unterhaltsanspruchs

A. Familienunterhalt

Der Familienunterhalt hat in der familienrechtlichen Praxis fast keine Bedeutung. 1

Jeder Ehegatte hat für den Unterhalt der Familie seine Arbeitskraft und sein Vermögen 2
einzusetzen. Dabei muss nicht jeder in gleicher Weise tätig werden, sondern es hängt
von den persönlichen Fähigkeiten und von der zwischen den Ehegatten gewählten
Verteilung ab, wer welche Aufgaben erfüllt (§ 1360 BGB). Führt ein Ehegatte den
Haushalt, gilt die Haushaltsführung als gleichwertiger Beitrag zum Familienunterhalt
(§ 1360 Satz 2 BGB).

Der Familienunterhalt ist gesetzlich als **Teilhabeanspruch** beider Ehegatten für sich 3
und die Kinder an den gemeinsam erwirtschafteten Einkünften ausgestaltet. Dabei
richtet sich der Familienunterhalt nach den die ehelichen Lebensverhältnisse prägenden
Einkommens- und Vermögensverhältnissen und dem jeweilgen Lebenszuschnitt
der Ehegatten.

Soweit es um Unterhaltsansprüche Dritter geht, wie z. B. beim Elternunterhalt, ist da- 4
von auszugehen, dass i. R. d. Familienunterhalts nach §§ 1360, 1360a BGB jedem Ehegatten
grds. jeweils die Hälfte des gemeinsamen bereinigten Einkommens zusteht.[1]

Nach § 1360a Abs. 2 Satz 2 BGB hat der erwerbstätige Ehegatte dem den Haushalt 5
führenden Ehegatten ausreichende Barmittel als sog. **Wirtschaftsgeld** zur Verfügung
zu stellen. Dies dient dazu, die mit der Haushaltsführung und der Versorgung der Familie
verbundenen notwendigen Kosten abzudecken. Dieses Geld verwaltet der haushaltsführende
Ehegatte treuhänderisch; er ist gehalten, die Mittel bestimmungsgemäß
zu verwenden. Ein erwirtschafteter Überschuss ist nur mit Zustimmung des anderen
Ehegatten zu verwenden und geht nicht in das Vermögen des haushaltsführenden Ehegatten
über.

Der Familienunterhalt ist rechtlich nicht identisch mit dem Ehegattenunterhalt nach 6
Trennung und Scheidung gem. §§ 1361, 1569 ff. BGB und lässt sich auch nicht nach
den dazu entwickelten Grundsätzen bemessen.[2] Der Anspruch auf Wirtschaftsgeld
erlischt mit der Trennung der Eheleute, und zwar auch hinsichtlich bereits vergangener
Zeiträume.

Zur Befriedigung von Privatinteressen des haushaltführenden Ehegatten dient das 7
Taschengeld, das der den Haushalt führende Ehegatte als selbstständigen Teil des
Anspruchs auf Familienunterhalt nach §§ 1360, 1360a BGB verlangen kann.[3] Der

---

1 BGH, NJW 2003, 3770.
2 BGH, FamRZ 1995, 57; zum Ehegattenunterhalt nach Trennung und Scheidung
s. Rdn. 8 ff. und Rdn. 30 ff.
3 OLG Zweibrücken, FamRZ 2001, 1470; OLG Nürnberg, FamRZ 1999, 505; OLG Stuttgart,
FamRZ 1997, 1494.

Kapitel 3 — Materielle Voraussetzungen des Unterhaltsanspruchs

Ehegatte, der eigenes Einkommen hat, hat allerdings keinen Anspruch auf Taschengeld, dagegen aber sehr wohl der Ehegatte in einer sog. Zuverdienerehe.[4] Ein Taschengeldanspruch scheidet aus, wenn das Familieneinkommen nur zur Deckung des notwendigen Bedarfs der Familienmitglieder ausreicht.[5]

Als angemessenes Taschengeld werden 5 bis 7 % des Einkommens des Ehegatten angesehen.[6] Das Taschengeld ist i. R. d. § 850b Satz 2 ZPO pfändbar.[7]

B. Trennungsunterhalt

8 ▶ **Das Wichtigste in Kürze**

- Bestehende Ehe → Rdn. 12
- Trennung – wie im Scheidungsrecht! → Rdn. 13
- Unterhaltsberechtigter → Rdn. 14 ff.:
  - Keine (ausreichenden) eigenen Einkünfte?
  - Keine Erwerbsobliegenheit?
    Besteht grds. Obliegenheit zur beruflichen Tätigkeit schon während der Trennung?
    In welchem zeitlichen Umfang?
    Welcher Beruf muss ausgeübt werden?
    Wie viel kann netto verdient werden?
- Unterhaltspflichtiger:
  - Tatsächliche Einkünfte (bereinigtes Einkommen)
  - Keine (ausreichenden) eigenen Einkünfte?
    Erwerbsobliegenheit?
    In welchem zeitlichen Umfang?
    Welcher Beruf muss ausgeübt werden?
    Wie viel kann netto verdient werden?
- Keine Verwirkung des Anspruchs → Rdn. 28 f.

I. Voraussetzungen des Trennungsunterhaltsanspruchs

9 § 1361 BGB regelt den Unterhaltsanspruch vom Zeitpunkt der Trennung bis zum Zeitpunkt der Rechtskraft der Scheidung.

10 Voraussetzungen des Anspruchs sind:
- Eine **bestehende** Ehe (eine ähnliche Vorschrift für Partner von Lebenspartnerschaften enthält § 12 LPartG),

---

[4] BGH, FamRZ 1998, 608; OLG Frankfurt am Main, FamRZ 2001, 1477.
[5] BGH, FamRZ 1998, 608.
[6] BGH, FamRZ 1998, 608; OLG Frankfurt am Main, FamRZ 1991, 727, 729; OLG Hamm, NJW-RR 1990, 1224 m. w. N.; OLG Frankfurt am Main, Rpfleger 1996, 77.
[7] BGH, FamRZ 2004, 784; OLG Celle, NJW 1991, 1960; einschränkend OLG Nürnberg, FamRZ 1999, 505; zur Verwertung s. AG Ludwigsburg, FamRZ 2001, 1627.

B. Trennungsunterhalt — Kapitel 3

- **Getrenntleben** der Eheleute,
- **Bedarf** des Unterhaltsberechtigten,
- **Bedürftigkeit** des Unterhaltsberechtigten,
- **Leistungsfähigkeit** des Unterhaltspflichtigen,
- **kein Verlust des Anspruchs**, z. B. durch einen Ausschlusstatbestand.

Der Trennungsunterhalt beruht auf dem Gedanken ehelicher Solidarität. Der Gesetzgeber versucht den Beteiligten die Rückkehr in die Ehe zu ermöglichen bzw. zumindest zu erleichtern, indem an den Unterhaltsanspruch nicht zu große Anforderungen gestellt werden. Die Eheleute sollen ihr Leben »normal« fortsetzen können, ohne im Hinblick auf die Unterhaltsfrage Veränderungen auf sich nehmen zu müssen. Der Trennungsunterhalt ist monatlich im Voraus geschuldet, § 1361 Abs. 4 BGB. — 11

1. Bestehende Ehe

Der **formale Bestand** einer Ehe reicht aus; die Eheleute müssen nicht zusammengelebt haben. Die Ehe muss allerdings noch bestehen, d. h., der Anspruch ist auf den Zeitraum bis zur Rechtskraft der Scheidung begrenzt (§ 1564 Satz 2 BGB). — 12

2. Getrenntleben der Eheleute

Für die Frage des **Getrenntlebens** gelten die **Grundsätze des Scheidungsrechts** (§ 1567 BGB). Danach ist auch eine Trennung innerhalb der Ehewohnung möglich, wenn keine gegenseitigen Versorgungsleistungen erbracht werden und getrennt genächtigt wird.[8] Erfolglos gebliebene Versöhnungsversuche unterbrechen dabei die Trennungszeit nicht. Die Gründe, die zur Trennung geführt haben, sind für die Unterhaltsfrage ohne Belang. — 13

3. Bedarf und Bedürftigkeit des Unterhaltsberechtigten

Unterhalt kann nur verlangt werden, wenn der Berechtigte bedürftig ist, wenn er also selbst nicht in der Lage ist, seinen Unterhalt aus eigener Kraft sicherzustellen. Dabei ist einmal auf tatsächliche Einkünfte des Unterhaltsberechtigten abzustellen. In der Praxis kommt es aber vielfach auf die Frage seiner **Erwerbsobliegenheit** und die Höhe der dadurch ggf. erzielbaren (**hypothetischen**) **Einkünfte** an. — 14

Beansprucht werden kann der nach den ehelichen Lebensverhältnissen (dazu s. Rdn. 283) und den Erwerbs- und Vermögensverhältnissen der Ehegatten angemessene Unterhalt. Die für den nachehelichen Unterhalt geltenden Vorschriften des §§ 1577 und 1581 BGB sind daher bereits beim Trennungsunterhalt anzuwenden. — 15

Der Unterhalt erstreckt sich auf den **gesamten Lebensbedarf** des Ehegatten. Dazu gehören neben Aufwendungen für den Lebensbedarf (Wohnung, Verpflegung und Kleidung, Freizeitgestaltung, Erholung und gesellschaftliche Anlässe, Aufwendungen für Teilnahme am kulturellen oder politischen Leben) auch die Kosten der — 16

---

8 OLG München, FamRZ 2001, 1457.

Krankenversicherung, der Anspruch auf einen Prozesskostenvorschuss (§§ 1361 Abs. 4 Satz 4, 1360a Abs. 4 BGB) und – vom Eintritt der Rechtshängigkeit des Scheidungsverfahrens an – auch der Vorsorgeunterhalt (§ 1361 Abs. 1 Satz 2 BGB). In bestimmten Fallgestaltungen wird auf einen Mindestbedarf abgestellt (s. Rdn. 168, 292). Umgekehrt kann auch ein besonderer Bedarf geschuldet sein (Mehrbedarf s. Rdn. 256 ff., Sonderbedarf s. Rdn. 253 ff.).

17 Die Höhe des Unterhalts richtet sich nach den ehelichen Lebensverhältnissen, die im Normalfall durch das Gesamteinkommen der beiden Eheleute festgelegt werden. Der Unterhaltsgläubiger trägt die Darlegungs- und Beweislast für die Ausgestaltung der ehelichen Lebensverhältnisse.

18 Ein nicht erwerbstätiger Ehegatte kann nach § 1361 Abs. 2 BGB nur dann darauf verwiesen werden, seinen Unterhalt durch eigene Erwerbstätigkeit selbst zu verdienen, wenn dies von ihm nach seinen persönlichen Verhältnissen, insb. wegen einer früheren Erwerbstätigkeit, unter Berücksichtigung der Dauer der Ehe und nach den wirtschaftlichen Verhältnissen beider Ehegatten erwartet werden kann. Die Vorschrift schränkt damit die Erwerbsobliegenheit des nicht erwerbstätigen Ehegatten während der Trennungszeit ein.

Zwar braucht sich ein Trennungsunterhalt beanspruchender Ehegatte danach nur darauf verweisen zu lassen, eine den ehelichen Lebensverhältnissen entsprechende, also **eheangemessene Tätigkeit** aufnehmen zu müssen. Für den nachehelichen Unterhaltsanspruch stellt § 1574 Abs. 2 BGB aber auch auf die **frühere – vor der Heirat ausgeübte – Erwerbstätigkeit** ab.

19 Die neuen Grundsätze des nachehelichen Scheidungsrechts und die damit verbundene **Verschärfung der Erwerbsobliegenheiten** werden bereits auf den Trennungsunterhalt angewendet, wenn das Scheitern der Ehe feststeht. Zwar soll die beim Trennungsunterhalt gem. § 1361 Abs. 2 BGB ggü. der Regelung in § 1574 BGB beim nachehelichen Ehegattenunterhalt **deutlich schwächere Erwerbsobliegenheit** die bestehenden Verhältnisse für die Dauer der Trennungszeit schützen. Im Hinblick auf den Sinn der Trennungszeit und die sich langsam abschwächenden Folgen der ehelichen Lebensgemeinschaft ist aber auch die **Dauer der Trennung zu berücksichtigen**. Während einen Ehegatten, der im Zeitpunkt der Trennung längere Zeit nicht erwerbstätig gewesen ist, im ersten Trennungsjahr i. d. R. keine Erwerbsobliegenheit trifft, **nähern sich die Voraussetzungen der Erwerbsobliegenheit mit zunehmender Verfestigung der Trennung**, insb. **wenn die Scheidung nur noch eine Frage der Zeit ist**, immer mehr den Maßstäben des nachehelichen Unterhalts an.[9]

---

9 BGH, 18.04.2012 – XII ZR 73/10, NJW 2012, 2190; FamRZ 2008, 963 m. Anm. Büttner = FF 2008, 248 m. Anm. Graba = NJW 2008, 1946 m. Anm. Griesche. OLG Düsseldorf, FamRZ 2010, 646; OLG Zweibrücken, OLGR Zweibrücken 2008, 886-889.

Eine solche verfestigte Trennung kann sich manifestieren durch:[10] 20
- den eigenen Scheidungsantrag,
- die Zustimmung zum Scheidungsantrag des Gegners,
- den Abschluss einer Scheidungsfolgenregelung.[11]

II. Berechnung des Trennungsunterhalts

Der Trennungsunterhalt wird i. d. R. durch den **Quotenbedarf** konkretisiert, der aus 21
einem rechnerischen Anteil an der Einkommensdifferenz der Parteien besteht. Die Berechnungsweise entspricht derjenigen beim Geschiedenenunterhalt.

Vom Zeitpunkt der Rechtshängigkeit des Scheidungsantrags an kann der Berechtigte 22
außerdem **Altersvorsorgeunterhalt** gem. § 1361 Abs. 1 Satz 2 BGB verlangen. Durch diese Unterhaltszahlungen wird er in die Lage versetzt, seine lückenlose Alterssicherung sicherzustellen, da ab Rechtshängigkeit des Scheidungsantrags die über den Versorgungsausgleich gewährte Beteiligung an der Altersversorgung des Ehepartners ihr Ende findet. Dieser Anspruch entsteht jedoch nicht schon mit der Trennung, sondern erst mit der **Zustellung des Scheidungsantrags**.

Der **Vorsorgeunterhalt** wird im Regelfall nach dem Beitragssatz in der gesetzlichen 23
Rentenversicherung bemessen. Dazu ist der einem Nettoeinkommen entsprechende Basisunterhalt in eine Bruttobemessungsgrundlage umzurechnen, da auch der Rentenversicherungsbeitrag von einem Bruttoverdienst berechnet wird. Die vom BGH gebilligte und jährlich fortgeschriebene **Bremer Tabelle** vereinfacht die Berechnung. Zur Berechnung des Vorsorgeunterhalts ergibt sich durch einen dort abzulesenden Zuschlag auf den Basisunterhalt eine bestimmte Bruttobemessungsgrundlage. Hieraus ist mithilfe des aktuellen Beitragssatzes für die gesetzliche Rentenversicherung der Vorsorgeunterhalt betragsmäßig auszurechnen. Zur Berechnung des Vorsorgeunterhalts s. u. Rdn. 147.

Ob während der Trennungszeit ein Ausbildungsanspruch (vgl. § 1575 BGB) geschuldet wird, ist zweifelhaft. Herleiten ließe sich ein solcher Anspruch während der Trennung allenfalls aus einem entsprechenden Lebensplan der Beteiligten, wie es etwa der Fall sein könnte, wenn ein Ehegatte dem aus einem anderen Land und Kulturkreis stammenden anderen Ehegatten im Zuge der Eheschließung zugesagt hätte, ihm im Fall

---

10 Büte, FuR 2008, 309; Borth, FamRZ 2006, 813, 815; Borth, Rn. 74 m. w. N.; Viefhues/Mleczko, Rn. 246; Brudermüller in Palandt-Nachtrag zum neuen Unterhaltsrecht, 2008, § 1361 Rn. 2; Peschel-Gutzeit, Rn. 74; OLG Brandenburg, 22.04.2008 – 10 UF 226/07; FamRZ 2008, 1952; OLG Zweibrücken, 01.02.2008 – 2 UF 170/07; OLG Zweibrücken, OLGR 2008, 886; a. A. OLG Düsseldorf, FamRZ 2008, 1539; BGH, FamRZ 2008, 963 m. Anm. Büttner = FF 2008, 248 m. Anm. Graba = NJW 2008, 1946 m. Anm. Griesche.
11 BGH, FamRZ 2008, 963 m. Anm. Büttner = FF 2008, 248 m. Anm. Graba = NJW 2008, 1946 m. Anm. Griesche.

der ehebedingten Übersiedlung nach Deutschland das Erlernen der Sprache und eine Ausbildung zu finanzieren.[12]

III. Krankenvorsorgeunterhalt

24 Ist eine Mitversicherung des getrennt lebenden Ehegatten in der gesetzlichen **Krankenversicherung** des Ehepartners nicht mehr gegeben (zum Krankenversicherungsschutz während der Trennungszeit s. u., Rdn. 144 und Rdn. 424), kann er als **zusätzlichen Bedarf** die Krankenversicherungskosten gegen den barunterhaltspflichtigen Ehegatten geltend machen. Der Anspruch schließt folglich auch einen Anspruch auf Versicherungsschutz für den Fall der Krankheit ein, wenn für den Unterhaltsberechtigten Beiträge zur Krankenversicherung zu entrichten sind.

IV. Sonderfragen

1. Verzicht

25 Ein **Verzicht** auf Trennungsunterhalt ist nur mit Wirkung für die Vergangenheit möglich. Ein Verzicht für die Zukunft scheitert an §§ 1361 Abs. 4 Satz 3, 1360a Abs. 3, 1614 Abs. 1 BGB.

Auch durch ein pactum de non petendo kann dieses gesetzliche Verbot nicht umgangen werden. Die Grenze zwischen unzulässigem Verzicht und zulässiger Vereinbarung zur Höhe wird bei einer Toleranzgrenze von 20 bis 33 % des Bedarfs gezogen. Daher können auch Abfindungsvereinbarungen, die den Trennungsunterhalt umfassen, problematisch sein. Bei erfolgreicher **Versöhnung erlöschen** der **Trennungsunterhaltsanspruch** und auch der diesen Anspruch regelnde **Titel**. Der Anspruch lebt auch durch eine erneute Trennung nicht wieder auf.[13] In der Praxis sollte dem Gericht daher nicht vorschnell die Versöhnung der Eheleute mitgeteilt werden, sondern – auch im Hinblick auf die Wahrscheinlichkeit eines Scheiterns – nur, dass die Eheleute einen **Versöhnungsversuch** unternehmen.

2. Befristung

26 Eine **Befristung** des Trennungsunterhalts ist mangels einer einschlägigen gesetzlichen Vorschrift nicht möglich.[14]

---

12 OLG Bremen, 28.02.2012 – 5 UF 6/12; s. a. OLG Karlsruhe, FamRZ 2012, 790.
13 OLG Düsseldorf, FamRZ 1992, 943; OLG Hamm, FamRZ 1999, 30; vgl. auch OLG Hamm, 24.01.2011 – II-2 WF 277/10, NJW-RR 2011, 1015-1016.
14 OLG Düsseldorf, 17.01.2008 – II-3 WF 294/07, FamRZ 2008, 1539; OLG Bremen, 01.12.2008 – 4 WF 142/08; OLG Bremen, OLGR 2009, 48 (ST) = FuR 2009, 217; OLG Brandenburg, 11.11.2008 – 10 UF 45/08 [Rn. 93]; OLG Brandenburg, FuR 2009, 212; ebenso OLG Brandenburg, 10.02.2009 – 10 UF 65/08, NJW 2009, 1356.

3. Mehrere Unterhaltsgläubiger

Sind **mehrere Unterhaltsgläubiger** vorhanden, stellt sich die **Rangfrage**. Nach § 1609 Nr. 1 BGB sind minderjährige unverheiratete Kinder sowie im Haushalt lebende Kinder bis 21 Jahre, die sich in der Schulausbildung befinden (§ 1603 Abs. 2 BGB), vorrangig.

27

V. Einschränkungen des Anspruchs auf Trennungsunterhalt

Der Anspruch auf Trennungsunterhalt kann gem. §§ 1361 Abs. 3 i. V. m. 1579 Nr. 2 bis 8 BGB wegen **grober Unbilligkeit** herabgesetzt oder **zeitlich begrenzt** werden oder auch **völlig wegfallen**, (Einzelheiten s. u. Rdn. 851).

28

Der Ausschlussgrund der kurzen Ehe (§ 1579 Nr. 1 BGB) ist beim Trennungsunterhalt nicht anwendbar. In § 1361 Abs. 3 BGB hat der Gesetzgeber für den Trennungsunterhalt lediglich die entsprechende Anwendbarkeit der Vorschriften des § 1579 Nr. 2 bis 8 BGB vorgesehen.

29

C. Ehegattenunterhalt für die Zeit nach Rechtskraft der Scheidung

I. Unterhalt wegen Kinderbetreuung (§ 1570 BGB)

▶ Das Wichtigste in Kürze

30

- Bei einem Kind vor dem dritten Lebensjahr besteht ein Unterhaltsanspruch ohne Einschränkungen. → Rdn. 36 ff.
- Bei einem Kind nach dem dritten Geburtstag gibt es kein neues Altersphasenmodell. → Rdn. 45
- Die konkrete Betreuungssituation des Kindes ist substanziiert darzulegen. → Rdn. 46 ff. und Rdn. 59
- Probleme des Kindes können nicht als Trumpfkarte im Unterhaltsrechtsstreit des betreuenden Elternteils eingesetzt werden. → Rdn. 53 und Rdn. 75 ff.
- Die Darlegungslast trägt der betreuende Elternteil – also i. d. R. die Mutter. → Rdn. 75 ff.
- Der Anspruch auf Betreuungsunterhalt kann nicht befristet werden. → Rdn. 78 ff.

1. Allgemeines

Nach § **1570 Abs. 1 Satz 1 BGB** kann der geschiedene Ehegatte wegen der Pflege oder Erziehung eines gemeinschaftlichen Kindes für mindestens 3 Jahre nach der Geburt Unterhalt verlangen. Nur die Betreuung eines gemeinschaftlichen Kindes ist für § 1570 BGB relevant.[15]

31

---

15 OLG Koblenz, NJW 2010, 1537 = FuR 2010, 353 m. krit. Anm. Soyka; OLG Brandenburg, FamFR 2011, 154; zur Bedeutung eines scheinehelichen Kindes s. a. BGH, NJW 2012, 1443 = FamRZ 2012, 779 m. Anm. Löhning.

Kapitel 3   Materielle Voraussetzungen des Unterhaltsanspruchs

32 Der Unterhaltsanspruch verlängert sich, wenn dies der Billigkeit entspricht (§ 1570 Abs. 1 Satz 2 BGB). Dabei sind die Belange des Kindes und die bestehenden Möglichkeiten der Kinderbetreuung zu berücksichtigen (§ 1570 Abs. 1 Satz 3 BGB). Nicht nur die Betreuung eines minderjährigen Kindes ist für § 1570 BGB relevant.[16] Auch die Betreuung eines volljährigen Kindes kann den Unterhaltsanspruch gem. § 1570 BGB auslösen.[17]

Die Dauer des Unterhaltsanspruchs verlängert sich darüber hinaus, wenn dies unter Berücksichtigung der Gestaltung von Kinderbetreuung und Erwerbstätigkeit in der Ehe sowie der Dauer der Ehe der Billigkeit entspricht (§ 1570 Abs. 2 BGB).

33 Der Unterhaltsanspruch des § 1570 BGB unterscheidet damit zwischen **kindbezogenen** Gründen für den Unterhalt und **elternbezogenen** und damit ehebezogenen Gründen. In den beiden Absätzen des § 1570 BGB werden jetzt unterschiedliche Voraussetzungen kodifiziert:
- Der allein auf die **Betreuung des Kindes** gestützte Anspruch des § 1570 Abs. 1 BGB, der sich wiederum unterteilt in
   - einen verbindlichen **Basisunterhalt** während der ersten 3 Lebensjahre des Kindes nach § 1570 Abs. 1 Satz 1 und
   - einen Billigkeitsunterhalt nach § 1570 Abs. 1 Sätze 2 und 3,
- sowie der allgemeine **ehebezoge Billigkeitsanspruch** des § 1570 Abs. 2 BGB.

34 Der BGH sieht den Anspruch aus § 1570 BGB als **einheitlichen Anspruch** an.[18]

35 Der Anspruch des geschiedenen Elternteils aus § 1570 Abs. 1 BGB ist inhaltlich fast vollständig deckungsgleich mit dem Anspruch des nichtehelichen Elternteils aus § 1615l BGB, da aus Gründen der verfassungsrechtlichen Gleichbehandlung ein **Gleichlauf** zwischen beiden Unterhaltsansprüchen geboten ist.

Dagegen bietet die Norm des § 1570 Abs. 2 BGB einen weiter gehenden Schutz für den geschiedenen Ehegatten, der bei § 1615l BGB nicht gewährleistet ist.

2. Basisunterhalt gem. § 1570 Abs. 1 Satz 1 BGB

36 Der Unterhaltsanspruch des § 1570 Abs. 1 BGB stützt sich allein auf die **Betreuung des Kindes** (kindbezogene Gründe). In § 1570 Abs. 1 Satz 1 BGB wird ein verbindlicher **Basisunterhalt** gewährt, der aber auf die ersten 3 Lebensjahre des Kindes beschränkt ist.

37 Eine Erwerbsobliegenheit des betreuenden Elternteils besteht hier generell nicht. Der anwaltliche Sachvortrag kann sich folglich allein auf das Alter des Kindes beschränken.

---

16 OLG Koblenz, NJW 2010, 1537 = FuR 2010, 353.
17 BGH, FamRZ 2010, 802 m. Anm. Viefhues, NJW 2010, 1665.
18 BGH, 18.03.2009 – XII ZR 74/08, FamRZ 2009, 770 = FPR 2009, 238; Schmitz, FPR 2009, 241.

Wurde bisher eine Erwerbstätigkeit ausgeübt, ist der betreuende Elternteil nicht gehindert, diese aufzugeben.[19] Folglich ist eine dennoch ausgeübte Erwerbstätigkeit zwar als überobligatorisch anzusehen. Das bedeutet aber nicht zwingend, dass die daraus erzielten Einkünfte vollständig außer Ansatz bleiben müssen. Vielmehr ist **eigenes Einkommen der Unterhaltsberechtigten** nach Maßgabe des § 1577 Abs. 2 BGB **anzurechnen**. Abzustellen ist stets auf die besonderen Umstände des Einzelfalls; hierbei kommt es darauf an, in welchem Umfang die Erwerbsobliegenheit der Berechtigten wegen der Kindesbetreuung gem. § 1570 BGB eingeschränkt ist.[20]

38

3. Kindbezogener Billigkeitsergänzungsunterhalt gem. § 1570 Abs. 1 Satz 2, 3 BGB

Der Unterhaltsanspruch verlängert sich, wenn dies der Billigkeit entspricht (§ 1570 Abs. 1 Satz 2 BGB). Dabei sind die **Belange des Kindes** und die **bestehenden Möglichkeiten der Kinderbetreuung** zu berücksichtigen (**kindbezogener** Billigkeitsergänzungsunterhalt, vgl. § 1570 Abs. 1 Satz 2 BGB).

39

Wegen des Schutzzwecks des Betreuungsunterhalts haben diese **kindbezogenen Gründe** i. R. d. Billigkeitsabwägung für eine Verlängerung **das stärkste Gewicht**.[21]

Die Verlängerung des Unterhalts über den Basisunterhalt hinaus stellt eine Ausnahmeregelung i. S. e. **positiven Härteklausel** dar. Das Gesetz statuiert mit dieser Abstufung zwischen den Ansprüchen aus § 1570 Abs. 1 Satz 1 und Satz 2 eindeutig ein **Regel-Ausnahme-Verhältnis**.[22] Während bei einem unter 3 Jahre alten Kind der Unterhaltsanspruch die Regel und damit die Erwerbsobliegenheit die Ausnahme ist, ist es bei einem über 3 Jahre alten Kind unter dem Blickwinkel des Grundsatzes der Eigenverantwortung genau umgekehrt: Hier ist der Unterhaltsanspruch die Ausnahme und die Erwerbsobliegenheit die Regel. Dabei spielt auch die grundsätzliche Auslegungsregel des § 1569 BGB eine Rolle. Es bedarf bei einem über 3 Jahre alten Kind einer

40

---

19 BGH, FamRZ 2008, 1739 m. Anm. Maurer, FamRZ 2008, 1831 = FF 2008, 366 m. Anm. Viefhues; vgl. auch Viefhues, ZFE 2008, 364; zum weiteren Fortgang des Verfahrens s. die redaktionellen Anmerkungen in FF 2009, 324; BGH, 18.03.2009 – XII ZR 74/08, FamRZ 2009, 770 m. Anm. Borth, FamRZ 2009, 960 = FF 2009, 321 = ZFE 2009, 271.
20 BGH, 21.04.2010 – XII ZR 134/08; BGH, FamRZ 2010, 1050 m. Anm. Viefhues; vgl. auch OLG Brandenburg, NJW-RR 2010, 874.
21 BGH, 16.07.2008 – XII ZR 109/05, (Rn. 93), FamRZ 2008, 1739 m. Anm. Maurer, FamRZ 2008, 1831 = FF 2008, 366 m. Anm. Viefhues; vgl. auch Viefhues, ZFE 2008, 364; Wever, FamRZ 2008, 553, 555 f.
22 BGH, 13.01.2010 – XII ZR 123/08; BGH, 16.12.2009 – XII ZR 50/08; BGH, 16.07.2008 – XII ZR 109/05; BGH, FamRZ 2008, 1739 m. Anm. Maurer, FamRZ 2008, 1831 = FF 2008, 366 m. Anm. Viefhues; Hauß, FamRB 2007, 367, 368; Budzikiewicz, NJW 2007, 3536, 3537.

Kapitel 3 Materielle Voraussetzungen des Unterhaltsanspruchs

besonderen Prüfung der Voraussetzungen; die gesetzliche Neuregelung weicht bewusst vom Altersphasenmodell ab.[23]

Der BGH verweist stets darauf, dass die gesetzliche Regel, wonach der Betreuungsunterhalt grds. nur für 3 Jahre geschuldet ist und eine Verlängerung über diesen Zeitraum hinaus ausdrücklich begründet werden muss, **nicht in ihr Gegenteil verkehrt werden darf**.[24]

41 Die grundsätzliche gesetzliche Begrenzung eines Betreuungsunterhaltsanspruchs auf 3 Jahre nach der Geburt des Kindes **verstößt nicht gegen Art. 6 GG**.[25]

42 Der Wortlaut des Gesetzes spricht ausdrücklich nicht von einer (tatsächlich realisierten) außerhäuslichen Betreuung des Kindes, sondern von den Möglichkeiten der Kinderbetreuung. Es kommt daher nicht darauf an, ob das Kind tatsächlich bereits außerhäuslich betreut wird, sondern nur darauf, ob
– eine solche **Möglichkeit objektiv besteht** und
– diese den **Belangen des Kindes entspricht**, die durch das Kindeswohl i. S. d. § 1697a BGB ausgefüllt werden.

43 Auch bei den Kindesbelangen legt das Gesetz eine **objektive Sicht** zugrunde, stellt also nicht die Einschätzung des betreuenden Elternteils in den Vordergrund.

44 ▶ **Hinweis:**

Für den Billigkeitsbetreuungsunterhalt bedarf es immer eines umfassenden **anwaltlichen Vortrags**, der sich zu folgenden Gesichtspunkten äußern muss:
– Zum einen geht es um die Frage der **außerhäuslichen Kinderbetreuung**, die nachfolgend noch näher dargestellt wird.
– Damit zusammen hängt die Frage der **objektiven Erwerbsobliegenheit** des anspruchsberechtigten kindesbetreuenden Elternteils.
– Erforderlich ist aber auch – bei Bestehen einer Erwerbsobliegenheit – die Darlegung der **erfolglosen Bemühungen um die Erlangung einer Arbeitsstelle**.

Dazu ist eine **intensive Aufklärung des unterhaltsberechtigten Ehegatten** über die rechtlichen Zusammenhänge erforderlich.[26]
– Der Anwalt darf sich dabei nicht darauf verlassen, dass das Gericht seiner Ansicht folgen wird, im konkreten Fall scheide eine Fremdbetreuung des Kindes aus und damit auch jegliche Erwerbsobliegenheit. Er muss damit rechnen, dass

---

23 Borth, FamRZ 2008, 2, 5.
24 BGH, 16.07.2008 – XII ZR 109/05, BGHZ 177, 272, 305 f. = FamRZ 2008, 1739, 1748 m. w. N.
25 BVerfG, 22.06.2007 – 1 BvR 155/98; jurisPR-FamR 6/2008 (Maes); BVerfG, 28.02.2007 – 1 BvL 9/04, FamRZ 2007, 965 m. Anm. Born = BVerfG, NJW 2007, 1735 m. Anm. Caspary, FuR 2007, 310 m. Anm. Soyka; Hauß, FamRB 2007, 211, 214; ausführlich Viefhues, ZFE 2007, 244.
26 Vgl. Hartung, MDR 2008, 249, 250 (»zugleich eine Warnung vor **Regressfallen** «).

das Gericht eine Erwerbsobliegenheit – in welchem Umfang auch immer – bejahen wird und muss daher in jedem Fall auch dazu **vortragen**, warum es diesem Elternteil nicht gelungen ist, eine Arbeitsstelle zu finden.
- Die Annahme, dass der betreuende Elternteil eines mehr als 3 Jahre alten Kindes vollständig von jeglicher Erwerbstätigkeit freigestellt wird, ist nach dem jetzt geltenden Recht lebensfremd!

a) Kein neues Altersphasenmodell

Der BGH hat in einer Reihe von Entscheidungen ein neues Altersphasenmodell generell abgelehnt und auch den Tendenzen einiger Obergerichte, **pauschal und ohne konkrete Sachverhaltsfeststellungen** eine Verminderung der Erwerbsobliegenheiten des betreuenden Elternteils zu begründen, abgelehnt.[27]   45

b) Ausgestaltung der konkreten Betreuungssituation

Künftig wird also verstärkt darauf abgestellt werden müssen, inwieweit aufgrund des Einzelfalles und insb. der **konkreten Betreuungssituation vor Ort** von dem betreuenden Elternteil eine (Teil-) Erwerbstätigkeit neben der Kinderbetreuung erwartet werden kann. Die Möglichkeit der Fremdbetreuung muss **tatsächlich existieren, zumutbar** und **verlässlich** sein und mit dem Kindeswohl im Einklang stehen.   46

Maßgeblich ist im konkreten Fall, **ob eine solche verlässliche Betreuung tatsächlich existiert**. In der Praxis läuft dies letztlich auf die Frage hinaus, wie die Betreuungssituation mit Kindergarten, Kindertagesstätte, Hort, Ganztagsschule usw. im jeweiligen örtlichen Bereich tatsächlich ausgestaltet ist.[28]

Auch die Möglichkeiten von **privaten Betreuungseinrichtungen** (Betriebskindergarten, **Tagesmutter**, Großmutter)[29] sind zu nutzen.[30] Entsprechender **Sachvortrag des Unterhaltsberechtigten**[31] ist unverzichtbar.   47

---

27 BGH, 18.04.2012 – XII ZR 65/10; BGH, 01.06.2011 – XII ZR 45/09, FamRZ 2011, 1209 m. Anm. Viefhues = NJW 2011, 2430 m. Anm. Born; BGH, 15.06.2011 – XII ZR 94/09; BGH, NJW 2011, 2646 m. Anm. Mleczko = FamRZ 2011, 1375 = FF 2011, 365 m. Anm. Schnitzler; BGH, 15.09.2010 – XII ZR 20/09, NJW 2010, 3369 m. Anm. Born = FamRZ 2010, 1880; BGH, 06.05.2009 – XII ZR 114/08, NJW 2009, 1956 = FamRZ 2009, 1124 = FF 2009, 313; BGH, 16.12.2009 – XII ZR 50/08, FamRZ 2010, 357 m. Anm. Maier = NJW 2010, 937 m. Anm. Hoppenz = FF 2010, 150 m. Anm. Graba; BGH, 13.01.2010 – XII ZR 123/08, FamRZ 2010, 444 = NJW 2010, 1788 = FF 2010, 204 m. Anm. Schumann.
28 Viefhues, ZFE 2008, 44, 45; Menne/Grundmann, S. 52 ff. mit Fallbeispielen.
29 Dazu Viefhues, FamRZ 2010, 249, 251.
30 Peschel-Gutzeit, Rn. 52. Borth, FamRZ 2008, 2, 7; zur Betreuung durch **Verwandtes**. u. Rdn. 274 und Rdn. 661.
31 Zur Darlegungslast s. u. Rdn. 60 und Rdn. 73.

c) Vorgabe für den zeitlichen Umfang der Erwerbstätigkeit

48 Stellt man folglich allein auf die mögliche außerhäusliche Betreuung ab und sieht man diese im konkreten Fall als sachgerecht und mithin für das Kind zumutbar an, ergibt sich der zeitliche Rahmen einer Erwerbstätigkeit der Mutter **unabhängig vom Alter des Kindes** erst einmal allein aus dem **Zeitrahmen dieser konkreten Fremdbetreuung**. Die Frage der Zumutbarkeit für die Mutter aufgrund einer Überbelastungssituation ist davon zu trennen! (Dazu s. u. Rdn. 54).

49 ▶ **Fallbeispiel:**

Das Kind ist von morgens 8:00 Uhr bis nachmittags um 17:00 Uhr in der Kindertagesstätte. Diese Zeit der außerhäuslichen Betreuung bildet auch den äußeren Rahmen für die mögliche Erwerbstätigkeit der Kindesmutter. Dabei ist es unerheblich, ob das Kind 3 Jahre oder 6 Jahre alt ist. Entsprechendes gilt auch dann, wenn das ältere Kind während der gleichen Tageszeiten die Ganztagsschule oder den Hort besucht.

50 Ist dagegen tatsächlich nur eine Betreuung während der Vormittagsstunden sichergestellt, orientiert sich die Erwerbsobliegenheit – ebenfalls unabhängig vom Alter des Kindes – erst einmal an diesem vorgegebenen äußeren zeitlichen Rahmen.

51 Jedoch müssen die **zeitlichen Rahmenbedingungen der Kindesbetreuung mit den zeitlichen Rahmenbedingungen der Erwerbstätigkeit übereinstimmen** (täglicher Arbeitsbeginn und Arbeitsende, Fahrtzeiten von der Wohnung zur Arbeitsstätte, Bringzeiten zur Kinderbetreuung,[32] wöchentliche Arbeitszeiten, Überstunden, Urlaubszeiten, Betriebsferien).[33]

52 Steht keine – zeitlich passende – Betreuungsmöglichkeit zur Verfügung, die sich mit den zeitlichen Rahmenbedingungen der (möglichen) Erwerbstätigkeit des betreuenden Elternteils deckt, führt dies zu einer entsprechenden **Einschränkung der Erwerbsobliegenheit**.

53 Wird das Kind jedoch in einer **Betreuungseinrichtung versorgt**, besteht während **dieser Zeiten eine entsprechende Erwerbsobliegenheit**. Daran ändert sich auch nichts, wenn das Kind z. B. besondere Probleme aufweist, wie z. B. eine Sprachstörung (zum Problemkind s. u. Rdn. 75).[34]

Ein Billigkeitsanspruch aus § 1570 Abs. 1 BGB aus kindbezogenen Gründen scheidet auch dann aus, wenn **das Kind ein Entwicklungsstadium erreicht hat**, in dem es in dem – für den Betreuungsunterhalt regelmäßig bedeutsam werdenden – **Zeitraum**

---

32 Dazu BGH, 18.04.2012 – XII ZR 65/10, NJW 2012, 1868; OLG Köln, 26.05.2009 – 25 UF 162/08, FamRZ 2009, 2011, 2012.
33 Viefhues, ZFE 2008, 44, 47; Wever, FamRZ 2008, 553, 558; Meier, FamRZ 2008, 101, 103; Kemper, FuR 2008, 169, 174.
34 OLG Hamm, FPR 2008, 311 m. Anm. Erdrich = NJW-Spezial 2008, 324 = NJW 2008, 2049, m. Anm. Born.

zwischen Schulschluss und Beendigung der Erwerbstätigkeit des betreuenden Elternteils sich selbst überlassen werden kann und deswegen auch keiner durchgehenden persönlichen Betreuung durch einen Elternteil mehr bedarf.[35]

d) Überobligatorische Belastungen

Die Aufgaben der gesamten Haushaltsführung und die sonstige Beschäftigung mit dem Kind (Hausaufgabenbetreuung, Arztbesuche, sportliche und musische Aktivitäten usw.) können zwar – zumindest teilweise[36] – zeitlich außerhalb der Tageszeiten der außerhäuslichen Betreuung erbracht werden, stellen aber eine **zusätzliche zeitliche Belastung** dar, die der betreuende Elternteil generell nicht zulasten seiner (sonstigen) Freizeit erbringen muss (**Doppelbelastung durch Beruf und Kindesbetreuung**). Damit lässt sich im konkreten Einzelfall rechtfertigen, für die Erwerbstätigkeit des betreuenden Elternteils einen geringeren Zeitraum als die gesamte Zeit der Fremdbetreuung anzusetzen, um so einen Ausgleich für die zulasten der eigenen Freizeit erbrachten Mehrleistungen zu gewähren.[37]

54

Dabei ist unter anderem zu berücksichtigen, dass am Morgen oder am späten Nachmittag und Abend regelmäßig weitere Erziehungs- und Betreuungsleistungen zu erbringen sind, die je nach dem individuellen Betreuungsbedarf des Kindes oder der Kinder in unterschiedlichem Umfang anfallen können. Gegen die Berücksichtigung dieser Umstände könnte darauf verwiesen werden, dass der dem Kind zu leistenden Betreuung nach der gesetzlichen Konzeption durch eine Entlastung des betreuenden Elternteils von der Barunterhaltspflicht Rechnung getragen werde (§ 1606 Abs. 3 Satz 2 BGB). Diese Wirkung wird jedoch dadurch zumindest teilweise wieder aufgehoben, dass der betreuende Elternteil bei Vorwegabzug des Kindesunterhalts über eine Reduzierung seines Unterhalts im wirtschaftlichen Ergebnis einen Teil des Barunterhalts mitzutragen hat. Die vom Gesetz angeordnete Billigkeitsabwägung nach § 1570 Abs. 1 Satz 2, 3 BGB lässt Raum für eine Einbeziehung dieses Umstands unter dem Gesichtspunkt einer gerechten Lastenverteilung zwischen unterhaltsberechtigtem und unterhaltspflichtigem Elternteil im Einzelfall.[38]

55

Derartige Umstände können daher den **zeitlichen Rahmen**, indem die Mutter erwerbstätig sein muss, **reduzieren** und einer vollschichtigen Erwerbstätigkeit entgegenstehen.[39]

56

---

35 BGH, 30.03.2011 – XII ZR 3/09; FamRZ 2011, 791 m. Anm. Norporth, FamRZ 2011, 873 = NJW 2011, 1582 m. Anm. Maurer; FamRZ 2010, 1050 m. Anm. Viefhues; vgl. auch BGH, 18.04.2012 – XII ZR 65/10, NJW 2012, 1868.
36 Vgl. KG, FamRZ 2008, 1942, 1943: Hausarbeiten und Einkäufe können während der Abwesenheit des Kindes gemacht werden, damit sich der betreuende Elternteil nach Rückkehr des Kindes diesem voll widmen kann.
37 BGH, 18.04.2012 – XII ZR 65/10, NJW 2012, 1868; BGH, FamRZ 2009, 770 Rn. 31; BGH, FamRZ 2008, 1739 Rn. 99 und BGH, 21.04.2010 – XII ZR 134/08, FamRZ 2010, 1050; Meier, FamRZ 2008, 101, 103 f.
38 BGH, 18.04.2012 – XII ZR 65/10, NJW 2012, 1868.
39 Borth, Rn. 62; vgl. Meier, FamRZ 2008, 101, 102; Viefhues, ZFE 2008, 44, 46.

Man käme so zu einer **Reduzierung der Stundenzahl einer zumutbaren Erwerbsobliegenheit**. Wird dennoch mehr gearbeitet, kann dementsprechend der überobligatorische Teil der Erwerbstätigkeit einer Billigkeitsanrechnung nach § 1577 Abs. 2 BGB unterworfen werden. Der BGH geht diesen Lösungsweg,[40] wobei das Einkommen im konkreten Fall vollkommen anrechnungsfrei belassen worden ist.[41]

Soweit der betreuende Elternteil die vorhandenen außerhäuslichen Betreuungsmöglichkeiten ausgenutzt hat, können bei dem verbleibenden Betreuungsbedarf – insb. bei mehreren Kindern – deren **sportlichen Aktivitäten** jedenfalls dann Berücksichtigung finden, wenn die Kinder wegen des **unzureichenden öffentlichen Nahverkehrs von der Mutter gefahren werden müssen**. Ein solcher nach der Schule bestehender besonderer Betreuungsbedarf der Kinder ist insb. dann zu berücksichtigen, wenn damit **an der während des Zusammenlebens praktizierten Organisation festgehalten werden kann**. Jedoch darf kein **Missverhältnis zu der durch die Betreuung gehinderten Erwerbstätigkeit entstehen**.[42]

57 Die gesetzliche Regelung bietet Raum für die Berücksichtigung schulischer Anforderungen an die Mitarbeit der Eltern (etwa Hausaufgabenbetreuung, Klassenpflegschaft usw.), deren Notwendigkeit und Üblichkeit jedoch immer **vom Unterhaltsberechtigten konkret vorgetragen** werden muss. Bei der Frage, ob die Aktivitäten unverändert fortgesetzt werden können, ist im Ausgangspunkt darauf abzustellen, in welcher Form diese vom Kind und den Eltern schon z. Zt. des Zusammenlebens der Familie durchgeführt wurden.[43]

Jedoch dürfen die vom Elternteil zu erbringenden Betreuungsleistungen und sonstigen Tätigkeiten nicht außer Verhältnis zu der dadurch gehinderten Erwerbstätigkeit stehen. Ggf. ist vom betreuenden Elternteil (und vom Kind) in Kauf zu nehmen, dass die **Abläufe abweichend organisiert** oder **Aktivitäten teilweise eingeschränkt werden**, damit sie mit einer Erwerbstätigkeit des Elternteils in Einklang gebracht werden können.[44]

58 Den in der Literatur vertretenen Ansatz, diese **Mehrbelastung** durch einen zusätzlichen pauschalen anrechnungsfreien Betrag (**allgemeiner Betreuungsbonus**) zu kompensieren, hat der BGH abgelehnt und stattdessen die **Notwendigkeit von konkreten Sachverhaltsfeststellungen** betont.[45]

---

40 BGH, 17.06.2009 – XII ZR 102/08, FamRZ 2009, 1391 = NJW 2009, 2592, m. Anm. Wever, FF 2009, 373, 375.
41 Krit. Wever, FF 2009, 373, 375.
42 BGH, 18.04.2012 – XII ZR 65/10, NJW 2012, 1868.
43 BGH, 18.04.2012 – XII ZR 65/10, NJW 2012, 1868.
44 BGH, 18.04.2012 – XII ZR 65/10, NJW 2012, 1868.
45 BGH, 18.04.2012 – XII ZR 65/10, NJW 2012, 1868; BGH, 24.06.2009 – XII ZR 161/08, FamRZ 2009, 1477; ebenso OLG Düsseldorf, 22.12.2009 – II-8 WF 155/09.

C. Ehegattenunterhalt für die Zeit nach Rechtskraft der Scheidung

▶ **Praxistipp:** 59

- Voraussetzung ist in jedem Fall, dass ein **konkreter Sachvortrag** zu den Umständen des Einzelfalles durch den Unterhaltsberechtigten erfolgt.[46] Konkret verlangt der BGH im Einzelfall Feststellungen zum genauen Umfang der zeitlichen Arbeitsbelastung im Rahmen einer Vollzeittätigkeit und zum Umfang der zusätzlichen Beanspruchung durch die Betreuung der gemeinsamen Kinder nach Beendigung einer Ganztagsbetreuung.
- Selbst wenn man von einer überobligatorischen Belastung des betreuenden Elternteils ausgeht, muss der **Umfang dieser Tätigkeit in angemessener Relation** zum gesamten täglichen Zeitablauf des betreuenden Elternteils gesehen werden. Ist das Kind in einer Ganztagsbetreuungseinrichtung, lässt es sich dann aber kaum begründen, die Überlastung quasi mit einem täglichen 6 bis 8-stündigen Zeiteinsatz anzusetzen, um so im Ergebnis die Erwerbsobliegenheit auf ein nur noch sehr geringes Maß zurückzuführen.
- Dementsprechend hat der BGH auch deutlich gemacht, dass der Gesichtspunkt der Doppelbelastung allenfalls zu einer **Reduzierung der Erwerbsobliegenheit** führen kann, **nicht aber zu einem vollen Unterhaltsanspruch**. Daher kann auch der Elternteil, der ein mehr als 3 Jahre altes Kind betreut, nicht gänzlich von einer Erwerbsobliegenheit freigestellt werden.[47]

e) Checkliste

▶ **Checkliste für den Sachvortrag** 60

Erforderlich ist also immer ganz **konkreter und ausreichender Sachvortrag** zu den folgenden Gesichtspunkten:

Zur Situation des Kindes:
- Wenn das Kind bereits in einer außerhäuslichen Betreuung ist:
  - Wie ist die tatsächliche Betreuungssituation des Kindes?
    Relevant ist v. a. der zeitliche Umfang.
    Ggf. stellt sich bei einer begrenzten Betreuung die Frage nach Alternativen.
  - In welchem Umfang ergeben sich Bring- und Abholzeiten für die Mutter?
  - Welcher zeitliche Rahmen bleibt für die Erwerbstätigkeit der Mutter?
  - Muss der objektiv bestehende zeitliche Rahmen weiter eingeschränkt werden?
    Durch Gesichtspunkte im beruflichen Bereich der Mutter, z. B. nur beschränkte

---

46 Gerhardt, NJW-Spezial 2008, 228, 229. Bei 16 Jahre alten Kindern scheidet ein Betreuungsbonus aus, vgl. OLG Celle, 02.10.2008 – 17 UF 97/08, FamRZ 2009, 56 = NJW 2009, 521 = FuR 2009, 172 m. krit. Anm. Soyka.
47 BGH, 16.07.2008 – XII ZR 109/05, FamRZ 2008, 1739 m. Anm. Maurer, FamRZ 2008, 1831 = FF 2008, 366 m. Anm. Viefhues; vgl. auch Viefhues, ZFE 2008, 364; OLG Köln, FamRZ 2009, 518; OLG Celle, FuR 2009, 628 = FamFR 2009, 46 = NJW 2010, 79 = ZFE 2010, 26 = FPR 2009, 594; OLG Hamm, NJW 2009, 3446.

berufliche Einsatzmöglichkeiten, die sich mit den zeitlichen Rahmenbedingungen der Kindesbetreuung nicht zur Deckung bringen lassen.
Durch Gesichtspunkte im privaten Bereich, z. B. persönlicher Mehraufwand durch die Betreuung des Kindes (dazu s. u., Rdn. 54 ff.)
- **Wenn das Kind noch nicht in einer außerhäuslichen Betreuung ist:**
  - Welche Möglichkeiten der Kinderbetreuung bestehen im Umfeld?
  - Warum werden diese Möglichkeiten nicht genutzt?
  - Wann sind ggf. erfolglose Bemühungen unternommen worden, diese Möglichkeiten zu nutzen?

Zur beruflichen Situation des betreuenden Elternteils:
- **Wenn bereits eine berufliche Tätigkeit ausgeübt wird:**
  - Ist diese nach zeitlichem Umfang und beruflicher Vorbildung angemessen oder wäre eine Ausweitung (= höheres eigenes Einkommen) möglich?
- **Wenn noch keine berufliche Tätigkeit ausgeübt wird:**
  - Welche beruflichen Möglichkeiten hat der betreuende Elternteil?
  Berufliche Qualifikation: Ausbildung, Berufserfahrung, Dauer der Berufsunterbrechung usw.
  Zeitlich möglicher Einsatz = Zeitraum der Fremdbetreuung des Kindes.
  Welche Bemühungen wurden unternommen, eine Erwerbstätigkeit aufzunehmen?

61 ▶ Hinweis:

Für die Beurteilung von Erwerbschancen ist auf denjenigen Zeitpunkt abzustellen, in welchem die Obliegenheit einsetzt.[48] Wird – trotz bestehender Erwerbsobliegenheit – die Aufnahme der Berufstätigkeit hinausgezögert, kann sich dies später zum Nachteil des Erwerbspflichtigen auswirken.

f) Veränderungen der Betreuungssituation

62 Die Betreuungssituation kann sich aufgrund objektiver Gegebenheiten ändern (**Wechsel in die Grundschule oder zur weiterführenden Schule**) mit der Folge, dass auch der Unterhaltsanspruch wieder aufleben kann.[49] Denn vielfach ist die Betreuungssituation bei älteren Kindern schlechter als bei Kindergartenkindern (Schule, Ganztagsschule, Hort), sodass dies zu einer Verringerung der Erwerbsobliegenheiten führen kann.[50]

63 Eine solche, durch objektive Umstände ausgelöste und nicht vermeidbare Verschlechterung der Betreuungssituation führt dazu, dass der Unterhaltsanspruch wieder auflebt.

---

48 Vgl. BGH, FamRZ 2008, 2105, 2106 m. Anm. Schürmann; OLG Stuttgart, 15.09.2009 – 17 UF 128/09, FuR 2010, 52.
49 Viefhues, ZFE 2008, 44, 48.
50 Instruktiv dazu OLG Schleswig, 19.01.2009 – 15 UF 124/08, FuR 2009, 479 = FPR 2009, 322.

C. Ehegattenunterhalt für die Zeit nach Rechtskraft der Scheidung   Kapitel 3

Daher werden **unterhaltsrechtliche Entscheidungen verstärkt nur noch temporärer Natur** sein.[51]

▶ **Praxistipp:**   64

- Folge von der temporären Natur unterhaltsrechtlicher Entscheidungen sind **Unsicherheiten** und **geringere Planbarkeit** für beide Elternteile.
- Selbst wenn eine Ganztagsbetreuung aktuell sichergestellt ist, kann sich der Unterhaltspflichtige nicht auf einen »sicheren« Wegfall des Unterhaltsanspruchs für die gesamte Dauer verlassen, denn der Unterhaltsanspruch kann später wieder aufleben. Umgekehrt gibt es auch bei aktuell fehlender Betreuungsmöglichkeit keine »sichere« Fortdauer des Unterhaltsanspruchs, denn die Betreuungssituation kann sich verbessern. Der Betreuungsunterhalt ist der einzige Unterhaltstatbestand, der **keine lückenlose »Unterhaltskette«** voraussetzt.[52]
- Für die anwaltliche und gerichtliche Praxis bedeutet dies aber eine größere Zahl zusätzlicher Unterhaltsverfahren – und auch regelmäßig neue VKH.

g) Zeitlicher Beginn der Erwerbsobliegenheit

Zwar setzt die eigentliche Erwerbsobliegenheit des betreuenden Elternteils erst ein,   65
wenn die vom Gesetz eingeräumte Phase der persönlichen Erziehung beendet ist. Er ist jedoch grds. schon vorher gehalten, die **Wiedereingliederung in das Erwerbsleben vorzubereiten.** Der Beginn der Obliegenheit zur Arbeitssuche kann schon vor dem Ende der Betreuungsphase liegen, wenn bei einem gesunden Kind das Ende der Betreuungsbedürftigkeit klar absehbar ist.[53]

Dies bedeutet nach den Maßstäben des neuen Unterhaltsrechts ganz konkret, dass auch die Möglichkeiten einer späteren außerhäuslichen Betreuung bereits vor dem dritten Geburtstag des Kindes eruiert und rechtzeitig, ggf. schon vorbereitend, angegangen werden müssen.[54] Der betreuende geschiedene Elternteil muss daher z. B. das Kind rechtzeitig in einem Kindergarten anmelden und darf damit nicht warten, bis das Kind 3 Jahre alt geworden ist.

Zwar soll auch bei gegebener Erwerbsmöglichkeit kein abrupter Wechsel von der elterlichen Betreuung zu einer Vollzeiterwerbstätigkeit erfolgen; vielmehr ist nach Maßgabe der kindbezogenen (§ 1570 Abs. 1 Satz 3 BGB) und elternbezogenen (§ 1570 Abs. 2 BGB) Gründe ein gestufter Übergang bis hin zu einer Vollzeiterwerbstätigkeit möglich.[55] Für die Übergangszeit ist auch die Zeit von der Trennung bis zur Scheidung zu berücksichtigen, soweit hier – etwa nach Ablauf des sog. Trennungsjahres – aufgrund

---

51 Viefhues, ZFE 2008, 44, 48.
52 Büte/Poppen/Menne, § 1569 BGB Rn. 8.
53 Bamberger/Roth/Beutler, BGB, § 1570 Rn. 21.
54 Peschel-Gutzeit, Rn. 52; Borth, Rn. 64; Borth, FamRZ 2008, 2, 7; Wever, FamRZ 2008, 553, 556.
55 BGH, FamRZ 2009, 1391 Rn. 19 ff.; BGH, FamRZ 2011, 791 Rn. 20 m. w. N.

Viefhues   115

der Umstände des Einzelfalls bereits dem nachehelichen Unterhalt entsprechende Anforderungen an die Erwerbsobliegenheit des Unterhaltsberechtigten bestehen.[56]

4. Bedeutung der früheren gemeinsamen Lebensplanung der Eltern

66 Die Frage, welche Bindungswirkung sich aus einer **gemeinsamen Lebensplanung** der Eltern ergibt, ist noch nicht abschließend geklärt. Hieraus könnte sich ein Vertrauenstatbestand als Nachwirkung der Ehe ergeben.

Nach einer Ansicht wird auch im Fall des Scheiterns einer **gemeinsamen Lebensplanung** im konkreten Einzelfall zu berücksichtigen sein, welche gemeinsamen Vorstellungen für die Erziehung des Kindes maßgeblich waren und welcher Stellenwert ihnen nach der Scheidung der Ehe noch zukommt. Denn was Eltern einmal gemeinsam für die Entwicklung ihres Kindes für richtig befunden haben, verliere nicht ohne Weiteres seine Gültigkeit mit der Scheidung der Ehe.[57]

Die Gegenansicht[58] stellt darauf ab, mit der Scheidung der Ehe habe auch ein zuvor **einvernehmlich festgelegtes Erziehungskonzept**, das eine Fremdbetreuung der Kinder ausschließt, seine Grundlage verloren. Der dem § 1570 BGB zugrunde liegende Gedanke ist zu beachten, dass ein individuelles Erziehungskonzept mit rechtskräftiger Scheidung nicht fortgesetzt werden kann.[59] Das Prinzip der Entscheidungszuständigkeit des betreuenden Elternteils, wie er seine Erziehungsverantwortung ausüben will,[60] darf nicht einseitig auf Kosten des anderen Elternteils ausgeübt werden und wird daher eingeengt. Bereits nach bisherigem Recht und der Rechtsprechung zum Altersphasenmodell kam es nicht entscheidend auf den Willen des betreuenden Elternteils an, sondern auf die von der Rechtsprechung entwickelten objektiven Kriterien.[61] Die neue gesetzliche Regelung stellt auch ausdrücklich nicht auf den Willen des betreuenden Elternteils ab,[62] sondern auf nachzuweisende ursächliche Umstände, die eine Verlängerung des Betreuungsunterhalts rechtfertigen. Der Wunsch des Elternteils, das Kind weiter selbst betreuen zu können, ist kein Billigkeitsgrund.[63]

67 Der BGH hat die Möglichkeit eines **gewissen Vertrauenstatbestands** anerkannt, der sich beim Nachscheidungsunterhalt aus den Nachwirkungen der Ehe und beim Unterhaltsanspruch der nichtehelichen Mutter gem. § 1615l BGB aus einem tatsächlichen Zusammenleben der Eltern mit dem Kind (Nachwirkungen der Familie) ergeben kann. Der BGH hat aber gleichzeitig ausdrücklich betont, dass die gesetzliche Regel,

---

56 BGH, 18.04.2012 – XII ZR 65/10, NJW 2012, 1868.
57 Borth, FamRZ 2006. 814, Reinken, FPR 2005, 502, 503; Schwab, FamRZ 2005, 1417, 1418; so wohl auch Meier, FamRZ 2008, 101, 102.
58 Borth, Rn. 58; Viefhues/Mleczko, Rn. 192.
59 Borth, FamRZ 2008, 2, 8.
60 BVerfG, FamRZ 2001, 343, 347 ff.
61 Borth, Rn. 58.
62 Vgl. Bamberger/Roth/Beutler, BGB, § 1570 Rn. 16.
63 Schramm, NJW-Spezial, 2007, 596.

wonach der Betreuungsunterhalt grds. nur für 3 Jahre geschuldet ist und eine Verlängerung über diesen Zeitraum hinaus ausdrücklich begründet werden muss, nicht in ihr Gegenteil verkehrt werden darf.[64]

▶ **Hinweis:** 68

Auch wenn man von der grundsätzlichen Bindung eines früher gemeinsam festgelegten Erziehungskonzeptes ausgeht, basiert dieses nicht nur auf gemeinsamen pädagogischen Überlegungen, sondern auch auf bestimmten **tatsächlichen Umständen**, die sich aufgrund der Trennung und Scheidung **nachhaltig geändert** haben. Eine starre, uneingeschränkte Bindung ist daher kaum vertretbar (vgl. auch den Rechtsgedanken des § 238 FamG [*früher § 323 ZPO*]).

Im Einzelfall kann aber durchaus argumentativ nachvollziehbar dargelegt werden, dass die **Änderung der tatsächlichen Umstände relativ gering** war und die frühere gemeinsame Planung daher eine stärkere Bedeutung behalten hat.

Soweit eine **ehevertragliche Regelung** geschlossen worden ist, die bis zum Erreichen eines bestimmten Kindesalters eine Erwerbstätigkeit des betreuenden Elternteils ausschließt, bindet diese zwar, es kann dann aber eine Anpassung nach § 313 BGB an die neue Gesetzeslage verlangt werden.

Verfahrensrechtlich stellt sich die Frage,
- ob der alleinige Sorgerechtsinhaber die Art und Weise der Betreuung des Kindes verbindlich bestimmen kann (dann wäre ggf. ein gesondertes Sorgerechtsverfahren nach den Regeln der §§ 151 ff. FamFG erforderlich)[65] oder
- ob diese Frage incident im Unterhaltsrechtsstreit entschieden werden muss (nach den Verfahrensregelungen der Familienstreitsache).[66]

Besteht gemeinsames Sorgerecht, wäre ggf. ein **Verfahren gem. §§ 1687, 1628 BGB** erforderlich.

Der BGH hat in keiner seiner zahlreichen Entscheidungen zu den Fragen des § 1570 BGB die Durchführung eines sorgerechtlichen Verfahrens verlangt, sondern regelmäßig die Fragen, die im Zusammenhang mit dem Kindeswohl und entsprechenden Entscheidungskompetenzen der Eltern anstehen, **im Unterhaltsverfahren mit entschieden.**

---

64 BGH, 16.07.2008 – XII ZR 109/05, Rn. 100 = BGH, FamRZ 2008, 1739 m. Anm. Maurer, FamRZ 2008, 1831 = FF 2008, 366 m. Anm. Viefhues; BGH, 16.12.2009 – XII ZR 50/08; BGH, 13.01.2010 – XII ZR 123/08.
65 So wohl Soyka, FuR 2009, 702.
66 So Büte, FuR 2008, 309, 311.

5. Betreuungsangebote des anderen Elternteils

69 In der Praxis stellt sich auch die Frage, ob der Unterhaltsberechtigte **Angebote des Unterhaltspflichtigen** annehmen muss, die Betreuung des Kindes zeitweise selbst zu übernehmen. Diese Frage ist grds. zu bejahen.

Der BGH hat anerkannt, dass grds. auch der **barunterhaltspflichtige Elternteil als Betreuungsperson** in Betracht zu ziehen ist, wenn er dies ernsthaft und verlässlich anbietet.[67]

70 Die Gegenansicht[68] lehnt eine solche Verpflichtung des betreuenden Elternteils ab mit der Begründung, dieser brauche nur Hilfen nutzen, die ihn bei seiner Betreuungsaufgabe im Rahmen seines bestehenden Sorgerechtsverhältnisses unterstützen. Er müsse aber nicht die teilweise Ersetzung seines Betreuungsverhältnisses mit unterhaltsrechtlichen Mitteln hinnehmen. Diese Ansicht dürfte nach der Entscheidung des BGH nicht mehr zu halten sein. Denn auch hier geht es nicht – abstrakt – um die Entscheidungskompetenz auf der Basis des Elternrechts, sondern um unterhaltsrechtliche Fragen, bei denen das Gesetz maßgeblich auf das – rein objektive zu bewertende – Kindeswohl abstellt.

71 Der BGH verfolgt zutreffend den umgekehrten Ansatz und wertet ein solches ernst zu nehmendes und praktikables Angebot **positiv als Entlastung der betreuenden Mutter, um ihr die Möglichkeit zu geben, einer Erwerbstätigkeit nachzugehen.** Zumutbar ist dann auch, das Umgangsrecht entsprechend umzugestalten. Dies entspricht einem allgemeinen unterhaltsrechtlichen Grundsatz: Unterhaltsberechtigte und Unterhaltspflichtige müssen alle vorhandenen Möglichkeiten nutzen, ihre Erwerbschancen zu verbessern, Hindernisse für ihre Erwerbstätigkeit zu reduzieren, ihr Einkommen zu erhöhen und einkommensmindernde Belastungen abzubauen.

72 Prüfungsmaßstab ist jedoch immer das Wohl des Kindes, wogegen rein finanziell motivierte, unterhaltsrechtliche Erwägungen dahinter zurücktreten müssen. In der Praxis muss daher in diesen Fällen genau geprüft werden,
– ob das Betreuungsangebot ausreichend konkret dargelegt wird,
– wie die angebotene Lösung in der Praxis tatsächlich funktionieren soll,
– ob der Elternteil, der die Betreuung anbietet, die notwendige Verlässlichkeit bietet,
– oder ob es sich dabei nicht lediglich um »**Lippenbekenntnisse**« handelt
– und wie das angebotene Betreuungsangebot praktisch und auf Dauer handhabbar ist (**Verlässlichkeit, Vereinbarkeit mit dem Kindeswohl**).

---

67 BGH, 18.04.2012 – XII ZR 65/10; BGH, FamRZ 2011, 1209 m. Anm. Viefhues; BGH, NJW 2010, 3369 m. Anm. Born = ZFE 2010, 467 = FamRZ 2010, 1880 = FF 2010, 490 m. Anm. Viefhues; vgl. auch OLG Karlsruhe, FamRZ 2011, 1601.
68 So z.B. Niepmann/Schwamb, NJW 2010, 2400, 2403 m.w.N.; Niepmann/Schwamb, NJW 2011; 2404, 2407; Büttner/Niepmann, Rn. 473 m.w.N.

Außerdem ist zu prüfen, ob das Kind durch die verschiedenen Kombinationen der Betreuung (Mutter, Kindergarten, Vater, ggf. weitere Verwandte) nicht zu sehr belastet wird (sog. **Betreuungshopping**).[69]

Bei höchst zerstrittenen geschiedenen Eltern dürfte eine solche konflikträchtige Regelung kaum den Kindesinteressen entsprechen.[70]

▶ **Praxistipp:**

- Von entscheidender Bedeutung ist in der Praxis, wie der andere Elternteil die zeitweise Betreuung des Kindes mit seinen eigenen beruflichen Verpflichtungen vereinbaren will.[71]
- Bei einem solchen Angebot muss zumindest eine konkrete Zeitplanung vorgelegt werden.
- Die bislang ergangenen obergerichtlichen Entscheidungen haben die Betreuungsangebote des anderen Elternteils nicht generell als unbeachtlich angesehen, sondern jeweils allein aufgrund der konkreten Umstände als reines Verbalangebot oder aufgrund bestehender Streitigkeiten als Unzumutbar für das Kind abgelehnt.

Die **Darlegungslast** liegt bei dem Elternteil, der sich einem ernsthaften und substantiiert vorgebrachten Betreuungsangebot durch den anderen Elternteil widersetzt.[72]

Ist bereits eine am Kindeswohl orientierte **Umgangsregelung** vorhanden, ist diese grds. vorgreiflich,[73] denn es sollte vermieden werden, das Unterhaltsverfahren mit einem Umgangsverfahren zu vermengen.[74] Auch der Versuch, eine erweiterte Erwerbsobliegenheit durch eine Abänderung einer bestehenden Umgangsregelung durchzusetzen, dürfte daher wenig Aussicht auf Erfolg haben. Denn bei diesem Anliegen stehen wirtschaftliche Interessen des unterhaltspflichtigen Elternteils im Vordergrund, nicht aber das für die Umgangsregelung maßgebliche Wohl des Kindes (§ 1696 Abs. 1 BGB).

Die Berufung auf einen **Loyalitätskonflikt** des Kindes scheidet praktisch aus, wenn ein regelmäßiger Umgang mit dem Vater stattfindet.[75]

---

69 OLG Hamm, NJW 2009, 3446-3448 = FamRZ 2010, 570; OLG Hamm, FuR 2009, 698 = FamRZ 2009, 2093 m. Anm. Borth = FF 2009, 501 = NJW 2010, 947; Reinken, FPR 2010, 125, 127.
70 OLG Celle, 12.08.2008 – 10 UF 77/08, NJW 2008, 3441 = NJW-Spezial 2009, 4 = FamRZ 2009, 975; OLG Hamm, FamFR 2011, 541; Schilling, FF 2008, 279, 281; Reinken, FPR 2010, 125, 127.
71 BGH, FamRZ 2011, 791 m. Anm. Norpoth, FamRZ 2011, 873 = NJW 2011, 1582 m. Anm. Maurer = FuR 2011, 392.
72 OLG Saarbrücken, 10.12.2009 – 6 UF 110/08, ZFE 2010, 113.
73 BGH, 15.09.2010 – XII ZR 20/09, FamRZ 2010, 1880-1884.
74 Vgl. auch NK-BGB/Schilling § 1615 l Rn. 12; Born, NJW 2011, 2433, 2434.
75 BGH, 15.09.2010 – XII ZR 20/09, FamRZ 2010, 1880-1884.

6. Problemkindfälle

75 Bei den sog. Problemkindfällen sind folgende Aspekte zu beachten:[76]
- Ein Problem des Kindes und seine konkreten Auswirkungen auf die Erwerbsfähigkeit müssen substanziiert dargelegt werden.
- Während der Abwesenheit des Kindes hindert das Problem nicht an einer Erwerbstätigkeit.
- Kann (nur) der betreuende Elternteil das Problem beseitigen oder ist professionelle Unterstützung erforderlich?[77]
- **Behebbare Probleme** des Kindes müssen **aktiv abgearbeitet werden** (darzulegende Obliegenheit des betreuenden Elternteils).[78]
- Die **Motivationslage des betreuenden Elternteils** ist zu beachten:
  - Das Problem des Kindes ist die rechtliche Basis des Unterhaltsanspruchs des betreuenden Elternteils, aber
  - der Elternteil hat die Obliegenheit zum Abbau des Problems!
- Rechtsfolge eines festgestellten Problems:
  - Probleme des Kindes sind i. d. R. **temporärer Natur**, bieten folglich keinen Grund für einen Unterhaltsanspruch auf Dauer.
  - Probleme des Kindes können kaum eine völlige Freistellung von der Erwerbstätigkeit rechtfertigen.

76 Differenziert man einmal nach den möglichen Problemen des Kindes, sind v. a. folgende **Fallgestaltungen** in der Praxis denkbar:
- die nicht bewältigte Trennung der Eltern,
- Erkrankungen/gesundheitliche Probleme,
- schulische Probleme, insb. beim Wechsel der Schule,[79]
- Erziehungsschwierigkeiten.

77 Bei Problemen, die sich aus der **nicht bewältigten Trennung** ergeben, hat der BGH deutlich einschränkend klargestellt:[80]

»Da sich die Regelung in § 1570 BGB auf Kinder aus Scheidungsfamilien bezieht, kann aus der Tatsache, dass die betroffenen Kinder **unter der Elterntrennung regelmäßig leiden**, für sich genommen noch nicht ohne weiteres hergeleitet werden, dass bestehende Betreuungsmöglichkeiten nicht oder nur eingeschränkt in Anspruch genommen werden müssten. Einschränkungen ergeben sich hier nur dann, wenn das Kind **unter der Trennung** »besonders leidet und daher der persönlichen Betreuung durch einen Elternteil bedarf« (BT-Drucks. 16/6890 S. 9), was als kindbezogener Grund im Einzelfall vom unterhaltsberechtigten Elternteil darzulegen und ggf. zu beweisen ist.«

---

76 Ausführlich Viefhues, FF 2011, 153; krit. zur Rspr. des BGH: Erbarth, FamRZ 2012, 340.
77 BGH, 06.05.2009 – XII ZR 114/08, NJW 2009, 1956 = FamRZ 2009, 1124 = FF 2009, 313 = ZFE 2009, 271.
78 Menne, FamRB 2008, 110, 114.
79 OLG Brandenburg, FamRZ 2011, 1301 = FamFR 2011, 224.
80 BGH, 18.04.2012 – XII ZR 65/10, NJW 2012, 1868.

▶ **Praxistipp:**

- Um unterhaltsrechtliche Bedeutung zu erlangen, muss das Problem des Kindes sich daher gerade auf die – gegenwärtige – Möglichkeiten des betreuenden Elternteils, einer Erwerbstätigkeit nachzugehen, ganz konkret auswirken. Daher ist die Frage der Kausalität von entscheidender Bedeutung.[81]
- Diese Zusammenhänge müssen im anwaltlichen Sachvortrag dezidiert herausgearbeitet werden. Rein pauschale Ausführungen lehnt der BGH ab.
- Entscheidend ist dabei, dass der betreuende Elternteil während der Zeit der Fremdbetreuung des Kindes nicht an einer Erwerbstätigkeit gehindert ist.[82]
- Eine Einschränkung der zumutbaren Erwerbstätigkeit kann sich nur aus dem Gesichtspunkt der überobligatorischen Belastung ergeben.
- Das Bestehen eines Problems sagt noch nichts darüber aus, durch wen eine solche zusätzliche Betreuung sichergestellt werden kann.[83]
- Daher führen Probleme beim Kind nicht automatisch dazu, den betreuenden Elternteil von Erwerbsobliegenheiten freizustellen. Unterhaltsrechtliche Bedeutung hat ein solches Problem des Kindes allein, wenn nur der betreuende Elternteil dieses Problem lösen kann und wegen des damit verbundenen Zeitaufwandes in seiner Berufstätigkeit eingeschränkt ist.[84] All dies muss substanziiert dargetan werden!

7. Befristung des Betreuungsunterhaltes

Materiell-rechtlich enthält der Anspruch aus § 1570 Abs. 1 Satz 2 BGB eine immanente Befristung, denn er ist auf die Dauer der Betreuungsnotwendigkeit begrenzt (»solange und soweit«), jedoch führt dies nicht automatisch zu einer Befristung des Titels. Spätere Veränderungen der Situation sind vom Unterhaltspflichtigen im Wege des Abänderungsantrags durchzusetzen. Denn hier bleibt es für die Zukunft bei den gleichen rechtlichen Grundlagen des Anspruchs, lediglich die Tatsachenlage ändert sich. Eine **Befristung scheidet in aller Regel aus**, weil die **Veränderungen in der Betreuungssituation** nicht mit ausreichender Sicherheit vorhersehbar sind und daher eine Prognose nicht getroffen werden kann.

78

Der **BGH** lehnt daher eine **Befristung des Betreuungsunterhaltsanspruchs ab** und führt zur Begründung aus, dass es sich bei dem Anspruch nach § 1570 BGB um einen

79

---

81 BGH, NJW 2011, 2646 m. Anm. Mleczko = FamRZ 2011, 1375; krit. Löhning/Preisner, FamRZ 2011, 1537.
82 BGH, FamRZ 2010, 802 m. Anm. Viefhues = NJW 2020, 1665; OLG Hamm, FPR 2008, 311 m. Anm. Erdrich = NJW 2008, 2049 m. Anm. Born; Klein, in: Weinreich/Klein, FA-Komm FamR, § 1570 Rn. 56;[81] OLG Karlsruhe, FamRZ 2011, 1601.
83 BGH, 06.05.2009 – XII ZR 114/08, NJW 2009, 1956 = FamRZ 2009, 1124 = FF 2009, 313 = ZFE 2009, 271.
84 Einzelheiten s. Viefhues/Mleczko, Rn. 155 ff.

Kapitel 3 Materielle Voraussetzungen des Unterhaltsanspruchs

einheitlichen Anspruch handelt.[85] § 1570 BGB enthält ggü. der allgemeinen Norm des § 1578b BGB eine Sonderregelung für die Billigkeitsabwägung.[86] Nur dann, wenn im Zeitpunkt der Entscheidung für die Zeit nach Vollendung des dritten Lebensjahres absehbar keine kind- oder elternbezogenen Verlängerungsgründe mehr vorliegen, ist ein künftiger Betreuungsunterhalt zu befristen.

80 Allerdings ist in der Praxis immer zu beachten, dass neben dem Anspruch auf Betreuungsunterhalt auch ein **Aufstockungsunterhaltsanspruch gem. § 1573 BGB** in Betracht kommen kann.[87] Eine Befristung scheidet hier nach Ansicht des BGH i. d. R. schon mangels hinreichend klarer Prognose über den Umfang einer künftigen Erwerbsobliegenheit aus. Zudem steht einer Befristung dieses Anspruchs auch entgegen, dass i. d. R. nicht hinreichend sicher absehbar ist, ob die Antragstellerin infolge der Kindererziehung ehebedingte Nachteile erlitten hat oder noch erleiden wird.[88]

Der Betreuungsunterhalt ist in der Höhe **auf den betreuungsbedingten Ausfall einer früher ausgeübten oder möglichen Erwerbstätigkeit zu begrenzen** und der weiter gehende Unterhaltsanspruch i. S. d. Bedarfs nach § 1578 Abs. 1 Satz 1 BGB auf den Aufstockungsunterhalt gem. § 1573 Abs. 2 BGB zu stützen.[89]

8. Checkliste

81 ▶ Checkliste: Unterhalt wegen Kinderbetreuung

Es kommt entscheidend auf die **Umstände des Einzelfalles** an.
- Zur **Darlegung** der tatbestandlichen Voraussetzungen ist umfassender und detaillierter anwaltlicher **Sachvortrag** erforderlich.
- In der anwaltlichen **Beratung im Vorfeld** müssen der Mandant entsprechend **informiert** und die erforderlichen Sachverhaltsangaben **erfragt** werden. Dies sollte – schon aus haftungsrechtlichen Gründen – ausreichend dokumentiert werden!
- Dabei geht es um die folgenden **Gesichtspunkte:**
  - Ob und ggf. in welchem Umfang besteht eine **Betreuungsmöglichkeit** für das Kind?
  Kindergarten, Hort, Schule,
  angemessene Betreuung für das Kind,

---

85 BGH, FamRZ 2011, 1377 = NJW 2011, 2969 m. Anm. Mayer; BGH, FamRZ 2011, 1209; BGH, FamRZ 2011, 791 m, Anm. Norpoth FamRZ 2011, 873; BGH, FamRZ 2010, 1050 m. Anm. Viefhues; BGH, FamRZ 2009, 770 m. Anm. Borth FamRZ 2009, 960 = FF 2009, 321; s. Viefhues, ZFE 2009, 271; BGH, FamRZ 2009, 1391, BGH, NJW 2009, 1956 = FamRZ 2009, 1124; BGH, FamRZ 2009, 1391 ff.= NJW 2009, 2592 ff.
86 Schwab, FamRZ 2005, 1417, 1419; Borth, Rn. 155; Peschel-Gutzeit, Rn. 57; Viefhues/Mleczko, Rn. 335; Palandt/Brudermüller, BGB, § 1578b Rn. 5.
87 Zu Abgrenzungsproblemen s. Hahnenstein, FamRZ 2009, 1985, 1986.
88 Krit. hierzu Soyka, FuR 2009, 396; vgl. auch OLG Hamm, FuR 2009, 689, 701.
89 BGH, 21.04.2010 – XII ZR 134/08, FuR 2010, 463; BGH, FamRZ 2010, 1050 m. Anm. Viefhues; dazu s. u. Rdn. 34 f.

Zuverlässigkeit der Betreuungsmöglichkeiten speziell im Hinblick auf die beruflichen Anforderungen des betreuenden Elternteils,
bisherige Betreuungsmöglichkeiten,
Zeiträume während des Tages, in denen das Kind unbeaufsichtigt bleiben kann,[90]
Vorsorge für den Krankheitsfall des Kindes und für Ferienzeiten.
- Welche konkreten **Bemühungen** sind unternommen worden, um das **Kind dort unterzubringen** und
- welche Bemühungen um eine Erwerbstätigkeit sind unternommen worden?
Möglichkeiten der Erwerbstätigkeit unter Berücksichtigung des konkreten Betreuungsangebots,
Zumutbarkeit der Erwerbstätigkeit und des konkreten Umfanges,
Beachtung des Kindeswohls (Entwicklungsstand, persönliches Betreuungsbedürfnis, Problemkind),
Gesundheit und Belastbarkeit des Elternteils,
Zeitaufwand für die Erwerbstätigkeit unter Einbeziehung der Anfahrtszeit zum Job und zur Kindesbetreuung.
Für die Beurteilung von Erwerbschancen ist auf denjenigen Zeitpunkt abzustellen, in welchem die Obliegenheit einsetzt.[91]

II. Unterhalt wegen Alters (§ 1571 BGB)

▶ **Das Wichtigste in Kürze** 82

- Keine starre Altersgrenze! → Rdn. 86
- Einsatzzeitpunkt beachten! → Rdn. 84
- Ununterbrochene Unterhaltskette bis zum Einsatzzeitpunkt! → Rdn. 85

Dieser – praktisch seltene – Anspruch kommt auch in Betracht, wenn die Berechtigte 83
das allgemeine Rentenalter von 65 Jahren noch nicht erreicht hat, aber von ihr eine angemessene Erwerbstätigkeit nicht mehr erwartet werden kann. Dies ist insb. dann der Fall, wenn eine berufliche Perspektive aufgrund des konkreten Lebensalters nicht mehr besteht und auch keine Ausbildung, Fortbildung oder Umschulung mehr sinnvoll ist.

Ist ein Unterhaltsberechtigter **altersbedingt nicht mehr erwerbstätig**, richtet sich sein Unterhalt für den durch die Rente nicht gedeckten Bedarf allein nach § 1571 BGB (Altersunterhalt). Demgegenüber setzt der Anspruch auf **Aufstockungsunterhalt** aus § 1573 Abs. 2 BGB voraus, dass der Unterhaltsberechtigte (altersbedingt) eine – zumindest **teilweise** – Erwerbstätigkeit ausübt.[92]

---

90 BGH FamRZ 2010, 1050 m. Anm. Viefhues.
91 Vgl. BGH, FamRZ 2008, 2105, 2106 m. Anm. Schürmann; OLG Stuttgart, 15.09.2009 – 17 UF 128/09, FuR 2010, 52.
92 BGH, 07.03.2012 – XII ZR 145/09.

Kapitel 3   Materielle Voraussetzungen des Unterhaltsanspruchs

84 Wichtig ist hier, dass die Tatbestandsvoraussetzungen zum **Einsatzzeitpunkt** des § 1571 BGB gegeben sein müssen, nämlich
 – bei der Scheidung,
 – bei der Beendigung der Pflege oder Erziehung eines gemeinschaftlichen Kindes,
 – beim Wegfall der Voraussetzungen des § 1572 BGB oder
 – beim Wegfall der Voraussetzungen des § 1573 BGB.

85 Der Anspruch auf Altersunterhalt gem. § 1571 BGB setzt voraus, dass bis zum Eintritt dieses Unterhaltstatbestands **unterbrochen** ein Unterhaltsanspruch, d. h. eine **Unterhaltskette** bestanden hat.[93] Es muss aber nicht tatsächlich auch Unterhalt gezahlt worden sein; daran kann es etwa fehlen, wenn der Unterhaltspflichtige in der Vergangenheit nicht leistungsfähig war.

86 Dabei ist gleichgültig, ob der unterhaltsberechtigte Ehegatte während der Ehe alt geworden ist oder bereits bei der Heirat alt gewesen ist. Jedoch muss das Alter zum Stichtag ursächlich für die Unzumutbarkeit der Erwerbstätigkeit sein. Es gibt keine feste Altersgrenze und keine gesetzliche Definition des Alters. Auch einer bei Scheidung 62 Jahre alten Ehefrau, die während des Zusammenlebens der Parteien ganz überwiegend einer Erwerbstätigkeit nachgegangen ist und durch keinerlei gesundheitliche Einschränkungen belastet ist, kann eine Teilzeittätigkeit zugemutet werden.[94]

87 ▶ **Praxistipp:**
 – Bedeutsam kann sein, dass die Unterhaltsberechtigte gem. § 34 Abs. 3 Nr. 1 SGB VI neben der Rente Einkünfte aus geringfügigen Beschäftigungsverhältnissen anrechnungsfrei erzielen darf.
 – Es muss daher durch den Berechtigten dargelegt und ggf. nachgewiesen werden, dass auch solche nicht zu finden oder zumutbar sind.
 – Solange das Rentenverfahren läuft und über die Bewilligung der Rente noch nicht entschieden ist, besteht ein aktueller unterhaltsrechtlich relevanter Bedarf der Berechtigten. Wird später eine Rente bewilligt, geschieht dies aber regelmäßig rückwirkend auf den Zeitpunkt der Antragstellung. Eine rückwirkende Anpassung eines titulierten Unterhaltsanspruchs ist jedoch nicht möglich. Während des laufenden Rentenverfahrens kann der Pflichtige der Berechtigten daher den Unterhalt ggf. als zins- und tilgungsfreies Darlehen anbieten, um spätere Rückabwicklungsprobleme zu vermeiden. Die Pflicht der Berechtigten zur Tilgung des Darlehens entfällt, wenn der Rentenantrag abgelehnt wird. Ansonsten erfolgt die Rückzahlung des Darlehensbetrags nach den individuell vereinbarten Konditionen dann aus der späteren Rentennachzahlung.[95] Diesen Anspruch auf Rentennachzahlung kann sich der Pflichtige nach § 53 Abs. 2 Satz 1 SGB I abtreten lassen (§ 53 Abs. 2 Satz 1 SGB I).

---

93 Vgl. Palandt/Brudermüller, BGB, § 1571 Rn. 2, § 1572 Rn. 2; BGH, FamRZ 2001, 1291.
94 OLG Saarbrücken, FamRZ 2008, 698 (zu § 1573 BGB).
95 BGH, NJW 1983, 1481.

C. Ehegattenunterhalt für die Zeit nach Rechtskraft der Scheidung   Kapitel 3

- Wendet sich der Unterhaltsschuldner gegen einen titulierten Unterhaltsanspruch, weil der Unterhaltsberechtigte zwischenzeitlich Rente bezieht, steht ihm für den Zeitraum vor Rechtshängigkeit ein Erstattungsanspruch aus § 242 BGB zu.[96] Folgende Besonderheiten dieses Erstattungsanspruchs sind zu beachten:
  - Der Berechtigte kann sich nicht auf den Wegfall der Bereicherung berufen.
  - Die Rückforderung ist auch auf Zeiträume vor der Rechtshängigkeit des Abänderungsantrags zu erstrecken.
  - Gerichtet ist der Anspruch auf den im Hinblick auf die bezogene Rente zu viel gezahlten Unterhalt.[97]

In der Rechtsprechung sind einzelne **besondere Fallgestaltungen** entschieden worden: 88
- Allein der Rentenbezug aufgrund des Erreichens einer **flexiblen Altersgrenze** lässt die Erwerbsobliegenheit im Verhältnis zum Unterhaltspflichtigen nicht entfallen.[98] Solche öffentlich-rechtlich oder arbeitsmarktpolitisch vorgezogenen Altersgrenzen haben nicht die Aufgabe, die Arbeitsobliegenheit im Verhältnis der Ehegatten untereinander zu regeln. In diesen Fällen kann daher nicht einfach unter Verweisung auf den vorzeitigen Ruhestand Altersunterhalt in Anspruch genommen werden, auch wenn der Arbeitsmarkt und der Gesundheitszustand die Aufnahme einer neuen Stelle oder die Beibehaltung der bisherigen Beschäftigung vielfach ausschließen werden.[99]
- Ist der Unterhaltsberechtigte schon **Bezieher einer Altersrente**, kommt statt des Aufstockungsanspruchs nur noch der Altersunterhalt in Betracht.[100]
- Es spricht viel dafür, dass bei **geringfügiger Einkommensdifferenz** auch kein Anspruch auf Unterhalt wegen Alters nach § 1571 BGB besteht.[101]
- Ein Anspruch auf Altersunterhalt (§ 1571 BGB) besteht nicht, wenn der während der Ehe wirtschaftlich stärkere Ehegatte erst aufgrund des **Versorgungsausgleichs** unterhaltsbedürftig wird, aber nicht unter Einlegung eines Rechtsmittels gegen die Entscheidung zum Versorgungsausgleich eine Kürzung des Versorgungsausgleichs geltend gemacht hat.[102]

Es stellt sich auch die Frage der **Begrenzung und Befristung** des Anspruchs aus § 1571   89
BGB, s. dazu unten, Rdn. 785 ff.

---

96 BGH, FamRZ 2005, 1479, 1481.
97 Soyka, FuR 2007, 152, 155.
98 BGH, 11.07.2012 – XII ZR 72/10; OLG Koblenz, NJW-FER 2000, 108; ebenso OLG Hamm, NJW 1999, 2976 für den Pflichtigen.
99 S. Viefhues, FF 2006, 103 und unten das Kap. Vorruhestand und Altersteilzeit Rdn. 694 ff.
100 OLG Naumburg, FamRZ 2008, 2120.
101 OLG Karlsruhe, FamRZ 2008, 2120.
102 OLG Celle, FamRZ 2006, 1544.

Kapitel 3   Materielle Voraussetzungen des Unterhaltsanspruchs

III. Unterhalt wegen Krankheit (§ 1572 BGB)

90 ▶ **Das Wichtigste in Kürze**

- Krankheit, konkrete Beschwerden und Auswirkungen auf die Arbeitsfähigkeit darlegen! → Rdn. 97
- Einsatzzeitpunkt beachten! → Rdn. 94
- Ununterbrochene Unterhaltskette bis zum Einsatzzeitpunkt! → Rdn. 85

91   § 1572 BGB ist Anspruchsgrundlage, wenn der berechtigte Ehegatte wegen Krankheit oder anderer Gebrechen ganz oder teilweise nicht arbeiten kann. Ist wegen der Krankheit nur eine Teilerwerbstätigkeit möglich, kommt ein Anspruch auf Teilunterhalt aus § 1572 BGB in Betracht.

92   Der Krankheitsbegriff wird anhand der Kriterien des Sozialversicherungsrechts (§ 240 Abs. 2 SGB VI) bestimmt. Danach muss ein objektiv fassbarer, regelwidriger Körper- und/oder Geisteszustand vorliegen, der entweder nur ärztlicher Behandlung bedarf oder (zugleich oder ausschließlich) Arbeitsunfähigkeit zur Folge hat.

93   Die Vorschrift greift auch bei vorübergehenden Erkrankungen ein. Die **Krankheit** muss **kausal** für die Nichtaufnahme einer Erwerbstätigkeit sein. Zum Nachweis einer vollen oder teilweisen Erwerbsunfähigkeit ist in aller Regel ein Sachverständigengutachten einzuholen; ärztliche Atteste reichen regelmäßig nicht aus. Bezieht der Berechtigte eine Erwerbsunfähigkeitsrente, ist dies ein Indiz für eine Krankheit.[103]

94   Auch hier müssen die Tatbestandsvoraussetzungen zum **Einsatzzeitpunkt** gegeben sein. Das sind bei § 1572 BGB der Zeitpunkt
- der Scheidung,
- der Beendigung der Pflege oder Erziehung eines gemeinschaftlichen Kindes,
- der Beendigung einer Ausbildung, Fortbildung oder Umschulung oder
- des Wegfalls der Voraussetzungen des § 1573 BGB.

Ausreichend ist allerdings, wenn die Krankheit zu diesem Zeitpunkt **latent vorhanden** ist und in nahem Zusammenhang damit ausbricht und zur Erwerbsunfähigkeit führt.[104] Dieser erforderliche nahe zeitliche Zusammenhang zwischen dem Einsatzzeitpunkt und dem Eintritt der Erwerbsunfähigkeit wird bei einer Zeitspanne von mehr als 23 Monaten vom BGH verneint.[105]

95   Scheitert der Anspruch auf Krankheitsunterhalt am Einsatzzeitpunkt, kann Billigkeitsunterhalt nach § 1576 in Betracht kommen.[106]

---

103 OLG Brandenburg, FamRZ 1996, 866.
104 BGH, NJW 2001, 3260, 3261.
105 Vgl. BGH, FamRZ 2001, 1291 ff.; OLG Stuttgart, FamRZ 2007, 2075; OLG Koblenz, FamRZ 2006, 704.
106 BGH, NJW 2003, 3481.

Irrelevant ist, wenn die Krankheit nicht ehebedingt ist, sondern – wenn auch un- 96
erkannt – schon vor der Ehe vorhanden war.[107] Es fällt auch eine solche Bedürfnislage
unter § 1572 BGB, die auf einer bereits vor der Ehe eingetretenen, aber in einem der
Einsatzzeitpunkte objektiv vorhandenen Krankheit beruht. Denn die Bedürfnislage
stellt sich dann im Vergleich zur während der Ehe eingetretenen Krankheit gleich dar.
Bis zur Scheidung teilen die Ehegatten ihr gemeinsames Schicksal noch in einem solchen Umfang, dass der Leistungsfähige für den kranken Ehegatten einstehen muss. Es
soll jede Krankheit des geschiedenen Ehegatten, nicht nur die ehebedingte, die Unterhaltspflicht des anderen auslösen. Nur schicksalsbedingte Ereignisse, die sich erst nach
der Scheidung im Leben eines Ehegatten einstellen, sollen dagegen nicht mehr zulasten
des anderen gehen. Es gehört danach geradezu typisch zum Wesen der ehelichen Lebensgemeinschaft und der daraus folgenden nachehelichen Solidarität, dass schicksalhafte Entwicklungen grds. gemeinsam getragen werden müssen, auch wenn und soweit
sie schon vorehelich angelegt waren und über den Zeitpunkt der Scheidung oder einen
der anderen Einsatzzeitpunkte des § 1572 BGB hinaus fortwirken.

Bei gerichtlicher Durchsetzung ist es erforderlich, dass der Anspruch ausreichend subs- 97
tanziiert wird. Der Unterhalt begehrende Ehegatte, der die **Darlegungs- und Beweislast** trägt, muss hierzu im Einzelnen die Krankheiten, an denen er leidet, angeben, Art
und Umfang der gesundheitlichen Beeinträchtigungen oder des Leidens ausführen,
herausstellen, welche Beschwerden sich aus dieser Krankheit ergeben und vortragen,
inwiefern sich diese ganz konkret auf seine Erwerbsfähigkeit auswirken.[108] Er darf sich
nicht generell auf eine Erwerbsunfähigkeit berufen, sondern ist auch im Hinblick auf
die Möglichkeit einer Teilerwerbsfähigkeit gehalten, Art und Umfang der gesundheitlichen Beeinträchtigungen oder Leiden darzulegen. Darüber hinaus bezieht sich die
Darlegungslast gerade auch auf das Bestehen des Anspruchs zu dem maßgebenden
Einsatzzeitpunkt.[109]

Ob eine Erkrankung **verschuldet** ist, ist für den Tatbestand des § 1572 BGB unerheb- 98
lich, evtl. kann aber einen Ausschluss nach § 1579 Nr. 4 BGB (Alkohol, Drogen) begründet werden.

Zudem besteht eine unterhaltsrechtliche Obliegenheit zur **Behandlung der Krankheit,** 99
wenn dies relativ gefahrlos möglich und aussichtsreich ist. Auch hierauf muss sich der
anwaltliche Sachvortrag erstrecken. Bei Suchterkrankungen (Alkohol,[110] Drogen) besteht diese **Behandlungsobliegenheit** generell.

Behauptet jedoch der Unterhaltspflichtige eine **Genesung** oder Besserung der Gesund- 100
heitssituation, trägt er hierfür die Darlegungs- und Beweislast. Mit der schlichten Behauptung eines geschiedenen unterhaltspflichtigen Ehegatten, die Unterhaltgläubigerin

---

107 BGH, FamRZ 2004, 779.
108 BGH, 27.06.2001 – XII ZR 135/99, FamRZ 2001, 1291, 1292 = NJW 2001, 3260; BGH,
   25.10.2006 – XII ZR 190/03, FamRZ 2007, 200 m. Anm. Büttner.
109 BGH, NJW 2001, 3260.
110 Dazu OLG Zweibrücken, FamRZ 2007, 2073.

sei wieder gesund und wolle sich keiner weiteren Begutachtung unterziehen, wird der Darlegungslast nicht genügt.[111]

101 ▶ **Praxistipp:**

Achtung! Ohne die hier geforderte besonders sorgfältige Arbeit des Anwalts kann schnell ein Regress drohen!
– Die einfache Behauptung einer Krankheit und der Arbeitsunfähigkeit reicht nicht aus!
– Auch der bloße Antrag auf ein Sachverständigengutachten hilft nicht, sondern ist ohne ausreichenden zugrunde liegenden substanziierten Sachvortrag als Ausforschungsbeweisantrag unzulässig.
– Befragen Sie die Mandantin bzw. den Mandanten genau nach den Details und tragen Sie diese im gerichtlichen Verfahren vor. Weisen Sie ggf. schriftlich auf Ihre Bedenken hin, damit man Ihnen später keine Vorhalte wegen mangelhafter Belehrung machen kann.
– Bedenken Sie, dass der Mandantin u. U. aufgrund der im Versorgungsausgleich übertragenen Anwartschaften eine **Erwerbsunfähigkeitsrente** zustehen kann. Denn ist die Krankheit so gravierend, dass sie zu einer völligen Erwerbsunfähigkeit führt, muss der Unterhaltsbedürftige aufgrund seiner Obliegenheit, die Unterhaltslast so weit wie möglich zu verringern, eine Rente beantragen, falls er hierauf Anspruch hat. Es empfiehlt sich, diese Frage vor Einleitung eines gerichtlichen Verfahrens zu klären. Anderenfalls kann man im Verfahren mit dem Einwand konfrontiert werden, diese Möglichkeiten versäumt zu haben.

102 Erkrankt ein Ehegatte, der bislang keinen Unterhalt bezogen hat, in größerem zeitlichem Abstand von der Rechtskraft der Scheidung und will daher Krankheitsunterhalt geltend machen, scheitert dieser Anspruch auf den ersten Blick wegen des fehlenden zeitlichen Zusammenhangs zwischen Scheidung und Krankheit. Denn das latente Vorhandensein der Erkrankung bereits zum Scheidungszeitpunkt lässt sich in der Praxis nur schwer nachweisen.

Hier muss der beratende Anwalt im Hinblick auf § 1572 Nr. 4 BGB prüfen, ob während der Zwischenzeit nicht doch ein – lediglich nicht geltend gemachter – Anspruch aus § 1573 BGB bestanden hat. Denn Voraussetzung des Anspruchs aus § 1572 BGB ist nicht, dass der Anspruch aus § 1573 BGB während der Zwischenzeit auch durchgesetzt worden ist; er muss lediglich bestanden haben.[112] Dies ist aber meist der Fall, soweit die Differenz des Einkommens der beiden Eheleute eine bestimmte Grenze überschritten hat. Das OLG Koblenz wendet hier die beim Abänderungsverfahren geltende Wesentlichkeitsgrenze von 10 % an; andere Gerichte ziehen eine absolute Grenze bei 50 €.[113]

---

111 BGH, FamRZ 2005, 1897.
112 OLG Koblenz, ZFE 2006, 75 = FamRZ 2006, 704 (LS).
113 OLG München, FamRZ 1997, 425; OLG Düsseldorf, FamRZ 1996, 947; OLG Brandenburg, FamRZ 2005, 210.

Es stellt sich auch die Frage der **Begrenzung und Befristung** des Anspruchs aus § 1572 103
BGB, s. dazu unten, Rdn. 785 ff.

IV. Unterhalt wegen Erwerbslosigkeit (§ 1573 Abs. 1 BGB)

▶ **Das Wichtigste in Kürze** 104

– Der Anspruch aus § 1573 Abs. 1 BGB ist subsidiär. → Rdn. 105
– Arbeitslosigkeit gehört zum allgemeinen Lebensrisiko, berechtigt also i. d. R. nicht zu einem unbefristeten Unterhaltsanspruch. → Rdn. 111

Der Anspruch aus § 1573 Abs. 1 BGB ist subsidiär zu den zuvor dargestellten Ansprü- 105
chen, vgl. Rdn. 30 ff. und Rdn. 82 ff. und Rdn. 90 ff. Zwar gilt auch hier das Gebot der
wirtschaftlichen Eigenverantwortung aus § 1569 BGB. Die Vorschrift soll den Bedürftigen nach der Scheidung aber vor dem sozialen Abstieg schützen. Je länger die Ehe
gedauert hat, desto mehr tritt dabei der voreheliche Status zurück.

Maßgeblich für den Anspruch aus § 1573 Abs. 1 BGB ist, dass der unterhaltsberech- 106
tigte Ehegatte keine angemessene Erwerbstätigkeit **zu finden vermag.**

Es reicht also nicht aus, dass der Unterhaltsberechtigte arbeitslos ist. Vielmehr trifft ihn 107
die volle Darlegungs- und Beweislast für seine Bedürftigkeit. Er muss daher in nachprüfbarer Weise ausführen und belegen, welche Schritte er im Einzelnen unternommen hat, um einen angemessenen Arbeitsplatz zu finden. Zweifel an der Ernsthaftig-
keit seiner Bemühungen gehen zu seinen Lasten.[114]

Diese Bemühungen müssen rechtzeitig beginnen und im gebotenen Umfang erfolgen.
Es gelten hier die gleichen Obliegenheiten, die auch dem Unterhaltspflichtigen auferlegt werden (s. Rdn. 559 ff.). Daher trägt der Erwerbspflichtige die Darlegungs- und
Beweislast für ausreichende Bemühungen und die Behauptung, keine reale Beschäftigungschance zu haben.[115]

Der Unterhalt nach § 1573 Abs. 1 BGB setzt voraus, dass ein zeitlicher Zusammenhang 108
zwischen der Scheidung der Ehe und den Arbeitsbemühungen besteht. Die zeitliche
Grenze liegt bei etwa einem Jahr seit der Scheidung.[116] 15 Monate nach Rechtskraft
der Scheidung sollen nicht mehr ausreichen.[117] Dies bedeutet, dass dann, wenn die
Erwerbsbemühungen zu spät eingesetzt haben, auch noch so ausreichende Bemühungen der Zurechnung eines fiktiven Einkommens nicht entgegenstehen. Der Vorwurf
liegt dann darin, dass möglicherweise in der vertanen Zeit eine Arbeitsstelle hätte gefunden werden können und dies durch spätere ausreichende Bemühungen nicht mehr
zu reparieren ist.

---

114 BGH, NJW 1986, 718.
115 BGH, FamRZ 2009, 1300; FamRZ 2008, 2104; FamRZ 1993, 789; OLG Brandenburg, FamFR 2011, 224; Büte/Poppen/Menne, 2010, § 1573 BGB Rn. 10 m. w. N.
116 BGH, FamRZ 1987, 684.
117 OLG Düsseldorf, FamRZ 1991, 193.

Kapitel 3   Materielle Voraussetzungen des Unterhaltsanspruchs

109 ▶ **Hinweis:**

Von Bedeutung ist allerdings auch, ob der Unterhaltsverpflichtete durch Fortzahlung des Unterhalts einen Vertrauenstatbestand schafft, der den anderen Ehegatten von Erwerbsbemühungen abhält. Auch insoweit ist ausdrücklich darauf hinzuweisen, dass Zahlungen, für die ein Unterhaltsanspruch nicht besteht, Vertrauen schaffen können, was zu erheblichen Rechtsnachteilen für den Unterhaltsverpflichteten führen kann.

110 Mit dieser Regelung wird dem Unterhaltsverpflichteten praktisch das Arbeitsplatzrisiko aufgebürdet.

111 Zu beachten ist außerdem, dass der Unterhaltsanspruch aus § 1573 Abs. 1 BGB nach § 1578b Abs. 2 BGB unter Billigkeitsgesichtspunkten **zeitlich begrenzt** werden kann, mit der Folge, dass der geschiedene Ehegatte auf Dauer nur für eine ehebedingte Arbeitslosigkeit einzustehen hat. Im Regelfall ist aber eine Arbeitslosigkeit nicht ehebedingt, sondern Ausdruck des allgemeinen Lebensrisikos eines geschiedenen Ehegatten, für das der frühere Ehegatte nicht – jedenfalls nicht auf Dauer – einzustehen hat.

112 Bei der Erwerbstätigkeit muss es sich um eine **angemessene Erwerbstätigkeit** i. S. d. § 1574 BGB handeln.

V. Aufstockungsunterhalt (§ 1573 Abs. 2 BGB)

113 ▶ **Das Wichtigste in Kürze**

– Der Anspruch aus § 1573 Abs. 2 BGB ist subsidiär. → Rdn. 114

– Differenz zwischen dem eigenen Einkommen aus einer angemessenen Erwerbstätigkeit und dem eheangemessenen Bedarf. → Rdn. 118

114 Der Anspruch aus § 1573 Abs. 2 BGB ist subsidiär zu den zuvor dargestellten Ansprüchen, vgl. Rdn. 30 ff., Rdn. 82 ff., Rdn. 90 ff. und Rdn. 104 ff.

115 Übt der berechtigte Ehegatte zwar eine angemessene Erwerbstätigkeit i. S. d. § 1574 BGB aus, reichen die erzielten Einkünfte aber nicht aus, um den vollen Unterhalt zu decken, besteht nach § 1573 Abs. 2 BGB ein Anspruch auf Aufstockungsunterhalt.

116 Die Vorschrift bezweckt die Erhaltung des Lebensstandards des geringer verdienenden Ehegatten nach der Scheidung. I. Ü. soll auch ein Anreiz bestehen, einem Erwerb nachzugehen, der den vollen Unterhalt nicht sicherstellt. § 1573 Abs. 2 BGB betrifft regelmäßig sog. Doppelverdienerehen. Ansonsten ergibt sich der Unterhaltsanspruch bereits aus einem anderen Unterhaltstatbestand der §§ 1570 ff. BGB (nachehelicher Ehegattenunterhalt).

Der Anspruch aus § 1573 Abs. 2 BGB setzt einen Einsatzzeitpunkt wie in § 1573 Abs. 1 BGB voraus (Scheidung, Wegfall der Voraussetzungen für einen Unterhaltsanspruch nach §§ 1570 bis 1572, 1575 BGB).[118]   117

Weiterhin ist erforderlich, dass der bedürftige Ehegatte **einer angemessenen Erwerbs**- 118
tätigkeit nachgeht. Ist dies nicht der Fall, ergibt sich der Unterhaltsanspruch aus § 1573 Abs. 1 BGB (Erwerbslosenunterhalt).

In der Praxis kommen auch vielfach **Überschneidungen mit dem Anspruch wegen**   119
Kindesbetreuung vor. Ist die Unterhaltsberechtigte durch die Betreuung vollständig an einer Erwerbstätigkeit gehindert, ergibt sich der Anspruch aus § 1570 BGB. Ist sie jedoch durch die Betreuung der Kinder – in der Praxis der Regelfall – nicht an einer Teilzeiterwerbstätigkeit gehindert, beruht der Anspruch nur insoweit auf § 1570 BGB, als sie durch die Kinderbetreuung an der Erwerbstätigkeit gehindert ist. Da neben der Kinderbetreuung kein anderes Erwerbshindernis besteht, ergibt sich der Anspruch i. Ü. somit aus § 1573 Abs. 2 BGB.[119]

Ist ein Unterhaltsberechtigter **altersbedingt nicht mehr erwerbstätig**, richtet sich sein   120
Unterhalt für den durch die Rente nicht gedeckten Bedarf allein nach § 1571 BGB (Altersunterhalt). Demgegenüber setzt der Anspruch auf Aufstockungsunterhalt aus § 1573 Abs. 2 BGB voraus, dass die Unterhaltsberechtigte (altersbedingt) eine – zumindest teilweise – Erwerbstätigkeit ausübt.[120]

Verdient die Unterhaltsberechtigte im Rahmen ihrer (angemessenen) Erwerbstätigkeit nicht den aus § 1578 BGB abzuleitenden eheangemessenen vollen Unterhalt (Einkommensgefälle), kommt im Umfang der Differenz dann ein Ausgleichsanspruch nach § 1573 Abs. 2 BGB in Betracht.

Ein solcher Aufstockungsunterhaltsanspruch setzt nicht voraus, dass die angemessene   121
Erwerbstätigkeit tatsächlich ausgeübt wird, sondern dieser kann auch zugebilligt werden, wenn wegen Verstoßes gegen die Erwerbsobliegenheit ein fiktives Einkommen angesetzt wird.[121]

Der Unterhaltsberechtigte trägt auch hier die **Darlegungs- und Beweislast** für die   122
Anspruchsvoraussetzungen einschließlich der Höhe seines vollen Unterhalts und der Höhe seines eigenen anrechenbaren Einkommens.

▶ Berechnungsbeispiel: 123

Der volle Bedarf des bedürftigen Ehegatten beträgt 1.400 €, der unterhaltsrechtlich relevante Verdienst beträgt aber nur 1.000 €. Der Aufstockungsunterhalt nach § 1573 Abs. 2 BGB beträgt dann 400 €.

---

118 Büte/Poppen/Menne, § 1573 BGB Rn. 27.
119 BGH, 18.04.2012 – XII ZR 65/10; BGH, FamRZ 1990, 492, 493 f.; BGH, FamRZ 2009, 406, 407 f. BGH, FamRZ 1999, 708, 709.
120 BGH, 07.03.2012 – XII ZR 145/09.
121 BGH, FamRZ 1988, 927.

Kapitel 3 Materielle Voraussetzungen des Unterhaltsanspruchs

Bei nur geringfügigen Einkommensunterschieden bis zu 10% kommt ein solcher Anspruch nicht in Betracht, wobei die genaue Grenzziehung umstritten ist. Bei Beträgen unter 50 € dürfte der Anspruch ausscheiden.[122]

124 ▶ Praxistipp:

Wichtig für die praktische Arbeit ist der folgende Zusammenhang:

Wird Aufstockungsunterhalt zugesprochen, richtet sich dieser nach dem konkreten aktuellen Einkommen der Unterhaltsberechtigten. Damit entscheidet das Gericht – stillschweigend, aber bindend – darüber, dass der Berechtigten keine höheren Einkünfte angerechnet werden, sie also auch zu diesem Zeitpunkt keine Obliegenheit zur Ausübung einer anderen Tätigkeit verletzt hat.

Im späteren Abänderungsverfahren kann diese Festlegung nur unter veränderten Umständen überwunden werden, für die der Antragsteller des gerichtlichen Abänderungsverfahrens die Darlegungs- und Beweislast trägt. Diese Feststellung ist nicht nur bindend für den Tatbestand des § 1573 BGB, sondern auch hinsichtlich der Befristungsentscheidung nach § 1578b BGB![123]

VI. Unterhalt bei Wegfall einer Erwerbstätigkeit (§ 1573 Abs. 4 BGB)

125 ▶ Das Wichtigste in Kürze

- Der Anspruch aus § 1573 Abs. 4 BGB ist subsidiär.
- In der Praxis seltener Ausnahmefall.

126 Der Anspruch setzt voraus, dass eine bei Scheidung bestehende Erwerbstätigkeit nach objektivem Maßstab nicht nachhaltig gesichert war, wie z. B. bei einem Arbeitsverhältnis auf Probe. Dies ist nicht der Fall, wenn ein festes Arbeitsverhältnis kurz nach der Scheidung gekündigt wird[124] oder der Arbeitgeber unerwartet in Konkurs geht.[125]

VII. Unterhalt wegen Ausbildung, Fortbildung oder Umschulung (§ 1575 BGB)

127 Der Unterhaltsanspruch aus § 1575 BGB dient dazu, ehebedingte Nachteile auszugleichen, die dadurch bestehen, dass in der Erwartung der Ehe oder während der Ehe eine Schul- oder Berufsausbildung abgebrochen oder nicht aufgenommen worden ist. Solche Nachteile können z. B. mit der Geburt eines Kindes zusammenhängen oder sich daraus ergeben, dass wegen der Eheschließung ein Ortswechsel notwendig wurde. Der unterhaltsberechtigte geschiedene Ehegatte muss jedoch diese oder eine entsprechende

---

122 OLG München, FamRZ 1997, 425; OLG Düsseldorf, FamRZ 1996, 947; OLG Koblenz, ZFE 2006, 75 = FamRZ 2006, 704 (LS).
123 BGH, 27.01.2010 – XII ZR 100/08.
124 OLG Bamberg, FamRZ 1997, 819.
125 OLG Hamm, FamRZ 1997, 821.

C. Ehegattenunterhalt für die Zeit nach Rechtskraft der Scheidung **Kapitel 3**

Ausbildung sobald wie möglich wieder aufnehmen, um eine angemessene Erwerbstätigkeit, die den Unterhalt nachhaltig sichert, zu erlangen.

Es muss sich um eine **Ausbildung** handeln; eine Promotion, die Chancen der Unterhaltsberechtigten auf dem Arbeitsmarkt möglicherweise verbessern würden, begründet keinen Anspruch auf Ausbildungsunterhalt.[126] Zudem setzt ein Anspruch auf Ausbildungsunterhalt voraus, dass Ziel der Ausbildung die tatsächliche Ausübung einer entsprechenden Erwerbstätigkeit ist. Die Ausbildung darf nicht nur zum bloßen Vergnügen betrieben werden.[127] **128**

Zudem erfordert § 1575 Abs. 1 BGB, dass die Ausbildung voraussichtlich zu einer angemessenen, den vollen Lebensunterhalt nachhaltig sichernden Erwerbstätigkeit führen wird. Dies setzt prognostisch eine hinreichende Erwerbsaussicht im angestrebten Beruf voraus.[128]

Verfügt der Ehegatte allerdings bereits über eine Berufsausbildung, die ihm die Ausübung einer einträglichen, angemessenen Erwerbstätigkeit ermöglicht, besteht für den in Anspruch genommenen Ehegatten keine Verpflichtung aus § 1575 Abs. 1 BGB zur Finanzierung einer Zweitausbildung.[129] **129**

Gem. § 1575 Abs. 2 BGB ergibt sich unter diesen Voraussetzungen ein solcher Anspruch auch dann, wenn durch die Ehe in der Berufsausbildung Nachteile eintraten, die durch Fortbildung oder Umschulung zumindest teilweise ausgeglichen werden können.

Der Anspruch ist gem. § 1575 Abs. 1 Satz 2 BGB **zeitlich begrenzt**. **130**

Der Anspruch besteht nicht, wenn die Ausbildung erst während der Trennungszeit[130] aufgenommen worden ist. **131**

Aus § 1575 Abs. 3 BGB ergibt sich, dass der Bedürftige auch eine Erwerbstätigkeit suchen und ggf. annehmen muss, die dem früheren Niveau seiner Ausbildung entspricht. **132**

In der Praxis hat diese Anspruchsgrundlage keine Bedeutung. **133**

VIII. Billigkeitsunterhalt (§ 1576 BGB)

Dieser Unterhaltsanspruch ist als Ausnahme zu den enumerativen Unterhaltstatbeständen der §§ 1570 ff. BGB als sog. **positive Billigkeitsklausel** zur Vermeidung von Härten ausgestaltet – und damit praktisch das Gegenstück zu § 1579 BGB. **134**

---

126 OLG Karlsruhe, FamRZ 2012, 790; BGH, FamRZ 1987, 795.
127 OLG Karlsruhe FamRZ 2012, 790, OLG Düsseldorf FamRZ 1987, 708.
128 OLG Karlsruhe FamRZ 2012, 790, BGH, FamRZ 1987, 691.
129 BGH, NJW 1985, 1695, OLG Karlsruhe, FamRZ 2012, 790.
130 Zum Ausbildungsunterhaltsanspruch während der Trennungszeit s. OLG Bremen, 28.02.2012 – 5 UF 6/12.

Kapitel 3   Materielle Voraussetzungen des Unterhaltsanspruchs

135 Billigkeitsunterhalt aus § 1576 BGB kann nach der Scheidung in Betracht kommen, wenn ein Ehegatte einer Erwerbstätigkeit aus schwerwiegenden Gründen nicht nachgehen kann und die Versagung von Unterhalt grob unbillig wäre. Der Anspruch ist subsidiär und als Ausnahmeregelung eng auszulegen. Dieser – praktisch ebenfalls sehr selten gegebene – Tatbestand ist z. B. anwendbar bei der Betreuung nichtgemeinschaftlicher Kinder, die bereits in der Ehe mitversorgt wurden.

136 Erforderlich sind schwerwiegende Gründe, die einer Erwerbstätigkeit des früheren Ehegatten entgegenstehen. Diese Gründe müssen nach Bedeutung und Gewicht den speziellen Unterhaltstatbeständen in den §§ 1570 ff. BGB vergleichbar sein. Grobe Unbilligkeit besteht, wenn die Versagung des Unterhaltsanspruchs dem allgemeinen Gerechtigkeitsempfinden in nahezu unerträglicher Weise widerspricht. Dies kann z. B. angenommen werden, wenn der Bedürftige bei grds. gemeinschaftlich übernommener Verantwortung der Beteiligten später allein Betreuungsleistungen erbringt.

137 Die Ehebedingtheit dieser Gründe ist zwar nicht notwendig, aber ein wesentliches Indiz.

138 Umstritten ist, ob Billigkeitsunterhalt gewährt werden kann, wenn andere vorrangige Unterhaltstatbestände am Einsatzzeitpunkt (regelmäßig der Zeitpunkt der Scheidung) scheitern würden (z. B. Erwerbslosenunterhalt oder Krankheitsunterhalt).[131] Überwiegend wird dies für möglich gehalten. Allerdings sind die Einsatzzeitpunkte insoweit von Bedeutung, als mit zunehmender zeitlicher Distanz strengere Anforderungen an die Ausweitung der nachehelichen Solidarität zu stellen sind.

139 Die negative Härteklausel des § 1579 BGB gilt ggü. einem Anspruch auf Billigkeitsunterhalt nach § 1576 BGB nicht.[132]

IX. Kranken- und Altersvorsorgeunterhalt (§ 1578 Abs. 2 und 3)

140 ▶ **Das Wichtigste in Kürze**

- Vorsorgeunterhalt wird zusätzlich zum Elementarunterhalt geschuldet.
  → Rdn. 152 ff.
- Der Altersvorsorgeunterhalt wird nach der Bremer Tabelle errechnet.
  → Rdn. 147 ff.

141 Grds. umfasst der Unterhaltsanspruch auch die Kosten einer angemessenen **Krankenversicherung** (§ 1578 Abs. 2 BGB) und **Altersvorsorge** (§ 1578 Abs. 3 BGB), sofern der Unterhaltspflichtige hierzu neben der Zahlung des Basisunterhalts in der Lage ist.

---

131 Vgl. dazu BGH, NJW 2003, 3481.
132 BGH, NJW 1984, 1538.

Hinweis: 142

Zu beachten ist, dass der Unterhaltspflichtige für den Vorsorgeunterhalt nach der neuen Rechtsprechung des BGH nicht mehr gesondert in **Verzug** gesetzt werden muss.[133]

1. Krankenvorsorgeunterhalt

Ist eine Mitversicherung des getrennt lebenden Ehegatten in der gesetzlichen Krankenversicherung des Ehepartners nicht mehr gegeben, können die Krankenversicherungskosten als zusätzlicher Bedarf gegen den barunterhaltspflichtigen Ehegatten geltend gemacht werden. Der Anspruch schließt folglich auch einen Anspruch auf Versicherungsschutz für den Fall der Krankheit ein, wenn für den Unterhaltsberechtigten Beiträge zur Krankenversicherung zu entrichten sind.[134] 143

Ändert sich während der Trennungszeit der Krankenversicherungsschutz, z. B. durch die Aufnahme einer selbstständigen Tätigkeit und den Wegfall des Familienversicherungsschutzes, ergibt sich für den Unterhaltsberechtigten eine Hinweispflicht ggü. dem anderen Ehegatten, deren Verletzung schadensersatzpflichtig machen kann.[135] 144

Nachträglich auftretender **Krankenvorsorgeunterhalt** ist im Wege des **Abänderungsantrags** geltend zu machen.[136] 145

2. Altersvorsorgeunterhalt

Altersvorsorgeunterhalt knüpft an den Elementarunterhalt an und ist grds. bis zur Vollendung des 65. Lebensjahres zu zahlen, denn bis zu diesem Zeitpunkt können grds. Rentenanwartschaften begründet werden. Der schon früher einsetzende Bezug einer Erwerbsunfähigkeitsrente ändert daran nichts, sondern es muss in der Sache geprüft werden, ob die Altersversorgung des Berechtigten schon die des Verpflichteten erreicht.[137] Einkünfte des Berechtigten, die nicht aus Erwerbstätigkeit stammen (wie Kapitaleinkünfte, Mieten, Gebrauchsvorteile) sind für die Berechnung seines Altersvorsorgeunterhalts außer Betracht zu lassen, denn sie sind ihrer Art nach selbst zu Altersvorsorge geeignet. Auch bei geringfügiger Beschäftigung kann Anspruch auf Altersvorsorgeunterhalt bestehen.[138] 146

---

133 BGH, FamRZ 2007, 193 m. Anm. Borth; zurückhaltender BGH, FamRZ 2007, 1532 m. Anm. Maurer; ausführlich Borth, FPR 2008, 86.
134 OLG Hamm, FamRZ 1987, 1142; Mleczko, ZFE 2006, 128, 132.
135 OLG Köln, FamRZ 1985, 926; Büte, FuR 2005, 481, 482.
136 OLG Frankfurt am Main, NJW-RR 2006, 1230.
137 BGH, NJW 2000, 284, 187; BGH, NJW 1981, 1556.
138 OLG Celle, FamRZ 2000, 1153.

Kapitel 3 — Materielle Voraussetzungen des Unterhaltsanspruchs

a) Berechnungsweise

147 In welcher Weise der Vorsorgeunterhalt zu berechnen ist, ist im Gesetz nicht geregelt. Nach gefestigter Rechtsprechung ist aber – entsprechend dem Zweck des Vorsorgeunterhalts – für die Berechnung an den Elementarunterhalt anzuknüpfen, wie er ohne Vorsorgeunterhalt zu leisten wäre. Deshalb ist zunächst – als erster Rechenschritt – der Elementarunterhalt festzustellen, der ohne Vorsorgeunterhalt geschuldet wäre. Dann ist – in einem zweiten Rechenschritt – dieser vorläufige Elementarunterhalt entsprechend dem Verfahren nach § 14 Abs. 2 SGB IV (Umrechnung sog. Nettovereinbarungen) wie ein Nettoarbeitsentgelt zum sozialversicherungsrechtlichen Bruttolohn hochzurechnen. Dies geschieht in der Praxis nach der **Bremer Tabelle**. In einem dritten Rechenschritt wird aus dieser Bruttobemessungsgrundlage mit dem jeweils geltenden Beitragssatz gem. §§ 157 ff. SGB VI der Vorsorgeunterhalt berechnet. Der Beitragssatz beträgt seit 01.01.2007 19,9 %. Schließlich ist der Elementarunterhalt nach Vorabzug des Vorsorgeunterhalts vom Einkommen des Verpflichteten endgültig zu berechnen.[139] S. dazu die Berechnungsbeispiele unter Rdn. 155 f.

148 Bei sehr guten Einkommensverhältnissen ist die Höhe des geschuldeten Altersvorsorgeunterhalts nicht auf den sich aus der **Beitragsbemessungsgrenze** der gesetzlichen Rentenversicherung ergebenden Betrag beschränkt.[140]

149 Altersvorsorgeunterhalt kann für die **Vergangenheit** nicht erst von dem Zeitpunkt an verlangt werden, in dem er ausdrücklich geltend gemacht worden ist. Es reicht aus, dass vom Unterhaltspflichtigen Auskunft mit dem Ziel der Geltendmachung eines Unterhaltsanspruchs begehrt worden ist.[141]

150 Nachdem der BGH einen weiteren Betrag von bis zu 4 % des jeweiligen Bruttoeinkommens des Vorjahres für eine zusätzliche Altersvorsorge anerkannt hat,[142] wird vertreten, auch beim Anspruch auf Altersvorsorgeunterhalt einen solchen Zuschlag anzuerkennen.[143]

151 ▶ Praxistipp:

In der Praxis wird der Altersvorsorgeunterhalt nicht sehr häufig geltend gemacht.
– Wenn der Unterhaltspflichtige ohnehin nur eingeschränkt leistungsfähig ist, ist das kein Problem, da die finanziellen Mittel nicht ausreichen, auch noch Altersvorsorgeunterhalt zu zahlen.
– Bei besseren finanziellen Verhältnissen ist aber Altersvorsorgeunterhalt durchaus durchsetzbar. Der Gesamtunterhalt übersteigt dann die 3/7-Quote! Hier muss der Anwalt auf diese Möglichkeit hinweisen und die Forderung ggf.

---

139 Wendl/Dose, § 4 Rn. 449 ff.
140 BGH, NJW 2007, 144 = FamRZ 2007, 117.
141 BGH, FamRZ 2007, 193.
142 BGH, FamRZ 2005, 1871.
143 Horndasch, ZFE 2007, 167, 168.

C. Ehegattenunterhalt für die Zeit nach Rechtskraft der Scheidung

- auf den Altersvorsorgeunterhalt erweitern, wenn er nicht Gefahr laufen will, vom Mandanten später in Regress genommen zu werden.
- Der Altersvorsorgeunterhalt muss mit einem konkreten Betrag verlangt werden.[144]
- Wird die Geltendmachung des Altersvorsorgeunterhalts im ersten Verfahren vergessen, kann diese nicht im Wege des Abänderungsantrags nachgeholt werden.
- Wird man allerdings auf Herabsetzung des Unterhalts verklagt, kann zur Abwehr dieses Herabsetzungsbegehrens der Altersvorsorgeunterhalt eingebracht werden.

b) Verfahrensrechtliche Fragen

Der Anspruch richtet sich auf Zahlung des errechneten Betrags. Der Vorsorgeunterhalt wird zusätzlich zum Elementarunterhalt geschuldet. Er ist ein unselbstständiger Bestandteil des einheitlichen Lebensbedarfs. Die Unterhaltsberechtigte muss keine konkreten Angaben über Art und Weise der von ihr beabsichtigten Vorsorge machen. Zur Substanziierung ihres Anspruchs reicht deshalb die Erklärung aus, dass und in welcher Höhe sie Vorsorgeunterhalt verlangt.[145] **152**

Unterhaltsleistungen, die für einen bestimmten, besonderen Bedarf gefordert und gezahlt werden, müssen jedoch auch **für diesen Zweck verwandt** werden. Wer z. B. Altersvorsorgeunterhalt bezieht, muss diese Zahlungen auch für seine Alterssicherung anlegen. Geschieht dies nicht, werden später fiktive Einkünfte angerechnet.[146] **153**

Der Berechtigte hat auf Verlangen einen Verwendungsnachweis zu erbringen und darf den gezahlten Gesamtunterhalt nicht nach Belieben auf Elementar- und Vorsorgeunterhalt aufteilen.[147] Bei nachweislich zweckwidriger Verwendung kommt die Zahlung direkt auf ein Versicherungskonto in Betracht.[148] **154**

c) Berechnungsbeispiele

▶ **Beispiel 1:**[149] **155**

- **Berechnungsstufe: vorläufiger Elementarunterhalt**

Bereinigtes Einkommen des Unterhaltspflichtigen nach Abzug des Kindesunterhalts	1.404,36 €

---

144 OLG Hamm, FamRZ 2000, 1220.
145 OLG Hamm, 01.02.2010 – II-4 UF 151/09.
146 OLG Koblenz, 26.09.2001 – 9 UF 535/00.
147 BGH, FamRZ 1982, 887.
148 OLG Hamm, FamRZ 1991, 1056.
149 Nach OLG Hamm, ZFE 2007, 430; weitere Berechnungsbeispiele bei Horndasch, ZFE 2007, 169, Büte, FuR 2005, 481, 483.

Kapitel 3   Materielle Voraussetzungen des Unterhaltsanspruchs

Bereinigtes Einkommen der Unterhaltsberechtigten	1.140,84 €
3/7 der Differenz	112,94 €

– **Berechnungsstufe: Altersvorsorgeunterhalt**

Nach der ab dem 01.01.2012 geltenden Bremer Tabelle errechnet sich die Bruttobemessungsgrundlage auf der Basis eines Unterhaltsanspruchs von 112,94 €, indem ein Zuschlag von 14 % aufgerechnet wird (also 15,81 €).

Mit diesem Berechnungsschritt wird der Unterhaltsberechtigte so gestellt, als erziele er ein dem vorläufigen Elementarunterhalt entsprechendes Bruttoeinkommen. Diese Bemessungsgrundlage beläuft sich dann hier auf 128,75 €.

Der geschuldete Altersvorsorgeunterhalt entspricht sodann dem auf dieses fiktive Bruttoeinkommen entfallenden vollen Beitragssatz zur gesetzlichen Rentenversicherung. Der Altersvorsorgeunterhalt bemisst sich folglich – entsprechend dem derzeitigen Beitrag zur gesetzlichen Rentenversicherung – auf 19,9 % (Beitragssatz seit 2007 unverändert) von 128,75 € also auf 24,46 €.

– **Berechnungsstufe: endgültiger Elementarunterhalt**

Bereinigtes Einkommen des Unterhaltspflichtigen nach Abzug des Kindesunterhalts	1.404,36 €
Abzgl. Altersvorsorgeunterhalt	- 24,46 €
verbleiben	1.380,36 €
Bereinigtes Einkommen der Unterhaltsberechtigten	1.140,84 €
Differenz	239,06 €
3/7 der Differenz	102,45 €

Der – korrigierte – Elementarunterhalt beläuft sich danach auf 102,45 €.

Insgesamt steht der Unterhaltsberechtigten damit ein monatlicher Unterhalt i. H. v. (24,46 € + 102,45 € =) 129,92 € zu.

156 ▶ **Beispiel 2:**

Im nachfolgenden Beispielsfall verfügt einer der Ehegatten auch über Einkünfte, bei denen kein Erwerbstätigenbonus anzurechnen ist. Zudem zahlt der Ehemann den Krankenversicherungsbeitrag für die Ehefrau.

Einkommen des Ehemannes aus Erwerb	2.100 €
Einkommen der Ehefrau aus Zinsertrag	290 €
Krankenversicherungsbeitrag der nicht erwerbstätigen Ehefrau	220 €

C. Ehegattenunterhalt für die Zeit nach Rechtskraft der Scheidung — Kapitel 3

Einkommen Ehemann	2.100 €	
Krankenvorsorgeaufwand für die Ehefrau	- 220 €	
Bereinigtes Einkommen des Ehemannes	1.880 €	
6/7 des bereinigten Einkommens des Ehemannes (Erwerbstätigenbonus berücksichtigt)	1.611,43 €	
Einkommen der Ehefrau	290 €	
Maßgebliches Gesamteinkommen als Basis für den Bedarf	1.901,43 €	
Bedarf der Ehefrau (Gesamteinkommen/2)	950,71 €	
Eigeneinkommen (bedarfsdeckend)	- 290 €	
Verbleibende Bedürftigkeit der Ehefrau	660,71 €	
Vorläufig ermittelter Elementarunterhalt (= Rohunterhalt) als Bemessungsgrundlage	660,71 €	
Zuschlag nach Bremer Tabelle (Stand: 01.01.2010)	92,50 €	14 %
als Grundlage der Umrechnung des Rohunterhalts in ein fiktives		
Bruttoeinkommen,		
d. h. hier fiktives Gesamtbruttoeinkommen	753,21 €	

Dieses fiktive Bruttoeinkommen ist mit dem geltenden Rentenbeitragssatz zu multiplizieren,		19,90 %
sodass sich hieraus die Höhe des Altersvorsorgeunterhalts ergibt.	149,89 €	

Daraus ergibt sich die folgende abschließende Berechnung des Elementarunterhalts	
Einkommen des Ehemannes	2.100 €
Krankenvorsorgeaufwand für die Ehefrau	- 220 €
Altersvorsorgeunterhalt (gerundet)	- 150 €
Bereinigtes Einkommen des Ehemannes	1.730 €
6/7 des bereinigten Einkommens	1.482,86 €
Einkommen der Ehefrau	290 €
Prägendes Gesamteinkommen	1.772,86 €
Bedarf der Ehefrau (Gesamteinkommen/2)	886,43 €
Abzgl. Eigeneinkommen	- 290 €
Bedürftigkeit der Ehefrau	596,43 €

Kapitel 3   Materielle Voraussetzungen des Unterhaltsanspruchs

Der Ehemann hat insgesamt zu zahlen:

Elementarunterhalt	596,43 €
Krankenvorsorgeunterhalt	220 €
Altersvorsorgeunterhalt	150 €
Summe	**966,43 €**
Die Frau hat danach	
Eigeneinkommen	290 €
Unterhalt	966,43 €
Summe	1.256,43 €
Dem Ehemann verbleibt demnach folgender Betrag:	
Einkommen	2.100 €
Abzgl. Unterhalt	- 966,43 €
Verbleibender Rest	1.133,57 €

D. Unterhalt des nichtehelichen Elternteils (§ 1615l BGB)

157 ▶ **Das Wichtigste in Kürze**

- Ein Gleichlauf mit § 1570 Abs. 1 BGB ist verfassungsrechtlich geboten. → Rdn. 158
- Bei der Betreuung eines Kindes vor dem dritten Lebensjahr besteht ein Unterhaltsanspruch ohne Einschränkungen. → Rdn. 31 ff. und Rdn. 158 f.
- Bei der Betreuung eines älteren Kindes ist – ebenso wie bei § 1570 Abs. 1 BGB – auf die vorhandenen Betreuungsmöglichkeiten und die Belange des Kindes abzustellen. → Rdn. 39 ff.

158 Der Elternteil, der keiner Erwerbstätigkeit nachgeht und ein außerhalb einer bestehenden Ehe geborenes Kind betreut, erhält nach der Geburt des Kindes Betreuungsunterhalt, soweit von ihm wegen der Pflege oder Erziehung des Kindes eine Erwerbstätigkeit nicht erwartet werden kann. Diese Unterhaltspflicht besteht für mindestens 3 Jahre nach der Geburt. Sie verlängert sich über den Mindestzeitraum hinaus, solange und soweit dies der Billigkeit entspricht. Dabei sind insb. die Belange des Kindes und die bestehenden Möglichkeiten der Kinderbetreuung zu berücksichtigen. Auf diese Weise ist ein **Gleichlauf zum Unterhaltsanspruch der ehelichen Mutter** erreicht worden,[150] sodass auf die Erläuterungen zur Neuregelung des § 1570 BGB verwiesen werden kann. Der Umfang des Anspruchs aus § 1570 Abs. 2 BGB stellt daher die Obergrenze des nach § 1615l BGB bestehenden Anspruchs dar.[151]

---

150 Wever, FamRZ 2008, 553, 554.
151 Schilling, FF 2008, 279, 284.

D. Unterhalt des nichtehelichen Elternteils (§ 1615l BGB)   **Kapitel 3**

Ist das Kind noch keine 3 Jahre alt, ist die Entscheidung der nichtehelichen Mutter, das Kind selbst zu betreuen und keiner Erwerbstätigkeit nachzugehen, hinzunehmen.[152] Ist das Kind älter, gelten auch hier die oben zu § 1570 Abs. 1 BGB dargestellten Grundsätze, vgl. Rdn. 36 ff.   159

Der Gesetzestext bei § 1615l BGB enthält – im Unterschied zu § 1570 BGB – zusätzlich das Wort »**insbesondere**«. Damit soll deutlich gemacht werden, dass auch hier Umstände aus der bisherigen persönlichen Lebensgestaltung der Eltern des Kindes Bedeutung haben können.   160

Es ergeben sich jedoch trotz der verfassungsrechtlich gebotenen Gleichbehandlung von nichtehelicher und ehelicher Mutter einige Unterschiede.   161

I. Bemessung des Bedarfs nach der eigenen Lebensstellung der Mutter

Der **Bedarf** der Mutter und damit die Höhe des Unterhalts richtet sich gem. §§ 1615a, 1610 BGB **nach ihrer Lebensstellung**. Maßgebend ist das Einkommen im Zeitpunkt der Geburt des Kindes,[153] wobei es auf das nachhaltig erzielte Erwerbseinkommen ankommt.[154] Wegen dieser Anknüpfung an das frühere Einkommen der Mutter kann somit der Unterhaltsanspruch aus § 1615l BGB den Anspruch einer verheirateten Mutter auf Zahlung von Betreuungsunterhalt übersteigen.[155]   162

Dagegen besteht kein Anspruch auf Teilhabe an einer höheren Lebensstellung des Vaters, wie dieses beim nachehelichen Betreuungsunterhalt wegen der nachehelichen Solidarität der Fall ist.   163

Abzustellen ist also auf die **individuellen Einkommens- und Vermögensverhältnisse**, konkret also auf das von der Mutter bis zur **Geburt des Kindes** erzielte Einkommen,[156] bereinigt um die üblichen berufsbedingten Aufwendungen.[157] Damit ist praktisch ihr **Verdienstausfall** Maßstab für die Ermittlung ihres Bedarfs; der zu gewährende Unterhalt richtet sich nach dem Einkommen, das die Mutter ohne die Geburt ihres Kindes zur Verfügung hätte.[158] Denn das Maß des ihr zu gewährenden Unterhalts bestimmt sich regelmäßig nach ihrer Lebensstellung, da nach § 1615l Abs. 3 Satz 1 BGB auch § 1610 Abs. 1 BGB entsprechend anwendbar ist.   164

Bei einem hohen Einkommen der Mutter kann sich so ein Unterhaltsanspruch ergeben, der das dem unterhaltspflichtigen Vater verbleibende Einkommen übersteigt. Hier ist jedoch eine Einschränkung vorzunehmen. Die Unterhaltsverpflichtung ist   165

---

152 Wever, FamRZ 2008, 553; Schilling, FPR 2008, 27.
153 OLG Köln, 15.11.2000 – 27 WF 203/00, NJW-RR 2001, 364.
154 OLG Bremen, 11.06.1999 – 4 UF 9/99, OLGR 1999, 367.
155 OLG Koblenz, 18.03.2009 – 9 UF 596/08.
156 OLG Köln, 15.11.2000 – 27 WF 203/00, NJW-RR 2001, 364.
157 Finger, FuR 2005, 493, 494.
158 BGH, 15.12.2004 – XII ZR 121/03, NJW 2005, 818 m. Anm. Schilling, FamRZ 2005, 445.

Kapitel 3 Materielle Voraussetzungen des Unterhaltsanspruchs

jedenfalls dann nicht zu beanstanden, wenn der unterhaltsberechtigten Mutter aus eigenen Einkünften und Unterhaltszahlungen jedenfalls nicht mehr zur Verfügung steht als dem unterhaltspflichtigen Vater verbleibt. In anderen Fällen ist der Unterhaltsbedarf der nicht verheirateten Mutter zusätzlich durch den auch hier anwendbaren **Grundsatz der Halbteilung begrenzt**.[159] Das folgt aus der weitgehenden Angleichung der Unterhaltsansprüche aus § 1615l Abs. 2 Satz 2 BGB an die Ansprüche auf nachehelichen Betreuungsunterhalt gem. § 1570 BGB. Im Verfahren ist zu beachten, dass zu diesen Punkten ausreichender Sachvortrag erforderlich ist.

166 ▶ Beispiel:

Die Kindesmutter hat vor der Geburt des Kindes ein bereinigtes Einkommen von 3.000 € erzielt. Ihr Bedarf beträgt nach ihrer bisherigen Lebensstellung 3.000 €, den der Kindesvater – soweit sie nach der Geburt ohne eigenes Einkommen ist – gem. § 1615l BGB schuldet. Der Kindesvater verfügt über ein Einkommen von 3.600 €. Die Grenze seiner Leistungsfähigkeit (Selbstbehalt[160]) beträgt 1.050 €.

Würde man lediglich auf diese Grenze des Selbstbehalts abstellen, müsste der Kindesvater sein gesamtes verbleibendes Einkommen i. H. v. insgesamt 2.500 € zur Unterhaltszahlung verwenden. Der Kindesmutter stünden dann 2.500 € zur Verfügung (dabei wäre ihr Bedarf nicht voll gedeckt), dem Kindesvater selbst nur 1.100 €. Eine Begrenzung durch den Halbteilungsgrundsatz führt dazu, dass beiden Elternteilen die Hälfte von 3.600 €, also 1.800 € zur Verfügung stehen.

167 Der BGH hat den **Halbteilungsgrundsatz** bei der Berechnung der Unterhaltsansprüche mehrerer gleichrangiger Unterhaltsberechtigter zum Grundsatz der **Drittelaufteilung** weiterentwickelt.[161] Dabei werden der Unterhaltsanspruch eines nichtehelichen betreuenden Elternteils aus § 1615l BGB und der Anspruch aus § 1570 BGB gleichbehandelt.[162]

II. Mindestbedarf bei § 1615l BGB

168 Der BGH hat unter Aufgabe seiner früheren Rechtsprechung ausdrücklich einen Mindestbedarf anerkannt.[163]

Dabei erläutert der BGH noch einmal, dass der Unterhaltsanspruch nach § 1615l Abs. 2 BGB dem Berechtigten – wie auch der nacheheliche Betreuungsunterhalt nach

---

159 BGH, 15.12.2004 – XII ZR 121/03, NJW 2005, 818; BGH, 17.01.2007 – XII ZR 104/03, FamRZ 2007, 1303 m. Anm. Schilling.
160 Zur voraussichtlichen Anhebung der Selbstbehaltsätze s. Rdn. 720.
161 BGH, 30.07.2008 – XII ZR 177/06, FamRZ 2008, 1911 m. Anm. Maurer, FamRZ 2008, 1919; vgl. Viefhues, ZFE 2009, 4; s. a. Rdn. 165 f.
162 Vgl. auch BGH, 07.12.2011 – XII ZR 151/09, FamRZ 2012, 281 = FuR 2012, 180; OLG Celle, 10.10.2008 – 10 WF 322/08, FuR 2008, 42; zur Berechnungsweise s. Borth, FamRZ 2012, 252, 257.
163 BGH, 16.12.2009 – XII ZR 50/08, ZFE 2010, 105.

D. Unterhalt des nichtehelichen Elternteils (§ 1615l BGB) Kapitel 3

§ 1570 BGB – eine aus kind- und elternbezogenen Gründen notwendige persönliche Betreuung und Erziehung des gemeinsamen Kindes in den ersten Lebensjahren ermöglichen solle. Ein Unterhaltsbedarf unterhalb des Existenzminimums würde die im Einzelfall notwendige persönliche Betreuung nicht sicherstellen.

Damit beschränkt sich diese Rechtsprechung nicht auf den Bereich des § 1615l BGB, sondern gilt auch im Bereich des Betreuungsunterhalts des geschiedenen Ehegatten nach § 1570 BGB, denn diese Ansprüche sind aus verfassungsrechtlichen Gründen gleich zu behandeln.

Der Unterhaltsbedarf wegen Betreuung eines nichtehelich geborenen Kindes bemisst sich jedenfalls nach einem Mindestbedarf i. H. d. Existenzminimums, der unterhaltsrechtlich mit dem **notwendigen Selbstbehalt eines Nichterwerbstätigen** (zzt. 770 €[164]) pauschaliert werden darf.[165] 169

Einen **höheren Mindestbedarf** der Unterhaltsberechtigten etwa i. H. d. angemessenen Bedarfs von zzt. 1.050 € mtl. **lehnt der BGH ausdrücklich ab**. Ein über den notwendigen Selbstbehalt hinausgehender Selbstbehalt des Erwerbstätigen (950 €) schließt einen Erwerbsanreiz ein,[166] der aufseiten des Unterhaltspflichtigen seine Berechtigung hat, aber nicht in gleicher Weise auf den Unterhaltsberechtigten übertragen werden kann. 170

III. Bedeutung für die Darlegungs- und Beweislast

Soweit ein **Mindestbedarf** zur Anwendung kommt, erleichtert dies die Darlegung der Unterhaltsberechtigten. Nur wenn sie einen höheren Bedarf geltend machen will, muss die Unterhaltsberechtigte besondere Ausführungen machen, um diesen darzulegen und ggf. zu beweisen. Dabei muss man sich vor Augen führen, dass das Einkommen im Normalverdienerbereich vielfach kaum ausreicht, den Mindest-Tabellenunterhalt für die Kinder zu bestreiten (s. u. Rdn. 292 ff.). 171

Soll ein **höherer Bedarf** geltend gemacht werden, trägt hierfür die **Unterhaltsberechtigte** die **Darlegungs- und Beweislast**. Nur in diesem Fall ist von Bedeutung, welches Einkommen die Mutter vor der Geburt des Kindes erzielt hat.[167]

Geht man aber davon aus, dass der Bedarf der nichtehelichen Mutter zumindest immer mit dem Mindestbedarf anzusetzen ist, kann sich ein geringerer Unterhaltsanspruch nur noch aufgrund verminderter Leistungsfähigkeit des Unterhaltspflichtigen ergeben. **Für seine nur eingeschränkte Leistungsfähigkeit trägt Unterhaltspflichtige** die **Darlegungs- und Beweislast**. Damit trifft ihn auch die Darlegungs- und Beweislast für seine »sonstigen Verpflichtungen«, insb. für den Unterhaltsbedarf **weiterer Unterhaltsberechtigter**, die seine Leistungsfähigkeit beeinträchtigen.[168] 172

---

164 Zur voraussichtlichen Anhebung der Selbstbehaltsätze s. Rdn. 720.
165 Im Anschluss an BGH, FamRZ 2008, 1738, 1743.
166 Wendl/Dose, § 2 Rn. 260 ff., 267.
167 OLG Brandenburg, 09.11.2010 – 10 UF 23/10, juris Rn. 32; JurionRS 2010, 29107.
168 BGH v. 07.12.2011 – XII ZR 151/09, Rdnr. 39 FamRZ 2012, 281.

Kapitel 3 Materielle Voraussetzungen des Unterhaltsanspruchs

IV. Keine Orientierung am früheren gemeinsamen Lebensstandard

173 Der BGH[169] lehnt es weiterhin ab, den Bedarf der nichtehelichen Mutter aus der faktischen Lebensstellung während der Zeit eines eheähnlichen Zusammenlebens der Partner abzuleiten, da diese rein faktische Situation keine rechtlich gesicherte Lebensstellung i. S. d. §§ 1615l Abs. 1 Satz 2, Abs. 3 Satz 1, 1610 Abs. 1 BGB begründen könne. In der Literatur und einigen obergerichtlichen Entscheidungen wird dagegen darauf verwiesen, dass durch eine über viele Jahre andauernde nichteheliche Lebensgemeinschaft, bei besonders günstigen Einkommens- und Vermögensverhältnissen des anderen Partners, faktisch ein entsprechend hoher Lebensstandard begründet worden ist.[170] Wenn allerdings die Partner dieser faktischen Gemeinschaft den rechtlichen Rahmen der Ehe mit ihren gesetzlich definierten Schutzfunktionen bewusst nicht wählen, verzichten sie auch bewusst und in Kenntnis der Folgen darauf, eine solche – dann gesicherte – Rechtsposition zur Grundlage ihrer späteren Unterhaltsansprüche zu machen.

V. Vertrauenstatbestand bei § 1615l BGB

174 In besonders gelagerten Fällen können auch beim Anspruch aus § 1615l BGB **elternbezogene Gründe** für eine Verlängerung des Betreuungsunterhalts über den dritten Geburtstag des Kindes hinaus sprechen. Zwar ist dies, anders als bei § 1570 Abs. 2 BGB, nicht besonders gesetzlich geregelt, aber beim Betreuungsunterhalt der Mutter eines nichtehelich geborenen Kindes auch nicht ausgeschlossen, da das Gesetz eine Verlängerung »insbesondere« aus kindbezogenen Gründen vorsieht und damit daneben auch ein entsprechender Vertrauenstatbestand berücksichtigt werden kann.

175 Der Gesichtspunkt des **Vertrauensschutzes** hinsichtlich einer bisherigen einvernehmlichen Regelung der Kindesbetreuung kann bei einem nichtehelichen Elternteil folglich nur dann eine Bedeutung haben, wenn die Eltern zuvor in einer eheähnlichen Gemeinschaft gelebt haben – also bei einer **gescheiterten Partnerschaft** – und sich durch diese Situation überhaupt erst ein **entsprechendes Vertrauen bilden konnte**.[171] So kann es etwa von Bedeutung sein, wenn ein gemeinsamer Kinderwunsch verwirklicht worden ist und ein Elternteil zum Zweck der Kindesbetreuung einvernehmlich

---

169 BGH, 16.12.2009 – XII ZR 50/08, ZFE 2010, 105 = FamRZ 2010, 357 m. Anm. Maier = NJW 2010, 937 m. Anm. Hoppenz = FF 2010, 150 m. Anm. Graba = FF 2010, 200 m. Anm. Viefhues; vgl. auch BGH, 07.03.2012 – XII ZR 25/10.
170 OLG Düsseldorf, 23.05.2005 – II-2 UF 125/04, FamRZ 2005, 1772, 1773; *Büttner*, FamRZ 2000, 781, 783; OLG Zweibrücken, 21.09.1999 – 5 UF 16/99, FuR 2000, 286-289; *Wever/Schilling*, FamRZ 2002, 581, 584 f.; *Schilling* in: AnwK-BGB, § 1615l BGB Rn. 18; OLG Bremen, 20.02.2008 – 4 WF 175/07, NJW 2008, 1745-1747 m. Anm. *Budzikiewicz*.; OLG Koblenz, 21.07.2005 – 7 UF 773/04, FuR 2005, 463.
171 BGH, 16.07.2008 – XII ZR 109/05, FamRZ 2008, 1739; BGH, 05.07.2006 – XII ZR 11/04, FamRZ 2006, 1362; Schumann, FF 2007, 227, 229 in Fn. 36; Wever, FamRZ 2008, 553, 557; OLG Karlsruhe, 04.09.2003 – 2 UF 6/03, FamRZ 2004, 974; OLG Frankfurt am Main, 13.10.1999 – 2 UF 335/98, FamRZ 2000, 1522.

seine Erwerbstätigkeit aufgegeben hat.[172] Entsprechende Anhaltspunkte für die Verlängerung des Betreuungsunterhaltsanspruchs aufgrund solcher elternbezogenen – oder besser **familienbezogenen** – Gründe liefert z. B. die **Dauer des Zusammenlebens** als Gradmesser für gegenseitiges Vertrauen und für den Willen füreinander einstehen zu wollen, zusammen mit der **Übernahme der gemeinsamen elterlichen Sorge**.[173] Allein die Übernahme der elterlichen Sorge reicht dagegen nicht aus.[174] Einer entsprechenden Lebensgestaltung in der bisherigen nichtehelichen Lebensgemeinschaft kann daher hier entscheidendes Gewicht zukommen.[175] Die nichteheliche Mutter muss die tatsächlichen Umstände, aus denen auf einen solchen **Einstandswillen** geschlossen werden kann, **darlegen** und **beweisen**.[176] Entsprechender anwaltlicher Sachvortrag im Prozess ist mithin unverzichtbar.

Hinsichtlich des zeitlichen Aspektes macht der BGH aber noch einen wichtigen Unterschied. Für die Lebensstellung der Unterhaltsberechtigten verlangt er eine nachhaltig gesicherte Rechtsposition mit der Folge, dass Zeiträume des Zusammenlebens vor der Geburt des Kindes ausscheiden. Konsequenterweise wird man dann diese Zeiträume aber auch für den Vertrauensschutz ausscheiden müssen.

VI. Von § 1615l BGB abgedeckte Risiken

Die Norm des § 1615l BGB gewährt – jedenfalls wenn das Kind älter als 3 Jahre ist – zwar keinen Anspruch auf Krankheitsunterhalt; auch das Risiko der Arbeitslosigkeit wird nicht abgedeckt. Jedoch wird – wie der BGH ausdrücklich erwähnt – i. R. d. § 1615l Abs. 2 BGB auch **Krankenvorsorgeunterhalt** zusätzlich geschuldet.[177] Nur damit wird die verfassungsrechtlich gebotene Gleichbehandlung von nichtehelichen und ehelichen Elternteilen gewährt.[178]

VII. § 1586 BGB analog

Nach § 1586 BGB analog erlischt der Unterhaltsanspruch nach § 1615l BGB, wenn die Mutter einen anderen Mann heiratet.

Das Gesetz enthält zwar für den Unterhaltsanspruch nach § 1615l BGB – im Gegensatz zum nachehelichen Unterhaltsanspruch, z. B. nach § 1570 BGB – keine ausdrückliche

---

172 Viefhues, in: jurisPK-BGB, § 1615l Rn. 38.
173 Wever, FamRZ 2008, 553, 557.
174 Wever, FamRZ 2008, 553, 557; OLG Düsseldorf, 25.06.2004 – II-3 UF 195/03, FamRZ 2005, 234, 236.
175 Vgl. Kemper, ZFE 2008, 126, 128; OLG Frankfurt am Main, 13.10.1999 – 2 UF 335/98, FamRZ 2000, 1522.
176 Wever, FamRZ 2008, 553, 557; Schilling, FPR 2008, 27, 30.
177 Palandt/Diederichsen, BGB, § 1615l Rn. 25; OLG Celle, FamRZ 2002, 636; vgl. Wohlgemuth, FuR 2007, 195, 201 m. w. N.; a. A. OLG Hamm, FamRZ 2005, 1276.
178 Dazu BVerfG, 28.02.2007 – 1 BvL 9/04; s. Viefhues, ZFE 2007, 244.

Regelung, wie zu verfahren ist, wenn die unterhaltsberechtigte Mutter einen anderen Mann als den Vater ihres Kindes heiratet.

Wie sich aus der Entstehungsgeschichte dieser gesetzlichen Bestimmung und aus einem Vergleich mit anderen gesetzlichen Unterhaltsansprüchen ergibt, handelt es sich dabei aber um eine unbewusste Regelungslücke.

180 Ansprüche der Mutter gegen den Vater aus Anlass der Geburt sind in der jüngsten Vergangenheit mehr und mehr den Unterhaltsansprüchen getrennt lebender oder geschiedener Ehegatten angeglichen worden. Wenn der Gesetzgeber trotz dieser großen Nähe beider Ansprüche gleichwohl von einer dem § 1586 Abs. 1 BGB entsprechenden Regelung abgesehen, dessen Anwendung aber auch nicht ausgeschlossen hat, kann dies nur auf einer unbeabsichtigten Regelungslücke beruhen.

181 Der Unterhaltsanspruch des geschiedenen Ehegatten, der im Fall einer Wiederheirat nach § 1586 Abs. 1 BGB entfällt, ist sogar stärker ausgeprägt und beruht neben dem Zweck einer Sicherung der Pflege und Erziehung des Kindes auch auf einer fortgeltenden nachehelichen Solidarität der geschiedenen Ehegatten. Wenn bei Wiederheirat der Unterhaltsberechtigten selbst dieser Unterhaltsanspruch nach § 1586 Abs. 1 BGB entfällt, muss das aus Sicht des Unterhaltspflichtigen erst recht für den Anspruch aus § 1615l Abs. 2 BGB gelten.[179]

E. Kindesunterhalt

182 ▶ **Das Wichtigste in Kürze**

- Das Kind hat keine eigene, sondern eine abgeleitete Lebensstellung. → Rdn. 186
- Minderjähriges Kind: Ein Elternteil betreut, der andere zahlt Unterhalt. → Rdn. 187 und Rdn. 205
- Volljähriges Kind: Beide Eltern haften anteilig nach ihren Einkünften (bereinigt um den Selbstbehalt). → Rdn. 211 f.
- Das Einkommen des Unterhaltspflichtigen ist maßgeblich. → Rdn. 187
- Sonderbedarf und Mehrbedarf: Ebenfalls anteilige Haftung beider Elternteile. → Rdn. 246 ff. und Rdn. 256 ff.
- Sonderbedarf kann rückwirkend verlangt werden, Mehrbedarf nur bei Verzug! → Rdn. 253

I. Grundsätze des Kindesunterhalts

183 Im Verwandtenunterhalt richtet sich das Maß des geschuldeten angemessenen Unterhalts nach der aktuellen **Lebensstellung des Unterhaltsbedürftigen**. Diese Lebensstellung kann sich im Laufe der Zeit sowohl verbessern als auch verschlechtern.

184 Voraussetzungen des Anspruchs sind:
- Verwandtschaft in gerader Linie, vgl. §§ 1601, 1589,

---

179 BGH, NJW 2005, 503.

E. Kindesunterhalt   Kapitel 3

- **Bedarf** des Unterhaltsberechtigten, vgl. § 1610 BGB,
- **Bedürftigkeit** des Unterhaltsberechtigten, vgl. § 1602 und
- **Leistungsfähigkeit** des Unterhaltspflichtigen, vgl. § 1603.

Beim Kindesunterhalt ist zu unterscheiden, ob das Kind **minderjährig** (bzw. dem min-   185
derjährigen Kind gleichgestellt) oder **volljährig** ist.

II. Unterhalt des minderjährigen Kindes

1. Bedarf (§ 1610 BGB)

Soweit der Unterhaltsbedürftige selbst noch keine eigene Lebensstellung erlangt hat,   186
wie dies bei minderjährigen Kindern der Fall ist, leitet sich diese von derjenigen der
unterhaltspflichtigen Eltern ab. Sie **nehmen an der gesamten Lebenssituation der
Familie** teil.

Der betreuende Elternteil leistet beim minderjährigen unverheirateten Kind seinen   187
Beitrag zum Unterhalt des Kindes i. d. R. durch die Pflege und Erziehung des Kindes
(Naturalunterhalt, vgl. § 1606 Abs. 3 Satz 2 BGB).

Damit bestimmt sich bei getrennt lebenden oder geschiedenen Eltern die Lebensstellung des minderjährigen Kindes grds. nach den **Einkommens- und Vermögensverhältnissen des barunterhaltspflichtigen Elternteils**.[180]

Der Kindesunterhalt wird regelmäßig auf der Basis der jeweils geltenden Düsseldor-   188
fer Tabelle festgesetzt, die vom BGH als **richterliche Entscheidungshilfe** anerkannt
worden ist.

Der nach Einkommensgruppen gestaffelte monatliche **Tabellenunterhalt** umfasst regelmäßig den gesamten absehbaren Lebensbedarf eines Kindes, das bei einem Elternteil lebt (§ 1610 Abs. 2 BGB). Enthalten sind also die Kosten für Wohnung, Nahrung,
Krankenvorsorge, Ferien und Freizeit, die Pflege musischer und sportlicher Interessen
sowie das Taschengeld. Nicht umfasst wird die Alters- und Invaliditätsvorsorge.

a) Mindestunterhalt/Mindestbedarf beim Kindesunterhalt

Seit dem 01.01.2008 enthält das Gesetz in § 1612a BGB für minderjährige Kinder   189
einen gesetzlich geregelten **Mindestunterhalt**. Sachlich handelt es sich um eine Konkretisierung des in § 1610 BGB geregelten Bedarfs, sodass die Bezeichnung als »**Mindestbedarf**« treffender gewesen wäre.[181]

Bezugsgröße für den Mindestunterhalt ist das Einkommensteuerrecht. § 1612a BGB   190
verweist auf den Freibetrag für das sächliche Existenzminimum eines Kindes (§ 32 Abs. 6
Satz 1 EStG). Da dieser jedem Elternteil zusteht, bemisst sich das Existenzminimum

---

180 BGH, 06.02.2002 – XII ZR 20/00, FamRZ 2002, 536, 537; BGH, 15.02.2006 – XII ZR
    4/04.
181 Luthin/Koch-Schürmann, Teil 4 Rn. 4114.

Kapitel 3 Materielle Voraussetzungen des Unterhaltsanspruchs

erst durch den doppelten Freibetrag. Das **sächliche Existenzminimum** des § 32 Abs. 6 Satz 1 EStG beruht auf dem von der Bundesregierung alle 2 Jahre auf der Grundlage der durchschnittlichen rechtlichen Regelsätze der Bundesländer und statistischer Berechnungen der durchschnittlichen Aufwendungen für Wohn- und Heizkosten in den alten Bundesländern erstellten Existenzminimumbericht. Durch diese Bindung verspricht sich der Gesetzgeber eine laufende, sachgerechte Anpassung an die Lebenshaltungskosten.

191 Nach der Neuregelung des § 1612b BGB ist **Kindergeld**, soweit es nicht zur Hälfte auf den durch Betreuung gewährten Unterhalt entfällt, nicht mehr zur Aufstockung unterhalb des Existenzminimums liegenden Barunterhalts einzusetzen, sondern zur **Deckung des Barbedarfs** des Kindes zu verwenden, den es in diesem Umfang vermindert.

192 Wenn das minderjährige Kind lediglich den **Mindestbedarf** gerichtlich geltend macht, ist es nach überwiegender Ansicht von seiner ansonsten im Unterhaltsrecht bestehenden Darlegungslast hinsichtlich des eigenen Bedarfs – und auch der Leistungsfähigkeit des Unterhaltsverpflichteten – befreit.[182] Der Unterhaltsverpflichtete muss dann seinerseits darlegen und ggf. beweisen, dass er diesen Mindestunterhalt nicht zahlen kann.

b) Zusätzlicher Bedarf

193 Hat das unterhaltsbedürftige Kind neben dem allgemeinen Lebensbedarf einen **zusätzlichen Bedarf**,[183] kann dies rechtlich unterschiedlich einzustufen sein:
– Als – einmalig auftretender – **Sonderbedarf** oder
– als – regelmäßig und über einen längeren Zeitraum auftretender – **Mehrbedarf**.

Die rechtliche Eingruppierung hat Auswirkungen auf die Anspruchsvoraussetzungen und die verfahrensrechtliche Durchsetzung des Anspruchs – dazu Rdn. 246 ff. und Rdn. 669 ff.

194 Ein vom **Tabellenbetrag** nach dem Einkommen der Eltern **losgelöster Bedarfsbetrag** kann **bei besonderen Umständen** festgesetzt werden, z. B. wenn das volljährige Kind querschnittsgelähmt ist, eine vom Arbeitsamt finanzierte Ausbildung absolviert und zeitweise in einem Berufsbildungswerk wohnt und versorgt wird.[184]

2. Leistungsfähigkeit

195 Minderjährigen Kindern ggü. besteht nach § 1603 Abs. 2 Satz 1 BGB eine **gesteigerte Unterhaltspflicht**. Das bedeutet, dass die unterhaltspflichtigen Eltern alle verfügbaren Mittel für ihren und für den Unterhalt der Kinder gleichmäßig verwenden müssen. Anders als bei der Berechnung des Ehegattenunterhalts wird kein Erwerbstätigenbonus (sog. Anreizsiebtel) vom Einkommen abgezogen.

---

182 OLG Schleswig, 31.05.2006 – 12 UF 65/05, OLGR 2006, 675.
183 Umfassend zur Berechtigung von Zusatzbedarf (z. B. Nachhilfe, Internat, Privatschule, Auslandsaufenthalt) beim Ausbildungsunterhalt: Götz, FF 2008, 352.
184 OLG Hamm, 11.02.2005 – 11 WF 312/04, FamRZ 2006, 640.

E. Kindesunterhalt Kapitel 3

Die gesteigerte Unterhaltsverpflichtung nach § 1603 BGB besteht ggü. **196**
- **minderjährigen Kindern** sowie
- **volljährigen Kindern** bis zur Vollendung des 21. Lebensjahres, die im Haushalt der Eltern oder eines Elternteils leben und sich in der allgemeinen Schulausbildung befinden (sog. **privilegierte volljährige Kinder** oder schulbesuchende Hauskinder).

Zu beachten ist dabei, dass diesen Kindern ggü. beide Elternteile zum Barunterhalt verpflichtet sind. Der BGH[185] hat die Kriterien für eine allgemeine Schulausbildung nach drei Faktoren eingegrenzt:
- nach dem **Ausbildungsziel**: Der Schulbesuch muss auf den Erwerb eines allgemeinen Schulabschlusses zielen, der Zugangsvoraussetzung für die Aufnahme einer Berufsausbildung oder den Besuch einer Hochschule oder Fachhochschule ist.
- nach der **zeitlichen Beanspruchung** des Schülers: Die Schulausbildung muss die Zeit und die Arbeitskraft des Kindes voll oder zumindest überwiegend in Anspruch nehmen.
- und der **Organisationsstruktur der Schule**: Die Schulausbildung setzt die Teilnahme an einem kontrollierten Unterricht voraus; die Teilnahme darf nicht der freien Entscheidung des Schülers überlassen bleiben.

▶ **Beispiel:** **197**
So ist der Besuch einer einjährigen **Berufsfachschule** nach Ansicht des OLG Naumburg als allgemeiner Schulbesuch i. S. d. § 1603 Abs. 2 Satz 2 BGB zu werten, wenn der Unterhaltsberechtigte nicht über einen Hauptschulabschluss verfügt und diesen durch den Besuch der Berufsfachschule erreichen kann.[186]

3. Bedürftigkeit

Ein **minderjähriges Kind ist** mangels eigener Leistungsfähigkeit **grds. bedürftig**, so- **198**
dass über das prinzipielle Bestehen eines Unterhaltsanspruchs regelmäßig kein Streit besteht.

a) Eigenes Einkommen

Jedoch ist tatsächliches Einkommen, das dem Unterhaltsberechtigten zur Deckung **199**
des allgemeinen Lebensbedarfs zur Verfügung steht, zur Deckung des Bedarfs heranzuziehen. Folglich entfällt die Bedürftigkeit, soweit tatsächlich **eigenes anrechenbares Einkommen** erzielt wird.

Dies gilt für die **Ausbildungsvergütung**, die in voller Höhe anzurechnen ist. In den **200**
Unterhaltsleitlinien der OLG wird im Regelfall jedoch eine pauschale Kürzung der Ausbildungsvergütung um einen **ausbildungsbedingten Mehrbedarf** vorgenommen.

---

185 BGH, FamRZ 2002, 815; BGH, NJW 2001, 2633, 2635.
186 OLG Naumburg, 02.10.2008 – 4 WF 44/08.

b) Einsatz des Vermögens

201 Der Unterhaltsbedarf kann auch durch Vermögen des Unterhaltsberechtigten gedeckt werden. Dabei ist zwischen den **Vermögenserträgen** (Zinsen, Dividenden usw.) und dem **Vermögensstamm** zu unterscheiden.

202 Aus § 2 Abs. 2 BGB und § 1603 Abs. 2 Satz 3 BGB ist abzuleiten, dass **auch minderjährige Kinder** ihre **Einkünfte aus einem Vermögen** zur Minderung ihrer Bedürftigkeit einzusetzen haben. Dazu zählt neben Zinseinkünften und **Mieterträgen** aus der Vermietung einer eigenen Wohnung auch der Vorteil des eigenen mietfreien Wohnens.[187] Ein Unterhaltsgläubiger ist auch verpflichtet, eine Forderung einzuziehen, die er in zumutbarer Weise einziehen könnte.[188] Beim minderjährigen Kind ist der Einsatz der Vermögenssubstanz in aller Regel unzumutbar.[189]

203 Dagegen muss **nur das volljährige Kind** auch die **Substanz** seines Vermögens einsetzen, vgl. dazu auch Rdn. 215.

c) Freiwillige Zuwendungen von Großeltern

204 Freiwillige Zuwendungen von Großeltern vermindern in aller Regel nicht die Bedürftigkeit des Kindes, da sie nach ihrer Zweckrichtung nicht dazu dienen sollen, den barunterhaltspflichtigen Elternteil zu entlasten.

4. Art der Unterhaltsgewährung

205 Leben die Eltern getrennt oder sind sie geschieden, leistet beim minderjährigen Kind der betreuende Elternteil den Unterhalt als Naturalunterhalt gem. § 1606 Abs. 3 Satz 2 BGB, während der andere Elternteil Zahlungen zu erbringen hat (Barunterhalt). Beide Formen des Unterhalts sind gleichwertig.[190]

5. Berechnung[191] – Kindergeld

206 Bei minderjährigen Kindern ist das Kindergeld hälftig auf den Bedarf anzurechnen (§ 1612b Abs. 1 BGB).

207 ▶ Beispiel 1:

Der geschiedene Ehemann verfügt über ein bereinigtes Einkommen von 1.850 €. Er hat eine Tochter im Alter von 16 Jahren.

bereinigtes Nettoeinkommen	1.850 €
Kind 1 Tabellenbetrag	448 €

---

187 OLG Koblenz, 17.04.2002 – 9 UF 561/01, OLGR 2002, 323.
188 BGH, 05.11.1997 – XII ZR 20/96, NJW 1988, 978.
189 Zum Sonderfall der Ausbildungsversicherung s. u., Rdn. 216.
190 Büte/Poppen/Menne, § 1606 BGB Rn. 13 m. w. N.
191 Zur voraussichtlichen Anhebung der Selbstbehaltsätze s. Rdn. 720.

E. Kindesunterhalt

Kindergeldanteil		- 92 €
Zahlbetrag	- 356 €	356 €
verbleiben	1.494 €	
Selbstbehalt ggü. minderjährigem Kind	- 950 €	
Rest über Selbstbehalt	554 €	

Er muss demnach für seine 16 Jahre alte Tochter Gruppe 2/Altersstufe 3 der Düsseldorfer Tabelle Barunterhalt leisten – also 448 €. Abzuziehen ist der halbe Kindergeldanteil mit 92 €, sodass 356 € als Zahlbetrag verbleiben.

Der Selbstbehalt des Unterhaltspflichtigen von 950 € ist gewahrt, denn ihm verbleiben 1494 €, sodass keine Mangelfallberechnung vorzunehmen ist

▶ **Beispiel 2:** 208

Der geschiedene Ehemann verfügt über ein bereinigtes Einkommen von 2.398 €. Er hat zwei Kinder von 13 und 8 Jahren.

bereinigtes Nettoeinkommen	2.298 €	
Kind 1 Tabellenbetrag		512 €
Kindergeldanteil		-92 €
Zahlbetrag	-420 €	420 €
Kind 2 Tabellenbetrag		437 €
Kindergeldanteil		-92 €
Zahlbetrag	-345 €	345 €
verbleiben	1.533 €	
Selbstbehalt ggü. minderjährigem Kind	-950 €	
Rest über Selbstbehalt	583 €	

Zu zahlen sind an Kindesunterhalt 398 € und 327 €. Auch hier ist der Selbstbehalt des Unterhaltspflichtigen gewahrt.

▶ **Beispiel 3:** 209

Der geschiedene Ehemann verfügt über ein bereinigtes Einkommen von 1.210,33 €. Er hat ein Kind von 16 Jahren.

bereinigtes Nettoeinkommen	1.210,33 €	
Kind 1 Tabellenbetrag		426 €
Kindergeldanteil		- 92 €
Zahlbetrag	- 334 €	334 €
verbleiben	876,33 €	

Kapitel 3   Materielle Voraussetzungen des Unterhaltsanspruchs

> Selbstbehalt ggü. minderjährigem Kind   - 950 €
>
> Selbstbehalt unterschritten um   - 73,67 €
>
> Hier beträgt der Unterhaltsanspruch aufgrund der Tabellenberechnung 334 €. Damit wäre aber der Selbstbehalt des Vaters zu stark eingeschränkt, sodass der Unterhaltsanspruch des Kindes auf 260,33 € zu kürzen ist.

III. Unterhalt des volljährigen Kindes

1. Grundsätze des Volljährigenunterhalts

210   Die Unterhaltsverpflichtung zur Finanzierung einer bestimmten Ausbildung steht – zusätzlich zu den nachgenannten Voraussetzungen – immer auch unter dem Gesichtspunkt der **Zumutbarkeit der Belastung** für den **Unterhaltspflichtigen** in den Grenzen seiner wirtschaftlichen Leistungsfähigkeit.[192] Bei diesen Zumutbarkeitsabwägungen sind neben den schutzwürdigen Belangen des unterhaltspflichtigen Elternteils auch die schutzwürdigen Interessen anderer **Geschwister** zu beachten.

a) Bemessungsgrundlagen für den Bedarf

211   Solange ein Kind auch nach Eintritt der Volljährigkeit für seinen Lebensunterhalt auf die ihm von seinen Eltern zur Verfügung gestellten Mittel angewiesen ist, bleibt seine Lebensstellung von ihnen abgeleitet.[193]

212   Jedoch wird dem volljährigen Kind – und zwar auch dem nach § 1603 Abs. 2 Satz 2 BGB privilegierten volljährigen Kind – kein Naturalunterhalt mehr geschuldet. Daher entlastet die Betreuung des Kindes den Elternteil nicht von seiner Barunterhaltspflicht. Folglich haften **beide Eltern für den Barunterhalt** (sog. **beiderseitige Barunterhaltspflicht**), sofern beide Elternteile über Einkommen verfügen. Der Unterhaltsbedarf richtet sich daher nach dem zusammengerechneten Einkommen beider Eltern, und zwar auch beim privilegierten volljährigen Kind.[194]

b) Bedürftigkeit

213   Das **Einkommen eines Elternteils** allein kann aber dann zugrunde gelegt werden, wenn der andere Elternteil kein auskömmliches eigenes Einkommen erzielt.[195]

---

[192] Vgl. BGH, 29.06.2011 – XII ZR 127/09, FamRZ 2011, 1560 m. Anm. Norpoth.
[193] BGH, 20.11.1996 – XII ZR 70/95, FamRZ 1997, 281; BGH, 04.06.1986 – IVb ZR 51/85, FamRZ 1987, 58 = NJW-RR 1986, 1261.
[194] BGH, 12.01.2011 – XII ZR 83/08, NJW 2011, 670 m. Anm. Born = FamRZ 2011, 454 m. Anm. Finke; BGH, FamRZ 2008, 137.
[195] BGH, 20.11.1996 – XII ZR 70/95, FamRZ 1997, 281, 285.

E. Kindesunterhalt

Auch das volljährige Kind muss **eigenes Einkommen** zur Deckung seines Bedarfs einsetzen. Zum einzusetzenden Einkommen zählen auch die **Vermögenserträge** (Zinsen, Dividenden usw.). **214**

Das **volljährige Kind** muss auch die **Substanz** seines Vermögens einsetzen. Dabei ist das anzurechnende Vermögen im ersten Schritt um einen **Schonbetrag** zu bereinigen, der etwa in Anlehnung an den »Notgroschen« des Sozialhilferechts festzusetzen ist.[196] Der verbleibende Betrag ist dann nach **Zumutbarkeit** anzurechnen. Dabei wird die Grenze der Unzumutbarkeit etwas enger als bei § 1577 Abs. 3 BGB zu ziehen sein, angenähert etwa dem Begriff der groben Unbilligkeit. Der Tatrichter hat darüber im Einzelfall im Rahmen einer umfassenden Zumutbarkeitsabwägung zu entscheiden, die alle bedeutsamen Umstände und insb. auch die Lage des Unterhaltsverpflichteten und speziell dessen wirtschaftliche Belastungen berücksichtigt.[197] **215**

Hierbei ist insb. der **Zweck einer Vermögenszuwendung** zu beachten. War z. B. ein Vermächtnis oder ein Sparguthaben gerade dazu zugewandt worden, um die Ausbildung des Kindes zu sichern, ist es unter Zumutbarkeitsgesichtspunkten nicht ausgeschlossen, die für den eigenen Unterhalt einzusetzenden Mittel auf die voraussichtliche Ausbildungsdauer umzulegen.[198]

Praktische Bedeutung haben insb. **Ausbildungsversicherungen**. Hat das volljährige Kind eine solche **Ausbildungsversicherung** erhalten, muss es sich diese Leistungen auf den Anspruch auf Ausbildungsunterhalt anrechnen lassen.[199] Das Gleiche gilt auch für Leistungen aus einem **Ausbildungsfonds**, und zwar auch dann, wenn dem Kind daraus direkt kein Leistungsanspruch zusteht.[200] **216**

Beim Kindesunterhalt haben die Leistungen nach dem Bundesausbildungsförderungsgesetz (**BAföG**) besondere Praxisrelevanz. Auch wenn diese Leistungen als Darlehen gewährt werden, zählen sie als Einkommen.[201] Denn wegen ihrer Zinsfreiheit, den Rückzahlungsmodalitäten und den Möglichkeiten des teilweisen Erlasses sind diese Kredite so günstig, dass es dem Studenten zuzumuten ist, sie in Anspruch zu nehmen. Dagegen sind die sog. Vorausleistungen nach § 36 BAföG nicht als Einkommen des Bedürftigen anzurechnen. Die Unterhaltsansprüche des Leistungsempfängers gehen nach § 37 BAföG über und die Leistungen können vom Unterhaltsschuldner zurückgefordert werden. **217**

---

196 BGH, 05.11.1997 – XII ZR 20/96, NJW 1998, 978; OLG Düsseldorf, 26.03.1990 – 7 UF 220/89, FamRZ 1990, 1137.
197 BGH, 05.11.1997 – XII ZR 20/96, FamRZ 1998, 367.
198 BGH, 05.11.1997 – XII ZR 20/96, FamRZ 1998, 367; OLG Düsseldorf, 26.03.1990 – 7 UF 220/89, FamRZ 1990, 1137.
199 OLG Frankfurt am Main, 02.01.2003 – 5 WF 160/02, OLGR 2003, 304.
200 OLG Frankfurt am Main, 02.06.1992 – 3 UF 23/92, FamRZ 1993, 98.
201 BGH, FamRZ 1985, 916.

2. Ausbildungsunterhalt

218 Die Eltern sind verpflichtet, den Lebensbedarf des Kindes sicherzustellen. Dazu gehören gem. § 1610 Abs. 2 BGB auch die **Kosten einer angemessenen Vorbildung zu einem Beruf und die Kosten der Erziehung.** Jedes Kind hat also einen Anspruch auf Finanzierung einer seinen Fähigkeiten entsprechenden schulischen und beruflichen Ausbildung.

Umgekehrt ist daraus zu folgern, dass das Kind **nach Abschluss seiner Ausbildung** eine eigene Lebensstellung hat und daher grds. seinen **Unterhalt selbst sicherstellen** muss und keinen Unterhalt mehr von den Eltern verlangen kann.

219 Jedes Kind hat nach § 1610 Abs. 2 BGB also gegen seine Eltern einen Anspruch auf eine **angemessene Ausbildung**, die Begabungen, Fähigkeiten, Leistungswillen und Neigungen entspricht. Dabei ist allerdings die wirtschaftliche Leistungsfähigkeit der Eltern ebenso zu beachten wie die Interessen der Geschwister. Geschuldet wird daher von den Eltern eine **optimale, begabungsbezogene Berufsausbildung**, d. h. eine Ausbildung, die der Begabung und den Fähigkeiten des Kindes, seinem Leistungswillen und den beachtenswerten Neigungen am besten entspricht. Den beim Kind vorhandenen **persönlichen Voraussetzungen** kommt dabei maßgebliche Bedeutung zu.[202] Hat sich das volljährige Kind in Abstimmung mit den Eltern für einen bestimmten Abschluss entschieden, besteht die Unterhaltspflicht bis zum Regelabschluss fort.[203]

220 Diese Ansprüche des Kindes stehen zudem aber in einem **Gegenseitigkeitsverhältnis**.[204] Auf der einen Seite steht die Verpflichtung der Eltern, den Unterhalt zu zahlen, um dem Kind eine angemessene Berufsausbildung zu ermöglichen. Auf der anderen Seite steht die Pflicht des Kindes, seine gewählte Ausbildung fleißig, zielstrebig und stringent durchzuführen. Verzögerungen bei Beginn und Fortgang der Ausbildung gehen daher grds. zulasten des Kindes.

Aus dem Gegenseitigkeitsverhältnis folgt auch die Obliegenheit des Kindes, **die Ausbildung in angemessener Zeit aufzunehmen**, allerdings ist eine gewisse **Orientierungsphase** zuzugestehen.[205]

Aufgrund dieses Gegenseitigkeitsprinzips sind die Eltern zu einer **gewissen Kontrolle der Ausbildung** berechtigt, die durch Vorlage von Zeugnissen über Zwischenprüfungen, erfolgreiche Teilnahme an Übungen oder Studienbescheinigungen erfüllt wird.[206]

---

202 BGH, 14.07.1999 – XII ZR 230/97, FamRZ 2000, 420.
203 OVG Hamburg, 21.06.2006 – 4 So 68/06, FamRZ 2006, 1615.
204 BGH, 29.06.2011 – XII ZR 127/09 unter Hinweis auf BGH, 04.03.1998 – XII ZR 173/96, FamRZ 1998, 671.
205 BGH, 29.06.2011 – XII ZR 127/09 unter Hinweis auf BGH, 04.03.1998 – XII ZR 173/96, FamRZ 1998, 671; OLG Jena, 08.01.2009 – 1 UF 245/08; vgl. auch OLG Köln, 20.04.2004 – 4 UF 229/03, FamRZ 2005, 301.
206 OLG Karlsruhe, 30.09.2009 – 2 WF 96/09.

3. Ausbildungswechsel und Zweitstudium

Besondere Probleme können in der Praxis auftreten, wenn das Kind 221
- einen einmal begonnenen Ausbildungsweg abbricht, um eine andere Ausbildung aufzunehmen (**Ausbildungswechsel**), oder
- wenn nach einer abgeschlossenen Ausbildung eine weitere Ausbildung aufgenommen wird (**Zusatzausbildung, Zweitstudium**).

Die Eltern schulden ihren Kindern nach § 1610 Abs. 2 BGB eine **optimale begabungs-** 222
bezogene Berufsausbildung,[207] haben aber regelmäßig Unterhalt **nur für eine Ausbildung** zu gewähren. Nur in besonderen Ausnahmefällen kann die Finanzierung einer Zweitausbildung verlangt werden.

Eine solche besondere Situation liegt dann vor, wenn die **Erstausbildung** dem Kind **aufgedrängt** worden ist und nicht den wirklichen Neigungen und Begabungen des Kindes entsprochen hat. Nur ausnahmsweise kann dagegen ein sog. »Spätentwickler« Unterhalt für eine erst spät gefundene »Berufung« verlangen.

Liegt eine echte **Zweitausbildung** (also nach einer abgeschlossenen Erstausbildung) 223
vor, ist eine umfassende Zumutbarkeitsabwägung vorzunehmen.[208] Die Belastung mit den Unterhaltszahlungen für eine Zweitausbildung kann insb. dann unzumutbar sein, wenn z. B. der unterhaltspflichtige Elternteil nicht mehr damit rechnen musste, dass nach Abschluss der Lehre weitere Unterhaltsverpflichtungen in Betracht kommen und daher seinerseits anderweitige finanzielle Dispositionen getroffen hat.

Wird nach dem Abitur erst eine **Lehre** absolviert und dann ein **Studium** begonnen, 224
ist entscheidend,
- ob die Lehre eine **sinnvolle Vorbereitung des Studiums** war und die Eltern mithin für beide Ausbildungen Unterhalt leisten müssen

oder
- ob **kein sachlicher Zusammenhang** zwischen der ersten Berufsausbildung und dem Studium festgestellt werden kann. In diesem Fall gilt das Studium als Zweitausbildung, deren Finanzierung von den Eltern nicht geschuldet wird.

Allein das Bestehen des **Abiturs** verpflichtet die Eltern i. Ü. nicht zwangsläufig dazu, 225
ein Hochschulstudium zu finanzieren.[209]

Wird erst eine **Lehre** durchgeführt und dann über die **Fachoberschule** ein **Fachhoch-** 226
schulstudium erreicht, wird dies nur dann als einheitliche Ausbildung mit Finanzierungspflicht der Eltern angesehen, wenn der Wille des Kindes schon von vornherein auf ein Studium gerichtet war.[210]

---

207 BGH, FamRZ 2000, 420.
208 OLG Karlsruhe, FamRZ 2000, 975.
209 BGH, FamRZ 2000, 420, 422.
210 BGH, FamRZ 1995, 416, 417; weiter gehend OLG Hamm, FamRZ 1992, 592; OLG Frankfurt am Main, FamRZ 1995, 244.

227 Ein Anspruch gegen die Eltern kommt folglich nach dem Abschluss der Ausbildung allenfalls bei Erkrankung oder Behinderung mit Erwerbsminderung in Betracht.[211]

4. Pflichten des Jugendlichen

228 Mit der Wahl der Ausbildung darf der Jugendliche sich in jedem Fall nicht zu lange Zeit lassen, denn er muss sich **zügig entscheiden**, welche Ausbildung er wählt und sich alsbald um einen entsprechenden Ausbildungsplatz bemühen und die Ausbildung zielstrebig angehen.[212]

229 Besteht ein Unterhaltsanspruch auf Finanzierung der Ausbildung, ist der volljährige Unterhaltsberechtigte ggü. den zahlenden Eltern verpflichtet, die **Ausbildung zügig zu betreiben**,[213] anderenfalls verliert er den Unterhaltsanspruch.[214] Maßvolle Verzögerungen der Ausbildungszeit, die auf ein vorübergehendes, leichtes Versagen des Kindes zurückzuführen sind, muss der Unterhaltsverpflichtete hinnehmen.[215] Verletzt dieses aber nachhaltig seine Pflichten, seine Ausbildung planvoll und zielstrebig aufzunehmen und durchzuführen, büßt es seinen Unterhaltsanspruch ein und muss sich darauf verweisen lassen, seinen Lebensunterhalt durch Erwerbstätigkeit selbst zu verdienen.[216]

230 Ein **Wechsel des Studienfachs** mit der Folge erheblicher Verlängerung der Ausbildungsdauer muss unterhaltsrechtlich nur bei ausreichender Begründung hingenommen werden.[217]

231 Dem Unterhaltspflichtigen steht das Recht einer gewissen **Leistungskontrolle** zu, bei einem stark negativen Leistungsbild kann der Unterhaltsanspruch entfallen.[218]

5. Studenten und Kinder mit eigenem Hausstand

232 In verschiedenen Fällen wird jedoch i. d. R. ein von den Einkünften der Eltern unabhängiger, **pauschaler fester Bedarfssatz** in Ansatz gebracht.

So gilt für ein nicht im Haushalt eines Elternteils lebendes volljähriges **Kind mit eigenem Hausstand** und ebenso für ein im **Studium** befindliches volljähriges Kind ein fester Bedarfssatz von **670 €** (Stand seit 01.01.2011).

---

211 BGH, FamRZ 1997, 281.
212 BGH, 29.06.2011 – XII ZR 127/09 unter Hinweis auf BGH, 04.03.1998 – XII ZR 173/96, FamRZ 1998, 671.
213 BGH, NJW 2001, 2170.
214 OLG Naumburg, FamRZ 2001, 440 bei einer 4-jährigen Unterbrechung der Ausbildung.
215 OLG Brandenburg, 10.06.2010 – 10 WF 111/10; BGH, 17.05.2006 – XII ZR 54/04, FamRZ 2006, 1100-1104 m. Anm. *Kath-Zurhorst*, FF 2006, 191; BGH v. 14.07.1999 – XII ZR 230/97, FamRZ 2000, 420; OLG Hamm v. 21.04.1997 – 4 UF 441/96, NJW-RR 1998, 726-727; OLG Karlsruhe, 25.03.1994 – 2 UF 195/93, FamRZ 1994, 1342-1343.
216 BGH, NJW 2001, 2170; BGH, NJW 1998, 1555.
217 BGH, NJW 2001, 2170.
218 OLG Hamm, FamRZ 1995, 1007.

Dieser feste Bedarfssatz deckt i.d.R. den gesamten Bedarf eines Studenten ab, also v.a. Verpflegung, Wohnen, Studienkosten, Fachliteratur, Fahrten am Studienort und Heimfahrten zu einem Elternteil. I.d.R. ist darin ein Wohnkostenanteil von bis zu 270 € für die Warmmiete enthalten. Unter bestimmten Umständen kann dieser Bedarfssatz erhöht werden.[219]

Dagegen sind **Studiengebühren** ebenso wie Beiträge zur **Kranken- und Pflegeversicherung** in den Unterhaltsbeträgen **nicht enthalten**.[220] Studiengebühren sind – anteilig auf den Monat umgelegt – als Mehrbedarf zu berücksichtigen.[221] Dagegen sind **Semesterbeiträge**, die im Wesentlichen aus Sozialbeiträgen und Kosten für das Semesterticket bestehen, **vom Regelunterhalt zu bestreiten** und erhöhen im Gegensatz zu Studiengebühren nicht den Unterhaltsanspruch.[222]   233

Ein Student, der im Haushalt eines Elternteils lebt, kann im Verhältnis zu dem anderen, auf Unterhalt in Anspruch genommenen Elternteil darauf verwiesen werden, am Studienort zu wohnen. Das kommt in Betracht, wenn hohe Fahrtkosten zum Studienort anfallen und dem Interesse des anderen Elternteils, die Unterhaltsbelastung in Grenzen zu halten, keine gewichtigen, gegen einen Umzug sprechenden Belange des Studenten gegenüberstehen.[223]   234

Einen Studenten trifft neben dem Studium i.d.R. keine Erwerbsobliegenheit.   235

6. Wehrdienst – Zivildienst – freiwilliges soziales Jahr

Während des **Wehrdienstes** bzw. **Zivildienstes** besteht i.d.R. kein restlicher Unterhaltsbedarf.[224] Dies gilt auch beim Bundesfreiwilligendienst.[225]   236

Im Einzelfall kann ein restlicher, ergänzender Unterhaltsanspruch verbleiben, wobei an die Darlegungs- und Beweislast des Unterhaltsberechtigten hohe Anforderungen zu stellen sind.[226]   237

Während der Absolvierung eines freiwilligen sozialen Jahres gesteht die herrschende Meinung dem unterhaltsberechtigten einen Unterhaltsanspruch zu, wenn es sich dabei

---

219 OLG Hamm, 21.04.1995 – 5 UF 293/94, FamRZ 1995, 1005; OLG Düsseldorf, 30.10.1998 – 3 WF 201/98, OLGR 1999, 273.
220 Ausführlich zur Frage der unterhaltsrechtlichen Behandlung von Studiengebühren vgl. Weinreich, FuR 2008, 268 sowie allgemein zur Einordnung von Ausbildungslasten als Mehr- und Sonderbedarf Heiß, FPR 2008, 356.
221 OLG Jena, 10.10.2008 – 1 UF 121/08, ZFE 2009, 351.
222 OLG Düsseldorf, 30.05.2012 – II 3 UF 97/12; ohne diese Differenzierung OLG Koblenz, 23.12.2008 – 11 UF 519/08, NJW-RR 2009, 1153.
223 BGH, 21.01.2009 – XII ZR 54/06, FamRZ 2009, 762 = FPR 2009, 242 m. Anm. Peschel-Gutzeit.
224 BGH, FamRZ 1990, 394; BGH, FamRZ 1994, 303; OLG Hamm, 08.07.1992 – 12 UF 62/92, FamRZ 1993, 100.
225 Differenzierend OLG Celle, NJW 2012, 82.
226 OLG Hamburg, 28.05.1986 – 7 UF 44/86, FamRZ 1987, 409.

um die **notwendige Voraussetzung für ein beabsichtigtes Studium** oder **eine beabsichtigte Ausbildung** (zu einem sozialen Beruf) handelt[227] oder die **Eltern einverstanden** gewesen seien.[228] Dagegen sind volljährige Kinder, die ein **freiwilliges soziales Jahr** durchlaufen, das für den beabsichtigten Beruf nicht erforderlich ist, grds. nicht unterhaltsbedürftig.[229]

7. Wartezeit zwischen Schulabschnitten, weiterer Ausbildung und Studium

238 Oftmals schließen die einzelnen Schul- und Ausbildungsabschnitte nicht nahtlos aneinander an, sondern es treten **zeitliche Lücken** auf. Hier ist noch nicht abschließend geklärt, wie diese Lücken unterhaltsrechtlich zu behandeln sind. Dazu aus der Rechtsprechung:
– Während der Wartezeit **bis zur Aufnahme in eine weiterführende Schule** muss ein volljähriges Kind seinen notwendigen Lebensbedarf durch Aufnahme einer Erwerbstätigkeit decken, und zwar auch dann, wenn sein Aufnahmeantrag abgelehnt worden ist und die Ablehnung angefochten werden soll. Die Erwerbsobliegenheit beginnt mit Erhalt des Ablehnungsbescheids; gleichzeitig endet der Anspruch auf Ausbildungsunterhalt.[230]
– **Bei beengten wirtschaftlichen Verhältnissen** wird eine Erwerbstätigkeit des Kindes auch in der Zeit zwischen dem Ende der Schulzeit und der Aufnahme einer weiterführenden Ausbildung oder eines Studiums erwartet. Wenn die Möglichkeit gegeben ist, eine Beschäftigung zu finden, und sich das Kind nicht darum bemüht, besteht kein Unterhaltsanspruch gegen die Eltern.[231]
– Zwischen einzelnen Ausbildungsabschnitten ist das volljährige Kind gehalten, seinen Unterhalt selbst sicherzustellen (Ende **Zivildienst** – Beginn Studium, Ende **Pflichtpraktikum** – Beginn Ausbildung).[232]
– Nach bestandenem Abitur ist dem volljährigen Kind eine **Orientierungsphase** einzuräumen.
– Die Orientierungsphase, die einem Unterhaltsberechtigten **nach Abschluss der Schule** zuzubilligen ist, ist bei einem Abiturienten spätestens mit den

---

227 BGH, 29.06.2011 – XII ZR 127/09, Rn. 24; FamRZ 2011, 1560, OLG Karlsruhe, 08.03.2012 – 2 WF 174/11; OLG Naumburg, FamRZ 2008, 86; OLG Schleswig, OLGR 2008, 196; OLG München, FamRZ 2002, 1425 (Leitsatz) = OLGR 2002, 142; Wendl/Dose/Klinkhammer, § 2 Rn. 489. Palandt/Brudermüller, BGB, § 1610 Rn. 19. Seiler, in: Gerhardt/von Heintschel Heinegg/Klein Handbuch FAFamR, 6. Kap. Rn. 239; Botur, in: Büte/Poppen/Menne, § 1610 BGB Rn. 40.
228 OLG Stuttgart, FamRZ 2007, 1353.
229 OLG Karlsruhe, 08.03.2012 – 2 WF 174/11.
230 OLG Düsseldorf, 03.05.2005 – 5 UF 85/05, FamRZ 2006, 59.
231 OLG Karlsruhe, 08.03.2012 – 2 WF 174/11.
232 OLG Zweibrücken, 12.05.2006 – 2 WF 87/06, ZFE 2006, 437 = FamRZ 2007, 165 (LS).

E. Kindesunterhalt

Ablehnungsbescheiden der Zentralstelle für die Vergabe von Studienplätzen beendet.[233]
- Hat der Unterhaltsberechtigte die schulische Ausbildung mit Besuch des Fachgymnasiums rund ein Jahr nach Erlangung der Berechtigung zum Besuch einer gymnasialen Oberstufe fortgesetzt, fällt die Beendigung dreier in dieser Zeit begonnener Ausbildungen in die zuzubilligende Orientierungsphase, die jedem jungen Menschen hinsichtlich seiner Berufswahl zusteht.[234] Genaue Vorstellungen über das Studienfach sind für einen Anspruch auf Ausbildungsunterhalt zur Erlangung der Hochschulreife nicht erforderlich.[235]
- Während eines längeren Zeitraums bis zur Erlangung eines Studienplatzes muss das volljährige Kind selbst für seinen Unterhalt sorgen. Ist ein **freiwilliges soziales Jahr** nicht Voraussetzung für ein Studium bzw. für eine Ausbildung, besteht während dieses Zeitraums kein Unterhaltsanspruch.[236]
- Auch bei Teilnahme des volljährigen Kindes an einem **Volkshochschulkurs zur Erlangung des Abschlusses des zehnten Hauptschuljahres** verbleibt diesem genügend Zeit, um seinen Lebensunterhalt durch eine **Geringverdienertätigkeit** selbst sicherzustellen.[237]
- In der Zeit zwischen **Abitur** und **Studienbeginn** besteht keine **Erwerbsobliegenheit** des Kindes.[238] Nach Ende des tatsächlichen Schulbesuches ist dem Kind vielmehr eine gewisse Erholungsphase und auch eine angemessene **Orientierungs- und Vorbereitungszeit** einzuräumen, um sich zunächst einmal darüber klar zu werden, welchen Ausbildungsweg es weiter einschlagen will und wo dies geschehen soll, bevor es sich anschließend um eine Umsetzung seiner gefassten Entschlüsse bemühen kann bzw. muss. Kurze **Übergangszeiten vor Studienbeginn** berühren daher den Unterhaltsanspruch nicht, was v. a. gilt, wenn sich der Unterhaltsberechtigte nach Erlangung des Abiturs eine Wohnung am Studienort suchen muss.[239]
- Während der Dauer eines **berufsvorbereitenden Praktikums** kann ein Anspruch auf Ausbildungsunterhalt bestehen, und zwar unabhängig davon, ob dieses Praktikum nach der Studienordnung vorgeschrieben ist. Ausreichend ist, dass es dem Ziel dient, Kenntnisse, Fähigkeiten und Erfahrungen zu sammeln und zu vermitteln, die als Grundlage für die Ausübung des angestrebten Berufes geeignet sind.[240]
- Wenn der Jugendliche jedoch seine **Ausbildung** aus eigenem Antrieb **abgebrochen** hat, kurz vor der Volljährigkeit steht und auch nicht absehbar ist, ob und wann er ggf. zur Ableistung des Wehrdienstes herangezogen wird und er zudem keinerlei

---

233 OLG Naumburg, 05.12.2008 – 3 WF 294/08.
234 OLG Brandenburg, 23.06.2009 – 10 UF 133/08.
235 OLG Brandenburg, 23.06.2009 – 10 UF 133/08.
236 OLG Naumburg, 10.05.2007 – 4 UF 94/07, FamRZ 2008, 86; OLG Stuttgart, 06.11.2006 – 15 WF 275/06, FamRZ 2007, 1353.
237 OLG Köln, 16.08.2005 – 26 WF 151/05, FamRZ 2006, 504.
238 OLG Hamm, 21.12.2005 – 11 UF 218/05, ZFE 2006, 193.
239 OLG Brandenburg, 23.06.2009 – 10 UF 133/08).
240 OLG Rostock, 18.04.2006 – 10 WF 234/05, FuR 2007, 546.

Viefhues

Bemühungen dargelegt hat, seinen Unterhaltsbedarf selbst zu decken, ist von einer Erwerbsobliegenheit mit der Folge der Anrechnung hypothetischer Einkünfte auszugehen.[241]

239 Die unterhaltsrechtliche Lösung derartiger Fälle sollte in Anlehnung an das **Kindergeldrecht** erfolgen. Wenn der Gesetzgeber durch Weiterzahlung des Kindergeldes zum Ausdruck bringt, dass er trotz einer gewissen zeitlichen Unterbrechung von der Durchgängigkeit einer anspruchsbegründenden Ausbildung ausgeht, ist dies auch unterhaltsrechtlich zu akzeptieren.

8. Berechnung von Volljährigenunterhalt

240 Bei der **Berechnung** des Volljährigenunterhalts ist wie folgt vorzugehen:
- Der **Unterhaltsbedarf** des volljährigen Kindes ist nach dem zusammengerechneten bereinigten Einkommen beider Eltern festzustellen. Vorrangige Unterhaltspflichten[242] und anzuerkennende Schulden sind zuvor abzuziehen.
- Hierauf ist **eigenes** bereinigtes **Einkommen** des volljährigen Kindes bedarfsmindernd anzurechnen,[243] also auch eine Ausbildungsvergütung.[244]
- Das **Kindergeld** wird **bei volljährigen Kindern in voller Höhe auf den Bedarf angerechnet**.[245]
- Für den **Restbetrag** haften die Eltern **anteilig** (nach Abzug des Selbstbehalts).
- In Einzelfällen kann eine **wertende Verschiebung der Haftungsquote** angemessen sein, so z. B. wenn das volljährige behinderte Kind weiterhin von einem Elternteil betreut und gepflegt werden muss.[246] Das Ausmaß der Verschiebung ist abhängig vom Umfang der tatsächlich erforderlichen und zu erbringenden Betreuungsleistungen.

241 ▶ Berechnungsbeispiel:

	Bereinigtes Nettoeinkommen des Vaters	2.674,55 €
+	Bereinigtes Nettoeinkommen der Mutter	1.212,39 €
=	**Gesamteinkommen** beider Eltern als Maßstab des Kindesunterhalts	**3.886,94 €**

---

241 OLG Köln, 04.08.2005 – 26 WF 135/05; vgl. auch OLG Brandenburg, 23.08.2004 – 9 WF 157/04, JAmt 2004, 504 = FamRZ 2005, 2094 [LS].
242 OLG Koblenz, 14.08.2003 – 7 WF 396/03, FamRZ 2004, 829; vgl. BGH, 09.01.2002 – XII ZR 34/00, NJW 2002, 2026.
243 BGH, 04.11.1987 – IVb ZR 75/86, LM Nr. 13 zu § 1602 BGB.
244 BGH, 26.10.2005 – XII ZR 34/03, FamRZ 2006, 99 m. Anm. Viefhues, FamRZ 2006, 103 und Scholz, FamRZ 2006, 106.
245 BGH, 26.10.2005 – XII ZR 34/03, FamRZ 2006, 99 m. Anm. Viefhues, FamRZ 2006, 103; Scholz, FamRZ 2006, 106; BGH, 01.03.2006 – XII ZR 230/04, FamRZ 2006, 774; a. A. OLG Düsseldorf, 06.03.2006 – II-7 UF 276/05, FamRZ 2006, 809.
246 OLG Brandenburg, 02.01.2007 – 9 UF 159/06 m. w. N.

	Unterhaltsbedarf des volljährigen Kindes nach Gruppe 11 Stufe 4 der Düsseldorfer Tabelle (Stand: 01.01.2011)	664 €
abzgl.	volles Kindergeld	- 184 €
=	verbleibender ungedeckter Bedarf des Kindes	480 €

▶ **Berechnung der Haftungsverteilung zwischen den Eltern:**[247]

	Bereinigtes Nettoeinkommen des Vaters	2.674,55 €
-	Selbstbehalt ggü. Volljährigen	-1.150 €
=	anzurechnen beim Vater	1.524,55 €
	Bereinigtes Nettoeinkommen der Mutter	1.212,39 €
-	Selbstbehalt ggü. Volljährigen	-1.150 €
=	anzurechnen bei der Mutter	62,39 €
	Haftungsanteil des Vaters in %	96,07 %
	Haftungsanteil der Mutter in %	3,93 %
	Unterhaltsanspruch gegen den Vater	461,13 €
+	Unterhaltsanspruch gegen die Mutter	18,87 €
=	Summe	480 €

IV. Rang der Unterhaltsansprüche von Kindern

§ 1609 BGB regelt die Rangfolge beim **Zusammentreffen mehrerer Unterhaltsansprüche**. Die Unterhaltsansprüche der minderjährigen und privilegierten volljährigen Kinder stehen gem. § 1609 Nr. 1 BGB im ersten Rang und rangieren damit seit der Neuregelung des Unterhaltsrechts zum 01.01.2008 vor den Unterhaltsansprüchen der Ehegatten aus §§ 1569 ff. BGB und der kindesbetreuenden Elternteile gem. § 1615l BGB.

242

Konsequenz dieser Regelung ist in vielen praktischen Fällen, dass bei beschränkter Leistungsfähigkeit des Unterhaltspflichtigen der gesamte Unterhalt auf die Kinder verteilt wird und **der Ehegatte** bzw. der kindesbetreuende Elternteil **ganz oder zumindest weitgehend leer** ausgeht.

Im vierten Rang stehen die Unterhaltsansprüche **volljähriger Kinder**, soweit diese nicht privilegiert und minderjährigen Kindern gleichgestellt sind, also regelmäßig dann, wenn sie sich in einer **beruflichen Ausbildung** befinden oder einem **Studium** nachgehen.[248]

243

---

247 Zur voraussichtlichen Anhebung der Selbstbehaltssätze s. Rdn. 720.
248 Krit. zu dem darin enthaltenen Wertungswiderspruch Schürmann, FamRZ 2008, 313, 319.

Der Nachrang dieses Anspruchs ggü. minderjährigen Kindern, privilegierten volljährigen Kindern sowie dem eines Ehegatten und eines unverheirateten Elternteils gem. § 1615l BGB entspricht der bis zum 01.01.2008 geltenden Rangfolge.

244 Es bleibt aber hier dabei, dass der Ausbildungsunterhaltsanspruch des volljährigen Kindes trotz seines Nachranges als eine die ehelichen Lebensverhältnisse prägende Belastung zu berücksichtigen ist.[249]

245 Zuerst müssen also die Ansprüche der privilegierten Kinder und der Ehefrau bzw. des kindesbetreuenden Elternteils voll gedeckt sein, bevor die Ansprüche der volljährigen Kinder befriedigt werden können. Reichen die finanziellen Mittel des unterhaltspflichtigen Elternteils hierzu nicht aus, geht das volljährige Kind leer aus.

V. Sonderbedarf und Mehrbedarf

246 Die rechtliche Eingruppierung als Sonderbedarf oder Mehrbedarf hat Auswirkungen auf die Anspruchsvoraussetzungen und die verfahrensrechtliche Durchsetzung des Anspruchs.

247 Von der rechtlichen Eingruppierung letztlich unabhängig sind die Fragen,
- ob der andere Elternteil die Kosten (anteilig) mit übernehmen muss (s. dazu Rdn. 268)
- und ob sie überhaupt von den Eltern übernommen werden müssen (s. u. Nr. 4 Rdn. 262).

1. Abgrenzung normaler Bedarf – Mehrbedarf – Sonderbedarf

248 Der nach Einkommensgruppen gestaffelte monatliche **Tabellenunterhalt** umfasst regelmäßig den gesamten absehbaren Lebensbedarf (§ 1610 Abs. 2 BGB).

249 Nach der Legaldefinition des § 1613 Abs. 2 Nr. 1 BGB liegt **Sonderbedarf** bei einem **unregelmäßigen und außergewöhnlich hohen Bedarf** vor. Das Entstehen von Sonderbedarf ist **konkret darzulegen und zu beweisen**.

Sonderbedarf ist demnach ein unregelmäßiger außergewöhnlich hoher Bedarf und liegt folglich nur dann vor, wenn er **nicht mit Wahrscheinlichkeit vorauszusehen war** und deshalb bei der Bemessung der laufenden Unterhaltsrente nicht berücksichtigt werden konnte.[250] Die Eingruppierung als Sonderbedarf scheidet damit schon aus, wenn die **zusätzlichen Kosten mit Wahrscheinlichkeit vorauszusehen waren**.

250 Es muss sich um einen Bedarf handeln, der **überraschend** und der Höhe nach nicht abschätzbar ist,[251] sodass er bei der Bemessung der laufenden Unterhaltsrente nicht berücksichtigt werden konnte.[252] Der unregelmäßige und nicht vorhersehbare Bedarf

---

249 KG, FamRZ 2011, 1656; Schürmann, FamRZ 2008, 313, 319.
250 BGH, 15.02.2006 – XII ZR 4/04, FamRZ 2006, 612 m. krit. Anm. Luthin.
251 BGH, 11.11.1981 – IVb ZR 608/80, LM Nr. 4 zu § 1613 BGB.
252 BGH, 06.10.1982 – IVb ZR 307/81, LM Nr. 5 zu § 1613 BGB.

ist folglich in den Sätzen der Düsseldorfer Tabelle für den Kindesunterhalt nicht enthalten.

Handelt es sich nicht um außergewöhnlich hohe Kosten, scheidet ein zusätzlich geschuldeter Sonderbedarf schon deswegen aus. Übersteigt der zusätzliche Bedarf hingegen diese Grenze, ist der Unterhaltsgläubiger zunächst gehalten, diesen durch **Bildung von Rücklagen aus seinem laufenden Unterhalt** zu decken. Selbst wenn die laufenden Unterhaltsleistungen eine solche Rücklage ausnahmsweise nicht ermöglichen, etwa weil sie nur den notwendigen Lebensbedarf abdecken, kann dieses den Charakter des zusätzlich aufgetretenen Bedarfs als langfristig absehbaren Unterhaltsbedarf nicht ändern. Auch in solchen Fällen kann der Unterhaltsberechtigte den mit Wahrscheinlichkeit voraussehbaren zusätzlichen Bedarf also nicht als Sonderbedarf verlangen. 251

Hat das unterhaltsbedürftige Kind neben dem allgemeinen Lebensbedarf über einen längeren Zeitraum einen zusätzlichen regelmäßigen Bedarf, ist dieser als **Mehrbedarf** schon bei der Bemessung des laufenden Unterhalts zu berücksichtigen.[253] Wenn es sich also nicht um einen einmaligen Aufwand, sondern um eine laufende Bedarfssteigerung handelt, liegt **Mehrbedarf** vor,[254] für den die Vergünstigung des § 1613 Abs. 2 BGB keine Anwendung findet. Auch v **orhersehbare** zusätzliche Kosten sind nicht als Sonderbedarf, sondern allenfalls als **Mehraufwand** einzugruppieren. 252

2. Sonderbedarf

a) Rechtliche Behandlung

Sonderbedarf kann auch rückwirkend verlangt werden, während der Unterhaltspflichtige für **Mehrbedarf** nur dann einstehen muss, wenn er rechtzeitig in **Verzug** gesetzt worden ist. 253

Der Anspruch auf Sonderbedarf kann nur **rückwirkend für ein Jahr geltend** gemacht werden. Maßgeblich für die Fristberechnung ist die Zustellung der Antragsschrift an den Zahlungspflichtigen (§ 263 ZPO). 254

b) Fälle von Sonderbedarf

Nach der Entscheidung des BGH v. 15.02.2006[255] sind eine Reihe von vorangehenden OLG-Entscheidungen zum Sonderbedarf überholt. **Sonderbedarf** ist demnach nur das, was als **nicht vorhersehbarer besonderer Aufwand** qualifiziert werden kann. 255

---

253 BGH, 15.02.2006 – XII ZR 4/04, FamRZ 2006, 612 m. Anm. Luthin; BGH, 11.04.2001 – XII ZR 152/99, FamRZ 2001, 1603, 1604 f.
254 BGH, 11.04.2001 – XII ZR 152/99, FamRZ 2001, 1603; OLG Düsseldorf, 11.09.2000 – 2 UF 67/00, FamRZ 2001, 444.
255 BGH, 15.02.2006 – XII ZR 4/04, FamRZ 2006, 612 m. krit. Anm. Luthin.

Kapitel 3 — Materielle Voraussetzungen des Unterhaltsanspruchs

- Die **Erstausstattung eines Säuglings** stellt Sonderbedarf i. S. d. § 1613 Abs. 2 Satz 1 Nr. 1 BGB dar,[256] wobei als erforderlicher Aufwand von einem Pauschalbetrag von 1.000 € ausgegangen werden könne.
- **Ärztliche Behandlungskosten** größeren Umfanges sind unterhaltsrechtlich Sonderbedarf.[257] Dabei ist auf die Notwendigkeit abzustellen. Mehrkosten für die **Chefarztbehandlung** können bei Bestehen einer Krankenversicherung, die den gesetzlichen Bedarf abdeckt, daher nicht als Sonderbedarf gegen den unterhaltspflichtigen Vater geltend gemacht werden.[258]
- Bei einer **Zahnbehandlung**, die plötzlich erforderlich wird, liegt Sonderbedarf vor, nicht aber bei vorhersehbaren und lang andauernden **kieferorthopädischen Behandlungen**.[259]
- **Umzugskosten** sind nur dann Sonderbedarf, wenn der Umzug nicht vorhersehbar war. Der Anspruch ist auf die erforderliche Höhe begrenzt.[260]
- Kosten des **Nachhilfeunterrichts** sind lediglich dann Sonderbedarf, wenn sie überraschend oder nur vorübergehend anfallen.[261]
- Kosten der **Strafverteidigung** stellen zwar einen unvorhergesehenen Bedarf dar. Eltern sind aber jedenfalls dann nicht verpflichtet, im Zusammenhang mit der Strafverteidigung ihres volljährigen Kindes Kosten für einen zusätzlichen Wahlverteidiger zu übernehmen, wenn das volljährige Kind bereits eine von ihnen unabhängige Lebensstellung erlangt hatte und damit nicht mehr zu den privilegiert unterhaltsberechtigten Kindern i. S. v. § 1603 Abs. 2 BGB gehört.[262]
- Die Kosten einer **Urlaubsreise** sind kein Sonderbedarf.[263]

3. Mehrbedarf

a) Rechtliche Behandlung

256 Mehrbedarf ist – auch beim minderjährigen Kind – von beiden Eltern **anteilig** zu decken. Denn beim Mehrbedarf entlastet – anders als beim Elementarunterhalt – die Betreuung des Kindes den betreuenden Elternteil, der über eigenes Einkommen verfügt, nicht von seiner anteiligen Mithaftung.[264]

Die Verteilung erfolgt im Verhältnis ihrer Einkünfte nach Abzug des Selbstbehalts ggü. minderjährigen bzw. volljährigen Kindern.

---

256 OLG Koblenz, 12.05.2009 – 11 UF 24/09.
257 BGH, 27.11.1991 – XII ZR 226/90, FamRZ 1992, 291.
258 AG Michelstadt, 13.10.2004 – F 383/04, FamRZ 2005, 1118.
259 A. A. OLG Düsseldorf, 19.08.2003 – II-8 WF 186/03, ZFE 2003, 348 und OLG Celle, 04.12.2007 – 10 UF 166/07, OLGR 2008, 241: Sonderbedarf.
260 OLG München, 16.01.1996 – 12 UF 1457/95, FamRZ 1996, 1411.
261 OLG Köln, 29.10.1998 – 14 WF 157/98, FamRZ 1999, 531.
262 BFH, 30.10.2003 – III R 23/02, DStR 2004, 217.
263 OLG Frankfurt am Main, 29.06.1989 – 4 WF 186/88, FamRZ 1990, 436.
264 OLG Düsseldorf, 08.07.2005 – 3 UF 21/05, ZFE 2005, 369 = FamRZ 2006, 223 [LS].

E. Kindesunterhalt

Für **Mehrbedarf** muss der Unterhaltspflichtige nach bisheriger Rechtsprechung nur dann einstehen, wenn er hierfür gesondert rechtzeitig in **Verzug** gesetzt worden ist.[265]   257

Zudem ist **Mehrbedarf ein unselbstständiger Teil des Unterhalts** und kann nur zusammen mit diesem geltend gemacht werden. Ein **Teilbeschluss** über den **Mehrbedarf**, ohne zugleich über den restlichen Unterhaltsanspruch zu entscheiden, soll wegen der Gefahr der Widersprüchlichkeit regelmäßig **nicht zulässig** sein.   258

Besteht bereits ein Titel über Elementarunterhalt, ist nur der Weg über den **Abänderungsantrag** möglich. Folglich gilt bei Urteilen die **Rückwirkungssperre** des § 238 Abs. 3 FamFG. Ferner ist die **Wesentlichkeitsgrenze** zu beachten.   259

Letztlich können die Tatsachen, auf die der Mehrbedarf gestützt wird, gem. § 238 Abs. 2 FamFG **präkludiert** sein!   260

b) Fälle von Mehrbedarf

In der Rechtsprechung sind eine Reihe von **Einzelfällen des Mehrbedarfs** entschieden worden: 261
– Eine **Kinderzimmereinrichtung** gehört nicht zum Sonderbedarf, weil diese Kosten kein außergewöhnlicher und unvorhersehbarer Bedarf sind. Vielmehr ist es geradezu typisch, dass die Kinderzimmereinrichtung der Entwicklung des Kindes angepasst werden muss.[266]
– Zusätzlicher und regelmäßig anfallender Aufwand für **krankheitsbedingte Kosten**[267] stellt Mehrbedarf dar. Ebenso der Aufwand für die **Pflegebedürftigkeit** eines behinderten Kindes (auch der Aufwand für eine Haushaltshilfe),[268] die für längere Zeit anfallenden Kosten einer psychotherapeutischen Behandlung[269] sowie für die Behandlung von Diabetes.[270] Zuzahlungen zu Arzneimitteln und die sog. Praxisgebühr sind kein krankheitsbedingter Mehrbedarf.[271]
– Eine **Brille** ist bei einem Kind kein Sonderbedarf, wenn es absehbar war, dass diese benötigt wird. Trägt das Kind bereits eine Brille, ist wegen seines Wachstums und einer Veränderung der Sehstärke in unregelmäßigen Abständen abzusehen, dass eine neue Brille benötigt werden wird.[272]

---

265 OLG Düsseldorf, 11.09.2000 – 2 UF 67/00, FamRZ 2001, 444.
266 KG, 03.04.2007 – 13 UF 46/06.
267 BGH, 15.02.2006 – XII ZR 4/04, FamRZ 2006, 612 m. Anm. Luthin.
268 OLG Saarbrücken, 27.09.2007 – 6 UF 35/07, FamRB 2008, 5.
269 OLG Düsseldorf, 11.09.2000 – 2 UF 67/00, FamRZ 2001, 444.
270 OLG Düsseldorf, 20.06.2001 – 5 UF 86/00, FamRZ 2002, 751; BGH, 15.02.2006 – XII ZR 4/04, FamRZ 2006, 612 m. Anm. Luthin.
271 OLG Karlsruhe, 13.02.2008 – 2 WF 5/08, OLGR 2008, 410.
272 KG, 03.04.2007 – 13 UF 46/06.

Kapitel 3 Materielle Voraussetzungen des Unterhaltsanspruchs

- Die Kosten eines Internats oder einer **Privatschule**[273] sind ebenso wie Schulkosten für den Besuch einer **privaten Sonderschule**, inklusive Kosten der notwendigen Nachhilfe und psychologischen Betreuung, Mehrbedarf.
- Allgemein bessere Fördermöglichkeiten an einem **Privatgymnasium** stellen jedoch ggü. einem staatlichen Gymnasium keinen gewichtigen Grund dar, der einen Unterhaltsmehrbedarf rechtfertigt.[274]
- Diese Kosten sind jedoch notwendig, wenn es dem Kind aufgrund einer Behinderung nicht möglich ist, seinen Hauptschulabschluss an einer staatlichen Sonderschule oder einer freien Waldorfschule zu machen.[275]
Diese Kosten sind zwar grds. vom barunterhaltspflichtigen Elternteil zu tragen. Nach den Umständen des Einzelfalles kann jedoch der andere Elternteil zu einer Beteiligung an diesem Mehrbedarf verpflichtet sein. Dann richtet sich der Umfang der Beteiligung nach den beiderseitigen Einkommensverhältnissen.[276]
- Dagegen handelt es sich bei **Schulgeld** von 60 € mtl. nicht um Mehrbedarf, da es am Tatbestandsmerkmal einer außergewöhnlich hohen Belastung fehlt.[277]
- **Fahrtkosten**, die i. R. d. Privatschulbesuches anfallen, gehören dagegen zum allgemeinen Lebensbedarf und sind von den Tabellenbeträgen umfasst.
- Die Behandlung der Kosten eines **Schulhorts** ist umstritten. Nach Ansicht des OLG Naumburg liegt nur dann Mehrbedarf des Kindes vor, wenn der Hortbesuch im Interesse des Kindes (etwa **aus pädagogischen Gründen**) geboten ist. Mehrbedarf wird dagegen verneint, wenn diese Aufwendung erforderlich ist, um dem betreuenden Elternteil eine Erwerbstätigkeit zu ermöglichen.[278] Haben die Eltern den **Hortvertrag gemeinsam geschlossen**, besteht **Gesamtschuldnerhaftung** zu gleichen Anteilen, sofern zwischen den beteiligten Eltern, insb. über eine Regelung/Vereinbarung über den Ehegattenunterhalt nicht etwas anderes bestimmt worden ist.[279]
- Die Gegenansicht[280] rechnet die **Hortkosten** – jedenfalls überwiegend – zu den **unterhaltsrechtlichen Mehrkosten**.[281] Zwar könne im Einzelfall von den Eltern mit der Anmeldung des Kindes im Hort ein anderer Zweck verfolgt worden sein, etwa dem Betreuenden die Aufnahme einer Erwerbstätigkeit zu ermöglichen. Dies sei aber nicht der Regelfall. Haben Eltern vor ihrer Trennung ihre Kinder in einer

---

273 BGH, 15.02.2006 – XII ZR 4/04, FamRZ 2006, 612 m. Anm. Luthin; OLG Düsseldorf, 30.11.1990 – 6 UF 257/89, FamRZ 1991, 806.
274 OLG Naumburg, 09.09.2008 – 3 UF 31/08, ZFE 2009, 353.
275 OLG Koblenz, 05.10.2004 – 11 UF 27/04, NJW-RR 2005, 88; Die Berechtigung von Zusatzbedarf beim Ausbildungsunterhalt wie z. B. der Kosten von Nachhilfe, Internat, Privatschule, Auslandsaufenthalt behandelt ausführlich Götz, FF 2008, 352.
276 OLG Karlsruhe, 21.09.2007 – 5 UF 3/07, FamRZ 2008, 1209.
277 OLG Brandenburg, 21.05.2008 – 9 WF 116/08, NJW 2008, 2722.
278 OLG Naumburg, 22.09.2011 – 8 UF 118/11, NJW 2012, 623.
279 OLG Naumburg, 22.09.2011 – 8 UF 118/11, NJW 2012, 623.
280 Griesche, FamFR 2012, 11.
281 Reinken, FamFR 2010, 25; Schürmann, FamRZ 2011, 1625 [1626].

E. Kindesunterhalt   Kapitel 3

Privatschule angemeldet und gleichzeitig mit dem zur Schule gehörenden Schulhort einen Hortvertrag abgeschlossen, spreche dies eindeutig dafür, dass sie sich von pädagogischen Gründen haben leiten lassen.
- Die Kosten eines **Auslandsstudiums** sind Mehrbedarf.[282]
- Auch die **Studiengebühren**, die jetzt von den meisten Universitäten erhoben werden, sind, da sie vorhersehbar sind, nicht als Sonderbedarf, sondern – ggf. anteilig auf den Monat umgelegt[283] – als **Mehrbedarf** einzustufen (s. Rdn. 233). Sie sind jedenfalls angesichts ihrer Höhe von i. d. R. 500 € pro Semester (entsprechend rund 83 € pro Monat) nicht bereits in den bisherigen Tabellenwerten enthalten. Dementsprechend stellt die Düsseldorfer Tabelle jetzt klar, dass **Studiengebühren** nicht in den Unterhaltsbeträgen enthalten sind.
- Die Kosten der **Nachhilfe** stellen regelmäßigen Mehrbedarf dar, da bei längerer Dauer der Nachhilfe nicht mehr von einem unregelmäßigen Bedarf gesprochen werden kann. Dabei ist ein Teil der Kosten bereits aus dem laufenden Kindesunterhalt zu decken, den Rest haben beide Eltern aufzubringen. Der betreuende Elternteil, der über Einkommen verfügt, wird durch die Betreuungstätigkeit nicht von einer anteiligen Zahlungspflicht befreit.[284]
- Aufwendungen für die **Förderung des künstlerischen Talents**.[285] Hier ist aber immer die Frage zu klären, ob dieser Aufwand für die weitere Entwicklung des Kindes notwendig ist. Die Teilnahme an sportlichen Betätigungen (Tanzsport, Reitsport, Jiu-Jitsu) hat der Barunterhaltspflichtige nicht zusätzlich zu finanzieren.[286] Wird Mehrbedarf zur Förderung des künstlerischen Talents geltend gemacht, muss der Berechtigte seiner **Darlegungspflicht** durch die Vorlage einer detaillierten und nachprüfbaren Aufschlüsselung zumindest für einen repräsentativen Zeitraum nachkommen, ohne dass es hierzu einer besonderen gerichtlichen Aufforderung bedarf.[287]
- Kosten der **Konfirmation** oder **Kommunion** sind bei zutreffender Einordnung kein Sonderbedarf, sondern **Mehrbedarf**, denn spätestens mit Beginn des Konfirmandenunterrichts sind die Kosten für eine Konfirmation absehbar und deswegen nicht überraschend i. S. v. § 1613 Abs. 2 Nr. 1 BGB.[288]

4. Kriterien der Haftung für Sonderbedarf oder Mehrbedarf

Unabhängig davon, ob die konkrete Kostenposition als Mehrbedarf oder als Sonderbedarf eingruppiert wird, stellen sich für die Haftung folgende Fragen:
- Ist dieser **Bedarf notwendig**?

---

282 OLG Naumburg, 19.05.2003 – 8 WF 34/03, OLGR 2004, 78; AG Köln, 16.08.2000 – 302 F 273/98, FamRZ 2002, 482.
283 OLG Jena, 10.10.2008 – 1 UF 121/08, ZFE 2009, 351.
284 OLG Düsseldorf, 08.07.2005 – II-3 UF 21/05, ZFE 2005, 369.
285 BGH, 11.04.2001 – XII ZR 152/99, FamRZ 2001, 1603.
286 OLG Braunschweig, 01.03.1995 – 1 WF 76/94, FamRZ 1995, 1010.
287 BGH, 11.04.2001 – XII ZR 152/99, FamRZ 2001, 1603.
288 BGH, 15.02.2006 – XII ZR 4/04, FamRZ 2006, 612 m. krit. Anm. Luthin.

Kapitel 3   Materielle Voraussetzungen des Unterhaltsanspruchs

- Ist die **Höhe der Kosten angemessen?**
- Muss der **barunterhaltspflichtige Elternteil allein haften?**

a) Notwendigkeit des Bedarfs

263 Die Notwendigkeit des konkreten Bedarfs kann sich einmal aus allgemeinen Gesichtspunkten, aber auch aus einer (früheren) Absprache der Eltern ergeben.

264 So können objektive Gründe wie die pädagogische Notwendigkeit dafür sprechen, Nachhilfestunden, einen Landschulheimaufenthalt, einen Auslandssprachkurs oder gar ein Auslandsschuljahr als notwendig für die weitere persönliche, schulische und berufliche Entwicklung des Kindes anzusehen. Auch das eigene Bildungsniveau der Eltern spielt eine Rolle, denn grds. haben die Kinder ein Recht darauf, das Bildungsniveau der Eltern zu erreichen. Medizinische Notwendigkeiten können für eine ärztliche Zusatzbehandlung sprechen.

265 Auch aus früheren Absprachen der Eltern über den Bildungsweg der Kinder lässt sich eine entsprechende Bindung zur Kostenübernahme herleiten. Allerdings sind derartige Absprachen in der Praxis oft schwer nachzuweisen.

b) Angemessenheit der Höhe

266 Die Angemessenheit der Höhe richtet sich einmal nach den Lebensverhältnissen der Eltern, also de facto danach, was sie sich – ggf. unter Beachtung der finanziellen Rückschläge durch die geseiterte Ehe – leisten können. Bei gut situierten Eltern wird man auch die Kosten einer teuren Privatschule oder einer großen Familienfeier akzeptieren müssen, bei engeren finanziellen Verhältnissen des zahlungspflichtigen Elternteils müssen sich auch die Kinder entsprechend einschränken – ggf. auch mit Rücksicht auf die schützenswerten Interessen und Unterhaltsansprüche der Geschwister.

267 Zu bedenken ist aber auch, dass der betreuende Elternteil nicht eigenmächtig und ohne vorherige Rücksprache mit dem anderen Elternteil Kosten auslösen darf, die der andere dann bezahlen soll. Aus der allgemeinen unterhaltsrechtlichen Pflicht zur gegenseitigen Rücksichtnahme folgt daher auch die Obliegenheit des anderen Elternteils, den zahlungspflichtigen Elternteil zu informieren und ggf. seine billigenswerten Einwände zu berücksichtigen.

c) Haftungsverteilung

268 Ist nur der barunterhaltspflichtige Elternteil leistungsfähig, muss er auch für Sonderbedarf bzw. Mehrbedarf allein haften. Ist der pflichtige Elternteil nur eingeschränkt leistungsfähig, muss er den **Sonderbedarf in Raten** zahlen.[289]

Wenn dagegen der **betreuende Elternteil** ebenfalls leistungsfähig ist, haftet jeder Elternteil anteilig.

---

289 OLG Düsseldorf, 19.08.2003 – 8 WF 186/03, ZFE 2003, 348.

E. Kindesunterhalt Kapitel 3

Ob der Bedürftige beim Sonderbedarf den Stamm seines Vermögens für den Sonder- 269
bedarf angreifen muss, ist eine **Billigkeitsentscheidung**. Hierbei kann darauf abgestellt
werden, ob der Unterhaltspflichtige ein erheblich höheres Vermögen besitzt als der
Unterhaltsberechtigte und außerdem einkommensstark ist.[290]

VI. Kosten der Kinderbetreuung als Bedarf des Kindes

Den Kosten der Kinderbetreuung kommt nach dem neuen Unterhaltsrecht verstärkte 270
praktische Bedeutung zu, da der geschiedene kindesbetreuende Elternteil nach § 1570
BGB gehalten ist, die Möglichkeiten einer außerhäuslichen Betreuung zu nutzen, um
seinen Bedarf durch eigene Erwerbstätigkeit ganz oder teilweise sicherzustellen (s. dazu
die ausführliche Darstellung Rdn. 640 ff.).

1. Kosten des Kindergartens

Die für den **Kindergartenbesuch** anfallenden Kosten sind zum Bedarf eines Kindes 271
zu rechnen und stellen grds. keine berufsbedingten Aufwendungen des betreuenden
Elternteils dar.[291] Der Unterhaltsbedarf eines Kindes umfasst dessen gesamten Lebensbedarf einschließlich der Kosten der Erziehung (§ 1610 Abs. 2 BGB). Wenn Aufwendungen in erster Linie erzieherischen Zwecken dienen, wie es bei denjenigen für den
Kindergartenbesuch der Fall ist, bestimmen sie jedenfalls **den Bedarf des Kindes** und
nicht denjenigen des betreuenden Elternteils. Daher stehen die **erzieherischen Aufgaben des Kindergartens** derart im **Vordergrund**, dass dem Gesichtspunkt der Er-
möglichung einer Erwerbstätigkeit des betreffenden Elternteils nur untergeordnete
Bedeutung, eher diejenige eines **Nebeneffekts**, zukommt. Deshalb müssen die durch
den Kindergartenbesuch entstehenden Kosten als solche der Erziehung und damit als
Bedarf des Kindes angesehen werden.

Diese Kosten begründen – da sie regelmäßig anfallen – keinen Sonderbedarf i. S. d. 272
§ 1613 Abs. 2 Nr. 1 BGB, sondern es handelt sich um unterhaltsrechtlichen **Mehrbedarf**. Hierfür müssen **beide Elternteile anteilig** nach ihren Einkommensverhältnissen
aufkommen, wobei vorab ein Sockelbetrag i. H. d. angemessenen Selbstbehalts abzuziehen ist.

Anfallende **Kosten für die Verpflegung** des Kindes im Kindergarten (**Essensgeld**) müs- 273
sen jedoch herausgerechnet werden, da diese Kosten dem normalen Bedarf zuzurechnen und damit bereits im Tabellenunterhalt enthalten sind.

2. Andere Kosten der Kinderbetreuung

Noch nicht abschließend geklärt ist, wie bei anderen Kosten der Kinderbetreuung 274
(z. B. Tagesmütter, Kinderfrau, nachmittägliche Schulbetreuung, Kindertagesstätte,

---

290 OLG Koblenz, 06.11.2001 – 11 UF 276/01, FPR 2002, 310.
291 BGH, NJW 2009, 1816 m. Anm. Maurer = FamRZ 2009, 962 m. Anm. Born; BGH,
05.03.2008 – XII ZR 150/05, FamRZ 2008, 1152; ausführlich Viefhues, ZFE 2009, 292.

Tagespflegestätte, Hort) zu verfahren ist, die konkret anfallen und die der betreuende Elternteil trägt. Wird eine **private Kinderfrau** engagiert, fallen ebenfalls nicht unerhebliche Kosten an, über deren Ausgleich in der Praxis Streit entstehen kann. Auch bei der Betreuung der Kinder durch Verwandte oder Freunde stellt sich die Frage, ob diese Leistung nicht in Zukunft generell zu monetarisieren und ebenso wie tatsächlich angefallene Kosten einer Fremdbetreuung fiktiv anzurechnen ist.[292]

Eine Reihe von obergerichtlichen Entscheidungen hat derartige Kosten als berufsbedingte Aufwendungen eingestuft und entsprechend in die Berechnung des Ehegattenunterhalts einbezogen, also vom Einkommen des betreuenden Elternteils abgezogen (ebenso die unterhaltsrechlitchen Leitlinien unter Ziffer 10.3).[293]

275 Zu den verfahrensrechtlichen Fragen s. Rdn. 669 ff. und Kap. 5 Rdn. 1 ff.

F. Allgemeine unterhaltsrechtliche Grundsätze

276 ▶ **Das Wichtigste in Kürze**

- Bedarf – was dem Unterhaltsberechtigten zusteht. → Rdn. 14 ff. und Rdn. 279 und Rdn. 283 ff.
- Bedürftigkeit – was der Unterhaltsberechtigte (noch) benötigt. → Rdn. 14 ff. und Rdn. 292 ff.
- Leistungsfähigkeit – was der Unterhaltspflichtige zahlen kann. → Rdn. 281 f. und Rdn. 301 ff.

277 Unterhalt kann in der Praxis nur durchgesetzt werden, wenn die Voraussetzungen eines Unterhaltsanspruchs gegeben sind (dazu s. o., Rdn. 1 ff.) und die Anspruch stellende Person **unterhaltsbedürftig** ist. Dies ist dann der Fall, wenn und soweit sie nicht in der Lage ist, ihren Bedarf selbst zu befriedigen. Bedürftig ist der Unterhaltsberechtigte folglich, soweit sein **Bedarf** nicht durch eigene Einkünfte gedeckt ist.

278 ▶ **Beispiel:**

Die geschiedene Ehefrau hat einen Bedarf von 800 €. Sie verfügt über eigene Einkünfte von 250 €. Ihr ungedeckter Restbedarf und damit ihre Bedürftigkeit beträgt noch 550 €.

---

292 Meier, FamRZ 2008, 101, 104; Borth, Rn. 78. OLG Hamm, 07.02.2007 – 5 UF 111/06, FuR 2007, 177, 181; vgl. auch OLG Nürnberg, 27.10.2003 – 10 UF 2204/03, FamRZ 2004, 1063, AG Konstanz, 27.04.2006 – 5 F 153/05, FamRZ 2006, 1709.
293 OLG Celle, FuR 2009, 628; OLG Zweibrücken, 30.05.2008 – 2 UF 233/07; OLG Jena, 08.06.2009 – 1 UF 424/08; OLG Oldenburg, FuR 2009, 594; OLG Hamm, 07.02.2007 – 5 UF 111/06, FuR 2007, 177, 181; AG Gummersbach, 25.11.2008 – 22 F 50/08.

F. Allgemeine unterhaltsrechtliche Grundsätze

Dabei sind die Regeln für die **Bemessung des Bedarfs** abhängig von der Person, die Unterhalt verlangt: 279
- Der Unterhaltsbedarf eines Kindes ist abgeleitet von der aktuellen Lebensstellung seiner Eltern, richtet sich also nach deren finanziellen Verhältnissen (s. o., Rdn. 183 ff.).
- Der Unterhaltsanspruch eines nichtehelichen Elternteils aus § 1615l BGB richtet sich nach dessen eigener früheren Lebensstellung (s. Rdn. 157 ff.).
- Beim Bedarf eines getrennt lebenden oder geschiedenen Ehegatten ist zu unterscheiden zwischen:
  - dem vom eigenen Einkommen und dem Einkommen **einer unterhaltspflichtigen Person abgeleiteten**, an den in der Vergangenheit liegenden »ehelichen Lebensverhältnissen« orientierten Bedarf (§ 1578 BGB; s. Rdn. 8 ff. und Rdn. 30 ff.).
  - dem »angemessenen« Unterhaltsbedarf, der allein durch die Verhältnisse der unterhaltsberechtigten Person – die Ehe hinweggedacht – definiert wird.
  - dem »**objektiv bestimmten**« Bedarf als Existenzminimum, **Mindestbedarf** oder notwendigen Bedarf (derzeit nach den Leitlinien 770 €), (dazu Rdn. 168 ff. und Rdn. 189 ff.).

▶ Praxistipp:

Bei den verwandten Begriffen ist zu unterscheiden:

Der **Mindestbedarf** betrifft den Unterhaltsberechtigten.

Der **Selbstbehalt** bezieht sich auf den Unterhaltspflichtigen.[294]

Die **Darlegungs- und Beweislast** für die anspruchsbegründenden Voraussetzungen liegen beim Unterhaltsberechtigten als Anspruchsteller; dazu gehören sowohl die Höhe des **Bedarfs** als auch der Umfang der **Bedürftigkeit** (des ungedeckten Restbedarfs).[295] 280

Weitere Voraussetzung für die Durchsetzbarkeit eines Unterhaltsanspruchs ist, dass der Unterhaltspflichtige ausreichend **leistungsfähig** ist. 281

Sowohl für die Frage, ob der Berechtigte seinen Bedarf aus eigener Kraft decken kann als auch bei der Frage der Leistungsfähigkeit des Unterhaltspflichtigen kommen in Betracht: 282
- **tatsächliche Einkünfte**,
- **hypothetische Einkünfte** bei Verletzung einer Erwerbsobliegenheit und
- die **Verwertung des eigenen Vermögens**.

I. Bedarf nach den ehelichen Lebensverhältnissen

Das Maß des Ehegattenunterhalts bestimmt sich gem. § 1578 BGB nach den **ehelichen Lebensverhältnissen**, die die Obergrenze für den Unterhaltsbedarf darstellen. 283

---

[294] Ausführlich zum Selbstbehalt Lipp, FamRZ 2012, 1 ff.
[295] BGH, FamRZ 1990, 1085.

284 Die Anknüpfung des Unterhaltsbedarfs an die ehelichen Lebensverhältnisse soll dem Unterhaltsberechtigten auch nach der Scheidung die Teilhabe am ehelichen Lebensstandard ermöglichen. Im Vergleich zu anderen Bedarfsmaßstäben, etwa dem angemessenen Lebensbedarf, der sich allein aus der (früheren) Lebensstellung des Unterhaltsberechtigten ergibt, knüpft das Gesetz damit den Unterhaltsbedarf an die Lebensstellung des Unterhaltspflichtigen an (abgeleitete Lebensstellung). Es handelt sich um eine bewusste Entscheidung des Gesetzgebers, die dem geschiedenen Ehegatten eine Teilhabe an dem auch aufgrund eigener Leistungen des Unterhaltsberechtigten erreichten höheren Lebensstandard gewähren soll.[296]

285 Außerdem ist stets der **Halbteilungsgrundsatz** zu beachten.[297] Dieser Grundsatz gebietet es bei der Bedarfsermittlung nur eines unterhaltsberechtigten Ehegatten, dem Unterhaltspflichtigen einen die Hälfte seines verteilungsfähigen Einkommens sogar maßvoll übersteigenden Betrag anrechnungsfrei zu belassen (Erwerbstätigenbonus).[298]

Ausnahmen vom Grundsatz der Halbteilung i. R. d. Bedarfsbemessung lässt der BGH einmal dann zu, wenn ein **Mindestbedarf** geschuldet ist.[299] Ein anderer Ausnahmefall liegt vor, wenn wegen **besonders hoher Einkünfte** bei nur eingeschränkter Verwendung für den Lebensunterhalt eine konkrete Bedarfsbemessung erforderlich ist.[300]

In allen anderen Fällen wird durch die pauschale Bedarfsbemessung im Wege der **Quotenmethode** hinsichtlich aller i. R. d. § 1578 Abs. 1 Satz 1 BGB zu berücksichtigenden Umstände der Halbteilungsgrundsatz gewahrt.[301]

1. Surrogatsrechtsprechung

286 Die Rechtsprechung des BGH zum **Wert der Haushaltsführung** des während der Ehe nicht berufstätigen Ehegatten[302] sieht das spätere, erst nach der Scheidung erzielte Einkommen des unterhaltsberechtigten Ehegatten als **Surrogat des wirtschaftlichen Wertes seiner bisherigen Tätigkeit als Hausfrau bzw. Hausmann** an. Solange tatsächlich kein Surrogateinkommen erzielt wird oder wegen bestehender Erwerbsobliegenheit erzielt werden müsste, wird der Bedarf nur auf der Basis der vorhandenen Einkünfte der Eheleute ermittelt; der Wert der Haushaltsleistungen führt hier nicht zu einer Bedarfserhöhung. Wird jedoch tatsächlich Surrogateinkommen erzielt oder müsste wegen bestehender Erwerbsobliegenheit ein solches erzielt werden, dann ist dieses unabhängig vom Zeitpunkt anzurechnen, von dem an der Ehegatte dieses Einkommen erzielt.

---

296 BGH, FamRZ 2010, 111, 112 = NJW 2010, 365, 367.
297 BGH, FamRZ 2012, 281 m. Anm. Borth, FamRZ 2012, 253 = NJW 2012, 384.
298 BGH, FamRZ 2006, 683, 686.
299 BGH, NJW 2012, 1578; BGH, FamRZ 2010, 357, BGH, FamRZ 2010, 629 Rn. 32 f.
300 BGH, NJW 2012, 1578; BGH, FamRZ 2011, 192, BGH, FamRZ 2010, 1637.
301 BGH NJW 2012, 1578.
302 BGH, FamRZ 2012, 281 m. Anm. Borth, FamRZ 2012, 253 = NJW 2012, 384; BGH, NJW 2001, 2254 = FamRZ 2001, 986; vom BVerfG bestätigt: BVerfG, FamRZ 2002, 527.

F. Allgemeine unterhaltsrechtliche Grundsätze   Kapitel 3

2. Eheliche Lebensverhältnisse (§ 1578 BGB)

a) Wandelbare eheliche Lebensverhältnisse

In den letzten Jahren hatte der BGH seine Rechtsprechung von den **wandelbaren ehelichen Lebensverhältnissen**[303] konsequent weiterentwickelt.   287

Danach war auch für den Bedarf des geschiedenen Ehegatten grds. auf die aktuellen Einkommensverhältnisse des Unterhaltspflichtigen abzustellen, sodass sich nachträgliche Veränderungen im Regelfall bereits auf den Bedarf auswirken. Nach der Rechtsprechung des BGH bestand für den unterhaltsberechtigten Ehegatten **keine Lebensstandardgarantie.**[304] Vielmehr wurde die Bedarfsbemessung nach den ehelichen Lebensverhältnissen als Teilhabe an einer weiteren dynamischen Entwicklung verstanden, die durchaus Veränderungen in positiver als auch in negativer Hinsicht erfahren konnte.

Hieraus wurde die **Dreiteilung** des Bedarfs zwischen dem Unterhaltspflichtigen und zwei unterhaltsberechtigten Personen abgeleitet.

Das **BVerfG** hat die vom BGH entwickelte Rechtsprechung zu den »wandelbaren   288
ehelichen Lebensverhältnissen« für **verfassungswidrig** erklärt.[305] Das BVerfG hat argumentiert, dass die geänderte Auslegung die gesetzliche Differenzierung zwischen Unterhaltsbedarf und Leistungsfähigkeit aufhebt. Mit der vom BGH entwickelten Dreiteilungsmethode bei der Berechnung des nachehelichen Unterhalts würden die Grenzen zulässiger Rechtsfortbildung überschritten; es sei ein Systemwechsel eingeleitet worden, bei dem in unzulässiger Weise die gesetzgeberischen Grundentscheidungen durch eigene Gerechtigkeitsvorstellungen ersetzt worden seien.

b) Zeitpunkt der ehelichen Lebensverhältnisse

Der Bedarf der Berechtigten bezieht sich auf die **ehelichen Lebensverhältnisse** und   289
damit auf einen in der **Vergangenheit** liegenden, abgeschlossenen Zeitraum. Stichtag für diese Bewertung ist der **Tag der Rechtskraft der Scheidung.**[306]

---

303 BGH v. 15.03.2006 – XII ZR 30/04, FamRZ 2006, 683; BGH, 30.07.2008 – XII ZR 177/06, FamRZ 2008, 1911 m. Anm. Maurer, FamRZ 2008, 1919; BGH, 06.02.2008 – XII ZR 14/06, FamRZ 2008, 968, 972 f.; BGH, FamRZ 2003, 590, 592 m. Anm. Büttner; Born, NJW 2008, 3089; krit. Graba, FF 2008, 437; ausführlich Viefhues, ZFE 2010, 288 und ZFE 2010, 333; Klinkhammer, FamRZ 2010, 1777; Gutdeutsch FamRZ 2010, 1874; Gerhardt FamRZ 2011, 8; Maurer FamRZ 2011, 849.
304 BGH, FamRZ 2006, 683, 685.
305 BVerfG, 25.01.2011 – 1 BvR 918/10, NJW 2011, 836 = FamRZ 2011, 437; kritisch dazu Münch, FamRB 2011, 90, Hauß, FamRB 2011, 94.
306 BGH, FamRZ 2012, 281 m. Anm. Borth FamRZ 2012, 253 = NJW 2012, 384.

Kapitel 3 Materielle Voraussetzungen des Unterhaltsanspruchs

c) Veränderungen zwischen Trennung und Rechtskraft der Scheidung

290 Damit beeinflussen auch **Umstände, die nach der Trennung der Eheleute** bis zur Rechtskraft der Scheidung eingetreten sind, noch die ehelichen Lebensverhältnisse.[307]

Bei der Bemessung dieses Unterhaltsbedarfs sind somit grds. die Umstände zu berücksichtigen, die **das für Unterhaltszwecke verfügbare Einkommen auch schon vor Rechtskraft der Ehescheidung beeinflusst haben.** Daher ist grds. auch das **Hinzutreten weiterer Unterhaltsberechtigter** bis zur rechtskräftigen Ehescheidung zu berücksichtigen. Die Unterhaltspflicht ggü. solchen, vor Rechtskraft der Ehescheidung geborenen weiteren Unterhaltsberechtigten, beeinflusst in gleicher Weise die ehelichen Lebensverhältnisse.[308] Dies gilt auch hinsichtlich der zum gleichen Zeitpunkt entstandenen Unterhaltsansprüche der nichtehelichen Mutter aus § 1615l BGB.

d) Veränderungen nach Rechtskraft der Scheidung

291 Nachträgliche Veränderungen, **die auch bei Fortbestand der Ehe eingetreten wären und die nicht auf ein vorwerfbares Verhalten eines der Ehegatten zurückzuführen sind,** sind auch in Zukunft bereits bei der Feststellung des Bedarfs zu berücksichtigen.[309] (Zum unterhaltsrechtlich relevanten vorwerfbaren Verhalten eines Ehegatten, s. Rdn. 559).

II. Mindestbedarf beim Ehegattenunterhalt

292 Der BGH hat einen **Mindestbedarf des Unterhaltsberechtigten Ehegatten ausdrücklich anerkannt.**[310]

Der Unterhaltsbedarf wegen Betreuung eines Kindes bemisst sich jedenfalls nach einem Mindestbedarf i. H. d. Existenzminimums, der unterhaltsrechtlich mit dem **notwendigen Selbstbehalt eines Nichterwerbstätigen** (z. Zt. 770 €) pauschaliert werden darf.[311] Einen höheren Mindestbedarf der Unterhaltsberechtigten etwa i. H. d. angemessenen Bedarfs von z. Zt. 1.050 € monatlich lehnt der BGH ausdrücklich ab.

Wird der Bedarf nach diesem Mindestsatz bemessen, ist **eigenes Einkommen** bedarfsdeckend anzurechnen. Ein Unterhaltsanspruch bleibt nur i. H. d. offenen Restbetrages.

293 Ist die Unterhaltsberechtigte **teilweise erwerbstätig**, bliebt es beim gleichen Mindestbedarf von 770 €, jedoch sind berufsbedingte Aufwendungen beim anzurechnenden Einkommen abzuziehen.

---

307 BGH, 07.12.2011 – XII ZR 151/09, Rn. 17; FamRZ 2012, 281.
308 Vgl. BVerfG, FamRZ 2011, 437 Rn. 69.
309 BGH, FamRZ 2012, 281 m. Anm. Borth FamRZ 2012, 253 = NJW 2012, 384; BVerfG, FamRZ 2011, 437 Rn. 64, 70; BGH, FamRZ 1986, 148, 149.
310 BGH, FamRZ 2010, 357 m. Anm. Maier = NJW 2010, 937 m. Anm. Hoppenz; Anm. Graba, FF 2010, 150; BGH, FamRZ 2010, 802 m. Anm. Viefhues = NJW 2020, 1665.
311 Im Anschluss an BGH, FamRZ 2008, 1738, 1743; zur voraussichtlichen Anhebung der Selbstbehaltsätze s. Rdn. 720.

F. Allgemeine unterhaltsrechtliche Grundsätze   Kapitel 3

Soll ein **höherer Bedarf** geltend gemacht werden, trägt hierfür die **Unterhaltsberechtigte** die **Darlegungs- und Beweislast.**

▶ Praxistipp:

- Von praktischer Bedeutung ist dieser Mindestbedarf vor allem für den Anspruch aus § 1361 BGB und im Hinblick auf Unterhaltsansprüche, bei denen keine oder nur eine eingeschränkte Erwerbsobliegenheit besteht.
- Der Berechtigte kann folglich einen Bedarf i. H. d. Mindestbedarfs von 770 € geltend machen, **ohne diesen weiter begründen zu müssen.** Soweit der Anspruch nicht an eigenen ggf. fiktiven Einkünften i. R. d. Bedürftigkeit scheitert, trägt der Pflichtige auf der Ebene der Leistungsfähigkeit die volle Darlegungs- und Beweislast.
- Damit wird ein **Großteil der Unterhaltsverfahren im Normalverdienerbereich abgedeckt**, in denen der Unterhaltspflichtige nach Abzug des vorrangige Kindesunterhaltes nach seinen finanziellen Verhältnissen gar nicht in der Lage ist, einen höhen Ehegattenunterhalt als den Mindestunterhalt zu leisten.
- Erteilt der Unterhaltspflichtige nur zögerlich oder unzureichend **Auskunft** über seine Einkünfte, ist es ratsam, erst einmal auf der Basis des Mindestbedarfes zu rechnen und ggf. mit diesem Argumentationsansatz sofort ein Zahlungsverfahren einzuleiten. Besteht die begründete Erwartung, dass der Anspruch aufgrund eines tatsächlich höheren Einkommens des Pflichtigen doch noch höher ausfallen wird, sollte deutlich gemacht werden, dass vorerst lediglich ein Teilbetrag geltend gemacht wird.

Dem Mindestbedarf des Berechtigten steht auf der anderen Seite der **Selbstbehalt des** 294
Pflichtigen ggü. Dessen Höhe ist zwar von der Art seiner Unterhaltspflicht abhängig, er darf den nur geringfügig über dem Existenzminimum pauschalierten Mindestbedarf aber keinesfalls unterschreiten.[312] Daher steht der Halbteilungsgrundsatz einem Mindestbedarf beim nachehelichen Unterhalt nicht entgegen.[313]

III. Bedeutung für die Darlegungs- und Beweislast

Soweit ein Mindestbedarf zur Anwendung kommt, erleichtert dies die Darlegung der 295
Unterhaltsberechtigten. Nur wenn sie einen höheren Bedarf geltend machen will, muss die Unterhaltsberechtigte besondere Ausführungen machen, um diesen darzulegen und ggf. zu beweisen.

Dabei muss man sich vor Augen führen, dass das Einkommen im Normalverdienerbereich vielfach kaum ausreicht, den Mindest-Tabellenunterhalt für die Kinder zu bestreiten.

---

312 BGH, 09.01.2008 – XII ZR 170/05, FamRZ 2008, 594, 596 f.; BGH, 17.03.2010 – XII ZR 204/08, FamRz 2010, 802 m. Anm. Viefhues = NJW 2010, 1665.
313 BGH, 17.03.2010 – XII ZR 204/08, FamRZ 2010, 802 m. Anm. Viefhues = NJW 2010, 1665.

Kapitel 3 — Materielle Voraussetzungen des Unterhaltsanspruchs

296 ▶ **Beispiel:**

Dies lässt sich leicht mithilfe einiger Werte aus den Schürmann-Tabellen[314] veranschaulichen:

Nehmen wir drei Unterhaltspflichtige mit einem, zwei oder drei Kindern unter 6 Jahren. Dann beläuft sich der Kindesunterhalt

bei einem Kind auf	225 €,
bei zwei Kindern auf	450 €,
bei drei Kindern auf	672 €.

Zur Deckung allein der Kindesunterhaltsansprüche benötigt der Unterhaltspflichtige ein bereinigtes Nettoeinkommen

bei einem Kind von	1.175 €
bei zwei Kindern von	1.400 €
bei drei Kindern von	1.622 €.

Muss er auch noch den Mindestbedarf des anderen Kinder betreuenden Elternteils von derzeit 770 € aufbringen, erhöht sich das benötigte bereinigte Nettoeinkommen

bei einem Kind auf	1.945 €
bei zwei Kindern auf	2.170 €
bei drei Kindern auf	2.392 €.

297 In den allermeisten Fällen in der Praxis ergibt sich daher letztlich ein deutlich unter dem Mindestbedarf liegender Unterhaltsanspruch des anderen Ehegatten – allein schon aufgrund nicht ausreichender Leistungsfähigkeit des Unterhaltspflichtigen.

IV. Tatsächliches Einkommen

298 ▶ **Das Wichtigste in Kürze**

- Es zählen grds. alle Einkünfte zum unterhaltsrechtlich relevanten Einkommen. → Rdn. 301 ff.
- Maßgeblich ist das gegenwärtig erzielte Einkommen. → Rdn. 304 f.
- Aus den Einkünften eines bestimmten Zeitraums – meist den letzten 12 Monaten – ist ein Durchschnitt zu errechnen. → Rdn. 307 ff.

---

[314] In diesen von Schürmann zusammengestellten, für die Praxis sehr hilfreichen Arbeitshilfen lässt sich in tabellarischer Form einfach ablesen, wie hoch das Einkommen bei einem, zwei oder drei Kindern in verschiedenen Alterskombinationen sein muss, um den jeweiligen Mindestbedarf zu decken. Die Tabellen für das Jahr 2012 sind u. a. wiedergegeben FuR 2012, 78 = FamRZ 2012, 268 = NJW 2012, 591.

– Sprechen keine besonderen Umstände dagegen, wird dieses Einkommen auch für den zukünftigen Unterhalt zugrunde gelegt. → Rdn. 305

▶ **Hinweis:** 299

– Die **Einkommensermittlung** ist grds. unabhängig davon, ob es sich um den Anspruch auf Kindesunterhalt oder den Trennungsunterhaltsanspruch oder den Geschiedenenunterhaltsanspruch des Ehegatten handelt.
– Sie erfolgt beim Unterhaltsberechtigten und Unterhaltspflichtigen nach denselben Grundsätzen.

Der folgende Abschnitt befasst sich mit den in der Praxis relevanten wesentlichen **Aktivposten der unterhaltsrechtlichen Einkommensberechnung**. Die Abzugsposten auf der Passivseite werden unter 3. in Rdn. 351 ff. dargestellt. 300

1. Grundsätze der Einkommensanrechnung

a) Alle tatsächlich erzielten Einkünfte

Zur Feststellung der unterhaltsrechtlichen Leistungsfähigkeit sind **alle tatsächlich erzielten Einkünfte** heranzuziehen, gleich welcher Art diese Einkünfte sind und aus welchem Anlass sie erzielt werden.[315] 301

In der Praxis sind dies in erster Linie Einkünfte aus nicht selbstständiger Tätigkeit (**Lohn, Gehalt**). Unterhaltsrechtlich relevante Einkünfte sind aber auch Einkünfte aus **Land- und Forstwirtschaft, Gewerbebetrieb, selbstständiger Tätigkeit, Kapitalvermögen, Vermietung und Verpachtung**. Zu denken ist aber auch z. B. an eine Leibrente oder an **vermögenswerte Vorteile**, wie z. B. die kostenfreie Nutzung eines Fahrzeugs oder einer Immobilie und sozialstaatliche Zuwendungen sowie **hypothetische Einkünfte**, z. B. im Fall der Versorgungsleistungen für Dritte. 302

▶ **Praxistipp:** 303

– Im Unterhaltsrecht ist die Ermittlung des sog. anrechenbaren bzw. bereinigten Einkommens vielfach die zentrale Aufgabe.
– In der familienrechtlichen Beratung ist es daher unverzichtbar, die **erforderlichen Informationen möglichst genau und sorgfältig zusammenzustellen**. Denn ohne die rechtzeitige und sorgfältige Recherche der Einkommensverhältnisse kann kein Unterhaltsrechtsfall sachgerecht behandelt werden.

b) Alle aktuellen Einkünfte

Bei der Beurteilung der Leistungsfähigkeit sind alle **aktuellen Einkünfte des Pflichtigen** heranzuziehen. Zu erfassen sind damit bei geschiedenen Ehegatten auch solche 304

---

315 BGH, FamRZ 2004, 186; BGH, FamRZ 1994, 21; BGH, FamRZ 1996, 780; ausführlich Reinken, ZFE 2005, 183.

Kapitel 3 Materielle Voraussetzungen des Unterhaltsanspruchs

Einkünfte, die nicht bereits während der Zeit des Zusammenlebens erzielt wurden, also nicht eheprägend waren.

305 ▶ **Praxistipp:**

- Dabei geht man – jedenfalls wenn es um die Festsetzung des laufenden Unterhalts geht – davon aus, dass das **bisherige Einkommen** auch in Zukunft erzielt werden wird.
- Es handelt sich also bei der Berechnung zukünftigen Unterhalts eigentlich um eine in die Zukunft gerichtete **Prognose** aufgrund der Faktenlage in der Vergangenheit.
- Sind aber bereits in diesem Zeitpunkt **Veränderungen mit ausreichender Sicherheit abzusehen**, die sich auf die Höhe des Einkommens und damit auch auf die unterhaltsrechtliche Leistungsfähigkeit auswirken, ist man gut beraten, dies auch bereits **in dem aktuellen Rechtsstreit geltend zu machen**.
- Denn Gründe, die bereits z. Zt. der Erstentscheidung über den Unterhalt zuverlässig vorauszusehen waren, rechtfertigen **keine nachträgliche Abänderung** i. S. d. § 238 FamFG. Werden also ausreichend sicher vorhersehbare Einkommensveränderungen im gerichtlichen Verfahren nicht dargetan, kann dann auch der Weg über eine nachträgliche Abänderung verschlossen sein.
- Hierin liegt auch ein **Haftungsrisiko** des beratenden Anwalts!

306 Die Frage, ob Einkünfte **eheprägend** waren, ist dagegen lediglich für die Bemessung des Bedarfs eines Unterhalt beanspruchenden Ehegatten von Bedeutung. Nicht eheprägende Einkünfte scheiden bei der Bedarfsbemessung aus. Auf die sich hieraus ergebenden Fragen wird einzugehen sein, vgl. Rdn. 283 ff.

c) Bildung eines Durchschnittswertes

307 Zur Ermittlung der unterhaltsrechtlichen Leistungsfähigkeit wird regelmäßig ein **Durchschnittswert** aus dem Einkommen eines längeren Zeitraums errechnet, um gewisse Schwankungen auszugleichen.

Bei **Lohn- und Gehaltsempfängern** wird dabei das **Durchschnittseinkommen aus 12 zusammenhängenden Monaten** gebildet.

308 ▶ **Praxistipp:**

- Der Beginn des Jahreszeitraums kann dabei an sich beliebig gewählt werden.
- Es sollen jedoch in diesem **Jahreszeitraum** alle dem Unterhaltspflichtigen regelmäßig zufließenden Einkünfte enthalten sein.
- In der Praxis empfiehlt es sich, mit möglichst aktuellen Zahlen zu arbeiten, um dem Einwand zu entgehen, das maßgebliche Einkommen habe sich zwischenzeitlich nachhaltig geändert.

309 Bei **Selbstständigen** (dazu s. u., Rdn. 345 ff.) wird dagegen generell ein längerer Zeitraum zugrunde gelegt, denn bei Selbstständigen ist das Einkommen weitaus schwieriger festzustellen als bei Lohn- und Gehaltsempfängern. Der Selbstständige hat eine

Reihe von Möglichkeiten, sein Einkommen zu steuern. So braucht z. B. ein Handwerker nur einige Wochen keine Rechnungen zu schreiben, um seine Einkünfte nachhaltig zu senken. Er kann Zahlungen erbringen, die eigentlich erst zu einem späteren Zeitpunkt erbracht werden müssten. Mit der Anschaffung einer teuren Maschine oder eines Firmenwagens kann ebenfalls kräftig auf den Gewinn gedrückt werden.

Um hier Manipulationsmöglichkeiten zu reduzieren, stellt die Rechtsprechung bei Selbstständigen nicht auf das **Einkommen** eines Jahres, sondern auf das **der letzten 3 oder gar 5 Jahre** ab.

Im Einzelfall, wie z. B. bei einer gerade begonnenen Selbstständigkeit, muss die Beurteilung auf einen kürzeren Zeitraum abgestellt werden, auch wenn sich daraus erhebliche Unsicherheiten für die Zukunftsprognose ergeben. 310

2. Einzelne Einkünfte

a) Einkünfte aus Erwerbstätigkeit

Als Arbeitseinkommen sind regelmäßig alle Leistungen anzusehen, die im Hinblick auf ein Arbeits- oder Dienstverhältnis gewährt werden, gleichgültig, aus welchem Anlass sie im Einzelnen gezahlt werden. 311

b) Vermögenswirksame Leistungen

Vermögenswirksame Leistungen des Arbeitgebers sind Bestandteil des Einkommens, da der Empfänger nicht zulasten der anderen Unterhaltspartei Vermögen bilden darf. Allerdings stehen diese Beträge dem Bezieher dieser Leistungen tatsächlich nicht zur Verfügung. Die staatliche Sparzulage ist daher voll anrechnungsfrei,[316] während etwaige Zusatzleistungen des Arbeitgebers für die vermögenswirksame Anlage dem Bezieher mit dem Nettobetrag zu belassen sind. 312

c) Renten

Renten aus der gesetzlichen Rentenversicherung und **Pensionen** oder sonstige **Ruhestandsbezüge** sind als normales Einkommen zu behandeln, da sie anstelle des früheren Gehalts oder Arbeitslohns gezahlt wird und zur Deckung des Lebensunterhalts vorgesehen ist. Auch die **Erwerbsunfähigkeitsrente** zählt als Einkommen. Zur vorgezogenen Rente s. u., Rdn. 694 ff. 313

Etwas Anderes gilt gem. §§ 1578a i. V. m. § 1610a BGB bei Renten für Körper- oder Gesundheitsschäden. Bei diesen wird gesetzlich vermutet, dass die gezahlte Rente nicht höher ist als die Aufwendungen, die aufgrund der Behinderung anfallen. Diese Rentenzahlungen dienen daher im Regelfall nur dazu, den besonderen Bedarf zu decken und zählen folglich unterhaltsrechtlich nicht zum normalen Einkommen. Es ist jedoch 314

---

316 BGH, NJW 1980, 2251, 2252.

möglich, den Gegenbeweis zu erbringen, dass die Sozialleistung für Unterhaltszwecke zur Verfügung steht, da es sich um eine widerlegbare Vermutung handelt.

d) Sozialleistungen

315 Sozialstaatliche Zuwendungen sind unabhängig von ihrer sozialpolitischen Zweckbestimmung grds. unterhaltsrechtlich relevantes Einkommen, soweit sie geeignet sind, den allgemeinen Lebensbedarf des Empfängers zu decken.

316 **Sozialleistungen mit Lohnersatzfunktion** sind grds. als unterhaltsrechtlich relevantes Einkommen anzusehen. Hierzu zählen die **Entgeltfortzahlung im Krankheitsfall**, das **Krankengeld** und Krankenhaustagegeld, das Kurzarbeiter- und Schlechtwettergeld, das Streikgeld und die Übergangsgebührnisse. Auch **Arbeitslosengeld**, das als Ersatz für infolge Arbeitslosigkeit fehlendes Erwerbseinkommen gezahlt wird, ist Einkommen i. S. d. Unterhaltsrechts.

317 Auch **BAföG-Leistungen** können Einkommen sein. I. R. d. Erstausbildung wird die staatliche Ausbildungsförderung gem. § 17 Abs. 1, Abs. 2 BAföG entweder als Zuschuss oder aber zur Hälfte als Zuschuss, zur anderen Hälfte als regelmäßig zinsloses Darlehen gewährt. Eine weitere Ausbildung wird gem. § 17 Abs. 3 BAföG nur durch günstige, aber verzinste Darlehen unterstützt. Dieses verzinsliche Bankdarlehen entspricht überwiegend einem auf dem freien Markt aufgenommenen Kredit, sodass eine Anrechnung auf den Unterhaltsanspruch nicht erfolgt. Um unterhaltsrechtliches Einkommen handelt es sich auch dann nicht, wenn mangels Unterhaltszahlung durch die Eltern die Förderung gem. § 36 BAföG lediglich vorausgeleistet wird. Wird BAföG aber in Form eines Zuschusses oder als zinsloses Darlehen gem. § 17 Abs. 1, Abs. 2 BAföG gewährt, stellt es unterhaltsrechtlich relevantes Einkommen dar.

318 **Sozialhilfe** ist dagegen subsidiär, erhöht daher nicht die Leistungsfähigkeit des Unterhaltspflichtigen und mindert nicht die Bedürftigkeit des Berechtigten.

e) Überstunden

319 Geleistete **Überstunden** gehören nach der Lebensanschauung in bestimmtem Umfang noch zum normalen Arbeitsumfang und das daraus tatsächlich gezahlte Entgelt ist daher unterhaltsrechtlich grds. – in voller Höhe – auch voll anzurechnen. Entsprechendes gilt auch beim Elternunterhalt.[317] Unerheblich ist, ob diese Zahlungen ganz oder teilweise steuerfrei gewährt werden.

Dabei zählen die Überstundenentgelte zum anrechenbaren Einkommen, wenn sie die übliche Arbeitszeit um nicht mehr als 10 % übersteigen. In einzelnen Berufszweigen wie z. B. bei Berufskraftfahrern sind höhere Überstundenanteile bis zu 25 % der normalen Arbeitszeit als berufstypisch anzusehen.[318] Dies bedeutet aber nicht, dass es eine

---

317 BGH, FamRZ 2004, 186.
318 OLG Hamm, FamRZ 2000, 605.

unterhaltsrechtliche Obliegenheit zur Ableistung von Überstunden gibt, wenn sie tatsächlich nicht abgeleistet werden.

Eine Überstundenvergütung kann aber nach **Zumutbarkeitsgesichtspunkten** außer Ansatz bleiben. Als »normal« in diesem Sinn gelten Überstunden dann, wenn sie geringen Umfanges oder berufstypisch sind, also das im Beruf des Unterhaltsschuldners übliche Maß nicht übersteigen und regelmäßig anfallen, also einen typischen regulären und untrennbaren Bestandteil des ausgeübten Berufes darstellen. 320

Wenn Überstunden weit über diesen Wert hinaus geleistet werden, stellt sich allerdings die Frage, ob diese Überstundenvergütungen als **Einkünfte aus unzumutbarer Arbeit** anzusehen sind, die unter Berücksichtigung der Interessen der Beteiligten nach Treu und Glauben anzurechnen sind. Hohe Kreditverpflichtungen, die die Eheleute vor der Trennung aufgenommen und im Wesentlichen mit den Einkünften aus Überstunden finanziert haben, können dazu verpflichten, weiterhin Überstunden im bisherigen Umfang zu erbringen. Gleiches gilt bei hohen Unterhaltsverpflichtungen.[319] 321

Auf der anderen Seite ist bei diesen Billigkeitsüberlegungen ggf. die Tatsache zu berücksichtigen, dass der Unterhaltsberechtigten bereits ein deutlich über dem Mindestbedarf liegender Unterhaltsbetrag zur Verfügung steht.

▶ **Praxistipp:** 322

- In der Praxis wird häufig darüber gestritten, ob die bisher üblichen **Überstunden durch den Arbeitgeber reduziert** worden sind. Die Darlegungs- und Beweislast dafür, dass von Arbeitgeberseite keine Überstunden mehr möglich sind, trifft den Pflichtigen.
- Erfolgt die Reduzierung durch den Unterhaltspflichtigen ohne betrieblich bedingte Gründe, kann es dennoch Gründe geben, dies unterhaltsrechtlich zu akzeptieren.
  - Zu bedenken ist einmal, dass der Unterhaltspflichtige sich nach Trennung und Scheidung selbst versorgen muss und hierfür Zeit benötigt.
  - Anerkannt ist auch, dass der Bedeutung und Tragweite des Elternrechts Rechnung getragen werden muss, wenn Arbeitsverhältnisse im Hinblick auf die **Betreuung der Kinder** umgestellt werden.[320] Dementsprechend muss ggf. auch der zeitliche Aufwand für die Ausübung des **Umgangsrechts** berücksichtigt werden.
  - Auch **gesundheitliche Gründe** können die Reduzierung der Überstunden rechtfertigen.
  - Die **Darlegungs- und Beweislast**, dass Überstunden nunmehr nicht zumutbar sind, hat der Unterhaltspflichtige.
- Hier ist also in Streitfällen immer ausreichender **Sachvortrag** erforderlich!

---

319 OLG Hamm, FamRZ 2001, 565: neun Kinder.
320 BVerfG, FamRZ 1996, 343.

Kapitel 3   Materielle Voraussetzungen des Unterhaltsanspruchs

323   Die Parteien eines Arbeitsvertrags können auch durch Vereinbarung festlegen, dass Überstunden durch **Freizeitausgleich** abgegolten werden können. Hierdurch kommt es zu einer Verminderung des laufenden Einkommens. Der Freizeitausgleich für anrechenbare Überstunden kann dann mit dem hypothetischen Einkommen in die Unterhaltsberechnung einfließen.[321]

f) Einkünfte aus Nebentätigkeiten

324   Die Frage, ob eine unterhaltrechtliche Obliegenheit zur Nebentätigkeit besteht, ist nicht einfach zu beantworten (dazu s. Rdn. 702 ff.).

325   Geht der Unterhaltsschuldner jedoch bereits einer Nebenbeschäftigung nach, erzielt er also tatsächliche Mehreinnahmen, besteht eine Vermutung dafür, dass die **Fortsetzung** dieser zusätzlichen Arbeit auch **zumutbar** ist.[322] Wurde sie während der Ehe über einen längeren Zeitraum ausgeübt, um Schulden zu tilgen, kann sie ebenfalls nicht mehr als überobligatorisch angesehen werden.[323]

g) Sachbezüge

326   Auch **Sachbezüge** sind unterhaltsrechtlich relevantes Einkommen. Dazu gehört z. B. die Nutzung eines **Dienst- oder Firmenwagens**, soweit damit private Aufwendungen erspart werden. Der unterhaltsrechtlich anzurechnende Betrag ist nach § 287 ZPO zu schätzen.

327   ▶ Praxistipp:

> Um dem Gericht eine sachgerechte Schätzung zu ermöglichen, ist es erforderlich, rechtzeitig entsprechenden Sachvortrag mit den erforderlichen Details im Verfahren mitzuteilen.

328   Maßstab sein kann der Betrag, der durch die Haltung eines eigenen Pkw entstehen würde. Eine Einkommenssteigerung kann jedoch nur dann angenommen werden, wenn **konkret Aufwendungen erspart** werden. Dies ist dann der Fall, wenn ohne die Nutzungsmöglichkeit des firmeneigenen Fahrzeugs selbst ein Pkw angeschafft bzw. von Fall zu Fall angemietet bzw. ein Taxi benutzt werden müsste. Entscheidend ist also, ob der Betreffende privat auf die Nutzung eines Fahrzeugs angewiesen ist.

Es ist also einmal die **private Nutzungsmöglichkeit** eines **Firmenwagens** konkret zu ermitteln.[324] Dabei kann die steuerrechtliche Bewertung des Nutzungsvorteils Anhalt für eine unterhaltsrechtliche Schätzung sein.[325]

---

321 Einzelheiten Fiedler, ZFE 2002, 108.
322 BVerfG, FamRZ 2003, 661.
323 OLG Köln, OLGR 2003, 168.
324 Ausführlich Romeyko, FamRZ 2004, 242.
325 OLG Hamm, FamRZ 2005, 297.

F. Allgemeine unterhaltsrechtliche Grundsätze   Kapitel 3

Als unterhaltspflichtiges Einkommen zählt aber auch der vom Arbeitgeber einge- 329
räumte Vorteil des verbilligten Erwerbs von Fahrzeugen, die später als Jahreswagen
mit Gewinn verkauft werden können.[326]

Stellt der Arbeitgeber Kost und Logis unentgeltlich, ist dies gleichfalls Einkommen. 330
Der Wert kann angemessen geschätzt werden.[327]

h) Einmalzahlungen und Sonderzuwendungen

Einmalzahlungen wie z. B. **Weihnachtsgeld, Urlaubsgeld, Jubiläumszahlungen** und 331
Tantiemen sind unterhaltsrechtliches Einkommen, aber grds. auf einen längeren Zeitraum umzulegen. Dabei kommt es darauf an, für welchen Zeitraum diese besondere Leistung gezahlt worden ist. Urlaubsgeld und Weihnachtsgeld werden üblicherweise jährlich gezahlt, sind also mit einem Wert von 1/12 auf das Monatseinkommen anzurechnen. Wird eine Tantieme oder eine sonstige Gratifikation für einen längeren mehrjährigen Zeitraum gezahlt, ist entsprechend zu quoteln. Eine Zulage für ein 10-jähriges Dienstjubiläum ist daher ggf. auf 10 Jahre umzulegen.

Zum Risiko der **Doppelanrechnung** s. u., Rdn. 335 ff.   332

i) Abfindungen

Eine **Abfindung** dient grds. als Ersatz für das bisherige Einkommen und soll die Zeit 333
bis zum Beginn des neuen Arbeitsverhältnisses überbrücken. Sie ist daher auf einen angemessenen Zeitraum so umzurechnen, dass max. das bisherige Einkommen erreicht wird.[328] Abfindungen im Rahmen von Vorruhestandsregelungen sollen regelmäßig auf die Zeit bis zum regulären Rentenbeginn umgelegt werden. Zum Risiko der Doppelanrechnung s. u., Rdn. 335 ff.

Diese besondere Zweckbestimmung endet, wenn der Unterhaltspflichtige eine neue 334
vollschichtige Erwerbstätigkeit findet und ggf. das verringerte Einkommen für den Unterhaltsbedarf maßgebend ist.[329]

j) Verbot der Doppelanrechnung

Der BGH hat klargestellt, dass eine **2-fache Teilhabe an der gleichen Rechtsposition** 335
nicht erfolgen darf.[330] Praktisch bedeutet dies, dass ein Geldbetrag nicht sowohl im Unterhalt als auch im Zugewinn angerechnet werden darf.

---

326 Strohal, FamRZ 1995, 459.
327 Reinken, ZFE 2005, 183, 184.
328 BGH, FamRZ 2001, 278; BGH, NJW 2003, 1396; BGH, NJW 2003, 1518.
329 BGH, FamRZ 2003, 590.
330 BGH, 18.04.2012 – XII ZR 65/10; BGH, FamRZ 2003, 432 und BGH, FamRZ 2004, 1352 m. Anm. Bergschneider.

Kapitel 3 Materielle Voraussetzungen des Unterhaltsanspruchs

336 ▶ **Beispiel:**

Bei der Unterhaltsberechnung wird eine Prämienzahlung von 20.000 € auf das laufende Einkommen umgerechnet, die der Ehemann am 31.12.2009 erhalten hat. Der monatliche Unterhalt der Ehefrau, der sonst mtl. 1.500 € betragen hätte, erhöht sich so auf 1.700 €.

Am 04.01.2010 wird der Scheidungsantrag zugestellt. Im Endvermögen des Ehemannes von 100.000 € ist dieser Betrag der Prämie ebenfalls enthalten. Die Ehefrau hat keinen Zugewinn erwirtschaftet, der Ehemann hatte kein Anfangsvermögen.

Der Zugewinnausgleichsanspruch der Ehefrau beträgt 50.000 €. Allerdings ist hierin die Prämienzahlung von 20.000 € enthalten, die bereits im Unterhalt berücksichtigt worden ist. Ohne diese Prämie beläuft sich der Zugewinnausgleichsanspruch nur auf 40.000 €.

Einigkeit herrscht über das Ergebnis, dass die Ehefrau nicht doppelt an dem Prämienbetrag von 20.000 € teilhaben kann. Die Einzelheiten sind allerdings noch weitgehend ungeklärt.

337 ▶ **Praxistipp:**

- Es ist **Aufgabe des Anwalts**, im Rahmen seiner Beratung auf das Risiko der Doppelanrechnung zu achten und darauf hinzuwirken, dass sein Mandant nicht ungerecht **belastet** wird.
- Auch der Anwalt der Partei, die aus einer – vom Gegner unerkannten – Doppelanrechnung **Vorteile** erzielt, sollte seine Partei rechtzeitig darüber aufklären, um spätere Rückabwicklungsprobleme und Rechtsstreitigkeiten zu vermeiden.
- Dabei kann man verschiedene Fallgruppen unterscheiden, in denen eine differenzierte Risikosituation gegeben ist:
    - Geht es um die spätere Festsetzung von **Ehegattenunterhalt nach der Scheidung**, kann der im Beispielsfall geschilderte Konflikt i. d. R. nicht auftreten. Die Konkurrenz zwischen Zugewinn und Unterhalt kommt praktisch nur dann zum Tragen, wenn der fragliche Betrag der Einmalzahlung als Kapitalbetrag zum Stichtag des Zugewinnausgleichs vorhanden ist. Ist der Betrag jedoch nach dem Stichtag gezahlt worden, ist der Betrag ohnehin nicht Gegenstand des Zugewinns.[331]
    - Geht es um **Kindesunterhalt**, kann ein direkter Konflikt mit einer anderweitigen Ausgleichsform nicht eintreten, da ggü. dem Kind kein vermögensrechtlicher Zugewinnausgleich abzuwickeln ist. Sind die Einmalzahlungen daher lediglich auf den Kindesunterhalt verrechnet worden, steht dies einer Anrechnung des entsprechenden Kapitalbetrags im Zugewinnausgleich nicht entgegen, da anderenfalls eine Mitfinanzierung des Kindesunterhalts über den Zugewinn bewirkt würde.

---

331 BGH, 18.04.2012 – XII ZR 65/10.

In den Fallvarianten, in denen das Problem Relevanz entwickeln kann, sind nun verschiedene **verfahrensrechtlich unterschiedliche Varianten** zu beachten: 338

aa) Regelung durch Vereinbarung

Die Parteien haben die Möglichkeit, die Fragen des Unterhalts und des Zugewinns im Rahmen einer **Vereinbarung** zu regeln. 339

▶ **Praxistipp:** 340

Bei einer Regelung in einem Scheidungsfolgenvertrag oder einem Vergleich muss dafür Sorge getragen werden, dass eine Doppelanrechnung ausgeschlossen ist.
- Dabei steht es den Parteien i. R. d. **Privatautonomie** grds. frei, ob eine Regelung beim Unterhalt oder beim Zugewinn erfolgen soll.
- Haben die Parteien eine **wirksame Vereinbarung** über Unterhalt oder Zugewinn durch Scheidungsfolgenvergleich oder Ehevertrag getroffen und darin die Frage der Anrechnung geregelt, bindet diese einvernehmliche Festlegung auch das Gericht, wenn es über den anderen Punkt zu einem Rechtsstreit kommt. Voraussetzung ist allerdings, dass sich die erfolgte Anrechnung auch eindeutig aus dem Text der vorangegangenen Vereinbarung ergibt.[332]
- Bei der **anwaltlichen Beratung im Vorfeld** des Abschlusses einer solchen Vereinbarung ist zu beachten, dass die jeweilige Anrechnung unterschiedliche Auswirkungen hat und auch unterschiedliche Risiken beinhaltet:
  - Die Anrechnung im Zugewinn erfolgt zu 50%, während beim Unterhalt die Quote (z. B. 4/7 und 3/7) ausschlaggebend ist. Zudem sind – soweit es sich um Einmalzahlungen aus Erwerbstätigkeit handelt – ggf. berufsbedingte Aufwendungen vorab abzuziehen.
  - Die – auf einen längeren Zeitraum angelegte – Anrechnung im Unterhalt bietet längerfristige Risiken, wenn der Unterhaltsanspruch später wegfällt (z. B. wegen erhöhtem Eigeneinkommen, Aufnahme einer neuen Partnerschaft oder Wiederheirat des Berechtigten).

bb) Gerichtliche Regelung

Kommt es dagegen zu einem gerichtlichen Verfahren, gelten folgende Gesichtspunkte: 341

Die Entscheidung, ob der Geldbetrag im Unterhalt oder im Zugewinn ausgeglichen werden soll, hängt nicht zuletzt davon ab, welches Verfahren zuerst betrieben und rechtskräftig abgeschlossen wird.
- Die – vielfach zufällige – Reihenfolge der Rechtskraft der Entscheidung in den einzelnen Verfahren kann also auch darüber bestimmen, ob vorrangig im Unterhalt oder Zugewinn angerechnet wird. Denn die rechtskräftige Entscheidung des früheren Verfahrens bindet verfahrensrechtlich auch die Entscheidung in dem nachfolgenden Verfahren.

---

332 Vgl. auch BGH, FamRZ 2004, 1352.

Nur dann, wenn im Verbundverfahren über Zugewinn und Unterhalt gleichzeitig entschieden wird, hat das Gericht die Frage des Vorrangs unmittelbar zu klären, soweit die Beteiligten keine übereinstimmende und damit das Gericht bindende Stellungnahme zu dieser Frage abgeben.

- Wird – wie in aller Regel – zuerst über den **Trennungsunterhalt** gestritten, reicht der abstrakte Hinweis auf die Möglichkeit einer späteren Anrechnung im Zugewinn nicht aus, um die Berücksichtigung im Unterhalt zu verhindern.
- Ausgangspunkte sollte die Frage sein, welchem **Zweck die fragliche Einmalzahlung** diente. Sieht man eine Abfindung nicht als Vermögensmehrung an, sondern als eine einmalige Vorauszahlung laufender Einkünfte, die dazu dient, die Einkommensverminderung aufgrund des Arbeitsplatzverlustes abzufedern, steht einer allein unterhaltsrechtlichen Anrechnung nichts im Wege.

342 ▶ Praxistipp:

Es ist jedenfalls **Aufgabe des Anwalts**, im **Zweitverfahren** darauf hinzuweisen, dass im vorhergehenden Verfahren eine bestimmte Position bereits verwertet worden ist und daher nicht noch einmal angerechnet werden kann. Denn in einem gerichtlichen Verfahren ist das Gericht durch den im ZPO-Verfahren geltenden Beibringungsgrundsatz gehindert, Kenntnisse aus anderen Verfahren von Amts wegen zu berücksichtigen. Ohne einen entsprechenden Sachvortrag des Verfahrensbevollmächtigten bleiben derartige Doppelanrechnungen daher – zum Nachteil des Mandanten – unberücksichtigt. Die Folge sind erhebliche Falschberechnungen bei Zugewinn oder Unterhalt.

k) Erstattung von besonderen Aufwendungen

343 Bestimmte Einkommensbestandteile werden gezahlt, um einen **besonderen Aufwand** des Empfängers **abzudecken**. Diesen Zahlungen stehen daher entsprechende Ausgaben ggü., sodass sich die beiden Positionen neutralisieren. Vielfach werden aber Zuwendungen in einer Höhe geleistet, die den tatsächlichen Aufwand übersteigt. Zu beachten ist dabei auch, dass u. U. sonst anfallende normale, häusliche Aufwendungen erspart werden.

Daher gelten **Spesen, Fahrtkostenerstattungen** und **Auslösungen** als Einkommen, soweit sie die tatsächlichen Aufwendungen übersteigen. Viele Arbeitgeber zahlen wegen der steuerlichen und sozialversicherungsrechtlichen Begünstigung dieser Zahlungen hier mehr, als dem tatsächlichem Aufwand entspricht. In der Praxis werden derartige Zahlungen daher meist mit einer Quote von 1/3 oder 1/2 angerechnet. Diese pauschale Handhabung entspricht dem Bedürfnis der Praxis.

Der an Soldaten gezahlte Auslandsverwendungszuschlag ist nicht in voller Höhe zum unterhaltsrechtlich maßgebenden Einkommen zu rechnen. Aufgrund der mit dem

F. Allgemeine unterhaltsrechtliche Grundsätze   Kapitel 3

Einsatz verbundenen Belastung sei es gerechtfertigt, dem Soldaten einen Teil des Zuschlags als Ausgleich hierfür anrechnungsfrei zu belassen.[333]

▶ **Praxistipp:**   344

- Der notwendige Aufwand kann ggf. nach § 287 ZPO geschätzt werden.
- I. R. d. hier erforderlichen **Sachvortrags** ist darzulegen, welche Aufwendungen konkret angefallen sind. Relevant ist auch, welcher private Aufwand im Gegenzug erspart worden ist. Denn im Unterhaltsverfahren muss – je nach Beteiligtenrolle – immer mit dem Einwand gerechnet werden,
  - die Gelder seien vollständig für den tatsächlichen Aufwand verbraucht worden oder
  - die Ersparnis sei tatsächlich höher.

l) Sonderfall Selbstständige und Gewerbetreibende

Bei Selbstständigen ist das Einkommen weitaus schwieriger festzustellen als bei Lohn-   345
und Gehaltsempfängern.[334]

Grds. hat der unterhaltspflichtige Ehegatte die **Darlegungs- und Beweislast** für die   346
Umstände, aus denen sich seine eingeschränkte Leistungsfähigkeit ergeben soll. Zur Darlegung seiner Leistungsfähigkeit genügt es nicht, wenn der Selbstständige lediglich sein steuerliches Einkommen aufzeigt. Legt der Unterhaltsberechtigte plausibel ein bestimmtes Einkommen, z. B. anhand des bisherigen Konsumverhaltens, der Hausbelastungen, der Urlaubsgewohnheiten etc. dar, darf sich der Verpflichtete nicht auf bloßes Bestreiten beschränken. Um dieser Darlegungslast wirksam entgegenzutreten, ist der Unterhaltspflichtige verpflichtet, seine Einkommensverhältnisse im Einzelnen darzulegen und notfalls zu beweisen. Denn grds. ist die Partei darlegungspflichtig, die Zugang zu den relevanten Daten hat.[335]

▶ **Hinweis:**   347

Konkret bedeutet das:
- Behauptet der Unterhaltsberechtigte ein Einkommen in bestimmter Höhe, muss der Pflichtige dieses substanziiert durch Vortrag konkreter Tatsachen bestreiten.
- Dabei genügt er seiner Darlegungslast, wenn er die Gewinn- und Verlustrechnungen vorlegt, die seinen Vortrag bestätigen.
- Dann ist es Sache des Berechtigten, einzelne Ausgabenpositionen zu bestreiten.
- Zu solchen bestrittenen Positionen ist dann wieder der Pflichtige darlegungs- und beweispflichtig. Er muss dann dem Gericht im Einzelnen darlegen, aus

---

333 BGH, 18.04.2012 – XII ZR 73/10, NJW 2012, 2190.
334 Ausführlich Strohal, Unterhaltsrechtlich relevantes Einkommen bei Selbständigen, 4. Aufl. 2010.
335 OLG Celle, ZFE 2002, 291.

Kapitel 3   Materielle Voraussetzungen des Unterhaltsanspruchs

welchem Grund diese Position so und nicht anders unterhaltsrechtlich zu berücksichtigen ist.

348 Zwar ist ein **Wechsel aus einem abhängigen Arbeitsverhältnis in die Selbstständigkeit** unterhaltsrechtlich nicht vorwerfbar. Auch muss für eine Übergangszeit mit finanziellen Einschränkungen gerechnet werden. Wer sich aber selbstständig macht, ohne zuvor den Unterhalt durch Bildung von **Rücklagen** sicherzustellen, handelt leichtfertig.[336] Anerkannt ist in der obergerichtlichen Rechtsprechung ebenfalls, dass eine andere Tätigkeit aufgenommen werden muss, wenn sich die selbstständige Tätigkeit über längere Zeit als finanziell nicht tragfähig erweist.[337]

349 Bei Selbstständigen, die aus ihrer selbstständigen Tätigkeit über längere Zeit kein ausreichendes Einkommen erzielen, ist immer die Obliegenheit zu prüfen, die Selbstständigkeit aufzugeben und im Rahmen einer ihren beruflichen Fähigkeiten angemessenen abhängigen Tätigkeit ausreichendes Einkommen zu erzielen, um ihren Unterhaltsverpflichtungen nachzukommen (s. Rd. 942).

m) Wohnvorteil

350 Auch die – kostengünstige – Nutzung einer eigenen Wohnung oder eines eigenen Hauses kann einen unterhaltsrechtlich anzurechnenden Vorteil darstellen (dazu s. Rdn. 595 ff.).

3. Abzüge

351 ▶ **Das Wichtigste in Kürze**

– Grds. sind alle Abzugspositionen zu berücksichtigen, die der Bezieher des Einkommens zwangsläufig zu tragen hat – v. a. Steuern und Sozialabgaben, ggf. Versicherungsbeiträge. → Rdn. 353 ff.
– Steuerliche Vorteile müssen grds. in Anspruch genommen werden. → Rdn. 354
– Berufsbedingte Aufwendungen werden teilweise pauschal, teilweise nur nach konkreter Darlegung abgezogen. → Rdn. 467 ff.
– Bei der Anrechnung von Schulden muss der Anwalt das Risiko der Doppelanrechnung ausschließen. → Rdn. 498 ff.

a) Abzugspositionen bei der Unterhaltsberechnung

352 Maßstab für die Berechnung des Unterhalts ist das sog. **bereinigte Nettoeinkommen** des Unterhaltspflichtigen. Daher sind nicht nur die Einkünfte heranzuziehen, sondern auch anfallende Abzugspositionen zu berücksichtigen.

---

336 BGH, FamRZ 1987, 372, 374; OLG Hamm, FamRZ 2003, 1213.
337 OLG Hamm, NJW-RR 1995, 1283; OLG Zweibrücken, NJW 1992, 1902; OLG Frankfurt am Main, FamRZ 2005, 803; OLG Brandenburg, FuR 2009, 464; OLG Naumburg, ZFE 2008, 432 = FamRZ 2008, 2230; OLG Koblenz, ZFE 2010, 156 = FamRZ 2009, 1921.

Grds. sind vom unterhaltsrechtlich relevanten Einkommen sowohl des Pflichtigen als auch des Berechtigten die **gesetzlichen Steuern** (**Einkommen-** und **Kirchensteuer**, soweit Kirchensteuerpflicht besteht) sowie der **Solidaritätszuschlag** abzuziehen. Grundkenntnisse des Steuerrechts sind daher für die Unterhaltsberechnung unverzichtbar. 353

Im Regelfall wird dabei auf die **tatsächliche Steuerbelastung** abzustellen sein.

In der Praxis ist jedoch nicht selten auf der Basis des tatsächlichen Bruttoeinkommens eine **hypothetische Steuerberechnung** vorzunehmen, um das unterhaltsrechtlich relevante Einkommen zu ermitteln.

▶ Hinweis: 354

– So gilt der Grundsatz, dass **Steuervorteile**, die in zumutbarer Weise erzielt werden können, auch **wahrzunehmen sind**, um der unterhaltsrechtlichen Obliegenheit nachzukommen, das Einkommen nicht durch unnötig hohe gesetzliche Abzüge zu schmälern.[338]
Daher stellt sich vielfach die Frage, ob die tatsächlich gegebene Besteuerung nicht für die Durchführung der Unterhaltsberechnung geändert werden muss, weil **vorhandene Möglichkeiten nicht ausgeschöpft** worden sind.
Dies gilt umgekehrt aber auch dann, wenn bestimmte tatsächlich **vorhandene, steuerlich relevante Tatsachen unterhaltsrechtlich unbeachtlich** sind, also i. R. d. Unterhaltsanspruchs ebenfalls aus der Steuerberechnung herausgerechnet werden müssen (z. B. teilweise die Abschreibung bei der Steuerberechnung Selbstständiger).
– Dies gilt für den **Unterhaltspflichtigen** in gleicher Weise wie für den **Unterhaltsberechtigten** (so z. B. Freibeträge auf der Lohnsteuerkarte, s. u., Rdn. 384 ff. und Rdn. 388 ff.).

b) Einkünfte im Steuerrecht

Das Steuerrecht unterscheidet gem. § 2 Abs. 2 EStG **sieben verschiedene Einkunftsarten**: 355
1) Einkünfte aus Land- und Forstwirtschaft
2) Einkünfte aus Gewerbebetrieb
3) Einkünfte aus selbstständiger Arbeit
4) Einkünfte aus nichtselbstständiger Arbeit
5) Einkünfte aus Kapitalvermögen
6) Einkünfte aus Vermietung und Verpachtung
7) Sonstige Einkünfte gem. § 22 EStG, wie z. B. wiederkehrende Renten, private Veräußerungsgeschäfte (früher Spekulationsgeschäfte genannt) und Einnahmen aus gelegentlicher Vermittlung.

Dabei handelt es sich um eine **abschließende Aufzählung**. Einkünfte, die nicht unter diese Auflistung fallen, sind folglich nicht nach dem EStG zu versteuern (wie z. B.

---

338 BGH, FamRZ 1999, 372, 375.

Kapitel 3 Materielle Voraussetzungen des Unterhaltsanspruchs

Lottogewinne oder Schenkungen). Aber auch dann, wenn Einkünfte i. S. d. § 2 Abs. 2 EStG gegeben sind, kann ein bestimmtes Einkommen von der ESt befreit sein.

356 Grundlage für die Steuerfestsetzung ist das **zu versteuernde Einkommen** (§ 32a EStG). Das ist die Summe der zusammengerechneten Einkünfte aus allen Einkunftsarten abzgl. der verschiedenen Freibeträge.

357 Die Einkommmensteuer wird immer bezogen auf das **Kalenderjahr als Besteuerungszeitraum** ermittelt.

Die **monatliche oder wöchentliche Besteuerung** bei Lohn- und Gehaltsempfängern ist daher immer nur eine **vorläufige Besteuerung**. Maßgeblich ist die nachträglich durchzuführende Jahresbesteuerung aufgrund der Einkommensteuererklärung, aufgrund derer sich eine Rückzahlung von zu viel abgezogenen Steuern oder eine Nachzahlung von zu wenig entrichteten Steuern ergeben kann (zu den sich daraus ergebenden Fragestellungen bei der Unterhaltsberechnung s. u., Rdn. 382 und Rdn. 447).

358 ▶ Praxistipp:

– Während bei der Ermittlung des unterhaltsrechtlich relevanten (Brutto-) Einkommens der **Zeitraum von 12 zusammenhängenden Monaten** beliebig gewählt werden kann, muss bei der Steuerberechnung auf ein bestimmtes volles **Kalenderjahr** abgestellt werden.
– Wegen der ständigen Änderungen im Steuerrecht ist die steuerliche Belastung bei gleichen Bruttoeinkommen **in jedem Jahr unterschiedlich**, auch wenn sich die persönlichen Verhältnisse des Steuerpflichtigen nicht geändert haben.
– Durch **persönliche Veränderungen** (Wechsel der Steuerklasse, Änderung bei persönlichen Freibeträgen, Abweichung bei den Kinderfreibeträgen usw.) kommen zusätzliche Unterschiede zustande.
– Für die Unterhaltsberechnung gilt daher:
– Geht es um **laufenden Unterhalt**, ist die Steuer nach den steuerlichen Kriterien des laufenden Kalenderjahres zu ermitteln. Das gilt auch für **zukünftigen Unterhalt**, der mangels anderer Anhaltspunkte auf der Basis der aktuellen tatsächlichen und rechtlichen Verhältnisse festgesetzt werden muss.
– Ist **rückständiger Unterhalt** festzusetzen, muss die Steuerbelastung aus dem jeweiligen Kalenderjahr berechnet werden.

359 Sind neben Einkünften aus Lohn oder Gehalt **noch andere Einkünfte** vorhanden, die ebenfalls steuerpflichtig sind, muss immer eine Jahresbesteuerung errechnet werden, um das gesamte maßgebliche Nettoeinkommen zu ermitteln.

360 ▶ Praxistipp:

– In der Praxis wird oft vergessen, bei sonstigen Einkünften, z. B. aus **Vermietung** und **Verpachtung** oder aus Vermögensträgern (**Zinsen** und **Dividenden**), eine korrekte Steuerberechnung vorzunehmen.
– Damit wird der Unterhaltsberechnung ein **unrichtiges Nettoeinkommen** zugrunde gelegt!

- Zu beachten ist auch, dass bei derartigen Einkommensarten weder pauschale berufsbedingte Aufwendungen noch das Anreizsiebtel für Einkünfte aus Erwerbstätigkeit (Erwerbstätigenbonus) zu berücksichtigen sind, dass beim Ehegattenunterhalt hier also i. d. R. eine Verteilung nach dem Halbteilungsgrundsatz zu 50 % erfolgen muss.

c) Besteuerung von Ehegatten

Ehegatten, die beide unbeschränkt einkommensteuerpflichtig sind und nicht dauernd getrennt leben, können wählen zwischen
- der **Zusammenveranlagung** (§ 26b EStG) und
- der **getrennte Veranlagung (Einzelveranlagung**, § 26a EStG).

Im Jahr der Eheschließung kann auch noch die besondere Veranlagung gem. § 23c EStG gewählt werden.

361

Die unterschiedlichen Auswirkungen haben Ihre Ursache in der **Steuerprogression**. So ist ein bestimmtes Grundeinkommen durch den sog. Grundfreibetrag steuerfrei, für das darüber hinausgehende Einkommen beginnt die Besteuerung mit einem niedrigen Prozentsatz und steigt an bis zu einem Spitzensteuersatz.

362

aa) Gemeinsame Veranlagung (Zusammenveranlagung)

Die **gemeinsame Veranlagung (Zusammenveranlagung)** führt dazu, dass die Eheleute zusammengenommen weniger Steuern zahlen müssen, als dies bei getrennter Veranlagung der Fall wäre. Denn bei gemeinsamer Veranlagung wird die gemeinsame ESt nicht nach der normalen Grundtabelle, sondern nach der günstigeren Splittingtabelle berechnet. Bei der Splittingtabelle wird das gemeinsame Einkommen halbiert, daraus wird die Steuerlast errechnet und diese sodann einfach verdoppelt. Wegen der Progression der Steuersätze ist dies günstiger als eine »normale« Besteuerung nach dem Gesamteinkommen.

363

▶ Hinweis:

364

Die gemeinsame Veranlagung bedingt nach § 25 Abs. 3 Satz 2 EStG eine gemeinsame Einkommensteuererklärung und führt auch zu einem **gemeinsamen Steuerbescheid** an beide Ehegatten.

Dadurch erlangen beide Ehegatten Einblick in die finanziellen Verhältnisse des anderen Ehegatten.

Die gemeinsame Veranlagung ist nur möglich bei Ehegatten, die
- zusammenleben oder
- sich erst im laufenden Kalenderjahr getrennt haben.

365

▶ Hinweis:

366

Eine Trennung kurz vor dem Jahreswechsel ist also extrem steuerschädlich, weil damit bereits zum 01.01. des nächsten Jahres die gemeinsame Veranlagung ausscheidet. Es empfiehlt sich daher in solchen Fällen, die Trennung erst kurz nach dem Jahreswechsel zu vollziehen!

367 Die Zusammenveranlagung ist also nur dann möglich, wenn die Ehegatten **nicht dauernd getrennt gelebt haben**. Ein dauerndes Getrenntleben von Ehegatten i. S. d. § 26 EStG ist nach der Rechtsprechung des BFH anzunehmen, wenn die zum Wesen der Ehe gehörende **Lebens- und Wirtschaftsgemeinschaft** nach dem Gesamtbild der Verhältnisse **auf Dauer nicht mehr besteht**.[339]

368 Die Begriffe des »Getrenntlebens« i. S. d. § 1567 BGB und des »dauernden Getrenntlebens« i. S. d. § 26 Abs. 1 EStG stimmen im Wesentlichen überein. Unerheblich ist, ob die Trennungsabsicht einseitig oder wechselseitig vorliegt. Leben die Ehegatten räumlich nicht getrennt, spricht eine Vermutung gegen dauerndes Getrenntleben. Der Beurteilung, ob Ehegatten getrennt leben, sind in erster Linie die äußerlich erkennbaren Umstände zugrunde zu legen, wobei dem räumlichen Zusammenleben der Ehegatten besondere Bedeutung zukommt. Zwar besteht keine rechtliche Bindung an die **Angaben im Scheidungsverfahren**, aber den dort getroffenen Feststellungen kommt Indizwirkung zu.

369 ▶ Hinweis:

Der Steuerpflichtige begibt sich jedenfalls in das Risiko, eine **Steuerhinterziehung**, zu begehen, wenn in den Steuererklärungen **keine Angaben zum abweichenden Wohnsitz** des Ehegatten gemacht werden und ihm die steuerlichen Konsequenzen seiner unterlassenen Adressangaben bewusst sind.

370 Bei getrennt lebenden Ehegatten entsteht in der Praxis nicht selten Streit über die Verpflichtung des anderen Ehegatten zur **Zustimmung zur gemeinsamen Veranlagung**.[340] Nach der Eröffnung des **Insolvenzverfahrens** über das Vermögen eines Ehegatten richtet sich der Anspruch des anderen Ehegatten auf Zustimmung zur steuerlichen Zusammenveranlagung gegen den Insolvenzverwalter.[341]

Vielfach geht es auch um die Frage der Erstattung von Nachteilen, die durch die Zustimmung eines Ehegatten zur gemeinsamen Einkommensteuerveranlagung entstehen. Die Zustimmung eines Ehegatten zur gemeinsamen Einkommensteuerveranlagung kann regelmäßig nicht von dem Ausgleich der während des Zusammenlebens angefallenen Mehrbelastung abhängig gemacht werden. Vielmehr sind nur solche Nachteile zu erstatten, die der zustimmende Ehegatte im Innenverhältnis nicht zu tragen hat.[342] Abgestellt werden kann auch nicht auf steuerliche Nachteile, soweit die steuerrechtlichen Verhältnisse durch die ehelichen Lebensverhältnisse überlagert wurden.[343]

---

339 Arens/Ehlers/Spieker, Rn. 4 m. w. N.
340 Dazu BGH, NJW 2007, 2554 = FamRZ 2007, 1229 = ZFE 2007, 345; BGH, 18.11.2009 – XII ZR 173/06, NJW 2010, 1879-1882.
341 BGH, NJW 2011, 2725.
342 OLG Bremen, FamFR 2011, 285 = FamRZ 2001, 1794.
343 OLG Bremen, FamFR 2011, 261.

▶ **Praxistipp:**

- Die Verfahrensbeteiligten müssen sich immer vor Augen halten, dass nicht jeder Nachteil, den ein Ehegatte seinem Rechtsgefühl nach aufgrund der Zustimmung erleidet, ein **Nachteil im »rechtlichen Sinne«** sein muss, der vom anderen Ehegatten ersetzt werden muss.
- Besonders die Zeit nach der Trennung ist eingehend zu prüfen, wenn die Trennung im Laufe eines Kalenderjahres erfolgt und nach §§ 26, 26b EStG die Zusammenveranlagung durchgeführt werden darf. Bestimmt sich der Trennungsunterhalt nach den Einkommensverhältnissen nach der von den Ehegatten gewählten Steuerklassen III/V, so ist dies maßgebend für die Frage, ob ein steuerlicher Nachteil ersetzt werden muss. Maßgebend ist somit das trotz Trennung tatsächlich vorliegende, steuerlich relevante und damit sich auf den Unterhalt der Beteiligten auswirkende gemeinsame Verhalten der Ehegatten.[344]

bb) Getrennte Veranlagung (Einzelveranlagung)

Bei getrennter Veranlagung werden die Einkünfte demjenigen Ehegatten zugerechnet, dem sie rechtlich zustehen. Jeder Ehegatte hat gem. § 25 Abs. 3 Satz 3 EStG eine gesonderte Einkommensteuererklärung abzugeben und erhält einen eigenen Steuerbescheid. 371

d) System der Steuerklassen

Von den regelmäßigen bezogenen Lohn- und Gehaltseinkünften werden Lohnsteuern einbehalten. Ein wesentliches Besteuerungsmerkmal für die Einbehaltung der Lohnsteuer sind die Lohnsteuerklassen. Die Lohnsteuertabellen sehen **sechs Steuerklassen** vor. Dabei basieren die Steuerklassen 1 und 2 auf der **Grundtabelle**, die Steuerklassen 3 bis 5 auf der **Splittingtabelle**. Die unterschiedlichen Steuerbeträge ergeben sich aus den jeweils in verschiedenem Umfang berücksichtigten Freibeträgen. Die Steuerklasse 6 gilt für alle weiteren Arbeitsverhältnisse. 372

Mithilfe der Steuerklassen und der entsprechenden Steuertabellen werden die monatlich oder wöchentlich zu entrichtenden – vorläufigen – Steuern ermittelt, die der Arbeitgeber direkt vom Einkommen einbehält und an das Finanzamt abführt. 373

Das Steuerrecht unterscheidet folgende **Steuerklassen:** 374
- Steuerklasse 1

Zu dieser Steuerklasse gehören Ledige, Geschiedene, Verheiratete, die dauernd getrennt leben sowie Verwitwete, jedoch nur, wenn die Voraussetzungen für die Steuerklassen 3 oder 4 nicht erfüllt sind und ihnen kein Haushaltsfreibetrag zusteht.
- Steuerklasse 2

---

344 Vgl. Eiden, FamFR 2011, 285.

Kapitel 3 Materielle Voraussetzungen des Unterhaltsanspruchs

Steuerklasse 2 ist Ergänzung zu Steuerklasse 1 für Personen, für die Steuerklasse 1 gilt und die zudem einen Entlastungsbetrag für Alleinerziehende (§ 24b EStG) geltend machen können.

– **Steuerklasse 3**

Steuerklasse 3 erhalten verheiratete Arbeitnehmer, wenn nur ein Ehegatte Arbeitslohn bezieht, oder der Ehegatte in die Steuerklasse 5 einzureihen ist. Voraussetzung ist weiterhin, dass sie nicht dauernd getrennt leben und im Inland wohnen. Verwitwete Arbeitnehmer sind nur dann in die Steuerklasse 3 einzureihen, wenn der Ehegatte im Vorjahr verstorben ist, beide am Todestag im Inland gewohnt und nicht dauernd getrennt gelebt haben.

– **Steuerklasse 4**

Gilt nur für Verheiratete, wenn beide Ehegatten unbeschränkt steuerpflichtig sind, im Inland wohnen, nicht dauernd getrennt leben und beide Ehegatten Arbeitslohn beziehen. Die Höhe der Lohnsteuer ist identisch mit der Steuerklasse 1.

– **Steuerklasse 5**

Gilt für Verheiratete, die die Voraussetzungen für die Steuerklasse 4 erfüllen, wenn der Ehegatte des Arbeitnehmers auf Antrag beider Ehegatten in die Steuerklasse 3 eingereiht wird.

– **Steuerklasse 6**

Ist auf der zweiten und jeder weiteren Lohnsteuerkarte bei Arbeitnehmern einzutragen, die nebeneinander von mehreren Arbeitgebern Arbeitslohn beziehen. In dieser Steuerklasse werden keine Freibeträge mehr berücksichtigt, da diese schon bei der ersten Steuerklasse wirken.

e) Lohnsteuern nach der Steuertabelle

375 Mithilfe der gängigen **Lohnsteuertabellen** (oder – komfortabler – mit einschlägigen **Berechnungsprogrammen für den PC**) kann dann die jeweilige monatliche Steuerbelastung festgestellt werden:

▶ **Beispiel (für 2012):**

Bruttoeinkommen 1.984,20 €

Eingruppierung in die Einkommensstufe der Tabelle »1.901 bis 2.300 €«

1,5 Kinderfreibeträge

Lohnsteuern nach Klasse IV	214,75 €
Kirchensteuern	9,84 €
Solidaritätszuschlag	4,36 €

f) Steuerklassenwahl von Ehegatten

Zwar werden Ehegatten grds. gemeinsam besteuert (s. o., Rdn. 361 ff.). Beim **Lohnsteuerabzug** eines Arbeitnehmers kann aber nur dessen eigener Arbeitslohn zugrunde gelegt werden. Die Arbeitslöhne beider Ehegatten können erst nach Ablauf des Jahres zusammengeführt werden. Erst dann ergibt sich die zutreffende Jahressteuer. Es lässt sich deshalb nicht vermeiden, dass im Laufe des Jahres zu viel oder zu wenig Lohnsteuer einbehalten wird. 376

Die Höhe der zu zahlenden Steuer hängt also allein vom jährlichen Gesamteinkommen der Ehegatten ab und wird entweder nach der Grundtabelle oder – bei gemeinsam veranlagten Ehegatten – nach der sog. Splittingtabelle errechnet, s. o., Rdn. 363. Die Steuerklassen bestimmen lediglich, wie viel Vorauszahlungen über die Lohnsteuern mtl. auf die voraussichtliche Steuerschuld zu zahlen sind. 377

▶ Hinweis: 378

Allerdings können Ehegatten ihre eigene Steuerklasse nicht frei wählen, sondern nur **in Abhängigkeit zu der Steuerklasse des anderen Ehegatten**. Der Antrag auf Steuerklassenwechsel muss mit dem Ehegatten gemeinsam gestellt und von beiden unterschrieben werden.[345]

Um dem Jahresergebnis möglichst nahe zu kommen, stehen den Ehegatten **zwei Kombinationen der Steuerklassen** zur Wahl: 379

aa) Beide Ehegatten wählen Steuerklasse 4

Diese Steuerklassenkombination geht davon aus, dass die Ehegatten gleich viel verdienen. Ist das Einkommen des einen Ehepartners aber bedeutend höher als das Einkommen des anderen, haben beide – zusammengerechnet – bei einer Besteuerung nach den Steuerklassen 4/4 meist zu viel Steuern gezahlt und können deshalb bei der Jahreseinkommensteuer eine Erstattung beanspruchen. 380

bb) Ein Ehegatte wählt Steuerklasse 3, der andere Steuerklasse 5

Hier zahlt der Ehegatte, der Steuerklasse 3 gewählt hat, weniger Steuern als bei Klasse 4, dagegen muss der Ehegatte mit Klasse 5 seinerseits mehr Steuern zahlen. Der Ehegatte mit der Steuerklasse 5 zahlt daher beim laufenden Lohnsteuerabzug einen Teil der Steuer seines Ehegatten mit. 381

Bei stark unterschiedlichem Einkommen der Ehegatten weicht daher die regelmäßige monatliche Besteuerung (die Steuervorauszahlung) von der endgültigen Jahresbesteuerung ab. Es kann daher zu Steuernachzahlungen oder auch Erstattungen kommen. Bei dieser Kombination besteht daher die Pflicht zur Abgabe einer Einkommensteuererklärung. 382

---

345 Zum Einkommensteuerwahlrecht bei Insolvenz eines Ehegatten s. BGH, FamRZ 2007, 1320 = NJW 2007, 2556 m. Anm. Englisch = ZFE 2007, 344.

Kapitel 3   Materielle Voraussetzungen des Unterhaltsanspruchs

383   Dieses Auseinanderfallen von monatlichen (vorauszuzahlenden) Steuern und der tatsächlich geschuldeten Steuer, die aber erst nachträglich festgesetzt wird, verzerrt das unterhaltsrechtliche Bild der Nettoeinkommen mitunter deutlich und sorgt v. a. bei Überlagerungen mit Unterhaltszahlungen im Jahr des Trennungseintritts oft für Abrechnungsprobleme (s. u., Rdn. 393 f. zur unterhaltsrechtlichen Obliegenheit, die gewählte Steuerklassenkombination zu korrigieren).

g) Kinder auf der Steuerkarte

aa) Kindergeld und Kinderfreibetrag bei der Einkommensteuer

384   Wegen der Zahlung des Kindergeldes werden Kinderfreibeträge bei der Berechnung der Lohnsteuer nicht mehr berücksichtigt, sondern allenfalls nachträglich bei der ESt in Ansatz gebracht.

385   Das **Kindergeld** wird im laufenden Kalenderjahr als (vorweggenommene) Steuervergütung gewährt (§ 31 Satz 3 EStG). Der jedem Elternteil zustehende (einfache) **Kinderfreibetrag** beträgt 2.184 € (bis 2009: 1.932 €, bzw. bis 2008: 1.824 €). Er verdoppelt sich bei zusammen veranlagten Ehegatten auf 4.368 €[346] (bis 2009: 3.864 €, bzw. bis 2008: 3.648 €), wenn das Kind zu beiden Ehegatten in einem berücksichtigungsfähigen Kindschaftsverhältnis steht.

386   Ein weiterer Freibetrag für den **Betreuungs- und Erziehungs- oder Ausbildungsbedarf** ergänzt den Kinderfreibetrag. Jeder Elternteil erhält neben dem Kinderfreibetrag einen **Betreuungsfreibetrag** von 1.320 € pro Jahr und Kind. Bei Zusammenveranlagung verdoppelt sich dieser Betrag auf 2.640 €.

bb) Kinder beim Solidaritätszuschlag und bei der Kirchensteuer

387   Kinder wirken sich jedoch nach wie vor auf die Höhe des **Solidaritätszuschlags** und der **Kirchensteuer** aus. Damit der Arbeitgeber diese Abzugsbeträge richtig berechnen kann, wird auf der Lohnsteuerkarte daher die Zahl der Kinder und der Kinderfreibeträge bescheinigt.

h) Persönliche Freibeträge auf der Steuerkarte

388   Auf Antrag können auf der Lohnsteuerkarte steuerlich abzugsfähige Beträge eingetragen werden. In Höhe dieser Freibeträge nimmt der Arbeitgeber bei der monatlichen Steuerfestsetzung keinen Abzug vor. Versteuert wird also nur das um den monatlichen Anteil dieses Freibetrags verringerte Bruttoeinkommen.

---

346   Infolge des Wachstumsbeschleunigungsgesetz (vgl. BT-Drucks. 17/15) wurde das sächliche Existenzminimum mit Wirkung zum 01.01.2010 von 1.932 € auf 2.184 € jährlich angehoben. Der doppelte monatliche Kinderfreibetrag beläuft sich damit auf 2.184 € x 2 = 4.368 €.

F. Allgemeine unterhaltsrechtliche Grundsätze   Kapitel 3

▶ **Hinweis:** 389

Als Freibetrag können auf der Lohnsteuerkarte eingetragen werden:
- Werbungskosten,
- Sonderausgaben (einschließlich Unterhaltsaufwendungen i. R. d. Realsplittings; dazu s. u., Rdn. 406 f.),
- außergewöhnliche Belastungen,
- Pauschbeträge für Behinderte und Hinterbliebene.

Das Recht, Steuerfreibeträge auf der Lohnsteuerkarte eintragen zu lassen (§ 39a EStG), 390
ist ein höchstpersönliches Recht, das also der Unterhaltsgläubiger nicht pfänden kann, um es selbst auszuüben. Steuervorteile, die in zumutbarer Weise erzielt werden können, sind wahrzunehmen, um der **unterhaltsrechtlichen Obliegenheit** nachzukommen, das **Einkommen nicht durch unnötig hohe gesetzliche Abzüge zu schmälern**.[347] Daraus folgt auch die unterhaltsrechtliche Obliegenheit, **Steuerfreibeträge**, die dem Steuerpflichtigen zustehen, auch **in die Steuerkarte eintragen zu lassen**, soweit dies gesetzlich zulässig ist. Geschieht dies nicht, wird er aufgrund der Verletzung dieser unterhaltsrechtlichen Obliegenheit bei der Unterhaltsberechnung so behandelt, als hätte er die Freibeträge eintragen lassen. Es wird also eine fiktive niedrigere Besteuerung angesetzt. Die Eintragung in die Steuerkarte kann aber nur geschehen, soweit die Höhe der jeweils abzusetzenden Aufwendungen auch bereits tatsächlich feststeht.[348]

Zu beachten ist auch, dass den Steuervorteilen vielfach auf der anderen Seite konkrete **Ausgaben** gegenüberstehen. Sind diese unterhaltsrechtlich anzuerkennen, müssen diese Ausgaben an anderer Stelle in der Unterhaltsberechnung Berücksichtigung finden. Werden diese Ausgaben aber unterhaltsrechtlich gar nicht anerkannt, können auch die entsprechenden Freibeträge und die damit zusammenhängenden Steuervorteile dem Unterhaltsberechtigten nicht zugutekommen.[349] 391

i) Steuervorteile bei erneuter Heirat des Unterhaltspflichtigen

Während der geschiedene, alleinstehende Ehegatte nach Steuerklasse 1 Steuern zahlen 392
muss, kommt er im Fall einer neuen Heirat in Steuerklasse 3. Dieser durch die zweite Heirat ausgelöste **Splittingvorteil (besser: *Splittingeffekt*)**.[350] steht allein der neuen Ehe zu, muss also bei der Bemessung des Bedarfes der geschiedenen Ehefrau außer Ansatz

---

347 BGH, FamRZ 1999, 372, 375.
348 BGH, FamRZ 1999, 372, 374; OLG Hamm, FamRZ 2000, 26; vgl. auch BGH, 28.02.2007 – XII ZR 37/05, NJW 2007, 1961 m. Anm. Graba = FamRZ 2007, 793 m. Anm. Büttner.
349 BGH, FamRZ 2005, 1159; BGH, FamRZ 1987, 913, 915; Scholz/Stein, Teil G Rn. 132.
350 Vgl. BGH, FamRZ 2008, 1911; BGH, 18.11.2009 – XII ZR 65/09, FamRZ 2010, 111 m. Anm. Herrler; Kemper, FuR 2009, 372, 374; OLG Brandenburg, 08.12.2009 – 10 UF 17/05; ausführlich zur Problematik mit Rechenbeispielen Bißmaier-Tietz, FamRZ 2009, 1451.

bleiben.[351] Die Steuerbelastung des Unterhaltspflichtigen wird fiktiv der Grundtabelle (Steuerklasse I) entnommen.[352]

▶ **Praxistipp:**

- In der Praxis kann daher nicht unkritisch das Einkommen aus der vom Unterhaltspflichtigen vorgelegten Gehaltsabrechnung für die Bemessung des Bedarfs übernommen werden. Vielmehr muss immer genau geprüft werden, ob in diesem Ergebnis neben Steuervorteilen aus einer erneuten Eheschließung auch sonstige familienbezogene Vergünstigungen enthalten sind, die herausgerechnet werden müssen.
- Daraus folgen aber auch Konsequenzen für evtl. spätere **Steuerrückerstattungen**. Diese können selbst dann nicht einfach übernommen werden, wenn die zweite Ehefrau keinerlei Einkommen hat. Vielmehr müssen ggf. auf sie entfallende Sonderausgaben und außergewöhnliche Belastungen unberücksichtigt bleiben und herausgerechnet werden, weil der Unterhaltspflichtige unterhaltsrechtlich als nicht verheiratet zu behandeln ist.

j) Unterhaltsrechtliche Obliegenheit zur Korrektur der gewählten Steuerklasse

393 ▶ **Hinweis:**

Es gilt im Unterhaltsrecht allgemein der Grundsatz, dass Einkünfte, die zumutbar erzielt werden können, auch erzielt werden müssen. Das gilt auch hinsichtlich erzielbarer Steuervorteile. Solche Steuervorteile, die in zumutbarer Weise erzielt werden können, müssen unterhaltsrechtlich auch wahrgenommen werden.[353]

Dem entspricht auf der Gegenseite das Verbot, durch eine missbräuchliche steuerliche Gestaltung dem anderen Beteiligten des Unterhaltsrechtsverhältnisses vermeidbaren Schaden zuzufügen. Dies gilt für den Unterhaltspflichtigen in gleicher Weise wie für den Unterhaltsberechtigten.

394 Da die Wahl der Steuerklasse jeweils nur von beiden Ehegatten gemeinsam und einvernehmlich ausgeübt werden kann, stellt sich die Frage einer unterhaltsrechtlichen Obliegenheit zur Korrektur dieser getroffenen Wahl **im Verhältnis zwischen den Ehegatten** nur dann, wenn die Eheleute sich trennen und einer von ihnen nachträglich eine Änderung erreichen will. Jedoch kann diese einmal gemeinsam getroffene Festlegung nicht rückwirkend für Zeiträume geändert werden, in denen die Parteien noch zusammengelebt und zusammen gewirtschaftet haben. Der Ehegatte, der von dieser

---

351 BGH, FamRZ 2012, 281 m. Anm. Borth, FamRZ 2012, 253; vgl. OLG Oldenburg, 14.12.2011 – 4 UF 119/11, FuR 2012, 447 zum kindbezogenen Familienzuschlag (§ 40 BBesG).
352 BGHZ 163, 84, 90 f.; BGH, 23.05.2007 – XII ZR 245/04, FamRZ 2007, 1232 m. Anm. Maurer; so auch das BVerfG bei seinen Berechnungen in der Entscheidung vom 25.01.2011 s. Fn. 301.
353 BGH, FamRZ 1999, 372, 375.

getroffenen Wahl profitiert, hat dabei nur für die anfallenden Mehrbeträge aufzukommen, nicht dagegen für die höhere Steuerbelastung des anderen Ehegatten aufgrund dessen Eingruppierung in eine ungünstige Steuerklasse.[354]

k) Steuerliche Verluste (Vermietung/Verpachtung/Gewerbebetrieb)

Negativeinkünfte, die steuerrechtliche Bedeutung haben, wie z. B. Verluste aus Vermietung und Verpachtung (z. B. bei Bauherrenmodellen) oder aus Gewerbebetrieb (z. B. bei Abschreibungsmodellen wie Immobilienfonds, Medienfonds, Schiffsfonds usw.), dienen der Vermögensbildung (über die steuerrechtlich zulässige Verrechnung mit Einkünften aus anderen Einkommensarten) und sind unterhaltsrechtlich nicht zu berücksichtigen. 395

Zu beachten ist dabei aber, dass die sich aus dieser Verlustverrechnung ergebenden Steuervorteile dem Unterhaltsberechtigten ebenfalls nicht zugutekommen können. In diesen Fällen kann man sich für die Unterhaltsberechnung also nicht an den vom Unterhaltspflichtigen vorgelegten Steuerbescheiden orientieren, sondern muss eine Alternativberechnung durchführen. 396

l) Abschreibungen (AfA)

Beim Einkommen von Selbstständigen werden i. R. d. Gewinn- und Verlustrechnung vielfach in großem Umfang **Abschreibungen für Abnutzung (AfA)** in Ansatz gebracht, die zu einer Verringerung des errechneten Einkommens führen. 397

Die steuerlichen Abschreibungssätze (AfA) sind unterhaltsrechtlich jedenfalls nicht voll zu akzeptieren, da sie nicht dem tatsächlichen Wertverlust entsprechen.[355] Die Abschreibungssätze basieren allein auf steuerlichen Gesichtspunkten; es steht ihnen aber kein gleich hoher realer Wertverlust ggü. Das sich aus den Steuerunterlagen ergebende steuerrechtlich relevante Einkommen ist daher nur als unterhaltsrechtliches Mindesteinkommen anzusehen. 398

Abzustellen ist dabei immer auf den realen Einsatzzeitraum des betreffenden Wirtschaftsgutes. Teilweise wird unterhaltsrechtlich im Weg der Schätzung nach § 287 ZPO eine Reduzierung auf nur 2/3 der Abschreibungspositionen vorgenommen.[356] Zugrunde gelegt werden können grds. die von der Finanzverwaltung herausgegebenen sog. AfA-Tabellen, auch wenn sie für die Gerichte nicht bindend sind. Diese Tabellen geben aufgrund der linearen Abschreibung regelmäßig den tatsächlichen Wertverlust wieder.

---

354 BGH, FamRZ 2002, 1024, 1026.
355 BGH, FamRZ 2005, 1159; BGH, FamRZ 2004, 1177; BGH, FamRZ 2003, 741, 743 m. Anm. Gerken.
356 OLG Hamm, FamRZ 1999, 1349.

399 ▶ **Praxistipp:**

Die AfA-Tabellen der Finanzverwaltung sind im Internet unter **www.bundesfinanzministerium.de** zu finden.

400 Für die unterhaltsrechtliche Korrektur ist der Gewinn um die **Sonderabschreibung** zu erhöhen und um die lineare Abschreibung zu ermäßigen. Eine fiktive Steuerbelastung mindert den Gewinn dagegen nicht, da die mit der Sonderabschreibung verbundene Steuererleichterung durchaus auch dem Unterhaltsberechtigten zugutekommen darf, wenn sie dem Pflichtigen »im Wesentlichen« verbleibt.[357]

Dagegen darf bei der sog. **Ansparabschreibung** nach § 7g EStG bei fiktiver Erhöhung des Gewinns um den Betrag dieser Ansparabschreibung nicht die darauf entfallende Steuerbelastung außer Betracht bleiben.[358]

401 Häufig werden sich – wie gerade am Beispiel der Ansparabschreibung deutlich wird – steuerlich zu Recht in Anspruch genommene Möglichkeiten der Vermögensbildung im Mehr-Jahres-Durchschnitt ohnehin ausgleichen, weshalb sie daher letztendlich ohne Belang sind.

402 Die **Darlegungslast** für die Behauptung, dass eine Abschreibung ganz oder teilweise als einkommensmindernd zu berücksichtigen ist, hat derjenige, der sich auf diese Abzugsposition beruft, also der Selbstständige. Er muss daher auch darlegen, warum die Investitionen in dieses Wirtschaftsgut für den Erhalt und die Fortführung des Betriebes notwendig waren, denn unterhaltsrechtlich sind unnötige Investitionen nicht mitzufinanzieren. Darzulegen ist auch, wie lange das Wirtschaftsgut, das der Selbstständige steuerrechtlich abschreibt, zu gebrauchen ist (Lebensdauer und technische Verwendbarkeit des Wirtschaftsgutes).

403 Der Selbstständige sollte sich aber nicht auf einen pauschalen Sachvortrag beschränken.[359] Vielmehr ist er gehalten, detaillierte **Abschreibungslisten** vorzulegen, aus denen sich für die einzelnen Gegenstände die jeweilige Abschreibung ergibt. Damit hat er seiner Darlegungslast entsprochen. Der Gegner ist dann gehalten, diesen Sachvortrag substanziiert anzugreifen. Entspricht sein Vortrag diesen Anforderungen nicht, muss er hinnehmen, dass mit pauschalen Abschlägen gearbeitet wird.

404 ▶ **Praxistipp:**

Wird im Unterhaltsverfahren nur ein **reduzierter Abschreibungssatz** akzeptiert, ist zu beachten, dass sich daraus eine **längere Abschreibungsdauer** ergibt. Die – reduzierte – Abschreibung ist daher unterhaltsrechtlich länger anzurechnen, als dies steuerrechtlich der Fall wäre. Der juristische Berater eines Selbstständigen ist deshalb gehalten, diese »**Fernwirkungen**« im Auge zu behalten und bei späteren

---

357 Vgl. Manderscheid, ZFE 2005, 341, 346.
358 Vgl. BGH, FamRZ 2004, 1177, 1178.
359 OLG Koblenz, FamRZ 2000, 605.

F. Allgemeine unterhaltsrechtliche Grundsätze   Kapitel 3

Unterhaltsberechnungen – in nachfolgenden Zahlungsverfahren oder auch Abänderungsverfahren – einzubringen.

▶ **Beispiel:** 405

Der Unternehmer kauft einen Firmenwagen zum Preis von 60.000 €, den er steuerrechtlich auf 6 Jahre mit 10.000 € pro Jahr abschreiben kann. Das Gericht erkennt im Unterhaltsrechtsstreit nur eine reduzierte Abschreibung von 6.000 € jährlich an. Damit erhöht sich der Abschreibungszeitraum unterhaltsrechtlich auf 10 Jahre, unabhängig von der tatsächlichen steuerlichen Bewertung. Damit kann der Selbstständige auch in den nächsten 9 Jahren jeweils 6.000 € unterhaltsrechtlich als Abschreibung ansetzen, auch wenn diese nach Ablauf von 6 Jahren – wegen Auslaufens der steuerlichen Abschreibungsfristen – in den Unterlagen des Selbstständigen nicht mehr auftaucht.

m) Steuerliche Abzugsfähigkeit von Unterhaltszahlungen

Durch die Trennung der Eheleute und die spätere Scheidung verliert der unterhaltspflichtige Ehegatte die Möglichkeit, die günstige Steuerklasse 3 in Anspruch zu nehmen. Grds. sind Unterhaltsleistungen beim Bezieher nicht zu versteuern, können aber auch beim Leistenden nicht steuermindernd abgesetzt werden. Dabei gibt es jedoch zwei unterschiedlich ausgestaltete Ausnahmen: 406
- den **Abzug als außergewöhnliche Belastung** nach § 33a Abs. 1 EStG und
- das **begrenzte steuerliche Realsplitting** nach § 10 Abs. 1 Nr. 1 EStG.

Da der Unterhaltspflichtige grds. verpflichtet ist, die steuerlichen Möglichkeiten zur Senkung seiner Belastung zu nutzen (s.o., Rdn. 354 und Rdn. 390 f.), wird in Unterhaltsstreitigkeiten auch oft darüber gestritten, ob diese Abzugsmöglichkeiten in Anspruch genommen werden müssen. Dabei ergeben sich aber auch rechnerische Probleme, die noch dargestellt werden. 407

aa) Abzug nach § 33a Abs. 1 EStG als außergewöhnliche Belastung

Unterhaltsleistungen an eine Person aufgrund gesetzlicher Unterhaltspflicht (also auch Leistungen an die unverheiratete Mutter nach § 1615l BGB) können auch als außergewöhnliche Belastung gem. **§ 33a Abs. 1 EStG** vom Einkommen abgesetzt werden; hierzu zählt auch der auf gesetzlicher Grundlage beruhende, vertraglich ausgestaltete Ehegattenunterhaltsanspruch. 408

Hier muss die Person, die den Unterhalt bezieht, diesem Abzug **nicht zustimmen**, denn der Unterhalt wird dort nicht als Einkommen versteuert. 409

Der gezahlte **Unterhalt** ist bis zu einem Jahreshöchstbetrag von **8.004 €** (= mtl. 667 €) absetzbar (bis 2009: 7.680 €; bis 2003: 7.188 €). 410

Beiträge für **Kranken- und Pflegeversicherung des Unterhaltsberechtigten** sind zusätzlich absetzbar (§ 33a Abs. 1 EStG). 411

412 Dies gilt aber nur, wenn der unterhaltsberechtigte Ehegatte keine 624 € jährlich übersteigenden Einkünfte und nur geringes Vermögen hat, wobei Barvermögen bis 15.000 € bzw. ein kleines selbst genutztes Einfamilienhaus unschädlich sein sollen. Einkommen der Berechtigten, das den Freibetrag überschreitet, mindert den abzuziehenden Unterhaltsbetrag. Zu beachten ist, dass eine monatsanteilige Berücksichtigung von Unterhaltszahlungen und eigenen Einkünften zu erfolgen hat (§ 33a Abs. 4 EStG).

413 Im **Trennungsjahr** kann § 33a EStG **nicht** angewandt werden, da die Eheleute die gemeinsame Veranlagung wählen können.[360]

bb) Begrenzte steuerliche Realsplitting nach § 10 Abs. 1 Nr. 1 EStG.

414 Die zweite Möglichkeit bietet der **Sonderausgabenabzug** über das **begrenzte steuerliche Realsplitting** nach § 10 Abs. 1 Nr. 1 EStG.

(1) Voraussetzungen

415 Hiernach kann der Unterhaltspflichtige Unterhaltsleistungen an den Ehegatten bis max. 13.805 € jährlich (entsprechend 1.154,17 € monatlich; unverändert seit 2004) als Sonderausgaben abziehen, wenn der Zahlungsempfänger der Versteuerung dieser Unterhaltsleistungen **zustimmt**. Da der Unterhaltsberechtigte normalerweise einer geringeren Steuerprogression unterliegt, führt dies insgesamt zu einer geringeren Steuerbelastung.

416 Das Finanzamt kann sich – anders als bei einem Antrag auf getrennte Veranlagung – über eine rechtsmissbräuchliche Verweigerung nicht hinwegsetzen.[361]

(2) Pflicht zum Nachteilsausgleich

417 Der unterhaltsberechtigte Ehegatte ist zur Zustimmung verpflichtet, wenn ihm die **Nachteile**, die er durch die Versteuerung des Unterhalts erleidet, **ersetzt** werden.[362]

418 Die **Darlegungs- und Beweislast** für einen eingetretenen Nachteil trägt der Unterhaltsempfänger. Ggü. einer Ausgleichsforderung besteht ein Anspruch auf Vorlage der Steuerbescheide des Unterhaltsberechtigten.[363]

419 Der Antrag auf Nachteilsausgleich ist eine sonstige **Familiensache** gem. §§ 111 Nr. 10, 266 Abs. 1 Nr. 2 FamFG.[364]

---

360 BFH, NJW 1989, 2840 = FamRZ 1989, 385 [LS]; zur gemeinsamen Veranlagung s. o., Rdn. 363 ff.
361 Görke, FPR 2006, 491, 492.
362 BGH, NJW 2002, 2317; OLG Hamm, FamRZ 1998, 241; OLG Hamm, FamRZ 2001, 98; Luthin/Koch-Kamm, Rn. 9031 ff.
363 LG Karlsruhe, FamRZ 2001, 99.
364 Horndasch/Viefhues/Boden/Cremer, FamFG, § 266 Rn. 13.

F. Allgemeine unterhaltsrechtliche Grundsätze   Kapitel 3

▶ Praxistipp: 420

Diese Ausgleichsverpflichtung ist **Folge des Verlangens auf Zustimmung** und nicht davon abhängig, dass eine entsprechende Erklärung des Unterhaltspflichtigen abgegeben wird. Wird also die Zustimmung durch den Unterhaltsberechtigten erteilt, ohne dass er zuvor eine entsprechende Freistellungserklärung verlangt oder erhalten hat, entbindet das den Unterhaltspflichtigen nicht von seiner Erstattungspflicht.

Die **Verjährungsvorschrift** des § 1585b Abs. 3 BGB ist weder unmittelbar noch entsprechend auf den Anspruch eines Ehegatten auf Freistellung von Steuernachteilen infolge der Zustimmung zum begrenzten Realsplitting anwendbar.[365]

Es gilt daher für diesen Anspruch eigener Art die 3-jährige Verjährungsfrist des § 195 BGB, die mit der sicheren Kenntnis des Unterhaltsberechtigten – z. B. dem Zugang des Steuerbescheids – beginnt.[366]

Eine **Verwirkung** kommt im Regelfall nicht in Betracht.

Der Unterhaltszahler muss also auch noch nach einiger Verspätung mit einer Ausgleichsforderung rechnen. Hierauf sollte in der anwaltlichen Beratung hingewiesen werden.

(a) Steuerliche Nachteile

Da der Unterhaltsberechtigte die beim Unterhaltspflichtigen abgesetzten Unterhalts-   421
leistungen als Einkünfte zu versteuern hat (nach Abzug der Werbungskosten), sind die **Einkommensteuern**, der **Solidaritätszuschlag** und die **Kirchensteuern** einschließlich der Vorauszahlungen hierzu (§ 37 EStG) zu ersetzen, soweit sie auf den Unterhaltsleistungen beruhen. Dies kann einmal im direkten Ausgleich erfolgen; die Eheleute können aber auch den Ausgleich über die Unterhaltsberechnung vornehmen. Der letzte Weg ist mühsamer, aber für beide Eheleute vorteilhafter, da eine geringere Gesamtsteuerlast anfällt.[367]

Die Kosten eines **Steuerberaters** sind im Allgemeinen nicht ausgleichspflichtig. Diese 422
Kosten kann der Zustimmende nur verlangen, wenn ihm die Zustimmung zum Realsplitting ohne die Aufwendung dieser Kosten nicht zugemutet werden kann.[368] Ersatzfähig sind die Kosten ausnahmsweise dann, wenn die eigene Sachkunde des Unterhaltsberechtigten nicht ausreicht, z. B. beim erstmaligen Zusammentreffen von Unterhaltsleistungen mit Einkünften aus anderen Einkunftsquellen. Auszugleichen sind auch die Kosten des Steuerberaters, die für die **Berechnung der ersatzpflichtigen steuerlichen Nachteile** anfallen.[369]

---

365 BGH, FamRZ 2005, 1162, 1163; BGH, ZFE 2005, 289; a. A. OLG Hamburg, FamRZ 2000, 888.
366 Luthin/Koch-Kamm, Rn. 9036 m. w. N.
367 Vgl. dazu Krause, FamRZ 2003, 899.
368 BGH, FamRZ 1988, 820, 821; BGH, FamRZ 2002, 1024, 1027.
369 OLG Hamm, FamRZ 1993, 205; Luthin/Koch-Kamm, Rn. 9033 m. w. N.

Viefhues

Kapitel 3   Materielle Voraussetzungen des Unterhaltsanspruchs

(b) Sonstige Nachteile

423 Dem Unterhaltsberechtigten können aber nicht nur **steuerliche Nachteile** erwachsen, sondern auch **Kürzungen öffentlicher Leistungen**. Diese Konsequenzen werden oft nicht bedacht.

Diese Nachteile ergeben sich daraus, dass die Anspruchsberechtigung für bestimmte **öffentliche Leistungen** nach Grund und Höhe vom Einkommen des Anspruchsinhabers im einkommensteuerrechtlichen Sinn abhängt. Durch die Inanspruchnahme des begrenzten Realsplittings werden die Unterhaltsleistungen zu sonstigen Einkünften. Hierdurch kann es geschehen, dass die Gesamteinkünfte beim Unterhaltsberechtigten bestimmte (bspw. sozialrechtliche) Einkommensgrenzen überschreiten. Auch diese Nachteile, die **durch die Folgen der Inanspruchnahme des Realsplittings entstehen**, wie z. B. der Wegfall oder die Reduzierung von Ansprüchen auf sozialrechtliche oder andere öffentliche Leistungen, sind vom Unterhaltspflichtigen auszugleichen.[370]

424 Zu denken ist hier z. B. an **Mehrbelastungen in der Krankenversicherung** wegen des Wegfalls des Anspruchs auf **beitragsfreie Familienversicherung**. Wird die Einkommensgrenze für die beitragsfreie Familienversicherung überschritten, geht der Krankenversicherungsschutz des anderen Ehegatten verloren. Die Beiträge für den Abschluss einer eigenen Krankenversicherung des unterhaltsberechtigten Ehegatten muss der Unterhaltsverpflichtete im Rahmen seiner Ausgleichspflicht erstatten. Die gleiche Konsequenz ergibt sich, wenn der unterhaltsberechtigte Ehegatte zwar schon Beiträge zur eigenen Krankenversicherung zu zahlen hat, die Beitragsbelastung sich infolge der Zurechnung zusätzlichen Einkommens aber erhöht. Die Ausgleichsverpflichtung des unterhaltspflichtigen Ehegatten erstreckt sich dann auf die Differenz der Krankenversicherungsbeiträge.[371]

425 Aber auch höhere **Beiträge im Kindergarten**, der **Verlust** der **Arbeitnehmersparzulage**, der **Sparprämie** bzw. der **Wohnungsbauprämie**, von BAföG-Leistungen, des Anspruchs auf den **Wohnberechtigungsschein** oder auf **Renten nach dem Bundesversorgungsgesetz** können die Folge sein. Auch hier besteht eine grundsätzliche Erstattungspflicht.[372]

426 ▶ Praxistipp:

In der anwaltlichen Beratung wird oft nicht genug auf diese – mittelbaren – Nachteile geachtet und das Augenmerk **zu kurzsichtig allein auf den Vorteil des Realsplittings** gerichtet.

Zieht man alle Vorteile und zu erstattenden Nachteile ins Kalkül, kann sich der unterhaltsrechtlich auswirkende Vorteil sehr schnell nachhaltig relativieren. Denn die unterhaltsberechtigte Ehefrau hat im Ergebnis nichts davon, wenn sich zwar das

---

370 BGH, FamRZ 2005, 1162 = ZFE 2005, 289.
371 Arens, FamRZ 1999, 1558, 1561 f.
372 Luthin/Koch-Kamm, Rn. 9034 f.

Nettoeinkommen des unterhaltspflichtigen Ehemannes erhöht und sie zwar einen höheren Barunterhalt erzielt, sich aber hierdurch auch höhere Aufwendungen ggü. Dritten wie Krankenkassen, Kindergarten usw. ergeben. Eine solche **Einkommensverschiebung zugunsten Dritter liegt nicht im Interesse beider Eheleute und sollte vermieden werden!**

Wegen der starren Einkommensgrenzen bei derartigen Sozialleistungen kann es sogar vorkommen, dass unter dem Strich für die Eheleute weniger Geld vorhanden ist als ohne Realsplitting!

Stellt sich im Nachhinein heraus, dass die verlangte Zustimmung zum Realsplitting insgesamt mehr Nachteile als Vorteile nach sich zieht, entbindet das nicht von der Ersatzpflicht. Es ist Sache des Verpflichteten, sich vorher über die Konsequenzen seiner Forderung auf Zustimmung klar zu werden.

Fehlerhafte oder wenig sorgfältige anwaltliche Beratung kann hier schnell zum **Regress** führen!

Dargelegt werden muss aber immer, dass der konkret angefallene Nachteil **Folge der Überschreitung der entsprechenden Einkommensgrenze** ist. So hat das OLG Nürnberg[373] die Erstattung der Kosten für eine Kranken- und Pflegeversicherung abgelehnt. Ein **Nachteilsausgleich** wegen dieser Kosten käme nur dann in Betracht, wenn durch die Inanspruchnahme des Realsplittings durch den Unterhaltspflichtigen die Unterhaltsberechtigte die Gesamteinkommensgrenze des § 10 Abs. 1 Nr. 5 Halbs. 1 SGB V i. V. m. § 18 SGB IV überschreiten würde und damit nicht mehr in den Genuss der **beitragsfreien Familienkrankenversicherung** (§ 10 SGB V) käme. 427

▶ Praxistipp: 428

Diesen Unklarheiten kann man als **Unterhaltsberechtigter** aus dem Weg gehen, wenn man es nicht auf eine spätere gerichtliche Auseinandersetzung über den Ausgleich ankommen lässt, sondern der Gegenseite eine entsprechend eindeutig formulierte Erklärung zusendet, die unterzeichnet zurückgereicht werden soll.

Der **Unterhaltspflichtige** kann von dem Unterhaltsberechtigten verlangen, dass konkrete Tatsachen zu möglichen Nachteilen mitgeteilt werden.[374]

(3) Kein Anspruch auf Vorteilsausgleich

Der Unterhaltsberechtigte darf seine Zustimmung nicht davon abhängig machen, dass er direkt an den **Steuervorteilen** des Unterhaltspflichtigen beteiligt wird, die dieser durch den Sonderausgabenabzug erlangt.[375] 429

---

373 OLG Nürnberg, FamRZ 2004, 1967 = ZFE 2004, 156.
374 Reinken, ZFE 2005, 185.
375 BGH, FamRZ 1983, 576; BGH, NJW 1986, 254, 255; Luthin/Koch-Kamm, Rn. 9030.

Kapitel 3   Materielle Voraussetzungen des Unterhaltsanspruchs

(4) Auskunftsanspruch

430   Wegen der komplexen Zusammenhänge erfordert die Durchführung des begrenzten Realsplittings die sorgfältige vorherige Klärung, welche steuerlichen und sonstigen wirtschaftlichen Nachteile damit verbunden sind und die gewissenhafte Prüfung, ob diese Nachteile geringer sind als die steuerlichen Vorteile. Dazu benötigt der unterhaltspflichtige Ehegatte genaue Kenntnis über die individuellen Verhältnisse des unterhaltsberechtigten Ehegatten, in dessen Sphäre die Grundlagen für mögliche Nachteile liegen.

431   Wenn also einerseits der Unterhaltsverpflichtete die Obliegenheit hat, die steuerlichen Vorteile aus dem begrenzten Realsplitting möglichst in Anspruch zu nehmen, um seine unterhaltsrechtliche Leistungsfähigkeit zu steigern, dann muss ihm auf der anderen Seite auch das Recht gegeben werden, vor einer Inanspruchnahme des begrenzten Realsplittings verlässlich zu klären, ob aufseiten des Unterhaltsberechtigten erstattungspflichtige Nachteile daraus entstehen können, die das begrenzte Realsplitting nicht mehr sinnvoll erscheinen lassen. Ihm steht deshalb ein Auskunftsanspruch auf Auskunft über diejenigen Tatsachen zu, aus denen ausgleichspflichtige Nachteile entstehen können.[376]

432   Gegenüber einer Ausgleichsforderung kann die Vorlage der Steuerbescheide des Unterhaltsberechtigten verlangt werden.[377]

(5) Zustimmungserklärung zum Realsplitting

433   Der Unterhaltsberechtigte braucht seine Zustimmung zur Geltendmachung des Realsplittingvorteils durch den Unterhaltspflichtigen nur **Zug um Zug** gegen eine **Verpflichtungserklärung** zur Freistellung von daraus erwachsenden eigenen steuerlichen und sonstigen Nachteilen zu erteilen.[378] Diese Erklärung kann in Schriftform verlangt werden.

Wenn jedoch keine weiteren Nachteile des Unterhaltsberechtigten auszugleichen sind, kann auch keine entsprechende[379] Verpflichtungserklärung des Unterhaltsverpflichteten verlangt werden.

434   Die Zustimmung darf grds. nicht von einer **Sicherheitsleistung** abhängig gemacht werden. Eine Sicherheitsleistung für die Erfüllung der Freistellungsverpflichtung kann dann gefordert werden, wenn konkrete Anhaltspunkte für eine Gefährdung der

---

376 Reinken, ZFE 2005, 185 unter Hinweis auf BGH, NJW 1983, 1545; OLG Köln, FPR 1998, 186, 187; Arens, FamRZ 1999, 1558, 1562; Caspary, FPR 2003, 410, 414.
377 OLG Karlsruhe, FamRZ 2001, 99.
378 BGH, FamRZ 1983, 576; BGH, FamRZ 1998, 953; OLG Köln, FamRZ 1999, 31; Butz-Seidl, FuR 1996, 108, 111.
379 OLG Brandenburg, ZFE 2007, 309.

Erfüllung der Freistellungsverpflichtung erkennbar werden[380] oder wenn der Nettounterhalt des Unterhaltsberechtigten gefährdet ist.[381]

Auch steht dem Unterhaltsberechtigten kein **Zurückbehaltungsrecht** zu.[382] 435

Die Zustimmungspflicht besteht selbst dann, wenn zweifelhaft ist, ob die Zahlungen als Unterhalt i. S. d. § 10 Abs. 1 Nr. 1 EStG anerkannt werden.[383] Auch darf die Zustimmung nicht von einer Zusage der Beteiligung an der Steuerersparnis abhängig gemacht werden.[384] 436

(6) Durchsetzung der Zustimmung zum Realsplitting

Verweigert der Ehegatte die Zustimmung, kann sie durch ein gerichtliches Verfahren herbeigeführt werden. Zuständig ist das **FamG** nach § 266 Abs. 1 Nr. 2 FamFG (sonstige Familiensache). 437

▶ Hinweis: 438

- Die Zustimmung braucht jedoch nur Zug um Zug gegen Freistellung von allen steuerlichen und sonstigen Nachteilen erteilt werden, weil sie nur dann zumutbar ist.[385] Der Zustimmende hat einen Anspruch auf eine **rechtsverbindliche Freistellungsverpflichtung**, die – schon aus Gründen des Beweises – schriftlich erteilt werden muss. Dies kann auch im Rahmen eines prozessualen Schriftsatzes erfolgen.
- Ein weiter gehender Anspruch auf Erteilung der Zustimmung in Form der Unterzeichnung des Vordrucks »**Anlage U**« besteht dagegen **nicht**, denn die Zustimmung bedarf keiner besonderen Form, sondern es genügt, dass sie nachweisbar – etwa schriftlich oder zur Niederschrift des Finanzamts – erklärt wird.[386]
- Wird die Anlage U dennoch gefordert, ist die Aufforderung fehlerhaft. Bei der Aufforderung muss vielmehr deutlich gemacht werden, dass die Zustimmung auch direkt ggü. dem Finanzamt erfolgen kann und keine Anlage U erforderlich ist.[387]

(7) Aufforderung zur Zustimmung zum Realsplitting

Die Zustimmung kann **auch direkt ggü. dem Finanzamt erklärt** werden. Daher sollte in der Aufforderung deutlich gemacht werden, dass der Zustimmungsberechtigte 439

---

380 OLG Köln, FamRZ 1999, 31.
381 OLG Schleswig, ZFE 2007, 38.
382 OLG Zweibrücken, NJW-RR 2006, 513.
383 BGH, FamRZ 1998, 953.
384 BGH, FamRZ 1984, 1211.
385 OLG Hamm, FamRZ 1998, 241; OLG Hamm, FamRZ 2001, 98.
386 BGH, FamRZ 1998, 953; OLG Brandenburg, ZFE 2007, 309; OLG Koblenz, FamRZ 2002, 1129.
387 OLG Karlsruhe, FamRZ 2004, 960.

Kapitel 3   Materielle Voraussetzungen des Unterhaltsanspruchs

hierüber eine Information erwartet. Es empfiehlt sich also ein entsprechender **Hinweis im Aufforderungsschreiben.**

440 ▶ **Formulierungsvorschlag: Aufforderung zur Zustimmung zum Realsplitting**

Sie können die Zustimmung auch direkt gegenüber dem zuständigen Finanzamt erklären. In diesem Fall wird aber gebeten, uns darüber innerhalb der gesetzten Frist zu informieren und eine Kopie der Zustimmungserklärung beizufügen, damit die Steuerangelegenheit unseres Mandanten korrekt und zeitgerecht bearbeitet werden kann.

(8) Unterhaltsrechtliche Obliegenheit, das steuerliche Realsplitting in Anspruch zu nehmen

441 Eine Obliegenheit zur Geltendmachung des Realsplittings besteht nur, wenn der Unterhaltsanspruch anerkannt ist, dieser rechtskräftig feststeht oder soweit der Unterhalt freiwillig erfüllt wird.[388]

cc) Konkrete Auswirkungen des steuerlichen Abzugs von Unterhaltsleistungen auf den Unterhaltsanspruch

442 Wenn der Unterhaltspflichtige diese Abzugsmöglichkeit erst in seiner **Jahressteuererklärung** geltend macht, kann sich dieser Vorteil erst im nächsten Jahr durch die dann ausgezahlte Steuererstattung realisieren und mithin erst das Einkommen des nächsten Jahres erhöhen (dazu s. a. unten, Rdn. 444 ff.).

Um dieser Verzögerung zu entgehen, kann der Unterhaltsbetrag auch als **Freibetrag in die Steuerkarte eingetragen werden**. Damit werden schon die monatlichen Steuerbelastungen vermindert und das Nettoeinkommen steigt. Auf diese Weise führt die steuerliche Abzugsfähigkeit von Unterhaltszahlungen zu einer sofortigen Erhöhung des laufenden bereinigten Einkommens des Unterhaltspflichtigen und folglich zu einem aktuell höheren Unterhaltsanspruch.

443 ▶ **Praxistipp:**

- Eine solche Eintragung nimmt das Finanzamt aber nur vor, wenn die Unterhaltszahlung tatsächlich auch erfolgt.
- In der Praxis ist die Höhe der Unterhaltszahlung aber gerade umstritten. Ob im **Unterhaltsverfahren** eine hypothetische Berechnung vorzunehmen ist, ist strittig. Diese kann nur auf die unterhaltsrechtliche Obliegenheit, den Vorteil in Anspruch zu nehmen, gestützt werden (zu hypothetischen Steuerberechnungen s. u., Rdn. 444 ff.).
- Für die qualifizierte **anwaltliche Beratung** ist es jedoch erforderlich, die Auswirkungen der steuerlichen Absetzbarkeit von Unterhaltszahlungen zu erkennen und zu berücksichtigen.

---

[388] BGH, NJW 2007, 1961 m. Anm. Graba = FamRZ 2007, 793 m. Anm. Büttner = ZFE 2007, 309.

F. Allgemeine unterhaltsrechtliche Grundsätze   Kapitel 3

n) Nachträgliche oder hypothetische Steuerberechnung

Im Zusammenhang mit Trennung und Scheidung und den sich daraus ergebenden 444
Unterhaltsstreitigkeiten stellt sich vielfach die Frage, ob
- erst **nach Ablauf eines Steuerjahres** auf der Basis der dann feststehenden Werte der Vergangenheit oder
- **aufgrund der aktuellen Werte** trotz der damit verbundenen Unsicherheiten einer **hypothetischen Steuerberechnung**

gerechnet werden soll.

▶ Beispiel: 445

Die Eheleute trennen sich zum 15.10.2011. Dann gilt ab 01.01.2012 nicht mehr Steuerklasse 3, sondern Steuerklasse 1. Bei einem Bruttoeinkommen des Unterhaltspflichtigen von mtl. 2.500 € erhöht sich allein die monatliche Lohnsteuerbelastung von 127,33 € auf 339,41 €. Entsprechend steigen auch Kirchensteuern und Solidaritätszuschlag.

Im Unterhaltsverfahren liegen nun regelmäßig Gehaltsbescheinigungen des letzten 446 Jahres des Zusammenlebens vor – also basierend auf Steuerklasse 3. Wird danach die Leistungsfähigkeit des Unterhaltspflichtigen festgelegt, liegt diese Bewertung – wie das Beispiel zeigt – weit über der tatsächlichen Einkommenslage. Er müsste damit weit mehr an Unterhalt zahlen, als er tatsächlich schuldet.

Mit seinem Jahressteuerbescheid wird ihm allerdings eine **Steuernachzahlung** auf- 447 erlegt, die aber erst im nächsten Kalenderjahr gezahlt werden wird. Damit sinkt sein Nettoeinkommen im nächsten Jahr doppelt:
- Er zahlt regelmäßig mtl. höhere Steuer,
- außerdem muss er die Steuernachzahlung für das Vorjahr aufbringen.

Erst im dritten Jahr normalisiert sich sein Nettoeinkommen.

Entsprechendes gilt auch für **Steuervorteile**. Wenn der Unterhaltspflichtige diese Ab- 448 zugsmöglichkeit erst in seiner Jahressteuererklärung geltend macht, kann sich der daraus resultierende Vorteil erst im nächsten Jahr durch die dann ausgezahlte Steuererstattung realisieren.

Ein Ausgleich der Belastungen und Vorteile kann bei diesem Ansatz also nur im da- 449 rauf folgenden Jahr erfolgen. Dadurch **verschieben sich die Auswirkungen** aber immer zeitlich. Eine gerechte – weil der tatsächlichen Belastung im jeweiligen Zeitraum angemessene – Belastung des Unterhaltspflichtigen kann so nicht sichergestellt werden. Ein Ausgleich kann immer nur für die Zukunft erreicht werden. Ist der Unterhalt bereits tituliert, muss hierzu zudem ein **Abänderungsverfahren** gem. §§ 238, 239 FamFG erhoben werden, das besondere prozessuale Hindernisse aufstellt und zusätzliche Kosten für die Beteiligten auslöst, die bei dem anderen Lösungsansatz vermieden werden. Da ein Abänderungsantrag immer nur bei einer Änderung der tatsächlichen Verhältnisse zulässig ist, besteht die Gefahr, dass die bereits zu einem früheren Zeitpunkt bestandene

Kapitel 3 Materielle Voraussetzungen des Unterhaltsanspruchs

Möglichkeit der Steuerklassenänderung als Grund für eine Präklusion dieser Veränderung angesehen wird.[389]

450 Allerdings ist in Rechtsprechung und Literatur umstritten, ob die steuerliche Belastung für die Unterhaltsberechnung
- in der **tatsächlich angefallenen Höhe** (nach dem sog. In-Prinzip) oder
- nach einer **fiktiven Berechnung des Nettoeinkommens auf der Basis der korrekten steuerlichen Einordnung** (sog. Für-Prinzip)

anzurechnen ist.

451 Zwar hat der BGH sich grds. für das sog. In-Prinzip entschieden und eine fiktive Steuerberechnung wegen der damit verbundenen Berechnungsrisiken abgelehnt.[390] Jedoch hat der BGH Ausnahmen zugelassen. Bei der Bedarfsermittlung aufgrund der beiderseitigen Einkommensverhältnisse sei es Aufgabe der Tatsacheninstanzen, unter den gegebenen Umständen des Einzelfalls eine geeignete Methode zur möglichst realitätsgerechten Ermittlung des Nettoeinkommens zu finden. Daher könne es im Einzelfall zulässig und geboten sein, die abzuziehende ESt nicht nach dem sog. In-Prinzip, sondern nach dem Für-Prinzip zu ermitteln.[391]

In der Praxis wird jedoch vielfach aus Gründen der Prozesswirtschaftlichkeit anders vorgegangen: Die **tatsächlich geschuldeten Steuern werden vorausschauend errechnet** und der Unterhalt wird auf dieser Basis festgesetzt.

452 ▶ Praxistipp:
- Diese rechtliche Streitfrage stellt sich nicht, wenn der Unterhaltspflichtige z. B. bereits die Änderung der Steuerklasse veranlasst und die ihm zustehenden Freibeträge auf die Steuerkarte eintragen lassen hat. Dann weicht auch die später festgesetzte Jahressteuer kaum von der Summe der mtl. gezahlten Steuervorauszahlungen ab (s. o., Rdn. 444 ff.).
- In der anwaltlichen Beratung sollte der Mandant daher auf diese Fakten hingewiesen werden. Es empfiehlt sich daher, generell dafür Sorge zu tragen, dass die vorläufige laufende Besteuerung durch den monatlichen Abzug möglichst nah an die korrekte Besteuerung herankommt, um spätere Rückabwicklungs- und Ausgleichsprobleme zu vermeiden.
- Eine entsprechende Belehrung und Beratung des Mandanten sollte immer ausreichend dokumentiert werden.

---

389 Vgl. dazu OLG Saarbücken, ZFE 2005, 35.
390 BGH, NJW 2007, 1961 m. Anm. Graba = FamRZ 2007, 793 m. Anm. Büttner = ZFE 2007, 309; BGH, FamRZ 1991, 304; BGH, FamRZ 1991, 670; BGH, FamRZ 1990, 981; Luthin/Koch-Kamm, Rn. 9043 ff.
391 BGH, FamRZ 2011, 1851; BGH, FamRZ 2004, 1177.

F. Allgemeine unterhaltsrechtliche Grundsätze　　　　　　　　　　Kapitel 3

o) Sozialabgaben und andere Vorsorgeaufwendungen für das Alter

aa) Gesetzliche Vorsorgeaufwendungen

Ebenfalls abzuziehen sind die gesetzlichen Sozialabgaben, also die Beiträge zur gesetzlichen **Renten-, Kranken-, Arbeitslosen-,** und **Pflegeversicherung**. Auch die Aufwendungen für eine ergänzende Altersvorsorge (z. B. durch private Lebensversicherung oder **Riester-Rente**) sind i. R. d. Angemessenen abzugsfähig.[392]   453

Übersteigt das Einkommen die sog. **Versicherungspflichtgrenze**, entfällt die Krankenversicherungs- und Pflegeversicherungspflicht. Notwendige freiwillige Vorsorge ist aber abzugsfähig.   454

In der familienrechtlichen Praxis ist zu beachten, dass bestimmte Einkünfte sozialversicherungsfrei sind, also vor der Berechnung der Sozialversicherungsbeiträge herausgerechnet werden müssen.   455

▶ Hinweis: 456

- Die **Beitragssätze** für **Renten-, Arbeitslosen-** und **Pflegeversicherung** werden jährlich bundeseinheitlich festgesetzt. Bei den **Krankenversicherungsbeiträgen** ist darauf zu achten, den korrekten Beitragssatz der Krankenversicherung anzusetzen!
- Um das bereinigte Einkommen genau feststellen zu können, muss also die **Krankenkasse** des Betroffenen und deren **aktueller Beitragssatz** bekannt sein.

Die beitragspflichtigen Einkünfte werden nicht unbegrenzt zur Beitragsberechnung herangezogen, denn es gibt sog. **Beitragsbemessungsgrenzen**. Einkünfte, die diese Höchstbeträge überschreiten, sind beitragsfrei. Die Beitragsbemessungsgrenzen sind für die einzelnen Versicherungsarten unterschiedlich und werden jährlich neu festgesetzt.   457

458

Beitragsbemessungsgrenzen für 2012	West		Ost	
	Monat	Jahr	Monat	Jahr
Rentenversicherung Arbeiter/Angestellte	5.600 €	67.200 €	4.800 €	57.600 €
Rentenversicherung Knappschaft	6.900 €	82.800 €	5.900 €	70.800 €
Arbeitslosenversicherung	5.600 €	67.200 €	4.800 €	57.600 €
Krankenversicherung	3.875 €	45.900 €	3.875 €	45.900 €

---

392 BGH, NJW 2009, 2450 = FamRZ 2009, 1207; BGH, FamRZ 2003, 1179; Bergschneider, FamRZ 2003, 1609.

bb) Beamte und Selbstständige

459 Für bestimmte Personen wie **Beamte** und **Selbstständige** besteht keine Sozialversicherungspflicht; hier können also keine gesetzlichen Abzüge Berücksichtigung finden. Notwendige und angemessene Vorkehrungen für die Altersversorgung und private Krankenversicherung sind aber unterhaltsrechtlich abzuziehen.

460 Bei **Beamten** ist die **Altersversorgung** über den Dienstherrn sichergestellt. Angesichts der Reduzierungen auch der Altersversorgungen im öffentlichen Dienst stellt sich auch hier die Frage der Angemessenheit einer zusätzlichen Altersversorgung (s. a., Rdn. 453, Rdn. 462 ff. und Rdn. 537 ff.). Bei Beamten fällt die private **Krankenversicherung** an, da der Dienstherr über die Beihilfe nur einen Teil der Kosten bei Erkrankungen übernimmt. Die Höhe des selbst zu deckenden Anteils ist von den Familienverhältnissen des Beamten abhängig, da die Beihilfe – je nach Familienstand und anrechenbarer Kinderzahl – die Kosten zu einem unterschiedlichen Anteil erstattet. Vermindert sich die Anzahl berücksichtigungsfähiger Kinder, führt dies zu einer Reduzierung des Beihilfesatzes und zu einer entsprechenden Erhöhung des zu versichernden Anteils, also zu höheren Kosten bei der Krankenversicherung.

461 Auch **Selbstständige** haben an der gesetzlichen Rentenversicherung keinen Anteil. Ihnen ist aber auch eine eingemessene Versicherung gegen Krankheit und Erwerbsunfähigkeit sowie eine Vorsorge für das Alter zuzubilligen. Dabei geht der Streit meist um die Höhe der anzuerkennenden Aufwendungen. Teilweise wird dabei als Maßstab in Anlehnung an die Beitragssätze der gesetzlichen Rentenversicherung ein Anteil von 20 % des Bruttoeinkommens als angemessen angesehen.[393] In der Praxis wird auch eine soziale Absicherung i. H. d. doppelten Arbeitnehmerbeiträge der gesetzlichen Versicherungen anerkannt. Doppelte Beträge deshalb, weil der Selbstständige quasi auch seine Arbeitgeberanteile selbst aufbringen muss. Hinsichtlich der angemessenen Höhe bietet das, was während des Zusammenlebens der Ehepartner aufgewandt worden ist, eine Orientierung.

cc) Zusätzliche Vorsorge für Alter und Krankheit

462 Die staatlichen Sicherungssysteme der Altersvorsorge reichen bekanntermaßen nicht mehr aus, sodass allen Personen angeraten wird, zusätzliche eigene Vorsorge zu treffen, um auch nach Beendigung des Berufslebens einen angemessenen Lebensstandard sicher zu stellen.

463 Dementsprechend sind nach der Rechtsprechung des BGH **zusätzliche Rücklagen für die Alterssicherung** auch unterhaltsrechtlich als Abzugspositionen anzuerkennen:
– Beim **Elternunterhalt** als schwächerer Form einer Unterhaltsverpflichtung kann ein Betrag von **weiteren 5 % des Bruttoeinkommens** als angemessener Aufwand für eine zusätzliche Altersversorgung angesehen werden.[394]

---

393 BGH, FamRZ 2003, 860.
394 BGH, FamRZ 2004, 792; zu den Besonderheiten beim Elternunterhalt s. u., Rdn. 536, 548, 553 und 946 ff.

- Bei **anderen Unterhaltsverhältnissen** sind sowohl aufseiten des Unterhaltsberechtigten als auch aufseiten des Pflichtigen jeweils 4 % **des Jahresbruttoeinkommens als zusätzliche Altersvorsorge** anzuerkennen.[395] Auch wenn der Unterhaltsschuldner nicht einmal den Regelunterhalt für seine vier minderjährigen Kinder sicherstellen kann, ist er berechtigt, Aufwendungen von bis zu 4 % des Gesamtbruttoeinkommens für den Aufbau einer zusätzlichen Altersvorsorge in Form einer betrieblichen Direktversicherung vorzunehmen.[396]

Dabei muss diese Rücklage nicht in eine Versicherung o. Ä. fließen. Der BGH hat auch den Aufwand für die Unterdeckung einer vermieteten, zur späteren Altersabsicherung angeschafften Eigentumswohnung anerkannt.

Allerdings kommen keine fiktiven Abzüge für nicht getätigte Aufwendungen in Betracht.[397]   **464**

▶ Hinweis: **465**

- Da es dem Betroffenen überlassen bleibt, wie er für sein Alter weitere Vorsorge trifft, sind **alle Arten der Vermögensbildung** zu akzeptieren. In der Praxis ist es also notwendig, detailliert darzulegen, inwieweit die konkret gewählte Vermögensbildung tatsächlich der **Altersvorsorge** dient. Dies ist insb. dann der Fall, wenn die Anlage sehr langfristig erfolgt ist. Dann sind die entsprechenden Beträge innerhalb der 4 %-Grenze unterhaltsrechtlich zu tolerieren.
- Je **langfristiger** eine Vermögensanlage ist, desto eher kann sie als konkrete Altersvorsorge akzeptiert werden.
- Wird also z. B. **Wohneigentum** zur Altersvorsorge erworben, können i. R. d. 4 %-Grenze auch die **Tilgungsleistungen** vom Wohnwert in Abzug gebracht werden! Zum Wohnwert s. u., Rdn. 595 ff.

Auch eine **zusätzliche Krankenversicherung** ist absetzbar, wenn damit Risiken abgedeckt werden, die von der normalen Krankenvorsorge nicht getragen werden.   **466**

p) Berufsbedingte Aufwendungen

aa) Allgemeine Anrechnungsregelung

Bei jeder beruflichen Tätigkeit fallen typischerweise Kosten an, wie z. B. Fahrtkosten und Berufsbekleidung. Solche **notwendigen berufsbedingten Aufwendungen** können unterhaltsrechtlich in Abzug gebracht werden.   **467**

---

395 BGH, FamRZ 2005, 1817 m. Anm. Büttner, FamRZ 2005, 1899; BGH, FamRZ 2010, 1535; BGH, 11.01.2012 – XII ZR 22/10.
396 KG, 31.07.2008 – 16 UF 189/07, ZFE 2009, 431.
397 BGH, FamRZ 2007, 193; BGH, FamRZ 2003, 860.

Kapitel 3 — Materielle Voraussetzungen des Unterhaltsanspruchs

468 ▶ Hinweis:

- Berufsbedingte Aufwendungen sind grds. nur bei **Arbeitseinkommen** abzugsfähig.
- Damit scheidet ein Abzug aus
  - bei anderen Einkünften von Arbeitnehmern wie z. B. **Kapitaleinkünften, Mieteinkommen** usw., aber auch bei anzurechnenden Vorteilen wie dem **Wohnwert** der selbstgenutzen Wohnung (dazu unten, Rdn. 595 ff.) und
  - bei **Renten, Pensionen** und dem Einkommen von **Selbstständigen**.

469 Zur Vereinfachung werden von einigen Obergerichten **Pauschalbeträge** angesetzt. So sind nach der Düsseldorfer Tabelle 5 % des Nettoeinkommens pauschal abzuziehen, wobei ein Mindestbetrag von 50 € und ein Höchstbetrag von 150 € zu berücksichtigen ist. Bei Teilzeitbeschäftigung kann der Mindestbetrag auch niedriger angesetzt werden. Der BGH hat Pauschalen in dieser Höhe nicht beanstandet.[398]

470 Dabei wird die Pauschale in aller Regel zusätzlich neben dem **Erwerbstätigkeitsbonus** angewandt.[399] Die Pauschale soll den tatsächlichen, konkret bezifferbaren Aufwand decken, während der Erwerbstätigkeitsbonus als Anreiz für die Erwerbstätigkeit dient und die Aufwendungen ausgleichen soll, die sich nicht eindeutig von den privaten Lebenshaltungskosten abgrenzen lassen.

Ein Erwerbstätigenbonus wird aber nicht beim Kindesunterhalt gewährt.[400]

471 Diese Pauschale wird **vom bereinigten Netto-Erwerbseinkommen** berechnet, also nach Abzug von Steuern und Sozialabgaben.

472 Wird mit der Pauschale gearbeitet, sind lediglich höhere notwendige Aufwendungen, die diese Pauschale übersteigen, **konkret darzulegen**.[401] Erforderlich sind dann genaue Angaben zur **Notwendigkeit** des angefallen Aufwands und zur **Höhe**.

Zur Substanziierung hat der BGH ausgeführt:[402]

> »Eine Pauschale von 5 % des Einkommens wird dem Aufwand für Fahrtkosten jedenfalls dann nicht gerecht, wenn der Unterhaltspflichtige unter Bezeichnung der wechselnden Arbeitsstellen nachvollziehbar darlegt, von Mai 2001 bis April 2002 rund 23.400 km, monatlich also fast 2.000 km, für Fahrten zwischen seinem Wohnort bzw. dem Ort seiner auswärtigen Unterbringung und der jeweiligen Arbeitsstelle zurückgelegt zu haben, und der Arbeitgeber ihm diese Kosten nicht ersetzt. Angesichts der detaillierten und übersichtlichen Zusammenstellung in Form von Monatstabellen, in denen für jeden Arbeitstag der Einsatzort und die zurückgelegte Entfernung aufgeführt sowie angegeben wird, ob eine Heimfahrt oder eine Übernachtung am Einsatzort stattfand, hätte die Klägerin sich nicht auf ein pauschales Bestreiten dieser Angaben beschränken dürfen. Zumindest hätten diese für eine nach § 287

---

398 BGH, NJW 1992, 1621; vgl. auch BGH, FamRZ 2002, 536.
399 OLG Düsseldorf, FamRZ 1994, 1049, 1051.
400 OLG Düsseldorf, FamRZ 1994, 1049.
401 Ausführlich Bißmaier, FamRZ 2002, 1448.
402 BGH, FamRZ 2006, 108 = ZFE 2006, 112.

ZPO vorzunehmende Schätzung ausgereicht. Auch soweit der Beklagte für einzelne Monate, teilweise unter Vorlage von Gehaltsabrechnungen, Fahrtkostenerstattungen seines Arbeitgebers angegeben hat, waren diese nicht geeignet, den behaupteten Aufwand insgesamt infrage zu stellen, sondern hätten davon abgezogen werden können.«

Andere OLG wie z. B. Köln und Hamm erkennen keine Pauschale an. Dort muss der berufsbedingte Aufwand immer konkret nachgewiesen werden. 473

Für **Auszubildende** gelten nach den Unterhaltstabellen feste Pauschbeträge (so 90 € nach der Düsseldorfer Tabelle). 474

bb) Einzelfragen

(1) Berufsbedingte Fahrtkosten

Bei der konkreten Berechnung von notwendigen berufsbedingten **Fahrtkosten** wird bei der Benutzung eines **Kfz** von den Gerichten bislang üblicherweise § 5 Abs. 2 JVEG entsprechend angewandt.[403] Werden Fahrtkosten zur Arbeit mit der in den unterhaltsrechtlichen Leitlinien vorgesehenen Kilometerpauschale angesetzt, sind hierin regelmäßig sämtliche Pkw-Kosten einschließlich derjenigen für Abnutzung und Finanzierungsaufwand enthalten.[404] 475

Anstelle der pauschalierten Fahrtkosten können auch die **Finanzierungskosten** abgesetzt werden,[405] die aber auf den berufsbedingten Anteil reduziert werden müssen (ggf. Schätzung nach § 287 ZPO). Hier ist also anwaltlicher Sachvortrag erforderlich, um diese Schätzung zu ermöglichen. 476

Fallen tatsächlich höhere notwendige Fahrtkosten an (z. B. durch wechselnde Arbeitsstellen an verschiedenen Orten), können diese konkret geltend gemacht werden. Der Unterhaltpflichtige ist nicht auf die Pauschale beschränkt. 477

Bei **Selbstständigen** sind Fahrtkosten nicht abzusetzen, denn sie sind unter die betrieblichen Kosten einzuordnen und stellen lediglich eine Position der Einnahmenüberschussrechnung dar. 478

Werden **öffentliche Verkehrsmittel** benutzt, gelten die tatsächlich aufgewandten Kosten. Ein Unterhaltpflichtiger kann aber nicht ohne Weiteres dazu angehalten werden, öffentliche Verkehrsmittel anstelle seines Kfz zu benutzen. Hier kommt es vielmehr auf die tatsächlichen Umstände (Verkehrsverbindung, Zeitaufwand) an. Fallen über längere Zeiträume erhebliche Mehrkosten durch die Benutzung des Pkw an, wird man u. U. aber über einen Wohnsitzwechsel des Unterhaltspflichtigen nachdenken müssen. Ggf. sind dann die anzurechnenden Kosten entsprechend zu beschränken. 479

---

403 OLG Saarbrücken, MDR 2005, 635: 0,25 € pro gefahrenem km; die Leitlinien der OLG setzen z. T. bis zu 0,30 € an.
404 BGH, FamRZ 2006, 846; OLG Hamm, FamRZ 2000, 1367; OLG Hamm, FamRZ 1998, 561; BGH, FamRZ 1994, 87.
405 OLG Hamm, FamRZ 2005, 804.

(2) Beiträge zu Gewerkschaften und Berufsverbänden

480 Notwendige berufsbedingte Aufwendungen von Gewicht sind voll abzuziehen. Zu den berufsbedingten Aufwendungen zählen i. d. R. auch Gewerkschaftsbeiträge und Beiträge zu anderen Berufsverbänden, soweit sie im Verhältnis zum Einkommen eine vertretbare Höhe nicht überschreiten.

481 Kann der Arbeitnehmer aber den **Mindestunterhalt** für seine Kinder nicht decken, muss er seine Ausgaben auf das Allernotwendigste beschränken. Gewerkschaftsbeiträge gehören dazu nicht. Art. 9 GG steht dem nicht entgegen, weil dieses Grundrecht in Wechselwirkung zu den aufseiten der minderjährigen Kinder zu berücksichtigenden Art. 2 Abs. 1, 6 Abs. 1 GG steht und ggü. der Notwendigkeit zur Wahrung des Existenzminimums der Kinder als nachrangig zu bewerten ist.[406]

q) Unterhaltsleistungen für Kinder

aa) Geleisteter Barunterhalt für minderjährige Kinder

482 Bei der Berechnung des Ehegattenunterhalts wird nach herrschender Meinung nicht mehr der Tabellenbetrag des Kindesunterhaltes, sondern nur noch der **Zahlbetrag** in Abzug gebracht.[407]

bb) Zusätzlich geleisteter Betreuungsunterhalt

483 Erbringt der für den Ehegattenunterhalt haftende Elternteil – neben seiner vollschichtigen Erwerbstätigkeit – sowohl den **Betreuungsunterhalt** als auch den – an sich vom anderen Elternteil geschuldeten – **Barunterhalt**, ist umstritten, wie dies bei der Berechnung seines Einkommens zu berücksichtigen ist, wenn er noch auf Ehegattenunterhalt (z. B. als Unterhalt wegen Krankheit) in Anspruch genommen wird.

Wird für das von diesem erwerbstätigen Ehegatten betreute Kind vom anderen Ehegatten kein Kindesunterhalt gezahlt, besteht zumindest weitgehend Einigkeit, zugunsten des erwerbstätigen Ehegatten den **Tabellenbetrag des Kindesunterhalts** in Abzug zu bringen, der ja dazu dient, den realen Umfang des finanziellen Aufwands für den Unterhalt des Kindes abzudecken. Der für den **Barunterhalt** einzusetzende Betrag wird in diesem Fall nach dem Einkommen des betreuenden Elternteils errechnet.

---

406 OLG Düsseldorf, FamRZ 2005, 2016.
407 BGH, 27.05.2009 – XII ZR 78/08, FamRZ 2009, 1300 m. Anm. Schürmann; BGH, 24.06.2009 – XII ZR 161/08; BGH, 17.06.2009 – XII ZR 102/08.

F. Allgemeine unterhaltsrechtliche Grundsätze   Kapitel 3

cc) Kosten des Umgangsrechts

Insb. dann, wenn die Eltern weit entfernt voneinander wohnen, fallen **höhere Kosten** **484**
für die Ausübung des Umgangsrechts an.[408]

In seiner Entscheidung v. 24.06.2009 – XII ZR 161/08,[409] mit der er den Abzug des **485**
Zahlbetrags des Kindesunterhalts bei der Berechnung des Ehegattenunterhalts festgelegt hat, ist der BGH beiläufig auch auf die Frage der Umgangskosten eingegangen:

»Dass dem barunterhaltspflichtigen Elternteil infolge des teilweisen Verbrauchs des Kindergelds schließlich weniger Spielraum für sonstige Ausgaben, z. B. für **Umgangskosten**, verbleibt, ist anderweitig zu berücksichtigen, **etwa durch einen – teilweisen – Abzug der Umgangskosten vom Einkommen oder eine Erhöhung des (Ehegatten-) Selbstbehalts** (vgl. Senatsurteile, 17.06.2009 – XII ZR 102/08, v. 27.05.2009 – XII ZR 78/08. jeweils zur Veröffentlichung bestimmt; v. 23.02.2005 – XII ZR 56/02, FamRZ 2005, 706, 708 und v. 09.01.2008 – XII ZR 170/05, FamRZ 2008, 594, 599 sowie Wendl/Klinkhammer, Das Unterhaltsrecht in der familienrichterlichen Praxis 7. Aufl., § 2 Rn. 169).«

In seinem Urt. v. 17.06.2009 – XII ZR 102/08[410] hat der BGH in einem Verfahren, in **486**
dem ebenfalls um Ehegattenunterhalt gestritten wurde, ausgeführt:

»Soweit das OLG **vom Einkommen des unterhaltspflichtigen Antragstellers Kosten für die Ausübung des Umgangsrechts** mit dem gemeinsamen Kind i. H. v. monatlich 30 € abgesetzt hat, ist dies aus revisionsrechtlicher Sicht nicht zu beanstanden.«

In der Entscheidung v. 09.01.2008 – XII ZR 170/05[411] heißt es dazu: **487**

»Das Berufungsgericht wird deswegen erneut prüfen müssen, ob es auch angesichts höherer Umgangskosten eine Anpassung des dem Beklagten zu belassenden notwendigen Selbstbehalts ablehnt. Dabei wird es auch zu berücksichtigen haben, dass dem Beklagten hier kein Anteil des Kindergeldes anrechnungsfrei verblieb, mit dem er die Kosten der Ausübung seines Umgangsrechts finanzieren könnte. Der Senat hat bereits entschieden, dass dann bei nicht unerheblichen Umgangskosten, die der Unterhaltsschuldner nicht aus den Mitteln bestreiten kann, die ihm über den notwendigen Selbstbehalt hinaus verbleiben, **eine maßvolle**

---

408 Zur Frage der **Zustimmung** des anderen Elternteils zu einem **Umzug** – insb. ins Ausland – und dem damit zusammenhängenden sorgerechtlichen Fragen (Kindeswohl!) s. BGH, 16.03.2011 – XII ZB 407/10, FamRZ 2011, 796 m. Anm. Völker = FuR 2011, 401 = FPR 2011, 460; BGH, 28.04.2010 – XII ZB 81/09, FamRZ 2010, 1061; BGH, 16.03.2011 – XII ZB 407/10, FuR 2011, 401; vgl. auch OLG Koblenz, 04.05.2010 – 11 UF 149/10, FamRZ 2010, 1572; OLG Köln, 28.07.2011 – 4 UF 18/11, FamFR 2011, 498; OLG Nürnberg, 09.09.2010 – 11 WF 972/10; Born, FamFR 2009, 129; Finger, FamFR 2009, 134; OLG Köln, 27.07.2010 – 14 UF 80/10, FamRZ 2011, 490; OLG Hamm, 15.11.2010 – 8 WF 240/10; OLG Köln, 08.02.2011 – 4 UF 233/10; OLG Hamm, 04.04.2011 – 8 UF 237/10, FamFR 2011, 333; dazu Büte, in: Johannsen/Henrich, § 1696 BGB Rn. 2; Faber, FuR, 2012, 464.
409 BGH, 24.06.2009 – XII ZR 161/08, FamRZ 2009, 1477.
410 BGH, 17.06.2009 – XII ZR 102/08, FamRZ 2009, 1391 = NJW 2009, 2592 m. Anm. Wever, FF 2009, 373.
411 BGH, 09.01.2008 – XII ZR 170/05, FamRZ 2008, 594, 599.

Erhöhung des Selbstbehalts in Betracht kommt (Senatsurteil, 23.02.2005 – XII ZR 56/02, FamRZ 2005, 706, 708).«

488 Die Einordnung der Betreuungskosten als besonderer Bedarf, der nicht vom Tabellenunterhalt gedeckt ist, hat nach Einschätzung der Literatur daher noch weitere Auswirkungen. So geht Schürmann[412] davon aus, dass auch die **Kosten für die Ausübung des Umgangsrechts** den kindlichen Bedarf betreffen und dem umgangsberechtigten Elternteil nicht für seine Lebensführung zur Verfügung stehen, also unterhaltsrechtlich nicht unberücksichtigt bleiben können.[413]

▶ Hinweis:

Die Kosten des Umgangsrechts können auf jeden Fall nur dann Erfolg versprechend geltend gemacht werden, wenn sie ausreichend konkret dargetan sind und auch Ausführungen zu der finanziellen Situation des Umgangsberechtigten gemacht werden.[414]

489 In der Frage der unterhaltsrechtlichen Behandlung der **Kosten des Umgangsrechts** bestand nach bisherigem Recht weitgehend Einigkeit, dass der **Umgangsberechtigte** die Kosten des Umganges **selbst tragen** muss (dazu gehören Fahrt- und eventuelle Übernachtungskosten, ggf. auch Verpflegungsmehraufwand).[415] Es wurde weder eine unmittelbare Kostenbeteiligung des anderen Elternteils anerkannt noch die Möglichkeit, diese Kosten (in angemessener Höhe) bei der Unterhaltsberechnung vorab vom Einkommen abzuziehen. Im Regelfall wurde auch eine Erhöhung des Selbstbehalts abgelehnt. Stattdessen wurde der Umgangsberechtigte darauf verwiesen, derartige Kosten aus seinem Kindergeldanteil zu bestreiten.

490 Nach der seit dem 01.01.2008 geltenden Neufassung des § 1612b BGB überzeugt dieser Lösungsansatz nicht mehr. Denn wenn nach dieser Regelung das Kindergeld zugunsten des Kindes zu verwenden ist, kann es nicht gleichzeitig für die Umgangskosten des baruntherhaltspflichtigen Elternteils herangezogen werden.[416]

Nach den Hinweisen des BGH bieten sich **zwei Lösungswege** an:

(1) Abzug der Kosten vom Einkommen

491 Die in Zusammenhang mit der Ausübung des Umgangsrechts anfallenden Kosten werden (ganz oder teilweise) als **Abzugsposten beim Einkommen** berücksichtigt.[417]

---

412 Schürmann, FamRZ 2009, 1306, 1308; s. a. Luthin/Koch-Schürmann, Rn. 4168.
413 S. a. Menne, ZKJ 2009, 420.
414 OLG Brandenburg, 11.11.2009 – 13 UF 58/09, FuR 2010, 109.
415 Zur bisherigen Rspr. Viefhues, in: jurisPK-BGB (2012), § 1610 Rn. 156 ff.; ausführlich Menne, ZKJ 2009, 420.
416 OLG Braunschweig, 21.02.2012 – 2 WF 246/11.
417 So OLG Jena, 25.05.2010 – 1 UF 19/10, FamRZ 2010, 2079.

Damit werden die Unterhaltsschuldner, die hohe Umgangskosten aufbringen müssen, wirkungsvoll entlastet.

Diese Lösung hat folgende **Schwächen**: 492
- Durch den Abzug vom unterhaltsrechtlich relevanten Einkommen wird der Unterhalt für Kind und Ehegatten vermindert. De facto bekommen damit die Umgangskosten einen Vorrang vor dem Barunterhaltsanspruch des Kindes.
- Es besteht die Gefahr, dass bei der konkreten Anrechnung auf das Einkommen die Kosten detailliert aufgelistet werden und damit erhebliche Zusatzarbeit ausgelöst wird.[418]
- Der Abzug vom unterhaltsrelevanten Einkommen kann dazu führen, dass die Kosten des Umgangsrechts de facto das Kind und der Ehegatte (ganz oder überwiegend) tragen. Möglicherweise ist es aber sachgerechter, hier von einer anteiligen Haftung (wie beim Mehrbedarf) auszugehen, damit also nur einen Teil der Umgangskosten unterhaltsrechtlich in Ansatz zu bringen.
- Denkbar wäre auch, die Anrechnung nur beim Ehegattenunterhalt zuzulassen, damit auf jeden Fall der Basisunterhalt des Kindes sichergestellt wird.
  Die Anrechnung auf das Einkommen beim Ehegattenunterhalt hätte den Vorteil, dass über die 3/7-Quote eine anteilige Haftung beider Eltern erreicht wird.
- Allerdings dürfte die unterschiedliche Einkommensbemessung beim Kindes- und Ehegattenunterhalt – zumindest in bestimmten Fallkonstellationen – zu Berechnungsproblemen führen.

(2) Erhöhung des Selbstbehalts ggü. dem Ehegattenunterhaltsanspruch

Der andere Ansatz geht dahin, den **Selbstbehalt ggü. dem Ehegattenunterhaltsanspruch um einen Anteil der Umgangskosten zu erhöhen**. Dem Unterhaltspflichtigen blieben damit die notwendigen Mittel, um die Umgangskosten aufbringen zu können. 493

Diese Lösung hätte folgende **Auswirkungen**: 494
- Der umgangsberechtigte Elternteil, der über ausreichend hohe Einkünfte verfügt, dessen Selbstbehalt also gar nicht tangiert wird, trägt die Kosten weiterhin in vollem Umfang selbst.
- Da es nur um die Erhöhung des Ehegattenselbstbehalts geht, bleibt davon der Kindesunterhaltsanspruch unberührt. Der Basisunterhalt des Kindes ist damit vorrangig gedeckt.
- Wird das vorhandene Einkommen für den Basisunterhalt des Kindes und die Umgangskosten sowie den Selbstbehalt des umgangsberechtigten Elternteils verbraucht, geht der andere Ehegatte leer aus.
- Im Mangelfall muss man evtl. mit Billigkeitsüberlegungen vorgehen und darf nur einen Teil der Kosten anerkennen, damit die Umgangskosten nicht vollständig zulasten des anderen Elternteils gehen.

---

418 Menne, ZKJ 2009, 420.

495 Generell gilt in allen Fällen, dass der Umgangsberechtigte sich ggf. einschränken muss und **möglichst wenig Kosten** bei der Ausübung des Umgangsrechts **auslösen darf**.

(3) Auswirkungen im Sozialhilferecht

496 Minderjährigen **Kindern**, die sich i. R. d. Ausübung des Umgangsrechts bei einem Elternteil aufhalten, steht **anteiliges Sozialgeld** für jeden vollen Tag zu.[419]

r) Spenden

497 Spenden gehören auch dann, wenn sie steuerlich absetzbar sind, zum privaten Lebensaufwand und können unterhaltsrechtlich nicht als Abzugsposition berücksichtigt werden. Zu beachten ist dann, dass auch die sich daraus ergebenden Steuervorteile keine Anrechnung finden können.

s) Schuldverbindlichkeiten

aa) Behandlung von Schulden im Unterhalt

498 Bei der Behandlung von Schulden im Unterhaltsrecht wurde bisher zwischen Verbindlichkeiten, die während der Ehe begründet worden sind und solchen, die erst nach der Trennung – und ggf. Scheidung – der Eheleute aufgenommen worden sind, differenziert.

499 Für mögliche Überschneidungen mit dem Zugewinn sind wegen des Stichtagsprinzips nur solche Schulden von Bedeutung, die vor der Zustellung des Scheidungsantrags begründet worden sind. Eine gesamtschuldnerische Haftung kommt nur bei solchen Verbindlichkeiten in Betracht, die gemeinschaftlich aufgenommen worden sind.

(1) Während der Ehe aufgenommene Kredite (eheliche Schulden)

500 Während der Ehe haben die Ehepartner bestimmte finanzielle Dispositionen getroffen, von denen sich allein durch die Trennung und Scheidung keiner der beiden – ehemaligen – Partner einseitig lösen kann. Hat man also während der Ehe z. B. über die finanziellen Verhältnisse gelebt und seinen Lebensstandard teilweise über Kredite finanziert, können diese Belastungen nun nach der Trennung nicht einem Ehegatten allein auferlegt werden.

Daher sind schon nach der bisherigen Rechtsprechung Ratenverpflichtungen für Darlehen, die **während der Ehe aufgenommen** worden sind, grds. in voller Höhe – also mit Zins- und Tilgungsanteil abzuziehen. Dabei ist unerheblich, welcher Ehegatte die Kreditverbindlichkeiten eingegangen ist und wofür das Geld ausgegeben worden ist.

---

419 BSG, FuR 2009, 581 = FamRZ 2009, 1997; vgl. auch BVerfG, FamRZ 2010, 2050 zur Frage der häuslichen Gemeinschaft i. S. d. § 116 Abs. 6 SGB X.

Unerheblich ist auch, wer die mit dem Darlehen angeschafften Vermögensgegenstände (Möbel, Auto) nach der Trennung erhalten hat.[420]

▶ Praxistipp:

Es kommt daher nicht auf die in der Praxis regelmäßig lebhaft diskutierte Frage an, welcher Ehegatte den Darlehensvertrag abgeschlossen hat und für welche Dinge und in wessen Interesse das Geld ausgegeben worden ist.

Entscheidend ist allein, dass den Eheleuten **monatlich Geld i. H. d. Darlehensraten nicht zur Verfügung stand.** Die ehelichen Lebensverhältnisse wurden durch diese bestehende Ratenbelastung beeinflusst.

Es ist nicht einmal Kenntnis des anderen Ehegatten von derartigen Belastungen erforderlich.[421]

Die Rückzahlung hat nach einem **vernünftigen Tilgungsplan** in angemessenen Raten zu erfolgen. Dabei sind i. d. R. die während der Zeit des Zusammenlebens gezahlten Raten in gleicher Höhe weiter zu zahlen, denn als vernünftiger Tilgungsplan sind genau die Ratenbelastungen anzusehen, denen die Eheleute damals bei Aufnahme des Kredites zugestimmt haben, die sie also auch gemeinsam als angemessen und zumutbar angesehen haben. 501

Allerdings kann ausnahmsweise bei recht engen finanziellen Verhältnissen gefragt werden, ob der Unterhaltspflichtige, der auch die Schulden tilgt, nicht gehalten ist, die monatlichen Raten herabzusetzen und damit den gesamten Rückzahlungszeitraum für den Kredit zu strecken. Abzuwägen ist hier das Interesse des Unterhaltspflichtigen, die Schulden in absehbarer Zeit zu tilgen, gegen das Interesse der Unterhaltsberechtigten an möglichst hohen Zahlbeträgen. Zur Herabsetzung der Darlehensraten ist jedoch immer auch das **Einverständnis des Kreditgebers** erforderlich. 502

▶ Beispiel: 503

Der unterhaltspflichtige M zahlt einen Kredit, der mit 15.000 € aufgenommen worden ist und sich noch auf 12.000 € beläuft, seit 3 Jahren mit mtl. 600 € ab. Für die unterhaltsberechtigte F bleibt danach nur noch ein geringer Unterhalt.

In gewissem Umfang ist M – wenn die Bank einverstanden ist – gehalten, seine monatlichen Zahlungen herabzusetzen, um einen höheren Unterhalt zu zahlen. Allerdings sind im Beispiel die Schulden in 3 Jahren Zahlung nicht sehr stark zurückgeführt worden; offenbar entfielen große Teile der monatlichen Raten auf Zinszahlungen. Eine Reduzierung der monatlichen Zahlungen darf daher nicht unter die Grenze der mtl. fälligen Zinsen gehen, sondern muss auch noch einen ausreichenden Tilgungsbetrag enthalten, damit die Schulden M nicht lebenslänglich erhalten bleiben.

---

420 BGH, FamRZ 1996, 162.
421 Vgl. BGH, 07.12.2011 – XII ZR 151/09, Rn. 20, FamRZ 2012, 281.

Kapitel 3   Materielle Voraussetzungen des Unterhaltsanspruchs

504   Unterschiede macht die Rechtsprechung aber zwischen dem Ehegattenunterhalt und dem **Unterhaltsanspruch minderjähriger Kinder.** Denn die Kinder hatten – anders als der Ehegatte – bei der Aufnahme der Schulden kein Mitspracherecht. Daher wird die Anrechnung der Darlehensbelastungen beim Kindesunterhalt in der Rechtsprechung stärker eingeschränkt.[422]

(2) Nach der Scheidung begründete Verbindlichkeiten

505   Nach der Rechtskraft der Scheidung neu aufgenommenen Schulden fehlt der Bezug zur Ehe. Verbindlichkeiten des Unterhaltspflichtigen, die dieser erst nach der Scheidung aufgenommen hat, können daher den Bedarf des geschiedenen Ehegatten **nicht** reduzieren.

▶ Beispiel:

Während der Ehe lebten die Eheleute vom alleinigen Einkommen des Ehemannes i. H. v. 4.000 €, der Bedarf beläuft sich auf 2.000 €.

Nach der Scheidung nimmt er Darlehen auf, die ihn mit monatlich 1.000 € belasten.

Der Bedarf beträgt unverändert 2.000 €.

▶ Praxistipp:

– Schulden, die nach der Scheidung aufgenommen werden, können allerdings i. R. d. **Leistungsfähigkeit des Unterhaltspflichtigen** abzuziehen sein.
– Jedoch ist hierzu entsprechender Tatsachenvortrag des Unterhaltsschuldners erforderlich, um dem Gericht die gebotene Interessenabwägung zwischen den Belangen der Beteiligten zu ermöglichen.[423]
– So ist denkbar, angemessene Aufwendungen des Unterhaltspflichtigen, die dieser für seine nach Trennung und Scheidung erforderliche neue Wohnung finanzieren muss, anzuerkennen. Auch bei der Höhe der Raten und der Länge des Tilgungszeitraumes sind die beiderseitigen Interessen abzuwägen.
– Praktische Auswirkungen hat dies bei begrenzter Leistungsfähigkeit des Unterhaltspflichtigen.

506   Für die Berücksichtigungsfähigkeit der Schulden ist der Unterhaltspflichtige **darlegungs- und beweispflichtig.**[424]

---

422 S. dazu Viefhues, in: JurisPK-BGB, § 1603 Rn. 416 ff.
423 OLG Zweibrücken, 28.10.2011 – 2 UF 68/11, FuR 2012, 6 = FamRZ 2012, 791.
424 BGH, FamRZ 1990, 283, 287.

(3) Reicht das Bestehen der Schulden aus?

Umstritten ist, ob für die unterhaltsrechtliche Berücksichtigung das **Bestehen der** 507
Schuldverbindlichkeiten ausreicht oder ob auf die Schulden auch **tatsächlich gezahlt**
werden muss.

Einerseits wird vertreten, dass die Schulden im Unterhaltsrecht nach einem **fiktiven** 508
Zins- und Tilgungsplan anerkannt werden und es daher grds. auf die konkrete Rückzahlung nicht ankomme[425] und der Betreffende so behandelt werde, als habe er regelmäßig und ausreichend getilgt. So hat das OLG Hamm[426] einen Abänderungsantrag der Ehefrau gegen einen Unterhaltsvergleich, in dem eine Schuldentilgung berücksichtigt war, abgewiesen, obwohl der Ehemann die Zahlungen auf diese Schulden eingestellt hatte.

Dies führt dann in der Zukunft dazu, dass die Schulden unterhaltsrechtlich entfallen, auch wenn sie tatsächlich wegen nicht ausreichender Tilgung noch weiter fortbestehen.

Problematisch ist dies allerdings dann, wenn der maßgebliche Unterhaltsanspruch zeitlich gar nicht so lange läuft wie die reguläre Tilgung der Schulden. Dies kann angesichts der Befristungsmöglichkeiten beim nachehelichen Unterhalt aus § 1578b BGB in der Praxis häufiger der Fall sein. Dann hat der Unterhaltsberechtigte wegen Wegfall seines Anspruchs keinen Vorteil mehr davon, dass der Zeitpunkt eintritt, an dem die Schulden bei ordnungsgemäßer Tilgung abgetragen wären und für die Zukunft wieder die volle Leistungsfähigkeit des Unterhaltspflichtigen eintritt.

Die Gegenansicht verlangt daher für die unterhaltsrechtliche Berücksichtigung, dass 509
auf die Schulden auch **tatsächlich Zahlungen** erfolgen.[427]

Von Vertretern beider Ansichten wird aber eine fiktive Tilgung dann akzeptiert, wenn 510
auch fiktive Einkünfte zugrunde gelegt werden.[428]

(4) Beachtung langfristiger Auswirkungen

Sind Schulden unterhaltsrechtlich berücksichtigt worden, sollten immer die langfris- 511
tigen Auswirkungen anhand des zugrunde gelegten Zahlungsplanes bedacht werden.
Laufen die monatlichen Schuldenbelastungen in absehbarer Zeit aus, so erhöht sich
dadurch die unterhaltsrechtliche Leistungsfähigkeit.

---

425 Eschenbruch/Klinkhammer, Teil 6 Rn. 652.
426 OLG, Hamm, NJW-RR 2006, 1442 = NJW Spezial 2006, 538.
427 OLG Hamburg, FamRZ 2003, 1102; OLG Saarbrücken, ZFE 2007, 276; Finke, § 2
   Rn. 115; Luthin/Koch-Margraf, 2004, Rn. 1326; Palandt/Diederichsen, BGB, § 1603
   Rn. 23; Bergerforth/Rogner, Rn. 973.
428 Eschenbruch/Klinkhammer, Teil 6 Rn. 652, Büttner/Niepmann/Schwamb, Rn. 996; Finke,
   § 2 Rn. 115; Luthin/Koch-Margraf, 2004, Rn. 1326.

▶ **Praxistipp:**

In der Praxis sollte der Unterhaltsberechtigte sich auf dieses – vorhersehbare Ereignis – möglichst bereits bei der Erstfestsetzung des Unterhalts berufen, um eine – auf einen zukünftigen Zeitpunkt bezogene – Erhöhung seines Unterhaltsanspruchs bereits in die gerichtliche Entscheidung aufnehmen zu lassen.

Gelingt dies nicht, sollte dann später im Zeitpunkt des Wegfalls der monatlichen Schuldenbelastungen ein Abänderungsverfahren eingeleitet werden.

Insb. bei Unterhaltsvereinbarungen (Scheidungsfolgenregelungen) sollte der Wegfall der Darlehensverbindlichkeiten bedacht werden!

bb) Problematik der »Doppelanrechnung« bei Schulden

512 Auch hier besteht – wie bei den Einmalzahlungen – das Risiko, dass Schuldenbelastungen sowohl bei der Unterhaltsberechnung als auch beim Zugewinn oder beim anderweitigen internen Ausgleich der Ehegatten berücksichtigt werden.

Auch hier muss also eine **Doppelanrechnung vermieden werden**.[429] Dieser Bereich ist in der **anwaltlichen Beratung** ebenso wie die Verhinderung von Doppelanrechnungen bei Einmalzahlungen mit **besonderen Risiken** behaftet, denn hier sind die möglichen gegenseitigen Abhängigkeiten und Wechselwirkungen noch komplexer.

513 Dabei ist hinsichtlich der Schuldenbelastungen zwischen
- den laufend aufzubringenden **Zinsen**,
- den (ggf. regelmäßigen) **Tilgungsleistungen**, die zur Verminderung des Darlehensbetrags führen und
- dem (restlichen) **Darlehensbetrag** als »negativem Kapitalbetrag«

zu differenzieren.

514 Die Abzahlung von Verbindlichkeiten beinhaltet stets Zins und Tilgung. Bei der Bereinigung des Nettoeinkommens für eine **Unterhaltsberechnung** wird bei der Bedarfsermittlung regelmäßig beides abgezogen, wenn die Schuld die ehelichen Lebensverhältnisse geprägt hat. Dagegen betreffen beim **Zugewinn** die Passiva immer nur die Tilgung, die Zinsen spielen keine Rolle. Daher kann es beim Verbot der Doppelverwertung von Schulden im Verhältnis zum Unterhalt immer nur darum gehen, eine doppelte Berücksichtigung der Tilgungsleistungen zu verhindern.[430]

---

429 Kleffmann, FuR 2006, 97, 104; Wever, FamRZ 2006, 365, 369, Kogel, FamRZ 2004, 1614; Schröder, FamRZ 2005, 89, mit Replik Kogel; Schulin, FamRZ 2005, 1521, Schmitz, FamRZ 2005, 1520; Weinreich, FuR 2005, 396; OLG Saarbrücken, NJW 2006, 1438.
430 Gerhardt/Schulz, FamRZ 2005, 317, 319; OLG Saarbrücken, NJW 2006, 1438.

F. Allgemeine unterhaltsrechtliche Grundsätze — Kapitel 3

(1) Verhältnis zur Gesamtschuld

Zu beachten ist aber auch das **Verhältnis zum Gesamtschuldnerausgleich:**[431]   **515**
– Gem. § 421 BGB haftet jeder Gesamtschuldner nach außen für die gesamte Verbindlichkeit, also für **Tilgung** und **Zinsen**.
– Maßgebend ist jedoch das **interne Ausgleichsverhältnis** nach § 426 Abs. 1 Satz 1 BGB. Geht es z. B. um Schulden, die mit einem Hausgrundstück zusammenhängen, sind grds. die Miteigentumsanteile Ausgleichsmaßstab. Die Aufteilung kann aber auch »aus der Natur der Sache, mithin aus der besonderen Gestaltung des tatsächlichen Geschehens« anderweitig bestimmt sein, so insb. durch die ehelichen Lebensverhältnisse.[432] Abzustellen ist dabei auf die Gesamtumstände während der Zeit der Ehe – also die ehelichen Lebensverhältnisse – und nach der Trennung. Auf diese Weise kann möglicherweise sogar nach dem Scheitern der Ehe eine Ausgleichspflicht entstehen, auch wenn eine solche vorher nicht bestand.

▶ Praxistipp: **516**

Daraus ergeben sich folgende **weitere Konsequenzen:**
– Wird ein Ausgleich zwischen den Ehegatten über den **Gesamtschuldnerausgleich** durchgeführt, können diese Zahlungen in der Unterhaltsberechnung keine Anrechnung mehr finden.
– Werden Schuldenbelastungen bereits bei der **Unterhaltsberechnung** berücksichtigt, kommt ein nochmaliger Ausgleich im Rahmen eines **Gesamtschuldnerausgleichs** nicht in Betracht. Denn in der Unterhaltsfestsetzung liegt eine **anderweitige Regelung** i. S. d. § 426 BGB, die einem gesamtschuldnerischen Ausgleich entgegensteht.[433]
– Eine solche anderweitige Bestimmung i. S. d. § 426 BGB muss auch i. R. d. **Zugewinnausgleichs** berücksichtigt werden.[434]

Die **Beweislast** für eine von der hälftigen Aufteilung abweichende Vereinbarung über **517**
die Haftung im Innenverhältnis trägt der Ehegatte, der sich darauf beruft.[435]

Geht es um **Kindesunterhalt**, stellt sich das Problem der Überschneidung mit dem Ge- **518**
samtschuldnerausgleich nicht. Eine Anrechnung beim Kindesunterhalt hat daher keine Auswirkungen auf den Gesamtschuldnerausgleich unter den Eltern.[436]

---

431 Ausführlich Gerhards, FamRZ 2001, 661; Bosch, FamRZ 2002, 368; vgl. auch BGH, FamRZ 2010, 1542.
432 BGH, FamRZ 2002, 739, 740; OLG Karlsruhe, FamRZ 2005, 910.
433 OLG Karlsruhe, FamRZ 2005, 909; OLG Hamm, FamRZ 1997, 363; OLG Koblenz, FamRZ 1991, 1195; LG Oldenburg, FamRZ 2003, 1191; OLG Köln, FamRZ 1999, 1501, 1502.
434 OLG Karlsruhe, FamRZ 2005, 910; OLG Hamm, FamRZ 1999, 1501.
435 OLG Frankfurt am Main, FamRZ 2005, 909.
436 Wever, Rn. 284a.

519 ▶ Praxistipp:

- In der anwaltlichen Beratung über den Schuldenausgleich zwischen den Eheleuten sollte diesen Gesichtspunkten ausreichend Rechnung getragen werden.
- Eine Vereinbarung sollte unzweifelhaft deutlich machen, auf welchem rechtlichen Wege der Ausgleich erfolgen soll. Dabei sollte ausdrücklich klargestellt werden, ob und ggf. in welchem Umfang damit diese Schuldenbelastung (Zinsen, Tilgungsleistungen, negatives Kapital) aus den anderen Rechtsbeziehungen herausfällt. Eine klare Regelung vermeidet spätere Auslegungsstreitigkeiten!

(2) Verhältnis zur Wohnwertberechnung und zur Nutzungsregelung

520 Diese Überlegungen gelten auch, wenn die laufenden Zahlungen auf die Schuldverbindlichkeiten bereits i. R. d. **Wohnwertberechnung** oder bei der anderweitigen **Regelung über die Nutzung der Wohnung** (§§ 1360b Abs. 3 Satz 2, 1568a BGB) berücksichtigt worden sind.

(3) Verhältnis zum Zugewinn

521 Ebenfalls noch nicht abschließend geklärt ist das **Verhältnis zwischen Unterhalt und Zugewinn.** Hier kann es zu Überschneidungen kommen, soweit der in den regelmäßigen Zahlungen enthaltene **Tilgungsanteil** bei der Unterhaltsberechnung berücksichtigt worden ist.

522 Vertreten wird, die zu den **Einmalzahlungen** dargestellten Überlegungen zum **Verbot der Doppelanrechnung** entsprechend anzuwenden. Begründet wird dies damit, dass der unterhaltsberechtigte Ehegatte anderenfalls die Tilgung von Schulden letztlich allein trage, und zwar zur Hälfte über den verminderten Zugewinnausgleich und zur Hälfte über den gekürzten Unterhalt.[437] Werden Schulden also beim **Zugewinnausgleich** als Passivposten des Endvermögens berücksichtigt, soll folglich bei der Unterhaltsberechnung der Tilgungsanteil für diese Schulden nicht mehr geltend gemacht werden.[438]

523 Während es den Ehegatten freistehe, einvernehmlich aktive Vermögenspositionen in den Zugewinn oder in die Unterhaltsberechnung einzustellen, bestehe ein solches Wahlrecht im Fall von passiven Vermögensposten nicht. Verbindlichkeiten seien nämlich nach der eindeutigen Stichtagsregelung des § 1375 Abs. 1 BGB bei der Feststellung des Endvermögens zu berücksichtigen. Sie werden damit, wenn ein **Zugewinnausgleich** stattfindet, güterrechtlich ausgeglichen. Bei Ehegatten, die im Güterstand der Zugewinngemeinschaft leben, führe das Verbot der Doppelberücksichtigung von Schulden also immer dazu, dass die von dem unterhaltsverpflichteten Ehegatten nach Rechtshängigkeit des Scheidungsantrags zu erbringende **Tilgung seine**

---

[437] Gerhardt/Schulz, FamRZ 2005, 317.
[438] OLG München, FPR 2004, 505; krit. Schulin, FamRZ 2005, 1521, Schmitz, FamRZ 2005, 1520.

unterhaltsrechtliche Leistungsfähigkeit nicht mindert.[439] Die Gegenansicht verweist darauf, dass bei Schuldenbelastungen, die einschließlich des **Tilgungsanteils** bereits bei der **Unterhaltsberechnung** in Ansatz gebracht worden sind, ein Ausgleich über die Gesamtschuld ausscheidet. Daraus wird abgeleitet, dass der allein Haftende die Verbindlichkeit voll im Zugewinnausgleich absetzen kann.[440]

Trägt der unterhaltspflichtige Ehegatte dem Gläubiger ggü. eine Gesamtschuld allein und hat diese in die Unterhaltsberechnung einkommensmindernd Eingang gefunden, ist nach Wever[441] diese Schuld mit dem am Stichtag für die Berechnung des Zugewinnausgleichs noch offenen Betrag in der Zugewinnausgleichsbilanz in der Weise zu berücksichtigen, dass von einer **beiderseits hälftigen Beteiligung im Innenverhältnis** auszugehen ist. 524

Werden **Gesamtschulden** einvernehmlich vom Ehemann **allein getilgt** und macht die Ehefrau deshalb keinen Unterhalt geltend, will das OLG Karlsruhe[442] diese Passiva beim **Zugewinnausgleich allein dem Endvermögen des Ehemannes** zuordnen. Brudermüller[443] kritisiert, dass dadurch nicht nur seine Belastungen durch Zins und Tilgung unterhaltsrechtlich ausgeglichen werden, sondern zusätzlich werde auch durch Abzug der gesamten Schuld vom Endvermögen eine Überkompensation erreicht. Das Einvernehmen der Ehegatten betreffe nur die Verrechnung über den Unterhalt, berühre aber nicht die Stellung als Gesamtschuldner im Zugewinn. 525

Ein Verbot der Doppelberücksichtigung gelte ohnehin nicht uneingeschränkt, denn **Unterhaltsrückstände** mindern das Endvermögen des Unterhaltsschuldners. Sind diese Schulden später nicht beitreibbar, führt dies auch zu einer doppelten Benachteiligung des berechtigten Ehegatten.[444] 526

cc) Verbraucherinsolvenz

Die monatliche Schuldenbelastung kann möglicherweise durch Einleitung der **Verbraucherinsolvenz** mit der späteren Restschuldbefreiung verringert werden.[445] 527

Bereits die Eröffnung eines Verbraucherinsolvenzverfahrens kann sich erheblich auf die Leistungsfähigkeit auswirken und damit zu einer Besserstellung der Unterhaltsgläubiger im Mangelfall führen. Das laufende Einkommen gehört nämlich nur insoweit zur Insolvenzmasse als es den Pfändungsfreibetrag des § 850c Abs. 1 ZPO übersteigt. Abzuführen hat der Schuldner seine pfändbaren Forderungen auf Bezüge aus einem Dienstverhältnis (§ 287 Abs. 2 InsO). Ein Unterhaltsgläubiger ist jedoch ggü. 528

---

439 Koch, FamRZ 2005, 845; Gerhardt/Schulz, FamRZ 2005, 317.
440 Kogel, FamRZ 2004, 1614, 1618.
441 Wever, FamRZ 2004, 1073, 1074f.
442 OLG Karlsruhe, FamRZ 2005, 909.
443 Brudermüller, NJW 2005, 3188.
444 Weinreich, FuR 2005, 396.
445 Ausführlich Ortner, ZFE 2005, 303; Krause, FamRZ 2005, 1725 mit weiteren Berechnungsbeispielen.

anderen Insolvenzgläubigern, was die Vollstreckung anbelangt, privilegiert. Er kann in den Vorrechtsbereich nach § 850d ZPO vollstrecken, wenn sich unmittelbar aus dem Vollstreckungstitel ergibt, dass ein Unterhaltsanspruch der in § 850d Abs. 1 ZPO bezeichneten Art vorliegt. Die Vollstreckung ist also in den Teil des Arbeitseinkommens möglich, auf das der Unterhaltsgläubiger wegen § 850d ZPO in weiterem Umfang zugreifen kann als die Insolvenzgläubiger. Es handelt sich hierbei um den Differenzbetrag zwischen der Pfändungsfreigrenze des § 850c ZPO und dem notwendigen Selbstbehalt des Schuldners nach § 850d Abs. 1 Satz 2 ZPO.

529 Die Rechtsprechung bejaht eine **unterhaltsrechtliche Obliegenheit zur Verbraucherinsolvenz**. Der Unterhaltsschuldner muss die Verbraucherinsolvenz einleiten, wenn dies gesetzlich zulässig ist und er so dem laufenden Unterhalt seiner minderjährigen Kinder Vorrang vor sonstigen Verbindlichkeiten verschaffen kann. Dies gilt nicht, wenn der Unterhaltsschuldner Umstände vorträgt und ggf. beweist, die diese Obliegenheit im Einzelfall unzumutbar machen.[446]

530 Die meisten Entscheidungen, die die Obliegenheit bejahen, befassen sich allerdings mit dem Unterhaltsanspruch **minderjähriger Kinder**, denen ggü. gem. § 1603 BGB eine gesteigerte Leistungspflicht besteht, mit der Folge, dass die unterhaltspflichtigen Eltern alle verfügbaren Mittel für ihren eigenen und den Unterhalt der Kinder gleichmäßig verwenden müssen.

Ob diese Grundsätze auf den **Ehegattenunterhalt** bzw. den **Unterhalt volljähriger Kinder** anwendbar sind, erscheint zweifelhaft.[447] Jedenfalls besteht keine Obliegenheit zur Einleitung eines Verbraucherinsolvenzverfahrens i. R. d. Unterhaltsanspruchs der **unverheirateten Mutter gem. § 1615l BGB**.[448]

531 ▶ Praxistipp:

In die **anwaltliche Beratung** ergeben sich in diesem Zusammenhang unterschiedliche Fragen:
  – Beratung des **Unterhaltspflichtigen**:
    – **Soll** der Weg in die Verbraucherinsolvenz gegangen werden?
    – **Muss** der Weg in die Verbraucherinsolvenz gegangen werden?
  – Beratung des **Unterhaltsberechtigten**:
    – **Soll darauf gedrungen werden**, dass der Unterhaltspflichtige in die Verbraucherinsolvenz geht?

532 Dabei sollte man sich die **Wirkungen** der Eröffnung des Insolvenzverfahrens vor Augen führen:
  – **Rückständige Unterhaltsleistungen** fallen in die Insolvenzmasse (§ 35 InsO), werden also nur noch zu einer geringen Quote befriedigt. Sie werden auch von der Restschuldbefreiung umfasst. Dies betrifft die bis zur Eröffnung fällig gewordenen

---

446 BGH, FamRZ 2005, 608; OLG Stuttgart, FamRZ 2003, 1216.
447 OLG Celle, OLGR 2006, 245; andererseits OLG Koblenz, FamRZ 2004, 823.
448 OLG Koblenz, ZFE 2005, 410.

F. Allgemeine unterhaltsrechtliche Grundsätze　　　　　　　　　　　　Kapitel 3

Unterhaltsforderungen (§§ 38, 40 InsO). Unterhaltsforderungen entstehen zu jedem Zeitpunkt neu, in dem ihre Voraussetzungen vorliegen. Unterhaltsforderungen, die nach der Eröffnung des Insolvenzverfahrens entstehen, werden daher nicht vom Insolvenzverfahren erfasst.[449]
- Ein bereits rechtshängiges **Verfahren wird unterbrochen** (§ 240 ZPO). Allerdings unterbricht die Eröffnung des Insolvenzverfahrens nicht das Verfahren über künftigen Unterhalt.[450]
  - In der Praxis empfiehlt es sich in diesem Fall, die bis zur Eröffnung des Verfahrens aufgelaufenen Unterhaltsansprüche gem. § 145 ZPO abzutrennen.
  - Über den nicht von der Verfahrensunterbrechung erfassten Teil des Rechtsstreits ist durch Teilbeschluss zu entscheiden.[451]
- **Nach rechtskräftiger Restschuldbefreiung** haben die Gläubiger rückständiger Unterhaltsforderungen kein Nachforderungsrecht. Ausnahmen bestehen bei Forderungen aus unerlaubten Handlungen (§§ 302 Nr. 1, 201 InsO). Gelingt es, die Nichtzahlung von Unterhalt als unerlaubte Handlung gem. §§ 823, 826 BGB darzustellen, können diese Forderungen weiter geltend gemacht werden. Voraussetzung ist aber eine entsprechende Anmeldung zur Insolvenztabelle gem. § 174 Abs. 2 InsO. Vor der Entscheidung über die Restschuldbefreiung müssen dem Insolvenzgericht daher Versagungsgründe mitgeteilt werden. Innerhalb eines Jahres nach rechtskräftiger Entscheidung kann gem. § 301 InsO der Widerruf der Restschuldbefreiung beantragt werden.

▶ **Checkliste für die Vorgaben des BGH zur unterhaltsrechtlichen Obliegenheit　533
zur Verbraucherinsolvenz**[452]

☐ Gesteigerte Unterhaltspflicht ggü. minderjährigen unverheirateten Kindern nach § 1603 Abs. 2 BGB.
☐ Vorliegen der Voraussetzungen für eine Verbraucherinsolvenz mit Restschuldbefreiungsmöglichkeit:
　☐ Eröffnungsgrund, vgl. §§ 16 ff. InsO: Bereits eingetretene oder drohende Zahlungsunfähigkeit.
　☐ Keine durchgreifenden Gründe gegen eine spätere Restschuldbefreiung nach Maßgabe der §§ 286 ff. InsO.
☐ Keine Unzumutbarkeit der Antragspflicht im konkreten Einzelfall wegen zu erwartender Kosten des Insolvenzverfahrens.
　☐ Einschränkung der wirtschaftlichen Selbstständigkeit durch Bestellung eines Treuhänders im Insolvenzverfahren gem. §§ 313 Abs. 1, 292 InsO.
　☐ Dauer des Insolvenzverfahrens im Vergleich zur voraussichtlichen Unterhaltspflicht ggü. minderjährigem Kind.
☐ Keine erheblichen Einschnitte in die Rechte anderer Gläubiger.

---
449 OLG Nürnberg, FamRZ 2005, 1761.
450 OLG Hamm, FamRZ 2005, 279.
451 OLG Hamm, FamRZ 2005, 279.
452 Nach Ortner, ZFE 2005, 308.

534 Von einer **nachhaltigen Verschuldung** ist auszugehen, wenn die Verbindlichkeiten im Verhältnis zum Einkommen unangemessen hoch sind und/oder sich über einen langen Zeitraum erstrecken, z. B. bei 785 € monatlicher Darlehensbelastungen bei 1825 € bereinigtem Einkommen.[453]

535 ▶ Praxistipp:

In der **anwaltlichen Beratung** sollten auch die Möglichkeiten der Verbraucherinsolvenz angesprochen werden. Im Unterhaltsverfahren sollte der Pflichtige ggf. darlegen, warum für ihn der Weg über die Verbraucherinsolvenz nicht gangbar ist bzw. warum die Inanspruchnahme der Verbraucherinsolvenz in seinem Fall keine Vorteile bietet.

- Mit der Eröffnung des Verbraucherinsolvenzverfahrens sind **nicht unerhebliche Kosten** verbunden. Die Stundung der Kosten des Insolvenzverfahrens gem. §§ 4a bis 4d InsO hat keine Auswirkungen auf das Bestehen der Kostenforderung selbst. Nach Erteilung der Restschuldbefreiung sieht die InsO vor, dass der Schuldner die Verfahrenskosten bezahlt, sofern diese nicht gem. § 4b InsO erneut gestundet oder in Monatsraten festgesetzt werden, was eine zusätzliche finanzielle Belastung am Ende des Verfahrens bedeutet. Vor Einleitung eines Verbraucherinsolvenzverfahrens ist daher zu prüfen, ob die Voraussetzungen einer Stundung der Verfahrenskosten vorliegen. Auch kann die Stundung wieder aufgehoben werden (§ 4c InsO).
- Bei der **Dauer des Verbraucherinsolvenzverfahrens** im Vergleich zur voraussichtlichen Unterhaltspflicht ggü. dem minderjährigen Kind ist zu berücksichtigen, dass die Restschuldbefreiung erst nach mehreren Jahren eintritt. Auch das formalisierte Verfahren und die oft lange Wartezeit vom ersten Versuch der außergerichtlichen Einigung über die Schuldenbereinigung bis hin zur Restschuldbefreiung kosten Zeit. Nur selten kann dem Schuldner mit dem Verbraucherinsolvenzverfahren kurzfristig zu mehr Leistungsfähigkeit verholfen werden.
- Genau und umfassend ist abzuwägen, ob **rückständige Unterhaltsforderungen**, die zum Zeitpunkt der Verfahrenseröffnung bestünden, von einer etwaigen Restschuldbefreiung erfasst werden. Stehen diese dem Berechtigten oder aufgrund Überleitung der öffentlichen Hand zu?
- Relevant ist auch die Frage, ob während des laufenden Verbraucherinsolvenzverfahrens **mit neuen Einkünften des Unterhaltspflichtigen** zu rechnen ist. Denn diese würden gem. § 35 InsO in die Insolvenzmasse einbezogen, mit der Folge, dass den Unterhaltsgläubigern nicht mehr die Möglichkeit verbliebe, in den Neuerwerb zu vollstrecken (§ 89 Abs. 1 InsO).
- Für die im Verbraucherinsolvenzverfahren nach § 305 Abs. 1 InsO zu stellenden Anträge und für die vorzulegenden Bescheinigungen dürfen nur noch die amtlichen Vordrucke verwendet werden. Das Bundesjustizministerium hat auf

---

453 OLG Koblenz, NJW 2004, 1256; OLG Dresden, FamRZ 2003, 1028; OLG Stuttgart, FamRZ 2003, 1216.

seiner Website www.bmj.bund.de unter der Rubrik Service die maßgebenden Formulare und Anträge zum Herunterladen bereitgestellt. Ferner erhält der Nutzer dort weitere Informationen zum Ablauf des Insolvenzverfahrens.[454]

t) Besonderheiten beim Elternunterhalt

Das **BVerfG** hat in seiner ersten Entscheidung zum Elternunterhalt betont, dass der Gesetzgeber nicht nur dem Elternunterhalt ggü. dem Kindesunterhalt **nachrangiges Gewicht** verliehen (§ 1609 BGB), sondern auch den **Umfang** der Verpflichtung deutlich ggü. der Pflicht zur Gewährung von Kindesunterhalt **eingeschränkt** hat (§ 1603 Abs. 1 BGB). Die nachrangige Behandlung des Elternunterhalts entspricht der grundlegend anderen Lebenssituation, in der die Unterhaltspflicht jeweils zum Tragen kommt. Bei der Pflicht zum Elternunterhalt ist dies meist dann der Fall, wenn die Kinder längst eigene Familien gegründet haben, sich Unterhaltsansprüchen ihrer eigenen Kinder und Ehegatten ausgesetzt sehen, sowie für sich selbst und für die eigene Altersabsicherung zu sorgen haben. Dazu tritt nun ein Unterhaltsbedarf eines oder beider Elternteile im Alter hinzu, der mit deren Einkommen, insb. ihrer Rente, v. a. im Pflegefall nicht abgedeckt werden kann. Diesen sich kumulierenden Anforderungen hat der Gesetzgeber Rechnung getragen, indem er sichergestellt hat, dass dem Kind ein seinen Lebensumständen entsprechender eigener Unterhalt verbleibt.[455] 536

Die dem **Elternunterhalt** vom Gesetzgeber zugewiesene, **relativ schwache Rechtsposition** wird durch die neuere Entwicklung der Gesetzgebung aus jüngerer Zeit noch untermauert. Mit der schrittweisen Reduzierung der Leistungen der gesetzlichen Rentenversicherung und der Einführung der gesetzlich geförderten privaten Altersvorsorge (»Riester-Rente«) hat der Gesetzgeber die **Verantwortung** jedes Einzelnen hervorgehoben, **für seine Alterssicherung** neben der gesetzlichen Rentenversicherung selbst **rechtzeitig und ausreichend vorzusorgen**. Dies muss bei der Bestimmung des einem unterhaltspflichtigen Kind verbleibenden angemessenen Unterhalts Berücksichtigung finden. Insb. aber hat der Gesetzgeber mit der Einführung der Grundsicherung im Alter und bei Erwerbsminderung ab 01.01.2003 durch das Grundsicherungsgesetz und seit dem 01.01.2005 durch die §§ 41 ff. SGB XII verdeutlicht, dass die Belastung erwachsener Kinder durch die Pflicht zur Zahlung von Elternunterhalt unter Berücksichtigung ihrer eigenen Lebenssituation in Grenzen gehalten werden soll. 537

Daraus ergeben sich einige **Besonderheiten** bei der unterhaltsrechtlichen Berücksichtigung von Abzugspositionen. 538

---

454 Vgl. auch Seier/Seier, ZFE 2003, 260; Melchers, ZFE 2004, 36 mit Musterschreiben; Weisbrodt, FamRZ 2003, 1240.
455 BVerfG, NJW 2005, 1927 = FamRZ 2005, 1051 m. Anm. von Klinkhammer, FamRZ 2005, 1050; Graba, FamRZ 2005, 1149 und Mleczko, ZFE 2005, 260.

aa) Angemessene Höhe der Aufwendungen

539 Der Unterhaltspflichtige darf aber auch **Vorsorge für sein eigenes Alter treffen**. Beiträge zur **Kranken- und Pflegeversicherung** sowie die Aufwendungen für eine angemessene **Altersversorgung** sind deshalb abzugsfähig. Hier wird ein Anteil von ca. 20 % des Bruttoeinkommens für die Altersversorgung akzeptiert.[456] Die Beitragsbemessungsgrundlage der gesetzlichen Rentenversicherung stellt keine Grenze für die Bemessung des Altersvorsorgeunterhalts dar.[457]

540 Da die gesetzlichen Rentenversicherungen und Pensionen erkennbar nicht mehr ausreichen, um den angemessenen Lebensstandard auch im Alter zu sichern, müssen auch Formen der **zusätzlichen Absicherung** Berücksichtigung finden. Dabei kann diese Absicherung sowohl durch zusätzliche private Versicherungen (Riester-Rente, Lebensversicherung auf Kapital- oder Rentenbasis), aber auch durch andere Anlageformen wie die eigene Wohnung oder auch nur ein Sparbuch erfolgen. Es kann heute als sicher gelten, dass die primäre Vorsorge für die Altersversorgung künftig nicht mehr ausreichen wird, sodass dem Unterhaltspflichtigen insoweit geeignete Vorkehrungen zuzubilligen sind, um nicht seinerseits später seine eigenen Kinder auf Unterhalt in Anspruch nehmen zu müssen.[458] Dementsprechend hat der BGH[459] einen Betrag von **weiteren 5 % des Bruttoeinkommens** als angemessenen Aufwand für eine zusätzliche Altersversorgung akzeptiert.

541 Kritisiert wird an diesem Ansatz des BGH, der auf die Angemessenheit der aktuellen Beiträge abstellt (**Beitragsangemessenheit**), dass damit nichts über die Höhe der späteren Altersversorgung des elternunterhaltspflichtigen Kindes gesagt ist. Entscheidend ist aber nicht, wie viel der Unterhaltspflichtige aktuell aufwendet, sondern wie hoch seine zukünftige Altersversorgung sein wird.[460] Denn ihm steht eine angemessene Altersversorgung zu. Anerkannt werden müssen daher die Beiträge, die notwendig sind, um im Alter eine angemessene Absicherung zu erreichen (**Ergebnisangemessenheit**). Hierfür ist aber eine Reihe von **individuellen Faktoren** maßgeblich. Denn die Versorgungsbilanz ist einmal abhängig vom **Lebensalter** des Unterhaltspflichtigen und damit von der Zeit, die ihm noch verbleibt, um eine angemessene Versorgung aufzubauen. Seine persönliche Bilanz kann durch erhebliche **Störfaktoren** wie lange **Ausbildungszeiten**, Zeiten der **Arbeitslosigkeit** oder der **Kindererziehung** beeinträchtigt worden sein, sodass ggf. noch **Nachholbedarf** besteht. Auch ein durchgeführter **Versorgungsausgleich** kann erhebliche **Lücken** in die Bilanz der Rentenanwartschaften reißen.

542 Daher kann die vom BGH vorgenommene **pauschale beitragsbezogene Lösung** immer nur als erster Ansatz einer Bewertung gesehen werden. Dem Unterhaltspflichtigen muss es möglich sein, konkret darzulegen und ggf. zu beweisen, dass er aktuell höhere

---

456 BGH, NJW 2003, 1660.
457 BGH, ZFE 2007, 115.
458 Brudermüller, NJW 2004, 633, 635.
459 BGH, FamRZ 2004, 792; Viefhues, jurisPR-BGH, ZivilR 22/2004, Anm. 6.
460 Ausführlich Hauß, Rn. 126 ff.

Aufwendungen tätigen muss, um langfristig die ihm zustehende eigene soziale Absicherung – ggf. auch für seinen Ehegatten – zu gewährleisten. Dabei spielt allerdings auch die Frage eine Rolle, ob Aufwendungen in dieser Höhe bereits vor Auftreten der Haftung zum Elternunterhalt regelmäßig getätigt worden sind und ob dem elternunterhaltspflichtigen Kind ggf. noch zu einem späteren Zeitpunkt – nach dem abzusehenden Ende der Elternunterhaltspflicht – die erforderliche Zeit bleibt, um noch eine ausreichend hohe Altersversorgung aufzubauen.

Lediglich **tatsächlich erbrachte Aufwendungen** sind abzuziehen; **fiktive Abzüge** werden nicht anerkannt.[461] Allerdings kann jederzeit mit der Altersvorsorge begonnen werden.[462]   543

Ein Altersvorsorgebedarf entfällt,   544
– wenn der Berechtigte bereits eine **angemessene Altersversorgung erreicht** hat und
– mit **Erreichen des 65. Lebensjahres**, da danach Altersversorgung geleistet wird und nicht mehr für eine solche vorzusorgen ist.[463]

bb) Art der Altersvorsorge

Da es dem Betroffenen überlassen bleibt, wie er für sein Alter weitere Vorsorge trifft, sind alle Arten der hierauf gerichteten Vermögensbildung zu akzeptieren. Neben der Anlage in eine langfristig laufende Lebensversicherung kommt hier insb. die Finanzierung von Wohneigentum in Betracht. Aber auch jede **andere Art von langfristiger, der Alterssicherung dienender Geldanlage** ist anzuerkennen. Das gilt für den Erwerb von **Immobilien, Wertpapieren** oder **Fondsbeteiligungen** ebenso wie für **Lebensversicherungen**. Allerdings muss in **geeigneter Form** für das Alter vorgesorgt werden. Je langfristiger die Anlage erfolgt ist, desto eher lässt sich begründen, dass sie für die Altersversorgung bestimmt ist und nicht zur Finanzierung des nächsten Urlaubs dienen wird (s. Rdn. 463).   545

Da dem Unterhaltspflichtigen also auch Raum für seine eigene angemessene Altersvorsorge gegeben werden muss, kann die These nicht mehr aufrechterhalten bleiben, **Tilgungsleistungen auf Wohneigentum** seien generell nicht zu berücksichtigen, mit der Begründung, dem Unterhaltspflichtigen sei es auch im Verhältnis zu seinen Eltern nicht gestattet, auf Kosten der Unterhaltsberechtigten Vermögen zu bilden. Schulden zur Finanzierung eines Einfamilienhauses oder einer Eigentumswohnung sind folglich einschließlich angemessener Tilgungsbeiträge regelmäßig als besondere Form der eigenen Zukunftsvorsorge anzuerkennen.[464] Zu beachten ist aber, dass dann auch der   546

---

461 Büttner, FamRZ 2004, 1918, 1920; Scholz/Stein, Teil J Rn. 26.
462 Büttner, FamRZ 2004, 1918, 1920.
463 BGH, 11.01.2012 – XII ZR 22/10; BGH, 20.10.1999 – XII ZR 297/97, FamRZ 2000, 351; Büttner, FamRZ 2004, 1918, 1920.
464 BGH, FamRZ 2008, 963 m. Anm. Büttner = NJW 2008, 1946 m. Anm. Griesche; BGH, ZFE 2007, 306 = FamRZ 2007, 879 und BGH, ZFE 2005, 366 = FamRZ 2005, 11.

Wohnvorteil als Aktivposten zu berücksichtigen ist,[465] der nach einer im Verhältnis zum verfügbaren Einkommen angemessenen Höhe zu bemessen ist.[466]

547 Allerdings dürfte ein selbst genutztes Hausgrundstück nicht als allein ausreichende angemessene Altersvorsorge angesehen werden, zumal es i. d. R. auch als Altersversorgung des Partners dient. Generell muss bei allen Aufwendungen eine **konkrete Abwägung** stattfinden, ob sie dazu dienen, den bisherigen eigenen Bedarf auch im Alter weiterhin sicherzustellen oder ob bei Realisierung dieser Rücklagen eine Überdeckung des Bedarfs eintreten wird.

cc) Bildung allgemeiner Rücklagen

548 Noch nicht abschließend geklärt ist die Frage, in welcher Weise die **Bildung von Rücklagen** durch den Unterhaltspflichtigen akzeptiert werden kann. Beim Unterhalt ggü. Kindern und Ehegatten gilt der Grundsatz, dass Zahlungen zur Vermögensbildung nicht abgezogen werden können. Dies kann aber beim Elternunterhalt nicht so pauschal gelten. Denn auch der Unterhaltspflichtige ist berechtigt, im Rahmen einer ordentlichen Wirtschaft Rücklagen, z. B. für Hausinstandsetzungen und Reparaturen, für entsprechende Aufwendungen seines Gewerbebetriebes, für Kosten der Ersatzbeschaffung eines Pkw oder von Hausrat, für Versicherungsprämien und/oder für den Familienurlaub zu bilden.

549 Zudem kann auch der Gesichtspunkt der **Bedarfssteigerung im Alter** nicht unbeachtet bleiben. Auch der Unterhaltspflichtige kann zum Pflegefall werden und hat daher Anlass genug, höhere Rücklagen für seine eigene Alterssicherung zu bilden, um später nicht seine eigenen Kinder in Anspruch nehmen zu müssen. Dabei muss nicht nur eine »Notpflege« sichergestellt werden, sondern es muss **Vorsorge** getroffen werden für **eine angemessene** Pflege, die dem bisherigen Lebensstandard entspricht. Ist der Unterhaltspflichtige verheiratet, sind entsprechende Vorkehrungen auch für den Ehegatten anzuerkennen.

550 Problematisch werden kann auch, **wann** diese weiteren Aufwendungen und Belastungen **begründet** werden. Eine besonders sorgfältige Prüfung wird angezeigt sein, wenn die Verbindlichkeiten erst nach Bekanntwerden der Unterhaltsbedürftigkeit des Elternteils entstanden sind. Da die Pflegebedürftigkeit des unterhaltsberechtigten Elternteils sich oft über längere Zeit abzeichnet, kann durch geschickte Dispositionen Einfluss auf die spätere Unterhaltszahlungspflicht genommen werden.

dd) Tilgung von Schulden

551 Bei der Diskussion um die **Abzugsfähigkeit von Schulden** ist zu beachten, dass bestehende Verbindlichkeiten in den Bereich der eigenverantwortlichen Lebensführung

---

465 Ehinger, FPR 2003, 623; BGH, FamRZ 2004, 443 m. Anm. Schürmann.
466 BGH, FamRZ 2003, 1179; OLG Oldenburg, NJW 2000, 524.

des Kindes gehören. Gegen die Streckung von Krediraten spricht, dass damit die Finanzierung zulasten zukünftigen Einkommens verteuert wird.

Eine **Rückführung von Krediten** ist daher grds. nicht als Vermögensbildung i. S. d. Rechtsprechung zu qualifizieren. Eine Ausnahme kommt dann in Betracht, wenn mit den Krediten Vermögensgegenstände angeschafft worden sind, die wirtschaftlich mit fortschreitender Tilgung immer mehr dem Vermögen des Unterhaltspflichtigen oder seines Ehegatten zuwachsen. Bei Geschäftsschulden des Ehemannes ist das ebenso wenig der Fall wie bei Krediten zur Finanzierung von Hausreparaturen oder des Studiums eines Kindes.[467] 552

Der BGH hat klargestellt, dass beim **Elternunterhalt** im Zusammenhang mit der Anrechnung des **Wohnvorteils** der Abzug der vollständigen Darlehensraten einschließlich des **Tilgungsanteils** jedenfalls dann zulässig ist, wenn und soweit sich die Verbindlichkeiten und die hieraus resultierenden Annuitäten in einer im Verhältnis zu den vorhandenen Einkünften angemessenen Höhe halten und die Verpflichtungen bereits zu einer Zeit eingegangen wurden, als der Unterhaltspflichtige noch nicht damit zu rechnen brauchte, für den Unterhalt seiner Eltern aufkommen zu müssen.[468] Maßgebend dafür war die Erwägung, dass der Unterhaltspflichtige anderenfalls gezwungen sein könnte, das Familienheim zu verwerten, was ihm im Verhältnis zu seinen Eltern nicht obliegt. 553

ee) Zusätzliche Aufwendungen

Trägt das unterhaltspflichtige Kind für den im Heim wohnenden unterhaltsberechtigten Elternteil aus freien Stücken **zusätzliche Aufwendungen** wie Radiogebühren, Geschenke für Heimbewohner, Wäsche usw. mindern diese Ausgaben das zur Verfügung stehende Einkommen, auch wenn es sich um Sonderbedarf handelt.[469] 554

Fallen für **Besuche** des unterhaltspflichtigen Kindes beim unterhaltsberechtigten Elternteil erhebliche Fahrtkosten an, stellt sich die Frage, ob diese als unterhaltsrechtlich relevante Unkosten vorab abgezogen werden können (zum vergleichbaren Problem der Kosten des Umgangsrechts mit einem minderjährigen Kind s. o., Rdn. 484 ff.). Da auch die Pflege des Kontaktes zu den Eltern vom Schutzbereich des Art. 6 GG umfasst ist, können diese Kosten nicht unberücksichtigt bleiben. Als besondere Belastungen sind daher auch angemessene Fahrtkosten für den Besuch der im Pflegeheim untergebrachten Mutter vom Einkommen abzuziehen. Es kann nicht verlangt werden, diese aus dem Selbstbehalt zu tragen.[470] 555

---

467 OLG Hamm, NJW-RR 2005, 588 = FamRZ 2005, 1193 [LS] m. Anm. Born.
468 BGH, FamRZ 2003, 1179.
469 OLG Hamm, NJW 2005, 369.
470 OLG Köln, FamRZ 2002, 572.

Kapitel 3 Materielle Voraussetzungen des Unterhaltsanspruchs

V. Hypothetische (fiktive) Einkünfte

556 ▶ **Das Wichtigste in Kürze**

– Die Anrechnung fiktiver Einkünfte setzt die Verletzung einer unterhaltsrechtlichen Erwerbsobliegenheit voraus. → Rdn. 558 ff. und Rdn. 567 ff. und Rdn. 571 ff. und Rdn. 578 ff.
– Diese Obliegenheiten sind abhängig vom Unterhaltsrechtsverhältnis. → Rdn. 567 ff. und Rdn. 571 ff. und Rdn. 578 ff.
– Ggü. minderjährigen Kindern besteht eine stärkere Haftung und damit auch eine verschärfte Erwerbsobliegenheit. → Rdn. 561 und Rdn. 567 ff. Aus der Verletzung der Erwerbsobliegenheit kann nicht ohne Weiteres auf die volle unterhaltsrechtliche Leistungsfähigkeit geschlossen werden. → Rdn. 564 und Rdn. 590 ff.
– Angerechnet werden kann ein hypothetisches Einkommen nur in der Höhe, in der der Erwerbspflichtige es auch realistischerweise erzielen könnte. → Rdn. 557 und Rdn. 590

557 Sowohl die Bedürftigkeit des Unterhaltsberechtigten als auch die Leistungsfähigkeit des Pflichtigen wird nicht allein durch sein tatsächlich vorhandenes Einkommen bestimmt, sondern auch durch seine **Erwerbsfähigkeit**. Selbst wenn eine Person also kein reales Einkommen erzielt, bedeutet das nicht zwingend, dass diese Tatsache auch bei der Unterhaltsberechnung in gleicher Weise akzeptiert wird. Vielmehr werden im Unterhaltsrecht vielfach **hypothetische, fiktive Einkünfte angerechnet**, die die betreffende Person **erzielen könnte, wenn sie ihren Obliegenheiten in ausreichendem Maß nachkäme**. Dies gilt ebenso für Unterhaltspflichtige als auch für Unterhaltsberechtigte. Wenn dementsprechend z. B. für den unterhaltsberechtigten Ehegatten die Obliegenheit bejaht wird, durch eine – vollschichtige oder auch nur stundenweise – Erwerbstätigkeit eigenes Einkommen zu erzielen und der Berechtigte dieser Obliegenheit schuldhaft nicht nachkommt, muss er sich so behandeln lassen, als ob er das Einkommen, das er bei gutem Willen durch eine zumutbare Erwerbstätigkeit erzielen könnte, tatsächlich hätte. Es ist in diesem Fall ein fiktives Einkommen anzusetzen.

558 ▶ Hinweis:

Bei der Prüfung ist also **2-stufig** vorzugehen:
– In der ersten Stufe ist zu prüfen, ob die **Verletzung einer unterhaltsrechtlichen Obliegenheit** festgestellt werden kann.
– Dabei kommt es in der Praxis vielfach auch auf die Frage der zumutbaren bzw. **angemessenen Erwerbstätigkeit** an.
– Anschließend ist zu klären, **wie hoch das erzielbare Einkommen gewesen wäre**, welche hypothetischen Einkünfte also anzurechnen sind.

F. Allgemeine unterhaltsrechtliche Grundsätze   Kapitel 3

1. Praktische Fälle des unterhaltsrechtlich vorwerfbaren Verhaltens

a) Obliegenheitsverletzung bei Arbeitslosigkeit

Grds. besteht eine **Erwerbsobliegenheit** eines Unterhaltspflichtigen. Daher entlastet 559
Arbeitslosigkeit im Regelfall nicht von der Unterhaltsverpflichtung.[471]

Um hier Fehler zu vermeiden, muss für den betreffenden Fall erst einmal genau he- 560
rausgearbeitet werden, auf welche **Obliegenheitsverletzung** ganz konkret abgestellt
wird. Eine Verletzung der Erwerbsobliegenheit kann zum einen darin gesehen werden,
die frühere Arbeitsstelle verloren zu haben, zum anderen darin, keine neue bzw. keine
gleich gut bezahlte Erwerbstätigkeit zu finden.[472]

Folglich bieten sich zwei unterschiedliche Anknüpfungsmöglichkeiten an:
– Zuerst der **Verlust** der bisherigen Arbeitsstelle und dann
– die Tatsache, dass **keine neue Arbeitsstelle gefunden** wird.

Grds. besteht eine **Erwerbsobliegenheit** eines Unterhaltspflichtigen, wobei im Fall der 561
Unterhaltspflicht ggü. minderjährigen Kindern besonders strenge Maßstäbe gelten.[473]

Aus dem Gesichtspunkt der allgemeinen Erwerbsobliegenheit ist der Unterhaltspflich- 562
tige, der seine Arbeitsstelle verloren hat, gehalten, sich um einen neuen Arbeitsplatz
zu bemühen, sobald ihm die Kündigung des Arbeitsplatzes bekannt wird. Setzen die
Bemühungen erst mit dem Ablauf der Kündigungsfrist oder mit der tatsächlichen Beendigung des Arbeitsverhältnisses ein, kommen sie schon zu spät.

An den Nachweis der erfolglosen Arbeitssuche werden in der Praxis hohe Anforderun- 563
gen gestellt. Es ist eine **substanziierte Darlegung der Arbeitsbemühungen** erforder-
lich:
– Die Meldung beim Arbeitsamt ist erforderlich, aber keinesfalls ausreichend.
– Erforderlich sind Meldungen auf Stellenanzeigen sowie schriftliche Bewerbungen,
  die auch nachzuweisen sind. Mündliche bzw. telefonische Bewerbungen sind in der
  Praxis problematisch, da sie nicht immer nachgewiesen werden können.
– Die Bewerbungen müssen bereits ab der Kenntnis vom Verlust des Arbeitsplatzes
  einsetzen, nicht erst nach dem Auslaufen des Arbeitsverhältnisses.[474]
– Bewerbungen »ins Blaue« hinein sind unzureichend.
– Auch auf den Inhalt der Bewerbung kommt es an: Sie muss ausreichend konkret
  und darf nicht abschreckend sein. Handschriftliche Bewerbungen auf kariertem
  Papier werden nicht als ernsthafte Bewerbungen anerkannt.
– Bei qualifizierten Berufen können auch eigene Anzeigen des Arbeitspflichtigen
  geboten sein.

---

471 BGH, FamRZ 2000, 1358; BGH, FamRZ 1996, 345.
472 Eschenbruch/Klinkhammer, Rn. 3032 m. w. N.
473 BGH, FamRZ 2000, 1358.
474 Büttner, FF 2003, 192.

Kapitel 3   Materielle Voraussetzungen des Unterhaltsanspruchs

- Der örtliche Bereich, in dem die Arbeitssuche betrieben werden muss, richtet sich nach den anerkennenswerten örtlichen Bindungen und kann sich u. U. auf ganz Deutschland erstrecken.
- Auch an die Intensität der Arbeitssuche werden hohe Anforderungen gestellt: Mindestens eine Bewerbung pro Woche kann erwartet werden. Einige Gerichte fordern eine eigenständige Arbeitssuche im Umfang einer Vollzeitbeschäftigung.[475]
- Bei verschärfter Unterhaltspflicht müssen auch Aushilfs- und Gelegenheitsjobs gesucht werden.
- Der Arbeitslose muss auch seine Chancen auf dem Arbeitsmarkt aktiv steigern. So ist ein Langzeitarbeitsloser gehalten, berufsfördernde Maßnahmen mitzumachen und den Beruf zu wechseln. Dabei besteht bereits während einer laufenden Umschulung die Obliegenheit, sich um einen Arbeitsplatz zu bemühen.[476]
- Auch auf die hohe Arbeitslosenquote allein kann sich ein Unterhaltspflichtiger nicht berufen.

564 ▶ **Praxistipp:**

- Diese Rechtsprechung verlangt vom Anwalt des Pflichtigen extrem **sorgfältigen und umfassenden Sachvortrag**, denn die Darlegungs- und Beweislast hinsichtlich der Erwerbsbemühungen und der Erwerbschancen liegt beim Unterhaltspflichtigen.
- Wird dieser Nachweis nicht erbracht, brauchen beim **Unterhalt minderjähriger Kinder** keine Feststellungen zur konkreten Leistungsfähigkeit getroffen werden. Es wird vielmehr unterstellt, dass der Pflichtige den Mindestunterhalt zahlen kann. Besteht die gesteigerte Unterhaltspflicht ggü. mehreren Kindern, kann dies allerdings nicht ohne Weiteres unterstellt werden.

565 Die Reaktion auf unzureichende Bewerbungsbemühungen ist die Zurechnung **fiktiver Einkünfte** i. H. d. bisher erzielten Erwerbseinkommens.

566 ▶ **Hinweis:**

Besonderheiten:
- Werden die Arbeitsverhältnisse im Hinblick auf die **Betreuung der Kinder** umgestellt, muss bei der Anrechnung fiktiver Einkünfte der Bedeutung und Tragweite des Elternrechts Rechnung getragen werden.[477] Das kann auch dann gelten, wenn der unterhaltspflichtige Vater sein Arbeitsverhältnis kündigt oder reduziert, um im **Sorgerechtsverfahren** bessere Chancen zu haben.[478]

---

475 OLG Frankfurt am Main, FamRZ 2001, 629.
476 BGH, FamRZ 1999, 843; OLG Dresden, NJW-RR 2003, 512; OLG Brandenburg, ZFE 2004, 152; krit. Büttner/Niepmann, NJW 2003, 2497.
477 BVerfG, FamRZ 1996, 343.
478 BGH, FamRZ 1985, 158; OLG Frankfurt am Main, FamRZ 1987, 1144; deutlich restriktiver OLG Brandenburg, ZFE 2004, 152.

F. Allgemeine unterhaltsrechtliche Grundsätze   Kapitel 3

- Der Wechsel in eine geringer bezahlte Erwerbstätigkeit kann auch aus **gesundheitlichen Gründen** gerechtfertigt sein.[479]

b) Obliegenheit zur Nebentätigkeit

Die Obliegenheit zur Nebentätigkeit wird bei der verschärften Haftung ggü. **minderjährigen Kindern** aus § 1603 Abs. 2 BGB vertreten – also **nicht** beim Ehegattenunterhalt. 567

Dabei sind für die **praktische Behandlung** folgende Gesichtspunkte von Bedeutung (s. ausführlich Rdn. 702 ff.):[480] 568
- **Möglichkeit** und **Zumutbarkeit** einer Nebentätigkeit nach den persönlichen Umständen (dazu gehören z. B. die Art der Tätigkeit im Hauptberuf und die sich daraus ergebende Belastung wie Nacht-, Schicht- oder Wechseldienst, Sonn- und Feiertagsarbeit und der Zeitaufwand für den Hauptberuf einschließlich der Fahrtzeiten);
- der zeitliche Aufwand für den verfassungsrechtlich geschützten **Umgang mit den Kindern**;
- sonstige schützenswerte private Interessen (so z. B. die Interessen einer neuen Familie).

Einigkeit besteht, dass die verstärkte Erwerbsobliegenheit nach § 1603 Abs. 2 BGB weder rechtlich noch tatsächlich wegen übergroßer Belastung des Pflichtigen zu einer Gefährdung des Hauptarbeitsverhältnisses führen darf. 569

Die volle **Darlegungs- und Beweislast** für die behauptete Unzumutbarkeit der Nebentätigkeit liegt allerdings beim Unterhaltspflichtigen. 570

c) Obliegenheitsverletzung bei Vorruhestand und Altersteilzeit

Auch hier gilt der unterhaltsrechtliche Grundsatz, dass eine **selbst herbeigeführte Verminderung der Leistungsfähigkeit** nach Treu und Glauben unbeachtlich ist, wenn die betreffende Person **unterhaltsrechtlich verantwortungslos** oder zumindest **leichtfertig** gehandelt hat.[481] In aller Regel liegt eine unterhaltsrechtliche Obliegenheitsverletzung 571

---

479 BGH, FamRZ 2003, 1471.
480 OLG Dresden, FamRZ 2003, 1206; OLG Nürnberg, FamRZ 2002, 1426; BVerfG, FamRZ 2003, 661 m. Anm. Christl, FamRZ 2003, 1235; OLG Oldenburg, FamRZ 2003, 1207; OLG Hamm, FF 2005, 156 m. Anm. Schürmann; KG, FamRZ 2003, 1208; OLG Bamberg, FamRZ 2005, 1114; OLG Bamberg, FuR 2005, 520; OLG Oldenburg, ZFE 2006, 278.
481 BGH, 18.01.2012 – XII ZR 72/10, FamRZ 2012, 514-517; FamRZ 1985, 158 ff.; BGH, FamRZ 1994, 372, 374; BGH, FamRZ 2000, 815.

vor, mit der Folge des Ansatzes der bisherigen höheren Einkünfte.[482] Dies gilt sowohl beim Unterhaltspflichtigen als auch beim Unterhaltsberechtigten.[483]
Es können jedoch eine Reihe von Ausnahmen greifen. Einzelheiten s. u. Rdn. 694 ff.

572 ▶ Praxistipp:

Da eine Obliegenheitsverletzung immer aufgrund einer **umfassenden Interessenabwägung** unter Gesamtwürdigung aller Umstände des Einzelfalles festgestellt werden muss, ist hier ein ausreichend substanziierter **anwaltlicher Sachvortrag** zwingend erforderlich.

d) Versorgungsleistungen

573 Den praktisch häufigsten Fall der Anrechnung fiktiver Einkünfte stellen die **Versorgungsleistungen** aufgrund der **Betreuung eines neuen Partners** dar. An sich wären solche Fälle über den Ausschlusstatbestand des § 1579 BGB zu erfassen (s. unter Rdn. 851 ff.). Kommt dies nicht in Betracht, bietet sich dann der Weg über die Anrechnung **hypothetischer Einkünfte** aufgrund der dem neuen Partner ggü. erbrachten **Betreuungs- und Versorgungsleistungen** an. Neben der Wohnungsgewährung zählen zu den Versorgungsleistungen sämtliche mit der Haushaltsführung verbundenen Arbeiten wie Kochen, Putzen, Waschen, Bügeln etc.

574 Hierbei wird die Höhe des anzurechnenden Betrags i. d. R. nach § 287 ZPO **geschätzt**, wobei es nicht zuletzt auf die Einkommensverhältnisse des neuen Partners ankommt. Der neue Partner muss über eigene Einkünfte verfügen, die es ihm ermöglichen, das Versorgungsentgelt unter Wahrung seines angemessenen Selbstbehalts zu entrichten.

575 Das Versorgungsentgelt ist als **Surrogat** der früheren Haushaltstätigkeit anzusehen und prägt die ehelichen Lebensverhältnisse, ist also bereits in die Bedarfsberechnung einzubeziehen. Da es sich aber nicht um Erwerbseinkommen handelt, ist der Erwerbstätigenbonus nicht in Abzug zu bringen.[484]

576 ▶ Hinweis:

Zur Darlegungs- und Beweislast!
– Erste Voraussetzung ist eine ausreichend substanziierte Behauptung des Unterhaltsverpflichteten, der Unterhaltsberechtigte erbringe Versorgungsleistungen. Der Unterhaltsberechtigte muss aufgrund des Vorbringens des Unterhaltsverpflichteten in der Lage sein, sich zu verteidigen und den Einwand zu widerlegen.

---

482 OLG Koblenz, FamRZ 2004, 1573; OLG Hamm, NJW 2004, 161 = ZFE 2005, 97; OLG Saarbrücken, ZFE 2005, 101; OLG Saarbrücken, NJW 2007, 520 m. Anm. Eschenbruch; ausführlich Viefhues, FF 2006, 103.
483 Zur Erwerbsverpflichtung des Berechtigten s. Schürmann, in: AnwK-BGB, § 1577 Rn. 19 m. w. N.
484 BGH, FamRZ 2001, 1693.

Zum Sachvortrag des Pflichtigen gehören auf jeden Fall auch die Angabe des Namens und die Anschrift des neuen Lebenspartners, für den die Versorgungsleistungen erbracht werden sollen.

– Da der Unterhaltsberechtigte für seine Bedürftigkeit darlegungs- und beweisbelastet ist, muss er den Einwand des Unterhaltsverpflichteten widerlegen, er erbringe einem neuen Partner Versorgungsleistungen und müsse sich dafür eine Vergütung anrechnen lassen. Erst durch die Namensangabe wird dem Unterhaltsberechtigten ermöglicht, dem Vorbringen entgegenzutreten und den neuen Lebenspartner als Zeugen zur Widerlegung der gegnerischen Behauptung anzubieten.

– Bei unbestrittener Aufnahme eines neuen Partners in seine Wohnung hat der Berechtigte die Höhe des Entgelts für die Wohnungsgewährung und für sonstige Aufwendungen zu beweisen. Gleiches gilt für Art und Umfang sowie den Wert der eigenen Versorgungsleistungen sowie für die Leistungsfähigkeit des neuen Partners.

– Sehr häufig wird diese Beweislastregel verkannt; der Unterhaltsberechtigte beschränkt sich auf ein bloßes Bestreiten. Dadurch genügt er nach den vorstehenden Ausführungen seiner Darlegungs- und Beweislast nicht.

– Damit das FamG die Schätzung vornehmen kann, ist es im Prozess Aufgabe des Anwalts, auch zu den hierfür maßgeblichen Faktoren möglichst detaillierten Sachvortrag zu bringen!

e) Selbstständige

Mitunter verdient der Selbstständige im Rahmen seiner Tätigkeit weniger, als er in einem **abhängigen Beschäftigungsverhältnis** aufgrund seiner Ausbildung und Fähigkeiten verdienen würde. In solchen Fällen gehen die FamG – insb. bei der erhöhten Leistungspflicht zum Kindesunterhalt nach § 1603 Abs. 2 BGB – gelegentlich dazu über, ein fiktives Einkommen aus abhäniger Tätigkeit zugrunde zu legen.[485]

577

f) Obliegenheitsverletzung durch nicht ausreichende Erwerbstätigkeit des Unterhaltsberechtigten

Auch aufseiten des Unterhaltsberechtigten kann sich die Frage nach einer Erwerbsobliegenheit stellen. Dabei wurden die Anforderungen an die (Wieder-) Aufnahme einer Erwerbstätigkeit nach der Scheidung durch die Neufassung des § 1574 BGB i. R. d. Unterhaltsrechtsreform 2008 erhöht.

578

---

485 OLG Hamm, NJW-RR 1995, 1283; OLG Zweibrücken, NJW 1992, 1902; OLG Frankfurt am Main, FamRZ 2005, 803; OLG Brandenburg, FuR 2009, 464; OLG Naumburg, ZFE 2008, 432 = FamRZ 2008, 2230; OLG Koblenz ZFE 2010, 156 = FamRZ, 2009, 1921.

Kapitel 3   Materielle Voraussetzungen des Unterhaltsanspruchs

579 ▶ **Praxistipp:**

Im Prozess gehört folglich zur schlüssigen Darlegung des nachehelichen Unterhaltsanspruchs
- die Darlegung, aufgrund welcher Tatsachen sich eine Bedürfnislage für einen Unterhaltsanspruch nach den §§ 1570 ff. BGB ergibt (**Anspruchsgrundlage**) und
- wie sich der eheprägende **Bedarf** berechnet sowie
- der konkrete Vortrag, aus welchen Gründen dieser eigene Unterhaltsbedarf **nicht** vollständig oder auch nur teilweise **durch eine angemessene Erwerbstätigkeit gedeckt werden kann.**

580 Bei den Merkmalen für die **Angemessenheit** der Erwerbstätigkeit wird zu
- der Ausbildung,
- den Fähigkeiten,
- dem Lebensalter und
- dem Gesundheitszustand

zusätzlich die frühere Erwerbstätigkeit hinzugenommen.

581 Die Erwerbstätigkeit in einem **früher ausgeübten Beruf** ist grds. immer angemessen.[486] Der Ehegatte kann aber auch nicht unter Hinweis auf seine höhere Berufsqualifikation Unterhalt fordern, wenn er im Verlauf der Ehe über einen mehrjährigen Zeitraum hinweg **eine geringer qualifizierte Tätigkeit ausgeübt hat.**[487]

582 Unverändert gilt die Fortbildungsverpflichtung aus § 1574 Abs. 3 BGB, nach dem der Bedürftige die Verpflichtung hat, sich ggf. ausbilden, fortbilden oder umschulen zu lassen.[488] Dabei muss ein erfolgreicher Abschluss der Ausbildung zu erwarten sein (§ 1574 Abs. 3 BGB). Diese **Ausbildungsobliegenheit** entsteht – wie die Erwerbsobliegenheit selbst – spätestens mit der Scheidung, kann aber auch schon während der Trennungszeit entstehen.[489]

583 Eine Ausbildung ist aber nur dann erforderlich, wenn diese nötig ist, um eine angemessene Erwerbstätigkeit ausüben zu können. Ist dies nicht der Fall, kann der Unterhaltsberechtigte nicht zur Durchführung einer Ausbildung Unterhalt verlangen.[490]

584 Soweit sich nicht alle eingetretenen ehebedingten Nachteile in der beruflichen Entwicklung durch Aus- und Fortbildungen kompensieren lassen, bleibt dem bedürftigen Ehegatten noch der Aufstockungsunterhalt gem. § 1573 BGB, wobei die Begrenzung allerdings eine erhebliche Rolle spielen wird.

---

486 Vgl. OLG Brandenburg, 22.04.2008 – 10 UF 226/07.
487 Vgl. BGH, FamRZ 2005, 23, 25.
488 Viefhues/Mleczko, Rn. 242 ff.; Borth, Rn. 106 und Rn. 119.
489 BGH, FamRZ 1985, 782.
490 Borth, Rn. 120.

F. Allgemeine unterhaltsrechtliche Grundsätze Kapitel 3

▶ **Praxistipp:** 585

Die **Angemessenheit der Erwerbstätigkeit** nach Art und Umfang ist nach den folgenden Kriterien darzulegen und zu bewerten:
- Beruflicher Werdegang (Ausbildung, Tätigkeiten vor und während der Ehe einschließlich der Trennungszeit),
- aktueller Stand der Arbeitsfähigkeit unter Berücksichtigung des Alters, der Gesundheit und sonstiger Fähigkeiten,
- Arbeitsmarktlage,
- Verdienstmöglichkeiten,
- Bemühungen um eine Arbeitsstelle,
- Möglichkeiten einer Umschulung, beruflichen Weiterbildung und Ausbildung unter Angabe eines Zeitplans, bestehender Förderungsmöglichkeiten nach dem Arbeitsförderungsgesetz (SGB III) und späterer Erwerbsmöglichkeiten, die sich daraus ergeben.

Nur noch als Korrektiv im Rahmen einer **Billigkeitsabwägung** spielen die ehelichen Lebensverhältnisse[491] eine Rolle. Sie stehen damit nicht mehr mit den anderen Faktoren auf der gleichen Stufe.[492] Daraus wurde bislang eine Sicherung des in der Ehe erreichten sozialen Status abgeleitet (Stichwort: Teilhabe am beruflichen Aufstieg des Partners). 586

Dabei handelt es sich bei der Unzumutbarkeit der Tätigkeit um eine **Einwendung**, deren Voraussetzungen der Unterhaltsberechtigte **darlegen und beweisen** muss.[493] 587

Damit muss der Berechtigte auch darlegen und nachweisen, dass eine an sich **erreichbare Erwerbstätigkeit** für ihn aufgrund der ehelichen Lebensverhältnisse **unzumutbar** ist. Insoweit trägt das Gesetz dem Vertrauen des Ehegatten, das sich aufgrund der nachhaltigen Gestaltung der ehelichen Lebensverhältnisse gebildet hat (gefestigte **Statusverbesserung**), Rechnung und verhindert einen sozialen Abstieg. So könnte eine vor der Ehe ausgeübte Tätigkeit im Hinblick auf eine gemeinsame Lebensplanung und Ehegestaltung unbillig geworden sein, weil sie z. B. mit einem sozialen Abstieg verbunden wäre. Fraglich ist aber, ob die allein vom Einkommen und der Position des Ehegatten abgeleitete **gesellschaftliche Stellung** die grds. bestehende Erwerbsobliegenheit auf Dauer beseitigen kann.[494]

Voraussetzung ist als zusätzliches objektives Kriterium auch, dass für eine nach den vorgenannten Kriterien zumutbare Erwerbstätigkeit eine **reale Beschäftigungschance** besteht. Der **Erwerbspflichtige** ist **darlegungs- und beweispflichtig** dafür, dass eine 588

---

491 Zu den wandelbaren ehelichen Lebensverhältnissen s. Rdn. 283 ff., 589.
492 Borth, FamRZ 2006, 813, 815.
493 OLG Brandenburg, 22.04.2008 – 10 UF 226/07, FamFR 2010, 56; Klein, S. 73; Viefhues/Mleczko, Rn. 239; Borth, Rn. 117; OLG Brandenburg, 22.04.2008 – 10 UF 226/07.
494 Borth, Rn. 116.

solche Chance nicht besteht.[495] Wegen des Grundsatzes der wirtschaftlichen Eigenverantwortung werden an die Nachweispflicht **hohe Anforderungen** gestellt;[496] Zweifel gehen zulasten des Erwerbspflichtigen.[497]

589 ▶ **Praxistipp:**

– Die **Unbilligkeit** der angemessenen Erwerbstätigkeit nach den ehelichen Lebensverhältnissen kann anhand folgender Kriterien dargelegt werden:
  – Lebensstandard nach den ehelichen Lebensverhältnissen,
  – ehebedingte Nachteile in der beruflichen Entwicklung, Leistungen und Opfer, die der Ehegatte während der Ehe erbracht hat[498] (Dauer der Ehe, Dauer der Kinderbetreuung, Erwerbstätigkeiten während der Ehe, Dauer der Nichterwerbstätigkeit),
  – erzielbare Einkünfte im Vergleich zum bisherigen Lebensstandard,
  – Fehlen von Aus- oder Fortbildungsmöglichkeiten nach § 1574 Abs. 3 BGB, um ehebedingte berufliche Nachteile abzuwenden,
  – sonstige Gründe der Unzumutbarkeit der Ausübung einer nach den Fähigkeiten des Bedürftigen angemessenen Tätigkeit im Hinblick auf die ehelichen Lebensverhältnisse (z. B. Verzicht auf eigene Karriere und Förderung der beruflichen Entwicklung des anderen Ehegatten).
– Die **Unzumutbarkeit** einer Tätigkeit muss der **Unterhaltsberechtigte darlegen und beweisen.**

2. Höhe der hypothetischen Einkünfte

590 **Rechtsfolge** der Verletzung einer unterhaltsrechtlichen Obliegenheit ist, dass ein Unterhaltspflichtiger dem Berechtigten die **Minderung des Einkommens** (etwa aufgrund Arbeitslosigkeit, Altersteilzeit, vorgezogenen Ruhestands oder Wechsels in die Selbstständigkeit) **nicht entgegenhalten kann** und sich das bisherige Einkommen fiktiv zurechnen lassen muss. Der Leistungspflichtige wird demnach so behandelt, als ob er den bisherigen Unterhalt weiterzahlen könnte.

591 Ist bisher noch keine Erwerbstätigkeit ausgeübt worden (so im Fall erstmalig entstehender Erwerbsobliegenheit), ist zu prüfen, **welche Einkünfte bei zumutbarem Einsatz** entsprechend der festgestellten Erwerbsobliegenheit nach den persönlichen Verhältnissen (Vorbildung oder Ausbildung, beruflicher Qualifikation usw.) **erzielt werden können.**

592 Das BVerfG hat jedoch klargestellt, dass selbst im Rahmen der gegenüber minderjährigen Kindern gesteigerten Erwerbsobliegenheit dem Verhältnismäßigkeitsgrundsatz

---

495 BGH, FamRZ 1987, 144; BGH, FamRZ 1987, 912; BGH, FamRZ 1993, 789; Viefhues/Mleczko, Rn. 239; Klein, S. 74.
496 BGH, FamRZ 1991, 416.
497 Borth, Rn. 122.
498 Borth, Rn. 115.

Rechnung getragen werden müsse. Daher sei im Einzelfall zu prüfen, ob der Unterhaltspflichtige in der Lage ist, den beanspruchten Unterhalt zu zahlen. Wenn die Grenze des Zumutbaren eines Unterhaltsanspruchs überschritten werde, sei die Beschränkung der finanziellen Dispositionesfreiheit des Verpflichteten als Folge der Unterhaltsansprüche des Bedürftigen nicht mehr Bestandteil der verfassungsmäßigen Ordnung und könne vor dem Grundrecht der wirtschaflichen Handlungsfreiheit aus Art. 2 Abs. 1 GG nicht bestehen.

Die Zurechnung fiktiver Einkünfte zur Begründung der Leistungsfähigkeit sei nur unter zwei Voraussetzungen möglich:

Zum einen müsse feststehen, dass **subjektiv Erwerbsbemühungen** des Unterhaltsschuldners **fehlen**. Zum anderen müssen die zur Erfüllung der Unterhaltspflichten erforderlichen Einkünfte für den Verpflichteten **objektiv erzielbar** sein, was von seinen persönlichen Voraussetzungen wie bspw. Alter, beruflicher Qualifikation, Erwerbsbiografie und Gesundheitszustand und dem Vorhandensein entsprechender Arbeitsstellen abhängt.

Damit müssen die gerichtlichen Entscheidungen tragfähige Begründungen für die Annahme enthalten, der Unterhaltspflichtige könne bei einem Arbeitsplatzwechsel bzw. bei ausreichenden, ihm zumutbaren Bemühungen um einen Arbeitsplatz, ein Einkommen in der zur Zahlung des titulierten Unterhalts erforderlichen Höhe erzielen.[499]

Bei einem **Selbstständigen**, dessen Selbstständigkeit nachhaltig keinen ausreichenden Gewinn einbringt, ist zu prüfen, welche Einkünfte er bei einer abhängigen Beschäftigung nach seiner beruflichen Qualifikation erzielen könnte.

593

▶ Praxistipp:

594

Die **Höhe** der erzielbaren Einkünfte schätzt das FamG nach § 287 ZPO. Um dem Gericht eine sachgerechte Schätzung zu ermöglichen, empfiehlt es sich, rechtzeitig entsprechenden **Sachvortrag** einschließlich der erforderlichen Details über die berufliche Qualifikation des Unterhaltspflichtigen mitzuteilen.

Die benötigten Informationen über die in den einzelnen Berufssparten erzielbaren Einkünfte lassen sich im Internet finden z. B. unter
- WSI-Tarifarchiv der Hans-Böckler-Stiftung (www.boeckler.de)
- www.gehaltsvergleich.com;
- www.tarifspiegel.de;
- www.lohnspiegel.de
- Hilfreich sind auch regionale Tarifübersichten wie z. B. www.berlin.de/sen/arbeit/tarifregister/index.html[500]

---

499 BVerfG, 18.06.2012 – 1 BvR 774/10, NJW 2012, 2420; 1 BvR 1530/11, FamRZ 2012, 1283; 1 BvR 2867/11, Amt 2012, 417-41.
500 Vgl. KG, 11.04.2011 – 17 UF 45/11.

Kapitel 3   Materielle Voraussetzungen des Unterhaltsanspruchs

- Weitere Internetadressen sind:[501]
  - http://www.rarifregister.nrw.de/tarifregisrer-nrw/index.php (mit zahlreichen Links)
  - http://www.boeckler.de/275.html (WSI Tarifarchiv; Differenzierung nach Ländern)
  - http://oeffentlicher-dienst.info/tvoed/ (Tarifverträge im öffentlichen Dienst)
  - http://www.rechtsrat.ws/tarif/index.htm
  - http://www. berlin.de/sen/arbeit/tarifregister/ (Mindestlöhne, Niedrigentgelte, Tarifinformationen für Berlin und Brandenburg).
  - http://www.smwa.sachsen.de/de/Arbeit/Arbeits-_und_Tarifrecht/Tarifrecht_Tarifregister_des_Freistaates_Sachsen/17732.html

VI. Sonstige Fälle

1. Wohnvorteil

595 ▶ **Das Wichtigste in Kürze**

- Bis zum endgültigen Scheitern der Ehe lebt der Ehegatte, der in der Ehewohnung verbleibt, nicht nur im eigenen Interesse in der Wohnung. → Rdn. 600 und Rdn. 610
- Anzurechnen sind daher nur die Vorteile, die einer Wohnung entsprechen, die er sich nach Größe und Ausstattung nach einem Auszug leisten würde. → Rdn. 609 ff.

596 Von besonderer praktischer Bedeutung ist der Wohnwert eines selbst genutzten eigenen Hauses oder einer selbst genutzten eigenen Wohnung. Hier sind die folgenden Fragen praxisrelevant:
- Ist die Tatsache des Wohnens in der eigenen Wohnung überhaupt unterhaltsrechtlich beachtlich?
- Wie hoch ist der Wohnwert im Unterhaltsverfahren anzusetzen?
- Wie sind die Belastungen für Haus bzw. Wohnung zu berücksichtigen?
- Wie ist die Situation, wenn die Bedürftigen – also in der Praxis Frau und Kinder – in der Wohnung verbleiben?
- Was geschieht beim Verkauf des Hauses?

597 ▶ **Praxistipp:**

- Dabei geht es um die Fälle, in denen das genutzte Haus oder die Eigentumswohnung im **Alleineigentum** eines Ehegatten oder im **gemeinsamen Eigentum** beider Ehegatten steht.
- Dem Unterhaltsschuldner kann ein Wohnwert nicht zugerechnet werden, wenn er im Eigenheim lebt, an dem seinen Eltern insgesamt ein lebenslanges

---

501 Vgl. Schürmann, FuR 2011, 187, 192.

Nießbrauchsrecht zusteht. Denn dann handelt es sich lediglich um eine jederzeit, ohne Angabe von Gründen, frei widerrufbare, freiwillige Leistung Dritter ohne Einkommenscharakter.[502]
– Die Grundsätze der Wohnwertanrechnung finden auch keine Anwendung, wenn der unentgeltliche **Wohnvorteil durch Dritte** eingeräumt wird.[503]
– Hat dagegen der Dritte einen Vermögenswert zugewandt, aus dem der Unterhaltspflichtige weiter gehende Nutzungen ziehen kann, zählen diese Nutzungen als anrechenbares Einkommen. Schenken z. B. die Eltern den Kindern Geld zur Hausfinanzierung, ist die Nutzung des Hauses ein geldwerter Vorteil, der unterhaltsrechtlich anzurechnen ist.[504]

a) Unterhaltsrechtliche Relevanz

Die Gebrauchsvorteile durch die mietfreie Nutzung einer Wohnung sind unterhaltsrechtlich zu berücksichtigen, und zwar 598
– bei der Bestimmung der ehelichen Lebensverhältnisse der Eheleute,[505]
– bei der Frage der aktuellen Leistungsfähigkeit und
– bei der Frage der Bedürftigkeit.

aa) Grundüberlegungen

Der Bau eines Hauses oder der Kauf einer Eigentumswohnung diente dazu, eine angemessene Wohnung **für die gesamte Familie** zu gewährleisten und war zudem eine **auf lange Sicht angelegte Maßnahme der Vermögensbildung** auf der Basis **gemeinsamer Lebensplanung**. Die Trennung der Eheleute – und der damit verbundene Auszug eines Ehegatten – löst diese gemeinsame Lebensplanung nicht mit sofortiger Wirkung auf.[506] 599

Diese Ausgangsüberlegung **hat rechtliche Konsequenzen** für
– die **Obliegenheit** der Eheleute, die Wohnung ggf. zu **verkaufen** bzw. an einem Verkauf mitzuwirken,
– die Frage, welche **Nutzungsvorteile** demjenigen Ehegatten angerechnet werden müssen, der nach der Trennung in der Wohnung verbleibt,
– die Frage, welche **Aufwendungen** dieses Ehegatten für die Wohnung unterhaltsrechtlich berücksichtigt werden müssen und
– ob und ggf. wie Leistungen des anderen Ehegatten, der die Wohnung verlassen hat, unterhaltsrechtlich einzustufen sind.

---

502 OLG Koblenz, FamRZ 2003, 534.
503 OLG Hamburg, FamRZ 2005, 927; OLG München, FamRZ 1999, 169; OLG Koblenz, FamRZ 2003, 534.
504 Finke, § 4 Rn. 68.
505 BGH, FamRZ 2007, 879.
506 BGH, 18.01.2012 – XII ZR 177/09, FamRZ 2012, 514; zum Wohnvorteil s. a. BGH, 18.07.2012 – XII ZR 91/10; BGH, NJW 2012, 1144.

600 Für einen **gewissen Zeitraum** handelt folglich derjenige Ehepartner, der nach der Trennung noch in der Wohnung verbleibt und ggf. Kosten der Wohnung trägt, gerade im Interesse der gesamten Familie, um den Fortbestand dieser langfristigen Vermögensdisposition zu gewährleisten und ggf. auch, um eine Versöhnung und eine Rückkehr der übrigen Familie in die Ehewohnung überhaupt möglich zu machen:
– Deshalb kann auf der einen Seite nicht verlangt werden, dass die Ehewohnung sofort veräußert wird.
– Auf der anderen Seite nutzt dieser dann eine Wohnung, die nach Fläche und ggf. auch Wertigkeit für ihn zu groß – also nicht mehr seinen eigenen finanziellen Verhältnissen angemessen – ist. Er handelt also quasi noch fremdnützig im Interesse der Gesamtfamilie; der volle Nutzungswert der Wohnung stellt sich teilweise als »**totes Kapital**«[507] und als eine »**aufgedrängte Bereicherung**«[508] dar. Damit scheidet eine volle unterhaltsrechtliche Anrechnung aus.

Ist dieser Zeitraum abgelaufen, ist dem in der Wohnung verbliebenen Ehegatten eine **Verwertung zuzumuten**, sodass ihm der **volle Wohnwert** des mietfrei genutzten früheren Familienheims ab diesem Zeitpunkt zugerechnet werden kann.[509]

bb) Maßgeblicher Zeitraum

601 Dieser oben angegebene Zeitraum ist zumindest dann abgelaufen, wenn das Scheitern der Ehe durch die **Scheidung** bereits festgestellt worden ist. Dann handelt der in der Wohnung verbliebene Ehegatte nicht mehr im Interesse der Gesamtfamilie, sondern nur noch in seinem eigenen Interesse.

602 Ist die Ehe bereits (endgültig) zerrüttet und kann daher nicht mehr mit einer Wiederherstellung der ehelichen Lebensgemeinschaft gerechnet werden, ist dieser Zeitraum ebenfalls abgelaufen, etwa mit **Zustellung des Scheidungsantrags**.[510] Dazu passt auch, dass durch die Zustellung des Scheidungsantrags der Stichtag für den Zugewinnausgleich festgelegt wird (§ 1384 BGB) und nachträgliche Vermögenstransaktionen nicht mehr ausgeglichen werden.

603 Im Einzelfall kann die Zurechnung des vollen Wohnvorteils auch schon vor der Zustellung des Scheidungsantrags gerechtfertigt erscheinen.[511] So gilt dies jedenfalls dann, wenn der in der Wohnung verbliebene Ehegatte einen **neuen Lebensgefährten aufnimmt**[512] und hierdurch das durch den Auszug des anderen Ehegatten entstandene »tote« Kapital wieder einer Nutzung zuführt. Dann ist auch in der Trennungs-

---

507 BGH, 22.04.1998 – XII ZR 161/96, FamRZ 1998, 899, 950.
508 Gerhardt, in: Handbuch FAFamR, Kap. 6 Rn. 47a m. w. N.
509 BGH, 18.01.2012 – XII ZR 177/09, FamRZ 2012, 514.
510 So BGH, 05.03.2008 – XII ZR 22/06, FamRZ 2008, 963, in Abgrenzung zu BGH, 28.03.2007 – XII ZR 21/05, FamRZ 2007, 879.
511 OLG Köln, 15.07.2008 – 4 UF 253/07, OLGR 2008, 800.
512 OLG Zweibrücken, 16.06.2006 – 2 UF 219/05, FamRZ 2007, 470 = ZFE 2007, 116; OLG Koblenz, NJW 2003, 1816; OLG Schleswig, FamRZ 2003, 603.

zeit der Vorteil mietfreien Wohnens mit dem vollen objektiven Mietwert zu bemessen (s. Rdn. 599).[513]

Ein Scheitern der Ehe ist auch dann festzustellen, wenn die Ehegatten die vermögensrechtlichen Folgen ihrer Ehe abschließend geregelt haben,[514] wie z. B. durch eine **Scheidungsfolgenregelung**. 604

▶ **Praxistipp:** 605

Es ist daher dringend geboten, bei Abschluss einer Scheidungsfolgenregelung auch die Frage des Wohnvorteils für den zukünftigen Zeitraum – auch den der verbleibenden Trennungszeit – mitzuregeln.

b) Querverbindungen beachten!

Bei der Berücksichtigung des Wohnvorteils im Unterhalt ist das Zusammenspiel mit der möglichen Nutzungsvergütung gem. § 1361b Abs. 3 Satz 2 BGB und den Regelungen des Gemeinschaftsrechts zu beachten. Auch hier muss eine **Doppelanrechnung** vermieden werden (**Verbot der Doppelverwertung**, s. a. unter Rdn. 512 ff.). 606

Denn Regelungen über eine **Nutzungsvergütung** gem. § 1361b Abs. 3 Satz 2 BGB können die unterhaltsrechtlichen Regelungen des Ehegattenunterhalts überlagern. Wenn aber bereits bei der Bemessung des Trennungsunterhalts ein Wohnvorteil des (in der Ehewohnung verbliebenen) Berechtigten berücksichtigt worden ist, kommt darüber hinaus im Regelfall die Zahlung einer Nutzungsvergütung nach § 1361b Abs. 3 Satz 2 BGB nicht in Betracht. Anderes kann sich im Einzelfall ergeben, wenn es der Billigkeit entspricht, einen ergänzenden Betrag zuzusprechen.[515]

Eine Regelung beim Kindesunterhalt steht einer Festsetzung eines Nutzungsentgelts für die Ehefrau nicht entgegen.[516] 607

▶ **Praxistipp: Steuerrechtliche Auswirkungen beachten!** 608

– Die unterhaltsrechtliche Abwicklung über den Wohnvorteil ist u. U. steuerlich ungünstiger als die Zahlung von Barunterhalt, der innerhalb der gesetzlichen Grenzen steuerlich geltend gemacht werden kann!

---

513 S. a. BGH, 18.01.2012 – XII ZR 177/09, FamRZ 2012, 514; OLG Koblenz, 18.12.2002 – 9 UF 785/01, NJW 2003, 1816; OLG Schleswig, 14.08.2002 – 12 UF 13/01, FamRZ 2003, 603.
514 BGH, 18.01.2012 – XII ZR 177/09, FamRZ 2012, 514; BGH, 05.03.2008 – XII ZR 22/06, FamRZ 2008, 963, in Abgrenzung zu BGH, 28.03.2007 – XII ZR 21/05, FamRZ 2007, 879.
515 OLG Köln, FamRZ 2005, 639.
516 OLG Karlsruhe, NJW-RR 2005, 1240 = NJW-Spezial 2005, 491.

- In bestimmten Fällen kann aber die Wohnungsüberlassung als Unterhaltsleistung i. S. d. Realsplittings anerkannt werden:[517]
  1. Die unentgeltliche Überlassung einer Wohnung zu Unterhaltszwecken ist eine typische Unterhaltsleistung und, wenn sie zu einer Minderung des Anspruchs des Unterhaltsberechtigten führt, eine – im Zahlungswege – abgekürzte Sachunterhaltsleistung.
  2. Die vom Unterhaltsverpflichteten übernommenen verbrauchsunabhängigen Kosten, einschließlich Schuldzinsen, der Wohnung seiner geschiedenen Ehefrau können bei gleichzeitigem Verzicht auf zustehende Ausgleichsansprüche dem Grunde nach als Unterhaltsleistungen i. S. d. § 10 Abs. 1 Nr. 1 EStG geltend gemacht werden, auch wenn die Wohnung im Eigentum der ehemaligen Ehefrau steht.

c) Höhe des Wohnwertes im Unterhaltsverfahren

609 Das mietfreie Wohnen ist nach ständiger Rechtsprechung ein Gebrauchsvorteil und damit als unterhaltsrechtlich relevantes Einkommen anzurechnen. Der Wert derartiger **Nutzungsvorteile** ist demnach den sonstigen Einkünften der Beteiligten hinzuzurechnen, soweit er die **Belastungen** übersteigt.

610 Vor dem Scheitern der Ehe kann nach den obigen Ausführungen, vgl. Rdn. 600, **nicht** der **volle Nutzwert** zugrunde gelegt werden, der sich
- aufgrund der **tatsächlichen Wohnungsgröße** und
- der **Qualität der Wohnung** (Ausstattung, Lage usw.)

ergibt. In dieser Zeit wohnt nämlich der Nutzer der Wohnung in Räumlichkeiten, die auf die Gesamtfamilie zugeschnitten waren, also für ihn schlichtweg zu groß und dementsprechend auch zu teuer sind. Er nutzt diese zu große Wohnung aber nicht aus Eigeninteresse, sondern weil der Auszug bzw. der Verkauf der Wohnung noch nicht erforderlich bzw. zumutbar ist.

611 Unterhaltsrechtlich angerechnet werden kann ihm daher gerechterweise nur die **Wohnfläche, die seinen persönlichen Verhältnissen angemessen** ist. Entsprechendes gilt ggf. auch hinsichtlich der **Wohnungsqualität**. Der Gebrauchswert der – für den die Wohnung weiter nutzenden Ehegatten an sich zu großen – Wohnung ist deswegen regelmäßig danach zu bestimmen, welchen Mietzins er auf dem **örtlichen Wohnungsmarkt für eine dem ehelichen Lebensstandard entsprechende, angemessene, kleinere**

---

517 BFH, 18.10.2006 – XI R 42/04, BFH/NV 2007, 1283.

F. Allgemeine unterhaltsrechtliche Grundsätze　　　　　　　　　　　　　　**Kapitel 3**

Wohnung zahlen müsste.[518] Dem tatsächlichen Zustand der Ehewohnung kommt daher keine wesentliche Bedeutung zu.[519]

Der Gebrauchswert ist unter Berücksichtigung der Verhältnisse des Einzelfalles gem. § 287 ZPO zu schätzen, sodass hier ausreichender anwaltlicher Sachvortrag erforderlich ist. Denn zu Umfang und Höhe des ihm zuzurechnenden Wohnvorteils hat der **Unterhaltsberechtigte** im Einzelnen **vorzutragen**, da dieser sowohl seinen ehelichen Bedarf als auch seine Bedürftigkeit beeinflusst.[520]

612

▶ Hinweis:

613

Zu beachten ist dabei, dass es sich beim Wohnvorteil nicht um Einkünfte aus Erwerbstätigkeit handelt und daher **kein Erwerbstätigenbonus** darauf anzuwenden ist.

d) Belastungen für Haus bzw. Wohnung

Der Wohnvorteil ist nur insoweit den Einkünften hinzuzurechnen, als er die allgemeinen Grundstückskosten nicht übersteigt. Daher ist zu klären, ob und ggf. in welchem Umfang Belastungen abgezogen werden können.

614

Solange der Zeitpunkt des Scheiterns der Ehe noch nicht eingetreten ist, können die Aufwendungen teilweise abgezogen werden.

615

Abgezogen und damit unterhaltsrechtlich berücksichtigt werden können:
– Zinsen,[521]
– allgemeine Grundstückskosten und -lasten[522] wie Grundsteuern, Hausversicherungen,
– umlagefähige Nebenkosten,
– notwendige Instandhaltungskosten und die Kosten für die Beseitigung unaufschiebbarer Mängel,
– Hausverwalterkosten.

616

Nicht abgezogen werden können:
– Verbrauchsabhängige Kosten wie Heizung, Strom, Wasser, Müllabfuhr usw.,[523]
– nicht umlagefähige Nebenkosten,

---

518 BGH, 18.01.2012 – XII ZR 177/09, FamRZ 2012, 514; BGH, 05.03.2008 – XII ZR 22/06, in Abgrenzung zu BGH, 28.03.2007 – XII ZR 21/05, FamRZ 2007, 879; BGH, 28.03.2007 – XII ZR 21/05, unter Hinweis auf BGH, 19.03.2003 – XII ZR 123/00, BGHZ 154, 247, 252 f. = FamRZ 2003, 1179, 1180; BGH, 20.10.1999 – XII ZR 297/97, FamRZ 2000, 351, 353; BGH, 22.04.1998 – XII ZR 161/96, FamRZ 1998, 899, 901 und BGH, 12.07.1989 – IVb ZR 66/88, FamRZ 1989, 1160, 1162 f.
519 OLG Zweibrücken, 16.06.2006 – 2 UF 219/05.
520 OLG Brandenburg, 24.05.2007 – 9 UF 148/06.
521 BGH, FamRZ 1998, 88.
522 BGH, 28.03.2007 – XII ZR 21/05.
523 OLG Düsseldorf, 03.09.2007 – II-7 UF 87/07, FamRZ 2008, 895.

Viefhues

- Ausgaben für wertsteigernde Ausbauten und Modernisierungen,
- Kosten einer allgemeinen Renovierung, z. B. nach dem Auszug des Partners.

617 Während früher[524] **verbrauchsunabhängige Kosten** generell als abziehbare Kosten angesehen wurden, nimmt der BGH jetzt eine Differenzierung vor.[525]

Vom Eigentümer zu tragende **verbrauchsunabhängige Kosten** können grds. nur dann von seinem Wohnvorteil **abgezogen** werden, wenn es sich um – mietrechtlich betrachtet – **nicht umlagefähige Kosten** i. S. v. § 556 Abs. 1 BGB, §§ 1, 2 BetrKV handelt. Ob mit dem Eigentum verbundene Kosten allein von einem Eigentümer und nicht von einem Mieter getragen werden, lässt sich stattdessen verlässlicher danach beurteilen, ob die **Kosten auf einen Mieter umgelegt werden können**.[526] Da also der Mieter diese Lasten regelmäßig zusätzlich zur Nettomiete trägt, ist es nicht gerechtfertigt, den Wohnungsinhaber im Unterhaltsrechtsstreit von diesen Belastungen freizustellen.[527]

Umlagefähig sind demnach
- die **Grundsteuer** (§ 2 Abs. 1 Nr. 1 BetrKV) und
- die Kosten der **Sach- und Haftpflichtversicherung** (§ 2 Abs. 1 Nr. 13 BetrKV).

Nicht umlagefähig (und damit **unterhaltsrechtlich abziehbar**) sind
- die Kosten der **Verwaltung** und
- **Instandhaltungskosten** (§ 1 Abs. 2 BetrKV).

618 Die Feststellung, ob bestimmte umlagefähige Kosten üblicherweise auf den Mieter umgelegt werden, hängt von den **örtlichen Gepflogenheiten** ab. Dabei kann aber von dem Regelfall ausgegangen werden, dass die Vermieter die gesetzlichen Möglichkeiten ausschöpfen und die nach den §§ 1, 2 BetrKV umlagefähigen Kosten in der Praxis auf die Mieter umgelegt werden. Zu prüfen ist dann nur noch, ob die fraglichen Kosten etwa schon in die ortsübliche Grundmiete eingerechnet sind.[528] Das ist allerdings bei der sog. Netto-Kaltmiete (oder Nettomiete), die regelmäßig den örtlichen Mietspiegeln nach den §§ 558c, 558 Abs. 2 BGB zugrunde liegt, nicht der Fall. Denn diese versteht sich im Gegensatz zur (Teil-) Inklusivmiete als Miete ohne alle Betriebskosten nach § 556 Abs. 1 BGB.[529]

619 Allerdings können sich die berücksichtigungsfähigen Kosten im **Einzelfall** als teilweise überflüssig erweisen, wenn und soweit ihnen kein adäquater Wohnwert gegenübersteht, etwa weil die Wohnung weder vom Ehegatten genutzt wird nach vermietet ist.

---

524 St. Rspr. seit BGH, FamRZ 2000, 351.
525 BGH, 27.05.2009 – XII ZR 78/08, FamRZ 2009, 1300 m. Anm. Schürmann = NJW 2009, 2523 m. Anm. Born.
526 Vgl. § 556 Abs. 1 Satz 3 BGB und die Betriebskostenverordnung (BetrKV) v. 25.11.2003.
527 OLG Düsseldorf, FamRZ 2008, 895, 896.
528 Vgl. Finke, FPR 2008, 94, 95.
529 Vgl. BGH, NJW 2008, 848.

Wenn jedoch der Ehegatte die Kosten dann auch im Interesse des anderen Ehegatten weiter aufbringt, kann ein teilweiser Abzug gerechtfertigt sein.[530]

e) Speziell: Tilgungsleistungen für Hausdarlehen

Bei **Tilgungsleistungen** ist eine umfassende Interessenabwägung – unter Berücksichtigung der oben dargestellten Grundüberlegungen – vorzunehmen.[531] Entscheidend ist, dass Tilgungsleistungen als Abbau von Schulden, die auf dem Haus oder der Wohnung lasten, zu einem Vermögenszuwachs führen. Grds. kann aber der Unterhaltsverpflichtete zulasten des Unterhaltsberechtigten keine Vermögensbildung betreiben.[532] Dies gilt insb. dann, wenn der Berechtigte an dem Vermögenszuwachs nicht (mehr) teilhaben wird.[533] 620

Der Tilgungsanteil der Kreditraten kann aber dann nicht mehr berücksichtigt werden, wenn der andere Ehegatte nicht mehr von der mit der Tilgung einhergehenden Vermögensbildung profitiert und daher eine einseitige Vermögensbildung zulasten des Unterhaltsberechtigten stattfindet, wie es im Fall des gesetzlichen Güterstands ab Zustellung des Scheidungsantrags der Fall ist.[534]

Zu bedenken ist allerdings, dass generell eine Vermögensbildung durch Zahlung von Tilgungsraten bis zur Höhe von 4 % des eigenen Bruttoeinkommens unter dem Gesichtspunkt einer **zusätzlichen Altersvorsorge** auch i. R. d. nachehelichen Ehegattenunterhalts zu berücksichtigen sein kann.[535] Dabei kommt es nicht darauf an, ob bereits während der früheren Ehezeit Beiträge für eine solche Altersvorsorge gezahlt wurden (s. Rdn. 462 ff.).[536] 621

Auch wenn der im Haus verbliebene **Unterhaltsberechtigte** die Lasten des Hauses bzw. die Darlehensbelastungen trägt, ändert sich im Grundsatz nichts. Ihm ist grds. ebenfalls der Wohnvorteil anzurechnen; die Belastungen sind abzuziehen. Dabei ist allerdings zwischen Bedarf und Unterhaltsanspruch zu unterscheiden.[537] 622

---

530 BGH, 27.05.2009 – XII ZR 78/08, FamRZ 2009, 1300 m. Anm. Schürmann = NJW 2009, 2523 m. Anm. Born.
531 BGH, 10.07.1991 – XII ZR 166/90, FamRZ 1991, 1163.
532 BGH, 22.10.1997 – XII ZR 12/96, FamRZ 1998, 87.
533 BGH, 01.10.1986 – IVb ZR 68/85, FamRZ 1987, 36.
534 BGH, 05.03.2008 – XII ZR 22/06 in Fortführung von BGH, 28.03.2007 – XII ZR 21/05, FamRZ 2007, 879 und BGH, 01.12.2004 – XII ZR 75/02, FamRZ 2005, 1159.
535 BGH, 27.05.2009 – XII ZR 111/08, NJW 2009, 2450 = FamRZ 2009, 1207 m. Anm. Hoppenz, 1308; BGH, 28.03.2007 – XII ZR 21/05, FamRZ 2007, 879; BGH, 11.05.2005 – XII ZR 211/02, FamRZ 2005, 1817, 1822; BGH, FamRZ 2005, 1817, 1822.
536 BGH, 27.05.2009 – XII ZR 111/08, NJW 2009, 2450 = FamRZ 2009, 1207 m. Anm. Hoppenz, 1308.
537 BGH, 28.03.2007 – XII ZR 21/05, FamRZ 2007, 879; BGH, 27.05.2009 – XII ZR 111/08, FPR 2009, 413 m. Anm. Schmitz = FamRZ 2009, 1207 m. Anm. Hoppenz, FamRZ 2009, 1308.

Ggü. **Unterhaltsansprüchen von Eltern und Enkelkindern** können auch Tilgungsleistungen in Abzug gebracht werden.[538]

f) Verrechnung auch auf den Kindesunterhalt?

623 Verbleiben **Ehefrau und Kinder** in der Wohnung, stellt sich die Frage,
 – ob die Verrechnung **nur über den Ehegattenunterhalt**[539] (damit führt das mietfreie Wohnen des Kindes in der Wohnung des betreuenden Elternteils nicht zu einer Kürzung seines Barunterhaltsanspruchs)[540]

oder
 – auch **anteilig über den Kindesunterhalt** zu erfolgen hat[541] (im Verhältnis 2 für den Erwachsenen zu 1 für jedes Kind).

Dieser unterschiedliche Ansatz hat durchaus praktische Bedeutung. So kann die Verrechnung des Wohnvorteils allein über den Ehegattenunterhalt z. B. dann ins Leere gehen, wenn nach dem neuen Unterhaltsrecht wegen des Vorrangs des Kindesunterhalts kein Ehegattenunterhaltsanspruch mehr besteht. Sofern aber ein solcher Anspruch des Ehegatten vorhanden ist, bietet es sich angesichts der ohnehin komplizierten Berechnung an die Verrechnung nur über den Ehegattenunterhalt vorzunehmen.

g) Situation, wenn der Bedürftige in der Wohnung verbleibt

624 Wohnt der Berechtigte unentgeltlich im familieneigenen Haus oder in der eigenen Wohnung, ist auch dieser geldwerte Vorteil zu berücksichtigen. Man kann dann von einer Naturaldeckung des Wohnbedarfs durch den Verpflichteten sprechen. Es gelten hier aber auch die Ausführungen über die Angemessenheit entsprechend,[542] sodass die Höhe des anzurechnenden Wohnwertes ggf. zu begrenzen ist.

625 Bewohnt der unterhaltsberechtigte Ehegatte die Wohnung zusammen mit den Kindern, wird dieser Vorteil teilweise im Verhältnis 2 (für den Erwachsenen) zu 1 (für jedes Kind) aufgeteilt, teilweise nur auf den Ehegattenunterhalt verrechnet.

626 Trägt der **Berechtigte** die Hauslasten, sind Besonderheiten zu beachten.[543]

---

538 BGH, FamRZ 2003, 1179, 1180 ff.; BGH, 11.05.2005 – XII ZR 211/02, NJW 2005, 3277 = ZFE 2005, 449; Luthin/Koch-Magraf, § 1 Rn. 1218.
539 BGH, 28.03.2007 – XII ZR 21/05, NJW 2007, 1974; OLG München, FamRZ 1998, 824; OLG Koblenz, ZFE 2002, 351; OLG Hamm, ZFE 2006, 156. Auch der BGH hat in der Entscheidung v. 28.03.2007 – XII ZR 21/05 keine Ausführungen zur Verrechnung auf den Kindesunterhalt gemacht, obwohl die Ehefrau die Wohnung mit dem gemeinsamen Kind bewohnt hat.
540 Wendl/Dose, § 1 Rn. 398 m. w. N.; Luthin/Koch-Magraf, § 1 Rn. 1217.
541 Melchers, FamRB 2009, 348 und FuR 2009, 541; OLG Düsseldorf, FamRZ 1994, 1049, 1052; BGH, FamRZ 1989, 1160, 1163.
542 S. a. Rdn. 609 ff.
543 S. a. Rdn. 622.

F. Allgemeine unterhaltsrechtliche Grundsätze   Kapitel 3

h) Konkrete Berechnungsbeispiele

Die zuvor dargelegten grundsätzlichen rechtlichen Überlegungen müssen aber in der 627
Praxis in ein konkretes Rechenwerk umgesetzt werden. Die Vorgehensweise soll hier
anhand einiger **Berechnungsbeispiele** erläutert werden.

aa) Ausgangssituation

▶ Beispiel: 628

Erwerbseinkommen Ehemann	2.000 €
Erwerbseinkommen Ehefrau	600 €
Angemessener monatlicher Mietwert des gesamten gemeinsamen Hauses	750 €
Monatliche Aufwendungen (vom Ehemann bezahlt):	
Zins und Tilgung	400 €
Verbrauchsunabhängige Kosten	
Nicht umlagefähig auf Mieter	60 €
Umlagefähig auf Mieter	40 €
Verbrauchsabhängige Kosten	175 €
Instandhaltung	100 €

Die Wohnung wir später veräußert. Beiden Eheleuten verbleibt ein Verkaufserlös
von jeweils 40.000 €, der mit 5 % angelegt werden kann. Mtl. resultiert hieraus für
jeden ein Zinserlös von 166,67 € (insgesamt 333,33 €).

bb) Trennung der Eheleute innerhalb des Hauses

▶ Beispiel: 629

Die Eheleute trennen sich, bleiben beide aber noch innerhalb des Hauses wohnen. Die Scheidung ist noch nicht eingeleitet. Der Ehemann M trägt weiterhin die Belastungen des Hauses. Der Ehegattenunterhalt berechnet sich folgendermaßen:

Nutzung durch beide Ehegatten			
Erwerbseinkommen Ehemann	6/7 von	2.000 €	1.714,29 €
Erwerbseinkommen Ehefrau	6/7 von	600 €	514,29 €
Gesamteinkommen			2.228,57 €
Bedarf der Ehefrau	1/2 von	2.228,57 €	1.114,29 €
abzgl. Erwerbseinkommen der Frau zu 6/7			- 514,29 €
abzgl. 1/2 der **von M getragenen Aufwendungen**			
Zins und Tilgung		400 €	- 200 €

Viefhues 255

Kapitel 3   Materielle Voraussetzungen des Unterhaltsanspruchs

Verbrauchsunabhängige Kosten			
Nicht umlagefähig auf Mieter		60 €	- 30 €
Umlagefähig auf Mieter		40 €	- 20 €
Verbrauchsabhängige Kosten		175 €	- 87,50 €
Instandhaltung		100 €	- 50 €
Ungedeckter Bedarf = verbleibender Barunterhaltsanspruch der Frau			**212,50 €**
Kontrollrechnung		Mann	Frau
Eigenes Einkommen		2.000 €	600 €
Unterhalt		212,50 €	212,50 €
Hauskosten		- 775 €	0 €
Barbetrag		1.012,50 €	812,50 €
Gedeckter Wohnbedarf	je 1/2 von 750 €	375 €	375 €
Insgesamt		**1.387,50 €**	**1.187,50 €**
Differenz			200 €

Die Kontrollrechnung zeigt, dass letztlich der unterhaltsberechtigten Frau 200 € weniger verbleiben als dem unterhaltspflichtigen Mann.

cc) Nutzung des Hauses durch den unterhaltspflichtigen Ehemann

630 ▶ Beispiel:

Der unterhaltspflichtige Ehemann M bleibt in der Wohnung, die unterhaltsberechtigte Ehefrau F zieht aus. Der Ehemann trägt weiterhin die Belastungen des Hauses einschließlich aller verbrauchsabhängigen Kosten.

Für diese Fallgestaltung berechnet man den Ehegattenunterhalt wie folgt:

Erwerbseinkommen M	6/7 von	2.000 €	1.714,29 €
abzgl. der **von M getragenen Aufwendungen**			
Zins und Tilgung		400 €	- 400 €
Verbrauchsunabhängige Kosten			
Nicht umlagefähig auf Mieter		60 €	- 60 €
Umlagefähig auf Mieter		40 €	0 €
Verbrauchsabhängige Kosten			0 €
Instandhaltung		100 €	- 100 €
Bereinigtes Einkommen des M			1.154,29 €
Erwerbseinkommen F	6/7 von	600 €	514,29 €

F. Allgemeine unterhaltsrechtliche Grundsätze Kapitel 3

Angemessener Wohnwert orientiert am Bedarf des M (statt 750 €)			550 €
Gesamtbedarf beider Eheleute (bereinigtes Einkommen M + Erwerbseinkommen F + Wohnvorteil)			2.338,57 €
Bedarf der F (davon 1/2)			1.169,29 €
abzgl. Erwerbseinkommen F	6/7 von	600 €	- 514,29 €
abzgl. gedeckter Wohnbedarf der F (voll)			0 €
Ungedeckter Bedarf = verbleibender Unterhaltsanspruch der F			655 €
Ergebnisübersicht/Kontrollrechnung		Mann	Frau
Eigenes Einkommen		2.000 €	600 €
Unterhalt		- 655 €	655 €
Hauskosten		- 530 €	0 €
Insgesamt bar zur Verfügung		905 €	1.255 €
Gedeckter Wohnbedarf		550 €	0 €
Insgesamt zur Verfügung		1.455 €	1.255 €
Differenz			200 €

Der Ehemann trägt weiter alle Belastungen der Wohnung. Dennoch sind folgende Abweichungen ggü. der früheren noch gemeinsamen Nutzung der Wohnung eingetreten:
– Die verbrauchsabhängigen Kosten kann er der Ehefrau unterhaltsrechtlich nicht entgegenhalten, da sie allein seinen eigenen Lebensbedarf betreffen.
– Bei den verbrauchsunabhängigen Kosten sind nur diejenigen Kosten absetzbar, die nicht auf einen Mieter umgelegt werden könnten, denn auch diese Kosten gehören zu seinem eigenen Lebensbedarf.
– Beim Nutzungswert der Wohnung kann nur der Betrag angerechnet werden, der dem angemessenen Wohnbedarf des Ehemannes entspricht. Er ist im Beispiel statt mit 750 € jetzt nur noch mit 550 € angesetzt worden.

Die **Kontrollrechnung** zeigt, dass der unterhaltsberechtigten Frau 200 € weniger verbleiben als dem unterhaltspflichtigen Mann.

dd) Nutzung des Hauses durch die unterhaltsberechtigte Ehefrau

▶ Beispiel: 631

Der unterhaltspflichtige Ehemann M verlässt die Wohnung, die unterhaltsberechtigte Ehefrau F nutzt das Haus allein. Der Ehemann trägt aber weiterhin die Belastungen des Hauses mit Ausnahme der verbrauchsabhängigen Kosten und der Kosten, die auf einen Mieter umgelegt werden können.

Kapitel 3   Materielle Voraussetzungen des Unterhaltsanspruchs

Für diese Fallgestaltung berechnet man den Ehegattenunterhalt wie folgt:

Erwerbseinkommen M	6/7 von	2.000 €	1.714,29 €
abzgl. **von M getragene Aufwendungen**			
Zins und Tilgung		400 €	- 400 €
Verbrauchsunabhängige Kosten			
Nicht umlagefähig auf Mieter		60 €	- 60 €
Umlagefähig auf Mieter		40 €	0 €
Verbrauchsabhängige Kosten			0 €
Instandhaltung		100 €	- 100 €
Bereinigtes Einkommen des M			1.154,29 €
Erwerbseinkommen F	6/7 von	600 €	514,29 €
Angemessener Wohnwert orientiert am Bedarf der F (statt 750 €)			400 €
Gesamtbedarf beider Eheleute (bereinigtes Einkommen M + Erwerbseinkommen F + Wohnvorteil)			2.068,57 €
Bedarf der F (davon 1/2)			1.034,29 €
abzgl. Erwerbseinkommen F	6/7 von	600 €	- 514,29 €
abzgl. gedeckter Wohnbedarf der F (voll)			- 400 €
Ungedeckter Bedarf = verbleibender Unterhaltsanspruch der F			120 €
Ergebnisübersicht/Kontrollrechnung			
Eigenes Einkommen		2.000 €	600 €
Unterhalt		- 120 €	120 €
Hauskosten		- 560 €	0 €
Insgesamt bar zur Verfügung		1.320 €	720 €
Gedeckter Wohnbedarf		0 €	400 €
Insgesamt zur Verfügung		**1.320 €**	**1.120 €**
Differenz			200 €

Veränderungen ggü. der Fallsituation bei Nutzung durch den Unterhaltspflichtigen ergeben sich in zwei Punkten:
- Die **verbrauchsabhängigen Kosten** und die **Kosten, die auf einen Mieter umgelegt** werden können, muss die Ehefrau aus ihren eigenen Finanzmitteln decken, da diese nach dem Auszug des Mannes voll zu ihrem eigenen Bedarf gehören. Sie kann dies unterhaltsrechtlich nicht abziehen.

F. Allgemeine unterhaltsrechtliche Grundsätze   **Kapitel 3**

- Beim **Nutzungswert** der Wohnung kann nur der Betrag angerechnet werden, der dem angemessenen Wohnbedarf der Ehefrau entspricht. Der angemessene Wohnbedarf des Unterhaltspflichtigen ist nicht automatisch identisch mit dem Wohnbedarf der Unterhaltsberechtigten. Er ist im Beispiel jetzt nur noch mit 400 € angesetzt worden.

Die **Kontrollrechnung** zeigt, dass auch hier letztlich der unterhaltsberechtigten Frau 200 € weniger verbleiben als dem unterhaltspflichtigen Mann. Durch das gleiche Ergebnis der Kontrollrechnung wird deutlich gemacht, dass der Wohnvorteil, unabhängig von der Frage, welchem Ehegatten er zugutekommt, letztlich unterhaltsrechtlich neutral bleibt.

ee) Nutzung allein durch den Unterhaltspflichtigen nach endgültigem Scheitern der Ehe

▶ Beispiel: 632

Nach dem endgültigen Scheitern der Ehe bewohnt der Unterhaltspflichtige M die Wohnung allein. Die Unterhaltsberechnung ist wie folgt vorzunehmen:

Erwerbseinkommen M	6/7 von	2.000 €	1.714,29 €
abzgl. 1/2 der von **M getragenen Aufwendungen**			
Zinsen		250 €	- 250 €
Tilgung		150 €	0 €
Verbrauchsunabhängige Kosten			0 €
Nicht umlagefähig auf Mieter		60 €	- 60 €
Umlagefähig auf Mieter		40 €	0 €
Verbrauchsabhängige Kosten			0 €
Instandhaltung		100 €	- 100 €
Bereinigtes Einkommen des M			1.304,29 €
Erwerbseinkommen F	6/7 von	600 €	514,29 €
Voller angemessener Wohnwert des gesamten Hauses			750 €
Gesamtbedarf beider Eheleute (bereinigtes Einkommen M + Erwerbseinkommen F + Wohnvorteil)			2.568,57 €
Bedarf der F (davon 1/2)		1.284,29 €	1.209,29 €
abzgl. Erwerbseinkommen F	6/7 von	600 €	- 514,29 €

Kapitel 3 Materielle Voraussetzungen des Unterhaltsanspruchs

abzgl. gedeckter Wohnbedarf der F		0 €
Ungedeckter Bedarf = verbleibender Unterhaltsanspruch der F		695
Ergebnisübersicht	Mann	Frau
Eigenes Einkommen	2.000 €	600 €
Unterhalt	- 770 €	770 €
Anzurechnende Hauskosten	- 410 €	
Insgesamt stehen bar zur Verfügung	820 €	1.370 €
Zuzüglich gedeckter Wohnbedarf	750 €	0 €
Insgesamt zur Verfügung	1.570 €	1.370 €
Differenz		200 €

Es sind folgende Unterschiede festzuhalten:
- Es können nur noch die **Zinszahlungen** hinsichtlich der Wohnungsbelastungen angerechnet werden, **nicht** aber die **Tilgungsleistungen**.[544]
- Der anzurechnende Wohnwert richtet sich jetzt nach dem angemessenen Wohnwert des gesamten Hauses (Größe und Qualität).

Zu beachten ist hier, dass dem Ehemann im Ergebnis lediglich ein Geldbetrag von 745 € verbleibt. Damit ist aber die Grenze des **notwendigen Selbstbehalts** (Mangelfall) noch nicht unterschritten, denn im Selbstbehaltssatz sind 360 € monatliche Wohnkosten enthalten (vgl. Anm. A 5 der Düsseldorfer Tabelle).

ff) Situation nach dem Verkauf des Hauses bzw. der Wohnung

633 ▶ Beispiel:

Die Wohnung wird später **an einen Dritten** veräußert. Beiden Eheleuten verbleibt ein Verkaufserlös von jeweils 40.000 €, der mit 5 % angelegt werden kann. Mtl. resultiert hieraus ein Zinserlös von jeweils 166,67 €, zusammen 333,33 €. Der Zinsgewinn wird bei beiden Ehegatten als Surrogat des Wohnvorteils berücksichtigt.

Nach Verkauf des Hauses			
Erwerbseinkommen Ehemann	6/7 von	2.000 €	1.714,29 €
Erwerbseinkommen Ehefrau	6/7 von	600 €	514,29 €
Zinserlös als Surrogat des Wohnwertes			333,33 €
Gesamteinkommen			**2.561,90 €**
Bedarf Ehefrau	1/2 davon		1.280,95 €

---

544 Allenfalls mit der abweichenden Begründung der Vorsorgeaufwendungen mit den o. g. (s. Rdn. 453 ff. und Rdn. 620 ff.) Höchstgrenzen.

F. Allgemeine unterhaltsrechtliche Grundsätze Kapitel 3

abzgl. Erwerbseinkommen der Frau	6/7 von	600 €	514,29 €
abzgl. Zinserlös der Frau			- 166,67 €
Ungedeckter Bedarf = verbleibender Barunterhaltsanspruch der Frau			600 €

Nach dem Verkauf des Objektes sind keine Aufwendungen mehr zu tragen. Die Zinsen aus dem verbleibenden Erlös aus dem Verkauf des Hauses sind als Surrogat des bisherigen Wohnwertes anzusehen. Sie erhöhen den Bedarf der beiden Eheleute und werden bei jedem Ehegatten mit dem ihm zuzurechnenden hälftigen Anteil auch bedarfsdeckend angerechnet.

Kontrollrechnung	Mann	Frau
eigenes Einkommen	2.000 €	600 €
Unterhalt	- 550 €	550 €
Zinserlös	166,67 €	166,67 €
Barbetrag	1.566,67 €	1.366,67 €
Insgesamt	1.566,67 €	1.366,67 €
Differenz		200 €

Auch hier zeigt die Kontrollrechnung durch den gleichen Differenzbetrag, dass bei dieser Fallkonstellation letztlich keine Abweichungen auftreten.

i) Weitere Sonderfälle

Im Zusammenhang mit dem Verkauf des Hauses und der unterhaltsrechtlichen Wohnwertanrechnung können **Spezialprobleme** auftreten, auf die hier nicht näher eingegangen werden kann.[545] 634

Wird der Erlös für den **Erwerb eines neuen Grundstücks** eingesetzt, setzt sich der frühere Wohnvorteil an dem neuen Wohnvorteil fort. Kommt ein neuer Wohnvorteil nicht in Betracht, weil die Zinsbelastung der zusätzlich aufgenommenen Kredite den objektiven Wohnwert übersteigt, ist zu prüfen, ob eine Obliegenheit zur Vermögensumschichtung besteht.[546] 635

Zudem werden folgende **Fallgestaltungen** diskutiert: 636
– Beim Verkauf wird nicht genug erlöst, um die Schulden abzudecken.
– Der Erlös wird teilweise verbraucht.[547]

---

545 S. die umfassende Darstellung in den Aufsätzen von Gerhardt, FamRZ 2003, 414 und Reinecke, ZFE 2004, 361, 368 sowie Finke, § 5 Rn. 30 ff.
546 BGH, 01.10.2008 – XII ZR 62/07, NJW 2009, 145 m. Anm. Born, FamRZ 2009, 23 m. Anm. Norpoth.
547 OLG Koblenz, NJW 2002, 1885.

Kapitel 3   Materielle Voraussetzungen des Unterhaltsanspruchs

- Mit dem Erlös wird neues Wohneigentum erworben, für das aber zusätzliche Kredite aufgenommen werden müssen.
- Die Wohnung oder das Haus bzw. der Miteigentumsanteil wird an den anderen Ehegatten veräußert.[548]

637   Nach **Erwerb** des gemeinsamen Hauses **durch den Unterhaltspflichtigen** ist der Wohnvorteil unter Berücksichtigung des vollen Wohnwertes gemindert um die Hauslasten und den Zinsaufwand des Finanzierungskredites zu bemessen.[549] Die Berücksichtigung eines Wohnvorteils bei der Bemessung des nachehelichen Unterhalts kann nicht mit der Begründung außer Betracht bleiben, die Ehegatten seien so zu behandeln, als hätten sie das Haus an einen Dritten veräußert und den Erlös geteilt.[550]

638   Der BGH[551] fasst diese Konstellation wie folgt zusammen:

»Diese Erwägungen vermögen es indessen nicht zu rechtfertigen, demjenigen Ehegatten, der den Miteigentumsanteil des anderen erwirbt, grds. fiktive Zinseinkünfte aus einem erzielbaren Veräußerungserlös zuzurechen, obwohl er das Familienheim übernommen hat und bewohnt. Vielmehr ist aufseiten des Antragstellers der volle Wohnvorteil in die Unterhaltsberechnung einzustellen. Hiervon sind die Hauslasten in Abzug zu bringen, insb. die Zins- und Tilgungsleistungen auf die bereits vor der Veräußerung des Miteigentumsanteils bestehenden Kreditverbindlichkeiten, durch die bereits die ehelichen Lebensverhältnisse geprägt worden sind. Zahlungen, die für den Erwerb des Miteigentumsanteils der Antragsgegnerin zu erbringen sind, mindern den Wohnvorteil dagegen nur hinsichtlich des Zinsaufwands. Um Tilgungsleistungen, die der Rückführung eines entsprechenden – nicht die ehelichen Lebensverhältnisse prägenden – Darlehens dienen, ist der Wohnvorteil dagegen nicht zu kürzen, weil anderenfalls dem Antragsteller zulasten der Antragsgegnerin eine Vermögensbildung gestattet würde (vgl. Senat, NJW 2000, 2349 = FamRZ 2000, 950 [FamRZ 2000, 951 f.]). Diese Vorgehensweise hat nicht zur Folge, dass der die ehelichen Lebensverhältnisse prägende Nutzungsvorteil des Hauses mit einem insgesamt zu hohen Wert angesetzt wird. Denn der Wohnvorteil mindert sich nunmehr durch die zusätzlichen Zinsverbindlichkeiten für den Betrag, den die Antragsgegnerin erhalten hat.«

639   I. R. d. **Bedürftigkeit** ist eine andere Grenze für die Berücksichtigung von Kreditraten zu beachten. Denn bei der Bedürftigkeit ist maßgeblich, in welchem Umfang ein Unterhaltsbedarf nach den ehelichen Lebensverhältnissen durch eigene Einkünfte oder Gebrauchsvorteile gedeckt ist. Jedoch kann dieser Unterhaltsbedarf durch Kreditraten, die die Summe aus eigenen Einkünften und sonstigen Gebrauchsvorteilen übersteigen, nicht weiter erhöht werden. Deswegen können **Kreditraten** i. R. d. Bedürftigkeit immer nur die **Summe aus eigenen Einkünften und Gebrauchsvorteilen** kompensieren,

---

548   OLG Hamm, FamRZ 2003, 876; OLG Saarbrücken, NJW-RR 2005, 444; OLG Koblenz, NJW 2002, 1885; Völker/Clausius, in: jurisPK-BGB § 1578 Rn. 104 m. w. N.
549   BGH, 11.05.2005 – XII ZR 211/02, NJW 2005, 3277 = FamRZ 2005, 1817 m. Anm. Büttner, FamRZ 2005, 1899; vgl. auch BGH, 01.12.2004 – XII ZR 75/02, FamRZ 2005, 1159.
550   BGH, 01.12.2004 – XII ZR 75/02, FamRZ 2005, 1159, 1161; a. A. Gerhardt, FamRZ 2003, 414, 415.
551   BGH, NJW 2005, 2077.

also auch nur bis zu deren Höhe berücksichtigt werden.⁵⁵² Dagegen scheidet eine Begrenzung lediglich auf die Höhe des Wohnwertes aus.

2. Kosten der Kinderbetreuung

▶ **Das Wichtigste in Kürze** 640

- Die Kosten der Kinderbetreuung sind Bedarf des Kindes. → Rdn. 642 ff.
- Die Kosten des Kindergartens sind als Mehrbedarf einzustufen und nicht im Tabellenunterhalt enthalten. → Rdn. 645 ff.
- Die Verpflegungskosten sind bereits im Tabellenunterhalt enthalten. → Rdn. 649
- Für Mehrbedarf haften die Eltern anteilig. → Rdn. 652 ff.

Die **Kosten der Kinderbetreuung** sind nach der Gesetzesbegründung bei der Unterhaltsberechnung angemessen zu berücksichtigen.⁵⁵³ Denkbar ist es, diese Kosten beim Kindesunterhalt oder beim Ehegattenunterhalt zu berücksichtigen.⁵⁵⁴ 641

a) Kosten des Kindergartenbesuches sind Bedarf des Kindes

Der BGH geht davon aus, dass die für den **Kindergartenbesuch** anfallenden Kosten, und zwar gleichgültig, ob die Einrichtung halb- oder ganztags besucht wird, zum **Bedarf eines Kindes** zu rechnen sind und grds. **keine berufsbedingten Aufwendungen des betreuenden Elternteils** darstellen.⁵⁵⁵ Begründet wird dies damit, dass nur bei dieser Beurteilung gewährleistet werden könne, dass der betreuende Elternteil für einen hieraus folgenden Mehrbedarf nicht allein aufzukommen brauche, weil er je nach Lage des Einzelfalles keinen eigenen Unterhaltsanspruch habe. 642

Jedoch ging der BGH bisher davon aus, dass der Beitrag für einen halbtägigen Kindergartenbesuch grds. keinen Mehrbedarf des Kindes darstellt.⁵⁵⁶ Begründet wurde dies damit, dass der halbtägige Besuch des Kindergartens heutzutage die Regel ist, sodass es sich bei dem hierfür zu zahlenden Beitrag um Kosten handelt, die üblicherweise ab Vollendung des dritten Lebensjahres eines Kindes anfallen. 643

An dieser Beurteilung, die sich auf sozialverträglich gestaltete Kindergartenbeiträge bezieht, hielt der BGH für Fälle fest, in denen der nach der früheren Düsseldorfer Tabelle titulierte Unterhalt die Kosten für den halbtägigen Kindergartenbesuch bis zu einer Höhe von etwa 50 € mtl. umfasst.

---

552 BGH, 28.03.2007 – XII ZR 21/05, FamRZ 2007, 879.
553 Zur Frage der steuerrechtlichen Berücksichtigung s. BFH, FamRZ 2008, 57.
554 Ausführlich Viefhues, ZFE 2008, 284, 285 ff.
555 BGH, 05.03.2008 – XII ZR 150/05, FamRZ 2008, 1152 m. Anm. Born = FPR 2008, 299 m. Anm. Söpper; dazu ausführlich Viefhues, ZFE 2008, 284; BGH, 26.11.2008 – XII ZR 65/07, FamRZ 2009, 962 m. Anm. Born.
556 BGH, 14.03.2007 – XII ZR 158/04, FamRZ 2007, 882, 886.

Dagegen wurden diejenigen Kosten, die den Aufwand für den halbtägigen Kindergartenbesuch bzw. einen Betrag von etwa 50 € mtl. übersteigen, als Mehrbedarf eingestuft. Für diesen Mehrbedarf haftet grds. nicht der barunterhaltspflichtige Elternteil allein, sondern beide Elternteile anteilig nach ihren Einkommensverhältnissen.

644 Diese Rechtsprechung gibt der BGH mit seiner Entscheidung v. 26.11.2008 – XII ZR 65/07[557] ausdrücklich auf. Der amtliche Leitsatz lautet:

»1. Kindergartenbeiträge bzw. vergleichbare Aufwendungen für die Betreuung eines Kindes in einer kindgerechten Einrichtung sind in den Unterhaltsbeträgen, die in den Unterhaltstabellen ausgewiesen sind, unabhängig von der sich im Einzelfall ergebenden Höhe des Unterhalts nicht enthalten. Das gilt sowohl für die Zeit vor dem 31.12.2007 als auch für die Zeit nach dem Inkrafttreten des Unterhaltsänderungsgesetzes 2007 am 01.01.2008 (Aufgabe der Senatsurteile, 14.03.2007 – XII ZR 158/04, FamRZ 2007, 882, 886 und v. 05.03.2008 – XII ZR 150/05, FamRZ 2008, 1152, 1154).
2. Die in einer Kindereinrichtung anfallenden Verpflegungskosten sind dagegen mit dem Tabellenunterhalt abgegolten.«

b) Gesamte Kosten des Kindergartenbesuches als Mehrbedarf

645 Der BGH hält ausdrücklich daran fest, dass die Kosten des Kindergartenbesuches dem Bedarf des Kindes zuzurechnen sind. Bei den fraglichen Kosten handelt es sich **vollständig um unterhaltsrechtlichen Mehrbedarf**. Da diese Kosten regelmäßig anfallen, können sie keinen Sonderbedarf i. S. d. § 1613 Abs. 2 Nr. 1 BGB begründen. Als Mehrbedarf ist der Teil des Lebensbedarfs anzusehen, der regelmäßig während eines längeren Zeitraums anfällt und das Übliche derart übersteigt, dass er mit den Regelsätzen nicht zu erfassen, andererseits aber kalkulierbar ist und deshalb bei der Bemessung des laufenden Unterhalts berücksichtigt werden kann.[558]

646 An seiner einschränkenden Rechtsprechung, dass der Beitrag für den halbtägigen Kindergartenbesuch grds. keinen Mehrbedarf eines Kindes darstellt und bereits im Tabellenbetrag enthalten ist, hält der BGH damit nicht fest. Dies begründet der BGH mit dem **verfassungsrechtlich gewährleisteten sächlichen Existenzminimum** des Kindes.[559]

647 Der BGH stellt dann fest, dass das genannte Leistungsspektrum den Kindergartenbeitrag bzw. vergleichbare Aufwendungen für die Betreuung eines Kindes in einer kindgerechten Einrichtung nicht einschließt und führt dies unter Hinweis auf die Regelsatzverordnung weiter aus. Zudem ergibt sich aus § 90 SGB VIII und der Definition der zumutbaren Belastung in §§ 82 bis 85, 87, 88 und 92a SGB XII, dass Empfänger von Leistungen der Hilfe zum Lebensunterhalt regelmäßig keine Kosten für die Betreuung eines Kindes in einem Kindergarten aufzubringen haben, solche Kosten demnach

---

557 BGH, FamRZ 2009, 962 m. Anm. Born.
558 Zur Abgrenzung von Mehrbedarf und Sonderbedarf s. BGH, FamRZ 2006, 612 = ZFE 2006, 231; ausführlich Viefhues jurisPK-BGB (2012), § 1613 Rn. 101 ff., zum Zusatzbedarf beim Ausbildungsunterhalt Götz, FF 2008, 352.
559 BGH, FamRZ 2009, 962 m. Anm. Born.

weder Teil der Regelleistungen zu sein brauchen noch in Form ergänzender Leistungen erfolgen müssen, um einen zusätzlichen Bedarf zu decken. Demnach beinhalten weder das sächliche Existenzminimum noch der Mindestbedarf eines Kindes die für den Kindergartenbesuch aufzubringenden Kosten. Für den Betreuungs- und Erziehungsbedarf des Kindes, der über den existenziellen Sachbedarf hinaus notwendiger Bestandteil des familiären Existenzminimums ist, sind vielmehr zusätzliche Mittel zu veranschlagen. Dies gilt aber auch für Unterhaltsbeträge oberhalb des Mindestunterhalts. Auch diese decken grds. keinen wesensverschiedenen Aufwand ab, sondern zielen aufgrund der abgeleiteten Lebensstellung des Kindes auf eine Bedarfsdeckung auf höherem Niveau ab. Danach ist die Annahme aber nicht gerechtfertigt, in höheren Unterhaltsbeträgen seien Kosten für den Besuch eines Kindergartens teilweise enthalten.

Der BGH stellt weiter klar, dass diese Grundsätze auch für die Zeit bis zum 31.12.2007 gelten. **648**

Zu beachten ist aber, dass die in den Kindergartenbeiträgen enthaltenen **Kosten für die Verpflegung** des Kindes keinen Mehrbedarf darstellen, sondern **vom Tabellenbetrag umfasst werden**.[560] **649**

c) Konsequenzen der Einordnung der Betreuungskosten als Mehrbedarf

aa) Konkreter Sachvortrag und Schätzung

Die Höhe des Mehrbedarfs muss konkret **dargelegt** werden; allerdings kann das Gericht auf der Basis eines ausreichenden Sachvortrags eine **Schätzung** gem. § 287 ZPO vornehmen.[561] **650**

bb) Verhältnis zum Mindestbedarf (Mangelfall)

Fraglich ist, ob dieser Mehrbedarf eines Kindes dazu führen darf, dass der Mindestbedarf eines anderen Kindes nicht mehr voll gezahlt werden kann. Da **Mehrbedarf nur i.R.d. Angemessenen zu leisten** ist, ist diese Grenze überschritten, **wenn der Mindestbedarf eines anderen Kindes dadurch beeinträchtigt** wird.[562] Im Mangelfall ist ein Mehrbedarf des Kindesunterhalts ggü. dem Mindestbedarf folglich subsidiär und findet daher zunächst keinen Eingang in eine Mangelfallberechnung.[563] **651**

Beim Zusammentreffen von Unterhaltsansprüchen minderjähriger und privilegiert volljähriger Kinder errechnet sich auch im Mangelfall die Anteilshaftung für das privilegiert volljährige Kind ohne Vorwegabzug des den minderjährigen Kindern geschuldeten Unterhalts.[564]

---

560 BGH, FamRZ 2009, 962; Viefhues, ZFE 2008, 284, 286 und Bissmaier, BGHR 2008, 747 f.
561 Wendl/Dose, § 2 Rn. 404 m.w.N.
562 Soyka, FuR 2010, 58.
563 OLG Stuttgart, 07.03.2012 – 11 UF 331/11, FamFR 2012, 225.
564 OLG Stuttgart, 07.03.2012 – 11 UF 331/11, FamFR 2012, 225.

cc) Anteilige Haftung

652 Für diesen Mehrbedarf haben beide Elternteile anteilig nach ihren Einkommensverhältnissen aufzukommen, wobei vorab ein Sockelbetrag i. H. d. angemessenen Selbstbehalts abzuziehen ist. Durch einen solchen Abzug werden bei erheblichen Unterschieden der vergleichbaren Einkünfte die sich daraus ergebenden ungleichen Belastungen zugunsten des weniger verdienenden Elternteils relativiert. Dabei ist es zulässig, vor der Berechnung der jeweiligen Haftungsanteile zu berücksichtigen, dass die Mutter für die höheren Lebenshaltungskosten in der Schweiz sowohl für den Antragsteller als auch für sich selbst aufzukommen hat.

Dabei ist zu beachten, dass i. R. d. Mehrbedarfs – anders als beim Elementarunterhalt – die Betreuung des Kindes den betreuenden Elternteil, der über eigenes Einkommen verfügt, nicht von seiner anteiligen Mithaftung für den Mehrbedarf entlastet.[565]

653 ▶ **Berechnungsbeispiel** zur Verteilung des Kindergartenbeitrags zwischen den Eltern (**Werte der Düsseldorfer Tabelle 2012 und Kindergeld 2012**[566])

Bereinigtes Einkommen Ehemann	2.550 €	
Kindesunterhalt Kind 1 (Tabelle)		365 €
abzgl. halbes Kindergeld		- 92 €
Zahlbetrag Kindesunterhalt	- 270 €	273 €
Anzurechnendes Einkommen für Berechnung des Ehegattenunterhalts	2.277 €	
Bereinigtes Einkommen Ehefrau	1.650 €	
Kosten der Kinderbetreuung		
Anzurechnendes Einkommen	1.650 €	
Verteilung der Kinderbetreuungskosten		
Kosten	170 €	
Enthalten im Tabellenunterhalt (Verpflegungskosten)	- 35 €	
Verbleiben direkt zu verteilen	135 €	
Einkommen Mann	2.277 €	
abzgl. Selbstbehalt ggü. minderjährigen Kindern	-950 €	
Verbleiben anzurechnen	1.327 €	
Einkommen Frau	1.650 €	

---

565 OLG Düsseldorf, ZFE 2005, 369 = FamRZ 2006, 223 [LS].
566 Zur voraussichtlichen Anhebung der Selbstbehaltssätze s. Rdn. 720.

F. Allgemeine unterhaltsrechtliche Grundsätze   Kapitel 3

abzgl. Selbstbehalt ggü. minderjährigen Kindern	-950 €
Verbleiben anzurechnen	700 €
Anzurechnender Gesamtbetrag beider Eltern	2.027 €
Quote Mann	65,47 %
Quote Frau	34,53 %
Anteil Kinderbetreuungskosten zu zahlen	
Mann	88,38 €
Frau	46,62 €
Gesamt	135 €

Die folgende Übersicht zeigt die gesamte finanzielle Lage beider Elternteile nach der Verrechnung:

Mann hat insgesamt

Eigeneinkommen	2.550 €
Kindesunterhalt	- 273 €
Kindesunterhalt	0 €
Ehegattenunterhalt	- 268,71 €
Anteil Kinderbetreuungskosten	- 88,83 €
Gesamt	**1.919,91 €**

Frau hat insgesamt

Eigeneinkommen	1.650 €
Ehegattenunterhalt	268,71 €
Kinderbetreuungskosten	- 46,62 €
Verpflegungskosten	- 35 €
Kindesunterhalt	273 €
Kindesunterhalt	0 €
Kindergeld	184 €
Gesamt	**2.294,09 €**

Zur Frage, ob der angemessene Selbstbehalt oder lediglich der notwendige Selbstbehalt abzuziehen ist, hat der BGH[567] entschieden: **654**

---

567 BGH, 04.05.2011 – XII ZR 70/09, NJW 2011, 1874 = FamRZ 2011, 104= FuR 2011, 458; krit. Anm. Hoppenz, FamRZ 2011, 1647.

Zwar sind die Eltern ihren minderjährigen Kindern gegenüber nach § 1603 Abs. 2 Satz 1 BGB gesteigert unterhaltspflichtig, was es rechtfertigt, ihnen insoweit grundsätzlich lediglich den notwendigen Selbstbehalt zu belassen. Diese gesteigerte Unterhaltspflicht gegenüber Minderjährigen und privilegiert volljährigen Kindern entfällt nach § 1603 Abs. 2 Satz 3 BGB aber dann, wenn ein anderer leistungsfähiger Verwandter vorhanden ist. In solchen Fällen ist zunächst lediglich eine Leistungsfähigkeit unter Berücksichtigung des angemessenen Selbstbehalts nach § 1603 Abs. 1 zu berücksichtigen.

Dies gilt immer dann, wenn beide Elternteile barunterhaltspflichtig sind, insbesondere also gegenüber privilegiert volljährigen Kindern nach § 1603 Abs. 2 Satz 2 BGB (Senatsurteil vom 12. Januar 2011 – XII ZR 83/08, FamRZ 2011, 454 Rn. 33 ff.), aber auch dann, wenn beide Eltern ihren minderjährigen Kindern Barunterhalt schulden, wie dies beim echten Wechselmodell (Senatsurteil vom 21. Dezember 2005 – XII ZR 126/03 – FamRZ 2006, 1015 Rn. 14 ff.) oder dann der Fall ist, wenn beide Eltern für einen Mehrbedarf des Kindes, etwas den Kindergartenbeitrag, haften (Senatsurteil vom 26. November 2008 – XII ZR 65/07 – FamRZ 2009, 962 Rn. 32).

655 Der Ansatz des angemessenen Selbstbehalts von 1.150 €[568] führt im Berechnungsbeispiel zu folgenden Ergebnissen:

▶ Beispiel:

Einkommen Mann	2.277 €
abzgl. angemessenen SBH	- 1.150 €
verbleiben anzurechnen	1.127 €
Einkommen Ehefrau	1.650 €
abzgl. angemessenen SBH	-1.150 €
verbleiben anzurechnen	500 €
anzurechnender Gesamtbetrag beider Eltern	1.627 €
Quote Mann	69,27 %
Quote Frau	30,73 %
Anteil Kinderbetreuungskosten zu zahlen	
Mann	117,76 €
Frau	52,24 €
	170 €

---

568 Zur voraussichtlichen Anhebung der Selbstbehaltsätze s. Rdn. 720.

▶ **Praxistipp:** 656

– Denkbar ist auch der Ansatz, hinsichtlich dieser Kosten, die aufgrund gemeinsamen Sorgerechts auch gemeinsam veranlasst worden sind, eine **gesamtschuldnerische Haftung** anzunehmen.[569]
– Sofern keine gegenteilige Regelung – die auch konkludent getroffen werden kann – gegeben ist, liefe dies auf eine hälftige Beteiligung beider Elternteile hinaus und zwar losgelöst von Selbstbehaltsätzen und den dadurch geschützten Einkommensanteilen. Auch greift in diesem Fall die Möglichkeit der rückwirkenden Geltendmachung nach § 1613 BGB nicht ein.[570]

dd) Abzug auch in anderen Fällen

Die Kindergartenkosten sind auch dann vorrangig in Abzug zu bringen, wenn es um Einkünfte des Unterhaltspflichtigen geht, der seinerseits ein Kind hat und hierfür Kindergartenkosten bezahlt, aber vom Ex-Ehegatten z. B. wegen Krankheitsunterhalt in Anspruch genommen wird.[571] 657

d) Behandlung anderer Betreuungskosten (Fremdbetreuungskosten allgemein)

Fraglich ist, wie bei **anderen Kosten der Kinderbetreuung** (z. B. Tagesmütter, Kinderfrau, nachmittägliche Schulbetreuung, Kindertagesstätte, Tagespflegestätte, Hort), die der betreuende Elternteil trägt, zu verfahren ist. 658

Die Argumentation des BGH stützt sich entscheidend darauf, dass das **sächliche Existenzminimum** und dem folgend der Mindestbedarf eines Kindes nicht die für den Kindergartenbesuch aufzubringenden Kosten umfassen. Für sonstige Betreuungskosten ist daher immer konkret zu prüfen, ob diese vom sächlichen Existenzminimum des Kindes umfasst sind. 659

Zudem stellt der BGH[572] in seiner Argumentation entscheidend auf die pädagogische Bedeutung des Kindergartenbesuches für die persönliche Entwicklung des Kindes ab und begründet damit, dass diese Kosten zum Bedarf des Kindes zu zählen sind und nicht berufsbedingte Aufwendungen des betreuenden Elternteils darstellen. Ob dies auch **bei anderen Formen der Fremdbetreuung** zu gelten hat, die weniger das Ziel einer fachgerechten, schulvorbereitenden und pädagogisch hochwertigen Erziehung des Kindes verfolgen, sondern in erster Linie dazu dienen, dem erwerbstätigen Elternteil eine Erwerbstätigkeit zu ermöglichen, ist fraglich.[573] Die Unterhaltsleitlinien der 660

---

569 OLG Naumburg, 22.09.2011 – 8 UF 118/11, NJW 2012, 623.
570 OLG Naumburg, 22.09.2011 – 8 UF 118/11, NJW 2012, 623.
571 OLG Dresden, FamFR 2009, 138.
572 BGH, 05.03.2008 – XII ZR 150/05, FamRZ 2008, 1152 m. Anm. Born = FPR 2008, 299 m. Anm. Söpper; dazu ausführlich Viefhues, ZFE 2008, 284; BGH, 26.11.2008 – XII ZR 65/07.
573 Büttner/Niepmann, NJW 2008, 2391, 2398 sehen diese Kosten weiterhin als berufsbedingten Aufwand des betreuenden Ehegatten an.

Oberlandesgerichte legen daher teilweise unter Ziffer 10.3 fest, dass das Einkommen aus einer neben der Kinderbetreuung ausgeübten Erwerbstätigkeit um den notwendigen, konkret dargelegten Aufwand für die Betreuung des Kindes vermindert werden kann. Zum Aufwand für die Betreuung des Kindes zählen nicht die Kosten des Kindergartenbesuchs.

661 So hat das OLG Hamm z. B. bei der Berechnung des Ehegattenunterhalts für die Betreuung der Kinder durch die **Großeltern** einen (fiktiven) Betrag beim Einkommen der Kindesmutter abgezogen.[574] Dies ist sachgerecht, denn es ist davon auszugehen, dass diese Leistung dem eigenen Kind zugutekommen soll.[575] Grds. stellt sich bei der **Betreuung der Kinder durch Verwandte** die Frage, ob diese Leistung nicht in Zukunft zu monetarisieren und ebenso wie tatsächlich angefallene Kosten einer Fremdbetreuung anzurechnen ist.[576]

662 Wird eine **private Kinderfrau** engagiert, fallen ebenfalls nicht unerhebliche Kosten an, über deren Ausgleich in der Praxis Streit entstehen kann:

Auf der Grundlage der Entscheidung des BGH wird vertreten, bei derartigen Kosten danach zu **differenzieren**, ob die Betreuung einen **pädagogischen Schwerpunkt** hat oder lediglich erfolgt, um eine **Erwerbstätigkeit des einen Elternteils zu ermöglichen** und daher ggf. über den Ehegattenunterhalt abgerechnet werden muss. Die Abgrenzung solle z. B. danach erfolgen, wessen Interessen sie vorrangig dient.[577] Besteht neben einem pädagogischen Interesse auch ein Eigeninteresse des betreuenden Elternteils, könne auch in Betracht kommen, nur einen Teil der Kosten als Mehrbedarf des Kindes geltend zu machen.[578]

Eine andere Meinung sieht auch diese Kosten als (**zusätzlichen**) **Bedarf des Kindes** an und verweist darauf, dass es nicht von der pädagogischen Einstufung abhängen könne, ob der betreuende Elternteil auf diesen Kosten sitzen bleibe. Bereits das »Versorgtsein« und »Betreutwerden« als solches während der Abwesenheit des Elternteils sei ein ureigenes Bedürfnis eines jeden Kindes.[579]

663 Eine Reihe von Gerichtsentscheidungen geht jedoch genau den gegenteiligen Weg und rechnet die Betreuungskosten beim Ehegattenunterhalt als berufsbedingte

---

574 OLG Hamm, FuR 2007, 177, 181; vgl. auch OLG Nürnberg, FamRZ 2004, 1063 = FuR 2005, 571; AG Konstanz, FamRZ 2006, 1709.
575 Borth, Rn. 78.
576 Meier, FamRZ 2008, 101, 104; Finke/Ebert, § 3 Rn. 150; s. a. Leitlinien des OLG Frankfurt am Main, Nr. 10.3.
577 Ehinger/Griesche/Rasch, Rn. 119; Büttner/Niepmann/Schwamb, Rn. 351.
578 Ehinger/Griesche/Rasch, Rn. 119 unter Hinweis auf OLG Celle, FamRZ 2003, 323.
579 Götz, FF 2009, 259, 261; Paladt/Brudermüller, BGB § 1570 Rn. 17, so auch der AK 2 des Familiengerichtstages 2009.

Aufwendungen des betreuenden Elternteils an.⁵⁸⁰ In der Literatur wird ebenfalls vertreten, alle Arten von Kosten der Kinderbetreuung (**Fremdbetreuungskosten**) dem Mehrbedarf **des betreuenden Elternteils** zuzurechnen.⁵⁸¹ Dies müsse z. B. auch bei der Betreuung der Kinder durch Großeltern in den Schulferien gelten.⁵⁸²

Der BGH geht in einem Fall, in dem das Kind zeitweise von einer privaten Person betreut worden ist, davon aus, dass das **Erwerbseinkommen der Mutter** in dieser Zeit aus **überobligatorischer Tätigkeit** stammt.⁵⁸³ Zwar unterliegt es einer Billigkeitsanrechnung nach § 1577 Abs. 2 BGB, wurde aber im konkreten Fall vollkommen anrechnungsfrei belassen.⁵⁸⁴ 664

Diese unterschiedlichen dogmatischen Ansätze können auch **Auswirkungen auf die Höhe des zu berücksichtigenden Betrags** haben: 665
– Beim ersten Ansatz ist der tatsächliche – oder hypothetisch festzulegende – Preis der Fremdbetreuung anzusetzen, also z. B. die **Kosten** der Kinderfrau oder des Nachhilfelehrers.
– Beim zweiten Ansatz kommt es auf das **Einkommen** an, das die Kindesmutter während dieser Zeit erzielt.

Der AK 2 des **Familiengerichtstages 2009** hat die folgende Empfehlung ausgesprochen: 666

Kosten der Kinderbetreuung, die notwendig sind, um dem betreuenden Elternteil eine Erwerbstätigkeit zu ermöglichen, sind als **Mehrbedarf des Kindes** einzustufen.

Die Entscheidung über diese Frage ist aber immer eine Rechtsfrage und steht dabei nicht in der Disposition der Eheleute.⁵⁸⁵

▶ Praxistipp: 667

– In der Praxis lässt sich der Streit um diese Frage möglicherweise durch den Hinweis entschärfen, dass der nichtbetreuende Elternteil unabhängig vom dogmatischen Ansatz her an den Kosten beteiligt werden wird.
– Ergeben sich dann keine nennenswerten rechnerischen Unterschiede, müsste eine einvernehmliche Lösung erzielbar sein.
– Umfangreiche Streitigkeiten hierüber sind jedenfalls oft wirtschaftlich unsinnig!

---

580 OLG Celle, FuR 2009, 628; OLG Zweibrücken, 30.05.2008 – 2 UF 233/07; OLG Jena, FuR 2010, 55; OLG Oldenburg, FuR 2009, 594; so auch Hammer Leitlinien 2010, Nr. 10.3.
581 Maurer, FF 2009, 410.
582 Norpoth, FPR 2009, 485.
583 BGH, 17.06.2009 – XII ZR 102/08, FamRZ 2009, 1391 = NJW 2009, 2592, m. Anm. Wever, FF 2009, 373, 375.
584 Krit. Wever, FF 2009, 373, 375.
585 Vgl. auch Reinken, FPR 2008, 90, 92; a. A. wohl Spangenberg, FamRZ 2007, 1023.

Kapitel 3   Materielle Voraussetzungen des Unterhaltsanspruchs

668   In einer Reihe von gerichtlichen Entscheidungen sind die Kinderbetreuungskosten dagegen als berufsbedingter Aufwand vom Einkommen des betreuenden Elternteils abgezogen worden (so auch die Unterhaltsleitlinien einiger Oberlandesgerichte unter Ziffer 10.3).[586]

e) Rechtliche Besonderheiten beim Mehrbedarf

669   Wenn die **Kosten der Kinderbetreuung als Mehrbedarf** eingestuft werden, sind bestimmte materiell-rechtliche und verfahrensrechtliche Besonderheiten zu beachten:[587]

aa) Verzug hinsichtlich des Mehrbedarfs

670   Für **Mehrbedarf** muss der Unterhaltspflichtige nach bisheriger Rechtsprechung nur dann einstehen, wenn er hierfür gesondert rechtzeitig in **Verzug** gesetzt worden ist.[588]

671   Allerdings hat der BGH es für den vergleichbaren Fall des Altersvorsorgeunterhalts beim Ehegattenunterhalt nicht für erforderlich angesehen, dass speziell für diesen unselbstständigen Teil des Unterhaltsanspruchs Verzug begründet worden sein muss.[589] Wendet man diese Überlegungen hier entsprechend an, muss es ausreichen, wenn der Unterhaltspflichtige bspw. über eine Auskunftsaufforderung gem. § 1613 BGB generell in Verzug gesetzt worden ist.

672   ▶ Praxistipp:
- Für die anwaltliche Praxis ist es aber immer zu empfehlen, in Zukunft auch in den vorprozessualen Aufforderungen konkret Verzug hinsichtlich des Mehrbedarfs zu begründen.
- Zahlungsverzug lässt sich am einfachsten mit einer korrekten Auskunftsaufforderung nach § 1613 BGB erreichen, weil damit keine Bezifferung der Zahlungsforderung verbunden ist, sondern Verzug i. H. d. später zugesprochenen Betrags eintritt.[590]
- Ratsam ist es aber immer, in einer solchen Aufforderung deutlich zu machen, dass nicht nur der Elementarunterhalt, sondern auch – ggf. anteilige – besondere Kosten der Kinderbetreuung geltend gemacht werden sollen.

---

586   OLG Celle, FuR 2009, 628; OLG Jena, FuR 2010, 55; OLG Oldenburg, FuR 2009, 594; OLG Zweibrücken, 30.05.2008 – 2 UF 233/07; AG Gummersbach, 25.11.2008 – 22 F 50/08.
587   Vgl. Viefhues, in: jurisPK-BGB (2012), § 1610 Rn. 287 ff. m. w. N.
588   Klein, in: Weinreich/Klein, FaKomm FamR, § 1610 BGB Rn. 60.
589   BGH, FamRZ 2007, 193 m. Anm. Borth; zurückhaltender BGH, FamRZ 2007, 1532 m. Anm. Maurer; ausführlich Borth, FPR 2008, 86.
590   Ausführlich Viefhues, ZFE 2004, 145.

bb) Mehrbedarf als unselbstständiger Teil des Unterhaltsanspruchs

Zudem ist **Mehrbedarf ein unselbstständiger Teil des Unterhalts** und kann nur zusammen mit diesem geltend gemacht werden. 673
- Ein **Teilbeschluss** über den **Mehrbedarf**, ohne Entscheidung zugleich über den restlichen Unterhaltsanspruch, soll wegen der Gefahr der Widersprüchlichkeit regelmäßig **nicht zulässig** sein.
- Besteht bereits ein Titel über Elementarunterhalt, ist nur der Weg über die **Abänderungsklage** möglich.
- Es gilt bei Beschlüssen die **Rückwirkungssperre** des § 238 Abs. 3 FamFG.
- Dabei ist die **Wesentlichkeitsgrenze** zu beachten (§ 238 Abs. 1 Satz 2 FamFG).
- Die Tatsachen, auf die der Mehrbedarf gestützt wird, können gem. § 238 Abs. 2 FamFG **präkludiert** sein!

▶ **Praxistipp:** 674

In einer Unterhaltsvereinbarung über den Kindesunterhalt sollte daher immer auch das Thema Kindergartenbeitrag (bzw. sonstige Betreuungskosten) angesprochen und geregelt werden.[591]
- Dies kann in Form einer zusätzlichen Zahlungsverpflichtung des Unterhaltspflichtigen i.H.e. statischen Betrags oder unter Bezugnahme auf die Kostentabelle des betreffenden Kindergartens erfolgen (befristet bis zur Einschulung des Kindes).
- Festgelegt werden sollte auch eine Mitteilungspflicht des kindesbetreuenden Elternteils über entsprechende Veränderungen, wie z. B. Änderungen der Kosten, Wechsel der Betreuungseinrichtung usw.

Der AK 2 des **Familiengerichtstages 2009** hat die Empfehlung ausgesprochen: 675

Soweit Kosten der Kinderbetreuung als Mehrbedarf des Kindes behandelt werden, sollen sie als **selbstständiger Teil des Unterhalts geltend gemacht werden können.**

cc) Interessenkonflikt des Anwalts der Kindesmutter

Aus anwaltlicher Sicht stellt sich die Frage der Interessenkollision bei gleichzeitiger Vertretung des Kindes, das Unterhalt gegen den unterhaltspflichtigen Vater geltend macht, und der Mutter, die für den Mehrbedarf anteilig mithaftet.[592] 676

---

[591] Reetz, Notar 2008, 108, 111.
[592] Hierzu Sarres, ZFE 2007, 294; Meyer-Götz, ZFE 2003, 237; Offermann-Burckat, FF 2009, 104, 108; Hartung, AnwBl. 2011, 679-681; Offermann-Burckart, FF 2012, 17; vgl. auch BGH, Senat für Anwaltssachen, 23.04.2012, AnwZ (Brfg) 35/11.

dd) Verfahrensweise im Mangelfall

677 Noch ungeklärt ist auch die Frage, in welchem Verhältnis dieser Mehrbedarf des einen Kindes beim Mangelfall im Verhältnis zum Basisunterhaltanspruch anderer Kinder zu behandeln ist.

678 ▶ Beispiel:

Das Einkommen des Unterhaltspflichtigen reicht gerade aus, um den Mindestunterhalt nach der Tabelle für zwei Kinder zu decken.

Wenn der Mehrbedarf in die Mangelberechnung eingestellt wird, erhöht sich der Anteil des einen Kindes, während beim anderen Kind nicht einmal der Basisunterhalt gedeckt werden kann.

679 § 1609 BGB stellt den gesamten Kindesunterhalt in den ersten Rang, unterscheidet also intern nicht zwischen Basisunterhalt und Mehrbedarf. Dennoch spricht viel dafür, dem Basisunterhalt innerhalb des gleichen Ranges Vorrang einzuräumen.[593]

3. Kosten des Umgangsrechts

680 ▶ Das Wichtigste in Kürze

- Normale Kosten des Umgangsrechts trägt der Umgangsberechtigte selbst. → Rdn. 681 ff.
- Besondere Kosten können ggf. beim Unterhalt berücksichtigt werden. → Rdn. 683 ff.
- Die Einzelheiten sind umstritten. → Rdn. 687 ff.

681 Normale Kosten des Umgangsrechts trägt der Umgangsberechtigte allein, ohne sie in der Unterhaltsberechnung abziehen zu können.

682 Insb. dann, wenn die Eltern weit entfernt voneinander wohnen, fallen höhere Kosten für die Ausübung des Umgangsrechts an.[594]

683 In seiner Entscheidung v. 24.06.2009,[595] mit der er den Abzug des Zahlbetrags des Kindesunterhalts bei der Berechnung des Ehegattenunterhalts festgelegt hat, ist der BGH beiläufig auch auf die Frage der Umgangskosten eingegangen:

»Dass dem barunterhaltspflichtigen Elternteil infolge des teilweisen Verbrauchs des Kindergelds schließlich weniger Spielraum für sonstige Ausgaben, z.B. für **Umgangskosten**, verbleibt, ist anderweitig zu berücksichtigen, etwa durch einen – teilweisen – Abzug der

---

593 OLG Stuttgart, FamFR 2012, 225; Soyka, FuR 2010, 58.
594 Zur Frage, ob für den **Umzug** mit dem Kind die **Zustimmung** des anderen Elternteils erforderlich ist, s. Finger, FamFR 2009, 134; zum **Umzug ins Ausland** bei bestehendem Umgangsrecht des anderen Elternteils BGH, Beschl. v. 28.04.2010 – XII ZB 81/09, FamRZ 2010, 1061; Born, FamFR 2009, 129; vgl. auch OLG Koblenz, Beschl. V. 04.05.2010 – 11 UF 149/10, FamRZ 2010, 1572; OLG Nürnberg, Beschl. v. 09.09.2010 – 11 WF 972/10.
595 BGH, 24.06.2009 – XII ZR 161/08; FamRZ 2009, 1477.

F. Allgemeine unterhaltsrechtliche Grundsätze   Kapitel 3

Umgangskosten vom Einkommen oder eine Erhöhung des (Ehegatten-) Selbstbehalts (vgl. Senatsurteile, 17.06.2009 – XII ZR 102/08, v. 27.05.2009 – XII ZR 78/08, jeweils zur Veröffentlichung bestimmt; v. 23.02.2005 – XII ZR 56/02, FamRZ 2005, 706, 708 und v. 09.01.2008 – XII ZR 170/05, FamRZ 2008, 594, 599 sowie Wendl/Klinkhammer, Das Unterhaltsrecht in der familienrichterlichen Praxis 7. Aufl., § 2 Rn. 169).«

In seinem Urt. v. 17.06.2009[596] hat der BGH in einem Verfahren, in dem ebenfalls um Ehegattenunterhalt gestritten wurde, ausgeführt: **684**

»Soweit das OLG **vom Einkommen des unterhaltspflichtigen Antragstellers Kosten für die Ausübung des Umgangsrechts** mit dem gemeinsamen Kind i. H. v. monatlich 30 € abgesetzt hat, ist dies aus revisionsrechtlicher Sicht nicht zu beanstanden.«

In der Entscheidung v. 09.01.2008[597] heißt es dazu: **685**

»Das Berufungsgericht wird deswegen erneut prüfen müssen, ob es auch angesichts höherer Umgangskosten eine Anpassung des dem Beklagten zu belassenden notwendigen Selbstbehalts ablehnt. Dabei wird es auch zu berücksichtigen haben, dass dem Beklagten hier kein Anteil des Kindergeldes anrechnungsfrei verblieb, mit dem er die Kosten der Ausübung seines Umgangsrechts finanzieren könnte. Der Senat hat bereits entschieden, dass dann bei nicht unerheblichen Umgangskosten, die der Unterhaltsschuldner nicht aus den Mitteln bestreiten kann, die ihm über den notwendigen Selbstbehalt hinaus verbleiben, **eine maßvolle Erhöhung des Selbstbehalts** in Betracht kommt (Senatsurteil, 23.02.2005 – XII ZR 56/02, FamRZ 2005, 706, 708).«

Die Einordnung der Betreuungskosten als besonderer Bedarf, der nicht vom Tabellenunterhalt gedeckt ist, hat nach Einschätzung der Literatur daher noch weitere Auswirkungen. So geht Schürmann[598] davon aus, dass auch die **Kosten** für die Ausübung **des Umgangsrechts** den kindlichen Bedarf betreffen und dem umgangsberechtigten Elternteil nicht für seine Lebensführung zur Verfügung stehen, also unterhaltsrechtlich nicht unberücksichtigt bleiben können.[599] **686**

In der Frage der unterhaltsrechtlichen Behandlung der **Kosten des Umgangsrechts** bestand nach bisherigem Recht weitgehend Einigkeit, dass der **Umgangsberechtigte** die Kosten des Umganges **selbst tragen** muss (dazu gehören Fahrt- und eventuelle Übernachtungskosten, ggf. auch Verpflegungsmehraufwand).[600] Es wurde weder eine unmittelbare Kostenbeteiligung des anderen Elternteils anerkannt noch die Möglichkeit, diese Kosten (in angemessener Höhe) bei der Unterhaltsberechnung vorab vom Einkommen abzuziehen. Im Regelfall wurde auch eine Erhöhung des Selbstbehalts **687**

---

596 BGH, 17.06.2009 – XII ZR 102/08, FamRZ 2009, 1391 = NJW 2009, 2592 m. Anm. Wever, FF 2009, 373.
597 BGH, 09.01.2008 – XII ZR 170/05, FamRZ 2008, 594, 599.
598 Schürmann, FamRZ 2009, 1306, 1308; s. a. Luthin/Koch/Schürmann, Rn. 4168.
599 S. a. Menne, ZKJ 2009, 420.
600 Zur bisherigen Rechtsprechung Viefhues, in: jurisPK-BGB (2012), § 1610 Rn. 156 ff.; ausführlich Menne, ZKJ 2009, 420.

Viefhues

Kapitel 3 — Materielle Voraussetzungen des Unterhaltsanspruchs

ablehnt. Stattdessen wurde der Umgangsberechtigte darauf verwiesen, derartige Kosten aus seinem Kindergeldanteil zu bestreiten.[601]

688 Nach der seit dem 01.01.2008 geltenden Neufassung des § 1612b BGB überzeugt dieser Lösungsansatz nicht mehr. Denn wenn nach dieser Regelung das Kindergeld zugunsten des Kindes zu verwenden ist, kann es nicht gleichzeitig für die Umgangskosten des barunterhaltspflichtigen Elternteils herangezogen werden.[602]

689 Nach den Hinweisen des BGH bieten sich **zwei Lösungswege** an:

a) Abzug der Kosten vom Einkommen

690 Die in Zusammenhang mit der Ausübung des Umgangsrechts anfallenden Kosten werden (ganz oder teilweise) als **Abzugsposten beim Einkommen** berücksichtigt. Damit werden die Unterhaltsschuldner, die hohe Umgangskosten aufbringen müssen, wirkungsvoll entlastet.

Diese Lösung hat folgende **Schwächen:**
– Durch den Abzug vom unterhaltsrechtlich relevanten Einkommen wird der Unterhalt für Kind und Ehegatten vermindert. De facto bekommen damit die Umgangskosten einen Vorrang vor dem Barunterhaltsanspruch des Kindes.
– Es besteht die Gefahr, dass bei der konkreten Anrechnung auf das Einkommen die Kosten detailliert aufgelistet werden müssen und damit erhebliche Zusatzarbeit ausgelöst wird.[603]
– Der Abzug vom unterhaltsrelevanten Einkommen kann dazu führen, dass die Kosten des Umgangsrechts de facto das Kind und der Ehegatte (ganz oder überwiegend) tragen. Möglicherweise ist es aber sachgerechter, hier von einer anteiligen Haftung (wie beim Mehrbedarf) auszugehen, damit also nur einen Teil der Umgangskosten unterhaltsrechtlich in Ansatz zu bringen.
– Denkbar wäre es auch, die Anrechnung nur beim Ehegattenunterhalt zuzulassen, damit auf jeden Fall der Basisunterhalt des Kindes sichergestellt wird.

Die Anrechnung auf das Einkommen beim Ehegattenunterhalt hätte den Vorteil, dass über die 3/7-Quote eine anteilige Haftung beider Eltern erreicht wird.
– Allerdings dürfte die unterschiedliche Einkommensbemessung beim Kindes- und Ehegattenunterhalt – zumindest in bestimmten Fallkonstellationen – zu Berechnungsproblemen führen.

---

601 Vgl. Eschenbruch/Klinkhammer, Rn. 6 bis 691 f.; 1 bis 758, 1 bis 761; Menne/Grundmann, S. 115.
602 OLG Braunschweig, 21.02.2012 – 2 WF 246/11.
603 Menne, ZKJ 2009, 420.

F. Allgemeine unterhaltsrechtliche Grundsätze   Kapitel 3

b) Erhöhung des Selbstbehalts ggü. dem Ehegattenunterhaltsanspruch

Der andere Ansatz geht dahin, den **Selbstbehalt ggü. dem Ehegattenunterhaltsanspruch um einen Anteil der Umgangskosten zu erhöhen.** Dem Unterhaltspflichtigen blieben damit die notwendigen Mittel, um die Umgangskosten aufbringen zu können.   **691**

Diese Lösung hätte folgende **Auswirkungen:**
- Der umgangsberechtigte Elternteil, der über ausreichend hohe Einkünfte verfügt, dessen Selbstbehalt also gar nicht tangiert wird, trägt die Kosten weiterhin in vollem Umfang selbst.
- Da es nur um die Erhöhung des Ehegattenselbstbehalts geht, bleibt der Kindesunterhaltsanspruch davon unberührt. Der Basisunterhalt des Kindes ist damit vorrangig gedeckt.
- Wird das vorhandene Einkommen für den Basisunterhalt des Kindes und die Umgangskosten sowie den Selbstbehalt des umgangsberechtigten Elternteils verbraucht, geht der andere Ehegatte leer aus.
- Im Mangelfall muss man evtl. mit Billigkeitsüberlegungen vorgehen und darf nur einen Teil der Kosten anerkennen, damit die Umgangskosten nicht vollständig zulasten des anderen Elternteils gehen.

Generell gilt in allen Fällen, dass der Umgangsberechtigte sich ggf. einschränken muss und **möglichst wenig Kosten** bei der Ausübung des Umgangsrechts **auslösen** darf.   **692**

c) Auswirkungen im Sozialhilferecht

Zu den **sozialhilferechtlichen Ansprüchen** der Kinder während der Zeit ihres Aufenthalts beim Umgangsberechtigten, vgl. das BSG, Urt. v. 02.07.2009.[604] Danach steht minderjährigen **Kindern**, die sich i. R. d. Ausübung des Umgangsrechts bei einem Elternteil aufhalten, **anteiliges Sozialgeld** für jeden vollen Tag zu.   **693**

4. Altersteilzeit und Vorruhestand

▶ **Das Wichtigste in Kürze**   **694**

- Grundsätzliche Verletzung der Erwerbsobliegenheit. → Rdn. 695
- Ausnahmen sind jedoch möglich. → Rdn. 696
- Anwaltlicher Sachvortrag ist erforderlich. → Rdn. 697

Auch hier gilt der unterhaltsrechtliche Grundsatz, dass eine **selbst herbeigeführte Verminderung der Leistungsfähigkeit** nach Treu und Glauben unbeachtlich ist, wenn die betreffende Person **unterhaltsrechtlich verantwortungslos** oder zumindest **leichtfertig** gehandelt hat. Die den Regelungen über flexible Altersgrenzen zugrunde liegenden sozialpolitischen oder arbeitsmarktorientierten Erwägungen bieten keinen zur Beurteilung der **unterhaltsrechtlichen Erwerbsobliegenheit** geeigneten Maßstab. **Regelmäßig** liegt daher eine unterhaltsrechtliche **Obliegenheitsverletzung** vor, mit der Folge des   **695**

---

604 BSG, FuR 2009, 581 = FamRZ 2009, 1997.

Ansatzes der bisherigen höheren Einkünfte.[605] Dies gilt sowohl beim Unterhaltspflichtigen als auch beim Unterhaltsberechtigten.

696 Es können jedoch eine Reihe von **Ausnahmen** greifen:[606]
- Prägende Wirkung der ehelichen Lebensverhältnisse beim Ehegattenunterhalt,
- Abwenden des völligen Verlustes des Arbeitsplatzes,
- anerkennenswerte gesundheitliche Gründe und
- fortbestehende Leistungsfähigkeit aus anderen Gründen.

697 ▶ **Praxistipp:**

- Für die anwaltliche Beratung sind gerade diese möglichen Ausnahmen relevant.
- Eine Obliegenheitsverletzung muss immer aufgrund einer **umfassenden Interessenabwägung** unter Gesamtwürdigung aller Umstände des Einzelfalles nach Abwägung der Belange des Berechtigten und des Verpflichteten festgestellt werden.
- Hierzu ist aber in der Praxis eine umfassende Information durch den Mandanten und ein ausreichend substanziierter **anwaltlicher Sachvortrag** im Prozess erforderlich, der ggf. auch bewiesen werden muss.

698 Bei **besonderen Altersgrenzen** aus persönlichen (z. B. Schwerbehinderte) oder beruflichen Gründen (z. B. Polizei, Feuerwehr, Vollzugsdienst der Justiz, Fluglotsen, Soldaten, Bergleute) hängt das vorzeitige Ausscheiden aus dem aktiven Berufsleben nicht vom Willen der betreffenden Person ab, sodass darin allein kein unterhaltsrechtlich vorwerfbares Verhalten liegt. Allerdings lässt das Erreichen dieser besonderen Altersgrenze die Erwerbsobliegenheit nicht ohne Weiteres entfallen. Bei einem mit 41 Jahren pensionierten, aber voll erwerbsfähigen Flugzeugführer hat der BGH eine Obliegenheitsverletzung bejaht, wenn dieser sich mit seinen Versorgungsbezügen begnügt.[607]

699 Entscheidend ist hier, ob in der konkreten Situation noch eine anderweitige Erwerbstätigkeit der vorzeitig in den Ruhestand gegangenen Person möglich ist. Dies hängt von der beruflichen Vorbildung und den Fähigkeiten, aber auch von dem konkreten gesundheitlichen Zustand ab.

700 **Rechtsfolge** der Verletzung einer unterhaltsrechtlichen Obliegenheit ist, dass ein Unterhaltspflichtiger dem Berechtigten die Minderung des Einkommens nicht entgegenhalten kann und sich das bisherige Einkommen fiktiv zurechnen lassen muss. Er wird also so behandelt, als ob er den bisherigen Unterhalt weiterzahlen könnte. Teilweise wird aber auch darauf verwiesen, dass der Betreffende neben seiner Rente im Rahmen bestimmter Grenzen Einkommen hinzuverdienen kann, um auf das bisherige Einkommensniveau zu kommen.

---

605 BGH, 11.07.2012 – XII ZR 72/10; OLG Koblenz, FamRZ 2004, 1573; OLG Hamm, NJW 2004, 161 = ZFE 2005, 97; OLG Saarbrücken, ZFE 2005, 101; OLG Saarbrücken, NJW 2007, 520 m. Anm. Eschenbruch; ausführlich Viefhues, FF 2006, 103.
606 Ausführlich Viefhues, FF 2006, 103, 104.
607 BGH, FamRZ 2004, 254, 255.

Selbstständige sind vielfach über das 65. Lebensjahr hinaus erwerbstätig. Wäre dies 701
auch bei Fortbestand der Ehe der Fall gewesen, war diese Fortsetzung also schon in
den ehelichen Lebensverhältnissen angelegt, kann das tatsächlich erzielte Einkommen
als prägend i. R. d. Ehegattenunterhalts Anrechnung finden. Umstritten ist allerdings,
ob der Selbstständige seine Erwerbstätigkeit einschränken darf. Teilweise wird vertreten, dass keine Obliegenheit bestehe, über das allgemeine Rentenalter hinaus tätig zu
sein. Vielmehr könne er seine Beschäftigung jederzeit ohne unterhaltsrechtliche Nachteile einschränken oder aufgeben.[608] Die Gegenansicht verneint dieses Recht, wenn
der Selbstständige diese Tätigkeit zunächst über das 65. Lebensjahr hinaus fortgesetzt
hat.[609] Der BGH hat entschieden, dass sowohl vom Unterhaltspflichtigen als auch vom
Unterhaltsberechtigten nach dem Erreichen der Regelaltersgrenze die Ausübung einer
Erwerbstätigkeit grds. nicht mehr erwartet werden kann.[610]

5. Nebentätigkeit

▶ **Das Wichtigste in Kürze** 702

- Eine Nebentätigkeitsobliegenheit besteht nur, wenn ein Unterhaltsanspruch des minderjährigen Kindes geltend gemacht wird. → Rdn. 703
- Die Frage der Zumutbarkeit ist entscheidend. → Rdn. 706 ff.

Die Obliegenheit zur Nebentätigkeit wird bei der verschärften Haftung ggü. **minder-** 703
jährigen Kindern aus § 1603 Abs. 2 BGB vertreten – also **nicht** beim **Ehegattenunterhalt**. Diese Obliegenheit hat auch das BVerfG bestätigt.[611]

Die Rechtsprechung verlangt demnach von einem verschärft haftenden Unterhalts- 704
schuldner, der vollschichtig arbeitet, vielfach eine **zusätzliche Nebentätigkeit** aufzunehmen, um seiner Unterhaltsverpflichtung ggü. seinen minderjährigen Kindern im
vollem Umfang nachkommen zu können.[612] Dabei sind im konkreten Einzelfall **verschiedene Fragen** von Bedeutung:

- **Kann** der Unterhaltspflichtige aufgrund seiner persönlichen Verhältnisse eine Nebentätigkeit ausüben?
- Welche **Art von Nebentätigkeiten** ist ihm konkret **zumutbar**?
- **Darf** er neben seiner Haupttätigkeit eine Nebentätigkeit aufnehmen?
- Wie **hoch** ist der daraus anzurechnende (hypothetische) **Verdienst**?

---

608 OLG Hamm, FamRZ 1997, 883.
609 OLG Dresden, OLGR 2003, 102.
610 BGH, NJW 2011, 670 m. Anm. Born = FamRZ 2011, 454 m. Anm. Finke = FuR 2011,
 295; vgl. auch BGH, 03.02.1999 – XII ZR 146/97, FamRZ 1999, 708 und BGHZ 166,
 351, 355 f. = FamRZ 2006, 683, 684.
611 BVerfG, 1 BvR 774/10, NJW 2012, 2420.
612 OLG Hamm, NJW-RR 1994, 965; OLG Hamm, FamRZ 1996, 303; OLG Koblenz,
 FamRZ 1991, 1475; OLG Hamburg, FamRZ 1990, 784.

705 Nach der **Empfehlung des Arbeitskreises 13 des Deutschen Familiengerichtstages 2011**[613] ist auch bei vollschichtiger Erwerbstätigkeit des Unterhaltspflichtigen **im Regelfall eine Nebentätigkeit** zu verlangen, es sei denn
- der Umfang der Tätigkeiten insgesamt geht regelmäßig über 48 Stunden hinaus,
- gesundheitliche oder altersbedingte Gründe stehen entgegen,
- der Umgang mit seinen Kindern würde erheblich beeinträchtigt oder
- allgemeine Belastungen oder tatsächliche und rechtliche Hindernisse durch die hauptberufliche Tätigkeit stehen entgegen.

a) Möglichkeit und Zumutbarkeit einer Nebentätigkeit

706 Von einem Unterhaltspflichtigen, der eine Berufstätigkeit ausübt, die 40 Std. wöchentlich unterschreitet, kann grds. eine Nebentätigkeit verlangt werden.[614]

Dagegen ist bei einer vollschichtigen Haupttätigkeit die **Obliegenheit zu einer Nebentätigkeit sorgfältig zu prüfen.**

Der BGH betont, dass i. R. d. objektiven Zumutbarkeit auch die Grenzen des Arbeitszeitgesetzes zu beachten sind. Nach § 3 ArbZG darf die werktägige Arbeitszeit der Arbeitnehmer grds. 8 Stunden nicht überschreiten. Nach § 9 Abs. 1 ArbZG dürfen Arbeitnehmer an Sonn- und gesetzlichen Feiertagen grds. nicht beschäftigt werden. Damit ist die **wöchentliche Arbeitszeit regelmäßig auf 48 Stunden begrenzt** (sechs Tage mal 8 Stunden), wobei nach § 2 ArbZG die Arbeitszeiten bei verschiedenen Arbeitgebern zusammenzurechnen sind. Mit diesen Vorschriften ist aus objektiver Sicht die Obergrenze der zumutbaren Erwerbstätigkeit auch für die Fälle vorgegeben, in denen der Unterhaltspflichtige nach § 1603 Abs. 2 Sätze 1 und 2 BGB gesteigert unterhaltspflichtig ist.[615] Auch das BVerfG stellt auf das ArbeitszeitG ab.[616]

707 Für die Entscheidung dieser Frage kommt es einmal auf die Art der **Tätigkeit im Hauptberuf** an und auf die sich daraus ergebende Belastung. Hier sind Faktoren wie

---

613 FamRZ 2011, 1923.
614 BGH, FamRZ 2009, 315.
615 BGH, 04.05.2011 – XII ZR 70/09, FamRZ 2011, 1041 = NJW 2011, 1875; BGH, 03.12.2008 – XII ZR 182/06, FamRZ 2009, 315 = FPR 2009, 124 m. Anm. *Schmitz* = FuR 2009, 162 m. Anm. *Soyka*; BGH, 20.02.2008 – XII ZR 101/05, FamRZ 2008, 872 m. Anm. *Hoppenz*; BGH, 03.12.2008 – XII ZR 182/06, FamRZ 2009, 314; OLG Köln, 28.07.2008 – 4 WF 78/08, FPR 2008, 587 m. Anm. *Born*; OLG Naumburg, 03.06.2009 – 3 WF 121/09, FamRZ 2010, 127; OLG Brandenburg, 29.01.2009 – 13 WF 29/08, FuR 2009, 279; vgl. auch OLG Köln, 11.08.2011 – 4 WF 122/11, FamFR 2011, 490; OLG Stuttgart, 09.08.2011 – 18 WF 130/11, FamFR 2011, 464; OLG Saarbrücken, 07.08.2009 – 6 UFH 58/09, FuR 2010, 327; OLG Brandenburg, 05.03.2007 – 10 WF 13/07, ZFE 2007, 271; OLG Stuttgart, 21.11.2006 – 15 WF 283/06, FamRZ 2007, 1763; vgl. auch AG Rinteln, 18.10.2006 – 4 F 173/06 UK, FamRZ 2007, 1120; OLG Celle, 17.05.2001 – 12 WF 103/01, FamRZ 2002, 694; KG, 08.01.2003 – 3 UF 213/02, FamRZ 2003, 1208-1210.
616 BVerfG, 1 BvR 774/10, NJW 2012, 2420.

der zeitliche Einsatz, die Schwere der Arbeit, Nacht-, Schicht- oder Wechseldienst, Sonn- und Feiertagsarbeit, Wochenenddienste sowie der Zeitaufwand für den Hauptberuf einschließlich der Fahrtzeiten von und zur Arbeit von Bedeutung.[617] Erfolgt die **Vollzeitbeschäftigung** in **Wechselschicht** ist eine Nebentätigkeit auch dann nicht zumutbar, wenn diskontinuierlich und in moderatem Umfang immer erst äußerst kurzfristig anberaumte Kurzarbeitszeiten anfallen.[618]

Auch die Fahrtkosten haben ihre Bedeutung.[619] Zu prüfen ist folglich, ob und in welchem Umfang es dem betreffenden Unterhaltsverpflichteten im konkreten Einzelfall unter Abwägung seiner von ihm darzulegenden besonderen Lebens- und Arbeitssituation und gesundheitlichen Belastung mit der Bedarfslage des Unterhaltsberechtigten zugemutet werden kann, eine Nebentätigkeit auszuüben. 708

Zu berücksichtigen ist aber auch das persönliche Umfeld des Unterhaltspflichtigen und seine eigenen schützenswerten Belange. Dabei spielt die Möglichkeit des Unterhaltspflichtigen, sein grundrechtlich geschütztes **Umgangsrecht** auszuüben, eine besondere Rolle.[620] Wird ein Unterhaltspflichtiger dadurch besonders belastet, dass er zur Durchführung seiner **Umgangskontakte** mit den Kindern alle 2 Wochen am Wochenende eine Fahrtstrecke von jeweils 90 km zurücklegt, ist ihm eine Nebentätigkeit nicht zuzumuten.[621] 709

Dies gilt auch hinsichtlich einer **neuen Familie**, denn nicht nur das Kind aus der gescheiterten Ehe hat ein Recht auf persönlichen Kontakt mit seinem Vater, sondern auch das Kind aus einer neuen Beziehung. So hat das OLG Köln auch die **familiäre Situation des Unterhaltspflichtigen in seiner neuen Familie** berücksichtigt, in der die neue Ehefrau bereits wieder teilschichtig tätig war, obwohl die gemeinsamen Kinder noch sehr jung waren. Daher müsse sich der Unterhaltspflichtige im Hinblick auf das geringe Alter der Kinder verstärkt in die Versorgung und Betreuung der Kinder einbringen. Daneben könne ihm keine Nebenbeschäftigung abverlangt werden.[622]

Schließlich ist zu prüfen, ob es Nebentätigkeiten entsprechender Art für den Betreffenden auf dem Arbeitsmarkt überhaupt gibt und ob die Aufnahme einer solchen Tätigkeit ohne rechtliche Hindernisse möglich ist. Die Darlegungs- und Beweislast hierfür liegt beim Unterhaltsverpflichteten.[623] Ausreichender anwaltlicher Sachvortrag ist im gerichtlichen Verfahren daher unverzichtbar! 710

---

617 Sehr weitgehend OLG Hamm, FamRZ 2004, 299.
618 OLG Saarbrücken, 08.02.2011 – 9 WF 123/10, ZFE 2011, 273.
619 OLG Brandenburg, ZFE 2007, 393.
620 BGH, FamRZ 2009, 315; OLG Nürnberg, FamRZ 2002, 1426.
621 BGH, FamRZ 2009, 315; OLG Bamberg, OLGR 2005, 707.
622 OLG Köln, 28.09.2011 – IV ZR 250/10, FamRZ 2012, 314.
623 BVerfG, FamRZ 2003, 661 unter Hinweis auf BGH, FamRZ 1998, 357, 359; BVerfG, BVerfGE 68, 256, 270 = FamRZ 1985, 143.

Kapitel 3 Materielle Voraussetzungen des Unterhaltsanspruchs

711 Im Rahmen dieser **Einzelfallprüfung** kommt es in erster Linie auf die folgenden **Faktoren** an, wobei der Unterhaltspflichtige die Darlegungs- und Beweislast trägt:
- Belastung durch den Hauptberuf (Arbeitszeiten, Schichtdienst),
- zusätzliche Fahrtzeiten zur Arbeitsstelle,
- zeitlicher Aufwand für die Eigenversorgung,
- zeitlicher Aufwand für Umgangskontakte,
- objektive berufliche Voraussetzungen für eine Nebentätigkeit (Kenntnisse, Fähigkeiten, Einsatzmöglichkeiten),
- Vorhandensein entsprechender Nebentätigkeitsmöglichkeiten.[624]

b) Arbeitslosigkeit und Nebenerwerbseinkünfte

712 Vertreten wird auch, dass ein zum Unterhalt verpflichteter ALG II-Empfänger Erwerbseinkommen beziehen könne, ohne dass dieses Erwerbseinkommen seine Bezüge nach dem SGB II mindere.[625]

c) Rechtliche Zulässigkeit einer Nebentätigkeit (Nebentätigkeitsgenehmigung)

713 Die verstärkte Erwerbsobliegenheit nach § 1603 Abs. 2 BGB darf weder rechtlich noch tatsächlich wegen übergroßer Belastung des Arbeitnehmers zu einer Gefährdung des Hauptarbeitsverhältnisses führen.

714 Weiter zu beachten ist deshalb, dass Nebentätigkeiten in aller Regel der Zustimmung des Arbeitgebers (**Nebentätigkeitsgenehmigung**) bedürfen.[626]

715 Allerdings ist die Bedeutung einer **Nebentätigkeitsgenehmigung des Arbeitgebers** umstritten.[627] Dabei geht es um die Fragen
- der Notwendigkeit einer Genehmigung durch den Arbeitgeber,[628]
- des arbeitsrechtlichen Anspruchs gegen den Arbeitgeber[629] und
- der Zumutbarkeit arbeitsgerichtlicher Maßnahmen bei Verweigerung.[630]

---

624 Dazu Hohmann-Dennhardt, FF 2007, 174, 183.
625 OLG Brandenburg, ZFE 2008, 69; OLG Brandenburg, ZFE 2007, 393; OLG Koblenz, ZFE 2006, 236; OLG Brandenburg, FamRZ 2006, 1297; OLG Brandenburg, NJW 2008, 3366; OLG Schleswig, 26.05.2009 – 12 WF 188/08; ausführlich Götsche, ZFE 2008, 170. Anders OLG Hamm, NJW 2009, 3446; Schürmann, ZFE 2008, 57.
626 OLG Hamburg, FamRZ 2003, 1205.
627 OLG Hamburg, 13.09.2002 – 10 UF 52/01, FamRZ 2003, 1205; ausführlich Viefhues, in: jurisPK-BGB (2012), § 1603 Rn. 697 ff. m. w. N.
628 OLG Hamburg, 13.09.2002 – 10 UF 52/01, FamRZ 2003, 1205.
629 BAG, 26.06.2001 – 9 AZR 343/00, NZA 2002, 98; BAG, 26.06.2001 – 9 AZR 343/00, NZA 2002, 98; BAG, 03.12.1970 – 2 AZR 110/70, AP Nr. 60 zu § 626 BGB; BAG, 26.08.1976 – 2 AZR 377/75, AP BGB § 626 Nr. 68, BAG, 15.03.1990 – 2 AZR 484/89; BAG, 23.09.2004 – 6 AZR 567/03, FamRZ 2004, 1966; vgl. Gaul/Mirza, MDR 2006, 68; OLG Naumburg, 09.10.2006 – 4 UF 22/06, FamRZ 2007, 1038; OLG Dresden, 16.02.2005 – 21 UF 22/05, FamRZ 2005, 1584.
630 OLG Hamm, 08.07.2004 – 2 WF 307/04, FamRZ 2005, 649.

Auch (zulässige) Konkurrenzklauseln im Arbeitsvertrag können die konkreten Möglichkeiten einer Nebentätigkeit einschränken.[631]

716 Bestehende rechtliche Hindernisse für die Ausübung einer Nebentätigkeit muss der Unterhaltspflichtige **darlegen und beweisen**.[632] Geht es im Streit um Unterhalt um die Nebentätigkeitsobliegenheit, kann sich der Pflichtige im Regelfall nicht einfach darauf berufen, ihm sei eine Nebentätigkeit nicht erlaubt. Vielmehr ist der Unterhaltspflichtige gehalten, sich ganz konkret mit einer plausiblen Begründung um die Genehmigung einer Nebentätigkeit zu bemühen; dies hat er im Unterhaltsverfahren darzulegen und ggf. nachzuweisen.

Daher ist es Sache des Pflichtigen, näher auszuführen, welche Bemühungen er unternommen hat, bei seinem Arbeitgeber eine Nebentätigkeitsgenehmigung zu erlangen oder – falls dies nicht geschehen ist – aus welchen Gründen ihm nicht zugemutet werden kann, ein bestehendes Verbot abändern zu lassen oder warum entsprechende Versuche nicht Erfolg versprechend sind.[633]

717 Der Arbeitgeber hat ein schützenswertes Interesse daran, dass sein Arbeitnehmer ausgeruht, konzentriert und belastbar seiner geschuldeten Arbeitstätigkeit nachgeht. Aber auch der Arbeitnehmer hat ein rechtlich geschütztes Interesse daran, dass der Arbeitgeber ihm im Rahmen dieser Grenzen die Möglichkeiten gibt, zusätzliche Einkünfte zu erzielen. Im Einzelfall sind aber auch noch zusätzliche Konkurrenzverbote zu beachten.[634]

718 Über ein Verbot kann sich der Pflichtige aber nicht ohne Risiken für das Arbeitsverhältnis hinwegsetzen. Angesichts der Situation auf dem Arbeitsmarkt kann – auch im wohlverstandenen Interesse des Unterhaltsberechtigten an einer langfristigen Sicherung seines Anspruchs – daher auch nicht verlangt werden, gegen die Verweigerung der Nebentätigkeitsgenehmigung zu klagen.[635]

d) Tatsächlich ausgeübte Nebentätigkeit

719 Geht der Unterhaltsschuldner dagegen bereits einer Nebenbeschäftigung nach, **erzielt er also tatsächliche Mehreinnahmen**, besteht eine Vermutung dafür, dass die zusätzliche Arbeit auch zumutbar ist.[636] Wurde sie also bereits über einen längeren Zeitraum ausgeübt, z. B. um Schulden zu tilgen, kann sie in aller Regel nicht mehr als überobligatorisch angesehen werden.

---

631 Vgl. OLG Dresden, 15.03.2007 – 21 UF 518/06, ZFE 2007, 271 = FamRZ 2007, 1477.
632 BGH, FamRZ 2009, 315.
633 OLG Dresden, ZFE 2007, 271.
634 Instruktiv dazu OLG Dresden, OLGR 2007, 631.
635 Vgl. OLG Hamm, FamRZ 2005, 649; OLG Hamburg, FamRZ 2006, 503.
636 BVerfG, 05.03.2003 – 1 BvR 752/02, FamRZ 2003, 661.

VII. Selbstbehalt

▶ Hinweis:

720 Die Selbstbehaltsätze werden voraussichtlich zum Jahresende angehoben. Die endgültigen Zahlen standen bei Drucklegung noch nicht fest. Daher sind die Beispiele noch auf Grundlage der aktuellen Zahlen für 2011/2012 berechnet.

Voraussichtlich werden die Beträge auf folgende Werte angehoben:
- Notwendiger Selbstbehalt: nicht erwerbstätig 800 €, erwerbstätig: 1.000 €
- Mindestselbstbehalt gegenüber Ehegatte: 1.100 €
- Volljährige Kinder: 1.200 €
- Eltern/Großeltern: 1.600 €

1. Selbstbehalt beim Kindesunterhalt

a) Selbstbehalt des barunterhaltspflichtigen Elternteils ggü. dem minderjährigen Kind

721 Zwar sind die Eltern ihren minderjährigen Kindern ggü. nach § 1603 Abs. 2 Satz 1 BGB gesteigert unterhaltspflichtig mit der Folge, dass ihnen insoweit grds. lediglich der **notwendige Selbstbehalt** belassen wird. Diese **gesteigerte Unterhaltspflicht** ggü. Minderjährigen und privilegiert volljährigen Kindern **entfällt** nach § 1603 Abs. 2 Satz 3 BGB aber dann, **wenn ein anderer leistungsfähiger Verwandter vorhanden ist.** In solchen Fällen ist zunächst lediglich eine Leistungsfähigkeit unter Berücksichtigung des angemessenen Selbstbehalts nach § 1603 Abs. 1 BGB anzunehmen.

Auch der betreuende Elternteil im Sinne von § 1606 Abs. 3 Satz 2 BGB kann ein **anderer leistungsfähiger Verwandter** im Sinne von § 1603 Abs. 2 Satz 3 BGB sein. Dem barunterhaltspflichtigen Elternteil kann dann der angemessene Selbstbehalt belassen bleiben, wenn der Kindesunterhalt von dem betreuenden Elternteil unter Wahrung dessen angemessenen Selbstbehalts gezahlt werden kann und ohne seine Beteiligung an der Barunterhaltspflicht ein erhebliches finanzielles Ungleichgewicht zwischen den Eltern entstünde.[637]

In solchen Fällen entfällt aber lediglich die gesteigerte Unterhaltspflicht nach § 1603 Abs. 2 Satz 1 und 2 BGB, also die Beschränkung auf den notwendigen Selbstbehalt. Die Unterhaltspflicht mit dem Einkommen, das den angemessenen Selbstbehalt übersteigt, wird davon nicht berührt.[638]

---

[637] BGH, NJW 2011, 1874 = FamRZ 2011, 1041; dazu Menne FF 2011, 388; BGH, FamRZ 2008, 137.
[638] BGH, FamRZ 2011, 454; BGH, FamRZ 2008, 137; BGH, FamRZ 1998, 286, 288 und BGH, FamRZ 1991, 182, 183 f.

Dies gilt immer dann, wenn **beide Elternteile barunterhaltspflichtig** sind, insb. also ggü. **privilegiert volljährigen Kindern** nach § 1603 Abs. 2 Satz 2 BGB[639] aber auch dann, wenn beide Eltern ihren minderjährigen Kindern Barunterhalt schulden, wie dies beim **echten Wechselmodell**[640] oder dann der Fall ist, **wenn beide Eltern für einen Mehrbedarf des Kindes, etwa den Kindergartenbeitrag, haften.**[641]

b) Selbstbehalt des barunterhaltspflichtigen Elternteils ggü. dem volljährigen privilegierten Kind

Der BGH hat die Streitfrage, ob beim Unterhalt des privilegierten volljährigen Kindes (zu Hause wohnender, bis 21 Jahre alter Schüler in der allgemeinen Schulausbildung), den beide Eltern in bar sicherzustellen haben (vgl. § 1606 Abs. 3 Satz 2 BGB), als Sockelbetrag (nur) vom notwendigen oder vom angemessenen Selbstbehalt auszugehen ist), nicht endgültig entschieden. Er stellt aber klar, dass[642]
– im **Normalfall** (in dem jedenfalls ein Elternteil leistungsfähig ist) der **angemessene Selbstbehalt** anzusetzen ist,
– dagegen im Mangelfall (in dem »Armut« beider Elternteile vorliegt) der notwendige Selbstbehalt gilt.

722

2. Individueller Selbstbehalt beim Ehegattenunterhalt

Üblicherweise wird der Selbstbehalt des Unterhaltspflichtigen – unabhängig von seinem konkreten Einkommen und den ihn treffenden Belastungen mit einem einheitlichen Betrag bemessen, der – ggf. jährlich angepasst – in der Düsseldorfer Tabelle festgelegt worden ist. Wenn aber der Bedarf der Berechtigten sich nach den – konkreten – ehelichen Lebensverhältnissen richtet, ist es konsequent, auch beim angemessenen Selbstbehalt des Unterhaltspflichtigen von den abstrakten Tabellenwerten abzuweichen und stärker auf die **individuellen Lebensverhältnisse** abzustellen. Jedenfalls ist bei der **Prüfung der Leistungsfähigkeit i. R. d. § 1581 BGB** daher nach der neuesten Rechtsprechung des BGH zu beachten, dass der eigene angemessene Unterhalt nicht geringer sein darf als der an den Unterhaltsberechtigten zu leistende Betrag.[643]

723

---

639 BGH, FamRZ 2011, 454 Rn. 33 ff.
640 BGH, FamRZ 2006, 1015 Rn. 14 ff.
641 BGH, NJW 2011, 1874 = FamRZ 2011, 1041; BGH, FamRZ 2009, 962 Rn. 32.
642 BGH, 12.01.2011 – XII ZR 83/08, NJW 2011, 670 m. Anm. Born = FamRZ 2011, 454 m. Anm. Finke.
643 BGH, FamRZ 2012, 281 m. Anm. Borth FamRZ 2012, 253 = NJW 2012, 384.

3. Herabsetzung des Selbstbehaltes

a) Herabsetzung wegen Zusammenleben mit einem neuen Partner

724 Die höchst umstrittene Frage, ob bei Zusammenleben mit einem neuen Partner der Selbstbehalt des Unterhaltspflichtigen herabgesetzt werden kann, hat der BGH bejaht.[644]

Der Selbstbehalt eines Unterhaltspflichtigen kann um die durch eine gemeinsame Haushaltsführung eintretende Ersparnis, höchstens jedoch bis auf sein Existenzminimum nach sozialhilferechtlichen Grundsätzen herabgesetzt werden.[645]

Dabei ist dieser Vorteil ggf. konkret zu bemessen,[646] jedoch hat der BGH[647] auch gegen die Pauschalierung der Ersparnis – hier pro Person auf 100 € – keine Einwände.

725 In einem Fall zum Elternunterhalt nimmt der BGH[648] in Anlehnung an die Regelungen im Sozialrecht eine Haushaltsersparnis von 10 % an. Er lehnt ab, die Bemessung der Haushaltsersparnis aus dem Verhältnis der unterschiedlichen Selbstbehaltsbeträge abzuleiten. Dieses Verhältnis kann zum einen Veränderungen unterliegen; zum anderen erscheint es in seiner Aussagekraft hinsichtlich des Umfangs der Haushaltsersparnis, die wegen des den Familienselbstbehalt übersteigenden Einkommens eintritt, nicht zwingend.

Zu berücksichtigen ist auch, dass der Ersparniseffekt bei beiden Partnern anfällt, also beim Unterhaltspflichtigen nur zur Hälfte angesetzt werden kann.[649]

Erforderlich ist allerdings, dass der **neue Partner** ausreichend **leistungsfähig** ist.[650] Denn nur bei entsprechender Leistungsfähigkeit kommen im Ergebnis Einspareffekte zustande.[651]

---

644 BGH, 09.01.2008 – XII ZR 170/05, NJW 2008, 1373 m. Anm. Born = FamRZ 2008, 594 m. Anm. Borth und krit. Anm. Weychardt, FamRZ 2008, 778, Graba, FPR 2008, 176-177.
645 BGH, 09.01.2008 – XII ZR 170/05, NJW 2008, 1373 m. Anm. Born = FamRZ 2008, 594 m. Anm. Borth und krit. Anm. Weychardt, FamRZ 2008, 778, Graba, FPR 2008, 176-177.
646 Krit. zu den sich daraus ergebenden praktischen Schwierigkeiten Schwamb, FF 2008, 160.
647 BGH, 17.03.2010 – XII ZR 204/08, FamRZ 2010, 802 m. Anm. Viefhues = NJW 2010, 1665.
648 BGH, 28.07.2010 – XII ZR 140/07, Rn. 44 f., FamRZ 2010, 1535 m. Anm. Hauß = NJW 2010, 3161 m. Anm. Born.
649 BGH, 09.01.2008 – XII ZR 170/05, FamRZ 2008, 594; BGH, 17.03.2010 – XII ZR 204/08, FamRZ 2010, 802 m. Anm. Viefhues = NJW 2010, 1665; OLG Braunschweig, FuR 2009, 213 m. krit. Anm. Soyka.
650 OLG Dresden, FamRZ 2009, 1497; OLG Hamm, FamRZ 2006, 809; Maurer, FamRZ 2008, 978.
651 OLG Hamm, FamRZ 2010, 383, 384.

G. Berechnungsbeispiele

▶ **Praxistipp:**

Der **Unterhaltspflichtige** kann im Einzelfall **darlegen und ggf. beweisen**, dass **keine konkrete Ersparnis** eintritt.[652]

b) Herabsetzung des Selbstbehaltes des Pflichtigen wegen Zusammenleben mit einem leistungsfähigen Kind

Die Bedürftigkeit des unterhaltsberechtigten Ehegatten kann sich auch durch das Zusammenleben **mit einem leistungsfähigen volljährigen Kind mindern.**[653] Auch hier ebenso wie beim Zusammenleben mit einem finanziell leistungsfähigen Partner kann aufgrund des Synergieeffektes (s. Rdn. 987) der Selbstbehalt herabgesetzt werden.

G. Berechnungsbeispiele

I. Einkommensermittlung

Die erste Stufe einer jeden Unterhaltsberechnung ist die Feststellung des anzurechnenden Einkommens des Unterhaltspflichtigen und ggf. auch des Unterhaltsberechtigten. Dabei wird in aller Regel der Durchschnitt aus dem monatlichen Einkommen der letzten 12 Monate ermittelt.

1. Stufe: Ermittlung des bereinigten Einkommens		
	Ehemann	Ehefrau
Januar	2.345,66 €	1.234,66 €
Februar	2.456,12 €	1.451,93 €
März	2.111,78 €	1.422,66 €
April	2.238,44 €	1.622,41 €
Mai	2.533,12 €	1.101,33 €
Juni	2.269,39 €	1.765,31 €
Juli	2.345,66 €	1.322,73 €
August	2.489,60 €	1.189,39 €
September	2.298,46 €	1.529,63 €
Oktober	2.294,26 €	1.522,61 €
November	2.411,29 €	1.198,20 €
Dezember	3.233,53 €	1.234,51 €
Summe	29.027,31 €	16.595,37 €

---

652 BGH, 09.01.2008 – XII ZR 170/05, FamRZ 2008, 594; BGH, 17.03.2010 – XII ZR 204/08, FamRZ 2010, 802 m. Anm. Viefhues = NJW 2010, 1665.
653 OLG Hamm, NJW 2011, 3310.

Durchschnitt	2.418,94 €	1.382,95 €
Berufsbedingter Aufwand pauschal 5 %[1]	- 120,95 €	- 69,15 €
Rest	2.298 €	1.313,80 €
abzgl. Schulden	- 200 €	0 €
zuzüglich weitere Einkünfte (ohne berufsbedingte Aufwendungen/Arbeitnehmerpauschale)	300 €	0 €
Bereinigtes Einkommen	2.398 €	1.313,80 €

Anmerkung:
1 Nicht alle OLG lassen hier einen pauschalen Abzug zu. Dann muss ggf. der berücksichtigungsfähige Aufwand konkret errechnet werden.

II. Berechnung des Kindesunterhalts (Fall 1)

729 Auf der Basis des so ermittelten Durchschnittseinkommens ist dann zuerst der Unterhalt der minderjährigen Kinder zu berechnen. Der Betrag für den Kindesunterhalt ist dabei der jeweiligen Düsseldorfer Tabelle zu entnehmen. Der Zahlbetrag ergibt sich beim minderjährigen Kind nach Abzug der Hälfte des jeweiligen Kindergeldes.[654]

730 Stufe 2: Berechnung des Kindesunterhaltes (Tabellenwerte 2011)

Bereinigtes Nettoeinkommen	*2.398 €*	
Kind 1 Tabellenbetrag		*490 €*
Kindergeldanteil		*- 92 €*
Zahlbetrag	*- 398 €*	*398 €*
Kind 2 Tabellenbetrag		*419 €*
Kindergeldanteil		*- 92 €*
Zahlbetrag	*- 327 €*	*327 €*
Verbleiben	*1.673 €*	
Selbstbehalt ggü. minderjährigem Kind	*- 950 €*	
Rest über Selbstbehalt	*723 €*	

Der Selbstbehalt ggü. minderjährigen Kindern von derzeit 950 € ist gewahrt; es liegt demnach kein Mangelfall vor.

III. Berechnung des Ehegattenunterhalts (zu Fall 1)

731 Stufe 3: Berechnung des Ehegattenunterhalts

Bereinigtes Einkommen Ehemann nach Abzug

---

654 Sofern – wie im Regelfall – der betreuende Elternteil das Kindergeld bezieht.

G. Berechnungsbeispiele **Kapitel 3**

des Unterhaltes für minderjährige Kinder	*1.673 €*
Bereinigtes Einkommen der Ehefrau	*1.313,80 €*
Differenz	*359,20 €*
davon Quotenunterhalt (3/7)	*153,94 €*
verbleiben dem Ehemann	*1.519,05 €*

Der notwendige Selbstbehalt ggü. Ehegatten i. H. v. 1.050 € ist gewahrt; es liegt kein Mangelfall vor.

IV. Berechnung des Kindesunterhalts (Fall 2)

Bereinigtes Nettoeinkommen	*1.800 €*	
Kind 1 Tabellenbetrag		*448 €*
Kindergeldanteil		*- 90 €*
Zahlbetrag	*- 356 €*	*356 €*
Kind 2 Tabellenbetrag		*383 €*
Kindergeldanteil		*- 92 €*
Zahlbetrag	*- 291 €*	*291 €*
Verbleiben	*1.153 €*	
Selbstbehalt ggü. minderjährigem Kind	*-950 €*	
Rest über Selbstbehalt	*203 €*	

Auch hier ist der Selbstbehalt ggü. den Kindern noch gewährt, sodass kein Mangelfall vorliegt.

V. Berechnung des Ehegattenunterhalts (zu Fall 2)

Das bereinigte Einkommen des Ehemannes nach Abzug beträgt 1.114 €. Der Selbstbehalt ggü. Ehegatten muss mit 1.050 € mtl. gewahrt werden. Die Ehefrau kann daher lediglich 103 € Unterhalt verlangen.

VI. Berechnung des Kindesunterhalts (Fall 3)

Bereinigtes Nettoeinkommen	*1.600 €*	
Kind 1 Tabellenbetrag		*469 €*
Kindergeldanteil		*- 92 €*
Zahlbetrag	*- 356 €*	*377 €*
Kind 2 Tabellenbetrag		*401 €*
Kindergeldanteil		*- 92 €*
Zahlbetrag	*- 291 €*	*309 €*

Kapitel 3   Materielle Voraussetzungen des Unterhaltsanspruchs

Verbleiben   *953 €*

Auch hier ist der Selbstbehalt ggü. den Kindern noch gewahrt, sodass kein Mangelfall vorliegt.

VII. Berechnung des Ehegattenunterhalts (zu Fall 3)

735   Der Selbstbehalt ggü. Ehegatten von 1.050 € mtl. ist bereits unterschritten. Der Ehefrau steht kein Unterhalt mehr zu.

VIII. Berechnung des Kindesunterhalts (Fall 4)

736

Bereinigtes Nettoeinkommen	*1.400 €*	
Kind 1 Tabellenbetrag		*420 €*
Kindergeldanteil		*- 92 €*
Zahlbetrag	*- 334 €*	***334 €***
Kind 2 Tabellenbetrag		*364 €*
Kindergeldanteil		*- 92 €*
Zahlbetrag	*- 272 €*	***272 €***
Verbleiben	*794 €*	

Hier ist der Selbstbehalt ggü. den minderjährigen Kindern bereits unterschritten. Es muss daher eine Mangelfallberechnung für den Kindesunterhalt durchgeführt werden.

Mangelfall Kindesunterhalt

1. Stufe: Verteilungsmasse errechnen

Bereinigtes Einkommen	*1.400 €*
Selbstbehalt	*- 950 €*
Verteilungsmasse	***450 €***

2. Stufe: Einsatzbeträge errechnen

	Zahlbetrag	*Anteile*
Kind 1	*334 €*	*55,12 %*
Kind 2	*272 €*	*44,88 %*
Summe	*606 €*	*100 %*

3. Stufe: Zahlbeträge ermitteln

aus Verteilungsmasse und Prozentsatz

Kind 1	*248,02 €*
Kind 2	*201,98 €*
Summe	*450 €*

G. Berechnungsbeispiele   **Kapitel 3**

IX. Berechnung des Ehegattenunterhalts (zu Fall 4)

Der Selbstbehalt ggü. Ehegatten von 1.050 € mtl. ist bereits unterschritten. Der Ehefrau steht kein Unterhalt mehr zu.   737

X. Berechnung des Kindesunterhalts (Fall 5)

Bereinigtes Nettoeinkommen	2.340 €	
Kind 1 Tabellenbetrag		490 €
Kindergeldanteil		- 92 €
Zahlbetrag	- 398 €	398 €
Kind 2 Tabellenbetrag		419 €
Kindergeldanteil		- 92 €
Zahlbetrag	- 327 €	327 €
Verbleiben	1.615 €	

738

Auch hier ist der Selbstbehalt ggü. den Kindern noch gewahrt, sodass kein Mangelfall vorliegt.

XI. Berechnung des Ehegattenunterhalts (zu Fall 5)

Bereinigtes Einkommen Ehemann nach Abzug	
des Unterhalts für minderjährige Kinder	950 €
Bereinigtes Einkommen Ehefrau	0 €
Differenz	950 €
davon Quotenunterhalt (3/7)	407,14 €
verbleiben dem Ehemann	542,86 €

739

Dem Ehemann müssen jedoch mtl. 1.050 € verbleiben, sodass der Ehegattenunterhaltsanspruch auf 542,86 € zu begrenzen ist.

XII. Berechnung Volljährigenunterhalt (Student)

Beim Unterhalt eines Studenten bemisst sich der Bedarf nach einem festen Betrag i. H. v. derzeit 670 €, der nicht vom Einkommen der Eltern abhängig ist. Auf das Einkommen der Eltern kommt es jedoch bei der Ermittlung der Haftungsanteile an.   740

Haftungsanteile aufgrund der Einsatzbeträge errechnen (Selbstbehaltabzug)

Bereinigtes Einkommen Vater	3.150 €
abzgl. Selbstbehalt ggü. Volljährigen	- 1.150 €
Einsatzbetrag	2.000 €
Bereinigtes Einkommen der Mutter	2.150 €

Kapitel 3   Materielle Voraussetzungen des Unterhaltsanspruchs

abzgl. Selbstbehalt ggü. Volljährigen	- 1.150 €
Einsatzbetrag	1.000 €
Anteil Vater	66,66 %
Anteil Mutter	33,33 %

Bedarfsbestimmung

Bedarf eines Studenten

	670 €
abzgl. volles Kindergeld	- 184 €
verbleibender Bedarf	486 €

Zahlbeträge ermitteln

aus Verteilungsmasse und Prozentsatz

Vater 66,6 %	162 €
Mutter 33,3 %	324 €
Summe	486 €

H. Befristung von nachehelichem Unterhalt (§ 1578b BGB)

741 ▶ **Das Wichtigste in Kürze**

- Es gibt keine feste Zeitgrenze, nach deren Ablauf ein nachehelicher Unterhaltsanspruch nicht mehr befristet werden kann. → Rdn. 777 ff.
- Abzustellen ist in erster Linie auf ehebedingte Nachteile, die den unterhaltsberechtigten Ehegatten hindern, seinen angemessenen Unterhalt durch eigene Erwerbstätigkeit sicherzustellen. → Rdn. 747 ff.
- Die gerichtliche Entscheidung ergeht im Einzelfall, daher ist ausreichender anwaltlicher Sachvortrag unverzichtbar. → Rdn. 760 und Rdn. 775
- Die Einwendung des § 1578b BGB muss bereits im Erstverfahren vorgebracht werden. Bei späteren Abänderungsverfahren droht Präklusion! → Rdn. 822 ff.
- Betreuungsunterhalt gem. § 1570 BGB kann i. d. R. nicht befristet werden. → Rdn. 78 ff.

742 Grund für die nachehelichen Unterhaltsansprüche ist die sich aus Art. 6 GG ergebende fortwirkende Solidarität. Diese fortwirkende Verantwortung für den bedürftigen Partner erfordert v. a. einen **Ausgleich der Nachteile**, die dadurch entstehen, dass der Unterhaltsberechtigte wegen der Aufgabenverteilung in der Ehe, insb. aufgrund der Kinderbetreuung, nach der Scheidung nicht oder nicht ausreichend für seinen eigenen Unterhalt sorgen kann.

H. Befristung von nachehelichem Unterhalt (§ 1578b BGB)   Kapitel 3

Das Gesetz lässt in § 1578b BGB eine **Begrenzung**[655] des an den geschiedenen Ehegatten zu zahlenden Ehegattenunterhalts in 2-facher Hinsicht zu:[656]   743
1. Hinsichtlich der **Höhe** auf den angemessenen Lebensbedarf gem. § 1578b Abs. 1 (**Herabsetzung, Begrenzung der Höhe nach**) und
2. hinsichtlich der **Dauer** der Zahlungspflicht gem. § 1578b Abs. 2 (**zeitliche Begrenzung, Befristung**).

Herabsetzung und Befristung des Unterhaltsanspruchs können miteinander **verbunden** werden (§ 1578b Abs. 3). Somit können auch **gestaffelte Regelungen** getroffen werden, in denen der Unterhalt für mehrere Jahre, aber mit sinkenden monatlichen Beträgen festgeschrieben wird.[657]   744

Das OLG Düsseldorf führt in seiner Entscheidung v. 01.04.2009[658] dazu aus: 745

»In Anbetracht der tief greifenden Folgen, die der Wegfall des Unterhalts für den Lebensstandard der Beklagten haben wird, und der im mittleren Bereich angesiedelten Ehedauer von rund zwölf Jahren bis zur Rechtshängigkeit des Scheidungsantrages erscheint es angemessen, die Unterhaltshöhe über einen längeren Zeitraum hinweg langsam abzusenken:
- 800 € für die Zeit von Juli 2008 bis Dezember 2008,
- 600 € für die Zeit von Januar 2009 bis Juni 2009,
- 400 € für die Zeit von Juli 2009 bis Dezember 2009,
- 200 € für die Zeit von Januar 2010 bis Juni 2010 und
- 181 € für die Zeit von Juli 2010 bis Dezember 2010.«

Speziell in **Unterhaltsvereinbarungen** bieten sich derartige **Staffelungen** an, da sie für beide Ehegatten **Planungssicherheit** bieten und gerichtliche Entscheidungen vermeiden, die gerade bei derartigen Billigkeitsentscheidungen und einer noch nicht gefestigten Rechtsprechung nur schwer vorhersehbar sein werden. Eine solche gestaffelte Regelung ermöglicht dem unterhaltsberechtigten Ehegatten einen fließenden Übergang in die wirtschaftliche Eigenständigkeit. Dem unterhaltspflichtigen Ehegatten bietet sie eine vorhersehbare und kalkulierbare Perspektive, in welchen Schritten seine Belastungen sinken und wann er letztlich von Ehegattenunterhaltsansprüchen gänzlich frei sein wird.   746

Die Vorschrift des § 1578b BGB gilt grds. für **alle Ansprüche des nachehelichen Unterhaltsrechts**.

Auch der Anspruch auf **Krankenvorsorgeunterhalt** gem. § 1578 Abs. 2 BGB kann in der Höhe begrenzt oder befristet werden.[659]

---

655 Der BGH sieht die Begrenzung als Oberbegriff an; vgl. BGH, 18.03.2009 – XII ZR 74/08, FamRZ 2009, 770.
656 Ausführlich Langheim, FamRZ 2010, 409.
657 Vgl. Borth, Rn. 154; Einzelheiten Viefhues/Mleczko, 2008, Rn. 410 ff. und Rn. 440 ff.
658 OLG Düsseldorf, 01.04.2009 – II-8 UF 203/08, FPR 2009, 371; vgl. auch OLG Dresden, 18.09.2009 – 24 UF 63/09, FamFR 2009, 138.
659 OLG Oldenburg, FamRZ 2010, 567 = FuR 2010, 175.

Viefhues

Kapitel 3 Materielle Voraussetzungen des Unterhaltsanspruchs

Besonderheiten gelten beim **Anspruch wegen Kindesbetreuung** gem. § 1570 BGB. Der BGH hat **Befristung** des Betreuungsunterhaltsanspruchs **abgelehnt, lässt** jedoch eine **Begrenzung** des Unterhaltsanspruchs **der Höhe nach zu**[660]

Allerdings ist in der Praxis immer zu beachten, dass neben dem Anspruch auf Betreuungsunterhalt auch ein **Aufstockungsunterhaltsanspruch gem. § 1573 BGB** in Betracht kommen kann.[661] Eine Befristung scheidet hier nach Ansicht des BGH i. d. R. schon mangels hinreichend klarer Prognose über den Umfang einer künftigen Erwerbsobliegenheit aus. Zudem steht einer Befristung dieses Anspruchs auch entgegen, dass gegenwärtig i. d. R. nicht hinreichend sicher absehbar ist, ob die Klägerin infolge der Kindererziehung ehebedingte Nachteile erlitten hat oder noch erleiden wird.[662]

I. Tatbestandvoraussetzungen

747 Das Gesetz enthält in § 1578b BGB eine **Billigkeitsregelung,** die insb. darauf abstellt, ob **ehebedingte Nachteile** im Hinblick darauf eingetreten sind, für den eigenen Unterhalt selbst sorgen zu können, und die einen dauerhaften unterhaltsrechtlichen Ausgleich zugunsten des bedürftigen Ehegatten rechtfertigen.[663]

Der Begriff des Nachteils ist dabei zukunftsbezogen zu sehen. Es geht letztlich darum, ob und ggf. wie lange die **beruflichen Möglichkeiten** des unterhaltsberechtigten Ehegatten **eingeschränkt** sind und er dadurch nicht oder nur eingeschränkt in der Lage ist, Einkommen zu erzielen.[664] Ehebedingt ist dieser Nachteil dann, wenn die Umstände, die zu dem unterschiedlichen Einkommen führen, **Folgen des Lebenszuschnitts der Ehegatten während der Ehe** sind. Dies ist nicht der Fall, wenn sie aus dem bereits vorehelich vorhandenen unterschiedlichen Ausbildungsniveau der Eheleute herrühren[665] und der unterhaltsberechtigte Ehegatte während der Ehe nicht – z. B. durch die Kindesbetreuung – gehindert war, seinen Ausbildungsrückstand abzubauen.[666]

748 Die ehebedingten Nachteile sind ein wesentliches, aber nicht das einzige Kriterium für die vorzunehmende Billigkeitsabwägung. Bei der Billigkeitsentscheidung des Gerichts können jedoch noch zahlreiche andere Gesichtspunkte eine Rolle spielen, wie

---

660 BGH, FamRZ 2009, 1391; BGH, NJW 2009, 1956 = FamRZ 2009, 1124 = ZFE 2009, 271 = FF 2009, 313; BGH, 18.03.2009 – XII ZR 74/08, FamRZ 2009, 770 mit Borth, FamRZ 2009, 960 = FF 2009, 321; s. Viefhues, ZFE 2009, 271; Schmitz, FPR 2009, 241-242.

661 Zu Abgrenzungsproblemen s. Hahnenstein FamRZ 2009, 1985, 1986.

662 Krit. hierzu Soyka, FuR 2009, 396; vgl. auch OLG Hamm, FuR 2009, 689, 701.

663 BGH, FamRZ 2007, 793 m. Anm. Büttner, FamRZ 2007, 800; BGH, FamRZ 2006, 1006 m. Anm. Born; BGH, NJW 2007, 839, 841 = FamRZ 2007, 200 m. Anm. Büttner; Dose, FamRZ 2007, 1289, 1295; Wellenhofer, FamRZ 2007, 1282, 1285.

664 BGH, FamRZ 2007, 793; BGH, FamRZ 2007, 200, 204; Menne, FF 2006, 174, 181; Dose, FamRZ 2007, 1289, 1295; Schürmann, FUR 2008, 183, 185.

665 BGH, FamRZ 2007, 2049; BGH, 25.06.2008 – XII ZR 109/07.

666 BGH, FamRZ 2011, 189; BGH, FamRZ 2006, 1006, 1008 m. Anm. Born; Viefhues/Mleczko, Rdnr. 292.

sich aus der Formulierung »*insbesondere*« im Gesetzestext ergibt.⁶⁶⁷ Hier spielt die **nacheheliche Solidarität** eine entscheidende Rolle. Dies hat vor allem bei denjenigen Unterhaltstatbeständen eine besonders große praktische Bedeutung, die nicht auf dem Gedanken des Ausgleichs ehebedingter Nachteile beruhen – wie beim Unterhalt wegen Alters und Krankheit. Bei den anderen Unterhaltstatbeständen können diese Gesichtspunkte neben dem ehebedingten Nachteil als zusätzliche Bewertungskriterien mit in die Billigkeitsabwägung einfließen.

In der Praxis ist es schwierig, greifbare und nachvollziehbare Kriterien zur Ausfüllung des unbestimmten Rechtsbegriffs der **nacheheliche Solidarität** zu finden (s. dazu unten Rdn. 748, 761 und 791).⁶⁶⁸

Der Gesetzeswortlaut nennt in § 1578b Abs. 1 Satz 3 BGB die folgenden Gesichtspunkte, die **Ursache für solche ehebedingten Nachteile** sein können: 749
– die **Dauer der Pflege oder Erziehung eines gemeinschaftlichen Kindes**,
– die Gestaltung von **Haushaltsführung** und **Erwerbstätigkeit während der Ehe** sowie
– die **Dauer der Ehe**.

Die Aufzählung ist aber – wie sich aus der Formulierung »vor allem« ergibt – nicht erschöpfend, sodass auch **weitere Faktoren** eine Rolle spielen können.⁶⁶⁹

Der Begriff des Nachteils ist dabei **zukunftsbezogen** zu sehen. Es geht letztlich darum, 750 ob und ggf. wie lange die **beruflichen Möglichkeiten** des unterhaltsberechtigten Ehegatten **eingeschränkt** sind und ob er dadurch nicht oder nur eingeschränkt in der Lage ist, Einkommen zu erzielen.⁶⁷⁰

Dabei kommt es entscheidend auf die zukünftigen Auswirkungen an. Entscheidend ist folglich nicht, ob und ggf. wie intensiv derartige Nachteile in der Vergangenheit vorhanden gewesen sind, sondern allein, wie sich die damaligen Einschränkungen als **fortwirkende Nachteile**⁶⁷¹ für die **zukünftige berufliche Entwicklung** des unterhaltsberechtigten geschiedenen Ehegatten auswirken werden,⁶⁷² der dadurch eine **schlechtere Position im Erwerbsleben** hat.⁶⁷³

Dabei kann einmal auf die **erschwerte berufliche Reintegration** nach längerer Unterbrechung der Berufstätigkeit abgestellt werden, aber auch auf **Schwierigkeiten** bei der 751

---

667 BGH, FamRZ 2010, 629; BGH, FamRZ 2009, 1207 m. Anm. Hoppenz 1308 = NJW 2009, 2450 = FPR 2009, 413 m. Anm. Schmitz; Anmerkung Bömelburg FF 2009, 419; einen Überblick über die Rechtsprechung gibt Reinken, FF 2009, 357.
668 Ausführlich Viefhues, FuR 2011, 505 (Teil I) und FUR 2011, 551 (Teil II).
669 Einen Überblick über die Rechtsprechung gibt Reinken, FF 2009, 357.
670 BGH, FamRZ 2007, 793; BGH, FamRZ 2007, 200, 204; Menne, FF 2006, 175, 181; Dose, FamRZ 2007, 1289, 1295; Schürmann, FuR 2008, 183, 185.
671 Reinken, ZFE 2008, 58, 59 m. w. N.; KG, FamRZ 2008, 415, 416 m. w. N.
672 Einzelheiten Viefhues/Mleczko, Rn. 288 ff.
673 Klein, S. 96.

Kapitel 3   Materielle Voraussetzungen des Unterhaltsanspruchs

Aufstockung von einer Teilzeit- zur Vollzeittätigkeit[674] oder auch auf **verpasste Aufstiegschancen.**[675]

752 Ehebedingte Nachteile liegen folglich vor, wenn die Gestaltung der Ehe, insb. die Arbeitsteilung der Ehegatten, die **Fähigkeit eines Ehegatten, für seinen Unterhalt zu sorgen, beeinträchtigt hat.**[676]

1. Fallgruppen für mögliche ehebedingte Nachteile

a) Tatsächliche Tätigkeit im erlernten Beruf

753 Kann der unterhaltsberechtigte Ehegatte in seinem **erlernten Beruf vollschichtig arbeiten**, scheidet die Annahme ehebedingter Nachteile regelmäßig aus.

Der BGH führt dazu in seinem Urt. v. 18.04.2008[677] aus:

> »Wenn der Unterhaltsberechtigte wieder **vollschichtig in seinem erlernten Beruf arbeitet** und damit das Einkommen erzielt, das er ohne Ehe erzielen würde, ist davon auszugehen, dass **dieses Einkommen seinen gesamten Bedarf nach den ehelichen Lebensverhältnissen deckt**, folglich **keine ehebedingten Nachteile** bestehen und daher einer Befristung des Nachscheidungsunterhaltes nichts mehr im Wege steht. Dann ist es Sache des Unterhaltsberechtigten, solche Tatsachen substanziiert vorzutragen, aus denen sich dennoch fortwirkende ehebedingte Nachteile ergeben und diese ggf. nachzuweisen.«[678]

b) Hypothetische Tätigkeit im erlernten Beruf

754 Wenn die Unterhaltsberechtigte **tatsächlich** nicht wieder in ihrem erlernten Beruf arbeitet, darin aber wieder tätig werden könnte, ist davon auszugehen, dass ebenfalls keine ehebedingten Nachteile mehr vorhanden sind. Die Unterhaltsberechtigte, die zur Aufnahme einer vollzeitigen Erwerbstätigkeit in dem von ihr erlernten oder vor der Ehe ausgeübten Beruf in der Lage ist, muss Umstände dafür darlegen, dass ihr dennoch ein Nachteil verblieben ist.[679]

---

674 Clausius, in: jurisPK-BGB, § 1578b Rn. 22.
675 Ausführlich dazu Viefhues/Mleczko, Rn. 318.
676 BGH, 28.11.2007 – XII ZR 132/05, FamRZ 2008, 582, 586; BGH, 26.11.2008 – XII ZR 131/07, FamRZ 2009, 406 m. Anm. Schürmann = FPR 2009, 128 m. Anm. Kemper.
677 BGH, 18.04.2008 – XII ZR 107/06, FamRZ 2008, 1325 m. Anm. Borth = FPR 2008, 379 m. Anm. Schwolow = FuR 2008, 401 m. Anm. Soyka.
678 S. a. BGH, FamRZ 2008, 134, 136.
679 BGH, FamRZ 2011, 1498 m. Anm. Maurer = NJW 2011, 3089 m. Anm. Schnitzler; Anm. Hohloch, FF 2011, 410; BGH, FamRZ 2010, 875 m. Anm. Finke = FF 2010, 245 m. Anm. Bömelburg; OLG Frankfurt, FamRZ 2012, 1392.

H. Befristung von nachehelichem Unterhalt (§ 1578b BGB) Kapitel 3

▶ Praxistipp: 755

Hier bestehen allerdings in der Praxis für den **Unterhaltspflichtigen** dennoch Risiken.[680]

Unkluger Sachvortrag könnte schnell zu einem Eigentor führen:
- Zwar trägt der Berechtigte auch hier die Darlegungs- und Beweislast.
- In der Praxis ist zu beobachten, dass der Unterhaltspflichtige zur Zurechnung der fiktiven Einkünfte vehement vorträgt, **welche Verdienstmöglichkeiten der unterhaltsberechtigte Ehegatte gerade in dem von ihm erlernten Beruf hat**.
- Es ist aber offen, ob das Gericht seine Einschätzung teilt, der Berechtigte könne wieder in den Beruf einsteigen. Verneint das Gericht diese Möglichkeit, ist durch diesen Vortrag des Prozessbevollmächtigten des Unterhaltsverpflichteten allerdings die **Begründung für die ehebedingten Nachteile** gegeben, die zur Ablehnung der Unterhaltsbegrenzung führen.
- Die ehebedingten Nachteile ergeben sich nämlich aus dem dem unterhaltsberechtigten Ehegatten tatsächlich zugerechneten Einkommen und dem Einkommen, das der unterhaltsverpflichtete Ehegatte ihm zurechnen lassen möchte.
- Damit hat der Unterhaltspflichtige durch seinen Vortrag zu den Verdienstmöglichkeiten des Unterhaltsberechtigten bereits die an sich von dem Berechtigten darzulegenden ehebedingten Nachteile deutlich gemacht.

Voraussetzung für die Anrechnung fiktiver Einkünfte aus der (früher ausgeübten) Vollzeittätigkeit ist aber immer, dass eine entsprechende Obliegenheit besteht, wieder im alten Beruf zu arbeiten.[681] 756

Ist eine solche Obliegenheitsprüfung bereits i. R. d. Bedürftigkeitsprüfung durchgeführt und eine Obliegenheit verneint worden, muss dies bei § 1578b BGB nicht erneut geprüft werden.

Dazu der BGH:[682]

»Das Urteil des AG, dessen Abänderung der Kläger begehrt, hat der Beklagten auf Grundlage der Einkünfte aus ihrer vollschichtigen Tätigkeit als Bäckereiverkäuferin Aufstockungsunterhalt zugesprochen. Damit hat das AG zugleich – wenn auch nicht ausdrücklich – festgestellt, dass die Beklagte unterhaltsrechtlich nicht dazu verpflichtet war, in ihrem ursprünglich erlernten Beruf als Erzieherin zu arbeiten. Denn andernfalls hätte es ihr i. R. d. Bedürftigkeitsprüfung nach § 1577 Abs. 1 BGB höhere fiktive Einkünfte zurechnen müssen. **Gelangt das Gericht indes bereits i. R. d. Bedürftigkeitsprüfung zu der Überzeugung, dass der Unterhaltsgläubiger kein seiner Ausbildung entsprechendes adäquates Einkommen erzielen kann, erübrigt sich eine erneute Prüfung i. R. d. § 1578b BGB** (vgl. Senatsurteil, 27.05.2009 – XII ZR 78/08, FamRZ 2009, 1300 – Tz. 62).«

---

680 Soyka in seiner Anmerkung zu OLG Düsseldorf, FuR 2010, 40.
681 BGH, 27.01.2010 – XII ZR 100/08, NJW 2010, 1595.
682 BGH, 27.01.2010 – XII ZR 100/08, NJW 2010, 1595.

Kapitel 3   Materielle Voraussetzungen des Unterhaltsanspruchs

c) Einschränkungen beim tatsächlich erzielten Einkommen trotz vollschichtiger Tätigkeit

757   Wenn hingegen **das jetzt erzielbare Einkommen hinter dem Einkommen aus der früher ausgeübten Tätigkeit zurückbleibt**, weil eine Wiederaufnahme der früheren Erwerbstätigkeit nach längerer Unterbrechung nicht mehr möglich ist, bleibt es insoweit bei einem ehebedingten Nachteil, den der Unterhaltsschuldner widerlegen muss. Dazu eine Entscheidung des BGH:[683]

> »Soweit das Oberlandesgericht im Rahmen der Prüfung einer **zeitlichen Begrenzung des Unterhalts nach § 1578 b Abs. 2 BGB** von einem fortbestehenden ehebedingten Nachteil der Beklagten ausgegangen ist, widerspricht dies der Rechtsprechung des Senats. Die Beklagte ist **ausgebildete Bauzeichnerin** und hatte in **diesem Beruf zunächst vollschichtig** und ab der Geburt des gemeinsamen Sohnes im geringfügigen Umfang gearbeitet. Erst seit der Trennung der Parteien im Februar 2004 bis zur Aufnahme ihrer Ausbildung zur Feng-Shui-Beraterin im August 2006, also für zweieinhalb Jahre, war sie nicht erwerbstätig. Nach den Feststellungen des Berufungsgerichts **wäre es ihr gleichwohl möglich, eine Vollzeittätigkeit als Bauzeichnerin zu finden**. Entgegen der Auffassung des Berufungsgerichts sprechen die zeitweilige Reduzierung des Umfangs der Erwerbstätigkeit und die zweieinhalbjährige Erwerbslosigkeit nicht zwingend für noch vorhandene Einkommenseinbußen. Der Wechsel der Erwerbstätigkeit mit Ausbildung zur Feng-Shui-Beraterin ist ohnehin nicht ehebedingt. Soweit die Beklagte sich trotz der Obliegenheit zur Aufnahme einer vollschichtigen Erwerbstätigkeit im erlernten Beruf auf einen fortdauernden ehebedingten Nachteil beruft, hätte sie dazu im Rahmen ihrer sekundären Darlegungslast substantiiert vortragen müssen (Senatsurteile vom 20. Oktober 2010 – XII ZR 53/09 – FamRZ 2010, 2059 Rn. 32 ff. und BGHZ 185, 1 = FamRZ 2010, 875 Rn. 20 ff.). **Erst ein solcher substantiierter Vortrag versetzt den unterhaltspflichtigen Kläger in die Lage, einen fortdauernden ehebedingten Nachteil zu akzeptieren oder ebenso substantiiert zu bestreiten.**«

758 ▶ **Beispiel für einen konkreten beruflichen Nachteil:**[684]

> Nach dem maßgeblichen **Tarifvertrag** ist die konkrete Bezahlung von der **Anzahl der Berufsjahre** abhängig. Bei einer ehebedingten beruflichen Unterbrechung liegen die konkret feststellbaren ehebedingten Nachteile in dieser Einkommensdifferenz, die unterhaltsrechtlich auszugleichen ist – allerdings nur so lange, bis die erforderliche Zeit an Berufsjahren erreicht ist!

---

683   BGH FamRZ 2011, 1498 m. Anm. Maurer = NJW 2011, 3089 m. Anm. Schnitzler; Anm. Hohloch FF 2011, 410; s. a. BGH, FamRZ 2010, 538 m. Anm. Hoppenz; BGH, FamRZ 2010, 875 m. Anm. Finke. OLG Saarbrücken, FamRZ 2010, 654; OLG Schleswig, Beschl. v. 14.07.2011 – 13 UF 148/10, SchlHA 2011, 455; OLG Stuttgart, FamFR 2012, 59 OLG Karlsruhe RNotZ 2011, 182 = FamRZ 2011, 818.
684   Bißmaier, FamRZ 2009, 389, 390.

d) Konkrete Einschränkungen auf dem Arbeitsmarkt (verringerte Erwerbsmöglichkeit)

Schlechtere Erwerbschancen auf dem Arbeitsmarkt können einen ehebedingten Nachteil darstellen.[685] 759

▶ Praxistipp: 760

- Ein Zusammenhang zwischen einer Berufspause während der Ehe und späteren beruflichen Nachteilen ist i.d.R. dann gegeben, wenn der Ehegatte dadurch auch gehindert war, an Fortbildungsmaßnahmen teilzunehmen,[686] andere berufliche Qualifizierungsmöglichkeiten oder seine sonst konkret gegebenen beruflichen Entwicklungspotenziale zu nutzen.
- Die jeweiligen Möglichkeiten des Wiedereinstiegs hängen stark vom konkreten Beruf ab. Ein Wiedereinstieg ist erschwert oder scheidet ganz aus, wenn mit den speziellen beruflichen Anforderungen nicht Schritt gehalten worden ist.[687]
- Hier ist detaillierter anwaltlicher Sachvortrag unverzichtbar! Man sollte sich hier keinesfalls auf irgendeine Art von Vermutungs- oder Indizwirkung oder auch nur auf eine vermeintlich günstige Darlegungs- und Beweislast verlassen.[688]
- In der Tatsache, dass die Berechtigte aktuell nur in einem **befristeten Arbeitsverhältnis** (Zeitvertrag) steht, wird teilweise ein ehebedingter Nachteil gesehen,[689] mit der Begründung, es sei davon auszugehen, dass sie einen gesicherten Arbeitsplatz hätte, wenn sie durchgängig berufstätig gewesen wäre.

Dieser Schluss ist aber nicht zwingend.[690] Die/der Unterhaltsberechtigte wäre **dem Risiko einer betriebsbedingten Kündigung** auch ausgesetzt gewesen, wenn sie/er durchgehend gearbeitet hätte. Es mag allenfalls sein, dass sie/er in diesem Fall wegen ihrer/seiner langen Betriebszugehörigkeit eher eine betriebsbedingte Kündigung hätte abwenden können.[691] Zu klären ist dabei immer ganz konkret, **ob nicht nach der Scheidung bereits eine unbefristete Position erreicht worden ist, die dann aus anderen Gründen beendet** bzw. in ein nur noch befristetes Arbeitsverhältnis übergeleitet worden ist.

---

685 BGH NJW 2011, 3577 m. Anm. Born = FamRZ 2011, 1851 m. Anm. Schürmann.
686 Bißmaier, FamRZ 2009, 389.
687 Bißmaier, FamRZ 2009, 389.
688 S.u. bei Rdn. 772 zu Berufsunterbrechungen wegen Kinderbetreuung.
689 AG Flensburg, ZFE 2008, 433.
690 Vgl. BGH v. 20.10.2010 – XII ZR 53/09, Rdnr. 30 NJW 2010, 3653 m. Anm. Born = FamRZ 2010, 2059 m. Anm. Borth.
691 BGH, 11.07.2012 – XII ZR 71/10; NJW 2010, 3653 m. Anm. Born = FamRZ 2010, 2059 m. Anm. Borth; OLG Schleswig, 14.07.2011 – 13 UF 148/10, SchlHA 2011, 455.

e) Verhinderter beruflicher Aufstieg/Verlust von Karrierechancen

761 Ein ehebedingter Nachteil kann sich auch aus einem Verzicht des unterhaltsberechtigten Ehegatten auf einen beruflichen Aufstieg ergeben. Wenn der unterhaltsberechtigte Ehegatte sein eigenes Fortkommen zugunsten der eingegangenen Ehe zurückgestellt hat, dann gebietet die nacheheliche Solidarität,[692] diesen Nachteil unterhaltsrechtlich auszugleichen.[693]

762 Zu unterscheiden ist dabei zwischen[694]
- **Einkommensverbesserungen** in einem erlernten und ausgeübten Beruf **aufgrund der üblichen Entwicklung** in dieser Berufsgruppe und
- einem **behaupteten (hypothetischen) beruflichen Aufstieg.**

▶ Hinweis:[695]

Bei der Prognose, welche andere berufliche Entwicklung der geschiedene Ehegatte ohne die ehebedingten beruflichen Einschränkungen genommen hätte, geht es um die gleichen Fragestellungen, die auch im Haftpflichtrecht bei Körperschäden mit Erwerbsbeeinträchtigungen auftreten.[696]

Eine übliche Einkommensentwicklung kann z. B. durch den Nachweis der tariflichen Einkommensentwicklung und die Vorlage eines (durch Tarif, Gesetz oder Betriebsvereinbarung) dokumentierten Gehalts und Einkommensgefüges hinreichend genau dargelegt werden.

Der Normalverlauf einer beruflichen Karriere kann bei Einkünften, die sich an einem Tarifvertrag orientieren, durch Fortschreibung des vorehezeitlichen tarifvertraglichen Einkommensniveaus auf das Ehezeitende dargelegt werden. Die Entwicklung von Löhnen und Gehältern, insb. in tarifvertraglich geregelten Bereichen und Branchen kann anhand der Daten des Statistischen Bundesamtes (Rubrik: Verdienste und Arbeitskosten) oder des konkreten Tarifvertrages nachvollzogen werden.[697]

Fehlt es an einem Tarifvertrag, müsste die unterhaltsberechtigte Person die hypothetische berufliche Entwicklung und deren Auswirkungen auf das Alterseinkommen darlegen.[698]

Zwar ist eine Schätzung nach § 287 ZPO zulässig. Erforderlich ist aber die Feststellung der Grundlagen der beruflichen Entwicklungsmöglichkeiten; konkret muss

---

692 Dazu ausführlich Dose, FamRZ 2011, 1341.
693 Bißmaier, FamRZ 2009, 389, 390.
694 BGH, NJW 2010, 3653 m. Anm. Born = FamRZ 2010, 2059 m. Anm. Borth; BGH, FamRZ 2011, 1377 = NJW 2011, 2969 m. Anm. Mayer.
695 Ausführlich hierzu Borth, FamRZ 2010, 2063.
696 Vgl. Born, NJW 2010, 1793, 1795; s. z. B. BGH, NJW 2011, 1146.
697 Hauß, FamRZ 2011, 1725.
698 Dazu Ehinger, FamRB 2008, 212.

anhand der jeweiligen beruflichen Tätigkeit ein normal verlaufender Werdegang dargelegt werden.

Bei einem behaupteten beruflichen Aufstieg (Karriere) muss die/der Berechtigte darlegen, aufgrund welcher Umstände sie/er eine entsprechende Karriere gemacht, welche Zwischenschritte sie/er durchgeführt und welches genau berufliche Ziel sie/er erreicht hätte:[699]

Dazu gehört einerseits ihre/seine persönliche Seite wie etwa Fortbildungsbereitschaft, fachliche Eignung, bestimmte Befähigungen, Neigungen, Talente, Vorkenntnisse. Unterlagen über einen erfolgreichen Schul- und Berufsabschluss, Beurteilungen sowie Arbeitsplatzbeschreibungen können ggf. den Schluss auf eine besondere persönliche und fachliche Qualifikation zulassen.

Erforderlich ist aber auch die substanziierte Darlegung der objektiven Umstände wie Angaben zu den notwendigen Qualifizierungsmaßnahmen, Fortbildungskursen, Prüfungen, Tätigkeitswechseln usw.[700]

Entsprechend der Rechtsprechung des BGH zum Karrieresprung aufseiten des/der Pflichtigen[701] wird eine – fiktive – höhere berufliche Position nur dann zu berücksichtigen sein, wenn eine solche mit hoher oder zumindest erheblicher Wahrscheinlichkeit zu erreichen gewesen wäre.[702] Allein eine theoretische Chance für einen Aufstieg reicht für die Annahme eines ehebedingten Nachteils nicht aus.[703]

Entscheidendes Gewicht kommt dabei auch der persönlichen Anhörung der Berechtigten[704] zu, die gezielt als Gegenkontrolle zum anwaltlichen Sachvortrag eingesetzt wird.

Bei feststehenden Nachteilen kann durch Schätzung (§ 287 ZPO) das ungefähre Ausmaß der Einbuße festgestellt werden,[705] wobei die tatsächlichen Grundlagen der Schätzung und ihre Auswertung in objektiv nachprüfbarer Weise anzugeben sind.[706]

f) Nachteil und Altersversorgung (Versorgungsausgleich)

Unterbrechungen der Erwerbstätigkeit führen regelmäßig zu verringerten Rentenanwartschaften. Diese Nachteile werden aber regelmäßig bereits über den

---

699 BGH, NJW 2012, 74 m. Anm. Born = FamRZ 2012, 93 m. Anm. Viefhues; Aps, FF 2012, 36.
700 BGH, FamRZ 2011, 1377, anschaulich OLG Celle, FF 2010, 325 = FamRZ 2010, 1911 (LS); OLG Karlsruhe, 21.02.2011 – 2 UF 21/10, FamRB 2011, 236.
701 BGH, FamRZ 2008, 683, 685.
702 Schürmann, FUR 2008, 183, 186; Viefhues/Mleczko, Rn. 325.
703 OLG Saarbrücken, FamRZ 2010, 652; OLG Stuttgart, FamRZ 2009, 785.
704 OLG Celle, FF 2010, 325 = FamRZ 2010, 1911 (LS); OLG Dresden, FamRZ 2010, 649.
705 BGH, 04.08.2010 – XII ZR 7/09, FamRZ 2010, 1633 Rn. 39.
706 BGH, NJW 2010, 3653 m. Anm. Born = FamRZ 2010, 2059 m. Anm. Borth.

Versorgungsausgleich ausgeglichen.[707] Damit haben beide Eheleute die Nachteile in der Versorgungsbilanz in gleichem Umfang zu tragen.

Zu prüfen ist aber immer, ob der entsprechende Nachteil in der Altersversorgung überhaupt vom Versorgungsausgleich erfasst wird. Dies ist nicht der Fall, wenn er **nicht mehr in die Ehezeit fällt**, sondern Entwicklungen vor der Heirat oder nach rechtskräftiger Scheidung betrifft.[708] Auch kann eine Einbuße anderweitig **kompensiert** worden sein.[709]

Denkbar ist sogar der **umgekehrte Effekt**, dass nämlich der unterhaltsberechtigte Ehegatte durch den Versorgungsausgleich mehr erhalten hat, als er ohne Ehe bei eigener Erwerbstätigkeit hätte erwirtschaften können.[710]

764 Der BGH macht von dieser Grundregel eine Ausnahme, wenn der Versorgungsausgleich zwar durchgeführt wird, aufgrund geringeren Anwartschaften des Unterhaltspflichtigen jedoch keine nennenswerte Übertragung erfolgt ist und daher durch den Versorgungsausgleich faktisch die vom Unterhaltsberechtigten aufgrund der ehelichen Rollenverteilung erlittene Einbuße bei seiner Altersvorsorge durch den Versorgungsausgleich nicht vollständig erfasst wird.[711]

765 Eine weitere Ausnahme besteht beim Krankheitsunterhalt. Hier muss zwar der Ausgleich der Versorgungslage letztlich durch den Versorgungsausgleich geschaffen werden, sodass im Regelfall kein ehebedingter Nachteil mehr verbleibt. Dies gilt nicht für diejenigen Fälle, in denen der unterhaltsberechtigte Ehegatte **wegen Nichterfüllung der Wartezeiten keine Erwerbsunfähigkeitsrente erhält**. War nämlich der Erwerbsunfähige in den letzten 5 Jahren nicht mindestens 3 Jahre berufstätig, hat er keinen Anspruch auf Erwerbsunfähigkeitsrente.[712] Darin liegt ein ehebedingter Nachteil, wenn er gerade wegen der Ehe nicht berufstätig war.[713]

766 Ob bei einem **Ausschluss des Versorgungsausgleichs** etwas anderes gilt, ist fraglich.[714]

---

707 BGH, FamRZ 2011, 1721 m. Anm. Hauß = NJW 2011, 3645; BGH, NJW 2011, 2512; BGH, NJW 2011, 1807 m. Anm. Born = FamRZ 2011, 875 BGH, 16.04.2008 – XII ZR 107/06, FamRZ 2008, 1325 m. Anm. Borth; BGH, 25.06.2008 – XII ZR 109/07, FamRZ 2008, 1508 m. Anm. Borth; BGH, NJW 2009, 2450 = FamRZ 2009, 1207.
708 BGH, 07.03.2012 – XII ZR 145/09; BGH, FamRZ 2011, 1721 Rn. 29 m. w. N.; BGH, FamRZ 2011, 1721 m. Anm. Hauß = NJW 2011, 3645 = FF 2011, 497 m. Anm. Reinken.
709 BGH, 07.03.2012 – XII ZR 145/09; BGH, NJW 2011, 2512.
710 OLG Hamm, FamB 2011, 271; BGH, 26.11.2008 – XII ZR 131/07, FamRZ 2009, 406 m. Anm. Schürmann = NJW 2009, 989 = FuR 2009, 206; OLG Düsseldorf, FuR 2009, 418 = FPR 2009, 371; allgemein zu **ehebedingten Nachteilen des Unterhaltspflichtigen** s. Schausten, FF 2011, 243.
711 BGH, NJW 2011, 2512; BGH, NJW 2010, 3097 = FamRZ 2010, 1633 m. Anm. Borth.
712 Soyka, FuR 2010, 346.
713 BGH, NJW 2011, 1285 m. Anm. Born = FamRZ 2011, 713 m. Anm. Holzwarth FamRZ 2011, 795 = FuR 2011, 408; bestätigt BGH, NJW 2011, 2512.
714 Offen gelassen von BGH, NJW 2012, 1356.

H. Befristung von nachehelichem Unterhalt (§ 1578b BGB)   Kapitel 3

Dagegen lässt sich einwenden, dass die Frage der Rentenanrechte mit dem Ausschluss des Versorgungsausgleichs abschließend geregelt und dabei einvernehmlich dem Ausgleich entzogen worden sind und dies nicht über den Unterhalt konterkariert werden darf. 767

g) Nachteil und Vermögensbildung (Zugewinnausgleich)

Entsprechendes gilt für den Nachteil, wegen der Unterbrechungen der Erwerbstätigkeit **geringeres Vermögen** aufbauen zu können. Dies wird über den **Zugewinn** ausgeglichen.[715] 768

Offen ist, ob auch hier ggf. eine Ausnahme zu machen ist, wenn Gütertrennung bestanden hat, also kein Ausgleich der unterschiedlichen Vermögenszuwächse über den Zugewinnausgleich erfolgt ist.

2. Ehebedingtheit des Nachteils

Ein Unterhaltsanspruch ergibt sich immer nur dann, wenn die (früheren) Eheleute aktuell ein **unterschiedliches Einkommen** erzielen. Allein eine solche Einkommensdifferenz rechtfertigt jedoch keinen unbegrenzten und unbefristeten Unterhaltsanspruch des geschiedenen Ehegatten. 769

Für die Ehebedingtheit des Nachteils ist vielmehr erforderlich, dass die Umstände, die zu dem unterschiedlichen Einkommen führen, **Folgen des Lebenszuschnitts der Ehegatten während der Ehe** – also **aufgrund der konkreten individuellen Rollenverteilung** in der geschiedener Ehe – sind. Dies ist nicht der Fall, wenn sie aus dem bereits vorehelich vorhandenen unterschiedlichen Ausbildungsniveau der Eheleute herrühren[716] und der unterhaltsberechtigte Ehegatte während der Ehe nicht – z. B. durch die Kinderbetreuung – gehindert war, seinen Ausbildungsrückstand abzubauen.[717] 770

Nach der bisherigen Rechtsprechung zu § 1573 Abs. 5 BGB und § 1578 Abs. 1 Satz 2, 3 BGB sind **nicht ehebedingt:** 771
- Arbeitslosigkeit aus konjunkturellen Gründen[718] (s. a. § 1573 Abs. 4 BGB),
- eine Erwerbslosigkeit in der Ehe aufgrund von Alkoholproblemen,[719]
- die Aufgabe eines Studiums aus freien Stücken,[720]

---

715 OLG Hamm, FF 2009, 28 = FuR 2009, 350; OLG Koblenz, NJW 2009, 2315 = FPR 2009, 376 = FamRZ 2010, 379 = ZFE 2009, 393 = FuR 2009, 589; Viefhues/Mleczko, Rn. 352, 451, 455; vgl. auch BGH, 06.10.2010 – XII ZR 202/08; BGH, FamRZ 2010, 1971.
716 BGH, FamRZ 2007, 2049; BGH, 25.06.2008 – XII ZR 109/07.
717 BGH, FamRZ 2006, 1006, 1008 m. Anm. Born; Viefhues/Mleczko, Rn. 292.
718 OLG Düsseldorf, ZFE 2006, 26; OLG Zweibrücken, NJW Spezial 2008, 388; Büte, FPR 2005, 316, 317; Born, NJW 2008, 1, 8; Reinken, ZFE 2008, 58, 60; AG Flensburg, 25.11.2008 – 92 F 11/08, FamRZ 2009, 1155.
719 OLG Hamburg, FamRZ 1987, 1250.
720 OLG Köln, NJW-RR 1995, 1157.

Kapitel 3 Materielle Voraussetzungen des Unterhaltsanspruchs

- ein Einkommensgefälle, das nur auf der unterschiedlichen beruflichen Entwicklung der Eheleute vor der Eheschließung beruht,[721]
- berufliche Nachteile infolge der Pflege von Angehörigen,[722]
- die einseitige Aufgabe der Erwerbstätigkeit gegen den Willen des anderen Ehegatten ohne anerkennenswerte Motive wie z. B. Kinderbetreuung[723]
- Krankheit,[724]
- Pflege von eigenen Verwandten des Unterhaltsberechtigten.[725]

Kein ehebedingter Nachteil ist der **Verlust des Unterhaltsanspruchs aus einer früheren Ehe.**[726]

a) Nachteile aus der Dauer der Erziehung eines gemeinschaftlichen Kindes

772 Es muss **konkret ermittelt** werden, ob der Berechtigte seine berufliche Tätigkeit überhaupt wegen eines gemeinschaftlichen Kindes eingeschränkt hat. Zu denken ist dabei an Fälle, in denen der Berechtigte von einer bestehenden Möglichkeit einer Fremdbetreuung keinen Gebrauch gemacht hat. In diesem Fall ist die Unterbrechung der beruflichen Entwicklung im Ergebnis nicht auf die Betreuung des Kindes, sondern auf die eigenverantwortliche Entscheidung zurückzuführen.[727]

773 Dann ist weiter festzustellen, ob ihm gerade hierdurch (**Kausalität**) konkrete berufliche Nachteile entstanden sind.[728] Aus der früher erfolgten Kinderbetreuung lässt sich daher nicht zwingend über eine Art Vermutungswirkung auf tatsächlich eingetretene ehebedingte Nachteile schließen.[729]

---

721 BGH, FamRZ 2006, 1006 m. Anm. Born; KG, FamRZ 1992, 948; Klein, S. 109; ausführlich Viefhues/Mleczko, Rn. 331 ff.
722 Born, NJW 2008, 1, 8; Ehinger, FamRB 2008, 212, 214.
723 Hollinger, in: jurisPK-BGB, § 1573 Rn. 78; Hahne, FamRZ 1986, 305.
724 Born, NJW 2008, 1, 8.
725 BGH, FamRZ 2007, 2049.
726 So aber OLG Düsseldorf, FamRZ 2010, 1912; **aufgehoben** durch BGH, 23.11.2011 – XII ZR 47/10, NJW 2012, 309 m. Anm. Born = FamRZ 2012, 197 m. Anm. Maurer.
727 Clausius, in: jurisPK-BGB, § 1578b Rn. 19 m. w. N.
728 Clausius, in: jurisPK-BGB, § 1578b Rn. 20 m. w. N.
729 So aber Klein, S. 105; OLG Brandenburg, 22.04.2008 – 10 UF 226/07, FamRZ 2008, 1952 = NJW-Spezial 2008, 357 = FPR 2008, 388 m. Anm. Ehinger = ZFE 2008, 387; Borth, FPR 2008, 341, 345, n.rk.: Az. des BGH – XII ZR 78/07; von **Indizwirkung** sprechen Dose, FamRZ 2007, 1289, 1295 und Clausius, in: jurisPK-BGB, § 1578b Rn. 23; OLG Celle, FamRZ 2009, 2105; krit. Bißmaier, FamRZ 2009, 389. Von einer klaren Beweislast der Unterhaltsberechtigten geht auch aus BGH, FamRZ 2008, 1325 m. Anm. Borth = FPR 2008, 379 m. Anm. Schwolow = FuR 2008, 401 m. Anm. Soyka; OLG Celle, FamRZ 2009, 2105.

H. Befristung von nachehelichem Unterhalt (§ 1578b BGB) Kapitel 3

Folglich steht die **Kinderbetreuung während der Ehe** durch den unterhaltsberechtigten Ehegatten einer **Begrenzung oder Befristung** dieses Anspruchs aus § 1573 BGB nicht grds. entgegen.[730] Eine Begrenzung ist z. B. dann möglich, wenn der Berechtigte keine beruflichen Nachteile oder nur kurzfristige Einkommenseinbußen erlitten hat.[731] Das gilt auch dann, wenn die Kinder bei beiderseitiger Berufstätigkeit überwiegend durch Dritte betreut wurden.[732] Kindererziehungszeiten können den Unterhaltsanspruch eines geschiedenen Ehegatten nicht automatisch begrenzungs- und befristungsfest machen.[733]

774

▶ Praxistipp:

775

Demnach sind ehebedingte Nachteile auch bei Kinderbetreuung in jedem Einzelfall konkret festzustellen. **Keinesfalls darf der anwaltliche Sachvortrag im Hinblick auf eine vermeintliche Vermutungs- oder Indizwirkung unterlassen werden.**

b) Nachteile aus der Dauer der Ehe

Die Dauer der Ehe betrifft den Zeitraum von der **Eheschließung** bis zur **Rechtshängigkeit** des Scheidungsantrags.[734] Zeiten des Zusammenlebens vor der Ehe sind ebenso wenig wie die Zeit einer vorehelichen Kinderbetreuung der Ehedauer zuzurechnen.[735]

776

In früheren Entscheidungen zu § 1573 Abs. 5 BGB a. F. ist von einer Art **Sperrwirkung einer bestimmten Ehedauer** ausgegangen worden, nach deren Überschreiten eine Befristung generell ausgeschlossen wurde. Diese Grenzen sind aber bereits in der Rechtsprechung zu § 1573 Abs. 5 BGB a. F. weitgehend aufgeweicht worden. Inzwischen wird auch bei einer langen Ehedauer im Einzelfall noch eine zeitliche Begrenzung zugelassen,[736] so nach

777

---

730 KG, FamRZ 2008, 415, 416 m. w. N.; s. a. BGH, FamRZ 2008, 1325 m. Anm. Borth = FPR 2008, 379 m. Anm. Schwolow = FuR 2008, 401 m. Anm. Soyka.
731 BGH, FamRZ 1990, 492, 494; Eschenbruch/Klinkhammer, Rn. 1454; OLG Köln, 07.07.2009 – 4 UF 168/08, FPR 2009, 601, 603 = FuR 2010, 47.
732 Brudermüller, FF 2004, 101, 104; Eschenbruch/Klinkhammer, Rn. 1454; Clausius, in: jurisPK-BGB, § 1578b Rn. 19 m. w. N.
733 Hauß, FamRB 2006, 180, 181.
734 BGH, FamRZ 2010, 1971; BGH, NJW 2010, 2349 m. Anm. Born = FamRZ 2010, 1238 m. Anm. Borth; BGH, FamRZ 2010, 1316 m. Anm. Bömelburg; BGH, FamRZ 2010, 629; BGH, FamRZ 2009, 406.
735 BGH, NJW 2012, 1506 = FamRZ 2012, 776.
736 Weitere Entscheidungen bei Scholz/Stein, Teil H Rn. 163 und Büte, FPR 2005, 316, 317. Vgl. auch die Darstellung von Entscheidungen des BGH und der Obergerichte in: Klein, S. 119 bis 132; zur bisherigen Begrenzungsvorschrift des § 1573 Abs. 5 a. F. BGB auch die grafische Darstellung bei Eschenbruch/Klinkhammer, 2006 Rn. 1461.

- mehr als 20 Jahren[737]
- mehr als 21 Jahren[738]
- mehr als 22 Jahren[739]
- mehr als 23 Jahren[740]
- mehr als 25 Jahren[741]
- 27 Jahren[742]
- mehr als 28 Jahren[743]
- 33 Jahren.[744]

778 Festgehalten werden kann, dass es demnach schon nach früherem Recht **keine schematische Bindung** zwischen Ehedauer und Gewährung des vollen Unterhalts i. S. e. zeitlichen Entsprechung oder einer festen Zeitgrenze gab.[745] Auch gibt es **keine absolute zeitliche Obergrenze** einer Ehedauer, nach der die Befristung generell ausscheidet.[746] Umgekehrt kann auch bei einer kurzen Ehedauer eine Befristung ausgeschlossen sein.[747]

779 Das **Zeitmoment** ist lediglich als **Hilfsargument** zu verstehen, um den Umfang der wirtschaftlichen Dispositionen der Ehegatten zu erfassen. Je länger die Ehe gedauert hat, desto schwieriger wird die zeitliche Begrenzung sein, weil die **wirtschaftliche**

---

737 BGH, FamRZ 2007, 2049; OLG Brandenburg, NJW 2009, 451; OLG Hamm, FamRZ 2005, 1177 = ZFE 2005, 170; OLG Saarbrücken, FamRB 2007, 353; OLG Brandenburg, FuR 2008, 514; OLG Brandenburg, NJW 2009, 451; vgl. Hollinger, in: jurisPK-BGB, § 1573 Rn. 75.3; weitaus enger OLG Hamm, FamRZ 2005, 35.
738 KG, FamRZ 2008, 415; OLG Stuttgart, 05.08.2008 – 17 UF 42/08, FamRZ 2008, 2208; n.rk.: Az. des BGH – XII ZR 138/08; OLG Zweibrücken, FamRZ 2008, 1958.
739 BGH, FamRZ 2007, 2052.
740 OLG Naumburg, FF 2002, 67 m. abl. Anm. Büttner, FF 2002, 68; OLG Frankfurt am Main, 19.08.2008 – 3 UF 347/06, FPR 2009, 138 = ZFE 2008, 430 = FamRZ 2009, 526.
741 OLG Koblenz, 02.11.2006 – 7 UF 774/05, FamRZ 2007, 833; OLG Saarbrücken, 09.04.2008 – 9 UF 4/06, FuR 2008, 461 = FamRZ 2009, 349; OLG Karlsruhe, 15.07.2009 – 18 UF 10/09, FamRZ 2009, 2107; OLG Jena, FamFR 2009, 45.
742 OLG Bremen, ZFE 2008, 310 = FF 2008, 259 m. Anm. Schnitzler = FamRZ 2008, 1957 = FuR 2008, 557 = FPR 2008, 642; OLG Oldenburg, FamRZ 2009, 1159.
743 OLG Oldenburg, FamRZ 2009, 1159; OLG Düsseldorf, FamRZ 2006, 1040 = ZFE 2006, 36 = FUR 2006, 84; OLG Saarbrücken, FF 2008, 209; OLG Hamm, 21.11.2008 – 11-7 UF 83/08, FF 2009, 28 = FuR 2009, 350; vgl. Hollinger, in: jurisPK-BGB, § 1573 Rn. 75.2.
744 OLG Schleswig, 25.11.2009 – 10 UF 37/09, FamRZ 2010, 651: Befristung auf insgesamt 9 Jahre Unterhaltszahlung.
745 BGH, FamRZ 2006, 1006 m. Anm. Born; OLG Karlsruhe, FamRZ 1989, 511; Reinken ZFE 2008, 58, 59; OLG Zweibrücken, NJW Spezial 2008, 388.
746 Borth, Rn. 151 m. w. N.
747 Vgl. BGH, FamRZ 2006, 1006.

Verflechtung der Eheleute[748] und die Abhängigkeit normalerweise mit zunehmender Dauer stärker ausgeprägt sind. Entscheidend ist dabei aber nicht der abstrakte Zeitraum der Ehedauer, sondern die **Zeit der gegenseitigen wirtschaftlichen Verflechtungen** und die **Intensität der konkreten wirtschaftlichen Abhängigkeiten**.

▶ Praxistipp: 780

Zu unterscheiden ist bei der praktischen Behandlung der Fälle zwischen den Gesichtspunkten der **Dauer der Ehe**, der **Dauer einer Berufsunterbrechung** bzw. beruflichen Einschränkung durch Teilzeitarbeit und dem **Alter des Unterhaltsberechtigten**. Diesen Unterschieden sollte auch beim Sachvortrag und bei der Argumentation Rechnung getragen werden.

aa) Dauer einer Berufsunterbrechung

Die **Dauer einer Berufsunterbrechung** ist das eigentlich entscheidende Moment. Dabei ist zu unterscheiden, ob 781
– Die/der Unterhaltsberechtigte erwerbstätig ist
– oder ab sie/er aktuell keiner Erwerbstätigkeit nachgeht.

Geht die/der Berechtigte aktuell keiner Erwerbstätigkeit nach, hat die **Dauer einer Berufsunterbrechung** größere Bedeutung für die Frage, wie leicht oder wie schwer der berufliche Wiedereinstieg gelingen kann.[749]

Ist die/der Berechtigte dagegen erwerbstätig, kommt es auf die Frage an, ob sie/er in 782 der Vergangenheit einen Nachteil erlitten hat, der sich heute noch – und in Zukunft – auf ihre/seine beruflichen Möglichkeiten negativ auswirkt. Dabei ist einmal die **Dauer der Berufsunterbrechung** relevant, aber auch der **Zeitraum, in dem die Berufsunterbrechung stattfindet**. Eine Berufspause in den für ein berufliches Fortkommen entscheidenden Jahren – typischerweise zwischen dem 30. und dem 40. Lebensjahr – ist eher mit nachhaltigen beruflichen Nachteilen verbunden als eine Unterbrechung in jüngerem Alter.[750]

bb) Alter der/des Berechtigten

Das **Alter** des Unterhaltsberechtigten spielt praktisch nur eine Rolle, wenn dieser tat- 783 sächlich **nicht erwerbstätig ist**. Dann aber hat das Alter große Bedeutung für die

---

748 Dazu BGH, FamRZ 2007, 2049 m. Anm. Hoppenz, FamRZ 2007, 2054, 2055; BGH, 26.11.2008 – XII ZR 131/07, FamRZ 2009, 406 m. Anm. Schürmann = FPR 2009, 128 m. Anm. Kemper = NJW 2009, 989 = FuR 2009, 204.
749 BGH, NJW 2009, 588 m. Anm. Born = FamRZ 2009, 411 m. Anm. Borth; OLG Hamm, FamRZ 2011, 1656; OLG Schleswig, FamRZ 2011, 302; OLG Schleswig, NJW 2009, 1216; OLG Oldenburg, FamRZ 2009, 1159.
750 Vgl. OLG Brandenburg, 22.04.2008 – 10 UF 226/07, FamRZ 2008, 1952 = FPR 2008, 388 m. Anm. Ehinger.

Chancen auf eine berufliche Wiedereingliederung,[751] steht aber nicht zwingend im Zusammenhang mit der Dauer der Ehe und beinhaltet auch keine absolute Sperre gegen eine Befristung.

Argumentiert werden kann in derartigen Fällen auch damit, dass der Unterhaltsberechtigte angesichts seines Alters nicht mehr ausreichend Zeit haben wird, seine Nachteile (vollständig) abzubauen bzw. noch eine angemessene Versorgung zu erwirtschaften. Steht der berechtigte Ehegatte also in der ersten Hälfte seines Berufslebens, kann er die erlittenen Nachteile noch eher ausgleichen.

cc) Dauer der Ehe

784   Die **Dauer der Ehe**[752] als solche hat dagegen vor allem Bedeutung für den Gesichtspunkt des **Vertrauensschutzes**. Dabei kommt es entscheidend nicht auf die Dauer der Ehe als solche, sondern die Intensität der **wirtschaftlichen Verflechtung** an Gewicht, die sich insb. durch **Aufgabe einer eigenen Erwerbstätigkeit** konkretisiert hat.[753]

Die lange Ehedauer ist regelmäßig ein Indiz für eine enge wirtschaftliche Verflechtung und Abhängigkeit.[754]

Das Vertrauen kann sich auch aus **besonderen Verhaltensweisen des Unterhaltspflichtigen** ergeben, so z. B. einer Erklärung des Unterhaltspflichtigen, die die Unterhaltsberechtigte veranlasst hat, eine Erwerbstätigkeit aufzugeben[755] oder aus der langjährigen Zahlung von Unterhalt.

Zeiten des **Zusammenlebens vor der Eheschließung** spielen keine Rolle.[756]

3. Befristung von Krankheits- und Altersunterhalt (§§ 1571, 1572 BGB)

785   § 1578b BGB erfasst auch die Unterhaltstatbestände, bei denen es nicht um die Kompensation »ehebedingter Nachteile«, sondern allein um das Ausmaß der darüber hinausgehenden nachehelichen Solidarität geht, so insb. die Unterhaltsansprüche wegen **Alters und Krankheit**.

Die Krankheit als solche ist in aller Regel **nicht ehebedingt**. Denn die Erkrankung der Beklagten steht nicht im Zusammenhang mit der Rollenverteilung in der Ehe oder

---

751 Reinken, ZFE 2008, 58, 60; Borth, Rn. 110.
752 Zur **Definition der Ehedauer**s. o. Rdn. 776.
753 BGH, FamRZ 2010, 1971; BGH, FamRZ 2010, 1637 m. Anm. Borth = NJW 2010, 3372 = FF 2011, 33 m. Anm. Finke; OLG Hamm, FamRZ 2011, 1656; OLG Saarbrücken, FamRZ 2010, 1151; OLG Oldenburg, FamRZ 2009, 1159; OLG Zweibrücken, FamRZ 2008, 1958.
754 BGH, NJW 2012, 309 m. Anm. Born = FamRZ 2012,197 m. Anm. Maurer; BGH, FamRZ 2010, 629, 632; BGH, FamRZ 2010, 1971, 1974.
755 OLG Düsseldorf, FamRZ 2009, 123, 124.
756 BGH, NJW 2010, 2349 m. Anm. Born = FamRZ 2010, 1238 m. Anm. Borth, FamRZ 2010, 1316 m. Anm. Bömelburg; s. a. BGH, 07.03.2012 – XII ZR 25/10.

H. Befristung von nachehelichem Unterhalt (§ 1578b BGB)

sonstigen mit der Ehe verbundenen Umständen.⁷⁵⁷ Ehebedingt sind folglich nur solche Einbußen, die sich aus der Rollenverteilung in der Ehe ergeben, nicht dagegen solche, die aufgrund sonstiger persönlicher Umstände oder schicksalhafter Entwicklungen eingetreten sind.⁷⁵⁸ Das gilt auch dann, wenn eine psychische Erkrankung durch die Ehekrise und Trennung ausgelöst worden ist.⁷⁵⁹ Die **Krankheit** des unterhaltsbedürftigen Ehegatten stellt demnach regelmäßig **keinen ehebedingten Nachteil** dar.⁷⁶⁰

Daher kann sich beim Krankheitsunterhalt nach § 1572 BGB ein **ehebedingter Nachteil** nur daraus ergeben, dass ein Unterhaltsberechtigter aufgrund der **Rollenverteilung in der Ehe** nicht ausreichend für den Fall der krankheitsbedingten Erwerbsminderung vorgesorgt hat und seine Rente wegen teilweiser oder voller Erwerbsminderung (Erwerbsunfähigkeitsrente) infolge der Ehe (Haushaltsführung sowie Kindererziehung) geringer ist, als sie ohne die Wirkungen der Ehe wäre.⁷⁶¹ 786

Liegt kein solcher ehebedingter Nachteil vor, der unterhaltsrechtlich ausgeglichen werden muss, ist **Billigkeitsmaßstab** für die Herabsetzung oder zeitliche Begrenzung des Unterhalts hier allein die fortwirkende Solidarität im Licht des Grundsatzes der Eigenverantwortung. Denn § 1578b Abs. 1 BGB beinhaltet nicht nur den Gesichtspunkt des ehebedingten Nachteils, sondern ermöglicht auch eine **Berücksichtigung der nachehelichen Solidarität**.⁷⁶² Hierbei geht es um das Ausmaß einer **fortwirkenden Verantwortung auch noch für den geschiedenen Ehegatten**.

Fällt infolge der Befristung der Unterhaltsanspruch weg und wird der Berechtigte dadurch **sozialhilfebedürftig**, so steht dies einer Befristung nach § 1578b Abs. 2 BGB nicht entgegen. Vielmehr nimmt das Gesetz durch die Möglichkeit der Befristung des Krankheitsunterhalts in Kauf, dass der Unterhaltsberechtigte infolge der Unterhaltsbefristung sozialleistungsbedürftig wird und somit die Unterhaltsverantwortung des geschiedenen Ehegatten durch eine staatliche Verantwortung ersetzt wird.⁷⁶³ 787

Billigkeitsmaßstab⁷⁶⁴ für die Herabsetzung oder zeitliche Begrenzung des Unterhalts ist hier allein die fortwirkende Solidarität im Licht des Grundsatzes der 788

---

757 BGH, NJW 2011, 1807 m. Anm. Born = FamRZ 2011, 875; BGH, FamRZ 2010, 1057 Rn. 15 m.w.N.; BGH, FamRZ 2011, 628.
758 BGH, FamRZ 2011, 189; FamRZ 2010, 1414.
759 BGH, FamRZ 2010, 1414 m. Anm. Borth.
760 BGH, NJW 2011, 1807 m. Anm. Born = FamRZ 2011, 875; FamRZ 2010, 1414 Rn. 17; BGH, 07.07.2010 – XII ZR 157/08, FamRZ 2011, 188 Rn. 20.
761 BGHZ 179, 43 = FamRZ 2009, 406 (Tz. 34), m. Anm. *Schürmann*; FamRZ 2009, 1207 (Tz. 36); FamRZ 2010, 629 (Tz. 24); Gleiches gilt beim Altersunterhalt nach § 1571 BGB; vgl. Borth FamRZ 2010, 1417.
762 BGH, FamRZ 2009, 1207; s. a. FamRZ 2010, 1517 (Tz. 17).
763 BGH, NJW 2011, 1807 m. Anm. Born = FamRZ 2011, 875; BGH, FamRZ 2010, 1057 Rn. 18; vgl. auch BGH, FamRZ 2009, 406 Rn. 37.
764 Clausius, FF 2012, 3.

Eigenverantwortung. Dabei haben die in § 1578b Abs. 1 Satz 3 BGB genannten Umstände auch Bedeutung für das Ausmaß einer fortwirkenden Verantwortung.

789 Die Schwierigkeit ergibt sich daraus, dass die **rechtspolitische Rechtfertigung** für die auf Alter und Krankheit gestützten Unterhaltsansprüche im Vergleich zu den Ansprüchen aus Kinderbetreuung nicht klar erkennbar ist und mit dem Begriff der »**nachehelichen Solidarität**« auch nur sehr unscharf umrissen werden kann.[765] Kritisch lässt sich einwenden, dass z. B. der Kinderbetreuungsunterhalt, der ja auf der Leistung der Betreuung der gemeinsamen Kinder beruht, vom Gesetz sehr stark eingeschränkt wird, während Ansprüche aus §§ 1571, 1572 BGB, die ohne eine solche Leistung gegeben werden, weiterhin uneingeschränkt bestehen.

790 An **Kriterien** kommen in Betracht:[766]
- die Dauer der Ehe,[767]
- das Alter zu Beginn der Ehe,
- die Anzahl der Ehen (erste Ehe, zweite Ehe),
- die wirtschaftliche Verflechtung (gemeinsames oder getrenntes Wirtschaften),
- die Zeit des Zusammenlebens,
- konkrete Anhaltspunkte für ein besonderes Vertrauen auf den Fortbestand der Unterhaltsverpflichtung (so z. B. eine Erklärung des Unterhaltspflichtigen, die die Unterhaltsberechtigte veranlasst hat, eine Erwerbstätigkeit aufzugeben),[768]
- Dispositionen aufgrund eines etwaigen Vertrauens in die fortwährende Unterhaltsverpflichtung,
- eigene Absicherung durch Rente bzw. Einkommen,
- gesicherter Lebensstandard über dem Existenzminimum,
- Belastung für den Unterhaltspflichtigen, die die Lebensführung nicht unerheblich einschränkt,
- Zeitraum der Zahlung von Trennungsunterhalt.

Dabei kann auch auf die während der Zeit der Ehe für die Familie erbrachten Leistungen des unterhaltsberechtigten Ehegatten (Geburt und **Betreuung von Kindern**) sowie die **Aufgabe der Berufsausbildung** als Billigkeitskriterien gegen eine Begrenzung bzw. Befristung herangezogen[769] und hieraus ein besonderer Vertrauenstatbestand abgeleitet werden. Damit ist auch von Bedeutung, **welche Leistungen für die Familie** die jetzt kranke Unterhaltsberechtigte während der Ehe erbracht hat.

---

765 Vgl. BGH, 26.11.2008 – XII ZR 131/07, FamRZ 2009, 406 m. Anm. Schürmann.
766 Vgl. BGH, 26.11.2008 – XII ZR 131/07, FamRZ 2009, 406 m. Anm. Schürmann; eine Übersicht über die obergerichtliche Rechtsprechung zur Begrenzung des Krankheitsunterhalts gibt Bömelburg, FF 2009, 421.
767 Peschel-Gutzeit, Rn. 115.
768 OLG Düsseldorf, FamRZ 2009, 123, 124.
769 BGH, FamRZ 2009, 1207; FamRZ 2010, 1517 (Tz. 17); BGH FamRZ 2009, 406, 409; BGH FamRZ 2010, 629.

H. Befristung von nachehelichem Unterhalt (§ 1578b BGB) — Kapitel 3

Hierzu hat der **BGH** entschieden: 791

BGH, 17.02.2010 – XII ZR 140/08[770]

»1. Bei der Billigkeitsentscheidung über eine Herabsetzung oder zeitliche Begrenzung des nachehelichen Unterhalts ist in erster Linie auf die Kompensation ehebedingter Nachteile abzustellen. Jedoch ist auch eine darüber **hinausgehende nacheheliche Solidarität** zu berücksichtigen.

2. Der Maßstab des **angemessenen Lebensbedarfs**, der nach § 1578b BGB die untere Grenze des nachehelichen Unterhalts bildet, bemisst sich nach dem Einkommen, das **der unterhaltsberechtigte Ehegatte ohne die Ehe und die Kindererziehung aus eigenen Einkünften zur Verfügung hätte.**

3. **Beim Krankheitsunterhalt kann deswegen nur auf das Einkommen abgestellt werden, das der Unterhaltsberechtigte ohne die Ehe und die Kindererziehung im Falle seiner Krankheit zur Verfügung hätte.**

4. Aus dem Begriff der Angemessenheit folgt aber zugleich, dass der nach § 1578b BGB herabgesetzte Unterhaltsbedarf **jedenfalls das Existenzminimum des Unterhaltsberechtigten** erreichen muss (im Anschluss an das Senatsurteil vom 14. Oktober 2009, XII ZR 146/08, FamRZ 2009, 1990, 1991)«.

▶ Praxistipp:
- Die Rechtsprechung zu § 1578b BGB weist erhebliche **Parallelen zum Haftungsrecht**[771] aus, weil bei der Festlegung des Unterhaltsanspruchs ähnlich wie bei schadensersatzrechtlichen Überlegungen lediglich die Ehe weggedacht werden soll, nicht aber die übrigen Umstände.
- **Durch den Unterhaltsanspruch der kranken Ehefrau wird ihr daher der Lebensstandard einer kranken ledigen Frau gewährt, nicht der Standard einer geschiedenen gesunden Frau !**[772]
- Ihr Bedarf entspricht der – fiktiven – **Erwerbsunfähigkeitsrente**, die sie bei ununterbrochener Erwerbstätigkeit aufgrund ihrer erkrankungsbedingten Erwerbsunfähigkeit erzielen würde.
- **Mindestens** aber muss allerdings ihr **Existenzminimum** gesichert sein; hiervon sind die ggf. durch geringfügige Tätigkeiten erzielten oder erzielbaren **Einkünfte abzuziehen.**
- Besonderer **Sachvortrag zur Höhe des Bedarfes** ist daher nur dann erforderlich, wenn mehr als das Existenzminimum geltend gemacht werden soll. Dann muss die Berechtigte konkret zur Höhe ihres Unterhaltsbedarfes vortragen.

---

770 BGH, FamRZ 2010, 629.
771 Born, NJW 2010, 1793, 1795.
772 BGH, FamRZ 2011, 1721 m. Anm. Hauß = NJW 2011, 3645 = FF 2011, 497 m. Anm. Reinken; BGH, NJW 2011, 1807 m. Anm. Born = FamRZ 2011, 875 = FuR 2011, 390; BGH, FamRZ 2010, 1414 m. Anm. Borth = NJW 2010, 2953 m. Anm. Maurer; krit. Graba, FamFR 2010, 361; OLG Hamm, 02.03.2011 – II 8 UF 131/10; OLG Hamm, FamFR 2011, 273.

Viefhues

- Entsprechendes gilt auch beim Altersunterhalt. Ist der Unterhaltsberechtigte bereits **Rentner**, kann lediglich auf das Renteneinkommen aus einer solchen Erwerbstätigkeit abgestellt werden, wobei von der tatsächlichen Rente nach durchgeführtem Versorgungsausgleich auszugehen ist.[773]
- Eine **Befristung** ist i. d. R. naheliegend, weil eine dauerhafte Unterhaltspflicht allein wegen der schicksalhaften, lediglich im zeitlichen Zusammenhang mit der Ehe stehenden Krankheit (allgemeines Lebensrisiko) ungerechtfertigt ist.[774]

II. Rechtsfolge

792 Die **konkrete Bestimmung der Frist** als angemessene **Rechtsfolge** ist eine richterliche **Ermessensentscheidung**.[775]

793 Die **bisherige Rechtsprechung zu** § 1573 Abs. 5 BGB a. F. kann auch für die Auslegung der neuen Befristungsregelung herangezogen werden.[776]

Dabei sind **zwei Fallgestaltungen** zu unterscheiden:
a) Es liegen **ehebedingten Nachteile** vor oder
b) es sind **keine ehebedingte Nachteile** eingetreten.

794 **Sind ehebedingte Nachteile eingetreten, geht es** beim konkreten Unterhaltsanspruch darum, diese **ehebedingte Nachteile auszugleichen**.[777]

795 Sind **keine ehebedingten Nachteile** eingetreten, sind nur die sonstigen Billigkeitsgesichtspunkte (speziell Vertrauensschutz) maßgeblich. Es kommt dabei letztlich darauf an, ob – und ggf. ab wann – es dem Unterhaltsberechtigten zumutbar ist, sich mit dem Unterhaltsniveau zufriedenzugeben, das er durch eigene zumutbare Erwerbstätigkeit erzielen kann.

796 ▶ Praxistipp:

- Es kommt weder auf die abstrakte Dauer der Ehe noch auf den abstrakten Zeitraum der Dauer der Kinderbetreuung an.
- Abzustellen ist konkret darauf,
  - **wie lange und wie intensiv** die Eheleute
    ihre **Lebenspositionen aufeinander eingestellt** haben[778]
    sich auf ein **gemeinsames Lebensziel ausgerichtet** haben[779]

---

773 BGH NJW 2011, 1807 m. Anm. Born = FamRZ 2011, 875 = FuR 2011, 390.
774 Holzwarth, FamRZ 2011, 795, 796.
775 Wendl/Dose, § 4 Rn. 586 m. w. N.; Hollinger, in: jurisPK-BGB, § 1573 Rn. 69.
776 OLG Brandenburg, 22.04.2008 – 10 UF 226/07, FamRZ 2008, 1952 = NJW-Spezial 2008, 357 = FPR 2008, 388 m. Anm. Ehinger = ZFE 2008, 387.
777 Zum Begriff des Nachteils ausführlich Viefhues/Mleczko, Rn. 288.
778 BGH, FamRZ 1990, 857.
779 Büte, FPR 2005, 316, 318; Palandt/Brudermüller, BGB, § 1573 Rn. 36.

- wie **nachhaltig**
  die **gegenseitige Verflechtung und Abhängigkeit der Lebensverhältnisse**
  gewesen ist[780] und
  wie sich diese auf **die Erwerbsbiografie ausgewirkt** haben[781]
- Konkret ist dabei u. a. von Bedeutung:
  - die Vermittelbarkeit des Unterhaltsgläubigers auf dem Arbeitsmarkt,
  - sein Alter und Gesundheitszustand,
  - Art und Dauer der früheren Berufstätigkeit,
  - ungünstige Erwerbsbiografie,
  - Dauer der Unterbrechung der Berufstätigkeit,
  - fehlender oder aktuell nicht mehr einsetzbarer beruflicher Abschluss,[782]
  - Zeitaufwand für erforderliche Reintegrationsmaßnahmen.
- Wichtig ist auch, dass die Frist das Ziel hat, dem Ehegatten zu ermöglichen, sich an die neuen Lebensumstände zu gewöhnen. Eine zu lange Frist hat eher eine Gewöhnung an die früheren Lebensumstände zur Folge als die vom Gesetz bezweckte Entwöhnung.[783] Im Regelfall soll ein Zeitraum von 2 bis 3 Jahren ausreichend sein.[784]
- Aus der Entscheidung des BGH vom 25.06.2008[785] (Frist 5 Jahre, Ende der Frist 3 Jahre vor dem Renteneintritt der Berechtigten) wird geschlossen, dass nach Wegfall der ehebedingten Nachteile eine Frist von mehr als 5 Jahren nur in seltenen Fällen gerechtfertigt sein wird.[786]

III. Bedeutung der wirtschaftlichen Situation der Eheleute

I. R. d. Kriterien, die zur Ausfüllung des unbestimmten Rechtsbegriffs der **nachehelichen Solidarität** herangezogen werden können,[787] kann die wirtschaftliche Situation **beider Ehegatten** nicht ausgeklammert werden.[788]

797

---

780 Kalthoener/Büttner/Niepmann, Rn. 1037.
781 OLG Hamm, FamRZ 1998, 292.
782 Born, NJW 2008, 1, 8.
783 So Soyka, FuR 2007, 592 in seiner Kritik zu OLG Saarbrücken, FuR 2007, 589, das eine 10-jährige Frist bewilligt hat.
784 Schürmann, jurisPR-FamR 12/2008 Nr. 5; OLG Frankfurt am Main, 13.08.2008 – 5 UF 185/07, NJW 2008, 3440 = FPR 2009, 140 = FuR 2008, 612 = NJW-Spezial 2009, 5: Ehedauer 8 Jahre, Befristung auf 3 Jahre.
785 BGH, FamRZ 2008, 1508 m. Anm. Borth = FPR 2008, 449 m. Anm. Weil; BGH, FamRZ 2008, 1325 m. Anm. Borth = FPR 2008, 379 m. Anm. Schwolow = FuR 2008, 401 m. Anm. Soyka.
786 Weil, FPR 2008, 452.
787 Ausführlich Viefhues FuR 2011, 505 (Teil I) und FuR 2011, 551 (Teil II).
788 Clausius, in: jurisPK-BGB, § 1578b Rn. 24 m. w. N.; OLG Celle, FamRZ 2009, 56.

798 Aber auch die allgemeine **Situation der Unterhaltsberechtigten** spielt eine Rolle:[789]
– Ist sie selbst in der Lage auch dauerhaft ihren angemessenen Lebensstandard zu erwirtschaften
– oder bezieht sie eine angemessene Rente,[790]
– hat sie hohe Einkünfte[791] bzw. ein Einkommen, das sie dauerhaft absichert,[792]
– ist sie durch eigenes Einkommen oder Vermögen dauerhaft abgesichert[793] oder hat sie nur einen unsicheren Arbeitsplatz,[794]
– stehen ihr **Rücklagen** z. B. aus eigenem Vermögen,[795]
– aus **Erbfolge**[796] oder
– aus dem **Zugewinn**[797] – auch eines noch zu zahlenden Zugewinns[798] – oder
– im Form **lastenfreien Wohneigentums**[799] zur Verfügung und
– ist abzusehen, dass ihr eine angemessene **Altersvorsorge** aus dem Versorgungsausgleich zufließen wird (oder bezieht sie schon angemessene Rente),[800]

spricht dies für eine kürzere Frist.[801]

799 Auch der **Gesundheitszustand** der Unterhaltsberechtigten kann bei der Bemessung der Frist Berücksichtigung finden.[802]

800 ▶ Praxistipp:

– Die eigene Einkommens- und Vermögenslage, die vermögensrechtliche Auseinandersetzung zwischen den Eheleuten und das Ergebnis des Versorgungsausgleichs haben also auf diese Weise mittelbar auch Auswirkungen auf den Unterhaltsanspruch.

---

789 Viefhues/Mleczko, Rn. 428 ff.; Peschel-Gutzeit, Rn. 87; BGH, FamRZ 2008, 134/136; OLG Celle, FamRZ 2009, 2105, 2107; OLG Brandenburg, 22.04.2008 – 10 UF 226/07, FamRZ 2008, 1952 = NJW-Spezial 2008, 357 = FPR 2008, 388 m. Anm. Ehinger = ZFE 2008, 387; n.rk.: Az. des BGH – XII ZR 78/07.
790 BGH, 26.11.2008 – XII ZR 131/07.
791 Büte, FPR 2005, 316, 318.
792 OLG Stuttgart, 12.04.2007 – 16 UF 62/05, ZFE 2008, 196; OLG Celle, FamRZ 2009, 56.
793 OLG Stuttgart, FamRZ 2007, 2075, 2077; OLG Köln, 07.07.2009 – 4 UF 168/08, FPR 2009, 601, 603 = FuR 2010, 47.
794 Born, NJW 2008, 1, 8.
795 BGH, NJW 2012, 1356; BGH, FamRZ 2007, 2049 m. Anm. Hoppenz, FamRZ 2007, 2054, 2055; ablehnend Borth, Rn. 148.
796 Clausius, in: jurisPK-BGB, § 1578b Rn. 24; OLG Stuttgart, ZFE 2008, 196.
797 BGH, FamRZ 2007, 2052 m. Anm. Hoppenz; Born, NJW 2008, 1, 8.
798 OLG Brandenburg, 29.04.2008 – 10 UF 124/07, ZFE 2009, 33; OLG Saarbrücken, 21.10.2009 – 9 UF 26/09.
799 OLG Hamm, ZFE 2005, 170 = FamRZ 2005, 1177; Hollinger, in: jurisPK-BGB, § 1573 Rn. 75.3; OLG Celle, FamRZ 2008, 1949, 1950; OLG Stuttgart, FamRZ 2009, 53, 55.
800 BGH, 26.11.2008 – XII ZR 131/07.
801 OLG Düsseldorf, FamRZ 2006, 1040 = ZFE 2006, 36.
802 OLG Stuttgart, 05.08.2008 – 17 UF 42/08, FamRZ 2008, 2208.

H. Befristung von nachehelichem Unterhalt (§ 1578b BGB)

- Bei **Vereinbarungen** zwischen den Eheleuten über die abschließende **Vermögensregelung** zur Scheidung sollten diese mittelbaren Konsequenzen bedacht und ggf. ausdrücklich und verbindlich geregelt werden.[803]

Aber auch die **Interessen des Unterhaltspflichtigen** sind für die Zumutbarkeitsabwägungen von Belang. Folglich ist bei der Billigkeitsabwägung auch die durch die Zahlung des Unterhaltsbetrags bedingte gegenwärtige und zukünftige **Belastung des Unterhaltspflichtigen** vor allem durch die **Höhe des zugesprochenen Unterhaltsbetrags**[804] und das ihm danach **verbleibende Resteinkommen** zu berücksichtigen.[805]

801

Das Hinzukommen **neuer** ggü. dem geschiedenen Ehemann **unterhaltsberechtigter Personen** – so z. B. eine **neue Ehefrau, die Kinder betreut** – kann ebenfalls als Billigkeitsgesichtspunkt in die Abwägung nach § 1578b BGB einbezogen werden,[806] da sich daraus eine konkrete zusätzliche Belastung des Unterhaltspflichtigen ergibt.

IV. Gezahlter Unterhalt

Die **Dauer der** – bisherigen – **Unterhaltszahlungen** ist ebenfalls von Bedeutung für die Möglichkeit der Befristung.[807] Dabei ist auch die Zeit der Trennung relevant.[808] I. R. d. § 1578 b Abs. 2 BGB ist die **Gesamtbelastung des Unterhaltspflichtigen** durch den Unterhalt ein Billigkeitskriterium und wird auch durch den – etwa längere Zeit gezahlten – Trennungsunterhalt mit beeinflusst. Dass die Zahlungen der gesetzlichen Verpflichtung des Antragstellers entsprachen, steht dem ebenso wenig entgegen wie der Umstand, dass der Trennungsunterhalt selbst nicht entsprechend § 1578b BGB herabgesetzt oder befristet werden kann.

802

---

803 Schürmann, FuR 2008, 183, 190.
804 BGH, 07.03.2012 – XII ZR 179/09, FamRZ 2012, 772 = NJW 2012, 1807; OLG Celle, FF 2008, 421, OLG Köln FamRZ 2009, 518, 519.
805 BGH, NJW 2011, 2512 = FamRZ 2011, 1381; BGH, NJW 2012, 1356; BGH, FamRZ 2012, 772 = FamFR 2012, 773; BGH, NJW 2011, 1285 m. Anm. Born = FamRZ 2011, 713 m. Anm. Holzwarth, FamRZ 2011, 795 = FuR 2011, 408; BGH, FamRZ 2007, 200, 204 m. Anm. Büttner; BGH, FamRZ 2007, 1232, 1236; OLG Celle, FamRZ 2009, 56; Brudermüller, FF 2004, 101, 104 m. w. N.; OLG Celle, FamRZ 2009, 2105, 2107.
806 BGH, NJW 2011, 1807 m. Anm. Born = FamRZ 2011, 875; Götz/Brudermüller, FamRZ 2011, 801, 806; Schürmann, FamRB 2011, 82, 85; vgl. auch BVerfG, 25.01.2011 – 1 BvR 918/10, FamRZ 2011, 437 Rn. 20.
807 BGH, 07.03.2012 – XII ZR 179/09; FamRZ 2012, 772 = NJW 2012, 1807; OLG Düsseldorf, FuR 2009, 418 = FPR 2009, 371 = ZFE 2009, 347; OLG Koblenz, ZFE 2011, 232; OLG Frankfurt am Main, 21.07.2010 – 2 UF 63/10.
808 BGH, FamRZ 2012, 772 = FamFR 2012, 773; BGH NJW 2012, 309 m. Anm. Born = FamRZ 2012,197 m. Anm. Maurer; BGH, NJW 2011, 1807 m. Anm. Born; BGH, FamRZ 2010, 1414 m. Anm. Borth = NJW 2010, 2953 m. Anm. Maurer; BGH, FamRZ 2009, 406 m. Anm. Schürmann = NJW 2009, 989 = FPR 2009, 128 m. Anm. Kemper; BGH, 14.04.2010 – XII ZR 89/08, NJW 2010, 2056 m. Anm. Born.

Viefhues

> **Praxistipp:**
>
> Daher sollte der Unterhaltspflichtige durch eine **Auflistung seiner Zahlungen nach Zeiträumen und Höhe** die bisher getragene Gesamtbelastung veranschaulichen.

V. Besondere Umstände aus der Vergangenheit

803 In die Abwägung können noch weitere Gesichtspunkte eingebracht werden,[809] auch wenn es sich dabei um **vergangenheitsbezogene Gründe** handelt, die sich nicht auf die gegenwärtige und zukünftige Erwerbsfähigkeit auswirken. Es ist also zugunsten des *Berechtigten* zu überprüfen, welche **Leistungen für die eheliche Lebensgemeinschaft erbracht** worden sind.

804 Hier sind zu nennen:
- das Alter des Unterhaltsberechtigten,[810]
- Eheschließung erst im hohen Alter,[811]
- **besondere Leistungen des Unterhaltsberechtigten** während der Zeit des Zusammenlebens wie z. B.
  - Überobligatorischer Einsatz während der Ehe zugunsten des Partners,[812]
  - Betreuung des Partners während längerer Krankheit,
  - Versorgung eines Kindes des Ehegatten aus erster Ehe oder eines gemeinsamen Pflegekindes,[813]
  - Finanzierung der Ausbildung,[814]
  - Mitarbeit im Erwerbsgeschäft des Ehegatten,[815]
- **besondere Nachteile**[816] aus der Zeit der Ehe. wie z. B.
  - Erkrankungen,[817] bzw. Krankheit,[818]
  - schwere Verletzung beim Bau des gemeinsamen Eigenheims,[819]
  - erhebliche Verletzung bei einem vom Unterhaltspflichtigen verursachten Autounfall,
  - Vertrauensschutz bei langfristig zu bedienenden Verbindlichkeiten,[820]

---

809 S. a. die Zusammenstellung bei Schürmann, FuR 2008, 183, 184.
810 Clausius, in: jurisPK-BGB, § 1578b Rn. 24 m. w. N.; BGH, FamRZ 2007, 2052.
811 OLG Saarbrücken, FamRZ 2004, 1293.
812 Klein, S. 109.
813 OLG Hamm, FamRZ 1994, 1108 (beim Trennungsunterhalt); s. aber OLG Celle, FamRZ 2008, 1951.
814 Büttner/Niepmann/Schwamb, Rn. 1035 m. w. N.; OLG Hamm, NJW-RR 1991, 1447; Clausius, in: jurisPK-BGB, § 1578b Rn. 24; OLG Saarbrücken, 28.08.2008 – 2 UF 16/07, FF 2008, 505 m. Anm. Clausius; KG, NJW 2009, 3661.
815 Klein, S. 109.
816 Brudermüller, FF 2004, 101, 104 m. w. N.
817 Clausius, in: jurisPK-BGB, § 1578b Rn. 24 m. w. N.; vgl. aber Born, NJW 2008, 1, 8.
818 Anders wohl Clausius, in: jurisPK-BGB, § 1578b Rn. 24 m. w. N.
819 BGH, NJW 1986, 2832, 2834.
820 Clausius, in: jurisPK-BGB, § 1578b Rn. 24 m. w. N.; BGH, FamRZ 2007, 1232.

H. Befristung von nachehelichem Unterhalt (§ 1578b BGB)   Kapitel 3

- Verlust des Unterhaltsanspruchs aus einer früheren Ehe,[821]
- besonders beengte finanzielle Verhältnisse während der Ehe.

So stellt das OLG Düsseldorf[822] diesen Ausgleichscharakter der Unterhaltszahlungen heraus: **805**

»Die ausgeurteilte 4-jährige Unterhaltsbefristung ist daher ein ausgewogener solidarischer Akt, der die beengten ersten fünf Jahre Ehe ausgleicht.«

Hierbei handelt es sich teilweise um **Gesichtspunkte aus der Vergangenheit** (der Zeit der Ehe), also **nicht** um Fakten, die sich auf die **künftige Erwerbsmöglichkeit** beziehen.[823] **806**

Zulässig ist aber auch, derartige Fakten **aufseiten des Verpflichteten** – quasi als **Kompensation** – zu berücksichtigen – also z. B. besondere Leistungen, die er während der Ehe für die Berechtigte erbracht hat, für die er aber nach Scheitern der Ehe keinen besonderen Ausgleich erhält wie z. B.

- die Finanzierung einer akademischen Ausbildung der Unterhaltsberechtigten,[824]
- die Betreuung der gemeinsamen Kinder während der Ehe,[825]
- alleinige Unterhaltspflicht für die gemeinsamen Kinder nach der Ehe,[826]
- die Unterstützung der vorehelichen Kinder des Berechtigten,
- die Pflege der Schwiegereltern,[827]
- oder die Tilgung von persönlichen Schulden des Berechtigten.

▶ Praxistipp:

- Es können also auch besondere Umstände zugunsten des Unterhaltspflichtigen in die gerichtliche Billigkeitsabwägung einfließen und dazu führen, den Anspruch zu befristen bzw. die Frist kürzer anzusetzen.
- Erforderlich ist aber entsprechender anwaltlicher Sachvortrag!

VI. Bedeutung des zeitlichen Abstandes zur Scheidung

Auch der zeitliche Abstand zur Scheidung kann Bedeutung für den Grad der nachehelichen Solidarität haben. Denn es ist auch die **zunehmende Entflechtung** der **wirtschaftlichen** und **persönlichen Verhältnisse der geschiedenen Ehegatten** zu beachten, die umso gewichtiger wird, je **weiter die Scheidung zurückliegt**, und dementsprechend das Maß der geschuldeten nachehelichen Solidarität begrenzt.[828] Anknüpfungspunkt dafür, dass eine fortwährende Unterhaltsgewährung nach den ehelichen Lebensverhält- **807**

---

821 Viefhues/Mleczko, Rn. 313; Clausius, in: jurisPK-BGB, § 1578b Rn. 24.
822 OLG Düsseldorf, 02.09.2008 – I-3 UF 63/08.
823 S. a. Peschel-Gutzeit, Rn. 87.
824 OLG Frankfurt am Main, FamRZ 1999, 97; Peschel-Gutzeit, Rdnr. 87.
825 OLG Celle, FamRZ 2009, 2105.
826 BGH, FamRZ 2012, 772 = FamFR 2012, 773.
827 Born, NJW 2008, 1, 8.
828 BGH, NJW 2011, 2512 = FamRZ 2011, 1381.

nissen unbillig wäre, **ist das im Laufe der Jahre immer schwächer gewordene Band der nachehelichen Solidarität.**[829] In diesem Zusammenhang könnte auch eine Rolle spielen, inwieweit die Einkünfte des Unterhaltspflichtigen überhaupt noch auf einer **gemeinsamen Lebensleistung** der Ex-Eheleute basieren. Je größer der **zeitliche Abstand zur Trennung und Scheidung,** desto weniger lässt sich dies begründen (so z. B. beim Kundenstamm eines selbstständigen Unternehmers[830]).

VII. Weitere Billigkeitsgesichtspunkte

808 In die allgemeinen Billigkeitsabwägung können auch **ehebedingte Nachteile aufseiten des Unterhaltspflichtigen** eingebracht werden. So können auch beim Unterhaltspflichtigen familienbedingte Einschränkungen seiner beruflichen Entwicklung eingetreten sein, die in die Billigkeitsabwägungen einfließen.[831]

809 Auch aufgenommene und unterhaltene **intime Beziehungen zu einem neuen Partner** können – über den Anwendungsbereich des § 1579 BGB hinausgehend – von Bedeutung sein.[832]

VIII. Darlegungs- und Beweislast bei § 1578b BGB

810 Die **Darlegungs- und Beweislast** für diejenigen Tatsachen, die Grundlage für eine Beschränkung nach § 1578b BGB werden sollen, trägt grds. der **Unterhaltsverpflichtete,**[833] jedoch kann der Unterhaltsberechtigte sich nicht darauf verlassen, keinerlei Darlegungen machen zu müssen.

811 ▶ Hinweis:

Dabei geht der BGH[834] von folgender Systematik des **Wechselspiels der Darlegungs- und Beweislast** bei § 1578b BGB aus:
1. Im ersten Schritt trifft den Unterhaltspflichtigen die **Darlegungs- und Beweislast,** denn diese Vorschrift ist als Ausnahmetatbestand von einer unbefristeten Unterhaltspflicht konzipiert.[835] Der Unterhaltspflichtige muss also das **Vorliegen der Tatbestandsvoraussetzungen** und der **Billigkeitsgesichtspunkte** darlegen, ebenso die **Kriterien für die Länge der Übergangsfrist**[836] oder den feh-

---

829 BGH, NJW 2012, 309 m. Anm. Born = FamRZ 2012,197 m. Anm. Maurer; BGH, FamRZ 2011, 1721 m. Anm. Hauß = NJW 2011, 3645 = FF 2011, 497 m. Anm. Reinken.
830 Ausführlich Braeuer, FamRZ 2006, 1495; vgl. auch BGH, NJW 2011, 2512 = FamRZ 2011, 1381.
831 Schausten, FF 2011, 243.
832 BGH, NJW 2012, 1578; BGH, NJW 2011, 2512 = FamRZ 2011, 1381.
833 BGH, FamRZ 2008, 134; OLG Schleswig, NJW 2009, 1216; OLG Hamm, FamRZ 2008, 1000, 1001; Borth, FamRZ 2006, 813, 816; Borth, Rn. 173; Klein, S. 112; Viefhues/Mlezcko, Rn. 456; Clausius, in: jurisPK-BGB, § 1578b Rn. 28; Peschel-Gutzeit, Rn. 130.
834 BGH, 14.10.2009 – XII ZR 146/08.
835 BGH, 25.06.2008 – XII ZR 109/07, NJW 2008, 2644 = FamRZ 2008, 1508.
836 Reinken, ZFE 2008, 58, 61.

H. Befristung von nachehelichem Unterhalt (§ 1578b BGB) Kapitel 3

lenden Zusammenhang von Erwerbslosigkeit und Gestaltung der ehelichen Lebensverhältnisse.[837] Dabei müssen die Umstände, die zu einer Befristung führen, soweit feststehen, dass eine sichere Prognose möglich ist.[838]
2. Hat dieser dann durch substanziierten Tatsachenvortrag den **Wegfall früher vorhandener ehebedingter Nachteile dargelegt**, muss nunmehr die Unterhaltsberechtigte ihrerseits darlegen und ggf. beweisen, dass eine Begrenzung trotzdem ausscheidet oder zumindest eine längere Schonfrist zuzubilligen ist.

BGH, 24.03.2010 – XII ZR 175/08[839]
»1. Bei der Herabsetzung und zeitlichen Begrenzung des Unterhalts muss der Unterhaltspflichtige die Tatsachen darlegen und beweisen, die für eine Befristung sprechen.
2. Hinsichtlich der Tatsache, dass ehebedingte Nachteile nicht entstanden sind, trifft den Unterhaltsberechtigten aber nach den Regeln zum Beweis negativer Tatsachen eine sog. sekundäre Darlegungslast. Er muss die Behauptung, es seien keine ehebedingten Nachteile entstanden, substanziiert bestreiten und seinerseits darlegen, welche konkreten ehebedingten Nachteile entstanden sein sollen.
3. Erst wenn das Vorbringen des Unterhaltsberechtigten diesen Anforderungen genügt, muss der Unterhaltspflichtige die vorgetragenen ehebedingten Nachteile widerlegen.«

BGH, 26.10. 2011 – XII ZR 162/09[840]

Inhalt der sekundären Darlegungslast der Unterhaltsberechtigten zu ehebedingten Nachteilen bei der Unterhaltsherabsetzung und -befristung

Die Unterhaltsberechtigte muss die Behauptung des Unterhaltspflichtigen, ihr seien keine ehebedingten Nachteile entstanden, substanziiert bestreiten und ihrerseits Gegenteiliges so konkret vortragen, dass dem Unterhaltspflichtigen seinerseits eine Widerlegung möglich ist. Sie muss folglich genau darlegen, welche konkreten ehebedingten Nachteile entstanden sein sollen. Erst wenn ihr Sachvortrag diesen Anforderungen genügt, muss der Unterhaltspflichtige seinerseits die vorgetragenen ehebedingten Nachteile widerlegen (im Anschluss an BGH FamRZ 2010, 875 und BGH FamRZ 2010, 2059).

---

837 So zu § 1573 Abs. 5 BGB a. F. BGH, FamRZ 1990, 857; BGH, FamRZ 1991, 670; OLG Bamberg, FamRZ 1998, 25; a. A. OLG Naumburg, FF 2002, 67 m. abl. Anm. Büttner, FF 2002, 68.
838 OLG Schleswig, 22.12.2008 – 13 UF 100/08, NJW 2009, 1216 = FuR 2009, 290 = FPR 2009, 178.
839 BGH, FamRZ 2010, 875 m. Anm. Finke.
840 BGH, NJW 2012, 74 m. Anm. Born = FamRZ 2012, 93 m. Anm. Viefhues; Aps, FF 2012, 36.

> **OLG Hamm, 11.07.2011 – II-8 UF 175/10**[841]
>
> Die Unterhalsberechtigte muss zur Erfüllung ihrer sekundären Darlegungslast zum ehebedinten Nachteil im Rahmen des § 1578b BGB nachvollziehbar vortragen, aus welchen Gründen sie ihren erlernten Beruf schon geraume Zeit vor der Heirat aufgegeben hat.

812 In der Praxis kommt der **sekundären Darlegungslast der Unterhaltsberechtigten** eine große Bedeutung zu. Die Unterhaltsberechtigte muss die Behauptung des Unterhaltspflichtigen, ihr seien keine ehebedingten Nachteile entstanden, substanziiert bestreiten und ihrerseits Gegenteiliges so konkret vortragen, dass dem Unterhaltspflichtigen seinerseits eine Widerlegung möglich ist. Sie muss folglich genau darlegen, welche konkreten ehebedingten Nachteile entstanden sein sollen. Erst wenn ihr Sachvortrag diesen Anforderungen genügt, muss der Unterhaltspflichtige seinerseits die vorgetragenen ehebedingten Nachteile widerlegen.[842] Die Unterhaltsberechtigte muss z. B. zur Erfüllung ihrer sekundären Darlegungslast zum ehebedingten Nachteil i. R. d. § 1578b BGB nachvollziehbar vortragen, aus welchen Gründen sie ihren erlernten Beruf schon geraume Zeit vor der Heirat aufgegeben hat.[843] Jedoch trifft die Berechtigte **nicht** auch die entsprechende **Beweislast**!

> **BGH, 24.03.2010 – XII ZR 175/08**[844]
>
> Soweit der Senat in der Vergangenheit für den Fall, dass der Unterhaltsberechtigte eine ehebedingt unterbrochene Erwerbstätigkeit nach der Scheidung wieder aufnehmen konnte, erwähnt hat, dass den Unterhaltsberechtigten dafür, dass ihm dennoch ehebedingte Nachteile entstanden seien, neben der Darlegungslast auch die Beweislast treffe (Senatsurteile vom 14. November 2007 – XII ZR 16/07 – FamRZ 2008, 134 Tz. 22; vom 16. April 2008 – XII ZR 107/06 – FamRZ 2008, 1325 Tz. 41 und vom 14. Oktober 2009 – XII ZR 146/08 -FamRZ 2009, 1990 Tz. 18), hält er daran nicht fest. In den beiden erstgenannten Fällen fehlte es bereits an hinreichenden Darlegungen des Unterhaltsberechtigten zu fortbestehenden ehebedingten Nachteilen und ist der Senat in der Sache bereits nach den oben genannten Grundsätzen verfahren (ähnlich auch Senatsurteil vom 28. März 1990 – XII ZR 64/89 – FamRZ 1990, 857, 859 f.). Für eine mit weiter reichenden Folgen verbundene Beweislastumkehr fehlt es nach der geltenden Gesetzeslage und dem Regel-Ausnahme-Verhältnis von Unterhaltspflicht und Unterhaltsbegrenzung, das auch durch das Unterhaltsrechtsänderungsgesetz vom 21. Dezember 2007 nicht verändert worden ist, an einer hinreichenden Rechtfertigung, zumal den Beweisschwierigkeiten des Unterhaltspflichtigen bereits durch die sekundäre Darlegungslast des Unterhaltsberechtigten wirksam zu begegnen ist.

813 In der Praxis ergeben sich dabei folgende **Fallvarianten**:
   1) Wenn die Unterhaltsberechtigte wieder **vollschichtig in ihrem erlernten Beruf arbeitet** und damit ein **Einkommen in gleicher Höhe** erzielt, das sie auch ohne

---

841 OLG Hamm, FuR 2012, 102.
842 BGH, NJW 2012, 74 m. Anm. Born = FamRZ 2012, 93 m. Anm. Viefhues; im Anschluss an BGH, FamRZ 2010, 875 und BGH, FamRZ 2010, 2059; Aps, FF 2012, 36.
843 OLG Hamm, FuR 2012, 102.
844 BGH, FamRZ 2010, 875 m. Anm. Finke.

H. Befristung von nachehelichem Unterhalt (§ 1578b BGB) Kapitel 3

Ehe erzielen würde, sind keine ehebedingten Nachteile ersichtlich. Es ist dann ihre Aufgabe, Gründe vorzutragen und ggf. nachzuweisen, die gegen eine Begrenzung sprechen oder zumindest eine längere Schonfrist rechtfertigen.[845]

BGH, 18.04.2008 – XII ZR 107/06:[846]
Wenn der Unterhaltsberechtigte wieder vollschichtig in seinem erlernten Beruf arbeitet und damit das Einkommen erzielt, das er ohne Ehe erzielen würde, ist davon auszugehen, dass dieses Einkommen seinen gesamten Bedarf nach den ehelichen Lebensverhältnissen deckt, folglich keine ehebedingten Nachteile bestehen und daher einer Befristung des Nachscheidungsunterhalts allenfalls noch ein besonderer Vertrauensschutz im Wege steht. Dann ist es Sache des Unterhaltsberechtigten, solche Tatsachen substanziiert vorzutragen, aus denen sich dennoch fortwirkende ehebedingte Nachteile ergeben, und diese ggf. nachzuweisen.[847]

OLG Stuttgart, 05.08.2008 – 17 UF 42/08:
Bereits die Möglichkeit einer Tätigkeit im erlernten Beruf ist als Indiz für das Fehlen ehebedingter Nachteile anzusehen.

2) Erzielt die Berechtigte allerdings aus ihrer tatsächlich ausgeübten Erwerbstätigkeit ein **geringeres Einkommen** als das Einkommen, das sie bei Fortsetzung der ehebedingt aufgegebenen Tätigkeit heute erzielen würde, besteht auf Dauer ein **ehebedingter Nachteil i. H. d. Differenzbetrags.**

▶ Hinweis: 814

Im dritten Schritt muss wiederum der **Unterhaltspflichtige** diesen Nachteil widerlegen. Konkret bedeutet dies, dass er substanziiert Tatsachen für die Schlussfolgerung vortragen muss, die Unterhaltsberechtigte könne – bei Wiedereinstieg in ihren alten Beruf oder durch eine anderweitige Berufstätigkeit – ein höheres Einkommen erlangen. Dazu reichen lediglich pauschal erhobene Behauptungen nicht aus.

Diese Darlegung fällt umso schwerer, je weniger man sich auf greifbare Tatsachen stützen kann. Nicht jede denkbare **verpasste Chance** stellt einen Nachteil dar.[848] Insb. bei einem freiberuflich tätigen Ehegatten (Ärztin, RAin), der seine Berufstätigkeit zeitweise familienbedingt eingestellt und so auf seine fachliche Weiterentwicklung und den Aufbau bzw. Ausbau einer einträglichen freiberuflichen Praxis

---

845 OLG Köln, 07.07.2009 – 4 UF 168/08, FPR 2009, 601, 603.
846 BGH, FamRZ 2008, 1325 m. Anm. Borth = FPR 2008, 379 m. Anm. Schwolow = FuR 2008, 401 m. Anm. Soyka; vgl. auch BGH, FamRZ 2008, 1911 m. Anm. Maurer, FamRZ 2008, 1919.
847 S. a. BGH, FamRZ 2008, 134, 136; OLG Brandenburg, 22.04.2008 – 10 UF 226/07, FamRZ 2008, 1952 = NJW-Spezial 2008, 357 = FPR 2008, 388 m. Anm. Ehinger = ZFE 2008, 387; n.rk.: Az. des BGH – XII ZR 78/07.
848 Schürmann, jurisPR-FamR 12/2008 Nr. 5 unter Hinweis auf BGH, NJW 1995, 1023, 1024.

verzichtet hat,[849] dürfte ein hypothetischer beruflicher Aufstieg schwer darzulegen sein.[850]

815 Diese Darlegungs- und Beweislast gilt nicht nur im Erstverfahren, sondern erst recht in einem späteren **Abänderungsverfahren**.[851]

816 Die **Beweisführung** des Unterhaltspflichtigen wird auch dadurch **erleichtert**, dass die **Berechtigte** die Umstände darzulegen und ggf. zu beweisen hat, die für ihre Bedürftigkeit ursächlich sind, z. B. den **Verlust der Arbeitsstelle** während der Ehezeit und das **Nichtfinden einer angemessenen Erwerbstätigkeit**.[852]

817 I. R. d. **Beibringungsgrundsatzes** sind also alle Umstände, die zu dieser Rechtsfolge führen sollen, vom Darlegungspflichtigen möglichst umfassend darzulegen, wie z. B. neben der Dauer der Ehe die Gestaltung der Haushaltsführung, die bisherige Erwerbstätigkeit und sonstige Billigkeitsgesichtspunkte. Erfolgt kein spezieller Sachvortrag, kann das Gericht nur die Gesichtspunkte zugrunde legen, die aktenkundig sind.

818 ▶ Praxistipp:

- Das neue Recht führt also zu erhöhten Anforderungen an den **anwaltlichen Sachvortrag**.
- Grds. trägt der **Unterhaltspflichtige** die **Darlegungs- und Beweislast**. Diese **kann** jedoch sehr schnell auf den Unterhaltsberechtigten »**kippen**«.
- Daher sollten beide Ehegatten im gerichtlichen Verfahren ausreichend Sachvortrag bringen. Der Berechtigte sollte zumindest die **notwendigen Informationen sammeln**, um nicht später vor Gericht überrascht zu werden.
- Zwar ist es in der Praxis hilfreich, wenn die **Akten des Scheidungsverfahrens** beigezogen worden sind. Daraus können sich i. R. d. Versorgungsausgleichs (Versicherungsverlauf[853]) einige Erkenntnisse über die berufliche Entwicklung auch des Unterhaltsberechtigten entnehmen lassen.[854]
- Auch die Akten eines eventuellen **Vorverfahrens über Trennungsunterhalt** können hier wertvolle Anhaltspunkte liefern.
- Allerdings muss sich der Anwalt des Unterhaltspflichtigen ausdrücklich auf diese Umstände beziehen, denn es erfolgt **keine automatische Verwertung von Erkenntnissen aus einem Parallelverfahren**.[855]

---

849 S. BGH, FamRZ 2004, 601, 608: Nachteilsausgleich/Ehevertragsrechtsprechung.
850 Borth, FamRZ 2008, 1329, 1330.
851 OLG Hamm, 05.02.2008 – 1 WF 22/08.
852 Büte, FPR 2005, 316, 319 m. w. N.; Borth, Rn. 172; Schürmann, FuR 2008, 183, 189.
853 Vgl. OLG Karlsruhe, FamRZ 1989, 511; OLG Stuttgart, 15.09.2009 – 17 UF 128/09, FuR 2010,52 = NJW 2010, 2361; OLG Karlsruhe, 21.02.2011 – 2 UF 21/10, FuR 2011, 341; OLG Hamm, 18.06.2009 – 2 UF 6/09, FamRZ 2009, 2098; OLG Celle, 21.09.2009 – 10 UF 119/09, FamRZ 2010, 566, 567.
854 Vgl. OLG Karlsruhe, FamRZ 1989, 511; OLG Stuttgart, 15.09.2009 – 17 UF 128/09, FuR 2010, 52.
855 Einzelheiten dazu in Viefhues/Mleczko, Rn. 459.

H. Befristung von nachehelichem Unterhalt (§ 1578b BGB) Kapitel 3

Verlassen darf sich der Anwalt daher nicht darauf, dass der Richter sein Wissen aus Parallelverfahren von Amts wegen in das konkrete Verfahren einführt. Denn bei Streitigkeiten um Unterhalt und Zugewinn handelt es sich um ZPO-Verfahren, bei denen die Parteimaxime und der Beibringungsgrundsatz gelten. Danach ist es den Beteiligten überlassen, die Tatsachen zu beschaffen und auf korrekte Weise durch schriftlichen Vortrag (§ 129 ZPO) oder Vortrag in der mündlichen Verhandlung (§ 137 Abs. 2 ZPO) in das Verfahren einzubringen.[856]

Soweit Sachverhaltsangaben der Beteiligten vorliegen, muss das Gericht die für die Entscheidung maßgeblichen Gesichtspunkte **in seiner Entscheidung feststellen**.[857]

IX. Verfahrensrechtliche Gesichtspunkte

Die Vorschrift beinhaltet eine **rechtsvernichtende Einwendung**, keine Einrede. Im Verfahren muss die Befristung also nicht ausdrücklich geltend gemacht werden. Vielmehr hat das Gericht diese Einwendung **von Amts wegen zu beachten**. 819

Im Verfahren bedarf es auch keines ausdrücklichen Antrags, da eine zeitliche Begrenzung als Minus **im Abweisungsantrag enthalten** ist.[858]

▶ Praxistipp: Fehlerquelle! 820

Dies birgt für den beratenden Anwalt enorme Risiken![859]
- Gerade bei einer von Amts wegen zu beachtenden Einwendung ist der erforderliche **Sachvortrag** unverzichtbar. Denn ohne entsprechende Sachverhaltsangaben wird das Gericht keine Veranlassung sehen, die Frage der Befristung aufzugreifen.
- Der Verfahrensbevollmächtigte des Unterhaltspflichtigen ist im Hinblick auf einen möglichen Regress zudem gut beraten, durch einen entsprechenden »**Hilfsantrag**« im Verfahren dem Problem der Befristung die nötige Aufmerksamkeit zu verschaffen.[860]
- Wird nur befristeter Unterhalt zugesprochen, ist auch der Unterhaltsberechtigte beschwert.[861]

---

856 Instruktiv zu den sich daraus ergebenden Risiken AG Tempelhof-Kreuzberg, ZFE 2005, 102.
857 BGH, NJW 2012, 1356; BGH, NJW 2012, 1578; BGH, FamRZ 2010, 2059 Rn. 23.
858 OLG München, FamRZ 1997, 295; Büte, FPR 2005, 316, 319; Eschenbruch/Klinkhammer, Rn. 1034; Peschel-Gutzeit, Rn. 131.
859 Dazu s. u. Rdn. 825.
860 Dies ist natürlich kein Hilfsantrag im technischen Sinn. Ein solcher würde nämlich einen abweichenden Streitgegenstand voraussetzen. Dieser »Hilfsantrag« ist aber als minus im Hauptantrag enthalten. Dennoch verschafft man dem Problem durch diesen »unechten Hilfsantrag« die erforderliche Aufmerksamkeit.
861 Borth, Rn. 179.

Viefhues

Kapitel 3   Materielle Voraussetzungen des Unterhaltsanspruchs

821   Zur Anwaltshaftung bei fehlendem Sachvortrag zur Befristung des Ehegattenunterhalts haben bspw. ausgeführt:

- **OLG Düsseldorf, 18.09.2008 – I-24 U 157/07**[862]

   »1. Der Rechtsanwalt muss nach dem Grundsatz des sichersten Weges im Prozess über nachehelichen Unterhalt auch zur in Betracht kommenden Begrenzung des Anspruchs vortragen.
   2. Ein etwaiger Fehler des Gerichts des Vorprozesses entlastet den Rechtsanwalt nur, wenn dieser Fehler aus der gerichtlichen Entscheidung ersichtlich ist.«

- **OLG Düsseldorf, 18.11.2008 – I-24 U 19/08**[863]

   »Es gehört zum pflichtgemäßen Sachvortrag des Rechtsanwalts, die für eine zeitliche Unterhaltsbegrenzung sprechenden Tatsachen unter dem rechtlichen Gesichtspunkt der zeitlichen Unterhaltsbegrenzung zusammenzufassen, hervorzuheben und zu bewerten. Das Unterlassen solchen Vortrags kann sich als anwaltliche Pflichtverletzung darstellen.«

1. Geltendmachung im Erstverfahren, kein Abänderungsverfahren

822   Die verfahrensrechtliche Brisanz der Regelungen besteht darin, dass die Frage einer **Befristung** regelmäßig **bereits im ersten Unterhaltsverfahren** entschieden werden muss.[864] Denn die Begrenzung setzt nicht voraus, dass der Zeitpunkt bereits erreicht sein muss, ab dem der Unterhaltsanspruch entfällt. Soweit die dafür maßgeblichen Umstände bereits eingetreten oder zuverlässig vorhersehbar sind, ist die Entscheidung bereits im Ausgangsverfahren zu treffen und kann nicht einem späteren Abänderungsantrag vorbehalten bleiben.[865]

823   ▶ Praxistipp:

- Wird die Chance einer Befristung also im Erstverfahren verpasst, kann die zeitliche Begrenzung des Unterhalts aus Gründen der Billigkeit folglich nicht später in einem Abänderungsverfahren nach § 238 FamFG durchgesetzt werden.[866]
- Ein Abänderungsantrag ist bei gleich gebliebenem Sachverhalt unzulässig.
- Die Möglichkeit einer Befristung oder Begrenzung ist damit **endgültig verloren** !
- Bei Titeln aus der Zeit vor dem 01.01.2008 (Inkrafttreten des neuen Unterhaltsrechts) sind die Besonderheiten des Übergangsrechts zu beachten (s. u., Rdn. 844 ff.).

---

862   OLG Düsseldorf, MDR 2009, 474 = FamRZ 2009, 1141.
863   OLG Düsseldorf, OLGR 2009, 602 = FuR 2010, 40.
864   BGH, FamRZ 2004, 1357, 1360; BGH, FamRZ 2001, 905; BGH, FamRZ 1986, 886 zum bisherigen § 1573 Abs. 5 BGB a. F.; Borth, Rn. 176; Clausius, in: jurisPK-BGB, § 1578b Rn. 30; ausführlich Viefhues/Mleczko, Rn. 460 ff.
865   Dose, FamRZ 2007, 1289, 1295 m. w. N.
866   BGH, FamRZ 2001, 905; BGH, FamRZ 2001, 1364; BGH, FamRZ 1986, 886.

H. Befristung von nachehelichem Unterhalt (§ 1578b BGB)

Dabei kommt es nicht darauf an, ob die Gründe schon Gegenstand der richterlichen Beurteilung im Erstverfahren geworden sind, ob das Gericht also tatsächlich etwas zu dieser Frage im Beschluss ausgeführt hat.[867] Entscheidend ist, dass die **Prognose schon damals hätte getroffen werden können.** 824

BGH, 18.01.2012 – XII ZR 178/09

Die Entscheidung ist insoweit zu beanstanden, als das Berufungsgericht Veranlassung für eine weitere Herabsetzung des Unterhalts im Jahr 2016 gesehen, die Entscheidung darüber aber dennoch hinausgeschoben hat. Das Familiengericht darf die Entscheidung über eine – teilweise – Herabsetzung des Unterhalts nach § 1578b Abs. 1 BGB nicht auf einen späteren Zeitpunkt verschieben, sondern muss hierüber sogleich entscheiden, soweit dies aufgrund der gegebenen Sachlage und der zuverlässig voraussehbaren Umstände möglich ist (BGH, FamRZ 2011, 454 Rn. 43 und BGH FamRZ 2010, 869 Rn. 38 ff.).

▶ **Praxistipp:** 825

In den verfahrensrechtlichen Besonderheiten liegt eine Fehlerquelle mit erheblicher Regressgefahr für den Anwalt des Unterhaltspflichtigen!
– Hier droht dem zahlungspflichtigen Mandanten in einschlägigen Fällen der endgültige **Verlust von Rechten**, wenn nicht im Erstverfahren bereits entsprechender Sachvortrag in das Verfahren eingebracht wird.
– Fehler können hier **in mehrfacher Hinsicht** gemacht werden:
  – Der **Mandant** muss über diese Zusammenhänge **informiert** und nach entsprechenden Einzelheiten **befragt werden.**
  – Diese Sachverhaltsangaben müssen im Unterhaltsverfahren **vorgetragen** werden, mit dem deutlichen Hinweis auf eine **angestrebte Begrenzung** des Unterhalts.
  – Für den Prozessbevollmächtigten ist es zur Vermeidung von Regressen dringend geboten, die Beratung des Mandanten über die rechtlichen Zusammenhänge und die Bitte um ausreichende Sachverhaltsinformationen ausreichend zu **dokumentieren**.[868]

2. Entscheidungsmöglichkeiten im Erstverfahren

a) Prognose wird ausdrücklich abgelehnt

Das Gericht kann in seiner Entscheidung **eine Prognose ausdrücklich ablehnen** bzw. **verweigern.**[869] Dies muss aber in der Entscheidung ausreichend deutlich erkennbar sein. Ausgangspunkt ist die Überlegung, dass die Umstände, die zu einer Befristung 826

---

867 BGH, FamRZ 2001, 905, 906; Eschenbruch/Klinkhammer, Teil 1 Rn. 1035.
868 Zur Bedeutung der Dokumentation bei der anwaltlichen Beratung vgl. Viefhues, Rn. 11, 22 f. m. w. N.
869 Dazu ausführlich Viefhues/Mleczko, Rn. 471 ff.; s. a. Ehinger, FamRB 2008, 212, 217 f.

führen, soweit feststehen müssen, dass eine sichere Prognose möglich ist.[870] Ist dies nicht der Fall, kann über eine Befristung zum aktuellen Zeitpunkt der Entscheidung noch gar nicht entschieden werden.

827 **Ist also in der Erstentscheidung die Frage der Befristung ausdrücklich offengelassen worden, ist keine Präklusion eingetreten.**[871] Vielmehr besteht in diesen Fällen die Möglichkeit einer neuen Entscheidung auf der Basis des dann feststellbaren objektiven aktuellen Sachverhalts ohne Bindung an die Festlegungen im vorangegangenen Verfahren. § 238 Abs. 2 FamFG steht dem also grds. nicht entgegen.

Bereits bei der Erstentscheidung **müssen aber Fakten berücksichtigt werden, die zumindest zuverlässig voraussehbar sind.** Dies wirkt sich insb. bei einer bereits möglichen Entscheidung über eine Begrenzung der Höhe nach aus.

▶ Hinweis:

Nach der Rechtsprechung des BGH ist wie folgt zu differenzieren:[872]
- eine Befristung scheidet immer schon dann aus, wenn sich keine hinreichend sichere Prognose dazu abgeben lässt, ob das Einkommen der Ehefrau ihre ehebedingten Nachteile vollständig ausgleichen kann;
- dagegen ist eine Herabsetzung auch ohne eine solche Prognose möglich.

Bei der Frage der Herabsetzung kommt es nur darauf an, wie sich die Lebenssituation des Berechtigten fiktiv voraussichtlich ohne eine wegen Ehe oder Kindesbetreuung unterbrochene Erwerbstätigkeit entwickelt hätte.[873] Zukünftige tatsächliche Entwicklungen haben dagegen bei der Prognoseentscheidung keine Bedeutung. So können etwaige zukünftige Veränderungen z. B. aufgrund einer zukünftigen Entscheidung über den Zugewinnausgleich im Rahmen eines späteren Abänderungsverfahrens berücksichtigt werden.[874]

b) Prognose wird ausdrücklich getroffen

828 Hier wird die sachliche Entscheidung über die Befristung rechtskräftig. Eine Änderung ist nur bei veränderten Umständen möglich. Anderenfalls ist der Einwand der Befristung nach § 238 Abs. 2 FamFG präkludiert.

---

870 OLG Schleswig, NJW 2009, 1216.
871 Borth, Rn. 176; ausführlich Viefhues/Mleczko, Rn. 471 ff.; Peschel-Gutzeit, Rn. 138; Soyka, FuR 2008, 560.
872 Vgl. Born NJW 2011, 676.
873 BGH, NJW 2011, 303, und NJW 2010, 3653, jew. m. Anm. *Born.*
874 BGH, NJW 2011, 670 Rn. 47.

H. Befristung von nachehelichem Unterhalt (§ 1578b BGB) Kapitel 3

c) Keine Ausführungen in der Erstentscheidung

Verliert das Gericht in seiner Entscheidung kein Wort über die Frage der Befristung, bedeutet dies nicht, dass die Befristung später uneingeschränkt eingewandt werden kann. 829

Es kommt nämlich nicht darauf an, ob die Gründe schon Gegenstand der richterlichen Beurteilung im Erstverfahren geworden sind, ob das Gericht also tatsächlich etwas zu dieser Frage in seinem Beschluss ausgeführt hat.[875] Entscheidend ist, dass die **Prognose schon damals hätte getroffen werden können.**

Damit ist alles, was im Erstverfahren hätte entschieden werden können, präkludiert!

3. Vergleiche und vollstreckbare (notarielle) Urkunden

Handelt es sich bei der ersten Unterhaltsfestsetzung um einen Vergleich, gelten die gleichen Grundsätze, obwohl hier die Zeitschranke des § 238 Abs. 2 FamFG nicht direkt entgegensteht. 830

§ 239 Abs. 2 FamFG verweist wegen der Voraussetzungen und wegen des Umfanges der Abänderung auf die Regelungen des bürgerlichen Rechts. Zu nennen sind hierbei in erster Linie die Störung bzw. der Wegfall der Geschäftsgrundlage (vgl. § 313 BGB) sowie die Grundsätze über das Schuldanerkenntnis (§ 781 BGB). 831

Die Abänderbarkeit eines Vergleichs unterliegt also weder einer Wesentlichkeitsgrenze noch einer zeitlichen Beschränkung; Grund dafür ist, dass die Titel des § 239 FamFG nicht der Rechtskraft fähig sind. Die Vertragspartner eines Vergleichs können die Kriterien der Abänderbarkeit autonom bestimmen, s. u., Kap. 5 Rdn. 23 ff. und Kap. 5 Rdn. 607 ff. 832

Soweit diese autonome Bestimmung getroffen wurde, genießen Vergleiche und Vereinbarungen jedoch **Bindungswirkung.**

Bei **Vergleichen** ist zu entscheiden, ob in den Verhältnissen, die die Parteien zur Grundlage ihres Vertrags gemacht hatten, derart gewichtige Änderungen eingetreten sind, dass nach den Grundsätzen über den Wegfall der Geschäftsgrundlage ein unverändertes Festhalten an den vereinbarten Leistungen gegen **Treu und Glauben** (§ 242 BGB) verstoßen würde und dem Schuldner daher nicht zumutbar wäre.[876] Bei der Anpassung darf nicht nur darauf abgestellt werden, dass ein weiteres Festhalten am Vereinbarten nur für eine Partei unzumutbar erscheint; vielmehr muss das Abgehen vom Vereinbarten auch der anderen Partei zugemutet werden können.[877] Dabei ist auch zu berücksichtigen, dass eine Unterhaltsvereinbarung vielfach in eine Gesamtregelung der Ehegatten eingebunden ist und nicht isoliert betrachtet werden kann. 833

---

875 BGH, FamRZ 2001, 905, 906; Eschenbruch/Klinkhammer, Rn. 1423.
876 BGH, FamRZ 1986, 790; BGH, FamRZ 1991, 543; OLG Hamm, FamRZ 1994, 1115; OLG Hamm, FamRZ 1994, 1392.
877 BGH, NJW 2001, 3618, 3620.

834 Bei Vergleichen, ehevertraglichen Regelungen und auch einseitigen Unterhaltsverpflichtungen über nachehelichen Unterhalt stellt sich aber zuerst immer die Frage, ob – und ggf. in welchem Umfang – bereits eine **Abänderung vertraglich ausgeschlossen ist.**[878]

835 ▶ **Praxistipp:**

Bei Vereinbarungen über Geschiedenenunterhalt immer die Befristung beachten!

Bei der Festsetzung nachehelichen Unterhalts – gleichgültig, ob aufgrund einer Vereinbarung oder einer einseitigen Titulierung – sollte wegen der Gefahr einer späteren Präklusion dieser **Einwendung immer der Frage einer Befristung Beachtung geschenkt werden.**

Achtung Haftungsfalle § 1585c BGB:

Die Formvorgaben des § 1585c BGB sind zu beachten. Problematisch ist, ob ein Vergleich im Trennungsunterhaltsverfahren über nachehelichen Unterhalt den formellen Anforderungen (»... in einer Ehesache ...«) genügt.[879]

Dies kann in folgenden Varianten erfolgen:

a) Vorbehalt einer späteren Befristungsmöglichkeit

836 In der erstmaligen Regelung des Unterhalts kann festgelegt worden sein, dass der **Einwand der Befristung zu einem späteren Zeitpunkt vorgebracht werden kann.**[880] Bei einer vergleichbaren gerichtlichen Entscheidungen wäre dies die Variante »Prognose wurde ausdrücklich verweigert«.

837 Dabei kann auf verschiedene Weise differenziert worden sein:[881]
– Es kann festgelegt werden, von welchem Zeitpunkt an ein solches Vorgehen gegen den Titel möglich sein soll (**Regelung über den Zeitpunkt einer Abänderung**).
– Es kann festgelegt werden, ob für ein solches Abänderungsverlangen keinerlei Veränderungen auf der Tatsachenebene erforderlich sein sollen oder ob die Abänderungsmöglichkeit auf bestimmte Tatsachen beschränkt bleiben soll (**Regelung über Abänderungsvoraussetzungen**).
– Es kann ggf. festgelegt werden, welchen Umfang die Veränderungen haben müssen (**modifizierte Wesentlichkeitsgrenze**).

---

878 BGH, NJW 2012, 1356; BGH, NJW 2012, 1209 m. Anm. Born = FamFR 2012, 152; BGH, NJW 2010, 2349 m. Anm. Born = FamRZ 2010, 1238 m. Anm. Borth, FamRZ 2010, 1316, 56 m. Anm. Bömelburg; vgl. auch OLG Hamm, 03.08.2011 – 8 UF 83/11, FamFR 2012, 106.
879 Vgl. dazu Steininger, FamFR 2011, 23; Steininger/Viefhues, FPR 2009, 114; Steininger/Viefhues, ZNotP 2010, 122; OLG Oldenburg, 31.05.2012 – 14 UF 22/12.
880 S. a. BGH, 11.07.2010 – XII ZR 72/10; Bergschneider, FamRZ 2006, 153 mit Formulierungsbeispielen; Viefhues, ZFE 2010, 4, 7.
881 Bergschneider, FamRZ 2006, 153.

b) Befristung der Verpflichtung

Die **Unterhaltsverpflichtung kann bereits nur befristet erklärt** werden. 838

Dabei sollten – zumindest bei Unterhaltsvereinbarungen – die **Konsequenzen** für den sich an das Ende der Frist **anschließenden Zeitraum** klargestellt werden: 839
- Die Befristung der Verpflichtung kann so festgelegt werden, dass für den anschließenden Zeitraum ein Unterhaltsanspruch nicht mehr besteht (**zeitliche Begrenzung des Anspruchs**).
  - Bei einer Unterhaltsvereinbarung liegt dann in der Zustimmung des Unterhaltsberechtigten zu einer solchen Regelung ein **Verzicht auf den weiter gehenden Unterhalt** für den anschließenden Zeitraum.
  - Eine einseitige Verpflichtungserklärung des Unterhaltspflichtigen kann dagegen keine solche Bindungswirkung für den Berechtigten auslösen, soweit sich nicht aus den Umständen etwas anderes ergibt.
- Die Befristung der Verpflichtung kann aber auch so definiert werden, dass der Anspruch für den anschließenden Zeitraum aufgrund der dann gegebenen Tatsachensituation neu geregelt werden muss (**zeitliche Begrenzung der Regelung**). Damit wird also de facto nur ein – zeitlich definierter – Teilanspruch geregelt. Der Unterhaltsberechtigte ist nicht gehindert, später für den anschließenden Zeitraum weiteren Unterhalt zu verlangen.

Erhält der Unterhaltsberechtigte vom Pflichtigen einen einseitig erstellten Titel (notarielle Verpflichtungserklärung) mit einer nur **befristeten Unterhaltsverpflichtung**, obwohl er eine unbefristete Verpflichtung verlangt hat, stellt sich die Frage, ob der Berechtigte bereits heute ein Rechtsschutzinteresse hat, seine – an den Zeitraum nach Ende der Befristung anschließende – zukünftige Unterhaltsforderung geltend zu machen. 840

▶ Beispiel: 841

Die geschiedene Ehefrau fordert den Ehemann auf, monatlichen Unterhalt von 1.000 € zu zahlen und darüber einen Titel zu erstellen.

Der Ehemann zahlt den geforderten Betrag und stellt der Ehefrau einen notariellen Titel zur Verfügung, in der er sich verpflichtet, für die Dauer von 5 Jahren mtl. 1.000 € Unterhalt zu zahlen.

Die Ehefrau fragt, ob sie dies akzeptieren muss oder ob sie bereits jetzt ein gerichtliches Zahlungsverfahren gem. § 231 FamFG einleiten kann, um einen unbefristeten Titel zu erlangen.

Hierzu zwei – gegenläufige – **Argumente**: 842
- Das (aktuelle) Rechtsschutzbedürfnis für eine erst in 6 Jahren fällig werdende Forderung ist zweifelhaft.
- Der Unterhaltsberechtigte wird durch die (aufgedrängte) Befristung in eine schlechtere verfahrensrechtliche Position gebracht. Er muss später einen Leistungsantrag gem. § 231 FamFG verfolgen; anderenfalls müsste der Unterhaltspflichtige

mit dem Abänderungsantrag gem. § 239 FamFG versuchen, den Titel aus der Welt zu schaffen.

4. Ungeklärte Kostenfragen (Kostenquotelung)

843 Verlangt der Unterhaltsberechtigte unbefristeten Unterhalt, wird dieser aber im Beschluss nur befristet zugesprochen, liegt darin eine teilweise Abweisung des gestellten Antrags mit entsprechender **Quotierung der Kosten**.[882]

5. Titel aus der Zeit vor dem 01.01.2008

844 Das Übergangsrecht eröffnet nach Inkrafttreten des neuen Rechts eine **einmalige Gelegenheit**, eine Abänderung unter erleichterten Voraussetzungen zu erreichen.

Neben der wesentlichen Änderung der Verhältnisse ist entsprechend § 36 Nr. 1 EGZPO eine doppelte Zumutbarkeitsprüfung erforderlich und vorzunehmen:[883]
– Das Festhalten an der getroffenen Regelung muss für den durch die Regelung Belasteten (i. d. R. den Unterhaltspflichtigen) unzumutbar sein.
– Die Änderung muss für den durch die Regelung Begünstigten (i. d. R. den Unterhaltsberechtigten) unter Berücksichtigung seines Vertrauens in die getroffene Regelung zumutbar sein.

845 ▶ Hinweis:

– Maßgebliche Kriterien aufseiten des **Unterhaltsberechtigten** können sein:[884]
  – Höhe[885] und zeitliche Dauer[886] einer bestehenden (titulierten) Unterhaltsregel (höherer Vertrauensschutz bei längerer Laufzeit): Dabei ist auf die konkrete Anspruchsgrundlage abzustellen; schließt sich Krankheitsunterhalt an Betreuungsunterhalt an und geht es um die Befristung des Krankheitsunterhalts, ist nur dessen bisherige Dauer für den Vertrauensschutz maßgeblich,[887]
  – Zeitpunkt der Titulierung (in Abhängigkeit von den in der Öffentlichkeit bekannt gewordenen Reformbestrebungen des Gesetzgebers),[888]

---

882 Vgl. auch Reinken, ZFE 2008, 58, 61; Christl, FamRZ 1986, 627 ff.
883 Zwar ist die gesetzliche Regelung hinsichtlich des Vertrauensschutzes etwas missverständlich, weil nur der Gläubiger entsprechend angesprochen wird. Maßgeblich ist aber die *beiderseitige Zumutbarkeit*. vgl. hierzu Born, NJW 2008, 1 ff. sowie Eickelberg, RNotZ 2009, 1 ff. (35).
884 Ausführlich Borth, FamRZ 2008, 105, 109; Jüdt, FuR 2008, 427, 432; Finke/Ebert, § 3 Rn. 503 ff.
885 Finke/Ebert, § 3 Rn. 503.
886 Dazu Jüdt, FuR 2008, 468, 471; OLG Karlsruhe, 30.09.2008 – 2 UF 5/02, FF 2008, 466 = FuR 2008, 614 = NJW 2009, 525; Finke/Ebert, § 3 Rn. 503; OLG Bremen, NJW 2009, 1976.
887 OLG Bremen, NJW 2009, 1976.
888 Jüdt, FuR 2008, 532, 534.

- Art des Titels (Vereinbarung oder Urteil),[889]
- Art der konkurrierenden Unterhaltsansprüche,[890]
- die Bedürfnislage, auf die der Anspruch gestützt wird:
  Befindet sich der Berechtigte in einer gesicherten Position?[891]
  Hat der Anspruch nur eine geringe Höhe?[892]
- Umstände, unter denen die Unterhaltsregelung zustande gekommen ist (z. B. Motive beim Abschluss des Vergleichs)[893] und das Verhalten der Parteien dabei und danach,[894]
- längerfristige finanzielle Festlegungen im Vertrauen auf die Unterhaltszahlungen (z. B. Wohnung, Vermögensdispositionen), sog. »Vertrauensinvestitionen«,[895]
- Umstände, die zur finanziellen Abhängigkeit des Unterhaltsberechtigten führten:
  Die praktizierte bzw. vereinbarte Lebensweise hat die Möglichkeit, für den eigenen angemessenen Unterhalt zu sorgen, wesentlich bestimmt. Haben die Ehegatten vereinbart, dass einer der beiden Elternteile bis zu einem bestimmten Alter der Kinder zugunsten der Kinderversorgung gänzlich auf eine Erwerbstätigkeit verzichtet, kann der Berechtigte hieraus durchaus einen Vertrauenstatbestand herleiten.
  Weitere Beispiele: Unterlassene Vorsorge des Pflichtigen für den in dessen Betrieb mitarbeitenden Ehegatten, schicksalhafte Erkrankung während der Ehezeit.[896]
  Hat der Berechtigte erhaltenen Altersvorsorgeunterhalt nicht zur Begründung einer angemessenen Altersvorsorge eingesetzt, ist dies zu seinen Lasten zu berücksichtigen.[897]
- Einsatz des Einkommens, Vermögens, der Arbeitskraft des Unterhaltsberechtigten zugunsten des Unternehmens bzw. der gewerblichen Tätigkeit des Unterhaltsverpflichteten während der Ehe,[898]
- die wirtschaftlichen Rahmenbedingungen,

---

[889] Jüdt, FuR 2008, 532, 534.
[890] Finke/Ebert, Familienrecht, 2008, § 3 Rn. 503.
[891] OLG Frankfurt am Main, 26.01.2009 – 2 UF 253/08, FamRZ 2009, 1162 = FuR 2009, 634.
[892] OLG München, 18.02.2009 – 12 UF 1277/08, FamRZ 2009, 1154.
[893] Finke/Ebert, § 3 Rn. 503.
[894] Jüdt, FuR 2008, 532, 536 m. w. N.
[895] Dazu Jüdt, FuR 2008, 468, 469; OLG Karlsruhe, 30.09.2008 – 2 UF 5/02, FF 2008, 466 = FuR 2008, 614 = NJW 2009, 525; OLG Bremen, NJW 2009, 1976.
[896] Finke/Ebert, § 3 Rn. 503.
[897] Vgl. OLG Bremen, NJW 2009, 1976.
[898] Finke/Ebert, § 3 Rn. 503.

Kapitel 3   Materielle Voraussetzungen des Unterhaltsanspruchs

- Möglichkeit, eigene Einkünfte zu erzielen und so den Lebensbedarf selbst zu sichern[899] (erhöhte Schutzbedürftigkeit für den Kindesunterhalt),
- Rang der eigenen Unterhaltsforderung,
- die Auswirkungen einer Anpassung auf unterhaltsrechtliche Belange Dritter.
- Das Abstellen auf den Vertrauensschutz und die damit verbundene Einzelfallentscheidung wird in der Praxis **zu schwer vorhersehbaren Ergebnissen** führen.[900]

846   Unabhängig von der Stellungnahme zu der rechtlichen Einordnung muss aber geprüft werden, ob zum damaligen Zeitpunkt der erstmaligen Festsetzung des Unterhalts eine Befristung überhaupt rechtlich möglich gewesen wäre.[901] War dies nicht der Fall, weil sich der Anspruch z. B. nicht aus § 1573 BGB ergab, scheidet eine Präklusion aus.

847   Die Rechtsprechung des BGH geht mit der herrschenden Meinung davon aus, dass durch das neue Unterhaltsrecht eigentlich **keine Gesetzesänderung** erfolgt ist, da § 1578b Abs. 2 BGB des neuen Rechts inhaltlich nur den Anwendungsbereich des bisherigen § 1573 Abs. 5 BGB a. F. nach Maßgabe der früheren BGH-Rechtsprechung auf alle Unterhaltstatbestände erstreckt hat. Daher liegt **Präklusion** vor, wenn die Frage der Befristung bereits im Vorprozess hätte entschieden werden können.[902] **Maßgeblicher Stichtag ist der 12.04.2006.**[903]

848   Einige Obergerichte nehmen jedoch bei bestimmtem Fallgestaltungen auch einen späteren Stichtag an.[904] Verwiesen wird dabei u. a. darauf, dass die Entscheidung des BGH nach ihrer Verkündung am 12.04.2006 in der Praxis erst mit einer gewissen Verzögerung bekannt geworden ist.

849   Bei der Prüfung ist nach folgendem Schema vorzugehen:
1. Frage: **Beruht der Titel auf einem Unterhaltsanspruch aus § 1573 BGB a. F.?**

---

899   OLG Karlsruhe, 30.09.2008 – 2 UF 5/02, FF 2008, 466 = FuR 2008, 614 = NJW 2009, 525.
900   Gutjahr, NJW 2008, 1985, 1988.
901   OLG Stuttgart, 23.12.2008 – 17 UF 180/08, FamRZ 2009, 785.
902   BGH, 18.11.2009 – XII ZR 65/09, FamRZ 2010, 111 m. Anm. Herrler, NJW 2010, 365 = FamR 2010, 111 m. Anm. Herrler.
903   BGH, 30.07.2008 – XII ZR 177/06, FamRZ 2008, 1911 m. Anm. Maurer, FamRZ 2008, 1919; dazu Heumann, FF 2008, 484, 487; OLG Dresden, 04.07.2008 – 20 WF 0574/08, NJW 2008, 3073 = FuR 2008, 499; OLG Bremen, 24.06.2008 – 4 WF 68/08, NJW 2008, 3074; OLG Saarbrücken, 04.12.2008 – 6 UF 40/08, FPR 2009, 133 = NJW-Spezial 2009, 102 = FamRZ 2009, 783 = FuR 2009, 227; OLG Stuttgart, 08.01.2009 – 16 UF 204/08, FamRZ 2009, 788 = FuR 2009, 293; Clausius, in: jurisPK-BGB, § 1578b Rn. 33; ebenso Palandt/Brudermüller, BGB, Nachtrag 2008, § 1587b Rn. 20; Grandel, Münchener Anwaltshandbuch Familienrecht, § 9 Rn. 307; Gerhardt, in: Handbuch FA-FamR Rn. 420a.
904   OLG Koblenz, FamFR 2009, 123 = FuR 2010, 42 m. krit. Anm. Soyka; OLG Düsseldorf, 16.12.2009 – II-8 WF 185/09; OLG Celle, FamRZ 2009, 2105.

- Wird diese Frage **verneint**, stellt sich die Präklusionsfrage nicht, da nach altem Recht nur § 1573 Abs. 5 BGB a. F. für die Ansprüche aus § 1573 BGB eine Befristung ermöglichte.
2. Wann ist der **Titel erstellt worden?**
   – Ist der Titel **vor dem** 12.04.2006 errichtet worden, ist eine Präklusion ausgeschlossen.
   – Ist der Titel **nach dem** 12.04.2006 errichtet worden, ist eine Präklusion desto wahrscheinlicher, je größer der zeitliche Abstand zum 12.04.2006 ist.

X. Verhältnis von § 1578b BGB und § 1579 Nr. 1 BGB

Das Verhältnis zwischen § 1578b BGB und § 1579 Nr. 1 BGB ist noch nicht abschließend geklärt.[905] § 1579 BGB verlangt grobe Unbilligkeit und stellt allein auf die Dauer der Ehe ab. Die Rechtsfolge kann auch der sofortige Ausschluss des Unterhaltes sein. Dagegen setzt § 1578b BGB nur einfache Unbilligkeit voraus; die Ehedauer ist nicht entscheidend, sondern nur ein Indiz für mögliche eingetretene Nachteile (s. o. Rdn. 784). Rechtsfolge ist jedenfalls nicht der sofortige Ausschluss des Unterhaltes.[906]

Es ist davon auszugehen, dass beide Billigkeitsregelungen **nebeneinander bestehen** und sich beiden Begrenzungstatbestände **nicht gegenseitig ausschließen**.[907]

I. Unterhaltsausschluss

1. Nachehelicher Unterhalt (§ 1579 BGB)

▶ **Das Wichtigste in Kürze**

– Tatbestandsvoraussetzungen der einzelnen Ziffern des § 1579 BGB prüfen → Rdn. 852 ff. und Rdn. 858 ff.
– Nr. 1: kurze Ehezeit: jedenfalls nicht länger als 3 Jahre → Rdn. 860 ff.
– Nr. 2: verfestigte Lebensgemeinschaft → Rdn. 864 ff.
  Dauer der Verbindung: nach herrschender Meinung 2 Jahre,
  Intensität der Verbindung,
  keine Wirtschaftsgemeinschaft erforderlich,
  neuer Partner muss nicht leistungsfähig sein,
  keine sexuellen Kontakte erforderlich,
  auch gleichgeschlechtliche Partnerschaft ausreichend.

---

[905] Vgl. hierzu Maurer, FamRZ 2011, 1503.
[906] BGH FamRZ 2011, 1855 m. Anm. Maurer; BGH vom 08.06.2011 – XII ZR 17/09, FamRZ 2011, 1381 Rn. 39; zum Verhältnis der beiden Vorschriften Borth, Unterhaltsrechtsänderungsgesetz, 2008, Rdnr. 175 ff.; Graba FF 2007, 246, 249; Palandt-Brudermüller; BGB, § 1578b, Rdnr. 11; Born NJW 2008, 1, 6; Peschel-Gutzeit, Das neue Unterhaltsrecht 2008, Rdnr. 94; Graba, FamRZ 2008, 1217, 1220.
[907] BGH, FamRZ 2011, 1855 m. Anm. Maurer = NJW 2011, 3712; BGH, 08.06.2011 – XII ZR 17/09, FamRZ 2011, 1381 Rn. 39; Maurer, FamRZ 2011, 1503.

Kapitel 3   Materielle Voraussetzungen des Unterhaltsanspruchs

- Nr. 3: Verbrechen oder schweres vorsätzliches Vergehen → Rdn. 876 ff.
- Nr. 4: mutwilliges Herbeiführen der Bedürftigkeit → Rdn. 879 f.
- Nr. 5: Verletzung schwerwiegender Vermögensinteressen → Rdn. 881 ff.
- Nr. 6: Verletzung der Unterhaltspflicht → Rdn. 885 f.
- Nr. 7: schwerwiegendes einseitiges Fehlverhalten → Rdn. 887 ff.
- Nr. 8: Auffangtatbestand → Rdn. 893
- Einseitiges Fehlverhalten = keine Gegenvorwürfe von erheblichem Gewicht → Rdn. 859
- Grobe Unbilligkeit weiterer Unterhaltsleistungen → Rdn. 894 ff.
- Ausreichender anwaltlicher Sachvortrag → Rdn. 854 und Rdn. 894
- Darlegungslast des unterhaltspflichtigen Ehegatten (Einwendung!) → Rdn. 911 ff.
- Ggf. auch Darlegungen des unterhaltsberechtigten Ehegatten erforderlich → Rdn. 913
- Kinderschutzklausel bei aktueller Betreuung eines Kindes beachten → Rdn. 900 ff.
- Rechtsfolge: Kein endgültiger Verlust; Anspruch kann wieder aufleben. → Rdn. 856 und Rdn. 872

1. Grundlagen für den Ausschluss des Unterhaltsanspruchs

852   Bei Vorliegen der Voraussetzungen des § 1579 Nr. 1 bis 8 BGB kann der Ehegattenunterhalt gänzlich versagt, in der Höhe herabgesetzt oder zeitlich begrenzt werden. Voraussetzung ist, dass die Inanspruchnahme des Verpflichteten – auch unter Wahrung der Belange eines dem Berechtigten anvertrauten, gemeinschaftlichen Kindes – grob unbillig wäre.[908] Über § 1361 Abs. 3 BGB gilt die Norm weitgehend auch für den Trennungsunterhalt.

853   Das Gericht hat dazu eine 2-stufige Billigkeitsabwägung vorzunehmen:
- Es muss einer der gesetzlich geregelten **Härtegründe** vorliegen und
- die Inanspruchnahme des Pflichtigen muss unter Berücksichtigung der Belange eines gemeinschaftlichen Kindes **grob unbillig** sein.

854   ▶ **Praxistipp:**

Dabei handelt es sich um eine Einwendung, die von Amts wegen zu beachten ist.[909] Das Gericht wird auf diese Norm aber nur dann eingehen, wenn zu den maßgeblichen Fakten ausreichender anwaltlicher Sachvortrag vorgebracht worden ist. Daher müssen die maßgeblichen Umstände immer genau und substanziiert dargelegt werden.

---

908 Ausführlich Schnitzler, in: Münchner Anwaltshandbuch Familienrecht, § 9 Rn. 128 ff., Kofler, NJW 2011, 2470; Bömelburg, FamRB 2012, 53.
909 BGH, FamRZ 1991, 670.

I. Unterhaltsausschluss   Kapitel 3

Grds. verliert der Unterhaltsberechtigte bei Vorliegen der Voraussetzungen des § 1579 BGB seine Ansprüche nur **für die Zukunft**. In Ausnahmefällen können aber auch Unterhaltsrückstände verwirkt sein – so bei vorsätzlichen schweren Verbrechen des Berechtigten.[910]   855

Zwar wird bei § 1579 BGB vielfach vom »Ausschluss« oder von der »Verwirkung« des Unterhaltsanspruchs gesprochen, dies ist aber nicht korrekt. Die Sanktionen nach § 1579 BGB müssen aber **nicht endgültig** sein. Je nach Härteklausel, der Dauerwirkung, der Zumutbarkeit und Billigkeit sowie nach den Umständen des Einzelfalls können Unterhaltsansprüche – ganz oder teilweise – **wieder aufleben**,[911] wenn die Gründe für die Begrenzung des Unterhalts weggefallen sind.[912] Dies ist in der Praxis v. a. bei der Beendigung einer Partnerschaft i. S. d. § 1579 Nr. 2 BGB der Fall **Das Wiederaufleben des Anspruchs ist allerdings die Ausnahme**.[913]   856

Auch Einkünfte des Berechtigten aus **überobligatorischer Tätigkeit** sind i. R. d. § 1579 BGB voll auf den Bedarf anzurechnen.[914] Vielfach wird bei § 1579 BGB vereinfachend vom »Ausschluss« oder von der »**Verwirkung**« des Unterhaltsanspruchs gesprochen.   857

2. Fallvarianten des § 1579 BGB

Die Fälle der grob unbilligen Inanspruchnahme sind teilweise enumerativ aufgezählt (§ 1579 Nr. 1 bis 7 BGB), werden aber durch eine Generalklausel in § 1579 Nr. 8 BGB ergänzt. Das Gesetz stellt dabei einerseits auf ein **vorwerfbares Fehlverhalten** des Unterhaltsberechtigten ab (§ so in 1579 Nr. 3 bis 7 BGB), andererseits kommt es auf die **objektive Unzumutbarkeit** der Unterhaltsleistung für den Unterhaltspflichtigen an (§ 1579 Nr. 1, 2 und 8 BGB).[915]   858

Das Gesetz verlangt ein einseitiges Fehlverhalten. Dieser Vorwurf kann jedoch durch konkrete **Gegenvorwürfe** von einigem Gewicht entkräftet werden.   859

a) § 1579 Nr. 1 BGB – kurze Ehedauer

Abzustellen ist auf die **tatsächliche Ehedauer** (Zeit von der Eheschließung bis zur Rechtshängigkeit des Scheidungsantrags), nicht auf die Zeit bis zur Trennung oder bis zur Anhängigkeit eines PKH- bzw. VKH-Antrags. Ist der Zeitrahmen des § 1579 Nr. 1 BGB überschritten, haben die Eheleute aber nur kurze Zeit zusammengelebt,   860

---

910 BGH, FamRZ 2004, 612 m. Anm. Büttner = NJW 2004, 1324.
911 Büte, in: Büte/Poppen/Menne, § 1579 BGB Rdnr, 30; BGH, NJW 1986, 722.
912 BGH, 21.09.2011 – XII ZR 173/09, NJW 2012, 1356; BGH, FamRZ 2011, 1498 m. Anm. Maurer = NJW 2011, 3089 m. Anm. Schnitzler; Anm. Hohloch, FF 2011, 410.
913 Schnitzler, NJW 2011, 3093, 3094 m. w. N.
914 BGH, NJW 1991, 113; OLG Hamm, FamRZ 1994, 1035.
915 BGH, FamRZ 2011, 1498 m. Anm. Maurer = NJW 2011 3089 m. Anm. Schnitzler, Anm. Hohloch, FF 2011, 410.

greift § 1579 Nr. 1 BGB nicht ein. Dieser Sachverhalt kann aber i. R. d. § 1579 Nr. 8 BGB beachtlich sein.[916]

861 Wurden Kinder betreut, sind diese Zeiten nicht der Ehedauer insgesamt hinzuzurechnen. Lediglich dann, wenn ohnehin eine kurze Ehezeit bejaht wird, sind Kinderbetreuungszeiten i. R. d. Billigkeitsabwägungen zu berücksichtigen.[917]

862 Das Gesetz definiert nicht die »Kürze« der **Ehedauer**. Entscheidend ist, wieweit die Ehegatten ihre Lebensführung bereits aufeinander abgestellt und in wechselseitiger Abhängigkeit auf ein gemeinsames Lebensziel ausgerichtet haben. Die Zeit des tatsächlichen Zusammenlebens – ggf. auch vor der Ehe – ist ohne Bedeutung. Auch das Alter der Eheleute spielt keine Rolle. Der BGH sieht **2 Jahre** regelmäßig als kurz und **3 Jahre** nicht mehr als kurz an.[918] Da auf die Umstände des Einzelfalles abzustellen ist, ist konkreter **anwaltlicher Sachvortrag** von entscheidender Bedeutung.

863 Bei solchen »**Kurzzeitehen**« sind Überschneidungen von § 1579 Nr. 1 BGB mit § 1578b BGB denkbar. Liegt eine kurze Ehe i. S. d. § 1579 Nr. 1 BGB vor, verengt sich der Entscheidungsspielraum des Gerichts. § 1579 Nr. 1 BGB ist daher in einschlägigen Fällen vorrangig zu prüfen.

b) § 1579 Nr. 2 BGB – verfestigte Lebensgemeinschaft

864 Mit der zum 01.01.2008 in Kraft getretenen Neuregelung des § 1579 Nr. 2 BGB ist die verfestigte Lebensgemeinschaft als eigenständiger Härtegrund in das Gesetz übernommen worden. Eine Änderung der Rechtslage ist damit allerdings nicht verbunden.[919]

§ 1579 Nr. 2 BGB setzt voraus, dass der berechtigte Ehegatte in einer **verfestigten Lebensgemeinschaft** lebt – auch sozio-ökonomische Gemeinschaft oder Unterhaltsgemeinschaft genannt. Gemeint ist damit das **dauerhafte Zusammenleben mit einem neuen Partner**. Zweck der gesetzlichen Neuregelung in § 1579 Nr. 2 BGB ist es, rein objektive Gegebenheiten bzw. Veränderungen in den Lebensverhältnissen des bedürftigen Ehegatten zu erfassen, die eine dauerhafte Unterhaltsleistung unzumutbar erscheinen lassen. Entscheidend ist deswegen darauf abzustellen, dass der unterhaltsberechtigte frühere Ehegatte eine **verfestigte neue Lebensgemeinschaft** eingegangen ist, sich damit **endgültig aus der ehelichen Solidarität herauslöst** und zu erkennen gibt, dass er diese nicht mehr benötigt.[920]

---

916 BGH, FamRZ 1988, 930; OLG Celle, FamRZ 1990, 519.
917 BGH, FamRZ 2005, 1979; Palandt/Brudermüller, BGB § 1579 Rn. 8.
918 BGH, FamRZ 2011, 791 m. Anm. Norpoth FamRZ 2011, 873 = NJW 2011, 1582 m. Anm. Maurer = FuR 2011, 392 = FF 2011, 251 m. Anm. Schnitzler.
919 BGH, FamRZ 2011, 1855 m. Anm. Maurer = NJW 2011, 3712; ausführlich Schnitzler, FF 2011, 290.
920 BGH, FamRZ 2011, 1855 m. Anm. Maurer = NJW 2011, 3712; ausführlich Schnitzler, FF 2011, 290.

I. Unterhaltsausschluss Kapitel 3

Eine »**verfestigte Lebensgemeinschaft**« ist gesetzlich nicht definiert. Darunter versteht **865** man eine Lebensgemeinschaft zwischen dem Unterhaltsberechtigten und einem Dritten, die sich in solchem Maße verfestigt hat, dass dabei gleichsam ein nichteheliches Zusammenleben an die Stelle der Ehe getreten ist (feste eheähnliche Verbindung/sozioökonomische Gemeinschaft).[921]

Erforderlich ist dazu **kein vorwerfbares Fehlverhalten des Unterhaltsberechtigten**; vielmehr stellt das Gesetz auf rein **objektive Gegebenheiten in den Lebensverhältnissen** des bedürftigen Ehegatten ab, aufgrund derer eine dauerhafte Unterhaltsleistung unzumutbar ist.[922] Entscheidend für die Unzumutbarkeit der fortdauernden uneingeschränkten Unterhaltsbelastung ist, dass die Partner ihre Lebensverhältnisse so aufeinander abgestellt haben, dass sie wechselseitig füreinander einstehen, indem sie sich gegenseitig Hilfe und Unterstützung gewähren.[923] Dabei ist es Aufgabe des Tatrichters, ob er den Tatbestand des eheähnlichen Zusammenlebens aus tatsächlichen Gründen für gegeben erachtet oder nicht.[924] Folglich ist ausreichender anwaltlicher Sachvortrag auch hier unverzichtbar.

Dies muss das Gericht anhand der **konkreten Umstände des Einzelfalles** feststellen. **866** Erforderlich sind dazu[925] objektive, nach außen tretende Umstände, die den Schluss auf eine **verfestigte** Lebensgemeinschaft nahelegen, wie etwa
– die Dauer der Verbindung,
– das Erscheinungsbild in der Öffentlichkeit, wie z. B.
  – ständige gegenseitige Hilfe und Unterstützung im Alltag,
  – das gemeinsame Verbringen der Wochenenden,
  – gemeinsame Freizeitgestaltung, getragen von einem vertrauensvollen freundschaftlichen Verhältnis,
  – gemeinsames Auftreten im Familienkreis,
  – gemeinsame Urlaube oder
  – das Tragen von Verlobungsringen,
– ein über einen längeren Zeitraum hinweg geführter gemeinsamer Haushalt,
– ein gemeinsames Kind aus der neuen Verbindung,[926]
– bei **Schwangerschaft** von neuem Partner,[927]

---

921 BGH, FamRZ 2011, 1498 m. Anm. Maurer = NJW 2011, 3089 m. Anm. Schnitzler; Anm. Hohloch, FF 2011, 410; BGH, FamRZ 2002, 810, 811; Eschenbruch/Klinkhammer, Teil I Rn. 1220; Büte/Poppen/Menne, § 1579 BGB Rn. 10a.
922 BGH, FamRZ 2011, 1498 m. Anm. Maurer = NJW 2011, 3089 m. Anm. Schnitzler; Anm. Hohloch FF 2011, 410.
923 BGH, FamRZ 2002, 810 = NJW 2002, 1947.
924 BGH, FamRZ 2002, 810 = NJW 2002, 1947; OLG Koblenz, FamRZ 2006, 1540; Beispielsfälle aus der aktuellen Rechtsprechung: OLG Bamberg, FamRZ 2008, 2037; OLG Zweibrücken, FamRZ 2008, 1630; OLG Karlsruhe, FamRZ 2009, 351.
925 BGH, FamRZ 2002, 810; ausführlich Zischka, FuR 2008, 191.
926 OLG Köln, FamRZ 1998, 1236; OLG Celle, FamRZ 2006, 553.
927 OLG Köln, FamRZ 2005, 279.

- die umfassende Pflege und Betreuung eines kranken oder behinderten Partners durch einen neuen Lebensgefährten[928] oder
- größere gemeinsame Anschaffungen (insb. Erwerb eines **gemeinsamen Hauses** oder einer Wohnung).[929]

867 Je länger der Zeitraum der Beziehung dauert, desto weniger wird der unterhaltsberechtigte Ehegatte sich auf eine bloße **Probebeziehung** berufen können.[930]

868 Entscheidend ist, dass der Ehegatte eine neue Lebensgemeinschaft eingegangen ist, sich diese **verfestigt** hat und der Ehegatte damit zu erkennen gibt, dass er **der nachehelichen Solidarität nicht mehr bedarf**. Die Partner haben ihre Lebensverhältnisse so aufeinander abgestellt, dass sie **wechselseitig füreinander einstehen**, indem sie sich gegenseitig Hilfe und Unterstützung gewähren.[931] Bei einer **gemeinsamen Wohnung** und bei einer intensiven **wirtschaftlichen Verflechtung** der neuen Partner ist grds. von einer ausreichend objektiv erkennbaren festen sozialen Verbindung auszugehen.

Dabei ist **eine Haushaltsgemeinschaft** nicht zwingend erforderlich. Auch wenn einvernehmlich getrennte Wohnungen beibehalten werden (**Beziehung auf Distanz**), kann je nach Erscheinungsbild der Verbindung in der Öffentlichkeit ein Grund zur Anwendung der Härteklausel bestehen.[932]

Auch ohne **wirtschaftliche Verflechtung der Lebenspartner** kann eine verfestigte Lebensgemeinschaft bejaht werden, denn diese unterscheidet sich von einer losen Beziehung dadurch, dass zwischen den Beteiligten **eine innere Bindung** entstanden ist, die ein **gegenseitiges Einstehen** der Partner füreinander begründet.[933]

869 Auf die **finanzielle Leistungsfähigkeit** des neuen Partners kommt es **nicht** an.[934]

---

928 OLG Köln, FamRZ 2003, 236.
929 OLG Saarbrücken, FamFR 2009, 48.
930 Dazu OLG Köln, NJW-RR 2003, 938.
931 BGH, FamRZ 2002, 810.
932 BGH FamRZ 2011, 791 m. Anm. Norpoth FamRZ 2011, 873 = NJW 2011, 1582 m. Anm. Maurer = FuR 2011, 392; BGH, FamRZ 2002, 242; OLG Karlsruhe FamRB 2011, 236; OLG Bamberg, FamRZ 2008, 2037; OLG Zweibrücken, FamRZ 2008, 1630; OLG Stuttgart, FamRZ 2005, 1746; OLG Hamm, FamRZ 2004, 375; OLG Frankfurt am Main, FamRZ 2003, 99; OLG Hamm, FamRZ 2003, 455; OLG Hamm, FamRZ 2003, 877; OLG Frankfurt am Main, FamRZ 2002, 1038; OLG Saarbrücken, OLG 2002, 245; OLG Koblenz, FamRZ 2000, 1372; OLG Karlsruhe, FamRZ 1994, 174; OLG Koblenz, FamRZ 1989, 632 und 286; OLG Zweibrücken, NJW 1993, 1660; OLG Hamm, NJW-RR 1995, 389; Schwab, FamRZ 2002, 92.
933 OLG Bamberg, FamRZ 2008, 2037.
934 BGH, FamRZ 2011, 1855 m. Anm. Maurer = NJW 2011, 3712; ausführlich Schnitzler, FF 2011, 290; BGH, FamRZ 2011, 1498 m. Anm. Maurer = NJW 2011, 3089 m. Anm. Schnitzler; Anm. Hohloch FF 2011, 410.

Die Aufnahme von intimen Beziehungen oder die Frage, ob die Partner der neuen Lebensgemeinschaft eine Ehe bzw. eine Lebenspartnerschaft eingehen könnten, spielt grds. keine Rolle.

Die Anwendung des § 1579 Nr. 2 BGB ist auch dann möglich, wenn es an einer **sexuellen Beziehung fehlt**.[935] Auch das Zusammenleben mit einem gleichgeschlechtlichen Partner kann zu einer verfestigten Lebensgemeinschaft führen.[936] 870

▶ Hinweis:

Ist die Beziehung auf Distanz angelegt, wird man die Lebensumstände im Einzelnen in Form **einer Checkliste** aufklären müssen:[937]
– Wie wird die Freizeit miteinander verbracht?
– Wie werden Feiertage durchgeführt (Weihnachten, Ostern usw.)?
– Sind die Partner bei Feierlichkeiten innerhalb der Familie eingebunden (Goldene Hochzeit von Großeltern, runde Geburtstage von Eltern o. Geschwistern, Abiturfeiern oder Abschlussfeiern von Kindern des Partners)?
– Solidarität in Krankheitsfällen durch den neuen Partner?
– Testament oder Erbvertrag zugunsten des/der neuen Lebenspartners/Lebenspartnerin?

Die bisherige Rechtsprechung hat im Regelfall eine Dauer von **2 Jahren** verlangt, um von einer ausreichend festen Verbindung auszugehen,[938] es sind jedoch Tendenzen erkennbar, im Hinblick auf die Neuregelungen des Unterhaltsrechts eine verfestigte Lebensgemeinschaft auch ohne besondere Umstände schon **nach einem Jahr** anzunehmen.[939] 871

Bei **Beendigung der Lebensgemeinschaft** kann der Unterhaltsanspruch wieder aufleben.[940] Bei Auflösung einer eheähnlichen Beziehung ist aber neu und umfassend zu prüfen, ob eine erneute Unterhaltsverpflichtung die Zumutbarkeitsgrenze überschreitet.[941] 872

---

935 BGH, FamRZ 2002, 810, 812; BGH, FamRZ 1989, 487.
936 BGH, FamRZ 2008, 1414 m. Anm. Wellenhofer.
937 Schnitzler FF 2011, 290,292.
938 BGH, FamRZ 2002, 810 = NJW 2002,1947 m. w. N., OLG Karlsruhe, FamRZ 2009, 351; OLG Celle, NJW 2008, 1456.
939 AG Ludwigslust, FamRZ 2011, 1066 = FamFR 2011, 275 (krit. Anm. Conradis); ebenso Schnitzler, FF 2011, 290, 291; Klein, S. 157 f.; AG Essen, 11.03.2009 – 106 F 296/08, NJW 2009, 2460 = FamRZ 2009, 1917; OLG Oldenburg, FamFR 2012, 203 m. Anm. Steiniger; mindestens ein Jahr: Büte/Poppen/Menne, § 1579 BGB, Rn. 10a.
940 Büte, in: Büte/Poppen/Menne, § 1579 BGB Rn. 30; BGH, 13.07.2011 – XII ZR 84/09; BGH, FamRZ 2011, 1498 m. Anm. Maurer = NJW 2011, 3089 m. Anm. Schnitzler; Anm. Hohloch FF 2011, 410; BGH, NJW 1987, 3129; BGH, NJW-RR 1988, 70; OLG Celle FamRZ 2008, 1853.
941 BGH, FamRZ 2011, 1498 m. Anm. Maurer = NJW 2011, 3089 m. Anm. Schnitzler; Anm. Hohloch FF 2011, 410; BGH, NJW 1997, 483. OLG Celle FamRZ 2008, 1627.

Kapitel 3   Materielle Voraussetzungen des Unterhaltsanspruchs

873   Insb. bei § 1579 Nr. 2 – **neue Partnerschaft** – ist anerkannt, dass der Anspruch bei Wegfall der Voraussetzungen wieder aufleben kann.

In diesem Fall ist umfassend zu prüfen, ob eine erneute Unterhaltsverpflichtung die Zumutbarkeitsgrenze überschreitet. Bei dieser **erneuten Billigkeitsprüfung sind alle – aktuellen – Umstände einzubeziehen.**[942] Dabei spielt auch eine Rolle, dass sich der unterhaltsberechtigte Ehegatte durch die Dauer der Beziehung stark von der nachehelichen Solidarität entfernt hat und diese zudem aufgrund der zeitlichen Entfernung zur Scheidung deutlich geringer zu bewerten ist (**schwindende nacheheliche Solidarität**).

Gegen ein Wiederaufleben des Unterhaltsanspruchs kann sprechen, wenn der auf Unterhalt in Anspruch genommene Ehegatte im Vertrauen auf den endgültigen Wegfall der Unterhaltspflicht wirtschaftliche **Dispositionen** getroffen hat, die seine Leistungsfähigkeit beeinträchtigen, ohne dass er dies dem Unterhaltsgläubiger unterhaltsrechtlich entgegenhalten könnte.[943]

In der Praxis ist aber immer darauf zu achten, ob nicht nur eine **vorgetäuschte Beendigung** der Beziehung, z. B. durch Anmietung einer eigenen Wohnung, vorliegt, die nicht ausreicht.[944] **Die Darlegungs- und Beweislast** liegt bei der Unterhaltsberechtigten, die damit eine bislang bestehende und durchgreifende Einwendung beseitigen will.

874   ▶ Hinweis:

Auch ist in der anwaltlichen Praxis zu beachten, dass nach Wegfall der Sperre des § 1579 BGB ggf. die Begrenzungs- und Befristungsvorschrift des § 1578b BGB zur Anwendung kommen kann. Zudem bestehen die Obliegenheiten zum Abbau eines ggf. bestehenden ehebedingten Nachteils i. S. d. § 1578b BGB bereits während der Zeit, in der der bestehende Unterhaltsanspruch des geschiedenen Ehegatten wegen der Sperre des § 1579 Nr. 2 BGB nicht durchgesetzt werden kann.

875   Lässt sich der Beginn des Zusammenlebens nicht feststellen, ergeht die Entscheidung nach den Regeln der Beweislast, welche die Anspruchstellerin trifft.[945] Das Gericht geht also dann davon aus, dass die zeitlichen Voraussetzungen einer festen Verbindung gegeben sind.

---

942   BGH FamRZ 2011, 1498 m. Anm. Maurer = NJW 2011, 3089 m. Anm. Schnitzler; Anm. Hohloch FF 2011, 410 BGH NJW 1986, 722; BGH NJW 1997, 1439; OLG Celle FamRZ 2008, 1627.
943   Büte in Büte/Poppen/Menne, Unterhaltsrecht, 2009, § 1579 BGB Rdnr, 30.
944   OLG Hamm, FamRZ 2003, 455.
945   OLG Hamm, FamRZ 2002, 1627.

I. Unterhaltsausschluss   Kapitel 3

c) § 1579 Nr. 3 BGB – Verbrechen oder schweres vorsätzliches Vergehen

§ 1579 Nr. 3 BGB setzt voraus, dass sich der Unterhaltsberechtigte eines **Verbrechens oder eines schweren vorsätzlichen Vergehens** gegen den Verpflichteten oder einen nahen Angehörigen schuldig gemacht hat.   876

Erforderlich ist ein **schuldhaftes Verhalten** des Täters, wobei auch verminderte Schuldfähigkeit ausreicht.[946] Lediglich fahrlässiges Verhalten ist jedoch nicht ausreichend.   877

Auch ein strafbarer Versuch oder eine Teilnahme genügen.[947] Eine Bestrafung des berechtigten Ehegatten oder auch nur ein Ermittlungsverfahren ist nicht vorausgesetzt[948]   878

d) § 1579 Nr. 4 BGB – mutwilliges Herbeiführen der Bedürftigkeit

Ein Härtegrund gem. § 1579 Nr. 4 BGB liegt vor, wenn der Unterhaltsberechtigte seine **Bedürftigkeit mutwillig herbeigeführt** hat. Voraussetzung ist ein zumindest **leichtfertiges Verhalten**, das Unterhaltsbedürftigkeit herbeiführt. Das Verhalten muss **unterhaltsbezogen** sein. Die Vorstellungen und Antriebe müssen sich auf die Bedürftigkeit als Folge des Verhaltens erstrecken.[949]   879

Der Unterhaltsberechtigte muss jedoch die Möglichkeit des Eintritts der Bedürftigkeit als Folge seines Verhaltens **erkannt** und sich verantwortungs- und rücksichtslos ggü. dem Unterhaltsverpflichteten über diese Kenntnis **hinweggesetzt haben**. Maßgebend ist, dass der Betroffene gegensteuernde Maßnahmen unterlässt, bei noch vorhandener Einsichts- und Handlungsfähigkeit.[950] Bei selbstverschuldeter Bedürftigkeit infolge von **Alkohol-, Drogen- oder Medikamentenabhängigkeit** ist zu prüfen, ob der Berechtigte es mutwillig unterlassen hat, sich rechtzeitig (insb. als sich die Trennung anbahnte) einer erfolgreichen Behandlung zu unterziehen. Der Bedürftige muss also zu einem Zeitpunkt, in dem er noch einsichts- und steuerungsfähig war, eine ihm angeratene Behandlung unterlassen haben   880

e) § 1579 Nr. 5 BGB – Verletzung schwerwiegender Vermögensinteressen

Dieser Härtegrund setzt ein besonders leichtfertiges Verhalten des Berechtigten voraus, das sich auf die Vermögensinteressen des Verpflichteten zumindest auswirkt.[951] Soweit es zur Bedürftigkeit des Berechtigten führt, kommt vorrangig § 1579 Nr. 4 BGB zur Anwendung. Liegt ein schuldhaftes schweres Vermögensdelikt vor, greift § 1579 Nr. 3 BGB ein.   881

---

946 OLG Hamm, NJW 1990, 1119; OLG, Hamm, FamRZ 2002, 242.
947 OLG Düsseldorf, FamRZ 1981, 883.
948 OLG Hamm, FamRZ 1990, 887.
949 BGH, FamRZ 2003, 848; BGB, FamRZ 2001, 541.
950 BGH, FamRZ 1987, 359; OLG Bamberg, FamRZ 1998, 370.
951 BGH, FamRZ 2002, 23.

882 Das Merkmal der **Mutwilligkeit** erfordert auch hier ein **zumindest leichtfertiges Verhalten, das jedoch nicht** – wie bei Nr. 4 – unterhaltsbezogen, sondern **vermögensgefährdend** ausgerichtet sein muss.

883 In der Praxis kann § 1579 Nr. 5 BGB immer dann berührt sein, wenn der Unterhaltsberechtigte **eigene Einkünfte verschweigt**[952] oder den Verpflichteten nicht **ungefragt** über einen erheblichen Anstieg des eigenen Einkommens informiert.[953] Überschreitet dieses Verhalten die Grenzen der Strafbarkeit (so im Fall des Prozessbetrugs), kann § 1579 Nr. 3 BGB gegeben sein.

884 Praktische Bedeutung hat diese Variante des § 1579 BGB auch bei leichtfertigen oder falschen **Strafanzeigen**, die zu einem Ermittlungsverfahren führen.[954] Hier ist aber immer zu prüfen, ob in Wahrnehmung berechtigter Interessen gehandelt worden ist.[955] So fallen wegen Unterhaltspflichtverletzung gestellte Strafanzeigen nicht automatisch unter § 1579 Nr. 5 BGB.

Auch das Anschwärzen des Verpflichteten bei seinem Arbeitgeber, mit der Folge der Gefährdung des Arbeitsplatzes kann einschlägig sein.[956]

f) § 1579 Nr. 6 BGB – Verletzung der Unterhaltspflicht

885 Der Härtegrund des § 1579 Nr. 6 BGB kann eingreifen, wenn der Berechtigte vor der Trennung längere Zeit hindurch seine **Pflicht, zum Familienunterhalt** (§ 1360 BGB) beizutragen, **gröblich verletzt** hat. Die Norm hat kaum praktische Bedeutung.

886 Der Familienunterhalt umfasst alle unterhaltsrechtlich relevanten Tatbestände. Jedoch muss die Verletzung »gröblich« sein, sodass die bloße »Haushaltsvernachlässigung« nicht ausreicht. Sie muss über mindestens einen Zeitraum von einem Jahr erfolgen. Unterhaltsverletzungen nach der Trennung sind unbeachtlich.

g) § 1579 Nr. 7 BGB – schwerwiegendes einseitiges Fehlverhalten

887 Der Härtegrund des § 1579 Nr. 7 BGB kann vorliegen, wenn dem Berechtigten ein **offensichtlich schwerwiegendes, eindeutig allein bei ihm liegendes Fehlverhalten** gegen den Verpflichteten vorgeworfen werden kann.

Damit wird der objektive Tatbestand des schwerwiegenden Fehlverhaltens mit dem subjektiven Vorwurf einseitiger Verfehlung des Berechtigten kombiniert. Maßstab ist die nachwirkende Mitverantwortung nach der Scheidung.

---

952 OLG Karlsruhe, FamRZ 2002, 1037.
953 BGH, 14.04.2008 – XII ZR 107/06, FamRZ 2008, 1325.
954 OLG Zweibrücken, FamRZ 2000, 1371; OLG Koblenz, FamRZ 1991, 1312.
955 BGH, FamRZ 2002, 23.
956 OLG Karlsruhe, FamRZ 1998, 747; OLG Zweibrücken, FamRZ 1989, 63; OLG Hamm, FamRZ 1987, 946.

I. Unterhaltsausschluss Kapitel 3

Dabei muss ein »**offensichtlich schwerwiegendes Fehlverhalten**« für einen objektiven Betrachter unerträglich sein. Die Einseitigkeit des Fehlverhaltens ist am Verhalten der anderen Partei zu messen. 888

In der familienrechtlichen Praxis wird der Härtegrund des § 1579 Nr. 7 BGB oft vorgetragen, wenn sich der Unterhalt beanspruchende Ehegatte während der Ehe einem **neuen Partner** zugewandt und damit die eheliche Treuepflicht verletzt hat (Stichwort Ehebruch). Hier ist jedoch i. d. R. § 1579 Nr. 2 einschlägig.[957] 889

Das **Unterschieben** eines **fremden Kindes** kann jedoch die Voraussetzungen des § 1579 Nr. 7 erfüllen.[958] 890

Auch in Fällen der **Umgangsverweigerung** ist die Anwendung dieses Ausschlussgrundes erörtert worden.[959] Ob allerdings die Umgangsverweigerung als schwere Verfehlung mit den gravierenden Folgen des § 1579 BGB eingestuft werden kann, erscheint zweifelhaft. Zudem bietet das Gesetz andere Möglichkeiten, gegen Umgangsverweigerungen vorzugehen, von der Einrichtung einer Umgangspflegschaft und der Verhängung von Ordnungsmitteln bis hin zur Ordnungshaft gem. § 89 FamFG.

Veröffentlicht ein Ehegatte während der bestehenden ehelichen Lebensgemeinschaft auf einer einschlägigen Internetseite seine sexuellen Vorlieben und Neigungen, können die Voraussetzungen eines offensichtlich schwer wiegenden, eindeutig bei ihm liegenden Fehlverhaltens gegen den Unterhaltspflichtigen i. S. d. § 1579 Nr. 7 BGB vorliegen.[960] 891

Da es sich um ein einseitiges Fehlverhalten des Berechtigten handeln muss, kann dieser Vorwurf durch konkrete Gegenvorwürfe von entsprechendem Gewicht entkräftet werden. 892

h) § 1579 Nr. 8 BGB – Auffangtatbestand

§ 1579 Nr. 8 BGB dient als **Auffangtatbestand** für ebenso schwerwiegende Gründe. Er setzt daher eine objektiv unzumutbare Belastung des Verpflichteten und besondere kränkende oder anstößige Begleitumstände[961] oder ein schwerwiegendes Fehlverhalten voraus, ohne dass es entscheidend auf ein Verschulden des Berechtigten ankäme.[962] 893

---

957 Vgl. aber BGH, FamRZ 2011, 791 m. Anm. Norpoth, FamRZ 2011, 873 = NJW 2011, 1582 m. Anm. Maurer = FuR 2011, 392.
958 BGH, NJW 2012, 1443 = FamRZ 2012, 779 m. Anm. Löhning; vgl. auch BGH, NJW 2012, 1446 zum Ausschluss des Versorgungsausgleichs in diesem Fall.
959 BGH, FamRZ 2007, 883 = NJW 2007, 1969; OLG München, FamRZ 2006, 1605; OLG Schleswig, FamRZ 2003, 688.
960 OLG Oldenburg, 17.11.2009 – 3 WF 209/09, FamRZ 2010, 904.
961 BGH, FamRZ 1995, 344.
962 OLG Hamm, FamRZ 1998, 372.

3. Grobe Unbilligkeit

894 Weitere Voraussetzung für einen Ausschluss des Unterhaltsanspruchs ist, dass die Inanspruchnahme des Verpflichteten **grob unbillig** wäre. Damit kommt es nicht allein auf die Interessen des Berechtigten an, sondern entscheidend ist auch, ob die volle oder teilweise Inanspruchnahme des Verpflichteten in einem groben Widerspruch zum Billig- und Gerechtigkeitsempfinden steht.[963] Erforderlich ist eine **umfassende Abwägung** aller Umstände des Einzelfalles,[964] die dem Gericht im anwaltlichen Sachvortrag unterbreitet werden müssen.

895 Bei der Billigkeitsabwägung sind daher auch die **wirtschaftlichen Verhältnisse des Verpflichteten** und die Auswirkungen der Unterhaltszahlungspflicht zu beachten. Darüber hinaus sind auch andere Faktoren zu berücksichtigen, wie z. B.:
- wie die Schwere der in § 1579 BGB sanktionierten Verfehlung vom Unterhaltspflichtigen empfunden wurde,[965]
- ein eventuelles »Mitverschulden« oder sonstiges Fehlverhalten des Pflichtigen,
- die Dauer der Ehe,
- das Alter der Parteien und
- letztlich auch die Frage, ob und in welchem Umfang die Bedürftigkeit auf den Verlauf der Ehe und speziell die Kinderbetreuung zurückzuführen ist. Dieser Aspekt entspricht der Prüfung »ehebedingter Nachteile« i. R. d. § 1578b BGB.

896 Auch wenn die Voraussetzungen des § 1579 BGB gegeben sind, kann bei **überdurchschnittlichen Einkommensverhältnissen** dennoch weiterhin ein Anspruch auf den **angemessenen Unterhalt** bestehen.[966] I. R. d. Prüfung der groben Unbilligkeit ist u. a. wesentlich, in welcher Weise der Unterhaltsanspruch den Schuldner wirtschaftlich trifft,[967] wie lange die Ehe dauerte und ob der Berechtigte in dieser Zeit berufstätig war.[968]

Eine teilweise oder gänzliche Unterhaltsverwirkung gem. § 1579 BGB kann nur nach einer **umfassenden Gesamtwürdigung aller Umstände des Einzelfalles** bejaht werden.

897 Von Bedeutung ist auch die Frage, **wann der Verwirkungsgrund** im Streit über den Unterhalt **geltend gemacht worden ist**. In einem längeren Abwarten kann auch eine Billigung gesehen werden, die zur Verwirkung der Berufung auf den Tatbestand des § 1579 BGB führt.[969]

898 Aufseiten des **Berechtigten** kommt es darauf an, wie sehr er zur Sicherung seines Bedarfs auf den Unterhalt angewiesen ist. Bei der Abwägung können in diesem

---

963 BGH, FamRZ 2002, 23; OLG Frankfurt am Main, FamRZ 1991, 823.
964 BGH, FamRZ 2002, 810; BGH, FamRZ 1999, 710.
965 KG, FamRZ 1992, 571.
966 OLG Köln, FamRZ 1991, 707.
967 BGH, FamRZ 1989, 483, 486.
968 OLG Hamm, FamRZ 1990, 633; OLG Düsseldorf, FamRZ 1991, 450.
969 Vgl. einerseits KG, FamRZ 1992, 571; andererseits OLG Hamm, FamRZ 2003, 877.

Zusammenhang Einkünfte herangezogen werden, die bei der Einkommensberechnung ansonsten keine Anrechnung finden, wie z. B. Zuwendungen Dritter oder das Erziehungsgeld.[970]

Jedoch steht der Versagung des Unterhaltsanspruchs nicht entgegen, dass der Unterhaltsberechtigte im Hinblick auf die Unterhaltsverpflichtung des früheren Ehepartners vermögensrechtliche Dispositionen (hier: Altersteilzeit) getroffen hat.[971] 899

4. Kinderschutzklausel

Betreut der unterhaltsberechtigte Ehegatte ein Kind, ist die Kinderschutzklausel zu beachten.[972] Das Kindeswohl ist stets vorrangig ggü. den Belangen des Verpflichteten. Jedoch ist bei besonders schwerwiegendem Verhalten des Berechtigten in außergewöhnlichen Härtefällen auch bei Kinderbetreuung ein Ausschluss möglich.[973] 900

Der Vorrang besteht nur für **leibliche Kinder, Adoptivkinder oder scheineheliche Kinder**, solange die Vaterschaft nicht angefochten ist, nicht aber für Pflegekinder und Stiefkinder. 901

Einem Elternteil ist ein Kind i. S. v. § 1579 BGB **anvertraut**, wenn er dieses mit Einverständnis des Verpflichteten oder aufgrund einer gerichtlichen Sorgerechtsentscheidung betreut. 902

Eine Beschränkung des Anspruchs kommt nur in Betracht, soweit die **Pflege und die Erziehung der Kinder trotzdem gesichert** bleiben. Es ist im Einzelfall zu prüfen, inwieweit der eheangemessene Unterhalt auf das zur Kinderbetreuung erforderliche Maß reduziert werden kann oder inwieweit der betreuende Elternteil – bspw. nach dem dritten Lebensjahr des Kindes – durch eine Teilzeittätigkeit zum eigenen Unterhalt beitragen kann. Dabei sind bestehende Betreuungsmöglichkeiten zu nutzen.[974] 903

Da die Erwerbsobliegenheiten eines geschiedenen Elternteils auch bei Betreuung von Kindern durch das neue Unterhaltsrecht bereits erheblich verschärft worden sind, ohne dass Gründe des § 1579 BGB vorliegen, ist die Kinderschutzklausel daher nicht mehr am alten Altersphasenmodell zu messen, sondern an den **strengeren Regelungen des § 1570 Abs. 1 BGB**.[975] 904

Eine Beschränkung des Ehegattenunterhaltsanspruchs ist möglich, soweit der Unterhalt das Maß dessen übersteigt, was der betreuende Ehegatte zur Deckung seines 905

---

970 OLG Koblenz, NJW-RR 1997, 1229; OLG Hamm, NJW-FER 1997, 218.
971 OLG Karlsruhe, 30.09.2008 – 2 UF 21/08, FamRZ 2009, 351.
972 BGH, FamRZ 2011, 791 m. Anm. Norpoth, FamRZ 2011, 873 = NJW 2011, 1582 m. Anm. Maurer = FuR 2011, 392.
973 Büte/Poppen/Menne, § 1579 BGB Rn. 48 m. w. N.
974 OLG Bremen, NJW 2007, 1980.
975 Schnitzler, FPR 2008, 41, 44; Zischka, FuR 2008, 191; vgl. auch Peschel-Gutzeit, Rn. 154 sowie OLG Bremen, FuR 2008, 213.

Mindestbedarfs benötigt. I. d. R. muss also der **notwendige Eigenbedarf** des betreuenden Ehegatten auch bei Anwendung des § 1579 BGB gesichert sein.

906 **Sozialhilfe**, die der betreuende Ehegatte beanspruchen könnte, ist im Verhältnis zum Unterhaltsanspruch subsidiär. Etwas anderes gilt aber beim Bezug von **Erziehungsgeld**[976] und **Elterngeld** nach § 11 Satz 4 BEEG[977] oder bei anderweitigen Unterhaltsansprüchen, wie z. B. gegen den leiblichen Vater eines nichtehelichen Kindes.[978]

907 Die Herabsetzung unter die Grenze des sog. **Mindestbedarfs** mit der Folge der Notwendigkeit einer Teilerwerbstätigkeit des betreuenden Ehegatten kann geboten sein, wenn es sich um ein **besonders schwerwiegendes Fehlverhalten** handelt.

5. Verwirkung der Verwirkung

908 Aufgrund besonderer Umstände kann der Unterhaltspflichtige trotz Vorliegens der Voraussetzungen des § 1579 BGB das Recht verloren haben, sich auf diese Einwendung zu berufen. Dies kann einmal durch ein Verhalten begründet sein, dass als Billigung oder **Verzeihung** des Fehlverhaltens gewertet werden kann,[979] aber auch durch eine nach Kenntnis des Verwirkungsgrundes geschlossene **Unterhaltsvereinbarung**.[980]

Um dem Verwirkungseinwand hier etwas entgegenzusetzen, muss der Unterhaltsberechtigte die Einzelheiten dieses Verhaltens **substanziiert vortragen**, außerdem die Gesichtspunkte, aus denen sich die Bewertung als Verzeihung herleiten lässt. Angesichts der erheblichen Auswirkungen sind hier strenge Maßstäbe anzulegen. Für die Behauptung der Verzeihung ist der Unterhaltsberechtigte beweispflichtig.[981]

909 Umstritten ist, ob aus der regelmäßigen **Zahlung** von Unterhalt **trotz Kenntnis** des Verwirkungsgrundes hergeleitet werden kann, dass der Unterhaltspflichtige sich nicht auf die Unterhaltssperre des § 1579 BGB berufen kann.[982]

Hier wird man keine allgemeingültigen Regeln aufstellen können. Vielmehr kommt es auf das konkrete Verhalten des Unterhaltspflichtigen an. Dabei sind der Zeitraum der Unterhaltszahlungen und die Begleitumstände maßgebend. Zu klären ist, ob diese Umstände als dauerhafter Verzicht auf die Einwendung des § 1579 BGB verstanden werden können oder lediglich als vorübergehende Zahlung für eine Übergangszeit oder zur Abwendung einer Notlage trotz Kenntnis dieser Einwendung verstanden werden müssen.

---

976 BGH, NJW 1998, 1309; BGH, NJW 2006, 2704; BGH, NJW-RR 2006, 1225.
977 Büte/Poppen/Menne, § 1579 BGB Rn. 48.
978 BGH, NJW 1998, 1309.
979 OLG Düsseldorf, FamRZ 1997, 1169; OLG Bamberg, NJW-FER 1999, 78.
980 OLG Düsseldorf, FamRZ 2001, 835.
981 Büte/Poppen/Menne, § 1579 BGB Rn. 53.
982 So OLG Braunschweig, FuR 2008, 514; anders OLG Karlsruhe, FamRZ 2009, 351.

I. Unterhaltsausschluss   Kapitel 3

▶ **Praxistipp:** 910

In diesen Fällen sollte der anwaltliche Berater des Unterhaltspflichtigen in der Begleitkorrespondenz deutlich machen, dass die Zahlungen weder als Verzeihung noch als rechtswirksamer Verzicht auf die Rechte aus § 1579 BGB angesehen werden dürfen.

6. Verfahrensrechtliche Aspekte sowie Darlegungs- und Beweislast

Die Voraussetzungen des § 1579 BGB müssen – wie bei § 1578b BGB – grds. bereits 911
im **Erstverfahren** festgestellt werden. War die Frage des § 1579 BGB also bereits in einem früheren Zahlungsverfahren Gegenstand des Streits und konnten lediglich die Voraussetzungen des § 1579 BGB nicht nachgewiesen werden, reichen neue Beweise nicht aus, um ein Verfahren zur Abänderung des bestehenden Titels gem. §§ 238, 239 FamFG durchzuführen.

Vielmehr ist ein späteres Abänderungsverfahren nur dann erfolgreich, wenn neue Tatsachen (= nachträgliche Veränderungen) zum aktuellen Zeitpunkt eine andere Bewertung rechtfertigen. Der Unterhaltspflichtige muss auch das Fortbestehen einer verfestigten Lebensgemeinschaft beweisen, wenn im Erstprozess streitig ist, ob der Unterhaltsberechtigte ab einem bestimmten Zeitpunkt das Zusammenleben mit dem neuen Partner beendet hat.[983]

Unter bestimmten Umständen kann ein Vollstreckungsabwehrverfahren auf § 1579 912
BGB gestützt werden, vgl. auch Kapitel 5, Kap. 5 Rdn. 178 ff. und Kap. 5 Rdn. 595 ff.

Die **Darlegungs- und Beweislast** für Tatsachen, die für eine Begrenzung oder gar einen 913
Ausschluss des Unterhalts sprechen, trägt der **Unterhaltspflichtige**.[984] Hat aber der Unterhaltspflichtige Tatsachen vorgetragen, die für eine Begrenzung des Unterhalts von Bedeutung sind, muss der Berechtigte die **konkreten Vorwürfe widerlegen** und ggf. beweisen, dass die Vorwürfe zu Unrecht erhoben worden sind.[985] Zudem ist es Sache des unterhaltsberechtigten Ehegatten, solche Gesichtspunkte vorzutragen und ggf. zu beweisen, die i. R. d. zu treffenden Billigkeitsabwägung gegen eine zeitliche Begrenzung des Unterhalts bzw. für eine längere »Schonfrist« sprechen.[986]

Soweit der unterhaltsberechtigte Ehegatte sich auf konkrete **Gegenvorwürfe** bezieht, 914
um die Einseitigkeit des Fehlverhaltens zu widerlegen, muss allerdings der Verpflichtete die Beweislast tragen, dass diese Vorwürfe nicht zutreffen.[987] Demgegenüber ist der Unterhaltsberechtigte für eine behauptete **Verzeihung** beweispflichtig.[988]

---

983 OLG Karlsruhe, 21.02.2011 – 2 UF 21/10, FamRB 2011, 236.
984 BGH, FamRZ 1991, 670 = NJW 1991, 1291; OLG Köln, FamRZ 2003, 767.
985 BGH, NJW-RR 1989, 1218, 1220 = FamRZ 1989, 1054.
986 OLG Naumburg, FF 2002, 67 m. Anm. Büttner.
987 Büte/Poppen/Menne, § 1579 BGB Rn. 53.
988 Büte/Poppen/Menne, § 1579 BGB Rn. 53.

915 Der Verwirkungseinwand kann, wie oben unter Rdn. 908 ff. dargelegt, seinerseits verwirkt sein, wenn z. B. ein Ehegatte trotz Kenntnis eines Verwirkungsgrundes über einen längeren Zeitraum nachehelichen Unterhalt zahlt, ohne sich auf die Verwirkung zu berufen. In diesem Fall kann er mit dem nachträglich erhobenen Verwirkungseinwand ausgeschlossen sein, weil seine (weitere) Inanspruchnahme auf Unterhalt nicht grob unbillig ist.[989]

II. Verwirkung bei Kindesunterhalt und Elternunterhalt (§ 1611 BGB)

916 ▶ **Das Wichtigste in Kürze**
- § 1611 BGB gilt beim volljährigen Kind und beim Elternunterhalt, nicht beim minderjährigen Kind. → Rdn. 917
- Es müssen gravierende Verstöße gegen den Solidaritätsgedanken des Unterhaltsrechts vorliegen. → Rdn. 918
- Rechtsfolge ist primär eine Begrenzung und nur in besonders schweren Fällen eine völlige Verwirkung. → Rdn. 922 f.
- Die Beschränkungen wirken i. d. R. nur für die Zukunft. → Rdn. 923

917 Nach § 1611 BGB kann auch der Unterhaltsanspruch eines Verwandten verwirken. Die Norm gilt für den gesamten Verwandtenunterhalt, speziell für den Anspruch des **volljährigen unterhaltsberechtigten Kindes**, sie ist aber auch beim **Elternunterhalt** anwendbar.

Minderjährige Kinder können ihren Unterhaltsanspruch nicht verwirken (§ 1611 Abs. 2 BGB); daher sind auch Verfehlungen in der Zeit der Minderjährigkeit für den Anspruch des volljährigen Kindes unbeachtlich. Allein entscheidend ist, wann der Verwirkungstatbestand eingetreten ist.[990]

918 Der Ausschlusstatbestand ist Ausdruck des Solidaritätsgedankens im Unterhaltsrecht. Das Ausmaß der Verwirkung des Unterhaltsanspruchs ist abhängig von der Schwere des Verstoßes. Bei der Auslegung ist regelmäßig der Ausnahmecharakter der Vorschrift zu bedenken; sie ist also eng auszulegen.

Die Norm beschränkt den Unterhaltsanspruch bei **grobem Fehlverhalten des Berechtigten**.

919 Voraussetzung ist das Vorliegen eines der gesetzlich geregelten **Verwirkungstatbestände**:
- Der Eintritt der **Bedürftigkeit durch sittliches Verschulden**,
- die **Verletzung einer eigenen Unterhaltspflicht** oder
- eine **schwere Verfehlung gegen den Unterhaltsverpflichteten**.

---

989 OLG Bremen, 01.02.2010 – 4 UF 106/09.
990 BGH, 04.11.1987 – IVb ZR 75/86, LMK Nr. 13 zu § 1602 BGB.

I. Unterhaltsausschluss

Ob neben dieser eng auszulegenden **Ausnahmevorschrift**[991] der Rückgriff auf andere Vorschriften, wie z. B. § 242 BGB möglich ist, ist strittig. 920

Nach einer Ansicht ist eine **Verwirkung** von Unterhaltsansprüchen **auch außerhalb des** § 1611 BGB grds. möglich, so z. B. unter Anwendung des § 242 BGB.[992]

Die Gegenansicht betrachtet § 1611 BGB als eine abschließende Sonderregelung, die einen Rückgriff auf andere Billigkeitsvorschriften wie z. B. § 242 BGB ausschließt.[993]

Als Begehungsformen des § 1611 BGB kommen **aktives Tun** und **Unterlassen** in Betracht, soweit der Berechtigte dadurch eine Rechtspflicht zum Handeln verletzt. Folglich kann sich auch eine Verletzung elterlicher Pflichten durch Unterlassen als Verfehlung gegen das Kind darstellen. Das gilt nicht nur für die besonders geregelte Vernachlässigung der Unterhaltspflicht, sondern etwa auch für die dauernde grobe Vernachlässigung und Verletzung der Aufsichtspflicht und für die Verletzung der Pflicht zu Beistand und Rücksicht. Hierbei handelt es sich um das Eltern-Kind-Verhältnis prägende Rechtspflichten, deren Verletzung unter den Voraussetzungen des § 1611 Abs. 1 Satz 1, 3. Alt. BGB Bedeutung zukommen kann.[994] 921

Rechtsfolge ist nicht zwingend eine vollständige Verwirkung des Anspruchs. Vielmehr kommt in erster Linie eine Begrenzung auf den Billigkeitsunterhalt in Betracht. Dabei können sowohl eine Herabsetzung als auch eine Befristung des Unterhalts in Erwägung gezogen werden.[995] 922

Die Verwirkung kann sich grds. nur auf **zukünftige Unterhaltsansprüche** auswirken,[996] während zum Zeitpunkt der Verfehlung bereits entstandene Unterhaltsansprüche unberührt bleiben. Dem Unterhaltsberechtigten steht der Unterhaltsanspruch so lange zu, bis er sich in der vom Gesetz bezeichneten Weise gegen den Unterhaltsverpflichteten verfehlt. Es besteht aber kein Anlass, den mit Unterhaltszahlungen in Verzug geratenen Unterhaltspflichtigen zu begünstigen, weil ein späteres Ereignis ihn von der Unterhaltspflicht befreit. Maßgeblich ist dabei der **Zeitpunkt der Verfehlung**, nicht 923

---

991 BGH, 15.09.2010 – XII ZR 148/09, FamRZ 2010, 1888; OLG Hamm, 06.08.2009 – 2 UF 241/08, FamRZ 2010, 303; OLG Karlsruhe, 18.09.2003 – 2 UF 35/03, FamRZ 2004, 971. Einen **ausführlichen Überblick** über die Verwirkung von Unterhaltsansprüchen – auch i. R. d. § 1611 BGB – gibt *Kofler*, NJW 2011, 2470-2476.
992 OLG Dresden, 22.03.2004 – 23 WF 140/04, JAmt 2004, 337, 339; ausführlich zur Frage der Verwirkung von gesetzlichem Minderjährigenunterhalt von Creytz, FPR 2008, 596. Dagegen sieht Griesche, FPR 2005, 335, § 1611 BGB als eine abschließende Sonderregelung an, die einen Rückgriff auf andere Billigkeitsvorschriften wie z. B. § 242 BGB ausschließt; ebenso Finger, FamRZ 1995, 969, 974.
993 Griesche, FPR 2005, 335; Finger, FamRZ 1995, 969, 974.
994 BGH, 19.05.2004 – XII ZR 304/02, FamRZ 2004, 1559, m. Anm. Born, FamRZ 2004, 1561.
995 Büte/Poppen/Menne, § 1611 BGB Rn. 11 m. w. N.
996 Griesche, FPR 2005, 335 m. w. N.

der Geltendmachung des Unterhalts (hier ist § 1613 BGB zu beachten) oder der Geltendmachung des Verwirkungstatbestands.

Lediglich in besonders gravierenden Fällen ist auch eine Verwirkung des **Unterhaltsrückstands** bejaht worden.[997]

924 Die Voraussetzungen dieser – von Amts wegen zu beachtenden[998] – **rechtsvernichtenden Einwendung** muss der Unterhaltspflichtige **darlegen und beweisen**.

1. Eintritt der Bedürftigkeit durch sittliches Verschulden

925 Der Unterhaltsberechtigte muss seine Bedürftigkeit durch sein eigenes Verschulden mutwillig herbeigeführt haben. Erforderlich ist ein **grobes Verschulden** mit einem Verhalten, das **sittliche Missbilligung** verdient. Der Unterhaltsberechtigte muss anerkannte Verbote der Sittlichkeit in vorwerfbarer Weise außer Acht gelassen haben.[999] Demnach reichen ein einmaliges und nur vorübergehendes Versagen oder reine Nachlässigkeit nicht aus.

926 Erforderlich ist weiterhin ein **Kausalzusammenhang** zwischen dem vorwerfbaren Verhalten und der eingetretenen Unterhaltsbedürftigkeit.[1000]

927 Erfüllt sind diese Voraussetzungen dann, wenn der Berechtigte wegen Arbeitsscheu, Alkohol- oder Drogensucht[1001] oder Spielsucht, die zum Arbeitsplatzverlust geführt hat, bedürftig geworden ist. Entsprechendes gilt bei langjähriger **Drogenabhängigkeit** mit der Folge einer HIV- und Hepatitisinfektion[1002] und bei einem volljährigen **Drogenabhängigen**, der trotz von seinen Eltern finanzierter Ausbildung und Therapiemaßnahmen immer wieder rückfällig wird.[1003] Eine maßgebliche Rolle spielt dabei, ob sich der Unterhaltsberechtigte einer Erfolg versprechenden Therapie widersetzt hat.[1004]

Dagegen reichen eine krankheitsbedingte Bedürftigkeit und ein selbstverschuldeter Verlust des Arbeitsplatzes **nicht aus**. Auch die durch Schwangerschaft und Geburt eines Kindes außerhalb einer Ehe eingetretene Bedürftigkeit einer volljährigen Tochter ist kein Fall sittlichen Verschuldens.[1005]

---

997 OLG Zweibrücken, 30.03.2001 – 2 UF 5/00, FamRZ 2002, 241 für den Fall des § 1579 BGB beim Ehegattenunterhalt.
998 KG, 18.12.2001 – 18 UF 35/01, JAmt 2002, 317.
999 BGH, 06.12.1984 – IVb ZR 53/83, BGHZ 93, 123.
1000 OLG Köln, 21.07.1989 – 4 UF 28/89, NJW-RR 1990, 714.
1001 OLG Celle, 13.03.1990 – 17 UF 107/88, FamRZ 1990, 1142.
1002 KG, 18.12.2001 – 18 UF 35/01, JAmt 2002, 317.
1003 AG Neuwied, 03.04.1998 – 16 F 523/97, FamRZ 1999, 403.
1004 Griesche, FPR 2005, 335, 336.
1005 BGH, 29.06.2011 – XII ZR 127/09, FamRZ 2012, 1560; BGH, 06.12.1984 – IVb ZR 53/83, BGHZ 93, 123; OLG Düsseldorf, 27.02.1989 – 2 UF 123/88, FamRZ 1989, 1226.

Bei krankheitsbedingter Bedürftigkeit wird der Bedarf i. H. d. Existenzminimums regelmäßig durch Leistungen der **Grundsicherungsrente** sichergestellt.[1006] Diese Leistungen muss sich der Unterhaltsberechtigte ggf. **fiktiv zurechnen lassen**.[1007] 928

2. Gröbliche Vernachlässigung der eigenen Unterhaltsverpflichtung

Der jetzt Unterhaltsberechtigte muss seine ggü. dem Unterhaltpflichtigen bestehende 929
eigene Unterhaltspflicht **gröblich vernachlässigt** haben. Dieser Ausschlussgrund entspricht § 1579 Nr. 6 BGB.

Um einen längerfristigen Unterhaltsausschluss zu rechtfertigen, ist eine gewisse **Dauer** 930
der Vernachlässigung erforderlich. Festzustellen ist, ob dem Unterhaltsberechtigten eine tief greifende Beeinträchtigung schutzwürdiger wirtschaftlicher oder persönlicher Interessen des Unterhaltspflichtigen anzulasten ist, die einen **besonders groben Mangel an verwandtschaftlicher Gesinnung und menschlicher Rücksichtnahme** verrät.[1008]

Bejaht worden sind diese Voraussetzungen z. B., wenn der in einem Alten- und Pflegeheim untergebrachte Vater Unterhalt von seinem Sohn begehrt, dem er infolge Trunksucht den geschuldeten Unterhalt nicht geleistet hat.[1009] Elternunterhalt kann verwirkt sein, wenn eine Mutter ihr später auf Unterhalt in Anspruch genommenes Kind im Kleinkindalter bei den Großeltern zurückgelassen und sich in der Folgezeit nicht mehr in nennenswertem Umfang um dieses gekümmert hat.[1010]

Abzustellen ist dabei nicht allein auf den Barunterhaltsanspruch. Auch eine Vernach- 931
lässigung der Betreuung ist grds. ebenfalls geeignet, die Rechtswirkungen des § 1611 Abs. 1 BGB auszulösen.[1011]

Bei einer unzureichenden Darlegung des Unterhaltspflichtigen kommt eine sekundäre Darlegungs- und Beweislast der Unterhaltsberechtigten nicht in Betracht. Ob die vom BGH entwickelten Grundsätze zum Beweis negativer Tatsachen und die hiervon für die Darlegung des Fehlens ehebedingter Nachteile abgeleiteten Folgerungen[1012] auch

---

1006 Herr, FamRZ 2005, 1021, 1022.
1007 OLG Brandenburg, 02.01.2007 – 9 UF 159/06, FamRZ 2008, 174; OLG Brandenburg, 11.03.2004 – 10 UF 176/03, FPR 2004, 474; OLG Nürnberg, 21.04.2004 – 11 UF 2470/03, JAmt 2004, 335; zur den Berechnungsmodalitäten vgl. auch Götsche, FamRB 2006, 373.
1008 OLG München, 11.12.1991 – 12 UF 949/91, FamRZ 1992, 595; OLG Celle, 09.02.1993 – 18 UF 159/92, FamRZ 1993, 1235.
1009 AG Germersheim, 05.04.1990 – 2 C 83/90, FamRZ 1990, 1387.
1010 BGH, 19.05.2004 – XII ZR 304/02, NJW 2004, 3109.
1011 BGH, 19.05.2004 – XII ZR 304/02, FamRZ 2004, 1559, m. Anm. Born, FamRZ 2004, 1561.
1012 BGH, NJW 2012, 74 m. Anm. Born = FamRZ 2012, 93 m. Anm. Viefhues; BGH, NJW 2011, 3577 m. Anm. Born = FamRZ 2011, 1851 BGH NJW 2011, 3577 m. Anm. Born = FamRZ 2011, 1851; BGH, 24.03.2010 – XII ZR 175/08, FamRZ 2010, 1813, Tz. 18 ff.; BGH, FamRZ 2010, 875; OLG Hamm, FuR 2012, 102.

auf die Darlegung der Voraussetzungen des § 1611 Abs. 1 BGB zu übertragen sind, ist noch offen.[1013]

3. Schwere vorsätzliche Verfehlung ggü. dem Unterhaltspflichtigen

932 Verlangt wird hier ein vorsätzlicher und schuldhafter Verstoß des Unterhaltsberechtigten gegen **wesentliche Pflichten und/oder Rechte** des Unterhaltspflichtigen selbst oder seines nahen Angehörigen.

Allerdings wird hier nicht die gleiche Intensität und Schwere der Pflichtverletzung gefordert wie bei § 1573 Nr. 3 BGB. Es genügt vielmehr jedes Verhalten, das dem Pflichtigen die Unterhaltsleistungen ganz oder teilweise unzumutbar erscheinen lässt.

933 Regelmäßig kann nur bei einer tief greifenden **Beeinträchtigung schutzwürdiger wirtschaftlicher Interessen oder persönlicher Belange des Pflichtigen** eine schwere Verfehlung i. S. d. vorgenannten Bestimmung angenommen werden.[1014] Dies kann durch aktives Tun erfolgt sein, aber auch durch Unterlassen, soweit der Berechtigte dadurch eine Rechtspflicht zum Handeln verletzt. Jedoch ist immer eine Abwägung unter Berücksichtigung aller Umstände des Einzelfalles geboten.[1015]

a) Verwirkungstatbestand bejaht

934 Diese Voraussetzungen sind in folgenden Fällen **bejaht** worden:
- **Lebensführung des Kindes** mit Inkaufnahme von Risiken auf Kosten der Eltern (ziellose Fortführung des Studiums, Arbeit ohne soziale Absicherung),[1016]
- **Verschweigen regelmäßiger Einkünfte**,[1017]
- **Verschweigen der Aufnahme einer Erwerbstätigkeit** neben dem Studium,[1018]
- **Verschweigen des Abbruches der Schulausbildung und weitere Entgegennahme von Unterhaltszahlungen**,[1019]
- **Gravierende Straftaten** zum Nachteil des Unterhaltspflichtigen oder eines nahen Verwandten,[1020]
- **tätliche Angriffe**, falsche Anschuldigungen und Schädigungen des Unterhaltspflichtigen in seiner beruflichen und wirtschaftlichen Stellung,[1021]

1013 OLG Celle, 02.11.2010 – 10 UF 176/10, Rn. 52, FamRZ 2011, 984.
1014 BGH, 19.05.2004 – XII ZR 304/02, FamRZ 2004, 1559, m. Anm. Born, FamRZ 2004, 1561.
1015 OLG Jena, 10.10.2008 – 1 UF 121/08, ZFE 2009, 351.
1016 OLG Hamm, 19.10.2001 – 11 UF 36/01, NJW-RR 2002, 650.
1017 OLG Koblenz, 02.02.1998 – 13 UF 931/97, OLGR 1998, 220; OLG Hamm, 31.07.1995 – 13 WF 193/95, FamRZ 1996, 809.
1018 OLG Jena, 10.10.2008 – 1 UF 121/08, ZFE 2009, 351.
1019 OLG Köln, 20.04.2004 – 4 UF 229/03, OLGR 2004, 306.
1020 OLG Karlsruhe, FamRZ 2011, 1800.
1021 OLG Celle, 09.02.1993 – 18 UF 159/92, NJW-RR 1994, 324.

I. Unterhaltsausschluss

- Verletzung der Aufsichtspflicht, **Vernachlässigung des Kindes** und unterlassenes Nachkommen der Unterhaltsverpflichtung,[1022]
- ein **versuchter Prozessbetrug**, der trotz Vorliegens einer psychischen Krankheit schuldhaft ist, wenn dieser nicht in einem inneren Verhältnis zur durch die Krankheit ausgelösten Persönlichkeitsstörung steht,[1023]
- eine bewusst falsche Strafanzeige gestützt auf den Vorwurf der Nötigung im Straßenverkehr (Verwirkung des Unterhaltsanspruchs um 2/3).[1024]
- **Schwerwiegende und wiederholte Beleidigungen**, durch die eine tiefgreifende Verachtung des Unterhaltsverpflichteten bzw. seines Ehegatten deutlich wird, schließen die Inanspruchnahme auf Unterhalt aus,[1025] insb. wenn sie nachteilige Auswirkungen auf den persönlichen und beruflichen Bereich des Unterhaltsverpflichteten haben. Hierzu ist konkreter Sachvortrag erforderlich.[1026] Dabei ist aber ein auf **vorsätzliche Kränkung** angelegtes Verhalten (das die Voraussetzungen des § 1611 BGB erfüllt) abzugrenzen gegen Äußerungen, in denen sich lediglich die Fortsetzung des elterlichen Streits spiegelt.[1027] Die schriftliche Äußerung ggü. der den Unterhalt regelmäßig zahlenden Mutter »Ich bedaure es sehr, dass Sie meine Mutter sind!«, stellt auch nach langjährigem Kontaktabbruch eine tiefgreifende Kränkung dar, die zusammen mit der **Verweigerung der unterhaltsrechtlichen Mitwirkungspflicht** (Vorlage einer Schulbescheinigung) eine grobe Verfehlung darstellt.[1028]
- Der Unterhaltsanspruch des Kindes aus § 1610 Abs. 2 BGB geht verloren, wenn es seine **Ausbildung nicht planvoll und zielstrebig durchführt**.[1029] Wenn das Kind die Schulausbildung also nicht wirklich wahrnimmt oder nicht mit entsprechend disziplinierter Arbeit das Ausbildungsziel erreichen will, entfällt der Unterhaltsanspruch. Schlechte Schulleistungen allein reichen hierfür allerdings nicht aus.[1030] In derartigen Fällen ist aber nicht immer klar, ob die Entscheidung maßgeblich auf § 1610 Abs. 2 BGB (Nichtbestehen eines Anspruchs) oder auf § 1611 BGB (Verwirkung) gestützt wird.[1031]

b) Verwirkungstatbestand verneint

Dagegen sind die Voraussetzungen in folgenden Fällen **verneint** worden:
- **Mehrfache Einbrüche** des unterhaltsberechtigten Kindes in die Wohnung seiner Schwester stellen jedenfalls dann keine schwere Verfehlung dar, wenn die Taten

935

1022 AG Leipzig, 18.09.1996 – 23 C 280/95, FamRZ 1997, 965.
1023 OLG Hamm, 12.01.1995 – 1 UF 355/94, NJW-RR 1996, 198.
1024 OLG Hamm, 21.12.2005 – 11 UF 218/05, NJW-RR 2006, 509.
1025 OLG Hamm, 18.12.1992 – 13 UF 273/92, FamRZ 1993, 468.
1026 OLG Karlsruhe v. 24.05.2011 – 18 UF 165/09, FamRZ 2011, 1800 m. w. N.
1027 OLG Hamm, 18.08.2000 – 9 UF 37/00, OLGR 2000, 361.
1028 AG Grevenbroich, 26.04.2002 – F 294/01, FF 2003, 144.
1029 OLG Hamm, 14.10.2004 – 11 WF 168/04, OLGR 2005, 5.
1030 OLG Köln, 09.11.2004 – 4 UF 90/04, JMBl. NW 2005, 93.
1031 Griesche, FPR 2005, 335, 336 m. w. N.

strafrechtlich gesühnt sind und die Bedürftigkeit erst mehrere Jahre nach den Taten aufgetreten ist.[1032]
- Der aufgrund psychischer Erkrankung ggü. dem Unterhaltsschuldner erhobene **Vorwurf des sexuellen Missbrauchs** in der Kindheit führt nicht zur Verwirkung des Anspruchs auf Unterhalt.[1033]
- Die Verwendung einer **förmlichen Anrede** (hier: »Sehr geehrter Herr« und »Sie«) in einem Schreiben der unterhaltsberechtigten Kinder an den Unterhaltsschuldner stellt noch keine schwere Verfehlung dar.[1034] Insb., wenn jahrelang kein persönlicher Kontakt zwischen den Parteien stattgefunden hat, kann der Unterhaltspflichtige nicht damit rechnen, dass der Berechtigte ihm in der Spannungssituation eines Rechtsstreits förmlich und höflich entgegentritt.[1035]

c) Umgangs- bzw. Kontaktverweigerung

936 Ein besonderes Problem stellen Fälle der **Umgangsverweigerung bzw. der Verweigerung von jeglichen Kontakten** dar.

937 Vereinzelt wird aus der Weigerung des Unterhaltsberechtigten, mit dem Unterhaltspflichtigen Kontakt aufzunehmen, generell die Verwirkung des Unterhaltsanspruchs hergeleitet. Jedoch kann über die Kürzung oder den Ausschluss von Unterhalt nicht mittelbar der persönliche Umgang mit einem volljährigen Kind erzwungen werden.[1036]

938 Die Rechtsprechung hat daher auf zusätzliche Faktoren abgestellt:
- Verweigerung jeglichen persönlichen Kontaktes zu dem in Anspruch genommenen Elternteil **ohne billigenswerten Grund**,[1037]
- eine **32 Jahre lang andauernde Kontaktlosigkeit**, die einen groben Mangel an familiärer Gesinnung und menschlicher Rücksichtnahme darstellt, mit der Folge, dass der Unterhaltsanspruch des Vaters gegen sein Kind vollständig entfällt,[1038]
- **langjährig** unterbliebene Kontakte verbunden mit weiteren Verfehlungen,[1039]
- **Ausnutzung** fehlenden persönlichen Kontaktes zum Verschweigen eigener Einkünfte.[1040]
- Bei mangelnder Bereitschaft eines volljährigen Kindes zum Kontakt mit dem unterhaltspflichtigen Elternteil kommt eine Verwirkung nur bei Hinzutreten **weiterer Umstände** in Betracht.[1041]

1032 KG, 18.12.2001 – 18 UF 35/01, JAmt 2002, 317.
1033 OLG Hamm, 12.01.1995 – 1 UF 355/94, NJW-RR 1996, 198.
1034 OLG Hamm, 09.05.1995 – 13 UF 534/94, FamRZ 1995, 1439.
1035 Griesche, FPR 2005, 335, 337 m. w. N.
1036 OLG Düsseldorf, FamRZ 1995, 957.
1037 OLG Bamberg, 06.09.1991 – 7 UF 81/91.
1038 AG Helmstedt, FamRZ 2001, 1395.
1039 AG Leipzig, FamRZ 1997, 965.
1040 OLG Hamm, FamRZ 1996, 809.
1041 OLG München, FamRZ 1992, 595.

I. Unterhaltsausschluss   Kapitel 3

- Die **Ablehnung einer persönlichen Kontaktaufnahme** des volljährigen Kindes zum Vater hat für sich allein keine Verwirkung des Unterhaltsanspruchs zur Folge.[1042]
- Aus einer **schriftlichen Ablehnung von Kontakten**, dem Nichterscheinen zu Gerichtsterminen und einem Vorschieben der Mutter kann nicht ohne Weiteres auf die Absicht einer tiefen Verletzung des anderen Elternteils geschlossen werden.[1043]
- Kontaktverweigerung oder bloße Unhöflichkeiten (Nichtgrüßen der Großeltern) führen auch nicht zur teilweisen Unterhaltsverwirkung.[1044]

Dabei muss grds. eine **umfassende Abwägung** aller maßgeblichen Umstände des Einzelfalles erfolgen, um eine vorsätzliche schwere Verfehlung des Unterhalt begehrenden Kindes annehmen zu können.

Dabei ist auch das Verhalten ggü. dem geschiedenen Elternteil, der das Kind jahrelang versorgt und betreut, mit zu berücksichtigen.[1045] Ob fehlender Kontakt als vorsätzliche schwere Verfehlung angesehen werden kann, hängt zudem auch von einer genauen und differenzierten Betrachtung und Bewertung der Entwicklung der Beziehung ab, wobei auch die im Zusammenhang mit der Trennung und Scheidung der Eltern stehenden Umstände zu berücksichtigen sind.[1046] Zu prüfen ist also auch, ob eigenes Verhalten der Eltern Anlass zu dem missbilligten Verhalten des Kindes gegeben hat.[1047]

▶ **Praxistipp:**

- Unverzichtbar ist also eine sorgfältige Prüfung, in der v.a. auch den **Ursachen** nachgegangen wird, die zu einem solchen Verhalten des Unterhaltsberechtigten geführt haben.
- Hierzu bedarf es im gerichtlichen Verfahren eines umfassenden Sachvortrags aller maßgeblichen Gesichtspunkte.
- Vielfach lässt die völlige Abkehr eines Kindes von einem oder beiden Elternteilen auf Erziehungsdefizite und Beziehungsstörungen schließen, die von den Eltern zumindest mitzuvertreten sind und die das Kind in seinem Reifeprozess nicht überwunden hat.[1048]
- Dann ist aber sehr fraglich, ob die Folgen allein dem unterhaltsberechtigten Kind angelastet werden können.
- Im Hinblick auf den eng auszulegenden Rahmen der Ausnahmeregelung des § 1611 BGB kann eine vollständige oder teilweise Verwirkung des Unterhaltsanspruchs nur in Betracht kommen,

---

1042 OLG Koblenz, OLGR 2000, 513; OLG Frankfurt am Main, NJW-RR 1996, 708; OLG Celle, NJW-RR 1994, 324; OLG Köln, NJWE-FER 2000, 144.
1043 OLG Hamm, OLGR 2000, 361.
1044 OLG Köln, NJW-RR 1996, 707; vgl. auch OLG Karlsruhe, FamRZ 2004, 971 für den Elternunterhalt.
1045 BGH, FamRZ 1995, 475.
1046 OLG, FamRZ 1993, 1241.
1047 BGH, FamRZ 1991, 322.
1048 OLG Bamberg, 05.08.1993 – 2 UF 47/93, NJW-RR 1994, 582.

Kapitel 3   Materielle Voraussetzungen des Unterhaltsanspruchs

- wenn das Kind allein für die Kontaktweigerung verantwortlich ist oder
- wenn zum bloßen Unterlassen verwandtschaftlicher Kontakte weitere Beeinträchtigungen des Unterhaltspflichtigen durch aktives Tun hinzukommen.

4. Rechtsfolgen

941 Liegen die Voraussetzungen vor, muss der Unterhaltspflichtige statt des vollen Unterhalts nur den **Unterhaltsbetrag** leisten, der der **Billigkeit** entspricht. Dabei ist einmal die Schwere der Verfehlungen aufseiten des Berechtigten maßgebend. In die Billigkeitsabwägungen sind aber aufseiten des **Unterhaltspflichtigen** einzubeziehen:
- dessen **finanzielle Verhältnisse** und die **Belastung** durch die Unterhaltspflicht und
- dessen **Verhalten** ggü. dem Unterhaltsberechtigten und ggü. dem anderen Elternteil,[1049]
- aber auch eventuelle **Erziehungsfehler** oder gar eine **Mitschuld**.

942 Die Vorschrift ermöglicht bei **grober Unbilligkeit** den **völligen Wegfall** der Unterhaltsverpflichtung. Allerdings ist diese Rechtsfolge nur in besonders gelagerten Ausnahmefällen angemessen. In aller Regel wird ein **zeitlich begrenzter Ausschluss** als angemessene Reaktion auf das Fehlverhalten des Unterhaltsberechtigten ausreichen.

943 Die gem. § 1611 BGB angeordnete Herabsetzung oder der völlige Ausschluss des Verwandtenunterhalts ist – anders als bei § 1579 BGB – grds. **endgültig**. Ausnahmen können gelten, wenn der Unterhaltspflichtige das Fehlverhalten nachträglich verzeiht.[1050]

944 Folge einer vollständigen Verwirkung ist, dass auch **nachrangige Unterhaltspflichtige** (vgl. § 1607 BGB) nicht haften (§ 1611 Abs. 3 BGB).

945 Der **Auskunftsanspruch** wird durch den Verwirkungseinwand nicht berührt.[1051]

J. Elternunterhalt

946 ▶ **Das Wichtigste in Kürze**

- Kinder sind auch ihren Eltern ggü. unterhaltspflichtig. → Rdn. 947 ff.
- Vorrangig vor den Ansprüchen der Eltern sind jedoch noch bestehende Unterhaltsansprüche eigener Kinder zu befriedigen. → Rdn. 952
- Ggü. dem Elternunterhaltsanspruch bestehen größere Selbstbehaltsbeträge als ggü. dem unterhaltspflichtigen Kind und dem Ehegatten. → Rdn. 982 ff.

947 Bei Unterhaltsverpflichtungen denkt man zuerst an die Pflicht der Eltern, für ihre Kinder Unterhalt zu zahlen, bis diese ihre wirtschaftliche Selbstständigkeit erlangt haben (§§ 1601, 1603, 1610 BGB). Unterhaltsverpflichtungen bestehen aber nicht nur in

---

1049 Griesche, FPR 2005, 335, 337 m.w.N.
1050 Griesche, FPR 2005, 335 m.w.N.
1051 OLG Frankfurt am Main, 02.03.1993 – 4 WF 24/93, FamRZ 1993, 1241.

J. Elternunterhalt

eine Richtung, sondern das Gesetz sieht auch vor, dass erwachsene Kinder im Fall der Bedürftigkeit für den Unterhalt der eigenen Eltern aufkommen müssen.

Die Unterhaltspflicht der Kinder ggü. den Eltern (sog. Elternunterhalt) ist nicht gesondert geregelt, sondern ergibt sich aus den allgemeinen Vorschriften der §§ 1601 ff. BGB über die Unterhaltspflicht ggü. Verwandten. **948**

Dies hat heute eine große praktische Bedeutung, denn heute werden vermehrt auch Kinder für den Unterhalt ihrer Eltern in Anspruch genommen. Insb. ist dies dann der Fall, wenn ein oder beide Elternteile ins **Altersheim** oder **Pflegeheim** kommen und Rente oder Pension zusammen mit den Leistungen der Pflegeversicherung nicht zur Deckung der Heimkosten reichen. Angesichts der gestiegenen und noch weiter steigenden Kosten für derartige Pflegeleistungen auf der einen Seite und des real allenfalls gleich bleibenden Niveaus von Renten und Altersversorgungen auf der anderen Seite, werden diese Fälle immer häufiger. Dann tritt erst einmal die Gemeinde über die **Sozialhilfe** ein, versucht aber anschließend, von den Kindern der Heiminsassen mithilfe des **übergeleiteten Unterhaltsanspruchs** die verbliebenen Kosten zumindest teilweise wieder einzutreiben. Bei Heimkosten von mehreren tausend Euro mtl. kommen dabei sehr schnell erhebliche Belastungen zusammen. **949**

Die betroffene Generation ist damit oftmals doppelt pflichtig, nämlich den eigenen Kindern als auch u. U. den Eltern ggü. Deshalb spricht man auch von der sog. »**Sandwichgeneration**«. **950**

Die Belastung der betreffenden Unterhaltsschuldner ist damit erheblich, zumal sie, wenn Familien gegründet wurden, durch die Unterhaltung ihrer eigenen Kinder bereits einen angemessenen Beitrag zur Generationensolidarität erbringen. Dies verstärkt sich zusätzlich dadurch, dass durch die Zahlung von Sozialversicherungsabgaben laufende Beiträge zur Altersversorgung der Elterngeneration geleistet werden.

Ein – leistungsfähiger – Ehegatte des bedürftigen Elternteils haftet vor den Kindern (§ 1608 BGB). **951**

Der Elternunterhalt ist aber in jeglicher Hinsicht nachrangig, d.h. insb. die Kinder und der Ehegatte des unterhaltspflichtigen Kindes haben unterhaltsrechtlichen Vorrang, vgl. § 1609 Nr. 6 BGB. **952**

I. Bedarf des unterhaltsberechtigten Elternteils

Beim Elternunterhalt bestimmt sich der Bedarf nach der **eigenständigen originären Lebensstellung des Elternteils**.[1052] Anders als beim Unterhalt der im Haushalt lebenden Kinder wird der Bedarf folglich nicht von der Lebensstellung des Unterhaltspflichtigen abgeleitet. Maßgeblich sind v. a. die aktuellen Einkommens- und Vermögensverhältnisse des betreffenden Elternteils.[1053] Es gilt ein individuell-objektiver Maßstab. **953**

1052 Ausführlich Müller, FPR 2003, 611; Herr, FamRZ 2005, 1021; Hauß, Rn. 22 ff.
1053 BGH, 19.02.2003 – XII ZR 67/00, NJW 2003, 1660.

Abzustellen ist auf eine objektiv vernünftige Lebensführung mit dem vorhandenen Einkommen. Damit bleibt eine besonders aufwendige Lebensweise, wie z. B. die Wahl eines besonders komfortablen, aber teuren Altersheims durch die Eltern, ebenso unberücksichtigt wie eine besonders sparsame.[1054]

954 Auch der Bedarf des Elternteils verändert sich, wenn sich die maßgeblichen Lebensumstände ändern (Veränderung der Einkünfte, Wegfall oder Hinzutreten von Bedürfnissen und Verpflichtungen, wie z. B. durch den Wechsel eines Elternteils ins Altersheim oder den Tod eines Elternteils).[1055] Auch bei **Erkrankungen** oder in **Suchtfällen** vor dem Rentenalter sowie für die vorzeitige oder gesetzliche Erwerbsunfähigkeit ist auf das aktuelle Einkommen abzustellen. Bezieht der Elternteil **Rente**, ist darauf und nicht auf das frühere Erwerbseinkommen abzustellen, da die Rente jetzt die Lebensstellung prägt.[1056] Der Lebensstandard der Eltern reduziert sich damit automatisch mit Eintritt ins Rentenalter aufgrund der verringerten Einkünfte. Dies kann nicht über den Unterhaltsanspruch gegen die Kinder ausgeglichen werden.[1057]

955 Nach unten ist diese automatische Anpassung des Bedarfs jedoch durch den **Mindestbedarf** der Eltern **begrenzt**, der dem Mindestsatz der Düsseldorfer Tabelle entspricht.[1058] Der Bedarf sinkt nicht unter diesen Betrag, auch wenn das Einkommen niedriger liegt.

956 Der Unterhaltsbedarf bestimmt sich beim **Heimaufenthalt** des unterhaltsberechtigten Elternteils durch die Heimunterbringung und deckt sich mit den dadurch verursachten Heim- und Pflegekosten.[1059] Hinzu kommt ein Taschengeld, es sei denn, es fehlt die Fähigkeit zur selbstbestimmten Verwendung. Die Notwendigkeit der Heimunterbringung ist darzulegen.[1060]

II. Bedürftigkeit des unterhaltsberechtigten Elternteils

957 Bedürftig ist, wer außerstande ist, seinen Unterhaltsbedarf mit eigenen Mitteln zu decken.

1054 Herr, FamRZ 2005, 1021; ausführlich Hauß, Rn. 31 ff.; Ehinger, NJW 2008, 2465.
1055 BGH, 19.02.2003 – XII ZR 67/00, NJW 2003, 1660.
1056 Eschenbruch/Klinkhammer, Rn. 2004; Herr, FamRZ 2005, 1021.
1057 BGH, 23.11.2005 – XII ZR 155/03; BGH, 19.02.2003 – XII ZR 67/00, FamRZ 2003, 860, 861; Hauß, Rn. 22.
1058 BGH, 19.02.2003 – XII ZR 67/00, NJW 2003, 1660.
1059 BGH, 23.10.2002 – XII ZR 266/99, BGHZ 152, 217.
1060 Ehinger, NJW 2008, 2465.

1. Anrechnung von Einkommen

Daher ist auch hier **Einkommen jeder Art** auf den Bedarf **anzurechnen**.[1061] Nur soweit dieser Bedarf durch eigene Einkünfte nicht gedeckt wird, kann ein Unterhaltsanspruch auf den Sozialhilfeträger übergehen.[1062] 958

Die **Unterhaltsbedürftigkeit** eines Heimbewohners **scheidet** also **aus**, wenn sein **Einkommen** ausreicht, um den eigenen **Bedarf** zu decken.[1063] Dabei mindern auch die vom Unterhaltsberechtigten bezogenen – privaten und öffentlichen – **Renten** seine Bedürftigkeit.[1064] Etwaige Leistungen – auch der privaten – **Pflegeversicherung** sind gleichermaßen zu berücksichtigen.[1065] 959

Werden Einkommensmöglichkeiten nicht genutzt, ist der Betrag fiktiv bedarfsmindernd einzustellen. Daher kommt u. U. auch erzielbares **(hypothetisches) Einkommen** in Betracht. Wird Elternunterhalt gegen ein Kind für einen **Elternteil** verlangt, der das **Rentenalter** noch nicht erreicht hat, ist der Anspruch nur dann schlüssig begründet, wenn im Einzelnen die Gründe dargelegt werden, weshalb der Elternteil seinen Bedarf nicht aus eigener Erwerbstätigkeit oder nicht subsidiären Sozialleistungen decken kann. Denn auch i. R. d. Erwachsenenunterhalts gilt grds. das Prinzip wirtschaftlicher Eigenverantwortung. Der Umfang dieser Erwerbsverpflichtung beurteilt sich nach einem ähnlichen Maßstab, wie er für die Unterhaltspflicht ggü. minderjährigen Kindern gilt. Es reicht daher nicht aus, dass der Elternteil nach jahrzehntelanger Erwerbslosigkeit (und Sozialhilfebezug) nunmehr ein Alter erreicht hat, in dem er auf dem allgemeinen Arbeitsmarkt erfahrungsgemäß keine Beschäftigung mehr zu befinden vermag.[1066] 960

Die Annahme eines fiktiven Arbeitseinkommens dürfte allerdings bei Pflegebedürftigkeit entfallen.

Auch bei einem im Heim lebenden Ehemann ist ggf. der Anspruch seines Ehegatten auf (Familien-) Unterhalt zu berücksichtigen. Hier kann die Verpflichtung gegeben sein, hierfür Vermögen einzusetzen.[1067] 961

Die **Grundsicherung** dient zwar nicht der Entlastung des unterhaltspflichtigen Kindes, ist aber im Gegensatz zur Sozialhilfe **nicht subsidiär**.[1068] Grundsicherung muss vorrangig in Anspruch genommen werden. Eine Bedürftigkeit besteht nur noch i. H. d. dann 962

1061 Ausführlich Mleczko, FPR 2003, 616.
1062 BGH, 07.07.2004 – XII ZR 272/02, FamRZ 2004, 1370 m. Anm. Schürmann.
1063 BGH, 07.07.2004 – XII ZR 272/02, FamRZ 2004, 1370 m. Anm. Schürmann.
1064 BGH, 07.07.2004 – XII ZR 272/02, FamRZ 2004, 1370 m. Anm. Schürmann.
1065 Büttner, FamRZ 1995, 193; Büttner, FamRZ 2000, 596; Brudermüller, NJW 2004, 633; Klinkhammer, FPR 2003, 640; Herr, FamRZ 2005, 1021, 1022.
1066 OLG Oldenburg, 21.02.2006 – 12 UF 130/05.
1067 OLG Nürnberg, 20.08.2007 – 10 UF 662/07, FamRZ 2008, 788.
1068 Herr, FamRZ 2005, 1021, 1022.

(ggf. fiktiv) noch ungedeckten Bedarfs.[1069] Diese Ansprüche müssen notfalls durch einen zu bestellenden Betreuer oder den Sozialhilfeträger geltend gemacht werden.

963 Bewohnt das unterhaltspflichtige Kind ein **eigenes Haus** oder eine **eigene Wohnung**, ist dessen objektiver Mietwert bis zur Grenze eines dem Einkommen angemessenen Mietaufwands anzurechnen, also der **objektive Wohnvorteil**[1070] (zur Wohnwertberechnung ausführlich oben, Rdn. 595 ff.). Der BGH bemisst den Wert nicht ausgehend vom objektiven Mietwert, sondern begrenzt ihn auf den **angemessenen Wohnaufwand** aufseiten des Unterhaltspflichtigen, wie es ähnlich i. R. d. Trennungsunterhalts praktiziert wird.[1071] Allerdings greift beim Elternunterhalt, anders als beim Trennungsunterhalt nach Auszug eines Ehegatten, das Argument des »toten Kapitals« und der aufgedrängten Bereicherung nicht. Eine Gemeinsamkeit liegt aber darin, dass der Unterhaltspflichtige zum Zweck der vollen Nutznießung anderenfalls zur Verwertung seines Vermögens gezwungen werde; dies könne aber dem unterhaltspflichtigen Kind ebenso wenig wie dem Ehegatten vor der Scheidung zugemutet werden. Die Bemessung des derart »relativen Wohnwertes« hängt also mit dem zugrunde liegenden Unterhaltsverhältnis und der Zumutbarkeit einer Vermögensverwertung oder anderweitigen Vermögensverwendung zusammen.[1072] Dass beim Elternunterhaltsverpflichteten lediglich der angemessene Wohnvorteil anzusetzen ist, entspricht der vergleichsweise schwachen Ausgestaltung des Elternunterhaltsanspruchs. Hier ist dem Pflichtigen sowohl die Veräußerung als auch die Vermietung des Familienheims grds. nicht zuzumuten.

2. Anrechnung von Vermögen

a) Vorhandenes Vermögen

964 Zunächst ist das **Vorhandensein von Vermögen** zu prüfen, das im Regelfall die Bedürftigkeit verringert und zu verwerten ist. Zu dieser Verwertungsobliegenheit gehört auch, einen zeitweise nicht realisierbaren Vermögensanspruch als **Banksicherheit** zur Erlangung eines Krediters zu nutzen, um aus dessen Mitteln den Lebensbedarf zu bestreiten. Dabei ist auch die Teilhabe an einer **Erbengemeinschaft** aktuelles Vermögen, das zu verwerten ist – ggf. als Kreditunterlage. Gehen die Eltern ins Pflegeheim, besteht kein Grund mehr, die bisherige Wohnung weiter zu behalten.[1073]

1069 OLG Düsseldorf, 31.01.2012 – 24 U 39/11, FamFR 2012, 120; OLG Bremen, 11.11.2004 – 5 UF 40/04, FamRZ 2005, 801; Kleffmann, FuR 2006, 97, 99.
1070 BGH, 19.03.2003 – XII ZR 123/00, FamRZ 2003, 1179, 1180.
1071 BGH, 05.04.2000 – XII ZR 96/98, FamRZ 2000, 950; die Entscheidung des OLG Düsseldorf, 21.06.2012 – II-9 UF 190/11 (FamRB 2012, 270 m. Anm. Thormeyer) bietet eine nachvollziehbare Berechnungsmethode für die Bemessung des Wohnvorteils.
1072 Klinkhammer, FamRZ 2003, 1182, 1183.
1073 BGH, 23.11.2005 – XII ZR 155/03, FamRZ 2006, 935, 937 m. Anm. Hauß.

J. Elternunterhalt Kapitel 3

Dem Elternteil steht jedoch ein **anrechnungsfreier Notgroschen** zur Verfügung, der 965
seine Bedürftigkeit nicht beseitigt. Die Höhe wird vom BGH mit mindestens dem
Freibetrag i. S. d. Sozialhilfegesetze angenommen.[1074]

Als – von der Verwertungspflicht ausgenommenes – **Schonvermögen** gilt nach § 90 966
SGB XII u. a.:
1. Vermögen, das aus öffentlichen Mitteln zum Aufbau oder zur Sicherung einer Lebensgrundlage oder zur Gründung eines Hausstands erbracht wird;
2. Vorsorgekapital, soweit dies i. R. d. steuerlichen Förderungsgrenzen aufgebaut wurde;
3. Vermögen zur Anschaffung einer behinderten- bzw. pflegegerechten Wohnung;
4. Vermögen zur Anschaffung eines selbst genutzten Hausgrundstücks und
5. kleinere Barbeträge oder sonstige Geldwerte (§ 90 Abs. 2 Nr. 9 SGB XII).

Dieser **Notgroschen**[1075] beträgt nach § 1 der VO zur Durchführung von § 90 Abs. 2
Nr. 9 SGB XII:
6. 1.600 € bei der Hilfe zum Lebensunterhalt und
7. 2.600 € im Fall der Vollendung des 60. Lebensjahres und
8. 2.600 € bei der Erbringung von Pflegeleistungen.

Dabei kann nicht nur **vorhandenes Vermögen** die Bedürftigkeit beeinflussen, sondern 967
auch **Ansprüche**, die der unterhaltsberechtigte Elternteil **gegen andere** stellen kann.
Für die Praxis bedeutsam sind insb. **Rückforderungsansprüche** des hilfebedürftigen
Elternteils wegen früher vorgenommener **Schenkungen** aus § 528 BGB.[1076] Auch bei
einem **Schenkungsrückgewähranspruch** aus § 528 Abs. 1 BGB ist von ausreichendem
verwertbarem Vermögen auszugehen. Dieser Anspruch gehört zum einzusetzenden
Vermögen.[1077]

Auch der **Verzicht auf mögliche erbrechtliche Ansprüche des Unterhaltsberechtigten**
könnte in diesem Zusammenhang von Bedeutung sein. Jedoch ist der **Pflichtteilsverzicht** eines – behinderten – Unterhaltsberechtigten nicht sittenwidrig – ebenso wie ein
Testament, in dem die Eltern des Unterhaltsberechtigten erbrechtliche Regelungen zu
dessen Nachteil getroffen haben.[1078]

1074 BGH, 25.06.2003 – XII ZR 63/00, FamRZ 2004, 186.
1075 Ausführlich dazu Hauß, Rn. 64 ff.
1076 OLG Schleswig, 19.01.2009 – 15 UF 187/07; Ehinger, NJW 2008, 2465, 2466; zur vorzeitigen unentgeltlichen Vermögensübertragung vgl. Hauß, Rn. 445 ff .; Ehinger, NJW 2008, 2465, 2466; zur vorzeitigen unentgeltlichen Vermögensübertragung vgl. Hauß, Rn. 445 ff.; ausführlich zu den Fragen der Rückforderung wegen Verarmung des Schenkers beim Elternunterhalt Wedemann, NJW 2011, 571.
1077 OLG Schleswig, 19.01.2009 – 15 UF 187/07, SchlHA 2009, 271-273.
1078 BGH, 19.01.2011 – IV ZR 7/10, NJW 2011, 1586; vgl. auch BGH, 20.10.1993 – IV ZR 231/92, BGHZ 123, 368 = FamRZ 1994, 162; BGH, 21.03.1990 – IV ZR 169/89, BGHZ 111, 36 = FamRZ 1990, 730; BGH, 08.12.2004 – IV ZR 223/0, FamRZ 2005, 448 = FamRB 2005, 175; BGH, 19.10.2005 – IV ZR 235/03, FamRZ 2006, 194.

968 Nach Ansicht des BGH ist die Rechtsprechung zur Sittenwidrigkeit von Unterhaltsverzichten in Eheverträgen nicht auf Pflichtteilsverzichtsverträge übertragbar. Denn entscheidend sei hier, dass das Pflichtteilsrecht allenfalls mit dem Anspruch auf Kindesunterhalt ggü. den Eltern vergleichbar sei, der seinerseits aufgrund des Grundsatzes des Familienlastenausgleichs nur in sehr eingeschränktem Maß übergeleitet werden kann (§§ 19 Abs. 3, 92, 94 Abs. 2 SGB XII). Bei Unwirksamkeit des Pflichtteilsverzichts könnte der Sozialhilfeträger über den Pflichtteil in weiterem Umfang gegen den früheren Unterhaltsschuldner vorgehen als zuvor. Bei einem wirksamen und rechtlich nicht zu beanstandenden Pflichtteilsverzicht kann folglich der Pflichtteilsanspruch in einschlägigen Fällen nicht als – potenzielles – Vermögen des unterhaltsberechtigten Verwandten unterhaltsrechtliche Bedeutung erlangen.[1079]

969 Betroffen sind auch Ersatzansprüche aus wegen der Altenheimunterbringung nicht mehr genutzten **Altenteilen, Wohnrechten** oder Hege- und Pflegeversprechen. In der Praxis ergibt sich aber vielfach die Situation, dass der Berechtigte aufgrund seiner Pflegebedürftigkeit das **Wohnrecht nicht weiter ausüben kann (Ausübungshindernis, Nutzungshindernis).**[1080] Auch wenn der Berechtigte eines vertraglich eingeräumten lebenslänglichen freien Wohnungsrechts in einem Pflegeheim untergebracht wird, hat er deshalb keinen Anspruch auf Zahlung einer monatlichen Geldrente.[1081] Jedoch erlischt das Wohnrecht nicht durch ein in der Person des Berechtigten liegendes Ausübungshindernis, selbst wenn dieses Hindernis auf Dauer bestehen bleibt.[1082]

Für den das Wohnrecht Einräumenden auf der anderen Seite besteht auch kein Zwang zur Vermietung der Wohnung, nachdem der Berechtigte ins Pflegeheim umgezogen ist.[1083]

b) Vermögenserträge

970 Erträge aus dem Vermögen (Zinsen, Dividenden, Mieteinkünfte usw.) sind immer voll einzusetzen.[1084]

c) Vermögensstamm (Kapital)

971 Beim **Stamm des Vermögens** ist eine strenge Zumutbarkeitsabwägung durchzuführen. Bis auf ein Schonvermögen analog § 90 SGB XII; DVO zu § 90 Abs. 2 Nr. 9 SGB XII ist das gesamte Vermögen einzusetzen.[1085] Unangetastet bleibt das sog. Schonvermögen,

---

1079 BGH, 19.01.2011 – IV ZR 7/10, NJW 2011, 1586.
1080 Hauß, Rn. 42 ff.
1081 OLG Oldenburg, 11.10.2007 – 14 U 86/07, FamZ 2008, 1073.
1082 BGH, 19.01.2007 – V ZR 163/06, FamRZ 2007, 632.
1083 OLG Oldenburg, 11.10.2007 – 14 U 86/07.
1084 Herr, FamRZ 2005, 1021, 1022.
1085 Wendel/Dose, § 2 Rn. 630 mit Hinweis auf BGH, 05.11.1997 – XII ZR 20/96, FamRZ 1998, 367; Ehinger, NJW 2008, 2465, 2466.

das als Notfallreserve dient und das Kind vor der Inanspruchnahme wegen Sonderbedarfs oder vor der Belastung mit späteren Beerdigungskosten bewahren kann.[1086]

Das eigene **Familienheim** ist nur dann nicht zu verwerten, wenn es noch von den Eltern oder einem Elternteil bzw. im Fall der Wiederheirat vom Ehegatten des Elternteils bewohnt wird.[1087] Allerdings ist im Hinblick auf die Höhe der noch bestehenden Darlehensbelastungen und den erzielbaren Verkaufspreis zu überprüfen, ob die Veräußerung des Familienheims sinnvoll und zumutbar ist.

972

III. Leistungsfähigkeit des unterhaltspflichtigen Kindes

Ist ein – restlicher – ungedeckter Bedarf des unterhaltsberechtigten Elternteils gegeben, stellt sich die Frage nach der Leistungsfähigkeit des unterhaltspflichigen Kindes.

973

Dazu bietet sich die folgende **Checkliste** an:

974

▶ **Checkliste: Leistungsfähigkeit des unterhaltspflichtigen Kindes**

(1) Ist der angemessene Selbstbehalt des unterhaltspflichtigen Kindes gewahrt?
  (a) Höhe des angemessenen Selbstbehalts,
  (b) selbstbehaltsdeckender Anspruch auf Familienunterhalt.
(2) Höhe des Familienbedarfs?
  (a) Familienbedarf nach den unterhaltsrechtlichen Leitlinien,
  (b) höherer Familienbedarf im Einzelfall.
(3) Höhe der Unterhaltslast des Kindes am Familienbedarf (Quote)?
(4) Die Zahlung des Unterhalts in geforderter Höhe entspricht der Billigkeit?

Auch beim **Elternunterhalt**[1088] gilt der allgemeine Grundsatz, dass nur unterhaltspflichtig ist, wer bei Berücksichtigung seiner sonstigen Verpflichtungen imstande ist, ohne Gefährdung seines angemessenen Unterhalts den Unterhalt zu gewähren. Damit wird dem Unterhaltspflichtigen **vorrangig die Sicherung seines eigenen angemessenen Unterhalts** ermöglicht. Die zur angemessenen Deckung des seiner Lebensstellung entsprechenden allgemeinen Bedarfs benötigten Mittel sollen ihm verbleiben.[1089] Der Unterhaltspflichtige muss grds. **keine spürbare und dauerhafte Senkung seines Lebensstandards** hinnehmen.[1090]

975

1086 BGH, 17.12.2003 – XII ZR 224/00, FamRZ 2004, 370, 371.
1087 Brudermüller, NJW 2004, 633, 635.
1088 Grundlegend BGH, 23.10.2002 – XII ZR 266/99, BGHZ 152, 217; Menter, FamRZ 1997, 919; Niemann/Renn, FamRZ 1994, 473; Schibel, NJW 1998, 3449; Stoffregen, FamRZ 1996, 1496; Brudermüller, NJW 2004, 633; Viefhues, ZAP, Fach 11, 657; Schürmann, FamRZ 2004, 189; Born, FamRB 2003, 295; Ehinger, FPR 2003, 623; Ehinger, NJW 2008, 2465.
1089 Krit. zu den Auswirkungen der Unterhaltspflicht ggü. Eltern, den sich aus der Rechtsprechung ergebenden Konsequenzen und den sozialpolitischen Wertungswidersprüchen: Hauß und Roth, NJW 2004, 2434.
1090 BGH, 28.07.2010 – XII ZR 140/07, NJW 2010, 3161.

976 Das BVerfG hat betont, dass der Gesetzgeber dem Elternunterhalt nicht nur ggü. dem Kindesunterhalt **nachrangiges Gewicht** verliehen (§ 1609 BGB), sondern auch den **Umfang der Verpflichtung** deutlich ggü. der Pflicht zur Gewährung von Kindesunterhalt **eingeschränkt** hat (§ 1603 Abs. 1 BGB).[1091] Dies berücksichtigt die grundlegend andere Lebenssituation, in der die Unterhaltspflicht hier zum Tragen kommt. Denn der Elternunterhalt setzt meist erst dann ein, wenn die Kinder längst eigene Familien gegründet haben, sich Unterhaltsansprüchen ihrer eigenen Kinder und Ehegatten ausgesetzt sehen, sowie für sich selbst und für die eigene Altersabsicherung zu sorgen haben. Dazu tritt nun ein Unterhaltsbedarf eines oder beider Elternteile im Alter, der mit deren Einkommen, insb. ihrer Rente, v. a. im Pflegefall nicht abgedeckt werden kann. Diesen sich kumulierenden Anforderungen hat der Gesetzgeber Rechnung getragen, indem er sichergestellt hat, dass dem Kind ein seinen Lebensumständen entsprechender eigener Unterhalt verbleibt.

977 Zur Bemessung des Elternunterhalts ist das unterhaltsrelevante Einkommen zunächst um den (aus Unterhaltstabellen zu entnehmenden) **Mindestselbstbehalt** ggü. Eltern zu kürzen. Von dem verbleibenden Betrag **steht lediglich die Hälfte für Unterhaltszwecke der Eltern zur Verfügung**, während dem Pflichtigen die andere Hälfte des Differenzbetrags zur freien Verfügung verbleiben muss.[1092]

1. Einkommen des unterhaltspflichtigen Kindes

978 Es gelten die **allgemeinen Grundsätze der Leistungsfähigkeit** bei der Ermittlung des verfügbaren Einkommens des Unterhaltspflichtigen. Allerdings können sich aus der gesetzlichen Schwäche und dem Nachrang des Elternunterhalts Besonderheiten zugunsten des unterhaltspflichtigen Kindes ergeben.[1093]

2. Einkommen des Ehegatten des unterhaltspflichtigen Kindes

979 Dabei ist auch das Einkommen des Ehegatten des unterhaltspflichtigen Kindes für seine Leistungsfähigkeit zu berücksichtigen. Erzielen beide Ehegatten Einkommen, ist mangels Vorliegen anderweitiger Vereinbarungen davon auszugehen, dass sie zum Familienunterhalt anteilig entsprechend der Höhe ihrer Einkünfte beitragen.[1094]

1091 BVerfG, 07.06.2005 – 1 BvR 1508/96, NJW 2005, 1927 m. Anm. Klinkhammer, FamRZ 2005, 1055; Graba, FamRZ 2005, 1149 und Mleczko, ZFE 2005, 260.
1092 BGH, 23.10.2002 – XII ZR 266/99, FamRZ 2002, 1698; BGH, 15.10.2003 – XII ZR 122/00, FamRZ 2004, 366 m. Anm. Strohal, FamRZ 2004, 366; BGH, 25.06.2003 – XII ZR 63/00, FamRZ 2004, 186; BGH, 25.06.2003 – XII ZR 63/00, FamRZ 2004, 186 m. Anm. Schürmann; Brudermüller, NJW 2004, 633, 635.
1093 Scholz-Stein, Teil J Rn. 23; Ehinger, NJW 2008, 2465, 2470.
1094 Hauß, Rn. 180 m. w. N.

J. Elternunterhalt   Kapitel 3

Die **Berechnungsweise**[1095] **des Elternunterhalts** kann anhand des nachfolgenden Berechnungsbeispiels nachvollzogen werden:[1096]   980

▶ **Beispiel 1:**   981

	Einkommen des elternunterhaltspflichtigen Ehegatten	2.300 €
+	Einkommen des anderen Ehegatten	3.800 €
=	Gesamtbedarf	6.100 €

Der Anteil des elternunterhaltspflichtigen Ehegatten beträgt 37,7 %.

	Selbstbehalt für Unterhaltspflichtigen	1.500 €
+	Selbstbehalt für den mit ihm zusammenlebenden Gatten	1.200 €
=	Gesamt	2.700 €
	Resteinkommen	3.400 €
	Abzgl. Haushaltsersparnis (Synergieeffekt; 10 % des Resteinkommens, s. Rdn. 987	- 340 €
	Verbleibendes Familieneinkommen	3.060 €
	Hälfte des den Familien-Selbstbehalt übersteigendes Einkommen (3.060/2)	1.530 €
	Zuzüglich Selbstbehalt	2.700 €
	Individueller Familienselbstbehalt	4.230 €
	(2.700 + 1.530)	
	Einkommen des unterhaltspflichtigen Ehegatten	2.300 €
	Vom Unterhaltspflichtigen zu deckender Familienselbstbehalt	1.594,92 €
	(4.230 € * 37,7 %)	
	Verbleiben für den Elternunterhalt einzusetzen	705 €

▶ **Beispiel 2:**

	Einkommen des elternunterhaltspflichtigen Ehegatten	3.500 €
+	Einkommen des anderen Ehegatten	600 €
=	Gesamtbedarf	4.100 €

1095 Zur voraussichtlichen Anhebung der Selbstbehaltsätze s. Rdn. 720.
1096 Vgl. BGH, 28.07.2010 – XII ZR 140/07, FamRZ 2010, 1535; s. a. das Excel-Berechnungswerkzeug unter http://www.anwaelte-du.de/sites/elternunterhalt.htm.

Kapitel 3 — Materielle Voraussetzungen des Unterhaltsanspruchs

Der Anteil des elternunterhaltspflichtigen Ehegatten beträgt 85,37 %.

	Selbstbehalt für Unterhaltspflichtigen	1.500 €
+	Selbstbehalt für den mit ihm zusammenlebenden Gatten	1.200 €
=	Gesamt	2.700 €
	Resteinkommen	1.400 €
	Abzgl. Haushaltsersparnis (10 % des Resteinkommens)	- 140 €
	Verbleibendes Familieneinkommen	1.260 €
	Hälfte des den Familien-Selbstbehalt übersteigenden Einkommens (1.260/2)	630 €
	Zuzüglich Selbstbehalt	2.700 €
	Individueller Familienselbstbehalt (2.700 + 630)	3.330 €
	Einkommen des unterhaltspflichtigen Ehegatten	2.300 €
	Vom Unterhaltspflichtigen zu deckender Familienselbstbehalt (3.330 € * 85,37 %)	2.842,68 €
	Verbleiben für den Elternunterhalt einzusetzen	657 €

3. Selbstbehalt des unterhaltspflichtigen Kindes

982 Auch beim Elternunterhalt stellt sich die Frage des Selbstbehalts. Dem unterhaltspflichtigen Kind muss gem. § 1603 Abs. 1 BGB ein angemessener Selbstbehalt belassen werden, der sich nach der dem Einkommen, Vermögen und sozialen Rang entsprechenden Lebensstellung des Pflichtigen zu bemessen hat. Denn § 1603 Abs. 1 BGB gewährleistet jedem Unterhaltspflichtigen vorrangig die Sicherung seines eigenen angemessenen Unterhalts; ihm sollen grds. die Mittel verbleiben, die er zur angemessenen Deckung des seiner Lebensstellung entsprechenden allgemeinen Bedarfs benötigt.[1097] Ist der reguläre Selbstbehalt des elternunterhaltspflichtigen Kindes nicht gewährleistet, scheidet eine Pflicht zur Zahlung von Elternunterhalt aus.

983 Die Düsseldorfer Tabelle sieht beim Elternunterhalt unverändert folgende Selbstbehaltssätze vor:
- Angemessener Selbstbehalt des Unterhaltspflichtigen: 1.500 €, zuzüglich 50 % des darüber hinausgehenden Einkommens (einschließlich 450 € Warmmiete),
- angemessener Bedarf seines Ehegatten mindestens 1.050 € (einschließlich 350 € Warmmiete).

1097 BGH, FamRZ 1992, 795, 797, BGH, FamRZ 1989, 272.

J. Elternunterhalt

Beim Elternunterhalt ist dem Pflichtigen zusätzlich die Hälfte des Differenzbetrags zwischen seinem anrechenbaren Einkommen und dem Leitlinienselbstbehalt zu belassen.[1098] Lediglich die andere Hälfte steht für den Elternunterhalt zur Verfügung. Damit wird eine vom konkreten Einkommen abhängige Dynamisierung des Selbstbehalts erreicht. **984**

4. Selbstbehalt des Ehegatten des elternunterhaltspflichtigen Kindes

Für den mit dem elternunterhaltspflichtigen Kind zusammenlebenden Ehegatten ist ein Selbstbehalt i. H. v. 1.050 € festgelegt, wobei darin 350 € für die Warmmiete des Ehegatten eingerechnet sind. **985**

5. Bedeutung des Familienunterhalts für den Selbstbehalt

Durch den Elternunterhalt soll die eigene Lebensstellung des Pflichtigen zwar nicht eingeschränkt werden, soweit kein übermäßiger Luxus betrieben wird. Die Leistungsfähigkeit des Unterhaltspflichtigen soll beim Ehegattenunterhalt jedoch auch dann gegeben sein, wenn dessen eigener angemessener Lebensbedarf durch den Familienunterhalt gedeckt ist.[1099] Dies beruht auf der Annahme, dass der eigene Verdienst in solchen Fällen ein zumindest teilweise frei verfügbares Zusatzeinkommen darstellt.[1100] **986**

Wenn also ein seinen Eltern unterhaltspflichtiges verheiratetes Kind über ein unterhalb der Selbstbehaltsätze liegendes Einkommen verfügt, ist damit eine Unterhaltverpflichtung noch nicht zwingend ausgeschlossen. Das verheiratete Kind muss vielmehr den Betrag seines Einkommens, der über dem von ihm aufzubringenden Anteil des Familienbedarfs liegt, beim Elternunterhalt einsetzen.[1101]

Teilweise wird das Einkommen des Unterhaltspflichtigen um den sog. **Synergieeffekt** erhöht, der mit der **Ersparnis** begründet wird, **die sich aus der gemeinsamen Haushaltsführung mit dem Ehegatten** ergibt. Denn auch beim Elternunterhalt ist die durch die gemeinsame Haushaltsführung des unterhaltspflichtigen Kindes mit seinem Ehegatten eintretende Ersparnis zu berücksichtigen, die mit wachsendem Lebensstandard i. d. R. steigt.[1102] Jedoch setzt diese Anrechnung voraus, dass der Partner wirtschaftlich in der Lage ist, sich an den gemeinsamen Kosten zu beteiligen.[1103] **987**

1098 BGH, 19.03.2003 – XII ZR 123/00, FamRZ 2003, 1179; BGH, 23.10.2002 – XII ZR 266/99, FamRZ 2002, 1698; Brudermüller, NJW 2004, 633.
1099 BGH, 14.01.2004 – XII ZR 149/01, NJW-RR 2004, 793; Viefhues, jurisPR-BGHZivilR 22/2004, Anm. 6 zu BGH, 14.01.2004 – XII ZR 149/01.
1100 Schürmann, jurisPR-FamR 1/2004, Anm. 2 zu BGH, 17.12.2003 – XII ZR 224/00, NJW 2004, 677.
1101 OLG Karlsruhe, 07.07.2005 – 16 UF 50/05, NJW-RR 2006, 361, 362; ausführlich Mleczko, ZFE 2006, 44.
1102 BGH, 28.07.2010 – XII ZR 140/07; BGH, 14.01.2004 – XII ZR 149/01, FamRZ 2004, 792, 793.
1103 OLG Hamm, 27.11.2007 – 1 UF 50/07, FamRZ 2008, 1881.

Kapitel 3
Materielle Voraussetzungen des Unterhaltsanspruchs

Die genaue **Berechnungsweise** ist umstritten.[1104]

988 Verfügt der Unterhaltspflichtige über höhere Einkünfte als sein Ehegatte, ist die Leistungsfähigkeit nach den Vorgaben des BGH[1105] wie folgt zu ermitteln:

Aus dem zusammengerechneten Einkommen der Ehegatten wird das F **amilieneinkommen** errechnet und der **Familienselbstbehalt** in Abzug gebracht. Der Einkommensrest vermindert sich um eine i. d. R. mit 10 % anzusetzende **Haushaltsersparnis**. Der sich danach ergebenden Betrag kommt zur **Hälfte** zuzüglich des Familienselbstbehalts dem **Familienunterhalt** zugute. Der Unterhaltspflichtige hat entsprechend dem Verhältnis der Einkünfte der Ehegatten zu dem so bemessenen individuellen Familienbedarf beizutragen.

Für den Elternunterhalt kann der Unterhaltspflichtige die Differenz zwischen seinem Einkommen und seinem Anteil am Familienunterhalt einsetzen.

Die Berechnung des Unterhalts kann in einem **Rechenbeispiel** veranschaulicht werden:

▶ Beispiel:

	Einkommen des Unterhaltspflichtigen	3.000 €
+	Einkommen der unterhaltsberechtigten Ehefrau	1.000 €
=	Familieneinkommen	4.000 €
−	Familienselbstbehalt	2.700 €
=		1.300 €
−	10 % Haushaltsersparnis	130 €
=		1.170 €
	Hälfte des den Familien-Selbstbehalt übersteigenden Einkommens (1.170/2)	585 €
	Zuzüglich Selbstbehalt	2.700 €
	Individueller Familienselbstbehalt (2.700 + 585)	3.285 €
	Einkommen des unterhaltspflichtigen Ehegatten	3.000 €
	Vom Unterhaltspflichtigen zu deckender Familienselbstbehalt	2.463,75 €

1104 Vgl. OLG Düsseldorf, 08.02.2007 – 9 UF 72/06, FamRZ 2007, 1684; OLG Hamm, 23.11.2007 – 13 UF 134/07, ZFE 2008, 162; vgl. auch *Scholz*, FamRZ 2004, 1829 ff.
1105 BGH, 28.07.2010 – XII ZR 140/07, NJW 2010, 3161 = FuR 2010, 637; m. Anm. Wohlgemuth FamRZ 2011, 341-345.

J. Elternunterhalt Kapitel 3

(3.285 € * 75 %)
Verbleiben für den Elternunterhalt einzusetzen 536 €

▶ Beispiel:

	Mindestbedarf der Eheleute (1.400 € + 1.050 €)		2.450 €
+	erhöhter Bedarf, soweit substanziiert dargelegt (z. B. zusätzliche Altersvorsorge)		100 €
=	Gesamtbedarf		2.550 €

Verteilung auf die Eheleute

			Quote
	Bereinigtes Einkommen des unterhaltspflichtigen Ehegatten	800 €	19,05 %
+	bereinigtes Einkommen des anderen Ehegatten	3.400 €	80,95 %
=	Gesamteinkommen	4.200 €	100 %
	Anteilige Haftung des unterhaltspflichtigen Ehegatten für den Familienbedarf	485,71 €	
	Frei verfügbar für den Elternunterhalt	314,29 €	

Dabei kommt es konkret darauf an, inwieweit das Einkommen des Unterhaltspflichtigen benötigt wird, um den vorrangigen angemessenen Familienunterhalt abzudecken. Der Familienunterhalt umfasst nach § 1360a BGB alles, was für die Haushaltsführung und die Deckung der persönlichen Bedürfnisse der Ehegatten und eventueller Kinder erforderlich ist und sich an den ehelichen Verhältnissen ausrichtet. Er kann **nicht generell mit den Mindestselbstbehalten angesetzt** werden.[1106]

Damit umschreiben die abstrakten Selbstbehaltssätze lediglich die äußere Grenze der Inanspruchnahme. Damit schließen sie aber nicht aus, dass das unterhaltspflichtige Kind für sich einen höheren Bedarf zur Aufrechterhaltung seines eigenen angemessenen Lebensunterhalts in Anspruch nimmt.[1107] Auch der Ehegatte des Unterhaltspflichtigen, der außerhalb dessen Unterhaltsrechtsverhältnis zu seinen Eltern steht, ist rechtlich nicht verpflichtet, sich zu deren Gunsten in seiner Lebensführung einzuschränken.[1108]

1106 BGH, 23.10.2002 – XII ZR 266/99, BGHZ 152, 217; BGH, 14.01.2004 – XII ZR 69/01, FamRZ 2004, 443 m. Anm. Schürmann.
1107 Schürmann, jurisPR-FamR 1/2004, Anm. 2 zu BGH, 17.12.2003 – XII ZR 224/00, NJW 2004, 677.
1108 BGH, 19.02.2003 – XII ZR 67/00, NJW 2003, 1660.

Kapitel 3 Materielle Voraussetzungen des Unterhaltsanspruchs

992 Was die Ehegatten für ihren Familienunterhalt benötigen, muss vielmehr **im Einzelfall** insb. unter Berücksichtigung der jeweiligen Lebensstellung, des Einkommens, Vermögens und sozialen Ranges bestimmt werden. Dabei entspricht es der Erfahrung, dass der Lebensstandard sich an den Einkommensverhältnissen ausrichtet.[1109]

6. Haftungsverteilung zwischen Geschwistern

993 Alle Geschwister sind ihren Eltern ggü. als gleich nahe Verwandte verpflichtet, **anteilig** als Teilschuldner für den Elternunterhalt nach ihren Einkommens- und Vermögensverhältnissen aufzukommen.

Tatsächlich Unterhalt erbringen müssen aber nur diejenigen Kinder, die ausreichend leistungsfähig sind.

994 Die **Haftungsquote** des Unterhaltspflichtigen errechnet sich wie bei volljährigen Kindern aus dem, nach Abzug des für seinen eigenen Unterhalt und denjenigen der vorrangig Berechtigten benötigten Betrags, verbleibenden Teils seines bereinigten Nettoeinkommens. Auch anzuerkennende Schulden sind abzuziehen.

Das OLG Celle zeigt in seiner Entscheidung v. 02.11.2010[1110] den konkreten **Berechnungsweg** auch unter Berücksichtigung der Mithaftung von **Geschwistern** nachvollziehbar auf.

995 Der anspruchstellende Elternteil trägt als klagende Partei die **Darlegungs- und Beweislast** für die Höhe der anteiligen Haftung der Gegenpartei. Eine Anspruchsbegründung ist daher nur schlüssig, wenn dargelegt wird, in welchem Umfang die Geschwister Unterhalt leisten können.[1111]

7. Auskunftsansprüche

996 Die einem Elternteil ggü. unterhaltspflichtigen Geschwister haben dabei gegeneinander nach § 242 BGB einen Auskunftsanspruch, der sie auch dazu verpflichtet, Informationen über das Einkommen des eigenen Ehegatten zu erteilen.[1112]

997 Zu den in diesem Zusammenhang praxisrelevanten Auskunftsfragen hat der BGH entschieden:[1113]
– **Geschwister** müssen einander Auskunft erteilen.
– Wer ggü. seinen Eltern unterhaltspflichtig ist, hat keinen Anspruch auf Auskunft gegen die **Ehegatten seiner Geschwister**. Dagegen hat im Fall des

---

1109 BGH, 23.10.2002 – XII ZR 266/99, BGHZ 152, 217; BGH, 19.02.2003 – XII ZR 67/00, NJW 2003, 1660.
1110 OLG Celle, 10 UF 176/10, FamRZ 2011, 984-985.
1111 BGH, 07.05.2003 – XII ZR 229/00, NJW 2003, 3624.
1112 OLG München, FamRZ 2002, 51.
1113 BGH, 07.05.2003 – XII ZR 229/00, NJW 2003, 3624 m. Anm. Strohal, FamRZ 2003, 1838; Rakete-Dombek, LMK 2004, 4.

J. Elternunterhalt

Anspruchsübergangs jedoch das Sozialamt einen Auskunftsanspruch gegen den mit dem Pflichtigen zusammenlebenden Ehegatten.
- Die Geschwister müssen jedoch nicht nur über ihr eigenes Einkommen Auskunft erteilen, sondern auf Verlangen auch zusätzlich **Angaben über die Einkünfte der Ehepartner** machen, soweit diese erforderlich sind, um deren Anteil am Familienunterhalt bestimmen zu können.[1114]
- Auch bei einem **verschleierten Arbeitsverhältnis** (§ 850h Abs. 2 ZPO) besteht kein direkter Auskunftsanspruch gegen den Arbeitgeber.

8. Verwirkung des Unterhaltsanspruchs

Geht es um Unterhaltsrückstände, ist auch immer zu prüfen, ob der Anspruch nicht zwischenzeitlich durch Zeitablauf **verwirkt** worden ist. Denn rückständiger Unterhalt unterliegt grds. dem Einwand der **Verwirkung** (§ 242 BGB), wenn sich seine Geltendmachung unter dem Gesichtspunkt illoyal verspäteter Rechtsausübung als unzulässig darstellt.[1115]

Es kommt nicht darauf an, ob der Unterhaltsschuldner den Einwand der Verwirkung geltend macht, denn die Verwirkung ist anders als die Verjährung, die nur auf Einrede berücksichtigt werden kann, **von Amts wegen zu berücksichtigen**.[1116] Der Verfahrensbevollmächtigte des Schuldners muss noch beachten, dass sich einem ausschließlich auf Verwirkung gerichteten Sachvortrag i. d. R. **nicht zugleich eine Verjährungseinrede** entnehmen lässt.[1117]

Voraussetzung hierfür ist, dass der Gläubiger den Unterhaltsanspruch längere Zeit nicht geltend macht (**Zeitmoment**) und dadurch beim Schuldner den Eindruck erweckt, er werde diesen Anspruch nicht mehr geltend machen (**Umstandsmoment**). Neben dem reinen Zeitablauf müssen also immer auch besondere Umstände hinzutreten.

Bei der Bemessung des »**Zeitmomentes**« ist nach der Rechtsprechung des BGH[1118] im Allgemeinen von einem Jahr auszugehen. Aus § 1585b Abs. 3 BGB und § 1615i Abs. 2 Satz 1 BGB a. F. folgt, dass das Gesetz bei Unterhaltsrückständen für eine mehr als ein Jahr zurückliegende Zeit dem Schuldnerschutz besondere Beachtung beimisst.

1114 BGH, FamRZ 2011, 21 = FF 2011, 70 = FuR 2011, 327 = NJW 2011, 226-228 m. Anm. Schwolow = FamFR 2012, 572; OLG Hamm FamRZ 2011, 1302.
1115 BGH, FamRZ 2002, 1698; BGH, FuR 2000, 91; BGH, BGHZ 84, 280, 283; BGH, FamRZ 1988, 478, 480; BGH, FamRZ 1999, 1422; OLG Koblenz, OLGR 2001, 51; einen **ausführlichen Überblick** über die Verwirkung von Unterhaltsansprüchen – auch i. R. d. § 1611 BGB – gibt *Kofler*, NJW 2011, 2470-2476; s. a. *Jüdt*, FuR 2010, 548 und FuR 2010, 624 *sowie Henjes*, FuR 2009, 432-435.
1116 OLG Brandenburg v. 10.06.2010 – 10 WF 113/10.
1117 OLG Oldenburg v. 23.08.2011 – 13 UF 16/11, FamRZ 2012, 148.
1118 BGH, FamRZ 1988, 370.

Von einem Unterhaltsgläubiger, der lebensnotwendig auf Unterhaltsleistungen angewiesen ist, muss eher als von einem Gläubiger anderer Forderungen erwartet werden, dass er sich zeitnah um die Durchsetzung des Anspruchs bemüht. Anderenfalls können Unterhaltsrückstände zu einer erdrückenden Schuldenlast anwachsen. Abgesehen davon sind im Unterhaltsrechtsstreit die für die Bemessung des Unterhalts maßgeblichen Einkommensverhältnisse der Parteien nach längerer Zeit oft nur schwer aufklärbar. Diese Gründe, die eine möglichst zeitnahe Geltendmachung von Unterhalt nahelegen, sind so wichtig, dass das Zeitmoment der Verwirkung auch dann erfüllt sein kann, wenn die Rückstände Zeitabschnitte betreffen, die etwas mehr als ein Jahr zurückliegen.[1119]

1001 Ob der Schuldner mit dem Unterhalt überhaupt in Verzug war, ist dabei unerheblich, denn die Verwirkung ergreift gerade auch fällige Ansprüche, mit denen der Schuldner in Verzug ist. Allerdings kann ein Unterhaltsanspruch nicht verwirkt sein, bevor er überhaupt fällig geworden ist. Daher sind die einschlägigen Zeiträume u. U. differenziert zu prüfen.

1002 Das »**Umstandsmoment**« ist gegeben, wenn der Schuldner aufgrund des Verhaltens des Gläubigers davon ausgehen durfte, dass er nicht auf Zahlung in Anspruch genommen werde. Dies ist z. B. der Fall, wenn er Auskünfte erteilt hat und diese Auskünfte nicht zeitnah in ein Unterhaltsverlangen umgesetzt worden sind.

Denn erfahrungsgemäß pflegt ein Unterhaltsverpflichteter seine Lebensführung an die ihm zur Verfügung stehenden Einkünfte anzupassen. Wird er dann in größerem zeitlichen Abstand auf Zahlung von Unterhaltsrückständen in Anspruch genommen, muss er in erheblichem Umfang auf seine Ersparnisse zurückgreifen. Im Regelfall braucht er nach Treu und Glauben damit jedoch nicht zu rechnen.[1120]

1003 Die Verwirkung greift auch, wenn die Unterhaltsansprüche aus **übergegangenem Recht** vom Sozialhilfeträger geltend gemacht werden, obgleich dieser nicht lebensnotwendig auf die Realisierung der Forderung angewiesen ist. Er ist aufgrund der Rechtsnatur der Ansprüche gehalten, sich um deren zeitnahe Durchsetzung zu bemühen. Es bedarf dabei ohne besondere Anhaltspunkte keiner besonderen Feststellungen dazu, dass der Unterhaltsschuldner sich tatsächlich auf den Fortfall der Unterhaltsforderungen eingerichtet hat.[1121]

1119 BGH, BGHZ 103, 62, 68 ff.; BGH, FamRZ 2002, 1698; OLG Hamm, FamRZ 2000, 1173; OLG Brandenburg, FamRZ 2002, 960; OLG München, FamRZ 2002, 1039.
1120 BGH, FamRZ 2002, 1698.
1121 BGH, FamRZ 2010, 1888 m. Anm. Hauß, FamRZ 2010, 1892, BGH, NJW 2010, 3714; OLG Brandenburg, 10.06.2010 – 10 WF 113/10.

Kapitel 4: Vertragsgestaltung in Unterhaltssachen

▶ **Das Wichtigste in Kürze** 1

- Vorsorgende Unterhaltsvereinbarungen und Trennungs- bzw. Scheidungsfolgenvereinbarungen sind streng zu unterscheiden. Die Ausgangslage derartiger Vereinbarungen ist nämlich grundverschieden: Im ersten Fall wird eine Vereinbarung für einen Fall geschlossen, von dem man ausgeht, dass er nicht eintreten wird; im zweiten Fall wird um Rechte »gekämpft«. → Rdn. 6 ff. und Rdn. 13 ff.
- **Unterhaltsverstärkende Vereinbarungen**, mit denen das Rad zurückgedreht werden soll (z. B. Betreuungsunterhalt entsprechend dem alten Altersphasenmodell), sind möglich, unterliegen aber auch der Inhaltskontrolle. → Rdn. 36 ff.

Eheverträge und auch Unterhaltsvereinbarungen unterlagen in der Vergangenheit so 2 gut wie keiner gerichtlichen Kontrolle, d. h. es bestand eine mehr oder minder uneingeschränkte Vertragsfreiheit.

Das BVerfG[1] hat im Jahr 2001 die zur Inhaltskontrolle von Bürgschaftsverträgen 3 entwickelten Grundsätze auf Eheverträge und Unterhaltsvereinbarungen übertragen. Danach setzt die durch Art. 2 Abs. 1 GG gewährleistete Privatautonomie voraus, dass die Voraussetzungen der Selbstbestimmung auch tatsächlich gegeben sind. Der Staat hat folglich der Freiheit der Ehegatten, ihre ehelichen Beziehungen und wechselseitigen Rechte und Pflichten mithilfe von Verträgen zu gestalten, dort Grenzen zu setzen, wo der Vertrag nicht Ausdruck gleichberechtigter Lebenspartnerschaft ist, sondern eine auf ungleichen Verhandlungspositionen basierende einseitige Dominanz eines Ehepartners widerspiegelt (sog. gestörte Vertragsparität). Der BGH hat zu dieser Thematik im Jahr 2004[2] grundlegend Stellung genommen und diese Rechtsprechung mittlerweile konkretisiert.[3]

Die Interessen der Beteiligten, die eine Vereinbarung zum Unterhalt erforderlich ma- 4 chen, können sehr unterschiedlich sein, hängen insb. aber vom sog. **Ehetyp** ab.

So unterscheidet man z. B. die **Hausfrauenehe, die kinderlose Doppelverdienerehe, die Partnerschaftsehe** und die **Unternehmerehe**, um den Eheleuten die vielfältigen Gestaltungsmöglichkeiten zu verdeutlichen:[4]
- **Hausfrauenehe (Einverdienerehe mit Kindern)**: Das Familienrecht des BGB ist weitestgehend auf diesen Ehetypus zugeschnitten. Kautelarmäßige Änderungen zur Unterhaltspflicht, dem Versorgungsausgleich oder dem Güterrecht sind problematisch.

---

1 BVerfG, FamRZ 2001, 343 sowie BVerfG, FamRZ 2001, 985.
2 BGH, NJW 2004, 930 bzw. BGH, FamRZ 2004, 601.
3 Vgl. z. B. BGH, NJW 2005, 2386; BGH, FamRZ 2009, 768.
4 Vgl. dazu Langenfeld, Rn. 133 ff., 1235 ff.

- **Kinderlose Doppelverdienerehe (double income – no kids):** Weitgehende Vertragsfreiheit ist vorhanden, da ehebedingte Nachteile nicht von Bedeutung sind.
- **Partnerschaftsehe:** Berufstätige kinderlose Partner schließen die Ehe in vorgerücktem Alter, mitunter auch zum zweiten Mal. Ein Unterhaltsverzicht kann angemessen sein.
- **Unternehmerehe:** Regelmäßig geht es darum, das Unternehmen insgesamt (Betriebsvermögen, »good will«) einem güterrechtlichen Ausgleich zu entziehen. Unterhaltsvereinbarungen sind nicht immer angemessen.

5 **Typische Gründe für einen Unterhaltsvertrag** können z. B. sein:
- Die Beteiligten möchten eine sog. Doppelverdienerehe schließen, d. h. sie wollen ohne Kinderwunsch dauerhaft berufstätig bleiben. Sie lehnen für ihre Ehe die Anwendung des Unterhaltsrechts (aber auch des Versorgungsausgleichs sowie Zugewinnausgleichs) ab.
- Nach einer gescheiterten Ehe und bereits bestehenden Unterhaltspflichten möchte der Ehemann vor Eheschließung die Begründung von weiteren Unterhaltspflichten ausschließen.
- Die künftige Ehefrau möchte vor Eheschließung aufgrund von Kinderwünschen Unterhaltsansprüche festgeschrieben erhalten, die über die jetzige Regelung des § 1570 BGB hinausgehen. Sie möchte etwa das frühere Altersphasenmodell für ihre Ehe vereinbaren (sog. **unterhaltsverstärkende Vereinbarungen**).[5]
- Die Eheleute leben getrennt und möchten den Unterhalt für die Zeit der Trennung einvernehmlich vertraglich geregelt wissen.
- Eine **Scheidungsfolgenvereinbarung** mit Vereinbarungen zum Unterhalt kann geschlossen werden, wenn eine Versöhnung der Eheleute ausgeschlossen ist.

A. Vertragstypen und -form

I. Vertragstypen

1. Ehevertrag bzw. vorsorgliche Unterhaltsvereinbarung

6 Unterhaltsvereinbarungen können im Rahmen eines sog. Ehevertrags getroffen werden. Ein **Ehevertrag** ist nach § 1408 BGB ein Vertrag zur Regelung der güterrechtlichen Verhältnisse der Ehegatten. Die kautelarjuristische Ehevertragsgestaltung geht von einem ggü. § 1408 BGB erweiterten Ehevertragsbegriff aus, der die Gesamtheit der ehebezogenen **vorsorgenden Vereinbarungen** der Verlobten oder Ehegatten zum Ehegüterrecht (§ 1408 Abs. 1 BGB), zum Versorgungsausgleich (§ 1408 Abs. 2 BGB) und zum Unterhalt (§ 1585c BGB) umfasst.[6]

---

5 Ausführlich Münch, notar 2009, 286; Herrler, FPR 2009, 506.
6 Vgl. dazu Bergschneider, in: Handbuch FAFamR, 12. Kap. Rn. 2 ff.

A. Vertragstypen und -form Kapitel 4

Inhaltlich bieten sich den Eheleuten zahlreiche Gestaltungsmöglichkeiten: 7

Die Ehegatten können den gesetzlichen Güterstand der Zugewinngemeinschaft durch Ehevertrag abbedingen und sich für Gütertrennung oder Gütergemeinschaft entscheiden.

Nach § 1408 Abs. 2 BGB ist der vollständige Ausschluss des Versorgungsausgleichs zulässig; möglich sind aber auch nur vereinzelte Änderungen.

Der Ehevertrag beinhaltet häufig auch über § 1408 BGB hinausreichende Fragen. So 8 werden mitunter Vereinbarungen über die elterliche Sorge für die gemeinsamen Kinder für den Fall der Trennung oder Scheidung getroffen, um eine einvernehmliche Scheidung zu erleichtern. Unbedeutend sind hingegen Eheverträge, die Klauseln zu den allgemeinen Ehewirkungen (§§ 1353 ff. BGB) enthalten, weil derartige Vereinbarungen gerichtlich nicht durchgesetzt werden können. Relativ oft wird hingegen der Ehevertrag mit erbrechtlichen Regelungen (Ehe- und Erbvertrag nach § 2276 Abs. 2 BGB) verbunden.

Die vertraglichen Regelungsmöglichkeiten der Eheleute sind aber nicht unbegrenzt. 9 Einschränkungen der Vertragsfreiheit sind im Güterrecht von Bedeutung, da hier – ähnlich wie im Sachenrecht – Typenzwang herrscht. Es kann daher nicht für einen Ehegatten der eine, für den anderen ein anderer Güterstand vereinbart oder für einen Teil des Vermögens, etwa das unbewegliche oder das Kapitalvermögen, Gütergemeinschaft, i. Ü. jedoch Gütertrennung vereinbart werden. Der Ehevertrag darf auch keine Vereinbarungen enthalten, die von den im Gesetz getroffenen Regelungen zulasten eines Dritten abweichen (Vertrag zulasten Dritter, etwa gemeinsamer Kinder). Dies bedeutet u. a., dass die Verfügungsbeschränkungen der §§ 1365 ff. BGB (gesetzlicher Güterstand) oder §§ 1423 ff. BGB (Gütergemeinschaft) zwar vertraglich eingeschränkt, nicht aber erweitert werden können.

Mitunter erklären die Beteiligten im Rahmen einer solchen Vereinbarung einen voll- 10 ständigen Verzicht auf Unterhalt (auch für den Fall der Not).

Ein solcher Verzicht, aber auch die Begründung von Unterhaltsansprüchen, die über 11 das Gesetz hinausgehen, kann aber natürlich auch in einer Vereinbarung erfolgen, die ausschließlich den Unterhalt betrifft, d. h. Regelungen zu sonstigen Ehewirkungen nicht enthält (**vorsorgliche Unterhaltsvereinbarung**).

Entscheidend für das Verständnis von Unterhaltsvereinbarungen in Eheverträgen bzw. 12 reinen vorsorglichen Unterhaltsvereinbarungen ist aber, dass die Beteiligten diese Vereinbarung zu einer Zeit schließen, in welcher das Verhältnis zueinander ungetrübt ist; man regelt daher einen Fall, von dem man ausgeht, dass er nie eintritt. Dies ist leider sehr oft ein Trugschluss. Dieser Zeitpunkt kann zudem auch sehr leicht missbraucht werden, weil zumindest ein Beteiligter, bedingt durch sein Vertrauen, sich leicht »über den Tisch ziehen lässt«.

Die Rechtsprechung kontrolliert derartige Verträge deshalb besonders intensiv.

2. Trennungs- bzw. Scheidungsfolgenvereinbarung

13 Eine andere Ausgangslage besteht, wenn die Beteiligten eine Trennungs- bzw. Scheidungsfolgenvereinbarung anstreben. Die Beteiligten wissen bei Abschluss einer solchen Vereinbarung, dass ihre Beziehung gescheitert ist bzw. mit gewisser Wahrscheinlichkeit scheitern könnte. Sie werden daher ihre gesetzlichen Ansprüche verteidigen und nicht leichtfertig »verschenken«.

14 ▶ Hinweis:

Aufgrund dieser Unterschiede werden die beschriebenen Vertragstypen, d. h. der Ehevertrag bzw. die vorsorgliche Unterhaltsvereinbarung auf der einen Seite sowie die Trennungs- bzw. Scheidungsfolgenvereinbarung auf der anderen Seite, getrennt voneinander dargestellt.

15 Regeln können die Beteiligten auch in Trennungs- bzw. Scheidungsfolgenvereinbarungen insb. den Unterhalt (Kindesunterhalt, Trennungsunterhalt sowie nachehelichen Unterhalt), den Versorgungsausgleich bzw. den güterrechtlichen Ausgleich mit Übergang zur Gütertrennung. Häufig wird auch Immobilienmiteigentum übertragen.

II. Form der Vereinbarung

16 Ehegatten können einen Vertrag über den nachehelichen Unterhalt schließen. Dieser bedarf der notariellen Beurkundung, wenn er **vor der Rechtskraft der Scheidung** geschlossen wird. Danach können die Ehegatten auch eine formfreie Vereinbarung über den nachehelichen Unterhalt wirksam schließen (vgl. § 1585c BGB).

Damit kann auch eine vor Rechtskraft der Scheidung notariell beurkundete Unterhaltsvereinbarung nach Rechtskraft der Scheidung von den Beteiligten formfrei abgeändert werden,[7] sofern eine solche formfreie Abänderung nicht in der Vereinbarung ausgeschlossen worden ist.

17 ▶ Hinweis:

Der Gesetzgeber hält die Ehegatten nur für die Zeit bis zur Scheidung für schutzbedürftig. Dies ist unverständlich. Sinnvoll ist es daher in einer notariellen Unterhaltsvereinbarung eine Beurkundungspflicht für Änderungen jeder Art und auch über die Zeitschranke des § 1585c BGB hinaus aufzunehmen.

18 Formfrei können grds. auch Vereinbarungen im Hinblick auf den Trennungsunterhalt, den Unterhalt nach § 1615l BGB sowie den Kindesunterhalt geschlossen werden.[8]

---

7 N. Kleffmann, in: Kleffmann/Soyka, Kap. 10 Rn. 30; Palandt/Brudermüller, BGB, § 1585c Rn. 4.
8 Bergschneider, in: Handbuch FAFamR, 12. Kap. Rn. 79.

Sind solche Vereinbarung jedoch Teil eines **Regelungszusammenhangs** von formbe- 19
dürftigen Geschäften, erstreckt sich der Formzwang auch auf die ansonsten formfreien
Vereinbarungen.[9]

Dies wird insb. angenommen, wenn in einer Scheidungsfolgenvereinbarung vor
Rechtskraft der Scheidung der nacheheliche Unterhalt in einer einheitlichen Vereinbarung festgelegt werden soll. Aufgrund des sachlichen Zusammenhangs, der sich i. R. d.
Bedarfsbestimmung nach § 1578 BGB aus dem Vorwegabzug des Kindesunterhalts
ergibt, wird für beide Regelungsbereiche, d. h. auch für den Kindesunterhalt, die notarielle Form des § 1585c Satz 2 BGB für erforderlich gehalten.[10]

Regelungen im Hinblick auf den Güterstand oder den Versorgungsausgleich setzen 20
stets die notarielle Beurkundung eines solchen Ehevertrags voraus, § 1410 BGB.

Die Formbedürftigkeit derartiger Verträge ergibt sich aus den weitreichenden Folgen. 21
Zweck der Form ist der Schutz vor Übereilung (**Warnfunktion**), die Beweissicherung
im Hinblick auf die möglicherweise große Zeitspanne, innerhalb der oder nach der
der Vertrag seine Wirkungen entfalten soll (**Beweisfunktion**), die Gewährleistung der
inhaltlichen Klarheit und der rechtlichen Gültigkeit (**Bestandsfunktion**), in zuneh-
mendem Maß aber auch die durch das Beurkundungsverfahren gesicherte sachkundige
Belehrung und Beratung durch den Notar.

▶ Praxistipp: 22

Die persönliche Anwesenheit der Vertragspartner bei der Beurkundung ist entgegen
dem Wortlaut nicht unabdingbar, das Auftreten eines bevollmächtigten Vertreters
und die nachträgliche Genehmigung der Erklärungen eines vollmachtlosen Vertreters werden also zugelassen. Vollmacht und nachträgliche Genehmigung sind nach
§§ 177 Abs. 2, 182 Abs. 2 BGB formfrei.

Der Notar hat das Beurkundungsverfahren natürlich so zu gestalten, dass die Erfüllung der Beratungs- und Belehrungspflichten für beide Vertragsteile gesichert ist.
Der Notar und auch die anwaltliche Vertretung sollten daher (auch aus haftungsrechtlichen Gründen) auf die persönliche und gleichzeitige Anwesenheit der Beteiligten eines Ehevertrags bestehen.

B. Vorsorgende Unterhaltsvereinbarungen

Unterhaltsvereinbarungen vor Eheschließung werden – wie bereits erwähnt – zu einem 23
Zeitpunkt geschlossen, zu welchem die künftigen Eheleute sich noch in einem unge-
trübten Verhältnis befinden, an einen künftigen Konflikt also überhaupt nicht denken.
Die Vereinbarung hat daher ausschließlich vorsorgenden Charakter.

---

9 Palandt/Brudermüller, BGB, § 1585c Rn. 4.
10 Borth, Rn. 238.

Kapitel 4 Vertragsgestaltung in Unterhaltssachen

24 Klarstellend ist darauf hinzuweisen, dass derartige vorsorgende Vereinbarungen auch noch **nach Eheschließung** möglich sind. Denkbar ist etwa der Kauf einer Immobilie, die Geburt von Kindern oder der Eintritt eines Ehegatten in die Selbstständigkeit.

25 ▶ Hinweis:

> Maßgeblich ist allein, dass eine Krise nicht besteht, d. h. Unterhaltsansprüche nicht »umkämpft« sind. Nochmals: Geregelt wird ein Fall, von dem man ausgeht, dass er nicht eintritt!

I. Gestaltungsmöglichkeiten

26 Die gesetzlichen Regelungen über nachehelichen Unterhalt, Zugewinn und Versorgungsausgleich unterliegen grds. der vertraglichen Disposition der Ehegatten; einen unverzichtbaren Mindestgehalt an Scheidungsfolgen zugunsten des berechtigten Ehegatten kennt das geltende Recht nicht.

27 Die grundsätzliche Vertragsfreiheit rechtfertigt sich dadurch, dass die Bestimmungen des BGB

> »... als gesetzliches Leitbild eine Ehe zugrunde legen, in der nur ein Ehegatte ein Erwerbseinkommen erzielt, während der andere unter Aufgabe eigener Erwerbstätigkeit die Familienarbeit übernimmt.«[11]

> »Einen unverzichtbaren Mindestgehalt an Scheidungsfolgen zugunsten des berechtigten Ehegatten kennt das geltende Recht nicht.«[12]

Indessen können sich wegen der weitgehenden Autonomie der Ehegatten, ihr Verhältnis einvernehmlich zu gestalten, hiervon Abweichungen in mehrfacher Hinsicht ergeben. Die Ehegatten können, auch wenn die Ehe dem gesetzlichen Leitbild entspricht, den wirtschaftlichen Wert von Erwerbseinkünften und Familienarbeit unterschiedlich gewichten. Sie können aber auch die Ehe, abweichend vom gesetzlichen Leitbild, so ausgestalten, dass sich von vornherein für keinen von ihnen berufliche Nachteile ergeben, etwa in einer Doppelverdienerehe, in der die Kinder durch Dritte betreut werden. Korrespondierend zur Autonomie der Ehegatten bei der Ausgestaltung ihrer Lebensverhältnisse unterliegen die Scheidungsfolgen daher grds. der vertraglichen Disposition der Ehegatten. Andererseits liegt dem gesetzlichen Scheidungsfolgensystem der Gedanke zugrunde, dass ehebedingte Nachteile, die ein Ehegatte um der Ehe oder der Kindererziehung willen in seinem eigenen beruflichen Fortkommen und dem Aufbau einer entsprechenden Altersversorgung oder eines entsprechenden Vermögens auf sich genommen hat, nach der Scheidung ausgeglichen werden sollen, wobei Erwerbstätigkeit und Familienarbeit – wenn die Parteien nichts anderes vereinbart haben – grds. als gleichwertig behandelt werden. Ob eine ehevertragliche Scheidungsfolgenregelung mit diesem Grundgedanken vereinbar ist, ist, wie dargelegt, in jedem Einzelfall nach den Grundlagen der Vereinbarung und den Vorstellungen der Ehegatten bei ihrem

---

11 BGH, FamRZ 2004, 601 ff. = NJW 2004, 930 ff.
12 BGH, FamRZ 2008, 386, 387.

Abschluss sowie der verwirklichten Gestaltung des ehelichen Lebens konkret zu prüfen.[13]

II. Grenzen der Vertragsfreiheit

Die grundsätzliche Disponibilität der Scheidungsfolgen darf indes nicht dazu führen, dass der Schutzzweck der gesetzlichen Regelungen durch vertragliche Vereinbarungen beliebig unterlaufen werden kann. Das wäre der Fall, wenn dadurch eine evident einseitige und durch die individuelle Gestaltung der ehelichen Lebensverhältnisse nicht gerechtfertigte Lastenverteilung entstünde. 28

Dazu das BVerfG:[14]

>»Die Eheschließungsfreiheit rechtfertigt nicht die Freiheit zu unbegrenzter Ehevertragsgestaltung und insbesondere nicht eine einseitige ehevertragliche Lastenverteilung.«

1. Kernbereichslehre

Die Rechtsprechung hat, um der Kontrolle von Eheverträgen einen Maßstab zu geben, eine sog. **Kernbereichslehre** entwickelt.[15] Die Belastungen des einen Ehegatten werden also umso schwerer wiegen und die Belange des anderen Ehegatten umso genauerer Prüfung bedürfen, je unmittelbarer die vertragliche Abbedingung gesetzlicher Regelungen in den Kernbereich des Scheidungsfolgenrechts eingreift: 29
1. Rang: Der (wichtigste) Kernbereich besteht aus dem **Betreuungsunterhalt** (§ 1570 BGB).
2. Rang: Danach folgen der Krankheitsunterhalt (§ 1572 BGB) und der Unterhalt wegen Alters (§ 1571 BGB). Auf derselben Stufe wie der Altersunterhalt rangiert der **Versorgungsausgleich**, der einerseits als vorweggenommener Altersunterhalt zu werten, andererseits aber auch mit dem Zugewinnausgleich verwandt ist.
3. Rang: Unterhaltspflicht wegen Erwerbslosigkeit (§ 1573 Abs. 1 BGB).
4. Rang: Verzichtbar sind weitestgehend Ansprüche auf Aufstockungs- und Ausbildungsunterhalt (§§ 1573 Abs. 2, 1575).
5. Nicht zum Kernbereich gehörend, erweist sich der Zugewinnausgleich schließlich ehevertraglicher Disposition am weitesten zugänglich.

Die in den ersten beiden Rängen genannten Unterhaltstatbestände sind **Ausdruck nachehelicher Solidarität**, sodass sie nicht uneingeschränkter Disposition unterliegen. Verzichte oder Modifikationen der Unterhaltsansprüche wegen Alters oder Krankheit sind aber nicht schlechthin ausgeschlossen.[16] Nachrangig ist hingegen Unterhalt wegen Erwerbslosigkeit, da das Gesetz das Arbeitsplatzrisiko ohnehin auf den Berechtigten verlagert, sobald ein gesicherter Arbeitsplatz gefunden wurde.[17] Am ehesten verzicht- 30

---

13 So BGH, NJW 2005, 2386.
14 BVerfG, FamRZ 2001, 343, 346.
15 Vgl. dazu auch N. Kleffmann, in: Kleffmann/Soyka, Kap. 10 Rn. 43 ff.
16 BGH, FamRZ 2008, 582.
17 BGH, FamRZ 2008, 582.

bar sind auch Ansprüche auf Aufstockungs- und Ausbildungsunterhalt, da diese Unterhaltspflichten vom Gesetz am schwächsten ausgestaltet wurden.

2. Sittenwidrigkeit nach § 138 BGB

31 Eheverträge können zum einen nach § 138 BGB nichtig sein, zum anderen ist eine sog. Ausübungskontrolle nach § 242 BGB möglich. Erforderlich ist i. R. d. richterlichen Kontrolle eine Gesamtschau der getroffenen Vereinbarungen, der Gründe und Umstände ihres Zustandekommens sowie der beabsichtigten und verwirklichten Gestaltung des ehelichen Lebens.

a) Nichtigkeit nach § 138 BGB zugunsten des Unterhaltsgläubigers

32 Die Prüfung, ob ein Ehevertrag sittenwidrig ist, bezieht sich auf den **Zeitpunkt des Zustandekommens**. Maßgeblich ist, dass die Vereinbarung bereits zu diesem Zeitpunkt offenkundig zu einer derart einseitigen Lastenverteilung für den Scheidungsfall führt, dass ihr – und zwar losgelöst von der zukünftigen Entwicklung der Ehegatten und ihrer Lebensverhältnisse – wegen Verstoßes gegen die guten Sitten die Anerkennung der Rechtsordnung ganz oder teilweise mit der Folge zu versagen ist, dass an ihre Stelle die gesetzlichen Regelungen treten (§ 138 Abs. 1 BGB).

33 Hinsichtlich der subjektiven Unterlegenheit i. R. d. § 138 BGB geht die Rechtsprechung davon aus, dass eine **Schwangerschaft** der Frau bei Abschluss des Ehevertrags für sich allein zwar noch keine Sittenwidrigkeit des Ehevertrags zu begründen vermag. Sie indiziert aber eine ungleiche Verhandlungsposition und damit eine Disparität bei Vertragsabschluss.[18]

34 Nach der Rechtsprechung des BGH kommt eine Sittenwidrigkeit nur in Betracht, wenn durch den Vertrag Regelungen aus dem Kernbereich des gesetzlichen Scheidungsfolgenrechts ganz oder jedenfalls zu erheblichen Teilen abbedungen werden, ohne dass dieser Nachteil für den anderen Ehegatten durch anderweitige Vorteile gemildert oder durch besondere Verhältnisse der Ehegatten, durch den von ihnen angestrebten oder gelebten Ehetyp oder durch sonstige gewichtige Belange des begünstigten Ehegatten gerechtfertigt wird.

35 ▶ Beispiel:

Die Beteiligten vereinbaren vor der Ehe formwirksam einen vollständigen Unterhaltsverzicht in einem Ehevertrag.

Eine Nichtigkeit nach § 138 BGB ist nicht zu begründen, wenn der Vereinbarung eine billigenswerte Motivation zugrunde liegt, d. h. z. B. dann, wenn die Beteiligten ein relativ hohes Einkommen hatten, ein Kinderwunsch nicht bestand und Karriereabsichten im Vordergrund standen.

---

18 BGH, FamRZ 2008, 387.

Sollten die Parteien bei Vertragsschluss aber schon Kinder gewollt haben, ist im Hinblick auf den hohen Stellenwert des § 1570 BGB eine Nichtigkeit nach § 138 BGB in Betracht zu ziehen. Dann wäre der ganze Ehevertrag wegen Nichtigkeit gegenstandslos.[19]

b) Nichtigkeit nach § 138 BGB zugunsten des Unterhaltsschuldners

Eine Inhaltskontrolle von Eheverträgen kann nicht nur zugunsten des Unterhalt begehrenden Ehegatten veranlasst sein, sondern im Grundsatz auch zugunsten des auf Unterhalt in Anspruch genommenen Ehegatten.[20] Dies ist insb. von Bedeutung, wenn eine vorsorgliche **unterhaltsverstärkende Vereinbarung** geschlossen wurde.   36

Auch auf der Seite des Unterhaltsschuldners kann eine erhebliche Unterlegenheitsposition vorliegen, die zu einer offensichtlich einseitigen Aufbürdung vertraglicher Lasten führt. Den Gerichten obliegt es insofern, den verfassungsrechtlichen Schutz vor einer mit dem Gedanken der ehelichen Solidarität nicht in Einklang zu bringenden unangemessenen Benachteiligung der im Einzelfall benachteiligten Partei zu gewähren.[21]

Die Grenze zur Sittenwidrigkeit wird dann überschritten, wenn die Leistungsfähigkeit des Unterhaltsschuldners die vereinbarte Unterhaltshöhe nicht zu rechtfertigen vermag.   37

Der BGH[22] führt dazu aus:

»Wird die Grenze des Zumutbaren eines Unterhaltsanspruchs überschritten, ist die Beschränkung der Dispositionsfreiheit des Verpflichteten im finanziellen Bereich als Folge der Unterhaltsansprüche nicht mehr Bestandteil der verfassungsgemäßen Ordnung und kann vor dem Grundrecht des Art. 2 Abs. 1 GG nicht bestehen. Grundvoraussetzung eines jeden Unterhaltsanspruchs ist damit die Leistungsfähigkeit des Unterhaltspflichtigen. Diese endet dort, wo er nicht mehr in der Lage ist, seine eigene Existenz zu sichern (BVerfG, NJW-RR 2002, 73 = FPR 2002, 13 = FamRZ 2001, 1685; NJW 2002, 2701 = FPR 2002, 525 = FamRZ 2002, 1397 [1398f.]).«

Die Rechtsprechung lässt aber die objektive Diskrepanz der Vereinbarung allein nicht genügen; die subjektiv von den Ehegatten mit der Abrede verfolgten Zwecke sowie die sonstigen Beweggründe sind ebenfalls zu berücksichtigen (Bewusstsein der Sittenwidrigkeit). Deshalb ist zu klären, was den begünstigten Ehegatten zu seinem Verlangen nach der ehevertraglichen Gestaltung veranlasst und den benachteiligten Ehegatten bewogen hat, diesem Verlangen zu entsprechen.[23] In diese Würdigung ist einzubeziehen, ob der Vertrag eine auf ungleichen Verhandlungspositionen basierende einseitige   38

---

19 BGH, NJW 2005, 2386.
20 BGH, NJW 2009, 842.
21 Vgl. dazu auch OLG Celle, NJW-RR 2004, 1585 = FamRZ 2004, 1969 m. zust. Anm. Bergschneider.
22 BGH, NJW 2009, 843.
23 So schon BGH, NJW 2004, 930.

Dominanz eines Ehegatten widerspiegelt; dann wäre dem Ehevertrag wegen gestörter Vertragsparität die Wirksamkeit zu versagen.

39 Eine Vermutung derart, dass bei erheblicher Diskrepanz der Verpflichtung im Verhältnis zur Leistungsfähigkeit von der sittenwidrigen Gesinnung schlechthin auszugehen ist, akzeptiert die Rechtsprechung nicht.[24] Richtig ist zwar, dass es Fälle gibt, in denen bereits ein **grobes Missverhältnis zwischen Leistung und Gegenleistung** die Annahme zwingend nahelegt, dass der dadurch begünstigte Vertragspartner eine überlegene Verhandlungsposition bewusst oder grob fahrlässig zum Nachteil des anderen ausgenutzt hat. Die hierzu entwickelten Rechtsgrundsätze, die auf Austausch von Leistungen oder Gütern gerichtete Verträge betreffen, lassen sich auf familienrechtliche Verträge indessen nicht übertragen.

40 Selbst eine Schwangerschaft bei Abschluss des Ehevertrags ist nur ein Indiz für eine vertragliche Disparität, die Anlass gibt, den Vertrag einer verstärkten richterlichen Kontrolle zu unterziehen.[25] Deshalb kann für die Beurteilung, ob die subjektiven Elemente der geltend gemachten Sittenwidrigkeit eines Ehevertrags vorliegen, auf konkrete Feststellungen hierzu jedenfalls für solche Fälle nicht verzichtet werden, in denen ein Ehegatte dem anderen Leistungen verspricht, für die es keine gesetzliche Grundlage gibt.

c) Vereinbarungen zulasten des Staates

41 Eine Unterhaltsabrede kann weiterhin sittenwidrig sein, wenn die Ehegatten damit auf der Ehe beruhende Familienlasten objektiv zum Nachteil des Sozialleistungsträgers regeln.[26] Das gilt insb. für den Fall, dass ein von den Ehegatten vereinbarter Unterhaltsverzicht einer auf das Verhältnis der Ehegatten zueinander bezogenen Inhaltskontrolle standhält, gleichwohl aber zur sozialhilferechtlichen Bedürftigkeit des Unterhaltsberechtigten führt.

Dies muss gleichermaßen aber auch dann gelten, wenn die Ehegatten einen über das Recht des nachehelichen Unterhalts hinausgehenden Ausgleich vereinbaren und dadurch bewirken, dass der über den gesetzlichen Unterhalt hinaus zahlungspflichtige Ehegatte finanziell nicht mehr in der Lage ist, seine eigene Existenz zu sichern und deshalb ergänzender Sozialleistungen bedarf. Auch bei dieser Fallgestaltung werden die wirtschaftlichen Risiken der Scheidung in unzulässiger Weise auf den Sozialleistungsträger verlagert. Eine solche sich zum Nachteil Dritter auswirkende vertragliche Gestaltung verstößt objektiv gegen die guten Sitten, sofern sie nicht auf Motiven beruht, die sie zu rechtfertigen vermögen.[27]

---

24 BGH, NJW 2009, 844.
25 BGH, NJW 2005, 2386 = FamRZ 2005, 1444, 1447; BGH, NJW 2006, 3142 = FamRZ 2006, 1359, 1361.
26 BGH, NJW 2007, 904 = FamRZ 2007, 197, 198 f.
27 BGH, BGHZ 86, 82, 90 = NJW 1983, 1851.

▶ **Hinweis:** 42

Ein Unterhaltsverzicht ist aber dann nicht nichtig, wenn ein bedürftiger Ehegatte im Scheidungsfall auf Sozialhilfe angewiesen bleibt.[28] Der Sozialhilfeträger hat nämlich keinen Anspruch darauf, dass er von seiner gesetzlichen Unterstützungspflicht durch die Heirat des Bedürftigen und den dann gegen den Ehegatten entstehenden Unterhaltsanspruch befreit wird.

3. Ausübungskontrolle nach § 242 BGB

a) Ausübungskontrolle zugunsten des Unterhaltsgläubigers

Soweit ein Vertrag nicht sittenwidrig ist, erfolgt eine Ausübungskontrolle nach § 242 BGB. Dafür sind nicht die Verhältnisse im Zeitpunkt des Vertragsschlusses maßgebend. Entscheidend ist vielmehr, ob sich nunmehr – im **Zeitpunkt des Scheiterns der Lebensgemeinschaft** – aus dem vereinbarten Ausschluss der Scheidungsfolge eine evident einseitige Lastenverteilung ergibt, die hinzunehmen für den belasteten Ehegatten auch bei angemessener Berücksichtigung der Belange des anderen Ehegatten und seines Vertrauens in die Geltung der getroffenen Abrede sowie bei verständiger Würdigung des Wesens der Ehe unzumutbar ist. Das kann insb. dann der Fall sein, wenn die tatsächliche einvernehmliche Gestaltung der ehelichen Lebensverhältnisse von der ursprünglichen, dem Vertrag zugrunde liegenden Lebensplanung grundlegend abweicht. 43

Ergibt sich aus diesem Blickwinkel eine einseitige Lastenverteilung, die für den belasteten Ehegatten unter angemessener Berücksichtigung der Belange des anderen Teils und dessen Vertrauens in die Geltung der getroffenen Vereinbarung sowie bei verständiger Würdigung des Wesens der Ehe unzumutbar ist, ist diejenige Rechtsfolge anzuordnen, die den berechtigten Belangen beider Parteien Rechnung trägt. Dabei wird man sich umso stärker an der gesetzlichen Regelung orientieren müssen, »je zentraler die Rechtsfolge im Kernbereich des gesetzlichen Scheidungsfolgenrechts angesiedelt ist«. 44

Allerdings lässt nicht jede Abweichung der späteren tatsächlichen Lebensverhältnisse von der ursprünglich zugrunde gelegten Lebensplanung es als unzumutbar erscheinen, am ehevertraglichen Ausschluss von Scheidungsfolgen festzuhalten, mag dieser Ausschluss infolge der veränderten Umstände auch eine einseitige Lastenverteilung unter den Ehegatten bewirken. Die Frage, ob eine solche einseitige Lastenverteilung nach Treu und Glauben hinnehmbar ist, kann vielmehr nur unter Berücksichtigung der Rangordnung der Scheidungsfolgen beantwortet werden: Je höherrangig die vertraglich ausgeschlossene und nunmehr dennoch geltend gemachte Scheidungsfolge ist, umso schwerwiegender müssen die Gründe sein, die – unter Berücksichtigung des inzwischen einvernehmlich verwirklichten tatsächlichen Ehezuschnitts – für ihren Ausschluss sprechen. 45

---

28 BGH, FamRZ 2007, 197.

46 Eine unzumutbare Belastung kann sich daraus ergeben, dass die Gestaltung der Lebensverhältnisse von der dem Ehevertrag zugrunde liegenden Eheplanung abweicht. Dies ist insb. der Fall, wenn entgegen der Lebensplanung aus einer Beziehung Kinder hervorgehen. Der Betreuungsunterhalt gehört, wie dargelegt, zum Kernbereich der Scheidungsfolgen.

Der Betreuungsunterhalt wird dem betreuenden Elternteil nicht nur um seiner selbst, sondern auch um der gemeinsamen Kinder willen geschuldet, deren Betreuung dem Elternteil durch den Unterhalt ermöglicht werden soll.[29] Damit stellt sich der Betreuungsunterhalt zugleich als der typische Fall des Ausgleichs ehebedingter Nachteile dar: Die Pflege und Erziehung der gemeinsamen Kinder ist die gemeinsame Aufgabe der Ehegatten; wird diese Aufgabe nur noch von einem Ehegatten wahrgenommen, muss dieser wirtschaftlich so gestellt werden, dass ihm aus der Übernahme dieser Aufgabe keine Nachteile entstehen.

Daraus folgt, dass der begünstigte Ehegatte sich im Fall der Scheidung nach Treu und Glauben nicht auf den Ehevertrag berufen darf, wenn aus der Ehe entgegen der ursprünglichen Lebensplanung Kinder hervorgegangen sind.

b) Ausübungskontrolle zugunsten des Unterhaltspflichtigen

47 Inwieweit unterhaltsverstärkende Vereinbarungen einer Ausübungskontrolle zugänglich sind, ist umstritten.[30]

48 Grds. ist dies aber nicht ausgeschlossen; die Verhältnisse können sich seit Vertragsschluss maßgeblich geändert haben. Denkbar ist etwa, dass weitere Unterhaltspflichten hinzugetreten sind bzw. dass sich das verteilungsfähige Einkommen erheblich reduziert hat.

Eine Anpassung könnte nach den o. g. Kriterien dann zumutbar sein.[31]

4. Störung der Geschäftsgrundlage (§ 313 BGB)

49 Des Weiteren finden auf Eheverträge, soweit die tatsächliche Gestaltung der ehelichen Lebensverhältnisse von der ursprünglichen Lebensplanung, die die Beteiligten dem Vertrag zugrunde gelegt haben, abweicht, auch die Grundsätze über den Wegfall der Geschäftsgrundlage (§ 313 BGB) Anwendung.[32] Die Folge ist eine Vertragsanpassung. Dies könnte insb. dann denkbar sein, wenn die dem Vertrag zugrunde liegenden Einkommensverhältnisse neu zu beurteilen sind.

---

29 BGH, NJW 2005, 2391.
30 Vgl. dazu ausführlich Herrler, FPR 2009, 511.
31 A. A. Herrler, FPR 2009, 511.
32 BGH, NJW 2005, 2386 ff.

▶ **Beispiel:** 50

Eine Störung der Geschäftsgrundlage kommt in Betracht, wenn die Beteiligten bei Abschluss des Vertrags eine bestimmte Relation ihrer Einkommens- und Vermögensverhältnisse als auch künftig gewiss angesehen und ihre Unterhaltsvereinbarung darauf abgestellt haben.

5. Anfechtung

Ein Ehevertrag kann unter den Voraussetzungen des § 123 BGB angefochten werden. Das unverbindliche »In-Aussicht-Stellen« einer Aufhebung des Ehevertrags bei gutem Verlauf der Ehe erfüllt aber weder die Voraussetzungen des § 123 BGB noch der c.i.c. nach §§ 311 Abs. 2 und 3, 241 Abs. 2 BGB. 51

III. Regelungsmöglichkeiten

1. Kindesunterhalt

Die Beteiligten können im Rahmen einer Unterhaltsvereinbarung Regelungen zum Kindesunterhalt treffen. 52

Regelungen in diesem Zusammenhang sind aber besonders problematisch, weil sie nicht zulasten Dritter gehen dürfen.

▶ Formulierungsbeispiel einer Vereinbarung zum Kindesunterhalt 53

§ .....

Kindesunterhalt
1) Zugunsten der gemeinsamen Kinder ..... und ..... wird für den Fall der Auflösung der Ehe durch Scheidung oder in anderer Weise unter Lebenden vereinbart, dass der Ehemann zu Händen der Ehefrau monatlich im Voraus, d. h. jeweils zum 1. eines Monats, den gesetzlich geschuldeten Unterhalt zu zahlen hat, höchstens jedoch 120 % des jeweiligen Mindestunterhalts nach § 1612a BGB, und zwar abzgl. der Hälfte des Kindergeldes, wenn dieses an den Vater nicht ausgezahlt wird bzw. zzgl. der Hälfte des Kindergeldes, wenn dieses an den Vater ausgezahlt wird.
2) Von allen weiter gehenden Unterhaltsansprüchen der gemeinsamen Kinder ..... und ..... wird der Ehemann von der Ehefrau freigestellt.

Die o. g. Regelung begrenzt die Unterhaltspflicht des Vaters. Er zahlt für die Kinder den gesetzlichen Unterhalt. Sollte sein Einkommen die festgelegte Höchstgrenze überschreiten, wird er von der Ehefrau von weiter gehenden Ansprüchen der Kinder freigestellt. 54

Kapitel 4 — Vertragsgestaltung in Unterhaltssachen

55 **Freistellungsvereinbarungen** der Eltern sind rechtlich zulässig.[33] Sie bedürfen aber regelmäßig deutlicher Formulierung; die Rechtsprechung ist mit der Annahme konkludenter Freistellungsvereinbarungen ausgesprochen vorsichtig.[34]

56 Auch ist klarzustellen, dass der freigestellte Elternteil bei fehlender Zahlungsfähigkeit seiner Schuld ggü. dem Kind nachzukommen hat.

57 Ein Verzicht auf zukünftige Kindesunterhaltsansprüche ist wegen § 1614 Abs. 1 BGB ausgeschlossen. Zugestanden wird jedoch ein gewisser Ermessensspielraum. Jedenfalls ist die Vereinbarung nichtig, wenn der gesetzliche Unterhaltsanspruch des Kindes um mehr als 1/3 unterschritten wird.[35]

58 Eine **Kommerzialisierung des Umganges** ist sittenwidrig. In diesem Sinne kann sich der Unterhaltspflichtige nicht durch höheren Unterhalt mehr Umgang erkaufen bzw. durch Freistellungsvereinbarungen kann nicht die Nichtausübung des Umgangsrechts honoriert werden.[36]

Derartige Vereinbarungen der Eltern zum Kindesunterhalt sind in der Praxis vor Eintritt einer Konfliktlage eher selten. Zum einen wissen die Ehegatten nicht, in wessen Obhut sich das Kind im Fall der Trennung befinden wird, i. Ü. sind auch die Einkommensverhältnisse schwer abzuschätzen.

2. Ehegattenunterhalt

a) Vereinbarung eines »Altersphasenmodells«

59 «Planen» Eheleute ein Kind in die Welt zu setzen oder geht aus einer Beziehung (unerwartet) ein Kind hervor, kann der Wunsch bestehen, die gesetzlichen Unterhaltsansprüche nach § 1570 BGB zugunsten der betreuenden Mutter zu erweitern (sog. **unterhaltsverstärkende Vereinbarung**). Dem möglicherweise gut verdienenden Partner kann in diesem Zusammenhang ggf. eine Begrenzung der Unterhaltshöhe und auch der Zeit zugestanden werden.

---

33 Sarres, ZFE 2010, 223.
34 Vgl. dazu BGH, FamRZ 2009, 768.
35 OLG Köln, FamRZ 1983, 750; Palandt/Brudermüller, BGB, § 1614 Rn. 1, Bergschneider, FamRZ 2003, 1966; Weinreich/Klein, § 1614 Rn. 11 (etwa ab 1/5).
36 BGH, NJW 1984, 1951; vgl. auch Sarres, ZFE 2010, 223 f.

B. Vorsorgende Unterhaltsvereinbarungen   Kapitel 4

▶ Formulierungsbeispiel einer Vereinbarung zum Ehegattenunterhalt – »Alters-   60
phasenmodell«

§ .....

Nachehelicher Unterhalt
1) Für den nachehelichen Unterhalt vereinbaren wir heute, dass der Ehemann der Ehefrau einen monatlichen nachehelichen Betreuungsunterhalt von 1.500 € netto zu zahlen hat. Dies gilt jedoch nicht, wenn der Ehemann nachweist, dass er bei Anwendung der gesetzlichen Regelung (ausgenommen der Unterhaltstatbestand des § 1570 BGB) zu keinem oder nur zu einem geringeren Unterhalt verpflichtet wäre. In diesem Fall schuldet der Ehemann nur den Unterhaltsbetrag, der der Ehefrau nach der gesetzlichen Regelung zustünde. Der nach diesem Absatz geschuldete Unterhaltsbetrag verändert sich nach oben oder unten im gleichen prozentualen Verhältnis, wie sich der vom Statistischen Bundesamt festgestellte Preisindex für die Lebenshaltung aller privaten Haushalte in Deutschland ab heute nach oben oder unten verändert. Die erste Anpassung erfolgt bei Rechtskraft der Ehescheidung durch den Vergleich des heute festgestellten Preisindex mit dem dann geltenden Preisindex. Jede weitere Anpassung erfolgt dann in jährlichem Abstand. Für den Fall der rechtskräftigen Scheidung verzichten Ehefrau und Ehemann wechselseitig auf einen höheren als den in diesem Absatz genannten Unterhalt, auch für den Fall der Not und einer etwaigen Gesetzesänderung. Sie nehmen diese Verzichtserklärung wechselseitig an.
2) Mit der Vereinbarung dieser wertgesicherten Höchstgrenze ist kein Anspruch auf Zahlung von nachehelichem Unterhalt in dieser Höhe verbunden. Vielmehr verbleibt es bzgl. der Höhe eines etwaigen Unterhaltsanspruchs bei den gesetzlichen Bestimmungen, wenn nach diesen ein niedrigerer Unterhaltsanspruch nachgewiesen werden sollte.
3) Wir verpflichten uns weiter, nach Auflösung der Ehe eine unter Berücksichtigung unserer beruflichen Ausbildung oder Stellung zum Zeitpunkt der Eheschließung angemessene Erwerbstätigkeit auszuüben. Die hierbei erzielten Einkünfte werden auf den gesetzlichen Unterhaltsanspruch angerechnet. Der nach Abs. 1 festgesetzte Unterhaltsbetrag verringert sich ebenfalls um die erzielten Einkünfte.
4) Weiterhin wird folgende zeitliche Begrenzung vereinbart: Die Unterhaltszahlung ist begrenzt auf den Zeitpunkt der Vollendung des 15. Lebensjahres des jüngsten gemeinsamen Kindes. Ab diesem Zeitpunkt verzichten die Ehefrau und der Ehemann wechselseitig auf Unterhalt jeglicher Art, auch für den Fall der Not und einer etwaigen Gesetzesänderung. Sie nehmen diese Verzichtserklärungen hiermit wechselseitig an.
5) Die Unterhaltsberechtigte ist verpflichtet, die zu einem Steuervorteil für den Unterhaltsverpflichteten erforderlichen Erklärungen in der erforderlichen Form abzugeben, wenn ihr der Unterhaltsverpflichtete die hieraus entstehenden Nachteile ersetzt.
6) Der zur Zahlung verpflichtete Ehegatte unterwirft sich wegen vorstehend eingegangener Zahlungsverpflichtung gegenüber dem anderen Ehegatten der sofortigen Zwangsvollstreckung aus dieser Urkunde in sein gesamtes Vermögen. Er macht die Erteilung der Vollstreckungsklausel nicht vom Nachweis der die Vollstreckbarkeit begründenden Tatsachen abhängig.

Die o. g. Vereinbarung hat zur Folge, dass der Ehemann seiner Frau im Fall der Schei-   61
dung einen Unterhalt von 1.500 € zu zahlen hat. Dieser Unterhaltsanspruch wurde im Beispiel zeitlich begrenzt, da die Beteiligten die Notwendigkeit eines solchen

Unterhaltsanspruchs nur für die Zeit der Betreuung der Kinder annehmen. Eine Betreuung der Kinder wird jedoch über die 3-Jahresgrenze des § 1570 BGB von den Beteiligten angenommen. Der Unterhaltsanspruch soll automatisch erst entfallen, wenn das jüngste Kind das 15. Lebensjahr vollendet hat, da die Ehefrau ab diesem Zeitpunkt wieder die Möglichkeit hat, einem Erwerb nachzugehen.

62 Weiterhin wurde dieser Unterhaltsanspruch derart begrenzt, dass er einen gesetzlichen Unterhaltsanspruch **der Höhe nach** keinesfalls überschreitet.

63 Überlegenswert und in der Praxis auch üblich ist die Anpassung eines derart fixen Unterhaltsanspruchs durch eine **Indexklausel**. Der Bestimmtheit solcher Klauseln ist genüge getan, wenn sie auf den vom Statistischen Bundesamt ermittelten Preisindex für die Lebenshaltungskosten abstellen.[37] Wertsicherungsklauseln, die etwa an Beamtengehälter, Tarifverträge oder dergleichen anknüpfen, sind als Vollstreckungstitel nicht anerkannt.[38]

64 Erforderlich ist grds., die Unterhaltspflicht zu titulieren, d. h. der Unterhaltsschuldner unterwirft sich wegen des Unterhaltsanspruchs der sofortigen Zwangsvollstreckung, vgl. § 794 Abs. 1 Nr. 5 ZPO.

65 Schließlich sind sich die Beteiligten im Beispiel darüber einig, dass im Fall einer Erwerbstätigkeit die erzielten Einkünfte auf den Unterhaltsanspruch angerechnet werden sollen. Letztlich ist diese Klausel allerdings wenig bedeutsam, weil die Parteien selbst eine Erwerbstätigkeit wegen der Betreuungsnotwendigkeit der Kinder ausschließen. Man könnte allerdings darüber nachdenken, ob man in einem derartigen Fall – die Ehefrau arbeitet, obwohl die Kinder das 15. Lebensjahr noch nicht erreicht haben – nicht einen etwaigen Betreuungsaufwand noch mit den erzielten Einkünften verrechnet, damit insb. keine Nachteile für die Kinder aus dieser Regelung resultieren.

66 Eine solche unterhaltsverstärkende Vereinbarung ist, auch im Hinblick auf etwaige neue Partnerschaften und/oder Kinder, **kein (unzulässiger) Vertrag zulasten Dritter**.

Ein Vertrag zulasten Dritter liegt nur dann vor, wenn aufgrund der Unterhaltsvereinbarung unmittelbar eine belastende Wirkung für einen nicht am Vertrag beteiligten Dritten herbeigeführt wird (Pflichtenbegründung, Einschränkung von Rechten). Zwar kann die verstärkende Unterhaltsvereinbarung mittelbar den Unterhaltsanspruch Dritter beeinflussen, dies ist aber nicht ausreichend.[39]

b) Vereinbarung eines vollständigen Unterhaltsverzichts

67 Wollen die Beteiligten eine **Partnerschafts- oder Doppelverdienerehe** schließen, d. h. bestehen Karriereabsichten und kein Kinderwunsch, kann ein vollständiger Unterhaltsverzicht vereinbart werden. Im Hinblick auf »ungeplante« Kinder sollte eine

---

37 BGH, FamRZ 2004, 531.
38 Bergschneider, in: Handbuch FAFamR, 12. Kap. Rn. 18.
39 Vgl. dazu Herrler, FPR 2009, 510.

Öffnungsklausel für § 1570 BGB aufgenommen werden, damit der Kernbereichslehre des BGH (s. o., Rdn. 29 f.) entsprochen wird.

Erforderlich ist im Zusammenhang mit einer **Öffnungsklausel** für § 1570 BGB meistens auch eine Regelung zum **Anschlussunterhalt**. Der die Kinder betreuende Elternteil geht mit dem zeitweiligen beruflichen »Ausstieg« ein Risiko ein, das er nicht allein tragen muss. Im Hinblick auf die Vorschrift des § 1578b BGB sollte jedoch eine Beschränkung des Anschlussunterhalts vereinbart werden können. 68

▶ Formulierungsbeispiel einer Vereinbarung zum Ehegattenunterhalt – Unterhaltsverzicht 69

§ .....

Nachehelicher Unterhalt

Die Beteiligten verzichten auf nachehelichen Unterhalt in jeder Form auch für den Fall der Not und nehmen diesen Verzicht hiermit wechselseitig an.

Dieser Verzicht gilt auch für den Fall einer Gesetzesänderung oder einer Änderung der höchstrichterlichen Rechtsprechung.

Ausgenommen ist der Fall, dass der Unterhaltsberechtigte Betreuungsunterhalt gem. § 1570 BGB verlangen kann. Kann der die Kinder betreuende Elternteil im Zeitpunkt der Beendigung der Pflege oder Erziehung des bzw. der gemeinschaftlichen Kinder Anschlussunterhalt nach §§ 1571, 1572, 1573 Abs. 1 oder Abs. 2 BGB verlangen, ist der Unterhaltsbedarf auf den angemessenen Lebensbedarf herabzusetzen und zeitlich auf drei Jahre zu begrenzen.

c) Novation

Sind die Partner der Auffassung, dass der gesetzliche Unterhaltsanspruch ihrem Anliegen nicht gerecht wird, kann eine vertragliche Zahlungspflicht anstelle desselben (Novation) vereinbart werden. 70

Eine solche Vereinbarung führt zu einer Verstetigung des »Unterhaltsanspruchs«, macht diesen also unabhängig von weiteren Unterhaltsberechtigten, da die Novation außerhalb des Rangsystems des § 1609 BGB steht.[40] Auch eine wirtschaftliche Verschlechterung ist in diesem Fall unbeachtlich, solange die Vollstreckung gesichert ist. 71

Typischerweise werden die vereinbarten Ansprüche indexiert. Weiterhin ist die Vereinbarung mit einem Verzicht auf den gesetzlichen Unterhaltsanspruch zu verbinden, da ansonsten eine Doppelregulierung ausgelöst werden könnte. Auch unterwirft sich der Verpflichtete i. R. d. notariellen Beurkundung der Zwangsvollstreckung, vgl. § 794 Abs. 1 Nr. 5 ZPO. 72

---

40 Münch, Rn. 266.

73 Der Verpflichtete hat selten Anlass, sich auf eine solche Vereinbarung einzulassen. Er wird dies dann akzeptieren, wenn ein gewisser Abschlag auf den gesetzlichen Unterhaltsanspruch vereinbart wird. Auch mag er daran interessiert sein, nicht ständig wegen des Unterhalts aktualisierte Auskunft erbringen zu müssen.[41]

74 ▶ Formulierungsbeispiel einer Vereinbarung zum Ehegattenunterhalt – Novation:[42]

Ehevertrag

§ .....

Nachehelicher Unterhalt

Für die Zeit nach einer etwaigen Scheidung unserer Ehe verzichten wir gegenseitig auf den gesetzlichen nachehelichen Unterhalt, auch für den Fall des Notbedarfs, gleichgültig, ob ein Unterhaltsanspruch gegenwärtig bereits erkennbar hervorgetreten ist oder nicht. Diesen Verzicht nehmen wir hiermit gegenseitig an. Der Verzicht gilt auch im Fall einer Änderung der einschlägigen gesetzlichen Vorschriften oder der Rechtsprechung weiterhin.

§ .....

Abfindung

Als Abfindung für den Verzicht auf den gesetzlichen nachehelichen Unterhalt vereinbaren wir folgende Leibrente, die nicht den Vorschriften über den gesetzlichen nachehelichen Unterhalt unterliegt.

1. Der Ehemann verpflichtet sich, an seine Ehefrau

auf die Dauer von acht Jahren nach rechtskräftiger Ehescheidung als

Leibrente

monatlich einen Betrag i. H. v. ..... €

– in Worten ..... Euro –

kostenfrei zu zahlen.

Die Leibrente ist im Voraus je bis zum Dritten eines jeden Monats zur Zahlung fällig, erstmals für den auf die Rechtskraft der Scheidung folgenden Monat.

Die Leibrente ist von einer etwaigen Wiederverehelichung der Berechtigten unabhängig.

2. Die Leibrente soll wertbeständig sein.

Sie erhöht oder vermindert sich in demselben prozentualen Verhältnis, in dem sich der vom Statistischen Bundesamt in Wiesbaden für jeden Monat festgestellte und veröffentlichte

---

41 Vgl. Herrler, FPR, 2009, 507.
42 Vgl. dazu auch Münch, Rn. 326.

Verbraucherpreisindex für Deutschland gegenüber dem für den Monat, in welchem dieser Vertrag geschlossen wird, festgestellten Index erhöht oder vermindert (Basis 2005 = 100).

Eine Erhöhung oder Verminderung der Leibrente wird erstmals bei Rechtskraft der Scheidung festgelegt und dann jeweils wieder, wenn die Indexveränderung zu einer Erhöhung oder Verminderung des jeweils maßgeblichen Betrags um mindestens 5 % – fünf vom Hundert – gegenüber dem zuletzt festgesetzten Betrag geführt hat.

Der erhöhte Betrag ist erstmals zahlbar in dem Monat, der auf die Veröffentlichung des die o.g. Grenze überschreitenden Preisindexes folgt.

3. Der Ehemann unterwirft sich hinsichtlich der Verpflichtung auf Zahlung der Leibrente – jeweils i. H. d. genannten Ausgangsbetrags – gem. vorstehender Ziffer 1 und der Erhöhungsbeträge aufgrund der vereinbarten Wertsicherung nach der Ziffer 2 der sofortigen Zwangsvollstreckung aus dieser Urkunde in sein gesamtes Vermögen.

Die Berechtigte ist befugt, sich jederzeit eine vollstreckbare Ausfertigung dieser Urkunde ohne jeden Nachweis erteilen zu lassen.

3. Checkliste: Unterhaltsvereinbarungen

Die anwaltliche Beratung sollte folgende Checkliste abrufen: 75
- ☐ Regelungsmöglichkeiten (künftiger Kindesunterhalt bzw. auch Trennungsunterhalt sowie Unterhalt nach § 1615l BGB sind nur eingeschränkt verhandelbar, vgl. § 1614 BGB)
- ☐ Wahrung des sog. Kernbereichs
- ☐ Steuerliche Auswirkungen der Regelung (begrenztes Realsplitting)
- ☐ Erforderliche Form der Vereinbarung
- ☐ Titulierung
- ☐ Abänderungsmöglichkeiten
- ☐ Freistellungsvereinbarungen
- ☐ Fälligkeit des Unterhalts
- ☐ Zahlungsform
- ☐ Begünstigung gesetzlichen Unterhalts nach § 850d ZPO
- ☐ Begünstigung gesetzlichen Unterhalts nach § 33 f. VersAusglG
- ☐ Regelung von Mitteilungspflichten

C. Unterhaltsvereinbarungen in Zusammenhang mit Trennung und Scheidung

Praktisch große Bedeutung haben Unterhaltsvereinbarungen in Zusammenhang mit 76 Trennung und Scheidung.

Die **Ausgangslage** ist wie erwähnt die, dass die Beteiligten nicht mehr vom Fortbestand 77 ihrer Beziehung ausgehen können, d. h. grds. wird jeder Beteiligte auf seinen Vorteil bedacht sein und Unterhaltsansprüche nicht leichtfertig aufgeben.

Deshalb kann die Rechtsprechung des BGH zur Inhaltskontrolle von Eheverträgen auf Trennungs- und Scheidungsfolgenvereinbarungen nur eingeschränkt übertragen werden.[43]

78 ▶ **Praxistipp:**

Unterhaltsvereinbarungen kurz nach Eintritt des Getrenntlebens können deshalb problematisch sein, weil die Beteiligten die neue wirtschaftliche Situation noch nicht vollständig übersehen können. Die Veränderungen sind mitunter z. B. durch Steuerveränderungen, zusätzliche Krankenversicherungsbeiträge, erhöhte Wohn- und Lebenshaltungskosten geprägt. Es kann deshalb auch bei Einigungsbereitschaft der Beteiligten sinnvoll sein jedenfalls von endgültigen Vereinbarungen zunächst abzusehen bzw. diese auf einen späteren Zeitpunkt zu verschieben.

79 Ein Unterhaltsverzicht ist jedenfalls dann sittenwidrig, wenn er **zulasten der Sozialhilfeträger** geht.[44]

I. Ehegattenunterhalt

80 Unterhaltsvereinbarungen, die im Zusammenhang mit Trennung und Scheidung geschlossen werden, unterliegen grds. der **Abänderung nach § 239 FamFG**. Entscheidende Bedeutung kommt insoweit der Geschäftsgrundlage zu.

81 ▶ **Praxistipp:**

Die anwaltliche Beratung hat insoweit gerade der Geschäftsgrundlage größte Aufmerksamkeit zuzuwenden, damit die Interessen der Mandantschaft ausreichend gewahrt sind.

1. Fehlende Geschäftsgrundlage

82 Nicht immer wird die Geschäftsgrundlage einer Unterhaltsvereinbarung deutlich. Mitunter findet sich nur die Höhe des Unterhalts in der Vereinbarung erwähnt.

83 Ist in einem pauschalen Unterhaltsvergleich keine Geschäftsgrundlage niedergelegt, kann dies unterschiedlich ausgelegt werden:[45]

84 Lässt sich dem Vergleich und dem ihm zugrunde liegenden Parteiwillen kein hinreichender Ansatz für eine Anpassung an veränderte Umstände entnehmen, kann es geboten sein, die Abänderung ohne fortwirkende Bindung an die Grundlage des abzuändernden Vergleichs vorzunehmen. Der Unterhalt ist dann wie bei einer Erstfestsetzung nach den gesetzlichen Vorschriften zu bemessen.[46]

---

43 So auch Palandt/Brudermüller, BGB § 1585c Rn. 17; a. A. Borth, FamRZ 2004, 609, Fn. 34.
44 Vgl. dazu BGH, FamRZ 2007, 197.
45 BGH, NJW 2010, 440.
46 BGH, NJW 2010, 441.

> **Hinweis:** 85
> Der Auffassung des OLG Düsseldorf,[47] eine Abänderung nach § 313 BGB komme bei fehlender Geschäftsgrundlage nicht in Betracht, folgt der BGH damit nicht.

2. Vereinbarung einer Geschäftsgrundlage

Haben die Beteiligten eine Geschäftsgrundlage vereinbart, legt die Vereinbarung die Möglichkeit bzw. auch die Grenzen einer Unterhaltsanpassung fest. 86

a) Einkünfte als Geschäftsgrundlage

Typischerweise wird der Unterhalt in **Abhängigkeit zu den Einkünften** der Beteiligten festgelegt. Ändern sich die Einkünfte, ist die Unterhaltspflicht regelmäßig anzupassen. 87

▶ Formulierungsbeispiel Ehevertrag – Trennungsunterhalt 88

Ehevertrag

§ .....

Trennungsunterhalt

1. Zur Erfüllung der gesetzlichen Unterhaltspflicht während der Dauer des Getrenntlebens treffen die Ehegatten zur Ausgestaltung der gesetzlichen Unterhaltspflicht folgende Vereinbarungen:

Der Beteiligte zu 1)

verpflichtet sich hiermit, an die Beteiligte zu 2)

in Erfüllung einer etwa bestehenden Pflicht zur Zahlung gesetzlichen Ehegattenunterhalts

Unterhalt zu leisten

i. H. v. monatlich 600 €,

vorauszahlbar jeweils zum 1. eines jeden Monats.

Die Beteiligten haben hierzu vereinbart, dass der vorstehende Unterhaltsbetrag in seiner Höhe unverändert bleibt, auch wenn das monatliche Nettoeinkommen der Unterhaltsberechtigten

einen Betrag von bis zu 1.000 € erreicht.

Sollte das Nettoeinkommen des Unterhaltsberechtigten den Betrag von 1.000 € übersteigen, reduziert sich der vom Unterhaltsverpflichteten zu leistende Unterhalt um den Betrag, den das Nettoeinkommen des Unterhaltsberechtigten 1.000 € übersteigt.

Der Unterhaltsberechtigte erteilt jährlich Auskunft über sein Einkommen durch Vorlage von Gehaltsabrechnungen.

---

47 OLG Düsseldorf, FamRZ 2008, 1002.

Kapitel 4   Vertragsgestaltung in Unterhaltssachen

Einkommenssteigerungen des Unterhaltsverpflichteten bleiben außer Ansatz, insb. führt eine Erhöhung des Einkommens des Ehemannes nicht zugleich auch zu einer Erhöhung des nicht anrechenbaren Nettoeinkommens der Unterhaltsberechtigten.

Der Notar hat darauf hingewiesen, dass er nicht beurteilen kann, ob der vorstehend festgelegte Unterhaltsbetrag dem tatsächlich geschuldeten Unterhalt entspricht oder nicht, bzw. ob der festgesetzte Betrag für einen Beteiligten rechtlich nachteilig ist oder nicht und ggf. für wen.

Die Beteiligten geben hierzu an, dass sie sich diesbezüglich vorab anderweitig beraten lassen haben. Eine weitere Sachverhaltsaufklärung durch den Notar wurde ausdrücklich nicht gewünscht, auch nicht die Aufnahme einer Berechnungsgrundlage für den vorstehend festgelegten Unterhaltsbetrag.

2. Die Vertragsteile wurden darauf hingewiesen, dass Unterhaltsvereinbarungen zwischen getrennt lebenden Ehegatten nur im Rahmen von § 1361 BGB zulässig sind. Danach kann ein Ehegatte von dem anderen den nach den Lebensverhältnissen und den Erwerbs- und Vermögensverhältnissen der Ehegatten angemessenen Unterhalt verlangen.

Ein Verzicht auf Unterhalt während des Getrenntlebens für die Zukunft ist nach § 1614 BGB nicht möglich.

3. Der zur Zahlung verpflichtete Ehegatte unterwirft sich wegen vorstehend eingegangener Zahlungsverpflichtung gegenüber dem anderen Ehegatten der sofortigen Zwangsvollstreckung aus dieser Urkunde in sein gesamtes Vermögen.

Er macht die Erteilung der Vollstreckungsklausel nicht vom Nachweis der die Vollstreckbarkeit begründenden Tatsachen abhängig.

4. Sofern durch eine Änderung der wirtschaftlichen Verhältnisse der Unterhalt des Verpflichteten oder des Berechtigten nicht mehr gewährleistet ist, kann der davon Betroffene eine Abänderung in Anwendung von § 239 FamFG verlangen. Insoweit verbleibt es bei den gesetzlichen Regelungen.

Der Notar hat darauf hingewiesen, dass die Berechnung einer etwa erforderlichen Anpassung insb. deshalb nur schwer möglich ist, weil die Berechnungsgrundlagen nicht der heutigen Urkunde beigefügt sind. Eine vom Notar empfohlene Beifügung wurde jedoch nicht gewünscht.

Eine Abänderung nach § 239 FamFG ist von der Vollstreckungsklausel nicht erfasst.

Der Unterhaltsberechtigte hat jedoch einen Anspruch auf Anpassung und erneute Unterwerfung unter die Zwangsvollstreckung.

Die Beteiligten können die Unterhaltsschuld natürlich auch relativ genau eingrenzen. Änderungen sind dann nach § 239 FamFG i. V. m. § 313 BGB umzusetzen.

Unterhaltsvereinbarungen bei Trennung und Scheidung   Kapitel 4

▶ **Formulierungsbeispiel Ehevertrag – nachehelicher Unterhalt**   89

Ehevertrag

§ .....

Nachehelicher Unterhalt

1. Der Ehegattenunterhalt bestimmt sich nach den gesetzlichen Vorschriften. Der Ehemann verpflichtet sich danach, an die Ehefrau derzeit Aufstockungsunterhalt gem. § 1573 Abs. 2 BGB i. H. v. monatlich 500 € zu zahlen. Eheprägend und damit Grundlage dieser Unterhaltsberechnung sind die durchschnittlichen bereinigten monatlichen Nettoeinkünfte ohne Berücksichtigung des Erwerbstätigenbonus, die beim Ehemann 3.000 € und bei der Ehefrau 2.000 € betragen. Nach dem Halbteilungsgrundsatz ergibt sich ein gesetzlicher Unterhaltsanspruch der Ehefrau von 500 €.

2. Der zur Zahlung verpflichtete Ehegatte unterwirft sich wegen vorstehend eingegangener Zahlungsverpflichtung gegenüber dem anderen Ehegatten der sofortigen Zwangsvollstreckung aus dieser Urkunde in sein gesamtes Vermögen.

Er macht die Erteilung der Vollstreckungsklausel nicht vom Nachweis der die Vollstreckbarkeit begründenden Tatsachen abhängig.

3. Sofern durch eine Änderung der wirtschaftlichen Verhältnisse der Unterhalt des Verpflichteten oder des Berechtigten nicht mehr gewährleistet ist, kann der davon Betroffene eine Abänderung in Anwendung von § 239 FamFG verlangen. Insoweit verbleibt es bei den gesetzlichen Regelungen.

Der Notar hat darauf hingewiesen, dass die Berechnung einer etwa erforderlichen Anpassung insb. deshalb nur schwer möglich ist, weil die Berechnungsgrundlagen nicht der heutigen Urkunde beigefügt sind. Eine vom Notar empfohlene Beifügung wurde jedoch nicht gewünscht.

Eine Abänderung nach § 239 FamFG ist von der Vollstreckungsklausel nicht erfasst.

Der Unterhaltsberechtigte hat jedoch einen Anspruch auf Anpassung und erneute Unterwerfung unter die Zwangsvollstreckung.

b) Wiederverheiratung als Geschäftsgrundlage

Der Unterhaltspflichtige kann nach Scheidung **erneut heiraten**; es können dann auch   90
weitere Kinder aus der neuen Beziehung hervorgehen. Dies wirkt sich nach neuer
Rechtsprechung zu den wandelbaren ehelichen Lebensverhältnissen (Verweis auf
Kap. 3 Rdn. 283 ff.) auf den Unterhalt aus:

> »Der Senat hat in seiner neueren Rechtsprechung, auch auf der Grundlage der zum 01.01.2008 durch § 1609 BGB geänderten Rangfolge, neu hinzutretende Unterhaltspflichten bei der Bemessung des Unterhaltsbedarfs nach den ehelichen Lebensverhältnissen gem. § 1578 Abs. 1 1 BGB mit berücksichtigt. Dadurch gelangt er im Ergebnis zu einer Dreiteilung des verfügbaren Einkommens in Fällen, in denen wie hier ein geschiedener Ehegatte mit einem neuen Ehegatten konkurriert (Senat, NJW 2009, 1271 = FamRZ 2009, 579 [583]; BGHZ 179, 196 [205f.] = NJW 2009, 588 = FamRZ 2009, 411 [414]; NJW 2009, 145 = FamRZ 2009,

23 [24]; BGHZ 177, 356 [367f.] = NJW 2008, 3213 = FamRZ 2008, 1911 [1913f.]; NJW 2008, 1663 = FamRZ 2008, 968 [971f.]). Diese Rechtsprechung ist auch dadurch bedingt, dass der Halbteilungsgrundsatz bereits i. R. d. Bedarfsbemessung nach den ehelichen Lebensverhältnissen gem. § 1578 Abs. 1 1 BGB im Wege der Quotenmethode Berücksichtigung findet (Senat, NJW 2010, 365).«[48]

91 Mitunter ist eine Anpassung bzw. der Verlust des Unterhalts bedingt durch diese Rechtsprechung nicht gewollt. Dann müssen die Beteiligten dies i. R. d. Geschäftsgrundlage klar zum Ausdruck bringen.

92 ▶ **Formulierungsbeispiel Ehevertrag – Nachehelicher Unterhalt, Wiederverheiratung**

Ehevertrag

§ .....

Nachehelicher Unterhalt

Begrenzung des nachehelichen Unterhalts der Höhe und der Dauer nach

1.

Zur Erfüllung einer etwaigen gesetzlichen Unterhaltspflicht nach Scheidung der Ehe treffen die Ehegatten folgende Vereinbarungen:

Der Beteiligte zu 1) verpflichtet sich hiermit, als Unterhaltsleistung

an die Beteiligte zu 2)

auf die Dauer von fünf Jahren ab rechtskräftiger Scheidung

einen nach Maßgabe der nachstehenden Vereinbarungen modifizierten Ehegattenunterhalt zu leisten.

Eine Einschränkung des Unterhalts dem Grunde nach, z. B. Unterhalt als Betreuungsunterhalt oder wegen Krankheit, Alters, soll dabei nicht erfolgen, sodass der nachfolgende Unterhaltsbetrag unabhängig vom Nachweis eines konkreten Unterhaltstatbestands geschuldet ist:

Die Beteiligten sind sich einig, dass die monatliche Unterhaltslast

von Herrn ..... (Ehegattenunterhalt)

auch nach Scheidung der Ehe:

600 €

– in Worten sechshundert Euro – beträgt.

Die Beteiligten vereinbaren daher, dass Herr ..... einen monatlichen, zum 1. eines jeden Monats vorauszahlbaren Unterhalt i. H. v. 600 € zu zahlen hat.

---

48 BGH, FamRZ 2010, 191, 194.

Die Beteiligten haben hierzu vereinbart, dass der vorstehende Unterhaltsbetrag in seiner Höhe unverändert bleibt, auch wenn das monatliche Nettoeinkommen der Unterhaltsberechtigten einen Betrag von bis zu 1.000 € erreicht.

Sollte das Netto-Einkommen der Unterhaltsberechtigten den Betrag von 1.000 € übersteigen, reduziert sich der vom Unterhaltsverpflichteten zu leistende Unterhalt um den Betrag, den das Nettoeinkommen der Unterhaltsberechtigten 1.000 € übersteigt.

Einkommenssteigerungen des Unterhaltsverpflichteten bleiben außer Ansatz, insb. führt eine Erhöhung des Einkommens des Ehemannes nicht zugleich auch zu einer Erhöhung des nicht anrechenbaren Nettoeinkommens der Unterhaltsberechtigten.

Eine Anpassung des Unterhaltsbetrags an die allgemeine Wertentwicklung, z. B. eine Anpassung gem. der Entwicklung des Verbraucherpreisindex, wird nicht vereinbart.

Kein Abänderungsgrund ist eine Wiederverheiratung des Herrn ..... bzw. die Geburt etwaiger Kinder aus einer neuen Beziehung.

Abänderungsgrund wäre jedoch der Eintritt von Erwerbslosigkeit bzw. das Absinken der Einkünfte des Herrn ..... dauerhaft unter 3.000 € netto im Monat.

Der Notar hat darauf hingewiesen, dass er nicht beurteilen kann, ob der vorstehend festgelegte Unterhaltsbetrag dem tatsächlich geschuldeten Unterhalt entspricht oder nicht, bzw. ob der festgesetzte Betrag für einen Beteiligten rechtlich nachteilig ist oder nicht und ggf. für wen.

Die Beteiligten geben hierzu an, dass sie sich diesbezüglich vorab anderweitig beraten lassen haben. Eine weitere Sachverhaltsaufklärung durch den Notar wurde ausdrücklich nicht gewünscht, auch nicht die Aufnahme einer Berechnungsgrundlage für den vorstehend festgelegten Unterhaltsbetrag.

Darüber hinaus geben beide Beteiligten an, dass sie die vorstehenden Vereinbarungen in Kenntnis und im Bewusstsein der bestehenden Trennung und bevorstehenden Scheidung getroffen haben.

Dabei haben sie auch berücksichtigt, dass der Ehemann zusätzlich zum geschuldeten Ehegattenunterhalt noch zur Leistung von Kindesunterhalt verpflichtet ist und die Darlehenstilgung übernimmt, wenn auch Letztere zur Bildung eines eigenen Vermögensstocks des Ehemannes dienen mag.

Ferner wurde berücksichtigt, dass die Ehefrau zur Ausweitung ihres Nettoeinkommens im vorstehend festgelegten Umfang berechtigt ist, ohne dass sich hierdurch ihre Unterhaltsberechtigung reduziert.

Wegen des bereits fortgeschrittenen Alters der Kinder und der Betreuung der Kinder durch beide Elternteile gehen die Beteiligten davon aus, dass dies grds. möglich ist, auch wenn die Ausweitung nicht Grundlage der heutigen Vereinbarung ist, die unabhängig vom Umfang der Tätigkeit der Ehefrau wirksam sein und bleiben soll.

2.

Für den Fall der Scheidung der Ehe verzichtet jeder Beteiligte gegenüber dem anderen Beteiligten auf einen über vorstehenden Betrag der Höhe oder der Dauer nach

Kapitel 4
Vertragsgestaltung in Unterhaltssachen

hinausgehenden Unterhaltsanspruch aus jeglichem nachehelichen Unterhaltsgrund, auch für den Fall der Not.

Der Notar hat eingehend über die erhebliche Tragweite des Verzichts unterrichtet, auch darüber, dass jeder Beteiligte grds. für seine laufenden Einkünfte selbst verantwortlich ist.

Der Verzicht umfasst nach dem Willen der Beteiligten ausdrücklich auch
- Betreuungsunterhalt,
- Alters- und Krankheitsunterhalt,
- Unterhalt wegen Erwerbslosigkeit,
- Kranken- und Altersvorsorgeunterhalt,
- Aufstockungsunterhalt,
- Ausbildungsunterhalt.

Hinsichtlich der Dauer des zu zahlenden Unterhalts wird jedoch folgende Ausnahme von vorstehendem Verzicht vereinbart:

Sollte eines der Kinder oder beide auch nach Ablauf von fünf Jahren ab rechtskräftiger Scheidung aufgrund schwerer und lang andauernder Krankheit oder Behinderung (z. B. Unfall, schwere Erkrankung) betreuungsbedürftig sein, bleiben die vereinbarten Unterhaltszahlungen nach Maßgabe der Regelungen der heutigen Urkunde, auch der höhenmäßigen Beschränkung, für die Dauer der Betreuung infolge der Krankheit bzw. Behinderung unverändert bestehen.

Die Beteiligten stellen hierzu ausdrücklich klar, dass es sich hierbei nur um eine Unterhaltspflicht im Ausnahmefall handelt. Bei normaler Entwicklung der Kinder verbleibt es bei vorstehender Regelung.

Der Notar hat auf die erhebliche Tragweite des Verzichts hingewiesen, auch darauf, dass
- im Fall eines wirksamen Unterhaltsverzichts ein etwa nach dem Gesetz gegebener Unterhaltsanspruch eines geschiedenen Ehegatten nicht geltend gemacht werden kann;
- ein Unterhaltsverzicht bei Vorliegen besonderer Umstände unwirksam sein kann.

3.

Der zur Zahlung verpflichtete Ehegatte unterwirft sich wegen vorstehend eingegangener Zahlungsverpflichtung gegenüber dem anderen Ehegatten der sofortigen Zwangsvollstreckung aus dieser Urkunde in sein gesamtes Vermögen.

Er macht die Erteilung der Vollstreckungsklausel nicht vom Nachweis der die Vollstreckbarkeit begründenden Tatsachen abhängig.

3. Abfindungen

93 Eine Anpassung der Unterhaltsvereinbarung an geänderte Umstände nach § 239 FamFG bzw. § 313 BGB entfällt, soweit die Beteiligten in dem Unterhaltsvergleich bewusst eine restlose und endgültige Regelung getroffen und damit eine spätere Abänderung wegen nicht vorhersehbarer Veränderungen der maßgeblichen Verhältnisse ausdrücklich ausgeschlossen haben. Die abschließende Einigung auf der Grundlage einer bloßen Prognose ist dann Vertragsinhalt und nicht nur dessen Geschäftsgrundlage. Das kann etwa der Fall sein, wenn die Beteiligten mit der Vereinbarung eines

Abfindungsbetrags eine abschließende Regelung ihres Unterhaltsrechtsverhältnisses herbeiführen wollen, auch wenn der Betrag in künftigen Raten zu zahlen ist.[49]

Die Beteiligten sollten ihre Abfindungsabsicht (auch Novation genannt) deutlich formulieren, da die Rechtsprechung in Zweifelsfällen davon ausgeht, dass Unterhaltsvereinbarungen nur eine Ausgestaltung des gesetzlichen Unterhaltsrechts darstellen.[50]

Die Höhe der Abfindung beträgt i. d. R. das 5- bis 7-fache des Jahresunterhalts.[51]   94

Die Unterhaltsabfindung hat allerdings Auswirkung auf § 33 f. VersAusglG, da die   95
Anpassung des Versorgungsausgleichs nur bei einem gesetzlichen Unterhaltsanspruch möglich ist.[52] Bei Beamten erlischt der Anspruch auf den Familienzuschlag.[53]

Auch die **bevorrechtigte Pfändbarkeit nach § 850d ZPO** gilt nur für gesetzliche Unterhaltsansprüche.

▶ Formulierungsbeispiel Ehevertrag – nachehelicher Unterhalt, Abfindung   96

Ehevertrag

§ .....

Nachehelicher Unterhalt

Verzicht und Abfindung

A. Berechnungsgrundlage der Abfindung

Die Ehefrau hat Nachteile im beruflichen Fortkommen durch die Kinderbetreuung und die Familienarbeit erlitten. Ihr steht daher nach jetzigem Unterhaltsrecht ein Unterhaltsanspruch zu.

Die Unterhaltshöhe ist unsicher. Zwecks Beseitigung etwaiger Unsicherheiten hinsichtlich der Billigkeitsabwägungen i. R. d. Bemessung der Unterhaltshöhe und -dauer einigen wir uns auf eine Unterhaltsabfindung.

Wir sind dabei von einem derzeitigen Unterhaltszahlbetrag von monatlich ..... € ausgegangen, der im Laufe der Zeit nach § 1578b BGB abzuschmelzen und zu befristen wäre, weil die derzeit noch bestehenden ehebedingten Nachteile der Ehefrau im Laufe der Zeit mehr und mehr abnehmen werden.

Wir haben uns daher so geeinigt, dass wir den derzeitigen Unterhaltszahlbetrag zur Berücksichtigung des Abschmelzens um 30 % reduziert haben und diesen Betrag auf fünf Jahre Unterhaltszahlung hochgerechnet haben.

---

49 Vgl. dazu BGH, NJW 2005, 3282 = FamRZ 2005, 1662.
50 BGH, FamRZ 2012, 699 ff. m. Anm. von Bergschneider.
51 Vgl. dazu Münch, Rn. 424 ff.
52 Vgl. dazu OLG Karlsruhe, NJW 2012, 1296; Bergschneider FamRZ 2012, 704.
53 BVerwG, NJW 2003, 1886.

So errechnet sich ein Unterhaltsabfindungsbetrag i. H. v. ..... €.

B. Unterhaltsverzicht

Für die Zeit nach einer etwaigen Scheidung unserer Ehe verzichten wir gegenseitig auf Unterhalt, auch für den Fall des Notbedarfs, gleichgültig, ob ein Unterhaltsanspruch gegenwärtig bereits erkennbar hervorgetreten ist oder nicht.

Der Verzicht steht jedoch unter der aufschiebenden Bedingung, dass der Ehemann an die Ehefrau einen Betrag von ..... € als Abfindung für den Unterhaltsverzicht zahlt. Der Betrag ist fällig am ......

Die Vereinbarung der Abfindung ist endgültig und unabhängig von künftigen Entwicklungen. Insb. führen geänderte Einkommenssituationen, Wiederheirat oder Tod einer Vertragspartei nicht zu Änderungen des Abfindungsbetrags. Erlangt der Verzicht mangels Zahlung keine Wirksamkeit, ist der gesetzliche Unterhalt geschuldet, und zwar von der Rechtskraft des Scheidungsurteils an.

Diesen Verzicht nehmen wir hiermit gegenseitig an.

Der Verzicht gilt auch im Fall einer Änderung der einschlägigen gesetzlichen Vorschriften oder der Rechtsprechung weiterhin.

4. Realsplitting

97 Beim **Ehegattenunterhalt** sollten zur Vermeidung weiterer Verfahren frühzeitig Regelungen zum begrenzten Realsplitting getroffen werden. Es empfiehlt sich, die Zustimmung des Unterhaltsberechtigten sowie Mitwirkungsverpflichtungen im Steuerfestsetzungsverfahren zu vereinbaren[54] sowie die Verpflichtung des Unterhaltsverpflichteten, den Berechtigten von Steuernachteilen freizustellen.

Zu beachten sind in diesem Zusammenhang die Konsequenzen, die sich aus dem begrenzten Realsplitting durch die Erhöhung des steuerlichen Einkommens z. B. für die **Familienmitversicherung** ergeben.[55]

98 ▶ Formulierungsvorschlag:

Soweit wegen der vorstehenden Vereinbarung zur Geldzahlung als Unterhaltsleistung (alternativ: Unterhaltsersatzleistung) die Möglichkeit zum steuerlichen Sonderausgabenabzug (derzeit § 10 Abs. 1 Nr. 1 EStG) besteht, ist der unterhaltsberechtigte Ehegatte verpflichtet, diesem beim unterhaltspflichtigen Ehegatten zuzustimmen, wenn dieser sich dabei verpflichtet, dem unterhaltsberechtigten Ehegatten alle sich daraus ergebenden Nachteile, insbesondere eine Steuerpflicht nach § 22 Nr. 1a EStG, zu erstatten.

II. Kindesunterhalt

99 Auch Vereinbarungen zum Kindesunterhalt sind zulässig. Es gelten die bereits oben (s. Rdn. 52 ff.) erwähnten gesetzlichen Einschränkungen, insb. § 1614 BGB.

---

54 BGH, FamRZ 1998, 953 = NJW-RR 1998, 1153.
55 BSG, FamRZ 1994, 1239.

Der Kindesunterhalt ist an die Betreuung der Kinder gekoppelt; einer Regelung bedarf auch die Berücksichtigung des **Kindergeldes**. 100

Wünschenswert sind Regelungen zu den zusätzlichen Kosten der Kinderbetreuung, etwaigem Mehrbedarf; ggf. auch die Regelung von Mitteilungspflichten.

Wichtig ist, dass in die Vereinbarung aufgenommen wird, welcher Elternteil das Kind schwerpunktmäßig betreut bzw. in wessen Obhut sich das Kind befindet, vgl. auch § 1629 BGB. Problematisch ist der Fall, dass die Eltern ein sog. **Wechselmodell** praktizieren. 101

▶ Checkliste zum Kindesunterhalt: 102

☐ Wer hat die Obhut?
☐ Kindergeldanrechnung?
☐ Mehrbedarfsregelung?
☐ Kosten der Kinderbetreuung?
☐ Statischer Unterhalt oder dynamisierter Unterhalt?
☐ Freistellungsvereinbarung?

1. Muster: Vereinbarung eines statischen Kindesunterhalts

Ehevertrag 103

§ .....

Kindesunterhalt

Der Beteiligte zu 1) verpflichtet sich, seinem Kind ....., geb. am ..... (derzeit also ..... Jahre alt), zu Händen der Beteiligten zu 2) ..... monatlich, und zwar immer zum 1. eines jeden Monats im Voraus, den gesetzlichen Unterhalt zu zahlen.

Aufgrund des Alters des Kindes erfolgt die Unterhaltsbemessung derzeit nach der ersten Altersstufe der Düsseldorfer Tabelle.

Aufgrund des anrechenbaren Nettoeinkommens von 1.400 € (Jahresbrutto minus gesetzliche Abzüge unter Berücksichtigung von Steuernachzahlungen und Steuerrückzahlungen minus 5 % berufsbedingte Aufwendungen geteilt durch 12) ist der Mindestunterhalt geschuldet. Somit beträgt der Unterhalt derzeit nach § 1612a BGB 317 € monatlich.

Das Kindergeld erhält derzeit die Beteiligte zu 2), da sich ..... in der Obhut seiner Mutter befindet. Dieses Kindergeld für ein erstes Kind wird auf die Unterhaltspflicht zur Hälfte angerechnet.

Somit ergibt sich derzeit ein monatlicher Zahlbetrag von 317 € abzgl. 92 € = 225 €.

Der Beteiligte zu 1) unterwirft sich wegen der Unterhaltszahlung in der festgelegten Höhe des monatlichen Zahlbetrags der sofortigen Zwangsvollstreckung aus dieser Urkunde in sein gesamtes Vermögen. Das Kind kann jederzeit die Erteilung einer vollstreckbaren Ausfertigung zu Händen der Ehefrau ohne weiteren Nachweis verlangen.

Kapitel 4   Vertragsgestaltung in Unterhaltssachen

2. Muster: Vereinbarung eines dynamischen Kindesunterhalts sowie Mehrbedarf

104

Ehevertrag

§ .....

Kindesunterhalt

1. Dynamisierter Kindesunterhalt
Der Beteiligte zu 1) verpflichtet sich, seinem Kind ....., geb. am ....., zu Händen der Beteiligten zu 2) monatlich je zum 1. eines Monats im Voraus Unterhalt i. H. v. ..... % des Mindestunterhaltsbetrags nach § 1612a BGB in der jeweiligen Altersstufe unter Abzug des hälftigen Kindergeldes für ein erstes Kind in der jeweiligen Höhe zu zahlen. Das sind derzeit ..... €.
2. Mehrbedarf
Der Ehemann verpflichtet sich weiterhin, für die Ganztagsbetreuung neben dem vorstehend genannten Unterhaltsbetrag einen festen monatlichen Betrag von ..... € für das Kind ..... längstens bis zum ..... Lebensjahr zum o. g. Fälligkeitstermin zusätzlich zu entrichten.

3. Muster: Vereinbarung eines statischen Kindesunterhalts im Wechselmodell

105 1. Kindesunterhalt

a) Wechselmodell

Die Kinder,

..... und .....,

werden derzeit jeweils für die Hälfte eines Monats durch den Ehemann und für die Hälfte des Monats durch die Ehefrau betreut.

Die Beteiligten gehen davon aus, dass sie sich auch künftig die Betreuung der Kinder hälftig teilen werden.

b) Unterhaltshöhe/Geschäftsgrundlage

Für den Fall, dass das gemeinschaftliche Kind ..... und das weitere gemeinschaftliche Kind ..... – auch »das Kind« genannt, auch wenn es sich um mehrere handelt – weiterhin hälftig beim Vater und bei der Mutter wohnen werden, treffen die Beteiligten zur Erfüllung der gesetzlichen Unterhaltspflicht gegenüber dem Kind **folgende Unterhaltsvereinbarung** im Wege eines echten Vertrags zugunsten Dritter:

aa)

Der Ehemann, Herr .....,

verpflichtet sich,

an das gemeinsame Kind

.....

zu Händen der Mutter ..... einen monatlichen, zum 1. eines jeden Monats vorauszahlbaren Unterhalt i. H. v. 250 € (in Worten: zweihundertfünfzig Euro) zu zahlen.

bb)

Der Ehemann, Herr .....,

verpflichtet sich,

an das gemeinsame Kind .....

zu Händen der Mutter ..... einen monatlichen, zum 1. eines jeden Monats vorauszahlbaren Unterhalt i. H. v. 250 € (in Worten zweihundertfünfzig: Euro) zu zahlen.

cc)

Die Beteiligten geben hierzu an, dass sie bei der Bemessung des vorstehenden Kindesunterhalts berücksichtigt haben, dass die Kinder je zur Hälfte vom Vater und von der Mutter betreut werden.

Die jeweils in jedem Monat hälftig durchzuführende Betreuung der gemeinsamen Kinder ist demgemäß Geschäftsgrundlage der vorstehenden Regelung zur Zahlung von Kindesunterhalt.

Sollte von der je hälftigen Betreuung der Kinder durch beide Ehegatten dauerhaft abgewichen werden, gilt für die Festlegung des Kindesunterhalts sodann die gesetzliche Regelung. Dies ist insb. dann der Fall, wenn in drei aufeinander folgenden Monaten die jeweils hälftige Betreuung durch Ehemann und Ehefrau nicht erfolgt oder aber ein Ehegatte im Jahresverlauf mindestens in vier Monaten seiner hälftigen Betreuungspflicht nicht nachkommt.

Geringfügige Abweichungen von bis zu zwei Tagen Betreuungszeit in einem Monat bleiben dabei jedoch außer Betracht.

Sollte nach Maßgabe vorstehender Beurteilungsgrundlage von der je hälftigen Betreuung abgewichen werden und auf die gesetzlichen Regeln zum Kindesunterhalt zurückzugreifen sein, bedeutet dies, dass bei einer stärkeren Betreuung durch die Ehefrau seitens des Ehemannes ein höherer Kindesunterhalt zu deren Händen zu zahlen ist oder bei stärkerer Betreuung durch den Ehemann dessen Barunterhaltspflicht entfallen kann.

Soweit die Betreuung der Kinder hälftig erfolgt, haben sich die Beteiligten darauf geeinigt,

dass die Ehefrau

– ungeachtet der ebenfalls hälftigen Betreuung durch den Ehemann –

ihrerseits nicht zur Zahlung eines Kindesunterhalts verpflichtet ist.

Vorsorglich hat der Ehemann die Ehefrau im Innenverhältnis von der Leistung von Kindesunterhalt freizustellen. Dies gilt auch, sofern sich das Nettoeinkommen der Ehefrau erhöhen sollte, solange das Nettoeinkommen einen Betrag von 1.000 € nicht übersteigt.

dd)

Sobald ein Kind jedoch nicht mehr bei den Eltern leben sollte oder diesem gegenüber die Leistung von Unterhalt in Form von Betreuungsunterhalt nicht mehr möglich ist, gelten für den Kindesunterhalt die gesetzlichen Bestimmungen, über die der Notar unterrichtet hat.

Hierbei bestimmen sich das Maß und die Zahlungspflicht gegenüber dem Kind nach den allgemeinen gesetzlichen Bestimmungen.

Kein Ehegatte hat dabei den anderen Ehegatten von einer etwaigen ihn betreffenden Unterhaltspflicht freizustellen.

Der Notar hat darauf hingewiesen, dass er mangels umfassender Kenntnis der Vermögensverhältnisse der Beteiligten nicht die Höhe des Kindesunterhalts feststellen kann. Eine weitere Sachverhaltsaufklärung durch den Notar wird ausdrücklich nicht gewünscht.

c)

Das berechtigte Kind, welches auf Antrag eine Ausfertigung dieser Urkunde zu Händen eines Sorgeberechtigten erhält, kann diesen Anspruch unmittelbar gegenüber dem Unterhaltsverpflichteten geltend machen.

Vorstehende Unterhaltsverpflichtung **endet** jeweils, wenn der gesetzliche Unterhaltsanspruch des Kindes erlischt.

2. Kindergeld/Mehrbedarf

Das staatliche **Kindergeld** wird wie folgt aufgeteilt:

Die Ehefrau erhält das staatliche Kindergeld für ein Kind und der Ehemann erhält das staatliche Kindergeld für ein Kind, solange die Kinder hälftig beim Ehemann und der Ehefrau leben; dieses ist auf vereinbarte Unterhaltsleistungen nicht anzurechnen, soweit sich aus Vorstehendem nichts Abweichendes ergibt.

Der vorstehend vereinbarte Kindesunterhalt dient der Abdeckung des Bedarfs nach der sog. Düsseldorfer Tabelle und des danach vorgesehenen Kindesunterhalts. Ein darüber hinausgehender **Mehr- und/oder Sonderbedarf** ist von den Ehegatten hälftig zu tragen.

Vom Notar wurde auf die Besonderheiten sowie die gesetzlichen Regelungen zum sog. »Mehrbedarf« sowie zum »Sonderbedarf« (vgl. § 1613 Abs. 2 BGB) hingewiesen, auch darauf, dass diese Begrifflichkeiten im Einzelnen auslegungsbedürftig sein können.

Hierzu wird klarstellend vereinbart, dass jedenfalls ein solcher Unterhaltsbedarf eines Kindes, der sich aufgrund Krankheit samt medizinischer Versorgung (z. B. auch Zahnarztkosten) und Schule (Schulbücher, Schulausflug) ergibt, von den Ehegatten je zur Hälfte getragen wird.

Soweit jedoch Kosten für Mehrbedarf bzw. Sonderbedarf anfallen, ist jeder Ehegatte – unbeschadet des ohnehin bestehenden gemeinsamen Sorgerechts – zur vorherigen einvernehmlichen Rücksprache mit dem anderen Ehegatten verpflichtet, sofern eine solche Rücksprache aus zwingenden Gründen des Kindeswohls nicht untunlich ist.

3.

Wegen der vorstehend eingegangenen Zahlungsverpflichtung auf Leistung des Kindesunterhalts unterwirft sich der zur Zahlung verpflichtete Beteiligte zu 1), Herr ....., gegenüber dem jeweiligen Kind bzgl. des ihm nach dieser Urkunde zustehenden Unterhaltsanspruchs der sofortigen Zwangsvollstreckung aus dieser Urkunde in sein gesamtes

Vermögen, ohne die Erteilung der Vollstreckungsklausel vom Nachweis der die Vollstreckbarkeit begründenden Tatsachen abhängig zu machen.

4. Der Notar hat auf die rechtliche Tragweite hingewiesen, auch auf
- die gesetzlichen Bestimmungen zur Unterhaltspflicht gegenüber einem Kind. Die Beteiligten erklären hierzu, dass die vorstehend getroffenen Unterhaltungsvereinbarungen diesen Anforderungen entsprechen;
- den Umfang vertraglicher Regelungsmöglichkeiten, insb. dass diese nicht zulasten des Kindeswohls gehen dürfen.

Die Beteiligten erklären, dass sie sich im Rahmen eines Vergleichs bzgl. der Höhe des jeweiligen Kindesunterhalts auf die vorstehenden Unterhaltszahlungen geeinigt haben.

Eine konkrete Orientierung an der Düsseldorfer Tabelle (nach Einkommensgruppe bzw. Prozentsatz vom Mindestunterhalt etc.) wurde ausdrücklich nicht gewünscht, soweit sich aus der Urkunde nichts Abweichendes ergibt, ebenso wenig eine Anpassung der Beträge, z. B. nach Maßgabe der Entwicklung des Verbraucherpreisindex.

4. Freistellungsvereinbarung

Freistellungsvereinbarungen der Eltern sind trotz § 1614 BGB zulässig.[56] Die Vereinbarung betrifft aber nur das Innenverhältnis beider Vertragsteile und ändert die Ansprüche der Kinder gegen ihre Eltern nicht. Dies sollte in entsprechenden Klauseln auch deutlich werden. Grundlage der Freistellung ist oftmals, dass damit andere Unterhaltsklauseln sinnvoll abgesichert werden; insb. dass der freigestellte Partner Sicherheit erlangt, mit seinem Einkommen auch umfassend wirtschaften zu können.[57]

106

▶ **Formulierungsvorschlag: Freistellungsvereinbarung – minderjähriges Kind**   107

Der Ehemann, bei dem die beiden Kinder weiterhin hälftig leben werden, verpflichtet sich hiermit, die Ehefrau von allen Unterhaltsansprüchen beider Kinder, solange diese minderjährig sind, freizustellen.

Dies gilt jedoch dann nicht, wenn ......

Die Vereinbarung betrifft nur das Innenverhältnis beider Vertragsteile und ändert die Ansprüche der Kinder gegen ihre Eltern nicht.

5. Regelungsmöglichkeit bei volljährigen Kindern

Auch vertragliche Vereinbarungen zum Volljährigenunterhalt sind möglich. Eine solche Vereinbarung kann auch unter Mitwirkung des Kindes zustande kommen. Häufig werden auch in diesem Zusammenhang Freistellungsvereinbarungen geschlossen.

108

---

56 Ausführlich dazu Sarres, ZFE 2010, 223.
57 Vgl. dazu Münch, Rn. 401.

109 ▶ **Formulierungsvorschlag: Freistellungsvereinbarung – Volljährigenunterhalt**

Der Beteiligte zu 1) übernimmt für den volljährigen Sohn ..... den gesamten Barunterhalt, solange er das 21. Lebensjahr noch nicht vollendet hat, das Gymnasium besucht und bei der Mutter wohnt.

110 Komplexere Vereinbarungen sind erforderlich, wenn das volljährige Kind nicht mehr im Haushalt eines Beteiligten lebt. Dies betrifft häufig Studenten.

111 ▶ **Formulierungsvorschlag: Freistellungsvereinbarung – Volljährigenunterhalt, Student**

Ehevertrag

§ .....

Kindesunterhalt

1) Die Beteiligten sind sich einig, dass sie dem volljährigen Kind ....., das derzeit in ..... im ..... Semester ..... studiert und einen eigenen Hausstand in ..... unterhält, Unterhalt i. H. d. nach dem in der Düsseldorfer Tabelle A.7. festgelegten Gesamtunterhaltsbedarfs eines Studierenden i. H. v. derzeit 640 € schulden. Hiervon wird das volle Kindergeld für ein erstes Kind i. H. v. derzeit 184 € in Abzug gebracht, das dem Kind überlassen wird.
Der verbleibende Zahlbetrag i. H. v. derzeit 456 € ist nach dem Verhältnis der anrechenbaren Einkünfte zu tragen, d. h. der Beteiligte zu 1) hat einen Anteil von ..... %, die Beteiligte zu 2) einen Anteil von ..... % zu übernehmen.
2) Der Beteiligte zu 1) stellt hiermit die Beteiligte zu 2) von allen Unterhaltsansprüchen des gemeinsamen Kindes ..... frei, solange es studiert, längstens jedoch bis zum .....
Der Beteiligte zu 1) zahlt damit den Kindesunterhalt nach 1) i. H. v. derzeit 456 € monatlich in voller Höhe an das gemeinsame Kind .....
3) Die Beteiligte zu 2) ist damit einverstanden, dass der Kindesunterhalt in voller Höhe des Zahlbetrags bei der Berechnung des Ehegattenunterhalts vorweg abgezogen wird. Das Kind bekommt damit entgegen der Bestimmung des § 1609 BGB den besseren Rang eingeräumt.

Kapitel 5: Durchsetzung des Unterhaltsanspruchs im gerichtlichen Verfahren

Ergibt die materiell-rechtliche Überprüfung (dargestellt in Kapitel 3, s. Kap. 3 Rdn. 1 ff.), dass ein Unterhaltsanspruch besteht, oder umgekehrt, dass ein solcher aufgrund von Veränderungen nicht mehr oder nur noch in reduzierter Höhe berechtigt ist, stellt sich die Frage der verfahrensmäßigen Umsetzung. Jedem Juristen ist bekannt, dass »Recht haben« nicht immer auch »Recht bekommen« bedeutet! Die erforderlichen »strategischen« Überlegungen vor Einleitung eines gerichtlichen Unterhaltsverfahrens sollen im Folgenden kurz dargestellt werden. 1

A. Strategische Überlegungen

▶ **Das Wichtigste in Kürze** 2

- Die unterhaltsrechtliche Zielsetzung sowie die Ausgangslage (existiert z. B. bereits ein Titel oder nicht) bestimmen die anzuwendenden Verfahrensinstrumente. → Rdn. 5 f.
- Ist eine schnelle Durchsetzung eines bislang nicht titulierten Unterhaltsanspruchs erforderlich, bietet sich regelmäßig eine Unterhaltsanordnung an. → Rdn. 8 f.
- Fehlerbeseitigung (unrichtiger Unterhaltsbeschluss) ist nicht mit einem Abänderungsverfahren möglich; geboten ist die Beschwerde zum OLG. → Rdn. 18 ff.

Ist der Unterhaltsschuldner freiwillig nicht bereit, seinen Verpflichtungen nachzukommen, muss ein gerichtliches Unterhaltsverfahren eingeleitet werden. Dies ist umgekehrt natürlich ebenso erforderlich, wenn der Unterhaltsberechtigte nicht akzeptiert, dass die Unterhaltsschuld sich aufgrund neuer Bedingungen reduziert hat oder gar erloschen ist. 3

Insoweit ist zunächst zu klären, welches FamG für die Angelegenheit **zuständig** ist (s. u. unter B, Rdn. 33 ff.). 4

Darüber hinaus, ist aber insb. von Bedeutung, ob der Mandant bzw. die Mandantin »schnellen« Unterhalt benötigt oder ob ein »normales« Hauptsacheverfahren durchgeführt werden kann. Mitunter existiert in der Sache auch bereits ein Unterhaltstitel, der nur geändert bzw. an neue wirtschaftliche Bedingungen angepasst werden soll. Der Unterhaltsschuldner kann schließlich auch wollen, dass der Unterhaltstitel aufgrund seiner Einwendungen gänzlich beseitigt werden soll. 5

So unterschiedlich die Ausgangslage sein kann, so unterschiedlich sind auch die maßgeblichen Verfahrensinstrumente, um die jeweiligen Ziele zu erreichen. 6

Die folgenden Ausführungen sollen einen ersten Überblick geben und werden dann in den späteren Abschnitten konkretisiert.

Kapitel 5 Durchsetzung des Unterhaltsanspruchs im gerichtlichen Verfahren

I. Erstmalige Einleitung eines Unterhaltsverfahrens

7   Die erstmalige Einleitung eines Unterhaltsverfahrens kommt grds. nur durch den vermeintlich Unterhaltsberechtigten infrage. Dieser möchte den behaupteten Unterhaltsanspruch gerichtlich durchsetzen und dadurch titulieren.

1. Einstweilige Unterhaltsanordnung

8   Benötigt der Mandant einen schnellen Unterhaltstitel, empfiehlt sich die einstweilige Unterhaltsanordnung. Dafür gelten die §§ 49 ff. FamFG sowie die §§ 246 bis 248 FamFG. Besondere Bedeutung kommt der einstweiligen Unterhaltsanordnung nunmehr wegen ihrer **Hauptsacheunabhängigkeit** zu.

9   Ist der Unterhalt in diesem Verfahren auch der Höhe nach zutreffend tituliert worden, kann auch von einem späteren Hauptsacheverfahren abgesehen werden, jedenfalls bis es zu einer Veränderung der dem Titel zugrunde liegenden Verhältnisse gekommen ist.

2. Unterhaltsantrag nach §§ 253, 258 ZPO

10 Unterhaltssachen nach § 231 Abs. 1 FamFG, d. h.
    - die durch Verwandtschaft begründete gesetzliche Unterhaltspflicht,
    - die durch Ehe begründete gesetzliche Unterhaltspflicht und
    - die Ansprüche nach § 1615l oder § 1615m BGB,

    sind Familienstreitsachen (vgl. § 112 Nr. 1 FamFG), sodass nach § 113 Abs. 1 FamFG das Verfahrensrecht der ZPO anwendbar ist, soweit nicht verdrängende Vorschriften des FamFG existieren. Dies bedeutet, dass nach §§ 253, 258 ZPO ein bestimmter Unterhaltsantrag über (mtl.) wiederkehrende Leistungen zu stellen ist.

11 Der Mandant hat im Fall des **Kindesunterhalts** die Wahl, ob er einen **Leistungsantrag** nach §§ 253, 258 ZPO beim FamG stellt oder seine Ansprüche im **vereinfachten Verfahren** nach §§ 249 ff. FamFG geltend macht.

    In den anderen Unterhaltsangelegenheiten (z. B. Trennungsunterhalt oder Unterhalt nach § 1615l BGB) gibt es kein vereinfachtes Verfahren, sodass zu einem Leistungsantrag nach §§ 253, 258 ZPO keine Alternative besteht.

12 Das Unterhaltsverfahren kann mit
    - einem ganz oder zumindest teilweise stattgebenden Beschluss,
    - einer Antragsabweisung oder
    - einem Unterhaltsvergleich
    enden.

3. Auskunft

13 Falls der Unterhaltsschuldner bislang überhaupt nicht kooperiert und keine Auskunft über seine Einkünfte und sein Vermögen erteilt hat, ist noch eine weitere strategische Überlegung erforderlich. Das Verfahren kann dann zunächst ausschließlich auf Auskunft gerichtet werden oder aber als Stufenverfahren betrieben werden (vgl. § 254

A. Strategische Überlegungen					Kapitel 5

ZPO). Regelmäßig ist davon auszugehen, dass der Unterhaltsschuldner in solchen Fällen nach einem Auskunftsverfahren auch seinen weiteren Verpflichtungen nicht nachkommen wird, sodass ein Stufenverfahren –
- 1. Stufe: Auskunft,
- 2. Stufe: Eidesstattliche Versicherung der Richtigkeit und Vollständigkeit,
- 3. Stufe: Bezifferung der Unterhaltsschuld –

vorzugswürdig ist.

Stufenverfahren erweisen sich aber häufig als sehr zeitintensiv, sodass alternativ »taktisch« auch in Betracht zu ziehen ist, einen konkreten Leistungsantrag (auf der Grundlage von Schätzungen, die auf die Lebensverhältnisse der Beteiligten abzielen) zu stellen und dem Antragsgegner die Vorlage von Unterlagen zu überlassen, mit welchen er seine nur beschränkte Leistungsfähigkeit belegt. 14

Eine letzte Möglichkeit ist, einen konkreten (geschätzten) Unterhaltsantrag zu stellen und das FamG zur Einholung der Auskunft nach §§ 235, 236 FamFG zu veranlassen. Das FamG ist zur Einholung der Auskunft verpflichtet, wenn außergerichtlich trotz Aufforderung Auskunft nicht ordnungsgemäß erteilt wurde, vgl. § 235 Abs. 2 FamFG.

▶ **Hinweis:** 15
Die Problematik der Auskunftserlangung wurde bereits in Kapitel 2 (vgl. Kap. 2 Rdn. 1 ff.) mit Ausnahme der »dritten Stufe«, der Bezifferung, dargestellt.

II. Vollständige Abweisung des Unterhaltsantrags

Wurde der (erstmalig) gestellte Unterhaltsantrag vollständig abgewiesen, kann im Fall einer späteren Veränderung der Umstände (z.B. nunmehr vorhandene Leistungsfähigkeit des Unterhaltsschuldners) erneut ein Leistungsantrag nach §§ 253, 258 ZPO gestellt werden.[1] Die Abänderungsvorschrift des § 238 FamFG ist bei vollständiger Antragsabweisung nicht anwendbar, da sie eine Verpflichtung zu künftig fällig werdenden wiederkehrenden Unterhaltszahlungen voraussetzt. 16

Ist der Beschluss, der den Unterhaltsantrag abweist, rechtlich nicht korrekt, hat also das FamG rechtlich angreifbar über den Unterhaltsanspruch entschieden, muss der benachteiligte Mandant gegen den Beschluss Rechtsmittel einlegen. 17

---

1 BGH, NJW 2005, 142.

Kapitel 5 Durchsetzung des Unterhaltsanspruchs im gerichtlichen Verfahren

18

```
┌─────────────────────────────────────────────┐
│ Unterhaltsantrag wurde vom FamG vollständig │
│ abgewiesen                                  │
└─────────────────────────────────────────────┘
```

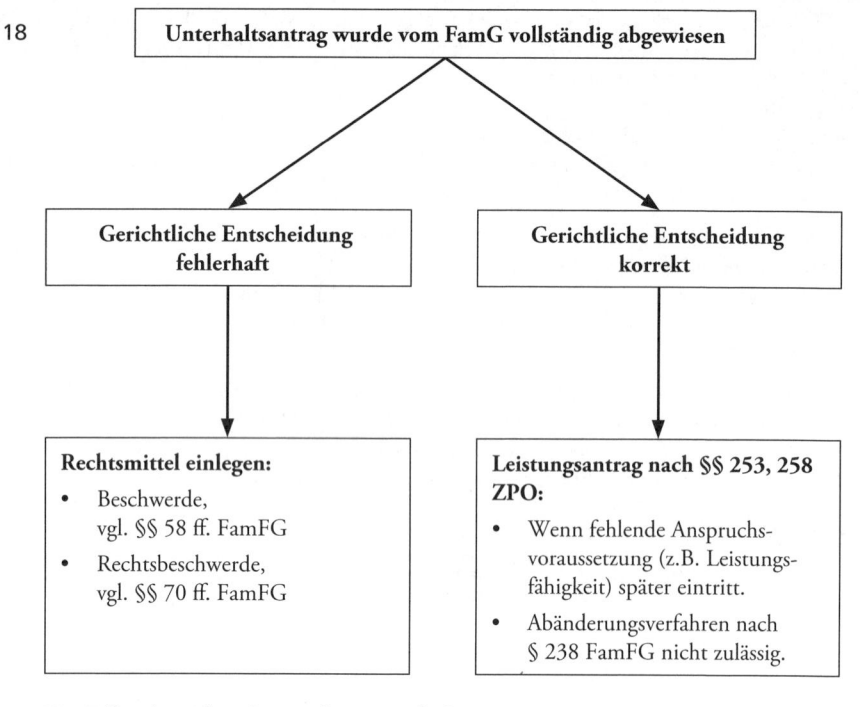

Gerichtliche Entscheidung fehlerhaft	Gerichtliche Entscheidung korrekt
Rechtsmittel einlegen: • Beschwerde, vgl. §§ 58 ff. FamFG • Rechtsbeschwerde, vgl. §§ 70 ff. FamFG	**Leistungsantrag nach §§ 253, 258 ZPO:** • Wenn fehlende Anspruchsvoraussetzung (z.B. Leistungsfähigkeit) später eintritt. • Abänderungsverfahren nach § 238 FamFG nicht zulässig.

III. Teilweise Abweisung des Unterhaltsantrags

19 Wurde der Unterhaltsantrag teilweise abgewiesen, d.h. z.B. statt beantragter 600 € wurden nur 300 € zugesprochen, muss der Mandant bzw. der ihn vertretende Anwalt gegen den Beschluss Rechtsmittel einlegen, wenn der Beschluss, der den Unterhaltsantrag abweist, rechtlich nicht korrekt ist.

20 ▶ **Hinweis:**

> Verfehlt ist die Auffassung, die Fehlerbeseitigung einem späteren Abänderungsverfahren nach § 238 FamFG zu überlassen. Das Abänderungsverfahren ist nur eine Möglichkeit, auf spätere wesentliche Veränderungen der der Entscheidung zugrunde liegenden tatsächlichen oder rechtlichen Verhältnisse zu reagieren (vgl. § 238 Abs. 4 FamFG). Damit sind Fehler des Ausgangsverfahrens dauerhaft von Bedeutung, wenn sie nicht mit Beschwerde bzw. Rechtsbeschwerde ausgeräumt werden.

21 Ansonsten kann nur bei einer späteren wesentlichen Veränderung ein Abänderungsantrag nach § 238 FamFG gestellt werden, d.h. in diesem Fall wäre ein erneuter Leistungsantrag unzulässig.

A. Strategische Überlegungen

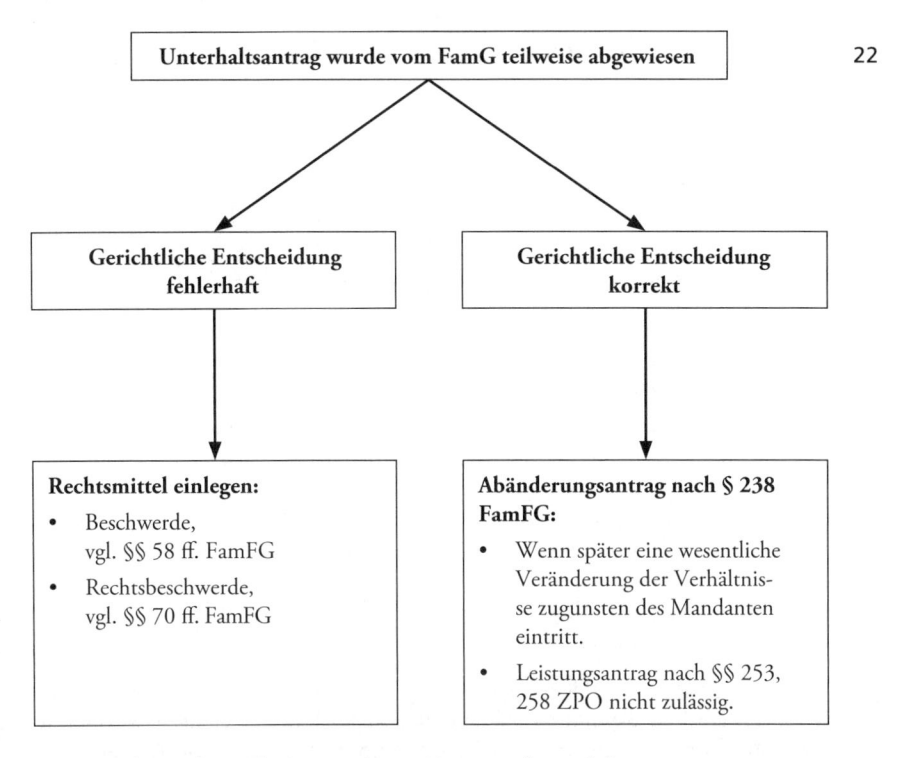

```
┌─────────────────────────────────────────────────────┐
│  Unterhaltsantrag wurde vom FamG teilweise abgewiesen │   22
└─────────────────────────────────────────────────────┘
             ↙                              ↘
┌─────────────────────────┐      ┌─────────────────────────┐
│ Gerichtliche Entscheidung │      │ Gerichtliche Entscheidung │
│       fehlerhaft         │      │         korrekt          │
└─────────────────────────┘      └─────────────────────────┘
             ↓                              ↓
┌─────────────────────────┐      ┌─────────────────────────────────┐
│ Rechtsmittel einlegen:  │      │ Abänderungsantrag nach § 238    │
│ • Beschwerde,           │      │ FamFG:                          │
│   vgl. §§ 58 ff. FamFG  │      │ • Wenn später eine wesentliche  │
│ • Rechtsbeschwerde,     │      │   Veränderung der Verhältnis-   │
│   vgl. §§ 70 ff. FamFG  │      │   se zugunsten des Mandanten    │
│                         │      │   eintritt.                     │
│                         │      │ • Leistungsantrag nach §§ 253,  │
│                         │      │   258 ZPO nicht zulässig.       │
└─────────────────────────┘      └─────────────────────────────────┘
```

IV. Korrektur eines Titels aus einem Hauptsacheverfahren

1. Abänderung des Titels

Ist das Unterhaltsverfahren hingegen korrekt entschieden oder durch Vergleich beendet worden, sind **spätere wesentliche Veränderungen** der der Entscheidung zugrunde liegenden tatsächlichen oder rechtlichen Verhältnisse mit dem Abänderungsverfahren geltend zu machen. Dieses Verfahren kommt sowohl für den Unterhaltsschuldner (der eine Reduzierung seiner Verpflichtung erreichen möchte) wie auch den Unterhaltsgläubiger (dem es um eine Erhöhung gehen wird) in Betracht. 23

Insoweit gilt, dass die Abänderung **gerichtlicher Entscheidungen** nach § 238 FamFG erfolgt, während Vergleiche nach § 239 FamFG bei einer Störung der Geschäftsgrundlage nach § 313 BGB abzuändern sind. 24

Kapitel 5 — Durchsetzung des Unterhaltsanspruchs im gerichtlichen Verfahren

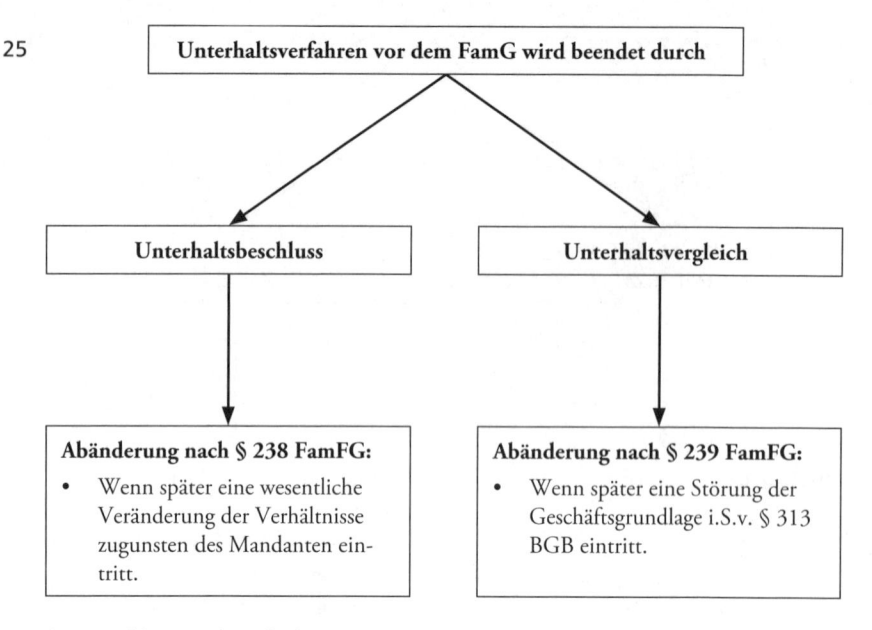

25

```
                    Unterhaltsverfahren vor dem FamG wird beendet durch
                                    /                    \
                    Unterhaltsbeschluss              Unterhaltsvergleich
                            |                                |
            Abänderung nach § 238 FamFG:          Abänderung nach § 239 FamFG:
            • Wenn später eine wesentliche        • Wenn später eine Störung der
              Veränderung der Verhältnisse          Geschäftsgrundlage i.S.v. § 313
              zugunsten des Mandanten ein-          BGB eintritt.
              tritt.
```

2. Beseitigung des Titels

26 Kann der **Unterhaltsschuldner** einem »Hauptsachetitel« Einwendungen oder Einreden entgegenhalten, die in der Lage sind, diesen endgültig zu beseitigen, ist ein **Vollstreckungsabwehrantrag** nach § 767 ZPO vorzugswürdig. Dies ist etwa der Fall, wenn der Anspruch auf Ehegattenunterhalt nach § 1586 BGB wegen Wiederheirat dauerhaft erloschen ist.

Im Einzelfall ist abzugrenzen, ob das Abänderungsverfahren oder die Vollstreckungsabwehrklage die richtige Verfahrensart darstellt.

V. Aufhebung oder Abänderung einer einstweiligen Unterhaltsanordnung

27 Die Beteiligten des Unterhaltsschuldverhältnisses können nach § 54 FamFG die Aufhebung oder Abänderung der einstweiligen Unterhaltsanordnung beantragen. Dadurch wird erneut eine Entscheidung des vorläufigen Rechtsschutzes getroffen.

28 Alternativ kommt für den **Unterhaltsberechtigten** auch in Betracht, dass er ein Hauptsacheverfahren einleitet, in dem er einen Unterhaltsantrag nach §§ 253, 258 ZPO stellt. Die daraufhin ergehende Entscheidung des FamG hat mit Eintritt der Rechtskraft zur Folge, dass die einstweilige Unterhaltsanordnung außer Kraft tritt, vgl. § 56 Abs. 1 FamFG.

29 Umgekehrt kann der **Unterhaltspflichtige** das Hauptsacheverfahren erzwingen, wenn er einen entsprechenden Antrag nach § 52 Abs. 2 FamFG stellt. Das FamG fordert dann den Unterhaltsberechtigten auf, einen Unterhaltsantrag nach §§ 253, 258 ZPO

A. Strategische Überlegungen   Kapitel 5

innerhalb der nächsten 3 Monate zu stellen, widrigenfalls die einstweilige Unterhaltsanordnung aufgehoben wird. Der Unterhaltspflichtige, der diese 3 Monate nicht abwarten möchte, kann alternativ einen **negativen Feststellungsantrag** nach § 256 ZPO stellen.

Auch ein Vollstreckungsabwehrantrag nach § 767 ZPO ist gegen eine einstweilige   30
Unterhaltsanordnung möglich, wenn der Unterhaltsanspruch dauerhaft erloschen ist.

VI. Verfahrensbestimmende Faktoren

▶ Checkliste: Korrektur eines bestehenden Unterhaltstitels   31

Die vorstehenden Überlegungen sind nur als Einstieg in die Problematik gedacht. Besonders problematisch ist aber in der Tat die angestrebte Korrektur eines bestehenden Unterhaltstitels.

Der Anwalt ermittelt die für die Abänderung richtige Verfahrensart durch drei Fragestellungen:
1. Wer begehrt eine Änderung?
– Unterhaltsschuldner
– Unterhaltsgläubiger
2. Welcher Titel soll geändert werden?
– Unterhaltsbeschluss nach §§ 253, 258 ZPO
– Unterhaltsvergleich
– notarielle Urkunde
– Jugendamtsurkunde
– einstweilige Unterhaltsanordnung
3. Welche materiellen Argumente bestehen gegen den Titel (z. B.)?
– entfallende Leistungsfähigkeit
– neue Bedarfsberechnung
– Erlass der Unterhaltsschuld
– Wiederheirat
– weitere Unterhaltsberechtigte
– eingetretener Rentenbezug usw.
– gewünschte Befristung beim nachehelichen Unterhalt

Erst wenn diese drei Fragen geklärt sind, kann die richtige Verfahrensart bestimmt werden.

▶ **Beispiel:**   32

Der Unterhaltsschuldner beauftragt seinen Anwalt, gegen einen Unterhaltsbeschluss des FamG vorzugehen, weil er arbeitslos geworden ist und nur noch 900 € zum Leben hat.

Der Unterhaltsschuldner verfolgt mit einem Verfahren immer die Absicht, dass seine Unterhaltsverpflichtung reduziert wird und am besten komplett entfällt. Die eingetretene Arbeitslosigkeit ist eine wesentliche Änderung der Verhältnisse, die der

Kapitel 5 Durchsetzung des Unterhaltsanspruchs im gerichtlichen Verfahren

Unterhaltsverpflichtung zugrunde lagen. Damit ist das Abänderungsverfahren nach § 238 FamFG richtigerweise zu betreiben.

B. Zuständiges Gericht in Unterhaltssachen

33 ▶ **Das Wichtigste in Kürze**

- Das Zuständigkeitsprivileg für minderjährige Kinder wird auf privilegierte Kinder ausgedehnt. → Rdn. 61 und Rdn. 71
- Die ausschließliche Zuständigkeit nach § 232 Abs. 1 FamFG verdrängt konkurrierende andere ausschließliche Zuständigkeiten, vgl. § 232 Abs. 2 FamFG. → Rdn. 60 ff. und Rdn. 73.

I. Sachliche Zuständigkeit

34 Die **sachliche Zuständigkeit** in Unterhaltssachen ist den §§ 23a Abs. 1 Satz 1 Nr. 1 GVG; 111 Nr. 8 FamFG zu entnehmen. Sachlich zuständig ist danach (ausschließlich, vgl. § 23a Abs. 1 Satz 2 GVG) das AG, **funktionell** nach § 23b GVG das FamG. Der Begriff der Unterhaltssache wird in § 231 FamFG definiert.

35 Unterhaltssachen sind nach § 231 Abs. 1 FamFG Verfahren, die
1. die durch Verwandtschaft begründete gesetzliche Unterhaltspflicht,
2. die durch Ehe begründete gesetzliche Unterhaltspflicht und
3. die Ansprüche nach § 1615l oder § 1615m BGB
betreffen.

Auch der Lebenspartnerschaftsunterhalt nach §§ 5, 12, 16 LPartG ist aufgrund der Verweisung in § 270 Abs. 1 FamFG nach §§ 231 bis 260 FamFG abzuwickeln.

36 Die in § 231 Abs. 1 FamFG genannten Verfahren gehören zur Kategorie der **Familienstreitsachen** (vgl. § 112 Nr. 1 FamFG). In diesen Verfahren sind grds. die Vorschriften der ZPO anzuwenden, vgl. § 113 Abs. 1 FamFG. I. Ü. gelten die speziellen Vorschriften der §§ 231 bis 260 FamFG.

37 Unterhaltssachen sind nach § 231 Abs. 2 FamFG aber auch Verfahren nach § 3 Abs. 2 Satz 3 BKGG und § 64 Abs. 2 Satz 3 EStG. Diese Verfahren dienen der Bestimmung der für das Kindergeld bezugsberechtigten Person. Maßgebend für die Einbeziehung dieser Verfahren ist der enge tatsächliche und rechtliche Zusammenhang mit Verfahren, die den Unterhalt des Kindes betreffen. Nach § 1612b BGB hat das Kindergeld und damit auch die Frage, wer hierfür bezugsberechtigt ist, unmittelbaren Einfluss auf die Höhe des geschuldeten Unterhalts.

38 Die in § 231 Abs. 2 FamFG genannten Angelegenheiten sind im Unterschied zu den Regelungsbereichen in Abs. 1 keine Familienstreitsachen.

§ 231 Abs. 2 Satz 2 FamFG nimmt daher die §§ 235 bis 245 FamFG, die für ZPO-Verfahren typische Regelungen enthalten, von der Anwendbarkeit für Unterhaltssachen nach § 231 Abs. 2 FamFG aus. Das Verfahren in Kindergeldangelegenheiten richtet sich in erster Linie nach den Vorschriften des ersten Buches des FamFG, hinzu kommen die Vorschriften der §§ 232 bis 234 FamFG.

1. Unterhaltssachen

Ein Verfahren ist eine Unterhaltssache, wenn zur Begründung des erhobenen Anspruchs eine unterhaltsrechtliche Anspruchsgrundlage herangezogen werden muss (z. B. §§ 1601 ff., 1569 ff.; 1615l BGB). Ausschlaggebend für die Beurteilung, ob ein Verfahren eine Unterhaltssache darstellt, ist damit insb. die sog. **materielle Anknüpfung**. 39

a) Gesetzlicher Unterhaltsanspruch

Unterhaltssachen sind mithin in erster Linie die aus der gesetzlichen Unterhaltspflicht abgeleiteten Ansprüche auf Zahlung eines (Bar-) Unterhalts nach 40
- §§ 1601, 1610 BGB (Verwandtenunterhalt),
- §§ 1360, 1360a, 1361 Abs. 1, 1569 ff. BGB (Ehegattenunterhalt),
- § 1615l BGB (Unterhalt nicht miteinander verheirateter Eltern),
- §§ 5, 12, 16 LPartG (Lebenspartnerschaftsunterhalt).

Letztlich ist der Begriff »Unterhaltssache« natürlich umfassend zu verstehen, um eine sinnvolle Anwendung der §§ 231 bis 260 FamFG zu ermöglichen. 41

So ist die Bestimmung der Art der Unterhaltsgewährung nach § 1612 Abs. 2 BGB bzw. deren Abänderung eine Unterhaltssache nach § 231 Abs. 1 Nr. 1 FamFG.[2]

Auch wenn derartige gesetzliche Unterhaltsansprüche im Wege der **cessio legis** übergehen, können sie verfahrensrechtlich als Unterhaltssache verfolgt werden, vgl. §§ 1584 Satz 3, 1607 Abs. 2 Satz 2 BGB oder § 37 BAföG; §§ 33 SGB II; § 203 SGB III (Arbeitsförderung); § 94 SGB XII; § 7 UntVorschG. 42

Gleiches gilt, wenn ein Dritter (z. B. die Großeltern) für den Lebensunterhalt des Kindes aufkommt, da der **Regressanspruch nach § 1607 Abs. 2 Satz 2 BGB** unterhaltsrechtlich zu qualifizieren ist.

Eine Unterhaltssache nach § 231 Abs. 1 Nr. 1 FamFG ist schließlich auch der Anspruch des Scheinvaters gegen den Erzeuger des Kindes auf Rückzahlung des an das Kind geleisteten Unterhalts, einschließlich des Auskunftsantrags des Scheinvaters gegen die Kindsmutter zur Geltendmachung eines Regressanspruchs gem. § 1607 Abs. 3 BGB.[3] Auch die Kosten des Vaterschaftsanfechtungsverfahrens stellen eine Unterhaltssache dar, da diese sich ebenfalls aus der Unterhaltspflicht des Scheinvaters ableiten. 43

---

2 OLG Köln, FamRZ 2006, 867.
3 OLG Hamm, FamRZ 2005, 1844.

b) Verfahrenskostenvorschuss

44   Der Anspruch auf Leistung eines Verfahrenskostenvorschusses nach §§ 1360a Abs. 4, 1361 Abs. 4 Satz 4 BGB ist ebenfalls eine Unterhaltssache.[4]

c) Auskunft

45   Der unterhaltsrechtliche Auskunfts- und Beleganspruch nach §§ 1361 Abs. 4 Satz 4, 1605, 1580 BGB ist eine Unterhaltssache, auch wenn der Anspruch isoliert, d. h. nicht als Stufenantrag geltend gemacht wird.

d) Ausgleichsansprüche

46   Der familienrechtliche Ausgleichsanspruch, der vorliegt, wenn der (sorgeberechtigte) Elternteil für den Barunterhalt selbst aufkommt und später auf den anderen Elternteil nach den Grundsätzen der Geschäftsführung ohne Auftrag oder der ungerechtfertigten Bereicherung zurückgreift, ist eine Unterhaltssache. Ebenso gehört hierzu ein aus dem staatlichen Kindergeld folgender Ausgleichsanspruch; dieser fällt nicht unter § 231 Abs. 2 FamFG, weil es dort um die Bezugsberechtigung ggü. der Kindergeldkasse geht.

e) Vertragliche Unterhaltsansprüche

47   Eine Unterhaltssache kann auch dann vorliegen, wenn die Ehegatten über eine von ihnen als eigenständig gewollte vertragliche Unterhaltsregelung streiten. Entscheidend ist allein, ob die vertragliche Regelung hinsichtlich der Voraussetzungen, des Umfanges und des Erlöschens des Anspruchs die im gesetzlichen Unterhaltsrecht vorgegebenen Grundsätze aufnimmt und – wenn auch unter vielleicht erheblicher Modifikation – abbildet.[5]

48   Ein Unterhaltsanspruch verliert trotz vertraglicher Ausgestaltung nicht seine Eigenschaft als gesetzlicher Anspruch, wenn die vertragliche Vereinbarung den gesetzlichen Unterhaltsanspruch –dessen Bestand unangetastet bleibt –, lediglich inhaltlich nach Höhe, Dauer und Modalitäten der Unterhaltsgewährung näher festlegt und präzisiert, wenn die Vereinbarung also das Wesen des Unterhaltsanspruchs nicht verändert.[6]

Ist dies nicht der Fall, handelt es sich zwar nicht um eine Unterhaltssache, jedoch ist das FamG nunmehr aufgrund von § 266 Abs. 1 Nr. 3 FamFG sachlich zuständig, da es sich zumindest um eine **sonstige Familiensache** handelt.

---

4   Vgl. dazu BGH, 25.11.2009 – XII ZB 46/09.
5   BGH, FamRZ 2009, 219.
6   BGH, FamRZ 1997, 544, 545.

B. Zuständiges Gericht in Unterhaltssachen   Kapitel 5

Die Abgrenzung zwischen einem gesetzlichen und einem »rein vertraglichen« Unter- 49
haltsanspruch kann problematisch sein. Der BGH[7] grenzt wie folgt ab:

»Für die Abgrenzung zwischen dem gesetzlichen und einem ›rein vertraglichen‹ Unterhaltsanspruch kann nicht entscheidend sein, ob und inwieweit die Ehegatten ihren subjektiven Willen zu einer eigenständigen Regelung bekunden. Ebenso kann nicht maßgebend sein, in welchem Umfang eine vereinbarte Regelung zum Nachteil eines Ehegatten vom Gesetzesrecht abweicht. Entscheidendes Kriterium ist vielmehr allein die Frage, ob die vertragliche Regelung – hinsichtlich der Voraussetzungen, des Umfangs und des Erlöschens des Anspruchs – die im gesetzlichen Unterhaltsrecht vorgegebenen Grundsätze aufnimmt und – wenn auch unter vielleicht erheblicher Modifikation – abbildet. Das ist hier der Fall. Der im Ehevertrag vorgesehene Unterhaltsanspruch der Ehefrau ist –ebenso wie der gesetzliche Unterhaltsanspruch – dem Grunde nach an die Trennung oder Scheidung der Ehegatten geknüpft. Für seinen Umfang wird auf das Vorhandensein oder Nichtvorhandensein gemeinsamer Kinder und auf die Ehedauer – mithin an typisierte Bedürftigkeitskriterien – abgestellt. Auch die im Ehevertrag vereinbarte Befristung und Limitierung des Unterhalts sowie die Bestimmung über die Anrechnung eigener Einkünfte und das Erlöschen des Unterhaltsanspruchs bei Wiederheirat finden im Gesetzesrecht ihre Vorbilder. Angesichts dieser grundsätzlichen Parallelen handelt es sich bei der getroffenen Regelung um eine Ausformung der gesetzlichen Unterhaltspflicht; auf die Erklärung der Parteien, gleichwohl eine vom Gesetzesrecht losgelöste Regelung treffen zu wollen, kommt es nicht an.«

Auch bei Ansprüchen auf **Freistellung von der Unterhaltsverpflichtung** für gemein- 50
same Kinder aufgrund einer Vereinbarung geschiedener Eltern liegt eine Unterhaltssache vor.

f) Unterhaltssache kraft Sachzusammenhangs

Die Einordnung als Unterhaltssache nach § 231 Abs. 1 FamFG setzt nicht voraus, dass 51
die Anspruchsgrundlage unmittelbar aus dem Familienrecht abgeleitet werden kann. Erforderlich ist jedoch ein Sachzusammenhang. Soweit der erhobene Anspruch nur mittelbar Auswirkung auf die Leistung von Unterhalt hat, ist das Verfahren nunmehr als sonstige Familiensache nach § 266 FamFG abzuwickeln.

Erforderlich ist mithin, dass der **Schwerpunkt des Begehrens** in den in § 231 Abs. 1 52
FamFG beschriebenen Rechtsbereich fällt.

Dies ist etwa der Fall, wenn es um **Rückzahlung von Unterhalt** geht. Ein solcher Anspruch wird regelmäßig auf Bereicherungsrecht oder auf Schadensersatzansprüche nach §§ 823 Abs. 2 i. V. m. § 263 StGB; § 826 BGB gestützt; maßgeblich ist für die Entscheidung aber das Unterhaltsschuldverhältnis der Beteiligten, d. h. dieses steht im Mittelpunkt aller Überlegungen.[8]

Ähnlich liegt es für das Verfahren eines Unterhaltsgläubigers auf Feststellung, dass ihm der titulierte Unterhaltsanspruch gegen den Unterhaltsschuldner auch aus unerlaubter

---

7 BGH, FamRZ 2009, 220.
8 Vgl. dazu BGH, NJW 1994, 1416.

Kapitel 5 Durchsetzung des Unterhaltsanspruchs im gerichtlichen Verfahren

Handlung gem. § 823 Abs. 2 BGB i. V. m. § 170 StGB zusteht, d. h. auch dafür ist kraft Sachzusammenhangs mit dem Unterhaltsanspruch das FamG sachlich zuständig.[9]

53 Ein Sachzusammenhang besteht schließlich auch bei **Auskunftsansprüchen** aus § 242 BGB, die der Durchsetzung eines familienrechtlichen Anspruchs dienen.

54 **Nur mittelbare Auswirkung** auf die Leistung von Unterhalt haben dagegen Schadensersatzansprüche wegen Verweigerung der Zustimmung zur Geltendmachung des Realsplittings nach § 10 Abs. 1 Nr. 1 EStG,[10] die entsprechende Freistellungsverpflichtung des Unterhaltspflichtigen sowie der Anspruch des Unterhaltsberechtigten auf Erstattung von Steuernachteilen aus § 10 Abs. 1 Nr. 1 EStG. Diese Angelegenheiten sind als sonstige Familiensachen i. S. d. § 266 FamFG einzuordnen.

2. Kombination von Unterhaltssachen mit allgemeinen Zivilsachen

55 Das Zusammentreffen von Familiensachen, d. h. auch Unterhaltssachen, mit allgemeinen Zivilsachen ist nicht auszuschließen.

56 Wird ein einheitlicher prozessualer Anspruch auf verschiedene materiell-rechtliche Anspruchsgrundlagen gestützt, von denen – für sich betrachtet – nur eine das Verfahren zur Familiensache machen würde, kommt nach dem Zweck der familienrechtlichen Spezialzuweisung dem FamG der Vorrang zu.[11]

57 Unerheblich ist hingegen, ob bei der gerichtlichen Entscheidung aufgrund des Verteidigungsvorbringens familienrechtliche Fragen eine Rolle spielen.[12]

58 So hat die zur Aufrechnung gestellte Gegenforderung trotz der Rechtskraftwirkung gem. § 322 Abs. 2 ZPO keinen Einfluss auf die Einordnung des geltend gemachten Anspruchs als Familiensache.

59 Weiterhin gelten folgende Grundsätze:
– Es ist unzulässig, i. R. d. auf familienrechtliche Ansprüche gestützten Verfahrens eine **Widerklage** aufgrund eines nicht familienrechtlichen Anspruchs zu erheben.
– Auch eine **Verfahrens- bzw. Klagehäufung** nach § 260 ZPO ist nicht möglich, wenn ein familienrechtlicher Anspruch zusammen mit einem nichtfamilienrechtlichen Anspruch verfolgt werden soll.
– Werden solche **Ansprüche im Haupt- und Hilfsverhältnis** geltend gemacht, hat das für den Hauptanspruch zuständige Gericht zunächst zu entscheiden. Wird der Hauptantrag zurückgewiesen, ist an das für den Hilfsantrag zuständige Gericht zu verweisen bzw. abzugeben.[13]

---

9 KG, FamRZ 2012, 139.
10 Str., vgl. dazu Thomas/Putzo, ZPO, § 231 Rn. 4.
11 BGH, NJW 1983, 1913.
12 BGH, NJW 1980, 2476.
13 BGH, NJW 1980, 1283.

- Das FamG kann über die **Aufrechnung** mit einer Gegenforderung, die vor dem allgemeinen Zivilgericht einzuklagen wäre, entscheiden. Auch umgekehrt ist die in einem Rechtsstreit vor dem allgemeinen Zivilgericht erklärte Aufrechnung nicht deshalb unwirksam, weil für die Entscheidung über die zur Aufrechnung gestellte Gegenforderung, würde sie prozessual geltend gemacht, das FamG zuständig wäre.

II. Örtliche Zuständigkeit

§ 232 FamFG regelt zentral und umfassend die **örtliche Zuständigkeit** in Unterhaltssachen. Die örtliche Zuständigkeit wird im Fall des Minderjährigenunterhalts sowie bei Anhängigkeit einer Ehesache (§ 232 Abs. 1 FamFG) als **ausschließliche** angeordnet, sodass ein anderes Gericht nicht durch Prorogation oder rügelose Einlassung zuständig werden kann.

60

Kapitel 5 Durchsetzung des Unterhaltsanspruchs im gerichtlichen Verfahren

61 | **Die örtliche Zuständigkeit in Unterhaltssachen, vgl. § 232 FamFG**

1. Ehesache anhängig:
- Kindesunterhalt für gemeinschaftliches Kind (Ausnahme vereinfachtes Verfahren),
- Ehegattenunterhalt,
- zuständig ist während der Anhängigkeit einer Ehesache das Gericht, bei dem die Ehesache im ersten Rechtszug anhängig ist oder war.

Wenn § 232 Abs. 1 Nr. 1 FamFG (-):

⬇

2. Privilegierte Kinder:
- Kindesunterhalt für ein minderjähriges Kind oder ein nach § 1603 Abs. 2 Satz 2 BGB gleichgestelltes Kind,
- zuständig ist das FamG, in dessen Bezirk das Kind oder der Elternteil, der aufseiten des minderjährigen Kindes zu handeln befugt ist, seinen gewöhnlichen Aufenthalt hat (Ausnahme: Auslandsfälle).

Wenn § 232 Abs. 1 Nr. 2 FamFG (-):

⬇

3. Sonstige Unterhaltsfälle, vgl. § 232 Abs. 3 FamFG:
- Zuständigkeit ergibt sich aus §§ 12, 13 ZPO,
- **wahlweise dazu nach § 232 Abs. 3 Satz 2 FamFG:**
  - Bei Ehegattenunterhalt oder Unterhalt nach § 1615l BGB das Gericht, bei dem ein Verfahren über den Unterhalt des Kindes im ersten Rechtszug anhängig ist,
  - für den Antrag eines Kindes, durch den beide Eltern auf Erfüllung der Unterhaltspflicht in Anspruch genommen werden, das Gericht, das für den Antrag gegen einen Elternteil zuständig ist,
  - das Gericht, bei dem der Antragsteller seinen gewöhnlichen Aufenthalt hat, wenn der Antragsgegner im Inland kinen Gerichtsstand hate.

1. Anhängigkeit einer Ehesache (§ 232 Abs. 1 Nr. 1 FamFG)

Ist eine Ehesache (§ 121 FamFG) anhängig, ist für Unterhaltssachen, die die Unterhaltspflicht für ein gemeinschaftliches Kind der Ehegatten (mit Ausnahme des vereinfachten Verfahrens über den Unterhalt Minderjähriger) oder die durch die Ehe begründete Unterhaltspflicht betreffen, das Gericht nach § 232 Abs. 1 Nr. 1 FamFG ausschließlich örtlich zuständig, bei dem die Ehesache im ersten Rechtszug anhängig ist oder war. 62

Ist nach Anhängigkeit eines Scheidungsantrags der Unterhalt für ein gemeinschaftliches Kind (verheirateter Eltern) gerichtlich geltend zu machen, ist hierfür unabhängig vom Gerichtsstand des Antragsgegners das Gericht der Ehesache ausschließlich zuständig. Dies gilt entsprechend für den Ehegattenunterhalt. Die Ehesache zieht damit während ihrer Anhängigkeit alle anderen Verfahren des Regelungsbereichs des § 232 Abs. 1 Nr. 1 FamFG unabhängig von den allgemeinen Zuständigkeitsbestimmungen an sich. Die Herausnahme der vereinfachten Verfahren aus dieser Regelung stützt sich auf die Erwägung, dass diese Verfahren wegen der besonderen Zuständigkeitsregelung der §§ 249 ff. FamFG; § 20 Nr. 10 RPflG nicht in den Verbund fallen sollen. Sobald eine Überleitung in das streitige Verfahren nach § 255 FamFG erfolgt, ist § 232 FamFG aber anwendbar. 63

Die örtliche Zuständigkeit nach § 232 Abs. 1 Nr. 1 FamFG wird als **ausschließliche** angeordnet, sodass ein anderes Gericht nicht durch Prorogation oder rügelose Einlassung zuständig werden kann. 64

Zweck dieser umfassenden Zuständigkeitsregelung ist es, alle rechtlichen Angelegenheiten einer Familie bei einem Gericht zusammenzufassen, damit diese Verfahren mit besonderer Sachkenntnis und geringem verfahrensmäßigen Aufwand bearbeitet werden können. Gleichzeitig wird hierin der Verbundgedanke des § 137 FamFG gestärkt, da den Ehegatten durch eine Verfahrenskonzentration einerseits die Folgen der Auflösung der Ehe vor Augen geführt und sie andererseits durch eine Zersplitterung des Verfahrens insb. seelisch, aber auch wirtschaftlich nicht zu stark belastet werden sollen. 65

Der nacheheliche Ehegattenunterhalt der §§ 1569 ff. BGB und der Kindesunterhalt kann für den Fall der Scheidung geltend gemacht werden, sodass diese Angelegenheiten in den Scheidungsverbund gelangen (vgl. § 137 Abs. 2 FamFG); der Trennungsunterhalt ist hingegen nicht verbundfähig, wird aber aufgrund der Vorschrift des § 232 Abs. 1 Nr. 1 FamFG vom Gericht der Ehesache verhandelt und entschieden. 66

Die **Anhängigkeit der Ehesache** richtet sich nach allgemeinen Grundsätzen, d.h. beginnt mit Einreichung des Antrags zu einer Ehesache (vgl. § 124 FamFG) und endet mit rechtskräftigem Verfahrensabschluss, der Rücknahme eines solchen Verfahrens (§ 141 FamFG) bzw. der übereinstimmenden Erledigungserklärung der Beteiligten. 67

Endet die Ehesache, ehe die Unterhaltssache erledigt ist, verbleibt es bei der nach § 232 Abs. 1 Nr. 1 FamFG begründeten Zuständigkeit nach dem Gesichtspunkt der perpetuatio fori, vgl. §§ 253 Abs. 1, 261 Abs. 3 Nr. 2 FamFG. 68

Kapitel 5 Durchsetzung des Unterhaltsanspruchs im gerichtlichen Verfahren

69 Die Konzentrationswirkung der Scheidungssache endet auch dann mit deren Rechtskraft, wenn diese vor Abschluss einer nach § 140 FamFG abgetrennten Folgesache eintritt, d. h. der Folgesache kommt keine zuständigkeitsbegründende Wirkung mehr zu. Die örtliche Zuständigkeit richtet sich dann nach § 232 Abs. 3 FamFG.

2. Kindesunterhalt (§ 232 Abs. 1 Nr. 2 FamFG)

a) Der gewöhnliche Aufenthalt des Kindes oder des vertretungsberechtigten Elternteils

70 Für Verfahren, die die gesetzliche Unterhaltspflicht eines Elternteils oder beider Elternteile ggü. einem minderjährigen Kind betreffen, ist das Gericht **ausschließlich** zuständig, bei dem das Kind oder der Elternteil, der aufseiten des Kindes zu handeln befugt ist, seinen allgemeinen Gerichtsstand hat. Hierdurch wird zugunsten der minderjährigen Kinder bewirkt, dass bei Überleitung des vereinfachten Verfahrens nach § 255 FamFG die Abgabe an ein anderes Gericht vermieden wird.

71 Die Zuständigkeit nach § 232 Abs. 1 Nr. 2 FamFG gilt nunmehr auch für die nach **§ 1603 Abs. 2 Satz 2 BGB privilegierten volljährigen Kinder.**

72 Soweit an den gewöhnlichen Aufenthalt des Elternteils angeknüpft wird, ist allgemein dessen Handlungsbefugnis in der Unterhaltsangelegenheit ausschlaggebend. Auf diese Weise werden auch die Fälle der Prozessstandschaft nach § 1629 Abs. 3 Satz 1 BGB mitumfasst. Ansonsten betrifft diese Vorschrift die Vertretungsregelung des § 1629 Abs. 2 Satz 2 BGB, der das Alleinvertretungsrecht des Elternteils festlegt, in dessen Obhut sich das Kind befindet.

73 § 232 Abs. 1 Nr. 2 FamFG knüpft hinsichtlich der örtlichen Zuständigkeit an den **gewöhnlichen Aufenthalt** des unterhaltsberechtigten Kindes an. Die Regelung verdrängt damit den allgemeinen Gerichtsstand des Unterhaltspflichtigen. Sie greift ihrem Wortlaut nach auch dann ein, wenn beide Elternteile (bar-) unterhaltspflichtig sind (§ 1606 Abs. 3 Satz 1 BGB), etwa wenn der Vormund des minderjährigen Kindes anteilig Unterhalt von beiden Elternteilen verlangt, sodass in einem Verfahren der Gesamtbarunterhalt des Kindes geltend gemacht werden kann, auch wenn beide Elternteile einen verschiedenen gewöhnlichen Aufenthalt haben.

74 Das zuvor Gesagte gilt aber nicht, wenn das Kind oder ein Elternteil seinen gewöhnlichen Aufenthalt im Ausland hat, da § 232 Abs. 1 Nr. 2 letzter Halbs. FamFG diesen Fall ausdrücklich ausnimmt (»oder ein Elternteil«).

75 Auch dieser Gerichtsstand ist ausschließlich.

b) Begriff des »gewöhnlichen Aufenthalts«

76 § 232 Abs. 1 Nr. 2 FamFG knüpft zuständigkeitsbestimmend an den gewöhnlichen Aufenthalt an. Der gewöhnliche Aufenthalt einer Person ist der tatsächliche Mittelpunkt des Lebens, d. h. der Ort, der faktisch (nicht rechtlich) den Schwerpunkt seiner

B. Zuständiges Gericht in Unterhaltssachen Kapitel 5

sozialen und familiären Bindungen darstellt;[14] er unterscheidet sich zum einen vom schlichten Aufenthaltsort und zum anderen vom (gemeldeten) Wohnsitz i. S. d. §§ 7 ff. BGB. Da es sich bei der Begründung des gewöhnlichen Aufenthalts um einen rein tatsächlichen Vorgang handelt, setzt seine Begründung keine Geschäftsfähigkeit voraus.[15] Der (gemeldete) Wohnsitz und der gewöhnliche Aufenthalt können deshalb auseinanderfallen; die Anmeldung eines Wohnsitzes ist somit zwar ein Indiz, reicht aber nicht aus, um am Meldeort auch den gewöhnlichen Aufenthalt anzunehmen.[16]

Voraussetzungen für die Annahme eines gewöhnlichen Aufenthalts sind deshalb regelmäßig eine gewisse Dauer der Anwesenheit und die Einbindung in das soziale Umfeld, was durch familiäre, berufliche oder gesellschaftliche Bindungen eintreten kann. Ferner ist der Aufenthaltswille beachtlich. Im Hinblick hierauf kann bereits nach kurzer Zeit ein (neuer) gewöhnlicher Aufenthalt angenommen werden. Dies gilt insb. bei einem vollständigen Umzug an einen anderen Wohnort, bei dem der Wechsel des gewöhnlichen Aufenthalts sofort eintritt. 77

Andererseits hebt eine zeitlich befristete (auch wiederholte) Abwesenheit den gewöhnlichen Aufenthalt nicht auf, sofern eine **Rückkehrabsicht** besteht. Der Aufenthalt im **Frauenhaus** begründet deshalb i. d. R. keinen gewöhnlichen Aufenthalt, es sei denn, dass infolge eines längeren Aufenthalts eine Einbindung in die neue Umwelt eintritt und gleichzeitig der bisherige gewöhnliche Aufenthalt aufgegeben wurde.[17] 78

Entsprechendes gilt auch bei der **Verbüßung einer Freiheitsstrafe** in einer Vollzugsanstalt oder dem **Aufenthalt in einer Krankenheilanstalt**, da der längere Aufenthalt an einem Ort nicht vom Willen Dritter abhängig sein darf.

Die Aufgabe der früheren Wohnung (durch Auflösung des Haushalts) kann ein Indiz für den Wegfall des bisherigen gewöhnlichen Aufenthalts sein. 79

Generell ist ein gewöhnlicher Aufenthalt anzunehmen, wenn der Aufenthalt **6 Monate** angedauert hat.[18] 80

Eine **vorübergehende Abwesenheit** (v. a. aus beruflichen Gründen) beendet nicht den gewöhnlichen Aufenthalt. Fraglich ist, ob unter besonderen Umständen auch ein mehrfacher gewöhnlicher Aufenthalt begründet werden kann, z. B. wenn sich eine Person sowohl am Ort der beruflichen Tätigkeit als auch an dem Ort des Zusammenlebens mit dem anderen Ehegatten eine feste Wohnung eingerichtet hat und auch jeweils in das soziale Umfeld eingebunden ist. Nach der Definition des Begriffs »gewöhnlicher Aufenthalt« ist dies möglich; regelmäßig wird man aber davon ausgehen können, dass der Lebensmittelpunkt am Ort der Familie besteht und deshalb auch dort der gewöhnliche Aufenthalt anzunehmen ist. Ein Student hat seinen gewöhnlichen Aufenthalt am 81

---

14 BGH, FamRZ 2002, 1182.
15 AG Nürnberg, FamRZ 2008, 1777, 1778.
16 BGH, FamRZ 1996, 171, 172.
17 OLG Nürnberg, FamRZ 1997, 1400.
18 AG Nürnberg, FamRZ 2008, 1777, 1778.

Studienort, wenn er diesen als seinen Lebensmittelpunkt ansieht; hierbei verbleibt es auch bei einem vorübergehenden Wechsel des Studienortes. Der wehrpflichtige Soldat behält seinen bisherigen gewöhnlichen Aufenthalt, wenn er seine Wohnung beibehält.

c) Gewöhnlicher Aufenthalt im Ausland

82 In den Fällen, in denen weder das Kind noch ein vertretungsberechtigter Elternteil seinen gewöhnlichen Aufenthalt im Inland hat, greift der gewöhnliche Aufenthalt des Unterhaltspflichtigen ein. Dadurch soll jedoch nicht eine ausschließliche internationale Zuständigkeit begründet werden; vielmehr beschränkt die Regelung die in Nr. 2 bestimmte ausschließliche Zuständigkeit des ausschließlichen Gerichtsstands des Kindes oder des sorgeberechtigten Elternteils auf die reinen Inlandsfälle.

3. Vorrang der Zuständigkeit nach § 232 Abs. 1 FamFG

83 § 232 Abs. 2 FamFG ordnet den Vorrang der in Abs. 1 vorgesehenen ausschließlichen Zuständigkeit ggü. anderen ausschließlichen Gerichtsständen an. Die Kollision mehrerer ausschließlicher Gerichtsstände kann in Unterhaltssachen insb. im Fall des Vollstreckungsgegenantrags auftreten. Die Rechtsprechung[19] ging früher vom Vorrang des nach §§ 767 Abs. 1, 802 ZPO ausschließlich zuständigen Gerichts des ersten Rechtszuges aus. Dies wurde mit der Fallkenntnis des Gerichts des Vorprozesses begründet. Der Reformgesetzgeber misst diesem Argument jedoch keine ausschlaggebende Bedeutung zu, sondern nimmt ein höheres Gewicht der nach § 232 Abs. 1 Nr. 1 und 2 FamFG maßgeblichen Kriterien und der darauf gegründeten ausschließlichen Zuständigkeit an.

84 ▶ Beispiel:

Das AG – FamG – Bonn gewährt dem minderjährigen Kind K gegen seinen Vater Unterhalt. Das Kind zieht mit der Mutter nach Würzburg um. Nunmehr geht der Vater mit dem Vollstreckungsabwehrantrag nach § 767 ZPO gegen den Unterhaltsbeschluss vor. K ist immer noch minderjährig.

Zuständig für den Vollstreckungsabwehrantrag nach § 767 ZPO ist nicht das AG – FamG –Bonn nach §§ 767, 802 ZPO, sondern das AG – FamG – Würzburg nach § 232 Abs. 1 Nr. 2 FamFG.

4. Örtliche Zuständigkeit in isolierten Unterhaltsverfahren nach § 232 Abs. 3 FamFG

a) Aufenthalt des Antragsgegners

85 § 232 Abs. 3 Satz 1 FamFG verweist für den Fall, dass eine Zuständigkeit nach Abs. 1 nicht gegeben ist, auf die Vorschriften der ZPO zur örtlichen Zuständigkeit (vgl. §§ 12 ff. ZPO). Aus Gründen der Vereinheitlichung tritt in den Vorschriften über den

---

19 Vgl. BGH, FamRZ 2001, 1706.

allgemeinen Gerichtsstand der gewöhnliche Aufenthalt an die Stelle des Wohnsitzes. Damit ist das (isolierte) Unterhaltsverfahren, falls eine Zuständigkeit nach § 232 Abs. 1 FamFG nicht zu begründen ist, bei dem FamG einzuleiten, bei welchem der Antragsgegner seinen gewöhnlichen Aufenthalt hat.

b) Temporärer Wahlgerichtsstand bei Anhängigkeit des Kindesunterhalts

Die Geltendmachung von Kindesunterhalt (§§ 1601 ff. BGB) sowie eines Anspruchs, der eine durch die Ehe begründete gesetzliche Unterhaltspflicht betrifft (§§ 1361 Abs. 1, 1569 ff. BGB), oder wegen eines Anspruchs nach § 1615l BGB kann verschiedene Gerichtsstände zur Folge haben. 86

Solange ein Verfahren **zum Unterhalt für ein minderjähriges Kind in erster Instanz anhängig** ist, können die zuvor genannten Verfahren des (i. d. R. das minderjährige Kind betreuenden) Elternteils auch bei dem Gericht erhoben werden, bei dem ein Verfahren über den Unterhalt des (gemeinsamen) Kindes anhängig ist, vgl. § 232 Abs. 3 Nr. 1 FamFG. 87

Es handelt sich entsprechend dem Wortlaut um einen **Wahlgerichtsstand**. Hierdurch kann der Unterhalt begehrende Elternteil sicherstellen, dass über beide Unterhaltsansprüche von demselben Gericht entschieden wird, das regelmäßig beide Verfahren verbinden wird, vgl. § 147 ZPO. 88

Für das vereinfachte Verfahren nach §§ 249 ff. FamFG gilt dies ab dem Zeitpunkt, in dem dieses in ein streitiges Verfahren übergeht (§ 255 FamFG). 89

c) Unterhaltspflicht beider Eltern (§ 232 Abs. 3 Nr. 2 FamFG)

Die Vorschrift begründet einen **Wahlgerichtsstand der Streitgenossenschaft**. Gegenstand des Verfahrens muss die Unterhaltspflicht der Eltern ggü. dem Kind sein. 90

Dadurch wird Kindern die Wahl ermöglicht, gegen beide Elternteile vor einem Gericht einen Unterhaltsantrag zu stellen, bei dem entweder der eine oder der andere Elternteil einen Gerichtsstand hat. Die Erleichterung der Rechtsverfolgung der Kinder wird von sozialpolitischen Erwägungen getragen. So führt das gegen beide Elternteile an einem Gerichtsstand erhobene Unterhaltsverfahren zur Kostenersparnis und ausgeglichenen Festsetzung der jeweils geschuldeten Unterhaltsbeträge (§ 1606 Abs. 3 Satz 1 BGB) und damit insgesamt zur sachgerechten und beschleunigten Entscheidung der erfassten Streitigkeiten.

Sofern der gerichtliche Unterhaltsantrag eines minderjährigen Kindes zu beurteilen ist, geht der ausschließliche Gerichtsstand des § 232 Abs. 1 Nr. 2 FamFG vor. Etwas anderes gilt jedoch dann, wenn das Kind oder ein Elternteil seinen gewöhnlichen Aufenthalt im Ausland hat, vgl. § 232 Abs. 1 Nr. 2 a. E. FamFG. 91

Das im Gerichtsstand des § 232 Abs. 3 Nr. 2 FamFG erhobene Unterhaltsverfahren muss sich gegen beide Eltern des Kindes gemeinschaftlich richten. Dabei genügt die nachträgliche Einbeziehung des anderen Elternteils in das bereits rechtshängig gemachte Unterhaltsverfahren gegen einen Antragsgegner, weil der Antragsteller seine 92

Kapitel 5   Durchsetzung des Unterhaltsanspruchs im gerichtlichen Verfahren

Wahlbefugnis auf diesem Wege bereits ausgeübt hat. Unbeachtlich ist das Ausscheiden eines Antragsgegners nach Rechtshängigkeit, vgl. § 261 Abs. 3 Nr. 2 ZPO. Dies gilt auch dann, wenn dies der zuständigkeitsbegründende Elternteil war.

93 ▶ **Hinweis:**

Beispielhaft ist für die Vorschrift des § 232 Abs. 3 Nr. 2 FamFG das von einem Studenten gegen seine getrennt lebenden Eltern eingeleitete Unterhaltsverfahren. Studiert das 22-jährige Kind etwa in Bonn, während der Vater in Köln sowie die Mutter in Berlin leben, so kann das Kind das Verfahren gegen beide Elternteile in Köln beim FamG einleiten.

d) *Gewöhnlicher Aufenthalt des Antragsgegners im Ausland (§ 232 Abs. 3 Nr. 3 FamFG)*

94 Die Rechtsverfolgung wäre erheblich erschwert, wenn Unterhaltsansprüche im Ausland verfolgt werden müssten, weil der Antragsgegner dort seinen gewöhnlichen Aufenthalt unterhält. Die Regelung des § 232 Abs. 3 Nr. 3 FamFG bezweckt zur Vermeidung dieses Nachteils eine Erleichterung bei der Geltendmachung solcher Ansprüche, indem sie bei Unterhaltssachen einen Antragstellerwahlgerichtsstand verfügbar macht.

95 § 232 Abs. 3 Nr. 3 FamFG ist aber entsprechend dem Wortlaut nur anwendbar, wenn der Antragsgegner keinen allgemeinen oder besonderen Gerichtsstand im Inland hat. Der Antragsteller muss hingegen seinen gewöhnlichen Aufenthalt im Inland haben.

96 ▶ **Hinweis:**

Das Unterhaltsverfahren eines Kindes gegen beide Eltern kann nach § 232 Abs. 3 Nr. 2 FamFG vor dem Gericht, das für das Verfahren gegen einen Elternteil zuständig ist, erhoben werden. Lebt zumindest ein Elternteil im Inland, hat das das Verfahren betreibende Kind die Wahl zwischen den Gerichtsständen des § 232 Abs. 3 Nr. 2 FamFG und des § 232 Abs. 3 Nr. 3 FamFG.

III. Internationale Zuständigkeit

1. Zuständigkeit bei isolierter Verfahrensführung

97 Die internationale Zuständigkeit in (isolierten) Unterhaltsverfahren ergibt sich aus Art. 3 ff. EuUnterhaltsVO (EG VO Nr. 4/2009).[20]

Das Zuständigkeitssystem der EuUnterhaltsVO basiert auf dem gewöhnlichen Aufenthalt.[21]

---

20 Vgl. dazu Finger, FuR 2012, 69.
21 Baetge in Schulte-Bunert/Weinreich, § 98 FamFG Rn. 39.

Danach ist zunächst das Familiengericht international zuständig, bei welchem der Antragsgegner seinen gewöhnlichen Aufenthalt hat (Art. 3a). Gerichtsstandsvereinbarungen sind möglich, soweit es nicht um Minderjährigenunterhalt geht (Art. 4). Lässt sich der Antragsgegner auf das Unterhaltsverfahren »rügelos« ein, wird auch dadurch die Zuständigkeit begründet (Art. 5).

▶ Hinweis:

Die Zuständigkeitsproblematik darf aber nicht verwechselt werden mit der Frage nach dem anzuwendenden materiellen Recht. Die bislang dafür maßgebliche Vorschrift des Art. 18 EGBGB wurde auch durch die EuUnterhaltsVO (EG VO Nr. 4/2009) aufgehoben. Maßgeblich ist nun nach Art. 15 EuUnterhaltsVO (EG VO Nr. 4/2009) das Haager Protokoll von 2007 (HUP). Dieses stellt aber ebenfalls auf den gewöhnlichen Aufenthalt der Beteiligten ab, d. h. bei Unterhaltsfällen mit Auslandsbezug ist das materielle Recht des Staates anwendbar, in welchem der Unterhaltsberechtigte seinen gewöhnlichen Aufenthalt hat (Art. 3 HUP).[22] Es gibt aber auch eine Ausweichklausel (Art. 5 HUP) sowie die Möglichkeit der Rechtswahl für die Beteiligten (Art 7 und 8 HUP). Diese Regelungen sind auch anwendbar auf Drittstaatensachverhalte, also auf Sachverhalte mit Bezug zu einem Staat, der nicht Vertragsstaat ist (vgl. Art. 2 HUP).

2. Verbundzuständigkeit

Die Verbundzuständigkeit wird ebenfalls durch die EuUnterhaltsVO (EG VO Nr. 4/2009) beeinflusst.

98

Die deutschen Gerichte sind zunächst nach § 98 FamFG für Ehesachen international zuständig,[23] wenn
- ein Ehegatte Deutscher ist oder bei der Eheschließung war,
- beide Ehegatten ihren gewöhnlichen Aufenthalt im Inland haben,
- ein Ehegatte Staatenloser mit gewöhnlichem Aufenthalt im Inland ist oder
- ein Ehegatte seinen gewöhnlichen Aufenthalt im Inland hat, es sei denn, dass die zu fällende Entscheidung offensichtlich nach dem Recht keines der Staaten anerkannt würde, denen einer der Ehegatten angehört.

---

22 Art. 3 HUP hat folgenden Wortlaut:
Art. 3: Allgemeine Regel in Bezug auf das anzuwendende Recht(1) Soweit in diesem Protokoll nichts anderes bestimmt ist, ist für Unterhaltspflichten das Recht des Staates maßgebend, in dem die berechtigte Person ihren gewöhnlichen Aufenthalt hat.
(2) Wechselt die berechtigte Person ihren gewöhnlichen Aufenthalt, so ist vom Zeitpunkt des Aufenthaltswechsels an das Recht des Staates des neuen gewöhnlichen Aufenthalts anzuwenden.

23 Die Vorschrift des § 98 FamFG wird weitgehend verdrängt durch die (europarechtliche) VO Nr. 2201/2003; vgl. dazu Finger, FuR 2012, 66 ff. Betreffend das anwendbare Recht ist das Rom III-Abkommen (VO EU Nr. 1259/2010) ggfls. zu berücksichtigen.

Roßmann

Kapitel 5 Durchsetzung des Unterhaltsanspruchs im gerichtlichen Verfahren

Die Zuständigkeit der deutschen Gerichte nach § 98 Abs. 1 FamFG erstreckt sich im Fall des Verbunds von Scheidungs- und Folgesachen auch auf die Folgesachen, vgl. § 98 Abs. 2 FamFG.

99 Die EuUnterhaltsVO (EG VO Nr. 4/2009) verdrängt § 98 Abs. 1 Nr. 1 FamFG, d. h. basiert die Verbundzuständigkeit allein auf der Staatsangehörigkeit eines Beteiligten, wird sie durch Art. 3c EuUnterhaltsVO (EG VO Nr. 4/2009) ausgeschlossen. Folglich ist in solchen Fällen das deutsche Gericht zwar für die Ehe-(Scheidungs)sache zuständig, das Unterhaltsverfahren muss hingegen vor einem nach der EuUnterhaltsVO (EG VO Nr. 4/2009) zuständigen anderen Gericht geführt werden.

Anders liegt es, wenn die Zuständigkeit auf der beiderseitigen Staatsangehörigkeit oder dem gewöhnlichen Aufenthalt beruht, d. h. hier kommt der Verbund nach § 98 Abs. 2 FamFG zum Tragen.[24]

IV. Abgabe an das Gericht der Ehesache (§ 233 FamFG)

1. Rechtshängigkeit der Ehesache

100 Die Abgabe einer Unterhaltssache kommt nur in Betracht, wenn die Antragsschrift der Ehesache **rechtshängig** geworden ist.

Eine Abgabe ist also (noch) nicht möglich, wenn im Rahmen eines VKH-Verfahrens lediglich ein Entwurf für einen Antrag zu einer Ehesache zum FamG eingereicht wurde, weil ein Antrag hierdurch nicht rechtshängig wird.

101 Für die überzuleitende Unterhaltssache reicht es dagegen aus, wenn diese anhängig ist.

102 Die Abgabe bezieht sich nur auf Unterhaltssachen, die **in erster Instanz anhängig** sind.

103 Unerheblich ist dagegen, ob die Instanz – durch Eintritt der Rechtskraft oder Einlegung eines Rechtsmittels –formell beendet ist, weil nach der verfahrensabschließenden Entscheidung in der Unterhaltssache der Zweck des § 233 FamFG nicht mehr erreicht werden kann.

104 Ist eine Unterhaltssache in der Rechtsmittelinstanz anhängig, scheidet eine Abgabe ebenfalls aus. Lediglich bei einer Rückverweisung des Verfahrens an das FamG hat das Beschwerdegericht das Verfahren gleichzeitig zu dem Gericht der Ehesache überzuleiten.

2. Abgabe von Amts wegen

105 § 233 FamFG ordnet an, dass die Abgabe an das Gericht der Ehesache von Amts wegen zu erfolgen hat. Die Überleitung kann ohne mündliche Verhandlung erfolgen, jedoch ist den Beteiligten zuvor rechtliches Gehör zu gewähren. Damit das Gericht der Ehesache von der Unterhaltssache Kenntnis erlangt, ordnet § 133 Abs. 1 Nr. 2 FamFG an,

---

24 Baetge, in: Schulte-Bunert/Weinreich, § 98 FamFG Rn. 38.

dass der Scheidungsantrag Angaben zu anderweitig anhängigen Familiensachen, d. h. auch Unterhaltssachen, enthalten muss.

3. Bindungswirkung

Die Entscheidung ist nach § 233 Satz 2 FamFG i. V. m. § 281 Abs. 2 Satz 2 ZPO unanfechtbar und für das Gericht der Ehesache auch gem. § 233 Satz 2 FamFG i. V. m. § 281 Abs. 2 Satz 4 ZPO **bindend**. 106

Hinsichtlich der bis zur Überleitung angefallenen Kosten gilt § 233 Satz 2 FamFG i. V. m. § 281 Abs. 3 Satz 1 ZPO; danach gelten die bis zur Abgabe angefallenen Kosten als Teil der Kosten des Gerichts der Ehesache. 107

4. Rechtsfolgen der Abgabe

Die Abgabe macht die Unterhaltssache nicht automatisch zur Folgesache i. S. d. § 137 FamFG, sondern nur insoweit, als auch eine Entscheidung **für den Fall der Scheidung** zu treffen ist (z. B. nachehelicher Unterhalt) und der Antragsteller eine Entscheidung nur für den Fall der Scheidung begehrt. Ansonsten bleibt das abgegebene Verfahren eine selbstständige Unterhaltssache beim Gericht der Ehesache. 108

Wird eine Unterhaltssache als Verbundverfahren nach § 137 FamFG einbezogen, ist u. U. eine Änderung des Antrags erforderlich, worauf das Gericht ggf. nach § 139 ZPO hinzuweisen hat. 109

C. Einstweilige Unterhaltsanordnung

▶ **Das Wichtigste in Kürze** 110

- Die einstweilige Unterhaltsanordnung ergeht in einem selbstständigen Verfahren (§ 51 Abs. 3 Satz 1 FamFG) und ist hauptsacheunabhängig. → Rdn. 111 und Rdn. 121
- Der Erlass einer einstweiligen Unterhaltsanordnung setzt entgegen § 49 FamFG weder ein dringendes Bedürfnis voraus, noch ist die einstweilige Unterhaltsanordnung auf eine vorläufige Maßnahme begrenzt. → Rdn. 124 und Rdn. 130 f.
- Für die einstweilige Ehegattenunterhaltsanordnung gilt nicht der Grundsatz der Nichtidentität, d. h. sie gilt auch nach der Scheidung weiter. → Rdn. 140 ff.
- Der Antragsgegner kann gegen die einstweilige Unterhaltsanordnung mit einem negativen Feststellungsantrag vorgehen. → Rdn. 156 ff.

Der Anspruch auf Unterhalt ist fast immer eilig, sodass die Verfahrenseinleitung durch eine einstweilige Anordnung vielfach unvermeidbar ist. 111

Die einstweilige Unterhaltsanordnung hatte deshalb schon immer einen großen Stellenwert. Die Bedeutung der einstweiligen Unterhaltsanordnung wird infolge ihrer Hauptsacheunabhängigkeit, eine bedeutsame Errungenschaft des FamFG, voraussichtlich sogar noch zunehmen.

Kapitel 5 Durchsetzung des Unterhaltsanspruchs im gerichtlichen Verfahren

112 Das FamFG regelt die einstweilige Anordnung grundlegend in den §§ 49 bis 57 FamFG.[25] § 119 Abs. 1 Satz 1 FamFG stellt klar, dass die einstweilige Anordnung in **Familienstreitsachen** – somit auch in Unterhaltssachen – statthaft ist. Dies bestätigt auch die Vorschrift des § 246 FamFG, die i. Ü. als **lex specialis** die allgemeinen Anordnungsvoraussetzungen der §§ 49 bis 57 FamFG teilweise verdrängt.[26]

113 Die einstweilige Unterhaltsanordnung kann von dem Unterhaltsberechtigten ohne anwaltliche Mitwirkung beantragt und erwirkt werden, obwohl nach § 114 Abs. 1 Nr. 1 FamFG sämtliche Familienstreitsachen dem **Anwaltszwang** unterworfen wurden. Diese Ausnahme vom Anwaltszwang nach § 114 Abs. 4 Nr. 1 FamFG ist nicht gerechtfertigt; einstweilige Anordnungen haben **große Bedeutung in Unterhaltsstreitigkeiten**. Aufgrund des summarischen Verfahrens ist eine schnelle Einschätzung der rechtlichen Möglichkeiten erforderlich, die von den Beteiligten kaum geleistet werden kann.[27]

I. Streitgegenstand

114 **Streitgegenstand** eines einstweiligen Unterhaltsanordnungsverfahrens ist nicht der geltend gemachte Unterhaltsanspruch, sondern die Zulässigkeit seiner vorläufigen Durchsetzung. Der Antrag auf Erlass einer einstweiligen Anordnung führt darum nicht zur Rechtshängigkeit des Anspruchs selbst und Entscheidungen in diesem Zusammenhang führen nicht zu einer Rechtskraftwirkung bzgl. des Unterhaltsanspruchs im Hauptsacheverfahren. Allerdings stellt der Unterhaltsanspruch die Grundlage für die einstweilige Anordnung dar.

115 Die einstweilige Unterhaltsanordnung ist damit **rein prozessualer Natur** und schafft lediglich eine Vollstreckungsmöglichkeit wegen eines vorläufig als bestehend angenommenen materiell-rechtlichen Anspruchs.

116 ▶ Praxistipp zum Streitwert:

Wurde im einstweiligen Anordnungsverfahren der volle Kindesunterhalt geltend gemacht, kann der Regelstreitwert (halber Wert des Hauptsacheverfahrens) nach Auffassung des OLG Düsseldorf[28] bis zur Höhe des für die Hauptsache bestimmten Wertes angehoben werden.

Grds. ist im Verfahren der einstweiligen Anordnung von der Hälfte des für die Hauptsache bestimmten Hauptsachewertes auszugehen, mithin vom 6-fachen Wert des Unterhaltsantrags, vgl. § 41 Satz 2 FamGKG. Allerdings kann der Streitwert bis

---

25 Ausführlich zur einstweiligen Anordnung Götsche/Viefhues, ZFE 2009, 124 ff.
26 Schürmann, FamRB 2008, 375, 376.
27 Vgl. dazu auch Horndasch/Viefhues/Roßmann, FamFG, § 114 Rn. 19.
28 OLG Düsseldorf, 23.02.2010 – 3 W F 15/10, NJW 2010, 1385.

zur Höhe des für die Hauptsache bestimmten Wertes angehoben werden, wenn die einstweilige Anordnung die Hauptsache vorwegnimmt oder ersetzt.[29]

Nach Auffassung des OLG Düsseldorf passt die generelle Regelung des §41 FamGKG wegen der über die regelmäßig geringere Bedeutung einer einstweiligen Anordnung nach §49 FamFG hinausgehenden Bedeutung einer einstweiligen Anordnung nach §246 FamFG, die auf Leistung des vollen Unterhalts gehen kann, nicht ohne Weiteres für die Wertfestsetzung in durch einstweilige Anordnung geregelten Unterhaltssachen. Zielen diese – wie vorliegend beantragt – auf Leistung des vollen Unterhalts, d.h. nehmen sie damit die Hauptsache vorweg, fehlt eine Rechtfertigung den Verfahrenswert wegen »geringerer Bedeutung gegenüber der Hauptsache« herabzusetzen.

Anderer Auffassung ist das OLG Bamberg.[30] Danach entspricht der Verfahrenswert eines Verfahrens der einstweiligen Anordnung in Unterhaltssachen i.d.R. nicht dem Wert der Hauptsache. Für die Bemessung des Gegenstandswertes wollen die Richter auf die Verhältnisse zu Beginn des Verfahrens abstellen. Ob das einstweilige Anordnungsverfahren das Hauptsacheverfahren vorwegnimmt oder ersetzt, kann zu diesem Zeitpunkt i.d.R. nicht prognostiziert werden.

Jedenfalls der Verfahrenswert eines abschließenden Vergleichs im einstweiligen Anordnungsverfahren entspricht dem Wert der Hauptsache.[31]

II. Anordnungsvoraussetzungen

1. Antrag (§51 Abs.1 FamFG)

Der Erlass einer einstweiligen Unterhaltsanordnung setzt einen bestimmten vollstreckungsfähigen Antrag voraus. 117

Der Antrag kann etwa folgenden Wortlaut haben: 118

▶ **Formulierungsvorschlag: Antrag auf Erlass einer einstweiligen Unterhaltsanordnung**

Der Antragsgegner wird verpflichtet, an die Antragstellerin ab dem ....., jeweils monatlich im Voraus, spätestens bis zum dritten Werktag des jeweiligen Monats, einen monatlichen Unterhalt i.H.v. 350 € zu zahlen.

Der Antragsteller hat den gestellten Antrag zu begründen. Die **Begründung** muss die wesentlichen verfahrensrechtlichen und tatsächlichen Voraussetzungen enthalten. Die 119

---

29 Vgl. Fölsch, §8 Rn.65; Hartmann, KostenG, §41 FamGKG Rn.3; Schneider, FamFR 2009, 109, 112.
30 OLG Bamberg, FuR 2012, 144; ebenso OLG Celle, FamRZ 2011, 757; vgl. auch OLG Stuttgart, FamRZ 2011, 757 sowie OLG Köln FamRZ 2011, 758.
31 OLG Jena, FamRZ 2012, 737; Fölsch, FamRZ 2012, 738.

Kapitel 5   Durchsetzung des Unterhaltsanspruchs im gerichtlichen Verfahren

Voraussetzungen für die Anordnung sind nach § 51 Abs. 1 Satz 2 FamFG **glaubhaft** zu machen.

Die Glaubhaftmachung bestimmt sich in Unterhaltssachen nach § 113 Abs. 1 FamFG i. V. m. § 294 ZPO.[32] Probate Möglichkeit der Glaubhaftmachung ist danach insb. die Versicherung an Eides statt.

120 Die Anhängigkeit einer Ehesache, eines isolierten Unterhaltsverfahrens oder die Einreichung eines entsprechenden Antrags auf Bewilligung von VKH ist nicht (mehr) Voraussetzung für das einstweilige Anordnungsverfahren nach § 246 FamFG.

121 ▶ Hinweis:

Der größte Unterschied im Bereich der einstweiligen Unterhaltsanordnung im Vergleich zur früheren Rechtslage ist die **Unabhängigkeit** von einem Hauptsacheverfahren. Die frühere Abhängigkeit des Verfahrens der einstweiligen Anordnung vom Hauptsacheverfahren hat sich nach Auffassung des Gesetzgebers als nicht ökonomisch erwiesen und wird deshalb im FamFG nicht mehr praktiziert. Sind alle Beteiligten mit der einstweiligen Regelung zufrieden, ist ein Hauptsacheverfahren in aller Regel überflüssig. Das Gesetz muss eine Durchführung eines Hauptsacheverfahrens nur in den Fällen sicherstellen, in denen derjenige, der durch die einstweilige Anordnung in seinen Rechten beeinträchtigt ist, dies wünscht, etwa um eine streitige Tatsache mit besseren Erkenntnismöglichkeiten und höherem richterlichen Überzeugungsgrad abschließend zu klären. Dies wird gewährleistet.

Damit ist die einstweilige Anordnung rechtstechnisch kaum noch von der einstweiligen Verfügung zu unterscheiden. Der Unterschied zwischen einstweiliger Anordnung und einstweiliger Verfügung war nämlich insb., dass Letztere von einem Hauptsacheverfahren unabhängig ist.

2. Zuständiges Gericht

122 Die Zuständigkeit für den Erlass einer einstweiligen Unterhaltsanordnung ist der Vorschrift des § 50 FamFG i. V. m. §§ 231, 232 FamFG zu entnehmen.

Danach ist wie folgt zu unterscheiden:[33]

– **§ 50 Abs. 1 Satz 1 FamFG**: Ist eine **Unterhaltshauptsache** nicht anhängig, ist das FamG zuständig, das für die Hauptsache im ersten Rechtszug zuständig wäre. Die örtliche Zuständigkeit ist daher § 232 FamFG zu entnehmen. So ist z. B. für eine einstweilige Unterhaltsanordnung, die die gesetzliche Unterhaltspflicht des Vaters ggü. einem minderjährigen Kind betrifft, das FamG nach § 232 Abs. 1 Nr. 2 FamFG örtlich zuständig, bei dem das Kind oder der Elternteil, der aufseiten des Kindes zu handeln befugt ist, seinen gewöhnlichen Aufenthalt hat.

---

32 Horndasch/Viefhues/Viefhues, FamFG, § 51 Rn. 10.
33 Vgl. dazu Götsche/Viefhues, ZFE 2009, 125.

- **§ 50 Abs. 1 Satz 2 FamFG**: Ist hingegen eine **Unterhaltshauptsache** erstinstanzlich anhängig, ist das Gericht des ersten Rechtszuges zuständig. Möglich ist auch, dass die **Unterhaltshauptsache** bereits zweitinstanzlich beim Beschwerdegericht anhängig ist. Dies begründet dann die Zuständigkeit des Beschwerdegerichts. Sofern die **Unterhaltshauptsache** schon beim Rechtsbeschwerdegericht anhängig ist, ergibt sich erneut die Zuständigkeit des FamG des ersten Rechtszuges.
- **Unterhaltshauptsache wird nachträglich anhängig**: Die örtliche Zuständigkeit einer später eingeleiteten **Unterhaltshauptsache** ist nach allgemeinen Kriterien zu bestimmen, richtet sich also nicht nach einem bereits anhängigen einstweiligen Anordnungsverfahren. Ändern sich die für die Zuständigkeit maßgeblichen Kriterien (z. B. aufgrund eines Umzugs der Beteiligten), kann dies zu unterschiedlichen Zuständigkeiten führen.[34] Möglich ist in solchen Fällen allerdings eine Abgabe des einstweiligen Anordnungsverfahrens an das Hauptsachegericht gem. § 4 FamFG.[35]
- **§ 50 Abs. 2 FamFG**: Die Vorschrift des § 50 Abs. 2 FamFG regelt Eilfälle; damit ist sie insb. für die einstweilige Unterhaltsanordnung nur von untergeordneter Bedeutung. Nach § 246 Abs. 2 FamFG ist nämlich regelmäßig eine mündliche Verhandlung erforderlich. Liegt aber ein besonders dringender Fall vor, ist auch das FamG örtlich zuständig, in dessen Bezirk das Bedürfnis für ein gerichtliches Tätigwerden bekannt wird oder sich die Person oder die Sache befindet, auf die sich die einstweilige Anordnung bezieht. Das aufgrund von § 50 Abs. 2 FamFG angerufene Gericht hat das Verfahren unverzüglich von Amts wegen an das nach § 50 Abs. 1 FamFG zuständige Gericht abzugeben.

3. Anordnungsgrund

Erforderlich ist nach § 49 Abs. 1 FamFG ein **dringendes Bedürfnis für ein sofortiges Tätigwerden**. Diese Voraussetzung entspricht in ihrer Funktion etwa dem Verfügungsgrund für den Erlass einer einstweiligen Verfügung.[36] Ob ein dringendes Bedürfnis anzunehmen ist, ist eine Frage des Einzelfalles. Es wird regelmäßig zu bejahen sein, wenn ein Zuwarten bis zur Entscheidung in einer etwaigen Hauptsache nicht ohne Eintritt erheblicher Nachteile möglich wäre.[37] 123

In **Unterhaltssachen** weicht § 246 FamFG (als lex specialis) von § 49 FamFG ab, d. h. das FamG kann durch einstweilige Anordnung auf Antrag die Verpflichtung zur Zahlung von Unterhalt oder die Zahlung eines Kostenvorschusses für ein gerichtliches Verfahren regeln. Ein dringendes Regelungsbedürfnis ist nicht erforderlich, weil Unterhalt lebensnotwendig ist und sich damit die Eilbedürftigkeit von selbst versteht. 124

---

34 Schürmann, FamRB 2008, 375, 376.
35 Schürmann, FamRB 2008, 375, 376.
36 Vgl. Thomas/Putzo, ZPO, § 935 Rn. 6.
37 OLG Köln, FamRZ 2007, 658.

Kapitel 5   Durchsetzung des Unterhaltsanspruchs im gerichtlichen Verfahren

125   Damit genügt als Anordnungsgrund ein »**einfaches**« **Regelungsbedürfnis**;[38] selbst daran fehlt es in folgenden Fällen:
- Ein Unterhaltstitel liegt bereits vor.
- Eine vorherige Zahlungsaufforderung fehlt.
- Unterhalt für die Vergangenheit kann nicht durch einstweilige Anordnung geregelt werden (nur für die Zeit ab Antragseingang).[39]
- Der Unterhaltsschuldner zahlt den Unterhalt freiwillig und es kann angenommen werden, dass er dies auch weiterhin tun wird (ein Titulierungsinteresse genügt nicht!).[40]

126   Die Bewilligung von Sozialleistungen nimmt dem Antragsteller hingegen nicht das Regelungsbedürfnis.

127   ▶ **Hinweis:**

> Klarstellend ist darauf hinzuweisen, dass der Erlass einer einstweiligen Unterhaltsanordnung dem Unterhaltsgläubiger nicht das Rechtsschutzbedürfnis für ein Hauptsacheverfahren nimmt. Dieses wird bei Unterhaltsrückständen regelmäßig schon deshalb erforderlich sein, weil im Verfahren der einstweiligen Unterhaltsanordnung kein rückständiger Unterhalt tituliert wird. Aber auch unabhängig davon ist die einstweilige Unterhaltsanordnung nur das Ergebnis einer summarischen Prüfung, sodass die Beteiligten ein Rechtsschutzbedürfnis für eine der Rechtskraft zugängliche endgültige Hauptsacheentscheidung haben. Umgekehrt liegt der Fall allerdings anders, d. h. ist bereits im Rahmen eines Hauptsacheverfahrens Unterhalt tituliert worden, besteht kein Regelungsbedürfnis für eine einstweilige Unterhaltsanordnung (s. o., Rdn. 125 und Kap. 1 Rdn. 122).

4. Anordnungsanspruch

128   Die einstweilige Anordnung muss gem. § 49 Abs. 1 FamFG »**nach den für das Rechtsverhältnis maßgebenden Vorschriften gerechtfertigt**« sein. Diese Voraussetzung entspricht strukturell dem Erfordernis eines Verfügungsanspruchs im Recht der einstweiligen Verfügung nach der ZPO.[41] Die Formulierung des § 49 Abs. 1 FamFG macht deutlich, dass das FamG auch im summarischen Verfahren die einschlägigen – materiell-rechtlichen – Vorschriften zu prüfen bzw. sich zumindest daran zu orientieren hat. Es muss natürlich nicht jede Bedarfsposition konkret bestimmt werden.[42] Auch bestehen geringere Beweisanforderungen, insb. ist die Beweiserhebung gem. § 113 Abs. 1 FamFG i. V. m. § 294 Abs. 2 ZPO auf präsente Beweismittel beschränkt.[43]

---

38   Vgl. Thomas/Putzo, ZPO, § 246 FamFG Rn. 4.
39   Klein, FuR 2009, 241, 244.
40   Vgl. Schürmann, FamRB 2008, 375, 377.
41   Vgl. Thomas/Putzo, ZPO, § 935 Rn. 5.
42   Musielak/Borth, FamFG, § 246 Rn. 15.
43   Giers, FGPrax 2009, 47, 49.

▶ **Praxistipp:**

Eine wichtige Besonderheit des Anordnungsverfahrens, die anwaltlich unbedingt beachtet werden sollte, ist die (**vorbeugende**) **Entkräftung von Einwendungen** (in Unterhaltssachen z. B. die mangelnde Leistungsfähigkeit), für die im ordentlichen Verfahren der Antragsgegner darlegungs- und beweisverpflichtet wäre. Dies gilt jedenfalls dann, wenn eine einstweilige Anordnung ohne vorherige Anhörung des Antragsgegners erstrebt wird. Im Einzelfall kann eine eidesstattliche Versicherung ausreichen.

III. Entscheidung über den Antrag

1. Regelungsumfang

§ 49 Abs. 1 FamFG macht deutlich, dass für eine einstweilige Anordnung nur **vorläufige Maßnahmen** in Betracht kommen.[44] Es gilt daher, wie im Recht der einstweiligen Verfügung, der **Grundsatz des Verbots der Vorwegnahme der Hauptsache**. Auch insoweit gilt für die einstweilige Anordnung in **Unterhaltssachen** allerdings eine wichtige Besonderheit. Auf der Rechtsfolgenseite besteht nämlich die in § 49 FamFG vorgesehene Begrenzung auf vorläufige Maßnahmen nicht, vgl. § 246 Abs. 1 FamFG. Durch eine einstweilige Anordnung kann der volle laufende Unterhalt ohne zeitliche Begrenzung zuerkannt werden, soweit die Voraussetzungen dafür glaubhaft gemacht worden sind.[45]

Vereinzelt wird sogar vertreten, dass der Unterhalt unbegrenzt zuzusprechen »ist«.[46] Dies lässt sich aus § 246 FamFG allerdings nicht entnehmen. Die Regelung soll zwar möglichst umfassend sein, um zusätzliche Auseinandersetzungen in einem gerichtlichen Verfahren tunlichst zu vermeiden. Das Gericht kann aber auch anderweitig verfahren und zwar insb. dann, wenn nur überwiegende Wahrscheinlichkeit für die Richtigkeit des Titels zu erzielen war. Dann kommt sowohl eine Begrenzung der Höhe als auch der Zeit nach infrage.[47]

2. Entscheidung durch Beschluss

Das Gericht entscheidet über den Unterhaltsanordnungsantrag durch **Beschluss**, vgl. §§ 51 Abs. 2 Satz 1, 38 Abs. 1 Satz 1 FamFG.

§ 246 Abs. 2 FamFG bestimmt, dass die Entscheidung aufgrund **mündlicher Verhandlung** ergeht, wenn dies zur Aufklärung des Sachverhalts oder für eine gütliche Streitbeilegung geboten erscheint. Die Vorschrift betont die Bedeutung der mündlichen Verhandlung im Verfahren der einstweiligen Anordnung in Unterhaltssachen und

---

44 Löhnig/Heiß, FamRZ 2009, 1101.
45 Vgl. Klein, FuR 2009, 321 ff.
46 Borth, FamRZ 2009, 157, 161.
47 Götsche/Viefhues, ZFE 2009, 126.

trägt damit dem Umstand Rechnung, dass das Ziel einer Verfahrensbeschleunigung in Unterhaltssachen nicht in der Weise im Vordergrund steht, wie in anderen Bereichen des einstweiligen Rechtsschutzes. In der mündlichen Verhandlung können offengebliebene Gesichtspunkte geklärt und die in Unterhaltssachen nicht selten vorkommenden Rechts- und Einschätzungsfragen erörtert werden. Die Verhandlungssituation erleichtert zudem das Zustandekommen von Vereinbarungen. Damit ist die mündliche Verhandlung vom Gesetzgeber als **Regelfall** gewollt, bevor eine einstweilige Anordnung in Unterhaltssachen ergeht. Nur in einfach gelagerten oder besonders eilbedürftigen Fällen kann die Entscheidung ausnahmsweise ohne mündliche Verhandlung erfolgen.

134 Eine **Versäumnisentscheidung** ist auch in Unterhaltssachen, die eine Familienstreitsache nach § 112 Nr. 1 FamFG darstellen, ausgeschlossen, vgl. § 51 Abs. 2 Satz 3 FamFG. Der Antragsgegner kann aber die Anordnung nicht durch Säumnis verhindern. Das FamG erlässt die Anordnung in diesem Fall nach »Aktenlage«.

135 Die einstweilige Unterhaltsanordnung wird in einem **selbstständigen Verfahren** erwirkt, vgl. § 51 Abs. 3 Satz 1 FamFG. Der Anordnungsbeschluss enthält daher nach §§ 51 Abs. 4, 82, 243 FamFG auch eine **Kostenentscheidung**.[48]

136 Der Unterhaltsanordnungsbeschluss ist nach §§ 704 ff. ZPO (vgl. § 120 Abs. 1 FamFG) vollstreckbar; es bedarf allerdings nach § 53 Abs. 1 FamFG grds. keiner Vollstreckungsklausel.

137 ▶ Praxistipp:

Der Unterhaltsanordnungsbeschluss ist materieller **Rechtskraft** nicht fähig; er stellt nur klar, dass ein Bedürfnis für eine vorläufige Regelung besteht. Deshalb kann die Anordnung auch rückwirkend wieder aufgehoben werden. Da die Unterhaltsanordnung auch kein Rechtsgrund für Unterhaltszahlungen i. S. v. § 812 BGB ist, kommen in diesem Fall grds. (d. h. vorbehaltlich des Entreicherungseinwands nach § 818 Abs. 3 BGB) Rückzahlungsansprüche in Betracht.

IV. Außerkrafttreten der einstweiligen Unterhaltsanordnung

138 Das Außerkrafttreten der einstweiligen Anordnung ist in § 56 FamFG geregelt.

139 Erforderlich ist die **Rechtskraft** einer anderweitigen Regelung in der betreffenden Unterhaltssache. Dies hat der Gesetzgeber nunmehr in § 56 Abs. 1 Satz 1 FamFG eindeutig angeordnet, um einen regellosen Zustand für den schutzbedürftigen Unterhaltsgläubiger zu vermeiden.

140 Das Außerkrafttreten der einstweiligen Unterhaltsanordnung tritt im Fall des Ehegattenunterhalts insb. auch nicht durch die Scheidung ein, weil der **Grundsatz der Nichtidentität** für den Titel der einstweiligen Anordnung ohne Bedeutung ist.

---

48 Schürmann, FamRB 2008, 375, 379.

▶ **Hinweis:** 141

Der **Grundsatz der Nichtidentität** besagt, dass Trennungs- (§ 1361 BGB) und Scheidungsunterhalt (§§ 1569 ff. BGB) streng zu unterscheiden sind, denn es handelt sich um verschiedene Streitgegenstände. Beiden Regelungskomplexen liegen unterschiedliche Rechtsgedanken zugrunde: Während beim Trennungsunterhalt wegen Nochbestehens der Ehe das Prinzip der ehelichen Solidargemeinschaft fast uneingeschränkt gilt, steht bei den §§ 1569 ff. BGB das Prinzip der Eigenverantwortlichkeit im Vordergrund; nach der gesetzlichen Konzeption soll hier die Unterhaltspflicht der Ausnahmefall sein, der nur in genau beschriebenen Fällen eingreift. Diesem Grundsatz legt die Rechtsprechung nicht nur materiell-rechtliche Bedeutung bei, sondern auch prozessuale: Nicht nur der Anspruch als solcher ist nun ein anderer; auch eine Vollstreckung des Scheidungsunterhalts aus einem Beschluss auf Trennungsunterhalt ist nicht zulässig.

Nach anderer Auffassung[49] kann die Wirkung der einstweiligen Unterhaltsanord- 142
nung nicht weiter gehen als die Hauptsache. Habe das FamG während eines Trennungsunterhaltsverfahrens eine einstweilige Unterhaltsanordnung erlassen und vor Abschluss dieses Verfahrens die Ehe rechtskräftig geschieden, sei die einstweilige Anordnung auf Antrag nach § 54 Abs. 1 FamFG aufzuheben, da mit Rechtskraft der Scheidung der Trennungsunterhalt beendet sei.

Diese Auffassung verkennt, dass die einstweilige Anordnung hauptsacheunabhängig ist, also unabhängig von einem Hauptsacheverfahren beantragt werden kann.

Auch wenn die einstweilige Anordnung nach § 49 Abs. 1 FamFG »**nach den für das Rechtsverhältnis maßgebenden Vorschriften gerechtfertigt**« sein muss, tritt keine derart enge Bindung an den Trennungsunterhalt nach § 1361 BGB ein, dass die einstweilige Unterhaltsanordnung mit Rechtskraft der Scheidung allein dadurch ihre Wirkung einbüßt.

Der Gesetzgeber hat diese Bindung (entsprechend den früheren §§ 620 ff. ZPO) nicht 143
gewollt und bewusst aufgegeben; bezweckt wird, dass Hauptsacheverfahren aufgrund einstweiliger Anordnungen entbehrlich werden. Ist der Unterhaltsberechtigte daher mit der einstweiligen Unterhaltsanordnung einverstanden, muss nach Rechtskraft der Scheidung keine »nacheheliche« Unterhaltsanordnung beantragt werden, vielmehr gilt die bisherige fort.

Die einstweilige Unterhaltsanordnung nach § 246 FamFG wird nur durch eine ander- 144
weitige Regelung außer Kraft gesetzt (vgl. § 56 Abs. 1 FamFG).

---

49 Gerhardt, in: Handbuch FAFamR, 6. Kap. Rn. 842; Thomas/Putzo, ZPO, § 246 FamFG Rn. 3; a. A. Musielak/Borth, FamFG, § 54 Rn. 13.

V. Rechtsschutz ggü. einer einstweiligen Unterhaltsanordnung

1. Änderung und Aufhebung der einstweiligen Unterhaltsanordnung nach § 54 FamFG

145   Die Änderung oder Aufhebung einer einstweiligen Unterhaltsanordnung erfolgt nur auf Antrag, vgl. § 54 Abs. 1 Satz 2 FamFG. Die Befugnis zur Antragstellung haben alle Beteiligten, die durch die einstweilige Anordnung beschwert, d. h. durch den Beschluss in ihren Rechten beeinträchtigt sind.[50] Der Antrag nach § 54 Abs. 1 FamFG kann auch auf eine rückwirkende Änderung oder Aufhebung gerichtet werden, weil die einstweilige Unterhaltsanordnung der Rechtskraft nicht fähig ist.

146   Die Änderungsmöglichkeit des § 54 Abs. 1 FamFG ist **subsidiär** ggü. dem Antrag nach § 54 Abs. 2 FamFG, wenn keine mündliche Verhandlung stattgefunden hat, was aber in Unterhaltssachen wegen § 246 Abs. 2 FamFG eher selten ist.[51]

147   Allerdings kann der Antragsteller **neben** dem Änderungsantrag nach § 54 Abs. 1 FamFG **oder stattdessen** auch das Verfahren zur Hauptsache einleiten, vgl. § 52 Abs. 2 FamFG.

148   ▶ Praxistipp:

Die Änderung der einstweiligen Unterhaltsanordnung nach § 54 Abs. 1 FamFG erfolgt nur aufgrund **neuer Tatsachen**, die der Antragsteller vortragen muss. Der Änderungsantrag ist also unzulässig, wenn der Antragsteller allein die Änderung der getroffenen Entscheidung fordert, ohne neue Tatsachen vorzubringen; es fehlt in diesem Fall das **Rechtsschutzbedürfnis**.[52]

Will der Antragsteller eine **Reduzierung** der Unterhaltsanordnung erreichen, ist unbedingt der Antrag auf Aussetzung der Vollstreckung nach § 55 FamFG zu stellen.

Der betreffende Antrag kann wie folgt formuliert werden:

»*Die Vollstreckung aus dem Beschluss v. ...... (Az.: ......) wird nach § 55 FamFG bis zum Erlass des Beschlusses in diesem Verfahren ohne Sicherheitsleistung einstweilen ausgesetzt.*«

2. Einleitung der Unterhaltshauptsache nach § 52 Abs. 2 FamFG

149   Das Gericht hat auf Antrag nach § 52 Abs. 2 FamFG anzuordnen, dass der Beteiligte, der die einstweilige Anordnung erwirkt hat, binnen einer zu bestimmenden Frist Antrag auf Einleitung des Hauptsacheverfahrens oder Antrag auf Bewilligung von VKH für das Hauptsacheverfahren stellt, vgl. § 52 Abs. 2 Satz 1 FamFG.

---

50 Götsche/Viefhues, ZFE 2009, 130.
51 Götsche/Viefhues, ZFE 2009, 130.
52 Schürmann, FamRB 2008, 375, 380.

> **Hinweis:** 150

§ 52 Abs. 1 FamFG regelt den Antrag auf Einleitung des Hauptsacheverfahrens in den **Amtsverfahren**, § 52 Abs. 2 FamFG hingegen in den **Antragsverfahren**. Damit ist § 52 Abs. 2 FamFG im Fall der Unterhaltsanordnung maßgeblich.

Antragsbefugt sind alle Beteiligten, die durch die einstweilige Anordnung beschwert sind. 151

Der Antragsteller, der die einstweilige Anordnung erwirkt hat, hat kein gegen sich selbst wirkendes Antragsrecht; er kann das Hauptsacheverfahren einfach einleiten, indem er einen Unterhaltsantrag nach §§ 253, 258 ZPO stellt. 152

Die für die Einleitung des Hauptsacheverfahrens gesetzte Frist darf nach § 52 Abs. 2 Satz 2 FamFG 3 Monate nicht überschreiten. Wird dieser Anordnung nicht Folge geleistet, ist die einstweilige Anordnung aufzuheben, vgl. § 52 Abs. 2 Satz 3 FamFG. 153

3. Beschwerde (§ 57 FamFG)

Die **Beschwerde** gegen die einstweilige Anordnung ist in § 57 **FamFG** geregelt. Danach ist die einstweilige Unterhaltsanordnung nicht anfechtbar. Dem beschwerten Beteiligten bleibt insb. die Möglichkeit der Abänderung aufgrund neuer Tatsachen (§ 54 Abs. 1 FamFG) oder die Einleitung des Hauptsacheverfahrens (§ 52 Abs. 2 FamFG). 154

4. Abänderungsverfahren nach § 238 Abs. 1 FamFG

Ein **Abänderungsverfahren nach § 238 Abs. 1 FamFG** ist nicht zulässig, da diese Vorschrift nur eine Abänderung von »Endentscheidungen« erlaubt. Die einstweilige Unterhaltsanordnung ist hingegen nur eine vorläufige Regelung, vgl. §§ 49 Abs. 1, 246 Abs. 1 FamFG. 155

5. Negativer Feststellungsantrag (§ 256 ZPO)

Sehr umstritten ist die Frage, ob der Unterhaltsschuldner gegen die einstweilige Unterhaltsanordnung einen negativen Feststellungsantrag nach § 256 ZPO stellen kann. 156

Eine Meinung[53] bejaht dies, da der Unterhaltsschuldner nicht darauf beschränkt sei, seine Einwendungen nur mithilfe des Abänderungsantrags nach § 54 FamFG oder mit dem Antrag auf Fristsetzung zur Einleitung des Hauptsacheverfahrens nach § 52 Abs. 2 Satz 1 FamFG geltend zu machen. Er habe einen Anspruch darauf, dass das Nichtbestehen des in der einstweiligen Anordnung titulierten Anspruchs mit Rechtskraftwirkung festgestellt werde; dies begründe auch sein Feststellungsinteresse nach § 256 ZPO.[54] 157

Man könnte ergänzend noch argumentieren, dass die Möglichkeit des Unterhaltsschuldners, das Hauptsacheverfahren nach § 52 Abs. 2 FamFG zu erzwingen, der

---

53 HK-FamFG/Stockmann, § 56 Rn. 8.
54 Ähnlich Musielak/Borth, FamFG, § 54 Rn. 12 bis 14 sowie § 246 Rn. 11 a. E.

Vorschrift des § 926 ZPO nachgebildet ist; dazu ist allerdings allgemeine Meinung, dass der Schuldner neben dem Verfahren nach § 926 ZPO selbst das Hauptsacheverfahren durch negative Feststellungsklage einleiten kann.[55]

158 Die Gegenmeinung[56] hält den **negativen Feststellungsantrag** für unzulässig. Der Unterhaltsschuldner könne ein Hauptsacheverfahren nach § 52 Abs. 2 FamFG erzwingen; damit werde auf einfachere Art und Weise dasselbe erreicht wie mit einem Feststellungsbeschluss, wonach kein Unterhalt geschuldet werde. Allein die zeitliche Verzögerung (dem Unterhaltsberechtigten können bis zu 3 Monate für die Verfahrenseinleitung eingeräumt werden) rechtfertige kein Rechtsschutzbedürfnis für einen negativen Feststellungsantrag, zumal auch noch ein Antrag auf Aufhebung oder Änderung der Unterhaltsanordnung nach § 54 Abs. 1 FamFG gestellt werden könne.

159 Letztlich ist zur Beurteilung des Meinungsstreits maßgeblich, ob die beschriebenen rechtlichen Möglichkeiten des Unterhaltsschuldners, gegen die einstweilige Unterhaltsanordnung vorzugehen, ausreichend sind. Dann wäre in der Tat ein Rechtsschutzbedürfnis für einen negativen Feststellungsantrag nicht vorhanden. Zwecks Klärung dieser Frage soll im Folgenden der negative Feststellungsantrag mit den o. g. Verfahrensmöglichkeiten verglichen werden. Dabei wird sich ergeben, dass dem Unterhaltsschuldner ein Rechtsschutzbedürfnis für ein negatives Feststellungsverfahren nicht abgesprochen werden kann.

a) Verhältnis zum Abänderungsantrag nach § 54 FamFG

160 Der Unterhaltsschuldner kann, wenn er sich durch eine einstweilige Unterhaltsanordnung ungerechtfertigt verpflichtet ansieht, einen Aufhebungs- oder zumindest Abänderungsantrag nach § 54 Abs. 1 FamFG stellen. Allerdings handelt es sich bei diesem Verfahren erneut um einen **summarischen Vorgang**, der niemals Vorrang ggü. einem negativen Feststellungsbeschluss beanspruchen kann. Der Unterhaltsschuldner hat ein Recht auf eine **rechtskräftige Entscheidung**. Der Aufhebungs- oder Abänderungsantrag nach § 54 Abs. 1 FamFG schließt ein Rechtsschutzbedürfnis für einen negativen Feststellungsantrag nach § 256 ZPO also nicht aus.

b) Verhältnis zu einem Leistungsantrag, gerichtet auf Rückzahlung

161 Die **Möglichkeit eines Leistungsantrags**, gerichtet auf Rückzahlung von nicht geschuldetem Unterhalt, ist ggü. einem negativen Feststellungsantrag vorrangig.

162 ▶ Beispiel:

Der Unterhaltsschuldner wurde durch eine einstweilige Unterhaltsanordnung verpflichtet, mtl. 400 € Ehegattenunterhalt zu zahlen. Grundlage der Verpflichtung war, dass die frühere Partnerin erwerbslos und insoweit auch bedürftig war.

---

55 Zöller/Vollkommer, ZPO, § 926 Rn. 3; Musielak/Huber, ZPO, § 926 Rn. 3.
56 Gerhardt, in: Handbuch FAFamR, 6. Kap. Rn. 839; Thomas/Putzo, ZPO, § 246 FamFG Rn. 9.

C. Einstweilige Unterhaltsanordnung Kapitel 5

Nunmehr hat der Unterhaltsschuldner erfahren, dass die frühere Partnerin bereits seit einem halben Jahr wieder arbeitet und ausreichend Einkünfte erwirtschaftet, sodass eine Unterhaltsschuld seit dieser Arbeitsaufnahme nicht mehr gegeben ist.

Der Unterhaltsschuldner kann ausschließlich eine Leistungsklage auf Rückgewähr der 163 nicht geschuldeten Unterhaltsbeträge erheben. Dies ist bedingt durch die Subsidiarität des negativen Feststellungsantrags ggü. einem möglichen Leistungsantrag, der den Streitgegenstand des Feststellungsantrags (Unterhaltsanspruch) mitumfasst. Würde man einen negativen Feststellungsantrag zulassen, müsste das FamG feststellen, dass der Unterhaltsschuldner für das zurückliegende halbe Jahr und weiter für die Zeit bis zur mündlichen Verhandlung beim FamG zu Unterhaltszahlungen nicht verpflichtet war. Diese Feststellung ist für den Unterhaltsschuldner nur von rechtlicher Bedeutung, wenn er nun die betroffenen nicht geschuldeten Beträge zurückfordert. Dies könnte er – da der Feststellungsbeschluss keinen »Leistungsbefehl« einschließt – nur durch einen nachgeschalteten Leistungsantrag erzwingen. Damit ist der Unterhaltsschuldner in solchen Fällen gezwungen, den Leistungsantrag sofort zu erheben, damit eine doppelte Verfahrensführung nicht erforderlich wird. Der Unterhaltsschuldner beantragt im Beispielsfall zunächst die Rückzahlung der Unterhaltsleistungen der zurückliegenden 6 Monate und erweitert den Antrag in der mündlichen Verhandlung um diejenigen Zahlungen, die er bis zur mündlichen Verhandlung noch tätigen musste. Der erfolgreiche Leistungsantrag führt nach § 56 FamFG zum Außerkrafttreten der einstweiligen Unterhaltsanordnung.[57]

▶ **Praxistipp:** 164

Möglich ist die rückwirkende Überprüfung einer solchen einstweiligen Anordnung, da sie nicht der Rechtskraft fähig ist. Der durch die einstweilige Unterhaltsanordnung Verpflichtete muss einen Rückzahlungsanspruch geltend machen. Die einstweilige Unterhaltsanordnung ist kein Rechtsgrund für Unterhaltszahlungen, sodass bei fehlender materiell-rechtlicher Unterhaltsberechtigung der Bereicherungsanspruch nach § 812 Abs. 1 Satz 1 (1. Alt.) BGB eingreift. Allerdings wird der Rückzahlungsanspruch häufig am Entreicherungseinwand nach § 818 Abs. 3 BGB scheitern. Allerdings sollte mit Rechtshängigkeit der Leistungsklage § 241 **FamFG analog** anwendbar sein, sodass zumindest diejenigen Zahlungen, die nach Rechtshängigkeit des Leistungsantrags vorgenommen werden mussten, vom Entreicherungseinwand nicht erfasst werden können. Auch für die früheren Zahlungen ist zu erwägen, ob nicht Bösgläubigkeit nach § 819 Abs. 1 BGB die Berufung auf den Entreicherungseinwand ausschließt.

Auch § 945 ZPO ist in diesen Fällen weder direkt noch analog anwendbar.

Die einstweilige Unterhaltsanordnung nach § 246 FamFG ergeht in einem summarischen Verfahren mit geringer Richtigkeitsgewähr. Folglich wird es immer wieder vorkommen, dass in einem späteren Verfahren oder einem gleichzeitigen

---

57 Vgl. BGH, NJW 1984, 2095 = FamRZ 1984, 767.

Hauptsacheverfahren ihre Fehlerhaftigkeit deutlich wird, die zur Folge haben kann, dass vom Unterhaltsschuldner zu viel Unterhalt entrichtet wurde. Der bereicherungsrechtliche Rückzahlungsanspruch wird regelmäßig am Entreicherungseinwand nach § 818 Abs. 3 BGB scheitern. Der Unterhaltsschuldner wäre in solchen Fällen natürlich geschützt, wenn er verschuldensunabhängigen Schadensersatz nach § 945 ZPO analog fordern könnte.

Die **Unabhängigkeit der einstweiligen Anordnung von einem Hauptsacheverfahren** ist eine Annäherung zur einstweiligen Verfügung, sodass die Anwendung von § 945 ZPO verständlich wäre.

Letztlich ist aber ausschlaggebend, dass § 119 Abs. 1 Satz 2 FamFG die entsprechende Anwendung von § 945 ZPO im Umkehrschluss für einstweilige Unterhaltsanordnungen ausdrücklich ablehnt.

c) Verhältnis zur Einleitung des Hauptsacheverfahrens (§ 52 Abs. 1 FamFG)

165   Nunmehr ist der Frage nachzugehen, wie es sich in Fällen verhält, in denen kein Leistungsantrag möglich ist. In solchen Konstellationen steht der negative Feststellungsantrag in Konkurrenz zur Möglichkeit der Einleitung des Hauptsacheverfahrens nach § 52 Abs. 2 FamFG.

166 ▶ Beispiel:

Der Unterhaltsschuldner wurde durch eine einstweilige Unterhaltsanordnung verpflichtet, mtl. 400 € Ehegattenunterhalt zu zahlen. Nunmehr wird dem Unterhaltsschuldner der Arbeitsplatz gekündigt, sodass er nach Ablauf der Kündigungsfrist nicht mehr leistungsfähig sein wird. Der Unterhaltsschuldner beauftragt seine Anwältin, umgehend gegen die einstweilige Unterhaltsanordnung vorzugehen, sodass er mit Eintritt der Arbeitslosigkeit nicht mehr zu Unterhaltszahlungen verpflichtet ist.

Der negative Feststellungsantrag ist in diesem Fall zulässig:

167   Es geht vorliegend um die Feststellung eines **Rechtsverhältnisses**. Ein Rechtsverhältnis ist eine aus dem vorgetragenen Sachverhalt abgeleitete rechtliche Beziehung von Personen untereinander oder zu einem Gegenstand.[58] Rechtsverhältnis in diesem Sinn ist das Unterhaltsschuldverhältnis, welches aufgrund der Tituierung der Klärung im Hinblick auf den Arbeitsplatzverlust bedarf.

168   Der Unterhaltsschuldner hat ein **rechtliches Interesse** an der Feststellung.[59] Dies folgt aus § 56 FamFG, wonach die einstweilige Anordnung außer Kraft tritt, wenn und soweit der Antragsteller mit dem negativen Feststellungsantrag obsiegt.

---

58 Thomas/Putzo, ZPO, § 256 Rn. 5.
59 Thomas/Putzo, ZPO, § 256 Rn. 13 ff.

C. Einstweilige Unterhaltsanordnung   Kapitel 5

Der Unterhaltsschuldner kann sein rechtliches Ziel auch nicht durch einen **einfache-** 169
ren Weg erreichen.[60]
Der grds. vorrangige Leistungsantrag (s. o., Rdn. 161 ff.) kann im Beispielsfall nicht gestellt werden, da es keine Unterhaltszahlungen gibt, deren Rückzahlung der Unterhaltsschuldner beantragen könnte. Die bisherigen Leistungen sind gerechtfertigt und werden nicht beanstandet; es geht allein um Unterhaltsleistungen für die Zukunft.

Damit konzentriert sich die Problematik auf die Frage, inwieweit die Möglichkeit der 170
Einleitung des Hauptsacheverfahrens nach § 52 Abs. 2 FamFG dem Unterhaltsschuldner das Rechtsschutzbedürfnis bzw. das Feststellungsinteresse für den negativen Feststellungsantrag nimmt.

Der Nachteil des Verfahrens nach § 52 Abs. 2 FamFG, d. h. der Einleitung des Haupt- 171
sacheverfahrens, ist die **zeitliche Verzögerung**. Der Unterhaltsberechtigte bekommt für die Verfahrenseinleitung eine Frist gesetzt, die aber bis zu 3 Monate dauern kann. Dies bedeutet, dass der Unterhaltsschuldner gezwungen ist, für diese Zeit Leistungen zu erbringen, ohne dass mit diesen – wie im Beispielsfall – eine materiell-rechtliche Verpflichtung korrespondiert. Die Möglichkeit, diese Zahlungen durch einen (späteren) Leistungsantrag zurückzufordern, dürfte zum einen sehr oft am Entreicherungseinwand scheitern, zum anderen aber selbst beim Erfolg solcher Rückzahlungsanträge an fehlenden Vollstreckungsmöglichkeiten. Unterhalt, der aber erst gar nicht gezahlt wird, muss später nicht umständlich zurückgefordert werden.

Die Möglichkeit, neben der Einleitung des Hauptsacheverfahrens einen Abänderungs- 172
oder Aufhebungsantrag nach § 54 Abs. 1 FamFG zu stellen, ist kein ausreichender Schutz, da dieses Verfahren zum vorläufigen Rechtsschutz gehört und nur summarischen Charakter hat.

Die Verfahrensverzögerung von 3 Monaten als unerheblich darzustellen (im Beispiels- 173
fall würde es um 1.200 € Unterhalt gehen) und deshalb das Rechtsschutzbedürfnis für einen negativen Feststellungsantrag abzulehnen, erscheint nicht vertretbar.[61]

Es gibt daher keine einfachere Verfahrenslösung, sodass der negative Feststellungsantrag zulässig ist.

Die Rechtsprechung[62] sieht die Problematik mittlerweile ähnlich: »Eine weitere Auffassung geht davon aus, dass nach § 52 FamFG ein Antrag auf Einleitung des Hauptsacheverfahrens uneingeschränkt zulässig sei. Daraus folgt, dass dem Ast. ein Wahlrecht zwischen einem Vorgehen nach § 54 Abs. 1 oder § 54 Abs. 2 FamFG einerseits oder einem Antrag auf negative Feststellung zusteht. Ein berechtigtes Interesse an der Feststellung besteht somit bereits deshalb, weil die Ehefrau sich eines Unterhaltsanspruchs berühmt und eine einstweilige Anordnung erwirkt hat (...). Der Senat schließt

---
60 Thomas/Putzo, ZPO, § 256 Rn. 18.
61 So Thomas/Putzo, ZPO, § 246 Rn. 9.
62 OLG Jena, FamRZ 2012, 54 = FuR 2012, 48.

Roßmann 443

sich letzterer Auffassung an, da dem Ast. das gesetzlich vorgesehene Wahlrecht, eine abschließende Klärung in einem Hauptsachverfahren einzuleiten, nicht abgeschnitten werden kann.«

174 Die Konsequenz dieses Ansatzes ist, dass der Möglichkeit der Einleitung des Hauptsacheverfahrens nach § 52 Abs. 2 FamFG wenig praktische Bedeutung zukommt. Der Unterhaltsschuldner wird den effektiveren Weg des negativen Feststellungsantrags wählen, insb. um die zeitliche Verzögerung von 3 Monaten zu vermeiden.

175 ▶ **Hinweis:**

Die anwaltliche Vertretung sollte im Zusammenhang mit dem negativen Feststellungsantrag noch auf Folgendes achten:
– Der negative Feststellungsantrag nach § 256 ZPO ist mit einem Antrag auf einstweilige Einstellung der Vollstreckung zu ergänzen. Insoweit ist **§ 242 FamFG**, der auf die entsprechende Anwendung des § 769 ZPO verweist, **analog** anzuwenden.
– Soweit diesem Einstellungsantrag nach § 242 FamFG analog nicht stattgegeben wird, ist zumindest **§ 241 FamFG analog** anzuwenden, sodass die Rückzahlung von Unterhaltsleistungen, die nach Rechtshängigkeit des negativen Feststellungsantrags erbracht werden, nicht am Entreicherungseinwand scheitern würde.
– Leitet der Unterhaltsberechtigte nunmehr das Hauptsacheverfahren ein – entweder als Reaktion auf den negativen Feststellungsantrag oder weil er nach § 52 Abs. 2 FamFG dazu aufgefordert wurde –, hat der Unterhaltsschuldner den negativen Feststellungsantrag, soweit dieser sich mit dem Leistungsantrag überschneidet, **für erledigt zu erklären.**

176 ▶ **Praxistipp:**

Die Formulierung des negativen Feststellungsantrags erfolgt in der Weise, dass nicht die verbleibende Unterhaltspflicht positiv zu beantragen ist, sondern es ist negativ festzustellen, in welcher Höhe kein Unterhaltsanspruch (mehr) besteht.

177 ▶ **Beispiel:**

Wenn der Unterhaltsberechtigte aus einer einstweiligen Unterhaltsanordnung über 600 € mtl. vollstreckt und der Antragsteller »Herabsetzung« auf 300 € beansprucht, lautet der Feststellungsantrag:

»... festzustellen, dass der Antragsteller nicht verpflichtet ist, mehr als mtl. 300 € zu zahlen«

(also nicht »... festzustellen, dass der Antragsteller [nur noch] 300 € mtl. zu zahlen hat«).

C. Einstweilige Unterhaltsanordnung

6. Vollstreckungsabwehrantrag nach §§ 113 Abs. 5 Nr. 2, 120 Abs. 1 FamFG; 767 ZPO

Der **Vollstreckungsabwehrantrag nach § 767 ZPO** gegen die einstweilige Unterhaltsanordnung war bislang zulässig und begründet, wenn der Unterhaltsschuldner relevante Einwendungen gegen den Titel vorbringen konnte. Solche Einwendungen waren neben der Tilgung vergangener und gegenwärtiger Ansprüche noch solche Einwendungen, die den Unterhaltsanspruch gänzlich und für immer gesetzlich beendet hatten (z. B. Wiederheirat, vgl. § 1586 BGB).

178

Der Gesetzgeber hat die einstweilige Anordnung zum 01.09.2009 aus dem Katalog der in § 794 ZPO aufgeführten Titel gestrichen, sodass über die Verweisungsvorschrift des § 795 ZPO keine entsprechende Anwendung des **Vollstreckungsabwehrantrags nach § 767 ZPO** mehr in Betracht kommt.

179

Dies ist aber auch nicht erforderlich, da nunmehr die entsprechende Anwendung des § 767 ZPO aufgrund der Verweisungsvorschrift des § 120 Abs. 1 FamFG möglich ist.[63]

Die Vollstreckung der einstweiligen Unterhaltsanordnung richtet sich nämlich nach §§ 704 ff. ZPO entsprechend, wobei nach § 53 Abs. 1 FamFG die Vollstreckungsklausel grds. entbehrlich ist.

7. Vergleich im AO-Verfahren

Häufig wird im AO-Verfahren ein Vergleich geschlossen. Dies ist auch vom Gesetzgeber gewollt. § 246 Abs. 2 FamFG bestimmt nämlich, dass die Entscheidung aufgrund mündlicher Verhandlung ergeht, wenn dies zur Aufklärung des Sachverhalts oder für eine gütliche Streitbeilegung geboten erscheint. Die Verhandlungssituation erleichtert das Zustandekommen von Unterhaltsvereinbarungen.

180

Die herrschende Meinung differenziert nun, ob der Vergleich nur eine vorläufige Wirkung haben soll oder als endgültige Lösung der Unterhaltsangelegenheit gewollt ist. Letzteres sei die Ausnahme, sodass für eine endgültige Wirkung deutliche Anhaltspunkte vorliegen müssten.

Eine nur vorläufige vergleichsweise Regelung des Unterhalts im einstweiligen Anordnungsverfahren kann nicht Gegenstand eines Abänderungsantrags nach § 239 FamFG sein.[64]

181

Die vorläufige Vergleichsregelung ist im Hinblick auf Abänderung und Aufhebung daher wie ein Beschluss zu behandeln.

---

63 A. A. Gerhardt, in: Handbuch FAFamR, Kap. 6 Rn. 893.
64 Vgl. Keidel/Meyer-Holz, FamFG, § 239 Rn. 5.

Kapitel 5　　Durchsetzung des Unterhaltsanspruchs im gerichtlichen Verfahren

182 Das OLG Jena[65] führt dazu wie folgt aus:

> »Dem Abänderungsantrag kann das Rechtsschutzbedürfnis fehlen, wenn der Ast. die Abänderung eines in einem einstweiligen Anordnungsverfahren geschlossenen Unterhaltsvergleichs begehrt. Abgrenzungsprobleme entstehen, wenn im Rahmen eines einstweiligen Verfahrens – wie vorliegend – ein Vergleich geschlossen wird. Soweit der Vergleich nur die vorläufige Regelung der einstweiligen Anordnung übernimmt und den Unterhalt nicht endgültig regeln soll, hat er keine über die einstweilige Anordnung hinausgehende Wirkung und kann daher nicht als Titel i. S. des § 239 FamFG gelten (...). Die Bet. können jedoch dem im einstweiligen Anordnungsverfahren geschlossenen Vergleich eine weitergehende Wirkung beilegen, wofür allerdings sichere Anhaltspunkte gegeben sein müssen. Ist der Vergleich – wenn auch nur zeitlich für die Dauer des Anordnungsverfahrens befristet – als endgültige Regelung gedacht, dann ist er nur den Regeln über den Wegfall der Geschäftsgrundlage unterworfen und gem. § 239 FamFG abänderbar (...).«

183 Diese Betrachtungsweise ist abzulehnen; es gibt keinen Vergleich »zweiter« Klasse, der einer Abänderbarkeit nach § 239 FamFG nicht zugänglich wäre. Natürlich können die Beteiligten den Maßstab für eine Abänderung ihrer Vereinbarung privatautonom festlegen.

Die Beteiligten wollen aber regelmäßig nicht nur das einstweilige Unterhaltsanordnungsverfahren, sondern auch den damit verbundenen Unterhaltsstreit endgültig abschließen, wenn sie eine Vereinbarung schließen; die von der herrschenden Meinung angenommene Vermutung für das Gegenteil entspricht nicht der Realität, ist vielmehr eine reine Fiktion. Auch der Gesetzgeber erwartet sich von einem Vergleich im Unterhaltsanordnungsverfahren, dass damit ein Hauptsacheverfahren entbehrlich wird.

Damit ist auch eine Vereinbarung, die im einstweiligen Unterhaltsanordnungsverfahren abgeschlossen wird, nur änderbar, wenn die Voraussetzungen nach § 239 FamFG dafür vorliegen (es sei denn, die Beteiligten haben eine andere Geschäftsgrundlage vereinbart).

▶ **Hinweis:**

Im Hinblick auf diese Rechtsprechung ist der anwaltlichen Vertretung insb. im AO-Verfahren zu empfehlen, die Geschäftsgrundlage eindeutig zu machen, d. h. übereinstimmende Erklärungen dazu abzugeben, inwieweit die Unterhaltsregelung endgültig sein soll oder nicht.

---

65 OLG Jena, FamRZ 2012, 54 ff. = FuR 2012, 48.

VI. Übersicht zum Rechtsschutz

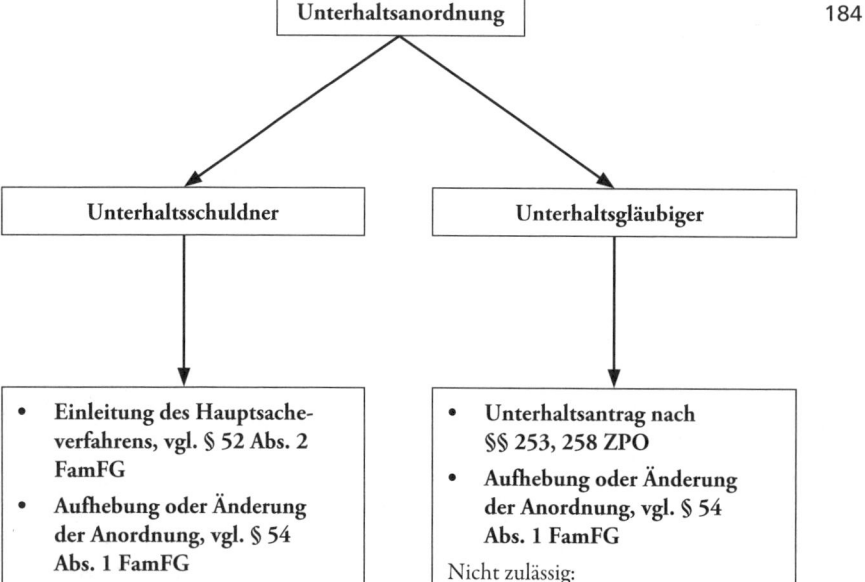

Unterhaltsanordnung — 184

```
                    ┌──────────────────────┐
                    │  Unterhaltsanordnung │
                    └──────────────────────┘
                      ↙                 ↘
      ┌─────────────────────┐    ┌─────────────────────┐
      │ Unterhaltsschuldner │    │ Unterhaltsgläubiger │
      └─────────────────────┘    └─────────────────────┘
```

Unterhaltsschuldner:
- Einleitung des Hauptsacheverfahrens, vgl. § 52 Abs. 2 FamFG
- Aufhebung oder Änderung der Anordnung, vgl. § 54 Abs. 1 FamFG
- Negativer Feststellungsantrag, vgl. § 256 ZPO
- Vollstreckungsabwehrantrag, vgl. § 767 ZPO

Nicht zulässig:
- Beschwerde, vgl. § 57 FamFG
- Abänderungsantrag, vgl. § 238 FamFG

Unterhaltsgläubiger:
- Unterhaltsantrag nach §§ 253, 258 ZPO
- Aufhebung oder Änderung der Anordnung, vgl. § 54 Abs. 1 FamFG

Nicht zulässig:
- Beschwerde, vgl. § 57 FamFG
- Abänderungsantrag, vgl. § 238 FamFG

VII. Muster

1. Muster: Antrag auf Erlass einer einstweiligen Unterhaltsanordnung auf Trennungsunterhalt

185 An das

Amtsgericht .....

– FamG –

.....

Antrag auf Erlass einer einstweiligen Unterhaltsanordnung nach § 246 FamFG

In der Familiensache

der Frau .....

– Antragstellerin –

Verfahrensbevollmächtigter: .....

gegen

Herrn .....

– Antragsgegner –

zeige ich ausweislich anliegender Verfahrensvollmacht die anwaltliche Vertretung der Antragstellerin an (**Anlage A1**).

Namens und im Auftrag der Antragstellerin stellt der Unterzeichnende zunächst den Antrag, dieser für die einstweilige Unterhaltsanordnung **Verfahrenskostenhilfe** zu gewähren und den Unterzeichnenden beizuordnen. Die wirtschaftlichen Verhältnisse der Antragstellerin können der beiliegenden Erklärung entnommen werden.

In der Sache stelle ich sodann folgenden **Antrag**:

Der Antragsgegner wird verpflichtet, an die Antragstellerin, jeweils monatlich im Voraus, einen monatlichen Unterhalt i. H. v. 350 € zu zahlen.

Begründung:

1.

Die Antragstellerin und der Antragsgegner leben seit dem ..... getrennt. Der Unterzeichnende hat mit Schriftsatz vom heutigen Tag Scheidungsantrag beim erkennenden Gericht gestellt.

Die Antragstellerin hat monatliche Nettoeinkünfte von ca. 800 €, der Antragsgegner solche i. H. v. mindestens 2.400 € netto.

Die genaue Höhe ist nicht bekannt. Der Unterzeichnende hat den Antragsgegner deshalb mit Einschreiben vom ..... aufgefordert, Auskunft über seine Einkünfte zu erteilen und Belege vorzulegen.

Roßmann

C. Einstweilige Unterhaltsanordnung   Kapitel 5

Beweis: Schriftsatz vom ..... (Anlage A2)

Der Antragsgegner hat auf dieses Schreiben nicht reagiert.

Die Antragstellerin ist nunmehr auf Unterhalt dringend angewiesen. Sie musste infolge der Trennung eine Wohnung in ..... anmieten und hat allein dafür monatliche Kosten i. H. v. 575 €.

2.

Der Unterhaltsanspruch berechnet sich vorläufig wie folgt:

Der Antragsgegner verdient, wie die Antragstellerin aus der Ehezeit weiß, mindestens 2.400 € netto monatlich, wahrscheinlich sogar wesentlich mehr.

Aufgrund seiner Einkommensverhältnisse ist der Antragsgegner damit zur Zahlung von Unterhalt i. H. v. 350 € leistungsfähig.

Die Antragstellerin verfügt lediglich über 800 € monatlich (**Anlage A3**).

Damit ist auch unter Berücksichtigung berufsbedingter Aufwendungen ein Unterhaltsanspruch von 350 € begründet.

Ohne die geltend gemachte Unterhaltszahlung des Antragsgegners ist die Antragstellerin nicht mehr in der Lage, den Lebensunterhalt für sich zu bestreiten.

Der Antragsgegner hat seinen gewöhnlichen Aufenthalt in ....., sodass sich die **Zuständigkeit** des Amtsgerichts – FamG ..... aus § 232 Abs. 3 Satz 1 FamFG i. V. m. §§ 12, 13 ZPO ergibt.

Beglaubigte und einfache Abschrift anbei.

..... .

Rechtsanwältin/Rechtsanwalt

2. Muster: Antrag auf Erlass einer einstweiligen Unterhaltsanordnung auf Kindesunterhalt (Mindestunterhalt)

An das   186

Amtsgericht .....

– FamG –

.....

Antrag auf Erlass einer einstweiligen Unterhaltsanordnung nach § 246 FamFG

In der Familiensache

der Frau .....

– Antragstellerin –

Verfahrensbevollmächtigter: .....

gegen

Herrn .....

Kapitel 5   Durchsetzung des Unterhaltsanspruchs im gerichtlichen Verfahren

– Antragsgegner –

Verfahrensbevollmächtigter: .....

zeige ich ausweislich anliegender Verfahrensvollmacht die anwaltliche Vertretung der Antragstellerin an (**Anlage A1**).

Namens und im Auftrag der Antragstellerin stellt der Unterzeichnende zunächst den Antrag, dieser für die einstweilige Unterhaltsanordnung **Verfahrenskostenhilfe** zu gewähren und den Unterzeichnenden beizuordnen. Die wirtschaftlichen Verhältnisse der Antragstellerin können der beiliegenden Erklärung entnommen werden.

In der Sache stelle ich sodann folgenden **Antrag**:

1. Der Antragsgegner ist verpflichtet, für das Kind ....., geb. am ....., zu Händen der Mutter 100 % des Mindestunterhalts i. S. d. § 1612a Abs. 1 BGB der jeweils geltenden Altersstufe abzgl. des auf das Kind entfallenden hälftigen Kindergeldanteils zu bezahlen, zahlbar monatlich im Voraus ab ..... .
2. Der Antragsgegner ist verpflichtet, für das Kind ....., geb. am ....., zu Händen der Mutter 100 % des Mindestunterhalts i. S. d. § 1612a Abs. 1 BGB der jeweils geltenden Altersstufe abzgl. des auf das Kind entfallenden hälftigen Kindergeldanteils zu bezahlen, zahlbar monatlich im Voraus ab ..... .

Begründung:

1.

Die Eltern der im Antrag genannten Kinder leben seit dem ..... getrennt. Mit dem vorliegenden Antrag macht die Antragstellerin gem. § 1629 Abs. 3 BGB in Prozessstandschaft Unterhaltsansprüche der Kinder gegen den Antragsgegner geltend.

2.

Die Antragstellerin hat mit den im Antrag genannten Kindern ihren gewöhnlichen Aufenthalt in ....., sodass sich die **Zuständigkeit** des AG – FamG ..... aus § 232 Abs. 1 Nr. 2 FamFG ergibt.

3.

Ausführungen zur Bedürftigkeit.

4.

Ausführungen zur Leistungsfähigkeit.

Rechtlich ist darauf hinzuweisen, dass in diesem Verfahren lediglich der Mindestunterhalt gefordert wird, sodass die Leistungsfähigkeit des Antragsgegners zu vermuten ist. Aufgrund seiner gut gehenden Tankstelle kann daran auch kein Zweifel bestehen.

Dieser Unterhalt ist um das anrechenbare Kindergeld zu vermindern, vgl. § 1612b BGB. Zur Vermeidung von späteren Abänderungsverfahren soll der Unterhalt in dynamisierter Formulierung, entsprechend § 1612a BGB, tenoriert werden.

Beglaubigte und einfache Abschrift anbei.

..... .

Rechtsanwältin/Rechtsanwalt

3. Muster: Antrag auf mündliche Verhandlung nach § 54 Abs. 2 FamFG

An das

Amtsgericht .....

– FamG –

.....

Antrag auf mündliche Verhandlung nach § 54 Abs. 2 FamFG

In der Familiensache

..... ./. .....

wegen einstweiliger Unterhaltsanordnung nach § 246 FamFG

stelle ich namens und mit Vollmacht des Antragsgegners (**Anlage A1**) den **Antrag,**

gemäß § 54 Abs. 2 FamFG nach Durchführung der mündlichen Verhandlung in der Angelegenheit erneut zu entscheiden.

Bereits mit diesem Schriftsatz ist dem Gericht zur Kenntnis zu bringen, dass die Angaben in der eidesstattlichen Versicherung der Antragstellerin unrichtig sind.

Richtig ist allein, dass ..... .

Demzufolge ist die einstweilige Unterhaltsanordnung aufzuheben.

..... .

Rechtsanwältin/Rechtsanwalt

4. Muster: Antrag auf Aufhebung der Entscheidung nach § 54 Abs. 1 FamFG

An das

Amtsgericht .....

– FamG –

.....

Antrag auf Aufhebung der Entscheidung nach § 54 Abs. 1 FamFG

In der Familiensache

..... ./. .....

wegen einstweiliger Unterhaltsanordnung nach § 246 FamFG

stelle ich namens und mit Vollmacht des Antragsgegners (**Anlage A1**) den **Antrag,**

gemäß § 54 Abs. 1 FamFG die Unterhaltsanordnung aufzuheben.

Die tatsächlichen Verhältnisse, die dem Erlass der einstweiligen Unterhaltsanordnung zugrunde lagen, haben sich maßgeblich geändert.

Kapitel 5 — Durchsetzung des Unterhaltsanspruchs im gerichtlichen Verfahren

Wird ausgeführt..... .
Demzufolge ist die einstweilige Unterhaltsanordnung aufzuheben.
..... .
Rechtsanwältin/Rechtsanwalt

5. Muster: Negativer Feststellungsantrag gegen die einstweilige Unterhaltsanordnung

189 An das

Amtsgericht .....

– FamG –

.....

Negativer Feststellungsantrag

In der Familiensache

des Herrn .....

– Antragsteller –

Verfahrensbevollmächtigter: .....

gegen

Frau .....

– Antragsgegnerin –

Verfahrensbevollmächtigter: .....

zeige ich ausweislich anliegender Verfahrensvollmacht die anwaltliche Vertretung des Antragstellers an (**Anlage A1**).

Im Termin zur mündlichen Verhandlung werde ich beantragen:

Es wird festgestellt, dass der Antragsgegnerin gegen den Antragsteller seit ..... ein Unterhaltsanspruch nicht mehr zusteht.

Zur **Begründung** trage ich Folgendes vor:

Die Beteiligten waren seit ..... verheiratet. Aus ihrer Ehe sind die Kinder ....., geb. ....., sowie ....., geb. ....., hervorgegangen. Die Beteiligten hatten sich im ..... getrennt; der Antragsteller ist damals aus der Ehewohnung ausgezogen. Ihre Ehe wurde mit Scheidungsverbundbeschluss des Amtsgerichts ..... vom ..... geschieden; der Beschluss wurde sofort rechtskräftig. Die elterliche Sorge wurde der Antragsgegnerin übertragen.

Bereits vor dem Scheidungsverfahren wurde der Antragsteller (damaliger Antragsgegner) auf Antrag der Antragsgegnerin (damalige Antragstellerin) durch einstweilige Anordnung des Amtsgerichts ..... vom ..... (Az.: .....) zu einer monatlichen Unterhaltsrente von ..... € ab ..... verpflichtet, die er seither regelmäßig gezahlt hat. Eine Abschrift dieses Beschlusses liegt als **Anlage A2** bei.

Grundlage der Unterhaltspflicht war insb., dass ..... aus gesundheitlichen Gründen einer verstärkten Betreuung durch die Antragsgegnerin bedurfte.

Der Antragsteller hat sich nun entschlossen, seine Unterhaltspflicht in einem Hauptsacheverfahren überprüfen zu lassen. Er hält die Unterhaltsberechnung, auf der die einstweilige Anordnung beruht, für unrichtig. Außerdem ist zu berücksichtigen, dass die Antragsgegnerin entsprechend dem ehelichen Lebensplan zum ..... eine Vollzeittätigkeit ausüben wird, wodurch höhere Einkünfte auf ihrer Seite anzurechnen sind. Darüber hinaus wird die Antragsgegnerin in Kürze als Erlösanteil aus der Veräußerung der ehemals gemeinschaftlichen Ehewohnung einen Betrag von ..... erhalten. Der Antragsteller ist zu Recht der Ansicht, dass die Antragsgegnerin zusammen mit ihren eigenen Einkünften gut hiervon leben kann. Vorsorglich hat der Antragsteller die Antragsgegnerin mit Anwaltsschreiben vom ..... aufgefordert, ab ..... auf ihre Rechte aus der einstweiligen Anordnung zu verzichten. Da die Antragsgegnerin dem nicht nachgekommen ist, ist dieser Antrag geboten.

Im Hinblick auf die einstweilige Anordnung vom ....., die als Unterhaltstitel nach wie vor besteht, beantragt der Antragsteller die einstweilige Einstellung der Zwangsvollstreckung ohne mündliche Verhandlung.

..... .

Rechtsanwalt/Rechtsanwältin

VIII. Checkliste: Einstweilige Unterhaltsanordnung

Antrag auf einstweilige Unterhaltsanordnung   190

I. **Zuständiges FamG**
☐ Hauptsachegericht nach § 50 Abs. 1 FamFG, d. h. bei fehlender Anhängigkeit einer Hauptsache:
- sachlich, §§ 23a Abs. 1 Nr. 1 GVG i. V. m. § 111 Nr. 8 FamFG
- örtlich, § 232 FamFG

II. **Antrag**
☐ Unterhalt kann in voller Höhe verlangt werden.

▶ Beispiel:

Der Antragsgegner wird verpflichtet, an das Kind ..., geb. am ..., zu Händen der Mutter 115 % des Mindestunterhalts i. S. d. § 1612a Abs. 1 BGB der jeweils geltenden Altersstufe abzgl. des auf das Kind entfallenden hälftigen Kindergeldanteils zu zahlen, zahlbar monatlich im Voraus ab ... .

III. **Beteiligte, § 7 FamFG**
- Antragsteller
- Antragsgegner

IV. **Anwaltszwang (-), vgl. § 114 Abs. 4 Nr. 1 FamFG**

V. **Rechtsschutzbedürfnis**
- Regelungsbedürfnis wird unterstellt.
- Fehlt insb., wenn ein Titel in der Unterhaltssache bereits besteht.

VI. **Rechtsmittel (-), aber**

- Aufhebungs- oder Änderungsantrag nach § 54 FamFG
- Einleitung des Hauptsacheverfahrens, § 52 Abs. 2 FamFG
- Negativer Feststellungsantrag, § 256 ZPO
- Vollstreckungsabwehrantrag, § 767 ZPO

IX. Einstweilige Anordnung vor Geburt des Kindes nach § 247 FamFG

191 Nach § 247 FamFG kann im Wege der einstweiligen Anordnung bereits vor der Geburt des Kindes die Verpflichtung zur Zahlung des für die ersten 3 Monate dem Kind zu gewährenden Unterhalts sowie des der Mutter nach § 1615l Abs. 1 BGB zustehenden Betrags geregelt werden.

192 § 247 FamFG stellt eine Sondervorschrift dar, die ausschließlich für das Kind und seine nicht miteinander verheirateten Eltern gilt. Die Norm ermöglicht mittels des vorläufigen Rechtsschutzes eine schnelle und formlose Sicherstellung des Unterhalts für das Kind und die Mutter. Dies gilt jedenfalls für einen eng begrenzten Zeitraum, in dem sie besonders schutzbedürftig sind. § 247 FamFG beinhaltet **zwei Besonderheiten**: Zum einen genügt die Vermutung der Vaterschaft nach § 1600d Abs. 2, Abs. 3 BGB, um Ansprüche gegen den Antragsgegner zu rechtfertigen, zum anderen muss entgegen § 49 FamFG eine Gefährdung des Anspruchs nicht glaubhaft gemacht werden.

193 Soweit im Folgenden keine Abweichungen beschrieben werden, gelten auch für diese einstweilige Unterhaltsanordnung die §§ 49 ff. FamFG und damit die in diesem Abschnitt bereits oben gemachten Ausführungen, vgl. Rdn. 110 ff.

1. Antrag

194 Der Antrag auf Erlass einer einstweiligen Anordnung kann bereits vor der Geburt des Kindes durch die Mutter, einen nach § 1912 BGB für die Leibesfrucht bestellten Pfleger oder durch das Jugendamt als Beistand nach §§ 1712 Abs. 1, 1713 Abs. 2 Satz 1, 1714 Satz 2 BGB gestellt werden. Möglich ist neben der Titulierung des Kindesunterhalts auch die des Unterhalts nach § 1615l BGB.

2. Kindesunterhalt

195 § 247 FamFG erlaubt die Sicherstellung des Unterhalts durch einstweilige Anordnung für die ersten 3 Monate nach der Geburt des nichtehelichen Kindes. Voraussetzung ist lediglich, dass der in Anspruch Genommene die Vaterschaft nach §§ 1592 Nr. 2, 1594 BGB anerkannt hat oder er nach § 1600d Abs. 2 und 3 BGB als Vater vermutet wird, weil er der Mutter während der Empfängniszeit beigewohnt hat. § 247 Abs. 2 Satz 2 FamFG ordnet die Geltung der abstammungsrechtlichen Vaterschaftsvermutung nämlich auch für die Unterhaltssache an. Dies ist von Bedeutung, wenn die Vaterschaft des in Anspruch genommenen Mannes nicht feststeht.

196 § 247 Abs. 2 Satz 1 FamFG, wonach der Antrag hinsichtlich des Kindesunterhalts auch durch die Mutter gestellt werden kann, erweitert deren Handlungsbefugnis für das einstweilige Anordnungsverfahren auf den Zeitraum vor der Geburt des Kindes. Da die elterliche Sorge erst mit der Geburt beginnt, wäre für den vorliegenden Zeitraum ohne diese Regelung die Bestellung eines Pflegers erforderlich.

Eine Gefährdung des Unterhaltsanspruchs muss nicht glaubhaft gemacht werden. 197

Es kann aufgrund des Regelungszwecks, der eine schnelle Abwicklung voraussetzt, **nur** 198 **der Mindestunterhalt nach § 1612a Abs. 1 BGB** gefordert werden.

Dass das unterhaltsberechtigte Kind noch nicht geboren ist, kann von dem in An- 199 spruch genommenen Mann im Verfahren nach § 247 FamFG nicht eingewandt werden.

3. Unterhalt nach § 1615l Abs. 1 BGB

Auch der Unterhalt der nicht verheirateten Mutter nach § 1615l BGB kann durch 200 einstweilige Anordnung nach § 247 FamFG geregelt werden.

Danach muss der Mann, der die Vaterschaft anerkannt hat oder der nach § 1600d Abs. 2 und 3 BGB als Vater vermutet wird, die nach § 1615l Abs. 1 BGB voraussichtlich zu leistenden Beträge an die Mutter zahlen.

Die einstweilige Anordnung sichert damit den Unterhalt der Mutter nach § 1615l 201 Abs. 1 BGB für die Dauer von 6 Wochen vor und 8 Wochen nach der Geburt.

Die einstweilige Anordnung umfasst darüber hinaus den Erstattungsanspruch nach 202 § 1615l Abs. 1 Satz 2 BGB (Kosten der Schwangerschaft und Entbindung).

4. Glaubhaftmachung

Die Beteiligten müssen im Anordnungsverfahren nach § 247 FamFG die maßgebli- 203 chen Tatsachen nur glaubhaft machen, vgl. § 294 ZPO. Dies gilt insb. für die Tatsachen, welche die Vermutung der Vaterschaft des in Anspruch genommenen Mannes nach § 1600d Abs. 2 BGB wahrscheinlich machen.

Die Mutter hat über die Vaterschaft des in Anspruch genommenen Mannes hinaus 204 die den Anspruch nach § 1615l Abs. 1 Satz 1 und Satz 2 BGB tragenden Tatsachen glaubhaft zu machen. Dies gilt für den Anspruchsgrund wie für den Umfang ihrer Bedürftigkeit.

Das Rechtsschutzbedürfnis für die einstweilige Anordnung fehlt, wenn der Unterhalt 205 bereits hinterlegt ist oder freiwillig gezahlt wird.

5. Hinterlegung

§ 247 Abs. 2 Satz 3 FamFG ermöglicht dem Gericht die Anordnung, dass der Betrag 206 zu einem bestimmten Zeitpunkt vor der Geburt des Kindes zu hinterlegen ist. Angesichts des dargestellten Regelungszwecks ist die Hinterlegung vom Gesetzgeber als die Ausnahme und die Anordnung der Zahlung als Regelfall gewollt.

6. Verhältnis zu § 248 FamFG

207 Nach § 248 FamFG besteht weiterhin die Möglichkeit, den Unterhalt der Mutter bzw. auch den des Kindes **zeitlich ohne Beschränkung** durch einstweilige Anordnung zu regeln, sobald ein Rechtsstreit auf Feststellung des Bestehens der Vaterschaft nach § 1600 Abs. 1 BGB anhängig ist. § 248 FamFG und damit auch dessen Abs. 3 greifen jedoch erst ein, wenn das betreffende Kind geboren ist, da vorher das von § 248 FamFG vorausgesetzte Vaterschaftsfeststellungsverfahren noch nicht in Betracht kommt.

Die einstweilige Anordnung nach § 248 FamFG ist, sobald sie anwendbar ist, ggü. der einstweiligen Anordnung nach § 247 FamFG lex specialis.

7. Rechtsmittel

208 Ein Rechtsmittel ist ggü. der einstweiligen Unterhaltsanordnung nach § 247 FamFG nicht vorgesehen, vgl. § 57 FamFG.

Die Beteiligten können aber nach § 54 FamFG eine Änderung bzw. Aufhebung erreichen. Auch i. Ü. gelten insoweit die Ausführungen zur einstweiligen Unterhaltsanordnung nach § 246 FamFG entsprechend.

8. Schadensersatz (§ 248 Abs. 5 Satz 2 FamFG analog)

209 Ein Anspruch auf Schadensersatz ist – im Unterschied zu § 248 Abs. 5 Satz 2 FamFG – gesetzlich nicht vorgesehen.

Wird die Vaterschaft des nach § 247 FamFG zu Unterhaltszahlungen verpflichteten Antragsgegners später nicht festgestellt, ist jedoch ein Schadensersatzanspruch nach § 248 Abs. 5 Satz 2 FamFG analog zu rechtfertigen.[66] Der Rückgriff des Antragsgegners gegen den tatsächlichen Erzeuger des Kindes nach § 1607 Abs. 3 BGB ist daneben auch gegeben. Das Kind, welches die einstweilige Anordnung erwirkt hat, kann aber eine Abtretung dieses Anspruchs im Wege des Vorteilsausgleichs verlangen, wenn es dem Antragsgegner Schadensersatz geleistet hat.

X. Einstweilige Anordnung bei Anhängigkeit eines Vaterschaftsfeststellungsverfahrens (§ 248 FamFG)

210 Nach § 248 Abs. 1 FamFG ist ein Antrag auf Erlass einer einstweiligen Anordnung, durch die ein Mann auf Zahlung von Unterhalt für ein Kind oder dessen Mutter in Anspruch genommen wird, wenn die Vaterschaft des Mannes nach § 1592 Nr. 1 und 2 BGB oder nach § 1593 BGB nicht besteht, nur zulässig, wenn ein gerichtliches Verfahren auf Feststellung der Vaterschaft nach § 1600d BGB anhängig ist.

211 Soweit im Folgenden keine Abweichungen beschrieben werden, gelten auch für diese einstweilige Unterhaltsanordnung die §§ 49 ff. FamFG und damit die in diesem Abschnitt bereits oben gemachten Ausführungen, vgl. Rdn. 110 ff.

---

66 Str., a. A. Musielak/Borth, FamFG, § 247 Rn. 6.

C. Einstweilige Unterhaltsanordnung   Kapitel 5

1. Anhängigkeit eines Vaterschaftsfeststellungsverfahrens

Die einstweilige Unterhaltsanordnung, durch die ein Mann auf Zahlung von Unter- 212
halt für ein Kind oder dessen Mutter in Anspruch genommen wird, wird nach § 248
Abs. 1 FamFG von einer besonderen Zulässigkeitsvoraussetzung abhängig gemacht.
Steht die Vaterschaft des im einstweiligen Anordnungsverfahren auf Unterhaltszahlung in Anspruch genommenen Mannes nicht bereits aufgrund anderer Vorschriften
fest, ist der einstweilige Anordnungsantrag nämlich nur zulässig, wenn ein Verfahren
auf Feststellung der Vaterschaft nach § 1600d BGB anhängig ist. Die Vorschrift durchbricht die **Sperrwirkung des § 1600d Abs. 4 BGB**, wonach die Rechtswirkungen der
Vaterschaft grds. erst vom Zeitpunkt der rechtskräftigen Feststellung an geltend gemacht werden können.

Die Regelung des § 248 Abs. 1 FamFG ändert nichts an der Selbstständigkeit beider 213
Verfahren, d. h. der Vaterschaftsfeststellung auf der einen, der Unterhaltssache auf der
anderen Seite.[67]

2. Antrag nach § 248 Abs. 1 FamFG

Der Antrag auf Erlass einer einstweiligen Unterhaltsanordnung nach § 248 Abs. 1 214
FamFG kann sowohl vom Kind als auch von der Mutter unabhängig von der Beteiligtenstellung im Vaterschaftsverfahren gestellt werden.

Da die Mutter im Verfahren ihres Kindes ein eigenes Antragsrecht besitzt, macht sie im 215
Feststellungsverfahren zunächst als gesetzliche Vertreterin des Kindes (§ 1626a Abs. 2
BGB) dessen Unterhalt sowie in eigenem Namen ihren Unterhalt geltend. Die umfassende Abwicklung in einem Verfahren ist aufgrund der gegenseitigen Abhängigkeit
beider Unterhaltsansprüche sinnvoll.

Der Antrag ist zu begründen und **glaubhaft** zu machen, vgl. § 49 FamFG. Die Glaub- 216
haftmachung ist v. a. hinsichtlich der den Unterhaltsanspruch auslösenden Vaterschaft
(§§ 1601, 1615a BGB) erforderlich. Hierzu gehört in erster Linie die Behauptung,
dass der Antragsgegner mit der Mutter des Kindes während der Empfängniszeit Geschlechtsverkehr ausgeübt hat, weil hierauf die Vermutung der §§ 1600c, 1600d BGB
aufbaut. Zur Glaubhaftmachung der Bedürftigkeit des Kindes genügt es, darzulegen,
dass nicht über eigenes Einkommen verfügt wird.

3. Zuständigkeit (§ 248 Abs. 2 FamFG)

§ 248 Abs. 2 FamFG enthält besondere Vorschriften im Hinblick auf die sachliche 217
und örtliche Zuständigkeit für das einstweilige Anordnungsverfahren in den Fällen
des Abs. 1. Zuständig ist das Gericht, bei dem das Verfahren auf Feststellung der Vaterschaft anhängig ist. Während der Anhängigkeit beim Beschwerdegericht ist dieses
zuständig. Die Zusammenlegung der Zuständigkeiten ist aus verfahrensökonomischen
Gründen sinnvoll.

---

67 Klein, FuR 2009, 321, 329.

4. Anwendung der Vaterschaftsvermutung (§ 248 Abs. 3 FamFG)

218 Die Anordnung der entsprechenden Geltung der Vorschriften des § 1600d Abs. 2 und 3 BGB in Abs. 3 ist erforderlich, da die Vaterschaftsvermutung ausdrücklich nur im Verfahren auf gerichtliche Feststellung der Vaterschaft, also im Abstammungsverfahren anwendbar ist.

5. Sicherheitsleistung (§ 248 Abs. 4 FamFG)

219 Ist die Vaterschaft wenig glaubhaft, kann regelmäßig nur die Leistung einer Sicherheit angeordnet werden. Angesichts des dargestellten Regelungszwecks und des Ausnahmecharakters ist die Sicherheitsleistung vom Gesetzgeber als die Ausnahme und die Anordnung der Zahlung als Regelfall gewollt.

6. Außerkrafttreten der einstweiligen Anordnung (§ 248 Abs. 5 Satz 1 FamFG)

220 § 248 Abs. 5 Satz 1 FamFG ergänzt § 56 FamFG und enthält zwei zusätzliche Fälle des Außerkrafttretens der einstweiligen Anordnung in Unterhaltssachen, nämlich die Rücknahme des Antrags auf Feststellung der Vaterschaft bzw. dessen rechtskräftige Abweisung. Beide Konstellationen haben ihren Grund in der Koppelung der einstweiligen Anordnung an das Abstammungsverfahren. Das Erfordernis der Rechtskraft einer abweisenden Entscheidung über den Antrag auf Vaterschaftsfeststellung ist sachgerecht, da es sich bei der Verknüpfung des einstweiligen Anordnungsverfahrens mit dem Abstammungsverfahren in erster Linie um einen formalen Gesichtspunkt handelt. Die Frage, ob das Bestehen der Vaterschaft auch nach Erlass einer abweisenden Entscheidung in der Abstammungssache noch als hinreichend wahrscheinlich angesehen werden kann, ist im einstweiligen Anordnungsverfahren eigenständig auf der Grundlage des dort maßgeblichen Verfahrensstoffs zu beurteilen.

7. Schadensersatz (§ 248 Abs. 5 Satz 2 FamFG)

221 Bei Rücknahme des Antrags auf Feststellung des Bestehens der Vaterschaft oder dessen rechtskräftiger Abweisung hat das Kind (ähnlich wie nach §§ 717 Abs. 2, 945 ZPO) dem Mann den Schaden zu ersetzen, der diesem aus der Vollziehung der einstweiligen Anordnung oder einer Sicherheitsleistung entstanden ist.

222 Dieser Schadensersatzanspruch nach § 248 Abs. 5 Satz 2 FamFG wird nicht durch die Möglichkeit des Rückgriffs des Mannes gegen den tatsächlichen Erzeuger des Kindes nach § 1607 Abs. 3 BGB begrenzt. Das Kind, welches die einstweilige Anordnung erwirkt hat, kann aber eine Abtretung dieses Anspruchs im Wege des Vorteilsausgleichs verlangen.

8. Rechtsmittel

223 Ein Rechtsmittel ist ggü. der einstweiligen Unterhaltsanordnung nach § 248 FamFG nicht vorgesehen, vgl. § 57 FamFG.

Die Beteiligten können aber nach § 54 FamFG eine Änderung bzw. Aufhebung erreichen. Auch i. Ü. gelten insoweit die Ausführungen zur einstweiligen Unterhaltsanordnung nach § 246 FamFG entsprechend.

XI. Anhang: Arrest in Unterhaltssachen

§ 119 Abs. 2 Satz 1 FamFG sieht vor, dass in **Familienstreitsachen** (vgl. § 112 FamFG) neben der einstweiligen Anordnung auch der persönliche oder der dingliche Arrest des Schuldners möglich ist.[68] § 119 Abs. 1 Satz 2 FamFG ordnet die Geltung der diesbezüglichen Vorschriften der ZPO ausdrücklich an. Ob über den Arrest mündlich verhandelt wird, steht im pflichtgemäßen Ermessen des Gerichts, vgl. § 922 Abs. 1 ZPO. 224

Der Arrest dient gem. § 916 Abs. 1 ZPO der **Sicherung der Zwangsvollstreckung** in das bewegliche oder unbewegliche Vermögen wegen einer Geldforderung. 225

Der Arrest kommt für Zugewinnausgleichsansprüche in Betracht, grds. aber auch für Unterhalt. I. d. R. ist der Arrest im Fall des Unterhalts jedoch unpraktisch, weil er nur der Sicherung des Anspruchs dient, nicht aber zur regelmäßig notwendigen Befriedigung führt. Ein Beispiel für eine Anordnung des dinglichen Arrestes in Unterhaltsfragen ist etwa der Fall, dass der Unterhaltsschuldner beabsichtigt, sich mit seinem Vermögen ins Ausland »abzusetzen«. Dies kann die zukünftigen Unterhaltsansprüche des Unterhaltsgläubigers gefährden. 226

1. Streitgegenstand

Streitgegenstand des Arrestverfahrens ist nicht die zu sichernde Geldforderung (der Unterhaltsanspruch) selbst, sondern der Anspruch des Unterhaltsgläubigers auf zwangsweise Sicherung gegen den Schuldner. 227

2. Zuständigkeit (§ 919 ZPO)

Der Arrest wird vom Gericht der Hauptsache angeordnet; dies ist das für die Unterhaltssache zuständige FamG nach § 232 FamFG. Wahlweise kann sich der Antragsteller aber auch an das AG wenden, in dessen Bezirk sich der mit dem Arrest zu belegende Gegenstand oder die in ihrer persönlichen Freiheit zu beschränkende Person befindet. 228

3. Arrestgesuch (§ 920 ZPO)

Das Arrestgesuch (der Antrag) muss Tatsachen benennen, aus denen sich der zu sichernde Unterhaltsanspruch (vgl. § 916 ZPO) sowie der Arrestgrund (vgl. §§ 917, 918 ZPO) ergeben. Der Unterhaltsanspruch und der Arrestgrund sind nach § 920 Abs. 2 ZPO glaubhaft zu machen. Im Hinblick auf die Abwendungsbefugnis des § 923 ZPO ist die Angabe der zu sichernden Geldforderung erforderlich. 229

---

68 Ausführlich dazu Cirullies, FamRZ 2012, 1017, 1018.

Roßmann

Kapitel 5 Durchsetzung des Unterhaltsanspruchs im gerichtlichen Verfahren

230 Durch Arrest können insb. **zukünftige Unterhaltsansprüche** gesichert werden. Das sind Ansprüche auf Kindesunterhalt sowie auf Getrenntlebensunterhalt und – nach Rechtshängigkeit des Scheidungsantrags – auch auf künftigen Geschiedenenunterhalt.

231 Der Unterhaltsanspruch ist nur für die voraussichtliche Dauer der Inanspruchnahme des Unterhaltspflichtigen sicherbar, also bei Kindesunterhalt **bis zur Volljährigkeit**,[69] bei Getrenntlebensunterhalt bis zur Rechtskraft der Scheidung und bei nachehelichem Unterhalt z. B. bis zum Ende der Betreuungsbedürftigkeit der Kinder. Da die Prognosen schwer zu treffen sind, ist der Sicherungszeitraum aus Gründen des Schuldnerschutzes beim Ehegattenunterhalt i. d. R. auf **5 Jahre** zu begrenzen.[70]

232 Unterhaltsrückstände können gesichert werden, solange noch kein Titel vorliegt; ansonsten ist eine schlichte Vollstreckung möglich.[71]

233 Das Arrestbedürfnis entfällt nicht deshalb, weil bereits ein Titel – bzw. ggf. (nur) eine einstweilige Anordnung – vorliegt, da aus den Titeln nur wegen fälligen Unterhalts vollstreckt werden kann, während der Arrest die Zukunft betrifft.

4. Arrestarten und Arrestgrund

234 Zu unterscheiden sind nach der Art des Arrestgrundes der dingliche Arrest und der persönliche Arrest. Der **dingliche Arrest** (§ 917 ZPO) ist ggü. dem persönlichen Arrest die primäre Maßnahme. Sie findet statt, wenn zu besorgen ist, dass ohne Arrestverhängung die (künftige) Vollstreckung eines Beschlusses vereitelt oder wesentlich erschwert werden würde. Erforderlich ist immer eine drohende Verschlechterung der Durchsetzbarkeit des Anspruchs. Die Vermögensverschlechterung muss unmittelbar bevorstehen und darf noch nicht abgeschlossen sein.[72] Eine solche Erschwerung ist nach dem Gesetz ohne Weiteres anzunehmen, wenn der Beschluss im Ausland vollstreckt werden müsste und die Gegenseitigkeit nicht verbürgt ist (§ 917 Abs. 2 ZPO). Ein Arrestgrund wird weiterhin bejaht, wenn der Schuldner sich z. B. verschwenderisch verhält oder wesentliche Vermögensstücke verschiebt oder verschleudert.

235 Der **persönliche Arrest** (§ 918 ZPO) ist ein hilfsweiser Rechtsbehelf. Er ist nur dann zulässig, wenn der Schuldner überhaupt noch pfändbares Vermögen hat. Sein Zweck besteht darin, eine Verschiebung derjenigen Vermögensstücke zu verhindern, deren Pfändung im Wege des dinglichen Arrestes ermöglicht werden soll.

---

69 KG, FamRZ 1985, 730.
70 OLG Düsseldorf, NJW-RR 1994, 452 ff.; OLG Hamm, FamRZ 1995, 1427, 1428.
71 Vgl. dazu Menne, FamRZ 2004, 6 ff.
72 OLG Stuttgart, FamRZ 2012, 324, 325.

5. Muster für die Antragstellung

a) Formulierungsvorschlag: Antrag auf dinglichen Arrest

..... beantrage ich, ohne mündliche Verhandlung den folgenden Arrestbefehl zu erlassen: 236
1. Zur Sicherung der Zwangsvollstreckung wegen nachehelichen Unterhalts der Antragstellerin von monatlich 500 € ab dem ..... wird der dingliche Arrest in das Vermögen des Antragsgegners angeordnet.
2. Der Antragsgegner hat die Kosten des Arrestverfahrens zu tragen.
3. Die Vollziehung des Arrests wird durch Hinterlegung eines Betrages von ..... € durch den Antragsgegner gehemmt.[73]
4. In Vollziehung des Arrests wird die Forderung des Antragsgegners gegen die A-Bank in D auf Auszahlung seines Guthabens auf dem Konto-Nr. ..... bis zu einem Höchstbetrag von ..... gepfändet. Dem Antragsgegner wird untersagt, über die Forderung zu verfügen. Die A-Bank darf an den Antragsgegner nicht mehr leisten.

b) Formulierungsvorschlag: Antrag auf persönlichen Arrest

Wegen einer Unterhaltsforderung von ..... € sowie einer Kostenpauschale von ..... € wird   237
der persönliche Sicherheitsarrest gegen den Antragsgegner angeordnet.

Persönlicher Arrest ist ultima ratio. Deshalb kommt diese Entscheidung nur in Betracht, wenn die gefährdete Zwangsvollstreckung in das Vermögen des Schuldners anders nicht gewährleistet werden kann, vgl. § 918 ZPO.   238

D. Unterhaltsantrag nach §§ 253, 258 ZPO

▶ **Das Wichtigste in Kürze**   239

- Das Unterhaltsverfahren wird durch die Zustellung eines bestimmten, vollstreckungsfähigen Unterhaltsantrags beim Antragsgegner »erhoben«. → Rdn. 241 ff.
- Auch künftiger Unterhalt kann als »wiederkehrende Leistung« nach §§ 253, 258 ZPO tituliert werden. → Rdn. 264 ff.
- Der Unterhaltsberechtigte hat einen Titulierungsanspruch. → Rdn. 272 ff.

Hat der Unterhaltsschuldner außergerichtlich ordnungsgemäß Auskunft über seine   240
Einkünfte erteilt, dann aber die berechnete Unterhaltsschuld nicht akzeptiert, muss der Anspruch gerichtlich durchgesetzt werden. Dies erfolgt regelmäßig durch einen entsprechenden Unterhaltsantrag beim zuständigen FamG. Es handelt sich dabei um eine Familienstreitsache, die nach den Verfahrensvorschriften der ZPO abgewickelt wird (§§ 112 Nr. 1, 113 Abs. 1 FamFG).

---

73 Vgl. § 923 ZPO.

Kapitel 5   Durchsetzung des Unterhaltsanspruchs im gerichtlichen Verfahren

I. Erhebung des Antrags (§ 253 Abs. 1 ZPO)

241 Die Einreichung der Antragsschrift bei Gericht hat die **Anhängigkeit** des Unterhaltsverfahrens zur Folge. Der Antragsteller begehrt mittels der Antragsschrift Rechtsschutz durch Erlass eines Beschlusses (§ 38 FamFG).

242 Die »Erhebung« der Unterhaltssache setzt die Zustellung des Antrags beim Antragsgegner voraus. Dies begründet die **Rechtshängigkeit** des Verfahrens (vgl. § 261 Abs. 1 ZPO), woran materielle Wirkungen anknüpfen (z. B. Verjährungshemmung, vgl. § 204 Abs. 1 Nr. 1 BGB).

II. Mindestinhalt des Unterhaltsantrags (§ 253 Abs. 2 ZPO)

243 Die Antragserhebung begründet ein Verfahrensrechtsverhältnis und fixiert den **Streitgegenstand**. Der Streitgegenstand (d. h. der bestimmte Unterhaltsantrag) ist für die gerichtliche Entscheidung maßgeblich (§ 308 ZPO), bestimmt deren Rechtskraft und darf vor keinem anderen FamG mehr anhängig gemacht werden (§ 261 Abs. 3 Nr. 1 ZPO). Nach Antragserhebung bleibt die Zuständigkeit des Gerichts auch dann erhalten, wenn ein sie begründender Umstand entfällt (§ 261 Abs. 3 Nr. 2 ZPO, sog. perpetuatio fori). Eine Ausnahme insoweit ergibt sich aus § 233 FamFG: Wird eine Ehesache rechtshängig, während eine Unterhaltssache nach § 232 Abs. 1 Nr. 1 FamFG bei einem anderen Gericht im ersten Rechtszug anhängig ist, ist diese von Amts wegen an das Gericht der Ehesache abzugeben.

244 Der Mindestinhalt des Antrags ergibt sich aus § 253 Abs. 2 ZPO.

1. Anschrift der Beteiligten

245 Erforderlich ist die Bezeichnung der Beteiligten und des Gerichts (§ 253 Abs. 2 Nr. 1 ZPO).

246 Die genaue Anschrift der Beteiligten ist im Antrag anzugeben:

Eine ladungsfähige Anschrift ist für den **Antragsgegner** schon zwecks Zustellung erforderlich. Die Rechtsprechung lässt allerdings statt der Wohnanschrift auch die Angabe der Arbeitsstelle genügen, soweit erwartet werden kann, dass dort eine Zustellung (vgl. § 177 ZPO) gelingt.

Aber auch die **Anschrift des Antragstellers** ist zu benennen; die Rechtsprechung verlangt dies zwingend.

2. Bestimmtheit des Antrags

247 Darüber hinaus ist nach § 253 Abs. 2 Nr. 2 ZPO die bestimmte Angabe des Gegenstands und des Grundes des erhobenen Anspruchs notwendig.

248 Die Antragsschrift muss schließlich insb. einen **bestimmten Antrag** enthalten, vgl. § 253 Abs. 2 Nr. 2 ZPO.

Das sog. **Bestimmtheitserfordernis** fixiert den Streitgegenstand, ist Grundlage der materiellen Rechtskraft sowie einer etwaigen Zwangsvollstreckung aus dem Unterhaltsbeschluss. 249

Dementsprechend muss der Unterhaltsantrag konkret sein, wenn auch eine Auslegung grds. zulässig ist.

Die Bestimmtheit des Unterhaltsantrags ist nur gewährleistet, wenn Folgendes beachtet wird: 250
– Bei mehreren Antragstellern kann der Unterhalt nicht in einem Gesamtbetrag, sondern nur aufgeschlüsselt nach Personen verlangt werden.
– Wird Alters- und/oder Krankenvorsorgeunterhalt verlangt, müssen diese Beträge neben dem begehrten Elementarunterhalt gesondert beziffert werden.
– Sollen Alters- und Krankenvorsorgeunterhalt nicht sofort, aber später zusätzlich beantragt werden – dasselbe gilt, wenn lediglich ein Teil des an sich beanspruchten Gesamtunterhalts eingefordert wird –, ist das Unterhaltsverfahren ausdrücklich als **Teilverfahren** zu bezeichnen (offenes Teilverfahren) oder dies ist zumindest in der Antragsbegründung zum Ausdruck zu bringen. In der bloßen Geltendmachung des Quotenunterhalts liegt kein solcher Vorbehalt. Die Vermutung spricht gegen einen Teilantrag.
– Bei einem wirksamen Vorbehalt erfolgt die spätere Nachforderung (besser: zusätzliche Forderung) durch Zusatzverfahren; dies ist ein gewöhnliches Leistungsverfahren.
– Konsequenzen bei fehlendem Vorbehalt: Ist der Vorbehalt nicht deutlich gemacht (wurde z. B. kommentarlos die 3/7-Quote beantragt) ist ein Leistungsverfahren (Zusatzverfahren) unzulässig. Es muss abgewartet werden, bis die Abänderungsvoraussetzungen (§§ 238, 239 FamFG) gegen den bestehenden Titel vorliegen. Erst im Rahmen dieser Abänderungsverfahren können Altersvorsorge- und Krankenvorsorgeunterhalt zusätzlich einbezogen werden.

3. Bedingte Antragstellung

Die Antragstellung ist eine Verfahrenshandlung und damit **bedingungsfeindlich**. Die Absicht der Antragserhebung muss daher eindeutig zum Ausdruck kommen. 251

Allerdings ist es zulässig, das FamG »vorab« über einen VKH-Antrag entscheiden zu lassen.

▶ **Hinweis:** 252

Mit der Einreichung eines Antrags in Unterhaltssachen entstehen Anwaltsgebühren.

Das gilt auch, wenn die Antragsschrift zugleich ein VKH-Gesuch enthält, weil dadurch neben dem VKH-Verfahren auch der Rechtsstreit als solcher anhängig wird.

Dies gilt natürlich dann nicht, wenn zum Ausdruck gebracht wird, dass der Antrag nur für den Fall der VKH-Bewilligung als erhoben gelten soll, z. B. durch folgende Formulierungen:
- Es sei »beabsichtigt« (nach VKH-Bewilligung) den Antrag zu erheben;[74]
- es werde gebeten,»vorab« über das VKH-Gesuch zu entscheiden oder
- der Antrag werde »unter Vorbehalt« (der Bewilligung von VKH) erhoben.

Wird der Antrag trotzdem vorzeitig zugestellt, ist er nicht erhoben.

Nicht ausreichend ist hingegen folgende Formulierung:
- Den Schriftsatz als »Antrag und VKH-Gesuch« zu überschreiben und
- dem Antrag hinzuzusetzen: »Wir fügen ferner anbei, die Erklärung über VKH und beantragen VKH«.

Im letztgenannten Fall entstehen anwaltliche Gebühren.

Die Einreichung eines reinen VKH-Antrags für eine Folgesache (z. B. nachehelicher Unterhalt) begründet bereits den Scheidungsverbund, auch wenn die betreffende Folgesache dadurch noch nicht rechtshängig ist.

4. Form der Antragsschrift

253 Die Antragsschrift ist ein bestimmender (d. h. nicht nur vorbereitender) Schriftsatz. Sie bedarf daher einer eigenhändigen Unterschrift, die individuelle Züge aufweisen muss.

Dies dient auch der Abgrenzung vom bloßen Entwurf eines Antrags und damit der Feststellung der Verfahrensabsicht.

254 Unterschreiben muss der mit Vollmacht ausgestattete RA, da das Unterhaltsverfahren nach § 114 Abs. 1 FamFG dem Anwaltszwang unterliegt. Eine Ausnahme besteht allerdings für die einstweilige Unterhaltsanordnung; diese hat der Gesetzgeber (unverständlicherweise) vom Anwaltszwang ausgenommen.

255 ▶ Hinweis:

Die Vorschrift des § 130 Nr. 6 ZPO, die das Unterschriftserfordernis kodifiziert, ist eine Sollvorschrift. Dies führt immer wieder zu dem Irrtum, insb. auch bei Rechtsmittelschriften, dass die Unterschrift entbehrlich ist, wenn sich die Urheberschaft aus anderen Gründen erschließt. Dies ist deshalb unzutreffend, weil § 130 ZPO unmittelbar nur die vorbereitenden Schriftsätze betrifft; im Fall der bestimmenden Schriftsätze ist aber das Unterschriftserfordernis zwingend.

Der Unterschied zwischen vorbereitenden und bestimmenden Schriftsätzen liegt darin, dass Erstere nur eine Ankündigung von Erklärungen betreffen, die man in der mündlichen Verhandlung abgeben will, während Letztere einen Vollzug von

---

74 OLG Koblenz, FamRZ 2008, 2929.

Prozesshandlungen darstellen (z. B. Antragserhebung, Einlegung der Beschwerde bzw. Begründung derselben).

Die fehlende Unterschrift kann aber nachgeholt werden. Dies wirkt sich aber nur ex nunc aus, was etwa bereits den Eintritt der Verjährung bedeuten kann. Ein Rechtsmittel ist nicht mehr zulässig, wenn die Rechtsmittelfrist bereits abgelaufen ist. 256

Der Antrag kann durch **elektronisches Dokument** (vgl. § 130a ZPO) übermittelt werden, sofern die o. g. Mindestform gewahrt ist. Allerdings werden die Anforderungen an Schriftlichkeit und Unterschrift modifiziert, da dem Zweck des § 253 ZPO, Identität und Antragsabsicht sicherzustellen, ausreichend durch die qualifizierte elektronische Signatur entsprochen wird. § 130a Abs. 1 Satz 2 ZPO enthält für bestimmende Schriftsätze nicht nur eine Ordnungsvorschrift; diese müssen mit einer qualifizierten elektronischen Signatur versehen sein.[75] 257

Häufig werden Anträge mittels **Telefax** bei Gericht eingereicht. Das Telefax muss die Unterschrift erkennen lassen, wenn auch nur durch »Wiedergabe« (§ 130 Nr. 6 ZPO); ein Computerfax bedarf daher i. d. R. mindestens einer eingescannten Unterschrift, ein herkömmliches Fax der eigenhändigen Unterschrift. 258

Mit einer **E-Mail** kann ein Unterhaltsantrag grds. nur gem. § 130a ZPO erhoben werden. Ansonsten ist erforderlich, dass das FamG bereit ist, das elektronische Dokument entgegen zu nehmen (Geschäftsstelle druckt die Mail aus und versieht sie mit dem Eingangsstempel). Maßgeblich ist also, dass dem FamG dafür der Ausdruck der als Anhang einer elektronischen Nachricht übermittelten, die vollständige Antragsschrift enthaltenden Bilddatei (hier: PDF-Datei) vorliegt. Ist die Datei durch Einscannen eines vom Verfahrensbevollmächtigten unterzeichneten Schriftsatzes hergestellt, ist auch dem Unterschriftserfordernis des § 130 Nr. 6 ZPO genügt.[76] 259

5. Mögliche Angaben sowie Abschriften

Der Antrag kann (über die zwingenden Angaben nach § 253 Abs. 2 ZPO hinaus) noch weitere fakultative Angaben enthalten. Dies ist nach § 253 Abs. 3 ZPO die Angabe des Verfahrenswertes. Seine Angabe dient zugleich der Berechnung des einzufordernden Kostenvorschusses. Unterbleibt die Angabe, beeinträchtigt dies nicht die Antragserhebung, kann sich aber bei drohender Verjährung von Ansprüchen auf die Vorwirkung nach § 167 ZPO auswirken. Zudem können fehlende Wertangaben die gerichtliche Festsetzung verzögern. 260

▶ **Praxistipp:** 261

Empfehlung: Immer gleich den Vorschuss selbst errechnen und einzahlen – zumindest, wenn es eilig ist!

---

75 BGH, 14.01.2010 – VII ZB 112/08.
76 BGH, NJW 2008, 2649.

Kapitel 5   Durchsetzung des Unterhaltsanspruchs im gerichtlichen Verfahren

262   Weiterhin sollte der Antrag mitteilen, ob der Antragserhebung der Versuch einer **Mediation** oder eines anderen Verfahrens der außergerichtlichen Konfliktbeilegung vorausgegangen ist, sowie eine Äußerung dazu, ob einem solchen Verfahren Gründe entgegenstehen.

> ▶ **Praxistipp:**
>
> Am 26.07.2012 ist das sog. **Mediationsgesetz** in Kraft getreten.[77] Damit verbunden war u. a. eine Änderung des § 253 Abs. 3 ZPO. Jedenfalls wenn eine Mediation von der Mandantschaft nicht gewünscht wird – und dies ist gerade in Familiensachen oftmals der Fall – sollte die anwaltliche Vertretung bereits in der Antragsschrift ausreichend argumentieren, warum diese wenig Erfolg versprechend ist.

263   Weiterhin ist es ausreichend, Abschriften für die Zustellung bei der Gegenseite bei Gericht einzureichen. Werden dem Antrag keine Abschriften (vgl. § 253 Abs. 5 ZPO) beigelegt, werden diese gegen Auslagenberechnung beim FamG angefertigt oder vom Antragsteller angefordert; Letzteres kann die Zustellung des Unterhaltsantrags verzögern und so die Vorwirkung nach § 167 ZPO gefährden. Bei elektronischer Einreichung des Antrags sind keine Abschriften beizufügen (vgl. § 253 Abs. 5 Satz 2 ZPO). Deren Ausdruck übernimmt das Gericht kostenfrei.

III. Bedeutung des § 258 ZPO

264   Der gerichtliche Unterhaltsantrag richtet sich auf Erlass eines Titels i. S. v. § 258 ZPO, der wiederkehrende Leistungen, nämlich Unterhalt, zum Gegenstand hat.

265   Anträge werden häufig wie folgt formuliert:

> ▶ **Formulierungsvorschlag: Unterhaltsantrag nach § 258 ZPO**
>
> Der Antragsgegner wird verpflichtet, an die Antragstellerin ab dem 01. ..... 20..... jeweils monatlich im Voraus, spätestens bis zum dritten Werktag des jeweiligen Monats einen Unterhalt i. H. v. ..... € zu zahlen.

266   § 258 ZPO ermöglicht die Tituliering künftiger Ansprüche im Fall wiederkehrender Leistungen (sog. Rentenantrag). Der Unterhaltsgläubiger erhält einen Vollstreckungstitel, damit er sich bei Fälligkeit seines Anspruchs unverzüglich die für die Lebensführung notwendigen Mittel besorgen kann. Auch soll andauernden Rechtsstreitigkeiten vorgebeugt werden.

267   **Wiederkehrende Leistungen** i. S. v. § 258 ZPO sind solche, die sich in ihrer Gesamtheit als Folge ein und desselben Rechtsverhältnisses ergeben, sodass die einzelne Folge nur noch vom Zeitablauf abhängig ist, ohne dass aber der Umfang der Schuld von vornherein feststeht.[78] Die (künftigen) Leistungen müssen bereits der Höhe nach bestimmbar sein, also mit ausreichender Sicherheit feststehen, wobei die noch nicht

---

77 Vgl. dazu Ahrens, NJW 2012, 2465 ff. sowie Zorn, FamRZ 2012, 1265.
78 BGH, NJW 2007, 294.

D. Unterhaltsantrag nach §§ 253, 258 ZPO Kapitel 5

konkretisierbare Möglichkeit späterer Einwendungen der Rentenzahlungspflicht nach § 258 ZPO nicht entgegensteht.

Allerdings muss gegenwärtig bereits ein Unterhaltsanspruch bestehen, da § 258 ZPO »auch« wegen künftiger Ansprüche den Antrag ermöglicht. Besteht gegenwärtig (noch) kein Anspruch, ist der Antrag als unbegründet abzuweisen. 268

▶ **Hinweis:** 269

Wichtig für die anwaltliche Vertretung ist es, die Konzeption des § 258 ZPO zu verstehen. Unterhaltsanträge nach §§ 253, 258 ZPO prüft das Gericht »2-stufig«: Zunächst muss der Unterhaltsantrag zum Zeitpunkt der mündlichen Verhandlung der Sache nach begründet sein; dann tätigt der erkennende Richter – unterstellt, eine Unterhaltspflicht zum Zeitpunkt der mündlichen Verhandlung besteht – im zweiten Schritt eine Prognose dahin gehend, ob die dem Unterhaltsanspruch zugrunde liegenden Erwägungen auch zukünftig Bestand haben werden.

Beispiel: Der Unterhaltsschuldner soll entsprechend der zuvor erteilten Auskunft verpflichtet werden, mtl. 400 € Ehegattenunterhalt zu bezahlen. Sein Anwalt erklärt in der mündlichen Verhandlung, dass der Mandant augenblicklich arbeitslos ist und nur den Selbstbehalt verfügbar hat.

Der Familienrichter muss den Unterhaltsantrag (mit Ausnahme etwaiger Rückstände) abweisen. Dies gilt selbst dann, wenn der Antragsgegner mitteilt, dass er einen neuen Arbeitgeber hat und die neue Arbeitsstelle schon in wenigen Monaten antreten kann, sodass er dann wieder leistungsfähig ist. Die insoweit günstige Prognose ist bedeutungslos, da die »zweite Stufe« der Prüfung nicht erreicht wird. Der Antragsteller ist daher gezwungen, nochmals im Wege des Leistungsantrags Unterhalt einzufordern, sobald die neue Arbeit angetreten wird.

Taktisch sollte der Anwalt der Antragstellerin versuchen, »zu vertagen«; er kann etwa erklären, dass er sich auf diesen Vortrag nicht vorbereiten konnte und das Vorbringen prüfen muss. Der folgende Termin kann dann stattfinden, wenn der Antragsgegner wieder tätig ist.

Der Anwalt des Antragsgegners kann umgekehrt, das Gericht und die Gegenseite vor der Verhandlung informieren, um die Gunst der Stunde zu nutzen.

Kostenmäßig ist mit dem Gericht im Hinblick auf das billige Ermessen (vgl. § 243 FamFG) aber in jedem Fall zu verhandeln.

Liegt der Fall umgekehrt, d. h. der Antragsgegner hat zzt. noch eine Arbeitsstelle, aber ihm wurde zum übernächsten Monat wirksam gekündigt, wird der Antragsgegner zur Unterhaltszahlung verpflichtet. Die erste Stufe der Prüfung des § 258 ZPO erfolgt nämlich erfolgreich, da ein Unterhaltsanspruch zum Zeitpunkt der mündlichen Verhandlung gegeben ist. Die zweite Stufe, d. h. die Prognose für die Zukunft ist problematisch. Entweder der Richter geht davon aus, dass der Antragsgegner schon bald wieder eine Arbeitsstelle findet – dann kann er den Unterhalt unbegrenzt zusprechen und den Antragsgegner ansonsten auf das Abänderungsverfahren

Kapitel 5 Durchsetzung des Unterhaltsanspruchs im gerichtlichen Verfahren

verweisen. Oder der Richter ist etwa aufgrund schlechter wirtschaftlicher Prognosen pessimistisch; dann wird der Unterhalt nur befristet bis zum Ablauf der Kündigungsfrist gewährt.

270 Der gesetzliche Unterhaltsanspruch entsteht nach dem materiellen Recht in jedem Augenblick neu, in dem die dafür erforderlichen gesetzlichen Voraussetzungen vorliegen. Der einmal entstandene Unterhaltsanspruch wird durch den Antrag und den Beschluss nach § 258 ZPO als einheitliches, bis zum Wegfall seiner Voraussetzungen andauerndes, auflösend bedingtes Recht auf wiederkehrende Leistungen behandelt.

271 Das **Rechtsschutzbedürfnis** für ein Unterhaltsverfahren (mit der Folge eines Vollstreckungstitels) besteht selbst dann, wenn der Schuldner bisher regelmäßig, pünktlich und auch in voller Höhe gezahlt hat. Dies wird damit begründet, dass der Schuldner seine freiwillige Zahlung jederzeit einstellen kann. § 258 ZPO will den Unterhaltsgläubiger der Notwendigkeit entheben, erst nach Fälligkeit – also mit Zeitverlust – auf die wiederkehrenden und oftmals lebensnotwendigen Leistungen klagen zu müssen.

Allerdings sollte der Unterhaltsschuldner vor Einleitung eines gerichtlichen Unterhaltsverfahrens zunächst zur freiwilligen Titulierung aufgefordert werden, die gerade beim Kindesunterhalt von den Jugendämtern kostenlos abgewickelt werden kann. Andernfalls besteht im Verfahren die Gefahr des sofortigen Anerkenntnisses mit der Kostenfolge des § 243 Nr. 4 FamFG i. V. m. § 93 ZPO (Einzelheiten s. u., Rdn. 273 ff.).

IV. Rechtsschutzbedürfnis für einen Unterhaltsantrag

272 ▶ **Das Wichtigste in Kürze**

– Der Unterhaltsschuldner, der seine Unterhaltsverpflichtung vollständig titulieren lässt, gibt keinen Anlass zur Einleitung eines gerichtlichen Unterhaltsverfahrens. Wird der Unterhaltsanspruch hingegen nur teilweise tituliert, kann der streitige Spitzenbetrag mit einem Titelergänzungsantrag nach §§ 253, 258 ZPO geltend gemacht werden. → Rdn. 274 ff.
– Der Unterhaltsschuldner, der freiwillig den vollen Unterhalt leistet, gibt keinen Anlass zur Antragserhebung, wenn er nicht zuvor erfolglos zur außergerichtlichen Titulierung aufgefordert wurde. Er kann im gerichtlichen Verfahren den Unterhaltsanspruch sofort anerkennen, sodass die Verfahrenskosten nach § 243 Nr. 4 FamFG i. V. m. § 93 ZPO vom Unterhaltsgläubiger zu tragen sind. Kommt er der Titulierungsaufforderung nicht nach, ist Anlass zur Einleitung des Unterhaltsverfahrens hingegen gegeben. → Rdn. 287 ff.
– Der Unterhaltsschuldner, der nicht den vollen Unterhalt leistet, gibt Anlass zur Antragserhebung i. H. d. gesamten geschuldeten Unterhalts, ohne dass er zunächst zur außergerichtlichen Titulierung des freiwillig geleisteten Unterhalts aufgefordert werden muss. In solchen Fällen kommt ein sofortiges Anerkenntnis i. S. d. § 243 Nr. 4 FamFG i. V. m. § 93 ZPO nicht in Betracht. → Rdn. 291 ff.

273 Das Rechtsschutzinteresse für die Einleitung eines Unterhaltsverfahrens, d. h. eines gerichtlichen Leistungsantrags nach §§ 253, 258 ZPO ist zweifelhaft, wenn der Unterhalt

bereits ganz oder zumindest teilweise tituliert ist bzw. wenn der Unterhaltsschuldner freiwillige, nicht titulierte Unterhaltszahlungen erbringt. Soweit im Fall nur freiwilliger Unterhaltsleistungen ein sog. Titulierungsanspruch angenommen wird, besteht das Risiko des sofortigen Anerkenntnisses mit der Kostenfolge des § 243 Nr. 4 FamFG i. V. m. § 93 ZPO. Ein Urteil des BGH[79] hat sich mit der Thematik auseinandergesetzt und nunmehr Rechtssicherheit herbeigeführt.

1. Vollständige Titulierung des Unterhalts

Das **Rechtsschutzbedürfnis für ein Leistungsverfahren fehlt**, wenn in **voller Höhe** 274 des beabsichtigten Unterhaltsantrags bereits einer der nachfolgenden Unterhaltstitel vorliegt:
– ein Unterhaltsbeschluss,
– ein (nach § 794 Abs. 1 Nr. 1 oder § 794 Abs. 1 Nr. 5 ZPO titulierter) Unterhaltsvergleich,
– ein RA-Vergleich (§ 796a ZPO), der gem. § 796b ZPO für vollstreckbar erklärt werden kann, falls seine Wirksamkeit nicht vom Gläubiger bestritten wird.

Ansonsten ist ein **Rechtsschutzbedürfnis** für ein Unterhaltsverfahren grds. **zu bejahen**.

Das Rechtsschutzbedürfnis für ein Unterhaltsverfahren ist insb. auch gegeben, wenn 275 der Unterhaltsanspruch durch eine **einstweilige Unterhaltsanordnung** (§§ 246 ff. FamFG) tituliert ist, weil der Unterhaltsanspruch im Eilverfahren nicht rechtshängig ist und folglich über ihn im Anordnungsweg auch nicht rechtskräftig entschieden werden kann. Die Eilanordnungen schaffen nur eine einstweilige Vollstreckungsmöglichkeit eines (nur) vorläufig als bestehend angenommenen Anspruchs.

Sie stellen auch keinen Rechtsgrund i. S. v. § 812 BGB für Unterhaltszahlungen dar.

Der Unterhaltsgläubiger ist daher jederzeit berechtigt, ein Unterhaltshauptsacheverfahren 276 einzuleiten, um auf diesem Weg einen rechtskräftigen Unterhaltstitel, der dem Abänderungsschutz des § 238 FamFG unterliegt, zu erlangen.

2. Einseitige titulierte Verpflichtungserklärungen

Umstritten ist das Rechtsschutzbedürfnis für einen Unterhaltsantrag im Fall einer ein- 277 seitigen titulierten Unterhaltsverpflichtungserklärung. Diese kommt in Betracht
– als Urkunde des Notars (§ 794 Abs. 1 Nr. 5 ZPO),
– als Urkunde des Jugendamts (vgl. §§ 59, 60 SGB VIII).

Grds. muss sich der Unterhaltsgläubiger mit einem solchen Titel zufriedengeben, d. h. 278 es fehlt ein Rechtsschutzbedürfnis für eine Titulierung des Unterhaltsanspruchs durch einen rechtskraftfähigen Beschluss.

Das Rechtsschutzbedürfnis für ein Unterhaltsverfahren kann allerdings bei einer Ju- 279 gendamtsurkunde bzw. einer notariellen Urkunde nach § 794 Abs. 1 Nr. 5 ZPO nicht

---

79 BGH, 02.12.2009 – XII ZB 207/08, NJW 2010, 238 ff. = FamRZ 2010, 195 ff.

verneint werden, soweit der Gläubiger einen **höheren Unterhaltsbetrag beansprucht**, als in der betreffenden Urkunde tituliert ist.

280 Umstritten – insb. im Hinblick auf den bereits titulierten Unterhalt – ist aber der dafür korrekte Antrag, d. h. die Frage, ob ein Leistungsverfahren nach §§ 253, 258 ZPO (sog. Titelergänzungsverfahren) oder ein Abänderungsverfahren nach § 239 FamFG anzustrengen ist. Die Jugendamtsurkunde bzw. die notarielle Urkunde nach § 794 Abs. 1 Nr. 5 ZPO würde als Titel minderen Wertes behandelt, wenn ohne Weiteres eine vollständige erneute Titulierung nach §§ 253, 258 ZPO möglich wäre.

281 Das OLG Düsseldorf[80] ist der Meinung, dass bei einer einseitigen Verpflichtungserklärung des Unterhaltsschuldners der Berechtigte eine Anhebung der titulierten Unterhaltsrente lediglich im Weg des **Abänderungsverfahrens** geltend machen kann; ein »Wahlrecht auf Leistungsverfahren« stehe ihm nicht zu. Eine Abänderung erfolgt nach der Vorschrift des § 239 FamFG, die allerdings grds. eine Störung der Geschäftsgrundlage voraussetzt. Maßgebend für Voraussetzung und Umfang der Abänderung ist nach dieser Auffassung allein der in der Urkunde zum Ausdruck gebrachte oder ihrer Ausstellung zugrunde liegende einvernehmliche Wille der Beteiligten. Lag ein solcher übereinstimmender Wille nicht vor, ist der Berechtigte auch bei einseitigen Verpflichtungserklärungen des Unterhaltsschuldners an die Verhältnisse z. Zt. der Errichtung nicht gebunden, weil es mangels Beteiligtenvereinbarung an einer Geschäftsgrundlage fehlt. Der geschuldete Unterhalt ist vielmehr wie im Erstfestsetzungsverfahren ohne jede Bindung an irgendwelche »Grundlagen« der Urkunde nach den tatsächlich bestehenden Verhältnissen zu bestimmen.

Lag der vollstreckbaren Urkunde hingegen ein übereinstimmender Wille der Beteiligten zugrunde, darf der Berechtigte sich den dadurch begründeten Bindungen nicht durch Erhebung eines freien Leistungsverfahrens entziehen.

282 Das OLG Brandenburg[81] nimmt hingegen ein »Wahlrecht auf Leistungsverfahren« an, d. h. der Unterhaltsgläubiger muss nicht zwingend das Abänderungsverfahren erheben.

283 Das OLG Naumburg[82] lässt umgekehrt allein den Titelergänzungsantrag zu.

284 Der BGH[83] äußert sich nunmehr eindeutig zugunsten des Leistungsantrags nach § 253, 258 ZPO, wenn der Unterhaltsschuldner mit einem außergerichtlichen Titel lediglich einen Sockelbetrag als Teilunterhalt anerkannt hat. Der restliche Unterhalt kann nicht im Weg des Abänderungsantrags nach § 239 FamFG geltend gemacht werden.

---

80 OLG Düsseldorf, NJW-RR 2006, 946.
81 OLG Brandenburg, FamRZ 2006, 1849.
82 OLG Naumburg, ZFE 2009, 36.
83 BGH, NJW 2010, 238, 239; vgl. auch BGH, FamRZ 2007, 983.

Nur wenn der Unterhaltsschuldner mit dem außergerichtlichen Titel den vollen Unterhalt anerkennen und der Unterhaltsgläubiger sich darauf einlassen würde, wäre eine spätere Anpassung im Weg des Abänderungsantrags nach § 239 FamFG möglich, was eine Vollstreckung aus einem einheitlichen Titel ermöglichen würde.

Eine solche Vereinbarung des vollen Unterhalts liegt nach Auffassung des BGH allerdings nicht vor, wenn die Beteiligten schon außergerichtlich über die Höhe des vollen Unterhalts streiten und sich nicht auf einen Betrag einigen können. Aus der Sicht des Unterhaltsgläubigers, auf die es insoweit ankommt, hat der Unterhaltsschuldner dann nur einen Teil des begehrten Unterhalts anerkannt. Und auch der Unterhaltsschuldner weiß im Fall eines fortdauernden Streits über die Unterhaltshöhe, dass er nur einen Teilbetrag des verlangten Unterhalts akzeptiert hat.   285

Der streitige Spitzenbetrag ist dann mit einem Titelergänzungsantrag nach §§ 253, 258 ZPO geltend zu machen.

▶ **Hinweis:**   286

Die Folge einer solchen zweigleisigen Titulierung ist brisant:

Beispiel: Freiwilliger Titel über 500 € + gerichtlicher Titel über (weitere) 100 €.

Der **Unterhaltsschuldner**, der aufgrund einer Änderung der wirtschaftlichen Verhältnisse später eine Abänderung der Unterhaltspflicht zu seinen Gunsten wünscht, müsste einerseits die Abänderung des außergerichtlichen Titels nach §§ 239 FamFG; 313 BGB sowie andererseits, für den ergänzenden gerichtlichen Titel mit materieller Rechtskraft, die Abänderung nach § 238 FamFG beantragen.

Zum o. g. Beispiel: Soweit der Unterhaltsschuldner um bis zu 100 € weniger zahlen will, wendet er sich gegen den gerichtlichen Titel – also § 238 FamFG.

Soweit er noch weniger zahlen will, will er auch den Basistitel abgeändert haben – also §§ 239, 313 FamFG. Die Vorgehensweise hängt also von den Beträgen ab! **Der Unterhaltsschuldner sollte immer von oben nach unten vorgehen!**

Der **Unterhaltsgläubiger**, der eine Erhöhung der Unterhaltspflicht begehrt, müsste nach § 238 FamFG die Abänderung des titulierten Spitzenbetrags anstreben, denn er will die Rechtskraft der gerichtlichen Entscheidung »weitere 100 €« angreifen.

3. Freiwillige Zahlung des Schuldners

a) Vollständige Unterhaltsleistung

Der Unterhaltsberechtigte hat einen **Titulierungsanspruch**. Ein Rechtsschutzbedürfnis für ein Unterhaltsverfahren besteht deshalb selbst dann, wenn der Schuldner   287

Kapitel 5 Durchsetzung des Unterhaltsanspruchs im gerichtlichen Verfahren

regelmäßig und freiwillig zahlt.[84] Dies gilt für die gesamte Unterhaltsforderung (also nicht nur für einen etwa streitigen Spitzenbetrag, sondern auch für den unstreitigen Sockel).

288 Der Unterhaltsschuldner kann seine freiwilligen Zahlungen ohne Titulierung jederzeit einstellen; der Unterhaltsgläubiger ist aber auf laufende pünktliche Unterhaltsleistungen angewiesen, da der Unterhalt für den Lebensbedarf benötigt wird. § 258 ZPO sieht deswegen ausdrücklich die Möglichkeit eines Antrags auf künftige wiederkehrende Leistungen vor.

289 Allerdings gibt ein Unterhaltsschuldner, der den vollen geschuldeten Unterhalt regelmäßig zahlt, dem Unterhaltsgläubiger keinen Anlass zur Erhebung eines Unterhaltsantrags i. S. v. § 243 Nr. 4 FamFG i. V. m. § 93 ZPO. Der Unterhaltsgläubiger muss deswegen, wenn er die nachteiligen Kostenfolgen eines sofortigen Anerkenntnisses nach § 243 Nr. 4 FamFG i. V. m. § 93 ZPO vermeiden will, den Unterhaltsgläubiger in solchen Fällen zunächst zur außergerichtlichen Titulierung des Unterhaltsanspruchs auffordern.

Nochmals: Zahlt der Unterhaltsschuldner den vollen geschuldeten Unterhalt und wurde er vor Antragserhebung nicht ordnungsgemäß zur Titulierung aufgefordert, kann er im Unterhaltsverfahren wirksam sofortig anerkennen, mit der Kostenfolge nach § 243 Nr. 4 FamFG i. V. m. § 93 ZPO.[85]

290 ▶ Hinweis:

Auch VKH wird dem Unterhaltsgläubiger für ein solches Verfahren auf Gesamtunterhalt wegen Mutwilligkeit verweigert, wenn dem Schuldner nicht zuvor Gelegenheit gegeben wird, eine vollstreckbare Verpflichtungserklärung i. H. d. freiwilligen Leistung abzugeben.[86]

Ein weiteres Problem in diesem Zusammenhang ist die Frage, wer die **Titulierungskosten** zu tragen hat. Der Kindesunterhalt wird vom Jugendamt kostenfrei tituliert (§§ 59 Abs. 1 Satz 1 Nr. 3, 60 SGB VIII), sodass die Übernahme der Titulierungskosten keine Rolle spielt. Kostenfreiheit besteht auch für die Titulierung des Unterhalts nach § 1615l BGB (§§ 59 Abs. 1 Satz 1 Nr. 4, 60 SGB VIII). Wird hingegen Ehegattenunterhalt gefordert, ist umstritten, wer die Titulierungskosten zu tragen hat. Richtigerweise sollte die Übernahme der Titulierungskosten eine Nebenpflicht des Unterhaltsschuldners sein, da der Bedürftige kaum mit diesen Kosten belastet werden kann.[87]

---

84 BGH, FamRZ 1998, 1165.
85 BGH, NJW 2010, 238, 239.
86 OLG München, FamRZ 1994, 1126.
87 So auch Gerhard, in: Handbuch FAFamR, 6. Kap. Rn. 16 a. E.; OLG Nürnberg, FamRZ 2002, 1179; a. A. KG, FamRZ 2011, 1319; OLG Karlsruhe, NJW 2003, 2922; Horndasch/Viefhues/Götsche, FamFG, § 76 Rn. 92; Musielak/Borth, FamFG, § 231 Rn. 16.

b) Unterhaltsteilleistung

Einer Klärung bedarf nunmehr, ob der Unterhaltsschuldner, der freiwillig nur einen Teil der geforderten Unterhaltsleistungen bezahlt, Veranlassung zu einem Unterhaltsantrag auf vollen Unterhalt bietet, insb. wenn er zuvor nicht zur Titulierung des freiwillig gezahlten Teils aufgefordert worden ist. 291

Mitunter wird die Auffassung vertreten, ein Unterhaltsschuldner, der nur Teilleistungen auf den geschuldeten Unterhalt erbringe, gebe durch sein Verhalten hinsichtlich des vollen Unterhaltsanspruchs Veranlassung zur Einreichung des gerichtlichen Unterhaltsantrags i. S. v. § 243 Nr. 4 FamFG i. V. m. § 93 ZPO.[88] 292

Nach der Gegenauffassung gibt ein Unterhaltsverpflichteter im Umfang eines freiwillig gezahlten Teilbetrags auf den geschuldeten Unterhalt keine Veranlassung zu einem Unterhaltsantrag, wenn er nicht vorprozessual aufgefordert worden ist, diesen Teilbetrag titulieren zu lassen.[89] Danach kommt in einem anschließenden Unterhaltsverfahren ein sofortiges Anerkenntnis des Unterhaltsschuldners i. S. d. § 243 Nr. 4 FamFG i. V. m. § 93 ZPO in Betracht.[90] 293

Teilweise wird dann aber doch wieder eingeschränkt, dass der Unterhaltsschuldner Veranlassung zur Erhebung des gesamten Unterhaltsantrags gegeben hat, wenn der geschuldete Unterhalt erheblich über dem tatsächlich gezahlten Unterhalt liege.[91] 294

Der BGH[92] schließt sich der zuerst genannten Auffassung an. 295

aa) Titulierungsanspruch

Der Gläubiger hat nach Ansicht des BGH **zum einen** ein **Titulierungsinteresse** für den vollen geschuldeten Unterhalt, wenn der Unterhaltsschuldner lediglich einen Teilbetrag auf den geschuldeten Unterhalt zahlt. 296

Hinsichtlich des nicht gezahlten Teils des Unterhalts ist ein Titel allein schon deswegen erforderlich, weil erst dieser dem Unterhaltsgläubiger die Vollstreckung ermöglicht.

Ein Titulierungsinteresse besteht allerdings auch hinsichtlich des gezahlten Teilbetrags. Das Titulierungsinteresse unterscheidet sich insofern nicht von den Fällen, in denen der Unterhaltsschuldner regelmäßig den vollen Unterhalt zahlt (s. o., Rdn. 287 ff.). 297

---

88 OLG Zweibrücken, FamRZ 2002, 1130; OLG Köln, NJW-RR 1998, 1703; OLG Düsseldorf, FamRZ 1991, 1207; OLG Koblenz, FamRZ 1986, 826.
89 Gerhard, in: Handbuch FAFamR, 6. Kap. Rn. 17.
90 OLG Oldenburg, FamRZ 2003, 1575; OLG Karlsruhe, FamRZ 2002, 102; OLG Nürnberg, NJWE-FER 2000, 100 = FamRZ 2000, 621; Thomas/Putzo, ZPO, § 93 Rn. 7a.
91 OLG Oldenburg, FamRZ 2003, 1575; OLG Nürnberg, NJW-RR 2001, 1376 = FamRZ 2002, 252; OLG Düsseldorf, FamRZ 1994, 117; OLG Hamm, FamRZ 1993, 712.
92 BGH, NJW 2010, 238 ff.

Kapitel 5 Durchsetzung des Unterhaltsanspruchs im gerichtlichen Verfahren

bb) Titulierungsaufforderung

298 Eine vorherige Aufforderung zur außergerichtlichen Titulierung des freiwillig gezahlten Sockelbetrags ist **zum anderen** nach Auffassung des BGH auch im Hinblick auf ein sofortiges Anerkenntnis i. S. d. § 243 Nr. 4 FamFG i. V. m. § 93 ZPO nicht erforderlich, da der Unterhaltsschuldner Anlass zur Einleitung der Unterhaltssache hinsichtlich des gesamten Unterhalts gibt.[93]

299 Die Meinung der BGH-Richter ist nachvollziehbar. Eine außergerichtliche Titulierung führt nämlich lediglich zu einem Titel über den freiwillig gezahlten Teil des geschuldeten Unterhalts (Sockelbetrag). Der weiter gehende Unterhaltsanspruch, d. h. der streitige Spitzenbetrag, ist nicht vollstreckbar.

Der Unterhaltsgläubiger wäre mithin gezwungen, den restlichen Unterhalt zusätzlich durch einen Leistungsantrag nach §§ 253, 258 ZPO zu titulieren, um die Vollstreckungsmöglichkeit herbeizuführen.

300 Ein solches zweigleisiges Verfahren mit den Folgen der unterschiedlichen späteren Abänderbarkeit der beiden Titel nach §§ 239 FamFG; 313 BGB für den außergerichtlichen Titel einerseits und nach § 238 FamFG für den ergänzenden gerichtlichen Titel mit materieller Rechtskraft andererseits, ist dem Unterhaltsgläubiger nicht zumutbar.

c) Checkliste: Unterhaltsantrag

301   Unterhaltsantrag
I. **Zuständiges FamG**
1. sachlich, §§ 23a Abs. 1 Nr. 1 GVG i. V. m. § 111 Nr. 8 FamFG
2. örtlich, § 232 FamFG
II. Antrag, §§ 253, 258 ZPO
1. Bestimmter Antrag erforderlich, § 253 Abs. 2 Nr. 2 ZPO

Beispiel:

Der Antragsgegner wird verpflichtet, an das Kind ..., geb. ..., zu Händen der Mutter 115 % des Mindestunterhalts i. S. d. § 1612a Abs. 1 BGB der jeweils geltenden Altersstufe abzgl. des auf das Kind entfallenden hälftigen Kindergeldanteils zu bezahlen, zahlbar monatlich im Voraus ab ....
2. Ausnahme: Stufenantrag nach § 254 ZPO

III. **Beteiligte, § 7 FamFG**
– Antragsteller
– Antragsgegner

IV. **Anwaltszwang, § 114 Abs. 1 FamFG**
(wichtige Ausnahme: Unterhaltsanordnung, vgl. § 114 Abs. 4 Nr. 1 FamFG)

---

93 Vgl. auch Gerhard, in: Handbuch FAFamR, 6. Kap. Rn. 17.

V. Rechtsschutzbedürfnis

Fehlt, wenn diese Titel in der Unterhaltssache bereits bestehen:
- Unterhaltsbeschluss,
- gerichtlicher Unterhaltsvergleich,
- RA-Vergleich (§ 796a ZPO), der gem. § 796b ZPO für vollstreckbar erklärt werden kann, falls seine Wirksamkeit nicht vom Gläubiger bestritten wird.

V. Verfahrensmäßige Besonderheiten beim Kindesunterhalt

▶ **Das Wichtigste in Kürze** 302

- Es besteht Identität zwischen Minderjährigen- und Volljährigenunterhalt. → Rdn. 341 ff.
- Solange die Eltern eines minderjährigen Kindes verheiratet sind, ist der Kindesunterhalt in gesetzlicher Verfahrensstandschaft geltend zu machen, vgl. § 1629 Abs. 3 BGB. Der Elternteil ist antragsbefugt, in dessen Obhut sich das Kind befindet. → Rdn. 318 ff.
- Die Verfahrensstandschaft endet mit der Volljährigkeit des Kindes. Das volljährige Kind hat ein Recht, nunmehr selbst als Antragsteller oder Antragsgegner in das Unterhaltsverfahren einzutreten. → Rdn. 325 f.

Kindesunterhaltssachen sind von einigen Besonderheiten geprägt. Bereits behandelt wurde das Zuständigkeitsprivileg nach § 232 Abs. 1 Nr. 2 FamFG, vgl. Rdn. 70 ff. Der Unterhaltsanspruch eines minderjährigen Kindes bzw. eines nach § 1603 Abs. 2 Satz 2 BGB gleichgestellten Kindes ggü. den Eltern wird ausschließlich bei dem Gericht eingefordert, bei dem das Kind oder der Elternteil, der aufseiten des minderjährigen Kindes zu handeln befugt ist, seinen allgemeinen Gerichtsstand hat. 303

Kindesunterhalt wird – wenn er nicht freiwillig geleistet und tituliert wurde – regelmäßig mit einem Leistungsantrag nach §§ 253, 258 ZPO geltend gemacht. Unterhaltssachen sind Familienstreitsachen (vgl. § 112 Nr. 1 FamFG), sodass nach § 113 Abs. 1 FamFG die Vorschriften der ZPO über das Verfahren vor den LG anzuwenden sind. Ggü. den §§ 253, 258 ZPO befinden sich keine verdrängenden Vorschriften im FamFG. 304

Die Vorschrift des § 258 ZPO ist für Unterhaltsverfahren von zentraler Bedeutung. § 258 ZPO stärkt den Rechtsschutz, d. h. wer Anspruch auf wiederkehrende Leistungen hat, soll mit einem Unterhaltsverfahren nicht erst bis zur Fälligkeit warten müssen. Er kann unverzüglich einen Antrag auf künftige Leistung stellen und so eine rasche Zwangsvollstreckung vorbereiten. Zudem ist es prozessökonomisch, dass wiederholte Unterhaltsverfahren vermieden werden, solange die Verhältnisse unverändert bleiben. Wiederkehrend i. S. d. Vorschrift sind Ansprüche, die sich als einheitliche Folge aus einem Rechtsverhältnis ergeben, sodass die einzelne Leistung in ihrer Entstehung nur 305 noch vom Zeitablauf abhängig ist. So verhält es sich u. a. mit nach Zeitabschnitten fällig werdenden Unterhaltsansprüchen, vgl. §§ 1361 Abs. 4, 1612 Abs. 3 BGB.[94]

306 ▶ **Hinweis:**

Minderjährige Kinder, die nur den Zahlbetrag der ersten Stufe der Düsseldorfer Tabelle (Mindestunterhalt abzgl. anteiligen Kindergeldes) geltend machen, sind von der Darlegungs- und Beweislast entbunden. Dies betrifft sowohl ihren Bedarf als auch die Leistungsfähigkeit des Unterhaltsschuldners.[95] Der Verpflichtete muss umgekehrt den Nachweis führen, dass er den Zahlbetrag nicht erwirtschaften kann.

307 Ist Kindesunterhalt bereits tituliert, sind für eine spätere **Abänderung** die §§ 238, 239 FamFG maßgeblich.

308 ▶ **Praxistipp:**

Auch wenn ein **Scheidungsverfahren anhängig ist,** kann Unterhalt für das **volljährige Kind** nur durch einen isolierten Antrag des Kindes selbst geltend gemacht werden. Eine Geltendmachung im Verbund scheidet aus, weil das volljährige Kind »weiterer Beteiligter« i. S. v. § 140 Abs. 1 FamFG ist.

Soweit es **minderjährige Kinder** betrifft, kann der Kindesunterhalt durch Leistungsverfahren gem. §§ 253, 258 ZPO **isoliert** vor, während und nach dem Scheidungsverfahren geltend gemacht werden.

Alternativ kann während des Scheidungsverfahrens Unterhalt auch als Folgesache für den Zeitraum ab Rechtskraft der Scheidung, ggf. auch in Form eines Abänderungsverfahrens,[96] gefordert werden.

Wird jedoch Kindesunterhalt für die Zeit ab Rechtskraft der Scheidung und bis zur Scheidung gemeinsam im Scheidungsverfahren beantragt, ist das Verfahren im Hinblick auf die Zeit bis zur Scheidung abzutrennen (keine Folgesache).

War bei Beginn des Scheidungsverfahrens ein Unterhaltsverfahren des Kindes bereits rechtshängig, steht einem Verbundantrag auf Kindesunterhalt der Einwand der Rechtshängigkeit entgegen (§ 261 Abs. 3 Nr. 1 ZPO).

1. Vertretung des Kindes im Unterhaltsverfahren

309 Erforderlich ist in Kindesunterhaltsverfahren eine ordnungsgemäße Vertretung **minderjähriger Kinder.**

---

94 BGH, NJW 2007, 294 ff.
95 Vossenkämper, FamRZ 2008, 201.
96 BGH, FamRZ 1996, 543.

a) Alleinsorge eines Elternteils

Übt ein Elternteil die elterliche Sorge allein aus oder ist ihm die Entscheidung nach § 1628 BGB übertragen, vertritt dieser Elternteil das Kind allein (§ 1629 Abs. 1 Satz 3 BGB). 310

b) Gemeinsame elterliche Sorge (§ 1629 BGB)

Häufig sind die Eltern getrennt lebende Eheleute, die gemeinsam die elterliche Sorge für das Kind innehaben. Der Elternteil, in dessen **Obhut** sich das Kind befindet, übernimmt die Vertretung des Kindes gem. § 1629 Abs. 2 Satz 2 BGB bei Geltendmachung des Unterhaltsanspruchs gegen den anderen Elternteil.[97] Insoweit ergibt sich – allerdings nur für Unterhaltsfragen – ein Alleinvertretungsrecht. Ansonsten bleibt es bei gemeinsamer Vertretung durch beide Elternteile. 311

Obhut bedeutet dabei die tatsächliche Fürsorge für das Kind, also die Befriedigung der elementaren Bedürfnisse des Kindes durch Pflege, Verköstigung, Gestaltung des Tagesablaufs, Erreichbarkeit bei Problemen und emotionale Zuwendung.[98] Unklar bleibt die Rechtslage weiterhin, wenn sich das Kind abwechselnd und in gleichem Umfang in der Obhut des einen und dann des anderen Elternteils befindet.[99] 312

Die Geltendmachung von Unterhaltsansprüchen setzt jedenfalls nicht voraus, dass ein Elternteil die alleinige Obhut über die Kinder hat. Vielmehr reicht es aus, dass der Schwerpunkt der tatsächlichen Betreuung von dem unterhaltsbegehrenden Elternteil wahrgenommen wird. In Grenzfällen genügt auch ein nur geringer Betreuungsvorsprung eines Elternteils.[100] 313

Liegt hingegen die Betreuungszeit der Eltern jeweils bei 50% (sog. **echtes Wechselmodell**), ist eine gerichtliche Übertragung der Befugnis, Unterhalt gegen den anderen Elternteil geltend machen zu können, nach § 1628 BGB erforderlich. Alternativ kann auch die Beistandschaft des Jugendamts (§ 1712 Abs. 1 Nr. 2 BGB) oder eine Ergänzungspflegschaft (§ 1909 BGB) beantragt werden. 314

c) Vertretung durch das Jugendamt (§ 234 FamFG)

§ 234 FamFG regelt die Vertretung eines Kindes in Unterhaltssachen durch das Jugendamt. Auf schriftlichen Antrag eines Elternteils kann das Jugendamt Beistand des Kindes werden (§ 1712 BGB). Durch die (freiwillige) Beistandschaft wird die elterliche Sorge nicht eingeschränkt (vgl. § 1716 Satz 1 BGB). Es kann daher sowohl der sorgeberechtigte Elternteil als auch das Jugendamt gesetzlicher Vertreter des Kindes im Unterhaltsverfahren sein. Um widerstreitende Erklärungen der gesetzlichen Vertreter 315

---

97 Dabei spielt es keine Rolle, woraus sich diese gemeinsame elterliche Sorge ergibt (aus § 1626 BGB bei ehelichen Kindern oder aus § 1626a BGB bei nichtehelichen Kindern).
98 Vgl. Palandt/Diederichsen, BGB, § 1629 Rn. 31.
99 Vgl. Büttner, FamRZ 1998, 593.
100 BGH, NJW 2007, 1882; BGH, FamRZ 2007, 707 m. Anm. Luthin.

Kapitel 5 Durchsetzung des Unterhaltsanspruchs im gerichtlichen Verfahren

im Unterhaltsverfahren zu vermeiden, ordnet § 234 FamFG (ebenso wie auch § 173 FamFG) an, dass die Vertretung durch das Jugendamt Vorrang haben soll und der sorgeberechtigte Elternteil die Fähigkeit, den Prozess als gesetzlicher Vertreter des Kindes zu führen, verliert. Der Gesetzgeber ist der Auffassung, dass die teilweise Einschränkung der gesetzlichen Vertretungsmacht des sorgeberechtigten Elternteils hinnehmbar ist, da dieser jederzeit die Beendigung der Beistandschaft verlangen kann (§ 1715 Abs. 1 Satz 1 BGB), wenn sie von ihm nicht mehr gewollt ist.

316 Mit Volljährigkeit des Kindes ist die Beistandschaft des Jugendamts beendet; das volljährige Kind ist nunmehr Beteiligter des Unterhaltsverfahrens.

317 Durch die Beistandschaft wird das Jugendamt nicht zum Verfahrensbeteiligten.

2. Verfahrensführungsbefugnis

a) Verfahrensstandschaft (§ 1629 Abs. 3 Satz 1 BGB)

318 Aus dem Umstand, dass ein Elternteil das minderjährige Kind gesetzlich vertritt, ergibt sich noch nicht, ob der Kindesunterhalt nach Trennung der Eltern im Namen des Kindes oder im eigenen Namen des Elternteils geltend zu machen ist.

319 Der Gesetzgeber hat sich für die Dauer der Trennung bis zur Rechtskraft der Scheidung in § 1629 Abs. 3 Satz 1 BGB für die Verfahrensstandschaft entschieden, weil er v. a. vermeiden wollte, dass das minderjährige Kind als Beteiligter am Scheidungsverfahren der Eltern teilnimmt. Die Verfahrensstandschaft umfasst auch Passivverfahren gegen die Kinder. Dies spielt eine Rolle bei Anträgen nach § 238 bzw. § 239 FamFG.[101]

320 Der Anwendungsbereich des § 1629 Abs. 3 BGB betrifft nur **verheiratete Eltern**. Unverheiratete Eltern und geschiedene Eltern sind zur Verfahrensführung (im eigenen Namen) nicht befugt. In diesen Fällen muss das Kind als Beteiligter den Unterhaltsanspruch im eigenen Namen geltend machen, gesetzlich vertreten durch den allein sorgeberechtigten Elternteil (§ 1629 Abs. 1 Satz 3 BGB) oder – bei gemeinsamer Sorge – von dem Elternteil, in dessen Obhut es sich befindet (§ 1629 Abs. 2 Satz 2 BGB).

321 Der antragstellende Elternteil ist als Verfahrensstandschafter selbst Beteiligter. Deshalb kann bspw. der auf Kindesunterhalt in Anspruch genommene Elternteil seinen Zugewinnausgleichsanspruch gegen den betreffenden Elternteil im Weg eines Widerantrags nach § 33 ZPO geltend machen.

b) Obhutswechsel

322 Die Verfahrensstandschaft endet auch schon vor Rechtskraft der Scheidung, sobald das minderjährige Kind in die Obhut des anderen Elternteils kommt oder wenn dem auf Kindesunterhalt in Anspruch genommenen Elternteil die alleinige Personensorge

---

101 OLG Brandenburg, FamRZ 2000, 1377.

(nach vorheriger alleiniger Personensorge des anderen Elternteils oder nach vorheriger gemeinsamer Sorge) übertragen wird.

In beiden Fällen wird das zuvor vom anderen Elternteil erhobene Verfahren auf Kindesunterhalt unzulässig, und zwar insgesamt, nicht nur für den Unterhaltszeitraum ab Sorgerechtsentscheidung oder ab Übergang des Obhutsverhältnisses auf den anderen Elternteil.[102]

Aufwendungen für das Kind können aber nach Antragsänderung im gleichen Verfahren im Rahmen eines familienrechtlichen Ausgleichsanspruchs gegen den anderen Elternteil weiterverfolgt werden.[103] 323

Dies betrifft natürlich nur den rückständigen Unterhalt. Hinsichtlich des laufenden Unterhalts ist der Antrag zurückzunehmen bzw. für erledigt zu erklären. Letzteres empfiehlt sich aus Kostengründen und ist auch korrekt, soweit man unterstellt, dass das bisherige Verfahren zulässig und begründet war. Die Verfahren werden nämlich infolge des Obhutswechsels (= erledigendes Ereignis) unzulässig.

Dies gilt entsprechend auch für Unterhaltsverfahren des Kindes im eigenen Namen;[104] die Vertretungsmacht des bislang vertretenden Elternteils zur Abgabe der Erledigungserklärung wird aus einer Analogie zu §§ 168, 672 Satz 2 BGB hergeleitet.[105] Um den familienrechtlichen Ausgleichsanspruch geltend machen zu können, ist – da das Kind bislang im eigenen Namen klagt – zuvor noch eine Beteiligtenwechselerklärung erforderlich; die Befugnis dazu kann ebenfalls aus einer Analogie zu §§ 168, 672 Satz 2 BGB hergeleitet werden.

c) Scheidung der Eltern

Wird während eines in Verfahrensstandschaft zulässigerweise begonnenen isolierten Unterhaltsverfahrens die Ehe rechtskräftig geschieden, dauert die Verfahrensstandschaft des Elternteils in Analogie zu § 265 Abs. 2 Satz 1 ZPO bis zum Verfahrensende fort, falls diesem die elterliche Sorge für das Kind übertragen worden ist.[106] 324

Das Gleiche gilt, wenn die vorherige gemeinsame elterliche Sorge nach der Rechtskraft der Scheidung fortbesteht und sich am Obhutsverhältnis nichts ändert.[107]

d) Eintritt der Volljährigkeit

Die Verfahrensstandschaft endet in jedem Fall mit der Volljährigkeit des Kindes. Das volljährige Kind hat ein Recht, nunmehr selbst als Antragsteller oder Antragsgegner in 325

---

102 OLG München, FamRZ 1997, 1493 f.
103 OLG Rostock, FamRZ 2003, 933.
104 Vgl. dazu OLG Rostock, FamRZ 2012, 890.
105 Vgl. dazu Norpoth, FamRZ 2007, 514 ff.
106 BGH, FamRZ 2000, 221.
107 OLG Hamm, FamRZ 1998, 379.

Kapitel 5 Durchsetzung des Unterhaltsanspruchs im gerichtlichen Verfahren

das Unterhaltsverfahren einzutreten,[108] entweder durch entsprechende Verfahrenserklärung oder – bei Eintritt der Volljährigkeit zwischen den Instanzen – durch Rechtsmitteleinlegung.[109]

Hierbei handelt es sich um einen **gesetzlichen Parteiwechsel**, der keiner Zustimmung des Gegners bedarf und nicht den Regeln der Verfahrensänderung entsprechend §§ 263 ff. ZPO unterliegt.

326 Wenn das volljährig gewordene Kind nicht in das Verfahren eintritt, kann der bisherige Verfahrensstandschafter, dessen Verfahren unzulässig geworden ist, die Hauptsache für erledigt erklären und/oder im Weg der Verfahrensänderung einen eigenen familienrechtlichen Ausgleichsanspruch geltend machen.[110]

3. Vollstreckung des Unterhaltstitels

327 Ein Unterhaltstitel zwischen den Eltern (Beschluss oder Vergleich) wirkt auch für und gegen das Kind (§ 1629 Abs. 3 Satz 2 BGB), und zwar auch, wenn die Eltern inzwischen geschieden sind und das Kind volljährig geworden ist.

328 Die Vollstreckung aus dem in Verfahrensstandschaft erstrittenen Titel erfolgt wie folgt:

Der Verfahrensstandschafter ist im eigenen Namen vollstreckungsbefugt bis zur Volljährigkeit des Kindes.[111] § 1629 BGB soll nämlich die Realisierung von Kindesunterhalt erleichtern und nicht durch Formalismus erschweren.

329 Es besteht im Wesentlichen auch Einigkeit dahin gehend, dass der Verfahrensstandschafter nach Beendigung der Verfahrensstandschaft gem. § 1629 Abs. 3 BGB durch Rechtskraft der Scheidung noch berechtigt ist, eine Klauselerteilung auf sich zu beantragen, solange das Kind noch minderjährig ist. Dieses verbleibende Recht des gesetzlichen Vertreters schließt jedoch das Recht des Kindes, die Vollstreckung als materiell berechtigter Gläubiger selbst zu betreiben, nicht aus. Dazu bedarf es natürlich einer **Rechtsnachfolgeklausel** entsprechend § 727 ZPO, da das Kind formell nicht als Gläubiger in dem Beschluss ausgewiesen ist.[112]

330 Nach Eintritt der Volljährigkeit ist die **Titelumschreibung** (§ 727 ZPO) auf das volljährige Kind nötig. Die Vollstreckungsbefugnis des Verfahrensstandschafters (Elternteil) entfällt, und zwar auch schon für die zuvor fällig gewordenen Unterhaltsansprüche.[113]

---

108 BGH, FamRZ 1990, 283, 284.
109 OLG Zweibrücken, FamRZ 1989, 194.
110 BGH, FamRZ 1989, 850 f. m. w. N.
111 LG Kleve, FamRZ 2007, 1663.
112 OLG Hamm, FamRZ 2000, 1590.
113 OLG Naumburg, FamRZ 2007, 1032; BGH, FamRZ 1990, 283, 284.

D. Unterhaltsantrag nach §§ 253, 258 ZPO   Kapitel 5

Wird gleichwohl im Namen des bisherigen Verfahrensstandschafters vollstreckt, kann der andere Elternteil (Unterhaltsschuldner) einen Vollstreckungsgegenantrag (§ 767 ZPO) erheben, und zwar auch wegen der rückständigen Unterhaltsbeträge.[114]

Das OLG Naumburg[115] ist allerdings der Auffassung, dass die Vollstreckungserinnerung nach § 766 ZPO bei fehlender Titelumschreibung gleich effektiv, aber im Prozedere weitaus einfacher und kostengünstiger ist. Deshalb hat das Gericht VKH für ein Vollstreckungsabwehrverfahren wegen Mutwilligkeit i. S. v. § 114 ZPO abgelehnt. Nach § 750 ZPO dürfe die Vollstreckung nur beginnen, wenn die Personen für und gegen die sie stattfinden soll, in dem Beschluss oder der beigefügten Vollstreckungsklausel namentlich bezeichnet sind. Die Vollstreckungserinnerung sei in einem solchen Fall begründet und ausreichend rechtsschutzintensiv.[116]   331

Nach einem Sorgerechtswechsel gilt Folgendes: Wird die elterliche Sorge, die bisher dem Vater zustand, auf die Mutter übertragen, ist der Vater nicht mehr berechtigt, die Vollstreckung aus einem früheren Titel, den das (durch den Vater vertretene) Kind erstritten hat, zu betreiben, und zwar auch nicht wegen der bis zum Sorgerechtswechsel aufgelaufenen Rückstände.[117]   332

▶ **Hinweis:**   333

Falls der Vater dennoch die Zwangsvollstreckung betreibt:

Ein Vollstreckungsabwehrverfahren nach § 767 ZPO gegen den Vater hat keinen Erfolg, da er den Unterhaltstitel nicht im eigenen Namen als Verfahrensstandschafter erwirkt hat, sondern der Titel auf den Namen des Kindes lautet. Der Vater ist somit nicht Gläubiger des Vollstreckungsverfahrens.

Auch eine Vollstreckungsabwehrklage nach § 767 ZPO gegen das Kind hat keinen Erfolg, weil der Wechsel des Vertretungsverhältnisses keine den materiellen Anspruch selbst betreffende Einwendung i. S. v. § 767 ZPO darstellt.

Die Kindesmutter kann aber im Vollstreckungsverfahren mit der Vollstreckungserinnerung nach § 766 ZPO gegen das Kind, vertreten durch den Vater, geltend machen, dass das Kind nicht ordnungsgemäß vertreten ist. Daneben ist gegen den Vater noch das Verfahren nach § 1698 BGB mit dem Ziel, den Titel herauszugeben, möglich.[118]

4. Verfahrensstandschaft und VKH

Ob im Rahmen eines im Wege der gesetzlichen Verfahrensstandschaft gem. § 1629   334
Abs. 3 Satz 1 BGB erhobenen Unterhaltsverfahrens bei der Bewilligung von VKH auf

---

114 OLG Brandenburg, FamRZ 1997, 509.
115 OLG Naumburg, FamRZ 2007, 1032.
116 Vgl. auch OLG Nürnberg, ZFE 2010, 432.
117 OLG Koblenz, FamRZ 2005, 993.
118 So OLG Koblenz, FamRZ 2005, 994.

Kapitel 5   Durchsetzung des Unterhaltsanspruchs im gerichtlichen Verfahren

die Einkommens- und Vermögensverhältnisse des antragstellenden Elternteils oder des Kindes abzustellen ist, war in Rechtsprechung und Literatur umstritten.

335 Teilweise wurde unter Hinweis auf den Sinn und Zweck des § 1629 Abs. 3 Satz 1 BGB als Schutz des minderjährigen Kindes vor der Konfliktsituation der Eltern für die VKH-Entscheidung auf die Einkommens- und Vermögensverhältnisse des Kindes als Unterhaltsberechtigtem abgestellt.[119]

Eine andere Auffassung setzte am Wortlaut des § 114 ZPO an, wonach einer Partei, die nach ihren persönlichen und wirtschaftlichen Verhältnissen die Kosten der Verfahrensführung nicht, nur z. T. oder nur in Raten aufbringen kann, VKH bewilligt werden kann. Auch nach Sinn und Zweck der gesetzlichen Verfahrensstandschaft in § 1629 Abs. 3 Satz 1 BGB sei davon keine Ausnahme geboten.[120]

336 Der BGH[121] schließt sich der zuletzt aufgeführten Auffassung an, da nach dem Wortlaut der maßgeblichen Bestimmungen bei der Bewilligung von VKH auf die persönlichen und wirtschaftlichen Verhältnisse des Antragstellers abzustellen ist. Beteiligter ist aber bei einem Verfahren auf Kindesunterhalt vor Rechtskraft der Ehescheidung nach § 1629 Abs. 3 Satz 1 BGB stets der sorgeberechtigte Elternteil. Im Gegensatz zur gewillkürten Verfahrensstandschaft habe der Gesetzgeber die Beteiligtenrolle in § 1629 Abs. 3 BGB verbindlich festgelegt. Damit kommt es auf das sonst erforderliche zusätzliche Eigeninteresse der Verfahrenspartei an der Verfahrensführung nicht an.

Für die Bewilligung von VKH kommt es daher auf das Einkommen und die Vermögensverhältnisse des Verfahrensstandschafters – nicht des Kindes – an.[122]

5. Minderjähriges Kind wird volljährig

a) Isoliertes Unterhaltsverfahren

337 Handelt es sich um ein isoliert in Verfahrensstandschaft betriebenes Unterhaltsverfahren, tritt das volljährig gewordene Kind durch **Parteiwechsel kraft Gesetzes**, der keiner Zustimmung des Gegners bedarf, selbst in das Verfahren ein.[123]

338 Das Kind führt das Verfahren in dem Stand weiter, in dem es sich zum Zeitpunkt des Eintritts der Volljährigkeit befunden hat; dies ist bedingt durch § 1629 Abs. 3 Satz 2 BGB. Wird das Kind vor Eintritt der Rechtskraft volljährig, kann es selbst Rechtsmittel einlegen. Andererseits muss mit Volljährigkeit die Beschwerde des verpflichteten Unterhaltsschuldners gegen das Kind eingelegt werden.

---

119 OLG Köln, FamRZ 2001, 1535; OLG Dresden, FamRZ 2002, 1412.
120 OLG Hamm, FamRZ 2001, 924.
121 BGH, FamRZ 2006, 32.
122 BGH, FamRZ 2005, 1164.
123 BGH, FamRZ 1983, 474, 475.

Über die Verwendung des zukünftigen Unterhalts entscheidet das volljährige Kind allein. Der rückständige Unterhalt gebührt dagegen im Innenverhältnis dem bisher betreuenden Elternteil, wenn er bisher Naturalunterhalt geleistet hat, d. h. ihm steht ein familienrechtlicher Ausgleichsanspruch gegen den anderen Elternteil zu (Gesamtgläubigerschaft zum fortbestehenden Unterhaltsanspruch des Kindes, vgl. § 428 BGB). Das volljährige Kind ist gem. §§ 242, 1618a BGB verpflichtet, den eingehenden Unterhalt an den bisher betreuenden Elternteil abzuführen. 339

b) Unterhalt als Folgesache

Dasselbe gilt in der Folgesache Kindesunterhalt, wenn die Volljährigkeit während des Scheidungsverfahrens eintritt. Das Verfahren ist nach § 140 Abs. 1 FamFG abzutrennen und als isolierte Familiensache (nunmehr durch das volljährige Kind selbst) fortzuführen.[124] 340

6. Einwand der Volljährigkeit

Ein z. Zt. der Minderjährigkeit des Kindes ergangener Unterhaltstitel gilt fort, wenn das Kind volljährig wird. Es besteht **Identität des Unterhaltsanspruchs** volljähriger Kinder mit dem Minderjährigenunterhalt.[125] 341

Der Unterhaltsschuldner kann nicht mittels Vollstreckungsabwehrklage nach § 767 ZPO gegen den Titel vorgehen (vgl. § 244 FamFG). Die Vorschrift des § 244 FamFG hat die Funktion, Vollstreckungsabwehrklagen nach § 767 ZPO gegen Mindestunterhaltstitel mit der Begründung des Eintritts der Volljährigkeit des unterhaltsberechtigten Kindes zu vermeiden, sofern die Unterhaltspflicht auch über die Minderjährigkeit hinaus fortbesteht. 342

Abänderungsverfahren werden von dieser Vorschrift nicht berührt, sind also möglich und häufig auch begründet, da sich durch die Volljährigkeit eine Änderung der Verhältnisse ergibt (erhöhte Erwerbsobliegenheit, Mithaftung des anderen Elternteils usw.).[126] 343

a) Dynamische Titel

Anwendbar ist § 244 FamFG, wenn ein von § 244 FamFG genannter Titel wegen Mindestunterhalts nach § 1612a BGB vorliegt. 344

Titel, die von § 244 FamFG erfasst werden, sind insb.: 345
- Unterhaltsbeschlüsse, auch im vereinfachten Verfahren (vgl. § 794 Abs. 1 Nr. 2a ZPO),
- gerichtliche Unterhaltsvergleiche (vgl. § 794 Abs. 1 Nr. 1 ZPO),
- notarielle Urkunden (vgl. § 794 Abs. 1 Nr. 5 ZPO),

---

124 BGH, FamRZ 1985, 471.
125 OLG Hamm, FamRZ 2008, 291.
126 OLG Koblenz, FamRZ 2007, 653.

– Anwaltsvergleiche, die für vollstreckbar erklärt wurden (vgl. § 794 Abs. 1 Nr. 4b ZPO).

b) Statische Titel

346 Ein zugunsten eines minderjährigen Kindes bestehender nicht dynamischer und unbefristeter Titel wirkt ebenfalls nach Eintritt der Volljährigkeit des Kindes fort.[127] Zwar wird mitunter die Meinung vertreten, § 244 FamFG beziehe sich seinem Wortlaut nach nur auf dynamische Titel nach § 1612a BGB.[128] Dies zwinge zu dem Umkehrschluss, dass statische Titel, die z. Zt. der Minderjährigkeit erwirkt wurden, dem Einwand der Volljährigkeit ausgesetzt seien, damit nicht mehr durchsetzbar wären und neuer Titulierung bedürften. Dieser Ansicht ist jedoch nicht zu folgen. Aufgrund der Identität des Unterhaltsanspruchs volljähriger Kinder mit dem Minderjährigenunterhalt ist der Unterhaltsanspruch vor und nach Eintritt der Volljährigkeit derselbe; er basiert nach wie vor auf derselben Anspruchsgrundlage. Änderungen, die infolge der Volljährigkeit denkbar sind, müssen im Abänderungsverfahren nach §§ 238 ff. FamFG geltend gemacht werden. Der (eingeschränkte) Wortlaut des § 244 FamFG erklärt sich dadurch, dass dynamische Titel **nur für minderjährige Kinder** geschaffen werden können; insoweit bedurfte es einer Klarstellung, dass auch in diesen Fällen der Einwand der Volljährigkeit nicht verfängt.

c) Fortbestehende Unterhaltspflicht

347 Erforderlich ist jedoch, dass die Unterhaltspflicht nach Eintritt der Volljährigkeit materiell-rechtlich fortbesteht, was insb. der Fall ist, wenn sich das Kind noch in der allgemeinen Schulausbildung befindet.

d) Rechtsfolge

348 Rechtsfolge von § 244 FamFG ist, dass der Unterhaltsschuldner im Rahmen eines Vollstreckungsabwehrantrags (§ 767 ZPO) nicht einwenden darf, dass Minderjährigkeit (als Tatbestandsmerkmal des § 1612a Satz 1 BGB) nicht mehr besteht. Der Vollstreckungsabwehrantrag ist damit nicht unzulässig; nur mit dem genannten Einwand ist der Schuldner aufgrund von § 244 FamFG ausgeschlossen.

349 ▶ **Hinweis:**

Offensteht hingegen das Abänderungsverfahren, da sich durch die Volljährigkeit eine Änderung der Verhältnisse ergibt (erhöhte Erwerbsobliegenheit, Mithaftung des anderen Elternteils usw.).[129]

---

127 OLG Hamm, FamRZ 2008, 291; Thomas/Putzo, ZPO, § 244 FamFG Rn. 3.
128 OLG Hamm, FamRZ 2006, 48; Stollenwerk, FamRZ 2006, 873.
129 Vgl. OLG Koblenz, FamRZ 2007, 653.

Beteiligter des Abänderungsverfahrens ist das volljährige Kind, auch wenn der Titel über den Minderjährigenunterhalt vom betreuenden Elternteil in Verfahrensstandschaft gem. § 1629 Abs. 3 BGB erwirkt wurde.[130]

7. Tenorierung des Unterhalts minderjähriger Kinder

a) Mindestunterhalt (§ 1612a BGB)

§ 1612a Abs. 1 BGB wurde durch das UÄndG 2007 vollständig neu formuliert. 350

Der Mindestunterhalt ist Grundlage bzw. Bezugsgröße jeglicher Unterhaltsverpflichtung ggü. minderjährigen Kindern.

Nach § 1612a Abs. 1 Satz 1 BGB kann ein minderjähriges Kind von demjenigen Elternteil, mit dem es nicht in einem Haushalt lebt, den Unterhalt als Prozentsatz des nunmehr in Abs. 1 Satz 2 gesetzlich definierten Mindestunterhalts verlangen. 351

Dies geschieht nach § 1612a Abs. 1 Satz 3 BGB gestaffelt nach (drei) Altersstufen (6/12/18).

§ 1612a Abs. 3 BGB ordnet an, dass der Mindestunterhalt einer höheren Altersstufe bereits ab dem Beginn des Monats maßgeblich ist, in dem das Kind das betreffende Lebensjahr vollendet (sog. Monatsprinzip). 352

Vollendet ein Kind z. B. am 12.05. eines bestimmten Jahres das zwölfte Lebensjahr (zwölfter Geburtstag), dann erreicht es somit die dritte Altersstufe bereits am 01.05. des betreffenden Jahres.

Nach wie vor kann der Unterhalt statisch (d. h. als monatlicher Festbetrag) oder dynamisch gefordert werden. Letzteres bedeutet, dass der geschuldete Unterhalt im Titel als Prozentsatz des jeweiligen Mindestunterhalts formuliert wird. 353

Der Mindestunterhalt richtet sich nach dem doppelten Freibetrag für das sächliche Existenzminimum eines Kindes (Kinderfreibetrag) nach § 32 Abs. 6 Satz 1 EStG. 354

Nach § 32 Abs. 6 Satz 1 EStG steht jedem Steuerpflichtigen für sein Kind ein Freibetrag für das sächliche Existenzminimum sowie ein Freibetrag für den Betreuungs- und Erziehungs- oder Ausbildungsbedarf zu.

Die Bezugsgröße für die in § 1612a Abs. 1 Satz 3 BGB nach den üblichen Altersgruppen gestaffelten Mindestunterhaltsbeträge für Kinder ist jeweils ein Zwölftel des doppelten jährlichen Steuerfreibetrags. 355

Der Mindestunterhalt ist für alle Kinder in Deutschland in den für sie maßgeblichen Altersgruppen gleich hoch. 356

§ 1612a BGB ist nicht anwendbar auf volljährige Kinder, auch nicht, wenn sie privilegiert sind. 357

---

130 OLG Saarbrücken, ZFE 2007, 316.

Kapitel 5 Durchsetzung des Unterhaltsanspruchs im gerichtlichen Verfahren

358 ▶ **Hinweis:**

Der Mindestunterhalt ist für die Darlegungs- und Beweislast im Unterhaltsverfahren bedeutsam.

Folge des gesetzlich geregelten Anspruchs auf einen Mindestunterhalt ist nämlich eine unwiderlegbare Vermutung, dass jedes minderjährige Kind den im Gesetz konkret für seine Altersgruppe geregelten Mindestbedarf zum Leben benötigt.[131]

Dies führt zu einer Verbesserung der verfahrensrechtlichen Stellung des Kindes; es muss in der Antragsbegründung nicht mehr die Einkommens- und Vermögensverhältnisse des barunterhaltspflichtigen Elternteils darlegen, wenn es lediglich den Mindestbedarf geltend macht.

Allein die Bedürftigkeit ist darzulegen, d. h. das Kind darf insb. nicht über ausreichende eigene Einkünfte verfügen.

Allerdings ist auch der Mindestunterhalt abhängig von der Leistungsfähigkeit des Verpflichteten.

Wird ein höherer Betrag als der Mindestunterhalt gefordert, sind die Anspruchsvoraussetzungen allerdings umfassend darzulegen und zu beweisen.

b) Statische Unterhaltstitel

359 Das Kind kann seinen Unterhalt statisch fordern, d. h. als monatlichen Festbetrag. Dies ist für volljährige Kinder ohnehin zwingend.

360 Statische Titel sind ggü. dynamischen Titeln vorzugswürdig, wenn Änderungen der Bedürftigkeit oder Leistungsfähigkeit bevorstehen oder Unterhalt vergleichsweise großzügig festgelegt wird.

361 Da diese Titel keiner Anpassungsautomatik unterliegen, müssen sie im Einzelfall mittels eines Abänderungsantrags nach §§ 238, 239 FamFG angepasst werden.

c) Dynamische Unterhaltstitel

362 Nach § 1612a Abs. 1 Satz 1 BGB kann ein minderjähriges Kind von demjenigen Elternteil, mit dem es nicht in einem Haushalt lebt, den Unterhalt als Prozentsatz des Mindestunterhalts verlangen.[132]

Vorteil dabei ist, dass sich der Unterhaltstitel bei Erreichen der nächsten Altersstufe des Kindes oder bei Veränderung des sächlichen Existenzminimums ohne Abänderungsverfahren nach §§ 238, 239 FamFG automatisch anpasst.

---

131 Weinreich/Klein, § 1612a BGB Rn. 10.
132 OLG Dresden, FamRZ 2011, 1407 (LS).

Erforderlich sind lediglich geänderte Rechenschritte; die erforderlichen Rechenschritte 363
können von jedem Vollstreckungsorgan aufgrund der in den Titel aufzunehmenden
Daten des § 1612 Abs. 1 Satz 2 und Satz 3 BGB vollzogen werden.

aa) Bestimmung des Prozentsatzes

- Der für das jeweilige Kind zu ermittelnde Prozentsatz ist mithilfe des Düsseldorfer 364
  Tabelle[133] wie folgt zu bestimmen:
  - Feststellung des maßgeblichen Einkommens des Pflichtigen.
  - Ermittlung des Individualunterhalts anhand der Düsseldorfer Tabelle.
  - Bestimmung des Prozentsatzes, in dem der Individualunterhalt ins Verhältnis zum Mindestunterhalt gesetzt wird.
  - Der Prozentsatz ist nach § 1612a Abs. 2 BGB auf eine Dezimalstelle zu begrenzen.
  - Der Unterhalt ist auf volle Euro aufzurunden.

bb) Tenorierung

- Kindergeld und ähnliche Leistungen nach §§ 1612b bzw. 1612c BGB sind in den 365
  Titel aufzunehmen.
- Wichtig ist, dass Kindergeld und ähnliche Leistungen nach §§ 1612b bzw. 1612c
  BGB nicht vom Mindestunterhalt abgezogen werden, bevor der Prozentsatz ermittelt wird.

cc) Formulierungsvorschlag: Dynamischer Unterhaltsantrag

Der Antrag kann wie folgt formuliert werden: 366

Der Antragsgegner ist verpflichtet, an das Kind ....., geb. ....., zu Händen der Mutter
115 % des Mindestunterhalts i. S. d. § 1612a Abs. 1 BGB der jeweils geltenden Altersstufe
abzgl. des auf das Kind entfallenden hälftigen Kindergeldanteils zu bezahlen, zahlbar
monatlich im Voraus ab ..... .

8. Unterhalt bei Feststellung der Vaterschaft (§ 237 FamFG)

Die Vorschrift des § 237 FamFG verknüpft die Feststellung der Vaterschaft mit der 367
Verpflichtung zur Leistung von Unterhalt i. H. d. Mindestunterhalts der jeweiligen
Altersstufe, vermindert oder erhöht um die nach §§ 1612b, 1612c BGB zu berücksichtigenden Leistungen.

Nach § 179 Abs. 1 Satz 2 FamFG kann ein Unterhaltsverfahren nach § 237 FamFG
mit dem Verfahren auf Feststellung der Vaterschaft verbunden werden. Das Verfahren ist nicht Teil des auf Feststellung der Vaterschaft gerichteten Abstammungsverfahrens, sondern ein **selbstständiges Unterhaltsverfahren**, auf das die hierfür geltenden

---

133 Ausführlich zur Bedeutung der Düsseldorfer Tabelle Soyka, in: Kleffmann/Soyka, Kap. 1
Rn. 1 ff.

Kapitel 5 Durchsetzung des Unterhaltsanspruchs im gerichtlichen Verfahren

Verfahrensvorschriften anzuwenden sind und nicht etwa diejenigen des Abstammungsverfahrens.

§ 237 FamFG macht deutlich, dass es sich bei dem Verfahren, ähnlich wie bei der einstweiligen Anordnung nach § 248 FamFG, um eine Durchbrechung des Grundsatzes des § 1600d Abs. 4 BGB handelt, wonach die Rechtswirkungen der Vaterschaft grds. erst von dem Zeitpunkt an geltend gemacht werden können, an dem diese rechtskräftig festgestellt ist.

a) Zulässigkeit des Unterhaltsantrags (§ 237 Abs. 1 FamFG)

368 § 237 Abs. 1 FamFG regelt die Zulässigkeit eines auf Unterhaltszahlung gerichteten Hauptsacheantrags für den Fall, dass die Vaterschaft des in Anspruch genommenen Mannes bislang nicht festgestellt ist. Der Antrag ist in diesem Fall nur zulässig, wenn zugleich ein Verfahren auf Feststellung der Vaterschaft anhängig ist. Die Möglichkeit, einen Unterhaltsantrag vor Feststellung der Vaterschaft zu stellen, ist eine Durchbrechung des Grundsatzes des § 1600d Abs. 4 BGB, wonach die Rechtswirkungen der Vaterschaft erst von dem Zeitpunkt an geltend gemacht werden können, an dem diese rechtskräftig festgestellt ist.

b) Zuständigkeit des Gerichts (§ 237 Abs. 2 FamFG)

369 Nach § 237 Abs. 2 FamFG ist für die Unterhaltssache das Gericht, bei dem das Verfahren auf Feststellung der Vaterschaft im ersten Rechtszug anhängig ist, ausschließlich zuständig. Auf diese Weise soll die Verbindung beider Verfahren ermöglicht werden. Die Zuständigkeit für die Abstammungssache ergibt sich aus §§ 169, 170 FamFG, d. h. richtet sich örtlich nach dem gewöhnlichen Aufenthalt des betroffenen Kindes.

c) Unterhaltshöhe (§ 237 Abs. 3 FamFG)

370 Der Unterhalt kann in dem Verfahren des § 237 FamFG aber nur i. H. d. Mindestunterhalts der jeweiligen Altersstufe, vermindert oder erhöht um die nach den §§ 1612b, 1612c BGB zu berücksichtigenden Leistungen, geltend gemacht werden. Trotz der Ähnlichkeit mit dem vereinfachten Verfahren der §§ 249 ff. FamFG scheidet eine Erweiterung des Anspruchs auf das 1,2-fache des Mindestunterhalts gem. § 249 Abs. 1 FamFG aus, um das Verfahren nicht mit Ermittlungen zur Höhe des Unterhalts zu belasten.

371 § 237 Abs. 3 Satz 2 FamFG ermöglicht es, einen **geringeren Unterhalt** als die jeweiligen Mindestunterhaltsbeträge zu verlangen, wenn das Kind davon ausgehen muss, dass der Unterhaltspflichtige den vollen Mindestunterhalt nicht ohne Gefährdung des eigenen notwendigen Selbstbehalts (§ 1603 Abs. 2 Satz 1 BGB) erbringen kann. Hierdurch soll vermieden werden, dass dem Kind durch ein erfolgreiches Abänderungsverfahren des Vaters Kosten entstehen.

372 I. Ü. kann in diesen Verfahren gem. § 237 Abs. 3 Satz 3 FamFG eine Herabsetzung oder Erhöhung des Unterhalts nicht verlangt werden, da eine gerichtliche

Auseinandersetzung über den individuellen Unterhalt so lange nicht möglich ist, wie die Vaterschaft nicht rechtskräftig festgestellt ist.

▶ Hinweis:

Die in § 237 Abs. 3 Satz 3 FamFG enthaltenen Einschränkungen dienen dem Zweck, dem Kind einen schnellen Vollstreckungstitel zu verschaffen. Individuelle Verhältnisse, die zur Erhöhung oder Herabsetzung des Unterhalts führen, können deshalb nur mit einem Korrekturantrag nach § 240 FamFG geltend gemacht werden.

d) Wirksamkeit des Unterhaltsbeschlusses (§ 237 Abs. 4 FamFG)

§ 237 Abs. 4 FamFG stellt klar, dass vor Rechtskraft des Beschlusses, der die Vaterschaft feststellt, oder vor Wirksamwerden der Anerkennung der Vaterschaft durch den Mann, der Beschluss, der die Verpflichtung zur Leistung des Kindesunterhalts betrifft, nicht wirksam wird. 373

Die Anerkennung der Vaterschaft steht rechtlich der Vaterschaftsfeststellung gleich, sodass der Eintritt der Wirksamkeit der Unterhaltsverpflichtung gerechtfertigt ist.

Grund der Regelung ist die materiell-rechtliche Abhängigkeit des Unterhalts von der rechtskräftigen Feststellung der Vaterschaft.

Das Kind kann, wenn der Unterhalt dringlich benötigt wird, jedoch nach § 248 FamFG im Wege der einstweiligen Anordnung bis zum rechtskräftigen Abschluss des Verfahrens eine vorläufige Unterhaltsregelung beantragen. 374

Der Beschluss ermöglicht ab Rechtskraft unmittelbar die Vollstreckung i. H. d. Mindestunterhalts, der in zeitlicher Hinsicht und der Höhe nach festgelegt bzw. bestimmt sein muss. 375

e) Abänderung des Unterhalts

Da nur eine Verurteilung zu den Mindestunterhaltsbeträgen nach § 1612a Abs. 1 BGB oder bei einem entsprechenden Antrag des Antragstellers nach § 237 Abs. 3 Satz 2 FamFG zu einem geringeren Unterhalt möglich ist, kann zum Unterhalt eine Abänderung infrage kommen. Das Abänderungsverfahren regelt die Vorschrift des § 240 FamFG. 376

VI. Verfahrensrechtliche Besonderheiten beim Ehegattenunterhalt

1. Grundsatz der Nichtidentität

377 Zwischen Trennungsunterhalt (§ 1361 BGB, d. h. Unterhalt bis zur Scheidung) und nachehelichem Unterhalt (§§ 1569 ff. BGB, Unterhalt ab Rechtskraft der Scheidung) besteht keine Identität.[134]

378 Das bedeutet, dass Trennungs- und Scheidungsunterhalt streng zu unterscheiden sind, denn es handelt sich um verschiedene Streitgegenstände. Beiden Regelungskomplexen liegen unterschiedliche Rechtsgedanken zugrunde: Während beim Trennungsunterhalt wegen Nochbestehens der Ehe das Prinzip der ehelichen Solidargemeinschaft fast uneingeschränkt gilt, steht bei den §§ 1569 ff. BGB grds. das Prinzip der Eigenverantwortlichkeit im Vordergrund; nach der gesetzlichen Konzeption soll hier die Unterhaltspflicht der Ausnahmefall sein, der nur in genau beschriebenen Fällen eingreift. Diesem Grundsatz misst die Rechtsprechung nicht nur materiell-rechtliche Bedeutung bei, sondern auch prozessuale: Nicht nur der Anspruch als solcher ist ein anderer; auch eine Vollstreckung des Scheidungsunterhalts aus einem Beschluss auf Trennungsunterhalt ist nicht zulässig. Dies gilt sogar dann, wenn der Anspruch materiell-rechtlich in entsprechender Höhe begründet ist, was zu dem unökonomischen Ergebnis zwingt, dass dann ein neues Verfahren (und/oder eine einstweilige Anordnung) auf Scheidungsunterhalt ergehen muss. Dies gilt allerdings nicht für die einstweilige Unterhaltsanordnung gem. § 246 FamFG, die erst durch eine anderweitige Regelung außer Kraft gesetzt wird.

379 ▶ Praxistipp:

Der Anwalt, der den Unterhaltsschuldner vertritt, kann nach Rechtskraft der Scheidung die Rückgabe des entwerteten Titels vom Unterhaltsgläubiger verlangen. Kommt der Unterhaltsgläubiger dieser Verpflichtung nicht nach, ist ein Vollstreckungsabwehrantrag nach § 767 ZPO zu erheben. Die Prüfung des Nichtidentitätsgrundsatzes ist in diesem Verfahren eine Frage der Begründetheit. Greift der Grundsatz jedenfalls ein, ist der Vollstreckungsabwehrantrag allein deswegen erfolgreich; auf die Details des Unterhaltsanspruchs kommt es dann erst bei einem neuen Verfahren des Gläubigers, gerichtet auf nachehelichen Unterhalt, an.

Ein Titel über Trennungsunterhalt wird somit auch ohne Vorbehalt in der Beschlussformel mit Rechtskraft der Scheidung für nachfolgende Zeiträume unwirksam.

2. Unterhalt für die Vergangenheit

380 Unterhalt für die Vergangenheit ist nur geschuldet, wenn und soweit die Voraussetzungen des § 1613 Abs. 1 BGB (Aufforderung zur Auskunft, Mahnung, Rechtshängigkeit des Anspruchs) vorliegen. Eine Mahnung oder die Aufforderung zur Auskunft über

---

134 St. Rspr., vgl. BGH, FamRZ 1982, 242.

Einkünfte und Vermögen im Hinblick auf die Zahlung von Unterhalt vor Rechtskraft der Scheidung gem. §§ 1361 Abs. 4 Satz 4, 1360a Abs. 3, 1613 Abs. 1 BGB führt jedoch nicht zum Verzug mit nachehelichem Unterhalt. Dieser ist vielmehr nach der Scheidung (zusätzlich oder erneut) nach §§ 1585b Abs. 2, 1613 BGB anzumahnen.[135]

3. Vollstreckung nach Rechtskraft der Scheidung

Die Vollstreckung aus einem Beschluss über Trennungsunterhalt für Unterhaltszeiträume nach Rechtskraft der Scheidung ist unzulässig und begründet einen Vollstreckungsgegenantrag (§ 767 ZPO), weil die Rechtskraft der Scheidung eine rechtsvernichtende Einwendung nach § 767 ZPO ist. 381

Die Vollstreckung aus einer einstweiligen Anordnung nach § 246 FamFG bleibt dagegen zulässig, weil die einstweilige Anordnung auch nach Rechtskraft der Scheidung bis zum Wirksamwerden einer anderweitigen Regelung in Kraft bleibt (§ 56 FamFG), es sei denn, der Familienrichter hat die einstweilige Anordnung bis zur Rechtskraft der Scheidung befristet. Streitgegenstand der einstweiligen Anordnung ist in diesen Fällen nämlich nicht ein konkreter Unterhaltsanspruch, sondern das Bedürfnis für eine vorläufige Regelung. 382

VII. Berücksichtigung staatlicher Hilfen

1. Sozialhilfe bzw. Arbeitslosenhilfe

Der Unterhaltsberechtigte erhält oftmals zumindest übergangsweise Leistungen der Sozialhilfe. Seit 2005 wird nunmehr genauer abgegrenzt zwischen dem Personenkreis, der Anspruch auf Sozialhilfe einerseits bzw. auf Arbeitslosenhilfe andererseits hat, um die gleichzeitige Gewährung dieser staatlichen Leistungen zu verhindern. 383

Arbeitslosengeld II erhält, wer zwischen 15 und 65 Jahre alt ist, nicht durch Krankheit oder Behinderung erwerbsunfähig ist und damit zumindest 3 Std. täglich arbeiten kann. Wer nicht erwerbsfähig im genannten Sinn ist, bekommt Sozialhilfe; dies betrifft also im Wesentlichen nur noch Kinder und Erwachsene ab dem 65. Lebensjahr. 384

a) Forderungsübergang

Falls der Staat mit Unterhaltszahlungen einspringt, geht der gesetzliche Unterhaltsanspruch des Unterhaltsgläubigers gegen den Unterhaltspflichtigen auf den Staat über (cessio legis). 385

Dies ist für **Sozialhilfeleistungen in § 94 Abs. 1 Satz 1 SGB XII** geregelt. 386

Dieser lautet:

»Hat die leistungsberechtigte Person für die Zeit, für die Leistungen erbracht werden, nach bürgerlichem Recht einen Unterhaltsanspruch, geht dieser bis zur Höhe der geleisteten

---

135 BGH, FamRZ 1988, 370.

Aufwendungen zusammen mit dem unterhaltsrechtlichen Auskunftsanspruch auf den Träger der Sozialhilfe über.«

387 Erhält der Unterhaltsberechtigte **Leistungen der Grundsicherung, ist § 33 Abs. 1 Satz 1 SGB II** maßgeblich.

Dieser lautet ähnlich:

»Haben Personen, die Leistungen zur Sicherung des Lebensunterhalts beziehen, für die Zeit, für die Leistungen erbracht werden, einen Anspruch gegen einen Anderen, der nicht Leistungsträger ist, geht der Anspruch bis zur Höhe der geleisteten Aufwendungen auf die Träger der Leistungen nach diesem Buch über, wenn bei rechtzeitiger Leistung des Anderen Leistungen zur Sicherung des Lebensunterhalts nicht erbracht worden wären. Satz 1 gilt auch, soweit Kinder unter Berücksichtigung von Kindergeld nach § 11 Absatz 1 Satz 4 keine Leistungen empfangen haben und bei rechtzeitiger Leistung des Anderen keine oder geringere Leistungen an die Mitglieder der Haushaltsgemeinschaft erbracht worden wären. Der Übergang wird nicht dadurch ausgeschlossen, dass der Anspruch nicht übertragen, verpfändet oder gepfändet werden kann. Unterhaltsansprüche nach bürgerlichem Recht gehen zusammen mit dem unterhaltsrechtlichen Auskunftsanspruch auf die Träger der Leistungen nach diesem Buch über.«

388 Der gesetzliche Forderungsübergang hat zur Folge, dass die betreffende Unterhaltsforderung dem Unterhaltsgläubiger materiell-rechtlich nicht mehr zusteht und ihm deshalb die Sachbefugnis (Aktivlegitimation) nach materiellem Recht sowie die Verfahrensführungsbefugnis fehlen, sodass ein gleichwohl erhobener Unterhaltsantrag unzulässig ist.[136]

b) Aktivlegitimation

389 Die Aktivlegitimation zur Geltendmachung von Unterhaltsansprüchen ist im Fall unterstützender staatlicher Leistungen nur eingeschränkt gegeben. Letztlich ist wie folgt zu differenzieren:

aa) Künftiger Unterhalt

390 Zukünftiger Unterhalt ab dem auf die letzte mündliche Verhandlung folgenden Monatsersten steht dem Hilfeempfänger als (zukünftiges) eigenes Recht zu, zu dessen Geltendmachung mittels gerichtlichen Unterhaltsantrags er mangels Forderungsübergang auch berechtigt ist (eigene Verfahrensführungsbefugnis).[137]

391 Jedoch kann der Sozialleistungsträger – falls er für die Vergangenheit aus übergegangenem Recht gerichtlich Unterhalt fordert – im Wege gewillkürter Verfahrensstandschaft auch künftigen Unterhalt beantragen; dazu ist allerdings die Abtretung dieser Ansprüche an den Träger der Sozialhilfe erforderlich. Dadurch können Doppelverfahren vermieden werden.[138]

---

136 Vgl. dazu Kuller, FamRZ 2011, 255 ff.
137 OLG Köln, FamRZ 1995, 820.
138 BGH, FamRZ 1998, 357.

Allerdings ist **neben** dem Unterhaltsgläubiger u. U. auch der Sozialhilfeträger aktivlegitimiert. Dies sieht **§ 94 Abs. 4 Satz 2 SGB XII** ausdrücklich vor: 392

»Wenn die Leistung voraussichtlich auf längere Zeit erbracht werden muss, kann der Träger der Sozialhilfe bis zur Höhe der bisherigen monatlichen Aufwendungen auch auf künftige Leistungen klagen.«

Erhält der Unterhaltsberechtigte Leistungen der Grundsicherung, ist die entsprechende Aktivlegitimation **§ 33 Abs. 3 Satz 2 SGB II** zu entnehmen: 393

»Wenn die Leistung voraussichtlich auf längere Zeit erbracht werden muss, können die Träger der Leistungen nach diesem Buch bis zur Höhe der bisherigen monatlichen Aufwendungen auch auf künftige Leistungen klagen.«

bb) Unterhaltsansprüche ab Rechtshängigkeit

Gesetzlich übergegangener Unterhalt zwischen Rechtshängigkeit des gerichtlichen Unterhaltsantrags und dem auf die letzte mündliche Verhandlung folgenden Monatsletzten ist wie folgt abzuwickeln: Für diesen Anspruch hat der Hilfeempfänger zwar keine Sachbefugnis (keine Aktivlegitimation), er darf diese Ansprüche aber im Unterhaltsverfahren gleichwohl weiterhin geltend machen (§ 265 Abs. 2 Satz 1 ZPO: Fall der gesetzlichen Verfahrensstandschaft). 394

Jedoch ist der fehlenden Sachbefugnis dadurch Rechnung zu tragen, dass der Unterhaltsantrag i. H. d. übergegangenen Anspruchs umzustellen ist auf Zahlung dieser Beträge an den Staat.[139] 395

cc) Unterhaltsansprüche vor Rechtshängigkeit

Für diese Ansprüche fehlt dem Leistungsempfänger sowohl die materielle Sachbefugnis als auch die Verfahrensführungsbefugnis.[140] 396

Allerdings ist die Rückabtretung an den Hilfeempfänger ausdrücklich gestattet. Nach § 94 Abs. 5 Satz 1 SGB XII kann nämlich der Träger der Sozialhilfe den auf ihn übergegangenen Unterhaltsanspruch im Einvernehmen mit der leistungsberechtigten Person auf diese zur gerichtlichen Geltendmachung rückübertragen und sich den geltend gemachten Unterhaltsanspruch abtreten lassen. Davon wird in der Praxis überwiegend auch Gebrauch gemacht, um Doppelverfahren zu vermeiden.

▶ Hinweis: 397

Streitig war in diesem Fall der rückübertragenen Unterhaltsansprüche, ob der Hilfeempfänger nach § 115 ZPO bedürftig ist und deshalb VKH beanspruchen kann, obwohl ihm vom Sozialhilfeträger gem. § 94 Abs. 5 Satz 2 SGB XII die anfallenden Kosten zu erstatten sind.

---

139 BGH, FamRZ 1995, 1131.
140 Vgl. dazu auch BGH, FamRZ 2011, 197 sowie OLG Brandenburg, FamRZ 2011, 228.

Der BGH[141] hat diese Streitfrage nunmehr negativ entschieden. Der Leistungsberechtigte ist im Hinblick auf § 94 Abs. 5 Satz 2 SGB XII für die gerichtliche Geltendmachung der von einem Sozialhilfeträger rückübertragenen Unterhaltsansprüche grds. **nicht bedürftig** i. S. d. § 115 ZPO, da ihm ein Anspruch auf Verfahrenskostenvorschuss gegen den Sozialhilfeträger zusteht. Der Anspruch auf Kostenübernahme gewährleistet, dass dem Leistungsberechtigten durch die Rückübertragung und die damit verbundene treuhänderische Wahrnehmung von Verwaltungsaufgaben keine Nachteile entstehen.

Auch das sich aus der Verfahrensökonomie ergebende Interesse des Sozialhilfeberechtigten an einer einheitlichen Geltendmachung bei ihm verbliebener und vom Sozialhilfeträger rückübertragener Unterhaltsansprüche rechtfertigt keine VKH.

Eine **Ausnahme** kommt nur dann in Betracht, wenn der Leistungsberechtigte durch den Verweis auf den Verfahrenskostenvorschussanspruch eigene Nachteile hinzunehmen hätte oder wenn sich die Geltendmachung rückübertragener Ansprüche neben den beim Unterhaltsberechtigten verbliebenen Unterhaltsansprüchen kostenrechtlich nicht auswirkt.

2. Unterhaltsvorschuss (UntVorschG)

398   Das UntVorschG gewährt gem. §§ 1, 3 UntVorschG einen Unterhaltsvorschuss für Kinder bis zum zwölften Lebensjahr, der max. 72 Monate in Anspruch genommen werden kann.

Wird ein solcher Unterhaltsvorschuss gezahlt, geht der Unterhaltsanspruch nach § 7 Abs. 1 UntVorschG auf das Land über.

399   § 7 Abs. 1 UntVorschG lautet:

»Hat der Berechtigte für die Zeit, für die ihm die Unterhaltsleistung nach diesem Gesetz gezahlt wird, einen Unterhaltsanspruch gegen den Elternteil, bei dem er nicht lebt, oder einen Anspruch auf eine sonstige Leistung, die bei rechtzeitiger Gewährung nach § 2 Abs. 3 als Einkommen anzurechnen wäre, so geht dieser Anspruch i. H. d. Unterhaltsleistung nach diesem Gesetz zusammen mit dem unterhaltsrechtlichen Auskunftsanspruch auf das Land über.«

400   Die Unterhaltsansprüche, die das leistungsberechtigte Kind gegen den Elternteil hat, bei dem es nicht lebt, gehen bei Leistungsgewährung nach dem UntVorschG also auf das Land über. Dieser Anspruchsübergang erfolgt kraft Gesetzes, d. h. er bedarf, um wirksam zu werden, keiner Überleitungsanzeige an den Schuldner.

401   Eine Rückübertragung ist aber auch hier möglich, wie sich ausdrücklich aus § 7 Abs. 4 Satz 2 UntVorschG ergibt. Insoweit gelten hinsichtlich der prozessualen Konsequenzen die bereits zur Sozialhilfe (s. o., Rdn. 383 ff.) ausgeführten Überlegungen.

---

141   BGH, FamRZ 2008, 1159.

D. Unterhaltsantrag nach §§ 253, 258 ZPO   Kapitel 5

Der Unterhaltpflichtige ist unverzüglich von der Antragstellung und später von der 402
Bewilligung der Unterhaltsvorschussleistungen zu informieren, damit er nicht mehr
mit befreiender Wirkung an das Kind zahlen kann.

Der Verfahrensbevollmächtigte des Unterhaltsberechtigten hat ansonsten die zur Ak- 403
tivlegitimation bei Sozialhilfe bzw. Arbeitslosengeld II gemachten Einschränkungen
(s. o. Rdn. 383 ff.) zu berücksichtigen.

Auch im Fall der Leistungen nach dem UntVorschG ist das Land **neben** dem Unter- 404
haltsgläubiger aktivlegitimiert, die **künftigen Leistungen** dem Unterhaltsschuldner
ggü. gerichtlich geltend zu machen. Dies sieht § 7 Abs. 4 Satz 1 UnterhVG ausdrücklich vor:

»Wenn die Unterhaltsleistung voraussichtlich auf längere Zeit gewährt werden muss, kann
das Land bis zur Höhe der bisherigen monatlichen Aufwendungen auch auf künftige Leistungen klagen.«

3. Ausbildungsförderung (BAföG)

Erhält der Unterhaltsberechtigte BAföG-Leistungen, kann ebenfalls eine Überschnei- 405
dung mit Unterhaltsansprüchen auftreten.

§ 37 Abs. 1 Satz 1 BAföG ordnet in Übereinstimmung mit den o. g. Vorschriften er- 406
neut eine cessio legis an:

»Hat der Auszubildende für die Zeit, für die ihm Ausbildungsförderung gezahlt wird, nach
bürgerlichem Recht einen Unterhaltsanspruch gegen seine Eltern, so geht dieser zusammen
mit dem unterhaltsrechtlichen Auskunftsanspruch mit der Zahlung bis zur Höhe der geleisteten Aufwendungen auf das Land über, jedoch nur soweit auf den Bedarf des Auszubildenden
das Einkommen der Eltern nach diesem Gesetz anzurechnen ist.«

Die Eltern sind über die Gewährung von BAföG-Leistungen und den damit verbun- 407
denen Anspruchsübergang zu informieren, es sei denn, dass unter Berücksichtigung
der Umstände des Einzelfalles ein bürgerlich-rechtlicher Unterhaltsanspruch gegen die
Eltern offensichtlich nicht besteht und auch nicht bei veränderten wirtschaftlichen
Verhältnissen der Eltern wieder aufleben kann.

VIII. Verfahrensablauf

1. Antragsbegründung

Der Antragsteller leitet das Unterhaltsverfahren dadurch ein, dass er beim FamG einen 408
bestimmten Antrag auf Zahlung von Unterhalt stellt (s. o., Rdn. 239 ff.). Insoweit ist
auch zwischen rückständigem Unterhalt (zuzüglich etwaiger Zinsen) und der Verpflichtung zur Zahlung von künftigem Unterhalt zu unterscheiden.

Kapitel 5   Durchsetzung des Unterhaltsanspruchs im gerichtlichen Verfahren

Der Antrag kann z. B. lauten:

409 ▶ **Formulierungsvorschlag: Antrag auf Verwandtenunterhalt**
1. Der Antragsgegner ist verpflichtet, an den Antragsteller, geb. am ....., einen Verwandtenunterhalt i. H. v. ..... € zu bezahlen, zahlbar monatlich im Voraus ab dem ..... .
2. Der Antragsgegner ist weiter verpflichtet, an den Antragsteller Zinsen i. H. v. 5 % über dem jeweiligen Basiszinssatz nach § 247 BGB von folgenden monatlichen Unterhaltsrückstandsbeträgen zu zahlen:
 a) von ..... € seit dem .....,
 b) von ..... € seit dem .....,
 c) von ..... € seit dem ..... .
3. Die sofortige Wirksamkeit der Entscheidung wird angeordnet.
4. Für den Fall des schriftlichen Vorverfahrens wird bei nicht rechtzeitiger Anzeige der Verteidigungsabsicht beantragt, ohne mündliche Verhandlung durch Versäumnisbeschluss zu entscheiden.

410   Der so gestellte Unterhaltsantrag ist **schlüssig zu begründen**. Dies bedeutet, dass der anwaltliche Vortrag[142] die Voraussetzungen des Unterhaltsanspruchs zu rechtfertigen hat.

411 ▶ **Praxistipp:**

Wichtig ist dafür, dass die anwaltliche Vertretung die für die Antragsbegründung erforderlichen Angaben sorgfältig ermittelt hat (s. o. Kapitel 1, Kap. 1 Rdn. 38 ff.). Die Mandantschaft ist insb. darauf hinzuweisen, dass die Angaben richtig und vollständig sein müssen (verfahrensrechtliche Wahrheitspflicht). Besteht der Verdacht, dass die eigene Mandantschaft die Wahrheitspflicht nicht so genau nimmt, ist eine schriftliche Belehrung angezeigt. Man sollte deutlich darauf hinweisen, dass die Gefahr eines Prozessbetrugs besteht, wenn die Angaben »frisiert« sind.

412   Letztlich ist die anwaltliche Tätigkeit im Unterhaltsverfahren auch deshalb aufwendig und anspruchsvoll, weil die maßgeblichen Unterhaltsfaktoren immer in Bewegung sind (Änderung der Erwerbstätigkeit, Kurzarbeit, Krankheit, Wegfall von Unterhaltspflichten, etwa Kindern ggü., Tilgung von Schulden usw.). Dies bedeutet, dass bis zur mündlichen Verhandlung immer wieder Handlungsbedarf auftreten kann; man sollte die erheblichen Änderungen auch nicht erst in der mündlichen Verhandlung mitteilen, da dann weder das FamG noch die Gegenseite sinnvoll reagieren können. Es liegt daher im eigenen Interesse, um das Mandat zu einem baldigen Abschluss zu bringen, wenn rechtzeitiger Vortrag im Verfahren erfolgt.

413   Zur Begründung des Antrags ist Vortrag insb. geboten:
1. Zum **Unterhaltstatbestand**, z. B.:
   – Verwandtschaft in gerader Linie,
   – Eheschließung, Getrenntleben,
   – Alter gemeinsamer Kinder,

---

142 Anwaltszwang besteht nach § 114 Abs. 1 FamFG.

- Krankheit,
- Ausbildung.
2. Zum **Bedarf**, z. B.:
   - Einkommen der unterhaltspflichtigen Person,
   - Wohnverhältnisse (Wohnvorteil),
   - eheliche Lebensverhältnisse.
3. Zur Bedürftigkeit:
   - Einkünfte der unterhaltsberechtigten Person,
   - BAföG-Leistungen,
   - Wohnverhältnisse.
4. Zu Unterhaltsrückständen:
   - Aufforderungsschreiben zur Erteilung von Auskünften.

Die (fehlende) **Leistungsfähigkeit** ist eine Einwendung, sodass die Antragsbegründung darauf grds. nicht einzugehen braucht. Dies darf aber nicht zu der Schlussfolgerung verleiten, dass die Einkünfte des Antragsgegners unbeachtlich sind, da eine schlüssige Unterhaltsberechnung vorgelegt werden muss. So ist es für den Kindesunterhalt wichtig im Hinblick auf den Bedarf (vgl. § 1610 BGB) zu erläutern, in welche Einkommensgruppe der Antragsgegner fällt. Dies ist nur dann nicht erforderlich, wenn nur der Mindestunterhalt verlangt wird. 414

▶ Hinweis: 415

Der Mindestunterhalt ist für die Darlegungs- und Beweislast im Unterhaltsverfahren bedeutsam.

Folge des gesetzlich geregelten Anspruchs auf einen Mindestunterhalt ist nämlich eine unwiderlegbare Vermutung, dass jedes minderjährige Kind den im Gesetz konkret für seine Altersgruppe geregelten Mindestbedarf zum Leben benötigt.[143]

Dies führt zu einer Verbesserung der verfahrensrechtlichen Stellung des Kindes; es muss in der Antragsbegründung nicht mehr die Einkommens- und Vermögensverhältnisse des barunterhaltspflichtigen Elternteils darlegen, wenn es lediglich den Mindestbedarf geltend macht.

Allein die Bedürftigkeit ist darzulegen, d. h. das Kind darf insb. nicht über ausreichende eigene Einkünfte verfügen; dies ist allerdings zu vermuten.

Allerdings ist auch der Mindestunterhalt abhängig von der Leistungsfähigkeit des Verpflichteten.

Wird ein höherer Betrag als der Mindestunterhalt gefordert, sind die Anspruchsvoraussetzungen allerdings umfassend darzulegen und zu beweisen.

Ähnlich verhält es sich beim Ehegattenunterhalt, d. h. auch hier ist ausreichender Sachvortrag zu den ehelichen Lebensverhältnissen gefordert. 416

---

143 Weinreich/Klein, § 1612a BGB Rn. 10.

2. Antragserwiderung

417 Sollte die anwaltliche Vertretung die Unterhaltsberechtigung nicht infrage stellen, ist ein sofortiges Anerkenntnis mit der Kostenfolge nach § 243 Nr. 4 FamFG i. V. m. § 93 ZPO möglich. Dies setzt natürlich voraus, dass keine Veranlassung zur Antragserhebung bestand (s. o., Rdn. 287 ff., Rdn. 291 ff. und Rdn. 298 ff.).

418 ▶ **Hinweis:**

Ein (sofortiges) **Teilanerkenntnis** bringt grds. keinen Kostenvorteil, sodass davon abzusehen ist.

419 Ist der gestellte Unterhaltsantrag jedenfalls nicht in voller Höhe berechtigt, ist eine substanzielle Antragserwiderung erforderlich. Der Standardsatz, »es werde alles bestritten, mit Ausnahme des Vortrags, der ausdrücklich zugestanden wird«, gibt in diesem Zusammenhang ein schlechtes Bild ab. Ein solches Bestreiten mit Nichtwissen ist nämlich nach § 138 Abs. 4 ZPO nur über solche Tatsachen zulässig, die weder eigene Handlungen noch Gegenstand der eigenen Wahrnehmung gewesen sind. Ansonsten genügt einfaches Bestreiten eben nicht. Das Unterhaltsverfahren ist aber davon geprägt, dass die maßgeblichen Faktoren der Kenntnis der Beteiligten unterliegen.

420 Die erfolgreiche Antragserwiderung muss daher die Antragsbegründung substanziiert entwerten und darüber hinaus einen (erheblichen) Vortrag im Hinblick auf die Einwendungen umfassen.

421 So kann die anwaltliche Vertretung insb. die **Bedürftigkeit** in Zweifel ziehen, z. B. im Hinblick auf eigene Einkünfte des Antragstellers, eine Erwerbsobliegenheit (fiktive Einkünfte) oder etwa im Hinblick auf die Obliegenheit, einen BAföG-Antrag zu stellen.

422 Schwerpunktmäßiger Vortrag ist regelmäßig zur **Leistungsfähigkeit** notwendig. Spielraum für Bewertungen enthalten sehr oft die Wohnverhältnisse der Beteiligten (Stichwort: Wohnvorteil).

423 Schwierig ist der Vortrag, wenn es um die Einkünfte **selbstständiger Mandanten** geht. Es reicht in diesen Fällen nämlich nicht aus, sich allein auf den Steuerbescheid zu berufen. Das Steuerrecht erkennt in bestimmten Zusammenhängen Aufwendungen als einkommensmindernd an und gewährt Abschreibungen und Absetzungen, denen eine tatsächliche Vermögenseinbuße nicht oder nicht in diesem Umfang entspricht. Die steuerlichen Absetzungen haben daher unterhaltsrechtlich außer Betracht zu bleiben, soweit sie sich nicht mit einer tatsächlichen Verringerung der für den Lebensbedarf verfügbaren Mittel decken. Der Unterhaltspflichtige, der sich auf sein zu versteuerndes Einkommen bezieht, muss die hierbei abgesetzten Beträge so darlegen, dass die allein steuerrechtlich beachtlichen von den auch unterhaltsrechtlich abzugsfähigen Aufwendungen abgegrenzt werden können. Die ziffernmäßige Aneinanderreihung einzelner

Kostenarten wie Abschreibungen, allgemeine Kosten, Rückstellungen, Entnahmen und dergleichen genügt diesen Anforderungen nicht.[144]

Gelingt es nicht, die wirtschaftlichen Verhältnisse überzeugend zu beschreiben, gilt der Vortrag des Antragstellers als zugestanden. 424

Besondere Aufmerksamkeit ist i. R. d. Ehegattenunterhalts der Vorschrift des § 1578b BGB geschuldet. Der anwaltliche Vertreter des Unterhaltsschuldners, d. h. des Antragsgegners, ist verpflichtet, auf eine **Unterhaltsbegrenzung nach § 1578b BGB** hinzuwirken. Da die Vorschrift des § 1578b BGB als Ausnahmevorschrift konzipiert ist, trifft den Unterhaltsschuldner die Darlegungs- und Beweislast. Soweit der Unterhaltsschuldner aber Tatsachen vorgetragen hat, die auf fehlende ehebedingte Nachteile hinweisen, muss der Berechtigte Umstände darlegen und beweisen, die gegen eine Unterhaltsbegrenzung sprechen.[145] 425

▶ **Praxistipp:** 426

Die Vorschrift des § 1578b BGB kann sehr schnell zur Haftungsfalle werden![146] Auch wenn die Unterhaltsbegrenzung als Minus im Abweisungsantrag enthalten ist, ist Vortrag zu den Tatbestandsvoraussetzungen erforderlich. Nur dann muss das Gericht sich von Amts wegen mit der Problematik auseinandersetzen. Es kommt noch hinzu, dass ansonsten auch die Gefahr besteht, in einem späteren Abänderungsverfahren mit der Thematik präkludiert zu sein, vgl. § 238 Abs. 2 FamFG.

Mitunter macht der Antragsgegner auch geltend, dass er an vorrangig Berechtigte bereits Unterhalt leistet. Der Unterhaltsschuldner, der sich im Verfahren auf die **Rangvorschrift des § 1609 BGB** beruft, muss dies substanziiert darlegen und beweisen. 427

Der Anteil jedes Unterhaltsgläubigers ist individuell so zu bestimmen, wie wenn bei gleichzeitiger Entscheidung über alle Ansprüche zu entscheiden wäre. 428

Verfügt ein Unterhaltsgläubiger über einen Unterhaltstitel, der ihm mehr Unterhalt gewährt, als ihm nunmehr nach der Vorschrift des § 1609 BGB zusteht, muss der Unterhaltsschuldner, falls eine außergerichtliche Einigung nicht möglich ist, gerichtlich ein Abänderungsverfahren gegen den betreffenden Unterhaltsgläubiger anstrengen. 429

3. Mündliche Verhandlung

Der mündlichen Verhandlung geht in Unterhaltsverfahren i. d. R. ein schriftliches Vorverfahren voraus, vgl. §§ 272, 276 ZPO. Ein früher erster Termin (vgl. § 275 ZPO) ist eher selten, es sei denn, das FamG rechnet mit einem Anerkenntnis oder einer schnellen Einigung. 430

---

144 BGH, NJW 1980, 2083 oder BGH, NJW 1984, 303.
145 BGH, FamRZ 2009, 1990 m. Anm. Viefhues; Bißmaier, FamRZ 2009, 389; BGH, FamRZ 2008, 134, 136.
146 Vgl. Viefhues, FamRZ 2009, 1994.

Kapitel 5 Durchsetzung des Unterhaltsanspruchs im gerichtlichen Verfahren

431 Die Ladungsfrist zum Termin beträgt nach § 217 ZPO mindestens eine Woche. Das persönliche Erscheinen der Beteiligten wird normalerweise angeordnet, da dies der Aufklärung des Sachverhalts dient, vgl. § 141 ZPO. Auch können den Beteiligten die Vorteile einer Einigung vermittelt werden.

432 Der anwaltliche Vertreter sollte die mündliche Verhandlung gründlich vorbereiten. Eine Vorbesprechung mit dem Mandanten ist ratsam. Wichtig ist eine Vorbereitung insb. auf Folgendes:

a) Änderungen unterhaltsrechtlich relevanter Faktoren

433 Der Unterhaltsanspruch sollte nochmals aktuell berechnet werden, wenn sich eine Änderung der Bemessungsgrundlage ergeben hat. Ergibt sich ein erhöhter Unterhaltsanspruch, ist der Antrag unbedingt zu korrigieren, da ansonsten aufgrund von § 308 **Abs. 1 Satz 1 ZPO (ne ultra petita)** nur dem bisherigen Antrag entsprochen werden kann.

434 Aktualitäten ist unabhängig von der gerichtlichen Bewertung auch deshalb Rechnung zu tragen, da ansonsten eine spätere **Präklusion** im Abänderungsverfahren die Folge sein kann (§ 238 Abs. 2 FamFG).

b) Unterhaltszahlungen

435 Hat der Antragsgegner Unterhaltszahlungen erbracht, die Gegenstand des gerichtlichen Unterhaltsverfahrens sind, sollte sich sowohl die anwaltliche Vertretung des Antragstellers als auch diejenige des Antragsgegners damit auseinandersetzen.

436 Zunächst sollte der Antragsgegner bzw. sein anwaltlicher Vertreter solche Zahlungen dem FamG ggü. benennen und belegen, widrigenfalls eine zu hohe Titulierung erfolgt. Der Antragsgegner könnte sich seiner Inanspruchnahme in diesem Fall nicht mit einem Vollstreckungsabwehrantrag erwehren, da der Vortrag der Erfüllung präkludiert wäre, vgl. § 767 Abs. 2 ZPO.

437 Wird dem FamG die Unterhaltszahlung offengelegt, gilt:
– **Zahlungen zwischen Anhängigkeit und Rechtshängigkeit** des Unterhaltsantrags haben **Erfüllung** zur Folge. Der Antragsteller muss daher den Antrag zurücknehmen. Kosten fallen ihm dadurch nicht zwingend zur Last, da nach §§ 269 Abs. 3 Satz 3 ZPO i. V. m. § 243 FamFG über diese nach Billigkeit zu entscheiden ist. Wird hingegen der Antrag insoweit nicht zurückgenommen, ist er abzuweisen.
– **Zahlungen nach Rechtshängigkeit** führen zur Erledigung der Hauptsache. Schließt sich die Gegenseite der Erledigungserklärung an (**übereinstimmende Erledigungserklärungen**), erfolgt die Kostenentscheidung nach § 91a ZPO i. V. m. § 243 FamFG.

Schließt sich der Antragsgegner der Erledigungserklärung nicht an, d. h. bleibt es bei einer nur **einseitigen Erledigungserklärung** des Antragstellers, liegt eine zulässige Antragsänderung nach §§ 263, 264 Nr. 2 ZPO vor. Der Antragsteller begehrt nun die Feststellung, dass sein Antrag bis zur Zahlung zulässig und begründet war. Sollte das

FamG dieser Einschätzung folgen, ergeht ein entsprechender Beschluss, dessen Kosten der Antragsgegner zu tragen hätte.

Wird vom Antragsteller nicht für erledigt erklärt, kommt nur die entsprechende (grds. kostenpflichtige) Antragsabweisung in Betracht.

c) Vergleichsgrundlagen

Da die meisten Unterhaltsverfahren durch Vergleich beendet werden, ist es wichtig, sich vor dem mündlichen Termin darauf vorzubereiten, inwiefern eine bestimmte Geschäftsgrundlage im Verfahren durchzusetzen ist. 438

Grds. sollte die anwaltliche Vertretung versuchen, auf eine für den Mandanten günstige »Geschäftsgrundlage« hinzuwirken. Oftmals werden nämlich im Unterhaltsverfahren dazu Chancen vertan.

So kann der Anwalt des Unterhaltsgläubigers bspw. zur Geschäftsgrundlage machen, dass der eigene Mandant ohne Abänderung des Titels einen Betrag von bis zu ... € **hinzuverdienen darf.** 439

Ähnlich liegt es, wenn sich eine neue Partnerschaft des Unterhaltsberechtigten andeutet; im Hinblick auf § 1586 BGB bzw. auch § 1579 Nr. 2 BGB sollte man versuchen, eine Unterhaltsabfindung zu vereinbaren, auch wenn dafür ein »Nachgeben« der Unterhaltshöhe nach der Preis sein könnte. Auch eine »Erwerbsaussicht« im Sinne einer besser bezahlten Arbeitsstelle ist im Fall einer Abfindung ein Grund zur Freude.

Umgekehrt sollte der Anwalt des Unterhaltsschuldners im Einzelfall eine **bestimmte Höhe der Einkünfte** seines Mandanten zur Geschäftsgrundlage der Unterhaltspflicht machen (insb. wenn eine Verringerung zu erwarten ist).

▶ Praxistipp: 440

Mitunter ist es aber auch dem eigenen Mandat dienlich, die Frage der Geschäftsgrundlage offenzulassen. Wird später ein Abänderungsantrag gestellt, ist in einem solchen Fall eine Neuberechnung erforderlich (s. u., Rdn. 607 ff. und Rdn. 618 ff.).

4. Beweisfragen

Das Unterhaltsverfahren ist eine Familienstreitsache, sodass nach § 113 Abs. 1 FamFG die Beweislastgrundsätze des Zivilprozesses maßgeblich sind. Oftmals entscheidet die Frage der Beweislast den Ausgang des Verfahrens. 441

a) Strengbeweis

Beweisgegenstand können nur umstrittene **Tatsachen** sein, z. B. ob die Antragstellerin aufgrund von Krankheit an einem Erwerb gehindert ist. Das Gericht ist in einem solchen Fall gehalten, durch Beweisbeschluss der Unterhaltsvoraussetzung »Erwerbshinderung durch Krankheit« nachzugehen. Ähnlich liegt es, wenn die Unterhaltshöhe von einem etwaigen Wohnwert abhängig ist. 442

Kapitel 5 Durchsetzung des Unterhaltsanspruchs im gerichtlichen Verfahren

443 In gerichtlichen Verfahren ergeht in diesen Fällen folgender Beweisbeschluss:

▶ **Muster: Gerichtlicher Beweisbeschluss**

                      Beweisbeschluss:
1.) Es ist Beweis zu erheben über den Wohnwert der vermietbaren und derzeit vom Antragsgegner genutzten Wohnräume im Hausanwesen in ....
2.) Als Sachverständiger wird bestimmt:

Dipl. Ing. ....
3.) Die Einholung des Gutachtens ist davon abhängig, dass seitens der Antragstellerin binnen vier Wochen ein Auslagenvorschuss i. H. v. ...... € bei Gericht eingezahlt wird.
4.) Neuer Termin wird nach Vorlage des Gutachtens von Amts wegen bestimmt.

444 Zulässig ist nur der sog. Strengbeweis, d. h. die Beweismittel der Glaubhaftmachung (§ 292 ZPO) bzw. auch der sog. Freibeweis scheiden aus, um die Voraussetzungen des Unterhaltsanspruchs in einem **Hauptsacheverfahren** zu belegen.[147]

445 Zum Strengbeweis gehören:
- Beweis durch Augenschein, §§ 371 ff. ZPO,
- Zeugenbeweis, §§ 373 ff. ZPO,
- Beweis durch Sachverständige, §§ 402 ff. ZPO,
- Beweis durch Urkunden, §§ 415 ff. ZPO,
- Beweis durch Parteivernehmung, §§ 445 ff. ZPO.

446 Ein Beweisbeschluss setzt grds. einen Beweisantrag durch den beweisbelasteten Beteiligten voraus. Der Beweisantrag bedarf einer genauen Bezeichnung des Beweismittels verbunden mit dem Antrag, es zu einem bestimmten Beweisthema durch eine Beweisaufnahme zum Gegenstand des Verfahrens zu machen.

447 Das FamG kann überdies auch nach § 144 Abs. 1 ZPO die Einnahme des Augenscheins sowie die Begutachtung durch Sachverständige anordnen, wenn dies für eine sachgerechte Entscheidung erforderlich und insb. auch im Hinblick auf die zu erwartenden Kosten verhältnismäßig erscheint.[148]

b) Einkommensermittlung durch Sachverständige

448 Die Einkünfte Selbstständiger bereiten in der Praxis Probleme. Selbstständige versuchen sich dem Finanzamt ggü. arm zu rechnen, was durchaus steuerrechtlich seine Richtigkeit haben kann. Das Steuerrecht erkennt in bestimmten Zusammenhängen Aufwendungen als einkommensmindernd an und gewährt Abschreibungen und Absetzungen, denen eine tatsächliche Vermögenseinbuße nicht oder nicht in diesem Umfang entspricht. Die steuerlichen Absetzungen haben daher unterhaltsrechtlich außer

---

147 Wird hingegen eine einstweilige Unterhaltsanordnung beantragt, kommt die Glaubhaftmachung von Voraussetzungen nach § 51 Abs. 1 Satz 2 FamFG in Betracht.
148 OLG Naumburg, FamRZ 2003, 385.

Betracht zu bleiben, soweit sie sich nicht mit einer tatsächlichen Verringerung der für den Lebensbedarf verfügbaren Mittel decken.[149]

Verbleiben dem Gericht daher Plausibilitätszweifel, d. h. sind insb. die unterhaltsrechtlich relevanten Aufwendungen unklar, kann ein Sachverständigengutachten erstellt werden. Das FamG ist natürlich gehalten, dem Gutachter einen **konkreten Auftrag** zu erteilen. Ansonsten würde die Untersuchung allein im Ermessen des Gutachters liegen, dem auch die Ausforschung möglich wäre. 449

Strohal[150] nennt insb. folgende Beweisfragen und deren Hintergrund: 450
- **Beweisfrage**: Ausübung der steuerlichen Bilanzierungs- und Bewertungswahlrechte
  Hintergrund: Erfassung des Gesamtvermögens, Aufdeckung Reserve bildender Maßnahmen
- **Beweisfrage**: Vergleich von Erlösen und Kostenquote mit der finanzamtlichen Richtwertesammlung
  Hintergrund: Kontrolle der Erlöserfassung, Schwarzgeldfrage
- **Beweisfrage**: Prüfung des Aufwands, d. h. der Abschreibungen und anderer Betriebsausgaben
  Hintergrund: Bereinigung von Betriebsausgaben unter unterhaltsrechtlichem Aspekt

c) Sachverständigengutachten zu Krankheiten

Beruft sich ein Beteiligter des Unterhaltsverfahrens auf Arbeitsunfähigkeit infolge von Krankheit, ist bei Bestreiten ein Sachverständigengutachten unvermeidbar. Ärztliche Atteste und Bescheinigungen reichen jedenfalls dann nicht aus, wenn die Gegenseite dazu Einwendungen erhebt. Der Gutachter kann nach § 411 Abs. 3 ZPO zum Termin geladen werden, damit er sein Gutachten erläutert. 451

d) Schätzung nach § 287 ZPO

Die Vorschrift des § 287 ZPO, die eine Schätzung ermöglicht, ist eine Beweiserleichterung. Sie hilft im Einzelfall von einem Gutachten abzusehen, insb. wenn dies aufgrund der damit verbundenen Kosten unverhältnismäßig wäre. 452

Gerade im Unterhaltsrecht dürfen die Anforderungen für eine Schätzung entsprechend § 287 ZPO nicht überspannt werden. Eine Schätzung ist jedoch auch im Unterhaltsrecht ausgeschlossen, soweit es um die Anspruchsvoraussetzungen geht, von denen das Gesetz den Anspruch vorbehaltlich seines Umfanges abhängig macht. Ferner ist die Schätzung unzulässig, wenn dem Richter greifbare Anhaltspunkte als Grundlage 453

---

149 BGH, NJW 1980, 2083 oder BGH, NJW 1984, 303.
150 Strohal, Rn. 288, 289.

seiner Entscheidung fehlen und damit das richterliche Ermessen völlig in der Luft hängen würde.[151]

454 So lässt der BGH die Schätzung nach § 287 ZPO insb. für die Feststellung von **Fahrtkosten** zu und führt dazu aus:[152]

»Den von ihm angeführten Unregelmäßigkeiten, je nachdem, ob der Beklagte noch am selben Tag oder erst am Folgetag nach Hause zurückfuhr, hätte es – ggf. verbunden mit einer auf übersichtlichen Prozessvortrag gerichteten Auflage – durch Auswertung der vom Beklagten vorgelegten Unterlagen Rechnung tragen können. Dass die vorgetragenen Kosten deutlich über den pauschalen berufsbedingten Aufwendungen (5 %) liegen, ist nahe liegend. Dass der Beklagte für mit seinem Privatfahrzeug absolvierte Fahrten zwischen Wohn- und Arbeitsort keine Erstattungen seines Arbeitgebers erhält, ist mangels anderweitiger Feststellungen des Berufungsgerichts in der Revisionsinstanz zu unterstellen. Schließlich ist der Beklagte unter den Umständen des vorliegenden Falls auch nicht ohne Weiteres gehalten, seine Kosten zu reduzieren und etwa seinen Wohnsitz in die Nähe seiner Einsatzorte zu verlegen.«

455 Ein weiterer Anwendungsfall des § 287 ZPO kann z. B. die Bestimmung **fiktiver Einkünfte** sein. Um die Schätzung fiktiver Einkünfte zu ermöglichen, sind von den Beteiligten die hierfür nötigen Anknüpfungstatsachen vorzutragen und – soweit möglich – unter Beweis zu stellen. Geschätzt wird dann ein Nettobetrag. Ein früheres Einkommen kann dabei herangezogen werden, insb. wenn ein Arbeitsverhältnis schuldhaft aufgegeben wurde.[153] Gibt es keine derartigen Anknüpfungsmöglichkeiten, ist ein Einkommen zu ermitteln, welches der Betreffende nach seinem Alter, seiner Vorbildung, seinen Fähigkeiten und seinem Gesundheitszustand erzielen könnte. Der Sachvortrag für die Schätzung des fiktiven Einkommens des Verfahrensgegners hat daher die schlüssige Darlegung der beruflichen Fähigkeiten und Möglichkeiten und eines der fiktiven beruflichen Situation entsprechenden, erzielbaren Einkommens zu umfassen.

456 Auch bei feststehenden **ehebedingten Nachteilen** (vgl. § 1578b BGB) ist eine exakte Feststellung zum hypothetisch erzielbaren Einkommen des Unterhaltsberechtigten nicht notwendig, d. h. bei geeigneter Grundlage kommt ebenfalls eine Schätzung entsprechend § 287 ZPO in Betracht. Erforderlich ist aber, dass das Gericht in seiner Entscheidung die tatsächlichen Grundlagen seiner Schätzung und ihre Auswertung in objektiv nachprüfbarer Weise angibt.[154]

5. Verfahrensabschluss

a) Unterhaltsbeschluss

457 Können die Beteiligten eines Unterhaltsverfahrens sich nicht einigen, muss das FamG die Entscheidung treffen. Das FamFG bestimmt in §§ 38 ff. für alle familiengerichtlichen

---

151 Wendl/Dose, § 6 Rn. 758.
152 BGH, FamRZ 2009, 404, 405.
153 BGH, NJW 2008, 1525.
154 BGH, FamRZ 2010, 2051.

Verfahren, d. h. auch für die Unterhaltsverfahren, die Entscheidungsform des Beschlusses. Gegen einen solchen Beschluss ist nach §§ 58 ff. FamFG das Rechtsmittel der Beschwerde statthaft.

aa) Endentscheidungen

Die Entscheidung durch Beschluss ist für alle Endentscheidungen verbindlich. Endentscheidungen sind entsprechend der gesetzlichen Definition in § 38 Abs. 1 Satz 1 FamFG solche, mittels derer der Verfahrensgegenstand ganz oder teilweise erledigt wird. Die Entscheidung muss die Instanz abschließen. Dies wird regelmäßig die Entscheidung in der Hauptsache sein, kann aber, wenn die Hauptsache weggefallen ist, auch eine Kostenentscheidung sein. **458**

bb) Inhalt des Beschlusses

§ 38 Abs. 2 FamFG bestimmt den formellen **Mindestinhalt** des Beschlusses und führt den Begriff der Beschlussformel als Entsprechung zum Urteilstenor ein. Danach muss der Beschluss enthalten:
– Die Bezeichnung der Beteiligten, ihrer gesetzlichen Vertreter und der Bevollmächtigten,
– die Bezeichnung des Gerichts und die Namen der Gerichtspersonen, die bei der Entscheidung mitgewirkt haben,
– die Beschlussformel. **459**

Nach § 38 Abs. 3 Satz 1 FamFG ist der Beschluss in FamFG-Sachen zu begründen (**Begründungspflicht**). Inhaltliche Anforderungen an die Begründung bestehen jedoch nicht. Die strikten Erfordernisse an den Inhalt des Urteils nach §§ 313 ff. ZPO sind nicht übertragbar. **460**

§ 38 Abs. 3 Satz 2 FamFG bestimmt, dass der Beschluss unterschrieben werden muss. Die Unterschrift ermöglicht eine Abgrenzung des Beschlusses von einem bloßen Entwurf. Der Beschluss ist von dem Richter zu unterschreiben, der die Entscheidung getroffen hat. Eine Kollegialentscheidung haben alle Richter zu unterschreiben, die daran mitgewirkt haben. **461**

Nach § 38 Abs. 3 Satz 3 FamFG ist das Datum des Erlasses auf dem Beschluss zu vermerken. Ein solcher Vermerk ist im Hinblick auf den Beginn der Beschwerdefrist nach § 63 Abs. 3 FamFG von Bedeutung. **462**

§ 38 Abs. 3 Satz 3 FamFG beinhaltet i. Ü. eine Legaldefinition des Erlasses. **463**

Beschlüsse in Familienstreitsachen sind zunächst nach § 113 Abs. 1 Satz 2 FamFG i. V. m. §§ 311 Abs. 2 Satz 1, 329 Abs. 1 Satz 1 ZPO zu verkünden, weil nach § 113 Abs. 1 Satz 1 FamFG in Familienstreitsachen die Regelung des § 41 Abs. 1 Satz 2

FamFG, wonach die Bekanntgabe eines Beschlusses mit der Zustellung bewirkt wird, keine Anwendung findet.[155]

Die Übergabe des fertig abgefassten, unterschriebenen und verkündeten Beschlusses an die Geschäftsstelle zur Veranlassung der Bekanntgabe an die Beteiligten ist in Unterhaltssachen der für den Erlass maßgebliche Zeitpunkt.

464 Ausnahmen von der Begründungspflicht werden in § 38 Abs. 4 FamFG genannt.

Einer Begründung bedarf es nicht, soweit die Entscheidung aufgrund eines Anerkenntnisses oder Verzichts oder als Versäumnisentscheidung ergeht und entsprechend bezeichnet ist, gleichgerichteten Anträgen der Beteiligten stattgegeben wird oder der Beschluss nicht dem erklärten Willen eines Beteiligten widerspricht oder der Beschluss in Gegenwart aller Beteiligten mündlich bekannt gegeben wurde und alle Beteiligten auf Rechtsmittel verzichtet haben.

465 Eine Begründung soll im Grundsatz immer dann entbehrlich sein, wenn eine Beschwer eines Beteiligten erkennbar nicht vorliegt.

cc) Rechtsbehelfsbelehrung (§ 39 FamFG)

466 Jeder Beschluss hat nach § 39 FamFG eine Belehrung über das statthafte Rechtsmittel (den Einspruch, den Widerspruch oder die Erinnerung) sowie das Gericht, bei dem diese Rechtsbehelfe einzulegen sind, dessen Sitz und die einzuhaltende Form und Frist zu enthalten.

dd) Rechtskraft des Beschlusses

467 Die Beschlüsse in Unterhaltssachen sind nach § 45 FamFG sowohl der formellen als auch der materiellen Rechtskraft fähig.

468 **Formelle Rechtskraft** tritt ein, wenn ein Rechtsmittel nicht mehr statthaft ist, insb. wenn die Rechtsmittelfristen verstrichen sind. Die Unanfechtbarkeit der Entscheidung sichert den Bestand des richterlichen Spruchs; die Entscheidung erlangt dadurch formelle (äußere) Rechtskraft. Durch die Unanfechtbarkeit der Entscheidung kann jedoch nicht verhindert werden, dass derselbe Rechtsstreit zum zweiten Mal aufgenommen und durch eine erneute Anrufung des Gerichts versucht wird, ein von der formell rechtskräftigen Entscheidung abweichendes, günstigeres Urteil zu erlangen. Dies im Einzelfall zu verhindern, ist Gegenstand der materiellen Rechtskraft.

469 Entscheidungen in Familienstreitsachen, d. h. eben auch in Unterhaltssachen, sind auch der **materiellen Rechtskraft** fähig. Die formelle Rechtskraft ist Grundlage der materiellen Rechtskraft, d. h. Letztere setzt voraus, dass Rechtsmittel in der Sache nicht mehr zulässig sind.

---

155 BGH, FamRZ 2012, 106.

Die materielle Rechtskraft »verbietet« es dem Gericht, in einem neuen Verfahren über eine bereits rechtskräftig festgestellte Rechtsfolge zu verhandeln und zu entscheiden.

Allerdings erwächst nur die Beschlussformel in Rechtskraft; die Gründe, auf denen die Formel beruht, nehmen daran grds. nicht teil. 470

Es versteht sich von selbst, dass das Gericht in seinem Beschluss nur solche Tatsachen berücksichtigen kann, die sich bis zum Zeitpunkt seiner Entscheidung ereignet haben. Hieraus ergibt sich eine zeitliche Grenze für die richterliche Erkenntnis und damit für die materielle Rechtskraft des Beschlusses. Bei Geltung des Verhandlungsgrundsatzes muss auf den Zeitpunkt abgestellt werden, bis zu dem die Beteiligten spätestens Tatsachen vortragen können, über die das Gericht zu befinden hat und auf die es seinen Beschluss stützt; dies ist der Schluss der mündlichen Verhandlung, auf die der Beschluss ergeht. Im schriftlichen Verfahren ist dies der vom Gericht bestimmte Zeitpunkt, bis zu dem noch Schriftsätze eingereicht werden dürfen. Endet das Verfahren in der Rechtsbeschwerdeinstanz, bildet regelmäßig der Verhandlungsschluss in der Beschwerdeinstanz den maßgebenden Zeitpunkt, weil in der Rechtsbeschwerdeinstanz grds. keine neuen Tatsachen vorgebracht werden können. Diese **zeitliche Grenze** der materiellen Rechtskraft wird durch die in § 767 Abs. 2 ZPO für die Vollstreckungsgegenklage getroffene Regelung bestätigt. Positiv gefasst, bedeutet diese Regel: Die Rechtskraft einer gerichtlichen Entscheidung hindert die durch sie betroffenen Personen nicht daran, in einem späteren Verfahren solche Tatsachen vorzutragen, die erst nach Schluss der letzten mündlichen Tatsachenverhandlung des Vorverfahrens eingetreten sind. 471

ee) Wirksamkeit von Unterhaltsbeschlüssen

Beschlüsse in Familienstreitsachen, d. h. auch Unterhaltssachen, sind nach § 113 Abs. 1 Satz 2 FamFG i. V. m. §§ 311 Abs. 2 Satz 1, 329 Abs. 1 Satz 1 ZPO zu verkünden, weil nach § 113 Abs. 1 Satz 1 FamFG in Familienstreitsachen die Regelung des § 41 Abs. 1 Satz 2 FamFG, wonach die Bekanntgabe eines Beschlusses mit der Zustellung bewirkt wird, keine Anwendung findet.[156] 472

§ 116 Abs. 3 Satz 1 FamFG bestimmt, dass Endentscheidungen in Familienstreitsachen, d. h. eben auch in Unterhaltssachen, erst mit Eintritt der formellen Rechtskraft wirksam werden. 473

Das FamG kann aber nach § 116 Abs. 3 Satz 2 FamFG die **sofortige Wirksamkeit** anordnen, mit der Folge einer sofortigen Vollstreckbarkeit nach § 120 Abs. 2 FamFG. Nach § 116 Abs. 3 Satz 3 FamFG soll das Gericht die sofortige Wirksamkeit anordnen, soweit die Entscheidung eine Verpflichtung zur Leistung von Unterhalt enthält. Die Ausgestaltung als Soll-Vorschrift bringt die Bedeutung des Unterhalts zur Sicherung des Lebensbedarfs zum Ausdruck. 474

Auf eine Anordnung der sofortigen Wirksamkeit kann grds. nur verzichtet werden, wenn z. B. das Jugendamt nach § 33 Abs. 2 Satz 4 SGB II, § 94 Abs. 4 Satz 2 SGB XII

---

156 BGH, FamRZ 2012, 106.

oder § 7 Abs. 4 Satz 1 UntVorschG übergegangene Ansprüche geltend macht oder wenn neben dem laufenden Unterhalt länger zurückliegende Unterhaltsrückstände verlangt werden.

ff) Vollstreckung von Unterhaltsbeschlüssen

475 Die Vorschrift des § 120 FamFG regelt die Vollstreckung von Entscheidungen **in Ehesachen und in Familienstreitsachen, mithin auch von Unterhaltsbeschlüssen**. § 120 Abs. 1 FamFG bestimmt, dass für eine derartige Vollstreckung anstelle der Vorschriften über die Vollstreckung in Buch 1 des FamFG die Vorschriften über die Zwangsvollstreckung in Buch 8 der ZPO (§§ 704 bis 915h) gelten.

476 § 120 Abs. 2 Satz 1 FamFG regelt (ebenso wie § 86 FamFG), dass Unterhaltsbeschlüsse mit Wirksamwerden bereits kraft Gesetzes vollstreckbar sind, ohne dass es hierzu einer Vollstreckbarerklärung des Gerichts bedürfte. Dies ist auch bei der entsprechenden Anwendung der weiteren Vorschriften der ZPO zu beachten.

477 Das »Wirksamwerden« des Unterhaltsbeschlusses findet sich in § 116 Abs. 3 FamFG, d. h. setzt die **formelle Rechtskraft** des jeweiligen Beschlusses voraus (s. o., Rdn. 467 ff.). Nach § 116 Abs. 3 Satz 2 FamFG kann das Gericht in Familienstreitsachen auch vor Eintritt der formellen Rechtskraft die sofortige Wirksamkeit anordnen; dies ist in erfolgreichen Unterhaltsverfahren als Regelfall vorgesehen (§ 116 Abs. 3 Satz 3 FamFG). Auch wenn § 120 Abs. 1 FamFG die entsprechende Anwendung der Vorschriften der ZPO über die Zwangsvollstreckung zulässt, sind die §§ 708 bis 713 ZPO bei der Vollstreckung von Beschlüssen in FamFG-Sachen nicht anwendbar, da sie durch die Sonderregelung des § 120 Abs. 2 FamFG verdrängt werden; auch die §§ 714 bis 720a ZPO können nur eingeschränkt angewendet werden.

478 Vollstreckungsschutz kommt in Unterhaltssachen grds. nicht infrage. § 120 Abs. 2 Satz 2 FamFG bestimmt nämlich, dass, abweichend von den Vorschriften der ZPO, die Vollstreckung nur dann mit der Entscheidung in der Hauptsache auszuschließen ist, wenn der Verpflichtete glaubhaft macht, dass die Vollstreckung für ihn einen **nicht zu ersetzenden Nachteil** bringen würde. Hierdurch soll vermieden werden, dass durch die Vollstreckung vor Eintritt der Rechtskraft ein Schaden entsteht, der auch im Fall des Erfolgs eines Rechtsmittels nicht mehr rückgängig zu machen ist.

§ 120 Abs. 2 Satz 3 FamFG erstreckt diese Anforderungen auf die Fälle des § 707 Abs. 1 ZPO und des § 719 Abs. 1 ZPO.

b) Gerichtlicher Unterhaltsvergleich

479 Häufig wird ein Unterhaltsverfahren durch Vergleich beendet.

Die heute weitaus herrschende Auffassung[157] begreift den Verfahrensvergleich als ein Rechtsinstitut mit Doppelnatur: Mit seiner materiell-rechtlichen »Natur« ist der Pro-

---

157 BGH, NJW 2005, 3576; vgl. auch Thomas/Putzo, ZPO, § 794 Rn. 3.

zessvergleich ein Vertrag, der die materielle Rechtslage umgestaltet und auf eine neue Grundlage stellt. Mit seiner prozessualen »Natur« beendet er die Rechtshängigkeit und stellt einen Vollstreckungstitel dar.

Der Verfahrensvergleich kann im Verfahren nach § 160 Abs. 3 Nr. 1 ZPO protokolliert werden; er bedarf nach § 162 ZPO der Genehmigung der Beteiligten. Eine weitere Möglichkeit ist der Vergleichsabschluss im schriftlichen Verfahren nach § 278 Abs. 6 ZPO. **480**

Der Verfahrensvergleich ist ein Vollstreckungstitel nach § 794 Abs. 1 Nr. 1 ZPO. Der Inhalt des Vergleichs sollte deshalb »bestimmt« sein, damit die Vollstreckung auch gesichert ist. **481**

Die Wichtigkeit der Vergleichsgrundlagen wurde bereits erwähnt (vgl. Rdn. 438 ff. und Rdn. 607 ff.); dies hat Bedeutung im Fall einer späteren Abänderung nach § 239 FamFG. **482**

c) Anerkenntnis

Der Antragsgegner kann den Unterhaltsanspruch nach § 113 Abs. 1 Satz 2 FamFG i. V. m. § 307 ZPO anerkennen. Insb. das **sofortige Anerkenntnis** kann Sinn machen, wenn kein Anlass für den Unterhaltsantrag bestand. **483**

Der Unterhaltsschuldner, der freiwillig den vollen Unterhalt leistet, gibt keinen Anlass zur Antragserhebung, wenn er nicht zuvor erfolglos zur außergerichtlichen Titulierung aufgefordert wurde. Er kann den Unterhaltsanspruch im gerichtlichen Verfahren sofort anerkennen, sodass die Verfahrenskosten nach § 243 Nr. 4 FamFG i. V. m. § 93 ZPO vom Unterhaltsgläubiger zu tragen sind. **484**

Das Anerkenntnis kann im Verfahren nach § 160 Abs. 3 Nr. 1 ZPO protokolliert werden; das Protokoll bedarf nach § 162 ZPO der Genehmigung des Antragsgegners. Ein Anerkenntnisantrag des Antragstellers ist nicht erforderlich. **485**

Das Anerkenntnis ist grds. bindend. Es kann jedoch vom Antragsgegner – und zwar ohne Einverständnis des Antragstellers – bis zum Abschluss des Verfahrens wirksam widerrufen werden, wenn ein Abänderungsgrund i. S. d. § 238 FamFG vorliegt. **486**

Die herrschende Meinung lässt in derartigen Fällen eine ausnahmsweise Widerrufbarkeit eines Anerkenntnisses zu, um aus verfahrensökonomischen Gründen einen Abänderungsantrag zu vermeiden.[158]

d) Antragsrücknahme

Nach § 269 ZPO, der im Unterhaltsverfahren nach § 113 Abs. 1 FamFG anwendbar ist, kann der Antragsteller den Antrag ohne Einwilligung des Antragsgegners bis zum **487**

---

158 BGH, NJW 2002, 436, 438.

Beginn der mündlichen Verhandlung zurücknehmen; nach Beginn der mündlichen Verhandlung bedarf es dazu der Einwilligung des Antragsgegners.

Das Verfahren gilt in einem solchen Fall als nicht anhängig geworden.

488 Die Kostenentscheidung richtet sich nach § 243 FamFG.

489 Eine Antragsrücknahme kommt in Betracht, wenn der Antragsteller im Verfahren erkennt, dass der Antrag erfolglos ist, weil Anspruchsvoraussetzungen nicht gegeben sind.

aa) Stufenantrag

490 Eine Antragsrücknahme ist unvermeidbar, wenn die Auskunft ergibt, dass kein Zahlungsanspruch besteht. Der Antragsteller muss dann den Antrag zurücknehmen.

Eine einseitige Erledigungserklärung des Stufenantragstellers kommt nicht in Betracht, da es an einem erledigenden Ereignis fehlt.[159]

491 Bei einem Unterhaltsstufenantrag (§ 254 ZPO) sind die einzelnen Ansprüche zwar ihrem Zweck nach miteinander verknüpft, um insb. Doppelverfahren über denselben Lebenssachverhalt zu vermeiden, die einzelnen Ansprüche bleiben aber verfahrensrechtlich selbstständig. Ergibt sich daher (wenn auch erst) aufgrund der Rechnungslegung, dass ein Leistungsanspruch aus dem zugrunde liegenden Rechtsverhältnis nicht besteht, ist gleichwohl insoweit eine Erledigung der Hauptsache nicht eingetreten.

Der Unterhaltsantrag war in diesen Fällen vielmehr von Anfang an unbegründet.

492 Damit fallen dem Antragsteller die Kosten des Rechtsstreits nicht notwendigerweise zur Last, weil § 243 Nr. 2 FamFG die Möglichkeit der Überbürdung der Kosten auf den Antragsgegner vorsieht. Eine Kostenentscheidung zugunsten des Antragstellers ist danach trotz Antragsrücknahme möglich, wenn der Gegner eines Unterhaltsverfahrens für den Unterhaltsantrag dadurch Anlass gegeben hat, dass er seiner Auskunftspflicht nicht oder nicht vollständig nachgekommen ist.

Der Auskunftspflichtige hat in aller Regel die Kosten zu tragen, wenn er vorprozessual keine oder eine nur ungenügende Auskunft erteilt hat, vgl. § 243 Satz 2 Nr. 2 FamFG.[160]

493 ▶ Praxistipp:

Der Unterhaltsschuldner sollte immer zur Auskunft aufgefordert werden. Wenn man dann im Unterhaltsverfahren die Segel streichen muss, kann man auf die Norm des § 243 Nr. 2 FamFG hinweisen!

---

159 BGH, FamRZ 1995, 348.
160 OLG Schleswig, FamRZ 2000, 1513; OLG Frankfurt am Main, FamRZ 2000, 1516.

bb) Zahlungen vor Rechtshängigkeit des Unterhaltsantrags

Zahlungen des Antragsgegners nach Anhängigkeit, aber vor Zustellung des Unterhaltsantrags haben **Erfüllung** zur Folge. Der Antragsteller muss daher den Antrag zurücknehmen. Kosten fallen ihm dadurch nicht zwingend zur Last, da nach § 269 Abs. 3 Satz 3 ZPO i. V. m. § 243 FamFG über diese nach Billigkeit zu entscheiden ist. Wird hingegen der Antrag insoweit nicht zurückgenommen, ist er abzuweisen. 494

e) Erledigung

aa) Übereinstimmende Erledigungserklärungen

Die Beteiligten können übereinstimmend die Erledigung des Unterhaltsverfahrens erklären. Nach § 91a ZPO entscheidet das Gericht dann nur noch über die Verfahrenskosten unter Berücksichtigung von § 243 FamFG. Die Rechtshängigkeit der Unterhaltssache entfällt rückwirkend. 495

Die Erledigungserklärung braucht nicht die gesamte Hauptsache in vollem Umfang zu erfassen, sondern kann sich auch nur auf einen – abtrennbaren – Teil des Streitgegenstands oder auf nur einen von mehreren Streitgegenständen beziehen. Nur hinsichtlich des erledigten Teils des Rechtsstreits tritt dann die Erledigungswirkung mit der Kostenfolge nach § 91a ZPO ein, während i. Ü. eine normale streitmäßige Entscheidung zu erfolgen hat. 496

Nach allgemeiner Meinung gelten bei der übereinstimmenden Erledigungserklärung – anders als bei der nur einseitigen Erledigungserklärung des Antragstellers – die Erledigungsfolgen ganz generell auch bei einer Erledigung vor dem Eintritt der Rechtshängigkeit (und auch vor Einreichung des Antrags): Es kommt nicht auf die Erledigung als solche an, sondern vielmehr auf die Erledigungserklärungen der Beteiligten, die mit ihren übereinstimmenden Erledigterklärungen – als eine Folge der Dispositionsfreiheit des Unterhaltsverfahrens (Dispositionsmaxime!) den Umfang des Verfahrensstoffs und des Streitgegenstands grds. selbst bestimmen – das Gericht binden; das Gericht hat daher bei übereinstimmender Erledigungserklärung von einer Erledigung der Hauptsache auszugehen, unabhängig davon, ob überhaupt und wann die Erledigung eingetreten ist.[161] 497

bb) Einseitige Erledigungserklärung

Schließt sich der Antragsgegner der Erledigungserklärung nicht an, d. h. bleibt es bei einer nur einseitigen Erledigungserklärung des Antragstellers, liegt eine zulässige Antragsänderung nach §§ 263, 264 Nr. 2 ZPO vor. Der Antragsteller begehrt nun die Feststellung, dass sein Antrag bis zur Zahlung zulässig und begründet war. Sollte das FamG dieser Einschätzung folgen, ergeht ein entsprechender Beschluss, dessen Kosten der Antragsgegner zu tragen hat. 498

---

161 BGH, BGHZ 83, 12, 14; BGH, BGHZ 106, 366.

Kapitel 5 Durchsetzung des Unterhaltsanspruchs im gerichtlichen Verfahren

499 Maßgeblich ist in diesem Fall – im Unterschied zu übereinstimmenden Erledigungserklärungen –, dass ein erledigendes Ereignis tatsächlich gegeben ist. Dieses muss zeitlich der Rechtshängigkeit des Unterhaltsantrags nachfolgen, weil vorher ein Verfahren, welches sich erledigen könnte, noch gar nicht existiert.[162]

500 **Erledigende Ereignisse** können sein:
– Erfüllung des Unterhaltsanspruchs nach Rechtshängigkeit,
– Wegfall der Leistungsfähigkeit wegen Arbeitsplatzverlustes,
– Wegfall der Bedürftigkeit (z. B. wegen Arbeitsaufnahme),
– Wiederverheiratung des unterhaltsberechtigten Ehegatten.

501 Erklärt der Antragsteller den Antrag in diesen Fällen nicht für erledigt, wird dieser (ggf. mit Ausnahme etwaiger Unterhaltsrückstände) als unbegründet kostenpflichtig vom FamG abgewiesen.

502 Das FamG entscheidet über die »Erledigung« durch Beschluss; dagegen ist das Rechtsmittel der Beschwerde nach §§ 58 ff. FamFG gegeben.

IX. Muster

1. Muster: Ehegattenunterhalt – Unterhaltsantrag, Trennung

503 An das

AG .....

– FamG –

.....

Unterhaltsantrag

In der Familiensache

der Frau .....

– Antragstellerin –

Verfahrensbevollmächtigte: .....

gegen

Herrn .....

– Antragsgegner –

Verfahrensbevollmächtigte: .....

stelle ich namens und in Vollmacht der Antragstellerin folgenden Antrag:
1. Der Antragsgegner ist verpflichtet, an die Antragstellerin ab ....., jeweils monatlich im Voraus, Trennungsunterhalt i. H. v. ..... € zu zahlen.

---

162 OLG Brandenburg, NJW-RR 2001, 1436.

D. Unterhaltsantrag nach §§ 253, 258 ZPO   Kapitel 5

2. Der Antragsgegner ist weiter verpflichtet, an die Antragstellerin Zinsen i. H. v. 5 % über dem jeweiligen Basiszinssatz nach § 247 BGB von folgenden monatlichen Unterhaltsrückstandsbeträgen zu zahlen:
   a. von..... € seit dem.....,
   b. von..... € seit dem.....,
   c. von..... € seit dem...... .

Für den Fall des schriftlichen Vorverfahrens wird bei nicht rechtzeitiger Anzeige der Verteidigungsabsicht beantragt, ohne mündliche Verhandlung durch Versäumnisbeschluss zu entscheiden.

Begründung:

1.

Die Beteiligten haben am ..... die Ehe miteinander geschlossen.

Seit dem ..... leben sie getrennt; die Antragstellerin ist an diesem Tag aus der gemeinsamen Wohnung in ..... ausgezogen und wohnt nun zusammen mit dem Kind ..... in ..... .

Einen Unterhaltstitel zugunsten der Antragstellerin gibt es bislang nicht.

Der Antragsgegner hat seinen gewöhnlichen Aufenthalt in ....., sodass sich die **Zuständigkeit** des AG – FamG ..... aus §§ 232 Abs. 3 Satz 1 FamFG i. V. m. 12, 13 ZPO ergibt.

2.

Das gemeinsame, am ..... geborene Kind ..... der Beteiligten lebt bei der Antragstellerin. Die Antragstellerin geht aus Gründen der Betreuung des Kindes keiner Erwerbstätigkeit nach; sie bezieht weder Sozialhilfe noch Arbeitslosengeld II.

Der Antragsgegner zahlt an dieses Kind zu Händen der Antragstellerin einen monatlichen Unterhalt i. H. v. ..... € (Zahlbetrag). Unter Berücksichtigung des anteiligen Kindergeldes beträgt die Unterhaltspflicht ..... .

Trennungsunterhalt wird vom Antragsgegner hingegen nicht an die Antragstellerin gezahlt, obwohl er hierzu außergerichtlich vom Unterzeichnenden aufgefordert worden war.

Beweis: Schreiben des Unterzeichnenden vom ..... (**Anlage A1**)

Der Antragstellerin steht der geltend gemachte Trennungsunterhalt ab dem Zeitpunkt der ersten Geltendmachung von Unterhalt zu (§§ 1361 Abs. 4 Satz 4, 1360a Abs. 3, 1613 BGB).

3.

Der Antragsgegner befindet sich ausweislich der ersten Unterhaltsforderung vom ..... (s. **Anlage K1**) seit dem ..... mit der Zahlung des Unterhaltsbetrags in Verzug, sodass auch die Forderung von Verzugszinsen ab dem ..... aus § 288 Abs. 1 BGB begründet ist.

4.

Der Antragsgegner ist beschäftigt bei der Firma ..... .

Kapitel 5 Durchsetzung des Unterhaltsanspruchs im gerichtlichen Verfahren

Nach Abzug eines Pauschbetrags für berufsbedingte Aufwendungen verfügt der Antragsgegner über ein bereinigtes monatliches Nettoeinkommen i. H. v. ..... €.

Beweis: Gehaltsabrechnungen für die Monate ..... **(Anlage A2)**

Der der Antragstellerin zustehende Unterhaltsbetrag errechnet sich danach wie folgt:

..... .

Die Antragstellerin kann somit vom Antragsgegner einen monatlichen Unterhaltsbetrag i. H. v. ..... € beanspruchen.

Beglaubigte und einfache Abschrift anbei.

..... .

Rechtsanwalt/Rechtsanwältin

2. Muster: Kindesunterhalt – Unterhaltsantrag, dynamisch

504 An das

AG .....

– FamG –

.....

Unterhaltsantrag

In der Familiensache

der ....., gesetzlich vertreten durch die Mutter .....

– Antragstellerin –

Verfahrensbevollmächtigte: .....

gegen

Herrn .....

– Antragsgegner –

Verfahrensbevollmächtigte: .....

stelle ich namens und in Vollmacht der Antragstellerin folgenden Antrag:
1. Der Antragsgegner ist verpflichtet, an das Kind ....., geb. ....., zu Händen der Mutter 115 % des Mindestunterhalts i. S. d. § 1612a Abs. 1 BGB der jeweils geltenden Altersstufe abzgl. des auf das Kind entfallenden hälftigen Kindergeldanteils zu bezahlen, zahlbar monatlich im Voraus ab ..... .
2. Der Antragsgegner ist weiter verpflichtet, an die Antragstellerin Zinsen in Höhe von 5 Prozentpunkten über dem jeweiligen Basiszinssatz nach § 247 BGB von folgenden monatlichen Unterhaltsrückstandsbeträgen zu zahlen:
   a. von ..... € seit dem .....,
   b. von ..... € seit dem .....,
   c. von ..... € seit dem ..... .

D. Unterhaltsantrag nach §§ 253, 258 ZPO   Kapitel 5

Für den Fall des schriftlichen Vorverfahrens wird bei nicht rechtzeitiger Anzeige der Verteidigungsabsicht beantragt, ohne mündliche Verhandlung durch Versäumnisbeschluss zu entscheiden.

Begründung:

1.

Die Eltern des im Antrag genannten Kindes sind rechtskräftig geschieden seit dem ..... . Mit dem vorliegenden Antrag macht die Antragstellerin, gem. § 1629 Abs. 2 BGB vertreten durch die Mutter, Unterhaltsansprüche gegen den Antragsgegner geltend.

Die Antragstellerin hat ihren gewöhnlichen Aufenthalt bei ihrer Mutter in ....., sodass sich die **Zuständigkeit** des AG – FamG ..... aus § 232 Abs. 1 Nr. 2 FamFG ergibt.

Das Kind ....., geb. ....., ist ohne Einkommen und ohne Vermögen.

Der Antragsgegner ist diesem Kind gegenüber nach §§ 1601 ff. BGB barunterhaltspflichtig. Ein Unterhaltstitel zugunsten des Kindes besteht bisher nicht. Das Kind bezieht keinen Unterhaltsvorschuss und keine Leistungen nach dem SGB II.

Die Mutter der Antragstellerin erhält das Kindergeld von monatlich ..... €. Das Kind ..... lebt in ihrem Haushalt. Die Mutter erfüllt ihre Unterhaltsverpflichtung durch die Pflege und die Erziehung des minderjährigen unverheirateten Kindes (§ 1606 Abs. 3 Satz 2 BGB).

Der Antragsgegner ist gelernter ..... . Er wurde von der Antragstellerin mit Schreiben des Unterzeichnenden vom ..... außergerichtlich aufgefordert, über seine Einkünfte und sein Vermögen für die Geltendmachung des Unterhaltsanspruchs Auskunft zu erteilen.

Beweis: Vorlage des Aufforderungsschreibens vom ....., **Anlage A1**, in Kopie anbei

Mit dem Schreiben vom ..... hat der Antragsgegner die Auskunft erteilt.

Beweis: Vorlage der Auskunft des Antragsgegners vom ....., **Anlage A2**, in Kopie anbei

Die vorgelegten Gehaltsbescheinigungen weisen ein um die berufsbedingten Aufwendungen bereinigtes monatliches Nettoeinkommen von ..... € aus.

Der Antragsgegner wurde mit Schreiben des Unterzeichnenden vom ..... zur Zahlung von Unterhalt i. H. v. ..... € sowie zur Übergabe eines entsprechenden Titels aufgefordert.

Beweis: Vorlage des Aufforderungsschreibens vom ....., **Anlage A3**, in Kopie anbei

Bislang hat der Antragsgegner jedoch keinen Unterhalt gezahlt und auch keinen vollstreckbaren Unterhaltstitel übergeben, sodass nunmehr dieser Antrag geboten ist.

Nach § 1613 Abs. 1 BGB wird Unterhalt ab dem Ersten des Monats verlangt, in dem der Antragsgegner das Aufforderungsschreiben erhalten hat.

2.

Die Verzugszinsen auf die im Antrag bezeichneten Unterhaltsrückstände ergeben sich aus §§ 288 Abs. 1, 286 Abs. 1 Satz 1 BGB. Durch das o. g. Auskunftsschreiben vom ..... ist der Antragsgegner gem. § 1613 Abs. 1 BGB in Verzug gesetzt worden.

3.

Kapitel 5 Durchsetzung des Unterhaltsanspruchs im gerichtlichen Verfahren

Das für die Berechnung des Unterhalts maßgebliche Nettoeinkommen des Antragsgegners fällt in Gruppe ..... der Düsseldorfer Tabelle (Stand 01.01.2010). Dies führt nach der Altersstufe ..... des Kindes laut Tabelle zu einem Bedarfsbetrag (ohne Kindergeldabzug) von monatlich ..... €.

Dieser Unterhalt ist um das anrechenbare Kindergeld für ein erstes Kind zu vermindern, vgl. § 1612b BGB. Zur Vermeidung von späteren Abänderungsverfahren soll der Unterhalt in dynamisierter Formulierung, entsprechend § 1612a BGB, tenoriert werden.

Beglaubigte und einfache Abschrift anbei.

..... .

Rechtsanwalt/Rechtsanwältin

505 ▶ **Hinweis:**

– **Bestimmung des Prozentsatzes**

Der für das jeweilige Kind zu ermittelnde Prozentsatz ist mithilfe der Düsseldorfer Tabelle wie folgt zu bestimmen:
1. Feststellung des maßgeblichen Einkommens des Pflichtigen.
2. Ermittlung des Individualunterhalts anhand der Düsseldorfer Tabelle.
3. Bestimmung des Prozentsatzes, in dem der Individualunterhalt ins Verhältnis zum Mindestunterhalt gesetzt wird.

Der Prozentsatz ist nach § 1612a Abs. 2 BGB auf eine Dezimalstelle zu begrenzen.

Der Unterhalt ist auf volle Euro aufzurunden.

– **Antragstellung**

Kindergeld und ähnliche Leistungen nach §§ 1612b bzw. 1612c BGB sind in den Titel aufzunehmen.

Wichtig ist, dass Kindergeld und ähnliche Leistungen nach §§ 1612b bzw. 1612c BGB nicht vom Mindestunterhalt abgezogen werden, bevor der Prozentsatz ermittelt wurde.

3. Muster: Kindesunterhalt – Unterhaltsantrag, statisch (volljähriges Kind)

506 An das

AG .....

– FamG –

.....

Unterhaltsantrag

In der Familiensache

des .....

– Antragsteller –

D. Unterhaltsantrag nach §§ 253, 258 ZPO　　　　　　　　　　　Kapitel 5

Verfahrensbevollmächtigte: .....

gegen

Herrn .....

– Antragsgegner –

Verfahrensbevollmächtigte: .....

stelle ich namens und in Vollmacht des Antragstellers folgenden Antrag:
1. Der Antragsgegner ist verpflichtet, an den Antragsteller, geb. ....., einen Verwandtenunterhalt i. H. v. ..... € zu bezahlen, zahlbar monatlich im Voraus ab ..... .
2. Der Antragsgegner ist weiter verpflichtet, an den Antragsteller Zinsen i. H. v. 5 % über dem jeweiligen Basiszinssatz nach § 247 BGB von folgenden monatlichen Unterhaltsrückstandsbeträgen zu zahlen:
   a. von ..... € seit dem .....,
   b. von ..... € seit dem .....,
   c. von ..... € seit dem ..... .

Für den Fall des schriftlichen Vorverfahrens wird bei nicht rechtzeitiger Anzeige der Verteidigungsabsicht beantragt, ohne mündliche Verhandlung durch Versäumnisbeschluss zu entscheiden.

Begründung:

Der Antragsgegner ist der Vater des im Antrag genannten Kindes. Die Eltern sind rechtskräftig geschieden seit dem ..... . Mit dem vorliegenden Antrag macht der **volljährige Antragsteller** Unterhaltsansprüche gegen den Antragsgegner geltend.

Der Antragsteller hat seinen gewöhnlichen Aufenthalt in ....., sodass sich die Zuständigkeit des AG – FamG ..... aus § 232 Abs. 1 Nr. 2 FamFG ergibt.

1.

Das Kind ....., geb. ....., ist ohne Einkommen und ohne Vermögen.

Der Antragsgegner ist diesem Kind gegenüber nach §§ 1601 ff. BGB barunterhaltspflichtig. Ein Unterhaltstitel zugunsten des Antragstellers besteht bisher nicht. Das Kind bezieht keinen Unterhaltsvorschuss und keine Leistungen nach dem SGB II. Der Antragsteller ..... lebt im Haushalt seiner Mutter.

2.

Die Mutter des Antragstellers hat nach den Verdienstabrechnungen der letzten zwölf Monate ein um die berufsbedingten Aufwendungen bereinigtes monatliches Nettoeinkommen i. H. v. ..... €.

Beweis: Vorlage der Verdienstabrechnungen der Kindesmutter (**Anlage A1**)

Diese Einkünfte liegen unter dem Selbstbehalt der Düsseldorfer Tabelle und können daher für den Unterhalt des Antragstellers nicht herangezogen werden.

3.

Kapitel 5 Durchsetzung des Unterhaltsanspruchs im gerichtlichen Verfahren

Der Antragsgegner ist gelernter ..... . Er wurde von dem Antragsteller mit Schreiben des Unterzeichnenden vom ..... außergerichtlich aufgefordert, über seine Einkünfte und sein Vermögen für die Geltendmachung des Unterhaltsanspruchs Auskunft zu erteilen.

Beweis: Vorlage des Aufforderungsschreibens vom ....., Anlage A2, in Kopie anbei

Mit Schreiben vom ..... hat der Antragsgegner die Auskunft erteilt.

Beweis: Vorlage der Auskunft des Antragsgegners vom ....., Anlage A3, in Kopie anbei

Die vorgelegten Gehaltsbescheinigungen weisen ein um die berufsbedingten Aufwendungen bereinigtes monatliches Nettoeinkommen von ..... € aus.

Der Antragsgegner wurde mit Schreiben des Unterzeichnenden vom ..... zur Zahlung von Unterhalt i. H. v. ..... € sowie zur Übergabe eines entsprechenden Titels aufgefordert.

Beweis: Vorlage des Aufforderungsschreibens vom ....., Anlage A4, in Kopie anbei

Bislang hat der Antragsgegner jedoch keinen Unterhalt gezahlt und auch keinen vollstreckbaren Unterhaltstitel übergeben, sodass nunmehr dieser Antrag geboten ist.

Nach § 1613 Abs. 1 BGB wird Unterhalt ab dem Ersten des Monats verlangt, in dem der Antragsgegner das Mahnschreiben erhalten hat.

4.

Die Verzugszinsen auf die im Antrag bezeichneten Unterhaltsrückstände ergeben sich aus §§ 288 Abs. 1, 286 Abs. 1 Satz 1 BGB. Durch das o. g. Auskunftsschreiben vom ..... ist der Antragsgegner gem. § 1613 Abs. 1 BGB in Verzug gesetzt worden.

5.

Das für die Berechnung des Unterhalts maßgebliche Nettoeinkommen des Antragsgegners fällt in Gruppe ..... der Düsseldorfer Tabelle (Stand 01.01.2008). Dies führt nach der Altersstufe ..... des Kindes laut Tabelle zu einem Bedarfsbetrag (ohne Kindergeldabzug) von monatlich ..... €.

Damit ist zur Bedarfsdeckung allein das Kindergeld i. H. v. ..... € zu berücksichtigen.

Der Antragsgegner schuldet danach einen Kindesunterhalt i. H. v. ..... €.

Beglaubigte und einfache Abschrift anbei.

..... .

Rechtsanwalt/Rechtsanwältin

4. Muster: Kindesunterhalt – Abweisungsantrag

507 An das

AG .....

– FamG –

.....

D. Unterhaltsantrag nach §§ 253, 258 ZPO   Kapitel 5

Abweisungsantrag

In der Familiensache

der ....., gesetzlich vertreten durch die Mutter .....

– Antragstellerin –

Verfahrensbevollmächtigte: .....

gegen

Herrn .....

– Antragsgegner –

Verfahrensbevollmächtigte: .....

stelle ich namens und in Vollmacht des Antragsgegners folgenden Antrag:

Der Antrag auf Zahlung von Kindesunterhalt vom ..... wird kostenpflichtig abgewiesen.

Begründung:

Der Antragsgegner räumt zunächst ein, dass er der Vater der minderjährigen Antragstellerin ist. Die Antragstellerin lebt im Haushalt ihrer Mutter, die das Kindergeld für die Antragstellerin bezieht.

Der Antrag ist jedoch deshalb abzuweisen, weil der Antragsgegner nicht leistungsfähig ist.

Er ist, wie auch der Gegenseite bereits mitgeteilt wurde, seit ..... arbeitslos und erhält eine Arbeitslosenunterstützung von lediglich ..... € monatlich.

Beweis: Vorlage des Bescheides vom ..... **(Anlage A1)**

Dieser Betrag erreicht nicht den Selbstbehalt der Düsseldorfer Tabelle von monatlich ..... €.

Sein erspartes Vermögen hat der Antragsgegner aufgebraucht.

Er bemüht sich selbstverständlich, wieder Arbeit zu finden. Aufgrund der wirtschaftlichen Lage ist es für ihn jedoch schwierig, in der Gastronomie wieder eine Tätigkeit zu erlangen. Erschwerend hinzu kommt auch sein Lebensalter von ..... Jahren.

Beweis: Vorlage der Bewerbungsschreiben nebst den Absagen **(Anlage A2)**

Somit ist der Antrag abzuweisen.

Beglaubigte und einfache Abschrift anbei.

..... .

Rechtsanwalt/Rechtsanwältin

Kapitel 5 Durchsetzung des Unterhaltsanspruchs im gerichtlichen Verfahren

5. Muster: Ehegattenunterhalt – sofortiges Anerkenntnis

508 An das

AG .....

– FamG –

.....

Sofortiges Anerkenntnis

In der Familiensache

der Frau .....

– Antragstellerin –

Verfahrensbevollmächtigte: .....

gegen

Herrn .....

– Antragsgegner –

Verfahrensbevollmächtigte: .....

erkenne ich namens und in Vollmacht des Antragsgegners den Antrag auf Zahlung von nachehelichem Ehegattenunterhalt an.

Begründung:

Der Antragsgegner zahlt bereits seit vier Monaten den vollen geschuldeten Unterhalt, so wie er im Antrag gefordert wird.

Beweis: Vorlage der Kontoauszüge für die Monate ..... **(Anlage A1)**

Zwar hat die Antragstellerin einen Titulierungsanspruch.

Der Antragsgegner wurde aber vor Antragserhebung nicht ordnungsgemäß zur Titulierung aufgefordert.

Damit kann er wirksam im Unterhaltsverfahren sofort anerkennen mit der Kostenfolge der § 243 Nr. 4 FamFG i. V. m. § 93 ZPO.

Ein solches Anerkenntnis wird hiermit erklärt.

Beglaubigte und einfache Abschrift anbei.

..... .

Rechtsanwalt/Rechtsanwältin

E. Abänderung eines Unterhaltstitels

Das FamFG nimmt sich in besonderer Weise der Problematik der Abänderung von Unterhaltstiteln an. Die Abänderung von Unterhaltstiteln ist ein wichtiger Bereich anwaltlicher und gerichtlicher Tätigkeit. 509

Unterhaltstitel basieren nämlich immer auf einer »**Prognose**« über die künftige Entwicklung insb. der wirtschaftlichen Verhältnisse der am Verfahren Beteiligten. Derartige Prognosen können naturgemäß fehlgehen, sodass eine Abänderung erforderlich wird. Das FamFG regelt die Abänderung bzw. insb. deren Voraussetzungen in den §§ 238 bis 240 FamFG.

Die Vorschrift des § 238 FamFG ist eine Spezialregelung für die Abänderung gerichtlicher Entscheidungen (Beschlüsse) in Unterhaltssachen. Andere Titel unterliegen nicht dem Anwendungsbereich des § 238 FamFG, d. h. die Abänderung eines Unterhaltsvergleichs nach § 794 Abs. 1 Nr. 1 ZPO oder einer vollstreckbaren Urkunde richtet sich nach § 239 FamFG, während Unterhaltsentscheidungen nach den §§ 237 und 253 FamFG nach § 240 FamFG abgeändert werden. 510

I. Abänderung von gerichtlichen Entscheidungen nach § 238 FamFG

Die Vorschrift des § 238 FamFG ist in vier Absätze gegliedert, wobei Abs. 1 und 3 die Zulässigkeit des Abänderungsantrags betreffen, Abs. 2 die Tatsachenpräklusion für den Antragsteller und Abs. 4 die Begründetheit des Antrags. 511

▶ **Das Wichtigste in Kürze** 512

– Das Abänderungsverfahren nach § 238 FamFG erlaubt aus Gründen der Billigkeit die **Durchbrechung der materiellen Rechtskraft** einer vorausgegangenen gerichtlichen Unterhaltsentscheidung. → Rdn. 515
– Die **Rechtshängigkeit** eines auf Herabsetzung gerichteten Abänderungsantrags begründet eine verschärfte Bereicherungshaftung nach § 241 FamFG, soweit nach diesem Zeitpunkt noch Unterhaltsleistungen vom Antragsgegner bezogen werden. → Rdn. 525 ff.
– Nach § 242 FamFG i. V. m. § 769 ZPO kann das FamG auf Antrag anordnen, dass die Zwangsvollstreckung bis zum Erlass des Abänderungsbeschlusses eingestellt wird. → Rdn. 520 ff.
– Das Abänderungsverfahren nach § 238 FamFG ermöglicht lediglich eine **Anpassung der früher ergangenen Unterhaltsentscheidung** an veränderte Umstände, hingegen keine Fehlerbeseitigung, vgl. § 238 Abs. 4 FamFG. → Rdn. 572, Rdn. 603 und Rdn. 785

1. Rechtsnatur des Abänderungsverfahrens nach § 238 FamFG

Das Abänderungsverfahren des § 238 FamFG steht im engen Zusammenhang mit dem Unterhaltsleistungsverfahren auf wiederkehrende Leistungen gem. § 258 ZPO. Das Verfahren nach § 258 ZPO eröffnet dem Antragsteller die Möglichkeit, Unterhaltsansprüche geltend zu machen, die noch nicht im Zeitpunkt der Verfahrenseinleitung, 513 sondern erst zu einem in der Zukunft liegenden Zeitpunkt fällig werden. Der Beschluss, der einem Unterhaltsantrag nach § 258 ZPO stattgibt, bezieht sich auf die künftige Rechtslage, weil der Richter in seiner Entscheidung die für die Ansprüche maßgebenden Verhältnisse vorausschauend beurteilen muss, also eine **Prognose** anzustrengen hat. Unterhaltsansprüche sind nämlich vom Bedarf des Berechtigten, der Bedürftigkeit des Berechtigten und von der Leistungsfähigkeit des Verpflichteten abhängig. Diese Umstände können sich anders entwickeln, als der Richter prognostiziert hat. Weicht die Realität von der richterlichen Annahme wesentlich i. S. v. § 238 Abs. 1 FamFG ab, verlangt es die Billigkeit, der betroffenen Partei zu gestatten, diese Divergenz geltend zu machen und eine Korrektur des Beschlusses zu fordern.

514   Das Abänderungsverfahren nach § 238 FamFG kann erhoben werden, wenn im Fall der gerichtlich angeordneten Verpflichtung des Unterhaltsschuldners zu künftig fällig werdenden wiederkehrenden Unterhaltsleistungen (vgl. § 258 ZPO) eine wesentliche Veränderung derjenigen Verhältnisse eingetreten ist, die für Grund oder Höhe der Unterhaltsrente von Bedeutung waren. Der Rechtsnatur nach handelt es sich bei dem Abänderungsverfahren nach § 238 FamFG um eine prozessuale Gestaltung.[163] Neu gestaltet wird das Unterhaltsschuldverhältnis der Beteiligten. Zugleich handelt es sich auch um ein Leistungsverfahren, soweit eine erneute weiter gehende Verpflichtung des Unterhaltsschuldners erreicht werden soll, bzw. umgekehrt um ein negatives Feststellungsverfahren, wenn der Antragsteller eine völlige Beseitigung oder zumindest eine Teilreduzierung der durch den abzuändernden Beschluss ausgesprochenen Leistungspflicht begehrt.

2. Streitgegenstand des Abänderungsverfahrens

515   Nach der überwiegend vertretenen Auffassung ist der **Streitgegenstand** die Begründetheit des Abänderungsbegehrens, d. h. die Frage, ob der vorhandene (rechtskräftige) Unterhaltsbeschluss zugunsten des Antragstellers wegen wesentlicher Änderungen der Verhältnisse abgeändert werden muss. Es geht demnach um den gleichen Streitgegenstand wie im Vorverfahren, da der gleiche Lebenssachverhalt untersucht wird. Nach herrschender Meinung[164] ist das Abänderungsverfahren ein Institut, das aus Gründen der Billigkeit die **Durchbrechung der materiellen Rechtskraft** des abzuändernden Beschlusses zulässt (sog. Billigkeitstheorie).

Grundlage dieser Ansicht ist, dass die materielle Rechtskraft der abzuändernden Entscheidung auch die richterliche Prognose erfasst; mitunter ist auch die Rede von der **Zukunftsrechtskraft** derartiger Entscheidungen. Weicht nun die Realität von der Prognose ab, muss aus Gründen der Billigkeit eine Korrektur der Ausgangsentscheidung erfolgen.

---

163 BGH, NJW 2005, 2313.
164 Vgl. BGH, FamRZ 2007, 983.

Gegenläufige Abänderungsverfahren (ein Beteiligter fordert im Abänderungsverfahren mehr Unterhalt, der andere beantragt eine Reduzierung) sind **streitgegenständlich verschieden**. 516

▶ Hinweis: 517

Das OLG München[165] hat dies auch im Hinblick auf die anfallenden Gebühren deutlich gemacht. Bislang war umstritten, ob im Unterhaltsabänderungsverfahren die Werte des Antrags und des Gegenantrags zwecks Ermittlung des Streitwertes jeweils zu addieren sind oder ob in einem solchen Fall nur der – mit den gegenläufigen Anträgen – geltend gemachte höhere Anspruch maßgebend ist.[166]

Eine Auffassung behauptete, dass die Abänderungsverfahren dann denselben Streitgegenstand i. S. v. § 45 Abs. 1 Satz 3 GKG betreffen, wenn sich die geltend gemachten Zahlungsansprüche gegenseitig ausschließen, wenn also die Zuerkennung des einen Anspruchs zwangsläufig die Aberkennung des Gegenanspruchs zur Folge habe; dies sei so im Abänderungsverfahren. Dieses Argument überzeugte jedoch nicht. Denn im Abänderungsverfahren hat der Erfolg eines auf eine Erhöhung des Unterhalts gerichteten Abänderungsantrags zwar den Misserfolg des gegenläufigen Antrags, der eine Herabsetzung des Unterhalts anstrebt, zur Folge. Dies kann aber erst festgestellt werden, wenn die Sache spruchreif ist. Für den Streitwert kommt es aber auf das Interesse des jeweiligen Antragstellers im Zeitpunkt der Antragstellung an (§ 40 GKG). Zu diesem Zeitpunkt steht jedoch nicht fest, ob der Antrag Erfolg hat. Hat der Antrag aber keinen Erfolg, hat dies nicht notwendigerweise den Erfolg des Gegenantrags zur Folge. Denn der titulierte Anspruch kann zutreffen, sodass weder eine Erhöhung noch eine Herabsetzung des Unterhalts möglich ist. Da sich die Anträge nicht von vornherein gegenseitig ausschließen und das Gericht sich bei einem Misserfolg des Verfahrensantrags des Antragstellers mit der Begründetheit des Verfahrensantrags des Antragsgegners befassen muss, ist es sachgerecht, Antrag und Gegenantrag im Fall eines Abänderungsverfahrens zu addieren.

3. Allgemeine Verfahrensvoraussetzungen des Abänderungsverfahrens nach § 238 FamFG

Die örtliche und sachliche **Zuständigkeit** des FamG für das Abänderungsverfahren ergibt sich aus den allgemeinen Regeln, vgl. insb. § 232 FamFG. 518

Die **Verfahrensführungsbefugnis** steht grds. nur denjenigen Beteiligten zu, zwischen denen die abzuändernde Entscheidung ergangen ist oder auf die sich die Rechtskraft erstreckt. Außer den Beteiligten des Vorverfahrens kommen infolge eines gesetzlichen Forderungsübergangs auch deren Rechtsnachfolger in Betracht. 519

---

165 OLG München, ZFE 2007, 317 m. Anm. Schneider.
166 Vgl. Nachweise bei OLG Hamm, FamRZ 2002, 1642; OLG Karlsruhe, FamRZ 1998, 574.

Kapitel 5　Durchsetzung des Unterhaltsanspruchs im gerichtlichen Verfahren

Solange die Voraussetzungen des § 1629 Abs. 3 BGB noch zutreffen, ist auch ein Abänderungsverfahren wegen des Kindesunterhalts in **gesetzlicher Verfahrensstandschaft** zu erheben, sofern nicht das Kind volljährig geworden ist. Dies gilt auch im Passivverfahren nach § 238 FamFG gegen das Kind.

Nach Beendigung der gesetzlichen Verfahrensstandschaft durch Rechtskraft der Scheidung ist in einem Abänderungsverfahren allein das Kind der richtige Beteiligte (natürlich vertreten durch den betreuenden Elternteil).

4. Einstellung der Zwangsvollstreckung nach § 242 FamFG

520　Nach § 242 Satz 1 FamFG gilt § 769 ZPO entsprechend, wenn ein Abänderungsantrag **auf Herabsetzung** anhängig oder hierfür ein Antrag auf Bewilligung von VKH eingereicht wurde.

Das FamG kann damit nach § 242 FamFG i. V. m. § 769 ZPO auf Antrag anordnen, dass bis zum Erlass des Abänderungsbeschlusses die Zwangsvollstreckung gegen oder ohne Sicherheitsleistung eingestellt oder nur gegen Sicherheitsleistung fortgesetzt wird und Vollstreckungsmaßregeln gegen Sicherheitsleistung aufzuheben sind.

521　Erforderlich ist ein auf Vollstreckungsschutz gerichteter **Antrag** des Unterhaltsschuldners. Die tatsächlichen Behauptungen, die den Antrag begründen, sind glaubhaft zu machen.

522　Im Hinblick auf die Schwierigkeiten, Überzahlungen[167] im Fall von Unterhalt zurückzufordern, dürfen die FamG keine überzogenen Anforderungen an die Glaubhaftmachung stellen.

523　Allerdings kann der Einstellungsantrag nicht weiter gehen als der Hauptsacheantrag; soweit die Rückwirkungssperre des § 238 Abs. 3 FamFG eine Abänderung nicht zulässt, kann daher auch keine Einstellung der Zwangsvollstreckung zugestanden werden.[168]

524　▶ **Praxistipp:**

Der anwaltliche Vertreter ist schon aus haftungsrechtlichen Gründen unbedingt gehalten, die Einstellung der Zwangsvollstreckung nach § 242 FamFG i. V. m. § 769 ZPO zu beantragen, wenn ein auf Herabsetzung der Unterhaltsschuld gerichteter Abänderungsantrag gestellt werden kann. Zwar löst der Abänderungsantrag nunmehr eine verschärfte Haftung nach § 241 FamFG des Unterhaltsgläubigers aus (s. u., Rdn. 525 ff.); oftmals wird aber ein solcher Rückzahlungsanspruch später in der Vollstreckung scheitern. Unterhalt, der erst gar nicht gezahlt wird, muss später aber auch nicht mühevoll zurückgefordert werden.

---

167 Dieses Problem wird später noch ausführlich behandelt werden, vgl. Rdn. 1231 ff.
168 Vgl. dazu HK-FamFG/Viefhues, § 242 Rn. 3.

Der betreffende Antrag kann wie folgt formuliert werden:

»*Die Zwangsvollstreckung aus dem Beschluss (Vergleich) vom ... (Az. ...) wird nach § 242 FamFG i. V. m. § 769 ZPO bis zum Erlass des Beschlusses in diesem Verfahren ohne Sicherheitsleistung einstweilen eingestellt.*«

Begründung:

Die Einstellung der Zwangsvollstreckung ist nach § 242 FamFG i. V. m. § 769 ZPO im Wege der einstweiligen Anordnung erforderlich. Der Abänderungsantrag hat überwiegende Aussicht auf Erfolg (wird glaubhaft gemacht durch ...).

Ansonsten steht zu befürchten, dass ein etwaiger Rückzahlungsanspruch nicht vollstreckt werden kann.

5. Verschärfte Bereicherungshaftung nach § 241 FamFG

Die **Rechtshängigkeit** eines auf Herabsetzung gerichteten Abänderungsantrags begründet eine verschärfte Bereicherungshaftung, soweit nach diesem Zeitpunkt noch Unterhaltsleistungen vom Antragsgegner vollumfänglich bezogen werden. 525

Der Antragsgegner kann sich dadurch nicht mehr erfolgreich auf den **Entreicherungseinwand** nach § 818 Abs. 3 BGB berufen, wenn er erklärt, er habe den Unterhalt vollständig verbraucht. 526

Bedeutsam ist die Regelung, falls dem Vollstreckungseinstellungsantrag nach § 242 Satz 1 FamFG i. V. m. § 769 ZPO nicht stattgegeben wird. 527

▶ Hinweis: 528

Die Rechtsprechung[169] verlangte vor Inkrafttreten des FamFG zusätzlich zum Abänderungsantrag die Erhebung eines Leistungsantrags auf Herausgabe des Erlangten, um die verschärfte Haftung nach § 818 Abs. 4 BGB auszulösen. Nun genügt die Rechtshängigkeit eines auf Herabsetzung gerichteten Abänderungsantrags, verbunden mit dem Unterhaltsrückforderungsantrag.

6. Abänderungsvoraussetzungen

a) Hauptsacheentscheidung

§ 238 Abs. 1 Satz 1 FamFG bezeichnet diejenigen gerichtlichen Entscheidungen, die einer Abänderung zugänglich sind. Dies sind ausschließlich in der Hauptsache ergangene Entscheidungen, wodurch ausdrücklich klargestellt wird, dass Entscheidungen in einstweiligen Anordnungsverfahren nicht der Abänderung nach § 238 FamFG unterliegen. Die Abänderbarkeit derartiger Entscheidungen richtet sich nach § 54 Abs. 1 FamFG, s. a. unter Rdn. 145 ff. und Rdn. 1250. 529

---

169 BGH, FamRZ 2004, 1191.

Kapitel 5	Durchsetzung des Unterhaltsanspruchs im gerichtlichen Verfahren

530 ▶ **Hinweis:**

> Mitunter bestehen Zweifel über das richtige Abänderungsverfahren, wenn ein Beschluss einen titulierten Unterhaltsvergleich aufgrund eines Verfahrens nach § 239 FamFG abgeändert hat. Dann ist nicht mehr der abgeänderte Unterhaltsvergleich der Titel, sondern der Beschluss, sodass der Abänderungsantrag nach § 238 FamFG zu stellen ist.

b) Wesentliche Änderung der Verhältnisse

531 § 238 Abs. 1 Satz 2 FamFG behandelt das Wesentlichkeitskriterium nur unter dem Gesichtspunkt der Zulässigkeit des Abänderungsantrags, für die Begründetheit wird es in Abs. 4 nochmals gesondert erwähnt. Ein Abänderungsantrag nach § 238 FamFG ist nur zulässig, wenn der Antragsteller Tatsachen vorträgt, aus denen sich eine wesentliche Veränderung ergibt.[170] Dabei können naturgemäß nur Tatsachen berücksichtigt werden, die nicht nach § 238 Abs. 2 FamFG ausgeschlossen sind.

532 Das Erfordernis einer wesentlichen Änderung der für die Unterhaltsentscheidung maßgebenden Verhältnisse wird allgemein auf den Unterhaltsanspruch bezogen. Die Praxis[171] orientiert sich bei Bestimmung der Wesentlichkeit an einer 10 %-Grenze, ohne jedoch auszuschließen, dass eine wesentliche Änderung auch bei geringeren Prozentsätzen zu bejahen sein kann, insb. wenn die Beteiligten in bescheidenen Verhältnissen leben. Die individuelle Situation der Beteiligten ist zu berücksichtigen und danach ist die »Wesentlichkeit« einer Veränderung zu beurteilen.

Eine Änderung der Bedarfssätze der Düsseldorfer Tabelle (Kindesunterhalt) ist immer wesentlich, auch wenn der Richtwert von 10 % nicht erreicht wird.[172]

aa) Änderung der rechtlichen Verhältnisse

533 Der Wortlaut des § 238 Abs. 1 FamFG stellt ausdrücklich klar, dass auch eine Veränderung der zugrunde liegenden **rechtlichen Verhältnisse**, wie etwa der höchstrichterlichen Rechtsprechung, ausreicht.[173]

534 Die Entscheidung des BGH[174] zur Bewertung der Hausfrauentätigkeit ist bspw. als eine Änderung höchstrichterlicher Rechtsprechung anzusehen gewesen, die ein Abänderungsverfahren zu rechtfertigen vermag. Dies gilt ebenso für die neue Rechtsprechung zur Wirksamkeit von Eheverträgen.[175]

---

170 OLG Brandenburg, FamRZ 2008, 797; BGH, FamRZ 1984, 353, 355.
171 Vgl. OLG Hamm, FamRZ 2005, 1051.
172 OLG Hamm, FamRZ 2012, 53.
173 BGH, FamRZ 2012, 525, 526.
174 BGH, FamRZ 2001, 986.
175 BGH, NJW 2004, 930.

E. Abänderung eines Unterhaltstitels Kapitel 5

Eine Rechtsprechungsänderung stellte auch die Entwicklung der sog. »Drittelmethode« dar.[176] Schuldete der Unterhaltspflichtige danach sowohl einem geschiedenen als auch einem neuen Ehegatten Unterhalt, so war der nach den ehelichen Lebensverhältnissen (§ 1578 Abs. 1 BGB) zu bemessende Unterhaltsbedarf jedes Berechtigten im Wege der Dreiteilung des Gesamteinkommens des Unterhaltspflichtigen und beider Unterhaltsberechtigter zu ermitteln. 535

Diese Rechtsprechung wurde vom BVerfG[177] als verfassungswidrig eingeordnet, sodass nunmehr Entscheidungen, die auf der Drittelmethode aufbauen, ihrerseits abgeändert werden müssen.[178] Sind ein geschiedener und ein neuer Ehegatte nach § 1609 BGB gleichrangig, so kommt aber nach wie vor bei Feststellung der Leistungsfähigkeit eine Dreiteilung des gesamten unterhaltsrelevanten Einkommens in Betracht.[179] Insoweit ist vor Erhebung eines Abänderungsantrags zu prüfen, ob sich aufgrund der neuen Rechtsprechung tatsächlich eine wesentliche Änderung der Unterhaltspflicht ergibt.

Der Abänderungsantragsteller kann sich auf eine geänderte höchstrichterliche Rechtsprechung erst ab Verkündung des entsprechenden höchstrichterlichen Beschlusses stützen.[180] 536

Abänderungsgrund ist i. Ü. auch eine **Gesetzesänderung**, etwa die Unterhaltsrechtsreform vom 01.01.2008.[181] Gleichgestellt ist eine verfassungskonforme Auslegung durch das BVerfG, da diesen Entscheidungen Gesetzeskraft zukommt.[182] 537

Die Änderung von **Unterhaltsrichtlinien** rechtfertigt für sich betrachtet hingegen nicht ein Verfahren nach § 238 FamFG, weil durch Unterhaltsrichtlinien lediglich Orientierungshilfen für die richterliche Beurteilung geschaffen werden.[183] Allerdings können die für die Änderung der Tabellen maßgebenden Gründe, (wie bspw. ein allgemeiner Anstieg der Lebenshaltungskosten), die Erhöhung der geschuldeten Leistungen rechtfertigen, wenn sich dadurch eine wesentliche Veränderung der tatsächlichen individuellen Verhältnisse des Unterhaltsberechtigten ergibt, denn der BGH sieht in § 238 FamFG ein Instrument zur »Dynamisierung« des Unterhalts, um eine Anpassung an die Veränderung des Lebensstandards und an eine fortschreitende Geldentwertung zu ermöglichen. In dem Vorbringen eines Beteiligten, der sein Abänderungsverlangen auf eine Änderung der Bedarfssätze solcher Unterhaltsrichtlinien stützt, ist regelmäßig die Behauptung zu sehen, dass sich die Lebenshaltungskosten entsprechend geändert haben und eine Korrektur des Unterhaltstitels insoweit gerechtfertigt erscheint. Dies gilt ebenfalls für die Anpassung des Mindestunterhalts nach § 1612a BGB jeweils nach 538

---

176 BGH, NJW 2008, 3213 = FamRZ 2008, 1911.
177 BVerfG, FamRZ 2011, 437.
178 Vgl. dazu Roßmann, ZFE 2011, 184 ff.
179 BGH, FamRZ 2012, 281.
180 BGH, FamRZ 2007, 793; vgl. auch Reinken, ZFE 2010, 211.
181 BGH, FamRZ 2012, 525, 526.
182 BGH, NJW 2001, 3618.
183 BGH, FamRZ 2005, 221.

Kapitel 5 Durchsetzung des Unterhaltsanspruchs im gerichtlichen Verfahren

Ablauf von 2 Jahren bzw. für ein Aufrücken in eine höhere Altersstufe der Düsseldorfer Tabelle.[184]

bb) Änderung der tatsächlichen Verhältnisse

539 Ansonsten kann nach § 238 Abs. 1 FamFG ein Abänderungsverfahren nur erfolgreich sein, wenn eine wesentliche Änderung derjenigen Verhältnisse eingetreten ist, die für die Verpflichtung zur Entrichtung der Unterhaltsleistungen, für die Bestimmung ihrer Höhe oder für die Dauer ihrer Entrichtung maßgebend waren. Die Änderung muss sich auf die **tatsächlichen** Grundlagen der Entscheidung beziehen und nicht lediglich auf die insoweit vom FamG vorgenommene Beurteilung.

540 Tatsächliche Abänderungsgründe i. S. v. § 238 Abs. 1 FamFG sind insb.:
- Einkommensänderungen des Unterhaltsberechtigten oder -verpflichteten,
- Änderung der Leistungsfähigkeit des Unterhaltsschuldners infolge plötzlicher Arbeitslosigkeit,
- der Wechsel in eine höhere Altersstufe in den Unterhaltstabellen,[185]
- Minderung der Baruntehaltspflicht mit Eintritt der Volljährigkeit eines Kindes, weil der andere Elternteil nach § 1606 Abs. 3 Satz 1 BGB ebenfalls Baruntehalt zu leisten hat,
- Minderung der Bedürftigkeit des Unterhaltsgläubigers, der Arbeit gefunden hat.

541 Die für die Entscheidung bzw. Unterhaltsbemessung maßgeblichen tatsächlichen Verhältnisse können grds. dem abzuändernden Unterhaltsbeschluss entnommen werden.

cc) Versäumnisbeschluss

542 Im Fall einer **Versäumnisentscheidung** gegen den Antragsgegner war umstritten, welche tatsächlichen Verhältnisse diesem zugrunde liegen.

Überwiegend wurde vertreten, für die Abänderung eines Versäumnisbeschlusses sei nicht von den tatsächlichen Verhältnissen bei Erlass des Beschlusses, sondern von den fingierten Verhältnissen auszugehen. Der Versäumnisbeschluss beruhe allein auf dem schlüssigen Vortrag des Antragstellers und nur dieser liege wegen der Geständnisfiktion des § 331 Abs. 1 Satz 1 ZPO dem abzuändernden Versäumnisbeschluss zugrunde.[186]

Nach anderer Auffassung ist auch für die Abänderung eines Versäumnisbeschlusses auf eine Änderung der tatsächlichen Umstände abzustellen. Nur eine Abänderung der tatsächlichen Verhältnisse könne eine Abänderung des Versäumnisbeschlusses unter Beachtung seiner Grundlagen nach § 238 Abs. 4 FamFG rechtfertigen und dabei zugleich die Rechtskraft der abzuändernden Entscheidung wahren.

---

184 BGH, FamRZ 2005, 608; OLG Karlsruhe, NJW-RR 2004, 585.
185 BGH, FamRZ 2005, 608.
186 OLG Köln, NJW-RR 2002, 438 = FamRZ 2002, 471.

Der BGH[187] schließt sich für eine Änderung der Einkommensverhältnisse nunmehr der zuletzt genannten Auffassung an. Nur diese wahrt bei der Abänderung eines Versäumnisbeschlusses wegen veränderter Einkommensverhältnisse die Rechtskraft des abzuändernden Versäumnisbeschlusses.

Dem BGH ist zuzustimmen. Die Zulässigkeit des Abänderungsantrags steht in untrennbarem Zusammenhang zur Präklusion nach § 238 Abs. 2 FamFG. Weil der Abänderungsantrag nur auf Gründe gestützt werden kann, die nicht mehr durch einen Einspruch gegen den Versäumnisbeschluss geltend gemacht werden können, können andere Gründe auch keine Zulässigkeit des Abänderungsantrags rechtfertigen. Diese Konsequenz beruht auf dem Gedanken der Rechtskraft und der daraus folgenden Präklusion nicht rechtzeitig vorgetragener Umstände. Wie bei einem streitigen Beschluss können Versäumnisse in dem Ausgangsverfahren auch im Fall eines Versäumnisbeschlusses nicht später im Wege der Abänderung korrigiert werden. 543

Um die Rechtskraft des Versäumnisbeschlusses zu wahren, kann es sich bei den tatsächlichen Verhältnissen, die ihm i. S. d. § 238 Abs. 1 FamFG zugrunde liegen, also nicht um die vom Antragsteller vorgetragenen Umstände, sondern nur um die seinerzeit tatsächlich vorliegenden Umstände handeln. Nur in dem Umfang, in dem sich die tatsächlichen Verhältnisse bei Ablauf der Einspruchsfrist inzwischen geändert haben, ist eine Abänderung des rechtskräftigen Versäumnisbeschlusses zulässig. Eine Korrektur der dem abzuändernden Beschluss vorausgegangenen Fehler, die im Abänderungsverfahren nicht möglich ist, kann nur so ausgeschlossen werden.[188]

dd) Anerkenntnisbeschluss

Auch die materielle Rechtskraft eines im Unterhaltsverfahren ergangenen **Anerkenntnisbeschlusses** führt grds. zur Bindungswirkung.[189] Wird die Abänderung eines solchen Beschlusses verlangt, kommt es für die Frage, ob eine wesentliche Veränderung der maßgeblichen Verhältnisse eingetreten ist, auf die dem Anerkenntnis zugrunde liegenden tatsächlichen Umstände an. Es stellt sich allerdings die Frage, wie diese Verhältnisse ermittelt werden sollen; sie können nämlich im Fall eines Anerkenntnisurteils nicht ohne Weiteres dem Unterhaltsantrag entnommen werden, denn die Erwägungen, die den Unterhaltsschuldner zu dem Anerkenntnis bewogen haben, können hiervon abweichen. Er hat sich letztlich nur dem geltend gemachten Anspruch gebeugt, woraus aber nicht darauf geschlossen werden kann, dass er auch der Beurteilung der zur Begründung vorgetragenen Tatsachen folgt. Welche Beweggründe den Unterhaltsschuldner zu dem Anerkenntnis veranlasst haben, wird häufig nicht ersichtlich sein. Wenn es für die Frage, ob eine Änderung der maßgeblichen Verhältnisse vorliegt, gleichwohl hierauf ankäme, könnte der Unterhaltsschuldner unschwer mit einem Abänderungsbegehren durchdringen, ohne dass der Unterhaltsgläubiger dem Erhebliches 544

---

187 BGH, NJW 2010, 2437 m. Anm. Norpoth.
188 Vgl. dazu auch Obermann, ZFE 2010, 404.
189 BGH, NJW 2007, 2921 m. Anm. Born.

entgegenhalten könnte. Deshalb können nur die dem Anerkenntnisurteil zugrunde liegenden tatsächlichen Umstände dafür maßgebend sein, ob sich nachträglich eine Veränderung ergeben hat. Lässt sich die Berechnung des titulierten Unterhalts unter Zugrundelegung der verschiedenen Faktoren nicht nachvollziehen und ist deshalb eine Anpassung des Anerkenntnisurteils an zwischenzeitlich geänderte Verhältnisse nicht möglich, ist der geschuldete Unterhalt nach den gesetzlichen Vorschriften schlichtweg neu zu berechnen.[190]

545 ▶ Praxistipp:

Der BGH äußert die Sorge, dass der Unterhaltsschuldner bei für ihn absehbarem ungünstigem Verfahrensverlauf den Antrag anerkennen könnte, um sich dadurch eine freie Abänderbarkeit des Titels später offenzuhalten. Insofern versucht der BGH eine Bindungswirkung zu konstruieren. Dies gelingt allerdings nur mit Einschränkungen, sodass die anwaltliche Vertretung in geeigneten Fällen überlegen sollte, ob nicht in der Tat ein Anerkenntnis im Hinblick auf ein späteres Abänderungsverfahren sinnvoll ist.

ee) Beweislast für die wesentliche Veränderung

546 Das Abänderungsverfahren ist eine Familienstreitsache, sodass die allgemeinen Grundsätze zur Beweislast gelten. Danach muss jeder Beteiligte im Abänderungsverfahren die Tatsachen darlegen und beweisen, die für ihn günstig sind.

547 Für die Tatsachen, aus denen sich eine wesentliche Änderung der für die Festsetzung der Unterhaltsrente maßgebenden Verhältnisse ergibt, trägt damit grds. der Antragsteller die Beweisführungslast. Dies bedeutet, dass der Antragsteller, der eine Unterhaltserhöhung wegen einer Verbesserung der Einkommensverhältnisse des Unterhaltsschuldners fordert, die dafür bedeutsamen Tatsachen vorzutragen und ggf. zu beweisen hat.[191]

Da es sich jedoch um Vorgänge handelt, über die der Antragsteller regelmäßig nur unzureichende Kenntnisse haben wird, während der Antragsgegner die rechtserheblichen Tatsachen genau kennt, hat auch der Antragsgegner zur Aufklärung beizutragen, indem er den Sachvortrag des Antragstellers substanziiert bestreitet. I. Ü. hat der Antragsteller die Möglichkeit, Auskunft zu fordern (vgl. §§ 235, 236 FamFG). Steht fest, dass sich die dem früheren Beschluss zugrunde gelegten Verhältnisse verändert haben, hat der Antragsgegner die Tatsachen darzulegen und zu beweisen, die einen unveränderten Fortbestand der Unterhaltsverpflichtung rechtfertigen.

548 Ist das unterhaltsberechtigte Kind volljährig geworden und verlangt es als Volljähriger Unterhalt, muss das Kind darlegen und beweisen, dass der Unterhaltsanspruch fortbesteht, insb. welche Haftungsquote auf den jeweiligen Elternteil entfällt. Macht der Unterhaltsschuldner seine fehlende Leistungsfähigkeit geltend, hat er die dafür

---

190 BGH, NJW 2007, 2921.
191 Vgl. OLG Brandenburg, FamRZ 2008, 797.

maßgebenden Tatsachen vorzutragen und zu beweisen, denn das Fehlen der Leistungsfähigkeit ist in § 1603 Abs. 1 BGB als rechtshindernde Tatsache ausgewiesen, für die nach allgemeinen Beweislastregeln der Beteiligte beweisbelastet ist, der sich darauf beruft.

ff) Erforderlicher anwaltlicher Vortrag

Die nachvollziehbare Behauptung einer wesentlichen Veränderung der Verhältnisse ist zwingende Voraussetzung für die Zulässigkeit des Abänderungsantrags. Erforderlich ist daher, dass neben der vollständigen Darstellung der Grundlagen des abzuändernden Titels auch die Darstellung der nunmehr maßgeblichen Verhältnisse erfolgt, die eine wesentliche Veränderung entweder rechtlicher oder tatsächlicher Art begründen. Mitunter ist der Abänderungsantrag auch deshalb unzulässig, weil der Antragsteller einseitig vorträgt, sich also bspw. nur mit einer verringerten Bedürftigkeit auf Gläubigerseite befasst, aber nichts zu seiner aktuellen Leistungsfähigkeit ausführt. Es kann jedoch nur im Wege einer »Gesamtschau« über die Notwendigkeit einer Abänderung entschieden werden. Die Betrachtung der Gesamtumstände kann nämlich ergeben, dass insgesamt gar keine wesentliche Veränderung eingetreten ist.[192]   549

Auch muss die maßgebliche Veränderung zum Zeitpunkt der Antragstellung bereits eingetreten sein; die bloße Annahme einer künftigen Änderung ist unerheblich.[193]   550

Die anwaltliche Vertretung hat nachvollziehbar zu begründen, warum eine Abänderung der Unterhaltsschuld beantragt wird; die Überprüfung der Einzelheiten ist dann eine Frage der Begründetheit.[194]   551

Der anwaltliche Vortrag muss deshalb Angaben machen zu: 552
– den rechtlichen, tatsächlichen und wirtschaftlichen Grundlagen des abzuändernden Beschlusses,
– den rechtlichen, tatsächlichen und wirtschaftlichen Verhältnissen zum Zeitpunkt der Einreichung des Abänderungsantrags,
– der sich dadurch ergebenden wesentlichen Veränderung.[195]

gg) Abänderungsantrag

Der Abänderungsantrag muss zunächst konkret den abzuändernden Titel benennen. Fordert der Antragsteller erhöhten Unterhalt bzw. strebt er eine Verringerung seiner Verpflichtung an, ist dafür der Zeitpunkt der Abänderung im Antrag anzugeben.   553

---

192 Reinken, ZFE 2010, 209; OLG Brandenburg, FamRZ 2005, 815.
193 BGH, FamRZ 2000, 1499, 1501.
194 Born, NJW 2007, 2923 f.
195 Vgl. auch Reinken, ZFE 2010, 209.

Kapitel 5 Durchsetzung des Unterhaltsanspruchs im gerichtlichen Verfahren

554 Ein auf Erhöhung gerichteter Antrag kann folgenden Wortlaut haben:

▶ **1) Formulierungsvorschlag: Abänderungsantrag gerichtet auf Erhöhung des Unterhalts**

Der Antragsgegner wird unter Abänderung des Beschlusses des AG ..... vom ..... (Az.: .....) verpflichtet, an den Antragsteller ab ..... einen monatlich im Voraus, spätestens bis zum 3. eines jeden Monats, zu zahlenden Unterhalt i. H. v. ..... € zu bezahlen.

555 Ein auf Herabsetzung gerichteter Antrag kann folgenden Wortlaut haben:

▶ **(2) Formulierungsvorschlag: Abänderungsantrag gerichtet auf Herabsetzung des Unterhalts**

1. Der Antragsteller wird unter Abänderung des Beschlusses des AG ..... vom ..... (Az.: .....) verpflichtet, an den Antragsgegner ab ..... einen monatlich im Voraus, spätestens bis zum 3. eines jeden Monats, zu zahlenden Unterhalt i. H. v. nur noch ..... € zu bezahlen.
2. Die Zwangsvollstreckung aus dem o. g. Beschluss des AG ..... vom ..... (Az.: .....) wird nach § 242 FamFG i. V. m. § 769 ZPO bis zum Erlass des Beschlusses in diesem Verfahren nur noch i. H. v. ..... € ohne Sicherheitsleistung einstweilen zugelassen.

556 Der Antrag, die Unterhaltspflicht möge ganz entfallen, ist wie folgt zu formulieren:

▶ **(3) Formulierungsvorschlag: Abänderungsantrag gerichtet auf Entfallen der Unterhaltspflicht**

1. Der Beschluss des AG ..... vom ..... (Az.: .....) wird dahin abgeändert, dass der Antragsteller ab ..... keinen Unterhalt mehr an die Antragsgegnerin zu bezahlen hat.
2. Die Zwangsvollstreckung aus dem o. g. Beschluss des AG ..... vom ..... (Az.: .....) wird nach § 242 FamFG i. V. m. § 769 ZPO bis zum Erlass des Beschlusses in diesem Verfahren ohne Sicherheitsleistung einstweilen eingestellt.

557 Soweit der Antragsteller die Einkünfte des Antragsgegners nicht zuverlässig kennt, ist auch die Erhebung eines **Abänderungsstufenantrags** nach § 254 ZPO zulässig.

Ein solcher Antrag hätte folgenden Wortlaut:

▶ **(4) Formulierungsvorschlag: Abänderungsstufenantrag**

1. Der Antragsgegner wird verpflichtet, dem Antragsteller Auskunft zu erteilen durch Vorlage einer systematischen Aufstellung über
    a) sein Vermögen am .....;
    b) seine sämtlichen Brutto- und Nettoeinkünfte einschließlich aller Nebeneinkünfte aus nicht selbstständiger Tätigkeit sowie aus anderer Herkunft in der Zeit vom ..... bis ..... und die erteilte Auskunft durch Vorlage der Lohnsteuerkarte nebst Lohnsteuerbescheinigung für das Jahr ..... in Fotokopie und der Originallohnabrechnungen des Arbeitgebers für die Monate ..... bis ..... sowie der Originalbescheide über im v.g. Zeitraum etwa bezogenes Krankengeld und etwa bezogene Arbeitslosenunterstützung zu belegen;
    c) seine sämtlichen Einnahmen und Aufwendungen aus selbstständiger Arbeit, aus Kapitalvermögen, aus Vermietung und Verpachtung sowie aus anderer Herkunft

unter Angabe der Privatentnahmen in der Zeit vom ..... bis ..... und die erteilte Auskunft durch Vorlage der Einkommensteuererklärungen sowie der etwaigen Bilanzen nebst den Gewinn- und Verlustrechnungen bzw. der etwaigen Einnahmenüberschussrechnungen für die Jahre ..... bis ..... sowie der Einkommensteuerbescheide für die Jahre ..... bis ..... zu belegen.
2. Der Antragsgegner wird verpflichtet, an Eides statt zu versichern, dass er die Auskunft über seine Einkünfte nach bestem Wissen so vollständig abgegeben habe, als er dazu imstande sei.
3. Der Antragsgegner wird unter Abänderung des Beschlusses des AG – FamG ..... vom ..... (Az.: .....) verpflichtet, an den Antragsteller ab ..... den nach Erfüllung der Auskunftsverpflichtung noch zu beziffernden angemessenen Unterhalt zu zahlen.

Für den Fall des schriftlichen Vorverfahrens wird bei nicht rechtzeitiger Anzeige der Verteidigungsabsicht beantragt, ohne mündliche Verhandlung durch Versäumnisbeschluss zu entscheiden.

c) Tatsachenpräklusion (§ 238 Abs. 2 FamFG)

Die geltend gemachte Änderung der Verhältnisse muss nach § 238 Abs. 2 FamFG nach dem Schluss der mündlichen Verhandlung eingetreten sein, in der sie spätestens hätte geltend gemacht werden können oder – im Fall einer Versäumnisentscheidung – zu einem Zeitpunkt, in dem sie durch einen Einspruch nicht mehr hätte geltend gemacht werden können. § 238 Abs. 2 FamFG errichtet damit insb. zur **Absicherung der Rechtskraft** unanfechtbar gewordener Entscheidungen eine **Zeitschranke** für die Berücksichtigung von Abänderungsgründen. 558

Die Möglichkeit einer Abänderung besteht daher nicht, wenn die veränderten Verhältnisse schon im Ausgangsverfahren vorgetragen werden konnten, weil sie entweder bereits eingetreten waren oder zumindest voraussehbar waren.[196] Insb. der durch die Trennung der Beteiligten zu erwartende Steuerklassenwechsel, der bereits im Vorprozess vorgetragen werden kann, ist daher kein Abänderungsgrund.[197] 559

Ähnlich liegt es, wenn im Ausgangsverfahren kein Vortrag zu einer Unterhaltsbegrenzung bzw. -befristung nach § 1578b BGB erfolgte.[198]

Maßgebender Zeitpunkt ist der Schluss der mündlichen Verhandlung der letzten Tatsacheninstanz, damit auch der Beschwerdeinstanz, wenn eine solche stattgefunden und das Beschwerdegericht auch in der Sache entschieden hat.[199] Dies gilt gleichermaßen für das Erstverfahren, wie für das Abänderungsverfahren, und ist auch unabhängig von der jeweiligen Beteiligtenstellung im Vorverfahren. Dies ergibt sich aus dem Wortlaut der Vorschrift, die somit beide Beteiligte dazu anhält, ihre Meinung bereits im Ausgangsverfahren zu äußern. § 238 Abs. 2 FamFG stellt damit sicher, dass nicht gesonderte Abänderungsverfahren jeweils für Erhöhungs- und Herabsetzungsverlangen zur 560

---

196 BGH, NJW 2004, 3108; a.A. OLG Jena, FuR 2010, 57; Reinken, ZFE 2010, 213.
197 OLG Naumburg, FamRZ 2008, 797.
198 Vgl. dazu Viefhues, ZFE 2010, 6.
199 BGH, FamRZ 2012, 289.

Kapitel 5   Durchsetzung des Unterhaltsanspruchs im gerichtlichen Verfahren

Verfügung stehen, sondern dass der Einfluss veränderter Umstände auf den titulierten Unterhaltsanspruch in einem einheitlichen Verfahren nach beiden Seiten geklärt werden muss.

561 Allerdings wird der Abänderungsgegner durch § 238 Abs. 2 FamFG nicht mit seinem Vorbringen ausgeschlossen, als damit nicht eine Abweichung von der früheren Rechtsfolge erstrebt, sondern an jener Entscheidung festgehalten wird. Argumentiert wird insoweit mit dem Wortlaut des § 238 Abs. 2 FamFG, nach dem allein die Berücksichtigung antragsbegründender Tatsachen geregelt und insoweit eine zeitliche Schranke für den Abänderungsantragsteller errichtet wird. Dass die Vorschrift außerdem die Einschränkung der Rechtsverteidigung des Abänderungsantragsgegners zum Ziel hätte, lässt sich ihr nicht entnehmen.[200]

562 Dagegen ist es unschädlich, dass solche Abänderungsgründe durch ein Rechtsmittel im ersten Verfahren hätten vorgetragen werden können.[201]

563 Ausnahmsweise, nämlich zur Vermeidung einer groben Unbilligkeit, kann im Wege der **teleologischen Reduktion** eine Einschränkung der Präklusionsvorschrift des § 238 Abs. 2 FamFG in Betracht zu ziehen sein, sodass auch Alttatsachen zur Begründung des Abänderungsantrags herangezogen werden dürfen. Hierfür kommen bspw. Umstände in Betracht, die der Gegner des Antragstellers entgegen einer Offenbarungspflicht im Vorprozess in betrügerischer Weise verschwiegen hat (z. B. vorhandenes Vermögen[202]). Allerdings hat der Gesetzgeber davon abgesehen, eine **allgemeine Härteklausel** in § 238 Abs. 2 FamFG aufzunehmen. Diese hätte nach Auffassung des Gesetzgebers dem Rechtsanwender eine Ausweitung der Ausnahmefälle ggü. der bisherigen Berücksichtigung im Wege der teleologischen Reduktion suggeriert und wäre von den Verfahrensbeteiligten als Einladung verstanden worden, auch hinsichtlich an sich präkludierter Tatsachen eine Argumentation i. S. e. groben Unbilligkeit vorzutragen. Eine teleologische Reduktion der Präklusionsvorschrift ist daher auf Fälle zu beschränken, in denen ansonsten das arglistige Verhalten eines Verfahrensbeteiligten zum Erfolg führen würde; der Arglist darf nämlich nicht zum Erfolg verholfen werden.

564 ▶ Praxistipp:

Zusammengefasst ist damit im Hinblick auf § 238 Abs. 2 FamFG anwaltlich Folgendes zu beachten:
– Die Veränderung muss nachträglich eingetreten sein, wobei allein der Zeitpunkt der Entstehung, nicht der Zeitpunkt der Kenntnisnahme der Änderung maßgebend ist.
– Die Vorhersehbarkeit der später eingetretenen Tatsachen schließt das Abänderungsverfahren aus.

---

200 Vgl. BGH, NJW 2000, 3789; OLG Schleswig, NJW-RR 2007, 502.
201 OLG Koblenz, FamRZ 1988, 1072.
202 OLG Koblenz, NJW-RR 1997, 1229.

- Bei einem Versäumnisbeschluss muss stets von der Einspruchsmöglichkeit Gebrauch gemacht werden, weil nur Gründe, die nach Ablauf der Einspruchsfrist entstanden sind, zur Abänderung berechtigen.
- Entstehen die Gründe nach Abschluss der ersten Instanz, kann Beschwerde eingelegt werden. Erforderlich ist dies jedoch nicht.[203]

d) Rückwirkungssperre (§ 238 Abs. 3 FamFG)

Der Unterhaltsbeschluss darf grds. nur **ab Rechtshängigkeit** abgeändert werden (§ 238 Abs. 3 Satz 1 FamFG), sodass der Abänderungsantrag hinsichtlich des vor dem maßgeblichen Zeitpunkt liegenden Teils unzulässig ist. 565

Maßgeblich ist die Zustellung des Antrags an den Gegner. Weder genügt die Einreichung eines entsprechenden VKH-Gesuchs,[204] noch die bloße Einreichung des Abänderungsantrags bei Gericht, d. h. auch § 167 ZPO ist nicht anwendbar. 566

Die Begründung für diese Regelung wird zum einen darin gesehen, dass die Ermittlung des Zeitpunktes, in dem die Änderung der maßgebenden Verhältnisse tatsächlich eingetreten ist, meist mit erheblichen Schwierigkeiten verknüpft sein wird; zum anderen wird auf die Schutzbedürftigkeit des Vertrauens in den Bestand des Beschlusses verwiesen, das nicht ausreichend berücksichtigt würde, wenn Gläubiger und Schuldner eines Unterhaltstitels ohne Vorwarnung mit der Abänderung dieses Titels für die zurückliegende Zeit rechnen müssten. Die Rechtshängigkeit des Antrags tritt durch Zustellung der Antragsschrift (§§ 253 Abs. 1, 261 ZPO) ein; folglich ist die Abänderung des Unterhaltsbeschlusses ab dem Tag der Antragszustellung möglich.

aa) Antrag auf Erhöhung des Unterhalts (§ 238 Abs. 3 Satz 2 FamFG)

Im Fall eines auf Erhöhung des Unterhalts gerichteten Antrags ist dieser auch zulässig für die Zeit, für die nach den Vorschriften des BGB Unterhalt für die Vergangenheit verlangt werden kann. Soweit die Abänderung nach den §§ 1360a Abs. 3, 1361 Abs. 4 Satz 4, 1585b Abs. 2 und 1613 Abs. 1 BGB zu einem früheren Zeitpunkt verlangt werden kann, ist daher eine ggü. der Rechtshängigkeit vorgezogene Abänderung möglich. Der Abänderungszeitpunkt stimmt in diesen Fällen mit der materiellen Rechtslage überein, und zwar unter Berücksichtigung des Monatsanfangs. 567

bb) Antrag auf Herabsetzung des Unterhalts (§ 238 Abs. 3 Satz 3 FamFG)

§ 238 Abs. 3 Satz 3 FamFG bestimmt für Anträge auf Herabsetzung des Unterhalts, dass diese auch für die Zeit ab dem Ersten des auf ein entsprechendes **Auskunfts- oder Verzichtsverlangen** des Antragstellers folgenden Monats zulässig sind. Auf diese Weise wird die Gleichbehandlung von Gläubiger und Schuldner erreicht. Das auf eine Herabsetzung des Unterhalts gerichtete Verlangen unterliegt spiegelbildlich den 568

---

203 OLG Koblenz, FamRZ 1988, 1072.
204 Vgl. BGH, NJW 1982, 1050 ff.

Kapitel 5 — Durchsetzung des Unterhaltsanspruchs im gerichtlichen Verfahren

Voraussetzungen, für die nach den Vorschriften des bürgerlichen Rechts Unterhalt für die Vergangenheit verlangt werden kann. Diese Voraussetzungen ergeben sich aufgrund der Neufassung des § 1585b Abs. 2 BGB einheitlich aus § 1613 Abs. 1 BGB. Erforderlich sind daher entweder ein Auskunftsverlangen mit dem Ziel der Herabsetzung des Unterhalts ggü. dem Unterhaltsgläubiger oder eine »negative Mahnung«, also die Aufforderung an den Unterhaltsgläubiger, teilweise oder vollständig auf den titulierten Unterhalt zu verzichten. I. Ü. gilt § 1613 BGB, d. h. ein entsprechendes Verlangen muss dem Unterhaltsgläubiger zugehen.

569 Die Verzichtsaufforderung kann wie folgt formuliert werden:

▶ **Formulierungsvorschlag:**

Sehr geehrte Frau .....,

nach Ihrer Mitteilung vom ..... werden Sie am ..... eine Arbeitsstelle bei der Firma ..... antreten. Damit entfallen die Voraussetzungen für Erwerbslosenunterhalt. Ich fordere Sie hiermit unter Fristsetzung bis zum ..... auf, auf den titulierten Unterhaltsanspruch vom ..... (Az.: .....) mit Wirkung zum ..... zu verzichten.

Nach Ablauf der o.g. Frist empfehle ich meinem Mandanten einen Abänderungsantrag bei Gericht zu stellen.

cc) Jahresfrist (§ 238 Abs. 3 Satz 4 FamFG)

570 § 238 Abs. 3 Satz 4 FamFG enthält eine zeitliche Einschränkung für die Geltendmachung eines rückwirkenden Herabsetzungsverlangens und ist § 1585b Abs. 3 BGB nachgebildet. Während sich die rückwirkende Erhöhung des Unterhalts nach Satz 2 nach dem materiellen Recht richtet, ist das Herabsetzungsverlangen rein verfahrensrechtlich ausgestaltet, sodass sich z. B. die Frage der Verjährung nicht stellen kann.

e) Abänderungsentscheidung (§ 238 Abs. 4 FamFG)

571 Nach § 238 Abs. 4 FamFG ist der Abänderungsantrag begründet, wenn eine wesentliche Veränderung der tatsächlichen oder rechtlichen Verhältnisse tatsächlich vorliegt.[205] Der frühere Beschluss in der Unterhaltssache ist vom FamG ausdrücklich aufzuheben und die Zahlungspflicht des Unterhaltsschuldners aufgrund der veränderten Verhältnisse neu zu bestimmen. Der bisherige Titel verliert jedoch durch die im Abänderungsbeschluss ausgesprochene Aufhebung seine Vollstreckungsfähigkeit nicht rückwirkend, sondern nur von dem Zeitpunkt an, in dem der neue Titel an die Stelle des bisherigen tritt.

572 Das Abänderungsverfahren soll eine **Anpassung des Beschlusses** an veränderte Umstände ermöglichen. Dabei sind nach § 238 Abs. 4 FamFG natürlich die Grundlagen der früheren Entscheidung zu wahren. Entsprechend dieser Zielsetzung ist eine Korrektur des Beschlusses nur insoweit zulässig, wie dies zur Anpassung des Titels geboten

---

205 Vgl. BGH, NJW 2001, 3618.

E. Abänderung eines Unterhaltstitels Kapitel 5

ist, d. h. i. Ü. ist von einer Bindung des FamG an den abzuändernden Beschluss auszugehen.

Dem Richter des Abänderungsverfahrens wird es deshalb verwehrt, eine freie Neufestsetzung der vom Schuldner zu erbringenden Leistung vorzunehmen, und ihm wird nur gestattet, den titulierten Anspruch insoweit zu korrigieren, als dies durch die veränderten Verhältnisse gerechtfertigt ist.

Das Abänderungsverfahren stellt nämlich nur einen prozessualen Anwendungsfall der 573 clausula rebus sic stantibus dar, sodass die Abänderung des Beschlusses nicht weiter gehen darf, als es aus Gründen der veränderten Verhältnisse notwendig erscheint. Es kommt deshalb maßgeblich darauf an, welche Umstände der Richter in dem früheren Verfahren festgestellt und welchen er für die Unterhaltsbemessung Bedeutung beigemessen hat. Auf dieser durch Auslegung zu ermittelnden Grundlage ist unter Berücksichtigung der neuen Verhältnisse festzustellen, welche Veränderungen in diesen Umständen eingetreten sind und welche Auswirkungen sich daraus für die Höhe des Unterhalts ergeben.[206]

Eine **Fehlerkorrektur** ist mit dem Abänderungsverfahren keinesfalls verbunden. Diese 574 Möglichkeit besteht nur im Rahmen einer Beschwerde.

f) Weitere Verfahrensfragen

Verlangen die Beteiligten in getrennten Verfahren eine Abänderung desselben Unter- 575 haltstitels für denselben Zeitraum in gegenläufiger Richtung, sind beide Verfahren zu verbinden und über die Verfahren ist einheitlich zu entscheiden.

7. Abgrenzung zum Leistungsverfahren nach § 113 FamFG i. V. m. § 258 ZPO

a) Verfahren nach Antragsabweisung

Das Unterhaltsverfahren kann scheitern, der entsprechende Antrag also abgewiesen 576 werden, wenn z. B. zum Zeitpunkt der mündlichen Verhandlung der Unterhaltsschuldner nicht leistungsfähig oder der Unterhaltsgläubiger nicht bedürftig ist. Dies kann sich natürlich später wieder ändern. In diesem Fall ist der Unterhalt nochmals mit einem Leistungsantrag nach § 258 ZPO gerichtlich geltend zu machen.[207] Das Abänderungsverfahren nach § 238 FamFG findet entsprechend dem Wortlaut des Abs. 1 nämlich nur statt, wenn das FamG zuvor eine Verpflichtung zu künftig fällig werdenden wiederkehrenden Leistungen (vgl. § 258 ZPO) ausgesprochen hat und eine wesentliche Veränderung derjenigen Verhältnisse eingetreten ist, die für Grund oder Höhe der Unterhaltsrente von Bedeutung waren. Nur ein dem Unterhaltsantrag für die Zukunft wenigstens teilweise stattgebender Beschluss wirkt über den Zeitpunkt der

---

206 BGH, FamRZ 1997, 281 ff.
207 OLG Naumburg, FamRZ 2008, 1546.

Kapitel 5   Durchsetzung des Unterhaltsanspruchs im gerichtlichen Verfahren

Entscheidung hinaus, indem seine Rechtskraft auch die erst künftig zu entrichtenden Unterhaltsleistungen erfasst, deren Festsetzung auf einer Prognose der künftigen Entwicklung beruht. Weicht die tatsächliche Entwicklung von dieser Prognose ab, handelt es sich deswegen nicht um eine neue Tatsachenlage, sondern um einen Angriff gegen die Richtigkeit des früheren Beschlusses. Mithilfe von § 238 FamFG kann der Beschluss in einem solchen Fall unter Durchbrechung der Rechtskraft den veränderten Bemessungsgrundlagen angepasst werden.

Ist der Unterhaltsantrag hingegen abgewiesen worden, weil der geltend gemachte Unterhaltsanspruch nicht bestand, liegt der Abweisung für die Zukunft keine sachliche Beurteilung nach den voraussichtlich in der Zukunft bestehenden Verhältnissen zugrunde.

Entsprechend dieser Kriterien ist ein erneuter Unterhaltsantrag zu stellen.

577 ▶ **Hinweis:**

Grds. haben die FamG bei falscher Verfahrensart eine **Umdeutung** vorzunehmen.[208] Das Leistungsverfahren nach §§ 113 Abs. 1 FamFG, 258 ZPO unterliegt ggü. dem Abänderungsverfahren nach § 238 FamFG erleichterten Anforderungen, die normalerweise gewahrt sind. Es wäre formalistisch, den Antrag wegen des »falschen« Antrags als unzulässig zurückzuweisen und dadurch ein neues Verfahren zu provozieren.

Dennoch macht sich die anwaltliche Vertretung bei Erhebung eines Leistungs- statt eines Abänderungsantrags schadensersatzpflichtig, wenn das Gericht (fehlerhaft) nicht von der Möglichkeit der Umdeutung Gebrauch macht.[209]

578 Dem erneuten Unterhaltsantrag steht die **Rechtskraft** der früheren (abweisenden) Unterhaltsentscheidung nicht entgegen. Grundlage des »neuen« Leistungsverfahrens ist etwa die nun vorhandene Leistungsfähigkeit oder eine andere eingetretene Unterhaltsvoraussetzung.[210] Damit liegt ein anderer Sachverhalt zugrunde, sodass entgegenstehende Rechtskraft nicht gegeben ist.

579 Einem verfahrensabweisenden Beschluss kommt nämlich keine in die Zukunft reichende Rechtskraftwirkung zu, für deren Durchbrechung es der Vorschrift des § 238 Abs. 1 FamFG bedürfte. Tritt in diesen Fällen die vormals fehlende Anspruchsvoraussetzung später ein, steht die Rechtskraft des verfahrensabweisenden Beschlusses einem neuen Leistungsantrag ebenso wenig im Weg wie in sonstigen Antragsabweisungsfällen, in denen eine neue Tatsache eintritt, die einen anderen, vom rechtskräftigen Beschluss nicht erfassten Lebensvorgang schafft.[211]

---

208 BGH, NJW-RR 2005, 371.
209 BGH, NJW 1998, 2048.
210 OLG Naumburg, FamRZ 2008, 1546.
211 BGH, NJW 2005, 142.

Wird die Verfahrensabweisung damit begründet, dass ein Unterhaltsanspruch gegenwärtig überhaupt nicht besteht, fehlt es an einer Verpflichtung zu einer künftig fällig werdenden Leistung i. S. v. § 238 FamFG, sodass der Unterhaltsanspruch später nach Eintritt der vormals fehlenden Unterhaltsvoraussetzungen im Wege des Leistungsverfahrens zu verfolgen ist (s. o., Rdn. 239 ff.). 580

Dies trifft z. B. zu, wenn der Unterhaltsantrag abgewiesen worden ist, wegen
– fehlender Bedürftigkeit des Unterhaltsgläubigers,
– fehlender Leistungsfähigkeit des Unterhaltsschuldners,
– eines gerichtlich geforderten Spitzenbetrags, z. B. über den freiwillig gezahlten Sockel hinaus.

b) Richterliche Prognose

Beruht die Antragsabweisung dagegen auf der richterlichen Prognose über die zukünftige Entwicklung des Unterhaltsanspruchs, ist der Abänderungsantrag nach § 238 FamFG zu stellen, wenn sich herausstellt, dass die prognostizierten Verhältnisse tatsächlich anders eingetreten sind als angenommen. 581

Das ist z. B. der Fall, wenn das FamG Unterhalt über den Entscheidungszeitraum hinaus zugesprochen hat, der erst in der Zukunft entfallen soll (befristeter Unterhalt). Eine solche Entscheidung beruht auf einer Zukunftsprognose, ist daher auch in Rechtskraft erwachsen und kann nur mittels Rechtskraftdurchbrechung nach § 238 FamFG geändert werden.

c) Teilerfolg

Ebenso beruht ein nur teilweise antragsabweisender und teilweise dem Antrag stattgebender Beschluss auf einer Prognose für die Zukunft und kann somit nur nach § 238 FamFG abgeändert werden.[212] 582

d) Erfolgreiche Abänderungsverfahren

Der BGH[213] sieht das Abänderungsverfahren nach § 238 FamFG auch dann als richtige Verfahrensart an, wenn ein Unterhaltsgläubiger, der einen Titel über seinen Unterhalt erlangt hatte, dessen Unterhaltsrente jedoch später im Wege des Abänderungsverfahrens aberkannt worden war, in der Folgezeit erneut Unterhalt verlangte. 583

Kommt es nämlich zu einer Entscheidung nach § 238 FamFG, hat das Gericht – im Zuge der Korrektur der ursprünglichen Prognose – seinerseits die künftige Entwicklung der Verhältnisse vorausschauend zu berücksichtigen. Demgemäß beruht der abzuändernde Beschluss sowohl im Fall der Reduzierung als auch bei völliger Streichung der Unterhaltsrente weiterhin auf einer Prognose der zukünftigen Entwicklung und stellt den Rechtszustand auch für die Zukunft fest. Ein späteres Verfahren auf

---

212 BGH, NJW 2005, 101, 103.
213 BGH, FamRZ 2008, 872, 873; BGH, NJW 2007, 2251.

Wiedergewährung oder Erhöhung der Unterhaltsrente stellt daher abermals die Geltendmachung einer von der Prognose abweichenden tatsächlichen Entwicklung der Verhältnisse dar, für die das Gesetz das Abänderungsverfahren nach § 238 FamFG vorsieht, um die (erneute) Anpassung der Entscheidung an die veränderten Beschlussgrundlagen zu ermöglichen.

584 Insoweit – meint der BGH – gelte nichts anderes als im Fall eines Beschlusses, durch den der Unterhaltsanspruch für eine bestimmte Zeit zugesprochen und – etwa wegen der Annahme künftigen Wegfalls der Bedürftigkeit – ab einem in der Zukunft liegenden Zeitpunkt aberkannt worden ist. Hier beruht die Aberkennung auf der richterlichen Prognose, dass die zukünftige Entwicklung zu einem Wegfall des Anspruchs führen werde. Demgemäß hat der BGH entschieden, dass bei einer von dieser Prognose abweichenden tatsächlichen Entwicklung die Abänderung des Beschlusses nach § 238 FamFG infrage kommt. Ebenso kommt § 238 FamFG auch dann zur Anwendung, wenn ein Unterhaltsgläubiger, der seinen Unterhalt erfolgreich eingefordert hatte, dessen Unterhaltsrente jedoch später – etwa wegen Wegfalls der Bedürftigkeit – im Wege der Abänderung aberkannt worden ist, in der Folge erneut Unterhalt verlangt, weil sein Unterhaltsbedarf nicht mehr gedeckt ist.

e) Antragsabweisender Abänderungsbeschluss

585 Ähnlich liegt es, wenn ein Abänderungsantrag abgewiesen wird, d.h. die frühere, die Unterhaltspflicht anordnende Endentscheidung wird im Abänderungsverfahren bestätigt. Der antragsabweisende Abänderungsbeschluss kann dann insb. für die Überprüfung einer etwaigen Präklusion nach § 238 Abs. 2 FamFG maßgebliche »Hauptsacheentscheidung« im Sinne von § 238 Abs. 1 FamFG sein. Erforderlich ist, dass der betreffende Beschluss die ursprüngliche Prognose des aufrechterhaltenden Unterhaltsbeschlusses aktualisiert.[214]

> »Das Urteil kann nach der Rechtsprechung des Senats grundsätzlich auch das eine vorausgegangene Abänderungsklage abweisende Urteil sein. Nach der Rechtsprechung des Senats kann § 323 ZPO auch bei klageabweisenden Urteilen zur Anwendung kommen, wenn diese – im Rahmen der Überprüfung der ursprünglichen Prognose – die künftige Entwicklung der Verhältnisse vorausschauend berücksichtigen. Eine spätere Abänderungsklage stellt dann abermals die Geltendmachung einer von der (letzten) Prognose abweichenden Entwicklung der Verhältnisse dar, für die das Gesetz die Abänderungsklage vorsieht, um die (erneute) Anpassung an die veränderten Urteilsgrundlagen zu ermöglichen (...). Die Präklusion geht dann aber nicht weiter als die Rechtskraftwirkung des Urteils, zu deren Ermittlung auch die Entscheidungsgründe heranzuziehen sind (...).«

f) Nachforderungsantrag

586 Hat der Antragsteller mit seinem Antrag auf Verpflichtung des Antragsgegners zu künftig fällig werdenden wiederkehrenden Leistungen vollen Erfolg, ist fraglich, ob es als zulässig angesehen werden kann, dass er eine über den titulierten Betrag hinausgehende

---

214 BGH, FamRZ 2012, 288.

Forderung mit einem weiteren Leistungsverfahren, dem sog. Nachforderungsantrag, begehrt. Insoweit ist zu unterscheiden, ob der Antragsteller einen offenen oder verdeckten Teilantrag gestellt hat.

aa) Offener Teilantrag

Liegt ein offener Teilantrag vor, kann der Antragsteller mit einem »normalen« Leistungsantrag nach § 113 Abs. 1 FamFG i. V. m. § 258 ZPO aufstocken, also ohne an die besonderen Erfordernisse des § 238 FamFG gebunden zu sein. 587

bb) Verdeckter Teilantrag

Hat der Antragsteller hingegen einen verdeckten Teilantrag zum Unterhalt gestellt, ist eine Aufstockung nur mit dem Abänderungsverfahren nach § 238 Abs. 1 FamFG zu erreichen. Zwar kann man jedes Leistungsverfahren als potenzielles (verdecktes) Teilverfahren verstehen, sodass zumindest die Rechtskraft der obsiegenden Entscheidung einer Nachforderung nicht entgegensteht. Es soll jedoch erreicht werden, dass die besonderen Voraussetzungen der Abänderung nicht unterlaufen werden können. 588

▶ **Praxistipp:** 589

Damit gilt für Teilanträge:
- Wird im Erstverfahren ein Teilantrag von z. B. 300 € Unterhalt gestellt, weil über einen freiwillig gezahlten (also nicht titulierten) Unterhalt von z. B. 800 € hinaus weitere 300 € (insgesamt also: 1.100 €) verlangt werden, muss der Unterhaltsberechtigte anschließend, wenn die zunächst freiwillig gezahlten 800 € nicht mehr gezahlt werden, einen weiteren Teilantrag über 800 € – also kein Abänderungsverfahren (§ 238 FamFG) – erheben.
- Der Unterhaltsberechtigte muss aber ein Abänderungsverfahren nach § 238 FamFG anstrengen, wenn er mehr will, als die Summe des freiwillig gezahlten Sockelbetrags und des titulierten Spitzenbetrags (im vorstehenden Beispiel: mehr als 1.100 €).
- Will dagegen der Unterhaltsschuldner wegen einer Änderung der Verhältnisse weniger Unterhalt zahlen, bedarf es eines Abänderungsverfahrens, falls er weniger als den titulierten Spitzenbetrag zahlen will (in vorstehendem Beispiel: weniger als 300 €), während er die Reduzierung des nicht titulierten Sockels (im Beispiel: 800 €) durch die bloße Einschränkung seiner bisher freiwilligen Zahlungen herbeiführen kann.

8. Verhältnis zum Vollstreckungsabwehrverfahren nach § 767 ZPO

Das Verhältnis des Abänderungsverfahrens nach § 238 FamFG zu einem Vollstreckungsabwehrantrag nach § 767 ZPO ist problematisch. Grundlage der Abgrenzung ist, dass sich der Abänderungs- und der Vollstreckungsabwehrantrag gegenseitig 590

Kapitel 5   Durchsetzung des Unterhaltsanspruchs im gerichtlichen Verfahren

ausschließen, denn sie verfolgen mit unterschiedlichen Mitteln unterschiedliche Ziele.[215]

591 So bezweckt das Abänderungsverfahren die Anpassung des Unterhaltstitels, d.h. es handelt sich um ein Gestaltungsverfahren, welches sowohl vom Unterhaltsschuldner als auch vom Unterhaltsgläubiger erhoben werden kann und den Unterhaltstitel selbst – unter Durchbrechung seiner materiellen Rechtskraft – an die stets wandelbaren wirtschaftlichen Verhältnisse anpassen soll. Der Grund ist eine Änderung einer variablen Bemessungsgrundlage (Leistungsfähigkeit, Bedürftigkeit, Bedarf). Änderungen der stets wandelbaren wirtschaftlichen Verhältnisse der Parteien sind daher ausschließlich mit dem Abänderungsantrag nach § 238 Abs. 1 FamFG geltend zu machen.

592 Der Vollstreckungsabwehrantrag nach § 767 ZPO wendet sich hingegen gegen die Zwangsvollstreckung aus dem Unterhaltstitel. Die Zwangsvollstreckung soll für unzulässig erklärt werden, weil der titulierte Anspruch inzwischen erloschen oder gehemmt ist. In Abgrenzung zu der Vorschrift des § 238 FamFG kommen für den Vollstreckungsabwehrantrag nur Gegengründe gegen den Unterhaltstitel infrage, die diesen unwandelbar vermindern.

593 Der Vollstreckungsabwehrantrag betrifft daher **punktuell eintretende Ereignisse, Einwendungen und Einreden.**

Dies sind neben der Tilgung vergangener und gegenwärtiger Ansprüche nur solche Einwendungen, die den Unterhaltsanspruch gänzlich und für immer gesetzlich beendet haben (z.B. Wiederheirat, § 1586 BGB).

Alle anderen Gründe, gegen den Titel vorzugehen, sind Abänderungsgründe i.S.v. § 238 FamFG (z.B. Änderung der wirtschaftlichen Verhältnisse, Stundung etc.).

594 Wegen der unterschiedlichen Zielrichtung der Verfahren schließen sich der Vollstreckungsabwehrantrag und das Abänderungsverfahren für den gleichen Streitgegenstand grds. gegenseitig aus. Deswegen hat der Unterhaltsschuldner hinsichtlich konkreter Unterhaltsforderungen keine Wahlmöglichkeit zwischen dem Vollstreckungsgegenantrag und dem Abänderungsverfahren, sondern er muss sein Rechtsschutzbegehren auf die Verfahrensart stützen, die dem Ziel seines Begehrens für den entsprechenden Unterhaltszeitraum am besten entspricht.[216]

a) Prozessuale Behandlung von Fällen des § 1579 BGB

595 Ein Sonderproblem in diesem Zusammenhang ist die verfahrensrechtliche Einordnung des § 1579 BGB. Nach herrschender Meinung ist der Vollstreckungsabwehrantrag der richtige Rechtsbehelf etwa für den Einwand der Verwirkung des Unterhaltsanspruchs nach § 1579 Nr. 2 BGB wegen Bestehen einer eheähnlichen Gemeinschaft des Unterhaltsgläubigers mit einem neuen Partner. Neuerdings ist dies allerdings umstritten,

---

215 BGH, FamRZ 2005, 1479.
216 BGH, NJW 2005, 2313.

mitunter werden im Fall des § 1579 BGB sogar beide Verfahrensarten für zulässig gehalten.[217] Dies wird mit der »Doppelnatur« des § 1579 BGB begründet. Einerseits ist die Vorschrift rechtsvernichtende Einwendung, zum anderen muss aber i. R. d. Billigkeitsprüfung und Prüfung der Kindeswohlbelange eine Auseinandersetzung mit den »wandelbaren« wirtschaftlichen Verhältnissen der Parteien erfolgen. Jedenfalls wenn der Unterhaltsanspruch aufgrund der Einwendung des § 1579 BGB vollständig auszuschließen ist, ist der Vollstreckungsabwehrantrag der richtige Rechtsbehelf.[218]

b) Eingetretene Rentenberechtigung

Wendet sich der Unterhaltsschuldner wegen des inzwischen eingetretenen Rentenbezugs des Unterhaltsberechtigten gegen einen titulierten Unterhaltsanspruch, ist hierfür das Abänderungsverfahren gem. § 238 FamFG und nicht der Vollstreckungsabwehrantrag nach § 767 ZPO eröffnet.[219] Dies ist damit zu begründen, dass für die Abgrenzung zwischen der Rechtsschutzmöglichkeit eines Abänderungsverfahrens nach § 238 FamFG und eines Vollstreckungsabwehrantrags nach § 767 ZPO grds. auf den Zweck und die Auswirkungen der jeweiligen Vorschrift abzustellen ist.

596

Bei geänderten wirtschaftlichen Verhältnissen führt der Vollstreckungsabwehrantrag nach § 767 ZPO – auch für Ansprüche aus der Vergangenheit – immer dann zu unbilligen Ergebnissen, wenn die Änderung zugleich auch **Auswirkungen auf den Bedarf** des Unterhaltsberechtigten hat. Denn § 767 ZPO erlaubt dem Gericht lediglich, die Vollstreckung auf der Grundlage des im Ausgangsbeschluss rechtskräftig festgestellten Unterhaltsbedarfs für unzulässig zu erklären. Erhöhen die vom Unterhaltsschuldner vorgebrachten Gründe aber – im Gegenzug – auch den Unterhaltsbedarf des Berechtigten, trägt die bloße Anrechnung der eingetretenen Änderungen der materiellen Rechtslage nicht hinreichend Rechnung. Dann bedarf es einer vollständigen Neuberechnung des Unterhaltsanspruchs, die – unter Durchbrechung der Rechtskraft des früheren Urteils – nur im Wege des Abänderungsverfahrens möglich ist.

597

Mit Beginn des Rentenanspruchs des Unterhaltsberechtigten ergibt sich nämlich eine vollständig neue Bedarfs- und Unterhaltsberechnung, die einer Anpassung des laufenden Unterhaltstitels an geänderte wirtschaftliche Verhältnisse entspricht. Eine bloße Anrechnung von Rentenleistungen auf den zuvor ermittelten Unterhaltsbedarf würde dem nicht gerecht. Der Rentenbeginn wirkt sich deswegen nicht lediglich als ein der Erfüllung wirtschaftlich gleichkommender Vorgang aus und kann deswegen eine Anrechnung im Wege des Vollstreckungsabwehrantrags nicht mehr rechtfertigen. Die durch den Rentenbezug des Unterhaltsberechtigten gebotene Anpassung des Unterhaltsanspruchs an die geänderten wirtschaftlichen Verhältnisse hat somit nach dem Zweck der gesetzlichen Vorschrift stets im Wege der Unterhaltsabänderung gem. § 238 FamFG zu erfolgen.

598

---

217 OLG Brandenburg, FamRZ 2008, 906.
218 BGH, FamRZ 1991, 1040; OLG Brandenburg, FamRZ 2008, 906; a.A. Graba, FPR 2008, 100, 102.
219 BGH, NJW 2005, 2313.

Kapitel 5 Durchsetzung des Unterhaltsanspruchs im gerichtlichen Verfahren

599 Soweit Unterhalt für eine Zeit geleistet worden ist, für die dem Unterhaltsberechtigten nachträglich eine Rentenleistung bewilligt wird, kommt ein auf Treu und Glauben (§ 242 BGB) beruhender Erstattungsanspruch in Betracht, dessen Höhe sich danach bemisst, inwieweit sich der Unterhaltsanspruch ermäßigt hätte, wenn die Rente schon während des fraglichen Zeitraums gezahlt worden wäre. Das gilt erst recht, wenn der Unterhaltsgläubiger schon Rente bezieht und in Kenntnis dessen weiterhin die ungeschmälerten titulierten Unterhaltsleistungen entgegennimmt.[220]

600 ▶ Hinweis:

Die **Umdeutung** des Abänderungsverfahrens in einen Vollstreckungsabwehrantrag ist möglich, wenn ein entsprechender Parteiwille genügend erkennbar ist und kein schutzwürdiges Interesse des Gegners entgegensteht.[221]

Andererseits ist auch die Umdeutung eines Vollstreckungsgegenantrags in einen Abänderungsantrag möglich.[222]

Zulässig ist auch, dass beide Verfahren in Eventualstellung miteinander verbunden werden,[223] dass also in erster Linie ein Vollstreckungsabwehrantrag oder das Abänderungsverfahren erhoben und damit hilfsweise das jeweils andere in Betracht kommende Verfahren verbunden wird. Dieses Prozedere ist nunmehr auch deshalb praktikabel, weil die ausschließliche Zuständigkeit nach § 232 Abs. 1 FamFG derjenigen nach §§ 767 Abs. 1, 802 ZPO vorgeht, vgl. § 232 Abs. 2 FamFG.

c) Anwaltliche Vorgehensweise

601 Die anwaltliche Tätigkeit besteht darin, entweder für den Unterhaltsgläubiger mehr Unterhalt zu fordern, sobald dies möglich ist, oder umgekehrt für den Unterhaltsschuldner darauf hinzuwirken, dass sich dessen Unterhaltspflicht reduziert bzw. am besten gänzlich beendet wird. Insoweit kommen folgende Verfahren in Betracht:

---

220 BGH, NJW 2005, 2313.
221 OLG Bamberg, FamRZ 1999, 942.
222 Vgl. auch BGH, NJW 2008, 1446 ff.
223 BGH, FamRZ 1979, 573, 575.

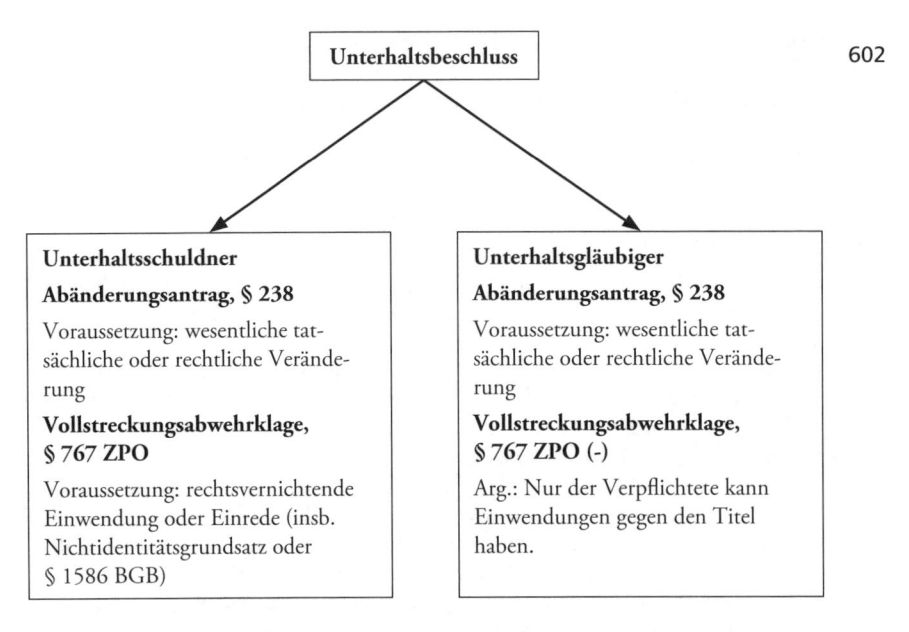

```
                    ┌─────────────────────┐
                    │ Unterhaltsbeschluss │                    602
                    └─────────────────────┘
                        ╱             ╲
                       ╱               ╲
                      ╱                 ╲
┌───────────────────────────────────┐  ┌───────────────────────────────────┐
│ **Unterhaltsschuldner**           │  │ **Unterhaltsgläubiger**           │
│ **Abänderungsantrag, § 238**      │  │ **Abänderungsantrag, § 238**      │
│ Voraussetzung: wesentliche tat-   │  │ Voraussetzung: wesentliche tat-   │
│ sächliche oder rechtliche Verände-│  │ sächliche oder rechtliche Verände-│
│ rung                              │  │ rung                              │
│ **Vollstreckungsabwehrklage,**    │  │ **Vollstreckungsabwehrklage,**    │
│ **§ 767 ZPO**                     │  │ **§ 767 ZPO (-)**                 │
│ Voraussetzung: rechtsvernichtende │  │ Arg.: Nur der Verpflichtete kann  │
│ Einwendung oder Einrede (insb.    │  │ Einwendungen gegen den Titel      │
│ Nichtidentitätsgrundsatz oder     │  │ haben.                            │
│ § 1586 BGB)                       │  │                                   │
└───────────────────────────────────┘  └───────────────────────────────────┘
```

9. Verhältnis zum Rechtsmittel der Beschwerde

a) Erstgericht macht Rechtsfehler

Wird die vom ersten Familienrichter der Verpflichtung zu künftigen Unterhaltsleistungen zugrunde gelegte Prognose auf eine unrichtige Bewertung der für die Unterhaltsberechnung maßgeblichen Umstände gestützt, kann ein solcher Fehler nur mit der Beschwerde korrigiert werden. Denn die bloße Änderung der rechtlichen Beurteilung bereits bekannter und im früheren Verfahren gewürdigter tatsächlicher Verhältnisse kann eine Abänderung eines Unterhaltsbeschlusses auf der Grundlage des § 238 FamFG schon deshalb nicht rechtfertigen, weil dieses Verfahren nur der Korrektur einer fehlgeschlagenen Prognose dient, nicht aber – wie ein Rechtsmittel – der Fehlerbeseitigung. Der Wortlaut des § 238 Abs. 4 FamFG ist insoweit eindeutig, da danach die Erstentscheidung unter **Wahrung ihrer Grundlagen** nur angepasst werden darf. 603

b) Beschwerdeverfahren

Hat der andere Verfahrensbeteiligte Beschwerde eingelegt, muss der Abänderungsberechtigte durch Anschlussbeschwerde (vgl. § 66 FamFG) versuchen, die von ihm begehrte Änderung zu erreichen. 604

c) Rechtsbeschwerdeverfahren

Ist gegen den abzuändernden Beschluss Rechtsbeschwerde eingelegt worden, hindert dies nicht die Erhebung eines Abänderungsverfahrens, da die zur Begründung 605 einer wesentlichen Änderung der Verhältnisse vorzutragenden neuen Tatsachen i. R. d. Rechtsbeschwerde nicht vorgebracht werden können. Das Abänderungsverfahren ist aber bis zum rechtskräftigen Abschluss des Erstverfahrens auszusetzen.

10. Checkliste zum Abänderungsantrag nach § 238 FamFG

606 Abänderungsantrag nach § 238 FamFG

I. Streitgegenstand

ist die Begründetheit des Abänderungsbegehrens, d. h. die Frage, ob der vorhandene Unterhaltsbeschluss zugunsten des Antragstellers wegen wesentlicher Änderungen der Verhältnisse abgeändert werden muss. Es geht demnach um den gleichen Streitgegenstand wie im Vorverfahren, da der gleiche Lebenssachverhalt untersucht wird. Das Abänderungsverfahren nach § 238 FamFG erlaubt aus Gründen der Billigkeit die **Durchbrechung der materiellen Rechtskraft** des abzuändernden Beschlusses.

II. Verpflichtung zu einer Unterhaltsrente
1. Positiver Leistungsbeschluss i. S. v. § 258 ZPO erforderlich
2. Antragsabweisung → dann neues Verfahren nach § 258 ZPO
3. Ausnahme: Abänderungsbeschluss, der Unterhalt aberkennt, kann nur mit neuem Abänderungsantrag nach § 238 FamFG angegriffen werden

III. Nachträgliche wesentliche Änderung der Bemessungsgrundlage
1. wesentlich = Abänderung im Umfang von 10 %
2. schlüssige Behauptung → Antrag zulässig; Beweis gelungen → Antrag begründet
3. Änderung der tatsächlichen Verhältnisse (z. B. der Leistungsfähigkeit)
4. Änderung der rechtlichen Verhältnisse (z. B. der höchstrichterlichen Rechtsprechung)

IV. Präklusion, § 238 Abs. 2 FamFG
1. Die Veränderung muss nachträglich eingetreten sein, wobei allein der Zeitpunkt der Entstehung, nicht der Zeitpunkt der Kenntnisnahme der Änderung maßgebend ist.
2. Die Vorhersehbarkeit der später eingetretenen Tatsachen schließt das Abänderungsverfahren aus (str.).
3. Bei einem Versäumnisbeschluss muss stets von der Einspruchsmöglichkeit Gebrauch gemacht werden, weil nur Gründe, die nach Ablauf der Einspruchsfrist entstanden sind, zur Abänderung berechtigen.
4. Entstehen die Gründe nach Abschluss der ersten Instanz, kann Beschwerde eingelegt werden. Erforderlich ist dies jedoch nicht.

V. Rückwirkungssperre, § 238 Abs. 3 FamFG
1. Abänderung ab Rechtshängigkeit
2. Ausnahme für Unterhaltsgläubiger: § 1613 Abs. 1 BGB
3. Ausnahme für Unterhaltsschuldner: Abänderung ab Auskunfts- und Verzichtsverlangen, vgl. § 238 Abs. 3 Satz 3 FamFG

VI. Entscheidung durch Beschluss

→ Abänderung nur der »falschen« Prognose, d. h. keine »Fehlerbeseitigung«

VII. Abgrenzung

E. Abänderung eines Unterhaltstitels Kapitel 5

1. Abänderungs- oder Nachforderungsantrag?

→ grds. Vorrang des Abänderungsantrags, es sei denn, es liegt ein offener Teilantrag vor (z. B. Antragsteller verlangt nur den streitigen Spitzenbetrag, den der Schuldner nicht freiwillig zahlt. Dann kann er jederzeit ohne Beschränkung nach § 238 FamFG den Sockelbetrag nach §§ 253, 258 ZPO einklagen).

2. Verhältnis zum Vollstreckungsabwehrantrag

Der Vollstreckungsabwehrantrag wendet sich gegen die Zwangsvollstreckung aus dem Unterhaltstitel. Die Zwangsvollstreckung soll für unzulässig erklärt werden, weil der titulierte Anspruch inzwischen erloschen oder gehemmt ist. In Abgrenzung zu den Vorschriften der §§ 238, 239 FamFG kommen für den Vollstreckungsabwehrantrag nur Gegengründe gegen den Unterhaltstitel infrage, die diesen unwandelbar vermindern.

→ Der Vollstreckungsabwehrantrag betrifft **punktuell eintretende Ereignisse, Einwendungen und Einreden.**

Umgekehrt bezweckt das Abänderungsverfahren nach § 238 FamFG die Anpassung des Unterhaltstitels. Der Grund ist die Änderung variabler Bemessungsfaktoren für den Unterhalt (z. B. Leistungsfähigkeit, Bedürftigkeit).

→ Änderungen der **stets wandelbaren** wirtschaftlichen Verhältnisse der Beteiligten sind mit dem Abänderungsantrag nach § 238 FamFG geltend zu machen.

II. Abänderung von Vergleichen und Urkunden (§ 239 FamFG)

§ 239 Abs. 1 Satz 1 FamFG bestimmt, dass Vergleiche nach § 794 Abs. 1 Nr. 1 ZPO 607
und vollstreckbare Urkunden ebenfalls der Abänderung unterliegen, sofern sie eine Verpflichtung zu künftig fällig werdenden wiederkehrenden Leistungen enthalten. Die Vorschrift basiert auf der Rechtsprechung des BGH, der eine Abänderung dieser Titel allein nach materiellem Recht beurteilt. Dies ist dadurch bedingt, dass die Titel des § 239 FamFG keine Rechtskraft entfalten können; deshalb ist auch der **Vertrauensschutz** des Unterhaltsberechtigten weniger ausgeprägt. Wegen dieser Unterschiede hat der Gesetzgeber eine gesonderte Vorschrift ggü. § 238 FamFG für die Abänderung dieser Titel für erforderlich gehalten.

▶ **Das Wichtigste in Kürze** 608

- Die Abänderung von Unterhaltstiteln, die **der materiellen Rechtskraft nicht fähig** sind, erfolgt nach § 239 FamFG, wenn eine Störung der Geschäftsgrundlage (vgl. § 239 Abs. 2 FamFG i. V. m. § 313 BGB) auftritt. → Rdn. 611 ff. und Rdn. 618 ff.
- Fehlen in der Unterhaltsvereinbarung Angaben zur Geschäftsgrundlage, ist die Abänderung grds. **wie bei einer Unterhaltserstfestsetzung** nach den gesetzlichen Vorschriften vorzunehmen. → Rdn. 620 ff.
- Nach § 242 FamFG i. V. m. § 769 ZPO kann das FamG auf Antrag anordnen, dass die Zwangsvollstreckung bis zum Erlass des Abänderungsbeschlusses eingestellt wird. → Rdn. 520 ff.

Kapitel 5 Durchsetzung des Unterhaltsanspruchs im gerichtlichen Verfahren

– Die **Rechtshängigkeit** eines auf Herabsetzung gerichteten Abänderungsantrags begründet eine verschärfte Bereicherungshaftung nach § 241 FamFG, soweit nach diesem Zeitpunkt noch Unterhaltsleistungen vom Antragsgegner bezogen werden. → Rdn. 1245 ff.

1. Anwendungsbereich

609 Anwendbar ist die Vorschrift des § 239 FamFG, sofern der Unterhalt mittels Vergleich nach § 794 Abs. 1 Nr. 1 ZPO oder vollstreckbarer Urkunde tituliert ist.

610 Vollstreckbare Urkunden in diesem Sinne können sein:
– notarielle Urkunden nach § 794 Abs. 1 Nr. 5 ZPO,
– vollstreckbar erklärte Anwaltsvergleiche (§§ 796a bis 796c ZPO),
– Jugendamtsurkunden nach §§ 59, 60 SGB VIII,[224]

falls durch sie eine Unterhaltsverpflichtung tituliert wird.

2. Abänderungsantrag nach § 239 FamFG

611 § 239 Abs. 1 Satz 2 FamFG entspricht § 238 Abs. 1 Satz 2 FamFG. Auch bei der Abänderung eines Vergleichs oder einer vollstreckbaren Urkunde muss der Antragsteller Tatsachen vortragen, die – ihre Richtigkeit unterstellt – die Abänderung des Titels rechtfertigen. Erforderlich ist jedenfalls, dass der Antragsteller sich ausführlich mit der Geschäftsgrundlage des abzuändernden Titels auseinandersetzt. Ansonsten ist der Abänderungsantrag unzulässig. Abweichend von § 238 Abs. 1 Satz 2 FamFG bestimmen sich die Abänderungsvoraussetzungen jedoch nicht nach der **Wesentlichkeitsschwelle**, sondern allein nach dem materiellen Recht; somit primär danach, welche Voraussetzungen die Beteiligten für eine Abänderung vereinbart haben, i. Ü. nach den Regeln über die Störung bzw. den Wegfall der Geschäftsgrundlage (§ 313 BGB).

612 Der Abänderungsantrag muss zunächst konkret den abzuändernden Titel benennen. Fordert der Antragsteller erhöhten Unterhalt bzw. strebt er eine Verringerung seiner Verpflichtung an, ist dafür der Zeitpunkt der Abänderung im Antrag anzugeben.

a) Formulierungsvorschlag: Abänderung eines Vergleichs, gerichtet auf Erhöhung des Unterhalts

613 Ein auf Erhöhung gerichteter Antrag kann folgenden Wortlaut haben:

Der Antragsgegner wird unter Abänderung des vor dem AG – FamG ..... am ..... (Az.: .....) geschlossenen Vergleichs verpflichtet, an den Antragsteller ab ..... einen monatlich im Voraus, spätestens bis zum 3. eines jeden Monats, zu zahlenden Unterhalt i. H. v. ..... € zu bezahlen.

---

224 Vgl. BGH, NJW 2003, 3770.

E. Abänderung eines Unterhaltstitels   Kapitel 5

b) Formulierungsvorschlag: Abänderung eines Vergleichs, gerichtet auf Herabsetzung des Unterhalts

Ein auf Herabsetzung gerichteter Antrag kann folgenden Wortlaut haben: 614

1. Der Unterhaltsvergleich der Beteiligten, abgeschlossen am ..... vor dem AG ..... (Az.: .....), wird dahin abgeändert, dass der Antragsteller an die Antragsgegnerin ab ..... einen monatlich im Voraus, spätestens bis zum 3. eines jeden Monats, zu zahlenden Scheidungsunterhalt i. H. v. nur noch ..... € zu zahlen hat.
2. Die Zwangsvollstreckung aus dem Vergleich vom ..... (Az.: .....) wird nach § 242 FamFG i. V. m. § 769 ZPO bis zum Erlass des Beschlusses in diesem Verfahren nur noch i. H. v. ..... € ohne Sicherheitsleistung einstweilen zugelassen.

Für den Fall des schriftlichen Vorverfahrens wird bei nicht rechtzeitiger Anzeige der Verteidigungsabsicht beantragt, ohne mündliche Verhandlung durch Versäumnisbeschluss zu entscheiden.

c) Formulierungsvorschlag: Abänderung eines Vergleichs, gerichtet auf Entfallen der Unterhaltspflicht

Der Antrag, die Unterhaltspflicht möge ganz entfallen, ist wie folgt zu formulieren: 615

1. Der Unterhaltsvergleich der Beteiligten, abgeschlossen am ..... vor dem AG ..... (Az.: .....), wird dahin abgeändert, dass der Antragsteller ab ..... keinen Unterhalt mehr an die Antragsgegnerin zu bezahlen hat.
2. Die Zwangsvollstreckung aus dem o. g. Vergleich vom ..... (Az.: .....) wird nach § 242 FamFG i. V. m. § 769 ZPO bis zum Erlass des Beschlusses in diesem Verfahren ohne Sicherheitsleistung einstweilen eingestellt.

Soweit der Antragsteller die Einkünfte des Antragsgegners nicht zuverlässig kennt, ist   616
auch die Erhebung eines **Abänderungsstufenantrags** nach § 254 ZPO zulässig.

d) Formulierungsvorschlag: Abänderungsstufenantrag – Vergleich

Ein solcher Antrag hätte folgenden Wortlaut: 617

1. Der Antragsgegner wird verpflichtet, dem Antragsteller Auskunft zu erteilen durch Vorlage einer systematischen Aufstellung über
   a) sein Vermögen am .....;
   b) seine sämtlichen Brutto- und Nettoeinkünfte einschließlich aller Nebeneinkünfte aus nicht selbstständiger Tätigkeit sowie aus anderer Herkunft in der Zeit vom ..... bis ..... und die erteilte Auskunft durch Vorlage der Lohnsteuerkarte nebst Lohnsteuerbescheinigung für das Jahr ..... in Fotokopie und der Originallohnabrechnungen des Arbeitgebers für die Monate ..... bis ..... sowie der Originalbescheide über im v.g. Zeitraum etwa bezogenes Krankengeld und etwa bezogene Arbeitslosenunterstützung zu belegen;
   c) seine sämtlichen Einnahmen und Aufwendungen aus selbstständiger Arbeit, aus Kapitalvermögen, aus Vermietung und Verpachtung sowie aus anderer Herkunft unter Angabe der Privatentnahmen in der Zeit vom ..... bis ..... und die erteilte Auskunft durch Vorlage der Einkommensteuererklärungen sowie der etwaigen Bilanzen nebst den Gewinn- und Verlustrechnungen bzw. der etwaigen

Kapitel 5 Durchsetzung des Unterhaltsanspruchs im gerichtlichen Verfahren

Einnahmenüberschussrechnungen für die Jahre ..... bis ..... sowie der Einkommensteuerbescheide für die Jahre ..... bis ..... zu belegen.
2. Der Antragsgegner wird verpflichtet, an Eides statt zu versichern, dass er die Auskunft über seine Einkünfte nach bestem Wissen so vollständig abgegeben habe, als er dazu imstande sei.
3. Der Antragsgegner wird unter Abänderung des vor dem AG – FamG ..... am ..... (Az.: .....) geschlossenen Vergleichs verpflichtet, an den Antragsteller ab ..... den nach Erfüllung der Auskunftsverpflichtung noch zu beziffernden angemessenen Unterhalt zu zahlen.

Für den Fall des schriftlichen Vorverfahrens wird bei nicht rechtzeitiger Anzeige der Verteidigungsabsicht beantragt, ohne mündliche Verhandlung durch Versäumnisbeschluss zu entscheiden.

3. Abänderung entsprechend § 313 BGB

a) Eingeschränkter Vertrauensschutz

618 § 239 Abs. 2 FamFG verweist wegen der übrigen Voraussetzungen und wegen des Umfanges der Abänderung auf die Regelungen des bürgerlichen Rechts. Zu nennen sind hierbei in erster Linie die Störung bzw. der Wegfall der Geschäftsgrundlage (vgl. § 313 BGB) sowie die Grundsätze über das Schuldanerkenntnis (§ 781 BGB).

619 Die Abänderbarkeit eines Vergleichs unterliegt also weder einer Wesentlichkeitsgrenze noch einer zeitlichen Beschränkung; Grund dafür ist, dass die Titel des § 239 FamFG nicht der Rechtskraft fähig sind. Die Vertragspartner eines Vergleichs können die Kriterien der Abänderbarkeit autonom bestimmen, d. h. eine bindende Regelung zur Möglichkeit einer Abänderung treffen.[225] Einer **rückwirkenden Abänderung** können nur materiell-rechtliche Gründe entgegenstehen; i. Ü. löst eine rückwirkende Abänderung zugunsten des Unterhaltsschuldners grds. nur Bereicherungsansprüche aus. Diese unterliegen natürlich der Einschränkung des § 818 Abs. 3 BGB, d. h. gewähren Rückzahlungsansprüche nur im Rahmen einer fortbestehenden Bereicherung des Unterhaltsempfängers.

b) Störung der Geschäftsgrundlage

620 Für die Abänderung von Vereinbarungen bzw. Urkunden i. S. d. § 239 FamFG kommt es allein darauf an, welche Verhältnisse zugrunde lagen und wie die Beteiligten diese Verhältnisse bewerteten. Letztlich bestimmen die Beteiligten nämlich autonom, welchen Regelungsgegenstand die Vereinbarung haben soll und unter welchen Umständen eine Anpassung zu vollziehen ist. So können die Beteiligten etwa auch vereinbaren, dass die Anpassung des Vergleichs sich nicht nach § 313 BGB richtet, sondern dass wie bei einer Unterhaltserstfestsetzung zu verfahren ist.

---

225 BGH, FamRZ 2012, 525, 527.

E. Abänderung eines Unterhaltstitels   Kapitel 5

Ist in den maßgeblichen Verhältnissen seit Abschluss der Vereinbarung eine gewichtige   621
Änderung eingetreten, muss die danach gebotene Anpassung der getroffenen Regelung
an die veränderten Verhältnisse nach Möglichkeit unter Wahrung der dem Beteiligtenwillen entsprechenden Grundlagen vollzogen werden.

So ist eine Unterhaltsvereinbarung an die geänderten Umstände anzupassen, wenn die
Beteiligten bei einem Unterhaltsverzicht davon ausgingen, dass der geschiedene aus-
ländische Ehegatte wieder in sein Heimatland zieht, dann aber doch dauerhaft nach
Deutschland zurückkehrt.[226]

Dabei können nicht nur Veränderungen der individuellen Verhältnisse, sondern auch   622
solche in der bestehenden Rechtslage, insb. aufgrund der höchstrichterlichen Rechtsprechung, zu einer Störung der vertraglichen Vereinbarung führen, die nach den
Grundsätzen des § 313 BGB im Wege der Anpassung zu bereinigen ist.

Haben sich die Verhältnisse so tief greifend verändert, dass dem Beteiligtenwillen für   623
die vorzunehmende Änderung keine hinreichenden Anhaltspunkte mehr zu entnehmen sind oder lässt sich ein solcher Beteiligtenwille nicht mehr ermitteln, muss die
Abänderung ohne eine fortwirkende Bindung an die Vereinbarung vorgenommen werden. Im Fall einer Unterhaltsregelung muss der Unterhalt wie bei einer Erstfestsetzung
nach den gesetzlichen Vorschriften bemessen werden.[227] Gleiches gilt, wenn die Parteien beim Abschluss ihrer Vereinbarung bestimmen, dass die Änderung nach Ablauf
einer bestimmten Frist durch Neufestsetzung und nicht durch Abänderung gem. § 239
FamFG begehrt werden kann.

Mitunter fehlen in der Unterhaltsvereinbarung Angaben zur Geschäftsgrundlage bzw.   624
wurde darauf auch bewusst verzichtet. Auch in solchen Fällen ist der Unterhaltsanspruch ohne eine Bindung an den abzuändernden Vergleich allein nach den gesetzlichen Vorgaben zu ermitteln.[228] Lässt sich also dem Vergleich und dem ihm zugrunde
liegenden Beteiligtenwillen kein hinreichender Ansatz für eine Anpassung an veränderte Umstände entnehmen, kann es geboten sein, die Abänderung ohne fortwirkende
Bindung an die Grundlage des abzuändernden Vergleichs vorzunehmen. Der Unterhalt ist dann **wie bei einer Erstfestsetzung** nach den gesetzlichen Vorschriften zu bemessen.[229]

Das gilt **ausnahmsweise** dann nicht, wenn und soweit die Beteiligten in dem Unterhaltsvergleich bewusst eine restlose und endgültige Regelung getroffen und damit
eine spätere Abänderung wegen nicht vorhersehbarer Veränderungen der maßgeblichen Verhältnisse ausdrücklich ausgeschlossen haben. Die abschließende Einigung
auf der Grundlage einer bloßen Prognose ist dann Vertragsinhalt und nicht nur dessen Geschäftsgrundlage. Das kann etwa der Fall sein, wenn die Beteiligten mit der

---

226 OLG Zweibrücken, FamRZ 2008, 1453.
227 Vgl. dazu BGH, FamRZ 2008, 968, 970.
228 BGH, FamRZ 2008, 968, 970; OLG Düsseldorf, FamRZ 2008, 1002.
229 So BGH, NJW 2010, 440 ff.

Vereinbarung eines Abfindungsbetrags eine abschließende Regelung ihres Unterhaltsrechtsverhältnisses herbeiführen wollen, auch wenn der Betrag in künftigen Raten zu zahlen ist.[230]

625 Der Ausschluss der Abänderbarkeit eines Unterhaltsvergleichs wegen nachträglicher Änderung der gesetzlichen Grundlagen oder der höchstrichterlichen Rechtsprechung kann damit nur auf einer ausdrücklichen vertraglichen Vereinbarung beruhen, für die derjenige die Darlegungs- und Beweislast trägt, der sich darauf beruft.[231]

c) Abänderung von notariellen Urkunden nach § 794 Abs. 1 Nr. 5 ZPO

626 Mitunter tätigen die Beteiligten eine Vereinbarung über die Unterhaltspflicht und lassen dieselbe dann notariell beurkunden zwecks Titulierung. Die notarielle Vereinbarung enthält regelmäßig die Geschäftsgrundlage der Unterhaltspflicht, sodass eine Abänderung nach § 239 FamFG; § 313 BGB voraussetzt, dass diese sich geändert hat.

Falls eine derartige Urkunde aber keine Geschäftsgrundlage benennen sollte, ist im Abänderungsverfahren nach § 239 FamFG der Unterhaltsanspruch (ohne eine Bindung) allein nach den gesetzlichen Vorgaben zu ermitteln. Die Anpassung richtet sich also nach den derzeitigen Verhältnissen der Beteiligten.[232]

d) Abänderung von Jugendamtsurkunden nach §§ 59 Abs. 1 Nr. 3, 60 SGB VIII

627 Jugendamtsurkunden nach §§ 59 Abs. 1 Nr. 3, 60 SGB VIII sind in der Praxis beliebt, weil sie kostenfrei errichtet werden können. Die Abänderung derartiger Urkunden ist von den Umständen des Einzelfalles abhängig.

Haben die Beteiligten sich über die Unterhaltspflicht verständigt und nur zwecks Titulierung eine Jugendamtsurkunde errichtet, ist der Inhalt der Vereinbarung Geschäftsgrundlage. Eine Abänderung setzt eine nachträgliche Veränderung voraus. Jugendamtsurkunden, denen eine Vereinbarung zugrunde liegt, sind also nicht frei abänderbar. I. R. d. Abänderung ist vielmehr stets der Inhalt der Vereinbarung der Parteien zu wahren.[233]

628 Häufig werden Jugendamtsurkunden aber auch einseitig, d. h. vom Verpflichteten errichtet, und der Gegenseite zwecks gerichtlicher Verfahrensvermeidung zur Verfügung gestellt. Dann kann der **Unterhaltsberechtigte** nach Auffassung des BGH[234] ohne irgendwelche Bindungen einen höheren Unterhalt mittels Abänderungsantrags nach § 239 FamFG fordern. Richtiger wäre allerdings ein Leistungsantrag nach § 113 Abs. 1

---

230 BGH, FamRZ 2005, 1662.
231 BGH, NJW 2010, 440, 442.
232 BGH, FamRZ 2008, 968, 970; BGH, NJW 2003, 3770.
233 Vgl. BGH, FamRZ 2011, 1034.
234 BGH, FamRZ 2011, 1034.

Satz 2 FamFG i. V. m. §§ 253, 258 ZPO, mit welchem der streitige Spitzenbetrag geltend gemacht wird.[235]

Der **Unterhaltspflichtige** hat mittels der Jugendamtsurkunde ein Schuldanerkenntnis nach § 781 BGB abgegeben. Dadurch ergibt sich eine Bindungswirkung, sodass er sich von der Verpflichtung nur lösen kann, wenn eine nachträgliche Änderung der maßgeblichen Verhältnisse eingetreten ist. 629

Der BGH[236] stellt dies wie folgt dar: »Anderes gilt hingegen, wenn der Unterhaltsschuldner, der einseitig die Jugendamtsurkunde erstellt hat, im Wege der Abänderungsklage eine Herabsetzung seiner Unterhaltsschuld begehrt. Auch dann liegt der Urkunde keine Geschäftsgrundlage zu Grunde, deren Wegfall oder Änderung dargelegt werden müsste. Weil die einseitig erstellte Jugendamtsurkunde regelmäßig zugleich zu einem Schuldanerkenntnis nach § 781 BGB führt, muss eine spätere Herabsetzung der Unterhaltspflicht die Bindungswirkung dieses Schuldanerkenntnisses beachten (...). Der Unterhaltspflichtige kann sich von dem einseitigen Anerkenntnis seiner laufenden Unterhaltspflicht also nur dann lösen, wenn sich eine nachträgliche Änderung der tatsächlichen Umstände, des Gesetzes oder der höchstrichterlichen Rechtsprechung auf die Höhe seiner Unterhaltspflicht auswirken.« 630

e) Checkliste: Abänderungsantrag nach § 239 FamFG

Abänderungsantrag nach § 239 FamFG 631

Zulässig, § 239 Abs. 1 FamFG
☐ Bei Vergleichen nach § 794 Abs. 1 Nr. 1 ZPO sowie
☐ vollstreckbaren Urkunden.
☐ Antragsteller muss Tatsachen vortragen, die Abänderung rechtfertigen können:
  ☐ keine wesentliche Änderung erforderlich (wie bei § 238 Abs. 1 FamFG)
  ☐ **rückwirkende Abänderung** kann beantragt werden (keine Rückwirkungssperre wie bei § 238 Abs. 3 FamFG)

Materiell begründet, § 239 Abs. 2 FamFG
☐ Störung der Geschäftsgrundlage nach § 313 BGB erforderlich.
☐ keine wesentliche Änderung erforderlich (wie bei § 238 Abs. 1 FamFG)
☐ **rückwirkende Abänderung** möglich (keine Rückwirkungssperre wie bei § 238 Abs. 3 FamFG)

4. Abgrenzung zum Leistungsantrag nach § 113 Abs. 1 FamFG i. V. m. § 258 ZPO

Grds. gilt, dass die von § 239 FamFG umfassten Titel einer Abänderung nach dieser Vorschrift bedürfen, wenn sich die Geschäftsgrundlage ändert, sodass in diesen Fällen 632

---

235 So auch BGH, NJW 2010, 238, 239.
236 BGH, FamRZ 2011, 1034.

Kapitel 5 Durchsetzung des Unterhaltsanspruchs im gerichtlichen Verfahren

ein Leistungsverfahren nach § 113 Abs. 1 FamFG i. V. m. § 258 ZPO (vorbehaltlich einer denkbaren Umdeutung) nicht zulässig ist. Mitunter bestehen aber auch Abgrenzungsprobleme.

633 Hat ein Unterhaltsschuldner über den geforderten Unterhalt beim Jugendamt einseitig einen Titel errichtet, der aber niedriger ist als der begehrte Unterhalt, ist die Differenz vom Gläubiger durch ein Titelergänzungsverfahren geltend zu machen.[237] Ein dennoch erhobenes Abänderungsverfahren kann in diesen Fällen in ein einfaches Leistungsverfahren umgedeutet werden.[238] Nur wenn der Titulierung eine Vereinbarung zugrunde liegt, ist ausschließlich das Abänderungsverfahren nach § 239 FamFG zulässig.

634 Hat sich der Unterhaltsschuldner in einem gerichtlichen Vergleich oder in einer vollstreckbaren Urkunde zur Zahlung einer Unterhaltsrente über einen freiwillig geleisteten Sockelbetrag hinaus verpflichtet, kann die Herabsetzung der Unterhaltsrente nur dann zum Gegenstand eines Abänderungsverfahrens nach § 239 FamFG gemacht werden, wenn die erstrebte Herabsetzung den freiwillig geleisteten Sockelbetrag übersteigt.

635 Vereinbaren Eheleute in einer notariellen Urkunde Unterhalt sowohl für die Trennungszeit als auch für die Zeit nach der Scheidung, kann eine Neufestsetzung der Unterhaltsbeträge nur im Wege des Abänderungsverfahrens erreicht werden.

636 Soll bei einem außergerichtlichen (nicht titulierten) Vergleich wegen Veränderung oder Wegfalls der Geschäftsgrundlage eine Korrektur erreicht werden, steht hierfür nicht das Abänderungsverfahren des § 239 FamFG, sondern ein Leistungsantrag zur Verfügung.

637 Ist ein gerichtlicher Vergleich oder eine vollstreckbare Urkunde im Abänderungsverfahren korrigiert worden, tritt an ihre Stelle der Abänderungsbeschluss; bei einer erneuten Abänderung gelten dafür die Regeln des § 238 FamFG ohne jede Einschränkung.

638 **Wichtiger Sonderfall:** Ist durch Vergleich titulierter Unterhalt nur für einen bestimmten Zeitraum vereinbart worden, weil die Beteiligten davon ausgingen, für die Zeit danach werde der Unterhaltsanspruch mangels Bedürftigkeit entfallen, ist ein für einen späteren Zeitraum behaupteter Unterhaltsanspruch im Wege des Leistungsantrags nach § 113 Abs. 1 FamFG i. V. m. § 258 ZPO geltend zu machen.[239]

639 ▶ Hinweis:

Insoweit ist die Verfahrensart titelabhängig, denn im vergleichbaren Fall wäre beim Unterhaltsbeschluss das Abänderungsverfahren nach § 238 FamFG zu erheben.

640 Ausschlaggebend ist, dass nach § 239 Abs. 1 FamFG das Abänderungsverfahren nur anzuwenden ist, soweit in einem gerichtlichen Vergleich Unterhaltsleistungen übernommen oder festgesetzt worden sind. § 239 Abs. 1 FamFG erfasst mithin nicht die

---

237 BGH, FamRZ 2010, 195 ff.
238 OLG Naumburg, FamRZ 2008, 799.
239 BGH, NJW 2007, 2249.

Fälle, in denen für die Zukunft keine Leistungspflicht festgelegt worden ist. Eine analoge Anwendung über den Wortlaut des Abs. 1 hinaus kommt nicht in Betracht. Die Situation nach Erlass eines rechtskräftigen Beschlusses unterscheidet sich von derjenigen nach Abschluss eines Vergleichs. Die Rechtskraft des Beschlusses erstreckt sich nämlich im Fall eines dem Antrag auf Unterhalt nur teilweise stattgebenden Erstbeschlusses auch auf die künftigen (aberkannten) Unterhaltsansprüche, sodass bei einer Veränderung der Verhältnisse das Abänderungsverfahren zu erheben ist. Der Vergleich ist hingegen der Rechtskraft nicht fähig, sodass sich das Problem der Durchbrechung der Rechtskraft nicht stellt.[240] Auch wenn die Beteiligten mit der getroffenen Regelung zum Ausdruck bringen wollten, dass für die Zukunft kein Unterhaltsanspruch mehr besteht, beschränkt sich die Vereinbarung nur auf den materiellen Anspruch; sein Nichtbestehen wurde nicht durch ein Gericht rechtskräftig festgestellt.

Nach Auffassung des OLG Hamm[241] ist ein durch Jugendamtsurkunde titulierter Unterhalt, der nach einem Abänderungsverfahren auf Null reduziert wurde, bei Änderung der maßgeblichen Verhältnisse erneut mittels eines Abänderungsverfahrens zu korrigieren. Ein Leistungsantrag sei nicht zulässig. 641

5. Abgrenzung zum Vollstreckungsabwehrantrag nach § 767 ZPO

Die Abgrenzung des Abänderungsverfahrens nach § 238 FamFG (Abänderung eines Unterhaltsbeschlusses) zum Vollstreckungsabwehrantrag nach § 767 ZPO wurde bereits behandelt, vgl. Rdn. 590 ff. Die beschriebenen Kriterien gelten auch für die Abgrenzung zum Abänderungsverfahren nach § 239 FamFG. 642

Das Abänderungsverfahren nach § 239 FamFG bezweckt die Anpassung der titulierten Unterhaltsvereinbarung an die stets wandelbaren tatsächlichen und rechtlichen Verhältnisse. 643

Der **Vollstreckungsgegenantrag** nach § 767 ZPO wendet sich gegen die Zwangsvollstreckung aus der titulierten Unterhaltsvereinbarung. Die Zwangsvollstreckung soll für unzulässig erklärt werden, weil der titulierte Anspruch inzwischen erloschen oder gehemmt ist. In Abgrenzung zu der Vorschrift des § 239 FamFG kommen für den Vollstreckungsgegenantrag nur Gegengründe gegen den Unterhaltstitel infrage, die diesen unwandelbar vermindern. 644

6. Anwaltliche Vorgehensweise

Die anwaltliche Tätigkeit besteht auch im Fall der Unterhaltsvereinbarung darin, entweder für den Unterhaltsgläubiger mehr Unterhalt zu fordern (sobald dies möglich ist) oder umgekehrt für den Unterhaltsschuldner darauf hinzuwirken, dass sich dessen Unterhaltspflicht reduziert bzw. am besten gänzlich beendet wird. Insoweit kommen folgende Verfahren in Betracht: 645

---

240 Allgemeine Meinung, vgl. z. B. Götsche, ZFE 2007, 211 f.
241 OLG Hamm, FamRZ 2007, 1032.

Kapitel 5   Durchsetzung des Unterhaltsanspruchs im gerichtlichen Verfahren

646

Unterhaltsvereinbarung

Unterhaltsschuldner:	Unterhaltsgläubiger:
• **Abänderungsantrag, § 239** Voraussetzung: Störung der Geschäftsgrundlage, § 313 BGB • **Vollstreckungsabwehrklage, § 767 ZPO** Voraussetzung: rechtsvernichtende Einwendung oder Einrede (insb. Nichtidentitätsgrundsatz oder § 1586 BGB)	• **Abänderungsantrag, § 239** Voraussetzung: Störung der Geschäftsgrundlage, § 313 BGB • **Vollstreckungsabwehrklage, § 767 ZPO (-)** Arg.: Nur der Verpflichtete kann Einwendungen gegen den Titel haben.

III. Abänderung nach § 240 FamFG

647 Die Vorschrift des § 240 FamFG regelt die Sonderfälle der Abänderung von Entscheidungen nach § 237 FamFG (Unterhalt bei Feststellung der Vaterschaft) und § 253 FamFG (Unterhaltsfestsetzung im vereinfachten Verfahren). Ziel dieses Verfahrens ist es insb., die im vereinfachten Verfahren nach §§ 249 ff. FamFG bzw. im Abstammungsverfahren nach § 237 FamFG erfolgte Unterhaltsfestsetzung mit solchen Einwendungen anzugreifen, die in diesen Verfahren nicht zulässig waren (vgl. § 252 FamFG). Umgekehrt kann der Unterhaltsberechtigte, der auf einen schnellen Titel angewiesen war, nunmehr eine genaue höhere Unterhaltsfestsetzung erreichen.

1. Anwendungsbereich

648 Die Abänderungsmöglichkeit nach § 240 FamFG bezieht sich auf die im vereinfachten Verfahren nach §§ 249 ff. FamFG erfolgte Unterhaltsfestsetzung und auf die im Zusammenhang mit dem Vaterschaftsverfahren erlangte Unterhaltsregelung nach § 237 Abs. 1 und Abs. 3 FamFG.

649 In den genannten Fällen kann sich der Unterhaltsberechtigte ohne konkrete Kenntnis der wirtschaftlichen Verhältnisse des Unterhaltspflichtigen einen Unterhaltstitel verschaffen, der nicht ohne Weiteres mit dem tatsächlich materiell-rechtlich geschuldeten Unterhalt nach §§ 1601, 1610 Abs. 1 BGB übereinstimmt. Nach § 237 Abs. 3 FamFG kann nämlich Unterhalt lediglich i. H. d. Mindestunterhalts gefordert werden, im vereinfachten Verfahren gem. § 249 Abs. 1 FamFG das 1, 2-fache des Mindestunterhalts.

650 Erlangt der Unterhaltsberechtigte später über die wahren Einkommens- und Vermögensverhältnisse des Unterhaltsschuldners Kenntnis, kann er den Unterhalt nach den

individuellen Verhältnissen mit der Abänderungsklage nach § 240 FamFG festsetzen lassen.

Ferner kann der Unterhaltsberechtigte diesen Weg beschreiten, wenn er sich durch Beschlüsse nach § 237 FamFG bzw. § 253 Abs. 1 FamFG einen schnellen Vollstreckungstitel beschaffen will und erst danach eine den tatsächlichen wirtschaftlichen Verhältnissen entsprechende Unterhaltsfestsetzung anstrebt. 651

Umgekehrt hat der Unterhaltspflichtige, der im vereinfachten Verfahren keine Einwendungen erhoben hat bzw. solche im Verfahren der Vaterschaftsfeststellung nicht erheben konnte, die Möglichkeit, materiell-rechtliche Einwendungen gegen den Unterhaltsbeschluss geltend zu machen. 652

2. Voraussetzungen der Abänderung nach § 240 FamFG

a) Vorrang des streitigen Verfahrens nach § 255 FamFG

Enthält eine rechtskräftige Endentscheidung nach § 237 oder § 253 FamFG eine Verpflichtung zu künftig fällig werdenden wiederkehrenden Leistungen, kann jeder Beteiligte die Abänderung beantragen, sofern nicht (im Fall des vereinfachten Verfahrens) bereits ein Antrag auf Durchführung des streitigen Verfahrens nach § 255 FamFG gestellt worden ist. 653

Der Wortlaut des § 240 FamFG macht damit deutlich, dass ein streitiges Verfahren nach § 255 FamFG der Abänderung nach dieser Vorschrift vorgeht.

b) Antrag

Das Verfahren nach § 240 FamFG setzt zunächst den **Antrag** eines Beteiligten voraus, der von einer zuvor im vereinfachten Verfahren nach §§ 249 ff. FamFG bzw. im Vaterschaftsverfahren nach § 237 FamFG erfolgten Unterhaltsfestsetzung betroffen war. 654

Ziel des Antrags nach § 240 FamFG, der vom **Unterhaltsschuldner** gestellt wird, ist es, die Unterhaltsbestimmung mit Einwendungen anzugreifen, die im früheren Verfahren nach § 237 bzw. §§ 249 ff. FamFG nicht zulässig waren. 655

Umgekehrt kann der **Unterhaltsberechtigte**, der auf einen schnellen Titel angewiesen war, nunmehr eine genaue höhere Unterhaltsfestsetzung erreichen, da die Verfahren nach § 237 bzw. §§ 249 ff. FamFG nur der Höhe nach begrenzten Unterhalt zugestehen. Aus diesem Grund wird der Unterhaltsberechtigte das Verfahren nach § 240 FamFG aufgreifen wollen. 656

c) Allgemeine Verfahrensvoraussetzungen

Die allgemeinen Verfahrensvoraussetzungen müssen vorliegen. Insb. ist die **ordnungsgemäße Vertretung** beim Kindesunterhalt zu beachten (vgl. § 1629 BGB). 657

Das **Rechtsschutzbedürfnis** für das Abänderungsverfahren nach § 240 FamFG ist regelmäßig gegeben. 658

Kapitel 5 Durchsetzung des Unterhaltsanspruchs im gerichtlichen Verfahren

659 Das Verfahren nach § 240 FamFG ist von den Erfordernissen der §§ 238 FamFG bzw. 767 ZPO unabhängig; es bestehen daher keine präkludierenden Regelungen, ebenso wenig muss eine wesentliche Änderung der Verhältnisse vorliegen. Sie kann aber die Korrektur der im vereinfachten Verfahren erfolgten Unterhaltsfestsetzung bewirken.

660 ▶ Hinweis:

Der Beschlusstenor nach einem Verfahren gem. § 240 FamFG gibt sowohl im Fall einer Erhöhung wie auch einer Herabsetzung des Titels nach §§ 237 bzw. 253 FamFG den Unterhalt in einem Gesamtbetrag wieder.

Der frühere Unterhaltsbeschluss wird aufgehoben, um für spätere Abänderungen nach § 238 FamFG sowie bei einer Vollstreckung einen einheitlichen Titel zur Verfügung zu haben.

3. Zeitliche Begrenzung für die Herabsetzung des Unterhalts

a) Monatsfrist ab Rechtskraft der Entscheidung (§ 240 Abs. 2 Satz 1 FamFG)

661 Beabsichtigt der Unterhaltspflichtige mit seinem Antrag eine Herabsetzung für einen bereits abgelaufenen Zeitraum des Unterhaltsbeschlusses, muss das Verfahren nach § 240 FamFG innerhalb eines Monats nach Rechtskraft der Unterhaltsfestsetzung erhoben werden.

662 Nach Ablauf dieser Frist kann nur noch eine Herabsetzung für die Zeit nach Erhebung des Abänderungsverfahrens verlangt werden. Die Frist berechnet sich nach § 16 Abs. 2 FamFG i. V. m. § 222 ZPO; bei der Wahrung der Frist ist **§ 167 ZPO** anwendbar und zu beachten. Es ist natürlich als »nachlässiges Verhalten« i. S. v. § 167 ZPO zu bewerten, wenn der Antragsteller eines Abänderungsverfahrens nach § 240 FamFG es trotz gebotener Zweifel unterlässt, sich rechtzeitig vor Ablauf der Monatsfrist über die zutreffende Anschrift des Kindes zu vergewissern, und es dadurch zu einem verspäteten Eintritt der Rechtshängigkeit kommt. Die Zustellung ist dann nicht als »demnächst« erfolgt« zu bewerten.[242]

663 Die Frist für eine rückwirkende Herabsetzung des Unterhalts bemisst sich ab dem Zeitpunkt der Erhebung des Abänderungsverfahrens, d.h. die Zustellung nur eines VKH-Antrags für das entsprechende Verfahren ist nicht ausreichend.[243] Eine Analogie zu § 204 Abs. 1 Nr. 14 BGB ist mangels Regelungslücke abzulehnen. Der Gesetzgeber kannte die Problematik und hat die Einreichung eines VKH-Antrags einer Zustellung des Unterhaltsantrags dennoch nicht gleichgestellt.

664 Will das unterhaltsberechtigte Kind eine Erhöhung des Festsetzungsbeschlusses erreichen, unterliegt es nicht der Präklusion; allerdings müssen die materiell-rechtlichen

---

242 OLG Düsseldorf, FamRZ 2008, 1456.
243 OLG Hamm, FamRZ 2008, 1540.

Voraussetzungen für ein rückwirkendes Erhöhungsverlangen nach § 1613 BGB gegeben sein.

b) Verlängerung der Frist im Fall des Erhöhungsantrags (§ 240 Abs. 2 Satz 2 FamFG)

Macht das Kind innerhalb der Monatsfrist des § 240 Abs. 2 Satz 1 FamFG ein Erhöhungsverlangen geltend, verlängert Satz 2 die Frist für den Unterhaltspflichtigen bis zur Beendigung dieses Verfahrens. 665

c) Modifizierte Zeitschranke für auf Herabsetzung gerichtete Abänderungsanträge (§ 240 Abs. 2 Satz 3 FamFG)

Die in § 240 Abs. 2 Satz 3 FamFG enthaltene modifizierte Zeitschranke für auf Herabsetzung gerichtete Abänderungsanträge entspricht § 238 Abs. 3 Satz 3 FamFG. Danach ist der nach Ablauf der Frist gestellte Antrag auf Herabsetzung auch zulässig für die Zeit ab dem Ersten des auf ein entsprechendes Auskunfts- oder Verzichtsverlangen des Antragstellers folgenden Monats (auf die Kommentierung zu § 238 FamFG wird verwiesen, vgl. Rdn. 511 ff.). 666

d) Jahresfrist (§ 240 Abs. 2 Satz 4 FamFG)

§ 240 Abs. 2 Satz 4 FamFG führt eine § 238 Abs. 3 Satz 4 FamFG entsprechende Begrenzung ein. Für eine mehr als ein Jahr vor Rechtshängigkeit liegende Zeit kann danach eine Herabsetzung nicht verlangt werden. Auf die Erläuterungen zu § 238 Abs. 3 Satz 4 FamFG wird verwiesen, vgl. Rdn. 570. 667

e) Teleologische Reduktion

Die zeitlichen Einschränkungen des § 240 Abs. 2 FamFG können aufgrund teleologischer Reduktion überwunden werden. Der Abänderungsantrag ist dann auch für die Zeit zulässig, für die die zeitliche Begrenzung, insb. im Hinblick auf das Verhalten des Antragsgegners, grob unbillig wäre. Letztlich gelten die Kriterien, die für die Einschränkung des § 238 Abs. 2 FamFG durch die Rechtsprechung entwickelt wurden. 668

IV. Muster

1. Muster: Ehegattenunterhalt – Abänderungsstufenantrag der Ehefrau

An das 669

AG .....

– FamG –

.....

Abänderungsstufenantrag

In der Familiensache

Kapitel 5 Durchsetzung des Unterhaltsanspruchs im gerichtlichen Verfahren

der .....

– Antragstellerin –

Verfahrensbevollmächtigte: .....

gegen

Herrn .....

– Antragsgegner –

Verfahrensbevollmächtigte: .....

stelle ich namens und in Vollmacht der Antragstellerin folgenden Antrag:
1. Der Antragsgegner wird verpflichtet, der Antragstellerin Auskunft zu erteilen durch Vorlage einer systematischen Aufstellung über
   a. seine sämtlichen Brutto- und Nettoeinkünfte einschließlich aller Nebeneinkünfte aus nicht selbstständiger Tätigkeit sowie aus anderer Herkunft in der Zeit vom ..... bis ..... und die erteilte Auskunft durch Vorlage der Lohnsteuerkarte nebst Lohnsteuerbescheinigung für das Jahr ..... in Fotokopie und der Originallohnabrechnungen des Arbeitgebers für die Monate ..... bis ..... sowie der Originalbescheide über im v.g. Zeitraum etwa bezogenes Krankengeld und etwa bezogene Arbeitslosenunterstützung zu belegen;
   b. seine sämtlichen Einnahmen und Aufwendungen aus selbstständiger Arbeit, aus Kapitalvermögen, aus Vermietung und Verpachtung sowie aus anderer Herkunft unter Angabe der Privatentnahmen in der Zeit vom ..... bis ..... und die erteilte Auskunft durch Vorlage der Einkommensteuererklärungen sowie der etwaigen Bilanzen nebst den Gewinn- und Verlustrechnungen bzw. der etwaigen Einnahmenüberschussrechnungen für die Jahre ..... bis ..... sowie der Einkommensteuerbescheide für die Jahre ..... bis ..... zu belegen.
2. Der Antragsgegner wird aufgefordert, an Eides statt zu versichern, dass er die Auskunft über seine Einkünfte nach bestem Wissen so vollständig abgegeben habe, als er dazu imstande sei.
3. Der Antragsgegner wird unter Abänderung des Beschlusses vom ..... verpflichtet, an die Antragstellerin ab ..... den nach Erfüllung der Auskunftsverpflichtung noch zu beziffernden angemessenen Unterhalt zu zahlen.

Für den Fall des schriftlichen Vorverfahrens wird bei nicht rechtzeitiger Anzeige der Verteidigungsabsicht beantragt, durch Versäumnisbeschluss ohne mündliche Verhandlung zu entscheiden.

Begründung:

1.

Die Ehe der Beteiligten wurde durch Beschluss des AG ..... vom ..... geschieden. Der Beschluss ist seit dem ..... rechtskräftig.

Beweis: Vorlage des Beschlusses des AG ..... vom ....., **Anlage A1**, in Kopie anbei

I. R. d. Scheidungsverfahrens wurde der Antragsgegner verpflichtet, der Antragstellerin einen nachehelichen Unterhalt i. H. v. monatlich ..... € zu zahlen.

Beweis: wie vorstehend

E. Abänderung eines Unterhaltstitels   Kapitel 5

Der Antragsgegner hat seinen gewöhnlichen Aufenthalt in ....., sodass sich die **Zuständigkeit** des AG – FamG ..... aus §§ 232 Abs. 3 Satz 1 FamFG i. V. m. 12, 13 ZPO ergibt.

Der bislang titulierte Unterhaltsanspruch wurde wie folgt errechnet: ....

2.

Bei dieser Berechnung wurde zulasten der Antragstellerin ein Ehevertrag der Beteiligten vom ..... berücksichtigt.

Die Rechtsprechung beurteilt Eheverträge nunmehr kritischer, d. h. geht im vorliegenden Fall von Sittenwidrigkeit aus.

Die geänderte Rechtsprechung zu Eheverträgen stellt einen Abänderungsgrund dar.

3.

Die Antragstellerin arbeitet ganztags als ..... bei der Firma ..... . In den letzten zwölf Monaten hatte die Antragstellerin ein durchschnittliches monatliches Nettoeinkommen von ..... €.

Beweis: Vorlage der Gehaltsabrechnungen der Monate ..... bis ....., **Anlage A2**, in Kopie anbei

4.

Der Antragstellerin sind die jetzigen Einkünfte des Antragsgegners nicht genau bekannt. Mit Schreiben des Unterzeichnenden vom ..... wurde der Antragsgegner außergerichtlich aufgefordert, eine aktuelle Auskunft über seine Einkünfte und sein Vermögen zu erteilen.

Beweis: Vorlage des Schreibens vom ....., **Anlage A3**, in Kopie anbei

Der Antragsgegner hat jedoch entgegen seiner Verpflichtung nach §§ 1580, 1605 BGB keine Auskunft erteilt.

Aus diesen Gründen ist eine Abänderungsstufenklage geboten, mit der gemäß dem Klageantrag zu 1. zunächst Auskunft verlangt wird.

5.

Der Klageantrag zu 2. wird für den Fall gestellt werden, dass Grund zu der Annahme besteht, der Antragsgegner habe die Auskunft nicht mit der erforderlichen Sorgfalt erteilt.

6.

Nach der Erteilung der Auskunft wird die Antragstellerin den Abänderungsantrag der Höhe nach beziffern.

Beglaubigte und einfache Abschrift anbei.

..... .

Rechtsanwalt/Rechtsanwältin

Kapitel 5 Durchsetzung des Unterhaltsanspruchs im gerichtlichen Verfahren

2. Muster: Ehegattenunterhalt – Abänderungsantrag des Unterhaltsschuldners

670 An das

AG .....

– FamG –

.....

Abänderungsantrag

In der Familiensache

des Herrn .....

– Antragsteller –

Verfahrensbevollmächtigte: .....

gegen

Frau .....

– Antragsgegnerin –

Verfahrensbevollmächtigte: .....

stelle ich namens und in Vollmacht des Antragstellers folgenden Antrag:
1. Der Beschluss des AG ..... vom ..... (Az.: .....) wird dahin abgeändert, dass der Antragsteller ab ..... keinen Unterhalt mehr an die Antragsgegnerin zu bezahlen hat.
2. Die Zwangsvollstreckung aus dem o. g. Beschluss des AG vom ..... (Az.: .....) wird nach § 242 FamFG i. V. m. § 769 ZPO bis zum Erlass des Beschlusses in diesem Verfahren ohne Sicherheitsleistung einstweilen eingestellt.

Für den Fall des schriftlichen Vorverfahrens wird bei nicht rechtzeitiger Anzeige der Verteidigungsabsicht beantragt, durch Versäumnisbeschluss ohne mündliche Verhandlung zu entscheiden.

Begründung:

1.

Die Ehe der Beteiligten wurde durch Beschluss des AG ..... vom ..... geschieden. Der Beschluss ist seit dem ..... rechtskräftig.

Beweis: Vorlage des Beschlusses des AG ..... vom ....., **Anlage A1**, in Kopie anbei.

I. R. d. Scheidungsverfahrens wurde der Antragsteller verpflichtet, der Antragsgegnerin einen nachehelichen Unterhalt i. H. v. monatlich ..... € zu zahlen.

Beweis: wie vorstehend

Die Antragsgegnerin hat ihren gewöhnlichen Aufenthalt in ....., sodass sich die **Zuständigkeit** des AG – FamG ..... aus §§ 232 Abs. 3 Satz 1 FamFG i. V. m. 12, 13 ZPO ergibt.

Der bislang titulierte Unterhaltsanspruch wurde wie folgt errechnet: ..... .

E. Abänderung eines Unterhaltstitels   Kapitel 5

2.

Nunmehr ist eine wesentliche Änderung der Verhältnisse eingetreten. Der Antragsteller hat am ..... seine Lebensgefährtin geheiratet. Aus der neuen Ehe ist auch bereits ein Kind hervorgegangen, das die neue Ehefrau des Antragstellers betreut.

Damit schuldet der Antragsteller nunmehr vorrangig diesem Kind und der betreuenden Ehefrau Unterhalt (wird weiter ausgeführt).

Es wird um eine antragsgemäße Entscheidung gebeten.

Beglaubigte und einfache Abschrift anbei.

....

Rechtsanwalt/Rechtsanwältin

3. Muster: Ehegattenunterhalt – Abänderungsantrag wegen Änderung der Geschäftsgrundlage

An das   671

AG .....

– FamG –

.....

Abänderungsantrag

In der Familiensache

des Herrn .....

– Antragsteller –

Verfahrensbevollmächtigte: .....

gegen

Frau .....

– Antragsgegnerin –

Verfahrensbevollmächtigte: .....

stelle ich namens und in Vollmacht des Antragstellers folgenden Antrag:

Der Antragsgegner wird unter Abänderung des vor dem AG – FamG ..... am ..... (Az.: .....) geschlossenen Vergleichs verpflichtet, an die Antragstellerin ab ..... den nach Erfüllung der Auskunftsverpflichtung noch zu beziffernden angemessenen Unterhalt zu zahlen.

Für den Fall des schriftlichen Vorverfahrens wird bei nicht rechtzeitiger Anzeige der Verteidigungsabsicht beantragt, durch Versäumnisbeschluss ohne mündliche Verhandlung zu entscheiden.

Kapitel 5 — Durchsetzung des Unterhaltsanspruchs im gerichtlichen Verfahren

Begründung:

1.

Die Ehe der Beteiligten wurde durch Beschluss des AG ..... vom ..... geschieden. Der Beschluss ist seit dem ..... rechtskräftig.

Beweis: Vorlage des Beschlusses des AG ..... vom ....., **Anlage A1**, in Kopie anbei

I. R. d. Scheidungsverfahrens einigten sich die Beteiligten dahin, dass der Antragsteller einen nachehelichen Unterhalt i. H. v. monatlich ..... € an die Antragsgegnerin zu zahlen hat.

Beweis: Vorlage des Unterhaltsvergleichs, geschlossen beim AG – FamG ..... am ....., **Anlage A2**, in Kopie anbei

Die Antragsgegnerin hat ihren gewöhnlichen Aufenthalt in ....., sodass sich die **Zuständigkeit** des AG – FamG ..... aus §§ 232 Abs. 3 Satz 1 FamFG i. V. m. 12, 13 ZPO ergibt.

Der Unterhaltsanspruch wurde wie folgt errechnet: ..... .

2.

Bei dieser Berechnung wurden Einkünfte des Antragstellers i. H. v. ..... zur Geschäftsgrundlage gemacht. Diese Geschäftsgrundlage ist nunmehr gestört (vgl. § 239 Abs. 2 FamG; § 313 BGB), weil der Antragsteller seine Arbeitsstelle eingebüßt hat. Ihm wurde von seinem früheren Arbeitgeber betriebsbedingt gekündigt. Zwar hat er unmittelbar daran im Anschluss eine neue Arbeit aufgenommen, doch verdient er jetzt nur noch ..... €.

Beweis: Vorlage der Gehaltsabrechnung vom ..... sowie des Arbeitsvertrags vom ....., **Anlage A3**, in Kopie anbei

3.

Damit ist der titulierte Unterhaltsvergleich nunmehr an die geänderten Einkünfte des Antragstellers anzupassen.

Entsprechend der vereinbarten Berechnung des Unterhalts reduziert sich die Verpflichtung des Antragsstellers auf monatlich ..... €.

Beglaubigte und einfache Abschrift anbei.

..... .

Rechtsanwalt/Rechtsanwältin

4. Muster: Kindesunterhalt – Abänderungsantrag des minderjährigen Kindes gegen den Vater

An das

AG .....

– FamG –

.....

Abänderungsantrag

In der Familiensache

E. Abänderung eines Unterhaltstitels   Kapitel 5

des Kindes ....., geb. am ....., gesetzlich vertreten durch die Mutter,

Frau .....

– Antragsteller –

Verfahrensbevollmächtigte: .....

gegen

Herrn .....

– Antragsgegner –

Verfahrensbevollmächtigte: .....

beantrage ich namens und in Vollmacht des Antragstellers wie folgt zu erkennen:
1. Der Antragsgegner wird unter Abänderung des Beschlusses des AG..... vom..... (Az.:.....) verpflichtet, an den Antragsteller ab..... einen monatlich im Voraus, spätestens bis zum 3. eines jeden Monats, zu zahlenden Unterhalt i. H. v. ..... € zu bezahlen.
2. Für den Fall des schriftlichen Vorverfahrens wird bei nicht rechtzeitiger Anzeige der Verteidigungsabsicht beantragt, durch Versäumnisbeschluss ohne mündliche Verhandlung zu entscheiden.

Begründung:

1.

Der Antragsteller lebt im Haushalt seiner Mutter, die vom Antragsgegner rechtskräftig am ..... geschieden wurde. Er wird von dieser in der Unterhaltssache nach § 1629 Abs. 2 Satz 2 BGB gesetzlich vertreten.

Die Mutter erfüllt ihre Unterhaltsverpflichtung durch die Pflege und die Erziehung, vgl. § 1606 Abs. 3 Satz 2 BGB.

Der Antragsgegner ist der Vater des Antragstellers und diesem gegenüber aufgrund des Beschlusses des AG ..... i. H. v. monatlich ..... € unterhaltspflichtig.

Beweis: Vorlage des Beschlusses des AG ..... vom ....., **Anlage A1**, in Kopie anbei

Der Antragsteller hat seinen gewöhnlichen Aufenthalt bei seiner Mutter in ....., sodass sich die **Zuständigkeit** des AG – FamG ..... aus § 232 Abs. 1 Nr. 2 FamFG ergibt.

2.

Mit vorprozessualem Schreiben v. ..... hat der Antragsteller den Antragsgegner aufgefordert, für die Geltendmachung eines etwaigen höheren Unterhaltsanspruchs eine aktuelle Auskunft über seine Einkünfte und sein Vermögen zu erteilen und dafür Belege vorzulegen.

Beweis: Vorlage des Schreibens des Antragstellers vom ....., **Anlage A2**, in Kopie anbei

Der Antragsgegner hat daraufhin Auskunft erteilt und Belege vorgelegt.

Beweis: Vorlage des Schreibens des Antragsgegners vom ....., **Anlage A3**, in Kopie anbei

Kapitel 5 Durchsetzung des Unterhaltsanspruchs im gerichtlichen Verfahren

Der Unterzeichnende hat den Unterhalt daraufhin wie folgt berechnet:

..... .

3.

Mit Schreiben vom ..... wurde der Antragsgegner aufgefordert, den geänderten Unterhalt zu entrichten.

Beweis: Vorlage des Schreibens des Antragstellers vom ....., **Anlage A4**, in Kopie anbei

Der Antragsgegner ist jedoch der Ansicht, die geänderte Unterhaltsberechnung sei unzutreffend und verweigert die Bezahlung in der geforderten Höhe. Deshalb ist nunmehr dieses Verfahren unvermeidbar.

Beglaubigte und einfache Abschrift anbei.

..... .

Rechtsanwalt/Rechtsanwältin

5. Muster: Kindesunterhalt – Abänderungsstufenantrag des minderjährigen Kindes gegen den Vater

An das

AG .....

– FamG –

.....

Abänderungsstufenantrag

In der Familiensache

des Kindes ....., geb. am ....., gesetzlich vertreten durch die Mutter,

Frau .....

– Antragsteller –

Verfahrensbevollmächtigte: .....

gegen

Herrn .....

– Antragsgegner –

Verfahrensbevollmächtigte: .....

erhebe ich namens und in Vollmacht des Antragstellers Abänderungsantrag und beantrage, wie folgt zu erkennen:
1. Dem Antragsgegner wird aufgegeben, dem Antragsteller Auskunft zu erteilen durch Vorlage einer systematischen Aufstellung über
   a. sein Vermögen am .....
      (Hinweis: Minderjährigen Kindern gegenüber ist u. U. auch der Einsatz des Vermögens geschuldet, vgl. § 1603 Abs. 2 BGB.)

E. Abänderung eines Unterhaltstitels Kapitel 5

b. seine sämtlichen Brutto- und Nettoeinkünfte einschließlich aller Nebeneinkünfte aus nicht selbstständiger Tätigkeit sowie aus anderer Herkunft in der Zeit vom ..... bis ..... und die erteilte Auskunft durch Vorlage der Lohnsteuerkarte nebst Lohnsteuerbescheinigung für das Jahr ..... in Fotokopie und der Originallohnabrechnungen des Arbeitgebers für die Monate ..... bis ..... sowie der Originalbescheide über im v.g. Zeitraum etwa bezogenes Krankengeld und etwa bezogene Arbeitslosenunterstützung zu belegen;

c. seine sämtlichen Einnahmen und Aufwendungen aus selbstständiger Arbeit, aus Kapitalvermögen, aus Vermietung und Verpachtung sowie aus anderer Herkunft unter Angabe der Privatentnahmen in der Zeit vom ..... bis ..... und die erteilte Auskunft durch Vorlage der Einkommensteuererklärungen sowie der etwaigen Bilanzen nebst den Gewinn- und Verlustrechnungen bzw. der etwaigen Einnahmenüberschussrechnungen für die Jahre ..... bis ..... sowie der Einkommensteuerbescheide für die Jahre ..... bis ..... zu belegen.

2. Dem Antragsgegner wird aufgegeben, an Eides statt zu versichern, dass er die Auskunft über seine Einkünfte nach bestem Wissen so vollständig abgegeben habe, als er dazu imstande sei.
3. Der Antragsgegner wird unter Abänderung des Beschlusses vom ..... verpflichtet, an den Antragsteller ab ..... den nach Erfüllung der Auskunftsverpflichtung noch zu beziffernden angemessenen Unterhalt zu zahlen.

Für den Fall des schriftlichen Vorverfahrens wird bei nicht rechtzeitiger Anzeige der Verteidigungsabsicht beantragt, durch Versäumnisbeschluss ohne mündliche Verhandlung zu entscheiden.

Begründung:

1.

Der Antragsteller lebt im Haushalt seiner Mutter, die vom Antragsgegner rechtskräftig am ..... geschieden wurde. Er wird von dieser in der Unterhaltssache nach § 1629 Abs. 2 Satz 2 BGB gesetzlich vertreten.

Die Mutter erfüllt ihre Unterhaltsverpflichtung durch die Pflege und die Erziehung, vgl. § 1606 Abs. 3 Satz 2 BGB.

Der Antragsgegner ist der Vater des Antragstellers und diesem gegenüber aufgrund des Beschlusses des AG ..... i. H. v. monatlich ..... € unterhaltspflichtig.

Beweis: Vorlage des Beschlusses des AG ..... vom ....., **Anlage A1**, in Kopie anbei

Der Antragsteller hat seinen gewöhnlichen Aufenthalt bei seiner Mutter in ....., sodass sich die **Zuständigkeit** des AG – FamG ..... aus § 232 Abs. 1 Nr. 2 FamFG ergibt.

2.

Gegenüber dem Antragsteller hat der Antragsgegner zuletzt am ..... Auskunft über seine Einkünfte und sein Vermögen erteilt. Die geltende Frist von zwei Jahren nach § 1605 Abs. 2 BGB ist abgelaufen.

Mit vorprozessualem Schreiben vom ..... hat der Antragsteller den Antragsgegner aufgefordert, für die Geltendmachung eines etwaigen höheren Unterhaltsanspruchs eine aktuelle Auskunft über seine Einkünfte und sein Vermögen zu erteilen und dafür Belege vorzulegen.

Kapitel 5 Durchsetzung des Unterhaltsanspruchs im gerichtlichen Verfahren

Beweis: Vorlage des Schreibens des Antragstellers vom ....., **Anlage A2**, in Kopie anbei

Da der Antragsgegner darauf nicht reagiert hat, ist ein Abänderungsstufenantrag geboten. Mit dem Verfahrensantrag zu 1. wird zunächst Auskunft verlangt.

3.

Der Verfahrensantrag zu 2. wird für den Fall gestellt werden, dass Grund zu der Annahme besteht, der Antragsgegner habe die Auskunft nicht mit der erforderlichen Sorgfalt erteilt.

4.

Nach Erteilung der Auskunft wird der Antragsteller den Abänderungszahlungsantrag der Höhe nach beziffern.

Beglaubigte und einfache Abschrift anbei.

..... .

Rechtsanwalt/Rechtsanwältin

6. Muster: Kindesunterhalt – Abänderungsabweisungsantrag

674 An das

AG .....

– FamG –

.....

Abweisungsantrag

In der Familiensache

der ....., gesetzlich vertreten durch die Mutter .....

– Antragstellerin –

Verfahrensbevollmächtigte: .....

gegen

Herrn .....

– Antragsgegner –

Verfahrensbevollmächtigte: .....

stelle ich namens und in Vollmacht des Antragsgegners folgenden Antrag:

Der Antrag auf Abänderung des Unterhaltsbeschlusses des AG – FamG ..... vom ..... wird kostenpflichtig abgewiesen.

Begründung:

Der Antragsgegner zahlt seit dem ..... den sog. Mindestunterhalt. Eine wesentliche Änderung der Leistungsfähigkeit, wie von der Gegenseite im Schriftsatz vom ..... vorgetragen, liegt in Wahrheit nicht vor ..... (wird ausgeführt).

F. Besondere Verfahrensarten   Kapitel 5

Somit ist der Abänderungsantrag abzuweisen.
Beglaubigte und einfache Abschrift anbei.
....
Rechtsanwalt/Rechtsanwältin

F. Besondere Verfahrensarten

▶ **Das Wichtigste in Kürze** 675

– Der Antragsgegner kann einen Widerantrag im Unterhaltsverfahren stellen. Dies ist bedeutsam als Auskunftswiderantrag, als negativer Feststellungswiderantrag oder als Abänderungswiderantrag. → Rdn. 680 ff.
– Ein negativer Feststellungsantrag ist insb. zu erheben, wenn der Unterhaltsverpflichtete sich gegen eine unberechtigte einstweilige Unterhaltsanordnung möglichst schnell mittels einer rechtskräftigen Entscheidung wehren will. → Rdn. 703 ff.

Die relevanten Unterhaltsverfahren wurden bereits dargestellt. Das Unterhaltsverfahren wird häufig durch einen **Stufenantrag** eingeleitet, weil außergerichtlich keine ordnungsgemäße Auskunft erteilt wurde. Diese Verfahrensweise wurde in Kapitel 2. (s. Kap. 2 Rdn. 105 ff.) beschrieben. 676

Ist eine Auskunft erteilt worden, gibt es aber unterschiedliche Meinungen zur Höhe der Unterhaltsschuld, ist ein Leistungsantrag nach §§ 253, 258 ZPO beim FamG einzureichen. Auch darauf wurde bereits eingegangen (vgl. oben, Rdn. 239 ff.). 677

Sollte Unterhalt tituliert worden sein, ändern sich nunmehr aber wesentliche Faktoren des Unterhaltsanspruchs, ist ein Abänderungsverfahren durchzuführen (vgl. oben, Rdn. 509 ff.). 678

Im Folgenden geht es um die Bedeutung eines etwaigen Widerantrags,[244] eines negativen Feststellungsantrags sowie eines Vollstreckungsabwehrantrags im Unterhaltsverfahren. 679

I. Widerantrag

1. Anwendungsmöglichkeiten

a) Auskunftswiderantrag

Sowohl dem **Unterhaltsberechtigten** als auch dem **Unterhaltspflichtigen** steht der Auskunftsanspruch zu. Der Unterhaltsberechtigte erhält so Kenntnis über das Einkommen 680

---

244 Der Begriff »Widerantrag« ist gewöhnungsbedürftig. Die Terminologie ist durch § 113 Abs. 5 Nr. 2 FamFG bedingt. Die Anwendung der ZPO (hier § 39 ZPO) erfolgt danach in der Weise, dass an die Stelle der Bezeichnung »Klage« die Bezeichnung »Antrag« tritt.

des Unterhaltspflichtigen sowie über dessen Vermögen, soweit es für die Bemessung des Unterhalts von Bedeutung werden kann. Der Unterhaltspflichtige wird dadurch in die Lage versetzt, die Berechtigung des Unterhaltsanspruchs und dessen korrekte Berechnung zu überprüfen.

681 Möglich ist deshalb eine sog. **Auskunftswiderantrag.** Auch wenn die Bedürftigkeit des Antragstellers im Rahmen eines Unterhaltsantrags ohnehin zu prüfen ist, hat der angeblich Unterhaltspflichtige trotzdem ein schützenswertes Interesse daran, das Maß der Bedürftigkeit des Antragstellers zuverlässig zu ermitteln; das Rechtsschutzbedürfnis für einen **Auskunftswiderantrag** ist daher gegeben.[245]

b) Unterhaltsteilantrag

682 Mitunter wird der Unterhalt mit einem **offenen Teilantrag** geltend gemacht. Der Antragsteller berühmt sich z. B. einer Unterhaltsforderung i. H. v. 1.000 €, beantragt aber nur 500 €.

683 Liegt ein offener Teilantrag vor, kann der Antragsteller mit einem »normalen« Leistungsantrag nach § 113 Abs. 1 FamFG i. V. m. § 258 ZPO später den noch fehlenden nicht titulierten Unterhalt aufstocken, also ohne an die besonderen Erfordernisse des § 238 FamFG gebunden zu sein. Hat der Antragsteller hingegen einen **verdeckten Teilantrag** zum Unterhalt gestellt, ist eine Aufstockung nur mit dem Abänderungsverfahren nach § 238 Abs. 1 FamFG zu erreichen. Zwar kann man jedes Leistungsverfahren als potenzielles (verdecktes) Teilverfahren verstehen, sodass zumindest die Rechtskraft der obsiegenden Entscheidung einer Nachforderung nicht entgegensteht. Dadurch soll jedoch erreicht werden, dass die besonderen Voraussetzungen der Abänderung nicht unterlaufen werden können.

684 Der Antragsgegner kann in solchen Fällen, d. h. bei einem offenen Teilantrag, die Angelegenheit durch einen **negativen Feststellungswiderantrag nach § 256 Abs. 2 ZPO** endgültig klären. Das Rechtsschutzbedürfnis für diesen Antrag kann man ihm nicht absprechen.

685 Ergibt sich im Verfahren insb., dass selbst der eingeschränkte Teilantrag kaum durchzusetzen ist, muss der anwaltliche Vertreter seinen Mandanten durch **Erhebung einer negativen Feststellungswiderklage** gegen künftige weitere Anträge angemessen schützen, da nur so ein endgültiges Verfahrensende sichergestellt werden kann.

686 Der **BGH**[246] umschreibt die Problematik wie folgt:

»Eine negative Feststellungswiderklage ist zulässig, wenn ein rechtliches Interesse an der baldigen Feststellung des Nichtbestehens eines Rechtsverhältnisses besteht, weil die Rechtsposition des Widerklägers an einer gegenwärtigen Ungewissheit leidet, die durch das Feststellungsurteil beseitigt werden kann. Diese Ungewissheit entsteht regelmäßig, wenn sich die Gegenseite eines über die Klageforderung hinausgehenden Anspruchs berühmt (BGH, NJW 1992,

---

245 Vgl. dazu auch Horndasch, Rn. 502.
246 BGH, NJW 2006, 2780 ff.

436 [437]; Zöller/Greger, ZPO, 25. Aufl., § 256 Rdnr. 14a; Musielak/Foerste, ZPO, 4. Aufl., § 256 Rdnrn. 9f.). ... Wer eine zulässige negative Feststellungswiderklage erhoben hat, hat grundsätzlich ein berechtigtes Interesse an einer der Rechtskraft fähigen Entscheidung, durch die festgestellt wird, dass die Forderung, deren sich die Gegenseite berühmt, nicht besteht. Damit wird ausgeschlossen, dass diese Forderung zum Gegenstand eines neuerlichen Rechtsstreits gemacht wird (BGH, NJW-RR 1988, 749 = WM 1988, 402 [403]; NJW 1993, 2609 = WM 1993, 1683 [1685]). Nur so wird dem Schuldner der behaupteten Forderung ein Mittel an die Hand gegeben, um schnell Klarheit über die zu erwartenden wirtschaftlichen Lasten zu erhalten und um im Fall günstiger Entscheidung den Forderungsprätendenten wie auch etwaige Rechtsnachfolger dauerhaft an der Durchsetzung der behaupteten Restforderung zu hindern, ohne sich auf einen neuen Rechtsstreit in der Sache einlassen zu müssen.«

▶ **Praxistipp:** 687

Mitunter wird ein Teilantrag dem Mandanten ggü. damit begründet, dass dadurch Kosten zu sparen seien bzw. das Verfahrenskostenrisiko begrenzt würde.

Die Strategie, mit einer offenen Teilklage Kosten zu sparen, geht jedoch selten auf. Das Verfahren macht regelmäßig deutlich, in welcher Höhe eine Forderung begründet ist. Ergibt sich, dass der Antragsteller seine vollständige Forderung durchsetzen kann, wird der anwaltliche Vertreter sinnvollerweise den **Antrag erweitern**, sodass das Verfahren dann mit einem hohen Streitwert abgeschlossen wird.

Tritt hingegen der umgekehrte Fall ein, nämlich dass keinesfalls mehr als der geforderte Betrag begründet ist, ist die Erhebung eines **negativen Feststellungswiderantrags** nach § 256 Abs. 2 ZPO für den Antragsgegner zwingend. Auch hier entscheidet das Gericht dann über den gesamten hohen Streitwert.

Die Erhebung des negativen Feststellungswiderantrags nach § 256 Abs. 2 ZPO hat in diesen Fällen auch einen **Kostenvorteil**: Ist nämlich nur ein beantragter Teilbetrag von z. B. 500 € monatlichem Unterhalt begründet, würde ohne negativen Feststellungswiderantrag der Antragsgegner alle Kosten des Verfahrens tragen müssen. Beträgt der Streitwert infolge eines negativen Feststellungsantrags hingegen 1.000 €, weil der Antragsteller sich einer solchen Forderung berühmt hat, kommt es zur Kostenteilung; der Antragsgegner steht trotz des höheren Streitwertes aufgrund der Gebührendegression wirtschaftlich erheblich besser. Dieses Verhältnis wird noch günstiger, wenn selbst der geforderte Teilbetrag von 500 € nicht vollständig zugesprochen wird.

c) Abänderungswiderantrag

Gegenläufige Abänderungsverfahren (ein Beteiligter fordert im Abänderungsverfahren mehr Unterhalt, der andere beantragt eine Reduzierung) sind **streitgegenständlich verschieden**.[247] Der Abänderungswiderantrag ist aber auch deshalb bedeutsam, weil die Beteiligten im Hinblick auf eine Präklusion nach § 238 Abs. 2 FamFG in zukünftigen Abänderungsverfahren gehalten sind, im laufenden Abänderungsverfahren alle 688

---

247 Zum Streitwert in diesen Fällen, vgl. oben Rdn. 516 f.

unterhaltsrelevanten Vorgänge zu erklären. § 238 Abs. 2 FamFG stellt damit sicher, dass nicht gesonderte Abänderungsverfahren für Erhöhungs- und Herabsetzungsverlangen zur Verfügung stehen, sondern dass der Einfluss veränderter Umstände auf den titulierten Unterhaltsanspruch in einem einheitlichen Verfahren nach beiden Seiten geklärt werden muss.

689 ▶ **Praxistipp:**

Allerdings wird der Abänderungsgegner durch § 238 Abs. 2 FamFG nicht mit seinem Vorbringen ausgeschlossen, als damit nicht eine Abweichung von der früheren Rechtsfolge erstrebt, sondern an jener Entscheidung festgehalten wird. Argumentiert wird insoweit mit dem Wortlaut des § 238 Abs. 2 FamFG, nach dem allein die Berücksichtigung antragsbegründender Tatsachen geregelt und insoweit eine zeitliche Schranke für den Abänderungsantragsteller errichtet wird. Dass die Vorschrift außerdem die Einschränkung der Rechtsverteidigung des Abänderungsgegners zum Ziel hätte, lässt sich ihr nicht entnehmen.[248]

2. Zulässigkeit des Widerantrags

690 Eine gesetzliche Regelung zum Widerantrag findet sich in § 33 ZPO.

a) Besonderer Gerichtsstand

691 § 33 ZPO sieht einen besonderen örtlichen Gerichtsstand für den Widerantrag vor. Danach kann bei dem Gericht des Antrags ein Widerantrag erhoben werden, wenn der Gegenanspruch mit dem in dem Antrag geltend gemachten Anspruch oder mit den gegen ihn vorgebrachten Verteidigungsmitteln im Zusammenhang steht.

692 Soll die örtliche Zuständigkeit des FamG mit § 33 ZPO begründet werden, ist also der Nachweis des »**Zusammenhangs**« zu führen.

Dazu muss der Widerantrag entweder mit dem Hauptantrag (1. Alt.) oder mit einem Verteidigungsmittel gegen den Hauptantrag (2. Alt.) im Zusammenhang stehen. Der Zusammenhang bei § 33 ZPO beurteilt sich ähnlich wie die »Konnexität« bei § 273 BGB und ist wie auch diese weit auszulegen. Letztlich ist der Zusammenhang immer dann zu bejahen, wenn es prozessökonomisch ist, Antrag und Widerantrag in einem Verfahren zu verhandeln. Diese Verfahrensökonomie liegt vor, wenn der Verfahrensstoff zum Antrag auch für den Widerantrag verwertbar ist und Doppelverhandlung bzw. Doppelbeweis gespart werden kann.

b) Zusammenhangloser Widerantrag

693 Umstritten ist, ob der Zusammenhang nach § 33 ZPO darüber hinaus eine **besondere Zulässigkeitsvoraussetzung** des Widerantrags ist.

---

248 Vgl. BGH, NJW 2000, 3789; OLG Schleswig, NJW-RR 2007, 502.

Der BGH[249] sieht darin eine besondere Zulässigkeitsvoraussetzung für den Wideran- 694
trag, mit der Folge, dass ein »zusammenhangloser« Widerantrag als unzulässig abzuweisen wäre. Ein »zusammenhangloser« Widerantrag diene nicht der Prozessökonomie.
Insofern würde bei Zulassung eines solchen Widerantrags die innere Rechtfertigung
für die vom Gesetz vorgesehenen Privilegien fehlen.

Demgegenüber sieht die Literatur in § 33 ZPO eine reine Zuständigkeitsregelung und 695
den »Zusammenhang« zwischen Widerantrag und Antrag lediglich als Voraussetzung
für die Begründung eines besonderen Gerichtsstands gem. § 33 ZPO. Danach ist auch
ein »zusammenhangloser« Widerantrag zulässig, wenn das Gericht des Hauptantrags –
unabhängig von § 33 ZPO – aufgrund der sonstigen Vorschriften über die örtliche Zuständigkeit auch Gerichtsstand für den Widerantrag ist.

Der Streit kann in Unterhaltsstreitigkeiten dahinstehen, da ein Zusammenhang i. S. v. 696
§ 33 ZPO regelmäßig besteht.

c) Besondere Sachurteilsvoraussetzungen

Schon begrifflich setzt ein Widerantrag voraus, dass der Hauptantrag (noch) rechts- 697
hängig (§§ 253 Abs. 1, 261 Abs. 1 ZPO) ist. Dies ist nicht i. S. e. Akzessorietät zu verstehen. Lediglich bei Erhebung des Widerantrags muss der Hauptantrag schon oder
noch rechtshängig sein.

Der Widerantrag muss in der Verfahrensart des Antrags erhoben und in dieser Ver- 698
fahrensart zulässig sein.

Auch der Widerantrag muss wirksam und ordnungsgemäß nach § 253 ZPO erhoben 699
werden.

Der Widerantrag muss ggü. dem Hauptantrag einen selbstständigen Streitgegenstand 700
aufweisen und darf insb. nicht nur die bloße Verneinung des Hauptantrags enthalten.
Hätte nämlich der Widerantrag denselben Streitgegenstand wie der Hauptantrag, wären die Anträge identisch und der Widerantrag ist schon wegen anderweitiger Rechtshängigkeit in Form des Hauptantrags gem. § 261 Abs. 3 Nr. 1 ZPO unzulässig.

Der Widerantrag kann als Eventualwiderantrag hilfsweise nur für den Fall erhoben 701
werden, dass der Hauptantrag trotz des gegen ihn vorgebrachten Verteidigungsmittels
begründet ist. In diesem Fall steht der Widerantrag unter einer zulässigen »innerprozessualen« Bedingung. Auch der umgekehrte Fall ist denkbar, nämlich dass der Widerantragsteller für den Fall, dass seine Einwendungen gegen den Unterhaltsanspruch begründet sein sollten, im Wege des Hilfswiderantrags die Rückzahlung zu viel gezahlten
Unterhalts fordert.

---

249 BGH, NJW 1975, 1228.

Kapitel 5 Durchsetzung des Unterhaltsanspruchs im gerichtlichen Verfahren

702 ▶ **Beispiel:**

Der Antragsgegner trägt im Hauptverfahren Einwendungen gegen den Unterhaltsanspruch vor. Unterhalt wird von ihm wegen einer einstweiligen Unterhaltsanordnung bereits gezahlt. Aufgrund der Einwendungen wird der Unterhaltsantrag im Hauptverfahren abgewiesen. Der Eventualwiderantrag wurde für diesen Fall gestellt, d. h. mit dem Eventualwiderantrag fordert nunmehr der Antragsgegner den zu viel gezahlten Unterhalt in der Vergangenheit zurück.

II. Feststellungsantrag nach § 256 ZPO

1. Anwendungsmöglichkeiten

a) Unterhaltsanordnungen

703 Diese Verfahrensart kommt in Unterhaltsstreitigkeiten überwiegend als negativer Feststellungsantrag vor, und zwar gerichtet gegen eine einstweilige Unterhaltsanordnung nach §§ 49 ff., 246 FamFG.

704 Der negative Feststellungsantrag ist zulässig, wenn sich der Verpflichtete gegen den titulierten Unterhalt mit dem Ziel der Reduzierung bzw. Aufhebung seiner Verpflichtung verteidigen möchte.

705 Es geht um die Feststellung eines **Rechtsverhältnisses**. Ein Rechtsverhältnis ist eine aus dem vorgetragenen Sachverhalt abgeleitete rechtliche Beziehung von Personen untereinander oder von Personen zu einem Gegenstand.[250] Rechtsverhältnis in diesem Sinn ist das Unterhaltsschuldverhältnis, welches aufgrund der Titulierung der Klärung bedarf.

706 Der Unterhaltsschuldner hat ein **rechtliches Interesse** an der Feststellung.[251] Dies folgt aus § 56 FamFG, wonach die einstweilige Anordnung außer Kraft tritt, wenn und soweit der Antragsteller mit dem negativen Feststellungsantrag obsiegt.

707 Der Unterhaltsschuldner kann sein rechtliches Ziel nur dann effektiver erreichen, wenn er rückwirkend eine Korrektur seiner Unterhaltszahlungen erreichen möchte. Dann ist ein Leistungsantrag auf Rückzahlung vorrangig. Auch dieses Verfahren würde ein Außerkrafttreten der Unterhaltsanordnung nach § 56 FamFG zur Folge haben.

Soweit die Korrektur der Unterhaltsanordnung zukunftsgerichtet erfolgen soll und es keine Unterhaltszahlungen gibt, deren Rückzahlung der Unterhaltsschuldner beantragen könnte, kann der Unterhaltsschuldner sein rechtliches Ziel nicht durch einen **einfacheren Weg** anstreben.[252]

---

250 Thomas/Putzo, ZPO, § 256 Rn. 5.
251 Thomas/Putzo, ZPO, § 256 Rn. 13 ff.
252 Thomas/Putzo, ZPO, § 256 Rn. 18.

Insb. nimmt die Möglichkeit der Einleitung des Hauptsacheverfahrens nach § 52 Abs. 2 FamFG dem Unterhaltsschuldner nicht das Rechtsschutzbedürfnis bzw. das Feststellungsinteresse für den negativen Feststellungsantrag, vgl. auch Rdn. 165 ff. 708

Der Nachteil des Verfahrens nach § 52 Abs. 2 FamFG, d. h. der Einleitung des Hauptsacheverfahrens, ist nämlich die **zeitliche Verzögerung**. Der Unterhaltsberechtigte bekommt für die Verfahrenseinleitung eine Frist gesetzt, die aber bis zu 3 Monate betragen kann. Dies bedeutet, dass der Unterhaltsschuldner gezwungen ist, für diese Zeit Leistungen zu erbringen. 709

Die Verfahrensverzögerung von 3 Monaten als unerheblich darzustellen und das Rechtsschutzbedürfnis für einen negativen Feststellungsantrag deshalb abzulehnen, erscheint nicht vertretbar.[253]

Es gibt daher keine einfachere Verfahrenslösung, sodass der negative Feststellungsantrag zulässig ist.[254] 710

b) Unterhaltsteilantrag

Bereits dargestellt wurde (s. o., Rdn. 682 ff.), dass Unterhaltsforderungen mitunter mit einem **offenen Teilantrag** geltend gemacht werden. Der Antragsteller berühmt sich z. B. einer Unterhaltsforderung i. H. v. 1.000 €, beantragt aber nur 500 €. 711

Der Antragsgegner kann die Angelegenheit in solchen Fällen, d. h. bei einem offenen Teilantrag, durch einen **negativen Feststellungswiderantrag** nach § 256 Abs. 2 ZPO endgültig klären.

c) Verbundverfahren

Ein negativer Feststellungsantrag in Unterhaltssachen ist auch als Verbundsache möglich, nämlich mit dem Antrag festzustellen, dass der Antragsgegner für den Fall der Scheidung keinen Unterhalt schuldet.[255] 712

d) Eheverträge

Unterhaltsansprüche können (ebenso wie güterrechtliche Ansprüche u. a.) durch einen Ehevertrag ausgeschlossen sein. 713

Eheverträge, deren Wirksamkeit zweifelhaft ist, können aber nicht mittels **isolierter Feststellungsanträge** angegriffen werden, da einem isolierten Antrag auf Feststellung der Unwirksamkeit das Feststellungsinteresse fehlt.[256] 714

---

253 So Thomas/Putzo, ZPO, § 246 Rn. 9.
254 So auch OLG Jena, FamRZ 2012, 54.
255 OLG Düsseldorf, FamRZ 1985, 952.
256 OLG Frankfurt am Main, NJW-RR 2007, 289.

Die Wirksamkeit des notariellen Ehevertrags muss im Rahmen von **Leistungsanträgen** geprüft werden. Anträge auf nachehelichen Unterhalt und auf Zugewinnausgleich können gleichzeitig im Verbund geltend gemacht werden, sodass die Gefahr widersprüchlicher Entscheidungen nicht gegeben ist.

2. Feststellungsinteresse

715 Ein besonderes Feststellungsinteresse ist Voraussetzung für den Antrag nach § 256 ZPO.

Dieses ist bei einem negativen Feststellungsantrag zu bejahen, wenn der vermeintlich Unterhaltsberechtigte sich eines Unterhaltsanspruchs gegen den Antragsteller berühmt oder wenn der Unterhaltsschuldner gegen eine einstweilige Unterhaltsanordnung vorgehen will (s. o., Rdn. 703 ff.).

716 ▶ Praxistipp:

Leitet der Unterhaltsberechtigte ein Unterhaltsleistungsverfahren – entweder als Reaktion auf den negativen Feststellungsantrag oder weil er nach § 52 Abs. 2 FamFG dazu aufgefordert wurde – ein, hat der Unterhaltsschuldner den negativen Feststellungsantrag, soweit dieser sich mit dem Leistungsantrag überschneidet, für erledigt zu erklären, da das Feststellungsinteresse nunmehr entfällt. Ansonsten wird der Feststellungsantrag kostenpflichtig als unzulässig abgewiesen.

3. Feststellungsantrag

717 Die Formulierung des negativen Feststellungsantrags erfolgt in der Weise, dass nicht die verbleibende Unterhaltspflicht positiv zu beantragen ist, sondern es ist negativ festzustellen, in welcher Höhe kein Unterhaltsanspruch (mehr) besteht.

718 ▶ Beispiel:

Wenn der Unterhaltsberechtigte aus einer einstweiligen Unterhaltsanordnung über mtl. 600 € vollstreckt und der Antragsteller »Herabsetzung« auf 300 € beansprucht, lautet der Feststellungsantrag:

»... festzustellen, dass der Antragsteller nicht verpflichtet ist, mehr als 300 € mtl. zu zahlen .....«

(also nicht »festzustellen, dass der Kläger [nur noch] 300 € mtl. zu zahlen hat«).

4. Feststellungsbeschluss

719 Die Entscheidung im Feststellungsverfahren ergeht durch Beschluss. Dagegen sind die Rechtsmittel der Beschwerde bzw. Rechtsbeschwerde eröffnet.

720 Obsiegt der Antragsteller mit einem negativen Feststellungsantrag ggü. einer Unterhaltsanordnung, tritt diese mit Rechtskraft des Beschlusses außer Kraft. Dies folgt aus § 56 FamFG.

Unterliegt der Antragsteller hingegen, hat der Feststellungsbeschluss bei identischem Streitgegenstand dieselbe Rechtskraftwirkung wie ein Beschluss, der das Gegenteil dessen, was mit dem Feststellungsantrag begehrt wurde, positiv feststellt.[257] Angenommen, der Antragsteller ist mit seinem negativen Feststellunganntrag gegen eine Unterhaltsanordnung, die eine Verpflichtung zur Zahlung von 500 € Unterhalt vorsieht, vorgegangen und hat das Verfahren gänzlich verloren, dann steht – wie bei einem Leistungsantrag nach §§ 253, 258 ZPO – rechtskräftig fest, dass eine solche Unterhaltsschuld besteht. Folglich können die Beteiligten zukünftig Änderungen nur noch nach § 238 FamFG bei wesentlicher Änderung beantragen; auch sind Abänderungsgründe, die im Feststellungsverfahren schon hätten vorgetragen werden können, nach § 238 Abs. 2 FamFG präkludiert.

Hat sich der Antragsteller, der einen offenen Teilantrag gestellt hat, einer höheren Unterhaltsforderung berühmt, kann zulässigerweise ein negativer Feststellungswiderantrag erhoben werden. Wird daraufhin rechtskräftig festgestellt, dass die Forderung, deren sich die Gegenseite berühmt, nicht besteht, wird ausgeschlossen, dass diese Forderung zum Gegenstand eines Leistungsantrags nach §§ 253, 258 ZPO gemacht wird. Der Antragsteller kann allenfalls unter den Voraussetzungen des § 238 FamFG bei wesentlichen Veränderungen später erhöhten Unterhalt fordern. 721

5. Zwangsvollstreckung

Der negative Feststellungsantrag nach § 256 ZPO gegen eine Unterhaltsanordnung ist mit einem Antrag auf einstweilige Einstellung der Vollstreckung zu ergänzen. Insoweit ist § 242 **FamFG**, der auf die entsprechende Anwendung des § 769 ZPO verweist, **analog** anzuwenden. 722

6. VKH

Für einen negativen Feststellungsantrag kann VKH nicht mit der Begründung versagt werden, die beabsichtigte Rechtsverfolgung sei mutwillig, weil die im Anordnungsverfahren nach §§ 49 ff., 246 FamFG ergangene Unterhaltsanordnung im Rahmen einer Abänderungsmöglichkeit nach § 54 Abs. 1 FamFG auf einfachere Art und Weise überprüft werden könnte.[258] 723

Die Beteiligten haben nämlich ein Rechtsschutzbedürfnis für eine der Rechtskraft zugängliche endgültige Hauptsacheentscheidung. Die Aufhebung oder Abänderung der einstweiligen Unterhaltsanordnung erfolgt hingegen nur in einem summarischen Verfahren ohne größere Richtigkeitsgewähr.

Der Unterhaltsberechtigte handelt daher nicht mutwillig, wenn er mit einem negativen Feststellungsantrag gegen die einstweilige Unterhaltsanordnung vorgeht.

---

257 BGH, NJW 1995, 1757 f.
258 OLG Koblenz, FamRZ 2001, 229.

Kapitel 5 Durchsetzung des Unterhaltsanspruchs im gerichtlichen Verfahren

III. Vollstreckungsabwehrantrag (§ 767 ZPO)

724 ▶ **Das Wichtigste in Kürze**
- Die ausschließliche Zuständigkeit nach § 232 Abs. 1 FamFG geht derjenigen nach §§ 767 Abs. 1, 802 ZPO vor. → Rdn. 728
- Das rechtliche Ziel eines Vollstreckungsabwehrantrags ist die Beseitigung der Vollstreckbarkeit eines Titels aufgrund von **materiell-rechtlichen Einwendungen oder Einreden**. → Rdn. 726
- Der Vollstreckungsabwehrantrag kann insb. im Fall der rechtskräftig abgeschlossenen Scheidung auf den **Nichtidentitätsgrundsatz** gestützt werden, wenn Trennungsunterhalt tituliert wurde. → Rdn. 738
- Ein Vollstreckungsabwehrantrag gegen eine einstweilige Anordnung nach § 246 FamFG ist nicht zulässig. → Rdn. 776 ff.

725 Auch der Vollstreckungsabwehrantrag nach § 767 ZPO ist in Unterhaltssachen von Bedeutung. Ergeben sich nämlich nach der Unterhaltsentscheidung Einwendungen, die den Unterhaltsanspruch endgültig zum Erliegen bringen, ist dafür der Vollstreckungsabwehrantrag nach § 767 ZPO der richtige Rechtsbehelf.

So liegt es etwa, wenn der Unterhaltsschuldner, der eine Erbschaft gemacht hat, dem Unterhaltsberechtigen einen großen Betrag anbietet, durch den die Unterhaltsschuld komplett erlassen wird. Droht dennoch weiterhin die Vollstreckung aus dem Unterhaltstitel, ist dies durch den Vollstreckungsabwehrantrag nach § 767 ZPO abzuwenden.

1. Zielsetzung des Vollstreckungsabwehrantrags

726 Der Vollstreckungsabwehrantrag nach § 767 ZPO verfolgt die Zielsetzung, einem titulierten Anspruch die Vollstreckbarkeit zu nehmen.[259] Es handelt sich nicht um eine Rechtskraftdurchbrechung, sondern vielmehr um einen Gestaltungsantrag, mit dem der Vollstreckungsschuldner die Beseitigung der Vollstreckbarkeit eines Titels aufgrund von **materiell-rechtlichen Einwendungen oder Einreden** gegen den zu vollstreckenden materiellen Anspruch erstrebt.

2. Zuständiges Gericht

727 Nach § 767 Abs. 1 ZPO sind Einwendungen, die den durch den Beschluss festgestellten Anspruch selbst betreffen, vom Schuldner im Wege des Antrags bei dem FamG des ersten Rechtszuges geltend zu machen.

Das Verfahrensgericht des ersten Rechtszuges ist damit für die Angelegenheit grds. nach §§ 767 Abs. 1, 802 ZPO ausschließlich zuständig.

---

259 BGH, NJW 2005, 2313; BGH, BGHZ 118, 236.

Dies gilt allerdings in Unterhaltssachen nicht (mehr) uneingeschränkt. Nach § 232 728
Abs. 2 FamFG geht die ausschließliche örtliche Zuständigkeit nach § 232 Abs. 1
FamFG derjenigen nach §§ 767 Abs. 1, 802 ZPO vor.

▶ **Beispiel:** 729

Das AG – FamG – Schweinfurt gewährt dem minderjährigen Kind K gegen seinen Vater Unterhalt. K zieht mit der Mutter nach Würzburg um. Nunmehr geht der Vater mit einem Vollstreckungsabwehrantrag nach § 767 ZPO gegen den Unterhaltsbeschluss vor. K ist immer noch minderjährig.

Zuständig für den Vollstreckungsabwehrantrag nach § 767 ZPO ist nicht das AG – FamG – Schweinfurt nach §§ 767, 802 ZPO, sondern das AG – FamG – Würzburg nach § 232 Abs. 1 Nr. 2 FamFG.

3. Einwendungen

Einwendungen gegen den titulierten Anspruch sind nach § 767 Abs. 2 ZPO nur inso- 730
weit zulässig, als die Gründe, auf denen sie beruhen, erst nach dem Schluss der mündlichen Verhandlung, in der Einwendungen nach den Vorschriften der ZPO spätestens hätten geltend gemacht werden müssen, entstanden sind und durch Einspruch nicht mehr geltend gemacht werden können.

a) Nachträglich

Nachträglich (§ 767 Abs. 2 ZPO) muss die Einwendung entstanden sein, sodass der 731
Antrag nach § 767 ZPO unzulässig ist, wenn geltend gemacht werden soll, dass ein Beschluss die im Zeitpunkt der letzten mündlichen Verhandlung bereits geleisteten Unterhaltszahlungen in der Beschlussformel nicht berücksichtigt hat. Dieser Fehler ist noch im selben Verfahren (Beschwerde) zu beseitigen.[260]

Diese zeitliche Einschränkung gem. § 767 Abs. 2 ZPO (Präklusionswirkung) gilt je- 732
doch nicht für Vollstreckungsgegenanträge gegen **gerichtliche Unterhaltsvergleiche**; denn die Einschränkung beruht auf der Rechtskraftwirkung – die Rechtskraft von Beschlüssen soll nicht mithilfe eines Vollstreckungsgegenantrags durchbrochen werden können – und eine Rechtskraftwirkung kommt Verfahrensvergleichen nicht zu. Deshalb können ggü. dem in einem Verfahrensvergleich titulierten Anspruch materiell-rechtliche Einwendungen ohne zeitliche Einschränkung hinsichtlich ihrer Entstehung geltend gemacht werden (soweit diese Einwendungen nicht gerade durch den Vergleich geregelt worden sind, von dem Vergleich also gerade erfasst werden). Ebenso liegt es, wenn ein Vergleich notariell beurkundet, d.h. nach § 794 Abs. 1 Nr. 5 ZPO tituliert wurde.

---

260 BGH, FamRZ 1998, 1165.

Kapitel 5 Durchsetzung des Unterhaltsanspruchs im gerichtlichen Verfahren

b) Einwand der Erfüllung

733 Besonders bedeutsam ist der **Einwand der Erfüllung**. Mitunter wird der Unterhaltsanspruch komplett beseitigt, wenn der Unterhaltsschuldner einen großen Betrag als Gesamtabfindung zu zahlen imstande ist. Die Folge ist ein Erlassvertrag nach § 397 BGB.

Im Einzelnen ist noch Folgendes zu unterscheiden:

aa) Zahlung unter Vorbehalt

734 «Leistung unter Vorbehalt ohne Anerkennung einer Rechtspflicht« ist gewöhnliche Erfüllung (§ 362 BGB), wenn der Schuldner mit dieser Kennzeichnung nur dem Verständnis seiner Leistung als Anerkenntnis (§ 212 Nr. 1 BGB) entgegentreten und sich durch Ausschluss der Wirkungen des § 814 BGB (vgl. für den Trennungsunterhalt außerdem §§ 1361 Abs. 4 Satz 4, 1360b BGB) die Möglichkeit offenlassen wollte, das Geleistete ggf. gem. § 812 BGB zurückzufordern.[261]

Bedeutung: Ich erfülle jetzt erst mal. Darin soll aber keine Anerkennung liegen, zur Zahlung verpflichtet zu sein.

735 Anders ist es zu beurteilen (also keine Erfüllung), wenn der Schuldner durch seine »Zahlung unter Vorbehalt« dem Leistungsempfänger für einen späteren Rückforderungsstreit die Beweislast für das Bestehen des Unterhaltsanspruchs auferlegen wollte.

Bedeutung: Ich zahle um des lieben Friedens Willen, aber nicht zum Zweck der Erfüllung einer Verbindlichkeit.

bb) Zahlung zur Abwendung der Zwangsvollstreckung

736 Zahlung zur Abwendung der Zwangsvollstreckung ist keine Erfüllung.[262]

c) Relevante Einwendungen

737 Mit dem Antrag nach § 767 Abs. 1 ZPO können rechtshemmende Einwendungen (z.B. Stundung) oder rechtsvernichtende Einwendungen geltend gemacht werden.

738 Der Vollstreckungsabwehrantrag kann insb. im Fall der rechtskräftig abgeschlossenen Scheidung auf den **Nichtidentitätsgrundsatz** gestützt werden, wenn im Beschluss Trennungsunterhalt tituliert wurde.[263]

739 Ein z. Zt. der Minderjährigkeit des Kindes ergangener Unterhaltstitel gilt fort, wenn das Kind volljährig wird. Es besteht **Identität des Unterhaltsanspruchs** volljähriger Kinder mit dem Minderjährigenunterhalt.[264] Der Unterhaltsschuldner kann deshalb **nicht** mittels eines Vollstreckungsabwehrantrags nach § 767 ZPO gegen den Titel

---

261 BGH, FamRZ 1984, 470 ff.; OLG Nürnberg, FamRZ 2000, 1025 f.
262 BGH, FamRZ 1986, 267.
263 BGH, FamRZ 1981, 441 f.
264 OLG Hamm, FamRZ 2008, 291.

vorgehen (vgl. § 244 FamFG). Die Vorschrift des § 244 FamFG hat die Funktion, Vollstreckungsabwehranträge nach § 767 ZPO gegen Mindestunterhaltstitel mit der Begründung des Eintritts der Volljährigkeit des unterhaltsberechtigten Kindes zu vermeiden, sofern die Unterhaltspflicht auch über die Minderjährigkeit hinaus fortbesteht.

Der Vollstreckungsabwehrantrag kann auch auf **Verwirkung** (illoyal verspätete Rechtsausübung) gestützt werden.[265] Dies gilt sowohl für titulierten rückständigen Ehegattenunterhalt als auch Kindesunterhalt.[266]   740

Verwirkung setzt voraus, dass der Berechtigte ein Recht längere Zeit nicht geltend macht, obwohl er dazu in der Lage wäre (sog. Zeitmoment) und der Verpflichtete sich mit Rücksicht auf das gesamte Verhalten des Berechtigten darauf einrichten durfte und sich darauf eingerichtet hat, dieser werde sein Recht auch künftig nicht mehr geltend machen (sog. Umstandsmoment). Gerade bei Unterhaltsrückständen werden an das sog. Zeitmoment der Verwirkung keine strengen Anforderungen gestellt.[267]

Das OLG Brandenburg[268] führt dazu aus: 741

»Von einem Unterhaltsgläubiger, der lebensnotwendig auf Unterhaltsleistungen angewiesen ist, muss eher als von einem Gläubiger anderer Forderungen erwartet werden, dass er sich zeitnah um die Durchsetzung des Anspruchs bemüht. Andernfalls können Unterhaltsrückstände zu einer erdrückenden Schuldenlast anwachsen. Abgesehen davon sind im Unterhaltsrechtsstreit die für die Bemessung des Unterhalts maßgeblichen Einkommensverhältnisse der Parteien nach längerer Zeit oft nur schwer aufklärbar. Diese Gründe, die eine möglichst zeitnahe Geltendmachung von Unterhalt nahelegen, sind so gewichtig, dass das Zeitmoment der Verwirkung auch dann erfüllt sein kann, wenn die Rückstände Zeitabschnitte betreffen, die etwas mehr als ein Jahr zurückliegen (...). Denn der Gesichtspunkt des Schuldnerschutzes verdient bei Unterhaltsrückständen für eine mehr als ein Jahr zurückliegende Zeit besondere Beachtung. So verdient etwa beim Ehegattenunterhalt nach den gesetzlichen Bestimmungen der §§ 1585 b Abs. 3, 1613 Abs. 2 Nr. 1 BGB der Gesichtspunkt des Schuldnerschutzes bei Unterhaltsrückständen für eine mehr als ein Jahr zurückliegende Zeit besondere Beachtung.«

Ein weiterer Einwand i. S. d. § 767 ZPO ist die **Wiederheirat**.[269]   742

Ähnlich liegt es im Fall des **Todes des Unterhaltsberechtigten**.[270]   743

Auch der **Wegfall der Verfahrensführungsbefugnis** nach Volljährigkeit des Kindes ist eine Einwendung (allerdings wäre in diesem Fall auch die Vollstreckungserinnerung nach § 766 ZPO möglich).[271]   744

Weitere Einwendungen könnten sein: Verzicht, Stundung oder Aufrechnung.   745

---

265 Vgl. OLG Brandenburg, FuR 2012, 440.
266 Vgl. dazu Weinreich/Klein, Vor §§ 1360 bis 1360b BGB Rn. 205.
267 Vgl. dazu Henjes, in: Kleffmann/Soyka, Kap. 9 Rn. 243 ff.
268 OLG Brandenburg FuR 2012, 440.
269 BGH, FamRZ 1988, 46 f.; OLG Naumburg, FamRZ 2006, 1402.
270 BGH, NJW 2004, 2896.
271 OLG Koblenz, FamRZ 2005, 993 f.

4. Allgemeine Zulässigkeitsvoraussetzungen

a) Antrag

746 Der Vollstreckungsgegenantrag richtet sich gegen die Vollstreckbarkeit des Schuldtitels und die Zulässigkeit der Vollstreckung aus dem Titel schlechthin, nicht nur – wie Erinnerung (§ 766 ZPO) oder Drittwiderspruchsklage (§ 771 ZPO) – gegen die Zulässigkeit einzelner Vollstreckungsmaßnahmen.

Der Verfahrensantrag muss daher dahin gestellt werden, dass die Vollstreckung aus dem Titel schlechthin – nicht nur eine einzelne konkrete Vollstreckungsmaßnahme – für unzulässig erklärt wird.

747 Der angegriffene Vollstreckungstitel ist im Antrag konkret zu benennen.

748 ▶ Formulierungsbeispiel:

Die Zwangsvollstreckung aus dem Beschluss des AG – FamG – ..... vom ..... (Az.: .....) wird ab ..... für unzulässig erklärt.

749 Der Antragsteller kann ergänzend noch den Antrag auf Herausgabe des Unterhaltstitels stellen. Dies ist auch als Hilfsantrag für den Fall des Erfolgs des Hauptantrags möglich, sodass ein Kostenrisiko vermieden wird. Die Herausgabepflicht ergibt sich aus § 371 BGB analog.[272]

750 ▶ Praxistipp:

Der Vollstreckungsabwehrantrag nach § 767 ZPO ist unbedingt mit einem Antrag auf einstweilige Einstellung der Vollstreckung, vgl. § 769 ZPO, zu ergänzen.

b) Beteiligte

751 Beteiligte des Vollstreckungsgegenverfahrens sind der Vollstreckungsschuldner als Antragsteller und der Vollstreckungsgläubiger als Antragsgegner. Ist ein Unterhaltstitel auf ein inzwischen volljährig gewordenes Kind umgeschrieben worden, ist der Antrag gegen das nunmehr volljährige Kind zu richten.

c) Ordnungsgemäße Zustellung des Antrags

752 Das Unterhaltsverfahren setzt eine anwaltliche Vertretung voraus, vgl. § 114 Abs. 1 FamFG. Die Vollmacht des Verfahrensbevollmächtigten umfasst gem. § 81 ZPO auch die aus diesem Unterhaltsverfahren entstehenden Zwangsvollstreckungsanträge und damit auch einen Vollstreckungsgegenantrag gem. § 767 ZPO. Gem. § 172 ZPO muss der Vollstreckungsgegenantrag daher dem Verfahrensbevollmächtigten des Antragsgegners aus dem Vorverfahren zugestellt werden.

---

272 BGH, FamRZ 2008, 2196.

Eine fehlerhafte Zustellung wird jedoch nach § 189 ZPO geheilt, falls demjenigen, an 753
den die Zustellung zu erfolgen hatte, das zuzustellende Schriftstück tatsächlich zugeht;
dies ist auch dann der Fall, wenn das dem Verfahrensbevollmächtigten zuzustellende
Schriftstück dem Beteiligten persönlich zugestellt und von diesem dem Anwalt ausgehändigt wird.

Auch können Zustellungsmängel gem. § 295 ZPO dadurch geheilt werden, dass sie 754
nicht gerügt werden; § 295 ZPO bezieht sich auch auf Fehler bei der Antragszustellung, da auch dies verzichtbare Mängel i. S. d. Vorschrift sind.

d) Rechtsschutzbedürfnis

Das Rechtsschutzbedürfnis für einen Vollstreckungsgegenantrag besteht grds., sobald 755
ein Vollstreckungstitel vorliegt. Die Erteilung der Vollstreckungsklausel ist nicht erforderlich.

Das Rechtsschutzbedürfnis entfällt, sobald die Vollstreckung als Ganzes beendet ist. 756
Wurde Unterhalt in einem gerichtlichen Unterhaltsvergleich befristet, d. h. sollten
Unterhaltszahlungen lediglich bis Ende des Jahres 2012 erfolgen, besteht ab 2013
kein Rechtsschutzbedürfnis für einen Vollstreckungsabwehrantrag mehr, da eine Vollstreckung nicht mehr möglich ist.[273]

Die Nichtherausgabe eines Unterhaltstitels begründet das Rechtsschutzbedürfnis trotz 757
monatlicher Erfüllung des Unterhaltsschuldners jedoch zunächst nicht, da der Titel
noch für die künftig fällig werdenden Unterhaltsansprüche benötigt wird.

Anders ist es, wenn der titulierte Unterhaltsanspruch dauerhaft erloschen ist (z. B. infolge Wiederheirat) und der Titelgläubiger den Titel trotz Aufforderung nicht herausgibt.

Die bloße Erklärung des Titelgläubigers, er verzichte auf seine Rechte, ist nicht ausreichend; 758
das Rechtsschutzbedürfnis für einen Vollstreckungsabwehrantrag entfällt erst
mit Herausgabe des (entwerteten) Unterhaltstitels.[274]

5. Abgrenzung zu den Abänderungsverfahren

Das Verhältnis der Abänderungsverfahren nach §§ 238, 239 FamFG zum Vollstreckungsabwehrantrag 759
nach § 767 ZPO ist problematisch und immer wieder Gegenstand grundlegender Entscheidungen.[275]

---

273 A. A. Luthin/Koch-Kamm, Rn. 7085.
274 Vgl. dazu Romeyko, FamRZ 2007, 1217.
275 Die Thematik wurde auch in Zusammenhang mit dem Abänderungsverfahren nach § 238
FamFG angesprochen, vgl. Rdn. 590 ff.

Kapitel 5   Durchsetzung des Unterhaltsanspruchs im gerichtlichen Verfahren

Grundlage der Abgrenzung ist, dass sich die Abänderungsverfahren und der Vollstreckungsabwehrantrag gegenseitig ausschließen, denn sie verfolgen mit unterschiedlichen Mitteln unterschiedliche Ziele.[276]

760   So bezwecken die Abänderungsverfahren nach §§ 238, 239 FamFG die Anpassung des Unterhaltstitels. Der Grund ist die Änderung variabler Bemessungsfaktoren für den Unterhalt (z. B. Leistungsfähigkeit, Bedürftigkeit).

761   ▶ Hinweis:

Änderungen der **stets wandelbaren** wirtschaftlichen Verhältnisse der Beteiligten sind mit den Abänderungsverfahren nach §§ 238, 239 FamFG geltend zu machen.

762   Der Vollstreckungsabwehrantrag wendet sich gegen die Zwangsvollstreckung aus dem Unterhaltstitel. Die Zwangsvollstreckung soll für unzulässig erklärt werden, weil der titulierte Anspruch inzwischen erloschen oder gehemmt ist. In Abgrenzung zu den Vorschriften der §§ 238, 239 FamFG kommen für den Vollstreckungsabwehrantrag nur Gegengründe gegen den Unterhaltstitel infrage, die diesen unwandelbar vermindern.

763   ▶ Hinweis:

Der Vollstreckungsabwehrantrag betrifft **punktuell eintretende Ereignisse, Einwendungen und Einreden.**

764   Dies sind neben der Tilgung vergangener und gegenwärtiger Ansprüche nur solche Einwendungen, die den Unterhaltsanspruch gänzlich und für immer gesetzlich beendet haben (z. B. Wiederheirat, vgl. § 1586 BGB).

Alle anderen Gründe, gegen den Titel vorzugehen, sind Abänderungsgründe nach §§ 238, 239 FamFG (z. B. Änderung der wirtschaftlichen Verhältnisse, Stundung etc.).

765   Der BGH[277] fasst die genannten Kriterien wie folgt zusammen:

»Die Abänderungsklage ist eine Gestaltungsklage, die sowohl vom Unterhaltsschuldner als auch vom Unterhaltsgläubiger erhoben werden kann und den Unterhaltstitel selbst – unter Durchbrechung seiner materiellen Rechtskraft – an die stets wandelbaren wirtschaftlichen Verhältnisse anpassen soll. Demgegenüber beschränkt sich der Streitgegenstand einer Vollstreckungsabwehrklage auf die Beseitigung der Vollstreckbarkeit eines früheren Titels. Dabei geht es also nicht um die Anpassung des Unterhaltstitels an geänderte wirtschaftliche Verhältnisse, sondern allein um die Frage, ob die Zwangsvollstreckung aus dem Titel wegen der nunmehr vorgebrachten materiell-rechtlichen Einwendungen unzulässig (geworden) ist. Wegen dieser unterschiedlichen Zielrichtung schließen sich der Vollstreckungsabwehrantrag und die Abänderungsklage für den gleichen Streitgegenstand grundsätzlich gegenseitig aus. Deswegen hat der Unterhaltsschuldner hinsichtlich konkreter Unterhaltsforderungen keine Wahlmöglichkeit zwischen der Vollstreckungsgegen- und der Abänderungsklage, sondern muss sein Rechtsschutzbegehren auf die Klageart stützen, die dem Ziel seines Begehrens für den entsprechenden Unterhaltszeitraum am besten entspricht.«

---

276   BGH, FamRZ 2005, 1479.
277   BGH, NJW 2005, 2313.

F. Besondere Verfahrensarten   Kapitel 5

▶ Praxistipp: 766

I. R. d. **Anwaltsberatung** sollte beachtet werden, dass der Vollstreckungsabwehrantrag den Vorteil hat, dass für ihn nicht die Rückwirkungssperre des § 238 Abs. 3 ZPO gilt.

Früher war ein weiterer Aspekt die unterschiedliche gerichtliche Zuständigkeit für die beiden Verfahren. Dieser Aspekt spielt nur noch eine Rolle, wenn nicht die vorrangige Zuständigkeit des § 232 Abs. 1 FamFG eingreift, vgl. § 232 Abs. 2 FamFG.

Die Umdeutung eines Abänderungsantrags in einen Vollstreckungsabwehrantrag ist möglich, wenn ein entsprechender Wille des Antragstellers genügend erkennbar ist und kein schutzwürdiges Interesse des Gegners entgegensteht.[278]

Andererseits ist auch die Umdeutung eines Vollstreckungsabwehrantrags in einen Abänderungsantrag möglich.[279]

a) §§ 1579, 1611 BGB

Ein Sonderproblem in diesem Zusammenhang ist die Behandlung der Verwirkungstat- 767
bestände der §§ 1579, 1611 BGB. Nach einer Meinung ist der Vollstreckungsabwehrantrag der richtige Rechtsbehelf etwa für den Einwand der Verwirkung des Unterhaltsanspruchs nach § 1579 Nr. 2 BGB wegen Bestehens einer eheähnlichen Gemeinschaft des Unterhaltsgläubigers mit einem neuen Partner.[280]

Nach anderer Auffassung ist in Fällen der Verwirkung allein der Abänderungsantrag zulässig.[281]

Mitunter werden bei Verwirkung nach §§ 1579, 1611 BGB auch beide Antragsarten für zulässig gehalten. Dies wird mit der »Doppelnatur« des § 1579 BGB begründet. Einerseits ist die Vorschrift rechtsvernichtende Einwendung, zum anderen muss aber i. R. d. Billigkeitsprüfung und Prüfung der Kindeswohlbelange eine Auseinandersetzung mit den »wandelbaren« wirtschaftlichen Verhältnissen der Beteiligten erfolgen.

Letztlich sollte die Verfahrensökonomie ausschlaggebend sein. Muss der Antragsteller, 768
weil er auch Abänderungsgründe nach §§ 238, 239 FamFG geltend macht, dieses Verfahren anhängig machen, sollte ihm auch gestattet werden, in diesem Verfahren rechtsvernichtende Einwendungen zu erheben.

Ansonsten wäre er gezwungen, nur der dogmatischen Klarheit halber, in zwei getrennten Verfahren gegen den Unterhaltstitel vorzugehen. Dies ist nicht zumutbar. Der Unterhaltsschuldner hat daher ein Wahlrecht.[282]

---

278 BGH, FamRZ 1997, 281.
279 OLG Bamberg, FamRZ, 1999, 942.
280 BGH, FamRZ 2012, 779, 780.
281 Palandt/Brudermüller, BGB, § 1579 Rn. 43; Soyka, FuR 2006, 529.
282 So BGH, FamRZ 2001, 282, Gerhard, in: Handbuch FAFamR, 6. Kap. Rn. 908.

b) Eingetretene Rentenberechtigung

769 Wendet sich der Unterhaltsschuldner wegen des inzwischen eingetretenen Rentenbezugs des Unterhaltsberechtigten gegen einen titulierten Unterhaltsanspruch, ist ein Abänderungsantrag nach §§ 238, 239 FamFG zu stellen (nicht ein Vollstreckungsgegenantrag nach § 767 ZPO).[283]

770 Für die Abgrenzung zwischen der Rechtsschutzmöglichkeit eines Abänderungsantrags nach §§ 238, 239 FamFG und eines Vollstreckungsabwehrantrags nach § 767 ZPO ist auf den Zweck und die Auswirkungen der jeweiligen Vorschrift abzustellen. Die Rechtsprechung zum Rentenbezug ist bemerkenswert wechselvoll.

771 **Ursprünglich** ist die Rechtsprechung nämlich davon ausgegangen, dass der Rentenanspruch, den ein unterhaltsberechtigter geschiedener Ehegatte aufgrund des mit der Scheidung durchgeführten Versorgungsausgleichs später erlangt, in entsprechendem Umfang zum Wegfall des rechtskräftig zuerkannten Unterhaltsanspruchs führt und dass dieser Wegfall mit dem Vollstreckungsabwehrantrag gegen den Unterhaltsbeschluss geltend gemacht werden kann.

772 **In der Folgezeit** hat der BGH entschieden, dass es dem Unterhaltsschuldner nicht verwehrt sein kann, die durch den Rentenbezug des Unterhaltsgläubigers eingetretenen Veränderungen im Wege eines Abänderungsantrags nach §§ 238, 239 FamFG geltend zu machen, wenn der Schuldner ausschließlich die Abänderung künftigen Unterhalts begehrt. Ein erst nach der Unterhaltstitulierung einsetzender Rentenbezug des Unterhaltsberechtigten, der auf der Übertragung von Versorgungsanwartschaften beim Versorgungsausgleich beruht, lasse sich nicht nur entweder dem Anwendungsbereich der §§ 238, 239 FamFG oder demjenigen des § 767 ZPO zuordnen. Er habe vielmehr eine **doppelte Bedeutung**. Einerseits beziehe der Berechtigte eine Rente aufgrund eigenen Rechts, das vom Versorgungsschicksal seines geschiedenen Ehegatten losgelöst ist. Wie jedes andere Einkommen, das der Berechtigte erzielt, mindere der Rentenbezug unterhaltsrechtlich seine Bedürftigkeit. Damit liege eine Änderung in den wirtschaftlichen Verhältnissen vor, die dem Anwendungsbereich der §§ 238, 239 FamFG zuzuordnen sei. Andererseits sei nicht zu verkennen, dass in den Fällen, in denen der Unterhaltsverpflichtete selbst schon Rente beziehe, die nunmehr infolge des Versorgungsausgleichs gekürzt werde, durch die etwa gleich hohen Rentenzahlungen an den Unterhaltsberechtigten ein der Erfüllung wirtschaftlich gleichkommender Vorgang einsetze. Die sich hieraus ergebende Einwendung müsse der Schuldner dem Gläubiger stets entgegensetzen können, und zwar, soweit eine Abänderung gem. §§ 238, 239 FamFG wegen der Zeitschranke des § 238 Abs. 3 FamFG nicht mehr möglich sei, jedenfalls gem. § 767 ZPO. Soweit sich aus der **Ambivalenz des Rentenbezugs** Überschneidungen zwischen Abänderungsantrag und Vollstreckungsabwehrantrag ergeben, seien diese hinzunehmen.

---

283 BGH, NJW 2005, 2313.

F. Besondere Verfahrensarten   Kapitel 5

Nunmehr lässt der BGH nur noch den Abänderungsantrag nach §§ 238, 239 FamFG   773
zu.

Bei geänderten wirtschaftlichen Verhältnissen führe der Vollstreckungsgegenantrag nach § 767 ZPO – auch für Ansprüche aus der Vergangenheit – immer dann zu unbilligen Ergebnissen, wenn die Änderung zugleich auch Auswirkungen auf den Bedarf des Unterhaltsberechtigten hat. Denn § 767 ZPO erlaube dem Gericht lediglich, die Vollstreckung auf der Grundlage des im Ausgangsbeschluss rechtskräftig festgestellten Unterhaltsbedarfs für unzulässig zu erklären. Erhöhen die vom Unterhaltsschuldner vorgebrachten Gründe aber – im Gegenzug – auch den Unterhaltsbedarf des Berechtigten, wie dieses insb. aufgrund der Rechtsprechung zur Differenz- bzw. Additionsmethode regelmäßig der Fall ist, trägt die bloße Anrechnung der eingetretenen Änderungen der materiellen Rechtslage nicht hinreichend Rechnung. Dann bedarf es einer vollständigen Neuberechnung des Unterhaltsanspruchs, die – unter Durchbrechung der Rechtskraft des früheren Beschlusses – nur im Wege der Abänderungsklage möglich ist.

Der Rentenbezug prägt die ehelichen Lebensverhältnisse selbst dann, wenn er auf einer   774
vor der Ehe ausgeübten Erwerbstätigkeit beruht und erst nach der Scheidung angefallen ist. Die Rente ist auch insoweit als ein Surrogat für den wirtschaftlichen Nutzen anzusehen, den der rentenberechtigte Ehegatte vor Eintritt des Rentenfalles aus seiner Arbeitskraft ziehen konnte. Hat ein Ehegatte während der Ehe seine Arbeitskraft auf die Führung des gemeinsamen Haushalts verwandt, hat der Wert seiner Arbeitskraft, und zwar nunmehr in der Form der Familienarbeit, die ehelichen Lebensverhältnisse mitgeprägt. Da der Wert der Arbeitskraft in der von diesem Ehegatten später bezogenen Rente eine Entsprechung findet, ergibt sich, dass auch diese Rente bei der Bemessung der ehelichen Lebensverhältnisse zu berücksichtigen ist, und zwar auch dann, wenn diese Rente durch eine Erwerbstätigkeit vor oder nach der Ehe erworben ist. Mit der gleichen Begründung ist die Rente auch hinsichtlich des im Versorgungsausgleich erworbenen Anteils nicht mehr im Wege der sog. Anrechnungsmethode in Abzug zu bringen, sondern nach der sog. Additions- oder Differenzmethode schon bei der Bemessung des Unterhaltsbedarfs nach den ehelichen Lebensverhältnissen (§ 1578 Abs. 1 BGB) zu berücksichtigen.

Mit Beginn des Rentenanspruchs des Unterhaltsberechtigten ergibt sich mithin eine   775
vollständig neue Bedarfs- und Unterhaltsberechnung, die einer Anpassung des laufenden Unterhaltstitels an geänderte wirtschaftliche Verhältnisse entspricht. Eine bloße Anrechnung von Rentenleistungen auf den zuvor ermittelten Unterhaltsbedarf würde dem nicht gerecht. Der Rentenbeginn wirkt sich deswegen nicht lediglich als ein der Erfüllung wirtschaftlich gleichkommender Vorgang aus und kann deswegen eine Anrechnung im Wege eines Vollstreckungsgegenantrags nicht mehr rechtfertigen. Die durch den Rentenbezug des Unterhaltsberechtigten gebotene Anpassung des Unterhaltsanspruchs an die geänderten wirtschaftlichen Verhältnisse hat somit nach dem Zweck der gesetzlichen Vorschrift stets im Wege der Unterhaltsabänderung gem. §§ 238, 239 FamFG zu erfolgen.

Kapitel 5 Durchsetzung des Unterhaltsanspruchs im gerichtlichen Verfahren

6. Vollstreckungsgegenantrag gegen einstweilige Anordnung

776 Der **Vollstreckungsabwehrantrag nach** § 767 ZPO war gegen die einstweilige Unterhaltsanordnung bislang zulässig und begründet, wenn der Unterhaltsschuldner relevante Einwendungen gegen den Titel vorbringen konnte. Solche Einwendungen waren neben der Tilgung vergangener und gegenwärtiger Ansprüche noch solche Einwendungen, die den Unterhaltsanspruch gänzlich und für immer gesetzlich beendet hatten (z. B. Wiederheirat, vgl. § 1586 BGB).

777 Der Gesetzgeber hat zum 01.09.2009 die einstweilige Anordnung aus dem Katalog der in § 794 ZPO aufgeführten Titel gestrichen, sodass über die Verweisungsvorschrift des § 795 ZPO keine entsprechende Anwendung des **Vollstreckungsabwehrantrags nach** § 767 ZPO mehr in Betracht kommt.

Dies ist aber auch nicht erforderlich, da nunmehr die entsprechende Anwendung des § 767 ZPO aufgrund der Verweisungsvorschrift des § 120 Abs. 1 FamFG möglich ist.[284]

Die Vollstreckung der einstweiligen Unterhaltsanordnung (Beschluss) richtet sich nämlich nach §§ 704 ZPO entsprechend, wobei nach § 53 Abs. 1 FamFG die Vollstreckungsklausel grds. entbehrlich ist.

7. Muster: Ehegattenunterhalt – Vollstreckungsabwehrantrag

778 An das

AG .....

– FamG –

.....

Vollstreckungsabwehrantrag

In der Familiensache

der .....

– Antragstellerin –

Verfahrensbevollmächtigte: .....

gegen

Herrn .....

– Antragsgegner –

Verfahrensbevollmächtigte: .....

---

284 A. A. Gerhardt, in: Handbuch FAFamR, Kap. 6 Rn. 897.

stelle ich namens und in Vollmacht der Antragstellerin folgenden Antrag:
**Die Zwangsvollstreckung aus dem Beschluss des AG – FamG ..... vom ....., Az.: .....,
wird für unzulässig erklärt.**

Für den Fall des schriftlichen Vorverfahrens wird bei nicht rechtzeitiger Anzeige der Verteidigungsabsicht beantragt, ohne mündliche Verhandlung durch Versäumnisbeschluss zu entscheiden.

Begründung:

1.

Die Beteiligten haben am ..... die Ehe miteinander geschlossen.

Seit dem ..... leben sie getrennt; die Antragstellerin ist an diesem Tag aus der gemeinsamen Wohnung in ..... ausgezogen und wohnt nun in ...... Kinder sind aus der Ehe der Beteiligten nicht hervorgegangen.

Das AG – FamG ..... hat mit Beschluss vom ..... (Az. .....) entschieden, dass die Antragstellerin dem Antragsgegner einen monatlichen Trennungsunterhalt i. H. v. ..... € zu zahlen hat.

Beweis: Beschluss des AG – FamG ..... vom ..... **(Anlage A1)**

Der Antragsgegner hat seinen gewöhnlichen Aufenthalt in ....., sodass sich die **Zuständigkeit** des AG – FamG ..... aus §§ 232 Abs. 3 Satz 1 FamFG i. V. m. 12, 13 ZPO ergibt.

2.

Mittlerweile ist das Scheidungsverfahren der Beteiligten rechtskräftig abgeschlossen.

Beweis: Beschluss des AG – FamG ..... vom ..... **(Anlage A2)**

Die Antragstellerin hat demzufolge den Antragsgegner unter Fristsetzung aufgefordert, auf Trennungsunterhalt zu verzichten und den Titel herauszugeben.

Beweis: Schreiben des Unterzeichnenden vom ..... **(Anlage A3)**

Der Antragsgegner hat sich dahin erklärt, dass er den Unterhalt nach wie vor für berechtigt ansieht.

Dies ist aber unrichtig. Aufgrund des **Grundsatzes der Nichtidentität** wird ein Titel, der den Trennungsunterhalt betrifft, mit der Rechtskraft der Scheidung unwirksam.

Dies gilt selbst dann, wenn nachehelicher Unterhalt geschuldet sein sollte, d. h. darauf kommt es nicht an.

Da der Antragsgegner sich weigert, auf die Rechte aus dem besagten Titel zu verzichten und den Titel herauszugeben, ist dieser Vollstreckungsabwehrantrag nach § 767 ZPO erforderlich. Die Vollstreckung aus dem angegebenen Titel ist antragsgemäß für unzulässig zu erklären.

Beglaubigte und einfache Abschrift anbei.

....

Rechtsanwalt/Rechtsanwältin

G. Rechtsmittel in Unterhaltssachen

I. Rechtsmittelüberblick

779

```
AG – FamG
Beschluss in einer Familiensache
```
⬇

Beschwerde zum OLG
Zweite Tatsacheninstanz (vgl. § 65 Abs. 3 FamFG)
1. Statthaft
   a. Beschwerdewert über 600,00 €
   b. Zulassung nach §§ 61 Abs. 2 und 3 FamFG
2. Frist: ein Monat, vgl. § 63 Abs. 1 FamFG (Ausnahme § 63 Abs. 2 FamFG)
3. Einlegung: Beim iudex a quo, vgl. § 64 Abs. 1 FamFG
4. Begründungsfrist in Familienstreitsachen: zwei Monate, vgl. § 117 FamFG
5. Beschwerdeentscheidung: Beschluss, vgl. § 69 FamFG

⬇

Rechtsbeschwerde zum BGH
Rechtskontrolle (vgl. § 72 Abs. 1 FamFG)
1. Statthaft
   a. Zulassung erforderlich
   b. Sprungrechtsbeschwerde, vgl. § 75 FamFG
2. Frist: ein Monat, vgl. § 71 Abs. 1 FamFG
3. Einlegung: Beim iudex ad quem, vgl. § 71 Abs. 1 FamFG
4. Begründungsfrist: ein Monat, § 71 Abs. 2 FamFG
5. Entscheidung: §§ 74, 74a FamFG

II. Beschwerde

780 ▶ **Das Wichtigste in Kürze**

– Die Beschwerde ist einheitliches Rechtsmittel in allen Familiensachen. → Rdn. 781 ff.
– Die Beschwerde ist eine volle zweite Tatsacheninstanz. → Rdn. 782
– Die Einlegung der Beschwerde erfolgt beim Ausgangsgericht. → Rdn. 802

G. Rechtsmittel in Unterhaltssachen   Kapitel 5

Die Beschwerde ist **einheitliches Rechtsmittel** gegen alle Entscheidungen in Familiensachen, also auch gegen Unterhaltsbeschlüsse.[285] Allerdings gelten für diese Verfahren Besonderheiten im Beschwerdeverfahren, wie sich aus **§ 117 FamFG** ergibt.   781

Während die Beschwerde als Rechtsmittel für Familiensachen, die keine Familienstreitsachen sind, generell als geeignet anzusehen ist, bedarf es für Familienstreitsachen einer Rechtfertigung. Die Besonderheiten der Familienstreitsachen (neben Unterhaltssachen auch Güterrechtssachen und sonstige Familiensachen) erlauben es jedoch, sie im Rechtsmittelzug trotz ihrer Eigenschaft als Streitsache abweichend von den allgemeinen Zivilsachen zu behandeln. Die allgemeinen Vorschriften der ZPO über Berufung und Revision sind daher nicht anwendbar. Die zivilprozessuale Berufung wird wegen der   782
– grundsätzlichen Bindung des Gerichts an erstinstanzliche Feststellungen (§ 529 Abs. 1 ZPO),
– der Pflicht des Gerichts zur Zurückweisung verspäteten Vorbringens (§ 531 Abs. 2 ZPO),
– der Einschränkung der Anschlussberufung (§ 524 Abs. 2 ZPO) und
– wegen des weitgehenden Ausschlusses von Klageänderung, Aufrechnung und Widerklage (§ 533 ZPO) dem Bedürfnis des familiengerichtlichen Verfahrens, die Tatsachenfeststellung an das häufig im Fluss befindliche Geschehen anzupassen, nicht immer gerecht.

Diese Vorschriften, denen die Vorstellung zugrunde liegt, dass im Zivilprozess über einen abgeschlossenen Lebenssachverhalt gestritten wird, sind mit der **Dynamik eines Trennungsgeschehens** häufig nur schwer vereinbar und lassen, insb. in Unterhaltssachen, die Berücksichtigung veränderter Einkommens- und Vermögensverhältnisse nur in eingeschränktem Maß zu. Solche Änderungen sind sinnvollerweise bereits im Beschwerdeverfahren und nicht erst in einem neuen Verfahren zu berücksichtigen.   783

Aus diesen Erwägungen ergibt sich, dass die Beschwerde in Unterhaltssachen (Familienstreitsachen) als **volle zweite Tatsacheninstanz** (vgl. § 65 Abs. 3 FamFG) ausgestaltet wurde.

Das Beschwerdeverfahren in Unterhaltssachen wird aber weiterhin als Streitverfahren unter Geltung des **Beibringungsgrundsatzes** geführt.   784
Zuständig für das Beschwerdeverfahren sind die OLG, vgl. § 119 Abs. 1 Nr. 1a GVG.

▶ Hinweis: 785

Wurde der erstinstanzliche Unterhaltsantrag teilweise abgewiesen, d. h. statt z. B. beantragter 600 € wurden nur 300 € zugesprochen, muss der Mandant bzw. der ihn vertretende Anwalt gegen den Beschluss Beschwerde einlegen, wenn der Beschluss, der den Unterhaltsantrag abweist, rechtlich nicht korrekt ist.

---

285 Vgl. zum Beschwerdeverfahren ausführlich Reinken, ZFE 2009, 370; zum Rechtsmittelverfahren äußert sich ebenfalls Maurer, FamRZ 2009, 465 ff.

Roßmann

Verfehlt ist die Auffassung, die Fehlerbeseitigung einem späteren Abänderungsverfahren nach § 238 FamFG zu überlassen. Das Abänderungsverfahren ist nur eine Möglichkeit, auf spätere wesentliche Veränderungen der der Entscheidung zugrunde liegenden tatsächlichen oder rechtlichen Verhältnisse zu reagieren (vgl. § 238 Abs. 4 FamFG). Damit sind Fehler des Ausgangsverfahrens dauerhaft von Bedeutung, wenn sie nicht mit Beschwerde bzw. Rechtsbeschwerde ausgeräumt werden.

1. Statthaftigkeit der Beschwerde

a) Endentscheidungen

786 Die Beschwerde ist nach § 58 Abs. 1 FamFG gegen **Endentscheidungen** statthaft. Dies ist gemäß der Legaldefinition in § 38 FamFG die Entscheidung, die über den Verfahrensgegenstand in der Instanz ganz oder teilweise abschließend entscheidet. Die Beschwerde ist damit das Hauptsacherechtsmittel des FamFG (gegen Unterhaltsbeschlüsse).

787 **Zwischen- und Nebenentscheidungen** sind dagegen grds. nicht selbstständig anfechtbar. Sie sind entweder überhaupt nicht oder aber nur zusammen mit der Hauptsacheentscheidung anfechtbar. Soweit das Gesetz abweichend davon die selbstständige Anfechtbarkeit von Zwischen- und Nebenentscheidungen zulässt, orientiert es sich an den Verhältnissen im Zivilprozess. Das FamFG sieht demgemäß z. B. in § 76 Abs. 2 FamFG die sofortige Beschwerde in entsprechender Anwendung der §§ 567 bis 572 ZPO in Verfahren der VKH vor.

788 Grds. können auch die Entscheidungen, die einer Endentscheidung vorausgegangen sind, im Beschwerderechtszug überprüft werden. Die Vorschrift schreibt die bereits auf der Grundlage des geltenden Rechts vertretene Auffassung, die Fehlerhaftigkeit von Zwischenentscheidungen könne noch mit der Endentscheidung gerügt werden,[286] ausdrücklich gesetzlich fest.

789 Ausgenommen von der Überprüfung mit der Endentscheidung sind aber solche Entscheidungen, die nicht anfechtbar oder mit der sofortigen Beschwerde anfechtbar sind. Nicht im Rechtsmittelzug überprüfbar sind demnach etwa die Entscheidungen über die Ablehnung einer Gerichtsperson, die Zuständigkeit des angegangenen Gerichts oder die Übertragung auf den Einzelrichter oder die Kammer. Der Endentscheidung vorausgegangen und mit ihr anfechtbar sind dagegen etwa Beweis-, Verbindungs- und Trennungsbeschlüsse.

b) Beschwerdewert

790 Die Beschwerde gegen Entscheidungen in FamFG-Sachen mit vermögensrechtlichen Verfahrensgegenständen ist nach § 61 Abs. 1 FamFG nur zulässig ist, wenn der

---

286 Bassenge/Roth-Bassenge, § 19 FGG Rn. 3.

G. Rechtsmittel in Unterhaltssachen   Kapitel 5

Beschwerdegegenstand 600 € übersteigt. Das Gesetz beschränkt dadurch bei Streitigkeiten mit geringer wirtschaftlicher Bedeutung den Rechtsweg auf eine Instanz.

▶ **Hinweis:** 791
Der Beschwerdewert bemisst sich in Unterhaltssachen nach § 113 Abs. 1 Satz 2 FamFG i. V. m. § 9 Satz 1 ZPO. Dies bedeutet, dass der 3,5-fache Wert des einjährigen Bezugs maßgeblich ist. Wurde etwa eine Unterhaltsrente von 250 € beantragt und hat der Antragsteller nur 230 € zugesprochen bekommen, beträgt der Beschwerdewert 840 € (20 € x 12 = 240 € x 3,5 = 840 €).

Sobald eine Unterhaltsdifferenz von 15 € (genau 14,29 €) mit der Beschwerde angegriffen wird, ist der Beschwerdewert von 600,01 € schon erreicht.

Unterhaltsrückstände, die nicht zugesprochen wurden, können den Beschwerdewert zusätzlich noch erhöhen.

Der Beschwerdewert ist nicht identisch mit dem Gebührenstreitwert des § 51 FamGKG, der lediglich auf den einjährigen Bezug der Differenzrente abstellt.

c) Zulassungsbeschwerde

Allerdings kann die Beschwerde in vermögensrechtlichen FamFG-Sachen auch zugelassen werden (Zulassungsbeschwerde, vgl. §§ 61 Abs. 2, Abs. 3 FamFG). 792

Das erstinstanzliche Gericht hat die Beschwerde zuzulassen, 793
– wenn die Rechtssache grundsätzliche Bedeutung hat oder
– die Fortbildung des Rechts oder die Sicherung einer einheitlichen Rechtsprechung eine Entscheidung des Beschwerdegerichts erfordert.

Die Anfechtbarkeit einer Entscheidung ist hiernach zulässig, wenn dem Rechtsstreit 794 eine über den Einzelfall hinausgehende Bedeutung zukommt oder wenn das Gericht des ersten Rechtszuges in einer Rechtsfrage von einer obergerichtlichen Entscheidung abweicht bzw. eine obergerichtliche Entscheidung der Rechtsfrage noch nicht erfolgt ist und Anlass besteht, diese Rechtsfrage einer Klärung zugänglich zu machen.

Eine Zulassung kommt nur in Betracht, wenn eine Wertbeschwerde nicht statthaft ist. 795

Die Zulassung ist gem. § 61 Abs. 3 Satz 2 FamFG für das Beschwerdegericht **bindend**. 796
Die Beschwerde kann daher nicht mit der Begründung als unzulässig verworfen werden, das erstinstanzliche Gericht habe die Voraussetzungen für die Zulassung der Beschwerde zu Unrecht angenommen. Die Nichtzulassung der Beschwerde ist nicht anfechtbar.[287]

2. Beschwerdeberechtigung (§§ 59, 60 FamFG)

Der Personenkreis, der beschwerdeberechtigt ist, ergibt sich aus §§ 59, 60 FamFG. 797

---
287 Maurer, FamRZ 2009, 471.

Kapitel 5 — Durchsetzung des Unterhaltsanspruchs im gerichtlichen Verfahren

798 Nach § 59 Abs. 1 FamFG kommt es für die Beschwerdeberechtigung auf die **Beeinträchtigung eigener Rechte** an. Die Beteiligtenstellung in erster Instanz ist demgegenüber unerheblich. Umgekehrt ist ein Beteiligter im erstinstanzlichen Verfahren nicht beschwerdeberechtigt, wenn er von dem Ergebnis der Entscheidung nicht in seiner materiellen Rechtsstellung betroffen ist.

799 § 59 Abs. 2 FamFG beschränkt die Beschwerdeberechtigung gegen einen zurückgewiesenen Antrag in Verfahren, die nur auf Antrag eingeleitet werden können, auf den Antragsteller.

800 In Unterhaltssachen sind die Beteiligten regelmäßig beschwerdeberechtigt, wenn die Entscheidung nicht ausschließlich zu ihren Gunsten ausgefallen ist.

Es liegt dann beim Antragsteller aufgrund der Abweichung von seinem Unterhaltsantrag die notwendige **formelle Beschwer** vor; soweit der Antragsgegner zur Zahlung einer Unterhaltsrente verpflichtet wird, besteht eine eigene **materielle Beschwer**.

3. Einlegung der Beschwerde

801 Die Beschwerde ist frist- und formgerecht gem. §§ 63, 64 FamFG zu erheben.[288]

a) Einlegung der Beschwerde beim Ausgangsgericht

802 Die Beschwerde kann wirksam nur bei dem Gericht eingelegt werden, dessen Entscheidung angefochten wird, vgl. § 64 Abs. 1 FamFG. Es ist nicht möglich, bei dem Beschwerdegericht selbst Beschwerde einzulegen. Dies soll der Beschleunigung des Beschwerdeverfahrens dienen.

803 ▶ Hinweis:

Eine Einlegung der Beschwerde beim Rechtsmittelgericht ist nicht zulässig und wahrt insb. nicht die Rechtsmittelfrist.[289] Allerdings ist das Beschwerdegericht gehalten, die Beschwerde im ordentlichen Geschäftsgang an das Ausgangsgericht weiterzuleiten. Besondere Anstrengungen (z. B. telefonische Verständigung des Verfahrensbevollmächtigten, Telefax an das zuständige Gericht) können vom unzuständigen Gericht allerdings nicht verlangt werden.[290]

804 Die Rechtsmittelbelehrung gem. § 39 FamFG hat den Hinweis zu enthalten, an welches Gericht sich der Beschwerdeführer gegen die erstinstanzliche Entscheidung wenden kann.

---

288 Benötigt der Beschwerdeführer VKH, ist regelmäßig ein Wiedereinsetzungsantrag erforderlich (s. u. Rdn. 1038).
289 Schürmann, FuR 2009, 130, 137.
290 BGH, FamRZ 2009, 320, 321.

G. Rechtsmittel in Unterhaltssachen Kapitel 5

▶ **Praxistipp:** 805

Achtung: Allerdings ist die fehlerhafte Rechtsmittelbelehrung bei anwaltlicher Vertretung folgenlos! § 17 Abs. 2 FamFG gilt nach der Gesetzesbegründung nicht für anwaltlich vertretene Beteiligte!

Dies begründet ein hohes Haftungsrisiko für Anwälte, die sich auf die Rechtsmittelbelehrung verlassen!

b) Inhalt der Beschwerdeschrift

Der notwendige Inhalt der Einlegungsschrift ergibt sich aus § 64 Abs. 2 Satz 3 FamFG: 806
– Der angefochtene Beschluss ist zu bezeichnen.
– Der Beschwerdeführer muss unbedingt erklären, dass Beschwerde eingelegt wird.
– Beschwerdeführer und Beschwerdegegner sind in der Einlegungsschrift anzugeben.[291]

c) Unterschrift

Die Beschwerdeschrift muss schriftlich mit Unterschrift eines RA eingelegt werden, da 807 die Vertretung durch einen RA in Unterhaltssachen erforderlich ist, vgl. § 114 FamFG (vgl. auch § 64 Abs. 2 Satz 2 FamFG).

Die Einlegung der Beschwerde ist ein bestimmender und nicht nur vorbereitender 808 Schriftsatz, vgl. §§ 129 Abs. 1, 130 Nr. 6 ZPO. Problematisch ist die Einlegung der Beschwerde durch **Telefax**.

Der BGH[292] führt dazu aus: 809

»Nach ständiger Rechtsprechung des BGH müssen Rechtsmittel- und Rechtsmittelbegründungsschriften als bestimmende Schriftsätze im Anwaltsprozess grds. von einem beim Rechtsmittelgericht zugelassenen RA unterzeichnet sein (§§ 520 V, 130 Nr. 6 ZPO), da mit der Unterschrift der Nachweis geführt wird, dass der Berufungs- oder Revisionsanwalt die Verantwortung für den Inhalt der Rechtsmittelbegründungsschrift übernimmt. Dass in der Literatur das Unterschriftserfordernis vereinzelt nicht mehr als zeitgemäß angesehen wird, verschafft der Rechtssache entgegen der Auffassung der Kl. keine grundsätzliche Bedeutung.

Allerdings hat die höchstrichterliche Rechtsprechung im Hinblick auf den technischen Fortschritt in einem erheblichen Umfang Ausnahmen von dem Unterschriftserfordernis zugelassen. So hat die Rechtsprechung bereits früh die Übermittlung einer Rechtsmittelschrift und anderer bestimmender Schriftsätze durch ein Telegramm oder mittels Fernschreiben für zulässig erachtet. Auch die Übermittlung fristwahrender Schriftsätze per Telefax ist in allen Gerichtszweigen uneingeschränkt zulässig. Für eine durch Computer-Fax übermittelte Berufungsbegründung hat der Gemeinsame Senat der Obersten Gerichtshöfe des Bundes entschieden, dass in Prozessen mit Vertretungszwang bestimmende Schriftstücke formwirksam durch elektronische Übertragung einer Textdatei mit eingescannter Unterschrift auf ein Faxgerät des Gerichts übermittelt werden können. Auf eine eigenhändige Unterzeichnung von

---

291 BGH, NJW-RR 2006, 284.
292 BGH, FamRZ 2007, 37.

Kapitel 5   Durchsetzung des Unterhaltsanspruchs im gerichtlichen Verfahren

Rechtsmittelbegründungsschriften ist allerdings, wie das BerGer. richtig erkannt hat, nur dann und insoweit verzichtet worden, wie technische Gegebenheiten einen solchen Verzicht erforderlich machen. Das ist hier nicht der Fall.

Wird der bestimmende Schriftsatz – wie hier – mittels eines normalen Telefaxgeräts übermittelt, so kann der ausgedruckt vorliegende, per Fax zu übermittelnde Schriftsatz von dem RA ohne Weiteres unterschrieben werden. Mangels technischer Notwendigkeit hat der BGH es daher seit jeher abgelehnt, in einem solchen Fall auf das Unterschriftserfordernis zu verzichten oder das bloße Einscannen der Unterschrift genügen zu lassen. Daran hält der Senat fest.«

810 Die Unterzeichnung eines bestimmenden Schriftsatzes mit »i. A.« ist nicht ausreichend.[293]

d) Beschwerdefrist

811 Die Beschwerdeeinlegungsfrist beträgt nach § 63 Abs. 1 FamFG **einen Monat** und beginnt mit der – von Amts wegen zu erfolgenden – Zustellung des in vollständiger schriftlicher Form abgefassten Unterhaltsbeschlusses (§ 63 Abs. 3 FamFG).

812 Die Rechtsmittelfrist beginnt spätestens, wenn eine schriftliche Bekanntgabe nicht erfolgt, mit Ablauf von 5 Monaten nach **Erlass des Beschlusses**.

813 ▶ **Hinweis:**

§ 38 Abs. 3 Satz 3 FamFG enthält eine **Legaldefinition des Erlasses**. Beschlüsse in Familienstreitsachen sind zunächst nach § 113 Abs. 1 Satz 2 FamFG i. V. m. §§ 311 Abs. 2 Satz 1, 329 Abs. 1 Satz 1 ZPO zu verkünden, weil nach § 113 Abs. 1 Satz 1 FamFG in Familienstreitsachen die Regelung des § 41 Abs. 1 Satz 2 FamFG, wonach die Bekanntgabe eines Beschlusses mit der Zustellung bewirkt wird, keine Anwendung findet.[294] Die Übergabe des fertig abgefassten, unterschriebenen und verkündeten Beschlusses an die Geschäftsstelle zur Veranlassung der Bekanntgabe an die Beteiligten ist in Unterhaltssachen der für den Erlass maßgebliche Zeitpunkt.

4. Beschwerdebegründung

a) Novenrecht (§ 65 Abs. 3 FamFG)

814 Die Beschwerde kann auf neue Beweismittel und Tatsachen gestützt werden. Damit eröffnet die Beschwerde – und dies gilt auch für Unterhaltssachen – eine **volle zweite Tatsacheninstanz**. Allerdings besteht für Unterhaltssachen die Möglichkeit der Zurückweisung neuen Vorbringens nach § 115 FamFG.

815 ▶ **Praxistipp:**

§ 115 FamFG ist eine »Risikoquelle«. Anwälte sollten daher nicht darauf vertrauen, durch einen erst in zweiter Instanz vollständigen Vortrag das »Ruder noch

---

293 BGH, FamRZ 2007, 1638.
294 BGH, FamRZ 2012, 106.

rumreißen zu können«. Sollten nämlich, was zzt. aber noch nicht erkennbar ist, die OLG § 115 FamFG streng auslegen, ändert sich nichts im Vergleich zum früheren Recht!

b) Beschränkung der Beschwerdegründe (§ 65 Abs. 4 FamFG)

Nach § 65 Abs. 4 FamFG kann die Beschwerde nicht darauf gestützt werden, dass das Gericht des ersten Rechtszuges seine Zuständigkeit zu Unrecht angenommen hat. 816

Diese Beschränkung der Beschwerdegründe vermeidet Rechtsmittel, die ausschließlich die fehlende Zuständigkeit des erstinstanzlichen Gerichts rügen. Hierdurch sollen die Rechtsmittelgerichte von rein prozessualen Streitigkeiten entlastet werden.

c) Begründung der Beschwerde

§ 117 Abs. 1 Satz 1 FamFG statuiert allerdings, abweichend von § 65 FamFG, eine allgemeine **Begründungspflicht** für Beschwerden in Unterhaltssachen. Diese Verpflichtung beruht auf der auch in zweiter Instanz grds. geltenden Parteimaxime. § 68 Abs. 3 FamFG verweist für den Gang des weiteren Beschwerdeverfahrens auf die erstinstanzlichen Verfahrensvorschriften in Ehe- und Familienstreitsachen, also grds. auf die Vorschriften der ZPO. Eine Überprüfung der Entscheidung von Amts wegen findet nicht statt; der Beschwerdeführer muss vielmehr durch den obligatorischen **Sachantrag** bezeichnen, in welchem Umfang er die erstinstanzliche Entscheidung angreift und welche **Gründe** er hierfür ins Feld führt. Die Beschwerde ist nach § 117 Abs. 1 Satz 2 FamFG dem Beschwerdegericht ggü. zu begründen. 817

d) Formulierungsvorschlag: Beschwerdeantrag des Beschwerdeführers

Der Beschwerdeantrag kann wie folgt lauten: 818

Der Unterhaltsbeschluss des AG ..... – FamG – vom ....., Az.: ....., wird wie folgt geändert:

Der Antragsgegner und Beschwerdegegner wird verpflichtet, an die Antragstellerin und Beschwerdeführerin über den im angefochtenen Beschluss zugesprochenen Unterhalt i. H. v. monatlich ..... € hinaus, einen weiteren zum Ersten eines jeden Monats im Voraus zu leistenden Unterhalt i. H. v. ..... € zu zahlen.

e) Formulierungsvorschlag: Beschwerdeantrag des Beschwerdegegners

Der Unterhaltsbeschluss des AG ..... – FamG – vom ....., Az.: ....., wird wie folgt geändert: 819

Der Unterhaltsantrag wird abgewiesen.

▶ **Hinweis:** 820

Nach § 117 Abs. 1 Satz 1 FamFG ist ein **bestimmter Sachantrag** zu stellen. § 117 Abs. 2 Satz 1 FamFG erklärt § 528 ZPO für entsprechend anwendbar. Damit wird klargestellt, dass das Beschwerdegericht in Unterhaltssachen an die Anträge der Beteiligten gebunden ist. Damit gilt auch das aus § 528 ZPO abzuleitende **Verbot der Schlechterstellung**.

Das Beschwerdegericht kann die erstinstanzliche Entscheidung also nur entsprechend der gestellten Anträge abändern.

Wurde der Antragsgegner zur Zahlung von 500 € Unterhalt verpflichtet und legt er dagegen Beschwerde ein, kann er seine Position – solange wie die Gegenseite keine Beschwerde bzw. Anschlussbeschwerde erhebt – im Beschwerdeverfahren nur verbessern; er läuft jedenfalls nicht Gefahr, im Beschwerdeverfahren zu mehr als 500 € Unterhalt verpflichtet zu werden.

Dies ändert sich, sobald der Antragsteller ebenfalls Beschwerde bzw. Anschlussbeschwerde erhebt und einen Antrag stellt, der eine Verpflichtung zu höherem Unterhalt als 500 € vorsieht; nun ist die Verfahrensführung mit einem entsprechenden Risiko der Verschlechterung verbunden.

5. Beschwerdebegründungsfrist

a) 2-Monats-Frist

821   Nach § 117 Abs. 1 Satz 3 FamFG beträgt die Frist zur Begründung der Beschwerde in Unterhaltssachen 2 Monate. Dies stellt einen Unterschied zu § 65 FamFG dar, der eine gesetzliche Begründungsfrist nicht vorsieht. Die Regelung ist an § 520 Abs. 2 ZPO angelehnt, dessen entsprechende Geltung i. Ü. in § 117 Abs. 1 Satz 4 FamFG angeordnet wird. Die Beschwerdebegründungsfrist beginnt mit der – von Amts wegen zu erfolgenden – Zustellung des in vollständiger schriftlicher Form abgefassten Beschlusses, spätestens aber – wenn eine schriftliche Bekanntgabe nicht erfolgt – mit Ablauf von 5 Monaten nach **Erlass des Beschlusses**.

b) Prüfungspflicht des Beschwerdegerichts

822   Nach § 117 Abs. 1 Satz 4 FamFG sind auch § 522 Abs. 1 Satz 1, 2 und 4 ZPO entsprechend anzuwenden. Dies bedeutet, dass das Beschwerdegericht **von Amts wegen** zu prüfen hat, ob die Beschwerdebegründung form- und fristgerecht ist. Ansonsten ist die Beschwerde als unzulässig zu verwerfen. Der betreffende Beschluss kann mit der Rechtsbeschwerde angegriffen werden.

c) Fristverlängerung (§ 117 Abs. 1 Satz 4 FamFG; § 520 Abs. 2 Satz 2 ZPO)

823   Die Beschwerdebegründungsfrist kann verlängert werden, sofern der entsprechende Antrag noch innerhalb der Frist bei Gericht eingeht. Allerdings ist eine Verlängerung aufgrund eines verspätet eingegangenen Antrags wegen der mit dem Fristablauf eintretenden Rechtskraft nicht möglich.[295] Die Verlängerung muss auch nicht so rechtzeitig beantragt werden, dass der Vorsitzende hierüber nach dem gewöhnlichen

---

295 Vgl. BGH, BGHZ 116, 377.

Geschäftsgang noch vor Ablauf der Frist entscheiden kann.[296] Der Einwurf in den Nachtbriefkasten genügt daher.

Ein Anwalt darf regelmäßig mit einer erstmaligen Fristverlängerung rechnen, wenn er sich dazu auf einen erheblichen Grund, wie z. B. Arbeitsüberlastung, beruft.[297] **824**

d) Telefaxbegründung

Die Beschwerdebegründung kann auch mittels Telefax erfolgen. Allerdings muss die Beschwerdebegründung auch in einem derartigen Fall eigenhändig unterschrieben sein (vgl. § 130 Nr. 6 ZPO), d. h. die Unterschrift eines RA muss auf der Fernkopie ersichtlich sein (s. o., Rdn. 808 f.). **825**

Bislang war eine durch Telefax übermittelte Beschwerdeschrift in dem Zeitpunkt bei Gericht eingegangen, in dem sie die Empfangsanlage des Gerichts vollständig ausgedruckt hatte.[298] **826**

Nach neuer Rechtsprechung kommt es für den Zugang eines per Fax übersandten Schriftsatzes auf den Zeitpunkt an, in dem die gesendeten Signale vom Empfangsgerät des Gerichts vollständig empfangen wurden. **827**

Der BGH[299] führt dazu aus:

»Entscheidend zur Wahrung einer solchen Frist ist, ob der fristwahrende Schriftsatz bis zum Ablauf des letzten Tages der Begründungsfrist, hier also am 13. 7. 2006 bis 24 Uhr eingegangen ist (vgl. BGH, NJW 2000, 1328; BGH, NJW 2003, 3487; BVerfG, BVerfGE 52, 203 [207] = NJW 1980, 580; BVerfG, BVerfGE 102, 254 [295] = NJ 2001, 83 = NJW 2001, 669 L). Zu berücksichtigen ist hierbei, dass es maßgeblich nicht auf den Zeitpunkt ankommt, zu dem die Rechtsmittelbegründungsschrift im Telefaxgerät des Gerichts ausgedruckt worden ist, sondern auf den Zeitpunkt, in dem die gesendeten Signale vom Empfangsgerät des Gerichts vollständig empfangen (gespeichert) wurden (vgl. BGH, BGHZ 167, 214 [219ff.] = NJW 2006, 2263). Die Frist ist gewahrt, wenn dies bei Ablauf des letzten Tages der Frist, also am 13. 7. 2006, 24 Uhr der Fall war (vgl. BGH, NJW 2000, 1328; BGH, NJW 2003, 3487; BVerfG, BVerfGE 52, 203 [207, 209] = NJW 1980, 580). Der Schriftsatz muss vor Beginn des Folgetages, 0 Uhr eingegangen sein (so ausdrücklich BGH, NJW 2003, 3487: »vor Beginn« des Folgetages; vgl. BVerfG, BVerfGE 41, 323 [328] = NJW 1976, 747) und damit – weil zwischen 24 Uhr und 0 Uhr keine, auch keine logische Sekunde existiert – vor Ablauf von 23.59 Uhr. Das aber bedeutet, dass das Empfangsgerät des Gerichts als Empfangszeit 23.59 Uhr hätte angeben müssen.«

Mit der vom Sendegerät des Absenders auf dem Telefax aufgedruckten Absendezeit lässt sich der Beweis des rechtzeitigen Eingangs des Schriftsatzes nicht führen.[300] **828**

---

296 BGH, BGHZ 83, 217.
297 BVerfG, FamRZ 2008, 131.
298 BayObLG, FamRZ 1998, 634.
299 BGH, NJW 2007, 2045.
300 BayObLG, FamRZ 1998, 634.

Kapitel 5 Durchsetzung des Unterhaltsanspruchs im gerichtlichen Verfahren

829 Eine Wiedereinsetzung in den vorigen Stand kommt gegen die Versäumung der Rechtsmittelfrist in Betracht, etwa, wenn sich eine Störung in der Übermittlungsleitung nicht ausschließen lässt.

e) Begründung per E-Mail

830 Eine Beschwerdebegründung ist in schriftlicher Form eingereicht, sobald dem Beschwerdegericht ein Ausdruck der als Anhang einer elektronischen Nachricht übermittelten, die vollständige Beschwerdebegründung enthaltenden Bilddatei (hier PDF-Datei) vorliegt. Ist die Datei durch Einscannen eines vom Prozessbevollmächtigten unterzeichneten Schriftsatzes hergestellt, ist auch dem Unterschriftserfordernis des § 130 Nr. 6 ZPO genügt.[301]

831 ▶ **Praxistipp:**

Vorsicht! Diese Entscheidung des BGH behandelt den Fall, dass die anwaltliche Vertretung vorher die Geschäftsstelle informiert hat, die ihr Einverständnis zur Übermittlung auf diese Weise erteilte. Ohne derartige Absprache mit der Geschäftsstelle ist ein solches Prozedere zumindest ein Haftungsrisiko!

f) Wiedereinsetzung

832 Wiedereinsetzung kann den Beteiligten grds. gewährt werden.

§ 117 Abs. 5 FamFG erklärt die §§ 233 und 234 Abs. 1 Satz 2 ZPO für entsprechend anwendbar. Damit wird klargestellt, dass eine Wiedereinsetzung bei Versäumung der **Frist zur Begründung der Beschwerde** möglich ist und die Wiedereinsetzungsfrist einen Monat beträgt. Wird die **Frist zur Einlegung der Beschwerde** schuldlos versäumt, gilt hingegen nach § 113 Abs. 1 Satz 2 FamFG i. V. m. §§ 233, 234 Abs. 1 Satz 1 ZPO eine Wiedereinsetzungsfrist von nur 2 Wochen.

833 Der betroffene Beteiligte muss glaubhaft machen, dass er **ohne sein Verschulden** an der Einhaltung der Frist gehindert gewesen ist. Beruht die Fristversäumung auf einem Verschulden des Verfahrensbevollmächtigten, wird dieses dem Beteiligten nach § 85 Abs. 2 ZPO zugerechnet.

834 Wird in einer Familienstreitsache die nach § 117 Abs. 1 Satz 1 FamFG erforderliche Beschwerdebegründung mit der Einlegung der Beschwerde beim Erstgericht verbunden und geht die Beschwerdebegründung erst nach Ablauf der Begründungsfrist des § 117 Abs. 1 Satz 3 FamFG beim Beschwerdegericht ein, weil das Erstgericht die Beschwerde nicht unverzüglich dem Beschwerdegericht vorgelegt hat, ist dem Beschwerdeführer von Amts wegen Wiedereinsetzung in den vorigen Stand gegen die Versäumung der Beschwerdebegründungsfrist zu gewähren.[302]

---

301 BGH, NJW 2008, 2649.
302 BGH, FamRZ 2012, 1205 (LS).

G. Rechtsmittel in Unterhaltssachen   Kapitel 5

Wiedereinsetzung ist weiter möglich, wenn: 835
– das Rechtsmittel so rechtzeitig eingelegt ist, dass die rechtzeitige Weiterleitung an das (richtige) Rechtsmittelgericht im ordentlichen Geschäftsgang ohne Weiteres erwartet werden konnte oder
– eine rechtzeitig erfolgte gerichtliche Verfügung zur Weiterleitung nicht ordnungsgemäß ausgeführt wird und die Rechtsmittelschrift nur deshalb verspätet zum Rechtsmittelgericht gelangt oder wegen eines Papierstaus im gerichtlichen Empfangsgerät die vom RA unterschriebene Rechtsmittelschrift nicht empfangen werden konnte.[303]

Wiedereinsetzung ist nicht möglich, wenn der verzögerte Eingang beim Rechtsmittel- 836 gericht auf einer **falsch adressierten Rechtsmittelschrift** beruht; dies hat der Verfahrensbevollmächtigte regelmäßig zu vertreten. Er muss sich bei Unterzeichnung davon überzeugen, dass die Rechtsmittelschrift zutreffend adressiert ist. Dies gilt auch, wenn eine plötzlich und unvorhergesehen Stresssituation auftritt.[304] Er darf sich nicht darauf verlassen – dies ist eine Änderung der bisherigen Rechtsprechung[305] –, dass eine von ihm erteilte eindeutige Einzelanweisung zur Korrektur der Rechtsmittelschrift durch eine zuverlässige Bürokraft befolgt wird. **Mit anderen Worten: Die Bürokraft muss erst korrigieren, dann darf unterschrieben werden.**[306]

Eine Wiedereinsetzung ist ebenfalls nicht möglich, wenn keine hinreichenden Sicher- 837 heitsvorkehrungen zur Notierung der Rechtsmittelfrist getroffen worden sind.

Ein Rechtsanwalt darf allerdings grds. darauf vertrauen, dass seine Büroangestellte, die sich bisher als zuverlässig erwiesen hat, eine **konkrete schriftliche Einzelweisung** befolgt. Deshalb ist er im Allgemeinen nicht verpflichtet, sich anschließend über die Ausführung seiner Weisung zu vergewissern. Erteilt der Rechtsanwalt dagegen lediglich eine mündliche Anweisung, eine Rechtsmittelfrist einzutragen, müssen ausreichende Sicherheitsvorkehrungen dagegen getroffen werden, dass diese nicht in Vergessenheit gerät und die Eintragung der Frist unterbleibt. Der Rechtsanwalt muss dann zumindest sicherstellen, dass die Frist sofort notiert wird, damit sie nicht wieder in Vergessenheit geraten kann.[307]

Für die Gerichte besteht keine Verpflichtung, per Fax oder Telefon darauf hinzuweisen, 838 dass die Beschwerde bzw. Beschwerdebegründung beim unzuständigen Gericht eingelegt worden ist,[308] jedoch besteht die Verpflichtung des unzuständigen Gerichts, eine rechtzeitig eingelegte Rechtsmittelschrift an das zuständige Gericht weiterzuleiten.[309]

---

303 BGH, FamRZ 2005, 434.
304 BGH, FamRZ 2012, 622.
305 So noch BGH, NJW 2010, 2287 = FamRZ 2010, 1330 (LS).
306 Heiter, FamRZ 2012, 626, 627 aE = Anm. zu BGH FamRZ 2012, 623.
307 BGH, FamRZ 2012, 863.
308 BVerfG, FamRZ 2003, 827.
309 BVerfG, FamRZ 2005, 1231.

839 Der RA hat für eine Büroorganisation zu sorgen, die eine sofortige Überprüfung der per Telefax übermittelten Schriftsätze auf die Verwendung der richtigen Empfängernummer bei der Übersendung gewährleistet.

6. Anschlussbeschwerde nach § 66 FamFG

840 Nach § 66 FamFG kann jeder Beschwerdeberechtigte sich der Beschwerde eines anderen Beteiligten anschließen. Dies gilt auch dann, wenn er auf die Beschwerde verzichtet hat oder die Beschwerdefrist verstrichen ist.

841 Der »Nachteil« einer solchen unselbstständigen Anschlussbeschwerde ist die **Akzessorietät**: Wird die »Hauptbeschwerde« zurückgenommen oder als unzulässig verworfen, verliert die Anschlussbeschwerde ihre Wirkung (§ 66 Satz 2 FamFG).

842 Das Beschwerdegericht kann dem Beschwerdegegner gem. § 117 Abs. 2 Satz 1 FamFG i.V.m. § 521 Abs. 2 ZPO eine Erwiderungsfrist setzen. Diese Frist ist zudem prozessualer Anknüpfungspunkt für die Anschlussbeschwerde, vgl. § 117 Abs. 2 FamFG i.V.m. § 524 Abs. 2 Satz 2 und Satz 3 ZPO, die nur bis zum Ablauf dieser gesetzten Frist zur Beschwerdeerwiderung zulässig ist. Diese Befristung der Anschlussbeschwerde betrifft lediglich Familienstreitsachen, damit grds. auch Unterhaltssachen. Die Beschwerdevorschriften des FamFG sehen nämlich allein für Familienstreitsachen eine Befristung der Beschwerdebegründung vor. Demzufolge ist in den Familienstreitsachen bzgl. der Befristung der Anschlussbeschwerde ein Gleichlauf der Beschwerdevorschriften mit den Berufungsvorschriften der ZPO sachgerecht. Mit der Regelung findet auf einen Teil der Anschlussbeschwerden in Familienstreitsachen – insb. in Güterrechtssachen und in sonstigen Familiensachen – die Befristung des § 524 Abs. 2 ZPO Anwendung.

Keine Anwendung findet die Befristung hingegen nach § 524 Abs. 2 Satz 3 ZPO bei wiederkehrenden Leistungen, also in Unterhaltssachen.

843 Die Beteiligten sind in Unterhaltssachen nämlich gehalten, auf jegliche Änderung maßgeblicher Unterhaltsverhältnisse unverzüglich zu reagieren, da sie ansonsten in späteren Abänderungsverfahren präkludiert sind, vgl. § 238 Abs. 2 FamFG.[310]

844 Der Antrag im Rahmen einer **Anschlussbeschwerde** kann wie folgt formuliert werden:

▶ Formulierungsvorschlag

Ich stelle folgende Anträge:
1. Die Beschwerde des Beschwerdeführers und Antragsgegners gegen den Unterhaltsbeschluss des AG ..... – FamG – vom ....., Az.: ....., wird zurückgewiesen.
2. Der Unterhaltsbeschluss des AG ..... – FamG – vom ....., Az.: ....., wird wie folgt geändert:

Der Beschwerdeführer und Antragsgegner wird verpflichtet, an die Beschwerdegegnerin und Antragstellerin über den im angefochtenen Beschluss zugesprochenen

---

310 BGH, FamRZ 1998, 99.

Unterhalt i. H. v. monatlich..... € hinaus, einen weiteren zum Ersten eines jeden Monats im Voraus zu leistenden Unterhalt i. H. v...... € zu zahlen.

▶ **Hinweis:**

Wird gegen eine Unterhaltsentscheidung Beschwerde eingelegt, ist zu unterscheiden:

– **Selbstständiges Rechtsmittel**

Legt der Rechtsmittelgegner ebenfalls ein Rechtsmittel gegen den Unterhaltsbeschluss ein, handelt es sich um eine »Anschlussbeschwerde«. Diese hat selbstständigen Charakter, wenn die Voraussetzungen, insb. die maßgeblichen Fristen der §§ 58 ff., 117 FamFG eingehalten wurden; selbst wenn der ursprüngliche Rechtsmittelführer seine Beschwerde zurücknimmt, ist eine Entscheidung des Beschwerdegerichts erforderlich.

– **Unselbstständige Anschlussbeschwerde**

Legt der Rechtsmittelgegner ebenfalls Beschwerde gegen den Unterhaltsbeschluss ein und sind lediglich die Anforderungen des § 66 FamFG bzw. auch der § 117 Abs. 2 FamFG i. V. m. § 524 Abs. 2 Satz 2 und 3 ZPO gegeben, nicht aber diejenigen der selbstständigen Beschwerde nach §§ 58 ff., 117 FamFG, liegt eine unselbstständige Anschlussbeschwerde vor, die aufgrund ihrer Akzessorietät ihre Wirkung verliert, wenn die Hauptbeschwerde zurückgenommen oder als unzulässig verworfen wird.

– **Auslegung**

Erklärt der Beschwerdegegner sich nicht eindeutig, ist durch Auslegung zu ermitteln, ob eine selbstständige oder eine unselbstständige Anschlussbeschwerde vorliegt. Sind die maßgeblichen Voraussetzungen einer selbstständigen Anschlussbeschwerde vorhanden und wurden insb. die erforderlichen Fristen eingehalten, ist im Zweifel von einer selbstständigen Anschlussbeschwerde auszugehen.

7. Beschwerdeverzicht (§ 67 FamFG)

Die Vorschrift des § 67 FamFG bestimmt die Voraussetzungen und Folgen eines wirksamen Rechtsmittelverzichts. Dabei unterscheidet die Vorschrift danach, ob der Verzicht ggü. dem Gericht oder dem anderen Beteiligten ggü. erklärt wurde.

Nach § 67 Abs. 1 FamFG ist ein **ggü. dem Gericht erklärter** Rechtsmittelverzicht im Interesse einer möglichst frühzeitigen Rechtsklarheit aller Beteiligten sowohl vor als auch nach Erlass des Beschlusses wirksam.

Der **Verzicht für ein Anschlussrechtsmittel** ist wirksam allerdings erst möglich, nachdem das Hauptrechtsmittel eingelegt wurde, vgl. § 67 Abs. 2 FamFG.

§ 67 Abs. 3 FamFG regelt die Wirkungen des Verzichts, der nicht ggü. dem Gericht, sondern **ggü. einem anderen Beteiligten** erklärt wird. Auch ein solcher Verzicht ist rechtlich bedeutsam. Er ist jedoch als **Einrede** ausgestaltet und entfaltet daher erst dann prozessuale Wirksamkeit, wenn der Beteiligte sich auf den Verzicht beruft.

8. Rücknahme der Beschwerde (§ 67 Abs. 4 FamFG)

850 Die Rücknahme der Beschwerde ist bis zum Erlass der Beschwerdeentscheidung möglich, vgl. § 67 Abs. 4 FamFG.

851 ▶ **Praxistipp:**

Die VKH-Bewilligung für die Anschlussbeschwerde muss dem Anwalt des Hauptbeschwerdeführers dringenden Anlass zur Prüfung der Rücknahme der Hauptbeschwerde geben, um zu verhindern, dass der angefochtene Beschluss in zweiter Instanz zum Nachteil des Hauptbeschwerdeführers abgeändert wird, ansonsten droht Regress!

852 Der Beschwerdeführer kann seine Beschwerde bis zum Erlass der Beschwerdeentscheidung zurücknehmen, **ohne dass er hierzu der Einwilligung des anderen Beteiligten bedarf.**

853 Allerdings hat die Rücknahme der Beschwerde in Unterhaltssachen nach § 117 Abs. 2 Satz 1 FamFG i. V. m. § 516 Abs. 3 ZPO den Verlust des Rechtsmittels und die Verpflichtung zur Tragung der durch das Rechtsmittel entstandenen Kosten zufolge.

9. Beschwerdeverfahren

854 § 68 FamFG beschreibt den Ablauf des Beschwerdeverfahrens. Nach § 68 Abs. 3 Satz 1 FamFG bestimmt sich das Verfahren nach den Vorschriften über das Verfahren im ersten Rechtszug. In **Unterhaltssachen** verweist § 68 Abs. 3 Satz 1 FamFG damit über § 113 Abs. 1 FamFG auf die Vorschriften der ZPO über das (erstinstanzliche) Verfahren vor den LG.

a) Weiterleitung der Beschwerde

855 Die Beschwerde wird nach § 64 Abs. 1 FamFG beim Ausgangsgericht eingelegt.

Da in Familiensachen eine Abhilfe nicht vorgenommen wird (vgl. § 68 Abs. 1 Satz 2 FamFG), enthält § 68 Abs. 1 Satz 1 Halbs. 2 FamFG die Verpflichtung des Ausgangsgerichts zur **unverzüglichen Vorlage** der Beschwerde an das Beschwerdegericht.

b) Feststellung der Zulässigkeit

856 § 68 Abs. 2 Satz 1 FamFG stellt klar, dass das Beschwerdegericht zunächst stets die Zulässigkeit der Beschwerde zu prüfen hat. Das Beschwerdegericht hat die Beschwerde als unzulässig zu verwerfen, wenn diese nicht statthaft und bzw. oder nicht in der gesetzlichen Form und Frist eingelegt worden ist.

857 ▶ **Formulierungsbeispiel:**

Beschlussformel: Die Beschwerde wird (als unzulässig) verworfen.

c) Versäumnisverfahren

Die Vorschrift des § 514 ZPO über die Statthaftigkeit der Berufung gegen erstinstanzliche Versäumnisbeschlüsse ist ebenfalls entsprechend anwendbar. Dies ist erforderlich, da ein Versäumnisverfahren in Unterhaltssachen stattfindet. Ist also der Antragsteller oder der Antragsgegner nach Einspruch gegen einen Versäumnisbeschluss im Einspruchstermin erneut säumig, kommt es zur **zweiten Versäumnisentscheidung**. Dagegen kann der betroffene Beteiligte nur noch mit der Beschwerde vorgehen. Nach §§ 58 ff., 117 Abs. 2 FamFG i. V. m. § 514 ZPO kann die Beschwerde nur noch darauf gestützt werden, dass der Fall der schuldhaften Versäumung nicht vorgelegen hat. Weiterhin wird auch im Beschwerdeverfahren ein Versäumnisverfahren entsprechend § 539 ZPO zugelassen. 858

10. Beschwerdeentscheidung

Nach § 69 Abs. 1 Satz 1 FamFG hat das Beschwerdegericht in der Sache selbst zu entscheiden. Nur ausnahmsweise ist eine Zurückverweisung an das Ausgangsgericht möglich. 859

a) Zurückverweisung

Die Zurückverweisung des Verfahrens an das erstinstanzliche FamG richtet sich bei Beschwerden gegen Unterhaltssachen entgegen § 69 Abs. 1 FamFG nach § 117 Abs. 2 FamFG i. V. m. § 538 Abs. 2 ZPO. 860

Eine Zurückverweisung ist danach insb. möglich, soweit das Verfahren an einem wesentlichen Mangel leidet und zur Entscheidung eine umfangreiche oder aufwendige Beweiserhebung notwendig wäre, vgl. § 538 Abs. 2 Nr. 1 ZPO. Unter einer aufwendigen Beweisaufnahme ist die Vernehmung einer Vielzahl von Zeugen oder die Beweisaufnahme an einem weit entfernt liegenden Ort zu verstehen. Die bloße Vernehmung eines Zeugen oder eines Sachverständigen ist dagegen regelmäßig kein Zurückverweisungsgrund.

b) Begründung des Beschwerdebeschlusses

Jeder Beschluss des Beschwerdegerichts ist nach § 69 Abs. 2 Satz 1 FamFG zu begründen. 861

§ 117 Abs. 4 FamFG bestimmt, dass die erforderlichen Darlegungen der Beschwerdeentscheidung auch in das Protokoll der mündlichen Verhandlung aufgenommen werden können, wenn der Beschluss in dem Termin, in dem die mündliche Verhandlung geschlossen wird, verkündet wird. Die Vorschrift setzt die Anwendbarkeit der Vorschriften über die Durchführung der mündlichen Verhandlung (§ 128 ZPO) sowie der Vorschriften über die Abfassung des Protokolls (§§ 160 ff. ZPO) voraus; dies ist in Unterhaltssachen gewährleistet. 862

Kapitel 5   Durchsetzung des Unterhaltsanspruchs im gerichtlichen Verfahren

c) Beschlussformel

863 Es kommen drei unterschiedliche Entscheidungen des Beschwerdegerichts in Betracht.

aa) Unzulässige Beschwerde

864 Ist die Beschwerde bereits unzulässig, lautet die Entscheidung:
Die Beschwerde wird (als unzulässig) verworfen.

bb) Unbegründete Beschwerde

865 Ist die Beschwerde unbegründet, ergibt sich folgende Beschlussformel:
Die Beschwerde wird zurückgewiesen.

cc) Begründete oder teilweise begründete Beschwerde

866 Ist die Beschwerde ganz oder zumindest teilweise begründet, ist die erstinstanzliche Entscheidung abzuändern:
Auf die Beschwerde des Beschwerdeführers und Antragstellers wird der Beschluss des AG – FamG ..... vom ..... abgeändert:
Der **Beschwerdegegner und** Antragsgegner ist verpflichtet, über den im angefochtenen Beschluss zugesprochenen Unterhalt i. H. v. monatlich ..... € hinaus, einen weiteren, zum 1. eines jeden Monats im Voraus zu leistenden Unterhalt i. H. v. ..... € zu zahlen.

dd) Zurückverweisung

867 Ausnahmsweise kommt auch eine Zurückverweisung in Betracht (s. o., Rdn. 860). Die Beschlussformel lautet dann wie folgt:
Der Beschluss des AG – FamG ..... vom ..... wird aufgehoben und das Verfahren an das AG – FamG ..... zurückverwiesen.

III. Rechtsbeschwerde

868 ▶ **Das Wichtigste in Kürze:**
  – Die Rechtsbeschwerde setzt die Zulassung des Beschwerdegerichts voraus. → Rdn. 875
  – Es gibt keine Nichtzulassungsbeschwerde. → Rdn. 877
  – Die Rechtsbeschwerde kann nur auf eine Verletzung des Rechts gestützt werden. → Rdn. 889 ff.
  – Es besteht die Möglichkeit einer Sprungrechtsbeschwerde, vgl. § 75 FamFG. → Rdn. 918 ff.

869 Die Rechtsbeschwerde ist **dritte Instanz** für die FamFG-Sachen; zuständig ist der **BGH** (§ 133 GVG). Sie ist in den §§ 70 bis 75 FamFG geregelt. Die Rechtsbeschwerde kann nach § 72 FamFG nur darauf gestützt werden, dass die angefochtene Entscheidung, d. h. der Unterhaltsbeschluss, auf einer Verletzung des Rechts beruht. Das

Rechtsbeschwerdegericht befasst sich ausschließlich mit Verfahren, denen aufgrund ihrer grundsätzlichen Bedeutung eine über den Einzelfall hinaus reichende Wirkung zukommt. Neu eingeführt wurde durch das FamFG die Möglichkeit einer **Sprungrechtsbeschwerde**, vgl. § 75 FamFG.

1. Statthaftigkeit der Rechtsbeschwerde

Die Rechtsbeschwerde gegen Unterhaltsbeschlüsse ist nach § 70 FamFG nur statthaft, wenn sie vom Beschwerdegericht oder – wenn der Beschluss vom OLG im ersten Rechtszug erlassen ist – vom OLG in dem Beschluss zugelassen wurde. 870

Das Beschwerdegericht hat über die Zulassung der Rechtsbeschwerde **von Amts wegen** zu entscheiden; eines entsprechenden Antrags der Beteiligten bedarf es dafür nicht. 871

Die Rechtsbeschwerde ist vom Beschwerdegericht nach § 70 Abs. 2 FamFG zuzulassen, wenn 872
- die Rechtssache grundsätzliche Bedeutung hat oder
- die Fortbildung des Rechts oder die Sicherung einer einheitlichen Rechtsprechung eine Entscheidung des Rechtsbeschwerdegerichts erfordert.

Grundsätzliche Bedeutung einer Rechtssache gemäß Nr. 1 ist regelmäßig dann gegeben, wenn eine klärungsbedürftige Rechtsfrage zu entscheiden ist, deren Auftreten in einer unbestimmten Vielzahl von Fällen denkbar ist. 873

Die Zulassung ist i. Ü. nach Nr. 2 dann erforderlich, wenn die **Fortbildung des Rechts oder die Sicherung einer einheitlichen Rechtsprechung** dies erfordern. Zur Fortbildung des Rechts ist die Zulassung erforderlich, wenn der Einzelfall Veranlassung gibt, Leitsätze für die Auslegung von Gesetzesbestimmungen des materiellen Rechts oder des Verfahrensrechts aufzustellen oder Gesetzeslücken auszufüllen. Zur Sicherung einer einheitlichen Rechtsprechung ist die Rechtsbeschwerde zuzulassen, wenn vermieden werden soll, dass schwer erträgliche Unterschiede in der Rechtsprechung entstehen oder fortbestehen, wobei darauf abzustellen ist, welche Bedeutung die angefochtene Entscheidung für die Rechtsprechung als Ganzes hat. 874

Das Rechtsbeschwerdegericht ist an die Zulassung durch das Beschwerdegericht **gebunden** (§ 70 Abs. 2 Satz 2 FamFG).[311] 875

Wird die Rechtsbeschwerde vom Beschwerdegericht zugelassen, obgleich die genannten Voraussetzungen für die Zulassung nicht gegeben sind, weil die Sache entweder keine grundsätzliche Bedeutung hat oder nicht der Rechtsvereinheitlichung dient, kann das Rechtsbeschwerdegericht die Rechtsbeschwerde durch Beschluss nach § 74a **Abs. 1 FamFG** zurückweisen. Dieser Zurückweisungsbeschluss setzt aber zusätzlich noch voraus, dass für die Rechtsbeschwerde auch keine Erfolgsaussichten bestehen. 876

---

311 Maurer, FamRZ 2009, 483.

Kapitel 5   Durchsetzung des Unterhaltsanspruchs im gerichtlichen Verfahren

877 Die Nichtzulassung der Rechtsbeschwerde ist nicht angreifbar, d. h. es gibt **keine Nichtzulassungsbeschwerde**.[312] Diese wurde nämlich im FamFG nicht geregelt; auch ist keine Verweisung auf § 544 ZPO vorhanden.

2. Einlegung der Rechtsbeschwerde (§ 71 FamFG)

a) Einlegung beim iudex ad quem

878 Die Rechtsbeschwerde ist binnen einer Frist von einem Monat nach der schriftlichen Bekanntgabe des Beschlusses durch Einreichen einer Beschwerdeschrift bei dem **Rechtsbeschwerdegericht** einzulegen. Insoweit ergibt sich ein Unterschied zu § 64 Abs. 1 FamFG, der für das Beschwerdeverfahren die Einlegung beim Ausgangsgericht anordnet. Die Einlegung bei dem Rechtsbeschwerdegericht ist deshalb vom Gesetzgeber angeordnet worden, weil allein dieses Gericht mit der Sachentscheidung befasst ist und eine Abhilfebefugnis des Beschwerdegerichts nicht besteht.

b) Frist

879 Die Einlegung ist fristgebunden, d. h. sie hat binnen einer Frist **von einem Monat** nach der schriftlichen Bekanntgabe des Beschlusses durch Einreichen einer Beschwerdeschrift bei dem Rechtsbeschwerdegericht zu erfolgen.

c) Inhalt der Rechtsbeschwerdeschrift

880 Die Rechtsbeschwerdeschrift muss inhaltlich notwendig enthalten:
– die Bezeichnung des Beschlusses, gegen den die Rechtsbeschwerde gerichtet wird, und
– die Erklärung, dass gegen diesen Beschluss Rechtsbeschwerde eingelegt wird.

Damit muss aus der Rechtsbeschwerdeschrift ersichtlich sein, welche Entscheidung angegriffen wird sowie dass gegen diese das Rechtsmittel der Rechtsbeschwerde eingelegt wird.

881 Die Rechtsbeschwerde ist von einem beim BGH zugelassenen RA zu unterschreiben, vgl. § 114 Abs. 2 FamFG.

882 Nach § 71 Abs. 1 Satz 4 FamFG **soll** der Rechtsbeschwerdeschrift eine Ausfertigung oder beglaubigte Abschrift der angefochtenen Entscheidung beigefügt werden. § 71 Abs. 1 Satz 4 FamFG ist jedoch eine reine Ordnungsvorschrift, deren Nichteinhaltung keine prozessualen Nachteile nach sich zieht.

3. Begründung der Rechtsbeschwerde

883 Die Rechtsbeschwerde unterliegt nach § 71 Abs. 2 FamFG einer **Begründungspflicht**. Die zulässigen Gründe für eine Rechtsbeschwerde sind § 72 FamFG zu entnehmen.

---

312 Horndasch/Viefhues/Reinken, FamFG, § 70 Rn. 13.

a) Begründungsfrist

Die Frist zur Begründung der Rechtsbeschwerde beträgt **einen Monat**. Die Frist beginnt mit der schriftlichen Bekanntgabe der angefochtenen Entscheidung. 884

Die Frist kann allerdings, wie sich aus der Verweisung auf § 551 Abs. 2 Satz 5 und 6 ZPO ergibt, um bis zu 2 Monate verlängert werden; erfolgt die Übersendung der Verfahrensakten durch das Beschwerdegericht nicht zügig, kann eine Verlängerung um bis zu 2 Monate nach Übersendung der Akten erfolgen (§ 551 Abs. 2 Satz 6 ZPO). Weitere Verlängerungen sind mit Einwilligung des Gegners möglich (§ 551 Abs. 2 Satz 5 ZPO). 885

b) Inhalt der Begründung

Der Inhalt der Rechtsbeschwerdebegründung muss § 71 Abs. 3 FamFG gerecht werden. 886

Danach muss die Begründung enthalten:
- Die Erklärung, inwieweit der Beschluss angefochten und dessen Aufhebung beantragt wird (**Rechtsbeschwerdeanträge**),
- die Angabe der **Rechtsbeschwerdegründe**, und zwar
  - die bestimmte Bezeichnung der Umstände, aus denen sich die Rechtsverletzung ergibt;
  - soweit die Rechtsbeschwerde darauf gestützt wird, dass das Gesetz in Bezug auf das Verfahren verletzt sei, die Bezeichnung der Tatsachen, die den Mangel ergeben.

Unerlässlich ist gem. § 71 Abs. 3 Nr. 1 FamFG ein konkreter **Rechtsbeschwerdeantrag**. Der Rechtsbeschwerdeführer hat konkret zu bezeichnen, inwieweit die Beschwerdeentscheidung angefochten und ihre Abänderung beantragt wird. Er muss des Weiteren im Einzelnen bezeichnen, aus welchen Umständen sich eine Rechtsverletzung ergibt und, soweit die Rechtsbeschwerde auf einen Verfahrensfehler gestützt wird, die Tatsachen vortragen, aus denen sich der Verfahrensmangel ergibt. Die Gründe, die mit der Rechtsbeschwerde geltend gemacht werden können, werden von § 72 FamFG genannt. 887

Die Anforderungen die § 71 Abs. 3 Nr. 2 FamFG an die Begründung der Rechtsbeschwerde stellt, entsprechen § 520 Abs. 3 Nr. 1 und 2 ZPO, d. h. den Anforderungen, die an die Begründung der Berufung gestellt werden, bzw. § 551 Abs. 3 Nr. 1 und 2 ZPO, der ebenfalls diese Anforderungen an eine zulässige Revision stellt. Erforderlich ist daher eine konkrete und auf den Einzelfall zugeschnittene Darlegung der Gründe der Anfechtung.[313] Es reicht jedenfalls nicht aus, die rechtliche Würdigung des Beschwerdegerichts mit formelhaften Wendungen zu rügen und lediglich auf das Vorbringen in der Beschwerdeinstanz zu verweisen.[314] 888

---

313 BGH, NJW 2004, 2531 und 2532; Thomas/Putzo, ZPO, § 520 Rn. 20 ff.
314 BGH, FamRZ 2005, 1536.

Kapitel 5 Durchsetzung des Unterhaltsanspruchs im gerichtlichen Verfahren

Die Ausführungen des BGH[315] zu § 520 Abs. 3 Satz 2 Nr. 2 ZPO können also für die Erfordernisse der Rechtsbeschwerde nach § 71 Abs. 3 Nr. 2 FamFG entsprechend übernommen werden:

»Gemäß § 520 Abs. 3 S. 2 Nr. 2 ZPO hat die Berufungsbegründung die Bezeichnung der Umstände zu enthalten, aus denen sich nach Ansicht des Rechtsmittelführers die Rechtsverletzung und deren Erheblichkeit für die angefochtene Entscheidung ergibt. Da die Berufungsbegründung erkennen lassen soll, aus welchen tatsächlichen und rechtlichen Gründen der Berufungskl. das angefochtene Urteil für unrichtig hält, hat dieser diejenigen **Punkte rechtlicher Art** darzulegen, die er als unzutreffend ansieht, und dazu die Gründe anzugeben, aus denen er die Fehlerhaftigkeit jener Punkte und deren Erheblichkeit für die angefochtene Entscheidung herleitet. Zur Darlegung der Fehlerhaftigkeit ist somit lediglich die Mitteilung der Umstände erforderlich, die das Urteil aus der Sicht des Berufungskl. infrage stellen. Besondere formale Anforderungen werden insoweit nicht gestellt. Die Berufungsbegründung erfordert insb. weder die ausdrückliche Benennung einer bestimmten Norm noch die Schlüssigkeit oder jedenfalls Vertretbarkeit der erhobenen Rügen.«

c) Rechtsbeschwerdegründe

889 Die Rechtsbeschwerde kann nach § 72 Abs. 1 Satz 1 FamFG nur darauf gestützt werden, dass die angefochtene Entscheidung auf einer Verletzung des Rechts beruht. Das Recht ist nach § 72 Abs. 1 Satz 2 FamFG verletzt, wenn eine Rechtsnorm nicht oder nicht richtig angewendet worden ist.

890 Die Rechtsbeschwerdeinstanz wurde damit als **reine Rechtskontrollinstanz** ausgestaltet, sodass ausschließlich geltend gemacht werden kann, dass die angefochtene Entscheidung auf der Verletzung formellen oder materiellen Rechts beruht. Das Vorbringen neuer Tatsachen und Beweise ist dagegen regelmäßig ausgeschlossen.

891 Neben der Verletzung von Bundesrecht ist aber auch die Verletzung von Landesrecht überprüfbar.

892 Ebenso wie nach der für das Beschwerderecht geltenden Vorschrift des § 65 Abs. 4 FamFG kann die Rechtsbeschwerde gem. § 72 Abs. 2 FamFG nicht darauf gestützt werden, dass das Gericht der ersten Instanz seine Zuständigkeit zu Unrecht angenommen hat.

893 § 72 Abs. 3 FamFG verweist auf die §§ 547, 556 und 560 ZPO und erklärt sie für entsprechend anwendbar. § 547 **ZPO** enthält Verfahrensverstöße, bei denen die Kausalität der Gesetzesverletzung für den Beschluss unwiderlegbar vermutet wird.[316] Dies ist der Fall, wenn
– das erkennende Gericht nicht vorschriftsmäßig besetzt war;
– bei der Entscheidung ein Richter mitgewirkt hat, der von der Ausübung des Richteramts kraft Gesetzes ausgeschlossen war, sofern dieses Hindernis nicht mittels eines Ablehnungsgesuches ohne Erfolg geltend gemacht wurde;

---

315 BGH, FamRZ 2007, 206.
316 Vgl. dazu Thomas/Putzo, ZPO, § 547 Rn. 1.

- bei der Entscheidung ein Richter mitgewirkt hat, obgleich er wegen Besorgnis der Befangenheit abgelehnt und das Ablehnungsgesuch für begründet erklärt worden war;
- eine Partei in dem Verfahren nicht nach Vorschrift der Gesetze vertreten war, sofern sie nicht die Prozessführung ausdrücklich oder stillschweigend genehmigt hat;
- die Entscheidung aufgrund einer mündlichen Verhandlung ergangen ist, bei der die Vorschriften über die Öffentlichkeit des Verfahrens verletzt sind;
- die Entscheidung entgegen den Bestimmungen dieses Gesetzes nicht mit Gründen versehen ist.

Die Verweisung auf § 556 ZPO hat zur Folge, dass eine Verfahrensverletzung dann nicht mehr geltend gemacht werden kann, wenn der Rechtsbeschwerdeführer sein Rügerecht bereits zuvor nach § 295 ZPO verloren hat. Die entsprechende Anwendung des § 560 ZPO bewirkt, dass das Rechtsbeschwerdegericht an die tatsächlichen Feststellungen des Beschwerdegerichts über das Bestehen und den Inhalt lokalen und ausländischen Rechts gebunden ist. 894

d) Bekanntgabe der Begründung

Nach § 71 Abs. 4 FamFG sind sowohl die Rechtsbeschwerde- als auch die Begründungsschrift den anderen Beteiligten bekannt zu geben. Hierdurch wird der Lauf der Anschließungsfrist gem. § 73 FamFG ausgelöst. 895

4. Anschlussrechtsbeschwerde (§ 73 FamFG)

Die Vorschrift des § 73 FamFG regelt die Anschließung an die Rechtsbeschwerde eines anderen Beteiligten. 896

Nach § 73 FamFG kann jeder Rechtsbeschwerdeberechtigte sich der Rechtsbeschwerde eines anderen Beteiligten anschließen. Dies gilt auch dann, wenn er auf die Rechtsbeschwerde verzichtet hat, die Rechtsbeschwerdefrist verstrichen ist oder die Rechtsbeschwerde nicht zugelassen worden ist.

Die Anschlussrechtsbeschwerde ist in der Anschlussschrift zu begründen und zu unterschreiben. 897

Der »Nachteil« der Anschlussrechtsbeschwerde ist die **Akzessorietät**: Wird die »Hauptrechtsbeschwerde« zurückgenommen oder als unzulässig verworfen, verliert die Anschlussrechtsbeschwerde ihre Wirkung (§ 73 Satz 3 FamFG). 898

5. Rechtsbeschwerdeentscheidung

Die Vorschrift des § 74 FamFG regelt den Prüfungsumfang sowie Inhalt und Form der Entscheidung über die Rechtsbeschwerde. 899

Kapitel 5 Durchsetzung des Unterhaltsanspruchs im gerichtlichen Verfahren

a) Prüfung der Zulässigkeit von Amts wegen

900 Das Rechtsbeschwerdegericht hat nach § 74 Abs. 1 FamFG zu prüfen, ob die Rechtsbeschwerde an sich statthaft ist und ob sie in der gesetzlichen Form und Frist eingelegt und begründet ist.

Dies ist Folge des **Amtsermittlungsgrundsatzes**. Das Rechtsbeschwerdegericht hat die Rechtsbeschwerde als unzulässig zu verwerfen, wenn diese nicht statthaft oder nicht in der gesetzlichen Form und Frist eingelegt worden ist.

901 ▶ Formulierungsbeispiel:

Beschlussformel: Die Rechtsbeschwerde wird (als unzulässig) verworfen.

b) Unerheblichkeit der Rechtsverletzung (§ 74 Abs. 2 FamFG)

902 Die Vorschrift des § 74 Abs. 2 FamFG entspricht inhaltsgleich dem § 561 ZPO. Ergibt danach die Begründung des angefochtenen Beschlusses zwar eine Rechtsverletzung, stellt sich die Entscheidung aber aus anderen Gründen als richtig dar, ist die Rechtsbeschwerde trotz der Rechtsverletzung zurückzuweisen. Die Rechtsverletzung hat sich nämlich in diesem Fall nicht ausgewirkt, d. h. wurde nicht kausal für eine unrichtige Entscheidung.

903 ▶ Formulierungsbeispiel:

Beschlussformel: Die Rechtsbeschwerde wird zurückgewiesen.

c) Prüfungsumfang des Rechtsbeschwerdegerichts (§ 74 Abs. 3 FamFG)

904 Der Prüfung des Rechtsbeschwerdegerichts unterliegen nach § 74 Abs. 3 FamFG nur die von den Beteiligten gestellten Anträge.

Die Beschwerdeentscheidung steht also nur i. R. d. Rechtsbeschwerde- und Anschließungsanträge zur Entscheidung des Rechtsbeschwerdegerichts. Dies macht es den Beteiligten möglich, den Verfahrensgegenstand auf einen **abtrennbaren Teil** der Beschwerdeentscheidung zu begrenzen.

905 Die Begrenzung der Prüfung auf die Anträge begründet ein **Verbot der Schlechterstellung**, d. h. die Rechtsbeschwerde darf die Beschwerdeentscheidung nicht zum Nachteil des Rechtsbeschwerdeführers ändern, es sei denn, es liegt insoweit eine Anschlussrechtsbeschwerde vor.

906 Das Rechtsbeschwerdegericht ist allerdings gem. § 74 Abs. 3 Satz 2 FamFG nicht an die geltend gemachten Rechtsbeschwerdegründe gebunden. Dies bedeutet, dass das Rechtsbeschwerdegericht die Entscheidung des Beschwerdegerichts aus anderen als den geltend gemachten Gründen aufheben kann.

907 Auf **Verfahrensmängel**, die nicht von Amts wegen zu berücksichtigen sind, darf die nach § 74 Abs. 3 Satz 3 FamFG angefochtene Entscheidung nur geprüft werden, wenn die Mängel nach § 71 Abs. 3 FamFG und § 73 Satz 2 FamFG gerügt worden sind.

Dadurch wird die Überprüfung bei Verfahrensmängeln, die nicht von Amts wegen zu berücksichtigen sind, beschränkt. Diese unterliegen nur dann einer Nachprüfung, wenn sie in der Rechtsbeschwerdebegründungsschrift oder in der Anschlussschrift (§§ 71 Abs. 3, 73 Satz 2) vorgebracht worden sind.

Nach § 74 Abs. 3 Satz 4 FamFG gelten die §§ 559, 564 ZPO entsprechend. 908

Die Verweisung auf § 559 ZPO hat insb. zur Folge, dass der Beurteilung des Rechtsbeschwerdegerichts nur dasjenige Beteiligtenvorbringen unterliegt, das aus der Beschwerdeentscheidung oder dem Sitzungsprotokoll ersichtlich ist.

I. Ü. ermöglicht § 74 Abs. 3 Satz 4 FamFG über § 38 Abs. 4 FamFG hinaus unter den 909 Voraussetzungen des § 564 ZPO ein Absehen von der Begründung der Entscheidung.

d) Rechtsbeschwerdeverfahren

Nach § 74 Abs. 4 FamFG richtet sich das weitere Verfahren nach den Vorschriften über 910 das Verfahren im ersten Rechtszug. In **Unterhaltssachen** verweist § 74 Abs. 4 FamFG über § 113 Abs. 1 FamFG auf die Vorschriften der ZPO über das (erstinstanzliche) Verfahren vor den LG.

e) Aufhebung des angefochtenen Beschlusses

§ 74 Abs. 5 FamFG bestimmt ausdrücklich, dass die angefochtene Entscheidung auf- 911 zuheben ist, soweit die Rechtsbeschwerde begründet ist.

Begründet ist die Rechtsbeschwerde, wenn die angefochtene Entscheidung auf einer 912 Verletzung von Bundesrecht oder Landesrecht beruht, insb. weil eine Rechtsnorm nicht oder nicht richtig angewendet worden ist.

f) Zurückverweisung der Sache (§ 74 Abs. 6 FamFG)

Das Rechtsbeschwerdegericht **entscheidet** nach § 74 Abs. 6 Satz 1 FamFG **regelmäßig** 913 **in der Sache selbst**, soweit die Sache entscheidungsreif ist. Anderenfalls, d. h. bei fehlender Entscheidungsreife, verweist es die Sache nach § 74 Abs. 6 Satz 2 FamFG unter Aufhebung des angefochtenen Beschlusses und des Verfahrens zur anderweitigen Behandlung und Entscheidung an das Beschwerdegericht, oder, wenn dies aus besonderen Gründen geboten erscheint, an das Gericht des ersten Rechtszuges zurück.

Das Rechtsbeschwerdegericht kann die Sache also insb. dann zurückverweisen, wenn 914 noch Ermittlungen erforderlich sind. Neben der Verletzung materiellen Rechts kann eine Zurückverweisung auch aufgrund der Verletzung von Verfahrensrecht erfolgen. § 74 Abs. 6 Satz 2 FamFG ordnet des Weiteren an, dass die Zurückverweisung regelmäßig an das Beschwerdegericht zu erfolgen hat.

Darüber hinaus wird dem Rechtsbeschwerdegericht, soweit dies aus besonderen Grün- 915 den geboten erscheint, die Zurückverweisung auch an das Gericht des ersten Rechtszuges ermöglicht. Dies ist dann »geboten«, wenn das Beschwerdegericht bei richtiger

Rechtsanwendung die Sache seinerseits an das erstinstanzliche Gericht hätte zurückverweisen müssen, vgl. dazu § 69 Abs. 1 FamFG.

916 Nach § 74 Abs. 6 Satz 3 FamFG kann die Zurückverweisung an einen anderen Spruchkörper des Beschwerdegerichts erfolgen, das die angefochtene Entscheidung erlassen hat. Von dieser Möglichkeit ist Gebrauch zu machen, wenn sich aus der Entscheidung der Eindruck ergibt, das Beschwerdegericht sei in der Beurteilung des Verfahrens bereits so festgelegt, dass die **Gefahr einer Voreingenommenheit** besteht. § 74 Abs. 6 Satz 4 FamFG bestimmt (in Übereinstimmung mit der dem Beschwerdeverfahren entsprechenden Regelung des § 69 Abs. 1 Satz 2 FamFG) die Bindung der Vorinstanz an die rechtliche Beurteilung des Rechtsbeschwerdegerichts.

917 ▶ **Formulierungsbeispiel:**

Beschlussformel: Der Beschluss des OLG ..... vom ..... wird aufgehoben und das Verfahren an das OLG ..... zurückverwiesen.

6. Sprungrechtsbeschwerde (§ 75 FamFG)

918 Gegen die im ersten Rechtszug erlassenen Beschlüsse, die ohne Zulassung der Beschwerde unterliegen, findet nach § 75 FamFG auf Antrag, unter Übergehung der Beschwerdeinstanz, unmittelbar die Rechtsbeschwerde (Sprungrechtsbeschwerde) statt, wenn

– die Beteiligten in die Übergehung der Beschwerdeinstanz einwilligen und
– das Rechtsbeschwerdegericht die Sprungrechtsbeschwerde zulässt.

919 Damit haben die Beteiligten die Möglichkeit, ein Verfahren unter Verzicht auf das Beschwerdeverfahren direkt der Rechtsbeschwerdeinstanz vorzulegen. Auf diesem Weg können die Beteiligten zeitnah eine höchstrichterliche Entscheidung insb. in den Fällen herbeiführen, in denen ausschließlich die Klärung von Rechtsfragen beabsichtigt ist.

920 Die Sprungrechtsbeschwerde setzt im ersten Rechtszug erlassene Beschlüsse voraus, die ohne Zulassung der Beschwerde unterliegen. Dies sind nach § 61 Abs. 1 FamFG Beschlüsse in vermögensrechtlichen Angelegenheiten mit einem Beschwerdewert von mehr als 600 €.

921 Neben der Einwilligung der Beteiligten in die Übergehung der Beschwerdeinstanz ist zusätzlich die Zulassung des **Rechtsbeschwerdegerichts** (d.h. nicht des erstinstanzlichen Ausgangsgerichts) erforderlich.

922 § 75 Abs. 1 Satz 2 FamFG stellt klar, dass die Beteiligten im Fall der Beantragung der Zulassung der Sprungrechtsbeschwerde eine **abschließende Entscheidung** über das zur Verfügung stehende Rechtsmittel treffen. Wird die Zulassung der Sprungrechtsbeschwerde durch das Rechtsbeschwerdegericht abgelehnt, ist den Beteiligten somit das Rechtsmittel der Beschwerde nicht mehr eröffnet.

923 Das Verfahren ist der Sprungrechtsbeschwerde nach § 566 ZPO nachgebildet, d.h. konsequenterweise gelten die § 566 Abs. 2 bis 8 ZPO insoweit entsprechend.

Dies bedeutet insb., dass
- entsprechend § 566 Abs. 2 ZPO die Zulassung durch Einreichung eines Schriftsatzes (Zulassungsschrift) bei dem Rechtsbeschwerdegericht zu beantragen ist. In dem Antrag müssen die Voraussetzungen für die Zulassung der Sprungrechtsbeschwerde dargelegt werden. Die schriftliche Erklärung der Einwilligung des Antragsgegners ist dem Zulassungsantrag beizufügen; sie kann auch von dem Prozessbevollmächtigten des ersten Rechtszuges oder, wenn der Rechtsstreit im ersten Rechtszug nicht als Anwaltsprozess zu führen gewesen ist, zu Protokoll der Geschäftsstelle abgegeben werden.
- entsprechend § 566 Abs. 3 ZPO der Antrag auf Zulassung der Sprungrechtsbeschwerde die Rechtskraft des Beschlusses hemmt. Die Geschäftsstelle des Rechtsbeschwerdegerichts hat, nachdem der Antrag eingereicht ist, unverzüglich von der Geschäftsstelle des Gerichts des ersten Rechtszuges die Prozessakten einzufordern.
- entsprechend § 566 Abs. 4 ZPO die Sprungrechtsbeschwerde nur zuzulassen ist, wenn
  - die Rechtssache grundsätzliche Bedeutung hat oder
  - die Fortbildung des Rechts oder die Sicherung einer einheitlichen Rechtsprechung eine Entscheidung des Rechtsbeschwerdegerichts erfordert.

Die Sprungrechtsbeschwerde kann nicht auf einen Mangel des Verfahrens gestützt werden.
- entsprechend § 566 Abs. 5 ZPO der BGH über den Zulassungsantrag durch Beschluss entscheidet, der den Beteiligten zugestellt werden muss.
- entsprechend § 566 Abs. 6 ZPO der Beschluss rechtskräftig wird, wenn der Antrag auf Zulassung der Rechtsbeschwerde abgelehnt wird.
- entsprechend § 566 Abs. 7 ZPO bei Zulassung der Sprungrechtsbeschwerde das Verfahren als Rechtsbeschwerdeverfahren fortgesetzt wird. In diesem Fall gilt der form- und fristgerechte Antrag auf Zulassung als Einlegung der Rechtsbeschwerde. Mit der Zustellung der Entscheidung beginnt die Rechtsbeschwerdebegründungsfrist.
- entsprechend § 566 Abs. 8 ZPO sich das Verfahren nach den für die Rechtsbeschwerde geltenden Bestimmungen bestimmt.

H. Unterhalt als Folgesache im Verbund

I. Scheidungsverbund

▶ **Das Wichtigste in Kürze** 924

- Der Unterhaltsfolgesachenantrag muss spätestens 2 Wochen vor der mündlichen Verhandlung im ersten Rechtszug in der Scheidungssache von einem Ehegatten anhängig gemacht worden sein, vgl. § 137 Abs. 2 Satz 1 FamFG. → Rdn. 945
- Das reine (**isolierte**) **Unterhaltsauskunftsverfahren** ist eine selbstständige Familiensache, die nicht verbundfähig ist. → Rdn. 941

Kapitel 5 Durchsetzung des Unterhaltsanspruchs im gerichtlichen Verfahren

- Der Unterhalt für **volljährige Kinder** ist von diesen im selbstständigen Unterhaltsverfahren zu verlangen, ist also nicht verbundfähig. → Rdn. 969
- Der Unterhaltsbeschluss wird als Folgesache erst mit der Rechtskraft des Scheidungsbeschlusses wirksam, vgl. § 148 FamFG. → Rdn. 966 und Rdn. 1009

1. Scheidungsverbundverfahren

925 Das sog. **Scheidungsverbundverfahren** nach § 137 FamFG ermöglicht die verfahrensmäßige Verbindung der Scheidungssache mit den sich aus der (rechtskräftigen) Auflösung der Ehe ergebenden Folgesachen.

926 § 137 Abs. 1 Satz 1 FamFG enthält erstmals eine Legaldefinition des Begriffs Verbund. Der »Verbund« besteht danach aus dem Scheidungsverfahren und den sog. Folgesachen.

927 **Verbundfähig** ist als Folgesache der nacheheliche Unterhaltsanspruch der Eheleute sowie der Kindesunterhalt, vgl. § 137 Abs. 1 Satz 1 Nr. 2 FamFG.

928 Ratio legis des Verfahrensverbunds ist die umfassende Regelung aller im Zusammenhang mit einer Scheidung stehenden Folgen. Dadurch sollen den Ehegatten einerseits die Folgen der Auflösung ihrer Ehe vor Augen geführt, der Antragsgegner soll aber auch vor einer Vielzahl parallel nebeneinander laufender Verfahren geschützt werden. Die Verfahrenskonzentration soll auch die FamG von Doppelarbeit entlasten. Der Verbund stärkt in seiner Zielrichtung die materiell-rechtlichen Absicherungen »schwächerer« Ehegatten im Fall einer Scheidung der Ehe.[317] Der Ehegatte, der während der Ehe die Kinder betreut und sich um den Haushalt gekümmert hat ohne seine berufliche Zukunft gestalten zu können, soll durch den Verbund abgesichert werden, indem mit der Scheidung gleichzeitig insb. über Unterhalt und Zugewinnausgleich entschieden wird.[318] Zugleich ergibt sich aus dem Verbund eine Warnfunktion für beide Ehegatten, da ihnen durch die Zusammenfassung aller mit der Scheidung zusammenhängenden Regelungsbereiche die persönlichen, wirtschaftlichen und rechtlichen Folgen der Auflösung der Ehe vor Augen geführt werden.[319] Schließlich können durch eine Bereinigung aller Folgeverfahren in einem Verfahren deren gegenseitige Abhängigkeiten wie etwa die güterrechtliche Auseinandersetzung und die Bemessung des nachehelichen Unterhaltsanspruchs erfasst werden.

929 Für andere Ehesachen (vgl. § 121 FamFG) gelten die Verbundbestimmungen nicht, was sich eindeutig aus dem Wortlaut des § 137 Abs. 1 FamFG ergibt. Allerdings ist das Verbundverfahren auch in Lebenspartnerschaftssachen möglich, vgl. § 270 Abs. 1 Satz 1 FamFG.

---

317 OLG Koblenz, NJW 2008, 2929, 2931.
318 OLG Köln, FamRZ 1998, 301, 302.
319 BGH, FamRZ 1983, 461, 462.

H. Unterhalt als Folgesache im Verbund Kapitel 5

Die Regelung des § 137 FamFG gestattet über die §§ 257, 258 ZPO hinaus, und dies ist ein entscheidender Aspekt, die **gerichtliche Geltendmachung zukünftiger Ansprüche** – nämlich von Ansprüchen für den Fall der Scheidung. 930

Mit Eintritt des Verbunds einer Folgesache mit dem Scheidungsantrag ist nach § 137 Abs. 1 FamFG über alle verbundenen Verfahren gleichzeitig und zusammen mit der Scheidung zu verhandeln und, sofern der Scheidungsantrag begründet ist, zu entscheiden (sog. Verhandlungs- und Entscheidungsverbund). Diese Bestimmung schließt es aber nicht aus, dass über einzelne Folgesachen umfangreiche Erörterungen zur Sache und die Beweisaufnahme in einem besonderen Termin durchgeführt werden. Dies kann eine unterhaltsrechtliche Auseinandersetzung der Eheleute betreffen, insb. wenn bei umfangreichen Beweiserhebungen Gegenstand und Umfang eines einzuholenden Sachverständigengutachtens von der Vernehmung von Zeugen abhängig sind. 931

§ 142 Abs. 1 FamFG konkretisiert den Grundsatz des Verfahrens- und Entscheidungsverbunds nach § 137 FamFG hinsichtlich der zu treffenden Entscheidung. Die Regelung bestimmt in Abs. 1 Satz 1, dass bei begründetem Scheidungsantrag alle im Verbund eingeleiteten Folgesachen gemeinsam mit der Scheidungssache und **einheitlich durch Beschluss** zu entscheiden sind. 932

Der Beschluss beinhaltet neben dem stattgebenden Scheidungsausspruch alle im Verbund stehenden Folgesachen, soweit sie nicht nach § 140 FamFG zuvor abgetrennt worden sind. 933

2. Unterhalt als Folgesache (§ 137 Abs. 2 FamFG)

Der Begriff der »Folgesache« wird von § 137 Abs. 2 bzw. Abs. 3 FamFG definiert. Folgesachen sind danach die Familiensachen des § 137 Abs. 2 Nr. 1 bis 4 FamFG, in denen **für den Fall der Scheidung** eine Entscheidung zu treffen ist, sowie die Familiensachen des § 137 Abs. 3 FamFG (z. B. elterliche Sorge) allgemein, wenn ein Ehegatte die Einbeziehung beantragt. Der Verbund besteht auch zwischen den einzelnen Folgesachen; er ist aber keine Verfahrensverbindung i. S. v. § 147 ZPO. 934

Folgesachen sind nach § 137 Abs. 2 Satz 1 Nr. 2 FamFG damit auch Unterhaltssachen, sofern sie die Unterhaltspflicht ggü. einem gemeinschaftlichen Kind oder die durch Ehe begründete gesetzliche Unterhaltspflicht betreffen, mit Ausnahme des vereinfachten Verfahrens über den Unterhalt Minderjähriger, wenn eine Entscheidung für den Fall der Scheidung zu treffen ist und die Familiensache spätestens 2 Wochen vor der mündlichen Verhandlung im ersten Rechtszug in der Scheidungssache von einem Ehegatten anhängig gemacht wird. 935

Ein Zwang, Folgesachen im Verbund geltend zu machen, besteht – mit Ausnahme des Versorgungsausgleichs – nicht. Auch kann für eine Folgesache VKH nicht verweigert werden, wenn diese außerhalb des Verbunds geltend gemacht wird.[320] 936

---

320 BGH, FamRZ 2005, 786.

Kapitel 5 Durchsetzung des Unterhaltsanspruchs im gerichtlichen Verfahren

937 Familiensachen können nicht in den Verbund nach § 137 FamFG aufgenommen werden, wenn die Entscheidung **nicht** für den Fall der Scheidung zu treffen ist. Aus dem Bereich des Unterhalts sind dies v. a. der Getrenntlebensunterhalt nach § 1361 Abs. 1 Satz 2 BGB sowie der Kindesunterhalt für die Zeit der noch bestehenden Ehe.[321]

938 Auskunftsansprüche nach §§ 1361 Abs. 4, 1580, 1605 BGB, **die die Folgesache Unterhalt vorbereiten**, können mit der entsprechenden Folgesache im Verbund als **Stufenantrag** geltend gemacht werden. Nach § 137 Abs. 1 FamFG ist nur erforderlich, dass die letzte Stufe, d. h. der bezifferte Antrag, zusammen mit der Scheidung entschieden wird. Über den Antrag auf Auskunft ist durch **Teilbeschluss** vorweg und nicht für den Fall der rechtskräftigen Scheidung zu entscheiden, weil diese Ansprüche zwar einem einheitlichen Verfahren zugehören, verfahrensmäßig aber selbstständige Teile sind.[322]

939 Wird das Verfahren nach Auskunftserteilung nicht auf der nächsten Stufe fortgesetzt, d. h. wird der Anspruch insb. nicht beziffert, ist die entsprechende Folgesache entweder nach § 140 Abs. 2 Nr. 5 FamFG abzutrennen oder auf Antrag des Gegners abzuweisen.

940 Ein Feststellungsinteresse i. S. d. § 256 ZPO des (vermeintlich) Ausgleichspflichtigen bzw. Schuldners besteht nur dann, wenn sich der andere Ehegatte einer bestimmten Forderung berühmt. Über diesen Antrag ist im Verbund zu entscheiden, weil eine Entscheidung für den Fall der rechtskräftigen Scheidung verlangt wird und die Scheidungsfolgen abschließend geregelt werden.

941 Das reine **(isolierte) Auskunftsverfahren** ist eine selbstständige Familiensache, die nicht verbundfähig ist.[323] Trotz des vorbereitenden Charakters des Auskunftsanspruchs kann i. R. d. Verbunds ein Auskunftsanspruch ohne die entsprechende Hauptsache selbst nicht als Folgesache verlangt werden, weil der Auskunftsanspruch den Streit über die Folgesache nicht erledigt, was damit der Zwecksetzung des § 137 Abs. 1 FamFG widerspricht.[324]

Eine Ausnahme ist zu machen, wenn der Antragsgegner widerbeantragend einen isolierten Auskunftsanspruch gegen einen im Verbund erhobenen Stufenantrag in derselben Folgesache geltend macht.[325]

Der Scheidungsverbund regelt und entscheidet nämlich über die Folgen der Scheidung, d. h. beschäftigt sich nicht mit Vorgängen, die dies allenfalls vorbereiten.

---

321 OLG Hamm, FamRZ 1994, 773.
322 OLG Brandenburg, FamRZ 2007, 410, 411.
323 OLG Koblenz, FamRZ 2004, 200.
324 BGH, FamRZ 1997, 811.
325 OLG Zweibrücken, FamRZ 1996, 749 f.

3. Antragstellung

Nach der Systematik der Verbundregelung ist zwischen dem Antrags- und dem »Zwangsverbund« zu unterscheiden. Der Zwangsverbund entsteht antragsunabhängig, betrifft aber nur die Durchführung des Versorgungsausgleichs.

942

Zur Einleitung eines Antragsverbunds ist kein besonderer verfahrensrechtlicher Antrag erforderlich; es reicht aus, wenn bei einem anhängigen Scheidungsantrag eine isolierte verbundfähige Familiensache anhängig gemacht wird, für die eine Entscheidung für den Fall der Scheidung begehrt wird.

943

Der antragstellende Ehegatte kann den Verbund durch Rücknahme seines Antrags hinsichtlich des Antragsverfahrens des § 137 Abs. 1 FamFG wieder aufheben. Allerdings sind die Kostenfolgen zu bedenken. Auch ist es jedem Ehegatten unbenommen, die sich aus § 137 Abs. 2 Satz 1 FamFG ergebende Frist verstreichen zu lassen und erst danach eine selbstständige »Folgesache« einzureichen.

944

Ein Antrag zu einer Folgesache kann frühestens zusammen mit dem Scheidungsantrag eingereicht werden und muss **spätestens 2 Wochen vor der mündlichen Verhandlung im ersten Rechtszug in der Scheidungssache von einem Ehegatten anhängig gemacht worden sein**, vgl. § 137 Abs. 2 Satz 1 FamFG a. E.

945

Der Gesetzgeber bezweckt mit der Einhaltung dieser 2-Wochenfrist eine Beschleunigung des Scheidungsverfahrens; eine entscheidungsreife Scheidung konnte früher dadurch »torpediert« werden, in dem in der mündlichen Verhandlung eine den Verbund auslösende Folgesache anhängig gemacht wurde.

946

Nicht von der Zeitgrenze betroffen ist die Sachlage, dass in bereits anhängigen Folgesachen Anträge geändert oder erweitert werden.

Die Frist des § 137 Abs. 2 FamFG wird durch einen Antrag auf VKH für einen Folgesachenantrag gewahrt.[326]

a) Fristberechnung

Die 2-Wochenfrist ist bereits schwierig zu berechnen. Erforderlich ist eine »Rückwärtsrechnung« entsprechend der §§ 187 bis 193 BGB. Der Tag der mündlichen Verhandlung zählt bei der Rückwärtsberechnung nach § 187 Abs. 1 BGB nicht mit; der letzte Tag der Frist endet weiterhin nicht erst um 24:00 Uhr, sondern bereits um 0:00 Uhr. Dies bedeutet bspw., dass im Fall einer Terminierung für den 18.05.2012 die betreffende 2-Wochenfrist am 17.05.2012 rückwärts anläuft und durch den 04.05.2012 um 0:00 Uhr begrenzt wird. Ein fristgerechter Folgesachenantrag muss daher bis spätestens 03.05.2012 24:00 Uhr beim FamG eingehen.[327]

947

---

326 OLG Bamberg, FamRZ 2011, 1416.
327 Vgl. dazu Schröder, in: Schulte-Bunert/Weinreich, FamFG, § 137 Rn. 4; Grandel, FF 2011, 133.

b) Maßgeblich ist der Termin der »letzten« mündlichen Verhandlung

948 Für die Frist nach § 137 Abs. 2 Satz 1 FamFG kommt es nicht auf den Zeitpunkt des Termins zur »ersten« mündlichen Verhandlung an.[328] Maßgeblich ist der Termin der »letzten« mündlichen Verhandlung.[329]

Abzulehnen ist daher die Auffassung, die aufgrund der Einheit der mündlichen Verhandlung ausschließlich auf den ersten Verhandlungstermin abstellt.[330]

Dieses Verständnis entspricht dem gem. § 137 Abs. 1 FamFG unverändert gebliebenen Postulat, dass grds. am Scheidungsverbund festgehalten werden soll, um den wirtschaftlich schwächeren Ehegatten durch eine einheitliche Entscheidung über die Scheidung und den damit in engem Zusammenhang stehenden Folgesachen zu schützen. Zwar kann bei dieser Auslegung die Frist des § 137 Abs. 2 Satz 1 FamFG dadurch »unterlaufen« werden, dass ein Beteiligter zum Termin nicht erscheint, um eine Fortsetzung der mündlichen Verhandlung zu erzwingen mit der Folge, dass nunmehr noch fristgemäß neue Folgesachen anhängig machen können.

Dies rechtfertigt es aber nicht, für die Fristbestimmung auf den »ersten« Termin zur mündlichen Verhandlung abzustellen. Die Frist nach § 137 Abs. 2 Satz 1 FamFG will nur der Verfahrensverzögerung durch eine zu späte Anhängigmachung von Folgesachen entgegenwirken. Eine Verfahrensverzögerung aus anderen Gründen soll durch diese Frist nicht sanktioniert werden, zumal der unentschuldigt fern gebliebenen Partei die durch das Ausbleiben verursachten Kosten und ein Ordnungsgeld auferlegt werden können, § 128 Abs. 4 FamFG; § 380 Abs. 1 ZPO.

▶ **Hinweis:**

Allerdings sollte beachtet werden, dass gerade im Scheidungsverfahren der erste Termin gleichzeitig auch sehr oft der letzte Termin ist. Das Scheidungsverfahren lässt nämlich den frühen ersten Termin nicht zu, vgl. § 113 Abs. 4 Nr. 3 FamFG, d. h. die Scheidung ist vom Gericht ausreichend vorzubereiten (insb. durch die Klärung der Rentenanwartschaften) und dann in einem Termin abzuwickeln.[331]

c) Frist ist eine Verbundvoraussetzung

949 Mit dem Ablauf der 2-Wochenfrist vor der mündlichen Verhandlung im ersten Rechtszug in der Scheidungssache können gewillkürte Folgesachen nach § 137 Abs. 2 FamFG nicht mehr im Verbund geltend gemacht werden, sondern sind im isolierten Verfahren zu betreiben, da die Verbundvoraussetzung der fristgerechten Anhängigkeit nicht gegeben ist.[332] Hat der Antragsteller den Fristablauf übersehen, ist sein »Folgesachenantrag«

---

328 OLG Hamm, NJW-RR 2011, 84.
329 BGH, Beschl. v. 21.03.2012 – XII ZB 447/10.
330 So Prüttung/Helms, FamFG, § 137 Rn. 47.
331 Horndasch/Viefhues/Roßmann, FamFG, § 113 Rn. 16.
332 Horndasch/Viefhues/Roßmann, FamFG, § 137 Rn. 36.

H. Unterhalt als Folgesache im Verbund

nicht als unzulässig abzuweisen, sondern vom FamG selbstständig zu bearbeiten.[333] Eine isolierte Verfahrensführung erfordert in diesem Fall auch keine Antragsänderung, da der Antragsteller nach wie vor Ehegatten- oder Kindesunterhalt nach Rechtskraft der Scheidung verlangt. Die Scheidung ist insoweit keine unzulässige außergerichtliche Bedingung,[334] sondern allenfalls vorgreiflich i. S. d. § 148 ZPO. Deshalb kommt eine Aussetzung des Verfahrens bis zum Scheidungsbeschluss in Betracht.

Das FamG kann nämlich dem Antrag frühestens nach Scheidung der Eheleute stattgeben.

▶ Praxistipp:

Die isolierte Verfahrensführung kann auch Sinn machen im Hinblick auf die **Kostenentscheidung**: Kostenaufhebung beim Scheidungsverbund (§ 150 Abs. 1) bzw. Erfolgsquote im Unterhaltsverfahren (vgl. § 243 FamFG) oder in der Güterrechtssache.

d) Ladungsfrist

Problematisch ist nach wie vor, dass mit der Einführung dieser 2-Wochenfrist keine Änderung der Ladungsvorschriften korrespondiert. Die Vorschrift des § 32 Abs. 2 FamFG, die eine angemessene Frist zwischen Ladung und Termin vorsieht, ist nämlich in Ehesachen nicht anwendbar, vgl. § 113 Abs. 1 FamFG. Somit gilt die Vorschrift des § 217 ZPO, nach der eine Ladungsfrist von einer Woche genügt. Damit könnte der zuständige Richter die Einreichung von Folgesachenanträgen durch kurze Ladungsfristen unmöglich machen. 950

Der BGH[335] hat sich nunmehr dahin gehend erklärt, dass das FamG den Termin in einer Scheidungssache so zu bestimmen hat, dass es den beteiligten Ehegatten nach Zugang der Ladung möglich ist, unter Einhaltung der 2-Wochenfrist nach § 137 Abs. 2 Satz 1 FamFG eine Folgesache anhängig zu machen. Zur Vorbereitung eines Antrags muss den Ehegatten zusätzlich entsprechend der Ladungsfrist des § 217 ZPO eine Woche zur Verfügung stehen. Dies bedeutet mit anderen Worten, dass zwischen der Zustellung der Ladung und dem Termin ein Zeitabstand von mindestens 3 Wochen bestehen muss. Die Beteiligten haben einen Anspruch auf Terminverlegung, wenn die gerichtliche Terminbestimmung den erwähnten Vorgaben nicht gerecht wird. Einer Terminsverlegung bedarf es allerdings nicht, wenn sie – trotz zu kurzer Terminierung – Folgesachen noch bis zur mündlichen Verhandlung anhängig machen. Die Folgesachen werden dann schlichtweg Bestandteil des Scheidungsverbunds. 951

---

333 A. A. AG Erfurt, FamRZ 2011, 1416; Musielak/Borth, FamFG, § 137 Rn. 28.
334 Vgl. Götz, NJW 2010, 900.
335 BGH, FuR 2012, 383.

4. VKH

952 In der Rechtsprechung wird bei der isolierten Geltendmachung einer Folgesache teilweise VKH mit der Begründung versagt, wegen der höheren Kostenlast (Zusammenrechnen der Werte aus Scheidungssache und Folgesachen nur im Verbund, vgl. §§ 43 ff. FamGKG, §§ 16 Nr. 4, 22 RVG) sei die Rechtsverfolgung insoweit mutwillig. Dem steht jedoch entgegen, dass es durchaus Gründe für eine isolierte Geltendmachung einer Folgesache geben kann, so im Zugewinnausgleichsverfahren in den Fällen des § 1378 Abs. 2 BGB (Unklarheit über das Vermögen, welches bei Rechtskraft der Scheidung noch vorhanden ist und begrenzend wirken kann) sowie bei hohen Ausgleichsbeträgen nach § 1378 Abs. 1 BGB, weil der Anspruch auf Verfahrens- sowie Verzugszinsen erst mit Beendigung des gesetzlichen Güterstands entsteht und deshalb bei einer Geltendmachung im Verbund eine erhebliche Verzögerung der Rechtskraft des Scheidungsausspruches entstehen kann, die zu einem Zinsverlust führt. Entsprechendes gilt im **nachehelichen Unterhalt**, wenn wegen der Unklarheit über die Höhe anrechenbarer Einkünfte des Berechtigten (aus Vermögen aufgrund der güter- oder vermögensrechtlichen Auseinandersetzung) nach § 1577 Abs. 1 BGB eine Festsetzung des Anspruchs noch nicht erfolgen kann. Ferner ist zu berücksichtigen, dass im Verbund regelmäßig die Kosten nach § 150 Abs. 1 FamFG gegeneinander aufgehoben werden, während in selbstständigen Verfahren der unterliegende Beteiligte die Kosten trägt, sodass der obsiegende Beteiligte einen Kostenerstattungsanspruch erlangt. Insoweit ist es kostenmäßig günstiger, bei Erfolg versprechender Rechtsverfolgung die Ansprüche außerhalb des Verbunds geltend zu machen. VKH kann daher nicht mit dem Argument abgelehnt werden, die Rechtsverfolgung hätte im Verbund stattfinden müssen.[336]

953 VKH für die Scheidungssache erstreckt sich grds. auch auf den Versorgungsausgleich (§ 149 FamFG) sowie auf alle anderen im Bewilligungszeitpunkt anhängigen Folgesachen. Eine Beschränkung der Bewilligung muss ausdrücklich angeordnet werden.

954 Die Beiordnung des RA in einer Scheidungssache umfasst den Abschluss eines gerichtlichen Vergleichs (§ 48 Abs. 3 RVG) betreffend **Unterhalt** (**auch Kindesunterhalt**), Sorgerecht, Umgang, Hausrat, Wohnung sowie eheliches Güterrecht.

955 Die Einreichung eines reinen VKH-Antrags für eine Folgesache führt bereits zur Herstellung des Scheidungsverbunds, auch wenn dadurch die betreffende Folgesache noch nicht rechtshängig ist.[337]

5. Abgabe oder Verweisung an das Gericht der Ehesache (§ 137 Abs. 4 FamFG)

956 § 137 Abs. 4 FamFG stellt klar, dass es Folgesachen nur beim Gericht der Scheidungssache geben kann. Verfahren, die die Voraussetzungen des § 137 Abs. 2 oder 3 FamFG

---

336 BGH, FamRZ 2005, 786.
337 OLG Koblenz, NJW 2008, 2929 m. zust. Anm. von Unger; a. A. OLG Naumburg, FamRZ 2001, 168.

erfüllen, werden also erst mit Anhängigkeit beim Gericht der Scheidungssache zu Folgesachen.

Eine solche Abgabe wird für Unterhaltssachen in § 233 FamFG angeordnet. Dies gilt aber auch für Verfahren, die nicht verbundfähig sind; auch diese werden an das Gericht der Ehesache abgegeben, sind dort aber isoliert abzuwickeln. **957**

6. Verfahrensbesonderheiten des Verbunds

Soweit eine Unterhaltssache im Verbund zu entscheiden ist, kann auch ein **Versäumnisbeschluss** ergehen (vgl. § 142 Abs. 1 Satz 2 FamFG); § 130 Abs. 2 FamFG gilt nämlich nicht für Folgesachen. **958**

Nach § 114 Abs. 1 FamFG unterliegen die Scheidungssache und alle verbundenen Folgesachen in allen Rechtszügen für die Ehegatten dem **Anwaltszwang**. **959**

Die für die Scheidungssache erteilte **Vollmacht** bezieht sich auch auf die Folgesachen (§ 114 Abs. 5 Satz 2 FamFG). **960**

Bei **Aussetzung der Scheidungssache** nach § 136 FamFG werden hiervon auch sämtliche Verbundverfahren, damit auch eine etwaige Unterhaltssache erfasst. **961**

Nicht zulässig ist eine isolierte Aussetzung einer Folgesache, weil dies gegen den Grundsatz der einheitlichen Verhandlung und Entscheidung verstieße, von dem nur nach § 140 FamFG eine Ausnahmeregelung besteht.

Die **Entscheidung im Verbund** erfolgt auch hinsichtlich der Verbundverfahren einheitlich durch Beschluss, vgl. § 142 Abs. 1 FamFG. **962**

Anhängig gemachte Familienstreitsachen, also auch Unterhaltssachen, können durch **Vergleich** i. S. d. § 794 Abs. 1 Nr. 1 ZPO rechtswirksam beendet werden, sodass über sie nicht mehr im Verbundbeschluss entschieden werden muss. Ergibt sich nach Rechtskraft des Verbundbeschlusses, dass der Vergleich nichtig ist, muss das Verbundverfahren weitergeführt werden und der Antrag ist wie eine nach § 140 FamFG abgetrennte Folgesache zu behandeln. **963**

Kapitel 5   Durchsetzung des Unterhaltsanspruchs im gerichtlichen Verfahren

7. Übersicht zum Scheidungsverbund

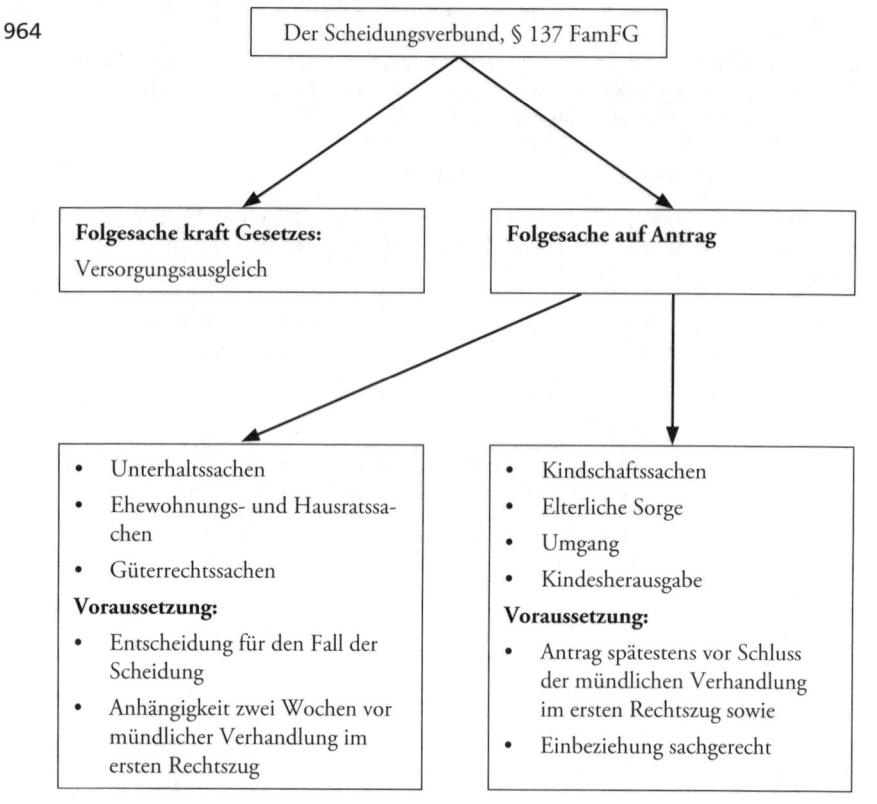

964

```
                    Der Scheidungsverbund, § 137 FamFG
                              /            \
                             /              \
            Folgesache kraft Gesetzes:       Folgesache auf Antrag
            Versorgungsausgleich
```

Folgesache kraft Gesetzes: Versorgungsausgleich

Folgesache auf Antrag

- Unterhaltssachen
- Ehewohnungs- und Hausratssachen
- Güterrechtssachen

Voraussetzung:
- Entscheidung für den Fall der Scheidung
- Anhängigkeit zwei Wochen vor mündlicher Verhandlung im ersten Rechtszug

- Kindschaftssachen
- Elterliche Sorge
- Umgang
- Kindesherausgabe

Voraussetzung:
- Antrag spätestens vor Schluss der mündlichen Verhandlung im ersten Rechtszug sowie
- Einbeziehung sachgerecht

II. Folgesache Kindesunterhalt (§ 137 Abs. 2 Satz 1 Nr. 2, 1. Alt. FamFG)

1. Allgemeines

965   Kindesunterhalt kann als Folgesache geltend gemacht werden, sofern die Unterhaltspflicht ggü. einem gemeinschaftlichen Kind betroffen ist, mit Ausnahme des vereinfachten Verfahrens über den Unterhalt Minderjähriger.

966   Grds. wird Kindesunterhalt allerdings außerhalb des Scheidungsverbunds beantragt, da Unterhalt nicht erst ab Rechtskraft der Scheidung benötigt wird. Soweit dennoch Unterhalt für ein (eheliches) Kind im Verbund geltend gemacht wird, ist eine Titulierung erst ab Eintritt der Rechtskraft des Scheidungsausspruches möglich (vgl. § 148

H. Unterhalt als Folgesache im Verbund Kapitel 5

FamFG). Kindesunterhalt für die Zeit vor Rechtskraft der Scheidung kann nicht als Folgesache gefordert werden.[338]

Wird die Abänderung eines Unterhaltstitels, der während der Trennungszeit erstritten wurde, nach §§ 238, 239 FamFG begehrt, ist dieses Verfahren nur dann eine Folgesache, wenn diese Abänderung erst ab Eintritt der Rechtskraft verlangt wird. 967

Der Unterhalt minderjähriger Kinder wird, solange wie die Eltern noch nicht rechtskräftig geschieden sind, durch den Elternteil, der die Obhut nach § 1629 Abs. 2 Satz 2 BGB innehat, im Wege der gesetzlichen Verfahrensstandschaft nach § 1629 Abs. 2 Satz 2, Abs. 3 Satz 1 BGB im eigenen Namen geltend gemacht.[339] 968

Der Unterhalt für **volljährige Kinder** ist von diesen dagegen im selbstständigen Unterhaltsverfahren zu verlangen, ist also nicht verbundfähig. Wird das Kind während des laufenden Scheidungsverfahrens volljährig, entfällt zusammen mit der elterlichen Sorge auch die gesetzliche Verfahrensstandschaft. An die Stelle des das Verfahren führenden Elternteils tritt danach automatisch das Kind im Wege des Parteiwechsels in das Unterhaltsverfahren ein, weil die Verfahrensstandschaft des § 1629 Abs. 3 Satz 1 BGB endet.[340] Die Vorschrift des § 265 Abs. 2 ZPO ist nicht anwendbar. Nach § 140 Abs. 1 FamFG ist dieses Verfahren abzutrennen, da das volljährige Kind als Dritter anzusehen ist. 969

Wird die in einem Verbundbeschluss zugesprochene Unterhaltsverpflichtung mit der Beschwerde angefochten und tritt die **Rechtskraft des Scheidungsbeschlusses** vor Abschluss des Unterhaltsverfahrens ein, endet zwar die Verfahrensstandschaft nach § 1629 Abs. 3 Satz 1 BGB. In analoger Anwendung des § 265 Abs. 2 Satz 1 ZPO lässt die Rechtsprechung wegen eines unabweisbaren praktischen Bedürfnisses jedoch eine Fortsetzung durch den verfahrensführenden Elternteil zu.[341] 970

Wird das Kind im Beschwerdeverfahren volljährig, führt es das Verfahren im eigenen Namen gemäß den zuvor genannten Grundsätzen weiter. 971

---

338 OLG Koblenz, FamRZ 2002, 965.
339 Weinreich/Klein-Ziegler, § 1629 Rn. 20.
340 Vgl. Weinreich/Klein-Ziegler, § 1629 Rn. 24; OLG München, FamRZ 1996, 422.
341 BGH, FamRZ 1990, 283; OLG Koblenz, FamRZ 2002, 965.

2. Muster: Kindesunterhalt – Folgesachenantrag

972 An das

AG .....

– FamG –

.....

Folgesachenantrag wegen Kindesunterhalt

In der Familiensache

der Frau .....

– Antragstellerin –

Verfahrensbevollmächtigte: .....

gegen

Herrn .....

– Antragsgegner –

Verfahrensbevollmächtigte: .....

mache ich in der Scheidungssache zum Az.: ..... namens und in Vollmacht der Antragstellerin die **Folgesache Kindesunterhalt** anhängig und beantrage:
1. Dem Antragsgegner wird aufgegeben, der Antragstellerin Auskunft zu erteilen durch Vorlage einer systematischen Aufstellung über
   a. sein Vermögen am .....

▶ Hinweis:

Minderjährigen Kindern gegenüber ist u. U. auch der Einsatz des Vermögens geschuldet, vgl. § 1603 Abs. 2 BGB.

   b. seine sämtlichen Brutto- und Nettoeinkünfte einschließlich aller Nebeneinkünfte aus nicht selbstständiger Tätigkeit sowie aus anderer Herkunft in der Zeit vom ..... bis ..... und die erteilte Auskunft durch Vorlage der Lohnsteuerkarte nebst Lohnsteuerbescheinigung für das Jahr ..... in Fotokopie und der Originallohnabrechnungen des Arbeitgebers für die Monate ..... bis ..... sowie der Originalbescheide über im v.g. Zeitraum etwa bezogenes Krankengeld und etwa bezogene Arbeitslosenunterstützung zu belegen;
   c. seine sämtlichen Einnahmen und Aufwendungen aus selbstständiger Arbeit, aus Kapitalvermögen, aus Vermietung und Verpachtung sowie aus anderer Herkunft unter Angabe der Privatentnahmen in der Zeit vom ..... bis ..... und die erteilte Auskunft durch Vorlage der Einkommensteuererklärungen sowie der etwaigen Bilanzen nebst den Gewinn- und Verlustrechnungen bzw. der etwaigen Einnahmenüberschussrechnungen für die Jahre ..... bis ..... sowie der Einkommensteuerbescheide für die Jahre ..... bis ..... zu belegen.

2. Dem Antragsgegner wird aufgegeben, an Eides statt zu versichern, dass er die Auskunft über seine Einkünfte nach bestem Wissen so vollständig abgegeben habe, als er dazu imstande sei.
3. Dem Antragsgegner wird aufgegeben, an das Kind ....., geb. am ....., zu Händen der Antragstellerin von der Rechtskraft des Scheidungsbeschlusses an eine monatlich im Voraus fällige Unterhaltsrente in der nach Erfüllung der Auskunftspflicht noch zu beziffernden Höhe zu zahlen.

Begründung

1.

Die Antragstellerin fordert als Verfahrensstandschafterin gem. § 1629 Abs. 3 Satz 1 BGB im laufenden Scheidungsverfahren Unterhalt für den Fall der Scheidung für das gemeinsame Kind ....., geb. ..... .

Die **Zuständigkeit** des AG – FamG ..... ergibt sich aus § 232 Abs. 1 Nr. 1 FamFG, da bei diesem Gericht bereits die Ehesache der Beteiligten anhängig ist.

2.

Das Kind ..... ist ein eheliches Kind der Beteiligten, welches von der Antragstellerin betreut wird. Der Unterhaltsanspruch ist den §§ 1601 ff. BGB zu entnehmen. Das Kind ist bedürftig, da es weder Einkommen noch Vermögen hat.

3.

Der Antragsgegner ist beruflich als ..... tätig. Seine gegenwärtigen Einkommens- und Vermögensverhältnisse sind der Antragstellerin unbekannt.

Der Antragsgegner hat der Antragstellerin auf ihre Aufforderung vom ..... keine Auskunft erteilt.

Beweis: Schreiben des Unterzeichnenden vom ..... (**Anlage A1**)

Mit dem Verfahrensantrag zu 1. wird aus diesem Grund zunächst Auskunft nach § 1605 BGB verlangt.

Der Verfahrensantrag zu 2. wird für den Fall gestellt werden, dass Grund zu der Annahme besteht, der Antragsgegner habe die Auskunft nicht mit der erforderlichen Sorgfalt erteilt (§§ 1605 Abs. 1 Satz 3, 260, 261 BGB).

Nach der Erteilung der Auskunft durch den Antragsgegner wird die Antragstellerin den Anspruch auf Kindesunterhalt beziffern.

Beglaubigte und einfache Abschrift anbei.

..... .

Rechtsanwalt/Rechtsanwältin

Kapitel 5 Durchsetzung des Unterhaltsanspruchs im gerichtlichen Verfahren

III. Folgesache Ehegattenunterhalt (§ 137 Abs. 2 Satz 1 Nr. 2, 2. Alt. FamFG)

1. Allgemeines

973 Unterhaltssachen, sofern sie die durch Ehe begründete gesetzliche Unterhaltspflicht betreffen, können Folgesachen nach § 137 Abs. 2 Satz 1 Nr. 2, 2. Alt. FamFG sein.

974 Der Ehegattenunterhalt hat als Folgesache große praktische Bedeutung. Der Trennungsunterhalt nach § 1361 Abs. 1 BGB und der Scheidungsunterhalt nach den §§ 1569 ff. BGB sind nämlich nicht identisch. Deshalb wird ein Titel nach § 1361 Abs. 1 BGB im Zeitpunkt der Rechtskraft der Scheidung unwirksam; eine etwaige Vollstreckung könnte mit einem Vollstreckungsabwehrantrag nach § 767 ZPO unterbunden werden.

Folglich muss der unterhaltsberechtigte Ehegatte nach § 137 Abs. 2 Nr. 2 FamFG den nachehelichen Unterhalt im Verbund geltend machen, um nicht Ansprüche einzubüßen.

975 Verfahren zum Unterhalt sind verbundfähig, wenn mit ihnen nachehelicher Unterhalt verlangt wird,[342] während Unterhalt für die Zeit vor Rechtskraft der Scheidung nicht als Folgesache geltend gemacht werden kann.[343]

976 Umgekehrt kann der in Anspruch genommene Unterhaltspflichtige unter den Voraussetzungen des § 256 ZPO die Feststellung beantragen, dass er keinen oder nur einen geringeren Unterhalt schuldet, wenn sich der andere Ehegatte eines Unterhaltsanspruchs berühmt.

2. Muster: Folgesachenantrag – Unterhalt wegen Krankheit

977 An das

AG .....

– FamG –

.....

Folgesachenantrag wegen Ehegattenunterhalt

In der Familiensache

der Frau .....

– Antragstellerin –

Verfahrensbevollmächtigte: .....

---

342 OLG Karlsruhe, FamRZ 2002, 965.
343 BGH, FamRZ 1982, 781.

H. Unterhalt als Folgesache im Verbund Kapitel 5

gegen

Herrn .....

– Antragsgegner –

Verfahrensbevollmächtigte: .....

mache ich in der Scheidungssache zum Az.: ..... namens und in Vollmacht der Antragstellerin die **Folgesache Ehegattenunterhalt** anhängig und beantrage:
1. Dem Antragsgegner wird aufgegeben, der Antragstellerin Auskunft zu erteilen durch Vorlage einer systematischen Aufstellung über
   a. seine sämtlichen Brutto- und Nettoeinkünfte einschließlich aller Nebeneinkünfte aus nicht selbstständiger Tätigkeit sowie aus anderer Herkunft in der Zeit vom ..... bis ..... und die erteilte Auskunft durch Vorlage der Lohnsteuerkarte nebst Lohnsteuerbescheinigung für das Jahr ..... in Fotokopie und der Originallohnabrechnungen des Arbeitgebers für die Monate ..... bis ..... sowie der Originalbescheide über im v.g. Zeitraum etwa bezogenes Krankengeld und etwa bezogene Arbeitslosenunterstützung zu belegen;
   b. seine sämtlichen Einnahmen und Aufwendungen aus selbstständiger Arbeit, aus Kapitalvermögen, aus Vermietung und Verpachtung sowie aus anderer Herkunft unter Angabe der Privatentnahmen in der Zeit vom ..... bis ..... und die erteilte Auskunft durch Vorlage der Einkommensteuererklärungen sowie der etwaigen Bilanzen nebst den Gewinn- und Verlustrechnungen bzw. der etwaigen Einnahmenüberschussrechnungen für die Jahre ..... bis ..... sowie der Einkommensteuerbescheide für die Jahre ..... bis ..... zu belegen.
2. Dem Antragsgegner wird aufgegeben, an Eides statt zu versichern, dass er die Auskunft über seine Einkünfte nach bestem Wissen so vollständig abgegeben habe, als er dazu imstande sei.
3. Dem Antragsgegner wird aufgegeben, von der Rechtskraft des Scheidungsbeschlusses an eine monatlich im Voraus fällige Unterhaltsrente in der nach Erfüllung der Auskunftspflicht noch zu beziffernden Höhe zu zahlen.

Begründung

1.

Die Beteiligten sind getrennt lebende Eheleute; der Scheidungsantrag wurde beim FamG am ..... eingereicht. Aus der Ehe sind die Kinder ..... und ..... hervorgegangen, die aber beide bereits volljährig sind.

Nunmehr macht die Antragstellerin gegen den Antragsgegner ihren Unterhaltsanspruch wegen Krankheit nach § 1572 Nr. 1 BGB geltend.

Die **Zuständigkeit** des AG – FamG ..... ergibt sich aus § 232 Abs. 1 Nr. 1 FamFG, da bei diesem Gericht bereits die Ehesache der Beteiligten anhängig ist.

2.

Der Antragsgegner war trotz Aufforderung durch die Antragstellerin nicht bereit, einen Unterhaltstitel betreffend den nachehelichen Unterhalt zu errichten.

Die Antragstellerin ist Hausfrau ohne Einkommen und Vermögen.

Kapitel 5 Durchsetzung des Unterhaltsanspruchs im gerichtlichen Verfahren

Vor der Ehe war sie als Krankenschwester tätig. Diesen Beruf kann sie jedoch nicht mehr ausüben. Im Jahr ..... musste sie sich einer schweren Operation unterziehen. Sie kann seither nicht mehr schwer heben und ist körperlich nicht mehr belastbar.

Beweis: Ärztliches Attest des Chefarztes Dr. ....., **Anlage A1**

Sie ist aufgrund dieser Erkrankung auch nicht imstande, eine andere Tätigkeit auszuüben.

Beweis: Ärztliches Attest des Chefarztes Dr. ....., **Anlage A1**

3.

Der Antragsgegner ist bei der Firma ..... als ..... beschäftigt. Er erzielte während der Ehe ein monatliches Nettoeinkommen i. H. v. ..... €.

Beweis: .....

Seine jetzigen Einkommens- und Vermögensverhältnisse sind der Antragstellerin allerdings nicht genau bekannt.

Vom Unterzeichnenden wurde der Antragsgegner vorprozessual mit Schreiben vom ....., zugegangen beim Antragsgegner am ....., aufgefordert, zum Zweck der Geltendmachung des Unterhaltsanspruchs über seine Einkünfte und sein Vermögen Auskunft zu erteilen.

Beweis: Vorlage des Schreibens vom ....., **Anlage A2**, in Kopie anbei

Da der Antragsgegner auf dieses Schreiben nicht reagierte, hat er diese Auskunftsstufenklage veranlasst. Mit dem Antrag zu 1. wird zunächst Auskunft nach §§ 1580, 1605 BGB verlangt.

Der Klageantrag zu 2. wird für den Fall gestellt werden, dass Grund zu der Annahme besteht, der Antragsgegner habe die Auskunft nicht mit der erforderlichen Sorgfalt erteilt (§§ 1580, 1605 Abs. 1 Satz 3, 260, 261 BGB).

Erst nach Erteilung der Auskunft durch den Antragsgegner wird die Antragstellerin ihren Anspruch auf nachehelichen Krankheitsunterhalt entsprechend der Ehegattenquote beziffern können.

Beglaubigte und einfache Abschrift anbei.

..... .

Rechtsanwalt/Rechtsanwältin

IV. Abtrennung einer Folgesache (§ 140 FamFG)

978 Die Abtrennung von Folgesachen spielt in der familienrechtlichen Praxis eine bedeutende Rolle. Im Fall der Scheidung ist nach § 142 Abs. 1 Satz 1 FamFG über sämtliche im Verbund stehende Familiensachen durch einheitlichen Beschluss zu entscheiden. Folglich kann sich die Scheidung in die Länge ziehen, wenn ein Beteiligter immer wieder Folgesachen in den Scheidungsverbund einbringt. Eine solche »Verfahrensverlängerung« ist mitunter gewollt und ein Instrument, um der Gegenseite, die vielleicht eine schnelle Scheidung etwa wegen einer neuen Beziehung anstrebt, »das Leben schwer zu machen«, bzw. auch eine Art Racheakt. Mitunter ist der Scheidungsverbund aber auch aus Kostengründen »voll gepackt«, weil die Ehegatten eine umfassende abschließende

Regelung ihrer Probleme anstreben. Dies kann allerdings den »Nebeneffekt« eines unvertretbar langen Verfahrens auslösen, sodass alle Beteiligte dann versuchen, den Verbund zu »entschärfen«, d. h. einzelne besonders langwierige Folgesachen abzutrennen.

Von der Abtrennungsmöglichkeit wird in der Praxis – je nach Familienrichter – unterschiedlich großzügig Gebrauch gemacht. Aufseiten eines oder beider Beteiligter ist das Abtrennungsbegehren oft durch das Bedürfnis nach einer raschen Scheidung motiviert. Der Familienrichter sieht in der Abtrennung oft eine willkommene Gelegenheit, aus dem Scheidungsverfahren die »Luft rauszulassen« in der Hoffnung, dass sich die Auseinandersetzung nach Rechtskraft der Scheidung in den verbleibenden Streitigkeiten versachlicht. 979

Des Weiteren wird die Hinhaltetaktik eines Beteiligten z. B. im Versorgungsausgleich (d. h. die schleppende Erledigung von Anfragen) wegen Faulheit, Lustlosigkeit oder wegen des Bemühens, sich durch das Hinausschieben der Scheidung Rechtsvorteile zu verschaffen (z. B. aufgrund eines günstigen bis zur Rechtskraft der Scheidung wirksamen Titels über Trennungsunterhalt oder weil auf nachehelichen Unterhalt verzichtet worden ist), als unfair empfunden. 980

Zwar ordnet § 137 Abs. 1 FamFG an, dass über die Scheidungssache und die Folgesachen zusammen zu verhandeln und auch zu entscheiden ist (vgl. auch § 142 Abs. 1 FamFG), allerdings müssen im Einzelfall Ausnahmen möglich sein. Dies ist insb. der Fall, wenn eine Folgesache die Scheidung unzumutbar verzögert, vgl. § 140 Abs. 2 Satz 2 Nr. 5 FamFG. Insoweit werden allerdings vielfach strenge Maßstäbe angelegt. Sind die strengen Voraussetzungen der Abtrennung nach § 140 FamFG gegeben, wird die nicht entscheidungsreife Folgesache von dem Verfahrens- und Entscheidungsverbund abgetrennt, mit der Folge, dass das abgetrennte Verfahren außerhalb des Verbunds zu entscheiden ist und sich nicht mehr auf den Zeitpunkt des Abschlusses der Scheidungssache und den Eintritt der Rechtskraft des Scheidungsausspruches auswirkt. 981

Unterbleibt allerdings die Entscheidung über eine Folgesache, obwohl keine wirksame Abtrennung vorliegt, kann Beschwerde mit dem Ziel eingelegt werden, den Verbund wieder herzustellen. Es handelt sich um einen schwerwiegenden Verfahrensfehler.[344] 982

▶ Praxistipp: 983

Der die Angelegenheit vertretene RA ist zur Vorsicht angehalten: Liegen nämlich die Abtrennungsvoraussetzungen des § 140 FamFG nach Überprüfung durch das Beschwerdegericht nicht vor, ist aufgrund einer eingelegten Beschwerde zum Zweck der Wiederherstellung des Verbunds der erstinstanzliche Scheidungsbeschluss aufzuheben und die Sache ist zur erneuten Verhandlung und Entscheidung an das AG zurückzugeben.[345]

---

344 OLG Nürnberg, FamRZ 2005, 1497.
345 BGH, FamRZ 1986, 898.

Kapitel 5 Durchsetzung des Unterhaltsanspruchs im gerichtlichen Verfahren

Die fehlerhafte Abtrennung ist also ein wesentlicher Verfahrensfehler i. S. v. § 117 Abs. 2 FamFG; § 538 Abs. 2 Nr. 1 ZPO.[346]

Nach a. A.[347] liegt ein unzulässiger Teilbeschluss vor, der im Beschwerdeverfahren nach § 117 Abs. 2 FamFG; § 538 Abs. 2 Nr. 7 ZPO aufzuheben ist, wenn eine Ehe vor einer Folgesachenentscheidung geschieden wurde, ohne dass die Voraussetzungen des § 140 FamFG vorlagen.

Die Beschwerdeschrift muss keinen Sachantrag enthalten. Es genügt der Antrag auf Aufhebung des angefochtenen Beschlusses und Zurückverweisung der Sache an das FamG, weil die bloße Abtrennung eine rechtsmittelfähige Beschwer darstellt.[348]

Auch wenn die Abtrennung durch isolierten Beschluss angeordnet worden ist, kann sie nur mit der Beschwerde gegen den Scheidungsbeschluss (also nicht mit einer Beschwerde gegen den Abtrennungsbeschluss) gerügt werden, vgl. § 140 Abs. 6 FamFG.[349]

984 § 140 FamFG regelt zentral die wesentlichen Möglichkeiten der Abtrennung einer Folgesache.

985 In **Unterhaltssachen** kann eine Abtrennung nach **§ 140 Abs. 1 FamFG** in Betracht kommen, wenn außer den Ehegatten eine weitere Person Beteiligter des Verfahrens wird, antragsabhängig wegen außergewöhnlicher Verzögerung und dadurch bedingter unzumutbarer Härte nach **§ 140 Abs. 2 Nr. 5 FamFG** sowie nach **§ 140 Abs. 3 FamFG**, weil die Entscheidung zum Kindesunterhalt und nachehelichen Unterhalt von einer abgetrennten Kindschaftsfolgesache abhängt.

---

346 OLG Hamm, FamRZ 2007, 651.
347 OLG Koblenz, FamRZ 2008, 166.
348 OLG Koblenz, FamRZ 1990, 769.
349 OLG Düsseldorf, FamRZ 1994, 1121.

H. Unterhalt als Folgesache im Verbund

Abtrennung einer Folgesache — 986

Kraft Gesetzes, § 140 Abs. 1 wenn:	Von Amts wegen, § 140 Abs. 2 Nr. 1 bis 3 wenn:	Auf Antrag, § 140 Abs. 2 Nr. 4 und 5 wenn:
• ein Dritter in Unterhalts- oder Güterrechtsfolgesache Verfahrensbeteiligter wird.	• in einer Versorgungsausgleichsfolgesache oder Güterrechtsfolgesache vor der Auflösung der Ehe eine Entscheidung nicht möglich ist, • in einer Versorgungsausgleichsfolgesache das Verfahren ausgesetzt ist, weil ein Rechtsstreit über den Bestand oder die Höhe eines Anrechts vor einem anderen Gericht anhängig ist, • in einer Kindschaftsfolgesache das Gericht dies aus Gründen des Kindeswohls für sachgerecht hält oder das Verfahren ausgesetzt ist. • § 140 Abs. 3, falls Zusammenhang mit einer Unterhaltsfolgesache besteht.	• seit Rechtshängigkeit des Scheidungsantrags ein Zeitraum von drei Monaten verstrichen ist, beide Ehegatten die erforderlichen Mitwirkungshandlungen in der Versorgungsausgleichsfolgesache vorgenommen haben und beide übereinstimmend deren Abtrennung beantragen, • sich der Scheidungsausspruch so außergewöhnlich verzögern würde, dass ein weiterer Aufschub unter Berücksichtigung der Bedeutung der Folgesache eine unzumutbare Härte darstellen würde, und ein Ehegatte die Abtrennung beantragt.

Kapitel 5   Durchsetzung des Unterhaltsanspruchs im gerichtlichen Verfahren

1. Abtrennung nach § 140 Abs. 1 FamFG

987 Das FamG ist nach § 140 Abs. 1 FamFG, wenn in einer Unterhaltsfolgesache oder Güterrechtsfolgesache außer den Ehegatten eine weitere Person Beteiligter des Verfahrens wird, zur Abtrennung verpflichtet.

Bedeutsam wird diese Bestimmung in erster Linie nur dann, wenn im Verbund **Unterhalt für ein minderjähriges Kind** verlangt und dieses Kind im Verlauf des Verbundverfahrens volljährig wird. Die Prozessführungsbefugnis des bislang den Unterhalt fordernden Elternteils nach § 1629 Abs. 3 BGB entfällt mit Volljährigkeit des Kindes, d. h. das Verfahren ist nunmehr von dem Kind selbst fortzuführen und somit abzutrennen.[350]

2. Härtefälle (§ 140 Abs. 2 Satz 2 Nr. 5 FamFG)

988 Der Scheidungsverbund kann einzelne Folgesachen enthalten, die sehr umfangreich und deshalb langwierig sind. Dennoch kann eine Scheidung grds. erst erfolgen, wenn alle Folgesachen entscheidungsreif sind, es sei denn, eine Abtrennung nach § 140 Abs. 2 Satz 2 Nr. 5 FamFG ist möglich. Dies setzt eine **außergewöhnliche Verzögerung** des Scheidungsausspruches und eine sich daraus ergebende **unzumutbare Härte** voraus. Die Regelung gilt für alle Folgesachen und muss bei mehreren Folgesachen jeweils gesondert geprüft werden.

989 Durch das bei dieser Vorschrift erforderliche **Antragserfordernis** wird eine Abtrennung von Amts wegen ausgeschlossen.

a) Außergewöhnliche Verzögerung

990 Eine außergewöhnliche Verzögerung i. S. v. § 140 Abs. 2 Nr. 5 FamFG ist zu bejahen, wenn die bei Durchführung der Folgesachen üblicherweise auftretende Verfahrensdauer weitreichend überschritten wird.[351] Die Verzögerung muss nicht durch die Erledigung der betreffenden Folgesache im Verbund bedingt sein, es reichen, wenn i. Ü. das Kriterium der unzumutbaren Härte zu bejahen ist, auch andere Verzögerungsgründe, wie etwa eine Überlastung des Gerichts, aus.

991 Die Beurteilung der (voraussichtlichen) Verzögerung setzt – wie sich aus dem Wortlaut ergibt (... verzögern würde) eine **Prognose** voraus; sie muss nicht bereits eingetreten, jedoch mit hinreichender Sicherheit zu erwarten sein. Die Rechtsprechung[352] sieht eine **Verfahrensdauer von 2 Jahren** als normal für ein Scheidungsverfahren an, d. h. erst nach Ablauf von 2 Jahren ist eine außergewöhnliche Verzögerung vertretbar. Eine außergewöhnliche Verzögerung kann in Unterhaltssachen auf die Einholung von Sachverständigengutachten (z. B. wegen Klärung einer Krankheit oder relevanter Einkünfte

---

350 BGH, FamRZ 1985, 471.
351 OLG Hamm, FamRZ 1992, 1086.
352 Z. B. BGH, FamRZ 1988, 312; OLG Koblenz, FamRZ 2008, 166, 167.

bei einem Selbstständigen) oder mehrfache gerichtliche Maßnahmen zur Auskunftserlangung (§§ 1379, 1580, 1605 BGB) zurückzuführen sein.[353]

§ 140 Abs. 4 Satz 1 FamFG bestimmt, dass bei den in Abs. 2 Nr. 5 enthaltenen Zeitkriterien der vor Ablauf des ersten Jahres des Getrenntlebens liegende Zeitraum außer Betracht bleibt. 992

Dies wirkt sich dahin gehend aus, dass im Fall des § 140 Abs. 2 Nr. 5 FamFG die erforderliche Verfahrensdauer von 2 Jahren (Kriterium der außergewöhnlichen Verzögerung) bei einem vorzeitig gestellten Scheidungsantrag nicht ab Rechtshängigkeit des Scheidungsantrags, sondern erst mit Ablauf des ersten Trennungsjahres beginnt.

§ 140 Abs. 4 Satz 2 FamFG sieht eine Ausnahme von Satz 1 in den Fällen vor, in denen die Voraussetzungen einer Härtefallscheidung (vgl. § 1565 Abs. 2 BGB) vorliegen. 993

b) Unzumutbare Härte

Allein das Vorliegen einer außergewöhnlichen Verzögerung reicht nicht aus, um eine Abtrennung einer Folgesache nach § 140 Abs. 2 Satz 2 Nr. 5 FamFG zu rechtfertigen;[354] erforderlich ist vielmehr darüber hinaus eine für den Antragsteller unzumutbare Härte. Die Feststellung der unzumutbaren Härte erfolgt mittels einer Abwägung des Interesses des Antragstellers (entsprechend des Antragsgegners, wenn dieser den Abtrennungsantrag gestellt hat) an einer alsbaldigen Scheidung und des Interesses des Antragsgegners an einer Beibehaltung des Entscheidungsverbunds, d. h. einer gleichzeitigen Regelung der abzutrennenden Folgesachen.[355] 994

Bei der Abwägung spielt auch eine Rolle, welcher Ehegatte den Antrag in das Verbundverfahren eingeleitet hat. Wer einen Verbundantrag stellt, muss grds. damit rechnen, dass dadurch Verzögerungen des gesamten Verfahrens eintreten können, und kann sich später nur sehr eingeschränkt auf die Unzumutbarkeit dieser von ihm selbst ausgelösten Konsequenzen berufen. 995

Ein **überwiegendes Interesse des Antragstellers** ist bei begrenzter Lebenserwartung des antragstellenden Ehegatten, der eine Wiederheirat beabsichtigt, zu bejahen.[356] Ähnlich liegt es bei bevorstehender Geburt eines Kindes aus einer neuen Beziehung, insb. wenn gleichzeitig die wirtschaftliche Lage des anderen Ehegatten abgesichert ist und für das Beibehalten des Verbunds nur formale Gesichtspunkte vorgebracht werden.[357] 996

Mitunter wird das Scheidungsverfahren auch aus wirtschaftlichen Erwägungen verzögert, insb. weil Trennungsunterhalt gezahlt wird, der nacheheliche Unterhalt aber dem Grund und der Höhe nach unsicher ist. Dies ist gerade durch die Unterhaltsreform 997

---

353 Musielak/Borth, FamFG, § 140 Rn. 9.
354 OLG Düsseldorf, FamRZ 2008, 1266.
355 OLG Koblenz, NJW 2008, 2929.
356 OLG Hamm, FamRZ 2007, 651.
357 BGH, NJW 1987, 1772, 1773.

von 2008 ein nicht zu unterschätzender Aspekt, der natürlich nicht hingenommen werden darf.[358]

998 Umgekehrt sind i. R. d. Interessenabwägung auch die **Belange des Antragsgegners**, der sich der Abtrennung widersetzt, angemessen zu berücksichtigen. Ist eine Folgesache für den Antragsgegner angesichts dessen konkreter Lebenssituation besonders bedeutsam (z. B. die Sicherung des nachehelichen Unterhalts), muss das Interesse des Antragstellers an einer Aufhebung des Verbunds zurücktreten.[359] Letztlich ist der Einzelfall ausschlaggebend, wobei die Abtrennung der Folgesache nachehelicher Unterhalt nur in seltenen Ausnahmefällen zugelassen werden sollte.

999 Die Zustimmung eines Ehegatten zur Abtrennung kann darauf hinweisen, dass die Folgesache für ihn nur geringe Bedeutung hat. Allerdings ist Vorsicht geboten, da die Abtrennung nicht zur Disposition der Beteiligten steht. Die im gerichtlichen Verfahren getroffene Absprache, die Abtrennung nicht zu beanstanden, ist nicht bindend, d. h. das Beschwerdegericht ist gehalten, die Voraussetzungen der Abtrennung zu überprüfen.[360]

3. Abtrennung einer Unterhaltsfolgesache (§ 140 Abs. 3 FamFG)

1000 § 140 Abs. 3 FamFG begründet die Möglichkeit, im Fall der Abtrennung einer Kindschaftsfolgesache auch eine Unterhaltsfolgesache abzutrennen. Da die Sorgeentscheidung und der Kindesunterhalt sowie der nacheheliche Unterhalt nach § 1570 BGB (Betreuungsunterhalt) häufig in einem sachlichen Zusammenhang stehen, d. h. die Entscheidung zum Kindes- und nachehelichen Unterhalt von der Sorgeentscheidung abhängt, ist die Regelung des § 140 Abs. 3 FamFG, d. h. die erweiterte Abtrennungsmöglichkeit für die unterhaltsrechtlichen Folgesachen, gerechtfertigt.

1001 Allerdings wird für diese Möglichkeit der erweiterten Abtrennung das Kriterium des Zusammenhangs der Unterhaltsfolgesache mit der Kindschaftsfolgesache gefordert, um eine Abtrennung von Unterhaltsfolgesachen, welche nicht durch den Zweck der Vorschrift gedeckt ist, zu vermeiden. Das Erfordernis des Zusammenhangs wird im Regelfall zu verneinen sein, wenn sich die Entscheidung in der Kindschaftsfolgesache nicht auf die konkrete Unterhaltsfolgesache auswirken kann.

1002 Hinsichtlich der Folgen einer Abtrennung gilt auch in diesem Fall § 137 Abs. 5 FamFG, wobei für die Unterhaltsfolgesache dessen Satz 1 und für die Kindschaftssache dessen Satz 2 maßgeblich ist.

---

358 Vgl. auch BGH, FamRZ 1991, 2491, 2492.
359 BGH, FamRZ 1986, 899.
360 BGH, FamRZ 1991, 1043, 1044.

4. Verfahren

§ 140 Abs. 6 FamFG ordnet an, dass die Entscheidung über die Abtrennung in einem gesonderten Beschluss erfolgt. Sie kann also nicht als Teil der Endentscheidung, mit der die Scheidung ausgesprochen wird, ergehen. 1003

Die Rechtsfolgen der Abtrennung ergeben sich aus § 137 Abs. 5 FamFG. 1004

§ 137 Abs. 5 Satz 1 FamFG bestimmt, dass die Eigenschaft als Folgesache für die Verfahren des § 137 Abs. 2 FamFG, d. h. eben auch für Unterhaltssachen, sofern sie die Unterhaltspflicht ggü. einem gemeinschaftlichen Kind oder die durch Ehe begründete gesetzliche Unterhaltspflicht betreffen, mit Ausnahme des vereinfachten Verfahrens über den Unterhalt Minderjähriger, wenn eine Entscheidung für den Fall der Scheidung zu treffen ist, auch nach einer Abtrennung fortbesteht; sie sind also nach wie vor **keine selbstständige Familiensache**, selbst wenn die Scheidung mittlerweile rechtskräftig geworden sein sollte. 1005

Diese Rechtsfolge ist sachgerecht, da die Abtrennung nichts daran ändert, dass, vorbehaltlich etwa einer zulässigen Antragsänderung, eine Entscheidung für den Fall der Scheidung zu treffen ist. Bedeutsam ist das Fortbestehen der Eigenschaft als Folgesache auch nach Abtrennung etwa für die Frage des Anwaltszwangs sowie in kostenrechtlicher Hinsicht.

Bestehen bleibt auch der Verbund unter mehreren Folgesachen i. S. d. § 137 Abs. 5 FamFG. 1006

a) Fortführung des Restverbunds

Wird eine Folgesache (z. B. nachehelicher Unterhalt) aus dem Verbundverfahren abgetrennt, wird der Verbund zwischen der Scheidungssache und den anderen Folgesachen fortgesetzt. Auch danach beantragte Folgesachen werden gem. § 137 FamFG mit der Scheidungssache verhandelt und entschieden. Obwohl der Scheidungsbeschluss der Sache nach einen Teilbeschluss darstellt, ist er nach § 150 FamFG mit einer Kostenentscheidung zu versehen. 1007

b) Verfahren hinsichtlich der abgetrennten Folgesachen

Eine abgetrennte Folgesache (z. B. der Kindesunterhalt) wird wie ein selbstständiges Verfahren geführt und ist weiter zu fördern, unabhängig davon, ob die Scheidungssache bereits rechtskräftig geworden ist. Dennoch behält ein abgetrenntes Verfahren den Charakter einer Folgesache, was sich unmittelbar auf die Beibehaltung des Anwaltszwangs nach § 114 FamFG sowie die Kostenregelung des § 150 Abs. 1 FamFG auswirkt. 1008

Ansonsten richtet sich das Verfahren der abgetrennten Folgesachen nach dem jeweils maßgebenden Verfahrensrecht.

Wird eine Entscheidung in einer Folgesache vor Eintritt der Rechtskraft des Scheidungsausspruches unanfechtbar (z. B. Rechtsmittelverzicht), wird diese nach § 148 1009

FamFG dennoch erst mit Rechtskraft der Scheidung wirksam, weil eine Entscheidung nur für den Fall der Scheidung der Ehe ergeht. Wird der Scheidungsantrag abgewiesen, gilt § 142 Abs. 2 FamFG auch für abgetrennte Folgesachen; sie werden also gegenstandslos. Die Kosten für das Verfahren sind regelmäßig dem Beteiligten aufzuerlegen, dessen Scheidungsantrag abgewiesen wurde.

c) Rechtsmittel

1010 Der Beschluss, der eine Abtrennung anordnet oder ablehnt, ist nicht selbstständig anfechtbar, vgl. § 140 Abs. 6 FamFG.[361] Dies ergibt sich bereits aus seinem Charakter als Zwischenentscheidung; es wird gleichwohl zur Klarstellung im Gesetz noch einmal ausdrücklich bestimmt.

aa) Wiederherstellung des Verbunds

1011 Die Abtrennung einer Unterhaltsfolgesache vom Verbund hat zur Folge, dass die betroffenen Ehegatten die Schutzwirkung des Verbundverfahrens einbüßen. Die Abtrennung stellt deshalb eine Beschwer i. R. d. Scheidungsverfahrens dar und kann mit den Rechtsmitteln der Beschwerde oder Rechtsbeschwerde gegen die Scheidungsentscheidung angefochten werden.

1012 Rechtsschutzziel des Rechtsmittels ist die Wiederherstellung des Verbunds der abgetrennten Folgesache mit der Scheidungssache, sodass ein besonderer Sachantrag nicht erforderlich ist.

Der Antrag beschränkt sich darauf, den Beschluss (zur Scheidungssache) aufzuheben und die Sache an das FamG zurückzuverweisen.

1013 Das Beschwerdegericht muss die Sache im Fall der fehlerhaften Abtrennung unter Aufhebung des angefochtenen Beschlusses und des Verfahrens an das Gericht des ersten Rechtszuges nach §§ 117 FamFG i. V. m. 538 Abs. 2 ZPO zurückverweisen. Das erstinstanzliche Verfahren leidet an einem wesentlichen Mangel und zur Entscheidung ist eine umfangreiche oder aufwendige Beweiserhebung notwendig. Nach a. A.[362] liegt ein unzulässiger Teilbeschluss vor, der im Beschwerdeverfahren nach §§ 117 FamFG i. V. m. 538 Abs. 2 Nr. 7 ZPO aufzuheben ist, wenn eine Ehe vor einer Folgesachenentscheidung geschieden wurde, ohne dass die Voraussetzungen des § 140 ZPO vorlagen.

1014 Ist die abgetrennte Folgesache inzwischen ebenfalls in der Rechtsmittelinstanz anhängig, kann der Verbund nur in dieser hergestellt werden, sodass eine Zurückverweisung entfällt. Wurde das abgetrennte Verfahren bereits durch Vergleich oder eine rechtskräftige Entscheidung in erster Instanz abgeschlossen, ist eine Zurückverweisung ebenfalls unstatthaft, weil auch ohne Aufhebung der Scheidungssache dass Ziel einer einheitlichen Entscheidung erreicht wurde.

---

361 BGH, FamRZ 2005, 191.
362 OLG Koblenz, FamRZ 2008, 166.

H. Unterhalt als Folgesache im Verbund   Kapitel 5

Andere Verfahrensbeteiligte (also v. a. die Träger einer Versorgung und das Jugendamt) haben kein Rechtsmittel gegen die Abtrennung einer Folgesache.   1015

bb) Prüfung des Rechtsmittelgerichts

Die Abtrennungsentscheidung nach § 140 FamFG kann im Rechtsmittelverfahren über die Scheidungssache in vollem Umfang vom Beschwerdegericht überprüft werden, weil die Entscheidung zur Abtrennung nicht in das Ermessen des Gerichts gestellt ist, sondern die Voraussetzungen der Abtrennung von Amts wegen zu prüfen sind.[363]   1016

Die Abtrennung einer Folgesache unterliegt auch nicht der Dispositionsbefugnis der Beteiligten.   1017

Demgemäß kann ein Beteiligter trotz seiner Zustimmung zur Abtrennung die Verletzung der §§ 137, 140 FamFG rügen.[364] Erfolgt eine Vorabentscheidung zur Scheidung, muss in der Entscheidung dargelegt werden, dass die abgetrennte Folgesache noch nicht entscheidungsreif ist und die Voraussetzungen des § 140 FamFG vorliegen.

5. Muster: Antrag auf Abtrennung einer Folgesache nach § 140 Abs. 2 Nr. 5 FamFG

An das   1018

AG .....

– FamG –

.....

Antrag auf Abtrennung der Folgesache Kindesunterhalt

In der Familiensache

.....

Az: .....

vertreten wir bekanntlich die Antragstellerin.

Namens und in Vollmacht der Antragstellerin beantragen wir:

Die Folgesache Kindesunterhalt wird abgetrennt.

Begründung:

Der Antrag auf Abtrennung der Folgesache **Kindesunterhalt** wird auf § 140 Abs. 2 Nr. 5 FamFG gestützt. Danach ist eine Folgesache abzutrennen, wenn sich der Scheidungsausspruch so außergewöhnlich verzögern würde, dass ein weiterer Aufschub unter

---

363 BGH, FamRZ 1991, 1043, 1044.
364 OLG Koblenz, FamRZ 2008, 166, 167.

Kapitel 5 Durchsetzung des Unterhaltsanspruchs im gerichtlichen Verfahren

Berücksichtigung der Bedeutung der Folgesache eine unzumutbare Härte darstellen würde, und ein Ehegatte die Abtrennung beantragt.

Das Ehescheidungsverfahren samt der Folgesache **Kindesunterhalt** ist seit dem ..... rechtshängig, d. h. seit mehr als zwei Jahren. Nach der maßgeblichen Rechtsprechung liegt daher eine außergewöhnliche Verzögerung des Scheidungsverfahrens vor, zumal die Gutachten der Sachverständigen in dieser Angelegenheit voraussichtlich erst ..... vorgelegt werden können. Damit ist nicht zu erwarten, dass die Folgesache **Kindesunterhalt** in der nächsten Zeit entscheidungsreif sein wird.

Der weitere Aufschub der Ehescheidung ist für die Antragstellerin aber auch eine unzumutbare Härte.

Sie lebt seit längerem mit Herrn ..... zusammen. Sie erwartete nunmehr ein Kind, welches aus der neuen Beziehung hervorgeht.

Beweis: Ärztliches Attest des Frauenarztes Dr. ....., **Anlage A1**

Sie will ihren jetzigen Lebenspartner unbedingt noch vor der Geburt des Kindes ehelichen.

Somit liegen die Voraussetzungen für eine Abtrennung der Folgesache **Kindesunterhalt** vor.

Beglaubigte und einfache Abschrift anbei.

..... .

Rechtsanwalt/Rechtsanwältin

V. Rücknahme des Scheidungsantrags

1019 § 141 FamFG behandelt die Rücknahme des Scheidungsantrags. Dafür gilt gem. § 113 Abs. 1 FamFG die allgemeine Vorschrift des § 269 ZPO. Allerdings hat die Rücknahme des Scheidungsantrags auch **Auswirkung auf die (Unterhalts-) Folgesachen**. § 141 Satz 1 FamFG ordnet insofern an, dass sich die Wirkungen einer Rücknahme des Scheidungsantrags auch auf die Folgesachen erstrecken.

1020 Ausgenommen sind nach § 141 Satz 2, 2. Alt. FamFG solche Folgesachen, hinsichtlich derer ein Beteiligter vor Wirksamwerden der Rücknahme ausdrücklich erklärt hat, sie fortsetzen zu wollen.

Die Rechtsfolge der Fortsetzung tritt somit nicht durch eine gerichtliche Entscheidung, sondern durch eine Erklärung des Beteiligten selbst ein. § 141 Satz 3 FamFG ordnet an, dass die nach Satz 2 fortzusetzenden Verfahren **selbstständige Familiensachen** sind.

1. Anwendung von § 269 ZPO

1021 § 269 ZPO ist anwendbar und maßgeblich, wenn ein Beteiligter seinen Scheidungsantrag zurücknimmt (vgl. § 113 Abs. 1 FamFG). Damit ist die Rücknahme des Scheidungsantrags **ohne Zustimmung** des Antragsgegners solange möglich, wie dieser zur Hauptsache noch nicht mündlich verhandelt hat. Nach Beginn der mündlichen

Verhandlung bedarf eine Rücknahme des Scheidungsantrags der **Zustimmung des Antragsgegners.**

Die Zustimmung zur Scheidung wie auch zur Rücknahme des Scheidungsantrags können nunmehr in der mündlichen Verhandlung zur Niederschrift des Gerichts oder zur Niederschrift der Geschäftsstelle erklärt werden. Es ist folglich hierzu kein Anwalt erforderlich. Auch der Widerruf der Zustimmung ist gem. § 134 Abs. 2 FamFG ohne Anwalt möglich. 1022

Die mündliche Verhandlung beginnt grds., sobald Anträge der Beteiligten gestellt wurden (vgl. § 137 Abs. 1 ZPO). Nach Auffassung des BGH ist ein solcher Sachantrag aber nicht zwingend erforderlich; es reicht, wenn der Anwalt des Antragsgegners sich in der mündlichen Verhandlung zur Scheidung einlässt.[365] 1023

Ist der Antragsgegner anwaltlich nicht vertreten, d. h. wird lediglich nach § 128 Abs. 1 FamFG angehört, liegt kein »Verhandeln« nach § 269 Abs. 1 ZPO vor, sodass der Scheidungsantrag jederzeit ohne Zustimmung des Antragsgegners vom Antragsteller zurückgenommen werden kann.[366] 1024

2. Wirkungen der Rücknahme auf den Scheidungsantrag

Die Rücknahme des Scheidungsantrags hat zur Folge, dass das Verfahren als nicht rechtshängig geworden anzusehen ist, vgl. § 269 Abs. 3 Satz 1 Halbs. 1 ZPO. Ein zuvor ergangener, noch nicht rechtskräftig gewordener Beschluss wird wirkungslos; es bedarf dazu keiner ausdrücklichen Aufhebung, vgl. § 269 Abs. 3 Satz 1 Halbs. 2 ZPO. 1025

3. Auswirkungen auf die Folgesachen

a) »Sogwirkung«

Die o. g. Wirkungen des § 269 Abs. 3 ZPO erstreckt die Vorschrift des § 141 Satz 1 FamFG auch auf alle Folgesachen, unabhängig davon, ob diese vom Antragsteller oder vom Antragsgegner beantragt wurden. 1026

Die Folgesachen werden nämlich nach § 137 Abs. 2 FamFG grds. nur für den Fall der (rechtskräftigen) Scheidung der Ehe beantragt und entschieden; sie werden deshalb im Wege eines (unechten) Eventualantrags geltend gemacht und damit mit Rücknahme des Scheidungsantrags gegenstandslos. Im Hinblick hierauf erstreckt § 141 Satz 1 FamFG die Wirkung des § 269 Abs. 3 bis 5 auch auf die Folgesachen.

b) Fortführung als selbstständige Familiensache

§ 141 Satz 2 und 3 FamFG bestimmen aus verfahrensökonomischen Gründen, dass eingeleitete Folgesachen als selbstständige Familiensachen fortgeführt werden können, 1027

---

365 BGH, FamRZ 2004, 1364.
366 OLG Stuttgart, FamRZ 2005, 286.

wenn ein Beteiligter dies beantragt. Dies hat u. a. zur Folge, dass bereits entstandene Verfahrenskosten nicht erneut entstehen.

aa) Änderung des Antrags

1028 Erforderlich für eine Fortführung einer Folgesache als selbstständige Familiensache ist zunächst eine Änderung des Antrags, weil Folgesachen nur für den Fall der Scheidung der Ehe beantragt werden können, mit der Rücknahme des Scheidungsantrags jedoch materiell-rechtlich nur eine Regelung vor rechtskräftiger Scheidung möglich ist. Geeignete Folgesachen, die fortgesetzt werden können, sind auch Unterhaltsverfahren.

bb) Verfahren

1029 Der Fortsetzungsantrag nach § 141 Satz 2, 2. Alt. FamFG kann von jedem Ehegatten gestellt werden, der eine Folgesache anhängig gemacht hat, aus verfahrensökonomischen Gründen auch von dem Antragsgegner.[367] Liegt ein von Amts wegen eingeleitetes Verfahren vor, können diesen Antrag beide Ehegatten stellen. Die Änderung des Antrags, dass keine Entscheidung mehr für den Fall der Scheidung begehrt wird, ist bei geeigneten Folgesachen nach § 263 ZPO sachdienlich. Der Antrag, die Fortführung der Folgesache vorzubehalten, kann zusammen mit der Rücknahme des Scheidungsantrags gestellt werden; er muss jedenfalls vor Wirksamwerden der Rücknahme gestellt worden sein.

1030 Der Fortsetzungsantrag nach § 141 Satz 2, 2. Alt. FamFG ist eine Verfahrenshandlung; er unterliegt dem Anwaltszwang.

cc) Wirkung der Fortführungserklärung

1031 Aufgrund der Erklärung eines Ehegatten, die Folgesache fortsetzen zu wollen, wird die Folgesache zur **selbstständigen Familiensache**, wobei nach § 261 Abs. 3 Nr. 2 ZPO (perpetuatio fori) die Zuständigkeit des Gerichts erhalten bleibt. Die Rechtsfolge der Fortsetzung tritt damit nicht durch eine gerichtliche Entscheidung, sondern durch eine Erklärung des Beteiligten selbst ein, was einfacher und in der Sache ausreichend ist. Ferner ist über die VKH erneut zu entscheiden (z. B. wenn anstelle des nachehelichen Unterhalts gem. §§ 1569 ff. BGB Trennungsunterhalt nach § 1361 Abs. 1 BGB im fortgesetzten Verfahren verlangt wird).

1032 Die Kosten richten sich für die fortgesetzte Familiensache nach den allgemeinen Bestimmungen, so als ob nie ein Verbundverfahren bestanden hätte, d. h. § 150 FamFG ist nicht mehr anzuwenden, vgl. auch § 150 Abs. 5 Satz 2 FamFG.

VI. Vollstreckung von Unterhaltsfolgesachen

1033 Die Vorschrift des § 148 FamFG ordnet an, dass die Entscheidungen in Folgesachen vor **Rechtskraft** des Scheidungsausspruches nicht wirksam werden.

---

367 OLG Stuttgart, FamRZ 2006, 714.

H. Unterhalt als Folgesache im Verbund — Kapitel 5

Eine Entscheidung zu Folgesachen setzt die Scheidung der Ehe voraus. Wird weder gegen den Scheidungsausspruch noch gegen die Folgesachen Beschwerde eingelegt, tritt die Rechtskraft hinsichtlich aller Verbundentscheidungen einheitlich ein. Dies ist anders, wenn eine Abtrennung von Folgesachen nach § 140 FamFG erfolgt oder nur gegen den Scheidungsausspruch oder nur gegen einzelne Folgesachen ein Rechtsmittel eingelegt wird. **1034**

Da Folgesachen regelmäßig nur für den Fall der Scheidung entschieden werden (§ 137 Abs. 2 FamFG), dürfen derartige Entscheidungen nicht vor Rechtskraft des Scheidungsausspruches Wirkung entfalten, zumal bei einer Abweisung des Scheidungsantrags Folgesachen nach § 142 Abs. 2 FamFG auch gegenstandslos werden. **1035**

§ 148 FamFG schiebt deshalb die Wirksamkeit solcher Entscheidungen auf, bis die Scheidung selbst rechtskräftig wird; insoweit verdrängt § 148 FamFG die allgemeinen Vorschriften des § 40 FamFG und des § 116 FamFG.

Auch eine Vollstreckung der jeweiligen Folgesache kommt erst in Betracht, wenn Wirksamkeit i. S. v. § 148 FamFG besteht. **1036**

1. Rechtskraft einer Verbundentscheidung

Die Wirksamkeit von Folgesachenentscheidungen hängt von der Rechtskraft des Scheidungsausspruches ab: **1037**
- Wird gegen einen Verbundbeschluss kein (rechtzeitiges) Rechtsmittel eingelegt, werden Scheidung und Folgesachen zeitgleich **nach Ablauf der Rechtsmittelfrist** rechtskräftig, d. h. die Folgesachen sind wirksam i. S. v. § 148 FamFG.
- Haben die (anwaltlich vertretenen) Beteiligten im Scheidungstermin neben dem Rechtsmittelverzicht erklärt, dass sie außerdem auf »eventuelle« Anschlussrechtsmittel gegen den Scheidungsausspruch verzichten, wird die Scheidung **sofort rechtskräftig**, weil durch § 144 FamFG ausdrücklich die Möglichkeit eingeräumt ist, auf das Anschlussrechtsmittel gegen die Scheidung zu einem Zeitpunkt zu verzichten, in dem noch kein Rechtsmittel gegen das Verbundurteil eingelegt worden ist.
- Soweit Rechtsmittel gegen einzelne Folgesachen oder den Scheidungsausspruch eingelegt werden, richtet sich der Eintritt der Rechtskraft des Scheidungsausspruches nach § 145 FamFG bzw., falls Rechtsbeschwerde zum BGH eingelegt wurde, nach § 147 Satz 2 FamFG.
- Scheidungsbeschlüsse des BGH werden mit ihrer Verkündung rechtskräftig.

2. Wiedereinsetzung in den vorigen Stand

Die Möglichkeit, einen Antrag auf Wiedereinsetzung in den vorigen Stand zu stellen, hindert den Eintritt der Rechtskraft des Scheidungsausspruches nicht. Relevant ist dies insb. dann, wenn über ein VKH-Gesuch zur Einreichung eines Rechtsmittels durch das OLG erst nach Ablauf der Rechtsmittelfrist entschieden wird. Erst mit **1038**

Roßmann 643

der Bewilligung der Wiedereinsetzung ergibt sich rückwirkend eine Hemmung bzw. Durchbrechung der Rechtskraft.[368]

3. Vollstreckung erst ab Rechtskraft der Scheidung

1039   Die Vollstreckung von Folgesachen (also auch Unterhalt) setzt nach § 148 FamFG den Eintritt der Rechtskraft des Scheidungsausspruches voraus.

1040   Die »Bedingung« des § 148 FamFG ist in die Beschlussformel aufzunehmen. Der Beschluss, der Unterhalt tituliert, kann aber nach § 116 Abs. 3 FamFG für sofort wirksam erklärt werden. Dies hat Bedeutung, wenn nur diese Folgesache mit der Beschwerde angefochten wird, während die Scheidung rechtskräftig wird.

1041   ▶ Formulierungsbeispiel: Beschlussformel

Der Antragsgegner wird verpflichtet, **ab Rechtskraft des Scheidungsausspruches**, zu Händen der Antragstellerin, jeweils monatlich im Voraus, beginnend ab dem Ersten des Monats, der auf den Eintritt der Rechtskraft des Scheidungsbeschlusses folgt, Kindesunterhalt für das Kind ..... i. H. v. ..... € zu bezahlen. **Der Beschluss ist ab Rechtskraft des Scheidungsausspruches sofort wirksam.**

VII. Scheidungsverbundbeschluss

1. Einheitliche Entscheidung

1042   Nach § 142 Abs. 1 Satz 1 FamFG ist im Fall der Scheidung hierüber und über sämtliche im Verbund stehenden, also nicht abgetrennten Folgesachen durch einheitlichen Beschluss zu entscheiden. Dies gilt nach § 142 Abs. 1 Satz 2 FamFG auch, soweit eine Versäumnisentscheidung zu treffen ist.

1043   § 142 Abs. 2 Satz 1 FamFG ordnet an, dass im Fall der Abweisung des Scheidungsantrags die Folgesachen gegenstandslos werden. Eine Ausnahme macht das Gesetz nach Abs. 2 Satz 2 für Kindschaftsfolgesachen sowie für solche Folgesachen, hinsichtlich derer ein Beteiligter vor der Entscheidung ausdrücklich erklärt hat, sie fortsetzen zu wollen. Diese Rechtsfolge tritt nicht durch eine gerichtliche Entscheidung, sondern durch eine Erklärung des Beteiligten selbst ein. Dass sämtliche bisherige Folgesachen, die nach § 142 Abs. 2 Satz 2 FamFG trotz Abweisung des Scheidungsantrags fortzusetzen sind, daraufhin zu selbstständigen Familiensachen werden, ist in § 142 Satz 3 ausdrücklich angeordnet.

§ 142 Abs. 2 FamFG entspricht im Wesentlichen der Vorschrift des § 141 FamFG, die ähnliche Rechtsfolgen für die Rücknahme des Scheidungsantrags anordnet (s. o., Rdn. 1025).

---

368   OLG Zweibrücken, FamRZ 1995, 619.

2. Begründeter Scheidungsantrag

a) Einheitlicher Beschluss (§ 142 Abs. 1 FamFG)

§ 142 Abs. 1 FamFG konkretisiert den Grundsatz des Verfahrens- und Entscheidungsverbunds nach § 137 FamFG hinsichtlich der zu treffenden Entscheidung. Die Regelung bestimmt in Abs. 1 Satz 1, dass bei begründetem Scheidungsantrag alle im Verbund eingeleiteten Folgesachen gemeinsam mit der Scheidungssache und einheitlich durch Beschluss zu entscheiden sind. 1044

Der Beschluss beinhaltet neben dem stattgebenden Scheidungsausspruch alle im Verbund stehenden Folgesachen, soweit sie nicht nach § 140 FamFG zuvor abgetrennt worden sind.

§ 140 Abs. 6 FamFG ordnet i. Ü. an, dass die Entscheidung über die Abtrennung in einem gesonderten Beschluss erfolgt. Sie kann also nicht als Teil der »Verbundentscheidung«, mit der die Scheidung ausgesprochen wird, ergehen. 1045

Unterbleibt die Entscheidung über eine Folgesache, obwohl keine wirksame Abtrennung vorliegt, muss Beschwerde mit dem Ziel eingelegt werden, den Verbund wieder herzustellen. Es handelt sich um einen schwerwiegenden Verfahrensfehler.[369] 1046

Der Scheidungsverbundbeschluss enthält nur **verfahrensabschließende Entscheidungen**. Soweit im Verbundverfahren im Wege des Stufenantrags ein Auskunftsverfahren zum Unterhalt enthalten ist, ist über diesen Antrag vorab zu entscheiden.[370] 1047

Eine **Begründung** des Verbundbeschlusses ist nach § 38 Abs. 3 FamFG erforderlich (vgl. auch § 38 Abs. 4 und Abs. 5 FamFG). Hierbei ist bei den verschiedenen Teilen des Verbundverfahrens die Regelung des § 139 Abs. 1 FamFG zu berücksichtigen: Danach sind die einzelnen Folgesachen jeweils so darzustellen, dass sie bei der Beschlusszustellung an Dritte nur insoweit zugestellt werden können, als der Beschluss diese betrifft. 1048

Die **Zustellung** des Beschlusses richtet sich nach § 41 FamFG und muss an die Eheleute sowie sämtliche Verfahrensbeteiligte erfolgen (Jugendämter, Träger einer Versorgung, Vermieter, Kinder ab Vollendung des 14. Lebensjahres, Verfahrenspfleger). 1049

Die **Rechtsmittelfristen** richten sich nach der jeweiligen Zustellung an die Verfahrensbeteiligten. Hinsichtlich der **Vollstreckung** gelten die §§ 86 ff. FamFG bzw. hinsichtlich des Unterhalts § 120 FamFG i. V. m. §§ 704 ff. ZPO. 1050

b) Säumnisentscheidung

Das Scheidungsverfahren lässt eine Versäumnisentscheidung nicht zu (§ 130 Abs. 2 FamFG). 1051

---

369 OLG Nürnberg, FamRZ 2005, 1497.
370 Vgl. OLG Brandenburg, FamRZ 2007, 410.

Kapitel 5 Durchsetzung des Unterhaltsanspruchs im gerichtlichen Verfahren

aa) Säumnisbeschluss in der Familienstreitsache Unterhalt

1052 Dies gilt aber nicht für Familienstreitsachen, auch wenn sie im Verbund entschieden werden sollen. Deshalb kann eine Säumnisentscheidung in Sachen Unterhalt im Verbund ergehen, wenn der Antragsgegner an der letzten mündlichen Verhandlung nicht teilnimmt bzw. nicht durch einen Verfahrensbevollmächtigten vertreten ist.[371]

Der Antragsteller kann dann in der Familienstreitsache Unterhalt einen Versäumnisbeschluss beantragen (§§ 330, 331 Abs. 1 Satz 1 ZPO), dem stattzugeben ist, wenn die Scheidungssache entscheidungsreif ist.

1053 Die Scheidung ergeht als streitiger Beschluss, die rechtshängige Unterhaltsstreitsache wird als Versäumnisentscheidung abgeschlossen. Der Beschluss sollte die Teile, die als Versäumnisentscheidung ergangen sind, entsprechend benennen; ausreichend ist es jedoch auch, wenn sich dies nur aus den Gründen ergibt.[372] Rechtsmittel gegen die Versäumnisentscheidung ist der **Einspruch** nach §§ 338 ff. ZPO.

bb) Einspruch gegen den Säumnisbeschluss

1054 Ein als Versäumnisentscheidung ergangener Beschluss zu der Folgesache Unterhalt ist mit dem Rechtsbehelf des **Einspruchs** anzugreifen. Dies gilt selbst dann, wenn die Versäumnisentscheidung nicht zulässig war.[373] Gegen den Beschluss i. Ü., d. h. gegen die anderen nicht durch Versäumnisentscheidung abgeschlossenen Folgesachen und die Scheidungssache, bestehen die allgemein zulässigen Rechtsmittel der Beschwerde bzw. Rechtsbeschwerde.

1055 Wird Einspruch gegen eine Säumnisentscheidung und Beschwerde gegen eine andere Folgesache oder die Scheidungssache eingelegt, ist nach § 143 FamFG zunächst über den Einspruch und die Versäumnisentscheidung zu verhandeln und zu entscheiden. Erst danach kann das Rechtsmittelverfahren in der zweiten Instanz fortgesetzt werden.

Diese **Verhandlungs- und Entscheidungssperre**[374] hat die Aufgabe, die Beibehaltung des Verbunds zu gewährleisten.

1056 Sobald das FamG über den Einspruch gegen die Versäumnisentscheidung entschieden hat, kann das Beschwerdeverfahren weiterbetrieben werden. Wird auch gegen den Beschluss, der aufgrund des Einspruchs gegen die Versäumnisentscheidung ergangen ist, Beschwerde eingelegt, wird der Verbund in der zweiten Instanz wiederhergestellt.[375]

1057 Für die anderen Teile der Verbundentscheidung, die nicht als Säumnisentscheidung ergangen sind, gelten dabei die allgemeinen Rechtsmittelfristen. Wird kein Rechtsmittel eingelegt, werden diese nach Ablauf der Rechtsmittelfristen rechtskräftig; eine

---

371 OLG Zweibrücken, FamRZ 1996, 1483.
372 BGH, FamRZ 1988, 943.
373 OLG Koblenz, FamRZ 2001, 1159.
374 So Musielak/Borth, FamFG, § 143 Rn. 3 a. E.
375 HK-FamFG/Kemper, § 143 Rn. 2.

Verlängerung dieser Fristen wegen des Einspruchs gegen die Säumnisentscheidung tritt nicht ein.[376]

cc) Voraussetzungen des Einspruchs

Nach § 113 Abs. 1 FamFG gelten in Familienstreitsachen, soweit es um einen Einspruch gegen einen Versäumnisbeschluss geht, die §§ 338 ff. ZPO entsprechend. Wird gegen einen Versäumnisbeschluss wirksam Einspruch (§ 338 ZPO) eingelegt, wird das Verfahren in die Lage zurückversetzt, in der es sich vor Eintritt der Versäumnis befunden hat (§ 342 ZPO), sodass nunmehr ein normales streitiges Verfahren stattfindet. Die materielle Prüfung hat daher nicht dahin zu erfolgen, ob der Antragsgegner irgendwelche Einwendungen gegen den Versäumnisbeschluss besitzt, sondern – wie auch sonst bei einem normalen Verfahren – dahin, ob dem Antragsteller der geltend gemachte Anspruch zusteht; bei dieser Prüfung spielt der Umstand, dass ein Versäumnisbeschluss vorliegt, keine Rolle. 1058

Allerdings ist der Erlass des Versäumnisbeschlusses insofern von Bedeutung, als bei Begründetheit des Antrags keine entsprechende Verpflichtung des Antragsgegners ausgesprochen, sondern lediglich der – die Verpflichtung ja bereits enthaltende – Versäumnisbeschluss »aufrechterhalten« wird (§ 343 Satz 1 ZPO – sonst würden ja zwei Titel entstehen); bei Antragsabweisung muss auch der Versäumnisbeschluss aufgehoben werden (§ 343 Satz 2 ZPO), damit der im Versäumnisbeschluss liegende Vollstreckungstitel beseitigt wird. 1059

Gem. § 341 Abs. 1 ZPO ist vom FamG von Amts wegen zu prüfen, ob der Einspruch zulässig, insb. frist- und formgerecht eingelegt worden ist; wenn dies nicht der Fall ist, ist der Einspruch als unzulässig zu verwerfen (was auch ohne mündliche Verhandlung durch Beschluss erfolgen kann). 1060

Statthaft ist der Einspruch gem. § 338 ZPO gegen einen echten Versäumnisbeschluss. 1061

Eingelegt wird der Einspruch beim FamG, das den Versäumnisbeschluss erlassen hat (§ 340 Abs. 1 ZPO). 1062

Gem. § 340 Abs. 1 ZPO ist der Einspruch **schriftlich** einzulegen; die Einspruchsschrift muss den Versäumnisbeschluss bezeichnen und die – nicht wörtliche, aber sinngemäß ersichtliche – Erklärung enthalten, dass Einspruch eingelegt werde (§ 340 Abs. 2 ZPO). 1063

Die **Erfordernisse des § 340 Abs. 3 ZPO** (Vortrag von Angriffs- und Verteidigungsmitteln) sind dagegen keine Zulässigkeitsvoraussetzungen für den Einspruch;[377] sind diese Erfordernisse nicht erfüllt, ist der Einspruch zulässig, der säumige Beteiligte ist jedoch bei Vorliegen der Voraussetzungen des § 296 ZPO mit dem verspäteten Vorbringen auszuschließen.[378] 1064

---

376 BGH, FamRZ 1986, 897.
377 OLG München, NJW-RR 1989, 255.
378 Thomas/Putzo, ZPO, § 340 Rn. 7, 8.

Kapitel 5 Durchsetzung des Unterhaltsanspruchs im gerichtlichen Verfahren

1065 Die **Einspruchsfrist** beträgt 2 Wochen ab Zustellung (§ 339 Abs. 1 ZPO).

dd) Muster: Einspruch gegen Säumnisbeschluss

1066 An das

AG .....

– FamG –

.....

Einspruch gegen Versäumnisbeschluss

In der Familiensache

.....

Az: .....

lege ich namens und in Vollmacht des Antragsgegners gegen den Versäumnisbeschluss vom....., zugestellt am

.....,

Einspruch

ein.

Begründung:

..... .

Beglaubigte und einfache Abschrift anbei.

..... .

Rechtsanwalt/Rechtsanwältin

VIII. Beschwerde in Verbundsachen

1067 Die Beschwerde ist einheitliches Rechtsmittel auch gegen erstinstanzliche Endentscheidungen **in Ehesachen und in Familienstreitsachen.** Die Beschwerde wurde bereits behandelt, worauf hingewiesen wird, vgl. Rdn. 780 ff.

1068 Besonderheit des Rechtsmittelverfahrens im Fall des Scheidungsverbundverfahrens ist, dass der Verbund aus mehreren Folgesachen bestehen kann, die für sich betrachtet alle rechtsmittelfähig sind. Damit nicht zeitlich unbegrenzt eine Folgesache nach der anderen angegriffen wird und sich die Scheidung damit unzumutbar verzögert, befristet § 145 FamFG die Rechtsmittel.

1. Voraussetzungen der Beschwerde

Das Beschwerdeverfahren ist grundlegend in den §§ 58 bis 68 FamFG geregelt: 1069
- Die Einlegung der Beschwerde muss **innerhalb eines Monats** nach Bekanntgabe des Beschlusses erfolgen (§ 63 Abs. 1 und 3 FamFG).
- Die Beschwerde ist nach § 64 Abs. 1 FamFG bei dem Gericht einzulegen, dessen Beschluss angefochten wird.
- In vermögensrechtlichen Angelegenheiten ist die Beschwerde nach § 61 Abs. 1 FamFG grds. nur zulässig, wenn der Gegenstandswert von 600 € überschritten wird.
- Gem. § 68 Abs. 3 FamFG finden auf das Verfahren in der Beschwerdeinstanz die Vorschriften über das Verfahren in erster Instanz Anwendung.

Allerdings gelten für **Ehesachen und in Familienstreitsachen** zusätzlich die Besonderheiten nach § 117 FamFG: 1070
- § 117 Abs. 1 Satz 1 FamFG verlangt, abweichend von § 65 FamFG, eine allgemeine **Begründungspflicht** für Beschwerden in Familienstreitsachen.
- Nach § 117 Abs. 1 Satz 2 FamFG beträgt die Frist zur Begründung der Beschwerde 2 Monate. Die Beschwerdebegründungsfrist beginnt mit der – von Amts wegen zu erfolgenden – Zustellung des in vollständiger schriftlicher Form abgefassten Beschlusses, spätestens aber, wenn eine schriftliche Bekanntgabe nicht erfolgt, mit Ablauf von 5 Monaten nach **Erlass des Beschlusses**.
- **Fristverlängerung**: Die Beschwerdebegründungsfrist kann nach § 117 Abs. 1 Satz 3 FamFG; § 520 Abs. 2 Satz 2 ZPO verlängert werden, sofern der entsprechende Antrag noch innerhalb der Frist bei Gericht eingeht (vgl. dazu das Muster unter Rdn. 1100).
- **Bindung an Anträge**: § 117 Abs. 2 Satz 1 FamFG erklärt § 528 ZPO für entsprechend anwendbar. Damit wird klargestellt, dass das Beschwerdegericht in Ehe- und Familienstreitsachen an die Anträge der Beteiligten gebunden ist. Damit gilt auch das aus § 528 ZPO abzuleitende **Verbot der Schlechterstellung**.

2. Rechtsmittelfristen nach § 145 FamFG

Ist eine nach § 142 FamFG einheitlich ergangene Entscheidung teilweise durch Beschwerde oder Rechtsbeschwerde angefochten worden, können Teile der einheitlichen Entscheidung, die eine andere Familiensache betreffen, durch Erweiterung des Rechtsmittels oder im Wege der Anschließung an das Rechtsmittel nach § 145 Abs. 1 FamFG nur noch bis zum Ablauf eines Monats nach Zustellung der Rechtsmittelbegründung angefochten werden; bei mehreren Zustellungen ist die letzte maßgeblich. 1071

Die Vorschrift des § 145 FamFG geht zunächst davon aus, dass die einheitliche Verbundentscheidung eine isolierte Anfechtung einzelner oder mehrerer Folgesachen zulässt. Zweck der Regelung des § 145 FamFG ist es, die durch Rechtsmittel und Anschlussrechtsmittel eintretenden Verzögerungen zu begrenzen, d. h. die Rechtskraft der Scheidung nicht unzumutbar aufzuschieben. Umgekehrt sollen die Beteiligten sich jedoch gegen Rechtsmittel angemessen verteidigen können. 1072

Kapitel 5   Durchsetzung des Unterhaltsanspruchs im gerichtlichen Verfahren

1073   Die Vorschrift des § 145 FamFG ist im Fall einer Verbundentscheidung sowohl in erster wie auch zweiter Instanz anwendbar.

1074   Erforderlich ist natürlich, dass nur eine Teilanfechtung der einheitlichen Verbundentscheidung erfolgt. Die Vorschrift greift also nur für diejenigen Teile der Verbundentscheidung ein, die nicht schon Gegenstand des Hauptrechtsmittels geworden sind.

1075   Nicht anwendbar ist die Norm in isolierten Familienverfahren.

3. Rechtsmittelerweiterung

1076   Der Rechtsmittelführer ist berechtigt, im Verbund ein zunächst begrenztes Rechtsmittel nachträglich zu erweitern, d. h. es ist eine Ausdehnung des Rechtsmittels auf eine andere Folgesache möglich. Eine solche Rechtsmittelerweiterung ist aber nur in den zeitlichen Grenzen des § 145 FamFG möglich; darüber hinaus verlangt die Rechtsprechung in diesem Fall, dass sich die Gründe hierfür bereits aus der (früheren) Rechtsmittelbegründungsschrift ergeben.[379]

1077   ▶ Beispiel:
So kann die Verbundentscheidung zum nachehelichen Unterhalt wegen falscher Beurteilung der Leistungsfähigkeit vom Unterhaltsschuldner angefochten werden. Dieses Rechtsmittel kann dann auf den in erster Instanz mitentschiedenen Kindesunterhalt nach Ablauf der ursprünglichen Rechtsmittelbegründungsfrist mit demselben Argument ausgedehnt werden.[380]

1078   Nicht Gegenstand der Vorschrift des § 145 FamFG ist die nachträgliche Erweiterung eines Rechtsmittelantrags in einer fristgerecht angefochtenen Folgesache, z. B. vollständige Abweisung eines Unterhaltsantrags anstelle der bislang beantragten Teilabweisung.

4. Anschlussrechtsmittel

a) Selbstständiger Anschluss

1079   Die Beteiligten können unabhängig voneinander Beschwerde gegen den Scheidungsbeschluss oder einzelne Folgesachen einlegen. Ein solcher »selbstständiger Anschluss« ist unabhängig von einem anderen Hauptrechtsmittel. Wird im Anschluss an ein bereits von einem Beteiligten eingelegtes Rechtsmittel vom Rechtsmittelgegner innerhalb der noch offen Rechtsmittelfrist des § 63 Abs. 1 FamFG ein Rechtsmittel eingelegt, hat dieser innerhalb dieser offenen Frist die Wahl, ein eigenständiges »selbstständiges« Rechtsmittel oder (unselbstständige) Anschlussbeschwerde nach § 66 FamFG einzulegen. Im Zweifel ist durch Auslegung zu ermitteln, welche der beiden Möglichkeiten gewollt ist. Der selbstständige Anschluss, d. h. die Erhebung eines Rechtsmittels

---

379   BGH, FamRZ 1988, 603 f.
380   Musielak/Borth, FamFG, § 145 Rn. 2.

b) Unselbstständiger Anschluss

Die Anschlussbeschwerde nach § 66 FamFG setzt keine Beschwer voraus. Sie ist auch möglich, wenn ein Beteiligter in erster Instanz voll obsiegt hat, in zweiter Instanz aber das Verfahren erweitern will. 1080

Der unselbstständige Anschluss ist **akzessorisch**, d.h. sobald das Hauptrechtsmittel zurückgenommen oder als unzulässig verworfen wird, verliert das unselbstständige Anschlussrechtsmittel automatisch seine Wirkung, vgl. § 66 FamFG. 1081

Berechtigt zur Anschlussbeschwerde ist nur der Beschwerdegegner. Ein Beteiligter, der nur im ersten Rechtszug Beteiligter war, gegen den aber keine Beschwerde eingelegt wurde, kann sich deshalb nicht anschließen. 1082

c) Erweiterung auf andere Folgesache oder die Scheidung

Die Scheidungsverbundentscheidung betrifft mitunter mehrere Folgesachen. Wird eine Folgesache oder der Scheidungsausspruch mit einem Hauptrechtsmittel angegriffen, ergibt sich die Möglichkeit, die übrigen Teile des Verbundverfahrens durch eine Anschließung in das Rechtsmittelverfahren einzubeziehen. Dies ist Gegenstand des § 145 FamFG bzw. der dafür nach dieser Vorschrift zu beachtenden Fristen. 1083

Wird etwa Beschwerde gegen eine Unterhaltsentscheidung eingelegt, kann mit einer »Anschließung« an das Rechtsmittel gegen die Scheidungssache oder eine andere Folgesache gekontert werden. 1084

Die »Anschließung« muss aber den Anforderungen der §§ 61 ff. FamFG genügen und ist nach § 145 FamFG befristet, wenn sie sich gegen einen bisher nicht mit einem Hauptrechtsmittel angegriffenen Teil der Verbundentscheidung richtet. 1085

Das nach § 145 FamFG befristete Anschlussrechtsmittel ist somit mit einem Schriftsatz einzulegen und zu begründen; es ist bei nicht fristgerechter Begründung als unzulässig zu verwerfen. 1086

Wird das Hauptrechtsmittel als unzulässig verworfen oder zurückgenommen, verliert die (unselbstständige) Anschließung ihre Wirkung.[381] 1087

Erforderlich ist, dass **Teile der Verbundentscheidung** angefochten werden; die Verbundentscheidung kann hierbei sowohl aus der Scheidungssache und einer oder mehreren Folgesachen oder nur aus Folgesachen bestehen. Wird mit dem Hauptrechtsmittel die Verbundentscheidung insgesamt angefochten, gilt § 145 FamFG nicht; in diesem Fall greifen die allgemeinen Bestimmungen ein. 1088

---

381 BGH, FamRZ 1998, 1024, 1026.

d) Gegenanschließung

1089 Nach § 145 FamFG kann der Gegner des Hauptrechtsmittels fristgebunden andere, noch nicht angegriffene Verfahrensteile des Verbunds anfechten.

Möglich ist dem Hauptrechtsmittelführer dann eine sog. Gegenanschließung, die verfahrenstechnisch in ihrem Bestand von der Anschließung abhängig ist – ebenso wie die (unselbstständige) Anschließung vom Hauptrechtsmittel. Die Gegenanschließung verliert, bedingt durch ihre Akzessorietät, ggü. der Anschließung ihre Wirkung, wenn die Anschließung zurückgenommen oder wenn sie als unzulässig abgewiesen wird.[382]

1090 ▶ Hinweis:

Die Regelung des § 145 FamFG ist schwer verständlich. Deshalb soll die Regelung nochmals mit Beispielen beschrieben werden.

Wird gegen eine Verbundentscheidung, die neben der Scheidung auch einen Ausspruch zum Versorgungsausgleich, Güterrecht, Kindesunterhalt, Ehegattenunterhalt sowie zur Kindschaftssache der elterlichen Sorge umfasst, Beschwerde nur gegen die güterrechtliche Entscheidung eingelegt, ist zu unterscheiden:

– **Selbstständiges Rechtsmittel**

Legt der Rechtsmittelgegner ebenfalls ein Rechtsmittel gegen die güterrechtliche Entscheidung bzw. gegen den Scheidungsausspruch oder die Entscheidung zum Versorgungsausgleich ein, handelt es sich um eine »Anschlussbeschwerde«. Diese hat selbstständigen Charakter, wenn die Voraussetzungen der §§ 58 ff., 117 FamFG eingehalten wurden; selbst wenn der ursprüngliche Rechtsmittelführer seine Beschwerde zurücknimmt, ist eine Entscheidung des Beschwerdegerichts erforderlich.

– **Unselbstständige Anschlussbeschwerde**

Legt der Rechtsmittelgegner ebenfalls Beschwerde gegen die güterrechtliche Entscheidung ein und sind lediglich die Anforderungen des § 66 FamFG bzw. auch § 117 Abs. 2 FamFG i. V. m. § 524 Abs. 2 Satz 2 und 3 ZPO gegeben, nicht aber diejenigen der selbstständigen Beschwerde nach §§ 58 ff., 117 FamFG, liegt eine unselbstständige Anschlussbeschwerde vor, die aufgrund ihrer Akzessorietät ihre Wirkung verliert, wenn die Hauptbeschwerde zurückgenommen oder als unzulässig verworfen wird.

Die bislang beschriebenen Konstellationen werden von § 145 FamFG nicht erfasst!

– **Anschließung nach § 145 FamFG**

Zunächst wird Beschwerde vom Rechtsmittelführer nur gegen die güterrechtliche Entscheidung eingelegt. Schließt sich dann der Rechtsmittelgegner der Beschwerde an, indem er die Entscheidung zum Versorgungsausgleich anficht, ist

---

382 BGH, FamRZ 1998, 1024, 1026.

diese Anschließung, die nunmehr eine **andere Folgesache** betrifft, nur bis zum Ablauf von einem Monat nach Zustellung der Rechtsmittelbegründung zulässig. Dies ist die von § 145 Abs. 1 FamFG geregelte »Anschließung«.

– Gegenanschließung

In Anknüpfung an das vorausgegangene Beispiel ist jetzt wieder dem Rechtsmittelführer eine Gegenanschließung möglich, d. h. er könnte nach § 145 Abs. 2 FamFG nunmehr die Folgesache Ehegattenunterhalt anfechten.

– Rechtsmittelerweiterung

Eine Rechtsmittelerweiterung ist nach Ablauf der Frist zur Einlegung der Beschwerde (§ 63 FamFG) grds. unzulässig. Nach Ablauf dieser Frist ist eine Erweiterung auf einen anderen Verfahrensgegenstand nur noch zulässig, wenn sich die Gründe dafür bereits aus der zuvor eingelegten fristgerechten Beschwerde herleiten lassen. Dies ist etwa denkbar im Zusammenhang mit einer Beschwerde gegen die Entscheidung zum Ehegattenunterhalt. Der Rechtsmittelführer könnte seine Beschwerde mit fehlender Leistungsfähigkeit begründet haben. Dann kann er innerhalb der Frist nach § 145 Abs. 1 FamFG eine Rechtsmittelerweiterung dahin gehend vornehmen, dass er nunmehr die Folgesache Kindesunterhalt anficht. Auch dazu würde die Begründung fehlender Leistungsfähigkeit nämlich passen.

5. Fristberechnung

Das Fristensystem des § 145 FamFG basiert darauf, dass die einzelnen Zeitstufen selbstständige, einander nachgeordnete Fristen darstellen. Die Fristberechnung bestimmt sich nach § 16 FamFG. Eine Wiedereinsetzung in den vorigen Stand ist nach §§ 17 ff. FamFG möglich. **1091**

a) Frist des § 145 Abs. 1 FamFG

Die nachträgliche Anfechtung der Scheidungsverbundentscheidung muss sich auf eine bislang nicht angefochtene Folgesache oder die Scheidungssache beziehen. **1092**

Die Anschließungsfrist (Monatsfrist) des § 145 Abs. 1 FamFG beginnt mit der Zustellung der Begründung des Hauptrechtsmittels. Wird die Begründung mehreren Beteiligten zugestellt, ist nach § 145 Abs. 1 FamFG a. E. für die Fristberechnung auf die letzte Zustellung abzustellen. Nicht angefochtene Folgesachen werden rechtskräftig, sobald die Monatsfrist des § 145 Abs. 1 FamFG verstrichen ist. **1093**

b) Verlängerung nach § 145 Abs. 2 Satz 1 FamFG

Schließt sich der Rechtsmittelgegner innerhalb der Frist des § 145 Abs. 1 FamFG an, d. h. erklärt er die Anfechtung einer anderen Folgesache oder der Scheidung, wird die Frist nach § 145 Abs. 1 FamFG um einen Monat verlängert (vgl. § 145 Abs. 2 Satz 1 FamFG). Dies gilt auch im Fall der Rechtsmittelerweiterung. **1094**

Kapitel 5 Durchsetzung des Unterhaltsanspruchs im gerichtlichen Verfahren

1095 In diesem Fall ist jedoch der Zeitpunkt der Zustellung der ersten Anschließung unerheblich; der Lauf der weiteren Monatsfrist beginnt mit dem Ende der ersten Monatsfrist. Allerdings verlängert sich die Monatsfrist **nicht** gem. § 145 Abs. 2 FamFG, wenn ein Anschlussrechtsmittel eingelegt wird, welches den gleichen Gegenstand betrifft wie das Hauptrechtsmittel; das Anschlussrechtsmittel muss also einen anderen Verfahrensgegenstand als das Hauptrechtsmittel betreffen.

1096 Soweit eine weitere Anschließung innerhalb der verlängerten Frist nach § 145 Abs. 2 Satz 1 FamFG unterbleibt, tritt hinsichtlich der bis dahin nicht angefochtenen Teile Rechtskraft ein.

c) Weitere Verlängerung nach § 145 Abs. 2 Satz 2 FamFG

1097 Wird innerhalb der Verlängerung nach § 145 Abs. 2 Satz 1 FamFG eine nachträgliche Anfechtung vorgenommen, gelten die Grundsätze der zweiten Stufe entsprechend. Weitere Verlängerungen entsprechend dieser Grundsätze sind möglich, wenn erneut ein Rechtsmittel erweitert wird oder eine Anschließung stattfindet. Erfolgt innerhalb der Frist des § 145 Abs. 2 Satz 2 FamFG keine nachträgliche Anfechtung, werden nicht angegriffene Teile rechtskräftig.

1098 ▶ Beispiel:

Nach Scheidung der Eheleute wurde lediglich gegen die Folgesache Güterrecht Beschwerde eingelegt. Die Beschwerdebegründung wurde dem Gegner am 06.04.2010 zugestellt. Der Gegner oder ein Dritter legt kein Anschlussrechtsmittel ein. Die Scheidung wird mit Ablauf des 06.05.2010 rechtskräftig.

Wird im Ausgangsfall am 04.05.2010 die Folgesache Kindesunterhalt mit Anschlussrechtsmittel angefochten und die Begründung der Anschlussbeschwerde am 25.05.2010 zugestellt, tritt die Rechtskraft der Scheidung mit Ablauf des 07.06.2010 ein (der 06.06. fällt auf einen Sonntag, sodass sich die Frist verlängert).

Wird bei dem vorstehenden Sachverhalt am 02.06.2010 in einer weiteren Folgesache (z. B. Umgangsrecht) ein weiteres Anschlussrechtsmittel eingelegt, tritt eine weitere Fristverlängerung von einem Monat ein (§ 145 Abs. 2 Satz 2 FamFG), sodass sich die Rechtskraft der Scheidung entsprechend verlängert (nunmehr ist der Ablauf des 06.07.2010 maßgeblich).

Werden weitere Folgesachen angefochten, gilt jedes Mal erneut eine Fristverlängerung von einem Monat gem. § 145 Abs. 2 Satz 2 FamFG.

H. Unterhalt als Folgesache im Verbund   Kapitel 5

6. Muster zum Beschwerdeverfahren

a) Muster: Einlegung der Beschwerde

An das   1099

AG .....

– FamG –

.....

Beschwerde

In der Familiensache

.....

Az.: .....

wegen: Ehescheidung u. a.

hier: Ehegattenunterhalt, nachehelich

lege ich namens und in Vollmacht der Antragstellerin und Beschwerdeführerin gegen den Beschluss des AG – FamG – ....., vom ....., Az.: ....., zugestellt am .....,

Beschwerde gegen die Entscheidung in der Folgesache Ehegattenunterhalt

ein. Die Begründung folgt innerhalb der Beschwerdebegründungsfrist in einem gesonderten Schriftsatz.

Als Anlage füge ich eine Ausfertigung des angefochtenen Beschlusses bei, dessen Rückgabe erbeten wird.

Beglaubigte und einfache Abschrift anbei.

..... .

Rechtsanwalt/Rechtsanwältin

b) Muster: Fristverlängerung für Begründung der Beschwerde

An das   1100

OLG .....

– Familiensenat –

.....

Antrag auf Fristverlängerung für die Begründung der Beschwerde

In der Familiensache

.....

Az.: .....

Kapitel 5 Durchsetzung des Unterhaltsanspruchs im gerichtlichen Verfahren

wegen: Ehescheidung
hier: Ehegattenunterhalt, nachehelich
wird beantragt
die am..... ablaufende Frist zur Begründung der Beschwerde bis zum..... zu verlängern.

Begründung:

Die o. g. Familiensache wird allein vom Unterzeichnenden bearbeitet.

Der Mandant befand sich bis zum ..... im Urlaub, sodass die Angelegenheit bisher noch nicht besprochen werden konnte.

Der Unterzeichnende hat mehrere Terminsachen zu bearbeiten, sodass ein Besprechungstermin nicht vor dem ..... möglich ist.

Beglaubigte und einfache Abschrift anbei.

..... .

Rechtsanwalt/Rechtsanwältin

c) Muster: Begründung der Beschwerde (Änderung mehrerer Folgesachen)

1101 An das

OLG .....

– Familiensenat –

.....

Begründung der Beschwerde

In der Familiensache

.....

Az.: .....

wegen: Ehescheidung u. a.

werden namens und mit Vollmacht des Antragsgegners und Beschwerdeführers folgende **Anträge** gestellt:

Der Verbundbeschluss des AG..... – FamG – vom....., Az.:....., wird wie folgt geändert:
1. Die elterliche Sorge für das gemeinsame Kind ....., geb. am ....., wird dem Antragsgegner und Beschwerdeführer übertragen.
2. Die Antragstellerin und Beschwerdegegnerin wird verpflichtet, an den Antragsgegner und Beschwerdeführer ab Rechtskraft des Scheidungsbeschlusses monatlichen Unterhalt i. H. v. ..... €, spätestens fällig jeweils am dritten Werktag eines Monats, zu zahlen.
3. Die Antragstellerin und Beschwerdegegnerin wird verpflichtet, an den Antragsgegner und Beschwerdeführer einen monatlichen, monatlich vorauszahlbaren, Unterhalt für das gemeinsame Kind ....., geb. am ....., in folgender Höhe zu zahlen:

..... .

H. Unterhalt als Folgesache im Verbund — Kapitel 5

4. Die Antragstellerin und Beschwerdegegnerin trägt die Kosten des Beschwerdeverfahrens.

Begründung:

Beschwerde gegen die o. g. Entscheidung des AG – FamG ..... wurde mit Schriftsatz vom ..... eingelegt.

Die o. g. Anträge werden wie folgt begründet:

Ausführungen ....

Beglaubigte und einfache Abschrift anbei.

....

Rechtsanwalt/Rechtsanwältin

d) Muster: Begründung der Beschwerde (Änderung einer Folgesache)

An das   1102

OLG .....

– Familiensenat –

.....

Begründung der Beschwerde

In der Familiensache

......

Az.: .....

wegen: Ehescheidung u. a.

hier: Ehegattenunterhalt

wird namens und mit Vollmacht der Antragstellerin und Beschwerdeführerin folgender Antrag gestellt:

Der Verbundbeschluss des AG..... – FamG – vom....., Az.:....., wird in Nr. 3 wie folgt geändert:
1. Der Antragsgegner und Beschwerdegegner wird verpflichtet, an die Antragstellerin und Beschwerdeführerin ab Rechtskraft des Scheidungsbeschlusses monatlichen Unterhalt i. H. v. ..... €, spätestens fällig jeweils am dritten Werktag eines Monats, zu zahlen.
2. Der Antragsgegner und Beschwerdegegner trägt die Kosten des Beschwerdeverfahrens.

Begründung:

Beschwerde gegen die o. g. Entscheidung des AG – FamG ..... wurde mit Schriftsatz vom ..... eingelegt.

Kapitel 5   Durchsetzung des Unterhaltsanspruchs im gerichtlichen Verfahren

Die o. g. Anträge werden wie folgt begründet:

Ausführungen ....

Beglaubigte und einfache Abschrift anbei.

....

Rechtsanwalt/Rechtsanwältin

e) Muster: Unselbstständige Anschlussbeschwerde

1103 An das

OLG .....

– Familiensenat –

.....

Anschlussbeschwerde

In der Familiensache

.....

Az.: .....

wegen: Ehescheidung u. a.

hier: Unterhalt

lege ich namens und mit Vollmacht der Antragsgegnerin und Beschwerdegegnerin gegen den Beschluss des AG ..... – FamG – vom ....., Az.: .....,

Anschlussbeschwerde

ein.

Ich stelle folgende Anträge:
1. Die Beschwerden des Antragstellers und Beschwerdeführers gegen den Beschluss des AG ..... – FamG – vom ....., Az.: ....., werden zurückgewiesen.
2. Der Verbundbeschluss des AG ..... – FamG – vom ....., Az.: ....., wird wie folgt geändert:
    a) Der Antragsteller und Beschwerdeführer wird verpflichtet, an die Antragsgegnerin und Beschwerdegegnerin über den im angefochtenen Beschluss zugesprochenen Unterhalt i. H. v. monatlich ..... € hinaus einen weiteren zum Ersten eines jeden Monats im Voraus zu leistenden Unterhalt i. H. v. ..... € zu zahlen.
    b) Der Antragsteller und Beschwerdeführer wird verpflichtet, der Antragsgegnerin und Beschwerdegegnerin ab Rechtskraft des Scheidungsausspruchs einen Zugewinnausgleich i. H. v. ..... € nebst Zinsen i. H. v. fünf Prozentpunkten über dem Basiszinssatz zu zahlen.

H. Unterhalt als Folgesache im Verbund   Kapitel 5

Begründung:

Beschwerde gegen die o. g. Entscheidung des AG – FamG ..... wurde mit Schriftsatz des Antragstellers vom ..... eingelegt.

Die Anschlussbeschwerde der Antragsgegnerin und Beschwerdegegnerin ist zulässig nach § 66 FamFG sowie § 117 Abs. 2 FamFG i. V. m. § 524 Abs. 2 ZPO.

Die o. g. Anträge werden wie folgt begründet:

Ausführungen .....

Beglaubigte und einfache Abschrift anbei.

....

Rechtsanwalt/Rechtsanwältin

f) Muster: Anschließung wegen anderer Folgesache

An das   1104

OLG .....

– Familiensenat –

.....

Anschließung nach § 145 FamFG

In der Familiensache

.....

Az.: .....

wegen: Ehescheidung u. a.

hier: Umgang und Ehegattenunterhalt

wird auf die Beschwerde des Antragsgegners und Beschwerdeführers vom ..... erwidert und gleichzeitig namens und mit Vollmacht der Antragstellerin und Beschwerdegegnerin gegen den Beschluss des AG ..... – FamG – vom ....., Az.: .....,

Anschlussbeschwerde

eingelegt.

Ich stelle folgende Anträge:
1. Die Beschwerde des Antragsgegners und Beschwerdeführers gegen Nr. 3 (Regelung des Umgangsrechts) des Beschlusses des AG ..... – FamG –, vom ....., wird zurückgewiesen.
2. Auf die Beschwerde der Antragstellerin und Beschwerdegegnerin wird der Beschluss des AG ..... – FamG –, vom ..... in Nr. 2 geändert:
Der Antragsgegner und Beschwerdeführer wird verpflichtet, an die Antragstellerin und Beschwerdegegnerin einen zum Ersten eines jeden Monats im Voraus zu leistenden Unterhalt i. H. v. ..... € zu zahlen.

Kapitel 5   Durchsetzung des Unterhaltsanspruchs im gerichtlichen Verfahren

3. Der Antragsgegner und Beschwerdeführer trägt die Kosten des Beschwerdeverfahrens.

Begründung:

Die mit Schriftsatz vom ....., zugestellt am ....., begründete Beschwerde des Antragsgegners und Beschwerdeführers gegen die Regelung des Umganges des Antragsgegners und Beschwerdeführers mit dem gemeinsamen Kind ..... der Beteiligten ist unbegründet, weil ..... .

Der Beschluss des FamG ist in Nr. 2 (Ehegattenunterhalt) abzuändern, weil dem Unterhaltsantrag der Antragstellerin und Beschwerdegegnerin nicht stattgegeben wurde.

Die Beteiligten haben aber zwar am ..... einen Ehevertrag geschlossen, nach welchem u. a. die Unterhaltsansprüche entfallen sollen. Das FamG geht von der fehlerhaften Annahme aus, die Vereinbarung wäre wirksam. Dies ist deshalb unrichtig, weil ..... .

Beglaubigte und einfache Abschrift anbei.

..... .

Rechtsanwalt/Rechtsanwältin

IX. Rechtsbeschwerde gegen Verbundbeschlüsse

1. Voraussetzungen einer zulässigen Rechtsbeschwerde

1105 Die Rechtsbeschwerde wurde allgemein bereits dargestellt, vgl. Rdn. 868 ff. Hervorzuheben sind folgende Anforderungen:
- **Zuständig** für die Rechtsbeschwerde ist der **BGH**.
- **Zulassung:** Die Rechtsbeschwerde gegen Beschlüsse ist nach § 70 FamFG nur statthaft, wenn sie vom Beschwerdegericht in dem Beschluss **zugelassen** wurde. Die Rechtsbeschwerde ist vom Beschwerdegericht nach § 70 Abs. 2 FamFG zuzulassen, wenn die Rechtssache grundsätzliche Bedeutung hat oder die Fortbildung des Rechts oder die Sicherung einer einheitlichen Rechtsprechung eine Entscheidung des Rechtsbeschwerdegerichts erfordert.
- **Frist:** Die Rechtsbeschwerde ist binnen einer **Frist von einem Monat** nach der schriftlichen Bekanntgabe des Beschlusses durch Einreichen einer Beschwerdeschrift bei dem **Rechtsbeschwerdegericht** einzulegen.
- Die **Rechtsbeschwerdeschrift** muss inhaltlich notwendig enthalten:
  - die Bezeichnung des Beschlusses, gegen den die Rechtsbeschwerde gerichtet wird und
  - die Erklärung, dass gegen diesen Beschluss Rechtsbeschwerde eingelegt werde.
- Die Rechtsbeschwerde ist zu **unterschreiben.**
- **Begründung:** Die Rechtsbeschwerde unterliegt nach § 71 Abs. 2 FamFG einer **Begründungspflicht.**
- **Begründungsfrist:** Die **Frist** zur Begründung der Rechtsbeschwerde beträgt **einen Monat.** Die Frist beginnt mit der schriftlichen Bekanntgabe der angefochtenen Entscheidung. Die Frist kann allerdings, wie sich aus der Verweisung auf § 551

Abs. 2 Satz 5 und 6 ZPO ergibt, um bis zu 2 Monate verlängert werden; erfolgt die Übersendung der Verfahrensakten durch das Beschwerdegericht nicht zügig, kann eine Verlängerung um bis zu 2 Monate nach Übersendung der Akten erfolgen (§ 551 Abs. 2 Satz 6 ZPO). Weitere Verlängerungen sind mit Einwilligung des Gegners möglich (§ 551 Abs. 2 Satz 5 ZPO).
- Der **Inhalt der Rechtsbeschwerdebegründung** muss § 71 Abs. 3 FamFG gerecht werden. Danach muss die Begründung enthalten:
  - Die Erklärung, inwieweit der Beschluss angefochten und dessen Aufhebung beantragt werde (**Rechtsbeschwerdeanträge**),
  - die Angabe der **Rechtsbeschwerdegründe**, und zwar die bestimmte Bezeichnung der Umstände, aus denen sich die Rechtsverletzung ergibt;
  - soweit die Rechtsbeschwerde darauf gestützt wird, dass das Gesetz in Bezug auf das Verfahren verletzt sei, die Bezeichnung der Tatsachen, die den Mangel ergeben.

2. Anschlussrechtsbeschwerde (§ 73 FamFG)

Nach § 73 FamFG kann jeder Rechtsbeschwerdeberechtigte sich der Rechtsbeschwerde eines anderen Beteiligten anschließen. Dies gilt auch dann, wenn er auf die Rechtsbeschwerde verzichtet hat, die Rechtsbeschwerdefrist verstrichen ist oder die Rechtsbeschwerde nicht zugelassen worden ist. **1106**

Die Anschlussrechtsbeschwerde ist in der Anschlussschrift zu begründen und zu unterschreiben. **1107**

Der »Nachteil« der Anschlussrechtsbeschwerde ist die Akzessorietät: Wird die »Hauptrechtsbeschwerde« zurückgenommen oder als unzulässig verworfen, verliert die Anschlussrechtsbeschwerde ihre Wirkung (§ 73 Satz 3 FamFG). **1108**

3. Sprungrechtsbeschwerde

Gegen die im ersten Rechtszug erlassenen Beschlüsse, die ohne Zulassung der Beschwerde unterliegen, findet nach § 75 FamFG auf Antrag unter Übergehung der Beschwerdeinstanz unmittelbar die Rechtsbeschwerde (Sprungrechtsbeschwerde) statt, wenn **1109**
- die Beteiligten in die Übergehung der Beschwerdeinstanz einwilligen und
- das Rechtsbeschwerdegericht die Sprungrechtsbeschwerde zulässt.

Die Sprungrechtsbeschwerde setzt im ersten Rechtszug erlassene Beschlüsse voraus, die ohne Zulassung der Beschwerde unterliegen. Dies sind nach § 61 Abs. 1 FamFG Beschlüsse in vermögensrechtlichen Angelegenheiten mit einem Beschwerdewert von mehr als 600 €. **1110**

Neben der Einwilligung der Beteiligten in die Übergehung der Beschwerdeinstanz ist zusätzlich die Zulassung des **Rechtsbeschwerdegerichts** (d. h. nicht des erstinstanzlichen Ausgangsgerichts) erforderlich. **1111**

Kapitel 5 Durchsetzung des Unterhaltsanspruchs im gerichtlichen Verfahren

1112 § 75 Abs. 1 Satz 2 FamFG stellt klar, dass die Beteiligten im Fall der Beantragung der Zulassung der Sprungrechtsbeschwerde eine **abschließende Entscheidung** über das zur Verfügung stehende Rechtsmittel treffen. Wird die Zulassung der Sprungrechtsbeschwerde durch das Rechtsbeschwerdegericht abgelehnt, ist somit den Beteiligten das Rechtsmittel der Beschwerde nicht mehr eröffnet.

1113 Das Verfahren ist der Sprungrechtsbeschwerde nach § 566 ZPO nachgebildet, d. h. konsequenterweise gelten die § 566 Abs. 2 bis 8 ZPO insoweit entsprechend.

Dies bedeutet insb., dass
– **entsprechend § 566 Abs. 2 ZPO** die Zulassung durch Einreichung eines Schriftsatzes (Zulassungsschrift) bei dem Rechtsbeschwerdegericht zu beantragen ist. In dem Antrag müssen die Voraussetzungen für die Zulassung der Sprungrechtsbeschwerde dargelegt werden. Die schriftliche Erklärung der Einwilligung des Antragsgegners ist dem Zulassungsantrag beizufügen; sie kann auch von dem Prozessbevollmächtigten des ersten Rechtszuges oder, wenn der Rechtsstreit im ersten Rechtszug nicht als Anwaltsprozess zu führen gewesen ist, zu Protokoll der Geschäftsstelle abgegeben werden.
– **entsprechend § 566 Abs. 3 ZPO** der Antrag auf Zulassung der Sprungrechtsbeschwerde die Rechtskraft des Beschlusses hemmt. Die Geschäftsstelle des Rechtsbeschwerdegerichts hat, nachdem der Antrag eingereicht ist, unverzüglich von der Geschäftsstelle des Gerichts des ersten Rechtszuges die Prozessakten einzufordern.
– **entsprechend § 566 Abs. 4 ZPO** die Sprungrechtsbeschwerde nur zuzulassen ist, wenn
  – die Rechtssache grundsätzliche Bedeutung hat oder
  – die Fortbildung des Rechts oder die Sicherung einer einheitlichen Rechtsprechung eine Entscheidung des Rechtsbeschwerdegerichts erfordert.
– die Sprungrechtsbeschwerde nicht auf einen Mangel des Verfahrens gestützt werden kann.
– **entsprechend § 566 Abs. 5 ZPO** der BGH über den Zulassungsantrag durch Beschluss entscheidet, der den Beteiligten zugestellt werden muss.
– **entsprechend § 566 Abs. 6 ZPO** der Beschluss rechtskräftig wird, wenn der Antrag auf Zulassung der Rechtsbeschwerde abgelehnt wird.
– **entsprechend § 566 Abs. 7 ZPO** bei Zulassung der Sprungrechtsbeschwerde das Verfahren als Rechtsbeschwerdeverfahren fortgesetzt wird. In diesem Fall gilt der form- und fristgerechte Antrag auf Zulassung als Einlegung der Rechtsbeschwerde. Mit der Zustellung der Entscheidung beginnt die Rechtsbeschwerdebegründungsfrist.
– **entsprechend § 566 Abs. 8 ZPO** sich das Verfahren nach den für die Rechtsbeschwerde geltenden Bestimmungen richtet.

4. Erweiterte Aufhebung nach § 147 FamFG

1114 Der Scheidungsverbund bezweckt u. a. geordnete und abgestimmte Entscheidungen in den Folgesachen. Dies ist dadurch bedingt, dass familienrechtliche Entscheidungen »Folgewirkung« haben können.

H. Unterhalt als Folgesache im Verbund

Die Vorschrift des § 147 FamFG will die Abstimmung von Folgesachen auch in der Rechtsbeschwerdeinstanz sicherstellen. Wird eine Entscheidung auf eine Rechtsbeschwerde hin teilweise aufgehoben, kann deshalb der BGH die Entscheidung nach § 147 FamFG auf Antrag eines Beteiligten auch insoweit aufheben und die Sache zur anderweitigen Verhandlung und Entscheidung an das Beschwerdegericht zurückverweisen, als dies wegen des Zusammenhangs mit der aufgehobenen Entscheidung geboten erscheint. 1115

▶ **Hinweis:** 1116

So steht etwa die Regelung der elterlichen Sorge im Zusammenhang mit der Gewährung von nachehelichem Betreuungsunterhalt nach § 1570 BGB. Wird also die Übertragung der elterlichen Sorge auf die Mutter aufgehoben, ist konsequenterweise vom BGH auf entsprechenden Antrag hin die Entscheidung zum Betreuungsunterhalt – obwohl diese nicht angefochten wurde – mit aufzuheben und an das Beschwerdegericht zur anderweitigen Verhandlung und Entscheidung zurückzuverweisen.

Bedeutsam ist § 147 FamFG, wenn das OLG die Rechtsbeschwerde nur hinsichtlich der Scheidungssache oder einzelner Folgesachen zugelassen hat (§ 70 Abs. 2 FamFG). 1117

Dann scheidet hinsichtlich der weiteren Teile der Verbundentscheidung die Anfechtung mit einem Haupt- oder Anschlussrechtsmittel aus, weil auch eine Anschlussrechtsbeschwerde zugelassen werden muss. § 147 FamFG gestattet dem BGH die Aufhebung von nicht mehr anfechtbaren Teilen der Verbundentscheidung, die mit der vom BGH aufgehobenen Folgesache zusammenhängen, und schiebt damit den Eintritt der Rechtskraft für solche Folgesachen bzw. die Scheidungssache hinaus.

a) Entscheidung des BGH

§ 147 FamFG setzt seinem Wortlaut entsprechend voraus, dass der BGH eine mit der Rechtsbeschwerde angegriffene Verbundentscheidung eines OLG **teilweise** aufhebt. 1118

Weist also der BGH nach Aufhebung einer Folgesache oder des Scheidungsausspruchs das Verfahren an das OLG zurück, besteht die Notwendigkeit zur Anwendung des § 147 FamFG, weil die beim OLG anhängigen Folgesachen ansonsten inzwischen rechtskräftig geworden sind und auch nach § 145 FamFG nicht mehr angegriffen werden können. Der Eintritt der Rechtskraft kann nur durch den Antrag nach § 147 FamFG verhindert werden.[383]

Die **Aufhebungsbefugnis** des BGH bezieht sich nur auf Teile der Entscheidung des OLG, nicht dagegen auf Teile der familiengerichtlichen Entscheidung erster Instanz, die nicht in die zweite Instanz gelangt sind. 1119

---

383 HK-FamFG/Kemper, § 147 Rn. 7.

1120 Haben die Beteiligten den gesamten Scheidungsverbund zum Gegenstand der Rechtsbeschwerde gemacht, ist § 147 FamFG hingegen ohne Bedeutung, unabhängig davon, wie der BGH entscheidet.

1121 Hebt der BGH einen Scheidungsausspruch auf und weist den Scheidungsantrag ab, ist § 147 FamFG ebenfalls nicht anwendbar, da nach § 146 FamFG sämtliche Folgesachen gegenstandslos werden.

b) Erforderliche Zusammenhang

1122 Die Anwendung des § 147 FamFG setzt einen Zusammenhang zwischen dem Teil der zweitinstanzlichen Entscheidung, der aufgrund des zugelassenen Rechtsmittels vom BGH aufgehoben wird, und einem anderen Teil, der nach § 147 FamFG aufzuheben ist, voraus.[384] Insoweit genügt ein tatsächlicher Zusammenhang, wobei jedoch häufig eine rechtliche Abhängigkeit der Folgesachen gegeben sein wird. So steht insb. die Regelung der elterlichen Sorge im Zusammenhang mit der Gewährung von nachehelichem Betreuungsunterhalt nach § 1570 BGB. Weitere Beispiele finden sich im Güterrecht und im Versorgungsausgleich. Praktisch bedeutungslos ist § 147 FamFG für den Scheidungsausspruch; wird er aufgehoben, erledigen sich die Folgesachen, d. h. sie werden gegenstandslos; wird umgekehrt eine Folgesache aufgehoben, hat dies regelmäßig keinen Einfluss auf die nicht angegriffene Scheidung.

c) Voraussetzungen

aa) Antrag eines Beteiligten

1123 Die Aufhebung und Zurückverweisung an das OLG einer nicht mit der Rechtsbeschwerde angegriffenen Folgesache an das OLG nach § 147 FamFG erfolgt **nur auf Antrag** eines Beteiligten.

1124 Der Antrag nach § 147 FamFG kann nur von den Ehegatten selbst gestellt werden, nicht dagegen von den anderen am Verfahren Beteiligten (Versorgungsträger, Jugendämter und Vermieter).

1125 Die Eheleute sind auf ihr Antragsrecht hinzuweisen, wenn der BGH die Entscheidung in einer Folgesache aufheben will.

bb) Frist

1126 Nach § 147 Satz 2 FamFG kann der Antrag auf **Aufhebung des Scheidungsausspruches** nur innerhalb eines Monats nach Zustellung der Rechtsmittelbegründung oder des Beschlusses über die Zulassung der Rechtsbeschwerde, bei mehreren Zustellungen bis zum Ablauf eines Monats nach der letzten Zustellung, gestellt werden. Da die Aufhebung einer Folgesache kaum einen Einfluss auf den Scheidungsausspruch hat,

---

384 BGH, FamRZ 1986, 895.

ist § 147 Satz 2 FamFG wenig relevant. Nicht anwendbar ist die Frist des § 147 Satz 2 FamFG auf die Aufhebung »zusammenhängender« anderer Folgesachen.

cc) Verzicht auf das Antragsrecht des § 147 FamFG

Die Ehegatten können wirksam auf das Antragsrecht nach § 147 FamFG verzichten, wenn das OLG die Scheidung bestätigt hat. Dadurch wird die Rechtskraft der Scheidung herbeigeführt.

1127

5. Muster

a) Muster: Einlegung der Rechtsbeschwerde

An den

BGH

– Familiensenat –

Herrenstraße 45a

76133 Karlsruhe

1128

Rechtsbeschwerde

In der Familiensache

.....

Az.. .....

wegen: Ehescheidung u. a.

hier: Ehegattenunterhalt

wird namens und mit Vollmacht der Antragstellerin und Rechtsbeschwerdeführerin gegen den Beschluss des OLG ..... – Familiensenat – vom ....., Az.: ....., zugestellt am .....,

Rechtsbeschwerde

eingelegt.

Die Begründung wird innerhalb der Begründungsfrist des § 71 FamFG mit einem gesonderten Schriftsatz nachgereicht.

Anliegend füge ich eine Ausfertigung des angefochtenen Beschlusses bei, um dessen Rückgabe gebeten wird.

Beglaubigte und einfache Abschrift anbei.

..... .

Rechtsanwalt/Rechtsanwältin

Kapitel 5 — Durchsetzung des Unterhaltsanspruchs im gerichtlichen Verfahren

b) Muster: Begründung der Rechtsbeschwerde

1129 An den

BGH

– Familiensenat –

Herrenstraße 45a

76133 Karlsruhe

Rechtsbeschwerdebegründung

In der Familiensache

.....

Az.: .....

wegen: Ehescheidung u. a.

wird namens und mit Vollmacht der Antragstellerin und Rechtsbeschwerdeführerin folgender **Antrag** gestellt:
1. Der Beschluss des OLG..... vom..... wird aufgehoben.
2. Der Antragsgegner und Rechtsbeschwerdegegner wird verpflichtet, an die Antragstellerin und Rechtsbeschwerdeführerin ab Rechtskraft des Scheidungsbeschlusses monatlichen Unterhalt i. H. v. ..... €, spätestens fällig jeweils am dritten Werktag eines Monats, zu zahlen.
3. Der Antragsgegner und Rechtsbeschwerdegegner trägt die Kosten des Rechtsbeschwerdeverfahrens.

Begründung:

Rechtsbeschwerde gegen die o. g. Entscheidung des OLG ..... – Familiensenat – wurde mit Schriftsatz vom ..... eingelegt.

Das Beschwerdegericht hat in Sachen Ehegattenunterhalt festgestellt, dass ..... .

Folglich wurde der Anspruch auf Zahlung von Ehegattenunterhalt abgewiesen.

Dieses Ergebnis ist unzutreffend, denn ..... .

Beglaubigte und einfache Abschrift anbei.

..... .

Rechtsanwalt/Rechtsanwältin

H. Unterhalt als Folgesache im Verbund   Kapitel 5

c) *Muster: Sprungrechtsbeschwerde*

An den 1130
BGH
– Familiensenat –
Herrenstraße 45a
76133 Karlsruhe

Antrag auf Zulassung der Sprungrechtsbeschwerde

In der Familiensache

.....

Az.: .....

wegen: Ehescheidung u. a.

wird namens und mit Vollmacht der Antragstellerin und Rechtsbeschwerdeführerin der Antrag

auf **Zulassung der Sprungrechtsbeschwerde** gestellt.

Begründung:

Das AG ..... FamG hat die Scheidung der Beteiligten mit Beschluss von ..... ausgesprochen.

Die Verbundanträge zum Versorgungsausgleich, Ehegattenunterhalt, Zugewinnausgleich wurden abgewiesen, weil diese Ansprüche durch den Ehevertrag der Beteiligten vom ..... ausgeschlossen seien.

Der Ehevertrag ist jedoch sittenwidrig, da ..... .

Der Antragsgegner und Rechtsbeschwerdegegner ist mit der Sprungrechtsbeschwerde einverstanden, wie der beiliegenden Erklärung seines Anwalts entnommen werden kann (**Anlage A1**).

Eine weitere Aufklärung des Sachverhalts ist nicht erforderlich, denn es geht ausschließlich um Rechtsfragen.

Die Rechtssache hat grundsätzliche Bedeutung. Eheverträge bedürfen einer strengen Beurteilung, wenn erhebliche Abweichungen vom Gesetz vereinbart werden. Es kommt hinzu, dass ..... .

Auch die Fortbildung des Rechts und die Sicherung einer einheitlichen Rechtsprechung erfordern in dieser Sache eine Entscheidung des Rechtsbeschwerdegerichts.

Beglaubigte und einfache Abschrift anbei.

..... .

Rechtsanwalt/Rechtsanwältin

Kapitel 5 Durchsetzung des Unterhaltsanspruchs im gerichtlichen Verfahren

I. Vereinfachtes Unterhaltsverfahren

1131 ▶ **Das Wichtigste in Kürze**

- Der im vereinfachten Verfahren festzusetzende Unterhalt ist auf max. das **1,2-fache des Mindestunterhalts** nach § 1612a Abs. 1 BGB begrenzt. → Rdn. 1134
- Das vereinfachte Verfahren betrifft nur die **Erstfestsetzung** von Minderjährigenunterhalt. → Rdn. 1133
- Der Minderjährigenunterhalt kann auch dann noch im vereinfachten Verfahren festgesetzt werden, wenn das Kind nach der Antragstellung volljährig geworden ist. → Rdn. 1145
- Der Unterhaltsberechtigte hat ein Wahlrecht zwischen dem vereinfachten Verfahren und dem allgemeinen Unterhaltsverfahren. → Rdn. 1139 ff.

1132 Das sog. vereinfachte Verfahren zur Unterhaltsfestsetzung ist in den §§ 249 bis 260 FamFG geregelt.

1133 Der Unterhaltsanspruch minderjähriger Kinder kann in diesem Verfahren schnell und preiswert ggü. dem Unterhaltsverpflichteten tituliert werden. Der Unterhaltsfestsetzungsbeschluss wird nach § 253 FamFG i. V. m. § 25 Nr. 2c) RPflG vom Rechtspfleger erlassen. Das Verfahren betrifft nur die **Erstfestsetzung** von Kindesunterhalt.[385]

1134 Der im vereinfachten Verfahren festzusetzende Unterhalt ist auf max. das 1,2-fache des Mindestunterhalts nach § 1612a Abs. 1 BGB begrenzt. Bei der Feststellung, ob diese Begrenzung eingehalten ist, ist auf den Betrag des Unterhalts abzustellen, der vor Anrechnung der in §§ 1612b, 1612c BGB bestimmten Leistungen verlangt wird.

Der Antragsteller hat bis zu dieser Höhe keine Darlegungslast und kann diesen Betrag ohne Begründung verlangen; es obliegt nach § 253 Abs. 2 FamFG dem Unterhaltspflichtigen seine mangelnde Leistungsfähigkeit vorzubringen.

1135 Hiervon ist nach § 1612b Abs. 1 BGB regelmäßig das **hälftige Kindergeld** oder eine entsprechende andere kindbezogene Leistung i. S. d. § 1612c BGB abzuziehen.

1136 Unerheblich ist, ob der Unterhalt in dynamisierter Form oder statisch verlangt wird. Wird statischer Unterhalt gefordert, kann höchstens das 1,2-fache des Mindestunterhalts abzgl. des anzurechnenden hälftigen Kindergeldes gefordert werden.

1137 ▶ **Praxistipp:**

Das Verfahren ist für erledigt zu erklären, wenn der Antragsgegner nach Antragszugang eine titulierte Urkunde zum Kindesunterhalt vorlegt. Handelt es sich aber nur um eine Teiltitulierung, kann im vereinfachten Verfahren der noch streitige Spitzenbetrag gefordert werden.

---

385 OLG Naumburg, FamRZ 2002, 1045.

I. Vereinfachtes Unterhaltsverfahren   Kapitel 5

I. Verhältnis zum »allgemeinen« Unterhaltsverfahren

1. Subsidiarität des vereinfachten Verfahrens

Nach § 249 Abs. 2 FamFG findet das vereinfachte Verfahren nicht statt, wenn zum Zeitpunkt der Zustellung des Antrags oder einer Mitteilung über seinen Inhalt an den Antragsgegner ein Gericht über den Unterhalt entschieden hat, ein solches Verfahren anhängig ist oder auf andere Weise ein zur Zwangsvollstreckung geeigneter Unterhaltstitel errichtet worden ist (Unterhaltsvergleich nach § 794 Abs. 1 Nr. 1 ZPO; notarielle Urkunde i. S. d. § 794 Abs. 1 Nr. 5 ZPO). Hieraus folgt, dass das vereinfachte Verfahren nur für die erstmalige Festsetzung des Mindestunterhalts infrage kommt.   **1138**

2. Konkurrenzen

Das vereinfachte Verfahren ist ggü. dem allgemeinen Unterhaltsverfahren nicht vorrangig. Der Unterhaltsberechtigte hat daher ein Wahlrecht, in welchem Verfahren die Unterhaltstitulierung erfolgen soll.   **1139**

Das Verfahren nach den §§ 249 ff. FamFG kann insb. dann nicht als das »einfachere« Verfahren angesehen werden, wenn der Schuldner bereits außergerichtliche Einwände erhoben hat, die den Grund oder die Höhe des Anspruchs betreffen. Dann ist mit diesen Einwänden auch im vereinfachten Verfahren zu rechnen, sodass ein Übergang in das streitige Verfahren ohnehin zu erwarten ist.   **1140**

Für diesen Fall besteht weitestgehend auch Einigkeit in der Rechtsprechung, dass für das reguläre Unterhaltsverfahren bei Vorliegen der weiteren Voraussetzungen VKH zu bewilligen ist.[386] Nur ausnahmsweise kann ein allgemeines Unterhaltsverfahren als **mutwillig** i. S. d. VKH einzuordnen sein, wenn das vereinfachte Verfahren zulässig, mit einem Übergang ins streitige Verfahren nicht zu rechnen und die Angelegenheit rechtlich und tatsächlich einfach gelagert ist.[387]

▶ Praxistipp: **1141**

Im Hinblick auf die immer wieder auftauchende Diskussion, ob nicht das Verfahren nach den §§ 249 ff. FamFG das »einfachere« Verfahren ist, sollte bei Beschreitung des Antragsverfahrens nach §§ 253, 258 ZPO, verbunden mit dem Antrag auf VKH, ausdrücklich auch vorgetragen werden, dass der Schuldner außergerichtliche Einwände erhoben hat, die den Grund oder die Höhe des Anspruchs betreffen, und dass deshalb mit diesen Einwänden auch im vereinfachten Verfahren gerechnet werden muss und ein Übergang in das streitige Verfahren wohl zu erwarten ist. Für diesen Fall besteht Einigkeit, dass für das reguläre Antragsverfahren nach §§ 253, 258 ZPO bei Vorliegen der weiteren Voraussetzungen VKH zu bewilligen ist.

---

386 Vgl. OLG Rostock, FamRZ 2006, 1394.
387 OLG Nürnberg, FamRZ 2002, 891; Thomas/Putzo, ZPO, Vorbem. § 249 Rn. 9.

Kapitel 5   Durchsetzung des Unterhaltsanspruchs im gerichtlichen Verfahren

I. Ü. ist aber auch die Erforderlichkeit der Beiordnung eines Anwalts im vereinfachten Verfahren umstritten. Teilweise wird die Beiordnung mit dem Argument abgelehnt, dass die betreffenden Formulare ausreichend erläutert seien;[388] nach a. A. seien gerade diese Formulare schwierig zu verstehen.[389] Aufgrund der Komplexität des Unterhaltsrechts und auch der Grundsatzentscheidung des Gesetzgebers, den Anwaltszwang nunmehr auf das Unterhaltsrecht auszudehnen (vgl. § 114 Abs. 1 FamFG), sollte die anwaltliche Beiordnung erfolgen.[390]

II. Beteiligte des vereinfachten Verfahrens

1. Antragsteller

1142   Antragsteller im vereinfachten Verfahren ist das minderjährige Kind, vertreten durch seinen gesetzlichen Vertreter.

1143   Das vereinfachte Verfahren zur Festsetzung des Unterhalts gilt für alle minderjährigen Kinder, unabhängig von ihrem abstammungsrechtlichen Status.

1144   Die Festsetzung ist dabei nicht auf den Zeitpunkt der Vollendung des 18. Lebensjahres des minderjährigen Kindes zu befristen, sondern vielmehr ohne eine solche Einschränkung zu gewähren.[391]

1145   Der Minderjährigenunterhalt kann auch dann noch im vereinfachten Verfahren festgesetzt werden, wenn das Kind nach der Antragstellung volljährig geworden ist.[392] Allerdings muss das Kind das Verfahren fortsetzen, da der bisherige gesetzliche Vertreter keine Aktivlegitimation mehr besitzt.[393]

1146   Volljährige Kinder sind hingegen nicht antragsberechtigt.

2. Antragsgegner

1147   Antragsgegner kann im vereinfachten Verfahren nur ein Elternteil sein, nicht dagegen ein sonstiger Verwandter, der z. B. im Wege der Ersatzhaftung gem. § 1607 Abs. 1 BGB auf Zahlung von Unterhalt in Anspruch genommen wird. Ein Elternteil kann nur in Anspruch genommen werden, wenn das Kind nicht in dessen Haushalt lebt.

Auch wenn die Eltern eines minderjährigen Kindes innerhalb einer gemeinsamen Wohnung getrennt leben (§ 1567 Abs. 2 BGB) – Entsprechendes gilt für nichteheliche Kinder – ist das vereinfachte Verfahren nicht zulässig. Es kann nämlich in diesem Fall trotz allem ein gemeinsamer Haushalt des Kindes mit dem barunterhaltspflichtigen

---

388   KG, FamRZ 2000, 762.
389   OLG Zweibrücken, FamRZ 2006, 577; OLG München, FamRZ 2002, 1199.
390   So auch Luthin/Koch-Margraf, Rn. 7366.
391   OLG Brandenburg, FamRZ 2007, 484.
392   BGH, FamRZ 2006, 402.
393   OLG Köln, FamRZ 2000, 678, 679.

Elternteil bestehen, wenn dieser Elternteil für das minderjährige Kind Unterhaltsleistungen in Form der Wohnungsgewährung und sonstige, den Lebensbedarf des Kindes deckende Aufwendungen erbringt. Dadurch mindert sich der Barunterhaltsanspruch des Kindes um den Wert dieser Leistungen. Für die Ermittlung des danach noch geschuldeten Unterhalts ist das vereinfachte Verfahren, das auf eine schnelle Verschaffung eines Unterhaltstitels gerichtet ist, aber nicht geeignet.

▶ **Praxistipp:** 1148

Nach § 257 Satz 1 FamFG können im vereinfachten Verfahren Anträge sowie Erklärungen vor dem Urkundsbeamten der Geschäftsstelle abgegeben werden. Damit ist nach § 114 Abs. 4 Nr. 6 FamFG i. V. m. § 78 Abs. 3 ZPO im vereinfachten Verfahren eine **anwaltliche Vertretung nicht erforderlich**. Dies gilt auch für Rechtsmittel, sodass auch für die Beschwerde nach § 256 FamFG kein Anwaltszwang besteht. Nicht anwendbar ist die Vorschrift, sobald ein Übergang ins streitige Verfahren (§ 255 FamFG) vollzogen wurde bzw. eine Abänderung des Festsetzungsbeschlusses nach § 240 FamFG beantragt wird.

III. Unterhaltsantrag im vereinfachten Verfahren

Die an einen Antrag im vereinfachten Verfahren zu stellenden inhaltlichen Anforderungen regelt § 250 FamFG. Das Gericht benötigt die in dieser Vorschrift erwähnten Angaben zur Festsetzung des Unterhalts. Insb. muss der Antragsteller die Höhe des im vereinfachten Verfahren begehrten Unterhalts angeben, vgl. § 250 Abs. 1 Nr. 6 FamFG. Erforderlich ist, dass der Antrag vom Antragsteller eigenhändig unterschrieben wird.[394] 1149

Nach § 250 Abs. 2 Satz 1 FamFG muss der Antrag zurückgewiesen werden, wenn bereits aufgrund des Antrags ersichtlich ist, dass dessen Zulässigkeitsvoraussetzungen nicht vorliegen und der Antragsteller den Mangel nicht beseitigen kann. Dies bezieht sich auf sämtliche Voraussetzungen des § 250 Abs. 1 Nr. 1 bis 13 FamFG. 1150

Kann der Antragsteller den Mangel hingegen beheben, ergeht ein **Zwischenbescheid**, mit welchem Gelegenheit zur Nachbesserung gegeben wird.

Nach § 250 Abs. 3 FamFG können mehrere Anträge, die Kinder des Antragsgegners betreffen, aus Gründen der Verfahrensvereinfachung und der Kostenersparnis verbunden werden. Nicht erforderlich ist hierbei, dass die Kinder aus einer Verbindung stammen. 1151

Die örtliche Zuständigkeit richtet sich ganz normal nach § 232 Abs. 1 FamFG. 1152

---

[394] OLG Düsseldorf, FamRZ 2002, 547.

Kapitel 5 Durchsetzung des Unterhaltsanspruchs im gerichtlichen Verfahren

1. Inhalt des Unterhaltsantrags nach § 250 FamFG

1153 Der Antrag ist mittels der dafür vorgesehenen Formulare zu stellen (**Formularzwang**, vgl. § 257 FamFG) und muss den Anforderungen des § 250 Abs. 1 FamFG entsprechen.

a) Beteiligtenbezeichnung (§ 250 Abs. 1 Nr. 1 und 2 FamFG)

1154 Der Antrag muss eine ordnungsgemäße, den Anforderungen des § 38 Abs. 2 Nr. 1 FamFG entsprechende Beteiligtenbezeichnung sowie die Bezeichnung des angerufenen Gerichts enthalten (Nr. 1 und 2).

b) Geburtsdatum des Kindes (§ 250 Abs. 1 Nr. 3 FamFG)

1155 Zur Festsetzung des Unterhalts nach der altersentsprechenden Altersstufe und zur Darlegung der Minderjährigkeit des Kindes ist es erforderlich, im Antrag das Geburtsdatum des Kindes mitzuteilen.

c) Angaben zum verlangten Unterhalt (§ 250 Abs. 1 Nr. 4 bis 7 FamFG)

1156 Aus dem Antrag muss die Höhe des geltend gemachten Unterhalts eindeutig und klar hervorgehen (Nr. 6). Entsprechend der Fassung des § 1612a Abs. 1 BGB muss zur Bestimmung der Höhe des Unterhalts auch angegeben werden, ob eine Festsetzung als Prozentsatz des jeweiligen Mindestunterhalts nach § 1612a Abs. 1 BGB verlangt wird.

1157 Da im vereinfachten Verfahren nicht nur laufender, sondern auch Unterhalt für zurückliegende Zeiträume geltend gemacht werden kann, ist gem. Nr. 4 in dem Antrag anzugeben, ab welchem Zeitpunkt Unterhalt begehrt wird. Für den Fall, dass Unterhalt für die Vergangenheit geltend gemacht wird, bedarf es gem. Nr. 5 der Angabe, wann die Voraussetzungen nach § 1613 Abs. 1 oder Abs. 2 Nr. 2 BGB eingetreten sind. Das vereinfachte Verfahren erlaubt es, Unterhalt auch für die Vergangenheit zu verlangen, um zu vermeiden, dass wegen rückständiger Unterhaltsbeträge ein zusätzliches Unterhaltsverfahren notwendig wird. Die gesetzlichen Verzugszinsen können ab dem Zeitpunkt der Zustellung des Festsetzungsantrags auf den zu dieser Zeit rückständigen Unterhalt festgesetzt werden.[395]

1158 Die Festsetzung **künftiger Verzugszinsen** auf noch nicht fällige Unterhaltsraten ist im vereinfachten Verfahren hingegen nicht möglich. Dies ist dadurch bedingt, dass Verzugszinsen, wenn wiederkehrende Leistungen erbracht werden, vom künftigen Zahlungsverhalten abhängen und deshalb in ihrer Entstehung ungewiss sind. Sie sind daher keine wiederkehrenden Leistungen nach § 258 ZPO und können nach § 259 ZPO nur bei der Besorgnis der Leistungsverweigerung zugesprochen werden. Im vereinfachten Verfahren können solche Fragen natürlich nicht geklärt werden.[396]

---

395 BGH, FamRZ 2008, 1428.
396 BGH, FamRZ 2008, 1428, 1429.

I. Vereinfachtes Unterhaltsverfahren   Kapitel 5

Bei der Festsetzung des Unterhalts hat das Gericht die gem. §§ 1612b und 1612c BGB anzurechnenden Leistungen zu berücksichtigen; diese Leistungen sind nach Nr. 7 bereits in dem Antrag mitzuteilen. **1159**

d) Eltern-Kind-Verhältnis (§ 250 Abs. 1 Nr. 8 FamFG)

Mit der gem. Nr. 8 erforderlichen Angabe, dass zwischen den Beteiligten ein Eltern-Kind-Verhältnis besteht, soll der Antragsteller darlegen, dass das Kind, für welches Unterhalt begehrt wird, ein Kind des Antragsgegners im Rechtssinn ist. Wird der Vater eines nicht in bestehender Ehe geborenen Kindes zur Zahlung von Unterhalt für dieses Kind in Anspruch genommen, ist für die Vaterschaftszuordnung ein Vaterschaftsanerkenntnis oder die gerichtliche Vaterschaftsfeststellung erforderlich (§ 1592 Nr. 2 und 3 BGB). **1160**

e) Keine Haushaltsgemeinschaft (§ 250 Abs. 1 Nr. 9 FamFG)

Gem. § 249 Abs. 1 FamFG steht das vereinfachte Verfahren nur für Unterhaltsansprüche gegen den Elternteil zur Verfügung, mit welchem das Kind nicht in einem Haushalt lebt. Deshalb bedarf es im Antrag einer Erklärung darüber, ob das Kind im streitgegenständlichen Unterhaltszeitraum mit dem Antragsgegner in einem Haushalt lebt bzw. gelebt hat. **1161**

f) Keine vorrangigen Rechte Dritter (§ 250 Abs. 1 Nr. 11 und 12 FamFG)

Wenn der Unterhaltsanspruch wegen des Bezugs von Unterhaltsvorschussleistungen oder wegen der Gewährung von Sozialhilfe infolge des gesetzlichen Anspruchsübergangs nach § 7 Abs. 1 UntVorschG oder nach § 94 SGB XII bzw. § 33 SGB II auf das Land als Träger der Unterhaltsvorschusskasse bzw. auf den Sozialleistungsträger übergegangen ist, kann das Kind selbst den Unterhalt nur im Fall der Rückübertragung des Unterhaltsanspruchs geltend machen (vgl. dazu § 7 Abs. 4 Satz 2 UntVorschG; § 33 Abs. 4 SGB II; § 94 Abs. 5 SGB XII). Das Gleiche gilt, wenn der Unterhaltsanspruch gem. § 1607 Abs. 2 und 3 BGB auf Dritte übergegangen ist. Deshalb verlangt Nr. 11 Angaben zur Darlegung der Aktivlegitimation. Machen Dritte den Unterhaltsanspruch des Kindes im vereinfachten Verfahren geltend, müssen sie im Antrag erklären, dass der beantragte Unterhalt die Leistungen an das Kind nicht übersteigt. **1162**

g) Keine anderweitige Titulierung (§ 250 Abs. 1 Nr. 13 FamFG)

Im Hinblick darauf, dass das vereinfachte Verfahren gem. § 249 Abs. 2 FamFG ausgeschlossen ist, wenn der Unterhaltsanspruch bereits tituliert ist oder bereits ein Unterhaltsrechtsstreit anhängig ist oder war, bedarf es gem. Nr. 13 einer Erklärung darüber, dass ein solcher Ausschlussgrund nicht vorliegt. **1163**

▶ Hinweis: **1164**

Nach § 250 Abs. 2 Satz 3 FamFG ist eine Anfechtung eines zurückgewiesenen Antrags, etwa mit der Beschwerde nach § 256 FamFG, nicht möglich. Statthaft ist bei völliger Zurückweisung des Antrags jedoch die Rechtspflegererinnerung nach § 11 Abs. 2 RPflG.

I. Ü. kann der Antragsteller in einem neuen Antrag auf die Abweisungsgründe reagieren und einen nunmehr zulässigen Antrag einreichen.

Liegt hingegen lediglich eine **Teilzurückweisung** des Antrags vor, ist die Beschwerde nach § 256 FamFG zulässig.[397] Allerdings kann der Antragsteller nur die Beschwerdegründe des § 256 FamFG geltend machen.

2. Zustellung des Antrags an den Unterhaltsschuldner (§ 251 Abs. 1 FamFG)

1165 Ist der Antrag zulässig, verfügt das Gericht dessen Zustellung (§ 251 Abs. 1 Satz 1 FamFG). Weiterhin hat das Gericht die in § 251 Abs. 1 Satz 2 Nr. 1 bis 5 FamFG aufgeführten Hinweise an den Antragsgegner zu erteilen.

1166 Nach § 251 Abs. 2 gilt § 167 ZPO entsprechend, d. h. soweit durch die Zustellung eine Frist gewahrt werden oder die Verjährung neu beginnen oder nach § 204 BGB gehemmt werden soll, tritt diese Wirkung bereits mit Eingang des Antrags oder der Erklärung ein, wenn die Zustellung demnächst erfolgt.

3. Hinweispflicht nach § 251 Abs. 1 Satz 2 FamFG

1167 Das Gericht ist verpflichtet, dem Antragsgegner die Hinweise nach § 251 Abs. 1 Satz 2 FamFG zu erteilen.

a) Hinweise zur Unterhaltsschuld (§ 251 Abs. 1 Satz 2 Nr. 1 FamFG)

1168 Nach Nr. 1 muss dem Antragsgegner dargelegt werden, ab welchem Zeitpunkt und in welcher Höhe der begehrte Unterhalt festgesetzt werden soll. Nach Buchst. a) sind hierzu, entsprechend dem Alter des Kindes, die zu berechnenden Zeiträume zu bezeichnen, die für die Festsetzung des Unterhalts nach dem Mindestunterhalt der ersten, zweiten und dritten Altersstufe infrage kommen. Nach Buchst. b) ist im Fall des § 1612a Abs. 1 BGB auch der Prozentsatz des jeweiligen Mindestunterhalts mitzuteilen. Dies bedeutet, dass neben der betragsmäßigen Höhe des verlangten Unterhalts auch zu erklären ist, welcher Prozentsatz des jeweiligen Mindestunterhalts hieraus folgt, um daraus eine Dynamisierung vorzunehmen. Weiter sieht Buchst. c) den Hinweis vor, mit welchem Betrag das staatliche Kindergeld und sonstige regelmäßig wiederkehrende kindbezogene Leistungen gem. §§ 1612b, 1612c BGB zu berücksichtigen sind.

---

397 BGH, FamRZ 2008, 1428.

b) Keine Prüfung der Unterhaltshöhe (§ 251 Abs. 1 Satz 2 Nr. 2 FamFG)

Mit dem in Nr. 2 enthaltenen Hinweis soll der Unterhaltspflichtige darüber aufgeklärt werden, dass eine Überprüfung der Richtigkeit der Unterhaltshöhe durch den Rechtspfleger nicht stattfindet. **1169**

c) Hinweis auf Festsetzungsbeschluss (§ 251 Abs. 1 Satz 2 Nr. 3 FamFG)

Nach Nr. 3 bedarf es ferner des Hinweises an den Antragsgegner, dass über den beantragten Unterhalt ein Festsetzungsbeschluss ergehen kann, aus dem die Zwangsvollstreckung möglich ist, falls er nicht **innerhalb eines Monats** nach Zugang Einwendungen in der vorgeschriebenen Form erhebt. Die Monatsfrist stellt allerdings im Hinblick auf § 252 Abs. 3 FamFG **keine Ausschlussfrist** dar.[398] **1170**

Ist eine Zustellung im Ausland erforderlich, kann das Gericht gem. § 251 Abs. 1 Satz 3 FamFG die Frist von einem Monat, entsprechend den besonderen Umständen in dem zuzustellenden Land, verlängern. **1171**

d) Hinweis auf zulässige Einwendungen (§ 251 Abs. 1 Satz 2 Nr. 4 FamFG)

Nr. 4 verlangt von dem Gericht den Hinweis an den Antragsgegner, welche Einwendungen er nach § 252 Abs. 1 und 2 FamFG vorbringen kann. Hierbei muss hervorgehoben werden, dass die Geltendmachung einer fehlenden oder eingeschränkten Leistungsfähigkeit (§ 252 Abs. 2 Satz 3 FamFG) nur wirksam ist, wenn die Auskunft nach § 252 Abs. 2 Satz 3 in Form eines vollständig ausgefüllten Formulars erteilt wird und Belege über die Einkünfte (Gehaltsabrechnungen, Einkommensteuerbescheide u. Ä.) vorgelegt werden. Hierdurch wird dem Gericht und dem Unterhaltsberechtigten die Sachprüfung der eingeschränkten oder fehlenden Leistungsfähigkeit ermöglicht. **1172**

e) Formularzwang (§ 251 Abs. 1 Satz 2 Nr. 5 FamFG)

Nr. 5 enthält den Hinweis, dass mögliche Einwendungen des Antragsgegners mit dem vom Gericht beigefügten Muster geltend gemacht werden müssen, soweit ein solches eingeführt ist. Zu den Angaben gehören v. a. die Anzahl aller gleichrangigen Unterhaltsberechtigten nach § 1609 Nr. 1 BGB und die Verbindlichkeiten, die die Leistungsfähigkeit beeinträchtigen können (§ 252 Abs. 2 Satz 3 Nr. 3 FamFG). **1173**

IV. Einwendungen des Antragsgegners (§ 252 FamFG)

Das vereinfachte Verfahren vermutet die Leistungsfähigkeit des Antragsgegners bis zur Höhe des 1,2-fachen Mindestunterhalts. Der Rechtspfleger prüft also keinesfalls einen etwaigen Anspruch nach §§ 1601 ff. BGB. Es ist daher Sache des Antragsgegners, sich ggü. dieser Vermutung ggf. zu verteidigen. Dies wird ihm aber durch § 252 FamFG nicht einfach gemacht. Insb. die Zulässigkeit des Einwands eingeschränkter oder fehlender Leistungsfähigkeit knüpft § 252 Abs. 2 Satz 3 FamFG an besondere **1174**

---

[398] Eckebrecht/Große-Boymann/Gutjahr, § 1 Rn. 370; OLG Karlsruhe, FamRZ 2000, 1159.

Anforderungen, deren Erfüllung im Einzelfall einen erheblichen Aufwand mit sich bringen kann.

1175 Zusätzlich zu der Erklärung nach § 252 Abs. 2 Satz 1 FamFG, inwieweit er zur Unterhaltszahlung bereit ist und sich zur Unterhaltsleistung verpflichtet, muss der Antragsgegner mittels eines besonderen mehrseitigen Vordrucks Auskunft über seine Einkünfte, sein Vermögen und seine persönlichen und wirtschaftlichen Verhältnisse erteilen. Hierdurch soll der Antragsteller in die Lage versetzt werden, auf der Grundlage dieser Angaben des Antragsgegners zu beurteilen, ob eine weiter gehende Verfolgung des Unterhaltsbegehrens im Wege des streitigen Verfahrens Erfolg versprechend erscheint.

1176 Die möglichen Einwendungen des Antragsgegners gegen die Unterhaltsfestsetzung beziehen sich auf die Zulässigkeit des vereinfachten Verfahrens, den Zeitpunkt, ab dem Unterhalt gezahlt werden soll, in eingeschränktem Umfang auf die Höhe des Unterhalts (§ 252 Abs. 1 Satz 1 Nr. 3 FamFG), die Veranlassung zur Stellung des Antrags nach § 249 Abs. 1 FamFG sowie auf den Einwand der Erfüllung und mangelnden Leistungsfähigkeit. Ferner bestimmt § 252 Abs. 3 FamFG, bis zu welchem Zeitpunkt Einwendungen erhoben werden können.

1. Einwendungen nach § 252 Abs. 1 FamFG

a) Zulässigkeit des vereinfachten Verfahrens (§ 252 Abs. 1 Satz 1 Nr. 1 FamFG)

1177 Gem. § 252 Abs. 1 Satz 1 Nr. 1 FamFG kann der Antragsgegner sich gegen die Zulässigkeit des vereinfachten Verfahrens wenden, also insb. erklären, dass bereits ein Unterhaltstitel existiert (vgl. § 249 Abs. 2 FamFG). Rügen kann er des Weiteren das Fehlen einer der in § 250 Abs. 1 FamFG genannten Antragsvoraussetzungen. Möglich ist auch die Behauptung, nicht Vater des Kindes zu sein.[399]

b) Rückständiger Unterhalt (§ 252 Abs. 1 Satz 1 Nr. 2 FamFG)

1178 Satz 1 Nr. 2 bezieht sich insb. auf den Fall, dass die Festsetzung rückständigen Unterhalts (vgl. auch § 250 Abs. 1 Nr. 5 FamFG) verlangt wird. Der Antragsgegner kann einwenden, dass die Voraussetzungen des § 1613 Abs. 1 BGB erst zu einem späteren Zeitpunkt oder gar nicht eingetreten sind.

c) Höhe des Unterhalts (§ 252 Abs. 1 Satz 1 Nr. 3 FamFG)

1179 Einwendungen zur Höhe des Unterhalts können nur eingeschränkt, d. h. nur gemäß den in § 252 Abs. 1 Satz 1 Nr. 3 Buchst. a) bis c) FamFG aufgeführten Einzelpunkten vorgebracht werden. Einwendungen müssen sich gem. § 252 Abs. 1 Satz 1 Nr. 3 a) bis c) FamFG entweder auf die fehlerhafte Bestimmung der Zeiträume, für die der Unterhalt nach dem Mindestunterhalt der ersten, zweiten und dritten Altersstufe festgesetzt

---

[399] OLG Brandenburg, FamRZ 2002, 545.

werden soll, bzw. auf falsche Mindestunterhaltsbeträge oder auf eine fehlerhafte Festsetzung der Beträge nach § 249 Abs. 1 FamFG (falsche Berechnung des Prozentsatzes des jeweiligen Mindestunterhalts) oder auf die Berechnung zu den anrechenbaren Leistungen nach §§ 1612b, 1612c BGB beziehen.

d) Verfahrenskosten (§ 252 Abs. 1 Satz 2 FamFG)

Nach § 252 Abs. 1 Satz 2 FamFG kann der Antragsgegner hinsichtlich der Verfahrenskosten einwenden, dass er keinen Anlass zur Stellung des Antrags gegeben hat. Dies setzt jedoch voraus, dass er sich sofort zur Erfüllung des Unterhaltsanspruchs verpflichtet. **1180**

2. Einwendungen nach § 252 Abs. 2 FamFG

a) Einwendungen i. S. v. § 252 Abs. 2 Satz 1 FamFG

Nach § 252 Abs. 2 Satz 1 FamFG kann der Antragsgegner auch darlegen, er sei nur eingeschränkt leistungsfähig. Dies kann auf einem nicht zurechenbaren Wegfall des Einkommens beruhen oder darauf, dass er aufgrund einer anderweitigen Verschlechterung seiner wirtschaftlichen Lage außerstande ist, überhaupt Unterhalt zu leisten. Auch kann der Antragsgegner vorbringen, aufgrund weiterer Unterhaltsberechtigter (§ 1609 BGB) oder weiterer unterhaltsrechtlich beachtlicher Verbindlichkeiten (§ 1603 Abs. 1 BGB) außerstande zu sein, Unterhalt ohne Gefährdung des eigenen notwendigen Selbstbehalts zu erbringen (§ 1603 Abs. 2 Satz 1 BGB). **1181**

Das Gericht prüft hierbei lediglich, ob die Einwendungen in formal zulässiger Weise geltend gemacht wurden. Eine materiell-rechtliche Prüfung unterbleibt dagegen. Die erklärten Einwendungen müssen in dem eingeführten Muster enthalten sein.[400] **1182**

b) Verpflichtungserklärung zum Unterhalt

Materiell-rechtliche Einwendungen im Hinblick auf die Leistungsfähigkeit kann der Antragsgegner nur wirksam erheben, wenn er zugleich erklärt, inwieweit er zur Unterhaltsleistung bereit ist und dass er sich insoweit zur Erfüllung des Unterhaltsanspruchs verpflichtet. Zweck dieser Anordnung ist es, dass sich der Unterhaltsschuldner über seine Unterhaltsverpflichtung Klarheit verschafft und ggf. rechtlich beraten lässt. **1183**

c) Auskunft (§ 252 Abs. 2 Satz 3 FamFG)

Der Einwand eingeschränkter oder fehlender Leistungsfähigkeit ist i. Ü. nur beachtlich, wenn der Antragsgegner eine Auskunft über seine Einkünfte, sein Vermögen und eine Erklärung zu den persönlichen und wirtschaftlichen Verhältnissen abgibt und diese auch belegt. Diese Pflicht bewirkt, dass sich der Antragsgegner nicht einer schnellen Festsetzung im vereinfachten Verfahren entziehen kann. **1184**

---

400 OLG Nürnberg, FamRZ 2004, 475.

Kapitel 5 Durchsetzung des Unterhaltsanspruchs im gerichtlichen Verfahren

1185 Art und Weise der möglichen Einwendungen des Unterhaltspflichtigen sind insgesamt darauf gerichtet, ein streitiges Verfahren i. S. d. § 255 FamFG zu verhindern, den Streitstoff aber jedenfalls so weit wie möglich abzuklären.

1186 Kommt der Antragsgegner der in § 252 Abs. 2 Satz 3 FamFG bestimmten Auskunfts- und Belegpflicht trotz der Berufung auf seine mangelnde Leistungsfähigkeit nicht ausreichend nach, was bei unvollständigen Angaben und fehlenden Belegen der Fall ist, setzt das Gericht den Unterhalt im vereinfachten Verfahren nach § 253 FamFG fest.

1187 Die Vorlage von Belegen geht dahin, dass ein abhängig Tätiger zur Darlegung seiner eingeschränkten oder mangelnden Leistungsfähigkeit regelmäßig die Lohnabrechnungen der letzten 12 Monate vor Abgabe dieser Erklärung vorzulegen hat, ein Selbstständiger die steuerlichen Gewinnermittlungsunterlagen nach § 4 Abs. 1 EStG (Bilanz mit Darlegung des Betriebsvermögens, Gewinn- und Verlustrechnung sowie Anlagespiegel) oder nach § 4 Abs. 3 EStG (Einnahmen-Überschussrechnung mit Anlagespiegel) der letzten 3 vorangehenden Kalenderjahre.

1188 Fehlt es an den formalen Voraussetzungen für die Relevanz von Einwendungen, setzt das Gericht den Unterhalt gem. § 253 Abs. 1 FamFG fest.

3. Einwand der Erfüllung (§ 252 Abs. 2 Satz 2 FamFG)

1189 Der Einwand der Erfüllung ist nach § 252 Abs. 2 Satz 2 FamFG nur beachtlich, wenn der Antragsgegner gleichzeitig erklärt, inwieweit er den Kindesunterhalt geleistet hat. Außerdem ist erforderlich, dass er sich verpflichtet, einen darüber hinausgehenden Unterhaltsrückstand zu begleichen. Bestreitet der Antragsteller die Erfüllung der Unterhaltsansprüche, erfolgt keine Beweisaufnahme, sondern das Gericht verfährt nach § 254 FamFG (s. u., Rdn. 1193 und Rdn. 1199 ff.).

4. Entscheidung des Gerichts über Einwendungen

a) Einwendungen nach § 252 Abs. 1 FamFG

1190 Nach § 252 Abs. 1 Satz 3 FamFG weist das Gericht nicht begründete Einwendungen nach § 252 Abs. 1 Satz 1 Nr. 1 und 3 FamFG zurück.

1191 Für Einwendungen nach § 252 Abs. 1 Satz 1 Nr. 2 FamFG, die den Zeitpunkt des § 1613 Abs. 1 BGB betreffen, also den, ab welchem die Unterhaltspflicht eintritt, räumt das Gesetz dem Gericht einen Ermessensspielraum zu. Sie werden zurückgewiesen, wenn sie dem Gericht nicht begründet erscheinen. Dadurch soll vermieden werden, dass über die Behauptung des Antragsgegners, ihm sei eine Aufforderung nach § 1613 Abs. 1 BGB nicht zugegangen, Beweis erhoben wird, den der Antragsteller zu führen hätte (§ 130 BGB). Dies würde dem Charakter des vereinfachten Verfahrens widersprechen, alsbald einen Titel zu schaffen.

Bestehen grds. keine Anhaltspunkte für einen Nichtzugang einer Aufforderung nach § 1613 Abs. 1 BGB, kann das Gericht von deren Zugang aufgrund des ihm zustehenden Ermessens ausgehen.

b) Einwendungen nach § 252 Abs. 2 FamFG

Eine Entscheidung über die Begründetheit der in § 252 Abs. 2 FamFG geregelten Einwendungen ist im vereinfachten Verfahren nicht vorgesehen; es wird lediglich geprüft, ob diese in zulässiger Form erhoben wurden. Sind sie in **unzulässiger Form** erhoben worden, werden sie mit dem Erlass des Festsetzungsbeschlusses nach § 253 Abs. 1 FamFG stillschweigend zurückgewiesen. Allerdings besteht nach § 139 ZPO die Verpflichtung des Gerichts, auf offenkundige Fehler bei der Ausfüllung des Formulars hinzuweisen und eine Ergänzung zu ermöglichen.[401]

1192

Wird die **Zulässigkeit der Einwendungen** festgestellt, kann nach § 254 FamFG der Erlass des Festsetzungsbeschlusses ganz oder teilweise abgelehnt werden.

1193

Eine **Teilfestsetzung** erfolgt regelmäßig, wenn der Unterhaltsverpflichtete einen Teil des Anspruchs anerkennt, vgl. §§ 252 Abs. 2 Satz 1, 254 Satz 2 FamFG.

c) Zeitliche Relevanz von Einwendungen (§ 252 Abs. 3 FamFG)

Aus § 252 Abs. 3 FamFG ergibt sich, dass die in § 251 Abs. 1 Satz 2 Nr. 2 FamFG bestimmte Monatsfrist **keine Ausschlussfrist** darstellt. Auch nach Fristablauf eingehende Einwendungen sind vom Gericht noch zu berücksichtigen, solange der Festsetzungsbeschluss noch nicht verfügt ist.»Verfügt« ist der Festsetzungsbeschluss nicht schon durch Unterzeichnung,[402] sondern erst durch die Hinausgabe aus dem Geschäftsbetrieb.[403]

1194

V. Festsetzungsbeschluss nach § 253 FamFG

Der Festsetzungsbeschluss nach § 253 FamFG stellt einen Unterhaltstitel dar, sodass der Kindesunterhalt vollstreckbar ist. Nach § 116 Abs. 3 Satz 3 FamFG soll die sofortige Wirksamkeit angeordnet werden.[404]

1195

1. Voraussetzungen der Unterhaltsfestsetzung

Der Festsetzungsbeschluss nach § 253 FamFG ergeht grds. **ohne mündliche Verhandlung**. Nach § 32 FamFG erörtert das Gericht die Angelegenheit mit den Beteiligten, wenn es dies für sachdienlich hält. Das vereinfachte Verfahren, welches nur in begrenztem Umfang Einwendungen erlaubt und auf eine schnelle Unterhaltstitulierung angelegt ist, ist so konzipiert, dass eine mündliche Verhandlung nur als Ausnahme in Betracht kommt.

1196

---

401 OLG Karlsruhe, FamRZ 2006, 1548.
402 KG, NJW-RR 2008, 305.
403 OLG Hamm, FamRZ 2007, 836.
404 Musielak/Borth, FamFG, § 253 Rn. 4.

Kapitel 5 Durchsetzung des Unterhaltsanspruchs im gerichtlichen Verfahren

Soweit dennoch eine mündliche Verhandlung stattfindet, kann in dieser eine vergleichsweise Erledigung oder ein Anerkenntnis des geltend gemachten Anspruchs erfolgen.

1197 § 253 Abs. 1 Satz 1 FamFG bestimmt, dass vor Ablauf der in § 251 Abs. 1 Satz 2 Nr. 3 FamFG bezeichneten **Monatsfrist** ein Festsetzungsbeschluss nicht ergehen darf.

1198 Weiterhin darf der Antragsgegner entweder keine oder nur solche Einwendungen erhoben haben, die nach § 252 Abs. 1 Satz 3 FamFG zurückzuweisen oder nach § 252 Abs. 2 FamFG als unzulässig zurückzuweisen sind. Im Fall einer zutreffenden Rüge zur Zulässigkeit des vereinfachten Verfahrens durch den Antragsgegner, kann der Antragsteller das Hindernis durch eine Ergänzung bzw. Berichtigung seines Antrags beheben. Sollte dies geschehen sein, wäre die entsprechende Einwendung behoben.

2. Verfahren im Fall zulässiger Einwendungen des Antragsgegners

1199 Die Vorgehensweise des Gerichts, wenn Einwendungen erhoben wurden, die nicht nach § 252 Abs. 1 Satz 3 FamFG zurückzuweisen oder die nach § 252 Abs. 2 FamFG zulässig sind, ergibt sich aus § 254 FamFG. Ein Festsetzungsbeschluss nach § 253 FamFG ergeht in diesem Fall jedenfalls zunächst nicht.

Das Gericht teilt dem Antragsteller mit, dass vom Antragsgegner Einwendungen erhoben wurden, die nach § 252 Abs. 1 Satz 3 FamFG nicht zurückzuweisen oder die nach § 252 Abs. 2 FamFG zulässig sind.

1200 Das Gericht ist im vereinfachten Verfahren nicht dazu befugt, eine Entscheidung über die Begründetheit dieser Einwendungen zu treffen; maßgeblich ist allein, dass die Einwendungen in der zulässigen Form erhoben wurden.

1201 Falls sich der Antragsgegner zu einer (Teil-) Zahlung verpflichtet hat, muss das Gericht gem. § 254 Satz 3 FamFG den Antragsteller in der Mitteilung nach § 254 Satz 1 FamFG darauf hinweisen. Die Mitteilung enthält in diesem Fall auch den Hinweis, dass i. H. d. »Selbstverpflichtung« des Antragsgegners der Unterhalt im vereinfachten Verfahren festgesetzt werden kann, falls der Antragsteller dies beantragt.

Schließlich ist in die Mitteilung nach § 254 Satz 1 FamFG noch aufzunehmen, dass aufgrund der Einwendungen der Übergang in das streitige Verfahren stattfinden kann, vgl. § 255 Abs. 1 FamFG.

1202 Erhebt der Antragsgegner zulässige Einwendungen, ohne sich zu einer Zahlung zu verpflichten, unterbleibt ein Erlass des beantragten Festsetzungsbeschlusses; es erfolgt lediglich die Mitteilung an den Antragsteller (§ 254 Satz 1 FamFG).

1203 Soweit sich der Antragsgegner nach § 252 Abs. 2 Satz 1 und 2 FamFG zu einer Zahlung verpflichtet hat, kann das Gericht **auf Antrag** des Antragstellers jedenfalls über einen Teil des geltend gemachten Anspruchs im vereinfachten Verfahren einen Vollstreckungstitel erlassen.

Der Antragsteller kann sich damit zufriedengeben bzw. ansonsten den streitigen weiteren Unterhaltsbetrag im Verfahren nach § 255 FamFG einfordern (vgl. auch § 255 Abs. 4 FamFG).

3. Inhalt des Festsetzungsbeschlusses

Nach § 253 Abs. 1 Satz 2 FamFG muss der Festsetzungsbeschluss einen Anspruch zur Zahlung des Unterhalts beinhalten. Der Festsetzungsbeschluss nach § 253 FamFG ist ein Titel, der die Vollstreckung zulässt. Der Festsetzungsbeschluss ist nicht zeitlich zu beschränken, auch nicht auf den Zeitpunkt der Volljährigkeit des minderjährigen Kindes.[405] **1204**

Weiterhin regelt der Festsetzungsbeschluss auch die entstandenen **Kosten**, d. h. setzt diese fest. Dadurch soll ein nachfolgendes Kostenfestsetzungsverfahren vermieden werden. **1205**

Sollten sich die erstattungsfähigen Kosten im Einzelfall nicht ohne größeren Aufwand ermitteln lassen, ist ein Kostenfestsetzungsverfahren aber zulässig.

Weiterhin muss der Festsetzungsbeschluss nach § 253 Abs. 2 FamFG eine **Belehrung** darüber enthalten, welche Einwendungen mit der Beschwerde geltend gemacht werden können. **1206**

Mit der Beschwerde können nämlich nur die in § 252 Abs. 1 FamFG bezeichneten Einwendungen, die Zulässigkeit von Einwendungen nach § 252 Abs. 2 FamFG sowie die Unrichtigkeit der Kostenentscheidung oder Kostenfestsetzung geltend gemacht werden (vgl. dazu § 256 FamFG). Dies sollte der Antragsgegner wissen, damit er keine unzulässige Beschwerde nach § 256 FamFG erhebt. **1207**

Aufgeklärt wird er auch darüber, unter welchen Voraussetzungen eine Abänderung des Festsetzungsbeschlusses im Wege des **Abänderungsverfahrens nach § 240 FamFG** möglich ist. Fehlt die Belehrung, ist dies jedoch grds. folgenlos. **1208**

4. Vollstreckung

Der Festsetzungsbeschluss ist bereits vor Eintritt der Rechtskraft vollstreckbar, wenn nach § 116 Abs. 3 Satz 3 FamFG die sofortige Wirksamkeit angeordnet wurde. **1209**

Der Antragsgegner kann im Beschwerdeverfahren bzw. im Abänderungsverfahren nach § 240 FamFG die Einstellung der Zwangsvollstreckung nach § 242 FamFG i. V. m. § 769 ZPO erreichen. **1210**

VI. Streitiges Verfahren nach § 255 FamFG

§ 255 FamFG knüpft an die Regelung des § 254 Satz 1 FamFG an und ordnet für den Fall des Antrags eines Beteiligten die Durchführung des streitigen Verfahrens an, soweit **1211**

---

405 OLG Brandenburg, FamRZ 2007, 484.

Einwendungen nach § 252 Abs. 1 Satz 3 FamFG nicht zurückzuweisen oder nach § 252 Abs. 2 FamFG zulässig sind.

1. Antrag eines Beteiligten

1212 Die Durchführung des streitigen Verfahrens erfolgt nicht von Amts wegen durch das Gericht, sondern ist vom Antrag eines Beteiligten abhängig, vgl. § 255 Abs. 1 FamFG.

1213 Das Antragserfordernis hält die Möglichkeit offen, dass sich die Beteiligten außergerichtlich (kostengünstig) einigen. Der Antragsteller ist zusammen mit der Mitteilung über Einwendungen des Antragsgegners nach § 254 Satz 1 FamFG auf das Antragsrecht, ins streitige Verfahren übergehen zu können, hinzuweisen.

2. Verfahrensablauf im Fall eines Antrags nach § 255 Abs. 1 FamFG

1214 Wurde von einem Beteiligten das streitige Verfahren beantragt, ist vom Gericht wie nach Eingang eines Antrags in einer Unterhaltssache vorzugehen, vgl. § 255 Abs. 2 Satz 1 FamFG.

Einwendungen sind nach § 255 Abs. 2 Satz 2 FamFG als Erwiderung auf den Antrag anzusehen. Die 120 %-Grenze für den Unterhalt gilt in diesem Verfahrensstadium nicht mehr, sodass auch ein weiter gehender Antrag zulässig ist. Der **höhere Unterhalt** wird mit Zustellung des antragserweiternden Schriftsatzes rechtshängig.[406]

a) Abgabe der Sache an den Familienrichter

1215 Der Rechtspfleger, der für das vereinfachte Verfahren zuständig ist (§ 25 Nr. 2c) RPflG), gibt das Verfahren mit dem Antrag, in das streitige Verfahren überzugehen, an den zuständigen Familienrichter ab, der den weiteren Verfahrensgang festlegt.

Soweit der Antragsgegner im vereinfachten Verfahren bereits in ausreichendem Umfang Auskunft erteilt hat, kann sofort eine mündliche Verhandlung anberaumt werden.

b) Rechtshängigkeit (§ 255 Abs. 3 FamFG)

1216 Die Zustellung des Festsetzungsantrags gem. § 251 Abs. 1 Satz 1 FamFG bewirkt im Fall des späteren Übergangs in das streitige Verfahren bereits den Eintritt der Rechtshängigkeit, vgl. § 255 Abs. 3 FamFG.

c) Teiltitulierung (§ 255 Abs. 4 FamFG)

1217 Hat der Antragsgegner nach § 252 Abs. 2 Satz 1 FamFG einen Teilbetrag des im vereinfachten Verfahren geltend gemachten Unterhalts anerkannt und wurde dieser gem. §§ 254 Satz 2, 253 FamFG durch Beschluss festgesetzt, soll das Gericht bei der Feststellung weiter gehender zukünftiger Unterhaltspflichten, den Unterhalt in einem Gesamtbetrag zusammenfassen.

---

[406] Eckebrecht/Große-Boymann/Gutjahr, § 1 Rn. 374.

Der Festsetzungsbeschluss ist nach §§ 254 Satz 2, 253 FamFG aus Gründen der Titelklarheit aufzuheben. 1218

d) Kosten (§ 255 Abs. 5 FamFG)

Nach § 255 Abs. 5 FamFG sind bei Durchführung des streitigen Verfahrens die Kosten des vereinfachten Verfahrens als Teil der Kosten des streitigen Verfahrens zu behandeln. I. Ü. wird im Beschluss über die Kosten des streitigen Verfahrens nach § 243 FamFG entschieden. 1219

3. Fiktion der Rücknahme des Festsetzungsantrags

Wird der Antrag auf Durchführung des streitigen Verfahrens gem. § 255 Abs. 1 FamFG nicht vor Ablauf von 6 Monaten nach Zugang der Mitteilung von Einwendungen gem. §§ 255 Abs. 1 Satz 2, 254 FamFG gestellt, greift die in § 255 Abs. 6 FamFG geregelte Fiktion der Antragsrücknahme ein. 1220

Diese Fiktion der Antragsrücknahme betrifft aber nur den über den Festsetzungsbeschluss nach § 254 Satz 2 FamFG oder die Verpflichtungserklärung des Antragsgegners nach § 252 Abs. 2 Satz 1 und 2 FamFG hinausgehenden ursprünglich gestellten Festsetzungsantrag.

Die relativ lange 6-Monats-Frist soll es dem Antragsteller ermöglichen, eine außergerichtliche Einigung zu erreichen, ehe der Antrag auf einen Übergang ins streitige Verfahren gestellt werden muss. 1221

VII. Beschwerde gegen den Festsetzungsbeschluss (§ 256 FamFG)

Zulässiger Rechtsbehelf gegen den Festsetzungsbeschluss nach § 253 FamFG ist die Beschwerde. Der Festsetzungsbeschluss ist eine Endentscheidung nach § 38 FamFG, da das vereinfachte Verfahren damit abgeschlossen wird. Insoweit gelten die allgemeinen Anforderungen nach §§ 58 ff. FamFG. § 256 FamFG schränkt den **Prüfungsumfang des Beschwerdegerichts** allerdings ein, d. h. mit der Beschwerde nach §§ 256 i. V. m. 58 ff. FamFG können nur die in § 252 Abs. 1 FamFG bezeichneten Einwendungen, die Zulässigkeit von Einwendungen nach § 252 Abs. 2 FamFG sowie die Unrichtigkeit der Kostenentscheidung oder Kostenfestsetzung, sofern sie nach allgemeinen Grundsätzen anfechtbar sind, geltend gemacht werden. Nicht zulässig ist es, sich in diesem Beschwerdeverfahren auf Einwendungen nach § 252 Abs. 2 FamFG zu stützen, die nicht erhoben waren, bevor der Festsetzungsbeschluss verfügt war. 1222

1. Beschwerdefähige Einwendungen

§ 256 FamFG regelt die im Beschwerdeverfahren zulässigen Einwendungen abschließend. Wird die Beschwerde nicht auf einen der in § 256 FamFG genannten Gründe 1223 gestützt, ist sie als unzulässig zu verwerfen.[407] Auch der Antragsteller ist beschwerdebefugt, wenn der Antrag nach § 250 FamFG zulässig ist und eine Einwendung i. S. v. § 256 FamFG i. V. m. § 252 Abs. 1 FamFG geltend gemacht wird.[408]

1224 Beide Beteiligte können nur die in § 252 Abs. 1 FamFG bezeichneten Einwendungen vorbringen. Diese Einwendungen betreffen:
1. die Zulässigkeit des vereinfachten Verfahrens, § 252 Abs. 1 Satz 1 Nr. 1 FamFG,
2. die unrichtige Festsetzung rückständigen Unterhalts, § 252 Abs. 1 Satz 1 Nr. 2 FamFG,
3. die Höhe des Unterhalts, § 252 Abs. 1 Satz 1 Nr. 3 FamFG,
4. den Einwand, das Gericht habe eine Einwendung i. S. d. § 252 Abs. 2 FamFG zu Unrecht als unzulässig behandelt,
5. die unrichtige Kostenfestsetzung.[409]

1225 Mitunter wird eingewandt, dass die von § 256 FamFG genannten Einwendungen sich auf § 252 FamFG beziehen und im Vorverfahren nur vom Antragsgegner vorgebracht werden können, sodass ihre Geltung für den Antragsteller zweifelhaft sei. Dem steht allerdings der klare Wortlaut des § 256 FamFG entgegen. Der Antragsteller kann insb. Einwendungen zum Kostenpunkt erheben bzw. geltend machen, dass der Unterhalt nach Zeitraum und Höhe zu seinem Nachteil unrichtig festgesetzt worden ist.[410]

2. Unzulässige Einwendungen

1226 Andere Einwendungen führen zur Unzulässigkeit der Beschwerde. So kann nicht gerügt werden, dass die Unterhaltsfestsetzung unter einer Bedingung steht oder bis zu einem bestimmten Zeitpunkt befristet wurde.[411]

Der Einwand, dass die Einkommensverhältnisse des Unterhaltsschuldners einen im vereinfachten Unterhaltsfestsetzungsverfahren geltend gemachten Unterhaltsbedarf von mehr als 100 % des Mindestunterhalts nicht rechtfertigen, stellt ebenfalls keinen zulässigen Einwand zur Unterhaltshöhe im Sinne von § 252 Abs. 1 Satz 3 FamFG, sondern einen materiellrechtlichen Einwand im Sinne von § 252 Abs. 2 FamFG dar.[412]

Werden zulässige Einwendungen nicht vorgebracht, ist die Beschwerde insgesamt unzulässig, anderenfalls teilweise, wenn neben zulässigen Einwendungen auch andere Gründe gegen den Festsetzungsbeschluss geltend gemacht werden.

1227 § 256 Satz 2 FamFG stellt heraus, dass auf Einwendungen nach § 252 Abs. 2 FamFG, die nicht erhoben waren, bevor der Festsetzungsbeschluss verfügt war, die Beschwerde nicht gestützt werden kann.

---

407 BGH, FamRZ 2008, 1433.
408 OLG Zweibrücken, FamRZ 2008, 289; a. A. OLG Naumburg, FamRZ 2003, 690.
409 OLG Brandenburg, FuR 2001, 45.
410 BGH, FamRZ 2008, 1433.
411 BGH, FamRZ 2008, 1433.
412 OLG Celle, FamRZ 2012, 141.

J. Rückforderung von zu viel gezahltem Unterhalt | Kapitel 5

Soweit Einwendungen nach § 256 FamFG nicht vorgebracht werden können, ist der Rechtsschutz dadurch gewährleistet, dass eine Rechtspflegererinnerung nach § 11 Abs. 2 Satz 1 RPflG erhoben werden kann bzw. der Betroffene ein Unterhaltsverfahren anhängig macht. | **1228**

Liegt ein Unterhaltstitel aufgrund einer Festsetzung vor, sind die nicht beschwerdefähigen Einwendungen im Wege eines Verfahrens, gerichtet auf Abänderung des Titels nach § 240 FamFG,[413] geltend zu machen.[414] | **1229**

▶ **Praxistipp:** | **1230**

> Kein Rechtsmittel ist die **Abänderung nach § 240 FamFG**. Allerdings können die Beteiligten mit diesem Verfahren die pauschalen Festsetzungen ihren individuellen Gegebenheiten trotz Rechtskraft des Festsetzungsbeschlusses anpassen.
>
> Erlangt der Unterhaltsberechtigte später über die wahren Einkommens- und Vermögensverhältnisse des Unterhaltsschuldners Kenntnis, kann er den Unterhalt nach den individuellen Verhältnissen mit einem Abänderungsantrag nach § 240 FamFG festsetzen lassen.
>
> Ferner kann der Unterhaltsberechtigte diesen Weg beschreiten, wenn er sich durch einen Beschluss nach § 253 Abs. 1 FamFG einen schnellen Vollstreckungstitel beschaffen will und erst danach eine den tatsächlichen wirtschaftlichen Verhältnissen entsprechende Unterhaltsfestsetzung anstrebt.
>
> Umgekehrt hat der Unterhaltspflichtige, der im vereinfachten Verfahren keine Einwendungen erhoben hat bzw. im Verfahren der Vaterschaftsfeststellung erheben konnte, die Möglichkeit, materiell-rechtliche Einwendungen gegen den Unterhaltsbeschluss geltend zu machen.
>
> Das Verfahren nach § 240 FamFG ist von den Erfordernissen der § 238 FamFG bzw. § 767 ZPO unabhängig; es bestehen daher keine präkludierenden Regelungen, ebenso wenig muss eine wesentliche Änderung der Verhältnisse vorliegen.[415] Sie kann aber die Korrektur der im vereinfachten Verfahren erfolgten Unterhaltsfestsetzung bewirken.

J. Rückforderung von zu viel gezahltem Unterhalt

▶ **Das Wichtigste in Kürze** | **1231**

- Verschärfte Rückzahlungshaftung ab Rechtshängigkeit eines auf Herabsetzung gerichteten Abänderungsantrags (§ 241 FamFG). → Rdn. 1245 ff.

---

413 Vgl. dazu oben, Rdn. 647 ff.
414 OLG Stuttgart, FamRZ 2002, 32.
415 OLG Hamm, FamRZ 2004, 1588.

Kapitel 5 Durchsetzung des Unterhaltsanspruchs im gerichtlichen Verfahren

> – Die einstweilige Anordnung ist kein Rechtsgrund für Unterhaltszahlungen, sodass Überzahlungen direkt nach § 812 Abs. 1 Satz 1, 1. Alt. BGB kondizierbar sind. → Rdn. 1239
> – Der Unterhaltsgläubiger kann sich ggü. dem Bereicherungsanspruch auf Entreicherung nach § 818 Abs. 3 BGB berufen; insoweit besteht die Vermutung, dass die Überzahlung nach der Lebenserfahrung regelmäßig zur Verbesserung des Lebensstandards und nicht zur Vermögensbildung ausgegeben wird. → Rdn. 1241 ff.

I. Problematik

1232 Die Überzahlung von Unterhalt kann zur Folge haben, dass der Unterhaltsschuldner einen gerichtlichen **Rückforderungsantrag** stellt. Die Überzahlung kann dadurch bedingt sein, dass der Unterhalt i. R. d. vorläufigen Rechtsschutzes (einstweilige Anordnung) nur summarisch und dadurch in zu großer Höhe tituliert wurde oder sich später die der Unterhaltsberechnung zugrunde gelegten Verhältnisse zugunsten des Unterhaltsschuldners geändert haben. So ist bspw. der Fall denkbar, dass ein Unterhaltsbeschluss, der auf Erwerbslosenunterhalt basiert, unrichtig wird, weil der Unterhaltsberechtigte plötzlich doch Arbeit gefunden hat, deshalb Geld verdient und nicht mehr bedürftig ist.

1233 Jedenfalls wird der Unterhaltsschuldner zu viel gezahlten Unterhalt regelmäßig zurückhaben wollen. Grundlage solcher Rückzahlungsansprüche ist insb. das Bereicherungsrecht, im Einzelfall kommen aber auch Schadensersatzansprüche in Betracht, z. B. weil die gefundene Erwerbstätigkeit dem Unterhaltsschuldner unredlich verschwiegen wird.

II. Bereicherungsrechtliche Rückforderung von Unterhalt

1. Rechtsgrundlose Unterhaltszahlungen

1234 Wichtig ist zunächst, dass Unterhaltsbeschlüsse, aber auch Unterhaltsvereinbarungen einen Rechtsgrund für Unterhaltszahlungen darstellen. Diesen Rechtsgrund muss der bisherige Unterhaltsschuldner erst mal beseitigen, bevor bereicherungsrechtliche Rückzahlungsansprüche nach § 812 BGB konstruierbar sind.

Ist dies mittels Abänderungsantrags nach §§ 238, 239 FamFG erfolgreich geschehen, kommt ein Rückzahlungsanspruch wegen späteren Wegfalls des rechtlichen Grundes nach § 812 Abs. 1 Satz 2, 1. Alt. BGB in Betracht.

a) Unterhaltsbeschluss

1235 Eine **rückwirkende Abänderung** ist im Fall des **Unterhaltsbeschlusses** allerdings nur eingeschränkt möglich (Grund: Rückwirkungssperre des § 238 Abs. 3 Satz 1 FamFG). Folglich kann der Unterhaltsschuldner in diesem Fall nur entsprechend der Regelung des § 238 Abs. 3 Satz 1 FamFG, d. h. soweit diese eine Rückwirkung zulässt, Bereicherungsansprüche nach § 812 Abs. 1 Satz 2, 1. Alt. BGB geltend machen. Die

Rückwirkung ist danach bedingt durch ein etwaiges Auskunfts- oder Verzichtsverlangen des Unterhaltsschuldners (vgl. § 238 Abs. 3 Satz 3 FamFG) und kann nicht über ein Jahr hinausgehen (§ 238 Abs. 3 Satz 4 FamFG).

b) Gerichtlicher Unterhaltsvergleich

Die Unterhaltstitel des § 239 FamFG, d.h. insb. die gerichtlichen Unterhaltsvergleiche, sind der Rechtskraft hingegen nicht fähig und daher rückwirkend abänderbar. Die Vorschrift des § 238 Abs. 3 FamFG ist nicht anwendbar. Die Vertragspartner eines Vergleichs können die Kriterien der Abänderbarkeit autonom bestimmen. Einer **rückwirkenden Abänderung** können nur materiell-rechtliche Gründe entgegenstehen. 1236

Der Antrag, die durch Unterhaltsvergleich titulierte Unterhaltspflicht möge rückwirkend ganz entfallen, ist wie folgt zu formulieren: 1237

▶ Formulierungsbeispiel:

Der Unterhaltsvergleich der Beteiligten, abgeschlossen am ..... vor dem AG ..... (Az.: .....), wird dahin abgeändert, dass der Antragsteller ab ..... keinen Unterhalt mehr an die Antragsgegnerin zu bezahlen hatte.

Soweit das FamG die rückwirkende Änderung beschließt, können aufgrund der Überzahlung Bereicherungsansprüche nach **§ 812 Abs. 1 Satz 2, 1. Alt. BGB** geltend gemacht werden. 1238

c) Unterhaltsanordnungen

Nur die einstweilige Anordnung ist insoweit eine Ausnahme, d.h. sie stellt keinen Rechtsgrund für Unterhaltszahlungen dar, sodass Überzahlungen direkt nach **§ 812 Abs. 1 Satz 1, 1. Alt. BGB** kondizierbar sind. 1239

Die **Möglichkeit dieses Leistungsantrags**, gerichtet auf Rückzahlung von nicht geschuldetem Unterhalt, ist ggü. einem negativen Feststellungsantrag vorrangig, d.h. der Unterhaltsschuldner kann ausschließlich einen Leistungsantrag auf Rückgewähr der nicht geschuldeten Unterhaltsbeträge erheben. Dies ist bedingt durch die Subsidiarität des negativen Feststellungsantrags ggü. einem möglichen Leistungsantrag, der den Streitgegenstand des Feststellungsantrags (Unterhaltsanspruch) mitumfasst. Würde man einen negativen Feststellungsantrag zulassen, müsste das FamG feststellen, dass der Unterhaltsschuldner für die Vergangenheit und weiter für die Zeit bis zur mündlichen Verhandlung zu Unterhaltszahlungen nicht verpflichtet war. Diese Feststellung ist für den Unterhaltsschuldner nur von rechtlicher Bedeutung, wenn er nun die betroffenen nicht geschuldeten Beträge zurückfordert. Dies könnte er – da der Feststellungsbeschluss keinen »Leistungsbefehl« einschließt – nur durch einen nachgeschalteten Leistungsantrag erzwingen. Damit ist der Unterhaltsschuldner in solchen Fällen gezwungen, den Leistungsantrag sofort zu erheben, damit eine doppelte Verfahrensführung nicht erforderlich wird. Der Unterhaltsschuldner beantragt die Rückzahlung der titulierten Unterhaltsleistungen der Vergangenheit und erweitert den Antrag in der mündlichen Verhandlung um diejenigen Zahlungen, die er bis zur mündlichen 1240

Verhandlung noch tätigen musste. Der erfolgreiche Leistungsantrag führt nach § 56 FamFG zum Außerkrafttreten der einstweiligen Unterhaltsanordnung.[416]

2. Entreicherungseinwand nach § 818 Abs. 3 BGB

1241 Soweit rechtsgrundlose Unterhaltszahlungen in der Vergangenheit oder nach Rechtshängigkeit eines etwaigen Abänderungsantrags gegeben sind, beruft sich der Unterhaltsgläubiger demgegenüber regelmäßig auf Entreicherung nach § 818 Abs. 3 BGB.

Der Einwand der Entreicherung kann dem Anspruch vom Unterhaltsgläubiger erfolgreich als **rechtsvernichtende Einwendung** entgegengehalten werden.[417]

1242 Der Unterhaltsgläubiger muss nur darlegen, das erlangte Geld restlos verbraucht zu haben. Wird dagegen in dem betreffenden Zeitraum gleichzeitig Vermögen gebildet, weil wegen der Überzahlung vom laufenden – an sich zur Bestreitung des Lebensunterhalts zur Verfügung stehenden – Einkommen außerplanmäßige Anschaffungen getätigt oder Schulden getilgt werden konnten, greift der Einwand der Entreicherung nicht durch.

1243 Die Rechtsprechung[418] geht allerdings zugunsten des Unterhaltsgläubigers von einer tatsächlichen Vermutung aus, dass die Überzahlung nach der Lebenserfahrung regelmäßig zur Verbesserung des Lebensstandards und nicht zur Vermögensbildung ausgegeben wird.

1244 Der Entreicherungseinwand nach § 818 Abs. 3 BGB wird allerdings nur dem gutgläubigen Bereicherungsschuldner zugestanden, d. h. sobald die Voraussetzungen der verschärften Bereicherungshaftung vorliegen, sind Bereicherungsansprüche umsetzbar (s. u., Rdn. 1245 ff.).

3. Verschärfte Bereicherungshaftung

a) Verschärfte Haftung nach § 241 FamFG

1245 § 241 FamFG trifft folgende Anordnung: Die Rechtshängigkeit eines auf Herabsetzung gerichteten Abänderungsantrags steht bei der Anwendung des § 818 Abs. 4 BGB der Rechtshängigkeit einer Klage auf Rückzahlung der geleisteten Beträge gleich.

1246 ▶ Praxistipp:

Nach früherer Rechtslage führte ein auf Herabsetzung gerichteter Abänderungsantrag bei Rückforderung überzahlter Unterhaltsbeträge nicht zu einer verschärften Bereicherungshaftung des Empfängers. Sofern der zur Rückzahlung Verpflichtete nicht verschärft haftete, stand ihm oftmals der Entreicherungseinwand nach § 818

---

416 Vgl. BGH, NJW 1984, 2095 = FamRZ 1984, 767.
417 BGH, FamRZ 2008, 968, 974.
418 BGH, FamRZ 1998, 951 (953); OLG Brandenburg, FamRZ 2007, 44.

Abs. 3 BGB mit der Folge zu, dass ein Bereicherungsanspruch nicht durchsetzbar war.

Der Unterhaltsgläubiger musste dafür nur vortragen, das erlangte Geld restlos verbraucht zu haben. Die Rechtsprechung ging dabei sogar zugunsten des Unterhaltsgläubigers von einer tatsächlichen Vermutung aus, dass die Überzahlung nach der Lebenserfahrung regelmäßig zur Verbesserung des Lebensstandards und nicht zur Vermögensbildung ausgegeben wurde.

Zur Herbeiführung der verschärften Haftung war erforderlich, dass zusätzlich zum Abänderungsantrag ein auf Rückzahlung gerichteter gesonderter Leistungsantrag erhoben wurde.[419]

Das Erfordernis dieses zweigleisigen Vorgehens brachte mehrere Nachteile mit sich: Der zusätzlich erforderliche Leistungsantrag wirkt kostenerhöhend. Da der zurückzufordernde Betrag sich mit jedem weiteren Monat, in dem Überzahlungen erfolgen, erhöhte, war eine ständige Anpassung des Rückzahlungsantrags erforderlich. Zudem wurde das Erfordernis eines zusätzlichen Leistungsantrags auch von erfahrenen Praktikern im Familienrecht nicht selten übersehen. Andererseits geht das Rechtsschutzziel des auf Herabsetzung antragenden Unterhaltsschuldners im Fall bereits bezahlter Beträge regelmäßig dahin, diese auch zurückzuerlangen.

1247 Die Vorschrift des § 241 FamFG stellt eine Erweiterung der Vorschrift des § 818 Abs. 4 BGB dar, indem die Rechtshängigkeit eines auf Herabsetzung gerichteten Abänderungsantrags (bei der Anwendung des § 818 Abs. 4 BGB) der Rechtshängigkeit einer Klage auf Rückzahlung der geleisteten Beträge gleichsteht. Die Rechtshängigkeit des Abänderungsverfahrens nach §§ 238, 239, 240 FamFG löst damit automatisch die verschärfte Bereicherungshaftung im Fall der späteren Herabsetzung des Unterhaltsanspruchs aus und sichert dadurch Unterhaltsrückzahlungsansprüche ab.

1248 Das Rechtsschutzziel des die Herabsetzung beantragenden Unterhaltsschuldners geht im Fall bereits bezahlter Beträge regelmäßig dahin, diese auch zurückzuerlangen. Der Unterhaltsgläubiger ist durch das Abänderungsverfahren ausreichend gewarnt und muss das erhaltene Geld für eine etwaige Rückzahlung bereithalten. Deshalb ist die Anordnung der verschärften Haftung mit Rechtshängigkeit des auf Herabsetzung gerichteten Abänderungsantrags gerechtfertigt.

1249 Die Regelung des § 241 FamFG enthält auch keine Benachteiligung für den Unterhaltsgläubiger, da der Erfolg der verschärften Haftung auch durch einen entsprechenden Rückzahlungsantrag herbeigeführt werden kann; die Vorschrift stellt daher letztlich eine Vereinfachung dar.

---

419 BGH, FamRZ 1998, 952.

Kapitel 5 Durchsetzung des Unterhaltsanspruchs im gerichtlichen Verfahren

1250 ▶ **Praxistipp:**

§ 241 FamFG bezieht sich aber allein auf die Abänderungsverfahren nach §§ 238, 239, 240 FamFG. Die bereicherungsrechtliche Rückforderung von zu viel gezahltem Unterhalt kann aber auch gewollt sein, wenn die Herabsetzung von Unterhalt gefordert wird, der mittels einer einstweiligen Anordnung tituliert ist. Da ein Abänderungsverfahren nach § 238 FamFG dafür nicht vorgesehen ist, ist entweder ein Abänderungs- bzw. Aufhebungsantrag nach § 54 FamFG zu stellen, ein Antrag auf Einleitung des Hauptsacheverfahrens nach § 52 FamFG oder ein negativer Feststellungsantrag gem. § 256 ZPO. Aufgrund der vergleichbaren Rechtslage ist es wohl vertretbar, § 241 FamFG auf diese Konstellation analog anzuwenden. Darauf sollte sich der für den Unterhaltsschuldner tätige Anwalt aber nicht verlassen, d. h. er sollte absichernd auch den Rückzahlungsantrag stellen. Die Problematik wird hoffentlich alsbald gerichtlich geklärt.

b) Rechtshängigkeit eines Abänderungsantrags

1251 Voraussetzung der verschärften Bereicherungshaftung ist, dass ein erfolgreicher Abänderungsantrag nach §§ 238, 239 oder 240 FamFG vom Unterhaltsschuldner gestellt wurde. Unterhaltszahlungen, die danach erfolgen, etwa um der Zwangsvollstreckung wegen des Unterhalts zu entgehen, kann der Unterhaltsschuldner mit einem Rückzahlungsantrag zurückfordern. Der Entreicherungseinwand nach § 818 Abs. 3 BGB etwa wegen Verbrauchs des Geldes ist dabei aufgrund der verschärften Haftung gem. §§ 241 FamFG i. V. m. 818 Abs. 4 BGB ausgeschlossen.

1252 Analog § 241 FamFG sollte die verschärfte Bereicherungshaftung auch für Unterhaltszahlungen gelten, die nach Rechtshängigkeit eines negativen Feststellungsantrags gegen eine Unterhaltsanordnung zwecks Abwendung der Zwangsvollstreckung erbracht werden (soweit in diesem Fall nicht ohnehin ein Leistungsantrag vorrangig wäre).

c) Bereicherungsansprüche vor Rechtshängigkeit des Abänderungsantrages

1253 Bereicherungsansprüche vor Rechtshängigkeit eines Abänderungsverfahrens setzen die Möglichkeit der rückwirkenden Abänderung voraus (s. o., Rdn. 619 und Rdn. 1235). Eine **rückwirkende Abänderung** ist im Fall des **Unterhaltsbeschlusses** eingeschränkt möglich (Grund: Rückwirkungssperre des § 238 Abs. 3 Satz 1 FamFG), uneingeschränkt hingegen im Fall der gerichtlichen **Unterhaltsvereinbarung**.

1254 Wurde der Unterhalt durch **einstweilige Anordnung** tituliert, ist ein Abänderungsverfahren nicht erforderlich. Die einstweilige Anordnung ist kein Rechtsgrund für Unterhaltszahlungen, sodass der Rückzahlungsanspruch unmittelbar im Wege des Leistungsantrags geltend gemacht werden kann. Inzident wird in diesem Verfahren die materielle Unterhaltsschuld geprüft; kommt das FamG dabei zu dem Ergebnis, dass eine Unterhaltsschuld nicht bestand, tritt dadurch die einstweilige Anordnung nach § 56 Abs. 1

J. Rückforderung von zu viel gezahltem Unterhalt   Kapitel 5

FamFG außer Kraft. Diese Entscheidung ist – ihre Rechtskraft unterstellt – eine anderweitige Regelung.[420]

Auch wenn das FamG die Unrichtigkeit der einstweiligen Anordnung feststellt bzw. eine rückwirkende Abänderung im Verfahren nach §§ 238, 239 FamFG vornimmt, ist der Rückzahlungsanspruch noch abhängig vom Entreicherungseinwand. **1255**

▶ Beispiel: **1256**

Wird z. B. durch ein Abänderungsverfahren nach § 239 FamFG ein gerichtlicher Unterhaltsvergleich rückwirkend dahin geändert, dass der Unterhaltsschuldner mtl. 100 € weniger zahlen muss, kann er die Zuvielzahlung ab Rechtshängigkeit des Abänderungsverfahrens aufgrund von § 241 FamFG mit dem Bereicherungsanspruch erfolgreich geltend machen. Allerdings gilt § 241 FamFG nicht für den Zeitraum vor Rechtshängigkeit. Der Bereicherungsanspruch sieht sich hier mit dem Entreicherungseinwand des § 818 Abs. 3 BGB konfrontiert.

Allerdings kann sich der Empfänger bei verschärfter Haftung nach §§ 818 Abs. 4, 819 Abs. 1 oder 820 Abs. 1 BGB nicht mehr auf Entreicherung berufen, sondern haftet nunmehr nach den allgemeinen Vorschriften. Die Voraussetzungen der verschärften Bereicherungshaftung sind allerdings in Unterhaltssachen selten gegeben: **1257**
- **§ 818 Abs. 4 BGB; § 241 FamFG**
  Eine Haftungsverschärfung nach diesen Vorschriften setzt die Rechtshängigkeit des Abänderungsverfahrens voraus, ist daher für zurückliegende Zeiträume bedeutungslos.
- **§§ 819 Abs. 1 i. V. m. 818 Abs. 4 BGB**
  Eine verschärfte Haftung kann sich auch aus § 819 Abs. 1 i. V. m. § 818 Abs. 4 BGB ergeben. Maßgeblich ist, dass der Bereicherungsschuldner das Fehlen des rechtlichen Grundes selbst und die sich daraus ergebenden Rechtsfolgen (positiv) kennt. Die Voraussetzungen des § 819 Abs. 1 BGB sind kaum beweisbar; der Unterhaltsgläubiger wird sich auf die Ungewissheit der Unterhaltsproblematik berufen, die selbst nach Rechtshängigkeit des Abänderungsverfahrens noch besteht.
- **§ 820 Abs. 1 Satz 2 BGB**
  Eine verschärfte Bereicherungshaftung kommt des Weiteren auch nicht nach § 820 Abs. 1 Satz 2 BGB in Betracht. Erforderlich ist, dass die Leistung aus einem Rechtsgrund erfolgt sein muss, dessen Wegfall nach dem Inhalt des Rechtsgeschäfts als möglich angesehen wurde und der später auch tatsächlich wegfällt.
  Der BGH[421] hat eindeutig klargestellt, dass § 820 Abs. 1 Satz 2 BGB auch im Fall eines gerichtlichen Unterhaltsvergleichs weder unmittelbar noch entsprechend anwendbar ist.
  Rechtsgrund für gezahlten Unterhalt sei in solchen Fällen nicht der Unterhaltsvergleich, sondern die gesetzliche Unterhaltspflicht (z. B. nach §§ 1569 ff. BGB). Dieser Rechtsgrund werde durch den Vergleich nicht ausgewechselt, sondern nur auf eine

---

420 BGH, FamRZ 1984, 767, 768.
421 BGH, FamRZ 1998, 953.

weitere schuldrechtliche Grundlage gestellt und mit einem vollstreckungsfähigen Titel (§ 794 Abs. 1 Nr. 1 ZPO) versehen. Der gerichtliche Unterhaltsvergleich modifiziert damit allenfalls die gesetzlichen Voraussetzungen der Unterhaltspflicht, etwa in zeitlicher Hinsicht oder der Höhe nach. Eine solche, lediglich vertraglich modifizierte Unterhaltspflicht ist aber mit den Fällen des § 820 Abs. 1 Satz 2 BGB nicht vergleichbar, in denen die Beteiligten die Vermögensverschiebung aufgrund einer rechtsgeschäftlichen Vereinbarung vornehmen.

▶ Fazit:

Der Rechtsprechung ist mehrfach vorgeworfen worden, sie benachteilige den Unterhaltsschuldner, da es aussichtslos sei, in der Vergangenheit zu viel gezahlten Unterhalt zurückzubekommen. Dies gipfelte im Hinblick auf § 818 Abs. 3 BGB in der ironischen Aussage »Nur ausgegebenes Geld ist im Unterhaltsrecht gutes Geld«.[422]

Zwar hat sich das Problem der Rückforderung von Unterhalt durch § 241 FamFG etwas entspannt, dennoch dürfte es nach wie vor mehr oder weniger aussichtslos sein, Unterhalt, der vor Rechtshängigkeit eines Abänderungsverfahrens zu viel gezahlt wurde, mittels eines Bereicherungsanspruchs zurückzubekommen. Möglichkeiten ergeben sich daher nur, wenn ein deliktischer Rückzahlungsanspruch besteht (s. u., Rdn. 1260 ff.).

4. Rückforderungsantrag

1258 Sollte insb. aufgrund der Vorschrift des § 241 FamFG ein Rückforderungsantrag erfolgreich gestellt werden können, wäre folgender Antrag zu stellen:

▶ Formulierungsbeispiel:

Der Antragsgegner wird verpflichtet, den während des Abänderungsverfahrens zu viel gezahlten Unterhalt i. H. v. monatlich ..... € nebst Zinsen von 5 % Prozentpunkten über dem Basiszinssatz ab ..... an den Antragsteller zu zahlen.

1259 Der Antrag kann zur Vermeidung eines Kostenrisikos auch hilfsweise gestellt werden, d. h. er kann vom Erfolg des Abänderungsverfahrens abhängig gemacht werden.

III. Schadensersatzansprüche wegen überhöhter Unterhaltszahlungen

1260 Der Unterhaltsschuldner kann Überzahlungen nach § 826 BGB zurückverlangen, wenn er insb. aufgrund falscher Angaben des Unterhaltsgläubigers zu überhöhten Unterhaltszahlungen veranlasst wurde. Diese Ansprüche sind allerdings in der Praxis äußerst selten. Zudem besteht die Gefahr, dass ein titulierter Schadensersatzanspruch mangels finanzieller Masse beim Schuldner nicht durchgesetzt werden kann.

---

422 Kohler, FamRZ 1988, 1005 mit Verweis auf FAZ v. 22.03.1985, S. 10.

1. Schadensersatz nach § 826 BGB

Nach gefestigter höchstrichterlicher Rechtsprechung[423] kann in schwerwiegenden Ausnahmefällen mit einem auf § 826 BGB gestützten Antrag die materielle Rechtskraft durchbrochen werden, und zwar als Anspruch auf Unterlassen der Zwangsvollstreckung und Herausgabe des Titels, sonst als Schadensersatzanspruch in Geld, wenn bereits vollstreckt worden ist.[424] Denn die Rechtskraft muss zurücktreten, wenn es mit dem Gerechtigkeitsgedanken schlechthin unvereinbar wäre, dass der Titelgläubiger seine formale Rechtsstellung zulasten des Schuldners ausnutzt. 1261

Der Anspruch aus § 826 BGB setzt zunächst die materielle Unrichtigkeit des Titels voraus. Maßgeblich ist insoweit die Auffassung des über den Schadensersatzanspruch erkennenden Gerichts.[425] Hinzukommen müssen des Weiteren besondere Umstände, die das Verhalten des Schädigers als sittenwidrig erscheinen lassen.[426] Letzteres ist anzunehmen, wenn der Titelgläubiger Kenntnis davon hat, dass die titulierte Forderung in Wahrheit nicht besteht und dass sein Vorgehen das Rechtsgefühl in schlechthin unerträglicher Weise verletzt.[427] 1262

▶ **Praxistipp:** 1263

Der Erfolg des Antrags hängt also davon ab, dass
- der betroffene Titel materiell unrichtig ist,
- der Titelgläubiger die Unrichtigkeit des Titels kennt,
- besondere Umstände noch hinzutreten, aufgrund derer es dem Gläubiger zuzumuten ist, die ihm unverdient zugefallene Rechtsposition aufzugeben.

Auch die Voraussetzungen des Schadensersatzes nach § 823 Abs. 2 BGB i. V. m. § 263 StGB sind bei betrügerischem Verhalten des Unterhaltsgläubigers gegeben. 1264

2. Offenbarungspflicht des Unterhaltsberechtigten

Bei falschen Angaben des Unterhaltsberechtigten über seine Einkommens- und Vermögensverhältnisse ist zu unterscheiden: 1265

a) Falsche Angaben vor Titelschaffung

Wer einen Unterhaltsanspruch geltend macht, hat die zur Begründung des Anspruchs dienenden tatsächlichen Umstände wahrheitsgemäß anzugeben und darf nichts verschweigen, was seine Unterhaltsbedürftigkeit infrage stellen könnte. Das gilt mit Rücksicht auf die nach § 138 Abs. 1 ZPO bestehende prozessuale Wahrheitspflicht erst 1266

---

423 Vgl. BGH, NJW 1983, 2317; BGH, NJW 1996, 658 ff. m. Anm. Schmidt, JuS, 1996, 651 f.; BVerfG, NJW-RR 1993, 232 m. w. N.
424 Thomas/Putzo, ZPO, § 322 Rn. 50 ff.
425 BGH, NJW 1987, 3256 f.
426 Palandt/Sprau, BGB, § 826 Rn. 46.
427 Thomas/Putzo, ZPO, § 322 Rn. 50 ff.

recht während eines laufenden Rechtsstreits (z. B. Nichtoffenbarung einer freiwilligen Zuwendung der Mutter des Unterhaltsberechtigten i. H. v. 125.000 €, die evtl. über § 1577 Abs. 3 BGB hätte berücksichtigt werden müssen).[428]

1267 Das Verschweigen unterhaltsrelevanter Tatsachen ist eine Täuschung durch positives Tun, nämlich durch Entstellen des zur Beurteilung der Unterhaltsbedürftigkeit maßgebenden Gesamtsachverhalts.

1268 Kommt es aufgrund der Täuschung zu einem für den Unterhaltspflichtigen ungünstigen Vergleich, kann der Unterhaltsschuldner diesen anfechten. Liegen die Voraussetzungen für eine arglistige Täuschung vor, kommt eine Anfechtung des Vergleichs gem. § 123 BGB in Betracht. Prozessual ist das Ursprungsverfahren, in dem der Vergleich geschlossen worden ist, auf Antrag des Anfechtenden zur Prüfung der Unwirksamkeit des Vergleichs fortzusetzen.[429]

1269 Ein Schadensersatzanspruch wegen Betrugs (§ 823 Abs. 2 BGB, § 263 StGB) kommt in Betracht, wenn der Unterhaltsberechtigte bewusst falsche Angaben zu seinen Einkommens- und Vermögensverhältnissen gemacht, dadurch einen (falschen) Titel herbeigeführt und der Unterhaltspflichtige aufgrund dieses Titels (zu viel) gezahlt hat (sog. Prozessbetrug). Dieses arglistige Verhalten begründet ebenfalls den Schadensersatzanspruch nach § 826 BGB.

1270 Schwierigkeiten bereitet allerdings die subjektive Seite. Denn angesichts der Kompliziertheit des Unterhaltsrechts kann ein juristischer Laie nicht immer übersehen, welche unterhaltsrechtliche Relevanz bestimmte Einzelfaktoren haben.

b) Fehlverhalten des Unterhaltsberechtigten nach Titelschaffung

1271 Eine generelle Verpflichtung zur Offenlegung von (ungünstigen) Einkommensänderungen und dergleichen besteht nach Auffassung der Rechtsprechung nicht; der Unterhaltsschuldner ist gehalten, seine Auskunftsrechte wahrzunehmen.[430]

Eine ausdrückliche Verpflichtung zur ungefragten Information ist nämlich bislang nicht kodifiziert.

1272 Nur ausnahmsweise wird eine **Offenbarungspflicht aus § 242 BGB** hergeleitet, falls das Schweigen evident unredlich ist.

Dies betrifft etwa den Fall, dass die Bedürftigkeit infolge einer **unerwarteten Arbeitsaufnahme** entfällt.[431]

---

428 BGH, FamRZ 2000, 153.
429 BGH, FamRZ 2008, 153 f.
430 Gerhard, in: Handbuch FAFmR, 6. Kap. Rn. 848.
431 BGH, FamRZ 1988, 270.

J. Rückforderung von zu viel gezahltem Unterhalt   Kapitel 5

Ebenfalls kommt eine Informationspflicht in Betracht, wenn der Unterhaltsberechtigte seit mehreren Jahren in einer **eheersetzenden Partnerschaft** lebt, ohne dies zu erklären.[432]

Teilt der Unterhaltsberechtigte diesen neuen Umstand nicht mit, liegt ein Betrug vor, sodass Schadensersatz wegen des zu viel gezahlten Unterhalts nach § 823 Abs. 2 BGB i. V. m. § 263 StGB verlangt werden kann.   1273

Eine verstärkte Verpflichtung zur Mitteilung wesentlicher Einkommensänderungen nimmt die bisherige Rechtsprechung nur im Fall der **Unterhaltsvereinbarung** mittels gerichtlichen Vergleichs an.   1274

Nur dann unterliege der Unterhaltsgläubiger einer **gesteigerten Rücksichtnahmepflicht** bzgl. der Vermögensinteressen des Unterhaltsschuldners, d. h. er muss auch ungefragt Veränderungen der für die Unterhaltsbemessung maßgeblichen Faktoren mitteilen.[433]

Die Offenbarungspflicht im Fall vorausgegangener Unterhaltsvereinbarungen wird aus §§ 242, 1618a BGB abgeleitet.[434]

Letztlich ist die Rechtsprechung unverständlich. Wesentliche Einkommensänderungen sind unabhängig von der jeweiligen Titulierung immer mitzuteilen.   1275

Die Unterhaltsverpflichtung hat Dauerschuldcharakter und begründet ein unterhaltsrechtliches Treueverhältnis. Dies ist nicht von der jeweiligen Unterhaltstitulierung abhängig.[435]

▶ Hinweis: 1276

> Ein Hinweis, dass der Gesetzgeber diese ungefragte Auskunftspflicht, die Grundlage von Schadensersatzansprüchen wäre, weiter entwickeln will, kann § 235 Abs. 3 FamFG entnommen werden. Nach § 235 Abs. 1 Satz 1 FamFG kann das FamG anordnen, dass der Antragsteller und der Antragsgegner Auskunft über ihre Einkünfte, ihr Vermögen und ihre persönlichen und wirtschaftlichen Verhältnisse erteilen sowie bestimmte Belege vorlegen, soweit dies für die Bemessung des Unterhalts von Bedeutung ist.
>
> § 235 Abs. 3 FamFG sieht daran anknüpfend eine Verpflichtung des Adressaten einer Auflage nach § 235 Abs. 1 FamFG vor, das Gericht über wesentliche Veränderungen derjenigen Umstände unaufgefordert zu informieren, die Gegenstand der Auflage waren.
>
> Die Vorschrift des § 235 Abs. 3 FamFG sollte es zulassen, die Pflicht zur ungefragten Information der Beteiligten über die maßgeblichen wirtschaftlichen Verhältnisse,

---

432 OLG Koblenz, FamRZ 1987, 1156.
433 BGH, FamRZ 2008, 1325.
434 Vgl. dazu BGH, FamRZ 2008, 1325 m. Anm. Borth.
435 Vgl. auch Büttner, FF 2008, 15.

die der Unterhaltsbemessung zugrunde liegen, auf alle Unterhaltsschuldverhältnisse – unabhängig von der jeweiligen Titulierung – auszudehnen und daher weiterzuentwickeln. Grundlage dieser Pflicht ist bereits das Unterhaltsschuldverhältnis, das einen Dauerschuldcharakter hat. Für Dauerschuldverhältnisse ist aber anerkannt, dass wechselseitige Rücksichtnahmepflichten und Offenbarungspflichten bestehen.

Taktisch ist es empfehlenswert, in Unterhaltsvereinbarungen ausdrückliche Mitteilungspflichten mitaufzunehmen.

3. Antragstellung

1277 Der Schadensersatzanspruch nach § 826 BGB erlaubt die Durchbrechung der materiellen Rechtskraft. Der Antrag umfasst daher das Unterlassen der Zwangsvollstreckung und die Herausgabe des Titels, i. Ü. Schadensersatzanspruch in Geld, wenn bereits vollstreckt worden ist.[436]

1278 Der Antrag kann daher lauten:

▶ **Formulierungsbeispiel: Antrag auf Schadensersatz nach § 826 BGB**

Der Antragsgegner wird verpflichtet,
1. die Vollstreckung aus dem Unterhaltsbeschluss des AG – FamG ..... vom ..... (Az.: .....) zu unterlassen und die vollstreckbare Ausfertigung des Beschlusses an den Antragsteller herauszugeben.
2. an den Antragsteller Schadensersatz i. H. v. ..... € nebst Zinsen von 5 Prozentpunkten über dem Basiszinssatz ab Rechtshängigkeit zu zahlen.

IV. Anwaltliche Strategie

1279 Die Anforderungen an Schadensersatzansprüche, um Unterhalt zurückzuerlangen, sind sehr hoch.

1280 Der bereicherungsrechtliche Anspruch ist hingegen aufgrund des Entreicherungseinwands nach § 818 Abs. 3 BGB regelmäßig wenig Erfolg versprechend. Deshalb stellt sich die Frage, wie der Anwalt seinen Mandanten schützen kann:
– Wichtig ist es, möglichst schnell einen Abänderungsantrag zu stellen, um die Unterhaltsschuld zu reduzieren bzw. gänzlich auszuräumen.
– Ab Rechtshängigkeit des Abänderungsantrags greift dann für künftige Zahlungen die verschärfte Bereicherungshaftung aufgrund der Vorschrift des § 241 FamFG ein.
– Um die Zustellung zu erreichen, sollte sofort der Kostenvorschuss beigefügt werden. Anderenfalls drohen Verzögerungen wegen der Wertfestsetzung durch das Gericht und der anschließenden Anforderung des Vorschusses.
– Weiterhin sollte der anwaltliche Vertreter unbedingt die einstweilige Einstellung der Zwangsvollstreckung nach § 242 FamFG i. V. m. § 769 ZPO beantragen.

---

436 Thomas/Putzo, ZPO, § 322 Rn. 50 ff.

- Ist der Unterhalt durch einstweilige Anordnung tituliert, wäre möglichst schnell ein Rückzahlungsantrag zu erheben. Daneben kommt eine Aussetzung der Vollstreckung nach § 55 FamFG in Betracht.
- Eine letzte Möglichkeit, den Entreicherungseinwand nach § 818 Abs. 3 BGB auszuschließen, besteht darin, dem Unterhaltsgläubiger (möglichst frühzeitig) die Überzahlung als zins- und tilgungsfreies Darlehen zu überlassen, verbunden mit der Verpflichtung, im Fall der Abweisung eines Abänderungs- oder Aufhebungsverfahrens auf die Rückzahlung zu verzichten. Der Unterhaltsberechtigte soll nach Treu und Glauben verpflichtet sein, ein solches Angebot anzunehmen. Der Erfolg der genannten Verfahren führt dann zu einem Rückzahlungsanspruch des Unterhaltsschuldners nach § 488 Abs. 1 BGB.[437] Mitunter wird gegen diesen Vorschlag eingewandt, der Antragsteller wolle mit dem Darlehensangebot lediglich die Vollstreckbarkeit des Titels unterlaufen. Der Antragsteller will nach Auffassung der Rechtsprechung mit dem Darlehensangebot jedoch v. a. dem ggü. einem Unterhaltsrückforderungsanspruch möglichen Entreicherungseinwand begegnen.[438]

V. Übersicht: Rückzahlung Unterhalt

1281

Titel:	Beschluss	Vergleich	Einstweilige Anordnung	Notarielle Urkunde
Rechtsgrundlage:	§ 258 ZPO	§ 794 Abs. 1 Nr. 1 ZPO	§§ 49 ff., 246 FamFG	§ 794 Abs. 1 Nr. 5 ZPO
Aufhebung des Titels:	§ 238 FamFG	§ 239 FamFG	Einleitung des Hauptsacheverfahrens, § 52 FamFG	§ 239 FamFG
Bereicherungsanspruch	§ 812 Abs. 1 Satz 2 (1)	§ 812 Abs. 1 Satz 2 (1)	§ 812 Abs. 1 Satz 1 (1)	§ 812 Abs. 1 Satz 2 (1)

---

437 BGH, NJW 1992, 2417; BGH, FamRZ 1998, 951, 952; BGH, NJW 2000, 742.
438 BGH, NJW 2000, 740, 742; BGH, BGHZ 118, 383 = FamRZ 1992, 1152, 1155 = NJW 1992, 2415.

Kapitel 5 Durchsetzung des Unterhaltsanspruchs im gerichtlichen Verfahren

Besonderheiten des Bereicherungsanspruchs	§ 818 Abs. 3: Verbrauch für laufenden Lebensbedarf
	§ 818 Abs. 4: Ab Rechtshängigkeit eines Abänderungsantrags (§ 241 FamFG)
	§ 819: Bereicherungsschuldner darf auf günstigen Prozessausgang und Richtigkeit des Titels hoffen
	§ 820: Nicht anwendbar bei einem Unterhaltstitel
Schadensersatzanspruch	§ 823 Abs. 2 BGB i. V. m. § 263 StGB: Wahrheitspflicht im Verfahren
	§ 823 Abs. 2 BGB i. V. m. § 263 StGB: Im Fall der Unterhaltsvereinbarung Informationspflicht, wenn sich für die Unterhaltsbemessung maßgebliche Umstände verändern
	§ 826 BGB: Ausnutzung des Unterhaltstitels evident unredlich
Prozessualer Schadensersatzanspruch	§ 717 Abs. 2 ZPO: Anwendbar bei Unterhaltsbeschlüssen
	§ 945 ZPO: Auch bei einstweiliger Anordnung nicht anwendbar (vgl. § 119 Abs. 1 Satz 2 FamFG)

K. Kosten des Unterhaltsverfahrens

1282 ▶ **Das Wichtigste in Kürze**

– Kostenentscheidung in Unterhaltsverfahren nach billigem Ermessen. → Rdn. 1284
– Kostenmäßige Sanktionen bei ungenügender Auskunftserteilung. → Rdn. 1286 f.

1283 Das Gericht hat in Unterhaltssachen über die Kostenverteilung gem. § 243 FamFG nach billigem Ermessen zu entscheiden. Die wesentlichen Gesichtspunkte der ZPO-Kostenvorschriften sind als zu berücksichtigende Gesichtspunkte unter Nr. 1 bis 4 aufgezählt. Insb. kann nunmehr eine unterlassene oder ungenügende Auskunftserteilung stärker als bisher kostenrechtlich sanktioniert werden. Insgesamt soll die Kostenentscheidung in Unterhaltssachen flexibler und weniger formal gehandhabt werden können. Hierzu besteht auch deshalb Anlass, da – anders als bei Verfahren über einmalige Leistungen – in Unterhaltssachen dem Dauercharakter der Verpflichtung bei der Streitwertermittlung nur begrenzt Rechnung getragen werden kann.

I. Entscheidung nach billigem Ermessen

1284 Das FamG entscheidet in Unterhaltssachen nach billigem Ermessen über die Kosten. Maßgebliche Gesichtspunkte, die das billige Ermessen berücksichtigen soll, werden in den Nr. 1 bis 4 genannt. Durch das Wort »insbesondere« wird klargestellt, dass die in Nr. 1 bis 4 aufgezählten Gesichtspunkte jedoch nicht abschließend sind. So kann z. B. in der Rechtsmittelinstanz auch der Rechtsgedanke des § 97 Abs. 2 ZPO in die Kostenentscheidung einfließen.

II. Kriterien der Kostenentscheidung

1. Verhältnis von Obsiegen und Unterliegen (§ 243 Nr. 1 FamFG)

Grds. gilt im Zivilprozess, dass die Kosten entsprechend dem Verfahrenserfolg zu tragen sind. Diese Regel ist auch Grundlage der Kostenentscheidung in Unterhaltssachen und dürfte, auch wenn die Nummerierung nicht als Rangverhältnis zu verstehen ist, vom Gesetzgeber nicht ohne Bedacht als Nr. 1 platziert worden sein.

1285

2. Auskunftsverweigerung (§ 243 Nr. 2 FamFG)

Eine unterlassene oder ungenügende Auskunftserteilung kann kostenrechtlich sanktioniert werden. Letztlich geht die Vorschrift auf § 93d ZPO a. F. zurück; es ist deshalb auch von Bedeutung, inwieweit die ungenügende Auskunft kausal für den gerichtlichen Misserfolg im Unterhaltsverfahren geworden ist. Ratio legis der Vorschrift ist, dass gesetzliche Unterhaltsansprüche im Interesse aller Beteiligter nach Möglichkeit bereits außergerichtlich geklärt werden sollen. Dies setzt voraus, dass der Verpflichtete freiwillig und umfassend Auskunft erteilt. Legt der Antragsgegner Erwerbsbemühungen nicht umfassend dar, ist der Anwendungsbereich der Vorschrift hingegen nicht (auch nicht entsprechend) eröffnet.[439]

1286

3. Ungenügende Auskunft ggü. dem Gericht (§ 243 Nr. 3 FamFG)

Fordert das FamG Auskunft über Einkünfte und Vermögen und kommt der Beteiligte der Aufforderung nicht nach, hat dies nachteilige Konsequenzen für die Kostenentscheidung. Wichtig ist natürlich, dass der Beteiligte auf diese Folge hingewiesen wird. Dazu ist das FamG nach § 235 Abs. 1 Satz 4 FamFG nämlich verpflichtet.

1287

4. Sofortiges Anerkenntnis (§ 243 Nr. 4 FamFG i. V. m. § 93 ZPO)

Das sofortige Anerkenntnis des Antragsgegners nach § 93 ZPO hat Kostenvorteile. Nach § 93 ZPO fallen dem Antragsteller die Verfahrenskosten zur Last, wenn der Antragsgegner den Anspruch sofort anerkennt und durch sein Verhalten nicht Veranlassung zur Erhebung des Unterhaltsantrags gegeben hatte.

1288

Der auf Verzicht auf die Rechte aus einem Unterhaltstitel in Anspruch genommene Antragsgegner hat Veranlassung zu einem gerichtlichen Unterhaltsverfahren gegeben, wenn er dem Begehren des Antragstellers im Stadium der VKH-Prüfung entgegengetreten ist.[440]

Ansonsten ist entscheidend, dass der Antragsgegner spätestens mit der Erwiderung auf den Unterhaltsantrag anerkennt.[441]

---

439 Vgl. KG, FamRZ 2008, 530.
440 OLG Stuttgart, FamRZ 2012, 809 f.
441 BGH, NJW 2006, 2490.

Kapitel 5   Durchsetzung des Unterhaltsanspruchs im gerichtlichen Verfahren

Letztlich ist auch zu berücksichtigen, dass der Unterhaltsgläubiger einen Titulierungsanspruch hat; hat der Verpflichtete daher zwar immer Unterhalt gezahlt, die Titulierung aber trotz Aufforderung verweigert, ist Nr. 4 nicht anwendbar.[442]

1289 Ein Teilanerkenntnis, gestützt auf Teilzahlungen, ist in Unterhaltssachen ebenfalls nicht kostenbegünstigt; der Berechtigte hat einen Anspruch auf einen umfassenden Titel.[443]

---

442 OLG Oldenburg, FamRZ 2003, 1575.
443 Vgl. BGH, NJW 2010, 238; OLG Zweibrücken, FamRZ 2002, 1130.

Stichwortverzeichnis

Die **halbfett** gedruckten Ziffern verweisen auf die Kapitel im Handbuch; die normal gedruckten auf die entsprechenden Randnummern.

Abänderung
- Abänderungsabweisungsantrag, Muster **Kap. 5** 674
- Abänderungsantrag Kindesunterhalt, Muster **Kap. 5** 672
- Abänderungsantrag nach § 23 FamFG, Checkliste **Kap. 5** 606
- Abänderungsantrag Unterhaltsschuldner, Muster **Kap. 5** 670
- Abänderungsantrag wegen Wegfall der Geschäftsgrundlage, Muster **Kap. 5** 671
- Abänderungsantrag, Muster **Kap. 5** 554 ff.
- Abänderungsentscheidung **Kap. 5** 571
- Abänderungsstufenantrag, Muster **Kap. 5** 557, **Kap. 5** 617, **Kap. 5** 669, **Kap. 5** 670, **Kap. 5** 673
- Abänderungswiderantrag **Kap. 5** 688 f.
- Abgrenzung zum Leistungsantrag **Kap. 5** 576 ff.
- Abgrenzung zum Vollstreckungsabwehrverfahren **Kap. 5** 759 ff.
- eines Unterhaltstitels **Kap. 5** 509 ff.
- entsprechend § 313 BGB **Kap. 5** 618 ff.
- – Jugendamtsurkunde **Kap. 5** 626 f.
- – notarielle Urkunde **Kap. 5** 626 ff.
- – Vertrauensschutz **Kap. 5** 618 f.
- Fehlerkorrektur **Kap. 5** 574
- gegenläufige Abänderungsverfahren **Kap. 5** 688 f.
- gerichtliche Entscheidung **Kap. 5** 511 ff.
- – Abänderungsantrag **Kap. 5** 553 ff.
- – Abänderungsentscheidung **Kap. 5** 571 ff.
- – Abgrenzung zum Leistungsantrag **Kap. 5** 576 ff.
- – Anerkenntnisbeschluss **Kap. 5** 544 f.
- – Checkliste **Kap. 5** 606
- – Einstellung ZwangsVollstreckung **Kap. 5** 520 ff.
- – Fehlerkorrektur **Kap. 5** 574
- – Hauptsacheentscheidung **Kap. 5** 529
- – Nachforderungsantrag **Kap. 5** 586
- – Nachforderungsantrag s. a. Nachforderungsantrag
- – Präklusion **Kap. 5** 558 ff.
- – Rechtskraftdurchbrechung **Kap. 5** 515
- – Rechtsnatur **Kap. 5** 513 f.
- – Rückwirkungssperre **Kap. 5** 565 ff., s. a. Rückwirkungssperre
- – Streitgegenstand **Kap. 5** 515 ff.
- – Tatsachenpräklusion **Kap. 5** 558 ff.
- – Verfahren **Kap. 5** 518 ff., **Kap. 5** 575
- – Verfahrensführungsbefugnis **Kap. 5** 519
- – Verhältnis zum Vollstreckungsabwehrverfahren **Kap. 5** 590 ff.
- – Verhältnis zur Beschwerde **Kap. 5** 603 ff.
- – Versäumnisbeschluss **Kap. 5** 542
- – verschärfte Bereicherungshaftung **Kap. 5** 525 ff.
- – Voraussetzungen **Kap. 5** 529 ff.
- – wesentliche Änderung **Kap. 5** 531 ff.
- – Zuständigkeit **Kap. 5** 518
- Muster **Kap. 5** 669 ff.
- nach § 240 FamFG **Kap. 5** 647 ff.
- – Antrag **Kap. 5** 654 ff.
- – Anwendungsbereich **Kap. 5** 648 ff.
- – Verfahrensvoraussetzungen **Kap. 5** 653 ff.
- – Vorrang streitiges Verfahren **Kap. 5** 653
- – zeitliche Begrenzung **Kap. 5** 661 ff.
- – Rückwirkungssperre **Kap. 5** 565 ff., s. a. Rückwirkungssperre
- – Tatsachenpräklusion, anwaltlicher Vortrag **Kap. 5** 564
- – Vergleiche und Urkunden **Kap. 5** 607 ff.
- – Abänderungsantrag **Kap. 5** 611
- – Abgrenzung zum Leistungsantrag **Kap. 5** 632 ff.
- – Abgrenzung zum Vollstreckungsabwehrverfahren **Kap. 5** 642
- – anwaltliche Vorgehensweise **Kap. 5** 645 f.

701

Stichwortverzeichnis

- – – Anwendungsbereich Kap. 5 609 f.
- – – Checkliste Kap. 5 631
- – – Muster Kap. 5 613 ff.
- – – nach § 313 BGB Kap. 5 618 ff.
- – – Vertrauensschutz Kap. 5 607
- – – Wesentlichkeitsschwelle Kap. 5 611
- – Verhältnis zum Vollstreckungsabwehrverfahren Kap. 5 590 ff.
- – verschärfte Bereicherungshaftung Kap. 5 525 ff.

Abänderungsabweisungsantrag
- – Kindesunterhalt, Muster Kap. 5 674

Abänderungsantrag Kap. 5 509 ff., s. a. Abänderung
- – Abänderungsabweisungsantrag, Muster Kap. 5 674
- – Abänderungswiderantrag Kap. 5 688 f.
- – Abgrenzung zum Leistungsantrag Kap. 5 576 ff.
- – des Unterhaltsschuldners, Muster Kap. 5 670
- – Entfallen Unterhaltspflicht, Muster Kap. 5 556
- – Herabsetzung Unterhalt, Muster Kap. 5 555
- – höherer Unterhalt, Muster Kap. 5 554
- – Kindesunterhalt, Muster Kap. 5 672
- – Krankenvorsorgeunterhalt Kap. 3 145
- – nach § 238 FamFG, Checkliste Kap. 5 606
- – nach § 239 FamFG Kap. 5 611
- – – Checkliste Kap. 5 631
- – nach § 240 FamFG Kap. 5 647 ff.
- – Vergleiche und Urkunden Kap. 5 607 ff., s. a. Abänderung
- – wegen Wegfall der Geschäftsgrundlage, Muster Kap. 5 671

Abänderungsstufenantrag Kap. 2 169
- – Ehegattenunterhalt, Muster Kap. 5 669
- – Kindesunterhalt, Muster Kap. 5 673
- – minderjähriges Kind, Muster Kap. 2 170
- – Muster Kap. 2 170, Kap. 5 557, Kap. 5 617, Kap. 5 669, Kap. 5 673
- – Vergleich, Muster Kap. 5 617

Abänderungsverfahren Kap. 5 509 ff., s. a. Abänderung
- – Abänderung eines Titels Kap. 5 23 ff.
- – Abgrenzung zum Leistungsantrag Kap. 5 576 ff.

- – Abgrenzung zum Vollstreckungsabwehrverfahren Kap. 5 759 ff.
- – Aufstockungsunterhalt Kap. 3 124
- – Befristung, Übergangsrecht Kap. 3 844 ff.
- – – Zumutbarkeitsprüfung Kap. 3 844 f.
- – einstweilige Unterhaltsanordnung Kap. 5 27 ff., Kap. 5 145 ff., Kap. 5 155
- – gegenläufige Kap. 5 516, Kap. 5 688 f.
- – gerichtliche Entscheidung, Voraussetzung Kap. 5 518 f.
- – Leistungsantrag Kap. 5 281
- – nach § 240 FamFG Kap. 5 647 ff.
- – notarielle Urkunde Kap. 3 830 ff.
- – Präklusion Kap. 3 844 ff.
- – – zweistufige Prüfung Kap. 3 849
- – Übergangsrecht Kap. 3 844 ff.
- – Unterhaltsbefristung Kap. 3 822 ff.
- – Unterhaltsvergleich Kap. 3 830 ff.
- – Vergleiche und Urkunden Kap. 5 607 ff., s. a. Abänderung
- – – Abgrenzung zum Leistungsantrag Kap. 5 632 ff.
- – – Abgrenzung zum Vollstreckungsabwehrverfahren Kap. 5 642 ff.
- – Verhältnis zum Vollstreckungsabwehrverfahren Kap. 5 590 ff.
- – Verhältnis zur Beschwerde Kap. 5 603 ff.
- – Vollstreckbare Urkunde Kap. 3 830 ff.
- – Zuständigkeit Kap. 5 518

Abänderungswiderantrag Kap. 5 688 f.

Abfindung
- – Doppelanrechnung Kap. 3 333 ff.
- – Ehegattenunterhalt Kap. 4 93 ff.
- – Ehevertrag, Muster Kap. 4 96
- – Einkommensanrechnung Kap. 3 333 f.
- – nachehelicher Unterhalt, Muster Kap. 4 96
- – Scheidungsfolgenvereinbarung Kap. 4 93 ff.
- – – Muster Kap. 4 96
- – Trennungsfolgenvereinbarung Kap. 4 93 ff.
- – – Muster Kap. 4 96
- – Unterhaltsvereinbarung Kap. 4 93 ff.

Abgabe an Gericht der Ehesache Kap. 5 100 ff.
- – Bindungswirkung Kap. 5 106
- – Rechtsfolgen Kap. 5 108 f.
- – Rechtshängigkeit Ehesache Kap. 5 100 ff.

Stichwortverzeichnis

- von Amts wegen Kap. 5 105
- Zuständigkeit Kap. 5 100 ff.
- **Abschreibungen** Kap. 3 397 ff.
- Einkommensanrechnung Kap. 3 397 ff.
- **Abtrennung Folgesache** Kap. 5 978 ff.
- Abtrennung nach § 140 Abs. 1 FamFG Kap. 5 987
- Antrag, Muster Kap. 5 1018
- Härtefälle Kap. 5 988 f.
- – – außergewöhnliche Verzögerung Kap. 5 990 ff.
- – – unzumutbare Härte Kap. 5 994 ff.
- Übersicht Kap. 5 986
- Unterhaltsfolgesache Kap. 5 1000 ff.
- Verfahren Kap. 5 1003 ff.
- – – Fortführung des Restverbunds Kap. 5 1007
- – – Prüfungsumfang Kap. 5 1016 f.
- – – Rechtsmittel Kap. 5 1010 ff.
- – – Wiederherstellung des Verbunds Kap. 5 1011 ff.
- **Abweisung**
- Kindesunterhalt, Muster Kap. 5 507
- Leistungsantrag, Muster Kap. 5 507
- Unterhaltsantrag, Muster Kap. 5 507
- **Abzüge**
- Abschreibungen Kap. 3 397 ff.
- Abzug von Unterhaltsleistungen Kap. 3 442 f.
- Abzugsfähigkeit von Unterhaltszahlungen Kap. 3 406 ff.
- Altersteilzeit **s. a. Altersteilzeit**
- Ausbildungsfreibetrag Kap. 3 386
- Berechnungsbeispiele Kap. 3 727 ff.
- bereinigtes Nettoeinkommen Kap. 3 352 ff.
- berufsbedingte Aufwendungen Kap. 3 467 ff.
- – – Beitrag zu Berufsverbänden Kap. 3 480 f.
- – – berufsbedingte Fahrtkosten Kap. 3 475 ff.
- – – Gewerkschaftsbeitrag Kap. 3 480 f.
- Besteuerung von Ehegatten **s. a. Besteuerung von Ehegatten**
- Betreuungsfreibetrag Kap. 3 386
- Elternunterhalt Kap. 3 536 ff.
- Erziehungsfreibetrag Kap. 3 386

- gesetzliche Vorsorgeaufwendungen Kap. 3 453 ff.
- – – Beitragsbemessungsgrenze Kap. 3 456 ff.
- hypothetische Steuerberechnung Kap. 3 353, Kap. 3 444 ff.
- Kinder auf der Steuerkarte Kap. 3 384 ff.
- – – Kirchensteuer Kap. 3 387
- – – Solidaritätszuschlag Kap. 3 387
- Kinderbetreuungskosten s. **Kinderbetreuungskosten**
- Kinderfreibetrag Kap. 3 384 ff.
- Kindergeld Kap. 3 384 ff.
- Kosten des Umgangsrechts s. **Umgangskosten**
- Lohnsteuer nach der Steuertabelle Kap. 3 375
- nachträgliche Steuerberechnung Kap. 3 444 ff.
- Nebentätigkeit **s. Nebentätigkeit**
- Negativeinkünfte Kap. 3 395 f.
- Obliegenheit zur Korrektur der Steuerklasse Kap. 3 393 f.
- persönliche Freibeträge Kap. 3 388 ff.
- Schulden **s. a. Schulden**
- Sozialabgaben Kap. 3 453 ff.
- Spenden Kap. 3 497
- Steuerklassensystem Kap. 3 372 ff.
- Steuerklassenwahl von Ehegatten Kap. 3 376 ff.
- steuerliche Verluste Kap. 3 395 f.
- Steuern Kap. 3 355 ff.
- Steuervorteil bei erneuter Heirat Kap. 3 392 ff.
- Unterhaltsleistungen für Kinder Kap. 3 482 ff.
- – – Betreuungsunterhalt Kap. 3 483
- Unterhaltsleistungen, geleisteter, Barunterhalt Kap. 3 482, s. **Unterhaltszahlungen**
- Verbindlichkeiten **s. a. Schulden**
- Verbraucherinsolvenz Kap. 3 527 ff.
- verschiedene Einkunftsarten Kap. 3 355
- Vorruhestand s **Vorruhestand**
- Vorsorgeaufwendungen Kap. 3 453 ff.
- – – Beamte Kap. 3 459 ff.
- – – Selbstständige Kap. 3 459 ff.
- Wohnvorteil **s. a. Wohnvorteil**
- Zusammenveranlagung Kap. 3 363 ff.
- zusätzliche Altersvorsorge Kap. 3 462 ff.

703

Stichwortverzeichnis

- zusätzliche Krankenversicherung Kap. 3 466
- zusätzliche Krankheitsvorsorge Kap. 3 462 ff.

Altersphasenmodell
- Kinderbetreuungsunterhalt Kap. 3 45

Altersteilzeit
- Abzüge Kap. 3 694
- anwaltlicher Sachvortrag Kap. 3 697
- Ausnahme von Obliegenheitsverletzung Kap. 3 696
- besondere Altersgrenzen Kap. 3 698 f.
- hypothetische Einkünfte Kap. 3 571 f.
- Obliegenheitsverletzung Kap. 3 571 f., Kap. 3 695
- Selbstständige Kap. 3 698

Altersunterhalt Kap. 3 82 ff.

Altersvorsorgeunterhalt Kap. 3 140 ff.
- Abrechnungsweise Kap. 3 147 ff.
- Beitragsbemessungsgrenze Kap. 3 148
- Bremer Tabelle Kap. 3 147 ff.
- Rechnungsbeispiele Kap. 3 155 f.
- Trennungsunterhalt Kap. 3 22
- verfahrensrechtliche Fragen Kap. 3 152 ff.

Änderung der Verhältnisse
- Abänderungsantrag Kap. 5 553 ff.
- Anerkenntnisbeschluss Kap. 5 544
- Antrag Kap. 5 553
- anwaltlicher Vortrag Kap. 5 549 ff.
- Beweislast Kap. 5 546 ff.
- Gesetzesänderung Kap. 5 537
- rechtliche Kap. 5 533 ff.
- tatsächliche Kap. 5 539 ff.
- Unterhaltsrichtlinien Kap. 5 538
- Versäumnisbeschluss Kap. 5 542

Anerkenntnis
- Änderung der Verhältnisse Kap. 5 544
- Ehegattenunterhalt, Muster Kap. 5 508
- Leistungsantrag Kap. 5 483 ff.

Anfechtung
- vorsorgende Unterhaltsvereinbarung Kap. 4 51

Anschließung
- Beschwerde im Verbund, Muster Kap. 5 1104

Anschlussbeschwerde
- Antrag, Muster Kap. 5 846
- Muster Kap. 5 844, Kap. 5 1103
- nach § 66 FamFG Kap. 5 840 ff.
- unselbstständige, Muster Kap. 5 1103

Anschlussrechtsbeschwerde Kap. 5 896 ff.
- Rechtsbeschwerde in Verbundsachen Kap. 5 1106 ff.

Anschlussrechtsmittel
- Beschwerde in Verbundsachen Kap. 5 1079 ff.

Antrag
- Abtrennung Folgesache, Muster Kap. 5 1018
- Anschlussbeschwerde, Muster Kap. 5 844
- Antragsrücknahme, Leistungsantrag Kap. 5 487 ff.
- auf Schadensersatz nach § 826 BGB Kap. 5 1278
- – wegen zuviel gezahltem Unterhalt Kap. 5 1278
- auf Unterhalt im vereinfachten Verfahren Kap. 5 1149 ff.
- Auskunftsantrag zu Einkünfte Selbstständige, Muster Kap. 2 92
- Auskunftsantrag zu Einkünften Arbeitnehmer, Muster Kap. 2 91
- bedingte auf Verfahrenskostenhilfe, Muster Kap. 1 196
- bei Abänderung nach § 240 FamFG Kap. 5 654 ff.
- einstweilige Unterhaltsanordnung Kap. 5 117 ff.
- – bei Vaterschaftsfeststellungsverfahren Kap. 5 214 ff.
- – Muster Kap. 5 118
- Feststellungsantrag Kap. 5 717
- isolierter Auskunftsantrag Kap. 2 89 ff.
- – Beleganspruch Kap. 2 95 ff.
- Leistungsantrag Kap. 5 239 ff., s. a. Leistungsantrag
- – Antragserwiderung Kap. 5 417 ff.
- – anwaltliches Vorbringen Kap. 5 411 ff.
- – Begründung Kap. 5 408 ff.
- – Rücknahme Kap. 5 487 ff.
- nach §§ 253, 285 ZPO s. Leistungsantrag
- Scheidungsverbund Kap. 5 942 ff.
- Stufenantrag s. Stufenantrag
- unbedingt auf Verfahrenskostenhilfe, Muster Kap. 1 197
- Verfahrenskostenhilfe Kap. 1 63 ff.
- – Frist Kap. 1 68

Stichwortverzeichnis

- – Parteibegriff Kap. 1 72 f.
- Verwandtenunterhalt, Muster Kap. 5 409
- Vollstreckungsabwehrverfahren Kap. 5 746 ff.

Anwaltliche Haftung Kap. 1 10 ff.
- Belehrung Kap. 1 20 ff.
- Dokumentationspflicht Kap. 1 15 ff.
- Interessengegensatz Kap. 1 26 ff.
- persönliche Verhältnisse Kap. 1 38 f.
- Rechtsprechung Kap. 1 13 ff., Kap. 1 19
- Sorgfaltspflichten Kap. 1 18 ff.
- Standesrecht Kap. 1 26 ff.
- Unterhaltsbefristung Kap. 3 820 ff.
- Vertretung Volljähriger Kap. 1 36 f.

Anwaltsgebühren
- Verfahrenskostenhilfe Kap. 1 63 ff.

Anwaltshaftung s. a. **Anwaltliche Haftung** Kap. 3 820 f.
- einstweilige Unterhaltsanordnung Kap. 5 113
- Familienstreitsachen Kap. 5 113

Arbeitslosengeld
- Einkommensanrechnung Kap. 3 316

Arbeitslosigkeit
- hypothetische Einkünfte Kap. 3 559 ff.
- unterhaltsrechtliche Obliegenheitsverletzung Kap. 3 559 ff.

Arrest
- Arrestarten Kap. 5 234 f.
- Arrestgesuch Kap. 5 229 ff.
- Arrestgrund Kap. 5 234 f.
- dinglicher Kap. 5 234
- – Muster Kap. 5 236
- Familienstreitsachen Kap. 5 224
- in Unterhaltssachen Kap. 5 224 ff.
- persönlicher Kap. 5 235
- – Muster Kap. 5 237
- Streitgegenstand Kap. 5 227
- zukünftige Unterhaltsansprüche Kap. 5 230
- Zuständigkeit Kap. 5 228

Aufklärungspflicht
- nach Verfahrensabschluss Kap. 1 184 ff.

Aufstockungsunterhalt Kap. 3 113 ff.
- Abänderungsverfahren Kap. 3 124
- Subsidiarität Kap. 3 114 ff.

Ausbildungsanspruch
- Trennungszeit Kap. 3 23

Ausbildungsunterhalt Kap. 3 127 ff.

- Volljähriges Kind Kap. 3 218 f.

Ausbildungsversicherung
- Volljähriges Kind Kap. 3 216

Ausbildungswechsel
- Ausbildungsunterhalt Kap. 3 221 ff.
- Kindesunterhalt Kap. 3 221 ff.

Ausgleichsansprüche
- Zuständigkeit Kap. 5 46

Auskunft s. a. **Auskunftsanspruch**
- Abänderungsstufenantrag (des minderjährigen Kindes), Muster Kap. 2 170
- aus § 242 BGB Kap. 2 71
- über Vermögen Kap. 2 93
- Auskunftsantrag zu Einkünften Arbeitnehmer, Muster Kap. 2 91
- Auskunftsantrag zu Einkünften Selbstständiger, Muster Kap. 2 92
- Auskunftsberechtigte Kap. 2 7 ff.
- Auskunftsberechtigte aufgrund Verwandtschaft Kap. 2 12 ff.
- – geschiedene Eheleute Kap. 2 19 f.
- – getrennt lebende Eheleute Kap. 2 17 f.
- – wechselseitige Ehegattenauskunft Kap. 2 16
- Auskunftsberechtigung, bei § 615l BGB Kap. 2 21
- – Eltern bei Mithaftung Kap. 2 22 ff.
- – nichteheliches Elternteil Kap. 2 21
- Auskunftsgegenstand Kap. 2 31 ff.
- Belastungen Kap. 2 49 ff.
- Einkommen Kap. 2 40 ff.
- Einkommen neue Ehefrau Kap. 2 52 f.
- Einkunftsarten Kap. 2 41 f.
- persönliche Verhältnisse Kap. 2 52
- Vermögen Kap. 2 45 ff.
- Vermögenserträge Kap. 2 46
- Auskunftswiderantrag Kap. 2 9, Kap. 5 680 f.
- Beleganspruch Kap. 2 3, Kap. 2 63 ff., Kap. 2 95 ff.
- – nicht selbstständige Tätigkeit Kap. 2 67
- – Selbstständige Kap. 2 69 f.
- Darlegungslast Kap. 2 29
- Durchsetzung Kap. 2 81 ff.
- – isolierter Auskunftsantrag Kap. 2 87 ff., s. **Isolierter Auskunftsantrag**
- – – Stufenantrag s. **Stufenantrag**

705

Stichwortverzeichnis

- – Stufenverfahren Kap. 2 104 ff., s. Stufenverfahren
- – verfahrensrechtliche Auskunftspflicht Kap. 2 85 f., Kap. 2 130 ff., s. a. Verfahrensrechtliche Auskunftspflicht
- eidesstattliche Versicherung Kap. 2 2
- eines Selbstständigen, Muster Kap. 1 193
- Elternunterhalt Kap. 3 996 f.
- erneute Kap. 2 60 f.
- erstmalige Einleitung Unterhaltsverfahren Kap. 5 13 f.
- Folgesache Unterhalt Kap. 5 942
- gesetzliche Grundlagen Kap. 2 2 ff.
- grundlegende Vorschrift Kap. 2 2
- isolierter Auskunftsantrag, Begründung Kap. 2 99
- – Vollstreckung Kap. 2 100 f.
- Kindesunterhalt (minderjähriges Kind), Muster Kap. 1 190
- – (Volljähriges Kind), Muster Kap. 1 191
- Kosten der Auskunftserteilung Kap. 2 36
- nach §§ 235, 236 FamFG, Muster Kap. 2 167
- Pflicht zur ungefragten Information Kap. 2 72 ff.
- – Unterhaltsvergleich Kap. 2 76
- – Voraussetzung Kap. 2 74 f.
- Realsplitting Kap. 3 430 ff.
- Stufenantrag s. Stufenantrag
- Stufenverfahre s. Stufenverfahren
- systematische Aufstellung Kap. 2 31, Kap. 2 44
- Trennungsunterhalt, Muster Kap. 1 192
- Unterhaltsausschluss Kap. 3 945
- Unterhaltsstufenantrag, Muster Kap. 2 168
- unvertretbare Handlung Kap. 2 33
- verfahrensrechtliche Auskunftspflicht Kap. 2 85 f., Kap. 2 130 ff., s. a. verfahrensrechtliche Auskunftspflicht
- Verweigerung Kap. 2 38
- Verwirkung des Unterhaltsanspruchs Kap. 2 62
- Verwirkungseinwand Kap. 2 28
- Voraussetzungen Kap. 2 25 ff.
- Wahrheitspflicht Kap. 2 79
- Zeitabstand Kap. 2 4
- zeitliche Sperrwirkung Kap. 2 61
- zeitlicher Umfang Kap. 2 57 ff.
- Zeitsperre Kap. 2 60
- Zuständigkeit Kap. 5 45

Auskunftsanspruch s. a. Auskunft
- Abänderungsstufenantrag (des minderjährigen Kindes), Muster Kap. 2 170
- aus § 242 BGB Kap. 2 71
- Auskunft über Vermögen Kap. 2 93 f.
- Auskunftsantrag zu Einkünften Arbeitnehmer, Muster Kap. 2 91
- Auskunftsantrag zu Einkünften Selbstständiger, Muster Kap. 2 92
- Auskunftsgegenstand Kap. 2 31 ff.
- Belastungen Kap. 2 49 ff.
- Einkommen Kap. 2 40 ff.
- Einkunftsarten Kap. 2 41 f.
- persönliche Verhältnisse Kap. 2 52
- Vermögen Kap. 2 45 ff.
- Vermögenserträge Kap. 2 46
- Beleganspruch Kap. 2 63 ff., Kap. 2 95 ff.
- – nicht selbstständige Tätigkeit Kap. 2 67
- – Selbstständige Kap. 2 69 f.
- Darlegungslast Kap. 2 29
- Durchsetzung Kap. 2 81 ff.
- – isolierter Auskunftsantrag Kap. 2 87 ff., s. a. Isolierter Auskunftsantrag
- – – Stufenantrag s. Stufenantrag
- – – Stufenverfahren Kap. 2 104 ff., s. Stufenverfahren
- – – verfahrensrechtliche Auskunftspflicht Kap. 2 85 f., Kap. 2 130 ff., s. a. Verfahrensrechtliche Auskunftspflicht
- – Elternunterhalt Kap. 3 996 f.
- – erneute Auskunft Kap. 2 60 f.
- – erstmalige Einleitung Unterhaltsverfahren Kap. 5 13 f.
- – Folgesache Unterhalt Kap. 5 938
- – isolierter Auskunftsantrag, Begründung Kap. 2 99
- – – Vollstreckung Kap. 2 100 f.
- – Kosten Auskunftserteilung Kap. 2 36
- – Muster Kap. 2 169
- – nach §§ 235, 236 FamFG, Muster Kap. 2 167
- – Pflicht zur ungefragten Information Kap. 2 72 ff.
- – – Unterhaltsvergleich Kap. 2 76

Stichwortverzeichnis

- – Voraussetzungen Kap. 2 74 f.
- Realsplitting Kap. 3 430 ff.
- Stufenantrag s. Stufenantrag
- Stufenverfahren s. Stufenverfahren
- systematische Aufstellung Kap. 2 31, Kap. 2 44
- unselbstständiger Hilfsanspruch Kap. 2 25
- Unterhaltsausschluss Kap. 3 945
- Unterhaltssachekraft Sachzusammenhang Kap. 5 53
- Unterhaltsstufenantrag, Muster Kap. 2 168
- unvertretbare Handlung Kap. 2 33
- verfahrensrechtliche Auskunftspflicht Kap. 2 85, Kap. 2 130 ff., s. a. Verfahrensrechtliche Auskunftspflicht
- Verweigerung Kap. 2 38
- Verwirkung des Unterhaltsanspruchs Kap. 2 62
- Verwirkungseinwand Kap. 2 28
- Voraussetzungen Kap. 2 25 ff.
- Wahrheitspflicht Kap. 2 79
- zeitlicher Umfang Kap. 2 57 ff.
- Zeitsperre Kap. 2 60 f.
- Zuständigkeit Kap. 5 45

Auskunftspflicht s. Auskunft

Auskunftspflichtiger
- Geheimhaltungsinteresse Kap. 2 55

Auskunftswiderantrag Kap. 2 9
- Kap. 5 680 f.

Auslandsstudium Kap. 3 261

Ausübungskontrolle
- vorsorgende Unterhaltsvereinbarung Kap. 4 43 ff.

BAföG Kap. 3 217
- Berücksichtigung beim Leistungsantrag Kap. 5 405 ff.
- Realsplitting Kap. 3 425

Basisunterhalt
- bei Unterhalt wegen Kinderbetreuung Kap. 3 36 ff.

Bedarf
- Elternunterhalt Kap. 3 953 ff.
- Karrieresprung Kap. 3 761 f.
- Kinderbetreuungskosten Kap. 3 640 ff.
- Lebensstandardgarantie Kap. 3 287
- minderjähriges Kind, Kinderbetreuungskosten Kap. 3 270 ff.

- – Kindergartenkosten Kap. 3 271 ff.
- Steuervorteil aus zweiter Ehe Kap. 3 392 ff.
- Surrogatsrechtsprechung Kap. 3 286
- Trennungsunterhalt Kap. 3 14 ff.

Bedürftigkeit
- des Volljährigen Kindes Kap. 3 213 ff.
- Elternunterhalt Kap. 3 957 ff.
- Kindesunterhalt, minderjähriges Kind Kap. 3 198 ff.
- – Volljähriges Kind Kap. 3 213 ff.
- minderjähriges Kind, eigenes Einkommen Kap. 3 199 f.
- – Einsatz des Vermögens Kap. 3 201 ff.
- – freiwillige Zuwendungen Kap. 3 204
- – Vermögenssubstanz Kap. 3 203
- Trennungsunterhalt Kap. 3 14 ff.
- Volljähriges Kind, Ausbildungsversicherung Kap. 3 216
- – BaföG Kap. 3 217
- – eigenes Einkommen Kap. 3 214
- – Vermögenssubstanz Kap. 3 215
- Wohnvorteil Kap. 3 639

Befristung
- Erstentscheidung Kap. 3 829
- Geschiedenenunterhalt Kap. 3 835
- Kinderbetreuungsunterhalt, Problemkind Kap. 3 78 ff.
- Kosten Kap. 3 843
- Kostenquotelung Kap. 3 843
- Krankheitsunterhalt Kap. 3 103, Kap. 3 785 f.
- Leistungsantrag Kap. 5 425
- nachehelicher Unterhalt s. Unterhaltsbefristung
- spätere Kap. 3 836 f.
- Titel vor dem 01.01.2008 Kap. 3 844 ff.
- Trennungsunterhalt Kap. 3 26
- Übergangsrecht Kap. 3 844 ff.
- – Präklusion Kap. 3 844 ff.
- Unterhalt wegen Alters Kap. 3 89, Kap. 3 785 ff.
- von nachehelichem Unterhalt Kap. 3 741 ff.
- Vorbehalt Kap. 3 836 f.

Befristungsvorbehalt Kap. 3 836 f.
- Unterhaltsvereinbarung Kap. 3 836 f.
- Unterhaltsvergleich Kap. 3 836 f.

Begrenzung

707

Stichwortverzeichnis

- Erwerbslosigkeitsunterhalt Kap. 3 111
- Krankheitsunterhalt Kap. 3 103
- Leistungsantrag Kap. 5 425
- nachehelicher Unterhalt Kap. 3 741 ff., s. Unterhaltsbefristung
- Unterhalt wegen Alters Kap. 3 89

Beibringungsgrundsatz
- Unterhaltsbefristung Kap. 3 817

Bekanntgabe
- Rechtsbeschwerdebegründung Kap. 5 895
- Unterhaltsbeschluss Kap. 5 472 ff.

Beleganspruch Kap. 2 63 ff.
- abhängig Tätige Kap. 2 67, Kap. 2 96
- Auskunft Kap. 2 3
- isolierter Auskunftsanspruch Kap. 2 95 ff.
- Selbstständige Kap. 2 69 f., Kap. 2 97
- verfahrensrechtliche Auskunftspflicht Kap. 2 137 ff.
- – abhängig Beschäftigte Kap. 2 138
- – Selbstständige Kap. 2 139

Belehrung Kap. 1 20

Beratungsbedarf Kap. 1 1 ff.
- Unterhalt Kap. 1 1 ff.
- Unterhaltsvereinbarung Kap. 1 43 ff.

Beratungsfehler Kap. 1 52

Berechnungsbeispiel
- bereinigtes Einkommen Kap. 3 728
- Ehegattenunterhalt Kap. 3 731, Kap. 3 733, Kap. 3 735, Kap. 3 737, Kap. 3 739
- Kindesunterhalt Kap. 3 729 f., Kap. 3 732, Kap. 3 734, Kap. 3 736, Kap. 3 738
- Volljährigenunterhalt Kap. 3 740
- Volljähriges Kind, Student Kap. 3 740
- zur Einkommensermittlung Kap. 3 727 ff.

Bereicherungshaftung
- verschärfte bei Abänderung Kap. 5 525 ff.

Bereicherungsrechtliche Rückforderungsansprüche Kap. 5 1234 ff.
- Entreicherungseinwand Kap. 5 1241 ff.
- Rückforderungsantrag Kap. 5 1258 f.
- Unterhaltsanordnung Kap. 5 1239 f.
- Unterhaltsbeschluss Kap. 5 1235
- Unterhaltsvergleich Kap. 5 1236 ff.
- verschärfte Haftung Kap. 5 1245 ff.

Bereinigtes Nettoeinkommen Kap. 3 352 ff.
- Berechnungsbeispiel Kap. 3 728

Berufsbedingte Aufwendungen
- Einkommensanrechnung Kap. 3 467 ff.

Berufsunterbrechung Kap. 3 781 ff.

Beschwerde Kap. 5 780 ff.
- Anschlussbeschwerde Kap. 5 840 ff.
- Beibringungsgrundsatz Kap. 5 784
- Beschwerdeantrag, Muster Kap. 5 818 f.
- Beschwerdebegründung Kap. 5 814 ff.
- – Novenrecht Kap. 5 814 ff.
- – Wiedereinsetzung Kap. 5 832 f.
- Beschwerdebegründungsfrist Kap. 5 821 ff.
- – E-Mail Kap. 5 830 f.
- – falsche Adressierung Kap. 5 836
- – Fristverlängerung Kap. 5 823
- – Prüfungspflicht Kap. 5 822
- – Telefax Kap. 5 825 ff.
- – Telefaxbegründung Kap. 5 825 ff.
- Beschwerdeberechtigung Kap. 5 797 ff.
- – Beeinträchtigung eigener Rechte Kap. 5 798
- – formelle Beschwer Kap. 5 800
- – materielle Beschwer Kap. 5 800
- Beschwerdeentscheidung Kap. 5 859 ff.
- – Begründung Kap. 5 861 f.
- – Zurückverweisung Kap. 5 860
- Beschwerdefrist Kap. 5 811 ff.
- Beschwerdeverfahren, Versäumnisverfahren Kap. 5 858
- – Zulässigkeit Kap. 5 856
- Beschwerdeverzicht Kap. 5 846 ff.
- einheitliches Rechtsmittel Kap. 5 781
- Einlegung Kap. 5 801 ff.
- – Beschwerdeschrift Kap. 5 806
- – Beschwerdeschrift Kap. 5 811 ff.
- – Telefax Kap. 5 808
- – Unterschrift Kap. 5 805 ff.
- einstweilige Unterhaltsanordnung Kap. 5 154
- Festsetzungsbeschluss, vereinfachtes Unterhaltsverfahren Kap. 5 1222 ff.
- im Verbund, Muster Kap. 5 1099 f., Kap. 5 1102
- in Verbundsachen Kap. 5 1069 ff.
- Inhalt der Beschwerdeschrift Kap. 5 806
- Novenrecht Kap. 5 814 ff.

Stichwortverzeichnis

- Rücknahme Kap. 5 850 ff.
- Statthaftigkeit Kap. 5 786 ff.
- – Beschwerdewert Kap. 5 791 f.
- – Endentscheidungen Kap. 5 786 ff.
- – Nebenentscheidung Kap. 5 787 ff.
- – Zulassungsbeschwerde Kap. 5 792 ff.
- – Zwischenentscheidung Kap. 5 787 ff.
- teilweise begründete, Tenorierung Kap. 5 866
- Telefax Kap. 5 808
- Tenorierung, unbegründete Beschwerde Kap. 5 865
- – unzulässige Beschwerde Kap. 5 864
- vereinfachtes Unterhaltsverfahren, Festsetzungsbeschluss Kap. 5 1222 ff.
- Verfahren Kap. 5 854 ff.
- – Weiterleitung Kap. 5 855
- Verhältnis zum Abänderungsverfahren Kap. 5 603 ff.
- Volle zweite Tatsacheninstanz Kap. 5 783
- Zurückverweisung, Tenorierung Kap. 5 867

Beschwerdeantrag
- des Beschwerdeführers, Muster Kap. 5 818
- des Beschwerdegegners, Muster Kap. 5 819

Beschwerderücknahme Kap. 5 850 ff.
Beschwerdeverzicht Kap. 5 846 ff.
Beschwerde im Verbund
- Anschließung, Muster Kap. 5 1104
- Anschlussbeschwerde, Muster Kap. 5 1103
- Begründung, Muster Kap. 5 1101 f.
- Fristverlängerung zur Begründung, Muster Kap. 5 1100
- Anschlussrechtsmittel Kap. 5 1079 ff.
- – Erweiterung Kap. 5 1083 ff.
- – Gegenanschließung Kap. 5 1089 ff.
- – selbstständig Kap. 5 1079
- – unselbstständig Kap. 5 1080 ff.
- Einlegung, Muster Kap. 5 1099
- Fristberechnung Kap. 5 1091 ff.
- Rechtsmittelerweiterung Kap. 5 1076 ff.
- Rechtsmittelfristen Kap. 5 1071 ff.
- Voraussetzungen Kap. 5 1069 ff.

Besprechungstermin Kap. 1 8 f.
Besteuerung von Ehegatten s. a. Zusammenveranlagung

- Abschreibungen Kap. 3 397 ff.
- Ausbildungsfreibetrag Kap. 3 386
- Betreuungsfreibetrag Kap. 3 386
- Erziehungsfreibetrag Kap. 3 386
- getrennte Veranlagung Kap. 3 371
- hypothetische Steuerberechnung Kap. 3 444 ff.
- Kinder auf der Steuerkarte Kap. 3 384 ff.
- Kinderfreibetrag Kap. 3 384 ff.
- Kindergeld Kap. 3 384 ff.
- nachträgliche Steuerberechnung Kap. 3 444 ff.
- Negativeinkünfte Kap. 3 395 f.
- Obliegenheit zur Korrektur der Steuerklasse Kap. 3 393 f.
- persönliche Freibeträge Kap. 3 388 ff.
- Realsplitting Kap. 3 414 ff., s. a. Realsplitting
- Steuerklassensystem Kap. 3 372 ff.
- Steuerklassenwahl Kap. 3 376 ff.
- steuerliche Abzugsfähigkeit von Unterhaltszahlungen Kap. 3 406 ff.
- steuerliche Verluste Kap. 3 395 f.
- Steuervorteil bei neuer Heirat Kap. 3 392 ff.
- Unterhaltszahlungen s. a. Unterhaltszahlungen
- Zusammenveranlagung Kap. 3 363 ff.

Beteiligte
- vereinfachtes Unterhaltsverfahren Kap. 5 1142 ff.
- Vollstreckungsabwehrverfahren Kap. 5 751

Betreuungsangebot
- Unterhaltspflichtiger Kap. 3 69 ff.
- – – Darlegungslast Kap. 3 73

Betreuungsbonus Kap. 3 58
Betreuungssituation
- anwaltlicher Sachvortrag Kap. 3 47
- – – Checkliste Kap. 3 60
- – Kinderbetreuungsunterhalt Kap. 3 42 ff., Kap. 3 46 f.
- – – Checkliste Kap. 3 60, Kap. 3 81
- – – Veränderung Kap. 3 62 ff.
- private Betreuungseinrichtung Kap. 3 47
- Tagesmutter Kap. 3 47
- Veränderung Kap. 3 62 ff.

Betreuungsunterhalt s. Kinderbetreuungsunterhalt Kap. 3 78 ff.

Stichwortverzeichnis

Beweisbeschluss
- Muster Kap. 5 443

Beweisfragen
- Leistungsantrag Kap. 5 441 ff.
- – Einkommensermittlung Kap. 5 448 ff.
- – Krankheiten Kap. 5 451
- – Sachverständigengutachten Kap. 5 451
- – Schätzung Kap. 5 452 ff.
- – Strengbeweis Kap. 5 442 ff.

Beweislast
- Einkommensanrechnung Selbstständige Kap. 3 346 ff.
- Erwerbslosigkeitsunterhalt Kap. 3 107
- für wesentliche Veränderung der Verhältnisse Kap. 5 546 ff.
- Haftung bei Elternunterhalt Kap. 3 995
- hypothetische Einkünfte, Versorgungsleistungen Kap. 3 576
- Krankheitsunterhalt Kap. 3 97
- Leistungsantrag Kap. 5 441 ff.
- Nachteilsausgleich beim Realsplitting Kap. 3 418 ff.
- Schulden Kap. 3 517
- Unterhalt des nichtehelichen Elternteils Kap. 3 171 ff.
- Unterhaltsausschluss Kap. 3 911 ff.
- Unterhaltsbefristung Kap. 3 810 ff.

Billigkeitsergänzungsunterhalt Kap. 3 39 ff.
- Altersphasenmodell Kap. 3 45
- bei Unterhalt wegen Kinderbetreuung Kap. 3 39 ff.
- Betreuungssituation Kap. 3 44 ff.
- Betreuungssituation
- – – Veränderungen Kap. 3 62 ff.
- elternbezogene Gründe Kap. 3 66 ff.
- – – anwaltlicher Sachvortrag Kap. 3 59
- – – Erwerbsobliegenheit Kap. 3 56
- – – Lebensplanung der Eltern Kap. 3 66 ff.
- – – überobligatorische Belastung Kap. 3 54 ff.
- – – Vertrauenstatbestand Kap. 3 67
- Erwerbsobliegenheit, zeitlicher Beginn Kap. 3 65
- Härteklausel Kap. 3 40
- kindbezogene Gründe Kap. 3 39 ff.
- – – Betreuungssituation Kap. 3 44
- – – Checkliste Kap. 3 60
- – – Erwerbsobliegenheit Kap. 3 65

- Überobligatorische Belastung Kap. 3 54 ff.
- Umfang der Erwerbstätigkeit Kap. 3 48 ff.

Billigkeitsunterhalt Kap. 3 134 ff.
Bremer Tabelle Kap. 3 23
Bürogemeinschaften Kap. 1 33 ff.

Darlegungslast
- Auskunftsanspruch Kap. 2 29
- Betreuungsangebot des anderen Ehegatten Kap. 3 37
- Einkommensanrechnung Selbstständige Kap. 3 346 ff.
- Erwerbslosigkeitsunterhalt Kap. 3 107
- Haftung bei Elternunterhalt Kap. 3 995
- hypothetische Einkünfte, Versorgungsleistungen Kap. 3 576
- Krankheitsunterhalt Kap. 3 97
- Nachteilsausgleich beim Realsplitting Kap. 3 418 ff.
- Sekundäre Kap. 3 812 f.
- Unterhalt des nichtehelichen Elternteils Kap. 3 171 ff.
- Unterhaltsausschluss Kap. 3 911 ff.
- Unterhaltsbefristung Kap. 3 810 ff.

Dokumentationspflichten
- anwaltliche Beratung Kap. 1 15 ff., Kap. 1 51 ff.
- Bestätigungsschreiben Kap. 1 56
- Informationsschreiben Kap. 1 56
- persönliche Verhältnisse Kap. 1 38 f.
- wirtschaftliche Verhältnisse Kap. 1 40 f.

Doppelanrechnung
- Abfindung Kap. 3 333 f.
- anwaltliche Beratung Kap. 3 342
- Ehegattenunterhalt Kap. 3 337
- Einmalzahlung Kap. 3 332
- gerichtliche Regelung Kap. 3 341 f.
- Kindesunterhalt Kap. 3 337
- Regelung durch Vereinbarung Kap. 3 339 f.
- – anwaltliche Beratung Kap. 3 340
- Schulden Kap. 3 512 ff.
- – Verhältnis zum Zugewinn Kap. 3 521 ff.
- – Verhältnis zur Gesamtschuld Kap. 3 515 ff.
- – Verhältnis zur Nutzungsregelung Kap. 3 520

Stichwortverzeichnis

- – Verhältnis zur Wohngeldberechnung **Kap. 3** 520
- Sonderzuwendung **Kap. 3** 332
- Trennungsunterhalt **Kap. 3** 337
- Verbot **Kap. 3** 335 ff.
- – anwaltlicher Sachvortrag **Kap. 3** 337
- Wohnvorteil **Kap. 3** 606 ff.

Doppelverdienerehe
- kinderlose, Unterhaltsvereinbarung **Kap. 4** 4
- Unterhaltsverzicht **Kap. 4** 67 ff.

Drittelmethode Kap. 5 535

Dynamische Titel
- Muster **Kap. 5** 366
- Tenorierung, Minderjährigenunterhalt **Kap. 5** 362 ff.
- Volljährigkeit **Kap. 5** 344 f.

Dynamischer Unterhaltsantrag
- Muster **Kap. 5** 366

Ehebedingte Nachteile Kap. 3 747 ff.
- Alter **Kap. 3** 783
- Altersversorgung **Kap. 3** 763 f.
- Berufsunterbrechung **Kap. 3** 781 f.
- Billigkeitsabwägung, Gesundheitszustand **Kap. 3** 799
- – Umstände aus der Vergangenheit **Kap. 3** 803 f.
- – wirtschaftliche Situation **Kap. 3** 797 ff.
- – Hilfsargument **Kap. 3** 779
- – Sperrwirkung **Kap. 3** 777
- Dauer der Kindererziehung **Kap. 3** 772 ff.
- Einkommenseinschränkungen **Kap. 3** 757 f.
- Einschränkungen auf dem Arbeitsmarkt **Kap. 3** 759 ff.
- – Altersversorgung **Kap. 3** 763
- – Fortbildungsmaßnahmen **Kap. 3** 760
- – Einzelfallprüfung **Kap. 3** 796
- – Gesundheitszustand **Kap. 3** 799
- – hypothetische Tätigkeit **Kap. 3** 754 ff.
- – anwaltlicher Sachvortrag **Kap. 3** 755
- – Kinderbetreuung **Kap. 3** 772 ff.
- – anwaltlicher Sachvortrag **Kap. 3** 775
- – tatsächliche Tätigkeit im erlernten Beruf **Kap. 3** 753
- Ursachen **Kap. 3** 749 ff.
- Verlust von Karrierechancen **Kap. 3** 761 ff.
- Versorgungsausgleich **Kap. 3** 763 f.

- wirtschaftliche Situation der Eheleute **Kap. 3** 797 ff.
- Zeitverträge **Kap. 3** 759

Ehegattenunterhalt Kap. 3 31 ff.
- Abänderung, Muster **Kap. 5** 669
- Abänderungsantrag wegen Wegfall der Geschäftsgrundlage, Muster **Kap. 5** 671
- Abänderungsantrag, Muster **Kap. 5** 670
- als Folgesache **Kap. 5** 973 ff.
- Berechnungsbeispiel **Kap. 3** 731, **Kap. 3** 733, **Kap. 3** 735, **Kap. 3** 737, **Kap. 3** 739, **Kap. 3** 981 ff.
- Doppelanrechnung **Kap. 3** 337
- Klärung von Schulden **Kap. 3** 551 ff.
- Leistungsantrag **Kap. 5** 377 ff., s. a. **Leistungsantrag**
- – Grundsatz der Nichtidentität **Kap. 5** 377 ff.
- – Muster **Kap. 5** 503
- – Unterhalt für Vergangenheit **Kap. 5** 380
- nach § 1570 BGB **Kap. 3** 31 ff.
- Scheidungsfolgenvereinbarung **Kap. 4** 80 ff., s. **Scheidungsfolgenvereinbarung**
- sofortiges Anerkenntnis, Muster **Kap. 5** 508
- Trennungsfolgenvereinbarung **Kap. 4** 80 ff., s. **Trennungsfolgenvereinbarung**
- Unterhaltsverzicht **Kap. 1** 47 f.
- Vereinbarung **Kap. 1** 44 ff.
- Vollstreckungsabwehrantrag, Muster **Kap. 5** 778
- vorsorgende Unterhaltsvereinbarung **Kap. 4** 59 ff., s. a. **Vorsorgende Unterhaltsvereinbarung**
- wegen Kinderbetreuung **Kap. 3** 31 ff., s. a. **Kinderbetreuungsunterhalt**

Eheliche Lebensverhältnisse Kap. 3 283 ff.
- Surrogatsrechtsprechung **Kap. 3** 286

Ehetyp Kap. 4 4

Ehevertrag Kap. 4 6 ff.
- Abfindung, Muster **Kap. 4** 96
- dynamischer Kindesunterhalt, Muster **Kap. 4** 104
- Feststellungsantrag **Kap. 5** 713 f.
- nachehelicher Unterhalt, Muster **Kap. 4** 89

711

Stichwortverzeichnis

- statischer Kindesunterhalt, Muster Kap. 4 103
- Trennungsunterhalt, Muster Kap. 4 88
- Wiederverheiratung, Muster Kap. 4 92

Eidesstattliche Versicherung Kap. 2 2
- Stufenverfahren Kap. 2 112
- verfahrensrechtliche Auskunftspflicht Kap. 2 140 f.

Einkommensanrechnung
- Abfindung Kap. 3 333 f.
- Abzüge Kap. 3 351 ff., s. a. **Abzüge**
- aktuelle Einkünfte Kap. 3 304 ff.
- Altersteilzeit Kap. 3 694 ff., s. **Altersteilzeit**
- Arbeitslosengeld Kap. 3 316
- Auslösungen Kap. 3 343 ff.
- bei Selbstständigen Kap. 3 345 ff.
- Berechnungsbeispiele Kap. 3 727 ff.
- Durchschnittswert Kap. 3 307 ff.
- – abhängig Beschäftigte Kap. 3 307
- – Selbstständige Kap. 3 309 f.
- eheprägende Einkünfte Kap. 3 306
- Einkünfte aus Erwerbstätigkeit Kap. 3 311
- Einmalzahlung, Doppelanrechnung Kap. 3 332
- Erstattung besonderer Aufwendung Kap. 3 343 f.
- Fahrtkostenerstattung Kap. 3 343 f.
- Gewerbetreibende Kap. 3 345 ff.
- hypothetische Einkünfte Kap. 3 556 ff., s. a. **Hypothetische Einkünfte**
- Jubiläum Kap. 3 331
- Kinderbetreuungskosten Kap. 3 640 ff., s. **Kinderbetreuungskosten**
- Kosten des Umgangsrechts Kap. 3 680 ff., s. **Umgangskosten**
- Krankengeld Kap. 3 316
- Leistungsantrag, Beweisfragen Kap. 5 448 ff.
- Nebentätigkeit Kap. 3 324 f., Kap. 3 702 ff., s. **Nebentätigkeit**
- Prognose Kap. 3 305
- Rente Kap. 3 313 f.
- Sachbezüge Kap. 3 326 ff.
- – Firmenwagen Kap. 3 326
- – Jahreswagen Kap. 3 329
- – Kost und Logis Kap. 3 330
- Schulden s. a. **Schulden**
- Selbstständige
- Beweislast Kap. 3 346 ff.
- – Bildung von Rücklagen Kap. 3 348
- – Darlegungslast Kap. 3 346 ff.
- Sonderzuwendung, Doppelanrechnung Kap. 3 331 f.
- Sozialleistungen Kap. 3 315 ff.
- Spesen Kap. 3 343 f.
- steuerliche Abzugsfähigkeit von Unterhaltszahlungen Kap. 3 406 ff.
- Tantiemen Kap. 3 331
- tatsächlich erzielte Einkünfte Kap. 3 301 ff.
- tatsächliches Einkommen Kap. 3 298 ff., s. a. **Tatsächliches Einkommen**
- Überstunden Kap. 3 319 ff.
- Urlaubsgeld Kap. 3 331
- vermögenswirksame Leistungen Kap. 3 312
- Vorruhestand Kap. 3 694 ff., s. **Vorruhestand**
- Weihnachtsgeld Kap. 3 331
- Wohnvorteil Kap. 3 350, s. a. **Wohnvorteil**

Einmalzahlung
- Doppelanrechnung Kap. 3 332
- Einkommensanrechnung Kap. 3 331 f.

Einsatzzeitpunkt
- Krankheitsunterhalt Kap. 3 94
- Unterhalt wegen Alters Kap. 3 84

Einspruch gegen Säumnisbeschluss
- Muster Kap. 5 1066

Einstweilige Unterhaltsanordnung Kap. 5 110 ff.
- Abänderung Kap. 5 27 ff., Kap. 5 145 ff.
- Anordnungsanspruch Kap. 5 128 f.
- Anordnungsgrund Kap. 5 123 f.
- – einfaches Regelungsbedürfnis Kap. 5 125
- Anordnungsvoraussetzungen Kap. 5 117 ff.
- Antrag Kap. 5 117 ff.
- – Begründung Kap. 5 118
- – Glaubhaftmachung Kap. 5 119
- – Muster Kap. 5 118
- Antrag auf mündliche Verhandlung, Muster Kap. 5 232
- Anwaltszwang Kap. 5 113
- Aufhebung Kap. 5 27 ff., Kap. 5 145 ff.

Stichwortverzeichnis

- – Muster **Kap. 5** 188
- Außer-Kraft-Treten **Kap. 5** 138 ff.
- Beschwerde **Kap. 5** 154
- Checkliste **Kap. 5** 190
- Einwendungen, Entkräftung **Kap. 5** 129
- Entscheidung **Kap. 5** 130 ff.
- – durch Beschluss **Kap. 5** 132 ff.
- – Regelungsumfang **Kap. 5** 130 f.
- erstmalige Einleitung an das Unterhaltsverfahren **Kap. 5** 8 f.
- Familienstreitsachen **Kap. 5** 112
- Grundsatz der Nichtidentität **Kap. 5** 140
- Kindesunterhalt, Muster **Kap. 5** 186
- Kostenentscheidung **Kap. 5** 135
- mündliche Verhandlung **Kap. 5** 133
- Muster **Kap. 5** 185 ff.
- negative Feststellungsantrag **Kap. 5** 156 ff.
- – Muster **Kap. 5** 189
- Rechtskraft **Kap. 5** 137
- Rechtsschutz **Kap. 5** 145 ff.
- – Abänderungsverfahren **Kap. 5** 155
- – Beschwerde **Kap. 5** 154
- – Einleitung der Hauptsache **Kap. 5** 149 ff.
- – egative Feststellungsantrag **Kap. 5** 156 ff.
- – Übersicht **Kap. 5** 184
- – Vollstreckungsabwehrantrag **Kap. 5** 178 f.
- selbstständiges Verfahren **Kap. 5** 135
- Sozialleistung **Kap. 5** 126
- Streitgegenstand **Kap. 5** 114 ff.
- Streitwert **Kap. 5** 116
- Trennungsunterhalt, Muster **Kap. 5** 185
- Unabhängigkeit von der Hauptsache **Kap. 5** 121
- Unterhalt des nichtehelichen Elternteils **Kap. 5** 200 ff.
- Vaterschaftsfeststellungsverfahren **Kap. 5** 210 ff.
- – Anhängigkeit **Kap. 5** 212 f.
- – Antrag **Kap. 5** 214 ff.
- – Außerkrafttreten **Kap. 5** 220
- – Rechtsmittel **Kap. 5** 223
- – Sicherheitsleistung **Kap. 5** 219
- – Schadensersatz **Kap. 5** 221 f.
- – Vaterschaftsvermutung **Kap. 5** 218
- – Zuständigkeit **Kap. 5** 217

- Verfahrenskostenhilfe, Mutwilligkeit **Kap. 1** 119 ff.
- – Rechtsanwaltsbeiordnung **Kap. 1**
- – Vergleich **Kap. 5** 180 ff.
- Versäumnisentscheidung **Kap. 5** 134
- Vollstreckungsabwehrantrag **Kap. 5** 178 f.
- Vollstreckungsabwehrverfahren **Kap. 5** 776 ff.
- vor Geburt des Kindes **Kap. 5** 191 ff.
- – Antrag **Kap. 5** 194
- – Glaubhaftmachung **Kap. 5** 203 ff.
- – Hinterlegung **Kap. 5** 102
- – Kindesunterhalt **Kap. 5** 195 ff.
- – Rechtsmittel **Kap. 5** 208
- – Schadensersatz **Kap. 5** 209
- – Unterhalt der Mutter **Kap. 5** 200 ff.
- – Verhältnis zu § 48 FamFG **Kap. 5** 207
- Vorwegnahme der Hauptsache **Kap. 5** 130
- Zuständigkeit **Kap. 5** 122

Einwand Volljährigkeit
- dynamische Titel **Kap. 5** 344 f.
- fortbestehende Unterhaltspflicht **Kap. 5** 347
- Rechtsfolge **Kap. 5** 348 f.
- statische Titel **Kap. 5** 346

Einwendungen
- einstweilige Unterhaltsanordnung **Kap. 5** 129
- Unterhaltsausschluss, nachehelicher Unterhalt **Kap. 3** 854
- Unterhaltsbefristung **Kap. 3** 819 ff.
- vereinfachtes Unterhaltsverfahren **Kap. 5** 1174 ff.
- Vollstreckungsabwehrverfahren **Kap. 5** 730 ff.

Elektronisches Dokument
- Leistungsantrag **Kap. 5** 257

Elternbezogene Gründe Kap. 3 66 ff.
- anwaltlicher Sachvortrag **Kap. 3** 59
- gemeinsame Lebensplanung der Eltern **Kap. 3** 66
- Mehrbelastung **Kap. 3** 58
- überobligatorische Belastung **Kap. 3** 54 ff.
- Vertrauenstatbestand **Kap. 3** 67
- zumutbare Erwerbsobliegenheit **Kap. 3** 56

Elternunterhalt Kap. 3 536
- **Kap. 3** 946 ff.

713

Stichwortverzeichnis

- Abzüge Kap. 3 536 ff.
- Altenteil Kap. 3 969
- Altersheim Kap. 3 949
- Altersvorsorge Kap. 3 539 ff.
- Ansprüche gegen Dritte Kap. 3 967
- Auskunftsanspruch Kap. 3 996 f.
- Bedarf Kap. 3 953 ff.
- Bedarfssteigerung im Alter Kap. 3 549
- Bedeutung Familienunterhalt Kap. 3 986 ff.
- Bedürftigkeit Kap. 3 957 ff.
- Besuche des unterhaltspflichtigen Kindes Kap. 3 555
- Bildung allgemeiner Rücklagen Kap. 3 548 ff.
- Ehegatte des Unterhaltsverpflichteten Kap. 3 979
- Einkommen des Ehegatten des Verpflichteten Kap. 3 979
- Einkommen des Unterhaltsverpflichteten Kap. 3 978
- Einkommensanrechnung Kap. 3 536 f., Kap. 3 958 ff.
- Erkrankung Kap. 3 954
- Familienheim Kap. 3 972
- Geschwister Kap. 3 993 ff.
- – Auskunft Kap. 3 996 f.
- – Haftungsquote Kap. 3 994
- Grundsicherung Kap. 3 962
- Haftung von Geschwistern Kap. 3 993 ff.
- Haftung, Haftungsquote Kap. 3 994
- Haftungsverteilung bei Geschwistern Kap. 3 993 ff.
- – Darlegungs- und Beweislast Kap. 3 995
- Heimaufenthalt Kap. 3 956
- hypothetische Einkünfte Kap. 3 960
- Krankenvorsorge Kap. 3 539 ff.
- Leistungsfähigkeit Kap. 3 973 ff.
- – Checkliste Kap. 3 974
- Mindestbedarf Kap. 3 955
- Mindestselbstbehalt Kap. 3 977, Kap. 3 990
- nachrangiges Gewicht Kap. 3 976 f.
- Notgroschen Kap. 3 965
- Pflegeheim Kap. 3 949
- Pflegeversicherung Kap. 3 539 ff., Kap. 3 959
- Rente eines Elternteils Kap. 3 954, Kap. 3 959
- Sandwichgeneration Kap. 3 950
- Schenkung Kap. 3 967
- Schonvermögen Kap. 3 966
- Selbstbehalt Kap. 3 982 ff.
- – des Ehegatten des Unterhaltsverpflichteten Kap. 3 985
- – des Unterhaltspflichtigen Kap. 3 982 ff.
- – Familienunterhalt Kap. 3 986 ff.
- Sozialleistung Kap. 3 949
- Teilhabe an Erbengemeinschaft Kap. 3 964
- übergeleiteter Unterhaltsanspruch Kap. 3 949
- Umfang der Verpflichtung Kap. 3 976 f.
- Unterhaltsausschluss Kap. 3 916 ff., s. a. **Unterhaltsausschluss**
- Vermögensanrechnung Kap. 3 964 ff.
- Vermögenserträge Kap. 3 970
- Vermögensstamm Kap. 3 971 f.
- Verwirkung Kap. 3 998 ff.
- – Umstandsmoment Kap. 3 999
- – Umstandsmoment Kap. 3 1002
- – Zeitmoment Kap. 3 999 ff.
- vorhandenes Vermögen Kap. 3 964 f.
- Wohnrecht Kap. 3 969
- Wohnvorteil Kap. 3 553, Kap. 3 963
- zusätzliche Aufwendungen Kap. 3 554

E-Mail
- Beschwerdebegründungsfrist Kap. 5 830 f.
- Leistungsantrag Kap. 5 259

Entreicherungseinwand
- bei Rückforderung von Unterhalt Kap. 5 1241

Erledigung
- Leistungsantrag Kap. 5 495 ff.
- einseitige Kap. 5 498 ff.
- übereinstimmende Kap. 5 495 ff.

Erstausstattung
- Kosten Kap. 3 255

Erwerbslosigkeitsunterhalt Kap. 3 104 ff.
- angemessene Erwerbstätigkeit Kap. 3 112
- Arbeitsplatzrisiko Kap. 3 110
- Begrenzung Kap. 3 111
- Bewerbungsbemühungen Kap. 3 107 ff.

Erwerbsobliegenheit

Stichwortverzeichnis

- bei Trennungsunterhalt Kap. 3 14
- Kinderbetreuungsunterhalt Kap. 3 65, Kap. 3 56
- – zeitlicher Beginn Kap. 3 65
- Übergangszeit Kap. 3 65

Fahrtkosten
- berufsbedingte, Einkommensanrechnung Kap. 3 475 ff.
- Einkommensanrechnung Kap. 3 343 f.
- Mehrbedarf Kap. 3 261
- Verfahrenskostenhilfe Kap. 1 86

Familienstreitsachen
- Anwaltszwang Kap. 5 113
- Arrest Kap. 5 224
- einstweilige Unterhaltsanordnung Kap. 5 115
- Zuständigkeit Kap. 5 36

Familienunterhalt Kap. 3 1 ff.
- Elternunterhalt, Mindestselbstbehalt Kap. 4 33
- – Selbstbehalt Kap. 3 986 ff.
- Taschengeld Kap. 3 7
- Teilhabeanspruch Kap. 3 3
- Wirtschaftsgeld Kap. 3 5

Festsetzungsbeschluss
- Beschwerde Kap. 5 1222 ff.
- vereinfachtes Unterhaltsverfahren Kap. 5 1195 ff.
- – Beschwerde Kap. 5 1222 ff.
- – Inhalt Kap. 5 1204 ff.
- – Verfahren Kap. 5 1199 ff.
- – Vollstreckung Kap. 5 1209 ff.
- – Voraussetzung Kap. 5 1196 f.

Feststellung der Vaterschaft
- Unterhalt Kap. 5 367 ff.

Feststellungsantrag
- Antrag Kap. 5 717 ff.
- Anwendungsmöglichkeiten Kap. 5 703 ff.
- Ehevertrag Kap. 5 713 f.
- Feststellung eines Rechtsverhältnisses Kap. 5 705
- Feststellungsbeschluss Kap. 5 719 ff.
- Feststellungsinteresse Kap. 5 715 f.
- Unterhaltsanordnung Kap. 5 703 ff.
- Unterhaltsteilantrag Kap. 5 711
- Verbundverfahren Kap. 5 712
- Verfahrenskostenhilfe Kap. 5 723
- zeitliche Verzögerung Kap. 5 709
- Zwangsvollstreckung Kap. 5 722

Fiktive Einkünfte s. **Hypothetische Einkünfte**

Folgesache Kindesunterhalt
- Volljährige Kinder Kap. 5 969

Folgesache Unterhalt Kap. 5 924 ff.
- Abgabe an Gericht der Ehesache Kap. 5 956 ff.
- Auskunft Kap. 5 941 f.
- Auskunftsanspruch Kap. 5 941
- Stufenantrag Kap. 5 938
- Teilbeschluss Kap. 5 938
- Verfahrensbesonderheiten Kap. 5 958 f.
- Verfahrenskostenhilfe Kap. 5 952 f.
- Vollstreckung Kap. 5 1033 ff.

Folgesache
- Abtrennung Kap. 5 978 ff., s. Abtrennung Folgesache
- bei Rücknahme des Scheidungsantrags Kap. 5 1025 f.
- Vollstreckung Kap. 5 1033 ff.

Folgesachenantrag
- Ehegattenunterhalt, Muster Kap. 5 977
- Kindesunterhalt, Muster Kap. 5 972
- Krankheitsunterhalt, Muster Kap. 5 977

Freistellung von der Unterhaltspflicht
Zuständigkeit Kap. 5 50

Freistellungsvereinbarung
- anwaltliche Beratung Kap. 1 43
- Kindesunterhalt Kap. 4 55 f.
- minderjähriges Kind Kap. 4 107
- – Muster Kap. 4 107
- Scheidungsfolgenvereinbarung Kap. 4 106 f.
- Trennungsfolgenvereinbarung Kap. 4 106 f.
- Volljähriges Kind Kap. 4 108 f.
- – Muster Kap. 4 109 f.
- vorsorgende Unterhaltsvereinbarung Kap. 4 55 f.

Freiwillige Zahlung Kap. 5 287 ff.
- Titulierungsanspruch Kap. 5 287 ff.
- Titulierungskosten Kap. 5 290
- Unterhaltsteilleistung Kap. 5 291 ff.
- – Titulierungsanspruch Kap. 5 296 f.
- – Titulierungsaufforderung Kap. 5 298 ff.
- Vollständige Kap. 5 287 ff.

Freiwillige Zuwendung
- von Großeltern Kap. 3 204 ff.

715

Stichwortverzeichnis

Freiwilliges soziales Jahr Kap. 3 238
Gegenanschließung
– Beschwerde in Verbundsachen Kap. 5 1089 ff.
Gegenseitigkeitsverhältnis Kap. 3 220
Geheimhaltungsinteresse neuer Ehegatte Kap. 2 54
Geschiedenenunterhalt
– Befristung Kap. 3 835 ff.
Gesetzliche Auskunftspflicht
– Bedeutung Unterhaltsverfahren Kap. 2 152 ff.
– bezifferter Unterhaltsantrag Kap. 2 154 ff.
– Stufenantrag Kap. 2 157 ff.
– Unterhaltsverfahren, Wahlrecht Kap. 2 152 ff.
– wesentliche Änderung Kap. 2 163 f.
Getrennte Veranlagung Kap. 3 371
Getrenntleben
– Trennungsunterhalt Kap. 3 13
Gewöhnlicher Aufenthalt
– Begriff Kap. 5 76 ff.
– des Kindes Kap. 5 70 ff.
– des vertretungsberechtigten Elternteils Kap. 5 70 ff.
– Frauenhaus Kap. 5 78
– Freiheitsstrafe Kap. 5 78
– im Ausland Kap. 5 82, Kap. 5 94 ff.
– Krankenheilanstalt Kap. 5 78
– Rückkehrabsicht Kap. 5 78
– vorübergehende Abwesenheit Kap. 5 81
Grundsatz der Nichtidentität Kap. 5 140 ff.
– Kap. 5 377 ff.
Haftung
– Elternunterhalt, Darlegungs- und Beweislast Kap. 3 995
– – Geschwister Kap. 3 993 ff.
Halbteilungsgrundsatz Kap. 3 285
– Unterhalt des nichtehelichen Elternteils Kap. 3 165
Hausfrauenehe
– Unterhaltsvereinbarung Kap. 4 4
Hinterlegung
– bei einstweiliger Unterhaltsanordnung Kap. 5 102
Hinweispflicht
– nach § 251 FamFG Kap. 5 1167 ff.
Hortkosten Kap. 3 261

Hypothetische Einkünfte Kap. 3 556 ff.
– Altersteilzeit Kap. 3 571 f.
– Angemessenheit der Erwerbstätigkeit Kap. 3 580 ff., Kap. 3 585
– Anrechnungsvoraussetzung Kap. 3 557 ff.
– Arbeitslosigkeit Kap. 3 559
– Ausbildungsobliegenheit Kap. 3 582
– bei nichtausreichender Erwerbstätigkeit Kap. 3 578 ff.
– Elternunterhalt Kap. 3 960
– Höhe Kap. 3 590 ff.
– – anwaltlicher Sachvortrag Kap. 3 594
– Nebentätigkeitsobliegenheit Kap. 3 567 ff.
– Obliegenheitsverletzung bei Arbeitslosigkeit Kap. 3 559 ff.
– praktische Fälle Kap. 3 559 ff.
– Selbstständige Kap. 3 577
– Trennungsunterhalt Kap. 3 14
– Unzumutbarkeit der Erwerbstätigkeit Kap. 3 587 f.
– unzureichende Erwerbstätigkeit, reale Beschäftigungschance Kap. 3 588
– – Unbilligkeit der Erwerbstätigkeit Kap. 3 589
– Verletzung einer unterhaltsrechtlichen Obliegenheit Kap. 3 557 ff.
– Versorgungsleistungen Kap. 3 573 ff.
– – Beweislast Kap. 3 576
– – Darlegungslast Kap. 3 576
– Vorruhestand Kap. 3 571 f.
Hypothetische Steuerberechnung Kap. 3 444 ff.
Hypothetische Tätigkeit Kap. 3 754
In-Prinzip Kap. 3 450 f.
Informationsanspruch Kap. 2 55
Interessengegensatz Kap. 1 26 ff.
– bei Mehrbedarf Kap. 3 676
– Bürogemeinschaften Kap. 1 33 ff.
– dieselbe Rechtssache Kap. 1 28
– Tätigwerden Kap. 1 32
– Vertretung Volljähriger Kap. 1 36 f.
Isolierter Auskunftsanspruch
– Beleganspruch Kap. 2 95 ff.
– Vollstreckung Kap. 2 100 ff.
Isolierter Auskunftsantrag
– Antrag Kap. 2 89 ff.
– Auskunft über Einkünfte Kap. 2 90
– Auskunft über Vermögen Kap. 2 93 f.

Stichwortverzeichnis

- Begründung Kap. 2 99
- Scheidungsverbund Kap. 2 88
- **Isoliertes Unterhaltsverfahren**
- Zuständigkeit Kap. 5 85 ff.
- – – Aufenthalt im Ausland Kap. 5 94 ff.
- – – gewöhnlicher Aufenthalt Kap. 5 94 ff.
- – – temporärer Wahlgerichtsstand Kap. 5 86 ff.
- **Jugendamt**
- Vertretung des Kindes Kap. 5 315 ff.
- **Jugendamtsurkunde**
- Abänderung, entsprechend § 313 BGB Kap. 5 627 f.
- Abänderung, §§ 59 Abs. 1 Nr. 3, 60 SGB VIII Kap. 5 627 f.
- **Karrierechancen**
- Verlust Kap. 3 761 ff.
- **Kernbereichslehre**
- vorsorgende Unterhaltsvereinbarung Kap. 4 29 f.
- **Kindbezogene Gründe**
- Altersphasenmodell Kap. 3 45
- außerhäusliche Kinderbetreuung Kap. 3 44
- Belange des Kindes Kap. 3 39 ff.
- Betreuungssituation Kap. 3 42 ff.
- – – konkrete Ausgestaltung Kap. 3 46 ff.
- – – Veränderung Kap. 3 62 ff.
- Checkliste Kap. 3 60
- Erwerbsobliegenheit Kap. 3 44
- – – zeitlicher Beginn Kap. 3 65
- zeitlicher Umfang der Erwerbstätigkeit Kap. 3 48 ff.
- **Kinderbetreuungskosten** Kap. 3 270 ff., Kap. 3 640 ff., s. a. **Mehrbedarf**
- Abzug in sonstigen Fällen Kap. 3 657
- als berufsbedingter Aufwand Kap. 3 668
- als Mehrbedarf Kap. 3 645 ff.
- Bedarf des Kindes Kap. 3 642 ff.
- Besonderheiten bei Mehrbedarf Kap. 3 669 ff.
- Fremdbetreuungskosten, allgemein Kap. 3 658 ff.
- Kindergarten Kap. 3 271 ff., Kap. 3 642 ff.
- Mehrbedarf Kap. 3 645 ff.
- – – anteilige Haftung Kap. 3 652 ff.
- – – anwaltlicher Sachvortrag Kap. 3 650
- – – gesamtschuldnerische Haftung Kap. 3 656
- – – Verhältnis zum Mindestbedarf Kap. 3 651
- weitere Betreuungskosten Kap. 3 658 ff.
- **Kinderbetreuungsunterhalt** Kap. 3 31 ff.
- Alterphasenmodell Kap. 3 45
- Basisunterhalt Kap. 3 33, Kap. 3 36 ff.
- Befristung Kap. 3 78 ff.
- Betreuungsangebote des Ehegatten Kap. 3 69 ff.
- Betreuungssituation Kap. 3 42 ff., Kap. 3 46 ff.
- – – anwaltlicher Sachvortrag Kap. 3 44
- – – Betreuungsangebot des anderen Ehegatten Kap. 3 69 ff.
- – – Veränderung Kap. 3 62 ff.
- Billigkeitsergänzungsanspruch, Vertrauenstatbestand Kap. 3 67
- – – Altersphasenmodell Kap. 3 45
- – – anwaltlicher Vortrag Kap. 3 44
- – – Betreuungssituation Kap. 3 46 f.
- – – elternbezogene Gründe Kap. 3 66 ff.
- – – Erwerbsobliegenheit Kap. 3 56
- – – kindbezogene Gründe Kap. 3 39 ff.
- – – Lebensplanung der Eltern Kap. 3 66 ff.
- – – überobligatorische Belastung Kap. 3 54 ff.
- – – Umfang der Erwerbstätigkeit Kap. 3 48 ff.
- Billigkeitsunterhalt Kap. 3 33
- Checkliste Kap. 3 81
- elternbezogene Gründe Kap. 3 33, Kap. 3 66 ff.
- Erwerbsobliegenheit Kap. 3 65
- – – zeitlicher Beginn Kap. 3 65
- – – Härteklausel Kap. 3 40
- kindbezogene Gründe Kap. 3 33, Kap. 3 39 ff.
- – – Betreuungssituation Kap. 3 39 ff.
- – – Härteklausel Kap. 3 40
- kindbezogener Billigkeitsergänzungsunterhalt Kap. 3 39 ff.
- Lebensplanung der Eltern Kap. 3 66 ff.
- Problemkind Kap. 3 75 ff., s. a. **Problemkind**
- Regel-Ausnahme-Verhältnis Kap. 3 40
- überobligatorische Belastung Kap. 3 54 ff.
- – – anwaltlicher Sachvortrag Kap. 3 59

717

Stichwortverzeichnis

- Umfang der Erwerbstätigkeit Kap. 3 48 ff.
- Vertrauenstatbestand Kap. 3 67
- zumutbare Erwerbsobliegenheit Kap. 3 56

Kinderfreibetrag
- Einkommensanrechnung Kap. 3 384 ff.

Kindergarten
- Kosten Kap. 3 271 ff.

Kindergeld
- Einkommensanrechnung Kap. 3 384 ff.
- Kindesunterhalt Kap. 3 206 ff.
- – minderjähriges Kind Kap. 3 191
- vereinfachtes Unterhaltsverfahren Kap. 5 1133

Kinderschutzklausel
- Mindestbedarf Kap. 3 907
- Unterhaltsausschluss Kap. 3 900 ff.

Kinderzimmereinrichtung
- Kosten Kap. 3 255

Kindesunterhalt
- Abänderungsabweisungsantrag, Muster Kap. 5 674
- Abänderungsantrag, Muster Kap. 5 672
- Abänderungsstufenantrag, Muster Kap. 5 673
- Abweisung, Muster Kap. 5 507
- als Folgesache Kap. 5 965 ff., s. a. Folgesache Kindesunterhalt
- Auskunft, Muster Kap. 1 190 ff.
- Bedarf, Kinderbetreuungskosten Kap. 3 270 ff.
- Berechnungsbeispiel Kap. 3 729 f., Kap. 3 732, Kap. 3 734, Kap. 3 736, Kap. 3 738
- des Volljährigen Kindes Kap. 3 211 ff.
- – Bedarf Kap. 3 211 ff.
- – Bedürftigkeit Kap. 3 213 ff.
- – Bemessungsgrundlage Kap. 3 211 f.
- Doppelanrechnung Kap. 3 337
- dynamisch, Muster Kap. 4 104, Kap. 5 504
- Einkommensanrechnung, Schulden Kap. 3 518
- einstweilige Unterhaltsanordnung vor Geburt des Kindes Kap. 5 195 ff.
- einstweilige Unterhaltsanordnung, Muster Kap. 5 186
- Folgesachenantrag, Muster Kap. 5 972

- Freistellungsvereinbarung Kap. 1 43
- Grundsätze Kap. 3 183 ff.
- im Wechselmodell, Muster Kap. 4 105
- Kinderbetreuungskosten Kap. 3 270 ff.
- Kindergeld Kap. 3 206 ff.
- Leistungsantrag Kap. 5 302 ff., s. a. Leistungsantrag
- – Einwand Volljährigkeit Kap. 5 341 ff.
- – Jugendamt Kap. 5 315 ff.
- – Kind wird Volljährig Kap. 5 337 ff.
- – minderjähriges Kind Kap. 5 306 ff.
- – Muster Kap. 5 504
- – Tenorierung Kap. 5 350 ff.
- – Verfahrensführungsbefugnis Kap. 5 318 ff.
- – Verfahrenskostenhilfe Kap. 5 334 ff.
- – Verfahrensstandschaft Kap. 5 334 ff.
- Vertretung des Kindes Kap. 5 309 ff.
- – Volljähriges Kind Kap. 5 308
- – Vollstreckung Kap. 5 327 ff.
- Zuständigkeit Kap. 5 70 ff., 83 f.

Kosten des Unterhaltsverfahrens Kap. 5 1282 ff.
- Ermessen Kap. 5 1284

Lebensgemeinschaft
- Verfestigte Kap. 3 864 ff.

Mehrbedarf Kap. 3 261 ff., Kap. 3 246 ff., s. a. Mehrbedarf
- minderjähriges Kind Kap. 3 186 ff.
- – Bedürftigkeit Kap. 3 198 ff.
- – Berechnung Kap. 3 206 ff.
- – eigenes Einkommen Kap. 3 199 f.
- – Einsatz des Vermögens Kap. 3 201 ff.
- – freiwillige Zuwendung Kap. 3 204
- – gesteigerte Unterhaltsverpflichtungen Kap. 3 195 ff.
- – Hortkosten Kap. 3 261
- – Kindergeld Kap. 3 191
- – Leistungsfähigkeit Kap. 3 195 ff.
- – Mindestbedarf Kap. 3 189 ff.
- – Mindestunterhalt Kap. 3 189 ff.
- – sächliches Existenzminimum Kap. 3 190
- minderjähriges Kind
- Vermögenssubstanz Kap. 3 203
- minderjähriges Kind
- zusätzlicher Bedarf Kap. 3 193
- privilegierte volljährige Kinder, Leistungsfähigkeit Kap. 3 195 ff.

718

Stichwortverzeichnis

- Rang der Unterhaltsansprüche Kap. 3 242 ff.
- Scheidungsfolgenvereinbarung Kap. 4 99 ff.
- Scheidungsfolgenvereinbarung s. a. Scheidungsfolgenvereinbarung
- Sonderbedarf Kap. 3 193, Kap. 3 246 ff., s. a. Sonderbedarf
- statischer, Muster Kap. 4 103, Kap. 5 506
- Titulierungsaufforderung, Muster Kap. 1 195
- Trennungsfolgenvereinbarung Kap. 4 99 ff.
- Trennungsfolgenvereinbarung s. a. Trennungsfolgenvereinbarung
- Unterhaltsantrag, Muster Kap. 5 504, Kap. 5 506
- Unterhaltsausschluss Kap. 3 916 ff., s. a. Unterhaltsausschluss
- Vereinbarung Kap. 1 43
- – Beratungsbedarf Kap. 1 43
- Volljähriges Kind, Ausbildungsunterhalt Kap. 3 218 f.
- – Ausbildungsversicherung Kap. 3 216
- – Ausbildungswechsel Kap. 3 221 ff.
- – BAföG Kap. 3 217
- – Berechnung Kap. 3 240 ff.
- – eigenes Einkommen Kap. 3 214
- – freiwilliges soziales Jahr Kap. 3 238
- – Kind mit eigenem Hausstand Kap. 3 232 ff.
- – Krankenversicherung Kap. 3 233
- – Orientierungsphase Kap. 3 238
- – Pflegeversicherung Kap. 3 233
- – Pflichten des Jugendlichen Kap. 3 228 ff.
- – Praktikum Kap. 3 238
- – Student mit eigenem Hausstand Kap. 3 232 ff.
- – Vermögenssubstanz Kap. 3 215
- – Volkshochschule Kap. 3 238
- – Wartezeiten Kap. 3 238 ff.
- – Wehrdienst Kap. 3 236 f.
- – weiterführende Schule Kap. 3 238
- – Zivildienst Kap. 3 236 f.
- – Zweitstudium Kap. 3 221 ff.
- vorsorgende Unterhaltsvereinbarung Kap. 4 52 ff., s. a. vorsorgende Unterhaltsvereinbarung

- Wohnvorteil Kap. 3 623
- Zahlungsaufforderung, Muster Kap. 1 194
- Zusammentreffen mehrerer Unterhaltsansprüche Kap. 3 242 ff.
- Zuständigkeit Kap. 5 70 ff.
- Zuständigkeitsprivileg Kap. 5 303

Kirchensteuer Kap. 3 387
- Realsplitting Kap. 3 421

Kommunion
- Kosten Kap. 3 255, Kap. 3 261

Konfirmation
- Kosten Kap. 3 255, Kap. 3 261

Kontaktverweigerung
- Unterhaltsausschluss Kap. 3 936 ff.

Kosten des Umgangsrechts s. a. Umgangskosten

Kosten
- einstweilige Unterhaltsanordnung Kap. 5 135
- Stufenantrag Kap. 2 124 ff.
- Stufenverfahren Kap. 2 124 ff.
- Umgangsrecht Kap. 3 484 ff.
- – Sozialhilferecht Kap. 3 496

Krankengeld
- Einkommensanrechnung Kap. 3 316

Krankenvorsorgeunterhalt Kap. 3 140 ff.
- Abänderungsantrag Kap. 3 145

Krankheitsunterhalt Kap. 3 90 ff.
- anwaltlicher Sachvortrag Kap. 3 101
- Befristung Kap. 3 103, Kap. 3 785 ff.
- Behandlungsobliegenheit Kap. 3 99
- Darlegungs- und Beweislast Kap. 3 97
- Einsatzzeitpunkt Kap. 3 94
- Erwerbsunfähigkeitsrente Kap. 3 101
- Folgesachenantrag, Muster Kap. 5 976
- Genesung Kap. 3 100
- Kausalität der Krankheit Kap. 3 93
- Krankheitsbegriff Kap. 3 92
- Verschulden der Krankheit Kap. 3 98

Lebensversicherung
- Verfahrenskostenhilfe Kap. 1 104

Leistungsantrag Kap. 5 239 ff.
- Abänderungsverfahren Kap. 5 281
- Abgrenzung zum Abänderungsverfahren Kap. 5 576 ff., Kap. 5 632 ff.
- Abgrenzung zur Abänderung bei Urkunden Kap. 5 632 ff.

719

Stichwortverzeichnis

- Abgrenzung zur Abänderung bei Vergleich **Kap. 5** 632 ff.
- Abschriften **Kap. 5** 260 ff.
- Anerkenntnis **Kap. 5** 483 ff.
- Antrag, Antragserwiderung **Kap. 5** 417 ff.
- – anwaltliches Vorbringen **Kap. 5** 411 ff.
- – Begründung **Kap. 5** 408 ff.
- Antragsbegründung **Kap. 5** 408 ff.
- Antragserwiderung **Kap. 5** 417 ff.
- Antragsrücknahme **Kap. 5** 487 ff.
- bedingte Antragsstellung **Kap. 5** 251 f.
- Berücksichtigung Arbeitslosenhilfe **Kap. 5** 383 f.
- Berücksichtigung Sozialhilfe **Kap. 5** 383 f.
- Berücksichtigung Sozialleistung, BAföG **Kap. 5** 405 ff.
- – Aktivlegitimation **Kap. 5** 389 ff.
- – Forderungsübergang **Kap. 5** 385 ff.
- – Unterhaltsvorschuss **Kap. 5** 398 ff.
- Besonderheiten Ehegattenunterhalt **Kap. 5** 377 ff.
- Bestimmtheit **Kap. 5** 247 ff.
- Bestimmtheitserfordernis **Kap. 5** 249 ff.
- Beweisbeschluss, Muster **Kap. 5** 443
- Beweisfragen **Kap. 5** 441 ff.
- – Einkommensermittlung **Kap. 5** 448 ff.
- – Krankheiten **Kap. 5** 451
- – Sachverständigengutachten **Kap. 5** 451
- – Schätzung **Kap. 5** 452 ff.
- – Strengbeweis **Kap. 5** 442 ff.
- Checkliste **Kap. 5** 301
- dynamischer Kindesunterhalt, Muster **Kap. 5** 504
- Ehegattenunterhalt **Kap. 5** 377 ff.
- – Grundsatz der Nichtidentität **Kap. 5** 377 ff.
- – Muster **Kap. 5** 503
- – Unterhalt für Vergangenheit **Kap. 5** 380
- elektronisches Dokument **Kap. 5** 257
- E-Mail **Kap. 5** 259
- Erhebung **Kap. 5** 241 f.
- Erledigung **Kap. 5** 495 ff.
- – einseitige **Kap. 5** 498 ff.
- – übereinstimmende **Kap. 5** 495 ff.
- erstmalige Einleitung Unterhaltsverfahren **Kap. 5** 10 ff.
- Form **Kap. 5** 253 ff.
- freiwillige Zahlungen s. a. **freiwillige Zahlungen**
- Kindesunterhalt, Einwand Volljährigkeit **Kap. 5** 341 ff.
- – Kind wird Volljährig **Kap. 5** 337 ff.
- – minderjähriges Kind **Kap. 5** 306 ff.
- – Tenorierung **Kap. 5** 350 ff.
- – Verfahrensführungsbefugnis **Kap. 5** 318 ff.
- – Verfahrenskostenhilfe **Kap. 5** 334 ff.
- – Verfahrensstandschaft **Kap. 5** 334 ff.
- – Vertretung des Kindes **Kap. 5** 309 ff.
- – Vertretung durch Jugendamt **Kap. 5** 315 ff.
- – Volljähriges Kind **Kap. 5** 308
- – Vollstreckung **Kap. 5** 327 ff.
- – Zuständigkeitsprivileg **Kap. 5** 303
- künftige Ansprüche **Kap. 5** 266
- Mindestinhalt **Kap. 5** 243 f.
- – Anschrift der Beteiligten **Kap. 5** 245 f.
- – Antragsgegner **Kap. 5** 246
- – Bestimmtheit **Kap. 5** 247 ff.
- – mögliche Angaben **Kap. 5** 260 ff.
- – mündliche Verhandlung **Kap. 5** 430 ff.
- – Muster **Kap. 5** 265
- – Rechtshängigkeit **Kap. 5** 242
- – Rechtsschutzbedürfnis **Kap. 5** 272 ff.
- – freiwillige Zahlungen **Kap. 5** 287 ff.
- – freiwillige Zahlungen s. a. **freiwillige Zahlungen**
- – titulierte Verpflichtungserklärung **Kap. 5** 277 ff.
- – Vollständige Tituierung **Kap. 5** 274
- statischer Kindesunterhalt, Muster **Kap. 5** 506
- Streitgegenstand **Kap. 5** 243
- Taktik **Kap. 5** 269
- Teilanerkenntnis **Kap. 5** 418
- Telefax **Kap. 5** 258
- Trennungsunterhalt, Muster **Kap. 5** 503
- Unterhaltsbeschluss **Kap. 5** 457 ff., s. a. **Unterhaltsbeschluss**
- Unterschriftserfordernis **Kap. 5** 255
- Verfahrensablauf **Kap. 5** 408 ff.
- – Anerkenntnis **Kap. 5** 483 ff.
- – Antragsrücknahme **Kap. 5** 487 ff.
- – Beweisfragen **Kap. 5** 441 ff.
- – Erledigung **Kap. 5** 495 ff.

Stichwortverzeichnis

- – gerichtlicher Unterhaltsvergleich **Kap. 5** 479 ff.
- – mündliche Verhandlung **Kap. 5** 430 ff.
- – Verfahrensabschluss **Kap. 5** 457 ff.
- – Verfahrensabschluss **Kap. 5** 457 ff.
- – – Anerkenntnis **Kap. 5** 483 ff.
- – – Antragsrücknahme **Kap. 5** 487 ff.
- – – Erledigung **Kap. 5** 495 ff.
- – – gerichtlicher Unterhaltsvergleich **Kap. 5** 479 ff.
- – – Unterhaltsbeschluss **Kap. 5** 457 ff.
- – Verfahrenskostenhilfe **Kap. 5** 252
- – Verhältnis zum negative Feststellungsantrag **Kap. 5** 161 ff.
- – wiederkehrende Leistung **Kap. 5** 267
- – zwingende Angaben **Kap. 5** 260
- **Lohnsteuern Kap. 3** 375
- – Einkommensanrechnung **Kap. 3** 375
- **Mandat**
- – in Unterhaltssachen **Kap. 1** 1 ff., s. a. Mandatsannahme
- – Umfang **Kap. 1** 10 ff.
- – – Belehrung **Kap. 1** 20
- – – Dokumentation **Kap. 1** 15 ff.
- – Unterhaltsvereinbarung **Kap. 1** 43 ff.
- – Unterhaltsverzicht **Kap. 1** 47 f.
- – Verfahrensabschluss **Kap. 1** 184 ff.
- – Vollmacht **Kap. 1** 10 ff.
- – wirtschaftliche Verhältnisse **Kap. 1** 40 f.
- **Mandatsannahme**
- – anwaltliche Beratung **Kap. 1** 51 ff.
- – anwaltliche Haftung **Kap. 1** 10, **Kap. 1** 13 ff.
- – Belehrung **Kap. 1** 20
- – Beratungsbedarf **Kap. 1** 1 ff.
- – Besprechungstermin **Kap. 1** 8 f.
- – Checkliste **Kap. 1** 42
- – Dokumentationspflichten **Kap. 1** 15 ff.
- – Freistellungsvereinbarung **Kap. 1** 43
- – in Unterhaltssachen **Kap. 1** 1 ff.
- – Inhalt **Kap. 1** 10 ff.
- – Interessengegensatz **Kap. 1** 26 ff.
- – persönliche Verhältnisse **Kap. 1** 38 f.
- – Sorgfaltspflichten **Kap. 1** 18 ff.
- – Standesrecht **Kap. 1** 26 ff.
- – Umfang **Kap. 1** 10 ff.
- – Umgang mit dem Mandanten **Kap. 1** 5 ff.
- – Unterhaltsvereinbarung **Kap. 1** 43 ff.
- – Unterhaltsverzicht **Kap. 1** 47 f.
- – Verfahrensabschluss **Kap. 1** 184 ff.
- – Verfahrenskostenhilfe **Kap. 1** 57 ff.
- – Verfahrenskostenvorschuss **Kap. 1** 159 ff.
- – Vertrauensverhältnis **Kap. 1** 4
- – Vertretung Volljähriger **Kap. 1** 36 f.
- – Vollmacht **Kap. 1** 10 ff.
- – wirtschaftliche Verhältnisse **Kap. 1** 40 f.
- **Mangelfall**
- – Verfahrensweise bei Mehrbedarf **Kap. 3** 677 ff.
- **Mehrbedarf Kap. 3** 193
- – **Kap. 3** 246 ff.
- – Abgrenzung normaler Bedarf **Kap. 3** 248 ff.
- – Abgrenzung Sonderbedarf **Kap. 3** 248 ff.
- – Angemessenheit der Höhe **Kap. 3** 266 f.
- – Auslandsstudium **Kap. 3** 261
- – Beispielsfälle **Kap. 3** 261
- – Fahrtkosten **Kap. 3** 261
- – Förderung besonderer Talente **Kap. 3** 261
- – Haftungsverteilung **Kap. 3** 268 f.
- – Interessenkonflikt **Kap. 3** 676
- – Kinderbetreuungskosten **Kap. 3** 645 ff.
- – – anteilige Haftung **Kap. 3** 652 ff.
- – – anwaltlicher Sachvortrag **Kap. 3** 650
- – – gesamtschuldnerische Kosten **Kap. 3** 656
- – – Verhältnis zu Mindestbedarf **Kap. 3** 651
- – Kindergartenbesuch **Kap. 3** 645 ff.
- – Kommunion oder Konfirmation **Kap. 3** 261
- – krankheitsbedingte Kosten **Kap. 3** 261
- – Kriterien der Haftung **Kap. 3** 262 ff.
- – Nachhilfe **Kap. 3** 261
- – Notwendigkeit **Kap. 3** 263 ff.
- – private Sonderschule **Kap. 3** 261
- – Privatschule **Kap. 3** 261
- – rechtliche Behandlung **Kap. 3** 256 ff.
- – rechtliche Besonderheiten **Kap. 3** 669 ff.
- – Schulgeld **Kap. 3** 261
- – Studiengebühren **Kap. 3** 261
- – unselbstständiger Teil des Unterhaltsanspruchs **Kap. 3** 673 ff.
- – Verfahren bei Mangelfall **Kap. 3** 677 ff.
- – Verzug **Kap. 3** 670 ff.
- **Mindestbedarf**
- – 1615l BGB **Kap. 3** 168 ff.
- – Darlegungs- und Beweislast **Kap. 3** 171 f.

Stichwortverzeichnis

- Ehegattenunterhalt Kap. 3 292 ff.
- Kindesunterhalt Kap. 3 189 ff.

Mindestunterhalt
- Feststellung der Vaterschaft Kap. 5 367 ff.

Mündliche Verhandlung
- Antrag, Muster Kap. 5 187
- Leistungsantrag Kap. 5 430 ff.

Nachehelicher Unterhalt
- Abfindung, Muster Kap. 4 96
- Befristung Kap. 3 741 ff., s. Unterhaltsbefristung
- Begrenzung Kap. 3 741 ff., s. Unterhaltsbefristung
- Scheidungsfolgenvereinbarung, Muster Kap. 4 89

Nachforderungsantrag
- bei Abänderung gerichtlicher Entscheidung Kap. 5 586
- offener Teilantrag Kap. 5 587
- verdeckter Teilantrag Kap. 5 588 f.

Nachhilfe
- Kosten Kap. 3 255, Kap. 3 261

Nachträgliche Steuerberechnung Kap. 3 444 ff.

Nebentätigkeit
- bei Arbeitslosigkeit Kap. 3 712
- Einkommensanrechnung Kap. 3 324 f.
- Einzelfallprüfung Kap. 3 711
- hypothetische Einkünfte Kap. 3 567 ff.
- Genehmigung Kap. 3 715 f.
- Konkurrenzklausel Kap. 3 715 f.
- Mehreinnahme Kap. 3 719
- Möglichkeit Kap. 3 706 ff.
- Nebentätigkeitsgenehmigung Kap. 3 713 ff.
- Obliegenheit zur Kap. 3 567 ff., Kap. 3 703 ff.
- rechtliche Zulässigkeit Kap. 3 713 ff.
- Umgangsrecht Kap. 3 709 f.
- Zumutbarkeit Kap. 3 706

Negativer Feststellungsantrag
- gegen einstweilige Unterhaltsanordnung Kap. 5 156 ff.

Feststellungsantrag
- Unterhaltsanordnung
- Muster Kap. 5 189
- Verhältnis zum Abänderungsantrag nach § 54 FamFG Kap. 5 160 f.

- Verhältnis zum Leistungsantrag Kap. 5 161 ff.
- Verhältnis zur Einleitung des Hauptsacheverfahrens Kap. 5 165 ff.

Nichteheliche Mutter
- Unterhalt Kap. 3 157 ff.

Nichteheliches Elternteil
- Unterhalt Kap. 3 157 ff.

Notarielle Urkunde
- Abänderung, entsprechend § 313 BGB Kap. 5 626 f.
- Abänderungsverfahren Kap. 3 830 ff.
- Unterhaltsbefristung Kap. 3 830 ff.

Notgroschen
- Elternunterhalt Kap. 3 965

Novation Kap. 4 70 ff.
- Muster Kap. 4 74

Novenrecht Kap. 5 814 ff.

Obhutswechsel Kap. 5 322 f.

Offener Teilantrag Kap. 5 587
- Kap. 5 711

Orientierungsphase Kap. 3 238

Partnerschaftsehe
- Unterhaltsvereinbarung Kap. 4 4
- Unterhaltsverzicht Kap. 4 67 ff.

Persönliche Verhältnisse
- Abklärung Kap. 1 38 f.

Pflicht zur ungefragten Information Kap. 2 72 ff.
- Unterhaltsvergleich Kap. 2 76
- Voraussetzung Kap. 2 74 f.

Präklusion
- Abänderungsverfahren Kap. 3 844 ff.
- – zweistufige Prüfung Kap. 3 849
- Befristung, Übergangsrecht Kap. 3 844 ff.
- bei Abänderung gerichtlicher Entscheidung Kap. 5 558 ff.
- Titel vor dem 01.01.2008 Kap. 3 844 ff.

Privatschule
- Kosten Kap. 3 261

Problemkind Kap. 3 75 ff.
- Auswirkung auf die Erwerbsfähigkeit Kap. 3 75
- Befristung Kap. 3 78 ff.
- behebbare Probleme Kap. 3 75
- Fallgestaltung Kap. 3 76
- Zukunftsprognose Kap. 3 78 ff.

Rang
- Kindesunterhalt Kap. 3 242 ff.

Stichwortverzeichnis

- Trennungsunterhalt Kap. 3 27
Realsplitting
- Anspruch auf Vorteilsausgleich Kap. 3 429
- anwaltliche Beratung Kap. 3 426
- Arbeitnehmersparzulage Kap. 3 425
- Aufforderung zur Zustimmung, Muster Kap. 3 439
- Auskunftsanspruch Kap. 3 430 ff.
- BAföG Kap. 3 425
- Familienversicherung Kap. 3 424
- Kindergartenbeitrag Kap. 3 425
- Kirchensteuern Kap. 3 421
- Krankenversicherung Kap. 3 424
- Nachteilsausgleich Kap. 3 417 ff.
- – Darlegungs- und Beweislast Kap. 3 418
- Obliegenheit der Inanspruchnahme Kap. 3 441
- Solidaritätszuschlag Kap. 3 421
- sonstige Nachteile Kap. 3 423 ff.
- – Sparprämie Kap. 3 425
- – Wohnberechtigungsschein Kap. 3 425
- – Wohnungsbauprämie Kap. 3 425
- steuerliche Nachteile Kap. 3 421 ff.
- – Kosten eines Steuerberaters Kap. 3 422
- Steuervorteile Kap. 3 429
- Verlangen auf Zustimmung Kap. 3 420
- Voraussetzungen Kap. 3 415 f.
- Zustimmung Kap. 3 415 ff.
- – Durchsetzung Kap. 3 437 f.
- – Sicherheitsleistung Kap. 3 434
- – Zurückbehaltungsrecht Kap. 3 435
- – Zustimmungserklärung Kap. 3 433 ff.
- – Zustimmungspflicht Kap. 3 436
Rechtsbehelfsbelehrung
- Unterhaltsbeschluss Kap. 5 466
Rechtsbeschwerde Kap. 5 868 ff.
- Anschlussrechtsbeschwerde Kap. 5 896 ff., s. a. **Anschlussrechtsbeschwerde**
- Begründung Kap. 5 883 ff.
- – Begründungsfrist Kap. 5 884 f.
- – Bekanntgabe Kap. 5 895
- – Rechtsbeschwerdegründe Kap. 5 889 ff.
- Begründungsfrist Kap. 5 884 f.
- – Inhalt Kap. 5 886 ff.
- Einlegung Kap. 5 878 ff.
- – Frist Kap. 5 879
- – Inhalt Rechtsbeschwerdeschrift Kap. 5 880
- Frist Kap. 5 879
- grundsätzliche Bedeutung der Rechtssache Kap. 5 873 ff.
- Rechtsbeschwerdeentscheidung, Verfahrensmängel Kap. 5 907
- Rechtsbeschwerdegründe Kap. 5 889 ff.
- Sprungrechtsbeschwerde Kap. 5 918 ff., s. a. **Sprungrechtsbeschwerde**
- Statthaftigkeit Kap. 5 870 ff.
- Verbundsachen Kap. 5 1105 ff., s. a. **Rechtsbeschwerde in Verbundsachen**
Rechtsbeschwerde in Verbundsachen
- Anschlussrechtsbeschwerde Kap. 5 1106 ff.
- Begründung, Muster Kap. 5 1129
- erweiterte Aufhebung Kap. 5 1114 ff.
- Muster Kap. 5 1128 f.
- Sprungrechtsbeschwerde Kap. 5 1109 ff.
- – Muster Kap. 5 1130
- Voraussetzungen Kap. 5 1105
Rechtsmittel
- Rechtsbeschwerde in Verbundsachen Kap. 5 1105 ff.
- Rechtsbeschwerde s. a. **Rechtsbeschwerde**
- Rechtsbeschwerde in Verbundsachen s. a. **Rechtsbeschwerde in Verbundsachen**
- Sprungrechtsbeschwerde s. a. **Sprungrechtsbeschwerde**
- Überblick Kap. 5 779
Rechtsnachfolgeklausel Kap. 5 329
Rechtsschutz
- bei einstweiliger Unterhaltsanordnung Kap. 5 145 ff.
- – Einleitung der Hauptsache Kap. 5 149 ff.
Rechtsschutzbedürfnis
- Leistungsantrag Kap. 5 271 ff.
- – freiwillige Zahlungen Kap. 5 287 ff.
- – freiwillige Zahlungen s. a. **freiwillige Zahlungen**
- – titulierte Verpflichtungserklärung Kap. 5 277 ff.
- – Vollständige Titulierung Kap. 5 274 ff.
- Vollstreckungsabwehrverfahren Kap. 5 755 ff.
Rente

Stichwortverzeichnis

- Einkommensanrechnung Kap. 3 313 f.
- Elternunterhalt Kap. 3 954, Kap. 3 959

Restverbund
- Fortführung Kap. 5 1007

Rückforderung Unterhalt
- anwaltliche Strategie Kap. 5 1279 f.
- Entreicherungseinwand Kap. 5 1241 ff.
- nach Bereicherungsrecht Kap. 5 1234 ff., s. a. bereicherungsrechtliche Rückforderungsansprüche
- Rückforderungsantrag Kap. 5 1258 f.
- Schadensersatz Kap. 5 1260 ff., s. a. Schadensersatz
- – Antragsstellung Kap. 5 1277
- Schadensersatzansprüche Kap. 5 1260 f.
- Übersicht Kap. 5 1281
- verschärfte Bereicherungshaftung Kap. 5 1245 ff.

Rückforderung
- von Unterhalt Kap. 5 1231 ff., s. Rückforderung Unterhalt

Rückforderungsantrag
- zuviel gezahlter Unterhalt, Muster Kap. 5 1258

Rückwirkungssperre
- Antrag auf Unterhaltserhöhung Kap. 5 567
- Antrag auf Unterhaltsherabsetzung Kap. 5 568
- Auskunftsverlangen Kap. 5 568
- bei Abänderung gerichtlicher Entscheidung Kap. 5 565 ff.
- Jahresfrist Kap. 5 570
- Verzichtsaufforderung Kap. 5 569

Rückzahlung von Unterhalt
- Zuständigkeit Kap. 5 52

Sachbezüge
- Einkommensanrechnung Kap. 3 326 ff.

Säumnis
- Scheidungsverbundbeschluss Kap. 5 1051 ff.

Schadensersatz
- einstweilige Unterhaltsanordnung bei Vaterschaftsfeststellungsverfahren Kap. 5 221 f.
- einstweilige Unterhaltsanordnung vor Geburt des Kindes Kap. 5 209
- wegen zuviel gezahltem Unterhalt Kap. 5 1260 ff.

- – Antragsstellung Kap. 5 1277
- – Muster Kap. 5 1276
- – nach § 826 BGB Kap. 5 1261 ff.

Scheidungsantrag
- Rücknahme im Verbund Kap. 5 1019 ff.
- – Auswirkung auf Folgesache Kap. 5 1026 ff.
- Wirkung Kap. 5 1025

Scheidungsfolgenvereinbarung Kap. 4 13 ff., Kap. 4 76 ff.
- Abfindung, Muster Kap. 4 96
- dynamischer Kindesunterhalt, Muster Kap. 4 104
- Ehegattenunterhalt Kap. 4 80 ff.
- – Abfindung Kap. 4 93 ff.
- – Fehlen der Geschäftsgrundlage Kap. 4 82 ff.
- – Muster Kap. 4 89, Muster Kap. 4 92
- – Vereinbarung Geschäftsgrundlage Kap. 4 86 ff.
- – Wiederverheiratung Kap. 4 90
- Freistellungsvereinbarung Kap. 4 106 f.
- Muster Kap. 4 107 ff.
- Kindesunterhalt im Wechselmodell, Muster Kap. 4 105
- Kindesunterhalt, Checkliste Kap. 4 102
- – Volljähriges Kind Kap. 4 108
- – Muster Kap. 4 89, Kap. 4 92
- nachehelicher Unterhalt, Muster Kap. 4 89
- statischer Kindesunterhalt, Muster Kap. 4 103
- Unterhaltsverzicht Kap. 4 79
- Wiederverheiratung, Muster Kap. 4 92

Scheidungsverbund Kap. 5 924 ff., s. a. Scheidungsverbundverfahren
- Abgabe an Gericht der Ehesache Kap. 5 956 f.
- Abtrennung einer Folgesache Kap. 5 978 ff., s. a. Abtrennung Folgesache
- Antragsstellung Kap. 5 942 ff.
- Beschleunigung Kap. 5 946
- Beschwerde in Verbundsachen Kap. 5 1067 ff., s. a. Beschwerde in Verbundsachen
- Ehegattenunterhalt Kap. 5 973 ff., s. a. Folgesache Ehegattenunterhalt
- Folgesache Unterhalt Kap. 5 934 ff.

Stichwortverzeichnis

- Frist **Kap. 5** 946 ff.
- isolierter Auskunftsantrag **Kap. 2** 88
- Kindesunterhalt **Kap. 5** 965 ff., s. a. **Folgesache Kindesunterhalt**
- Ladungsfrist **Kap. 5** 950
- Rechtsbeschwerde **Kap. 5** 1105 ff., s. a. **Rechtsbeschwerde in Verbundsachen**
- Rücknahme des Scheidungsantrags **Kap. 5** 1019 ff., s. a. **Scheidungsantrag**
- Säumnis **Kap. 5** 1051 ff.
- Scheidungsverbundbeschluss **Kap. 5** 1042 ff., s. a. **Scheidungsverbundbeschluss**
- Übersicht **Kap. 5** 964
- Verfahrensbesonderheiten **Kap. 5** 958
- Verfahrenskostenhilfe **Kap. 1** 113 ff., **Kap. 5** 952 ff.
- Vollstreckung **Kap. 5** 1031 ff.
- Wiederherstellung **Kap. 5** 1033 ff.
- Zweiwochenfrist **Kap. 5** 946 ff.
- – Ladungsfrist **Kap. 5** 950

Scheidungsverbundbeschluss Kap. 5 1042 ff.
- Begründung **Kap. 5** 1048
- Einspruch gegen Säumnisbeschluss, Muster **Kap. 5** 1066
- Rechtsmittelfristen **Kap. 5** 1050
- Säumnis **Kap. 5** 1051 ff.
- – Einspruch **Kap. 5** 1054 ff.
- Vollstreckung **Kap. 5** 1050
- Zustellung **Kap. 5** 1049

Scheidungsverbundverfahren Kap. 5 925 ff.
- Abgabe an Gericht der Ehesache **Kap. 5** 956 ff.
- Abtrennung einer Folgesache **Kap. 5** 978 ff., s. a. **Abtrennung Folgesache**
- Beschwerde in Verbundsachen **Kap. 5** 1067 ff., s. a. **Beschwerde in Verbundsachen**
- Besonderheiten **Kap. 5** 958 ff.
- Ehegattenunterhalt **Kap. 5** 973 ff., s. a. **Folgesache Ehegattenunterhalt**
- Kindesunterhalt **Kap. 5** 965 ff., s. a. **Folgesache Kindesunterhalt**
- Rechtsbeschwerde **Kap. 5** 1105 ff., s. a. **Rechtsbeschwerde in Verbundsachen**
- Rücknahme des Scheidungsantrags **Kap. 5** 1019 ff., s. a. **Scheidungsantrag**
- Säumnis **Kap. 5** 1051 ff.
- Scheidungsverbundbeschluss **Kap. 5** 1042 ff., s. a. **Scheidungsverbundbeschluss**
- Übersicht **Kap. 5** 964
- Verfahrenskostenhilfe **Kap. 5** 925 ff.
- Vollstreckung **Kap. 5** 1033 ff.

Schenkung
- Elternunterhalt **Kap. 3** 967

Schonvermögen
- Elternunterhalt **Kap. 3** 966

Schulden
- Behandlung im Unterhalt **Kap. 3** 498 ff.
- bestehende Verbindlichkeit **Kap. 3** 507 ff.
- Beweislast **Kap. 3** 517
- Doppelanrechnung **Kap. 3** 512 ff.
- – Verhältnis zum Zugewinn **Kap. 3** 521 ff.
- – Verhältnis zur Gesamtschuld **Kap. 3** 515 ff.
- – Verhältnis zur Nutzungsregelung **Kap. 3** 520
- – Verhältnis zur Wohngeldberechnung **Kap. 3** 520
- Kindesunterhalt **Kap. 3** 518
- nach der Scheidung begründet **Kap. 3** 505 ff.
- tatsächliche Zahlung **Kap. 3** 507 ff.
- Tilgungsplan **Kap. 3** 501
- während der Ehe aufgenommen **Kap. 3** 500 ff.

Schulgeld Kap. 3 261

Sekundäre Darlegungs- und Beweislast Kap. 3 811 ff.

Selbstbehalt
- Ehegattenunterhalt **Kap. 3** 723 ff.
- Elternunterhalt **Kap. 3** 982 ff.
- – Ehegatte des Unterhaltsverpflichteten **Kap. 3** 985
- – Familienunterhalt **Kap. 3** 986 ff.
- – Mindestselbstbehalt **Kap. 3** 990
- – Unterhaltsverpflichteter **Kap. 3** 982 ff
- Erhöhung wegen Umgangskosten **Kap. 3** 691 f.
- Herabsetzung **Kap. 3** 724
- Kindesunterhalt **Kap. 3** 720 ff.

725

Stichwortverzeichnis

- Volljähriges privilegiertes Kind Kap. 3 722
Selbstständige
- Altersteilzeit Kap. 3 701
- Auskunft, Muster Kap. 1 193
- Einkommensanrechnung Kap. 3 345 ff.
- – Bildung von Rücklagen Kap. 3 348
- hypothetische Einkünfte Kap. 3 577
- Vorruhestand Kap. 3 701
Sittenwidrigkeit
- Unterhaltsverzicht Kap. 4 79
- vorsorgende Unterhaltsvereinbarung Kap. 4 31 ff.
- – Nichtigkeit nach § 138 BGB Kap. 4 32 ff.
Sofortige Beschwerde
- gegen Verfahrenskostenbeschluss Kap. 1 146 ff.
- Verfahrenskostenhilfe, Muster Kap. 1 198
Solidaritätszuschlag Kap. 3 387
- Realsplitting Kap. 3 421
Sonderbedarf Kap. 3 193
- Kap. 3 246 ff.
- Abgrenzung Mehrbedarf Kap. 3 248 ff.
- Abgrenzung normaler Bedarf Kap. 3 248 ff.
- Angemessenheit der Höhe Kap. 3 266 f.
- ärztliche Behandlungskosten Kap. 3 255
- Beispielsfälle Kap. 3 255
- Erstausstattung Kap. 3 255
- Haftungsverteilung Kap. 3 268 f.
- Kinderzimmereinrichtung Kap. 3 255
- Konfirmation oder Kommunion Kap. 3 255
- Kriterien der Haftung Kap. 3 262 ff.
- Legaldefinition Kap. 3 249
- Nachhilfeunterricht Kap. 3 255
- neue Brille Kap. 3 255
- Notwendigkeit Kap. 3 263 ff.
- rechtliche Behandlung Kap. 3 253 f.
- Strafverteidigung Kap. 3 255
- Umzugskosten Kap. 3 255
- Urlaub Kap. 3 255
- Zahnbehandlung Kap. 3 255
Sonderzuwendung
- Doppelanrechnung Kap. 3 332
- Einkommensanrechnung Kap. 3 331 f.
Sonstige Familiensachen

- Zuständigkeit Kap. 5 49
Sorgfaltspflichten
- Berücksichtigung beim Leistungsantrag Kap. 5 383 ff.
- – Aktivlegitimation Kap. 5 389 ff.
- – Forderungsübergang Kap. 5 385 ff.
- des Anwalts Kap. 1 18 ff.
- Einkommensanrechnung Kap. 3 315 ff.
- einstweilige Unterhaltsanordnung Kap. 5 126
- persönliche Verhältnisse Kap. 1 38 f.
- Rechtsprechung Kap. 1 19
- wirtschaftliche Verhältnisse Kap. 1 40 f.
- Unterhaltsverzicht Kap. 4 42
Spenden
- Einkommensanrechnung Kap. 3 497
Spesen
- Einkommensanrechnung Kap. 3 343 f.
Splittingeffekt Kap. 3 392
Sprungrechtsbeschwerde Kap. 5 918 ff.
- Muster Kap. 5 1130
- Rechtsbeschwerde in Verbundsachen Kap. 5 1109 ff.
Standesrecht Kap. 1 26 ff.
Statische Titel
- Minderjährigenunterhalt, Tenorierung Kap. 5 359 ff.
- Volljährigkeit Kap. 5 346
Steuerklassenwahl Kap. 3 376 ff.
Steuern
- Abzüge bei Einkommensanrechnung s. **Abzüge**
- verschiedene Einkunftsarten Kap. 3 355
Steuervorteil
- aus zweiter Ehe Kap. 3 392
- bei erneuter Heirat Kap. 3 392 f.
- Obliegenheit zur Nutzung Kap. 3 390, Kap. 3 354
- Realsplitting Kap. 3 429
Störung der Geschäftsgrundlage
- vorsorgende Unterhaltsvereinbarung Kap. 4 49 f.
Strafverteidigung
- Kosten Kap. 3 255
Streitgegenstand
- bei Abänderung gerichtlicher Entscheidung Kap. 5 515 ff.
- Leistungsantrag Kap. 5 243
Streitwert

Stichwortverzeichnis

- einstweilige Unterhaltsanordnung Kap. 5 116
- **Studiengebühren** Kap. 3 233
- Mehrbedarf Kap. 3 261
- **Stufenantrag** Kap. 2 104 ff.
- Abänderungsstufenantrag (minderjähriges Kind), Muster Kap. 2 170
- Abänderungsstufenantrag, Muster Kap. 2 169 f.
- bezifferter Kap. 2 117 ff.
- Folgesache Unterhalt Kap. 5 938
- gesetzliche Auskunftspflicht Kap. 2 157 ff.
- – bezifferter Unterhaltsantrag Kap. 2 154 ff.
- Kosten Kap. 2 124 ff.
- Mindestbetrag Kap. 2 117 ff.
- Muster Kap. 2 110
- objektive Antragshäufung Kap. 2 107
- Unterhaltsstufenantrag, Muster Kap. 2 168
- Verfahrenskostenhilfe Kap. 2 123
- Verhältnis zum isolierten Auskunftsantrag Kap. 2 105
- Zulässigkeit Kap. 2 109
- Zustellung Kap. 2 106
- **Stufenverfahren** Kap. 2 104 ff.
- 2. Stufe Kap. 2 111 ff.
- – eidesstattliche Versicherung Kap. 2 112
- Abänderung Stufenantrag (des minderjährigen Kindes), Muster Kap. 2 170
- Abänderung Stufenantrag, Muster Kap. 2 169
- bezifferter Stufenantrag Kap. 2 117 ff.
- gesetzliche Auskunftspflicht Kap. 2 157 ff.
- – bezifferter Unterhaltsantrag Kap. 2 154 ff.
- Kosten Kap. 2 124 ff.
- Mindestbetrag Kap. 2 117 ff.
- objektive Antragshäufung Kap. 2 107
- Stufenantrag, Muster Kap. 2 110
- Unterhaltsstufenantrag, Muster Kap. 2 168
- Verfahrenskostenhilfe Kap. 2 123
- Verhältnis zum isolierten Auskunftsantrag Kap. 2 105
- Zulässigkeit Kap. 2 109

- Zustellung des Stufenantrags Kap. 2 106
- **Surrogatsrechtsprechung** Kap. 3 286
- **Synergieeffekt** Kap. 3 987
- **Tantieme**
- Einkommensanrechnung Kap. 3 331
- **Tatsachenpräklusion**
- bei Abänderung gerichtlicher Entscheidung Kap. 5 558 ff.
- **Tatsächliches Einkommen** Kap. 3 298 ff., s. a. Einkommensanrechnung
- Abzüge Kap. 3 351 ff., s. a. Abzüge
- **Teilanerkenntnis**
- Leistungsantrag Kap. 5 418
- **Teilantrag**
- offener Kap. 5 587
- verdeckter Kap. 5 588 f.
- **Teilbeschluss**
- Folgesache Unterhalt Kap. 5 938
- **Telefax**
- Beschwerdebegründungsfrist Kap. 5 825 ff.
- Leistungsantrag Kap. 5 258
- **Tenorierung**
- Beschwerde, Zurückverweisung Kap. 5 867
- Minderjährigenunterhalt Kap. 5 350 ff.
- – dynamisch Kap. 5 362 ff.
- – Mindestunterhalt Kap. 5 350 ff.
- – statisch Kap. 5 350 ff.
- teilweise begründete Beschwerde Kap. 5 866
- **Tilgungsleistung**
- Berücksichtigung beim Wohnvorteil Kap. 3 620 ff.
- **Titelumschreibung** Kap. 5 330 f.
- **Titulierungsanspruch**
- Leistungsantrag, freiwillige Zahlung Kap. 5 287 ff.
- Unterhaltsteilleistung Kap. 5 296 f.
- **Titulierungsaufforderung**
- Kindesunterhalt, Muster Kap. 1 195
- Unterhaltsteilleistung Kap. 5 298 ff.
- **Titulierungskosten**
- freiwillige Zahlung Kap. 5 290
- **Trennungsfolgenvereinbarung** Kap. 4 13 ff., Kap. 4 76 ff.
- Abfindung, Muster Kap. 4 96
- dynamischer Kindesunterhalt, Muster Kap. 4 104

727

Stichwortverzeichnis

- Ehegattenunterhalt Kap. 4 80 ff.
- – Fehlen der Geschäftsgrundlage Kap. 4 82 ff.
- – Muster Kap. 4 88
- – Vereinbarung Geschäftsgrundlage Kap. 4 86 ff.
- – Wiederverheiratung Kap. 4 90 f.
- Freistellungsvereinbarung Kap. 4 106 f.
- – Muster Kap. 4 107 ff.
- Kindesunterhalt
- – Checkliste Kap. 4 102
- – Kindergeld Kap. 4 100
- – Volljähriges Kind Kap. 4 108 ff.
- Kindesunterhalt im Wechselmodell, Muster Kap. 4 88, Kap. 4 105
- statischer Kindesunterhalt, Muster Kap. 4 103
- Unterhaltverzicht Kap. 4 79
- Wiederverheiratung, Muster Kap. 4 92

Trennungsunterhalt Kap. 3 9
- Altervorsorgeunterhalt Kap. 3 22
- Auskunft, Muster Kap. 1 192
- Ausbildungsanspruch Kap. 3 23
- Bedarf Kap. 3 14 ff.
- Bedürftigkeit Kap. 3 14 ff.
- Befristung Kap. 3 26
- Berechnung Kap. 3 21 ff.
- bestehende Ehe Kap. 3 12
- Bremer Tabelle Kap. 3 23
- Dauer der Trennung Kap. 3 19
- Doppelanrechnung Kap. 3 337
- eheangemessene Tätigkeit Kap. 3 18
- Ehevertrag, Muster Kap. 4 88
- einstweilige Unterhaltsanordnung, Muster Kap. 5 185
- Erwerbsobliegenheit Kap. 3 14
- Getrenntleben der Eheleute Kap. 3 13
- hypothetische Einkünfte Kap. 3 14
- Krankenvorsorgeunterhalt Kap. 3 24
- Leistungsantrag, Muster Kap. 5 503
- Muster Kap. 4 88, Kap. 5 503
- Quotenbedarf Kap. 3 21
- Rang Kap. 3 27
- Unterhaltsvereinbarung, Muster Kap. 4 88
- verfestigte Trennung Kap. 3 20
- Versöhnungsversuch Kap. 3 25
- Verwirkung Kap. 3 28 f.
- Verzicht Kap. 3 25

- Voraussetzungen Kap. 3 9 ff.
- Vorsorgeunterhalt Kap. 3 23
- zeitliche Begrenzung Kap. 3 28

Übergangsrecht
- Abänderungsverfahren Kap. 3 844 ff.
- befristete Titel Kap. 3 844 ff.
- Befristung Kap. 3 844 ff.
- Zumutbarkeitsprüfung Kap. 3 844 f.

Überobligatorische Belastung Kap. 3 54 ff.

Überstunden
- anwaltlicher Sachvortrag Kap. 3 322
- Einkommensanrechnung Kap. 3 319 ff.

Umgangskosten Kap. 3 680 ff.
- Abzug vom Einkommen Kap. 3 690
- Erhöhung des Selbstbehalts Kap. 3 691 f.
- Sozialgeld Kap. 3 693
- Sozialhilferecht Kap. 3 693
- Vermeidung hoher Kosten Kap. 3 692

Umgangsrecht
- Behandlung der Kosten Kap. 3 484 ff.
- Kommerzialisierung Kap. 4 58
- Kosten Kap. 3 680 ff., s. a. Umgangskosten
- – Einkommensabrechnung Kap. 3 484 ff.
- – Sozialhilferecht Kap. 3 496
- Unterhaltsvereinbarung, Kommerzialisierung Kap. 4 58

Umgangsverweigerung
- Unterhaltsausschluss Kap. 3 936 ff.

Umzugskosten Kap. 3 255

Unterhalsverzicht Kap. 1 47 f.

Unterhalt
- als Folgesache Kap. 5 924 ff., s. a. Folgesache Unterhalt
- – Abgabe an Gericht der Ehesache Kap. 5 956 ff.
- – Abtrennung Kap. 5 978 ff.
- – Abtrennung s. a. Abtrennung Folgesache
- – Rücknahme des Scheidungsantrags Kap. 5 1019 ff.
- – Rücknahme des Scheidungsantrags s. a. Scheidungsantrag
- – Übersicht Kap. 5 964
- – Verfahrenskostenhilfe Kap. 5 952 ff.
- als Verbund, Verfahrensbesonderheiten Kap. 5 958 ff.

Stichwortverzeichnis

- Altersvorsorgeunterhalt s. a. **Altersvorsorgeunterhalt**
- Aufstockungsunterhalt **Kap. 3** 113 ff., s. a. **Aufstockungsunterhalt**
- Befristung, Kosten **Kap. 3** 843
- – Titel vor dem 01.01.2008 **Kap. 3** 844 ff.
- – Übergangsrecht **Kap. 3** 844 ff.
- bei Wegfall einer Erwerbstätigkeit **Kap. 3** 125 ff.
- Beratungsbedarf **Kap. 1** 1 ff.
- Billigkeitsunterhalt **Kap. 3** 134 ff.
- der nichtehelichen Mutter **Kap. 3** 157 ff.
- des nichtehelichen Elternteils **Kap. 3** 157 ff.
- – abgedeckte Risiken **Kap. 3** 177
- – Anwendungen von § 1586 BGB **Kap. 3** 178 ff.
- – Bemessung des Bedarfs **Kap. 3** 162 ff.
- – Darlegungs- und Beweislastlast **Kap. 3** 171 ff.
- – Einkommens- und Vermögensverhältnisse **Kap. 3** 164
- – gemeinsamer Lebensstandard **Kap. 3** 173
- – Halbteilungsgrundsatz **Kap. 3** 165
- – Mindestbedarf **Kap. 3** 168 ff.
- – Verdienstausfall **Kap. 3** 164
- – Vertrauenstatbestand **Kap. 3** 174 ff.
- Ehegattenunterhalt **Kap. 3** 31 ff., s. a. **Ehegattenunterhalt**
- Einkommensanrechnung s. **Einkommensanrechnung**
- einstweilige Unterhaltsanordnung **Kap. 5** 110 ff., s. **einstweilige Unterhaltsanordnung**
- Elternunterhalt **Kap. 3** 946 ff., s. a. **Elternunterhalt**
- Familienunterhalt **Kap. 3** 1 ff., s. a. **Familienunterhalt**
- Feststellung der Vaterschaft **Kap. 5** 367 ff.
- Kinderbetreuungsunterhalt **Kap. 3** 31 ff., s.a **Kinderbetreuungsunterhalt**
- Kindesunterhalt **Kap. 3** 182 ff., s. **Kindesunterhalt**
- Kranken- und Altersvorsorgeunterhalt **Kap. 3** 140 ff.
- Krankenvorsorgeunterhalt s. a. **Krankenvorsorgeunterhalt**
- Leistungsantrag **Kap. 5** 239 ff.
- materielle Voraussetzungen **Kap. 3** 1 ff.
- – Aufstockungsunterhalt **Kap. 3** 113 ff.
- – Ausbildungsunterhalt **Kap. 3** 127 ff.
- – Billigkeitsunterhalt **Kap. 3** 134 ff.
- – Erwerbslosigkeitsunterhalt **Kap. 3** 104 ff.
- – Kindesunterhalt **Kap. 3** 182 ff.
- – Unterhalt des nichtehelichen Elternteils **Kap. 3** 157 ff.
- – Unterhalt wegen Alters **Kap. 3** 82 ff.
- – Unterhalt wegen Krankheit **Kap. 3** 90 ff.
- – nach § 1570 BGB **Kap. 3** 31 ff.
- Rechtsmittel **Kap. 5** 779 ff., s. a. **Rechtsmittel**
- Rechtsmittel, Rechtsbeschwerde **Kap. 5** 868 ff.
- – Rechtsbeschwerde s. a. **Rechtsbeschwerde**
- Rückforderung **Kap. 5** 1231 ff., s. **Rückforderung Unterhalt**
- Scheidungsverbund **Kap. 5** 924 ff., s. a. **Scheidungsverbundverfahren**
- tatsächliches Einkommen **Kap. 3** 298 ff., s. a. **Einkommensanrechnung**
- Trennungsunterhalt **Kap. 3** 9 ff., s. a. **Trennungsunterhalt**
- unterhaltsrechtliche Grundsätze **Kap. 3** 276 ff.
- – Abzüge **Kap. 3** 351 ff., s. a. **Abzüge**
- – Altersteilzeit **Kap. 3** 694 ff., s. **Altersteilzeit**
- – Einkommensanrechnung **Kap. 3** 298 ff.
- – hypothetische Einkünfte **Kap. 3** 556 ff., s. **hypothetische Einkünfte**
- – Kinderbetreuungskosten **Kap. 3** 640 ff., s. a. **Kinderbetreuungskosten**
- – Kosten des Umgangsrechts **Kap. 3** 680 ff., s. **Umgangskosten**
- – Nebentätigkeit **Kap. 3** 702 ff., s. **Nebentätigkeit**
- – Vorruhestand **Kap. 3** 694 ff., s. **Vorruhestand**
- – Wohnvorteil **Kap. 3** 595 ff., s. a. **Wohnvorteil**

729

Stichwortverzeichnis

- Vereinbarung s. Unterhaltsvereinbarung
- vereinfachtes Unterhaltsverfahren Kap. 5 1131 ff., s. a. vereinfachtes Unterhaltsverfahren
- verfahrensrechtliche Durchsetzung Kap. 5 1 ff., s. a. Unterhaltsverfahren
- Volljähriges Kind, Berechnungsbeispiel Kap. 3 740
- wegen Alters Kap. 3 82 ff.
- – Begrenzung und Befristung Kap. 3 89
- – besondere Fallgestaltung Kap. 3 88
- – Einsatzzeitpunkt Kap. 3 84
- – flexible Altersgrenze Kap. 3 88
- – Unterhaltskette Kap. 3 85
- wegen Ausbildung Kap. 3 127 ff.
- wegen Erwerbslosigkeit Kap. 3 104 ff.
- – angemessene Erwerbstätigkeit Kap. 3 112
- – Arbeitsplatzrisiko Kap. 3 110
- – Begrenzung Kap. 3 111
- – Bewerbungsbemühungen Kap. 3 107 ff.
- – Darlegungs- und Beweislast Kap. 3 107
- wegen Kinderbetreuung s. a. Kinderbetreuungsunterhalt
- wegen Krankheit Kap. 3 89 ff., s. Krankheitsunterhalt
- wirtschaftliche Verhältnisse Kap. 1 40 f.

Unterhaltsanordnung
- bereicherungsrechtliche Rückforderungsansprüche Kap. 5 1239 f.

Unterhaltsanspruch
- Altersvorsorgeunterhalt s. a. Altersvorsorgeunterhalt
- Arrest Kap. 5 224 ff., s. a. Arrest
- Aufstockungsunterhalt Kap. 3 113 ff., s. a. Aufstockungsunterhalt
- Billigkeitsunterhalt Kap. 3 134 ff.
- des nichtehelichen Elternteils Kap. 3 157 ff.
- Ehegattenunterhalt Kap. 3 31 ff., s. a. Ehegattenunterhalt
- einstweilige Unterhaltsanordnung Kap. 5 110 ff., s. einstweilige Unterhaltsanordnung
- Elternunterhalt Kap. 3 946 ff., s. a. Elternunterhalt

- Familienunterhalt Kap. 3 1 ff., s. a. Familienunterhalt
- Kinderbetreuungsunterhalt Kap. 3 31 ff., s. a. Kinderbetreuungsunterhalt
- Kindesunterhalt Kap. 3 182 ff., s. a. Kindesunterhalt
- Krankenvorsorgeunterhalt s. a. Krankenvorsorgeunterhalt
- Leistungsantrag Kap. 5 239 ff.
- materielle Voraussetzungen Kap. 3 1 ff.
- – Altersvorsorgeunterhalt s. a. Altersvorsorgeunterhalt
- – Aufstockungsunterhalt Kap. 3 113 ff.
- – Ausbildungsunterhalt Kap. 3 127 ff.
- – Billigkeitsunterhalt Kap. 3 134 ff.
- – Ehegattenunterhalt Kap. 3 31 ff.
- – Erwerbslosigkeitsunterhalt Kap. 3 104 ff.
- – Kinderbetreuungsunterhalt Kap. 3 31 ff.
- – Kindesunterhalt Kap. 3 182 ff.
- – Trennungsunterhalt Kap. 3 9 ff.
- – Unterhalt des nichtehelichen Elternteils Kap. 3 157 ff.
- – Unterhalt wegen Alters Kap. 3 82 ff.
- – Unterhalt wegen Krankheit Kap. 3 90 ff.
- Rechtsmittel Kap. 5 779 ff., s. a. Rechtsmittel
- – Rechtsbeschwerde Kap. 5 868, s. a. Rechtsbeschwerde
- Rückforderung Kap. 5 1231 ff., s. Rückforderung Unterhalt
- Trennungsunterhalt Kap. 3 9 ff., s. a. Trennungsunterhalt
- unterhaltsrechtliche Grundsätze Kap. 3 276 ff.
- vereinfachtes Unterhaltsverfahren Kap. 5 1131 ff., s. a. vereinfachtes Unterhaltsverfahren
- verfahrensrechtliche Durchsetzung Kap. 5 1 ff., s. a. Unterhaltsverfahren
- Vertragsgestaltung Kap. 4 1 ff.
- wegen Alters Kap. 3 82 ff.
- – Begrenzung und Befristung Kap. 3 89
- – besondere Fallgestaltungen Kap. 3 88
- – Einsatzzeitpunkt Kap. 3 84
- – Unterhaltskette Kap. 3 85
- wegen Ausbildung Kap. 3 127 ff.

Stichwortverzeichnis

- wegen Erwerbslosigkeit Kap. 3 104 ff.
- wegen Kinderbetreuung s. a. Kinderbetreuungsunterhalt
- wegen Krankheit Kap. 3 90 ff., s. Krankheitsunterhalt
- Zuständigkeit Kap. 5 33 ff., s. Zuständigkeit

Unterhaltsantrag
- Checkliste Kap. 5 301
- dynamischer, Muster Kap. 5 366
- dynamischer Kindesunterhalt, Muster Kap. 5 504
- Leistungsantrag Kap. 5 239 ff., s. Leistungsantrag
- nach § 258 ZPO, Muster Kap. 5 265
- nach §§ 253, 258 ZPO Kap. 5 239 ff., s. Leistungsantrag
- statischer Kindesunterhalt, Muster Kap. 5 506
- teilweise Abweisung Kap. 5 19 ff.
- vereinfachtes Unterhaltsverfahren Kap. 5 1149 ff.
- Vollständige Abweisung Kap. 5 16 ff.

Unterhaltsausschluss
- Elternunterhalt Kap. 3 916 ff.
- – Abwägung Kap. 3 939 f.
- – Auskunftsanspruch Kap. 3 945
- – Ausnahmevorschrift Kap. 3 920
- – Bedürftigkeit durch Verschulden Kap. 3 925 ff.
- – Drogenabhängigkeit Kap. 3 927
- – grobes Fehlverhalten Kap. 3 918 f.
- – Kontaktverweigerung Kap. 3 936 ff.
- – Rechtsfolgen Kap. 3 922, Kap. 3 941 ff.
- – schwere vorsätzliche Verfehlung Kap. 3 932 ff.
- – Umgangsverweigerung Kap. 3 936 ff.
- – Vernachlässigung der Unterhaltspflicht Kap. 3 929 ff.
- – Verwirkungstatbestand bejaht Kap. 3 934
- – Verwirkungstatbestand verneint Kap. 3 935
- – Verwirkungstatbestände Kap. 3 919 ff.
- – Kinderschutzklausel Kap. 3 900 ff.
- – Kindesunterhalt Kap. 3 916 ff.
- – – Abwägung Kap. 3 939 f.
- – – Auskunftsanspruch Kap. 3 945

- – Ausnahmevorschrift Kap. 3 920
- – Bedürftigkeit durch Verschulden Kap. 3 924 ff.
- – Drogenabhängigkeit Kap. 3 927
- – grobes Fehlverhalten Kap. 3 918 f.
- – Kontaktverweigerung Kap. 3 936 ff.
- – minderjährige Kinder Kap. 3 917
- – Rechtsfolgen Kap. 3 922, Kap. 3 941 ff.
- – schwere vorsätzliche Verfehlung Kap. 3 932 ff.
- – Vernachlässigung der Unterhaltspflicht Kap. 3 929 ff.
- – Verwirkungstatbestand bejaht Kap. 3 934
- – Verwirkungstatbestand verneint Kap. 3 935
- – Verwirkungstatbestände Kap. 3 919 ff.
- minderjährige Kinder Kap. 3 917
- nachehelicher Unterhalt, Alkoholabhängigkeit Kap. 3 880
- – Auffangtatbestand Kap. 3 893
- – Billigkeitsabwägung Kap. 3 894 ff.
- – Darlegungs- und Beweislast Kap. 3 911 ff.
- – Drogenabhängigkeit Kap. 3 880
- – einseitiges Fehlverhalten Kap. 3 887 ff.
- – Einwendung Kap. 3 854
- – Endgültigkeit Kap. 3 856
- – Erstverfahren Kap. 3 911
- – Fallvarianten Kap. 3 858 ff.
- – falsche Strafanzeigen Kap. 3 884
- – Fehlverhalten Kap. 3 858 ff.
- – grobe Unbilligkeit Kap. 3 853, Kap. 3 894 ff.
- – Grundlagen Kap. 3 852 ff.
- – Härtegründe Kap. 3 853
- – Herbeiführen der Bedürftigkeit Kap. 3 879 f.
- – Kinderschutzklausel Kap. 3 900 ff.
- – kurze Ehedauer Kap. 3 860 ff.
- – mutwillige Bedürftigkeit Kap. 3 879 f.
- – schweres vorsätzliches Vergehen Kap. 3 876 ff.
- – schwerwiegendes Fehlverhalten Kap. 3 887 ff.
- – Verbrechen Kap. 3 876 ff.
- – Verfahrensrecht Kap. 3 911 ff.

731

Stichwortverzeichnis

- – verfestigte Lebensgemeinschaft **Kap. 3** 864 ff.
- – Verletzung der Unterhaltspflicht **Kap. 3** 885 f.
- – Verletzung von Vermögensinteressen **Kap. 3** 881 ff.
- – Verschweigen eigener Einkünfte **Kap. 3** 883
- – Verwirkung **Kap. 3** 908 ff.
- – Vollstreckungsabwehrverfahren **Kap. 3** 912
- – Zuwendung zu neuen Partner **Kap. 3** 889 ff.

Unterhaltsbefristung
- Abänderungsverfahren **Kap. 3** 822 ff.
- Anwaltshaftung **Kap. 3** 820 f., **Kap. 3** 823, **Kap. 3** 825
- bei notarieller Urkunde **Kap. 3** 830 ff.
- bei Vergleich **Kap. 3** 830 ff.
- bei Vollstreckbarer Urkunde **Kap. 3** 830 ff.
- Beibringungsgrundsatz **Kap. 3** 817
- Billigkeitsabwägung **Kap. 3** 795 f.
- – Gesundheitszustand **Kap. 3** 799
- – Umstände aus der Vergangenheit **Kap. 3** 803 f.
- – wirtschaftliche Situation **Kap. 3** 797 ff.
- Darlegungs- und Beweislast **Kap. 3** 810 ff.
- – anwaltlicher Sachvortrag **Kap. 3** 818
- Gezahlter Unterhalt **Kap. 3** 802
- ehebedingte Nachteile **Kap. 3** 747 ff.
- Einzelfallprüfung **Kap. 3** 796
- Entscheidungsmöglichkeiten **Kap. 3** 826 ff.
- Erstverfahren, Entscheidungsmöglichkeiten **Kap. 3** 826 ff.
- Geltendmachung im Erstverfahren **Kap. 3** 822 ff.
- Rechtsfolgen **Kap. 3** 792 ff.
- rechtsvernichtende Einwendung **Kap. 3** 819
- Verfahrensrecht **Kap. 3** 819 ff.
- Voraussetzung **Kap. 3** 747 ff.
- wirtschaftliche Situation der Eheleute **Kap. 3** 797 ff.

Unterhaltsbeschluss
- Begründung **Kap. 5** 460 ff.
- Bekanntgabe **Kap. 5** 472 ff.

- bereicherungsrechtliche Rückforderungsansprüche **Kap. 5** 1235
- Endentscheidung **Kap. 5** 458
- gerichtlicher Unterhaltsvergleich **Kap. 5** 479 ff.
- Inhalt **Kap. 5** 459 ff.
- Leistungsantrag **Kap. 5** 457 ff.
- Rechtsbehelfsbelehrung **Kap. 5** 466
- Rechtskraft **Kap. 5** 467 ff.
- – – formelle **Kap. 5** 468
- – – materielle **Kap. 5** 469 ff.
- Vollstreckung **Kap. 5** 475 ff.
- Wirksamkeit **Kap. 5** 472 ff.

Unterhaltsfreibetrag
- nach § 115 Abs. 1 Satz 3 ZPO **Kap. 1** 88 ff.
- Verfahrenskostenhilfe **Kap. 1** 88 ff.

Unterhaltskette
- Unterhalt wegen Alters **Kap. 3** 85

Unterhaltssache
- als Folgesache **Kap. 5** 924 ff., s. a. **Scheidungsverbundverfahren**
- Altersvorsorgeunterhalt s. a. **Altersvorsorgeunterhalt**
- Arrest **Kap. 5** 224 ff., s. a. **Arrest**
- Aufstockungsunterhalt s. a. **Aufstockungsunterhalt**
- Ausgleichsansprüche **Kap. 5** 46
- Auskunft **Kap. 5** 45
- Beratungsbedarf **Kap. 1** 1 ff.
- besondere Verfahrensarten, Vollstreckungsabwehrverfahren **Kap. 5** 724 ff.
- – Vollstreckungsabwehrverfahren s. a. **Vollstreckungsabwehrverfahren**
- Billigkeitsunterhalt **Kap. 3** 134 ff.
- Checkliste zum Mandat **Kap. 1** 42
- Ehegattenunterhalt **Kap. 3** 31 ff., s. a. **Ehegattenunterhalt**
- Elternunterhalt **Kap. 3** 946 ff., s. a. **Elternunterhalt**
- Familienunterhalt s. a. **Familienunterhalt**
- Kinderbetreuungsunterhalt **Kap. 3** 31 ff., s. a. **Kinderbetreuungsunterhalt**
- Kindesunterhalt **Kap. 3** 182 ff., s. a. **Kindesunterhalt**
- Kombination mit Zivilsache **Kap. 5** 55 ff.
- – Zuständigkeit **Kap. 5** 55 ff.
- kraft Sachzusammenhang **Kap. 5** 51 ff.
- – – Auskunft **Kap. 5** 53

732

Stichwortverzeichnis

- – – Auskunftsanspruch Kap. 5 53
- – – Zuständigkeit Kap. 5 51 ff.
- – Krankenvorsorgeunterhalt s. a. Krankenvorsorgeunterhalt
- – materielle Voraussetzungen, Erwerbslosigkeitsunterhalt Kap. 3 104 ff.
- – – Unterhalt wegen Alters Kap. 3 82 ff.
- – persönliche Verhältnisse Kap. 1 43 ff.
- – Rechtsmittel Kap. 5 779 ff., s. a. Rechtsmittel
- – – Rechtsbeschwerde Kap. 5 868
- – – Rechtsbeschwerde s. a. Rechtsbeschwerde
- – sonstige Familiensachen Kap. 5 49
- – Trennungsunterhalt Kap. 3 9 ff., s. a. Trennungsunterhalt
- – Verfahrenskostenhilfe Kap. 1 57 ff.
- – Verfahrenskostenvorschuss Kap. 5 44
- – verfahrensrechtliche Durchsetzung Kap. 5 1 ff., s. a. Unterhaltsverfahren
- – wegen Alters Kap. 3 82 ff.
- – – Begrenzung und Befristung Kap. 3 89
- – – besondere Fallgestaltung Kap. 3 88
- – – Einsatzzeitpunkt Kap. 3 84
- – – Unterhaltskette Kap. 3 85
- – wegen Ausbildung Kap. 3 127 ff.
- – wegen Erwerbslosigkeit Kap. 3 104 ff.
- – Zuständigkeit Kap. 5 33 ff.
- – wegen Kinderbetreuung s. a. Kinderbetreuungsunterhalt
- – wegen Krankheit Kap. 3 90 ff., s. Krankheitsunterhalt
- – wirtschaftliche Verhältnisse Kap. 1 40 f.
- – Zuständigkeit Kap. 5 33 ff., Kap. 5 39 ff., s. Zuständigkeit

Unterhaltssache kraft Sachzusammenhang
- – Zuständigkeit Kap. 5 51 ff.

Unterhaltsstufenantrag s. Stufenantrag
- – Muster Kap. 2 168
- – Verfahrenskostenhilfe Kap. 1 71

Unterhaltsteilantrag Kap. 5 682 ff.
- – Feststellungsantrag Kap. 5 711 ff.
- – Widerantrag Kap. 5 682 ff.

Unterhaltsteilleistung
- – Leistungsantrag Kap. 5 291 ff.
- – Titulierungsanspruch Kap. 5 296 f.
- – Titulierungsaufforderung Kap. 5 298 ff.
- – Verfahrenskostenhilfe Kap. 1 117 f.

Unterhaltsurkunde

- – Abänderung Kap. 5 607 ff., s. a. Abänderung

Unterhaltsvereinbarung Kap. 1 43 ff.
- – Abfindung, Muster Kap. 4 96
- – Aufklärungspflicht Kap. 1 50
- – Befristung der Unterhaltsverpflichtung Kap. 3 838 ff.
- – Befristungsvorbehalt Kap. 3 836 f.
- – Beratungsbedarf Kap. 1 43 ff.
- – dynamischer Kindesunterhalt, Muster Kap. 4 104
- – Ehetyp Kap. 4 4
- – Ehevertrag Kap. 4 6 ff., s. a. Ehevertrag
- – fehlende Befristung Kap. 3 836 ff.
- – Form Kap. 4 16 ff.
- – – Bestandsfunktion Kap. 4 21
- – – Beweisfunktion Kap. 4 21
- – – Regelungszusammenhang Kap. 4 19
- – – Warnfunktion Kap. 4 21
- – Freistellungsvereinbarung, Muster Kap. 4 107
- – gerichtliche Kontrolle Kap. 4 2 f.
- – Gestaltung Kap. 4 1 ff.
- – Gründe Kap. 4 5
- – Kindesunterhalt Kap. 4 99 ff., s. a. Scheidungsfolgenvereinbarung, s. a. Trennungsfolgenvereinbarung
- – Kindesunterhalt im Wechselmodell, Muster Kap. 4 105
- – nachehelicher Unterhalt, Muster Kap. 4 89, Kap. 4 92, Kap. 4 96
- – Scheidungsfolgenvereinbarung Kap. 4 76 ff., s. Scheidungsfolgenvereinbarung
- – statischer Kindesunterhalt, Muster Kap. 4 103
- – Trennungsfolgenvereinbarung Kap. 4 76 ff., s. Trennungsfolgenvereinbarung
- – Trennungsunterhalt, Muster Kap. 4 88
- – Typen Kap. 4 6 ff.
- – unterhaltsverstärkende Kap. 4 5
- – vor Rechtskraft der Scheidung Kap. 4 16
- – vorsorgliche Kap. 4 6 ff., s. a. vorsorgliche Unterhaltsvereinbarung
- – Wiederverheiratung, Muster Kap. 4 92

Unterhaltsverfahren Kap. 5 1 ff.
- – Abänderung eines Titels Kap. 5 23 ff.
- – Auskunft Kap. 5 13 f.

733

Stichwortverzeichnis

- Auskunft nach §§ 235, 236 FamFG, Muster **Kap. 2** 167
- Beseitigung eines Titels **Kap. 5** 26
- besondere Verfahrensarten, Feststellungsantrag **Kap. 5** 703 ff.
- – Feststellungsantrag s. a. **Feststellungsantrag**
- – Vollstreckungsabwehrverfahren **Kap. 5** 724 ff., s. a. **Vollstreckungsabwehrverfahren**
- – Widerantrag **Kap. 5** 680 ff., s. a. **Widerantrag**
- einstweilige Unterhaltsanordnung **Kap. 5** 110 ff., s. **einstweilige Unterhaltsanordnung**
- – Abänderung **Kap. 5** 27 ff.
- – Aufhebung **Kap. 5** 27 ff.
- erstmalige Einleitung **Kap. 5** 7 ff.
- – Auskunft **Kap. 5** 13 f.
- – einstweilige Unterhaltsanordnung **Kap. 5** 8 f.
- – Leistungsantrag **Kap. 5** 10 ff.
- Feststellungsantrag **Kap. 5** 703 ff., s. a. **Feststellungsantrag**
- gesetzliche Auskunftspflicht **Kap. 2** 152 ff.
- – bezifferter Unterhaltsantrag **Kap. 2** 154 ff.
- – Stufenantrag **Kap. 2** 157 ff.
- – Stufenverfahren **Kap. 2** 157 ff.
- – Wahlrecht **Kap. 2** 152 ff.
- – wesentliche Änderung **Kap. 2** 163 ff.
- Korrektur eines Titels **Kap. 5** 23 ff.
- – Checkliste **Kap. 5** 31
- Kosten **Kap. 5** 1282 ff.
- Rechtsmittel **Kap. 5** 779 ff., s. a. **Rechtsmittel**
- Strategie **Kap. 5** 2 ff.
- teilweise Abweisung des Unterhaltsantrags **Kap. 5** 19 ff.
- Unterhaltsstufenantrag, Muster **Kap. 2** 168
- vereinfachtes **Kap. 5** 1129 ff., s. a. **vereinfachtes Unterhaltsverfahren**
- verfahrensrechtliche Auskunftspflicht, richterliche Schätzung **Kap. 2** 165
- Vertretung des Kindes **Kap. 5** 309 ff.
- – Alleinsorge **Kap. 5** 310
- – gemeinsame Sorge **Kap. 5** 311 ff.
- – Obhut **Kap. 5** 311 ff.
- Vollständige Abweisung des Unterhaltsantrags **Kap. 5** 16 ff.
- Zuständigkeit **Kap. 5** 33 ff., s. **Zuständigkeit**

Unterhaltsvergleich
- Abänderung **Kap. 5** 607 ff., s. a. **Abänderung**
- Abänderungsverfahren **Kap. 3** 830 ff.
- Befristung **Kap. 3** 830 ff.
- – Geschiedenenunterhalt **Kap. 3** 835
- Befristung der Unterhaltsverpflichtung **Kap. 3** 838 ff.
- Befristungsvorbehalt **Kap. 3** 836 f.
- bereicherungsrechtliche Rückforderungsansprüche **Kap. 5** 1236 ff.
- fehlende Befristung **Kap. 3** 836 ff.
- gerichtlicher **Kap. 5** 479 ff.
- Geschiedenenunterhalt, Befristung **Kap. 3** 835
- Pflicht zur ungefragten Information **Kap. 2** 76

Unterhaltsverpflichtung
- befristete **Kap. 3** 838 ff.

Unterhaltsverstärkende Vereinbarung **Kap. 4** 5
- Vertrag zulasten Dritter **Kap. 4** 66

Unterhaltsvertrag **Kap. 4** 1 ff.
- Unterhaltsvertrag s. a. **Unterhaltsvereinbarung**

Unterhaltsverzicht
- anwaltliche Beratung **Kap. 1** 47 f.
- Muster **Kap. 4** 69
- Sittenwidrigkeit **Kap. 4** 79
- Sozialleistung **Kap. 4** 42
- Trennungsunterhalt **Kap. 3** 25
- vorsorgende Unterhaltsvereinbarung **Kap. 4** 67 ff.
- zulasten des Sozialhilfeträgers **Kap. 4** 79
- zulasten des Staates **Kap. 4** 42

Unterhaltsvorschuss
- Berücksichtigung beim Leistungsantrag **Kap. 5** 398 ff.

Unterhaltszahlungen
- Abzug als außergewöhnliche Belastung **Kap. 3** 408 ff.
- Einkommensanrechnung **Kap. 3** 482 ff.
- Realsplitting **Kap. 3** 414 ff., s. a. **Realsplitting**

Stichwortverzeichnis

- steuerliche Abzugsfähigkeit Kap. 3 406 ff.
- – Realsplitting Kap. 3 414 ff.
- – Realsplitting s. a. Realsplitting
- – Trennungsjahr Kap. 3 413

Unternehmerehe
- Unterhaltsvereinbarung Kap. 4 4

Unzureichende Erwerbstätigkeit
- Angemessenheit der Erwerbstätigkeit Kap. 3 580, Kap. 3 585
- Ausbildungsobliegenheit Kap. 3 582
- Billigkeitsabwägung Kap. 3 586
- hypothetische Einkünfte Kap. 3 578 ff.
- – reale Beschäftigungschance Kap. 3 588
- Obliegenheitsverletzung Kap. 3 578 ff.
- Unbilligkeit der Erwerbstätigkeit Kap. 3 589
- Zumutbarkeit der Erwerbstätigkeit Kap. 3 587

Urkunde
- Abänderung Kap. 5 607 ff., s. a. Abänderung

Urlaubsgeld
- Einkommensanrechnung Kap. 3 331

Urlaubsreise
- Kosten Kap. 3 255

Vaterschaftsfeststellungsverfahren
- einstweilige Unterhaltsanordnung Kap. 5 210 ff., s. a. einstweilige Unterhaltsanordnung

Verbot der Doppelanrechnung s. Doppelanrechnung
- Abfindung Kap. 3 333 ff.

Verbraucherinsolvenz Kap. 3 527 ff.
- anwaltliche Beratung Kap. 3 531, Kap. 3 535
- nachhaltige Verschuldung Kap. 3 534
- Obliegenheit zur Kap. 3 529 ff.
- – Checkliste Kap. 3 533
- Wirkung Kap. 3 532

Verbund s. Scheidungsverbund

Verbundverfahren
- Feststellungsantrag s. a. Scheidungsverbund Kap. 5 712

Verdeckter Teilantrag Kap. 5 588 f.

Vereinfachtes Unterhaltsverfahren
- Beteiligte Kap. 5 1142 ff.
- – Antragsgegner Kap. 5 1147 ff.
- – Antragssteller Kap. 5 1142 ff.
- – Einwendung Kap. 5 1174 ff.
- – Einwand der Erfüllung Kap. 5 1189
- – Entscheidung des Gerichts Kap. 5 1190 ff.
- – Höhe des Unterhalts Kap. 5 1179
- – nach § 252 Abs. 1 FamFG Kap. 5 1177 ff.
- – rückständiger Unterhalt Kap. 5 1178
- – Verfahrenskosten Kap. 5 1180
- – Zulässigkeit Kap. 5 1177
- Einwendung nach § 252 Abs. 2 FamFG Kap. 5 1181 ff.
- Erstfestsetzung Kap. 5 1133
- Festsetzungsbeschluss Kap. 5 1195 ff.
- – Beschwerde Kap. 5 1222 ff.
- – Inhalt Kap. 5 1204 ff.
- – Verfahren Kap. 5 1199 ff.
- – Vollstreckung Kap. 5 1209 f.
- – Voraussetzungen Kap. 5 1196 ff.
- Kindergeld Kap. 5 1135
- Konkurrenzen Kap. 5 1139 ff.
- streitiges Verfahren nach § 255 FamFG Kap. 5 1211 ff.
- – Antrag Kap. 5 1212 f.
- Subsidiarität Kap. 5 1138
- Unterhaltsantrag Kap. 5 1149 ff.
- – anderweitige Titulierung Kap. 5 1163 f.
- – Einwendung Kap. 5 1174 ff.
- – Eltern-Kind-Verhältnis Kap. 5 1160
- – Haushaltsgemeinschaft Kap. 5 1161
- – Hinweispflicht nach § 251 FamFG Kap. 5 1167 ff.
- – Inhalt Kap. 5 1153 ff.
- – vorrangige Rechte Dritter Kap. 5 1162
- – Zustellung Kap. 5 1165 f.
- Verfahren nach § 255 FamFG, Ablauf Kap. 5 1214 ff.
- Verhältnis zu Unterhaltsverfahren Kap. 5 1138 ff.

Verfahrensabschluss
- anwaltliche Beratung Kap. 1 184 ff.
- Aufklärungspflichten Kap. 1 184 ff.

Verfahrensführungsbefugnis
- bei Abänderung gerichtlicher Entscheidung Kap. 5 519
- Eintritt Volljährigkeit Kap. 5 325 f.
- Kindesunterhalt Kap. 5 318 ff.
- Leistungsantrag, Kindesunterhalt Kap. 5 318 ff.

735

Stichwortverzeichnis

- Obhutswechsel Kap. 5 322 f.
- Scheidung der Eltern Kap. 5 324
- Verfahrensstandschaft Kap. 5 318 ff.
- Wegfall, Vollstreckungsabwehrverfahren Kap. 5 744

Verfahrenskostenhilfe Kap. 1 57 ff.
- Antrag Kap. 1 67 ff.
- – erneuter Kap. 1 157 f.
- – Frist Kap. 1 68 f.
- – gesetzliche Verfahrensstandschaft Kap. 1 73
- – Parteibegriff Kap. 1 72 f.
- Antragstellung Kap. 1 63 ff.
- – Anwaltsgebühren Kap. 1 63 ff.
- – bedingte Kap. 1 63 ff.
- anwaltliche Beratung Kap. 1 57 ff.
- bedingte Antragsstellung Kap. 1 63 ff.
- – Muster Kap. 1 196
- Bedürftigkeit Kap. 1 74 ff.
- – Absetzung Kap. 1 81 ff.
- – abzusetzende Beträge Kap. 1 87
- – besondere Belastung Kap. 1 95 ff.
- – Einkünfte Kap. 1 76 ff.
- – Fahrtkosten Kap. 1 86
- – Geldguthaben Kap. 1 104
- – Härteklausel Kap. 1 104
- – Hausgrundstück Kap. 1 104
- – Kindergeld Kap. 1 79
- – Lebensversicherung Kap. 1 104
- – Steuern Kap. 1 82
- – Unterhaltsabfindungsbetrag Kap. 1 104
- – Unterhaltsfreibetrag Kap. 1 88 ff.
- – Vermögenseinsatz Kap. 1 101 ff.
- – Versicherungsbeiträge Kap. 1 84
- – Werbungskosten Kap. 1 85
- – Wohnkosten Kap. 1 91 ff.
- Bewilligung Kap. 1 57 ff.
- – Muster Kap. 1 132
- – Voraussetzung Kap. 1 66 ff.
- Bewilligungsverfahren Kap. 1 123 ff.
- – Entscheidung Kap. 1 127 f.
- – Erörterungstermin Kap. 1 123 ff.
- – Festsetzung von Zahlungen Kap. 1 129 ff.
- – Kostenprognose Kap. 1 130
- – Erfolgsaussicht Kap. 1 106 ff.
- – Erfolgsprognose Kap. 1 109
- – erneuter Antrag Kap. 1 157 f.
- Feststellungsantrag Kap. 5 723
- – für Rechtsmittel Kap. 1 141 ff.
- – gesetzliche Verfahrensstandschaft Kap. 1 73
- Leistungsantrag Kap. 5 252
- – – Kindesunterhalt Kap. 5 334 ff.
- – Muster, Bewilligung ohne Ratenzahlung Kap. 1 133
- Mutwilligkeit Kap. 1 110 ff.
- – – Begriff Kap. 1 111 f.
- – – einstweilige Unterhaltsanordnung Kap. 1 119 ff.
- – – Scheidungsverbund Kap. 1 113 ff.
- – – Unterhaltsteilleistungen Kap. 1 117 f.
- – Parteibegriff Kap. 1 72 f.
- – Prozessführung Kap. 1 70 f.
- – Rechtsanwaltsbeiordnung Kap. 1 135 ff.
- – – einstweilige Unterhaltsanordnung Kap. 1 136
- – – Waffengleichheit Kap. 1 137
- – Scheidungsverbund Kap. 1 113 ff., Kap. 5 952 ff.
- – Scheidungsverbundverfahren Kap. 5 925 ff.
- – sofortige Beschwerde Kap. 1 146 ff.
- – – Muster Kap. 1 198
- – Stufenantrag Kap. 2 123
- – Stufenverfahren Kap. 2 123
- – unbedingte Antragsstellung Kap. 1 197
- – Unterhalt als Folgesache Kap. 5 952 ff.
- – Unterhaltsstufenantrag Kap. 1 71
- – Verfahrenskostenvorschuss Kap. 1 159 ff.
- – Voraussetzungen Kap. 1 66 ff.
- – Wiedereinsetzungsantrag Kap. 1 69

Verfahrenskostenvorschuss Kap. 1 159 ff.
- Anspruchsgrundlage Kap. 1 168
- anwaltliche Beratung Kap. 1 159 ff.
- persönliche Angelegenheit Kap. 1 175
- rückübertragende Unterhaltsansprüche Kap. 1 105
- Unterhaltssachen Kap. 5 44

Verfahrensrechtliche Auskunftspflicht Kap. 2 85, Kap. 2 130 ff.
- Anordnungspflicht des Gerichts Kap. 2 132
- Anordnungsrecht des Gerichts Kap. 2 130 ff.
- Art und Umfang Kap. 2 135 ff.
- Auskunftspflichten Dritter Kap. 2 147 ff.

736

Stichwortverzeichnis

- – Einkünfte **Kap. 2** 147
- – Vermögen **Kap. 2** 148
- – Finanzamt **Kap. 2** 149
- Beleganspruch **Kap. 2** 137 ff.
- – abhängig Beschäftigte **Kap. 2** 138
- – Selbstständige **Kap. 2** 139
- eidesstattliche Versicherung **Kap. 2** 140 f.
- Finanzamt **Kap. 2** 149
- Fristsetzung **Kap. 2** 142 ff.
- gerichtliches Ermessen **Kap. 2** 131
- Hinweispflicht **Kap. 2** 142 ff.
- Muster **Kap. 2** 167
- nach § 235 Abs. 1 FamFG **Kap. 2** 130 ff.
- richterliche Schätzung **Kap. 2** 165
- Verhältnis zu §§ 1580 und 1605 BGB **Kap. 2** 133 f.
- Auskunftspflichten nach § 236 FamFG **Kap. 2** 147 ff.

Verfahrensstandschaft Kap. 5 318 ff.
- Leistungsantrag, Kindesunterhalt **Kap. 5** 334 ff.

Vermögenswirksame Leistungen
- Einkommensanrechnung **Kap. 3** 312

Versäumnisbeschluss Kap. 5 542 ff.

Versäumnisentscheidung
- Änderung der Verhältnisse **Kap. 5** 542
- einstweilige Unterhaltsanordnung **Kap. 5** 134

Verschärfte Bereicherungshaftung
- bei Abänderung **Kap. 5** 525 ff.
- bei Rückforderung von Unterhalt **Kap. 5** 1245 ff.
- bereicherungsrechtliche Rückforderungsansprüche **Kap. 5** 1245 ff.

Versöhnungsversuch
- Trennungsunterhalt **Kap. 3** 25

Vertragsfreiheit
- Grenzen bei Unterhaltsvereinbarung **Kap. 4** 28 ff.
- vorsorgende Unterhaltsvereinbarung **Kap. 4** 28 ff.
- – Anfechtung **Kap. 4** 51
- – Ausübungskontrolle **Kap. 4** 43 ff.
- – Kernbereichslehre **Kap. 4** 29 f.
- – Nichtigkeit nach § 138 BGB **Kap. 4** 32 ff.
- – Sittenwidrigkeit **Kap. 4** 31 ff.
- – Störung der Geschäftsgrundlage **Kap. 4** 49 f.

Vertretung des Kindes
- Jugendamt **Kap. 5** 315 ff.
- Leistungsantrag, Alleinsorge **Kap. 5** 310
- – gemeinsame Sorge **Kap. 5** 311
- – Obhut **Kap. 5** 311
- – Wechselmodell **Kap. 5** 314

Verwandtenunterhalt
- Antrag, Muster **Kap. 5** 409

Verwirkung
- der Verwirkung von Unterhalt **Kap. 3** 908 ff.
- Elternunterhalt **Kap. 3** 916 ff., **Kap. 3** 998 ff., s. a. **Unterhaltsausschluss**
- – Umstandsmoment **Kap. 3** 1002
- – Zeitmoment **Kap. 3** 999 ff.
- Kindesunterhalt **Kap. 3** 916 ff., s. a. **Unterhaltsausschluss**
- Trennungsunterhalt **Kap. 3** 28 f.
- Unterhaltsausschluss, Unterhaltsvereinbarung **Kap. 3** 908
- Vollstreckungsabwehrverfahren **Kap. 5** 740, 767 f.
- von nachehelichem Unterhalt **Kap. 3** 851 ff., s. a. **Unterhaltsausschluss**

Verwirkungseinwand
- Auskunft **Kap. 2** 28

Verzichtsaufforderung
- Muster **Kap. 5** 569

Verzug
- Mehrbedarf **Kap. 3** 670 ff.

VKH s. **Verfahrenskostenhilfe**

Volljährige
- anwaltliche Vertretung **Kap. 1** 36 f.

Volljährigenunterhalt s. a. **Kindesunterhalt, Volljähriges Kind**
- Berechnungsbeispiel **Kap. 3** 740

Volljähriges Kind s. a. **Volljährige**
- Unterhalt, Berechnungsbeispiel **Kap. 3** 740

Vollmacht
- anwaltliche **Kap. 1** 10 ff.
- Mandat **Kap. 1** 10 ff.

Vollstreckbare Urkunde
- Abänderungsverfahren **Kap. 3** 830 ff.
- Unterhaltsbefristung **Kap. 3** 830 ff.

Vollstreckung
- Auskunftsanspruch **Kap. 2** 100 f.
- Einstellung, bei Abänderung **Kap. 5** 520 ff.

737

Stichwortverzeichnis

- Festsetzungsbeschluss, vereinfachtes Unterhaltsverfahren Kap. 5 1209 f.
- Feststellungsantrag Kap. 5 722
- Folgesachen Kap. 5 1033 ff.
- im Scheidungsverbundverfahren Kap. 5 1033 ff.
- isolierter Auskunftsantrag Kap. 2 100 f.
- Leistungsantrag, Kindesunterhalt Kap. 5 327 ff.
- Scheidungsverbund Kap. 5 1033 ff.
- Scheidungsverbundbeschluss Kap. 5 1048
- Unterhaltsbeschluss Kap. 5 475 ff.
- Unterhaltstitel Kap. 5 327 ff.
- – Rechtsnachfolgeklausel Kap. 5 329
- – Titelumschreibung Kap. 5 330 f.

Vollstreckungsabwehrantrag Kap. 5 724 ff., s. a. Vollstreckungsabwehrverfahren

Vollstreckungsabwehrantrag
- Ehegattenunterhalt, Muster Kap. 5 778

Vollstreckungsabwehrantrag
- Muster Kap. 5 778

Vollstreckungsabwehrverfahren Kap. 5 724 ff.
- Abgrenzung zu Abänderungsverfahren Kap. 5 759 ff.
- Abgrenzung zur Abänderung Kap. 5 759 ff.
- Abgrenzung zur Abänderung von Urkunden Kap. 5 642 ff.
- Abgrenzung zur Abänderung von Vergleich Kap. 5 642 ff.
- Antrag Kap. 5 746 ff.
- – Formulierungsbeispiel Kap. 5 748
- Beteiligte Kap. 5 751
- eingetretene Rentenberechtigung Kap. 5 769 ff.
- einstweilige Unterhaltsanordnung Kap. 5 178 ff.
- Einwendungen Kap. 5 730 ff.
- – Einwand der Erfüllung Kap. 5 733
- – nachträglich Kap. 5 731 f.
- – relevante Kap. 5 737 ff.
- – Tod des Unterhaltsberechtigten Kap. 5 743
- – Wegfall der Verfahrensführungsbefugnis Kap. 5 744
- – Wiederheirat Kap. 5 742
- – Zahlung unter Vorbehalt Kap. 5 734 f.

- gegen einstweilige Unterhaltsanordnung Kap. 5 776 ff.
- Muster Kap. 5 778
- Rechtsschutzbedürfnis Kap. 5 755 ff.
- Unterhaltsausschluss Kap. 3 912
- Verhältnis zum Abänderungsverfahren Kap. 5 590 ff.
- Verwirkungstatbestände Kap. 5 767 f.
- Zielsetzung Kap. 5 726
- Zulässigkeit Kap. 5 746 ff.
- Zuständigkeit Kap. 5 727 ff.
- Zustellung des Antrags Kap. 5 752 ff.
- Zuständigkeit Kap. 5 727 ff.

Vorruhestand
- anwaltlicher Sachvortrag Kap. 3 697
- Ausnahme von Obliegenheitsverletzung Kap. 3 696
- besondere Altersgrenzen Kap. 3 698 f.
- hypothetische Einkünfte Kap. 3 571 ff.
- Obliegenheitsverletzung Kap. 3 571 f., Kap. 3 695
- Selbstständige Kap. 3 701

Vorsorgende Unterhaltsvereinbarung Kap. 4 23
- Anfechtung Kap. 4 51
- Ausübungskontrolle Kap. 4 43 ff.
- Checkliste Kap. 4 75
- Ehegattenunterhalt Kap. 4 59 ff.
- – Muster Kap. 4 60
- – Novation Kap. 4 70 ff.
- – Vereinbarung Altersphasenmodell Kap. 4 59
- – Vollständiger Unterhaltsverzicht Kap. 4 67 ff.
- – Freistellungsvereinbarung Kap. 4 55 f.
- Gestaltung Kap. 4 26 f.
- Kernbereichslehre Kap. 4 29 f.
- Kindesunterhalt Kap. 4 52 ff.
- – Freistellungsvereinbarung Kap. 4 55 f.
- – Muster Kap. 4 53
- Kommerzialisierung des Umgangs Kap. 4 58
- nach Eheschließung Kap. 4 24
- Nichtigkeit nach § 138 BGB Kap. 4 32 ff.
- Novation, Muster Kap. 4 74
- Regelungsmöglichkeiten Kap. 4 52 ff.
- Sittenwidrigkeit Kap. 4 31 ff.
- Störung der Geschäftsgrundlage Kap. 4 49 f.

Stichwortverzeichnis

- Unterhaltsverzicht, Muster **Kap. 4** 69
- Vertragsfreiheit **Kap. 4** 28 ff.
- – Anfechtung **Kap. 4** 51
- – Ausübungskontrolle **Kap. 4** 43 ff.
- – Grenzen **Kap. 4** 28 ff.
- – Kernbereichslehre **Kap. 4** 29 f.
- – Nichtigkeit nach § 138 BGB **Kap. 4** 32 ff.
- – Sittenwidrigkeit **Kap. 4** 31 ff.
- – Störung der Geschäftsgrundlage **Kap. 4** 49 f.
- – Vereinbarung zulasten des Staates **Kap. 4** 41 f.
- zulasten des Staates **Kap. 4** 41 f.

Vorsorgeunterhalt
- Bremer Tabelle **Kap. 3** 23
- Trennungsunterhalt **Kap. 3** 23 f.

Vorteilsausgleich
- Realsplitting **Kap. 3** 429

Vorwegnahme der Hauptsache
- Verbot **Kap. 5** 130

Wandelbare eheliche Lebensverhältnisse s. a. eheliche Lebensverhältnisse **Kap. 3** 287 ff.

Wegfall der Geschäftsgrundlage
- Abänderung Ehegattenunterhalt, Muster **Kap. 5** 671
- Abänderungsantrag, Muster **Kap. 5** 671
- bei Abänderung Urkunden und Vergleiche **Kap. 5** 618 ff.
- bei Abänderung Vergleiche und Urkunden s. a. Abänderung
- Ehegattenunterhalt, Muster **Kap. 5** 671

Wehrdienst
- Kindesunterhalt **Kap. 3** 236 f.

Weihnachtsgeld
- Einkommensanrechnung **Kap. 3** 331

Werbungskosten
- Verfahrenskostenhilfe **Kap. 1** 85

Widerantrag
- Abänderungswiderantrag **Kap. 5** 688 f.
- Anwendungsmöglichkeiten **Kap. 5** 680 ff.
- Auskunftswiderantrag **Kap. 5** 680 f.
- besonderer Gerichtsstand **Kap. 5** 691 f.
- Sachurteilsvoraussetzung **Kap. 5** 697 ff.
- Unterhaltsteilantrag **Kap. 5** 682 ff.
- Zulässigkeit **Kap. 5** 690 ff.
- zusammenhangloser **Kap. 5** 693 ff.

Wiedereinsetzung
- Beschwerde **Kap. 5** 832 f.

Wiederverheiratung
- als Geschäftsgrundlage **Kap. 4** 90 f.
- Ehevertrag, Muster **Kap. 4** 92
- nachehelicher Unterhalt, Muster **Kap. 4** 92
- Scheidungsfolgenvereinbarung **Kap. 4** 90 f.
- – Muster **Kap. 4** 92
- Trennungsfolgenvereinbarung **Kap. 4** 90 f.
- – Muster **Kap. 4** 92

Wohngeld s. **Wohnvorteil**

Wohnkosten
- nach § 115 Abs. 1 Satz 3 ZPO **Kap. 1** 91 ff.
- Verfahrenskostenhilfe **Kap. 1** 91 ff.

Wohnvorteil **Kap. 3** 595 ff.
- abzugsfähige Belastungen **Kap. 3** 616
- Alleineigentu **Kap. 3** 597
- aufgedrängte Bereicherung **Kap. 3** 600
- Bedürftigkeit **Kap. 3** 639
- bei Erwerb durch Unterhaltpflichtigen **Kap. 3** 637 ff.
- bei Verkauf des Hauses **Kap. 3** 634 ff.
- Belastung **Kap. 3** 614 ff.
- Berechnungsbeispiele **Kap. 3** 627 ff.
- Bewertung **Kap. 3** 609 ff.
- Doppelanrechnung **Kap. 3** 606 ff.
- Einkommensanrechnung **Kap. 3** 350
- Elternunterhalt **Kap. 3** 553, **Kap. 3** 963
- Höhe **Kap. 3** 609 ff.
- Kreditraten **Kap. 3** 639
- maßgeblicher Zeitraum für Berechnung **Kap. 3** 601 ff.
- Miethausrecht **Kap. 3** 597
- nach endgültigem Scheitern der Ehe **Kap. 3** 632
- nach Verkauf des Hauses **Kap. 3** 633
- nichtabzugsfähige Kosten **Kap. 3** 616
- nichtumlagefähige Kosten **Kap. 3** 617
- Nutzung durch Unterhaltsberechtigten **Kap. 3** 631
- Nutzung durch Unterhaltspflichtigen **Kap. 3** 630
- Nutzungsvergütung **Kap. 3** 606
- Scheidungsfolgenregelung **Kap. 3** 604 f.
- selbstgenutzte Wohnung **Kap. 3** 596
- selbstgenutztes Haus **Kap. 3** 596

739

Stichwortverzeichnis

- steuerrechtliche Auswirkung Kap. 3 608
- Tilgungsleistungen für Hausdarlehen Kap. 3 620 ff.
- umlagefähige Kosten Kap. 3 617
- unterhaltsrechtliche Relevanz Kap. 3 598 ff.
- Verbleib beider Eheleute Kap. 3 629
- Verbleib des Bedürftigen Kap. 3 624 ff.
- verbrauchsunabhängige Kosten Kap. 3 617
- Verrechnung auf den Kindesunterhalt Kap. 3 623
- zusätzliche Altersvorsorge Kap. 3 621

Zahlungsaufforderung
- Kindesunterhalt, Muster Kap. 1 194

Zahnbehandlung
- Kosten Kap. 3 255

Zivildienst
- Kindesunterhalt Kap. 3 236 ff.

Zulassungsbeschwerde Kap. 5 792 ff.

Zusammenveranlagung Kap. 3 363 ff.
- Voraussetzungen Kap. 3 366 ff.
- Wirtschaftsgemeinschaft Kap. 3 368
- Zustimmung zur Kap. 3 370

Zuständigkeitsprivileg
- Kindesunterhalt Kap. 5 303

Zwangsvollstreckung
- Einstellung bei Abänderung Kap. 5 520 ff.
- Feststellungsantrag Kap. 5 722

Zweitstudium
- Ausbildungsunterhalt Kap. 3 221 ff.
- Kindesunterhalt Kap. 3 221 ff.